बेनीपुरी ग्रंथावली-5

जीवनी और संस्मरण

बेनीपुरी ग्रंथावली
5

सामग्री संकलन
जितेन्द्र कुमार बेनीपुरी

संपादक
सुरेश शर्मा

ISBN : 978-81-7119-424-7

बेनीपुरी ग्रंथावली-5

पहला संस्करण : 1998
पहली आवृत्ति : 2013

मूल्य : ₹ 7200
(आठ खंडों का पूरा सेट)

प्रकाशक
राधाकृष्ण प्रकाशन प्राइवेट लिमिटेड
7/31, अंसारी मार्ग, दरियागंज, नई दिल्ली-110 002

शाखाएँ : अशोक राजपथ, साइंस कॉलेज के सामने, पटना-800 006
पहली मंजिल, दरबारी बिल्डिंग, महात्मा गांधी मार्ग, इलाहाबाद-211 001

वेबसाइट : www.radhakrishnaprakashan.com
ई-मेल : info@radhakrishnaprakashan.com

मुद्रक
बी.के. ऑफसेट
नवीन शाहदरा, दिल्ली-110 032

BENIPURI GRANTHAVALI-5
Edited by Dr. Suresh Sharma

बेनीपुरी ग्रंथावली
5

सामग्री संकलन
जितेन्द्र कुमार बेनीपुरी

संपादक
सुरेश शर्मा

ISBN : 978-81-7119-424-7

बेनीपुरी ग्रंथावली-5

पहला संस्करण : 1998
पहली आवृत्ति : 2013

मूल्य : ₹ 7200
(आठ खंडों का पूरा सेट)

प्रकाशक
राधाकृष्ण प्रकाशन प्राइवेट लिमिटेड
7/31, अंसारी मार्ग, दरियागंज, नई दिल्ली-110 002

शाखाएँ : अशोक राजपथ, साइंस कॉलेज के सामने, पटना-800 006
पहली मंजिल, दरबारी बिल्डिंग, महात्मा गांधी मार्ग, इलाहाबाद-211 001

वेबसाइट : www.radhakrishnaprakashan.com
ई-मेल : info@radhakrishnaprakashan.com

मुद्रक
बी.के. ऑफसेट
नवीन शाहदरा, दिल्ली-110 032

BENIPURI GRANTHAVALI-5
Edited by Dr. Suresh Sharma

मिथिला के लोककंठ में प्रचलित विद्यापति की अधिकाधिक रचनाओं की प्राप्ति से पूर्व ही बेनीपुरी ने पदावली की भूमिका लिख ली थी। इसकी वजह यह थी कि नगेन्द्र नाथगुप्त के संकलन के आधार पर उन्होंने विद्यापति पदावली को एक रूप दे दिया था। लेकिन विद्यापति की जन्मभूमि से प्राप्त पदों को हासिल करके ही बेनीपुरी उनकी पदावली को संपूर्ण बनाना चाहते थे। इसलिए पदावली की भूमिका को पहले विद्यापति की जीवनी के रूप में छप जाने दिया और पदावली को संपूर्ण बनाने के लिए मिथिला क्षेत्र में पाए जानेवाले विद्यापति के पदों का इंतजार किया।

विद्यापति के लिए बेनीपुरी ने इतनी मेहनत क्यों की? इसका उत्तर उन्होंने उक्त विज्ञप्ति में ही दे दिया है। लिखते हैं—विद्यापति हिंदी के जयदेव हैं—भाषा का कोई कवि उनके मधुर वर्णन की छाया भी नहीं छू सकता। किंतु हम लोगों की अकर्मण्यता के कारण हिंदी कवियों में उन्होंने अभी तक अपना उचित स्थान तक नहीं प्राप्त किया है। इस कलंक-मोचन के लिए हमें तैयार हो जाना चाहिए।''''कहने की आवश्यकता नहीं कि बेनीपुरी लिखित जीवनी और पदावली के संपादन से यह अकर्मण्यता दूर हुई। विद्यापति का अध्ययन, उन पर शोध तथा उनका अध्यापन शुरू हुआ। निश्चय ही अब हिंदी साहित्य के इतिहास में विद्यापति को उचित स्थान मिल चुका है। वे हिंदी के सूर और तुलसी से पूर्व के पहले महान और संपूर्ण कवि हैं। कहने की जरूरत नहीं कि विद्यापति के प्रसंग में बेनीपुरी की भूमिका ऐतिहासिक है। यह कोई अतिशयोक्ति नहीं है कि उन्होंने हिंदी में विद्यापति का आविष्कार किया।

जीवनी में 19 उपशीर्षकों के अंतर्गत विद्यापति के संपूर्ण जीवन, उनके परिवेश और कृतित्व का संक्षिप्त विश्लेषण किया गया है। पुस्तक में विद्यापति के समय, वंश, प्रारंभिक जीवन, रचना, आश्रयदाता, हस्ताक्षर, परिवार, मृत्यु तथा पदावली की हस्तलिखित पोथियों से संबंधित प्रामाणिक जानकारियाँ दी गई हैं। बेनीपुरी ने पदावली की हस्तलिखित पोथियों के विवेचन के दौरान तरौनी गाँव के लोकनाथ झा के यहाँ एक प्रति होने का उल्लेख किया है। दरभंगा जिले में स्थित यह तरौनी बाबा नागार्जुन का भी गाँव है। बेनीपुरी ने लिखा है कि लोकनाथ मिश्र के यहाँ सुरक्षित पदावली ताल पत्र पर लिखी है। यह विद्यापति के पौत्र द्वारा तैयार की हुई बताई जाती है। पता नहीं तरौनी पांडुलिपि आज कहाँ है? बेनीपुरी ने उसे कोई 73 साल पहले देखा होगा! पुस्तक में विद्यापति के कृतित्व के मूल्यांकन की ज्यादा गुंजाइश नहीं थी। फिर भी संकेतों में बेनीपुरी ने उनके कवि व्यक्तित्व की विशष्टता उजागर कर दी है। वे लिखते हैं:

विद्यापति का प्रधान काव्य गुण प्रसाद और माधुर्य है''''प्रकृति-वर्णन में इन्होंने कमाल किया है''''उस पर मिथिला की खास छाप है उनका मिलन और विरह का वर्णन भी देखने योग्य है। हिंदी कवियों ने विरह के नाम पर हाय-हाय का बवंडर ही उठाया है—उनके विरह-वर्णन में घनानंद आदि दो-चार को छोड़कर, हृदय-वेदना का सूक्ष्म विश्लेषण प्रायः नहीं देखा जाता। विद्यापति का विरह-वर्णन प्रेमिका के हृदय की तस्वीर है—उसमें वेदना है, व्याकुलता है, प्रियतम के प्रति तल्लीनता है। कोरी हाय-हाय वहाँ नहीं है। यह विशिष्टता दिखाने के लिए बेनीपुरी मध्यकाल के कुछ शृंगारिक कवियों और विद्यापति का तुलनात्मक अध्ययन प्रस्तुत करना चाहते थे। लेकिन बाद के व्यस्त जीवन में इसके लिए उन्हें वक्त नहीं मिला।

विद्यापति की जीवनी के अंत में वे लिखते हैं: "विद्यापति' नाम से हम एक समालोचनात्मक ग्रंथ शीघ्र लिखने का विचार कर रहे हैं। उसमें विद्यापति की कविताओं की तुलनात्मक समालोचना रहेगी—विशेषतः हिंदी के सुप्रसिद्ध शृंगारिक कवियों की रचनाओं से विद्यापति की पदावली की तुलना की जाएगी।" यह ठीक है कि बेनीपुरी को इस तुलनात्मक अध्ययन के लिए वक्त नहीं मिला लेकिन विडंबना यह है कि हिंदी के स्वनाम धन्य आलोचकों ने देव और बिहारी की तुलना पर तो सैकड़ों पृष्ठ रंग डाले लेकिन अन्य शृंगारिक कवियों से विद्यापति की कविता के तुलनात्मक अध्ययन की ओर उनका ध्यान नहीं गया।

विद्यापति की जीवनी 'चारु चरित माला' की दूसरी पुस्तक थी। इसकी कीमत रखी गई थी चार आना। इसके मुख पृष्ठ पर कीर्तिलता की वे चार प्रसिद्ध पंक्तियाँ छपी हैं जो आज भी विद्यापति की विशिष्टता बताने

के लिए सबसे पहले दुहराई जाती हैं :

बालचंद विज्जावई भासा
दुहुनहि लग्गई दुज्जन हासा
ओ परमेसर हर-सिर सोहइ
ई निच्चय नाअर मन मोहइ

(दूज का चाँद और विद्यापति की भाषा—इन दोनों पर दुर्जनों की हँसी नहीं लग सकती। वह (चाँद) देवता के रूप में शिव के सिर पर शोभते हैं, और यह (विद्यापति की भाषा) निश्चय ही चतुरों का मन मोहती है।)

विद्यापति के परिचय के लिए उनकी ही इन पंक्तियों की ओर सबसे पहले बेनीपुरी का ध्यान गया था।

शिक्षा के विकास में महत्त्वपूर्ण योगदान देनेवाले बाबू लंगटसिंह की जीवनी 1925 में हिंदी पुस्तक भंडार से प्रकाशित हुई। लेकिन बेनीपुरी के मन में इसे लिखने की योजना तब से थी जब वे हाईस्कूल के विद्यार्थी थे। यह संपूर्ण जीवनी लिखने से पहले बेनीपुरी ने लंगटसिंह के जीवन पर तीन छोटी टिप्पणियाँ भी लिखी थीं। पहली दो तो पुस्तक भंडार की संभवतः पाठ्यपुस्तक 'रचना नवनीत' और 'रचना प्रवेशिका' में प्रकाशित हुई। इसके बाद बालक के पहले ही अंक में 'वह कौन है?' शीर्षक से उन्होंने बच्चों के लिए लंगटसिंह का परिचय लिखा। उन्हीं दिनों बनारस के दैनिक 'आज' ने इसके बारे में लिखा :" 'वह कौन है?' शीर्षक के अंदर अपने ही पुरुषार्थ के बल पर अति साधारण स्थिति से असाधारण उन्नति करने वाले बिहार के स्व. लंगट सिंह का चरित्र दिया गया है···बालकों के चरित्र गठन पर ऐसे चरित्रों का निश्चय ही कल्याणकारी प्रभाव पड़ेगा।"···ऐसी समीक्षाओं से प्रेरित होकर बेनीपुरी ने लंगटसिंह के जीवन पर एक पुस्तक लिखने की योजना बनाई। उनके साहित्यिक गुरु और हाईस्कूल के शिक्षक मथुराप्रसाद दीक्षित ने इसमें उनकी बड़ी मदद की। 'कुंवर सिंह के जीवनी लेखक' दीक्षितजी लंगटसिंह की भी जीवनी लिखना चाह रहे थे। इसके लिए उन्होंने काफी सामग्री भी इकट्ठी कर रखी थी। लेकिन व्यस्तताओं के कारण वे लिख नहीं पा रहे थे। अंततः उन्होंने बेनीपुरी को लंगटसिंह से संबंधित सामग्रियाँ सौंप दीं। बेनीपुरी ने जीवनी तैयार करने में इनका अच्छा उपयोग किया। बेनीपुरी लिखित लंगटसिंह की जीवनी काफी पसंद की गई। पुस्तक-समीक्षा के अंतर्गत उन्हीं दिनों सम्मेलन पत्रिका में छपा : लंगटसिंह बिहार के उन पुरुष रत्नों में थे, जिन्होंने अपने ही पुरुषार्थ के बल पर अत्यंत साधारण स्थिति से उठकर असाधारण उन्नति की थी। इन्हीं महापुरुष का परिचय लेखक ने बड़े ही प्रांजल और हृदयग्राही भाषा में दिया है।" 'बाबू लंगटसिंह' चारुचरित माला की चौथी पुस्तक थी। इसकी कीमत थी चार आना। पुस्तक के अंत में बेनीपुरी ने लंगटसिंह की स्मृति रक्षा के लिए कुछ सुझाव दिए थे। उनमें से संभवतः सिर्फ एक पर अमल हुआ है। अनेक दशकों बाद लंगटसिंह कॉलेज के प्रांगण में उनकी प्रतिमा लगा दी गई है। छात्रहित से जुड़े बेनीपुरी के बाकी सुझाव लगता है ठंडे बस्ते में ही पड़े हैं।

1926 में ही बेनीपुरी लिखित एक और जीवनी प्रकाशित हुई 'गुरु गोविंदसिंह' पुस्तक भंडार की चारुचरित माला श्रृंखला की यह पाँचवीं पुस्तक थी। 55 पृष्ठों की इस पुस्तक का मूल्य था चार आना। बेनीपुरी ने अद्वितीय योद्धा और सिख धर्म के संगठक गुरु गोविंदसिंह के जीवन और कार्य के बारे में पहली बार हिंदी में इतने विस्तार से लिखा। पुस्तक में दस परिच्छेद हैं जिनके अंतर्गत गुरु गोविंदसिंह के जीवन और कार्य पर जीवंत भाषा में प्रामाणिक सामग्री दी गई है। बेनीपुरी लिखित यह जीवनी भी उन दिनों काफी पसंद की गई थी। दिल्ली से प्रकाशित होनेवाले 'महारथी'ने लिखा था : गुरु गोविंदसिंह सरीखे धर्मवीरों और देशभक्तों के चरित्रों का संकलन करना कितना आवश्यक है, यह प्रत्येक भारतीय अनुभव करता होगा। धर्मवेदिका पर प्रणोत्सर्ग कर देना कितना कठिन है, कितनी भयंकर परिस्थितियों का सामना करना पड़ता है, यह वही समझ सकता है जो स्वयं इस मार्ग की ओर अग्रसर हुआ है। सिख जाति के शहीदों के अमित रक्त-स्नान के कारण ही आज हिंदू धर्म के चेहरे की लाली बनी हुई है। पुस्तक संग्रहणीय है।" पुस्तक की सहज भाषा की प्रशंसा लखनऊ से प्रकाशित होनेवाली माधुरी में भी छपीः "पुस्तक में जगत्प्रसिद्ध गुरु गोविंदसिंह का हाल सुंदर,

सरल और सुबोध भाषा में लिखा गया था।"

'गुरु गोविंदसिंह' लिखने के 17 साल बाद बेनीपुरी ने 1943 में 'रोज़ा लुक्जेम्बुर्ग' की जीवनी लिखी। इस पुस्तक की निर्माण-प्रक्रिया के बारे में बेनीपुरी लिखते हैं: "जब मैं हजारीबाग सेंट्रल जेल में चौथी बार (1942-45) पहुँचा, पाल फ्रोलिख की 'रोज़ा लुक्जेम्बुर्ग' नामक पुस्तक साथी जयप्रकाश ने मुझे दी और कहा हिंदी में इस विषय पर कोई पुस्तक तैयार नहीं की जा सकती ?" बेनीपुरी ने इसे चुनौती की तरह लिया और जेपी के जेल से पलायन (9 नवंबर 1942) के बाद वे इस काम में जुट गए। 20 जनवरी 1943 से 21 मार्च 1943 के बीच बेनीपुरी ने सिर्फ दो महीने में लगभग दो सौ पृष्ठों की यह पुस्तक तैयार की। पुस्तक नेशनल इन्फारमेशन एंड पब्लिकेशन लिमिटेड, बंबई से कुसुम नैयर द्वारा 1946 ई. के बिल्कुल अंत में छपी। किताब की कीमत थी सवा तीन रुपए। पुस्तक में कापीराइट के स्थान पर सर्वाधिकार सुरक्षित लिखा गया है। बेनीपुरी ने यह जीवनी क्रान्तिमूर्ति बहन सत्यवती देवी को समर्पित की है। जयप्रकाश नारायण ने पुस्तक की छोटी-सी भूमिका लिखी है। इस भूमिका से यह पता चलता है कि उस समय कांग्रेस समाजवादी पार्टी तथा उसके नेता जयप्रकाश एवं बेनीपुरी मार्क्सवादी विचारधारा के किस रूप को महत्त्व दे रहे थे। जेपी पुस्तक की भूमिका में लिखते हैं "रोज़ा लुग्जेम्बुर्ग का नाम मार्क्सवाद के आचार्यों और समाजवादी क्रान्तिकारियों के उच्चतम चार-पाँच नामों में से है····लेनिन के साथ कई विषयों पर रोजा लुग्जेम्बुर्ग का मतभेद हुआ था, यद्यपि दोनों ने बराबर एक-दूसरे का आदर करते हुए साथ-साथ काम किया था। लेनिन की मृत्यु के बाद जब उनके रूसी अनुयायियों ने लेनिनवाद को संकीर्ण रूप दिया तो रोज़ा का आदर संसार के कम्युनिस्ट आंदोलन से उठ गया।····ऐसी दशा में मेरे मित्र बेनीपुरीजी ने रोज़ा लुक्जेम्बुर्ग की जीवनी और उसके विचारों के ऊपर यह सुंदर पुस्तक रचकर भारतीय समाजवाद की अद्‌भुत सेवा की है। आज के जमाने में जब संसार भर में समाजवाद अपने सही रूप को कायम करने में लगा हुआ है और स्तालिनवाद के कठपुतलों से अपना गला बचाने का यत्न कर रहा है, रोज़ा लुवजेम्बुर्ग के विचारों का प्रचार अत्यंत आवश्यक है।····क्योंकि 'उस क्रान्तिकारी विदुषी की अधिकांश बातें सही हो रही हैं।

जेपी के इस लंबे उद्धहरण से पुस्तक के लिखे जाने की वजह पूरी तरह स्पष्ट हो गई है। यह भी साफ हो गया है कि जेपी, बेनीपुरी और उनके साथी उस समय मार्क्सवाद की किस धारा के साथ थे। पुस्तक के नौ अध्यायों में रोज़ा लुक्जेम्बुर्ग के क्रान्तिकारी और अतिमानवीय व्यक्तित्व को बेनीपुरी ने संपूर्णता में चित्रित कर दिया है। रोज़ा लुक्जेम्बुर्ग पॉल फ्रोलिख की पुस्तक के आधार पर लिखी गई है लेकिन बेनीपुरी की अद्वितीय शैली और रचनात्मक भाषा, ने इसे पूर्णतः मौलिक बना दिया है।

'जयप्रकाश' पुस्तक 1947 में छपी। बेनीपुरी द्वारा लिखी हुई यह सर्वश्रेष्ठ जीवनी है। बेनीपुरी जयप्रकाश के समकालीन थे। दोनों की राजनीति एक थी। संघर्ष एक था। इसलिए बेनीपुरी का जेपी से भावनात्मक लगाव था। इस लगाव की वजह से यह आत्मकथा अत्यंत जीवंत बन गई है। बेनीपुरी की मान्यता है कि जीवनीकार अगर चरितनायक से भावनात्मक रूप से जुड़ा है तो जीवनी अच्छी लिखी जाएगी। यह बात उन्होंने 'जयप्रकाश' पुस्तक की भूमिका 'दो शब्द' में कही है। इस भूमिका में उन्होंने जीवन लेखन संबंधी कुछ और भी बातें कही हैं जो अत्यंत महत्त्वपूर्ण हैं। उनका कहना है कि "इतिहास, काव्य, उपन्यास, नाटक इन सबसे परे चरित लेखन की एक खास कला है, जिसमें इन चारों का पुट न पड़े तो चीज सूनी-सूनी, बासी-बासी मालूम हो।"

इन विधाओं से एक अच्छे जीवनीकार को क्या लेना चाहिए बेनीपुरी ने इसे भी स्पष्ट किया है: "इतिहास की सचाई, काव्य की मनोहारिता, उपन्यास की सरसता और नाटक की भंगिमा यदि चरित में नहीं आई—तो समझ जाइए, आप असफल हुए।"

बेनीपुरी जीवन लेखन के अपने ही निष्कर्ष पर खरे उतरते हैं। एक ही साथ कथाकार और नाटककार आदि होने के कारण अपनी जीवनियों में कविता की 'मनोहारिता', उपन्यास की 'सरसता' तथा नाटक की

'भंगिमा' वे सहज ही संभव करते हैं ।

इतिहास-आधारित समाजवादी विचारधारा में विश्वास होने के कारण उनकी जीवनियों में इतिहास की सचाई के प्रति स्वाभाविक आग्रह दिखाई पड़ता है । जीवनी की कथ्य संबंधी इन विशेषताओं के साथ ही बेनीपुरी ने जीवनी की शिल्पगत विशिष्टता की ओर भी संकेत किया है । उनके जीवनी लेखन के इतने जीवंत होने का कारण उसके सृजन की टेकनीक भी है । वे अपने जीवनी लेखन की शिल्पगत प्रक्रिया के बारे में लिखते हैं : "जीवन का वर्णन उसकी गति में होना चाहिए—उसकी धारा में । मैंने अपने नायक को कहीं खड़ा करके फोटो लेने की कोशिश नहीं की है—जब वह खेल रहा है, पढ़ रहा है, जा रहा है, रो रहा है, हँस रहा है—जब वह किसी महानतम कार्य को संपन्न करने में लीन है, या जब वह अदना से अदना काम में अपने को बहला रहा है—मेरी कलम के कैमरे ने उसी अवसर पर उसे पकड़ने की कोशिश की है ।"..... यही वजह है कि बेनीपुरी की जीवनियों में हम उनके चरित नायक और उसके जीवन की घटनाओं को पढ़ते नहीं देखते हैं । वे कलम से नहीं कलम के कैमरे से चित्र खींचते हैं । यह चित्रात्मकता ही उनकी जीवनी को रचनात्मक और अद्वितीय बनाती है । शब्दचित्रों का सर्जन बेनीपुरी की रचना-प्रक्रिया के केन्द्र में है । उनका जीवनी लेखन भी इससे अछूता नहीं है ।

जयप्रकाश पुस्तक अनेक दृष्टियों से महत्त्वपूर्ण है । जयप्रकाश नारायण प्रसिद्ध स्वाधीनता सेनानी और देश में समाजवादी विचारधारा को अधिकतम लोगों तक पहुँचानेवालों में रहे हैं । स्वतंत्रता के बाद के राजनैतिक इतिहास में भी उनकी भूमिका महत्त्वपूर्ण रही है । बेनीपुरी की इस जीवनी में जेपी के भीतरी-बाहरी व्यक्तित्व तथा इतिहास में उनकी भूमिका को प्रामाणिक ढंग से प्रस्तुत किया गया है । देश में समाजवादी आंदोलन की शुरूआत और उसके विकास की दृष्टि से भी यह पठनीय पुस्तक है । जेपी के जीवन और अब तक प्रकाशित पुस्तकों में यह अब भी सर्वश्रेष्ठ है ।

बेनीपुरी ने कार्ल मार्क्स की जीवनी 1951 में लिखी । उनकी लिखी यह अंतिम जीवनी है । यों तो मार्क्सवाद के बारे में 1917 की रूसी क्रान्ति के पहले ही महत्त्वपूर्ण लेख लिखे जाने लगे थे । भारत में मार्क्सवाद के बारे में सबसे पहले लिखनेवालों में हरदयाल का नाम सबसे ऊपर है । उन्होंने रूसी क्रान्ति से अनेक वर्ष पूर्व इसकी शुरूआत की । रूसी क्रान्ति के बाद तो भारत में मार्क्सवादी विचारधारा का परिचय देनेवाले लेखों का सिलसिला चल पड़ा । लेकिन मार्क्स की विस्तृत जीवनी नहीं लिखी गई थी । हिंदी में सबसे पहले मार्क्स की विस्तृत जीवनी लिखने का श्रेय बेनीपुरी को जाता है । बेनीपुरी लिखित मार्क्स की जीवनी प्रकाशित होने के दो साल बाद 1953 में राहुल सांस्कृत्यायन की लिखी हुई मार्क्स की जीवनी प्रकाशित हुई । पुस्तक प्राक्कथन में राहुल लिखते हैं: नवीन मानव समाज के विधाता कार्ल मार्क्स के जीवन और सिद्धांतों के संबंध में हिंदी में छोटी-मोटी पुस्तकों का बिल्कुल अभाव नहीं है, "लेकिन जिसमें पर्याप्त रूप से मार्क्स की जीवनी, सिद्धांत और प्रयोग मौजूद हों, ऐसी पुस्तक का अभाव जरूर खटक रहा था—केवल इसी की पूर्ति के लिए यह पुस्तक लिखी गई । यह मेरिंग की पुस्तक कार्ल मार्क्स पर आधारित है..... ।"

आश्चर्य है कि 1953 में जब राहुल मार्क्स की जीवनी लिख रहे थे तो बेनीपुरी लिखित मार्क्स की जीवनी से वे अनभिज्ञ थे । जबकि मिलान करने पर मुझे पता चला कि बेनीपुरी लिखित जीवनी भी मेरिंग की पुस्तक पर ही आधारित है ।

बेनीपुरी और राहुल दोनों ने मेरिंग की पुस्तक के आधार पर मार्क्स की जीवनी लिखी है लेकिन दोनों जीवनियों में जमीन-आसमान का अंतर है । राहुल की जीवनी महज तथ्य केंद्रित है जबकि बेनीपुरी की जीवनी में तथ्य के साथ संवेदनात्मकता भी है । यह गुण उसे अधिक पठनीय बनाता है । राहुल और बेनीपुरी लिखित कार्ल मार्क्स के 'जीवन वृत्तांत' की तुलना एक दिलचस्प अध्ययन हो सकता है ।

पुस्तक में बेनीपुरी ने मार्क्स के जीवन और उनके सिद्धांत का विस्तृत विवेचन किया है । उन्होंने मार्क्स के पारिवारिक जीवन तथा उनकी निजी आदतों और स्वभाव आदि का इतना जीवंत चित्रण किया है कि मार्क्स

की दुनिया हमारे सामने खड़ी हो जाती है। पुस्तक श्री अजंता प्रेस लिमिटेड, पटना से छपी थी। इसकी कीमत थी ढाई रुपए।

इस जीवनी खंड में ही बेनीपुरीजी के लिखे कुछ व्यक्तिपरक लेख और संस्मरण भी दिए जा रहे हैं। इनमें से अधिकांश जीवनीधर्मा हैं। ये लेख उनकी पुस्तक 'मील के पत्थर' में संकलित हैं। इसके अलावा भी बेनीपुरी अनेक जीवनियाँ लिखना चाहते हैं। कुछ की उन्होंने योजना भी बनाई थी। भारतेन्दु की जीवनी लिखने का तो उन्होंने प्रयास भी किया था। लेकिन अपनी इन योजनाओं को वे पूरा नहीं कर सके। फिर भी बेनीपुरी ने जितनी जीवनियाँ लिखी हैं वे जीवनी साहित्य के इतिहास में उल्लेखनीय स्थान की अधिकारी हैं।

—सुरेश शर्मा

अनुक्रम

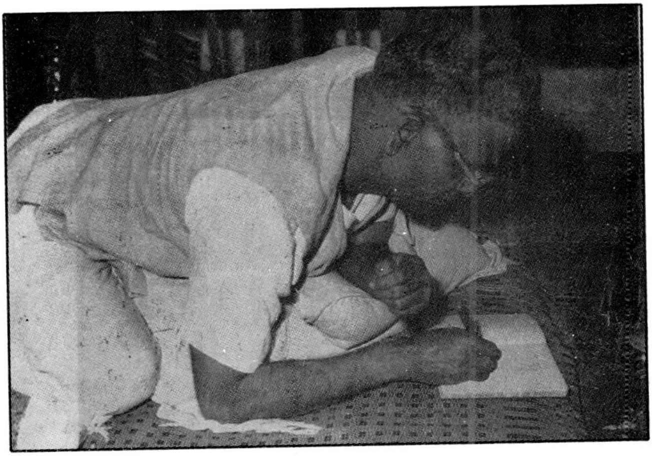

सीने के नीचे तकिया और हाथ में कलम : वे ऐसे ही लिखते थे.

अध्ययन के क्षण.

पत्नी उमारानी बेनीपुरी.

इकलौती बेटी प्रभा.

भूमिका

ग्रंथावली के पाँचवें खंड में बेनीपुरी द्वारा लिखित जीवनियाँ संकलित हैं। अपने लेखन के आरंभिक वर्षों से अंतिम सक्रिय दशक तक उन्होंने अनेक महत्त्वपूर्ण जीवनियाँ लिखीं। उनकी लिखी जीवनियों के नाम हैं शिवाजी (1925), विद्यापति (1925), लंगटसिंह (1926), गुरु गोविंदसिंह (1926), रोज़ा लुग्जेम्बुर्ग (1943), जयप्रकाश (1947), तथा कार्ल मार्क्स (1951)। ये सभी जीवनियाँ इस खंड में संकलित हैं। उन्होंने च्यांग काइ शेक की जीवनी भी लिखी है। वह अप्रकाशित जीवनी मुझे बाद में मिली। इस खंड की पृष्ठ सीमा पूरी हो गई थी, इसलिए उसे ग्रंथावली के छठे खंड में राजनैतिक आलेखों के साथ शामिल किया गया है। बेनीपुरी ने बच्चों के लिए भी छोटे-छोटे जीवनीपरक लेख लिखे हैं। वे सातवें खंड में उनके बाल साहित्य के अंतर्गत संकलित हैं।

उनकी लिखी चार आरंभिक जीवनियों शिवाजी, विद्यापति, लंगटसिंह और गुरु गोविंदसिंह के वास्तविक लेखन वर्ष को लेकर कुछ अनिश्चय है। उनके जीवन में प्रकाशित उनकी ग्रंथावली के दो खंडों में किताबों की जो सूची दी गई है उसमें इन चारों पुस्तकों का लेखन-प्रकाशन वर्ष 1927-28 दिया गया है। ग्रंथावली की सूची के आधार पर ही विभिन्न पत्र-पत्रिकाओं में इन पुस्तकों का लेखन-प्रकाशन वर्ष 1927-28 लिखने की परंपरा रही है। स्वयं बेनीपुरी ने तीन मार्च 1952 की डायरी में अपनी रचनाओं का लेखन वर्ष दिया है। उसमें उन्होंने इन जीवनियों का लेखन वर्ष और आगे खिसका दिया है। डायरी में जीवनियों का लेखन वर्ष 1928-29 दिया गया है। लगता है बेनीपुरी ने सिर्फ स्मृति के आधार पर यह तिथि दी है। अपनी पुस्तकों का पहला संस्करण तत्काल उपलब्ध न होने के कारण उन्होंने अनुमान के आधार पर इन पुस्तकों के लेखन-प्रकाशन की तिथि लिखी होगी इसलिए उनसे भूल हो गई है।

इन जीवनियों का पहला संस्करण देखने से पता चला कि शिवाजी और विद्यापति पुस्तक 1925 में प्रकाशित हुई थी तथा लंगटसिंह और गुरु गोविंदसिंह 1926 में।

तीसरे दशक के पूर्वार्द्ध में पुस्तक भंडार (लहेरियासराय, बिहार) ने महापुरुषों की जीवनी प्रकाशित करने की योजना 'चारुचरित माला' शीर्षक से बनाई थी। भारत के राजनैतिक क्षितिज पर गाँधीजी का उदय हो चुका था। असहयोग की आँधी चल चुकी थी। इस माहौल में राष्ट्रीय स्वाधीनता आंदोलन की जड़ें मजबूत करने के लिए उन लोगों की जीवनियों का लेखन-प्रकाशन जरूरी था जिन्होंने राष्ट्रीय उत्थान के लिए अपना जीवन लगा दिया या देश की सांस्कृतिक विरासत को और अधिक समृद्ध किया। हालाँकि 20वीं सदी के आरंभ से ही हिंदी में महापुरुषों की जीवनियाँ लिखने की परंपरा शुरू हो चुकी थी।

नवजागरण के दौर में अतीत और वर्तमान के महापुरुषों के चरित्र का बखान स्वाभाविक ही था। आचार्य महावीरप्रसाद द्विवेदी ने इस दिशा में सबसे पहले कदम बढ़ाया था। उन्होंने 1903 से ही 'सरस्वती' में स्वयं दर्जनों जीवनीपरक लेख लिखे। उन्होंने ऐसे चरित लेख सिर्फ 'सरस्वती' संपादक रहते हुए ही नहीं लिखे। 'सरस्वती' के संपादन से अवकाश लेकर जब वे दौलतपुर (रायबरेली) चले गए तब भी उन्होंने अनेक जीवनी परक रचनाएँ लिखीं। उनका अंतिम ऐसा लेख इतिहासवेत्ता काशीनाथ राजवाड़े, बी. ए. पर था जो 'सरस्वती' के अप्रैल 1927 अंक में प्रकाशित हुआ। उनकी ये सारी जीवनियाँ उन्हीं दिनों 'चरित चित्रण' शीर्षक से हिंदी प्रेस प्रयाग द्वारा पुस्तकाकार प्रकाशित हुआ था। बेनीपुरी की आरंभिक जीवनियाँ महावीरप्रसाद द्विवेदी द्वारा लिखी गई इन जीवनियों की परंपरा में हैं।

'चारु चरित माला' श्रृंखला के अंतर्गत 'शिवाजी' हिंदी पुस्तक भंडार से प्रकाशित पहली कृति थी।

प्रकाशक ने अपने प्रकाशकीय वक्तव्य में लिखा था : "चारु चरित माला" का यह प्रथम पुष्प सहृदय हिंदी पाठकों की सेवा में समुपस्थित करते हुए हम अपार आनंद का अनुभव कर रहे हैं। यद्यपि हिंदी आज राष्ट्रभाषा के समुच्च सिंहासन पर आसीन होने जा रही है, तथापि उसके कुछ अभावों को देखकर उसके प्रेमियों का दिल दुख जाता है। सरल भाषा में महापुरुषों की संक्षिप्त जीवनियों का अभाव उसके अभावों में मुख्य है। इस माला के पिरोने का कार्य प्रारंभ कर हम उसी अभाव को दूर करना चाहते हैं। शिवाजी की यह संक्षिप्त जीवनी कैसी हुई, इसकी विवेचना विवेकशील पाठक ही कर सकते हैं।

बेनीपुरी की इस जीवनी को लेकर प्रकाशक ने जो आशा की थी वह पूरी हुई। 'विवेकशील पाठकों' या तत्कालीन समीक्षकों ने पुस्तक को महत्त्वपूर्ण और संग्रहणीय माना। तत्कालीन पत्र 'सुप्रभातम' में एक समीक्षक ने 'शिवाजी' के बारे में लिखा : शिवाजी हिंदू जाति····सभ्यता और संस्कृति के स्वाभिमानी संरक्षक थे—तेजस्वी, मनस्वी और यशस्वी थे। ठीक वैसा ही ओजस्वी उनका यह जीवन चरित है। इसकी भाषा में सजीवता और प्रसादगुण यथेष्ठ है। इसकी वर्णनशैली चित्ताकर्षक और प्रांजल है। कहीं-कहीं उसे पढ़कर रोमांच हो आता है।प्रत्येक हिंदू नवयुवक को इसे सदा अपने साथ रखना चाहिए। बेनीपुरी लिखित इस पहली ही जीवनी में उनकी भाषा और शैली की विशेषताएँ पूरी तरह प्रकट हो गई थीं। भाषा की 'सजीवता', शैली की 'प्रांजलता' तथा उन्हें पढ़ते हुए अक्सर रोमांचित होने का अहसास बेनीपुरी के कृतित्व की मुख्य विशेषताएँ हैं। 'शिवाजी' के प्रथम समीक्षक ने इसे तभी रेखांकित कर दिया था।

शिवाजी पुस्तक छोटे-छोटे बारह अध्यायों में बँटी है। इन अध्यायों में बेनीपुरी ने मुगलों को चुनौती देने वाले उस योद्धा की कहानी लिखी है जिसने मध्यकाल में देश को एकजुट करने की सफल कोशिश की और राष्ट्रीयता की अवधारणा को गति दी। पुस्तक के अंत में कवि भूषण की शिवाजी पर लिखी कुछ प्रमुख पंक्तियाँ उद्धृत करके बेनीपुरी ने पुस्तक को और भी दिलचस्प बना दिया है।

1925 में ही बेनीपुरी ने विद्यापति की जीवनी लिखी। इसी वर्ष वे विद्यापति पदावली का संपादन भी किया। उस समय बंगला में नगेन्द्र नाथगुप्त द्वारा संपादित तथा हिंदी में सिर्फ बाबू ब्रजनंदन सहाय द्वारा संपादित विद्यापति की पदावली प्रकाशित हुई थी। ब्रजनंदन सहाय द्वारा संपादित हिंदी पदावली नगेन्द्रनाथ गुप्त की बंगला पदावली से काफी छोटी थी। पुस्तक भंडार के प्रमुख रामलोचनशरण और बेनीपुरी को इससे संतोष नहीं था। रामलोचनशरण ने नगेन्द्र नाथगुप्त की पदावली के आधार पर हिंदी में पदावली प्रकाशित करने की योजना बनाई। संपादन का भार उन्होंने बेनीपुरी को सौंपा। पदावली संपादित करके बेनीपुरी ने उसके लिए विस्तृत भूमिका लिखी। उसमें उन्होंने पहली बार विद्यापति की प्रामाणिक जीवनी लिखने का प्रयास किया। विभिन्न अंतर्वाह्य साक्ष्यों, इतिहास ग्रंथों तथा ताम्रपत्रों आदि के आधार पर उन्होंने विद्यापति के बारे में नई स्थापनाएँ कीं। इस स्थापनाओं के बाद विद्यापति को लेकर हिंदी में नए सिरे से विचार शुरू हुआ।

पदावली के साथ प्रकाशित होने से पहले यह भूमिका 1925 में 'विद्यापति' नाम से जीवनी के [illegible] छपी।

पदावली के लिए विद्यापति की अपेक्षित रचनाएँ न मिल पाने के कारण उसके प्रकाशन [illegible] विलंब हुआ। इस बात की पुष्टि 'विद्यापति' पुस्तक में प्रकाशित एक विज्ञप्ति से भी होती है। बेनीपुरी ने इ[illegible] विज्ञप्ति में लिखा है कि विद्यापति का एक विस्तृत सुंदर और सुलभ संस्करण निकालने का आयोजन किया जा रहा है। अभी तक विद्यापति के बहुत से ऐसे पद हैं स्त्रियाँ जिन्हें विवाह के अवसर पर गाती हैं, एवं बहुत-सी नचारियाँ अप्रकाशित हैं।····मैं मिथिला देशवासी मैथिली के प्रेमियों से····सादर····अनुरोध करता [illegible] कि वे कृपा कर ऐसे पदों को हिंदी पुस्तक भंडार लहेरियासराय के पते पर भेज दें।···· आपको उचित है जब भी आप किसी स्त्री पुरुष को विद्यापति का कोई पद गाते-गुनगुनाते हुए सुनें, शीघ्र उसे लिखकर पते पर भेज दें।····

शिवाजी

[1925 ई.]

जन्म और शिक्षा

'शिवाजी' का जन्म वैशाख-शुक्ला द्वितीया विक्रम-संवत् 1684 को 'शिवनेरी' दुर्ग में हुआ। यह दुर्ग इनके पिता 'शाहजी' के अधिकार में नहीं था—उनके एक मित्र का था। वह अपनी गर्भवती स्त्री को अपने मित्र की शरण में रख स्वयं मुगलों से लड़ रहे थे।

इनके पूर्वज मेवाड़ के प्रसिद्ध 'सीसौदिया' वंश के थे। कालक्रम से वे वहाँ से आकर महाराष्ट्र में बस गए थे और 'भोसला' कहलाते थे। इनके पितामह 'मालोजी' बड़े वीर थे। अपनी वीरता के कारण वह एक साधारण गृहस्थ की अवस्था से बड़े जागीरदार हो गए थे।

इनके पिता भी बड़े वीर थे। पहले वह बीजापुर-राज्य में एक उच्च कर्मचारी थे। किंतु इधर अहमदनगर के एक राजकुमार का पक्ष लेकर मुगलों से उन्होंने लड़ाई ठानी थी। मुगल-सम्राट् के दबाव से बीजापुर-दरबार ने भी उनसे युद्ध छेड़ दिया था। उस समय वह बड़ी बुरी दशा में थे। दिन-रात उन्हें युद्ध में व्यस्त रहना पड़ता था। मुगल और बीजापुर—इन दो प्रबल राज्यों से एक साधारण सरदार का लोहा लेना हँसी-खेल नहीं था। आज वह इस किले में रहते थे, तो कल उस किले में।

इसी महान् हलचल के समय उनकी पत्नी 'जीजाबाई' गर्भवती थीं। जब 'माहली'-दुर्ग को बीजापुर और मुगलों की सम्मिलित सेनाओं ने घेर लिया, तो पहले उन्होंने बड़ी वीरता से सामना किया। किंतु अपने बल-बूते का अंदाज कर, अंत में, उस दुर्ग को छोड़ना ही उन्हें उचित जान पड़ा। वहाँ से वह अपने ज्येष्ठ पुत्र और गर्भवती स्त्री के साथ निकले, तो जीजाबाई भी घोड़े पर ही सवार थीं। जब 'जुन्नर' दुर्ग के निकट पहुँचे, तो जीजाबाई ने आगे जाने में अपनी असमर्थता प्रकट की। एक तो गर्भवती, दूसरे—घोड़े की सवारी ! तीसरे—पीछे शत्रु उन्हें पकड़ने को आ रहे थे। खुद उनके श्वसुर—जीजाबाई के पिता—'लखुजी-जादव' ही शत्रुओं के नायक बने, अपने दामाद के पकड़ने का बीड़ा उठाए, उनके पीछे पड़े थे।

शाहजी बहुत घबराए। किंतु जुन्नर का दुर्ग-पति उनका मित्र था। उसने मित्रता को सार्थक करते हुए उनकी स्त्री को शरण देना स्वीकार किया। वह अपने मित्र की संरक्षकता में अपनी पत्नी को रख स्वयं आगे बढ़े।

'लखुजी-जादव' ने पहले तो अपनी बेटी को कैद करना चाहा, किंतु जब उसके सैनिकों ने उसे धिक्कारा, तो वह सहम गया। कहते हैं, जब उसने जीजाबाई से भेंट की, तो वह डपटकर बोलीं—मैं अपने पति के बदले अब आपके हाथ में पड़ गई हूँ। उनसे आप जो कुछ बदला लेना चाहते हों, वह खुशी से मुझसे लीजिए। मैं तैयार हूँ।

'जादव' का सिर नीचा हो गया। उसने जीजाबाई को अपनी राजधानी में चलने को कहा; किंतु स्वाभिमानिनी जीजाबाई ऐसा क्यों करने लगीं। विपत्ति में फँसकर रहना उचित समझा; किंतु अपने पति के शत्रु के घर जाना—भले ही वह अपना पिता हो—अनुचित माना।

इसी घटना के दो मास बाद महाराष्ट्र-केसरी, हिंदू-राज्य-संस्थापक, मुगल-साम्राज्य की नींव हिलानेवाले, परम पराक्रमी, अद्‌भुतनीतिज्ञ, छत्रपति शिवाजी महाराज का शुभ जन्म हुआ। दुर्ग की अधिष्ठात्री देवी 'शिवाई' के ही नाम पर धर्मपरायण माता ने पुत्र का नाम 'शिवाजी' रखा !

जीजाबाई, अपने पुत्र के साथ, तीन वर्षों तक, इसी शिवनेरी-दुर्ग में, मुगलों की नजरबंद रहीं। इन तीन वर्षों में मुगलों ने गुपचुप चेष्टा की कि शिवाजी को कैद कर लें, ताकि शाहजी पुत्रलोभ से शीघ्र संधि कर लें;

किंतु चतुरा जीजाबाई तीन वर्षों तक पुत्र को छिपाए रहीं। मुगलों को कुछ पता न चला। अंत में, जब शाहजी ने मुगलों से संधि कर ली, तो जीजाबाई नजरबंदी से छुटकारा पाकर 'पूना' चली आईं।

गर्भ के समय माता-पिता का जैसा कुछ संस्कार होता है, उसका प्रभाव गर्भस्थ बालक पर विशेष रूप से पड़ता है। शिवाजी के माता-पिता का ध्यान उस समय विशेष रूप से युद्ध की ओर अधिक था। अतएव बचपन से ही क्षात्र धर्म की ओर शिवाजी की अधिक प्रवृत्ति थी। जीजाबाई ने भी अपने इस पुत्र के चरित्र को उन्नत करने में कोई कोर-कसर न रखी थी। वह अपने पुत्र को एक आदर्श वीर—एक युगप्रवर्त्तक क्रांति-कारी—के रूप में देखना चाहती थीं। वह रामायण और महाभारत की वीरता-पूर्ण कथाएँ बचपन ही से सुनाया करती थीं। राजनीति और धर्मशास्त्र की बातें ऐसे मनोरंजक ढंग से बतलातीं कि उस होनहार बालक के कोमल हृदय पर वे पत्थर की लकीर बन जातीं। क्यों न हो! माँ जैसा चाहे, वैसा अपने लड़के को बना सकती है।

जीजाबाई का जीवन धार्मिक था। नित्य पूजा-पाठ, देव-दर्शन आदि धार्मिक कृत्य करके ही वह भोजन करतीं। इसीलिए शिवाजी के मन में बचपन ही से धार्मिक भाव विशेष रूप से वर्त्तमान रहा। इसी धार्मिक भाव के कारण, युवा होते-होते, मुसलमानों द्वारा हिंदू-धर्म पर प्रहार होते देख, उन्हें मटियामेट करने और हिंदू-साम्राज्य स्थापित करने के विचार ने उनके हृदय में घर कर लिया था, जिसे उन्होंने कार्यरूप में परिणत भी किया।

शाहजी के पास दो जागीरें थीं—एक 'सूपा' की, दूसरी 'पूना' की। शिवाजी के जन्म के पश्चात् उन्होंने एक दूसरा विवाह कर लिया था, और बीजापुर में रहते थे। मुगलों से संधि करने पर वह पुनः बीजापुर-दरबार में अपने पुराने पद पर अधिष्ठित हो गए थे। उनके 'पूना' इलाके के प्रबंधक 'दादाजी कोंडदेव' नामक एक ब्राह्मण देवता थे। वह अपने प्रबंध-कौशल और ईमानदारी के लिए अब तक प्रसिद्ध हैं। शिवाजी और उनकी माता—दोनों—उस समय उन्हीं की संरक्षकता में थीं। शिवाजी के चरित्र-निर्माण में उनकी माता के बाद इसी महापुरुष का विशेष भाग है।

शिवाजी माँ की गोद से उतरकर पृथ्वी पर टहलने-घूमने लगे। दादा ने उन्हें वीरता के आदर्श में ढालना प्रारंभ किया। घोड़े पर चढ़ना, तीर का निशाना मारना, भाला चलाना, तलवार का वार करना, कुश्ती लड़ना, पटेबाजी आदि वीरोचित शिक्षा भली प्रकार दी गई। इतना ही नहीं, संगति का भी प्रभाव लड़कों पर विशेष पड़ता है। इसलिए अच्छे-अच्छे नवयुवक योद्धाओं को शिवाजी के साथ रहने का प्रबंध कर दिया। किंतु केवल शारीरिक शक्ति ही एक राजा के लिए उपयुक्त गुण नहीं। अतएव उन्होंने शिवाजी को राज्य-प्रबंध के विषय में भी पूरा व्यावहारिक ज्ञान बतलाया। वह शिवाजी को अपने साथ दरबार में बैठाते—उनके सामने राज्य-प्रबंध-संबंधी काम करते, मुकदमा फैसले करते और समय-समय पर उस मुकदमे के विषय में उनकी स्वतंत्र सम्मति भी पूछ बैठते, दीवानी मामलों की पेचीदगी उन्हें सुझाते; राज्य के कागज-पत्र कैसे रखे और देखे जाते हैं, इसका रहस्य समझाते; प्रजा की यथार्थ दशा का ज्ञान कराने के लिए अपने साथ गाँव-गाँव दौरे पर घुमाते। परिणाम यह हुआ कि चौदह वर्ष की अवस्था में ही शिवाजी युद्धकला और राजनीति में पूरे दक्ष हो गए।

छोटी अवस्था में ही शिवाजी को हाथी-घोड़े के गुण-दोष पहचानने की शक्ति प्राप्त थी। बालपन से ही अस्त्र-शस्त्र और गोला-बारूद के कारखाने देखने और उनकी जाँच करने का अनुराग उन्हें था। देखने में वह सुंदर और बलवान थे। चंचलता और दृढ़प्रतिज्ञता का उनमें अद्‌भुत मेल था। सोचने, विचारने और समझने की शक्ति उनमें विलक्षण थी। वह बड़े ही विवेकशील और दूरदर्शी थे। अपनी चाल-ढाल और रहन-सहन से वह प्रत्येक बुद्धिमान तथा विद्वान पुरुष को प्रसन्न कर लेते थे—उनसे अनेक प्रश्न करके नई-नई बातें सीखने की चेष्टा करते थे। भोग-विलास से उन्हें घृणा थी। सुस्त आदमियों को वह नफरत की नजर से देखते थे। हिंदू-धर्म पर उनकी अचल श्रद्धा और अटल अनुराग था। वह लड़कपन ही से अपने धर्म पर किसी प्रकार का आघात नहीं सह सकते थे।

आजकल की माताएँ तो बचपन ही से अपने पुत्र को 'हौआ' और भूत-प्रेत की कहानियाँ कहकर डराती हैं। इधर गुरुजी भी लड़कों को परीक्षा पास करने की एक मशीन मात्र समझकर किताबें रटाते-रटाते उनके

मस्तिष्क को दुर्बल बना देते हैं। उनके चरित्र-निर्माण, शरीर-गठन तथा हृदय और बुद्धि के विकास की उन्हें क्या परवाह ! बस, परीक्षा पास करो ! परीक्षा पास करो ! ! परीक्षा पास करो ! ! !

बाल-सूर्य की तीखी किरण

मुसलमानों की धर्मांधता और अत्याचारपरता के कारण बचपन ही से शिवाजी को उनसे चिढ़ थी। जब उनकी शादी की बात चली, तो शाहजी ने चाहा कि पुत्र का विवाहोत्सव बीजापुर में ही खूब धूमधाम से मनाएँ। किंतु शिवाजी ने स्पष्ट कहला भेजा कि मैं बीजापुर में ब्याह नहीं कर सकता; क्योंकि वहाँ विधर्मियों के सम्मिलित होने से वह पवित्र कार्य भ्रष्ट हो जाएगा। फलतः ब्याह 'पूना' में ही हुआ। किंतु, इस विद्वेष की सीमा कहाँ तक बढ़ी, इसका यथार्थ पता तब चला, जब ब्याह के पश्चात शिवाजी अपने पिता से मिलने बीजापुर गए। साथ ही, यह भी पता चला कि इस बाल-सूर्य की किरण कितनी तीखी है, और यौवन में इसका उत्ताप कहाँ तक बढ़ेगा।

जब शिवाजी बीजापुर पहुँचे, उनकी अवस्था कुल चौदह वर्ष की थी। इसी अवस्था में उनमें अलौकिक शक्तियों का संचार हो चुका था। बीजापुर पहुँचते ही उनकी कीर्त्ति चारों ओर फैल गई। यहाँ तक कि बादशाह के कानों में भी इसकी भनक पड़ी।

बादशाह को बड़ी उत्कंठा हुई कि इस अलौकिक बालक को देखें। उन्होंने शाहजी से अपने लड़के को दरबार में उपस्थित करने को कहा। शाहजी भी प्रसन्न हुए। वह भी चाहते थे कि मेरे ही समान मेरा पुत्र भी बादशाह का कृपापात्र बने, अच्छी जागीरें प्राप्त करे और खाए-पीए—मौज करे।

किंतु—'मेरे मन कुछ और है, कर्ता के कुछ और'—शिवाजी से जब चलने को कहा गया, तो बोले कि यह कभी हो नहीं सकता, बादशाह विधर्मी है ! मैं गो-ब्राह्मण का दास हूँ—वह शत्रु है। मार्ग में गोवध देखकर मेरा खून खौल उठता है। उसे सलाम करने की जगह सिर उड़ा देने की इच्छा होती है।

शाहजी चकराए। सब तरह से समझाकर थक गए; कुछ फल न हुआ। माता ने भी बहुत समझाया-बुझाया। पहले तो वह नाहीं-नाहीं करते रहे, किंतु पिता की प्रबल इच्छा और माता का उत्कट अनुरोध देखकर किसी कदर राजी हो गए। शाहजी ने उनको बतलाया कि जमीन छूकर किस तरह सुलतान को सलाम करना होता है; किस प्रकार और कहाँ बैठना-उठना चाहिए।

इस प्रकार सिखा-पढ़ाकर, आशाओं के नए-नए सुनहले महल बनाते हुए, शाहजी अपने पुत्र को दरबार में ले गए। किंतु, यह क्या? शिवाजी दरबारी तरीके से सलाम किए ही बिना एक साधारण सलाम कर बैठ गए ! सभी सभासद भौचक रह गए। शाहजी भी झेंप गए। सुलतान ने रंग-ढंग देखकर 'मुरार पंत' से पूछा कि यह किसका लड़का दरबार में आया है, राजा शाहजी का लड़का तो नहीं है। 'मुरार पंत' सुलतान के विश्वासी कर्मचारी और शाहजी के मित्र थे। उन्होंने बात सँभाल दी। कहा, "हुजूर, यह अभी निपट बालक है; दरबारी तरीके नहीं जानता।"

सुलतान को मुरार पंत की यह बात जँच गई। चलते समय बालक शिवाजी को जवाहरात और कपड़े दिए गए। किंतु घर पर आते ही शिवाजी ने उन्हें उतार डाला और स्नान पूजादि से अपने को शुद्ध किया।

शिवाजी नित्य दरबार जाने लगे। किंतु कभी जमीन छूकर दरबारी ढंग से सलाम नहीं किया। एक दिन सुलतान इसका कारण पूछ बैठे, तो शिवाजी ने ऐसा सधा हुआ उत्तर दिया कि वह और भी खुश हो गए, और बहुत मानने लगे।

शिवाजी केवल कट्टर धार्मिक ही नहीं, पूरे नीतिज्ञ भी थे। इसी नीतिज्ञता का आगे उनमें ऐसा विकास हुआ कि अपनी कूटनीतिज्ञता ही के कारण उन्होंने प्रपंची 'अफजल' की दुर्गति की, अभिमानी 'शाइस्ता खाँ' को छकाया, और विश्वासघाती 'औरंगजेब' के दाँत खट्टे किए।

शिवाजी जिस राह से दरबार जाते थे, उस राह में कसाइयों की दुकानें थीं। वहाँ वे लोग सबके सामने गौओं का वध करते थे। एक दिन वह दरबार जा रहे थे कि एक कसाई को एक गौ पर प्रहार करते देखा। तप्त

तरुण रक्त में उबाल आ गया ! चट घोड़े से उतर उसकी खूब मरम्मत कर दी, और गौ को छुटकारा दिलाया। इससे वहाँ के मुसलमानों में बड़ी खलबली मची, किंतु शाहजी के रोब के कारण बात बढ़ने न पाई।

शिवाजी के मन पर बड़ा आघात हुआ। गौओं की यह दुर्दशा देखना उनके लिए असह्य हो उठा। उन्होंने अपने पिता से कह दिया कि अब वह दरबार में नहीं जा सकते; क्योंकि रास्ते में वह गौओं की हत्या न देख सकेंगे, एक-न-एक दिन बखेड़ा खड़ा होगा।

शिवाजी दरबार नहीं गए। सुलतान ने उनकी अनुपस्थिति का कारण पूछा। 'मुरार पंत' ने बड़े ही उत्तम ढंग से रास्ते की इन हत्याओं की बातें कहीं, और इससे हिंदुओं के दिल पर कैसी गुजरती है—इसका भी वर्णन करुण भाषा में किया। सुलतान के हृदय में यह बात जम गई। उसी दिन से आज्ञा हो गई कि कोई कसाई शहर में मांस न बेचे। शहर के एक सुनसान कोने में कसाइयों के रहने का हुक्म हुआ। शिवाजी फिर दरबार में आने-जाने लगे।

किंतु मुसलमानों की आदत क्यों छूटने लगी। वे शहर में यत्र-तत्र मांस बेचते ही थे। एक दिन शिवाजी अपने कुछ नवयुवक मित्रों के साथ घोड़े पर सैर को जा रहे थे कि एक कसाई को गोमांस बेचते देखा। फौरन घोड़े से उतरकर तलवार के एक ही वार में उसका वारा-न्यारा कर दिया। जब सुलतान के पास इसकी फरियाद की गई, तो उन्होंने भी शिवाजी के कार्य का अनुमोदन ही किया।

एक मुसलमान राज्य में, मुसलमानों से भरी नगरी में, इस प्रकार दिन-दहाड़े, एक मुसलमान का सिर उड़ा देना कितने साहस और वीरता का काम है, इसका अनुमान पाठक स्वयं कर सकते हैं।

अब मुसलमान लोग शांत न रह सके। उनका क्रोध अंतिम छोर छूने लगा। जगह-जगह मजलिसें जमने लगीं। गर्मागर्म बातों का ताँता बँधा। विचित्र हलचल पैदा हो गई। मुसलमान लोग सुलतान को कोसने लगे—उन्हें काफिर तक कहने लगे।

शाहजी घबराए। राज-दरबार में शत्रुओं की कमी नहीं रहती। कब तक अपने प्रभाव से वह मामले को तह देते रहते ? सोचा—न जाने कब सुलतान का मन फिर जाए और सारी जिंदगी की कमाई पर हड़ताल पड़ जाए; मुसलमान लोग बिगड़े हैं—कहीं कोई कांड न हो जाए; शिवाजी गुणवान और बुद्धिमान है, किंतु उसमें उद्धतपन की भी कमी नहीं है; दुष्कार-फटकार से यह बिगड़ैल घोड़ा राह पर आने का नहीं।

यह सोचकर प्रेम-पूर्वक शिवाजी को समझाया। अपने पूर्वजों द्वारा की गई मुसलमानों की सेवा तथा मुसलमानों द्वारा प्रदत्त अपने अपार वैभव पर उनका ध्यान आकर्षित किया। स्वयं समझाने के बाद जीजाबाई से भी कहा कि अपने लड़के को समझाओ। माता ने भी अपने पुत्र को खूब समझाया। बहुत नीचा-ऊँचा सुझाया। और, यह भी कहा कि पिता की आज्ञा मानने में ही पुत्र की भलाई है।

शिवाजी ने माता को अत्यंत नम्रता से उत्तर दिया—मैं आपकी आज्ञानुसार सदैव चलने को तैयार हूँ। आपकी आज्ञा शिरोधार्य है। किंतु मुसलमानों को फर्शी सलाम मैं नहीं कर सकता। गोवध तथा अपने धर्म का अपमान नहीं सह सकता। मुझे क्षमा कीजिए। जब कभी मैं ऐसे कुकर्मों को देखता हूँ, मेरे शरीर में आग-सी लग जाती है। क्रोध के मारे मेरा खून उबलने लगता है। मैं अपने स्वभाव से लाचार हूँ। परमात्मा की जो इच्छा होगी, वह होगा। किंतु यह स्पष्ट है कि अब मैं मुसलमानों का अन्न खा नहीं सकता। इससे धर्म भ्रष्ट होता है। यदि आप चाहती हैं कि कोई कांड न खड़ा हो, तो मुझे यहाँ से हटाइए।

कहिए, सोलह वर्ष के एक बालक का यह निर्भीक कथन क्या बाल-सूर्य की तीखी किरण-सा नहीं जान पड़ता ?

जब शाहजी ने देखा कि किसी तरह यह न मानेगा, तो अंत में जीजाबाई के साथ उन्हें पूना भेज दिया।

बीजापुर में ही, सुलतान आदिलशाह के विशेष आग्रह से, शिवाजी की दूसरी शादी हुई थी। इस विवाह में स्वयं आदिलशाह सम्मिलित हुए थे, और उन्होंने नाना प्रकार के वस्त्राभूषण तथा मणि-रत्न शिवाजी को उपहार दिए थे। किंतु हीरे-मोतियों की जगमगाहट महाराष्ट्र केसरी की आँखों में चकाचौंध न डाल सकी। वह

दो-तीन वर्ष बीजापुर में ठहरे थे ।

स्वराज्य-संस्थापन

अपनी मातासहित शिवाजी पूना आए । बीजापुर की घटनाओं ने उन्हें खूब उत्तेजित कर दिया था । अतएव यहाँ आते ही उन्होंने स्वराज्य-स्थापन की तैयारी आरंभ कर दी ।

महाराष्ट्र की भौगोलिक परिस्थिति भी कुछ ऐसी है कि यहाँ के अधिवासी वीर, कष्टसहिष्णु, स्वाधीनचेता और साहसिक होते हैं। हर ओर पर्वत-श्रेणियाँ हैं—उत्तर-दक्षिण सह्याद्रि है, पूर्व-पश्चिम सतपुरा और विंध्याचल । इनके अलावा छोटी-मोटी बहुत-सी पर्वत-श्रेणियाँ हैं, जिनके कारण यहाँ की भूमि विषम और ऊँची-नीची बन गई है । पर्वतों के शिखर पर अजेय गढ़ बने हुए हैं। पाठक देखेंगे कि इन पहाड़ी गढ़ों का शिवाजी ने कैसा सुंदर उपयोग किया ।

इसके अतिरिक्त, उस समय 'तुकाराम' और 'रामदास' आदि धर्मगुरुओं ने मुसलमानों के अत्याचार के कारण हिंदुओं का ह्रास होते देख धार्मिकता के साथ-साथ हिंदुओं में राष्ट्रीयता का बीज बोना प्रारंभ कर दिया था । इससे मृतप्राय हिंदुओं में नवजीवन का संचार हो रहा था । वे हिंदू-साम्राज्य का सुख-स्वप्न देखने लगे थे । उनकी इस जागृति ने शिवाजी के स्वराज्य-संस्थापन में बड़ी मदद पहुँचाई । कहते हैं, शिवाजी को इस स्वराज्य-संस्थापन में स्वामी रामदास से बहुत प्रोत्साहन प्राप्त हुआ था ।

पूना के आसपास 'मावली' नामक एक पहाड़ी जाति रहती थी । मावले बहुत ही सीधे-सादे और वीर थे । देखने में सुंदर न होने पर भी वे चतुर, साहसी और दृढ़प्रतिज्ञ थे । पहाड़ों पर चढ़ने-उतरने में तो अद्वितीय थे । पहाड़ों की एक-एक चप्पा जमीन से वे परिचित थे । शिवाजी ने स्वराज्य-संस्थापन में उनसे सहायता लेने की ठानी । वह गाँव-गाँव जाकर मावलों का संघटन करने लगे—उनमें स्वाधीन भाव भरते और नवयुवकों को स्वाधीनता-संग्राम के लिए आह्वान करते ।

कुछ ही दिनों में मावले-स्वयंसैनिकों की एक अच्छी सशस्त्र टोली उनके झंडे के नीचे इकट्ठी हुई । इस संघटन-कार्य में उनको अपने तीन लँगोटिया यारों—येसाजी कंक, तानाजी मालुसरे, और बाजी फसलकर—से बड़ी सहायता मिली । ये तीनों भी मावले ही थे । दादाजी कोंडदेव ने इन तीनों वीरों को बचपन ही से उनके साथ रखा था ।

मावल में 'रोहिद' नामक दुर्ग के 'रोहिदेश्वर' नामक मंदिर में बीजापुर की ओर से एक पुजारी नियुक्त था । शिवाजी देवताओं के बड़े भक्त थे । एक हिंदू-मंदिर पर मुसलमानों का यह अधिकार वह न देख सके । अतएव, सबसे पहले इसी देव-स्थल को मुसलमानों के चंगुल से निकालने को सोचा । फिर क्या, वहाँ से उस पुजारी को हटाकर अपना पुजारी नियुक्त किया ।

शिवाजी के इस काम से आसपास की घाटियों के लोग बहुत प्रसन्न हुए । उनके प्रति हिंदुओं की स्वाभाविक सहानुभूति हो गई । जब बीजापुर के कर्मचारी दादाजी देशपांडे ने, जो उनके शुभचिंतकों में से थे, इस घटना के विषय में उनको पत्र लिखा, तो उन्होंने उत्तर दिया कि बीजापुर-दरबार से मुझे कोई द्रोह नहीं है; किंतु रोहिदेश्वर की देवी 'शिवा' ने मुझे स्वतंत्र हिंदूराज्य-संस्थापन के लिए सहायता देने का वचन दिया है !

उस समय शिवाजी की अवस्था केवल सोलह वर्ष की थी !

इसके तीन वर्षों के बाद, विक्रम-संवत् 1703 में, जब वह कुल उन्नीस वर्ष के थे, उन्होंने बीजापुर के 'तोरण' दुर्ग पर आधिपत्य जमाया । यह दुर्ग उनकी जागीर के दक्षिण ओर था, और शत्रुओं की चढ़ाई करने का यही द्वार था । यह दुर्ग उन्होंने बड़े कौशल से, बिना रक्तपात के ले लिया ।

'तोरण' का दुर्ग बिना रक्तपात के हाथ आ जाने पर उनको बड़ा आनंद प्राप्त हुआ । दुर्ग भग्नावस्था में था । उन्होंने उसकी मरम्मत शुरू की । मरम्मत करते समय उन्हें वहाँ बहुत-सा गड़ा धन मिला । सबने समझा कि यह शुभ शकुन श्रीकुलदेवी 'तुलजा' भवानी की ही कृपा का फल है ।

इस घटना से उन पर लोगों की विशेष भक्ति बढ़ गई—लोग उन्हें देवता समझने लगे। उन्होंने उन रुपयों से गढ़ की मरम्मत की, अस्त्र-शस्त्र खरीदे, और मावलों की एक अच्छी सेना गढ़ की रक्षा के लिए नियुक्त कर दी।

मरम्मत के बाद इस गढ़ का नाम 'प्रचंडगढ़' रखा। और, इस दुर्ग से छः मील हटकर एक और दुर्ग बनवाया, जिसका नाम 'राजगढ़' रखा।

अब उनकी कीर्ति चारों ओर विद्युत्प्रवाह की नाईं फैलने लगी। यह स्वयंसिद्ध है कि स्वतंत्रता के यज्ञ में नवयुवक ही पहले अपने को बलि चढ़ाने के लिए आगे बढ़ते हैं। शिवाजी की स्वराज्य-भेरी बजते ही नवयुवकों के हृदय में देशोद्धार की तरंगें लहराने लगीं। वे झुंड-के-झुंड उनके पास पहुँचने लगे। वह वीरों का सम्मान करना जानते थे। वह समझते थे कि नवयुवकों में कैसी प्रलयंकारी शक्ति होती है। उन्होंने उत्साहित कर उन्हें अपने पास रख लिया। मोरो-पिंगले, अण्णाजी-दत्तो, निराजी-पंडित, रामजी-सोमनाथ, दाताजी-गोपीनाथ, रघुनाथ-पंत, गंगाजी-मंगाजी आदि जोशीले नवयुवक स्वराज्य के झंडे के नीचे आ एकत्रित हुए। ये सब-के-सब ब्राह्मण थे—बड़े ही प्रतिष्ठित और वैभवशाली वंश के थे। इन्हीं लोगों के सम्मिलित प्रयत्न से वह इतना अधिक काम कर सके।

उनके इन कार्यों से बूढ़े दादाजी-कोंडदेव घबराए। उन्होंने ऐसा करने से उनको मना किया। बीजापुर दरबार में भी खलबली मची। 'शाहजी' दरबार के नौकर थे—उन्होंने भी पहले उनको ऐसे कामों से रोका। किंतु माता जीजाबाई न तो घबराईं और न उन पर क्रुद्ध हुईं, वरन् और भी उनको प्रोत्साहन दिया। वह उनसे बार-बार कहतीं कि कुलदेवी ने मुझे स्वप्न दिया था कि तुम्हारे वंश में कोई युगप्रवर्तक हिंदू-राज्य-संस्थापक जन्म लेगा।

वीर माता के इस कथन का प्रभाव उत्साही नवयुवक शिवाजी पर कैसा पड़ता होगा, यह अनुभव करने की बात है। यदि हम कहें कि शिवाजी के इस स्वराज्य-संस्थापन का अधिकांश श्रेय उनकी माता ही को है, तो इसमें कुछ भी अत्युक्ति न होगी। प्रसिद्ध फ्रांसीसी वीर 'नेपोलियन' का यह कहना कितना सत्य था कि जैसा मेरी माता ने मुझे बनाया, वैसा ही मैं हूँ।

दादाजी-कोंडदेव की मृत्यु होने पर शिवाजी स्वयं अपनी जागीर के प्रबंधक बने। शाहजी 'तंजौर' की अपनी रियासत में रहते थे। पूना वाली रियासत का पूरा स्वत्व उन्होंने शिवाजी को दे दिया। वह स्वयं बड़े वीर थे। शिवाजी की वीरता से वह बहुत संतुष्ट हुए। यहाँ तक कि वह मन-ही-मन शिवाजी की महत्त्वाकांक्षा से पूर्ण सहानुभूति भी रखने लगे।

शिवाजी के शासक होते ही कुछ अधीनस्थ सरदारों ने विद्रोह का झंडा उड़ाया। विद्रोहियों में शाहजी की नई स्त्री का भाई 'सम्भाजी-मोहिते' मुख्य था। संभवतः अपने भांजे 'व्यंकोजी' का मोह उसे हो। उसके पास 'सूपा' नामक एक सुदृढ़ किला और बड़ी शिक्षित सेना थी।

शिवाजी एक रात को केवल तीन सौ सैनिकों को लेकर 'सूपा' पर चढ़ दौड़े, और सोते ही समय 'मोहिते' को बंदी कर लिया। 'मोहिते' के पतन से सभी विद्रोही सरदारों में आतंक फैल गया। 'चाकण' के दुर्गाध्यक्ष, 'फिरंगोजी-नरसाला' भी शिवाजी से आ मिले। पीछे इन्हीं 'फिरंगोजी' ने शिवाजी को स्वराज्य-स्थापन में बड़ी सहायता दी। इंदरपुर और बारामती के किलेदार भी उनके अधीन हुए। पूना से बारह मील पर 'कोडाणा' नामक एक दुर्ग बीजापुर के अधीन था। उन्होंने इसे भी अपने कौशल से हस्तगत कर लिया। यही दुर्ग आगे चलकर 'सिंहगढ़' के नाम से प्रख्यात हुआ। संवत् 1705 में 'पुरंदर' का सुप्रसिद्ध दुर्ग भी उनके हाथ में चला आया।

इधर वह अपने राज्य-विस्तार में लगे थे, उधर बीजापुर का सुलतान 'आदिलशाह' महल और मकबरे बनाने में व्यस्त था। महाराष्ट्र के इस विप्लव की ओर पहले उसका ध्यान ही न गया। उन्होंने आदिलशाह की इस अनवधानता से पूरा-पूरा लाभ उठाया।

इन किलों के हाथ में आने से उनका राज्य बहुत-कुछ सुरक्षित हो गया। किंतु उन्हें हस्तगत करने और उनकी मरम्मत आदि में उनका खजाना खाली हो गया था। अतएव जब 'थाना' की रियासत से बीजापुर को खजाना जा रहा था, तो उन्होंने अपनी तीन सौ सेना लेकर उसे छीन लिया। वह अपने कार्य में कैसे तत्पर थे, इसका अंदाजा केवल इसी घटना से लगाया जा सकता है कि जब तक इस लूट की खबर बीजापुर पहुँचे, तब तक उन्होंने बीजापुर के नौ किलों पर अपना अधिकार जमा लिया !

इन नौ किलों में लोहागढ़, राजमाची, रायरी—ये तीन मुख्य थे। जब विद्रोह का झंडा उड़ाया, तो आगा-पीछा देखना क्या ? तत्परता ही विप्लव की सफलता का मूलमंत्र है !

उधर वह लड़ रहे थे, इधर उनके साथी भी कुछ बैठे न थे। 'आबाजी-सोनदेव' ने अपने कुछ घुड़सवारों को लेकर कल्याण के दुर्गाध्यक्ष 'मौलाना अहमद' को कैद कर उसका किला छीन लिया। शिवाजी ने मौलाना को बड़े सम्मान के साथ बीजापुर भेज दिया और 'कल्याण'-दुर्ग का अध्यक्ष 'आबाजी' को ही नियत किया। इसी समय एक ऐसी घटना हो गई, जिससे शिवाजी के प्रति उनके शत्रुओं का भी आदर-भाव हो गया—क्या हिंदू, क्या मुसलमान, सभी उनके प्रशंसक बन गए।

बात यों है कि जब 'आबाजी-सोनदेव' ने 'कल्याण' की विजय की, तो 'मौलाना अहमद' की पुत्रवधू उनके हाथ आ गई। वह अनिंद्य सुंदरी थी। सोनदेव ने उसे शिवाजी के निकट उपस्थित किया, और चाहा कि महाराज इसे अपनी सेवा में रखें। जब सभा में वह लाई गई, तो उसका सौंदर्य देखकर सभी सभासदों की आँखें चुँधिया गईं। वे पत्थर की मूर्ति के समान एकटक उसे देखने और उत्सुक हो प्रतीक्षा करने लगे कि महाराज की क्या आज्ञा होती है।

किंतु शिवाजी ने क्या कहा—आप जानते हैं ? क्या उन्होंने उसे अपने महल में रखने की आज्ञा दी ? क्या उन्होंने उसे दुश्मन की स्त्री समझकर बेइज्जत करने का हुक्म दिया ? नहीं। उन्होंने कहा—वाह ! क्या अच्छा रूप है ! यदि मेरी माता भी ऐसी ही रूपवती होती, तो मैं कितना सुंदर होता !

इतना कह उन्होंने उस बेगम को 'माँ' कहकर संबोधित किया, और बहुत ही सम्मान तथा आदर के साथ, अपने पास से बहुमूल्य भूषण-वस्त्र पहनाकर, उसे मौलाना अहमद के पास भेज दिया। इस घटना का ऐसा प्रभाव लोगों पर पड़ा कि क्या हिंदू, क्या मुसलमान, सभी उनकी छत्रछाया में निस्संकोच चले आए। धन्य शिवाजी ! धन्य हिंदू-सभ्यता ! !

इसके पश्चात् शिवाजी ने हबशियों के 'तला', 'घोसला' और 'रायरी' नामक तीन किले जीते। 'बिरावड़' में एक नया किला बनवाया। वहाँ से लौटते समय 'गोवलकर-सामंत' नामक एक वीर योद्धा उनसे आ मिला। उसने एक तलवार उनको भेंट की, जिसका नाम उन्होंने 'भवानी'-तलवार रखा था। वह प्रतिदिन उसकी पूजा करते : नवरात्र में उसे देवी के घट के निकट रखते और विजयादशमी को उसे धारण कर विजय-यात्रा को निकलते।

'कोंकण' के दक्षिण समुद्र-तट पर 'राजापुर' नामक एक वैभवशाली नगर हबशियों के हाथ में था। उसे भी उन्होंने विजय किया। इसी राजापुर में 'बालाजी-आबाजी' नामक एक बहुत ही चतुर और सुविज्ञ सज्जन उन्हें प्राप्त हुए। यह अपनी कार्य-पटुता से, कुछ ही दिनों में, उनके प्राइवेट सेक्रेटरी (निजी मंत्री) बन गए। वह प्रत्येक गुप्त कार्य में इनसे सलाह अवश्य लेते—सभी महत्त्वपूर्ण पत्र इन्हीं से लिखवाते। पत्र का मसौदा लिखने में इनकी बड़ी तारीफ की जाती है।

शिवाजी की विजयों को देखकर आदिलशाह की आँखें खुलीं। किंतु "लजाई बिल्ली खंभा नोचती है"। उसने, शिवाजी पर वश चलता न देख, उनके पिता शाहजी को, धोखे से कैद करके, एक कोठरी में बंद कर दिया और उसके द्वार पर ईंटें चुनवा दीं।

जब शिवाजी को अपने पिता की यह दुरवस्था ज्ञात हुई, तो वह पितृ-प्रेम से घबरा उठे। इतनी शक्ति नहीं थी कि युद्ध करके पिता का बंदीमोचन करें। आत्मसमर्पण करने से देशोद्धार का सारा सुख-स्वप्न भंग हो जाता।

वह किंकर्तव्यविमूढ़ बन गए। किंतु उनकी वीरा अर्द्धांगिनी 'सईबाई' को एक उपाय सूझ गया। तदनुसार उन्होंने मुगल-सम्राट् शाहजहाँ के पास एक पत्र भेजा कि आप यदि मेरे पिता को बंदीखाने से छुड़ा दें, तो मैं आपके अधीन दक्षिण-विजय के संबंध में काम कर सकता हूँ।

शाहजहाँ दक्षिण के मुसलमानी राज्यों को नष्ट करना चाहता था। अनायास एक पराक्रमी वीर को अपने हाथ में आने देने का मौका वह क्यों छोड़ने लगा? शिवाजी की बातें उसने मान लीं। मुगल-सम्राट् का फरमान पाते ही शाहजी मुक्त कर दिए गए।

जो पुरुष स्त्रियों को मूर्खा और केवल 'ताड़न के अधिकारी' समझते हैं, क्या यह घटना उनकी आँखें खोलनेवाली नहीं है?

सुलतान आदिलशाह किसी प्रकार शिवाजी का खातमा करना चाहता था। शाहजी को उसने इसीलिए कैद किया था कि शिवाजी बीजापुर आवे और उसे मरवा दें। अब उसने दूसरा उपाय सोचा। 'बाजी-श्यामराज' नामक एक कुल-कलंक मराठा-सरदार को उसने शिवाजी का गुप्त वध करने के लिए नियत किया। किंतु शिवाजी के गुप्तचरों ने सारे भेदों का पता लगा लिया और 'बाजी-श्यामराज' की एक न चली—अपना-सा मुँह लिए वह बीजापुर लौट आया।

इस कुल-कलंक सरदार को 'जावली'-दुर्ग के अध्यक्ष 'चंद्रराव-मोरे' ने अपने यहाँ ठहराया था। शिवाजी उससे जल उठे। वह बड़ा ही वीर था। शिवाजी ने पहले उसे धर्म और देश के नाम पर अपने में मिल जाने को लिखा; किंतु जब वह न माना, तो एक भारी फौज लेकर उस पर चढ़ाई की। जब फौज जावलीगढ़ के निकट पहुँची, तो शिवाजी ने अपने दूत 'रावो-बल्लाल' को 'मोरे-सरदार' के पास पुनः संधि के लिए भेजा। किंतु दरबार में ही बल्लाल और मोरे-सरदार में कहा-सुनी हो गई। 'बात-हिं-बात करख बढ़ि आई।' बल्लाल ने 'मोरे' को वहीं मार डाला। पीछे शिवाजी ने चढ़ाई की और दुर्ग को ले लिया।

जावली का दुर्ग अपनी स्थिति, रचना और दृढ़ता के लिए प्रसिद्ध था। उसी के निकट शिवाजी ने एक और गढ़ बनवाया। उसका नाम 'प्रतापगढ़' रखा गया। उन्होंने उस किले में बहुत-सा धन खर्च कर अपनी कुलदेवी 'भवानी' का मंदिर भी बनवाया; क्योंकि तुलजापुर की भवानी का मंदिर उन्हें बहुत दूर पड़ता था। जावली की विजय संवत् 1712 में हुई।

'जावली'-जागीर के आसपास के सब किलेदार शिवाजी की अधीनता में चले आए। रात के समय शिवाजी ने 'रोहिड़ा'-दुर्ग पर आक्रमण कर उसे भी ले लिया। इसी दुर्ग में रात के समय युद्ध करते समय 'बाजीप्रभु' नामक एक सरदार की वीरता देखकर शिवाजी इतने प्रसन्न हुए कि उसके पास अपने दूत द्वारा संदेश भेजा। 'बाजीप्रभु' शिवाजी की उदारता और गुणग्राहकता देखकर मुग्ध हो गए और आत्मसमर्पण कर दिया।

पाठक आगे पढ़ेंगे कि इसी बाजीप्रभु ने किस प्रकार अपने प्राणों की बाजी लगाकर शिवाजी की रक्षा की थी।

शिवाजी में वीरता और नीतिज्ञता का अपूर्व मेल था। एक ही शिवाजी में प्रतापसिंह की वीरता और कट्टरता, तथा अकबर की नीतिज्ञता और चतुरता का संयोग था—यदि हम ऐसा भी कहें, तो कोई अत्युक्ति नहीं। जो मीठे से मरता हो, उसके लिए विष की व्यवस्था वह कभी न करते थे। इसी भाँति, जहाँ विष की आवश्यकता होती थी, वहाँ मीठा देकर अपने को उपहासास्पद बनाना भी नहीं चाहते थे।

इसी वीरता और नीतिज्ञता के कारण, केवल आठ-नौ वर्षों के अंदर, संवत् 1703 वि. से संवत् 1712 वि. तक, महाराष्ट्र के सभी पहाड़ी किलों पर उनकी विजय-ध्वजा फहराने लगी थी। इन किलों की संख्या चालीस से ऊपर थी।

वीरों और गुणियों की पहचान और उनका सम्मान करने में वह अद्वितीय थे। धूल-धूसरित रत्न को वह देखते ही परख लेते थे। जहाँ-कहीं कोई गुणी और बली मिला, उसे अपनाया।

इन कुछ बरसों के अंदर ही जैसे एक-से-एक अजेय दुर्ग उनके हाथ आ गए थे, उसी प्रकार एक-से-एक महावीर योद्धा, योग्य शासक और अद्‍भुत नीतिज्ञ महापुरुष भी उनके झंडे के नीचे आ इकट्ठे हुए थे।

'जावली'-विजय के बाद उन्होंने एक योग्य शासक की तरह, अपने इस नवीन राष्ट्र का नवीन संगठन किया। 'श्यामराज-नीलकंठ रंजेकर' की जगह 'मोरो त्र्यंबक पिंगले' को प्रधानमंत्री वा पेशवा बनाया—संपत्ति और शासन-शास्त्र में इनकी अद्‍भुत गति थी—पहले यह शाहजी के साथ काम कर चुके थे। 'बालकृष्ण-पंत' के स्थान पर 'नीलो-सोनदेव' को कोषाध्यक्ष के पद पर नियुक्त किया। संवाददाता और पत्रव्यवहाराध्यक्ष—इन दो नए पदों की सृष्टि कर इनका भार क्रमशः 'गंगाजी-मंगाजी' और 'आबाजी-सोनदेव' को सौंपा। 'नेताजी पालकर' घुड़सवारों के अध्यक्ष बनाए गए। उस समय शिवाजी के पास दस हजार घुड़सवार थे। पैदल सेना में दस हजार वीर मावले थे, जिनके सेनापति 'येसाजी कंक' बनाए गए।

अफजल की दुर्गति

इधर शिवाजी अपने राज्य-विस्तार और उसके शासन-सुधार में लगे थे, उधर बीजापुर में उनके संहार का उपचार सोचा जा रहा था। एक दिन वहाँ के बादशाह 'आदिलशाह' ने अपने सभी सरदारों को बुलाया और शिवाजी के दमन के विषय में परामर्श किया। सभी इस 'पहाड़ी चूहे' को जिंदा गाड़ने के पक्ष में थे; किंतु म्याऊँ के गले में घंटी कौन बाँधेगा, इसी में मतभेद था; क्योंकि शिवाजी का नाम सुनते ही सभी के होश-हवास गुम हो जाते थे। अंत में 'अफजल खाँ' नामक एक सरदार ने भरी सभा में गर्व से प्रतिज्ञा की कि 'मैं शिवाजी को न सिर्फ जिंदा ही गिरफ्तार करके लाऊँगा, बल्कि उसे घोड़े पर सवार ही बीजापुर चलने के लिए मजबूर करूँगा।'

'अफजल' जाति का भठियारा था—अपने पराक्रम और बाहुबल से ही वह बीजापुर के अव्वल दरजे के अमीरों में गिना जाता था। कहते हैं, जब वह शिवाजी से युद्ध करने चला, तो उसने अपनी एक सौ तिरसठ बेगमों को इस आशंका से कत्ल कर दिया कि कहीं मेरी मृत्यु के पीछे वे व्यभिचारिणी न बन जाएँ!

संवत् 1716 वि. में 'अफजल खाँ' शिवाजी को पकड़ने चला। उसके साथ बारह हजार घुड़सवार सेना थी। पैदल सेना, गोला-बारूद और रसद का क्या पूछना! यह बीजापुर से सीधे तुलजापुर आया, जहाँ शिवाजी की कुलदेवी तुलजा-भवानी का मंदिर था। उसने एक गाय मारकर मंदिर के भीतर फेंक दी और उसके खून को मंदिर पर छिड़कवा दिया! पुजारियों ने छिपाकर भवानी की मूर्ति की रक्षा की।

वहाँ से वह पंढरपुर पहुँचा। कितने ही मंदिरों को तोड़ा। पुंडलीक की मूर्ति को तालाब में फेंक दिया। माणकेश्वर महादेव की मूर्ति को नष्ट-भ्रष्ट कर दिया। ब्राह्मणों को सताया।

पंढरपुर से वह 'वाई' आया। वहाँ एक लोहे का पिंजड़ा बनवाया कि इसी में कैद करके शिवाजी को बीजापुर ले जाएँगे! फिर किसी प्रकार धोखा देकर शिवाजी को फाँसने का प्रयत्न करने लगा।

अफजल का आगमन सुनकर शिवाजी अपने दल-बल सहित 'जावली' आए। प्रतापगढ़ में फौज की छावनी पड़ गई। अफजल ने 'वाई' से शिवाजी के पास प्रतापगढ़ में एक दूत भेजा, और वहाँ होनेवाली एक विचार-सभा में सम्मिलित होने के लिए उन्हें आमंत्रित किया।

शिवाजी भी तो इतने बुद्धू न थे कि अनायास उसके जाल में फँस जाते! उन्होंने 'विश्वासरात्र नाना प्रभु' नामक अपने एक गुप्तचर को भेद लाने के लिए 'वाई' भेजा। वह मुसलमान फकीर का वेश धारण कर दिन-रात अफजल खाँ की छावनी में घूमता रहा, और यह भली-भाँति पता लगा लिया कि अफजल किसी भी तरह से शिवाजी को फँसाकर कैद करना और बीजापुर भेजना चाहता है। शिवाजी यह समाचार पाकर और भी सावधान हो गए।

जब दूत से काम होते न देखा, तो अफजल ने अपने मंत्री 'कृष्णाजी भास्कर' को शिवाजी को बुलाने के

लिए भेजा। किंतु शिवाजी 'अफजल खाँ' की चाल को भली-भाँति ताड़ गए थे। उन्होंने जाना अस्वीकार कर दिया, और अपने दूत 'गोपीनाथ पंत' को यह सँदेशा देकर कृष्णाजी के साथ कर दिया कि खाँ साहब को यदि मुझसे मिलना है, तो मेरे ही यहाँ आवें; मैं सब प्रकार उनका स्वागत करने को तैयार हूँ; मैं अपनी भीरुता (!) के कारण, बीजापुर के नामी सरदार 'अफजल खाँ' से, 'वाई' में मिलने से डरता हूँ।

अफजल को अपनी सैन्य-शक्ति और धूर्तता का इतना घमंड था कि वह प्रतापगढ़ जाने को तैयार हो गया। 'वाई' से सदलबल वह प्रतापगढ़ दुर्ग के नीचे 'पार' नामक गाँव में आ धमका। शिवाजी की ओर से उसके स्वागत का पूरा प्रबंध किया गया था।

कहते हैं, शिवाजी 'खाँ' के इस आक्रमण से बहुत घबरा गए थे। उनके सैनिकों की हिम्मत टूट गई थी—अब तक वे छोटे-छोटे जागीरदारों से ही लड़े-भिड़े थे—किसी प्रबल शत्रु से खुले-आम मुकाबला करने का कभी उन्हें मौका न मिला था।

शिवाजी पर कोई संकट आता था, तो वह अपनी कुलदेवी 'तुलजा-भवानी' का ध्यान करते थे। ध्यान करते समय वह प्रायः बेहोश हो जाया करते थे, और उस बेहोशी की हालत में दैवी प्रकाश के कारण जो कुछ उनके मुख से निकलता था, उसे देवी की आज्ञा समझकर वह करते थे।

इस बार भी शिवाजी ने ध्यान लगाया और अपने चिटनवीसों (लेखकों) से—बेहोशी की हालत में जो कुछ मुँह से निकले—लिखने की आज्ञा दी। भवानी ने उन्हें रक्षा का वचन दिया।

प्रतापगढ़ किले से चौथाई मील की दूरी पर एक जगह एक शामियाना खड़ा किया गया था। यहीं अफजल खाँ से शिवाजी के मिलने का निश्चय हुआ।

उस दिन सबेरे उठकर शिवाजी ने स्नान-पूजा से निवृत्त हो भोजन किया। दोपहर को कुछ सोए भी। पीछे अपने विश्वस्त सहचर 'तानाजी मालुसरे, पेशवा मोरो पिंगले और नेताजी पालकर' को बुलाकर कुछ गुप्त परामर्श किया। सेना के दो विभाग किए गए। निश्चित हुआ कि जिस समय बिगुल बजे, उस समय नेताजी ससैन्य पहाड़ी से निकलकर मुगल सेना पर टूटें, और जब किले पर तोप छूटे, तो मोरो पिंगले और तानाजी की सेनाएँ जावली की घाटियों से निकलकर शत्रुओं पर पिल पड़ें।

इसके बाद, उन्होंने अपने सरदारों की एक सभा की, और यह आदेश किया कि मैं यदि मारा जाऊँ, तो मेरे बालक-पुत्र 'सम्भाजी' को राजा बनाना और नेताजी पालकर को राजप्रतिपालक नियत करना।

सेना की व्यवस्था कर अपनी तैयारी की। भीतर जिरह-बख्तर पहना और ऊपर एक सुनहला अँगरखा डाला। सिर पर लोहे का शिरस्त्राण था और उसके ऊपर साफा बँधा था। बाएँ हाथ में बाघनख पहना—मुट्ठी बाँधने पर वह एक साधारण लोहे की अँगूठी समझ पड़ता, किंतु अँगुली सीधी करते ही एक साधारण झटके से उससे बड़े पैने लोहे के प्राणघातक नख निकल आते! दाहिने हाथ में, अँगरखा के नीचे, 'बिच्छू कटार' रख ली। अपने साथ 'जीवा महाला' और 'सम्भाजी काबू' नामक दो सिपाहियों को ले लिया। ये दोनों ही तलवार चलाने में निपुण तथा विचित्र शक्ति और साहस के पुरुष थे। 'जीवा महाला' जाति का नाई था।

सज-सजाकर शिवाजी ने माता के चरणों में गिरकर प्रणाम किया। माता ने आशीर्वाद देकर कहा—जाओ बेटा! उस 'खाँ' से सावधान रहना और अपने ज्येष्ठ भ्राता* की मृत्यु का बदला लेना।

इधर अफजल भी अपनी धूर्तता के नशे में चूर था। उसने सोचा कि अकेले में पाकर या तो उसका सिर उड़ा दूँगा या गिरफ्तार कर लूँगा। वह एक हजार हथियारबंद सिपाही लेकर पालकी में सवार हो शिवाजी से मिलने चला। किंतु शिवाजी के राजदूत 'गोपीनाथ पंत' के आग्रह से उसे सिपाहियों को दूर ही छोड़ देना पड़ा। तो भी वह 'सैयद बंडा' नामक—तलवार चलाने में निपुण—एक पठान को लेकर आगे बढ़ा।

शिवाजी ने अपने दूत से कहला भेजा कि उस आदमी से मुझे डर लगता है; खाँ साहब उसे साथ न

---

* शिवाजी के बड़े भाई 'सम्भाजी' को अफजल ने मारा था।

लावें। अतः सैयद भी दूर ही छोड़ दिया गया। खाँ के साथ गोपीनाथ पंत और कृष्णाजी भास्कर—दोनों—थे, और शिवाजी के साथ 'सम्भाजी काबू' और 'जीवा महाला'।

खाँ को अपनी ओर आते देख शिवाजी अपने दोनों साथियों के साथ उनके स्वागत को बढ़े। उस समय ऊपर से शिवाजी बिना हथियार के जान पड़ते थे, इधर खाँ की कमर में तलवार झूल रही थी। खाँ ने सोचा कि शिकार मौके से हाथ आया।

ज्यों ही शिवाजी 'खाँ' के निकट पहुँचे कि उसने शिवाजी को खतम करने का समय आया जान, ताना मारते हुए, कड़ककर कहा—तुम्हारे-जैसे मामूली किसान के पास इस शान के साथ शामियाना सजाने का सामान कहाँ से आया?

शिवाजी ने बड़ी तेजी से उत्तर दिया—यह काम मेरा नहीं, बल्कि तुम्हारा है; क्योंकि तुम भठियारे के लड़के हो।

यह सुनते ही अफजल क्रोध से पागल हो गया। बाएँ हाथ से शिवाजी की गर्दन पकड़कर अपनी बगल में दबाई और दाहिने हाथ से शिवाजी के पेट में अपनी तलवार घुसेड़नी चाही। किंतु भीतर जिरह-बख्तर पहनने के कारण तलवार कुछ काम न कर सकी!

शिवाजी बड़ी बेबसी में फँसे थे। अफजल उनसे डीलडौल में बड़ा तथा शरीर से खूब मजबूत था। वह उन्हें एक पहलवान की नाईं बगल में दाबे हुए था। शिवाजी का दम घुट रहा था। जब वह बेहोश होने लगे, तो उन्हें अपने गुरुदेव 'समर्थ रामदास' का ध्यान हो आया।

गुरु का ध्यान आते ही उनमें नवीन बल का संचार हुआ। उन्होंने अपने हाथों को खाँ की मुट्ठी से छुड़ाया और बाघ-नख उसके पेट में तथा बिच्छू-कटार उसकी पीठ में घुसेड़ दी। अपने को घायल होता देख खाँ ने अपनी तलवार शिवाजी के सिर पर जोर से दे मारी। किंतु शिरस्त्राण के कारण वह बाल-बाल बच गए—हाँ, कुछ हल्की चोट आई।

तब तक शिवाजी ने लपककर 'जीवा महाला' के हाथ से तलवार ले ली और खाँ के कंधे पर दे मारी। खाँ चीख उठा। उसका साथी 'सैयद बंडा' अन्य लोगों के साथ पहुँचा और घायल खाँ को पालकी पर चढ़ाकर ले जाना चाहा। इतने ही में शिवाजी और जीवा महाला 'सैयद' पर टूटे और 'सम्भाजी काबू' ने पालकी ढोनेवालों को घायल कर खाँ की गर्दन काट ली और उसे शिवाजी को दे दिया।

खाँ के साथ 'कृष्णाजी' नामक एक ब्राह्मण भी था। उसने शिवाजी पर आक्रमण किया। शिवाजी ने उसे दो-तीन धक्के देकर कहा—जाओ, मैं अपने पिता की आज्ञानुसार तुम्हारा वध नहीं कर सकता।

अब शिवाजी ने विजय का बिगुल बजाया। गढ़ से तोपें गरज उठीं। घाटियों के अंदर छिपे हुए मराठे सैनिक—मोरो त्र्यंबक, तानाजी और नेताजी की अध्यक्षता में—टूट पड़े। अफजल की सेना उसकी मृत्यु के कारण घबरा गई थी। इस अचानक चढ़ाई के कारण, उन्हें, उस अजान प्रदेश की प्रत्येक झाड़ी, शत्रुओं से भरी प्रतीत होती थी। भागने की भी राहें मराठों ने बंद कर दी थीं। वे इस असहाय अवस्था में, तीन घंटे तक, इधर-उधर टुकड़ियों में बँटे लड़ते रहे। जिन्होंने दाँतोंतले तृण दबाकर शरण चाही, वे छोड़ दिए गए। शेष तलवार की घाट उतारे गए।

इस युद्ध में शिवाजी की मावली सेना ने बड़ी वीरता दिखलाई। उन्होंने भागते हुए हाथियों की पूँछ काट डाली, उनके दाँत काट डाले, उनके पैर काट डाले। घोड़े और ऊँट तक कटने से न बचे।

हाथ में अफजल के सिर को लटकाए हुए शिवाजी अपनी माता 'जीजाबाई' के पास आए। 'जीजाबाई' दुर्ग पर खड़ी हुई शिवा-अफजल का मल्लयुद्ध तथा बीजापुरी और मराठे सैनिकों का तुमुल युद्ध देख रही थीं। शिवाजी को देखते ही उन्होंने छाती से लगा लिया और अपने भाई का बदला चुकाने के लिए उन्हें आशीर्वाद दिया।

शिवाजी की इस विजय पर उनके राज्य-भर में आनंद मनाया गया। इस विजय को लोगों ने राष्ट्रीय

विजय मानी । कवियों ने ओजस्विनी भाषा में इस पर कविताएँ लिखीं, जो अभी तक महाराष्ट्र में प्रेम से गाई जाती हैं और 'पँवाड़ा' कहलाती हैं ।

इस युद्ध में शिवाजी को बहुत माल हाथ लगा, जिसमें पैंसठ हाथी, चार हजार घोड़े, बारह सौ ऊँट, दो हजार कपड़ों की गाँठें, दस लाख नगद रुपए और बहुत से जवाहरात थे । बीजापुर के बड़े-बड़े अफसर कैद हो गए थे । जिन्होंने शिवाजी की सेवा करना स्वीकार किया, उन्हें रख लिया, शेष को सत्कार के साथ अपने खर्च से बीजापुर भेज दिया ।

इस संपत्ति को उन्होंने अपनी सेना में बाँट दिया । घायल को पेंशन मिली, जीते को पुरस्कार मिला । मरे हुओं के परिवारों को सहायता दी गई ।

शिवाजी के वंशधरों के पास अफजल खाँ की तलवार आज भी विजय-चिह्न के उपलक्ष में वर्त्तमान है । अफजल खाँ के खेमे के ऊपर का सुनहला गुंबज आज तक महाबलेश्वर के मंदिर के शिखर पर चमकता हुआ 'महाराष्ट्र केसरी' की अलौकिक वीरता, चतुरता, धार्मिकता और स्वदेशप्रियता का स्वर्गीय संदेश देता है ।

रणचंडी का तांडव

अफजल के मरने का समाचार सुनकर बीजापुर में आतंक और शोक का साम्राज्य छा गया । समस्त दरबारी कई दिनों तक शोक-चिह्न धारण किए रहे ।

उधर बीजापुर में शोक मनाया जा रहा था, इधर शिवाजी अपनी सेना लेकर बीजापुर राज्य के एक-एक दुर्ग को हस्तगत कर रहे थे—पावनगढ़, वासंतगढ़, रांगना, विशालगढ़ आदि पर शिवाजी की विजय-ध्वजा फहराने लगी । 'अण्णाजी दत्तो' ने 'पन्हाला' नामक एक सुदृढ़ और सुरक्षित गढ़ को अधीनस्थ कर लिया । जब 'रुस्तम खाँ' नामक एक बीजापुरी सरदार शिवाजी का सामना करने आया, तो उन्होंने उसे पराजित कर बीजापुर के फाटक तक खदेड़ दिया ।

इन घटनाओं से बीजापुर के शासक 'अली आदिलशाह' का दिमाग चकरा गया ।

शिवाजी की तत्परता विलक्षण थी । आज यहाँ हैं, कल कहाँ रहेंगे—इस समय यह काम कर रहे हैं, दूसरे ही क्षण क्या कर बैठेंगे—इसका कोई ठिकाना नहीं । यही तत्परता और समयपरता शिवाजी की विजयों के मुख्य कारण थीं ।

इधर बीजापुर से लड़ ही रहे थे कि समुद्री उपकूलों पर चढ़ दौड़े । समुद्र के किनारे हबशी, पोर्त्तुगीज, अंग्रेज आदि सौदागरों का आधिपत्य था । शिवाजी ने दाभोले, चेउल और राजापुर आदि नगरों पर चढ़ाइयाँ कीं और उन्हें लूटा । 'चेउल' में दो अंग्रेज सौदागर भी बंदी बनाए गए थे ।

अली आदिलशाह ने अब विलंब में अपना विनाश देखा । उसने 'सिद्दी जौहर' नामक एक वीर हबशी-सरदार को 'सलावत जंग' की उपाधि देकर अपना सेनापति बनाया । उसका सहकारी अफजल खाँ का पुत्र 'फजल मुहम्मद' बनाया गया—वह अपने पिता का बदला लेने को छटपटा रहा था ।

आदिलशाह ने इन लोगों को शिवाजी के विरुद्ध लड़ने को भेजा और उनके साथ दस हजार घुड़सवार सेना, चौदह हजार पैदल सेना, तथा एक बहुत बढ़िया तोपखाना कर दिया । साथ ही उधर 'जंजीरा' के फतेह खाँ को शिवाजी पर आक्रमण करने को उभाड़ा ।

'जंजीरा' टापू को कहते हैं—समुद्र के निकट एक द्वीप-पुंज था, जिस पर हबशी लोगों का अधिकार था । मराठे उसे 'जंजीरा' कहते थे । फतेह खाँ उसका शासक था ।

सावंतवाड़ी के सावंतों ने भी, दक्षिण-पश्चिम सीमा से, शिवाजी को सताने का बीड़ा उठाया । सावंत, हिंदू होने पर भी, शिवाजी के प्रतिद्वंद्वी और विरोधी थे !

इस प्रकार चारों ओर से शिवाजी को घेरने का आयोजन हुआ । किंतु शिवाजी आपत्तियों से कब घबरानेवाले थे । उन्होंने अपनी सेना को तीन टुकड़ों में बाँटा । 'राघो बल्लाल' की अध्यक्षता में एक अच्छी

पैदल सेना फतेह खाँ को रोकने के लिए भेजी । 'बाजी पसलकर' अपनी सेना लेकर सावंतों से भिड़ने चले; और स्वयं शिवाजी, 'नेताजी पालकर' के साथ, बीजापुरी सेना से मुठभेड़ करने को 'पन्हाला'-दुर्ग में आ धमके ।

सिद्दी-जौहर ने 'पन्हाला' को आ घेरा । पन्हाला की पहाड़ी के चारों ओर उसकी सेना ने अड्डे बनाए । 'नेताजी पालकर' ने दुर्ग में आने का द्वार रोक दिया । रात-दिन मावली सेना को लिए 'नेताजी' पहाड़ी के चारों ओर गश्त लगाते और जहाँ अवसर मिलता, सिद्दी की सेना को तहस-नहस करते ।

किंतु, एक तो सिद्दी की सेना अधिक थी, दूसरे—वह स्वयं भी अच्छा वीर था—हिम्मत न हारी, घेरा जारी रखा ।

इतने में बरसात आ पहुँची । शिवाजी ने सोचा था कि बरसात में घेरा उठ जाएगा । किंतु सिद्दी डटा रहा ! अब शिवाजी संकट में पड़े । कुछ दिन और घेरा जारी रहने पर पन्हाला का पतन उन्हें अवश्यंभावी दीख पड़ा—और पन्हाला के पतन के साथ शिवाजी के पतन का घनिष्ठ संबंध था ।

फिर शिवाजी ने एक चाल चली । सिद्दी के पास संधि का प्रस्ताव भेजा । कहते हैं, स्वयं शिवाजी सिद्दी के खेमे में गए, और निश्चय हुआ कि कल 'पन्हाला'-दुर्ग सिद्दी को समर्पित कर दिया जाएगा । किंतु, रात में ही—जब कि सिद्दी और उसकी सेना, कल दुर्ग मिलने के आनंद में, सुख की नींद सो रही थी—शिवाजी अपने कुछ विश्वस्त सहचरों को लेकर दुर्ग से निकल पड़े । जिस राह से वह निकले थे, वह आज तक 'शिवाजी की खिड़की' के नाम से प्रसिद्ध है ।

किसी कदर अफजल के बेटे को शिवाजी के भागने की खबर लग गई । वह सिद्दी के बेटे 'सिद्दा-अजीज' को साथ लेकर, एक अच्छी घुड़सवार सेना के साथ, शिवाजी के पीछे पड़ा । दूसरे दिन, दोपहर को, शिवाजी की सेना दीख पड़ी । फजल मुहम्मद और सिद्दा-अजीज 'शिकार निकला, दौड़ो, पकड़ो' कहकर टूट पड़े ।

शिवाजी की स्थिति बड़ी नाजुक थी । वहाँ से विशालगढ़ छः मील की दूरी पर था । उनके पास इतनी सेना भी न थी कि सामना करते । किंतु 'बाजीप्रभु' नामक वीर सरदार उनके साथ थे—उन्होंने अनुरोध कर शिवाजी को विशालगढ़ चले जाने पर राजी किया, और स्वयं 'पनघर पानी' नामक घाटी में, एक छोटी-सी मावली-सेना लेकर, बीजापुरी सवारों की राह रोके खड़े हो गए ।

इधर शिकार को हाथ से जाते देख बीजापुरी सेना उत्तुंग समुद्री तरंग की भाँति टूट पड़ी । 'बाजीप्रभु' पत्थर की चट्टान के समान उन्हें रोकने लगे । उनकी छोटी-सी सेना कट-कटकर गिरने लगी । स्वयं उन्हें भी कितने ही घाव लगे । किंतु वह अपनी जगह से एक अंगुल भी पीछे न हटे—बड़ी ही धीरता और वीरता से लड़ते रहे—यहाँ तक कि जब वह स्वयं घायल होकर गिर पड़े, तो भी उन्होंने हिम्मत न हारी; भूमि पर पड़े-ही-पड़े वीरों को उत्तेजित करते रहे ।

इतने में शिवाजी विशालगढ़ पहुँच गए और पाँच तोपें दागकर अपने सकुशल पहुँचने की सूचना दी । तोपों की गरज सुनते ही बाजीप्रभु के आनंद की सीमा न रही । इसी आनंदोद्रेक में उनके प्राण-पखेरू उड़ गए ।

धन्य बाजीप्रभु ! धन्य महाराष्ट्र की भूमि, जहाँ ऐसे वीररत्न स्वामिभक्त पुरुष अवतीर्ण हुए !

उधर 'राघो बल्लाल' को भी फतेह खाँ के प्रति कुछ सफलता मिली । पीछे शिवाजी ने स्वयं 'जंजीरा' पर चढ़ाई की । रास्ते में, दंडाराजपुरी में, अंग्रेजों को कैद किया; क्योंकि इन्होंने सिद्दी-जौहर को—पन्हाला-दुर्ग के घेरे के समय—मदद पहुँचाई थी ।

राजापुर के बाद 'शृङ्गारपुर' पर धावा किया । शृङ्गारपुर के मराठा-सरदार ने शिवाजी की अधीनता स्वीकार की । पीछे इसी वंश में शिवाजी के बड़े पुत्र 'सम्भाजी' का विवाह हुआ था ।

एक अच्छा जंगी बेड़ा तैयार कर 'जंजीरा' पर चढ़ाई तो की, परंतु इसी समय शिवाजी को सामंतों की ओर अपना ध्यान आकर्षित करना पड़ा । इसलिए फतेह खाँ से अधिक मुठभेड़ नहीं हुई ।

'बाजी पसलकर' से कई बार मुकाबला होने पर, सामंतों ने, मधोल के 'बाजी-घोरपड़े' की सहायता से,

शिवाजी को हराने की ठानी। यह वही 'बाजी घोरपड़े' था, जिसने बीजापुर के बहकावे में आकर शिवाजी के पिता 'शाहजी' को धोखा देकर बंदी बनाया था। शाहजी ने ही शिवाजी को इसका बदला लेने को लिखा ! बस अपने पिता के शत्रु पर शिवाजी का क्रोध भड़क उठा !

इसके बाद क्या हुआ, सो शिवाजी के ही शब्दों में सुनिए। वह अपने पिता को पत्र में लिखते हैं—

"हम अपनी सेना-सहित 'मधोल' पहुँचे। उसकी जागीर को तहस-नहस कर दिया। उसके थानों पर अधिकार कर लिया।....वह और उसके साथी मारे गए।....इस समय 'खवास खाँ' बीजापुरी सरदार हमारी ओर बढ़ा आ रहा था। उसको पराजित किया—खदेड़ दिया। वह निराश होकर बीजापुर लौट गया। इसके पीछे हमारा काम सामंतों का दमन करना था। उनके एक-एक कर सभी किले हमारे हाथ आ गए।....फिर हमने पोर्तुगीजों से युद्ध ठाना।....उन्होंने हमसे संधि की और बंदूकें भेंट कीं।....इस प्रकार, आपके आशीर्वाद से, हमने, आपकी इच्छानुसार, सब काम कर दिए, और अब प्रसन्नतापूर्वक हम आपकी सेवा में यह समाचार भेजते हैं।"

जब आदिलशाह ने देखा कि शिवाजी से पार पाना कठिन है, तो उसने संधि करने के लिए शिवाजी के पिता 'शाहजी' को उनके पास भेजा। शिवाजी भी चाहते थे कि संधि हो; क्योंकि उनकी इच्छा थी कि बीजापुर, गोलकुंडा और स्वयं मिलकर एक 'त्रिगुट' (Triple alliance) बनावें, और सब मिलकर पहले मुगलों की सत्ता का नाश कर महाराष्ट्र को स्वतंत्र करें। अतएव, जब साहजी संधि के लिए उनके पास आए, तो वह झटपट तैयार हो गए।

यह संधि शिवाजी के मन के मुताबिक हुई। इस संधि के अनुसार 'कल्याण से गोवा' तक का कोंकण-प्रदेश शिवाजी के अधिकार में आ गया। अब शिवाजी समस्त कोंकण-प्रदेश तथा 'भीमा' से 'वर्धा' तक के घाटमाल-प्रदेश के अधिपति हुए। इसमें 'चाकण' से 'नीरा' तक और 'पुरंदर' से 'कल्याण' तक की जागीर भी सम्मिलित थी।

शिवाजी के पास पचास हजार सेना और सात हजार सवार थे। बीजापुर-दरबार ने उनकी स्वतंत्रता स्वीकार की, कई जिले दिए, और सात लाख 'हुण' वार्षिक 'कर' भी देना मंजूर किया। उनके दूत 'श्यामजी-नायक-पांडे' को उनकी ओर से बीजापुर-राज्य में रहने की आज्ञा हुई।

पितृभक्त शिवाजी

जब शिवाजी को ज्ञात हुआ कि उनके पिता 'शाहजी' बीजापुर के राजदूत बन उनसे संधि करने को आ रहे हैं, तो उनकी प्रसन्नता का ठिकाना न रहा। पिता की अगवानी करने को अपनी माता, अपनी दोनों स्त्रियों तथा सभी सामंतों के साथ 'जेजुरी' पहुँचे। पिता के दर्शन होते ही उनके चरणों से लिपट गए। उनकी माता और उनकी अर्द्धाङ्गिनियों ने उनकी सादर अभ्यर्थना की।

पश्चात् शाहजी एक पालकी पर सवार होकर खेमे की ओर बढ़े। शिवाजी न तो पालकी पर चढ़े और न घोड़े पर सवार हुए। वह पालकी का एक पाया पकड़े हुए, पिता के जूते हाथ में लेकर, पैदल चले। खेमे में पहुँचने पर पिता को गद्दी पर बिठाया, और स्वयं उनकी जूतियों को लिए, हाथ जोड़े, उनके समक्ष खड़े रहे ! धन्य पितृभक्ति !

इसके पश्चात् उन्होंने पिता से क्षमा माँगी कि मैंने आपकी आज्ञा के विरुद्ध आदिलशाह से युद्ध किया। अब मैं आपके सामने हूँ, आप चाहे जो दंड मुझे दीजिए।

शाहजी अपने पुत्र की वीरता से बहुत प्रसन्न थे। उन्होंने शिवाजी को आश्वासन देते हुए कहा—बेटा ! तुम्हारा पिता होने के कारण मुझे गौरव है। तुमने जो कुछ किया, सीसोदिया-वंश के योग्य ही किया। वह पुरुष धन्य है, जो स्वदेश को स्वतंत्र करता है।

आगे उन्होंने शिवाजी को अपने उद्देश्य के लिए निरंतर प्रयत्न करने को कहा। कहते हैं, उन्होंने मन्नत मानी थी कि मेरा पुत्र यदि हिंदू-राज्य की स्थापना करेगा, तो एक लाख रुपए की उसकी एक स्वर्ण-प्रतिमा बनाकर

तुलजा-भवानी को चढ़ाऊँगा। वह जब संधि करने को आए थे, तो उन्होंने ऐसा किया भी।

संधि के बाद भी शिवाजी के आग्रह से शाहजी दो महीने तक उनके राज्य में ठहरे थे। शिवाजी ने उन्हें अपना राजकोष दिखाया, प्रत्येक दुर्ग में ले जाकर उसका निरीक्षण कराया। पुत्र का वैभव देखकर वह बहुत प्रसन्न हुए। उन्होंने राज्य-प्रबंध में जहाँ कहीं त्रुटि देखी, अपने पुराने अनुभव के अनुसार, उसे सुधारने का आदेश दिया। जब तक वह रहे, शिवाजी ने उन्हीं की आज्ञानुसार राज्य-प्रबंध किया।

जब किलों का निरीक्षण करते हुए शाहजी 'रायरी' पहुँचे, तो वह स्थान राजधानी के लिए उन्हें बहुत उपयुक्त जान पड़ा। अब तक उनकी राजधानी 'राजगढ़' में थी। पिता की आज्ञा पाकर उन्होंने 'रायरी' में ही राजधानी के लिए दुर्ग बनवाया और उसका नाम 'रायगढ़' रखा।

आबाजी-सोनदेव की निरीक्षकता में यह गढ़ तैयार हुआ था। यह इतना सुरक्षित था कि मुख्य मार्गों को छोड़ दूसरी राह से कोई प्रवेश ही नहीं कर सकता था। जब दुर्ग तैयार हो गया, तो शिवाजी ने घोषणा कर दी कि जो कोई मुख्य मार्गों के अतिरिक्त दूसरी राह से किले में प्रवेश करेगा, उसे सोने की एक थैली और सौ पगोड़े का एक स्वर्ण-कंकण पुरस्कार मिलेगा।

यह सुनकर महार-जाति का एक आदमी शिवाजी के पास आया मुस्कुराते हुए उसने कहा—यदि मैं किले पर चढ़ जाऊँगा, तो वहाँ अपना झंडा गाड़ दूँगा।

शिवाजी ने हँसकर आज्ञा दी। वह तुरंत शिवाजी की आँखों से ओझल हो गया, और दूसरे ही क्षण दुर्ग पर उसका झंडा फहराने लगा! शिवाजी ने उसे पूरा पुरस्कार दिया और वह राह बंद करवा दी।

इसी प्रकार 'हीराकनी' नाम की एक ग्वालिन, रात में, मुख्य द्वार से, पहरा होने के कारण, जब अपने बच्चे को दूध पिलाने के लिए बाहर न जा सकी, एक गुप्त द्वार से निकल गई। शिवाजी को जब यह घटना मालूम हुई, तो उस द्वार को भी बंद करवा दिया। रायगढ़ में ये दोनों स्थान क्रमशः 'चोर-दरवाजा' और 'हीराकनी'-नाम से प्रसिद्ध हैं।

शिवाजी का राज्य देख-भालकर शाहजी ने बीजापुर लौटने की इच्छा प्रकट की। पिता की यह इच्छा सुन शिवाजी बहुत दुखी हुए। वह चाहते थे कि पिताजी इस नए अर्जित राज्य का शासन करें। किंतु पिता ने न माना। तब उनके विदा होने के समय, शिवाजी ने बहुत-से जवाहरात उनको भेंट किए। उनके सभी कर्मचारियों को भी उपहार दिए गए। उन्होंने भी शिवाजी को आशीर्वाद-स्वरूप अपनी 'तुलजा' नामक तलवार दी। शिवाजी 'भवानी'-तलवार के ही समान उसको भी नित्य पूजते थे। उन्होंने पिता के प्रत्येक कर्मचारी से निवेदन किया कि पिताजी अब वृद्ध हो गए हैं, अतः इनकी भली-भाँति सेवा कीजिएगा—जब मैं पितृ-दर्शन को आऊँगा, तो आप लोगों को खूब पुरस्कार दूँगा।

पिता की विदाई के समय शिवाजी कितने उदास और दुखी हुए थे, उसका अनुमान भी इस बीसवीं सदी के अंग्रेजी-पढ़े जेण्टिलमैन नहीं कर सकते!

शाहजी, संवत् 1720 में, शिकार खेलते समय, घोड़े पर से गिरकर मर गए। शिवाजी को जब यह समाचार मिला, तो बहुत दुखी हुए। उन्होंने लाखों रुपए खर्च करके उनका श्राद्ध किया। उनके मृत्यु-स्थल पर स्वयं गए। वहाँ भी बहुत दान-पुण्य किया और पिता की समाधि बनवाई, जो आजकल भग्नावस्था में है। बहुत दिनों तक उस समाधि पर, मृतात्मा के सम्मानार्थ, अखंड प्रदीप प्रज्वलित रहता था।

जब तक शाहजी जीवित थे, शिवाजी ने राजा की उपाधि नहीं ग्रहण की थी। उनके मरने पर ही उन्होंने राजा की उपाधि धारण की और अपने नाम का सिक्का भी चलाया।

मुगलों से मुठभेड़

बीजापुर से संधि हो जाने पर शिवाजी का ध्यान मुगलों की ओर विशेष रूप से आकृष्ट हुआ। हम पहले ही कह चुके हैं कि शाहजी जिस समय बीजापुर में कैद थे, उस समय शिवाजी ने शाहजहाँ के पास पत्र भेजकर उन्हें

छुटकारा दिलाया था। किंतु इसी बीच में शाहजहाँ बीमार पड़ा और उसके बेटे आपस में लड़ने-झगड़ने लगे। अतएव, शिवाजी को मुगलों से संधि करने का अवसर न मिला।

कहते हैं, जब औरंगजेब अपने भाइयों से राज्याधिकार के लिए लड़ रहा था, तो उसने शिवाजी के पास बहुत प्रलोभन देकर एक पत्र भेजा था कि मुझे राज्य-प्राप्ति में सहायता दीजिए। उस वक्त शाहजहाँ बीमार ही था—मरा नहीं था। पितृभक्त शिवाजी को औरंगजेब के इस पितृ-विद्रोह पर इतनी खीझ हुई थी कि उन्होंने इस पत्र को एक कुत्ते के गले में बाँधकर नगर की गलियों में घुमाया था।

शिवाजी हिंदू-राज्य-संस्थापन करना चाहते थे। औरंगजेब हिंदुओं का कट्टर दुश्मन था। उसने हिंदुओं पर 'जिजिया-कर' लगाया था—कितने ही मंदिरों को तोड़ा था—हिंदुओं को बलपूर्वक मुसलमान बनाया था। वह समस्त भारत में इसलामी झंडा उड़ाना चाहता था। भला उसे शिवाजी का अभ्युदय कैसे रुचता? अतएव, दोनों में स्वाभाविक चिढ़ हो गई।

राज्याधिकार पाने पर औरंगजेब ने 'शाहजादा मुअज्जम' को दक्षिण का सूबेदार बनाया। उसने शिवाजी से छेड़छाड़ नहीं की। संवत् 1716 वि. में 'शाइस्ता-खाँ' मुअज्जम के स्थान पर दक्षिण का सूबेदार बनाया गया, और उसे ही शिवाजी को दमन करने का आदेश दिया गया। उसने सबसे पहले 'कल्याण' का दुर्ग ले लिया। इस पर शिवाजी ने 'मोरो-पिंगले' और 'नेताजी-पालकर' को मुगलों से भिड़ने को भेजा। मराठों की लूटपाट से मुगल-राज्य में तहलका मच गया। जहाँ कहीं मुकाबला हुआ, मुगल-सेना बुरी तरह परास्त हुई। अंत में शिवाजी ने मुगलों का 'प्रबलगढ़'-दुर्ग ले लिया।

शिवाजी के इन आक्रमणों का समाचार सुनकर औरंगजेब भड़क उठा। उसने शाइस्ता-खाँ के पास कड़ी चिट्ठी लिखी। क्रुद्ध होकर शाइस्ता-खाँ ने औरंगाबाद से कूच किया। उसके साथ एक लाख सेना थी, जिसमें पाँच-सात सौ हाथी—चार हजार ऊँट—युद्ध के सामानों से लदी तीन हजार बैलगाड़ियाँ और दो हजार घोड़ा-गाड़ियाँ थीं। इसके अतिरिक्त बत्तीस करोड़ रुपए थे। चलते समय 'खाँ' ने भी—अफजल खाँ के ही समान—शिवाजी को गिरफ्तार करने और उनके राज्य को मटियामेट करने की प्रतिज्ञा की। यह घटना संवत् 1717 वि. की है।

खाँ ने 'चाकण' दुर्ग पर चढ़ाई की। वहाँ का दुर्गाध्यक्ष 'फिरंगोजी नरसाला' था। 50-60 दिन तक घेरा डालने पर भी जब कुछ दाल गलते न देखी, तो सुरंग से किले में द्वार करने की ठानी। सुरंग खोदी जाने पर भी 'फिरंगोजी' ने बड़ी वीरता से खाँ की सेना का सामना किया—उसकी वीरता पर मुग्ध होकर 'खाँ' ने उसे प्राणदान देकर अपनी सेना में सम्मिलित होने को कहा। किंतु शिवाजी का प्यारा सरदार ऐसा कब करने चला? वह शिवाजी से जा मिला।

चाकण का पतन होने पर शिवाजी को 'खाँ' ने एक पत्र भेजा। पत्र में एक फारसी-पद्य था, जिसमें बंदर से शिवाजी की उपमा दी गई थी और लिखा था कि जैसे बंदर जंगलों, पेड़ों और पहाड़ों में रहते हैं, ठीक वैसे ही शिवाजी अपना बचाव जंगलों और पहाड़ों पर ही कर सकते हैं। इसके उत्तर में 'खाँ' को शिवाजी ने एक संस्कृत-पद्य भेजा था कि मैं बंदर नहीं, बंदरों का स्वामी हनुमान हूँ, और जैसे हनुमान ने राक्षसों का संहार किया था, वैसे ही मैं यवनों का संहार करूँगा।

शिवाजी का यह पत्र पाकर 'खाँ' उबल पड़ा, 'पूना' पर चढ़ दौड़ा। पूना विजय कर उसने उसी महल में अपना आसन जमाया, जहाँ शिवाजी का बचपन बीता था। पूना आकर उसने अपनी रक्षा का पूरा प्रबंध किया। अफजल की दुर्गति का चित्र उसकी आँखों के सामने घूम रहा था। उसने अपने सहायक जोधपुर-नरेश 'जसवंतसिंह' को—उनके दस हजार सैनिकों के साथ—दक्षिण की नाकेबंदी पर नियत किया; क्योंकि 'सिंहगढ़' उसी ओर था और उसी ओर से आक्रमण का अधिक भय था।

चारों ओर सुदृढ़ नाकेबंदी की गई। अश्वारोही-सेना के सभी मराठे-घुड़सवार अलग कर दिए गए। समस्त हिंदुओं को यह आज्ञा दी गई कि वे बिना परवाना पाए पूना से बाहर न जावें-आवें।

किंतु शिवाजी की चालाकी के आगे 'खाँ' की एक भी न चली। संवत् 1920 वि.—सन् 1663 ई.— की 5वीं एप्रिल की रात, मराठों के इतिहास में, चिरस्मरणीय रहेगी। उसी दिन, संध्या को, शिवाजी ने, अपने साथियों के साथ, बारात का जुलूस सजाकर, पूना में प्रवेश किया। एक दूल्हा बना आगे था, अन्य उसके पीछे—कोई ढोल बजाते, कोई चमर डुलाते जा रहे थे। शिवाजी के गुप्तचरों ने एक मराठा-सरदार से मिलकर बारात ले जाने का परवाना पहले ही 'खाँ' से प्राप्त कर लिया था। शहर-कोतवाल ने रोक-टोक नहीं की। दूसरे द्वार से, शिवाजी के कुछ पैदल-सैनिकों ने, मुगल-सैनिकों के रूप में, अपने कुछ साथियों को गिरफ्तार करने का स्वाँग रचकर, शहर में यह हल्ला करते प्रवेश किया कि ये युद्ध के कैदी हैं—इन्होंने हमें मारा है। उधर पूना के आसपास कुछ सशस्त्र सैनिक झाड़ियों में छिपा दिए थे कि बिगुल बजते ही वे युद्ध के लिए तैयार हो जाएँ।

शहर में पहुँचकर शिवाजी अपने बीस-पच्चीस विश्वस्त सहचरों—तानाजी-मालुसरे, येसाजी-कंक, दादाजी-बापुजी, देशपांडे आदि—के साथ राजमहल की ओर चले। सदर फाटक पर पहरेदारों के जगे रहने के कारण महल के पीछे से प्रवेश किया।

शिवाजी तो उस महल की अंगुल-अंगुल भूमि से पूर्ण परिचित थे; क्योंकि उसी में उन्होंने बाल्यक्रीड़ा की थी। अतएव, वहाँ छिपकर पहुँचने में उन्हें कठिनाई नहीं हुई। 'शिवा-दिग्विजय' में लिखा है कि शिवाजी ने 'खाँ' के बेटे के घर में प्रवेश किया और उसे ही खाँ समझकर मार डाला। पीछे उसकी स्त्री की नींद खुली और जब उसे देखा, तो उनको मालूम हुआ कि यह खाँ नहीं, उसका बेटा था। उन्होंने उससे खाँ का शयन-गृह पूछा। उसने भयवश बतला दिया।

जब खाँ के घर में पहुँचकर उन्होंने तलवार तानी, तो दीपक के प्रकाश में तलवार की चमक पर खाँ की स्त्री की नजर पड़ी। वह उनके पैरों पर गिर पड़ी और अपने पति की प्राण-भिक्षा चाही। वह द्रवित हो गए ! तब तक खाँ भी जग गया, किंतु उनसे लड़ने की उसकी हिम्मत न हुई।

स्त्री की प्रार्थना पर उनको दया हो आई थी ! वह खाँ को तथा उसकी स्त्री को महल से बाहर पकड़ ले आए, और वहाँ 'खाँ' के हाथ की एक अँगुली काटकर उससे कहा—कल तू इस महल से चला जा, नहीं तो तुझे जान से मार डालूँगा।

वहाँ से शिवाजी आगे बढ़े। महल के बाहर 'दादाजी-बापुजी' सौ सैनिकों के सहित खड़े थे। वे सब खाँ के खास पहरेदारों पर यह कहते हुए टूट पड़े कि क्या तुम इसी तरह पहरा देते हो ! कितनों को मार डाला !

इसके बाद बाजा बजानेवालों के घर में घुसकर उन्हें जगाया और कहा कि बाजा बजाओ—खाँ साहब ने हुक्म दिया है। जनानों के रोने-चीखने, पहरेदारों के हल्ले-हुल्लड़ और बाजों की आवाज से अजीब कोलाहल फैल गया। इसी कोलाहल में शिवाजी पूना से निकल गए।

पूना से बाहर उनके सैनिक आ मिले। 'कुंभज' नामक घाटी पर पहले से ही पेड़ों में और भैंसों की सींगों में मशालें बँधी थीं। मशालें जला दी गईं। मुगलों ने समझा, दुश्मन उधर हैं। वे उसी ओर टूटे। तब तक शिवाजी 'सिंहगढ़' की ओर चलते बने।

'कुंभज' से लौटकर जब मुगल-सेना 'सिंहगढ़' की ओर बढ़ी, तो पहले तो इन लोगों ने बढ़ने दिया, पर जब पहाड़ी पर वे काफी दूर बढ़ गए, तो ऊपर से ऐसा जबर्दस्त धावा किया कि उनके छक्के छूट गए। 'नेताजी-पालकर' के सुयोग्य सहकारी 'प्रतापराव-गुर्जर' ने इस आक्रमण में अनुपम कुशलता दिखलाई थी। वीर-कवि 'भूषण' ने इस घटना पर लिखा है—

दक्षिण को दाबि करि बैठो हो साइस्तखान,
पूना माँहिं दूना करि जोर करवार को।
हिंदुस्तान खंभ गढ़पति दलथम्भ भनि,
'भूपन' भरैया कियो सुजस अपार को॥
मनसबदार चौकिदारन गँजाय,

महलन मचाय महाभारत के भार को।
तो सो को सिवाजी जेहि दो सौ आदमी सों
जीत्यो जंग सरदार सौ हजार असवार को॥

खाँ की पराजय का हाल सुनकर औरंगजेब आग-बबूला हो गया। 'खाँ' बंगाल भेज दिया गया; और दक्षिण का सूबेदार पुनः 'शाहजादा-मुअज्जम' नियत किया गया।

शिवाजी और जयसिंह

अब शिवाजी ने देखा कि मुगलों से लगातार युद्ध जारी रखना पड़ेगा। अतएव, युद्ध-सामग्री संग्रह करने के लिए उन्हें प्रचुर द्रव्य की आवश्यकता सूझ पड़ी। 'सूरत' उस समय व्यापार का मुख्य स्थान था। अंग्रेज, डच आदि यूरोपीय तथा देशी व्यापारियों का वह अड्डा था। वहाँ अपार द्रव्य था। शिवाजी ने उस पर चढ़ाई की। उसे भली-भाँति लूटा। उस लूट में कम-से-कम साढ़े आठ करोड़ रुपए का माल हाथ लगा।

सूरत से लौटकर औरंगाबाद आए। उसे भी मनमाने ढंग से विध्वंस किया। फिर अहमदनगर को लूटा। इसके बाद तीन बड़े जहाजों और 85 नावों का अपना समुद्री बेड़ा लेकर 'वार-सिलोर' पहुँचे, और उसे भी लूटकर बहुत-सा द्रव्य राजधानी को भेजा।

सूरत से लौटकर शिवाजी ने औरंगजेब को एक पत्र भेजा, जिसमें लिखा था—"मैंने तुम्हारे मामा शाइस्ता-खाँ को दंड दिया है। तुम्हारे खूबसूरत 'सूरत' की सूरत बिगाड़ दी है। हिंदुस्तान हिंदुओं का है, यहाँ तुम्हारा कुछ काम नहीं।"

इस पत्र को पाकर औरंगजेब जल-भुन गया। उसने संवत् 1721 में अम्बेराधिपति 'मिर्जा राजा जयसिंह' को, शिवाजी का दमन करने के लिए, भेजा। जयसिंह की सहायता के लिए दिलेर-खाँ, दाऊद-खाँ, कुरेशी, राजा रामसिंह सीसौदिया, राजा सुजान सिंह बुंदेला, जयसिंह के पुत्र कीरतसिंह, दहतिश-खाँ, कुबद-खाँ आदि बहुत से वीर बाँकुरे हिंदू-मुसलमान सेनापतियों को, चौदह हजार सेना के साथ, दक्षिण जाने का हुक्म दिया।

किसी जाति की स्वतंत्रता के नाश में उसके अपने ही आदमियों का हाथ अधिक होता है। दुर्भाग्य से हिंदुओं पर यह नियम विशेष रूप से लागू है। जयचंद ने मुहम्मद गौरी को निमंत्रण देकर पृथ्वीराज के साथ-साथ हिंदू-साम्राज्य का विनाश किया। जयपुर (अम्बेर) -राज्य के सिर पर तो यह कीर्ति का सेहरा विशेष रूप से शोभित है! इसी जयपुर के 'मानसिंह' ने प्रणवीर महाराणा प्रतापसिंह को जंगल का योगी बनाया, बंगाल के स्वाधीन राजा 'प्रतापादित्य' की स्वतंत्रता नष्ट की! और, उसी जयपुर के राजा जयसिंह आज हिंदू-वंशावतंस महाराजा शिवाजी के हिंदू-राज्य को मटियामेट करने चले हैं! हाय री अभागी हिंदू जाति!!!

जयसिंह ने आते ही दिलेर-खाँ को 'पुरंदर'-दुर्ग को घेरने के लिए भेजा, और स्वयं 'सिंहगढ़' तथा 'पुरंदर' के बीच 'साखवद' नामक स्थान में डेरा जमाया। उनके आते ही बहुत-से मराठे सरदार उनसे आ मिले! 'जवाहर' के राजा तथा 'मोरे'-परिवार का—जिसे शिवाजी ने राजच्युत किया था—'बाजीचंद राव' आदि भी उनकी शरण में आए। अफजल खाँ का पुत्र 'फजल खाँ' भी अपने बाप का बदला लेने को उनसे आ मिला। उन्होंने शिवाजी के विरोधियों को अपने में मिलाने में पानी की तरह रुपए बहाए!

किंतु, इतना सब होने पर भी, जयसिंह निश्चिंत नहीं थे। 'अफजल' और 'शाइस्ता' की दुर्गति उनकी आँखों के सामने नाच रही थी। जिस दिन उन्होंने दक्षिण में पैर रखा, उसी दिन से उन्हें सदा यही चिंता लगी रहती कि किसी कदर इज्जत-आबरू के साथ यहाँ से लौट चलें। कहते हैं, इसके लिए उन्होंने बहुत-से ब्राह्मणों को बुलाकर पूजा-पाठ और यज्ञ-हवन भी कराए थे!

पुरंदरगढ़ की जय-पराजय पर ही जयसिंह की सफलता-असफलता का दारमदार था। अतएव, उन्होंने इस चढ़ाई में अपनी कोई शक्ति उठा न रक्खी। पुरंदरगढ़ के चारों ओर सुदृढ़ नाकेबंदी की गई। योग्य सेनापतियों की अध्यक्षता में सेना कई विभागों में बाँट दी गई। दुर्ग के प्रत्येक द्वार पर सैनिक नियत किए गए।

उन्होंने अपना डेरा पुरंदरगढ़ के नीचे रक्खा। वह स्वयं घोड़े पर सवार होकर दिन-रात नाकेबंदियों पर घूमा करते और सैनिकों को उत्तेजित भी करते। बड़ी-बड़ी नामी तोपें टीलों पर रक्खी गईं। दुर्ग पर अहर्निश अग्निवर्षा होने लगी !

पुरंदर का दुर्गाध्यक्ष 'मुरारबाजी' नामक एक वीर मराठा सरदार था। उसने मुगल-सेना का सामना करने में वीरता की पराकाष्ठा कर दी। तोपों की मार से दुर्ग का एक अंश उड़ जाने पर भी उसने आत्मसमर्पण न किया। निचले कोट पर मुगलों का आधिपत्य हो जाने पर वह सेना-सहित ऊपर के कोट में चला गया। वहीं से तोपों की मार शुरू कर दी। मुगल-सेना के पैर उखड़ गए।

'हर-हर महादेव' कहकर मराठों ने पलायमान मुगल-सेना पर भीम आक्रमण किया ! 'मुरारबाजी' उसका पीछा करते-करते 'दिलेर-खाँ' की छावनी तक पहुँच गया। खाँ को उसकी वीरता पर बहुत आश्चर्य हुआ। वह अपनी अफगानी-सेना को लेकर मराठे सैनिकों पर टूट पड़ा। 'मुरारबाजी' भी अफगानी सेना को आगे बढ़ते देख अपने को वश में न रख सका—अपनी मावली-सेना को उत्तेजित कर पुनः एक बार प्रचंड धावा किया।

रणचंडी का विकट तांडव-नृत्य हुआ ! पाँच सौ अफगान-सैनिक गाजर-मूली की तरह काट डाले गए ! लड़ते-लड़ते फिर मुरारबाजी 'दिलेर खाँ' की छावनी तक पहुँचा, और अपनी तलवार को नचाते हुए वह सीधे 'दिलेर खाँ' की ओर लपका। उसकी अनुपम वीरता देख 'खाँ' ने उसे प्राणदान देने तथा अपने अधीन उच्च पद देने का संवाद भेजा। किंतु शिवाजी का प्यारा योद्धा ऐसा कब करने लगा ! वह आगे बढ़ता ही चला गया !

इतने ही में उसकी ढाल लड़ते-लड़ते कटकर गिर पड़ी। तब भी अपने हाथ में कपड़ा लपेटकर उसी से अपना बचाव करते हुए वह बढ़ता ही गया। निकट पहुँचकर उसने खाँ पर अपनी तलवार का विकट वार किया; किंतु दुर्भाग्यवश वार खाली गया। तब तक खाँ के तीर से उसका सिर धड़ से अलग हो गया। किंतु, कट जाने पर भी, उत्तेजित धड़ ने कई मुगलों के सिर काट डाले !

सेनापति की मृत्यु होने पर भी मराठों ने आत्मसमर्पण नहीं किया। वे ऊपरी कोट से लगातार अग्निवर्षा करते रहे। घेरा भी जारी रहा।

इधर जयसिंह अपने साथ एक विशाल सेना तथा दाऊद-खाँ को साथ लेकर शिवाजी के अन्य दुर्गों की ओर चले—राजगढ़, सिंहगढ़, रोहित आदि किलों को लेने के लिए बृहत् आयोजन किया ! मुगल-सेना ने रास्ते में पड़नेवाले सभी गाँवों में आग लगा दी, लोगों को बेरहमी से लूटा-पीटा और फसल बरबाद की।

जब पुरंदर का समाचार और जयसिंह की नई चढ़ाई का हाल शिवाजी को मालूम हुआ, तो वह सोचने लगे कि क्या किया जाए। कठिन अवसरों पर वह भवानी का ध्यान किया करते थे। इस अवसर पर भी ध्यान किया। भवानी ने उन्हें जयसिंह से संधि करने का आदेश दिया। उनके मंत्रियों तथा उनकी पूज्य माताजी ने भी उन्हें भवानी का आदेश पालने की सम्मति दी।

पूर्ण पराजित न होने पर भी, संधि-प्रस्ताव भेजने के लिए, कई इतिहास-लेखकों ने शिवाजी पर हृदय की दुर्बलता का दोष मढ़ा है। परंतु बात ऐसी नहीं है। एक तो 'जयसिंह' हिंदू थे—उनकी सेना में भी बहुत-से हिंदू थे—यह हिंदुओं की आपस की मार-काट शिवाजी को नहीं रुची—वह नहीं चाहते थे कि हिंदू आपस में ही कट मरें और विजातियों को पौबारह का मौका मिले। दूसरे—उस समय बीजापुर-दरबार ने भी शिवाजी से संधि तोड़कर लड़ाई शुरू कर दी थी। उनको भय हुआ कि कहीं ये दोनों मुसलमानी सत्ताएँ—बीजापुर और मुगल—आपस में मिल न जाएँ। वैसी हालत में उनके लिए बुरी परिस्थिति उत्पन्न होती। तीसरी बात—भवानी का आदेश था, जो सर्वोपरि था।

शिवाजी ने अपने न्यायाधीश 'रघुनाथ-पंत' को जयसिंह के पास संधि के लिए भेजा। जयसिंह ने तुलसीपत्र लेकर प्रतिज्ञा की। शिवाजी उनके शिविर में मिलने को आए। जब शिवाजी दूर ही थे, तो उन्होंने

अपने मंत्रियों को अगवानी के लिए भेजा। निकट आने पर उन्होंने स्वतः आगे बढ़कर शिवाजी का स्वागत किया और गले लगाया। पीछे उन्होंने अपनी गद्दी की दाहिनी ओर शिवाजी को ससम्मान बैठाया। किंतु जयसिंह को भय था कि कहीं शिवाजी अफजल की तरह मेरी भी दुर्गति न करें, अतएव चारों ओर नंगी तलवार लिए राजपूत योद्धा खड़े थे।

संधि की बातचीत हुई। परस्पर यह तय हुआ कि शिवाजी तेईस किले बादशाह को दे देवें और वार्षिक चार लाख हुण की जागीर भी मुगल-साम्राज्य को दे दें। शेष किले वह अपने पास रखें, और पाँच लाख हुण की आमदनी की जागीर भी इस शर्त पर अपने पास रखें कि वह सदा मुगल-साम्राज्य के भक्त और सहायक बने रहें।

इस संधि के अनुसार बीजापुर राज्य के जो किले और स्थान शिवाजी ने ले लिए थे, वे सब उन्हीं के पास रहे। इसके अतिरिक्त उनको बीजापुर-राज्य के कुछ स्थानों में 'चौथ' और 'सरदेशमुखी' वसूल करने का भी अधिकार रहा।

शिवाजी ने बीजापुर-राज्य की शक्ति घटाने में जयसिंह को सहायता देना स्वीकार किया। इसके बदले में उनके पुत्र 'सम्भाजी' को पाँच हजार का मनसब दिया गया। पुरंदर और सिंहगढ़ इस संधि के अनुसार मुगलों के अधीन कर दिए गए।

संधि हो जाने के उपलक्ष में दिलेर-खाँ ने शिवाजी को दो घोड़े, एक तलवार, एक बढ़िया कटार और कपड़े के दो सुनहले थान दिए थे। राजा जयसिंह ने उनको खिलअत के रूप में एक घोड़ा, एक हाथी और पगड़ी में बाँधने के लिए एक हीरा दिया।

विचित्र कैद और अद्‌भुत छुटकारा

मुगलों से संधि हो जाने पर शिवाजी कुछ दिनों तक जयसिंह के साथ बीजापुर की सेना से लड़ते रहे। उस युद्ध में उन्होंने अद्‌भुत पराक्रम दिखलाया। इससे जयसिंह ने सोचा कि शिवाजी अगर सदा के लिए मुगलों के मित्र बन जाएँ, तो मुगल-साम्राज्य को बड़ा सहारा हो।

इसके अतिरिक्त, उस समय, बीजापुर और गोलकुंडा—दोनों—राज्यों ने, संधि करके, सम्मिलित रूप से, मुगलों का सामना करना आरंभ किया था। अतएव जयसिंह ने औरंगजेब को लिखा—"अब आदिलशाह और कुतुबशाह—दोनों मिल गए हैं, इसलिए यह आवश्यक है कि हर तरह से शिवाजी का दिल जीत लिया जाए। अच्छा होगा कि उन्हें उत्तर भारत में भेज दिया जाए और वह जहाँपनाह से मुलाकात भी करें।"

औरंगजेब तैयार हो गया। जयसिंह ने शिवाजी को अनेक प्रलोभन दिए। उन्हें विश्वास दिलाया कि उन पर कोई आँच न आएगी—दक्षिण में मुगल-साम्राज्य का जितना भाग है, उसके वह सूबेदार बनाए जाएँगे, सिद्दी-जौहर से 'जंजीरा' भी उन्हें दिला दिया जाएगा, और बीजापुर-राज्य से 'चौथ' उगाहने की स्वीकृति भी उन्हें मिल जाएगी।

शिवाजी ने अपने मंत्रियों से राय ली। वे भी तैयार हो गए। माता 'जीजाबाई' ने भी जाने के ही पक्ष में सम्मति दी। गुरुवर रामदास की भी आज्ञा हुई। तुलजा-भवानी ने भी आदेश दिया। महाराष्ट्र-केसरी स्वयं लोहे के पिंजड़े में जाने को तैयार हो गया!

शिवाजी बड़े ही दूरदर्शी राजनीतिज्ञ थे। जाने के पहले उन्होंने राज्य का ऐसा इंतजाम कर दिया कि जिसमें कोई दुर्घटना होने पर भी स्वराज्य का यह कोमल पौधा सूख न जाए। जीजाबाई को राज-प्रतिपालिका नियत किया। अपने दूसरे पुत्र 'राजाराम' को राजा बनाया। मोरो-पिंगले, नीलोजी-सोनदेव और अण्णाजीदत्तो पर शासन-भार रक्खा। समूचे राज्य में भ्रमण कर प्रत्येक दुर्गाध्यक्ष को चौकसी से राज्य-रक्षा करने की चेतावनी दे दी।

संवत् 1723 की वसंत-ऋतु में वह रायगढ़ से उत्तर भारत को रवाना हुए। उन्होंने अपने साथ अपने

ज्येष्ठ पुत्र 'संभाजी' और अपने प्राइवेट-सेक्रेटरी 'बालाजी'-आबाजी' के अतिरिक्त येसाजी-कंक, तानाजी-मालुसरे, त्र्यंबक-पंत हीराजी-फरजंद आदि छः उच्च कर्मचारियों को और एक हजार पैदल तथा तीन हजार घुड़सवार सेना लेकर कूच किया । मुगल-साम्राज्य से उन्हें एक अफसर पथप्रदर्शन के लिए और राह-खर्च के लिए एक लाख रुपए दिए गए थे ।

राह में जहाँ-जहाँ शिवाजी जाते, उनके दर्शन के लिए धूम मच जाती । जगह-जगह मुगल जागीरदारों ने उनका भव्य स्वागत किया । रास्ते में ही औरंगजेब की ओर से उन्हें एक पत्र और खिलअत मिली थी ।

वह आगरा पहुँचे । औरंगजेब वहीं था । पहले औरंगजेब ने शिवाजी का स्वागत एक स्वतंत्र राजा की तरह करने को विचारा था । किंतु, कहा जाता है कि शाइस्ता-काँ की स्त्री उसके महल में ही थी । उसने औरंगजेब से अपने बेटे की मृत्यु और पति की दुर्दशा का वर्णन करुण-वाणी में किया । शाइस्ता-खाँ का बहनोई 'जफर-खाँ' भी औरंगजेब के मंत्रियों में था । उसने भी बादशाह के कान भरे । इस प्रकार महल के दबाव और जफर के प्रभाव में आकर औरंगजेब ने अपना पहला विचार छोड़ दिया । इसलिए जब वह आगरा पहुँचे, तो उनकी अगवानी एक मामूली सरदार की तरह की गई । वह लहू का घूँट पीकर रह गए ।

शिवाजी को देखने के लिए उस दिन बादशाही बेगमें पर्दे की ओट में आ बैठी थीं । सभी कर्मचारी उत्सुकता से उनकी राह जोह रहे थे । निश्चित समय पर वह दरबार में आए । उनकी अभ्यर्थना के लिए राजा जयसिंह के पुत्र 'रामसिंह' नियत किए गए थे । उन्होंने रामसिंह से कह दिया था कि उनकी और औरंगजेब की भेंट समानतापूर्ण हो । किंतु ऐसा न हुआ !

शिवाजी ने अपने ज्येष्ठ पुत्र 'सम्भाजी' और दस अन्य कर्मचारियों के साथ दरबार में प्रवेश किया । औरंगजेब उन्हें देखते ही चिल्ला उठा—'आओ शिवाजी राजा' । वह तख्त के पाएदान तक गए । उनकी ओर से औरंगजेब को जवाहरात भेंट किए गए ।

किंतु शिवाजी ने सलाम नहीं किया । औरंगजेब यह देखकर भौचक-सा रह गया । साधारण कुशल-क्षेम पूछकर उसने उन्हें पंच-हजारी मनसब की ओर बैठने का इशारा किया । जब वह वहाँ आए, तो रामसिंह से उन्होंने पूछा कि यह किस ओहदे की बैठक है । रामसिंह ने कहा—"पंच-हजारी !"

सुनते ही शिवाजी आग-बबूला हो गए । चलते समय जयसिंह ने धर्म-पूर्वक प्रतिज्ञा की थी और औरंगजेब का लिखित प्रमाणपत्र भी उन्हें दिया था कि वह सर्वोत्तम पद पर बिठाए जाएँगे । उन्होंने क्रोध में पागल हो, अत्यंत गरजकर, भरी सभा में औरंगजेब के विश्वासघात की घोर निंदा की । यही नहीं, उस समय वह निःशस्त्र थे, अतएव लपककर रामसिंह की तलवार लेनी चाही । किंतु रामसिंह ने न दी !

शिवाजी के इस गर्जन-तर्जन और भावभंगी को देखकर डर के मारे औरंगजेब गुसलखाने—स्नानागार—में भाग गया । शिकार को हाथ से निकल गया देख शिवाजी ने अपनी कमर से कटार निकाली और अपने कलेजे में हूलना चाही—ऐसा उन्हें अपने अपमान का क्रोध था ! किंतु उनके सरदार ने उन्हें रोक दिया ।

इतने ही में अत्यंत क्रोधोद्रेक से उन्हें गश आ गया । वह मूर्च्छित होकर गिर पड़े । जब होश आया, तो ताजमहल के निकट एक घर में अपने को नजरबंद पाया ! आगरे का कोतवाल 'फौलाद-खाँ' पाँच हजार पहरेदारों के साथ उनके प्रवास-स्थान पर पहरा देने लगा । अब उनको विश्वास हो गया कि वह जिंदा महाराष्ट्र में न लौट पाएँगे ।

जिसने अपने बूढ़े बाप को कैद में सड़ा-सड़ाकर मार डाला, जिसने अपने ज्येष्ठ सहोदर 'दारा' का सिर उड़वाने में संकोच नहीं किया, जिसने अपने प्यारे अनुज 'मुरादबख्श' के खून से लथपथ सिर को देखकर ही संतोष किया, उस हिंदू-द्रोही औरंगजेब के खूनी पंजे में पड़कर हिंदू-राज्य-संस्थापक शिवाजी जीते-जागते सकुशल महाराष्ट्र लौटें, यह असंभव—नितांत असंभव—घटना थी !

कहते हैं, औरंगजेब ऐसा-कुछ चाहता भी था; किंतु अपनी प्यारी बेटी 'जेबुन्निसा' के विशेष अनुनय-विनय पर शिवाजी की जान बख्श दी थी । 'जेबुन्निसा' शिवाजी की कीर्ति-कथा पहले सुन चुकी थी,

और उस दिन दरबार में उनकी वीरता और साहस देखकर मुग्ध हो गई थी। किसी-किसी ने तो लिखा है कि वह शिवाजी को प्यार भी करने लगी थी, और उनसे शादी तक करना चाहती थी।

शिवाजी ने देखा कि अब तो बुरी तरह फँसे—बच निकलने का कोई उपाय होना चाहिए। पहले उन्होंने एक प्रार्थनापत्र अपने वकील रघुनाथ-पंत के हाथ बादशाह की खिदमत में भेजा। पत्र में प्रार्थना की थी कि मुझे यदि छोड़ दिया जाएगा, तो मैं बीजापुर और गोलकुंडा को विजय करने में पूर्ण सहायता दूँगा।

किंतु औरंगजेब पिंचड़े की चिड़िया को कब उड़ने देनेवाला था। तब फिर शिवाजी ने अर्जी भेजी कि कम-से-कम बादशाह मुझसे एकांत में मिलें। मेरी बात सुनने पर वह जैसा कुछ चाहें—करें। किंतु औरंगजेब ने 'शाइस्ता' और 'अफजल' की घटना याद कर ऐसा करना मंजूर नहीं किया।

तब शिवाजी ने राजा जयसिंह के पुत्र—अपने मित्र—रामसिंह को अपने छुटकारे का कोई प्रबंध करने को कहा। किंतु काइयाँ औरंगजेब के सम्मुख उसकी भी एक न चली! हाँ, इन प्रयत्नों के कारण पहरा और भी कड़ा अवश्य कर दिया गया।

हार-दाँव शिवाजी ने स्वावलंबन से काम लेने की ठानी। उन्होंने अपने सभी दक्षिणी सैनिकों को आगरे से विदा कर दिया। लोगों में प्रकट कर दिया कि वह अब दक्षिण जाना नहीं चाहते। मुगल-दरबारियों से भी मेल-मिलाप बढ़ाया। अपने पद-मान को विस्मरण कर मुगल-सरदारों के घर भी जाते, उन्हें स्वयं निमंत्रण देकर अपने डेरे में बुलाते और जलपान कराते, उनसे इस प्रकार बातें करते जिससे दक्षिण जाने की उनकी अनिच्छा सूचित होती।

एक दिन, उन्होंने शहर कोतवाल 'फौलाद-खाँ' से कहा—"मुझे यहीं आनंद है। दक्षिण मैं अब जाना नहीं चाहता। अच्छी बात होती—यदि बादशाह मेरी स्त्री आदि को भी यहीं बुलवा देते।"

जब औरंगजेब को अपने सरदारों से इन बातों की खबर लगती, तो वह खुश होता कि शेर पिंजड़े में खूब फँसा! किंतु यह सब शिवाजी की राजनीतिक चालबाजियाँ थीं!

कुछ दिनों के बाद शिवाजी ने बृहस्पतिवार को व्रत करना आरंभ किया; उस दिन बड़ी धूम-धाम से ब्राह्मणों को खिलाया जाता; भार-के-भार मिठाइयाँ गरीबों में बाँटी जातीं; मिठाइयों के भार, उपहार रूप में, मुगल दरबारियों के पास भी पहुँचते! मिठाइयाँ बड़े-बड़े टोकरों में रखी जाती थीं। ये टोकरे इतने बड़े होते थे कि मिठाइयाँ भरी रहने पर दो आदमियों से उठाए जाते थे।

बहुत दिनों तक मिठाइयों की यह बाँट जारी रही। जब शिवाजी ने देखा कि यह चालाकी काम कर गई, तो उन्होंने अपने बाकी बचे साथियों को भी बिदा कर दिया। केवल उनके पुत्र 'सम्भाजी' और हीराजी-फरजंद तथा दो-एक नौकर रह गए। दक्षिणी नौकरों के चले जाने पर उन्होंने कुछ उत्तरी नौकर भी रक्खे। पहरेदारों से भी खूब मेल-जोल कर लिया था।

अब, दक्षिणी नौकरों के भी चले जाने पर, बादशाह को पूरी रीति से विश्वास हो गया कि शिवाजी अब दक्षिण जाने की बिलकुल इच्छा नहीं रखते। अतएव पहरे की कड़ाई भी कम हो चली।

कुछ दिनों के बाद अफवाह फैलाई गई कि शिवाजी बीमार हैं। बड़े-बड़े वैद्यों और हकीमों की दवा होने लगी। उनके आरोग्य होने के लिए गरीबों में मिठाइयों की खैरात बाँटी जाने लगी। फिर उन्होंने किसी से भेंट करना भी बंद कर दिया। कहा गया कि बीमारी इस कदर बढ़ गई है कि अब वह किसी से नहीं मिल सकते।

शिवाजी ने पहरेदारों से कहला भेजा कि मेरी बीमारी बहुत बढ़ी हुई है, उठने-बैठने से लाचार पलँग पर पड़ा हूँ, मेरे पास कोई बार-बार न आवे और न मुझे सोते से जगावे।

इसके बाद उनका सौतेला भाई हीराजी-फरजंद, जिसकी सूरत-शकल उनसे पूरी-पूरी मिलती-जुलती थी, उनके पलँग पर लेट गया। उसने सारा शरीर उनके ओढ़ने से ढँक लिया, और अपने दाहिने हाथ में उनकी मुहरवाली अँगूठी पहनकर उसे ओढ़ने से बाहर रक्खा।

संध्या समय मिठाई के पाँच टोकरे तैयार कराए गए। उन्हें मथुरा ले जाने के लिए, मजदूरों को, मथुरा

जानेवाली सड़क की ओर जाने की आज्ञा दी गई। उनमें से एक में शिवाजी स्वयं बैठे थे और दूसरे में उनके प्रिय पुत्र 'सम्भाजी'। पहरेदारों की आँखों के सामने से ही टोकरे गए। किंतु उन्हें कुछ शक न हुआ।

दूसरे दिन, दोपहर तक 'हीराजी' शिवाजी के बिछावन पर सोता रहा। पहरेदार आते और शिवाजी को सोया समझ झाँककर चले जाते! दोपहर के बाद वैद्य बुलाने का बहाना कर हीराजी भी निकल गया!

टोकरे ढोनेवाले मजदूर निर्विघ्न उन टोकरों को आगरा-शहर से बाहर ले आए। वहाँ एक एकांत स्थान में, टोकरे रखवा लिए गए, उन्हें मजदूरी दे दी गई। शिवाजी, अपने पुत्र-सहित, टोकरे से निकलकर, आगरे से छः मील दूर एक गाँव में पहुँचे। वहाँ उनका विश्वासपात्र न्यायाधीश 'नीराजी-रावजी' उनके लिए घोड़े लिए खड़ा था।

शिवाजी ने यहाँ अपने साथियों से अपने मार्ग के विषय में परामर्श किया। सीधे दक्षिण जाना भय से भरा था। अतएव छः घंटे में वहाँ से साधुओं के रूप में सभी मथुरा आए। मथुरा आने पर वहाँ शिवाजी ने अपनी दाढ़ी-मूँछ मुँड़ा डाली, और संन्यासी का बाना पकड़ा। अपने साथियों को भी बैरागी और उदासी बनाया। बालक 'सम्भाजी' को 'पेशवा-मोरो-त्र्यंबक' के साले के पास मथुरा में ही छोड़ दिया। फिर मथुरा से प्रयाग, काशी, गया और पुरी होते—नौ महीने के बाद—पुनः रायगढ़ में पहुँचकर माता के दर्शन किए। प्रत्येक तीर्थ में उस तीर्थ का कृत्य विधिपूर्वक किया।

रास्ते में कितने ही विघ्नों का सामना करना पड़ा। मथुरा में जब वह 'कृष्णाजी-पंत' से एक घाट की कारीगरी के विषय में बातें कर रहे थे, तो एक पंडे को उनके विषय में संदेह हुआ कि यह संन्यासी नहीं—कोई राजा है। 'कृष्णाजी' ने प्रचुर द्रव्य देकर उसका मुँह बंद किया। काशी में वह पकड़ाते-पकड़ाते बचे। एक जगह रास्ते में, एक मुगल अफसर ने संदेह से गिरफ्तार भी कर लिया। तब अपनी एक लाख की अँगूठी उसे देकर छुटकारा पाया। पुरी में जब चलते-चलते थक गए, तो एक घोड़ा खरीदना चाहा। जब घोड़े का दाम देने को अपना बटुआ निकाला, तो उसमें रखे हुए अशर्फियों और जवाहरों को देखकर घोड़ेवाले ने चिल्लाकर कहा कि तू निश्चय 'शिवाजी' है जो छोटे से टट्टू का इतना दाम देता है। बस झट रत्नों से भरा बटुआ उसके हाथ में फेंककर भाग गए!

उनको पकड़ने के लिए औरंगजेब ने बड़ी-बड़ी कोशिशें कीं—दक्षिण के प्रत्येक रास्ते पर कड़ा पहरा बिठलाया। बड़े-बड़े इनामों की घोषणा की। पर कोई फल न हुआ!

जिस समय शिवाजी रायगढ़ पहुँचे, वह संन्यासी के ही वेश में थे। उन्होंने द्वार पर जाकर अलख जगाया और जीजाबाई से भेंट करने का संवाद भेजा। जीजाबाई ने उन्हें साधु समझकर भीतर बुलाया। भीतर पहुँचने पर नीराजी-पंत ने तो साधुओं के ऐसा जीजाबाई को आशीर्वाद दिया; किंतु शिवाजी से न रहा गया—दौड़कर माता के चरणों में लिपट गए और फूट-फूटकर रोने लगे।

जीजाबाई घबराईं! किंतु जब शिवाजी ने अपने सिर से कनटोप उतारा, तो पुत्र को पहचानकर छाती से लगा लिया।

कुछ दिनों के बाद सम्भाजी को लेकर पेशवा के साले भी पहुँचे। एक जगह सम्भाजी को देखकर मुगलों को संदेह हुआ, तो पेशवों ने ब्राह्मण होकर भी क्षत्रियकुमार सम्भाजी के साथ भोजन कर उनका संदेह मिटाया।

शिवाजी के छुटकारे पर महाराष्ट्र में जैसा आनंदोत्सव का समारोह हुआ, वह वर्णनातीत है; और औरंगजेब को जो दुःख हुआ, वह भी अकथनीय है। अपनी इस गफलत के लिए जन्मभर वह हाथ मींजता रहा।

क्षत्रिय-कुल-कलंक जयसिंह ने पुनः एक बार शिवाजी को फंदे में लाने या मार डालने के लिए अपने पुत्र की शादी उनकी पुत्री से करने को विचारा था। किंतु कूटनीतिज्ञ शिवाजी के निकट उनकी एक न चली। औरंगजेब को संदेह था कि शिवाजी के छुटकारे में जयसिंह का हाथ था। इसलिए, जब वह दक्षिण से दिल्ली से लौट रहे थे, तो उन्हें विष देकर मरवा डाला! जो अपने जाति-भाई को धोखा देता है, उसकी यही गति होती

है—'न खुदा ही मिला, न विसाले सनम; ' न इधर के रहे, न उधर के रहे !

क्रुद्ध केसरी

शिवाजी के बंदी होने का समाचार सुनकर मराठे उत्तेजित हो गए थे; मुसलमानी राज्य में भयंकर लूटपाट मचा दी थी। फिर शिवाजी के पुनः आ मिलने पर तो उनके जोश का कोई ठिकाना न रहा। शिवाजी के आने के पहले ही उनके प्रधानमंत्री 'मोरो-पिंगले' ने संधि द्वारा मुगलों को दिए गए बहुत-से किलों पर पुनः आधिपत्य कर लिया था। शिवाजी के आते ही अब दूने वेग से मरहठों ने आक्रमण करना आरंभ किया।

जयसिंह से औरंगजेब चिढ़ा ही था। इन घटनाओं को जानकर उसके क्रोध का पारा और भी चढ़ गया। जयसिंह वहाँ से हटा दिए गए। उनके स्थान पर 'शाहजादा- मुअज्जम' दक्षिण का सूबेदार होकर आया। उसके आते ही शिवाजी से संधि के अनुसार सिंहगढ़ और पुरंदर को छोड़ बाकी सब किले शिवाजी के हाथ आए।

तब मुगलों से ध्यान हटाकर, शिवाजी 'बीजापुर' और 'गोलकुंडा' की ओर मुड़े—कई लड़ाइयों में उन्हें बुरी तरह पराजित किया। हार-दाँव इन दोनों मुसलमानी राज्यों ने भी शिवाजी से संधि के लिए प्रार्थना की। बीजापुर-राज्य ने तीन लाख और गोलकुंडा-राज्य ने पाँच लाख रुपए वार्षिक राजस्व की शर्तें कीं।

संधि के बाद एक वर्ष तक शिवाजी ने; युद्ध की ओर से एकबारगी अपना ध्यान हटाकर, अपने राज्य का सुप्रबंध किया और मंत्रिमंडल का नए सिरे से संगठन किया। राजस्व के लिए नियम बनाए। सैनिकों का भी नया प्रबंध किया।

किंतु उनसे मुसलमानों की संधि हो ही नहीं सकती थी। हिंदू-राज्य-संस्थापक और मुसलमानी-धर्म-प्रचारक में मित्रता असंभव थी। शिवाजी हिंदू-धर्म के अनन्य उपासक— औरंगजेब उसका प्रचंड विनाशक ! दोनों के बीच धार्मिक भेद-भाव का अगम्य पर्वत था। दोनों मिलें तो कैसे? अतएव, कुछ ही दिनों के बाद, एक मंदिर का प्रश्न लेकर युद्ध का डंका बज गया।

संधि के अनुसार सिंहगढ़ का किला मुगलों के अधिकार में था। सिंहगढ़, अपने अत्यंत प्राचीन अभेद्य दुर्ग के कारण, अत्यंत प्रसिद्ध था। जीजाबाई का मन सदा इस किले को पुनः लेने के लिए छटपटाता रहता था। मुगल भी इस किले के महत्त्व को समझते थे और उसे सब प्रकार सुरक्षित रखे हुए थे।

कहते हैं कि एक दिन जीजाबाई स्नान के बाद 'प्रतापगढ़'-शिखर पर अपना केश सुखा रही थीं। उनकी दृष्टि सूर्य-किरण से चमचमाते हुए सिंहगढ़ पर पड़ी। उस किले को लेने के लिए उनका दिल मचल पड़ा। फौरन रायगढ़ से शिवाजी को बुलाया। उन्हें किले को लेने की आज्ञा दी। उन्होंने किले की अभेद्यता बताकर माता से अपनी असमर्थता प्रकट की। वह बिगड़ पड़ीं—जोश में आकर शिवाजी को धिक्कारा। कहा—वह किला जीतकर मुझे दो, नहीं तो शाप दूँगी।

मातृभक्त शिवाजी तैयार हो गए। देखा कि मेरे राज्य में तानाजी के अतिरिक्त कोई ऐसा दूसरा वीर नहीं है, जो यह दुष्कर कर्म कर सके। झटपट तानाजी को बुलाने के लिए दूत भेजा।

तानाजी अपने बेटे के ब्याह की तैयारी में लगे थे। फिर भी इस आनंददायक कार्य के समय युद्ध का निमंत्रण पाकर वह घबराए नहीं; फौरन अपने बारह हजार सैनिकों के साथ चल पड़े। यहाँ तक कि उनके मामा 'सेलरजी' ने उन्हें रोका कि सिंहगढ़-विजय हँसी-खेल नहीं—आज तक कोई वीर उस पर चढ़कर जीवित न लौटा—तुम निश्चय मारे जाओगे—बेटे का ब्याह छोड़कर मत जाओ; किंतु वीर-शिरोमणि तानाजी ने एक न सुनी। आखिर सेलरजी और भाई सूर्योजी भी उनके साथ हो लिए।

तानाजी ने शिवाजी के निकट आकर पूछा—क्या आज्ञा है? शिवाजी ने कहा— भाई, माताजी ने तुम्हें स्मरण किया है। तब वह जीजाबाई के निकट पहुँचे। उन्होंने कहा—मेरे प्यारे ताना, मैं कुछ नहीं चाहती—केवल सिंहगढ़ का किला चाहती हूँ—यदि तुमने यह किला मुझे दे दिया, तो मैं तुमको शिवाजी का कनिष्ठ सहोदर—अपना प्यारा बेटा— समझूँगी।

कूच का नगाड़ा बजा ! अपने भाई सूर्याजी, मामा सेलरजी और बारह हजार रण-बाँकुरे सैनिकों के साथ तानाजी ने सिंहगढ़ के नीचे अपनी छावनी डाली। एक दिन वहाँ भरी सभा में दस बीड़े पान रखकर घोषणा की कि जो कोई वीर सिंहगढ़-किले में घुसकर वहाँ का भेद ला सके, वह बीड़ा उठाए—उसे पूरा पुरस्कार मिलेगा। किंतु किसी का साहस न हुआ। तब स्वयं वही उन बीड़ों को चबा गए; वेश बदलकर सिंहगढ़ में घुसे; वहाँ का राई-रत्ती भेद लेकर बेदाग निकल आए।

सदर फाटक से चढ़ाई करना कठिन था। एक रात को, नीचे से फेंककर, कोट पर कमंद लटकाया गया। तानाजी ने अपने सैनिकों से कहा—यदि कोई क्षत्रिय का बेटा है, तो इस रस्से के सहारे ऊपर चढ़े।

सभी सैनिक थर्रा गए। इस पर तानाजी ने उन्हें धिक्कारते हुए कहा—जाओ, अपने हथियार रख दो, चूड़ा-साड़ी पहनकर घर की राहें लो, कायरो !

इतना सुनते ही सैनिकों में जोश हो आया। पाँच सौ वीर चढ़ने को तैयार ! शिवाजी की दुहाई देकर, भवानी का नाम लेकर, अपने दाँतों-तले नंगी तलवार दाबे, तानाजी सहित, तीन सौ सैनिक, एक-एक कर ऊपर चढ़ गए। अभाग्यवश चढ़ने के लिए वीरों में ऐसी हड़बड़ी मची कि रस्सी टूट गई !

यह देख तानाजी ने वीरों को आश्वासन दिया कि कोई परवा नहीं, हम तीन सौ ही सिंहगढ़ ले लेंगे; इसी में बहादुरी है।

वीरों का यह ठट्ट आगे बढ़ा। पहले 'कल्याण'-फाटक की ओर गए। वहाँ के अरबी पहरेदारों को खतम किया। दूसरे फाटक पर तीन सौ पठान थे। वे भी यमपुर भेजे गए। तीसरे फाटक के पठानों को भी तलवार के घाट उतारा। उन्हीं में से एक ने बचकर सिंहगढ़ के किलेदार 'उदयभानु' को चढ़ाई की खबर दी।

'उदयभानु' मेवाड़ का एक बड़ा पराक्रमी क्षत्रिय वीर था। किसी कारण से उसने मुगलों की सेवा स्वीकार की थी। उसका आहार विलक्षण था। वह प्रतिदिन बीस सेर चावल और लगभग एक मन मांस खाता था। उसके अठारह स्त्रियाँ थीं—बारह बेटे थे, जो बल में उसी के समान थे। उसका सहकारी 'सिद्दी-हलाल' भी बड़ा पराक्रमी था। वह भी प्रतिदिन आधा मन चावल, आधी गाय का मांस और एक भेड़ खाता था। उसके भी नौ स्त्रियाँ थीं।

उदयभानु का 'चंद्रावलि' नामक हाथी मनुष्यों का संहार करने में साक्षात् यम था।

मराठों की चढ़ाई की खबर पाकर उदयभानु ने वही अपना हाथी भेजा। महावत ने हाथी को खूब अफीम खिला दी है। वह चिंग्घाड़ता आया—तानाजी को देखते ही झपटा। वह झट उछलकर उसकी पीठ पर चढ़ गए और तलवार के एक ही वार में उसकी सूँड़ काट डाली।

हाथी की मृत्यु सुन 'उदयभानु' ने सिद्दी-हलाल को भेजा। सिद्दी अपनी नौ स्त्रियों को अपने हाथों से काट, उनके रुधिर का टीका अपने मस्तक में लगा, क्रोध में गरजता हुआ आया। तानाजी ने आगे बढ़कर सामना किया। विकट युद्ध हुआ। उसके अठारह वारों को उन्होंने बचाया। अंत में अपनी तलवार का ऐसा हाथ जमाया कि उसका शरीर दो टुकड़े हो गया।

सिद्दी के विनाश की खबर पाकर उदयभानु ने अपने बारह लड़कों को भेजा। किंतु वे भी तानाजी के हाथ से मारे गए। तब स्वयं उदयभानु चला। उसने एक चतुराई की। किले-भर का तेल और रुई इकट्ठा कर आग लगा दी। उसी के प्रकाश में देखा कि मराठे तो अँगुली पर गिनने लायक थे। बस फिर क्या, वह आनंद में गरजकर तानाजी पर टूट पड़ा।

तानाजी लड़ते-लड़ते थक गए थे। उस दिन उन्होंने भोजन भी नहीं किया था—प्रतिज्ञा की थी कि सिंहगढ़ जीतकर ही अन्न ग्रहण करूँगा, किंतु शराब के नशे में चूर प्रचंड वीर उदयभानु से वह अपने को न बचा सके—मारे गए। उदयभानु चिल्ला उठा, बस शेर मार लिया ! सैनिको ! अब तुम बाकी गीदड़ों को देखो।

इतने ही में मामा 'सेलरजी' ने आगे बढ़कर कहा—मूर्ख ! तानाजी मर गया, तो क्या सारा महाराष्ट्र मर गया ? इस अस्सी बरस के बुड्ढे की तलवार देख।

इतना कहकर सेलर मामा ने एक ही वार में उदयभानु का वारा-न्यारा कर दिया। तब तो उदयभानु की सेना अत्यंत क्रुद्ध हुई। फलतः मराठी फौज के पाँव उखड़ते देख महाराष्ट्र वीर सूर्याजी ने आगे बढ़कर उन्हें ललकारा। फिर तो घनघोर घमासान मचा। आखिर किला फतह हुआ। विजय के उपलक्ष में पाँच तोपें दागी गईं।

तोपों की आवाज सुनते ही शिवाजी सिंहगढ़ की ओर चल दिए। जब यहाँ पहुँचे, तो शिवाजी को देखते ही 'सेलरजी' रोने लगे! तानाजी के मृत शरीर को शिवाजी ने छाती से लगा लिया, और रोते-रोते कहा—'गढ़ आला, पण सिंह गेला'! 'गढ़ आया, पर सिंह गया!'

सिंहगढ़ लेने के बाद शिवाजी ने पुनः 'सूरत' पर चढ़ाई करके उसे भली-भाँति लूटा। इस लूट में उन्हें प्रचुर द्रव्य प्राप्त हुआ। वहाँ के अँगरेजों ने बहुत रुपए देकर अपनी रक्षा की।

उधर प्रतापराव ने एक वृहत् सेना के साथ मुगलों के प्रसिद्ध सूबा 'खानदेश' पर चढ़ाई करके उस पर अधिकार जमा लिया।

सिंहगढ़ के पतन, सूरत की लूट और खानदेश-विजय की खबर पाकर औरंगजेब आग-बबूला हो गया। उसने अपने इतिहास-प्रसिद्ध बहादुर सेनापति 'महावत-खाँ' को, चार लाख सेना के साथ, दक्षिण भेजा। उसने दक्षिण आते ही 'औंध' और 'पहा' नामक दो मराठे दुर्गों को छीन लिया। उसके सहकारी दिलेर-खाँ ने 'पूना' विजय की, और वहाँ के नौ वर्ष से अधिक अवस्थावाले सभी अधिवासियों का बेरहमी से कत्लेआम कराया!

इसके बाद महावत ने अपनी सेना के दो विभाग किए—एक को दिलेर-खाँ के अधीन करके 'चाकण' पर धावा करने को भेजा—दूसरे को इखलास-खाँ की अधीनता में 'सालेर' विजय करने को। 'सालेर' के दुर्ग में बहुत कम सैनिक थे, अतएव शिवाजी ने 'पेशवा-मोरो-पिंगले' और सेनापति 'प्रतापराव' को उसकी रक्षा के लिए भेजा।

मुगलों और मराठों में भिड़ंत हुई। उस समय प्रतापराव ने बड़ी चालाकी खेली। वह अपनी सेनासहित पीछे हटने लगे। इखलास ने समझा कि मराठे भाग रहे हैं, अतएव उसने अपनी सेना को धावा करने की आज्ञा दी। इस धावे में मुगल-सेना छिन्न-भिन्न हो गई। तब मराठी सेना एकदम उलट पड़ी—प्रबल वेग से मुगलों पर आक्रमण किया। मुगलों के पैर उखड़ गए, मराठों के सिर पर विजय का सेहरा बँधा।

इस युद्ध में मुगलों के दस हजार सैनिक और बाईस अफसर मारे गए। इखलास-खाँ और उसके तीस बड़े-बड़े सेनापति बंदी हुए। शिवाजी की सैनिक विजयों में यह विजय सर्वोत्कृष्ट थी! शिवाजी के दरबारी हिंदी-कवि 'भूषण' ने लिखा है—

उतै पातसाहूजी के गजन के ठट्ट छूटे,
उमड़िघुमड़ि मतवारे घन भारे हैं।
इतै सिवराजजू के छूटै सिंहराज औ
बिदारे कुम्भ करिन के चिक्करत कारे हैं।
फौजें सेख सैयद मुगल औ पठानन की
मिली इखलास काहू बीर न सम्हारे हैं।
हद्द हिंदुआन की बिहद्द तरवार राखि
कैयो बार दिल्ली के गुमान झारि डारे हैं।

इस पराजय की खबर सुनकर औरंगजेब ने क्रुद्ध होकर महावत-खाँ को दिल्ली बुला लिया। जो दूसरे सेनापति आए, उनकी हिम्मत छेड़छाड़ करने की न हुई।

उसी समय बीजापुर के सुलतान आदिलशाह की मृत्यु हो गई थी। उसकी मृत्यु के पीछे उसके राज्य में बड़ी गड़बड़ी और अशांति फैली। शिवाजी ने मौका देख उसके राज्य पर चढ़ाई करके 'पन्हाला' और 'सतारा'-दुर्ग पर आधिपत्य जमा लिया। उनके प्रधान सेनापति 'प्रतापराव गुर्जर' ने बीजापुरी-केनाड़ा के बहुत-से

स्थानों को लूटा। हुबली में अँगरेजों की कोठियाँ भी लूटी गईं। जब बीजापुर की ओर से एक प्रबल सरदार 'बहलोल-खाँ' सामना करने को आया, तो प्रतापराव ने उसकी सेना की बड़ी दुर्गति की। खुद 'बहलोल' बंदी बना। किंतु पुनः शिवाजी पर हथियार न उठाने की प्रतिज्ञा करने पर प्रतापराव ने उसे छोड़ दिया।

बहलोल को छोड़ देने के कारण प्रतापराव से शिवाजी बहुत अप्रसन्न हुए। नीच बहलोल छुटकारा पाते ही पुनः चढ़ दौड़ा। शिवाजी ने प्रतापराव से कहा—जाओ, बिना उसे मटियामेट किए मुझे अपना मुँह न दिखाना। प्रतापराव इस पर बहुत जोश में आ गए। सेना-सहित रणभूमि में आ धमके। जोश की मात्रा इतनी अधिक थी कि एक दिन जब बहलोल अपने सैनिकों के साथ एक तंग घाटी से पार हो रहा था, तो उन्होंने अपनी सेना पीछे छोड़ केवल छः सवारों को लेकर उसे जा रोका।

इस युद्ध में उन्होंने अलौकिक वीरता दिखाई। गाजर-मूली की तरह मुगल-सेना का सिर काटते हुए आगे बढ़ते गए। किंतु उस सेना-महासागर में वे छः मराठे वीर छः बूँद के समान थे। फलतः प्रतापराव मारे गए।

इस समाचार को पाकर शिवाजी को अपने कहे हुए वाक्यों पर बहुत पश्चात्ताप हुआ। यह देख उनके सहकारी 'आनंद-स्वरूप' ने अपनी सेना को बहुत ही उत्तेजित किया और 'हर-हर महादेव' कर शत्रु-सैन्य पर धावा बोल दिया। उस युद्ध का वर्णन 'भूषण' ने यों किया है—

क्रुद्ध फिरत अति जुद्ध जुरत नहिं रुद्ध मुरत भट।
खग्ग बजत अरि बग्ग तजत सिर पग्ग सजत चट॥
दुक्कि फिरत मद झुक्कि भिरत करि कुक्क गिरत गनि।
रंग रकत हर संग छकत चतुरंग थकत भनि॥
इमि करि संगर अतिही विषम 'भूपन' सुजस कियो अचल।
सिवराज साहि सुव खग्ग बल दलि अडोल बहलोल दल॥

शिवाजी का जीवनचरित वास्तव में प्रबल पराक्रमों का इतिहास है। मुगल-कैद से छूटकर उन्होंने अपने राज्य का बहुत विस्तार किया—मुगल-सैन्य का मान-मर्दन किया। 'ताप्ती' से दक्षिण के मुगल-प्रांत उनको 'सरदेशमुखी' देते थे। बीजापुर से तीन लाख वार्षिक लेकर उसका गर्व खर्व किया। गोलकुंडा ने पाँच लाख वार्षिक देकर पिंड छुड़ाया। उत्तर में उनकी प्रभुता 'सूरत' तक और दक्षिण में 'बिदनौर' तथा 'हुबली' तक फैली हुई थी। जिस प्रकार फ्रांसीसी वीर 'नेपोलियन' का नाम सुन घोड़े डरकर पानी पीना छोड़ देते थे, उसी प्रकार उनका भी नाम सुनते ही मुगलों के होश-हवास गायब हो जाते थे।

हाँ, इधर के युद्धों में शिवाजी के प्रधान सेनापति 'नेताजी-पालकर' का नाम न देखकर आपको आश्चर्य होगा। पर बात यह है कि वह शिवाजी से किसी कारण क्रुद्ध होकर मुगल-दरबार में चले गए थे। वहाँ औरंगजेब ने उन्हें मुसलमान बनने पर मजबूर किया और अफगानिस्तान की ओर लड़ने को भेज दिया था। पीछे दस वर्षों के बाद वह मुगलों से छिपकर दक्षिण भाग आए। शिवाजी ने उनकी शुद्धि कर पुनः उन्हें हिंदू बनाया और अपना सेनाध्यक्ष नियत किया।

राज्याभिषेक और विजय-यात्रा

यद्यपि शिवाजी ने मुगलों के दाँत खट्टे किए थे—गोलकुंडा और बीजापुर को पछाड़ा था—लगभग तीन सौ किलों पर उनके झंडे फहराते थे—एक करोड़ वार्षिक 'कर' मिलता था—उन्होंने एक सुविस्तृत और सुशासित राज्य स्थापित किया था, तथापि उनको बहुत-से लोग एक मामूली सरदार ही समझते थे। यहाँ तक कि उनके आश्रित मराठे सरदारों की धारणा भी इस विषय में अच्छी नहीं थी। अतएव उन्होंने अपना विधिपूर्वक राज्याभिषेक करना चाहा। कहते हैं, स्वयं भवानी ने उन्हें ऐसा करने का आदेश दिया। माता 'जीजाबाई' और

गुरुवर 'समर्थ रामदास' की भी सम्मति हुई। उनके दरबारियों ने भी इसकी आवश्यकता बताई।

यद्यपि शिवाजी प्रसिद्ध सूर्यवंशी सीसोदिया-क्षत्रिय-कुल के थे, तथापि दक्षिण आने पर उनके पूर्वजों में क्षत्रियों के कुछ संस्कार लुप्त हो गए थे। उस समय तक उनका यज्ञोपवीत भी नहीं हुआ था! राज्याभिषेक में सबसे बड़ी अड़चन इसी की थी। अतएव उन्होंने अपने प्राइवेट-सेक्रेटरी 'बालाजी-आबाजी' द्वारा काशी के प्रसिद्ध वेदज्ञ पंडित 'गागाजी भट्ट' को बुलवाया। भट्टजी ने व्यवस्था दी कि आप निस्संदेह सूर्यवंशी क्षत्रिय हैं, और विशेष परिस्थिति के कारण आपका उपनयन-संस्कार हो सकता है—उपनयन-संस्कार भी राज्याभिषेक का एक अंग है, अतएव इसमें कुछ भी आपत्ति नहीं।

ज्योतिषियों ने राज्याभिषेक के लिए ज्येष्ठ-शुक्ला त्रयोदशी, मंगलवार, विक्रम संवत् 1731 की शुभ तिथि नियत की। चतुर्थी को यज्ञोपवीत हुआ। उस दिन एक लाख ब्राह्मणों को विधिपूर्वक भोजन कराया गया, और राज्याभिषेक के लिए तो देश-भर के प्रसिद्ध पंडितों और आश्रित सरदारों को निमंत्रण दिया गया था। सभी पवित्र नदियों का पानी मँगाया गया था। उस समय राजधानी-रायगढ़ की सजावट दर्शनीय थी। चार मास तक वह नगर पचास हजार आमंत्रित ब्राह्मणों के वेदनाद से गूँजता रहा—विजयी मराठे सरदारों की तड़क-भड़क वाली विविध पोशाकों से चमचमाता रहा—घोड़े-हाथी के आवागमन से सड़कें धूलि-धूसरित रहीं—कोलाहल का तो क्या पूछना!

राज्याभिषेक के पहले शिवाजी ने देवी-देवताओं की सप्रेम पूजा की। प्रतापगढ़-किले की अपनी कुलदेवी को सवा मन सोने का छत्र चढ़ाया। दान-पुण्य की कोई सीमा न रही। अपने शरीर की तौल के बराबर सोना-चाँदी आदि धातु, कपूर, लौंग, इलायची, घी, मेवा-मिठाई आदि वस्तुएँ दान कीं। ऐसे दान को तुला-दान कहते हैं।

अंत में वह शुभ घड़ी आ पहुँची। दो गज लंबे और दो गज ऊँचे सिंहासन पर शिवाजी महाराज आ विराजे! उनकी दाहिनी ओर उनकी अर्द्धाङ्गिनी 'सोयराबाई' बैठीं। पति-पत्नी के दुपट्टे और साड़ी का गठबंधन कर दिया गया था। राजा-रानी के पीछे युवराज 'सम्भाजी' बैठे। इनकी पूर्व दिशा में प्रधानमंत्री 'मोरो-पिंगले' घी-भरा सुवर्ण-कलस, दक्षिण में सेनापति हम्मीरराव दूधभरा रजत-कलस, पश्चिम में अमात्य 'रामचंद्र-नीलकंठ' दही-भरा ताम्र-कलस, और उत्तर में 'पंडितराय रघुनाथ पंत' मधु-भरा स्वर्ण-कलस लिए खड़े थे। चारों कोने पर चार उच्च कर्मचारी छत्र-चमर आदि लिए खड़े थे। सामने प्राइवेट-सेक्रेटरी 'बालाजी-आबाजी' और हिसाब-लेखक 'चिमणाजी-आबाजी' लेखनी लिए खड़े थे।

ब्राह्मणों के वेदमंत्र पढ़ने पर सभी मंत्रियों ने अपने-अपने कलसों से घी-दधि-मधु आदि महाराजा-महारानी और युवराज पर छिड़का। जनता की घोर जयध्वनि में सोलह सौभाग्यवती ब्राह्मणियों ने स्वर्ण-थाल में आरती उतारी। पहले महाराजा ने काँसे के थाल में घी रखकर उसमें पीछे के दर्पण में अपना मुख देखा। विष्णु की छोटी-सी मूर्ति की पूजा कर उसे अपने दाहिने हाथ में बाँधा। अंत में ढाल-तलवार की पूजा कर, कपड़े बदल राज्य-सिंहासन पर आए।

सिंहासन बत्तीस मन सोने का था। उसके निर्माण में कम-से-कम चौदह लाख रुपए खर्च हुए थे। उसका निर्माण शास्त्रोक्त विधि से हुआ था। उसकी वेदी कई पवित्र वृक्षों की लकड़ियों से बनी थी, जिस पर सोना जड़ दिया गया था। उस पर आठ खम्भों के ऊपर सोने का एक सिंह बना था। दाहिनी ओर सोने की दो बड़ी-बड़ी मछलियाँ थीं—बाईं ओर घोड़े की पूँछें। ऊपर सोने की एक तराजू थी, जो महाराजा की न्याय-तुला का परिचय देती थी। ये सब मुगल-दरबार के ढंग पर रखे गए थे। हिंदू-शास्त्र के अनुसार सिंहासन-गृह के द्वार पर पानी से भरे दो स्वर्ण-कलस थे, जिन पर हरे पल्लव के गुच्छे धरे थे। दो हाथी और दो घोड़े भी द्वार पर थे।

सिंहासन के निकट पहुँच महाराज ने घुटने टेककर उसकी अभ्यर्थना की; पीछे उस पर विराजे। फिर ब्राह्मणियों ने आरती उतारी। उपस्थित जनता ने महाराज के जय-घोष से आकाश कँपा दिया। नृत्य-गान-वाद्य

आदि भी हुए। रायगढ़-दुर्ग से सौ तोपों की सलामी दगी। राज्य-भर में जितने किले थे, सबमें तोपें छुटीं। तोपों की गरज से सह्याद्रि-पर्वत- माला गूँज उठी !

राज्याभिषेक के दस-बारह दिन के बाद ही शिवाजी की माता 'जीजाबाई' स्वर्ग सिधारीं। शिवाजी के शोक का ठिकाना न रहा।

मातृ-शोक में वह चार महीने तक राज्य-सिंहासन पर न विराजे। रायगढ़ में ही महान् आयोजन के साथ माता का श्राद्ध किया। उनकी अस्थियों को प्रयाग की त्रिवेणी में भिजवाया।

राज्याभिषेक के पश्चात् कुछ दिनों तक राज्य-प्रबंध में ही रहे। पीछे विजय-यात्रा को निकले, जिसका विस्तृत वर्णन न देकर हम संक्षेप में ही यहाँ लिख देते हैं—

पहले कोल्हापुर पर चढ़ाई कर उसे अधीनस्थ किया। मुगल-सेना के दाँत खट्टे कर 'कल्याण' नगर वापस लिया। संवत् 1731 में 'बसीन' पर चढ़ाई की। पोर्तुगीजों ने 'चौथ' और 'सरदेशमुखी' देना स्वीकार किया। 'सौध' के राजा भी अधीन हुए। प्रधान सेनापति 'हम्मीरराव-मोहते' ने गुजरात-प्रांत में, मुगलों के स्थानों पर चढ़ाई की---'भड़ोच' तक जाकर लूटा। 'पलटन'-प्रदेश से 'निम्बालकर' को निकालकर वहाँ चार दुर्ग बनवाए।

इसके पश्चात् शिवाजी ने 'कर्णाटक' की प्रसिद्ध यात्रा की। गोलकुंडा के बादशाह के निमंत्रण पर पचास हजार सेनासहित पहले 'हैदराबाद' शहर में गए। वहाँ एक मास तक बादशाह का आतिथ्य स्वीकार किया। 'तुङ्गभद्रा'-नदी के किनारे 'प्रेमल' नामक स्थान में वहाँ का शासक 'आनंदराव' उनसे मिला, और पाँच लाख हुण 'कर' देने का वचन दिया। वहाँ से 'निवृत्ति-संगम' नामक तीर्थ में आने पर उनको ऐसा विराग हुआ कि अपने ही हाथों से अपना सिर काटकर देवालय की भेंट करने को तैयार हो गए। मंत्रियों ने उन्हें ऐसा करने से रोका। 'जंजी' के किलेदार ने अपना दुर्ग उनको सौंप दिया।

उनके सौतेले भाई 'बंकोजी' ने उनका विरोधी होकर उनसे लड़ाई ठान दी थी। उसकी सेना पराजित हुई। उन्होंने उसकी स्त्री 'दीपाबाई' के अनुरोध पर पुनः सब जागीरें फेर दीं और अपने पास से भी सात लाख वार्षिक की जागीर दे दी।

कर्णाटक विजय कर वह मद्रास की ओर गए। वहाँ से मैसूर-राज्य को लूटते-पाटते जब वह बेलगाँव-जिले के 'बिल्लारी' स्थान में आए, तो वहाँ की शासिका 'सावित्रीबाई' ने बड़ी वीरता से उनकी फौज पर चढ़ाई की। किंतु उनकी सेना से वह पार न पा सकी—बंदी बनी। किंतु उन्होंने उसे मुक्त कर दिया। सेनाध्यक्ष 'साकूजी-गायकवाड़' बंदी होने पर उसके साथ बुरी तरह पेश आया था। यह बात मालूम होने पर उन्होंने उसकी दोनों आँखें निकलवाकर उसे कैद कर दिया !

किसी कारण वहमी बादशाह 'औरंगजेब' बीजापुर-राज्य से क्रुद्ध हो गया। उसने वहाँ अपनी फौज भेजी। 'बीजापुर' शिवाजी का शरणापन्न था। उनकी वृहत् सेना ने इस बार भी मुगलों का मान-मर्दन किया। इसके बदले में बीजापुर-राज्य ने 'कृष्णा' से 'तंजौर' तक का समस्त प्रांत उनको दे दिया। 'कृष्णा' और 'तुंगभद्रा' का दुआब पहले से ही उन्होंने विजयनगर-राज्य से छीन लिया था।

बीजापुर के युद्ध के समय चंचल-चित्त नवयुवक 'सम्भाजी' मुगलों से मिल गए थे। किंतु वह पुनः शिवाजी की शरण आए, और क्षमा माँग ली।

बीजापुर से लौटकर शिवाजी ने अपने जल-सेनापति 'दौलत-खाँ' के अधीन एक जहाजी बेड़ा 'जंजीरा' भेजा। अहर्निश अग्नि-वर्षा करने पर भी 'जंजीरा' का पतन न हो सका। तब शिवाजी ने बंबई से कुछ दूर 'खांडेरी' और 'उंडेरी' नामक द्वीपों को हस्तगत कर उनकी तटबंदी शुरू की।

यह देखकर अँगरेज और पोर्त्तुगीज घबराए। अँगरेजों ने दावा किया कि ये टापू हमारे हैं; किंतु शिवाजी ने उनकी बातों पर कान न दिया। इस पर अँगरेजों ने तीन जंगी जहाज भेजे, जिन्हें मराठों ने बुरी तरह तहस-नहस कर दिया। तब अँगरेजों ने 'रेवेंज' नामक एक प्रबल जहाज, सोलह तोपों के साथ, भेजा। इस बार भी अँगरेज

हारे—उनका कप्तान छः साथियों के साथ मारा गया—शेष नाविक कैद हुए ! तीसरी बार की चढ़ाई में अँगरेजों की कपटनीति से यद्यपि मराठों को बड़ी क्षति हुई, तथापि 'खांडेरी' को अँगरेज न ले सके । यहाँ तक कि सिद्दियों ने भी 'खांडेरी' लेने की बहुत कोशिश की, पर वे भी सफलीभूत न हुए ।

सारांश यह कि जिस प्रकार शिवाजी की स्थल-सेना ने उस समय की प्रचंड मुगल-सेना के छक्के छुड़ाए थे—गोलकुंडा और बीजापुर को नाकों चबे चबवाए थे, उसी प्रकार उनकी जल-सेना भी इतनी प्रबल थी कि उस समय के प्रसिद्ध जल-योद्धा पोर्तुगीज और अँगरेज भी उससे पार न पा सके ।

इतिहास देखने से पता चलता है कि शिवाजी के पास 640 जंगी जहाज थे । 'कान्होजी-आंग्रे' नामक एक सरदार नौका-शास्त्र में अत्यंत निपुण था । उसने अपनी जल-सैन्य-शक्ति से अँगरेजों का दिल दहला दिया था । उनकी जल-सेना केवल पाँच हजार के लगभग थी, जिसमें बहुत-से मुसलमान अध्यक्ष थे ।

'मालवन' और 'कुलापा' शिवाजी की जहाजी सेना के प्रधान स्थान थे । 'मालवन'-टापू में एक करोड़ पगोड़ा खर्च करके, तीन वर्षों के लगातार परिश्रम के बाद, एक दुर्ग तैयार किया गया था, जिसका नाम 'सिंधु-दुर्ग' था । इस दुर्ग की तैयारी में शिवाजी ने स्वयं कई दिन मजदूरों के ऐसा काम किया था । इसके अतिरिक्त भंजनबली, रत्नगिरि, पद्मदुर्ग, सरजाकोटी, गाहन-दुर्ग, काकेरी और राजकोट में भी समुद्री दुर्ग तैयार किए थे ।

स्वराज्य-सूर्य का अचानक अस्त

काल महाबली है ! उस पर किसी का वश नहीं । महान् पराक्रमी योद्धा, चक्रवर्ती सम्राट्, अतुलनीय संपत्तिशाली—कोई उससे बच न सका । 'जो फरा सो झरा, जो बरा सो बुताना'—यह ध्रुव निश्चय है ।

शिवाजी का काल भी उनके सामने आकर खड़ा हुआ । विक्रम-संवत् 1737 की चैत्र शुक्ला नवमी को उनकी छाती में दर्द उठा । थूक में लहू गिरा । घुटनों में दर्द हुआ । जीर्ण स्वर हो गया । लाख दवाएँ हुईं, कोई असर नहीं ! काल की भी कहीं दवा होती है ?

शिवाजी ने अपने सभी मुख्य-मुख्य सरदारों को बुलाया । इस स्वराज्य के नए पौधे की रक्षा करने को उनसे कहा । फिर, बड़े पुत्र 'सम्भाजी' और छोटे पुत्र 'राजाराम' में पटती नहीं थी—'सम्भाजी' विलासी थे—शिवाजी ने क्रुद्ध होकर उन्हें कैद करा दिया था । अतएव, उन्होंने अपने सरदारों से इस गृहयुद्ध को शांत करने के लिए अपील की । अंत में उनसे कहा—मेरी बड़ी इच्छा थी कि समस्त भारत पर विजय प्राप्त करूँ, दिल्ली जीतूँ और कटक से अटक तक हिंदू-ध्वजा फहराऊँ । किंतु काल पर किसी का वश नहीं । तुम लोग हिम्मत न हारो, शोकाकुल न हो । धैर्य धरकर काम जारी रखो ।

सरदारों को विदा कर शिवाजी ने गंगाजल से स्नान किया । अग्निहोत्र की भस्म सारे शरीर में लगाई । रुद्राक्ष और तुलसी की मालाएँ पहनकर कुशासन पर आ विराजे । पंडितों को बुलाकर उनसे आत्मा-परमात्मा के संबंध में कुछ चर्चा की । अत्यंत विरक्त होकर भगवद्भजन किया । फिर कथा-कीर्तन आदि सुने । अपने सामने सौ गौएँ मँगाकर दान कीं, और एक हजार गौओं का संकल्प किया । श्रीमद्भगवद्गीता और विष्णुसहस्रनाम के पाठ सुनकर वेदपाठी ब्राह्मणों द्वारा सस्वर वेद-श्रवण किया । फिर 'श्रीराम-श्रीराम' जपते हुए, चैत्र-शुक्ला पूर्णिमा—रविवार को, अत्यंत शांत चित्त से, स्वर्ग सिधारे ! 53 वर्ष की अवस्था में स्वराज्य-सूर्य अचानक अस्त हो गया !

शिवाजी के साथ ही उनकी दूसरी पत्नी 'पुतलाबाई' सती हो गईं । रायगढ़ में ही उनके कनिष्ठ पुत्र राजाराम ने उनकी अंत्येष्टि-क्रिया की ।

शिवाजी का पार्थिव शरीर तो इस पृथ्वी से उठ गया; किंतु उनका यशःशरीर अब तक विराजमान है—और, जब तक इस भारत-भूमि पर एक भी हिंदू-संतान जीवित रहेगी, तब तक वह विद्यमान रहेगा—साथ ही,

विद्यमान रहकर प्रत्येक नवयुवक को अपनी धर्मरक्षा, स्वत्वरक्षा और देशरक्षा पर बलि होने का प्रोत्साहन देगा—पथ बतलाएगा।

'शिवाजी' धार्मिकता और आस्तिकता की प्रत्यक्ष प्रतिमा थे। भवानी के आदेश पाए बिना कोई भी गंभीर काम नहीं करते थे। भवानी के ध्यान में बेहोश हो जाते—उस बेहोशी की दशा में उनके मुख से जो कुछ निकलता, वह उसी को भवानी का आदेश मानते। भवानी का आदेश ही उनके लिए ब्रह्मवाक्य था।

वह साधु-संतों के अनन्य भक्त थे। बाहर मुसलमानों के सवार उन्हें पकड़ने के लिए घेरे हुए खड़े हैं, घर के भीतर वह भक्तप्रवर 'तुकाराम' का कीर्त्तन सुन रहे हैं! न कुछ परवाह, न कोई चिंता!

इसी प्रकार, एक बार, गुरुवर समर्थ रामदास उनकी भक्ति की जाँच करने के लिए अपने पेट में दर्द बता उनसे बाघिन का दूध माँगते हैं। वह झटपट अगम्य अंधकार में, विजन वन में, जाकर बाघिन को दुहते हैं। वह देखिए। बाघिन खड़ी हुई, सीधी गाय की तरह, उन्हें दूध दे रही है! क्या ये घटनाएँ अलौकिक नहीं हैं?

उनका सैन्य-संचालन और शासन-पद्धति निराली थी। कहा जाता है, वह निरक्षर भट्टाचार्य थे। किंतु उनकी उत्कृष्ट शासन-प्रणाली देखकर क्या आज भी यूरोप के बड़े-बड़े राजनीतिज्ञ दाँतों-तले उँगली नहीं दबाते? उनकी सैन्य-शक्ति अदम्य और शासन-प्रणाली विलक्षण थी। राजकाज को भली-भाँति चलाने के लिए उन्होंने राज्य के आठ विभाग कर अष्ट-प्रधान मंडल स्थापित किया था।

वह उत्कृष्ट श्रेणी के दुर्ग-निर्माता थे। आज भी महाराष्ट्र में सैकड़ों भग्न दुर्ग उनकी निर्माण-कुशलता का परिचय देते हैं। दुर्गों के नाम भी वह कैसे रखते थे—सिंहगढ़, प्रतापगढ़, राजगढ़, रायगढ़—बस सुनते ही तबीयत फड़क उठे! ये ही दुर्ग उनके राज्य के अंग थे, उनकी पैदल मावली-सेना उसका हृदय थी, और घुड़सवार-सेना उसकी रक्तवाहिनी धमनियाँ, तथा उनकी महाप्राणता ही उनके प्राण थे।

वह हिंदी के प्रेमी थे। हिंदी के सर्वोत्कृष्ट वीर-कवि 'भूषण' उनके दरबार में थे। जैसे वह स्वयं वीर थे, वैसे ही 'भूषण' सुकवि। भूषण के—भुजदंड फड़कानेवाले— कवित्त और छप्पय को उन्हीं के मुख से सुनकर वह कितने उत्तेजित हो उठते होंगे, इसकी कल्पना से ही शरीर पुलकित हो जाता है।

वह परले सिरे के समाज-सुधारक भी थे। 'शुद्धि' का नाम सुनकर आज कितने ही सनातनधर्मी काँप उठते हैं। किंतु उन्होंने मुसलमान बने हुए कई मराठे सरदारों की शुद्धि कर उन्हें पुनः हिंदू बना लिया था। तानाजी की शुद्धि का जिक्र पहले हो चुका है। बजाजी-निम्बालकर को आदिलशाह ने जबरदस्ती मुसलमान बना लिया था। अपनी माता जीजाबाई के अनुरोध पर उन्होंने उसकी शुद्धि कर उसे पुनः हिंदू बना लिया। इतना ही नहीं, निम्बालकर के बेटे से अपनी बेटी की शादी तक कर दी थी, ताकि किसी को कुछ कहने का मौका न मिले। आज, इस सुधार के युग में भी, है किसी हिंदू-नेता में ऐसी हिम्मत?

यद्यपि उस समय की प्रथा के अनुसार उन्होंने सात ब्याह किए थे, किंतु उनका चरित्र उषा-ऐसा पवित्र और मध्याह्न-ऐसा उज्ज्वल था। शत्रुओं की स्त्रियों का भी उन्होंने जो सम्मान किया, वह इतिहास में अनन्य है।

राज्य-कार्य में फँसे रहने पर भी वह प्रतिदिन भजन-कीर्त्तन तथा व्यायाम-प्राणायाम करने में नहीं चूकते थे। एक बलिष्ठ आत्मा उन्हीं में देखने में आई।

शिवाजी का शौर्य

चकित चकत्ता चौंकि-चौंकि उठे बार- बार
दिल्ली दहसति चितै चाह करपति है।
बिलखि बदन बिलखात बिजैपुर - पति
फिरत फिरंगिन की नारी फरकति है॥
थर - थर काँपत कुतुबशाह गोलकुंडा
हहरि हबस - भूप भीर भरकति है।
राजा सिवराज के नगारन की धाक सुनि
केते बादसाहन की छाती दरकति है॥

× × ×

फिरिंगाने फिकिर औ हद्द सुनि हबसाने
'भूषन' भनत कोऊ सोवत न घरी है।
बीजापुर बिपति बिढारि सुनि भाज्यौ सब
दिल्ली - दरगाह बीच परी खरभरी है॥
राजन के राज सब साम्हने के सिरताज
आज सिबराज पातसाही चित धरी है।
बलख बुखारे कसमीर लौं परी पुकार
धाम - धाम धूमधाम रूम साम परी है॥

× × ×

डाढ़ी के रखैयन की डाढ़ी-सी रहति छाती
बाढ़ी मरजाद जस हद्द हिंदुवाने की।
कढ़ि गई रैयति के मन की कसक सब
मिट गई ठसक तमाम तुरकाने की॥
'भूषन' भनत दिल्लीपति - दिल धकधका
सुनि - सुनि धाक सिवराज - मरदाने की।
मोटी भई चंडी बिनु चोटी के चबाय मुंड
खोटी भई सम्पति चकत्ता के घराने की॥

× × ×

इंद्र जिमि जम्भ पर, बाढ़व सु अम्भ पर,
रावन सुदम्भ पर रघुकुल - राज है।
पौन बारिबाह पर, सम्भु रतिनाह पर,
ज्यों सहसबाह पर राम द्विजराज है॥
दावा द्रुम-दुंड पर, चीता मृग - झुंड पर,
'भूषन' बितुंड पर जैसे मृगराज है।
तेज तम अंस पर, कान्ह जिमि कंस पर,
त्यों म्लेच्छ-बंस पर सेर 'सिवराज' है॥

विद्यापति

[1925 ई.]

सूचना

विद्यापति की पदावली का एक विस्तृत सुंदर और सुलभ संस्करण निकालने का आयोजन किया जा रहा है । अभी तक विद्यापति के बहुत-से ऐसे पद, जिन्हें स्त्रियाँ विवाह के अवसर पर गाती हैं, एवं बहुत-सी नचारियाँ, अप्रकाशित हैं । मैं मिथिला देशवासी, मैथिली के प्रेमियों से सांजलि, सविनय, सादर और साग्रह अनुरोध करता हूँ कि वे कृपा कर ऐसे पदों को हिंदी-पुस्तक भंडार, लहेरियासराय के पते से भेज दें । पूरी पदावली निकलने पर उनके नाम उसमें सधन्यवाद प्रकाशित किए जाएँगे एवं पदावली की एक-एक प्रति उन्हें भेंट की जाएगी । विद्यापति हिंदी के जयदेव हैं—भाषा का कोई कवि उनके मधुर वर्णन की छाया तक नहीं छू सकता । किंतु हम लोगों की अकर्मण्यता के कारण हिंदी-कवियों में उन्होंने अभी तक अपना उचित स्थान तक नहीं प्राप्त किया है । इस कलंक-मोचन के लिए हमें तैयार हो जाना चाहिए । आपको उचित है कि जब आप किसी स्त्री-पुरुष को विद्यापति का कोई पद गाते हुए सुनें, शीघ्र उसे लिखकर उक्त पते से भेज दें । टिकट खर्च की भी आवश्यकता नहीं । बस, बैरिंग ही भेजिए, हाँ, उस पर 'विद्यापति के पद' इतना अवश्य लिख दें, जिससे कोई गड़बड़ न हो ।

आपका तुच्छ सेवक—

—श्रीरामवृक्ष शर्म्मा बेनीपुरी

विद्यापति का इतिहास

भारतीय प्राचीन महापुरुषों का जीवनवृत्त लिखना कठिन है। भारत में इतिहास वा जीवनी लिखने की वैसी प्रथा नहीं थी। अतएव, अपने प्राचीन पुरुषों की जीवनी लिखने में हमें विशेषतः किंवदंतियों या परंपरा से चली आती हुई जनश्रुतियों का आधार लेना पड़ता है। यदि किसी महापुरुष की चर्चा प्रसंगवश किसी पुस्तक में आ गई हो, तो वह हमारे लिए एक बहुमूल्य ऐतिहासिक सामग्री हो जाती है। ताम्रपत्र या सिक्के भी इतिहास-संकलन में बहुत सहायता करते हैं। यहाँ एक बात और ध्यान में रखने की है। जो राजा हो गए हैं, जिन्होंने राजवंश में जन्म लिया था, या जिन्होंने किसी राजा का आश्रय लिया था, प्राचीन पुस्तकों में प्रायः उन्हीं की अधिक चर्चा है—सिक्के और ताम्रपत्र हमें उन्हीं के इतिहास-संकलन में सहायक होते हैं। जिनका जन्म साधारण घराने में हुआ था, जिन्होंने किसी राजा का आश्रय नहीं लिया था, उनके जीवन-वृत्त लिखने में तो विशेषतः किंवदंतियाँ ही सहायक होती हैं। सूर और तुलसी इतने बड़े कवि हो गए हैं, किंतु इनके विषय में जो कुछ हम जानकारी रखते हैं, वह केवल किंवदंतियों के ही आधार पर। जन-श्रुति या किंवदंतियाँ सर्वथा अमूलक नहीं हुआ करतीं। उनमें बहुत कुछ ऐतिहासिक तथ्य रहते हैं—हाँ, हम यह स्वीकार करेंगे, कि उनमें ऐतिहासिक तथ्यों पर बहुत कुछ परदा पड़ा हुआ रहता है।

विद्यापति इस विषय में सूर या तुलसी से अधिक सौभाग्यशाली हैं। इनका जन्म सूर-तुलसी के लगभग दो सौ वर्ष पूर्व होने पर भी इनके जीवनी-लेखक को बहुत कुछ ऐतिहासिक सामग्रियाँ मिलती हैं। उसका खास कारण यह है, कि ये एक राजवंश के आश्रित थे। उस राजवंश के इतिहास के साथ इनका इतिहास भी सम्मिलित है। कई प्राचीन पुस्तकों में प्रसंग-क्रम से इनकी चर्चा आ गई है। एक ताम्रपत्र भी इनके संबंध में मिला है।

विद्यापति का निवास-स्थान

बहुत दिनों तक विद्यापति के जन्मस्थान के विषय में विवाद चला आ रहा था, किंतु अब उस विवाद का अंत हो गया। अब यह बात निश्चित हो गई है कि विद्यापति बंगाली नहीं, मैथिल थे। उनका जन्म दरभंगे जिले के बेनीपट्टी थाने के अंतर्गत 'बिसपी' गाँव में हुआ था। दरभंगे से जो रेलगाड़ी उत्तर-पश्चिम की ओर जाती है, उसका तीसरा स्टेशन कमतौल है। कमतौल से लगभग चार मील पर यह गाँव है। विद्यापति के पूर्वज बहुत दिनों से यहीं वास करते थे—इस गाँव का पहला नाम गढ़ बिसपी था। विद्यापति को यह गाँव उनके आश्रयदाता राजा शिवसिंह की ओर से उपहारस्वरूप मिला था। इस दान का ताम्रपत्र भी प्राप्त हुआ है। उस ताम्रपत्र का कुछ अंश यहाँ दिया जाता है—

स्वस्ति श्री गजरथपुरात् समस्त प्रक्रिया विराजमान श्रीमद्रामेश्वरीवरलब्धप्रसाद भवानीभवभक्तिभावनापरायण रूपनारायण महाराजाधिराज श्रीमच्छिवसिंह देवपादस्स-मरविजयिनो जरैल तण्यायां बिसपी ग्राम वास्तव्य सकल लोकान् भूकर्षकांश्च समादिशंति। ज्ञातुमस्तुभवताम्। ग्रामोऽयमस्माभिः सप्रकियार्भिनवजयदेव महाराजपंडित ठक्कुर श्रीविद्यापतिभ्यः शासनीकृत्य प्रदत्तोऽतोऽयमेतेपां वचनकरी भूकर्षणादिकर्म्मकरिष्यथेति ॥ ल. सं. २९३ श्रावण सुदि ७ गुरौ।

विद्यापति के वंशधर बहुत दिनों तक इसी गाँव में बसते रहे। किंतु अभी, चार पुस्त पहले, वे इस गाँव को छोड़कर इसी जिले के सौराठ नामक गाँव में बस गए हैं। अँगरेजी राज्य के पहले तक वे लोग इस गाँव का उपभोग ला-खिराज के रूप में करते थे। किंतु अँगरेजी सरकार द्वारा सर्वे होने के समय इस गाँव का स्वत्व इनके वंशधरों से छीन लिया गया। उस समय विद्यापति के वंशधरों ने अपना स्वत्व सिद्ध करने के लिए उपर्युक्त ताम्रपत्र पेश किया था। इस ताम्रपत्र को लेकर कुछ दिनों तक खूब विवाद चला। ग्रियर्सन साहब इसे जाली

बताते रहे । किंतु महामहोपाध्याय हरप्रसाद शास्त्री तथा अन्य बंगीय अनुसंधानकर्त्ताओं ने इस दान-पत्र को प्रामाणिक माना है । बिसपी गाँव विद्यापति को शिवसिंह ने अवश्य दिया था । विद्यापति के प्रसिद्ध विद्वेषी पंडित केशव मिश्र इसी दान की ओर लक्ष्य कर 'अतिलुब्ध नगरयाचक' नाम से इनका उपहास किया करते थे ।

इन्हें बंगदेशीय सिद्ध करने के लिए जो कोशिशें हुई थीं, उस विषय में भी कुछ जान लेना अप्रासंगिक न होगा । बात यों है, कि विद्यापति की अधिकांश रचनाएँ शृंगार रस से ओत-प्रोत हैं । भारतीय शृंगारी कवियों के प्रधान उपास्य देव हैं—राधा-कृष्ण । संस्कृत और भाषा का शृंगार-साहित्य राधा-कृष्ण की केलि-क्रीड़ाओं से भरा पड़ा है, विद्यापति ने भी अपने पदों में राधा-कृष्ण की लीलाओं का वर्णन किया है—और, खूब किया है । इस विषय के ऐसे मधुर और कोमल पद भाषा-साहित्य में कहीं अन्यत्र मिलना कठिन है । जिस समय बंगाल में चैतन्य महाप्रभु का आविर्भाव हुआ, उस समय इस कवि-कोकिल की काकली मिथिला की गली-गली को रसप्लावित कर बंगाल के श्यामल व्योममंडल को गुँजा रही थी । चैतन्यदेव के कानों में भी इसकी मधुर ध्वनि पड़ी । सुनते ही वे मंत्र-मुग्ध हो गए । वे ढूँढ़-ढूँढ़कर विद्यापति के पद गाने लगे । विद्यापति के अलौकिक पदों को गाते-गाते, प्रेमावेश में, वे मूर्च्छित हो जाते थे ! (चैतन्यदेव भारत के अवतारी पुरुषों में हैं—ऐसा सौभाग्य प्राप्त करना विद्यापति के लिए कितने गौरव की बात है !) अब क्या था, चैतन्यदेव की शिष्य-परंपरा में विद्यापति के पद गाने की प्रथा अनुदिन बढ़ती गई । यही नहीं, विद्यापति के ही अनुकरण पर कृष्णदास, नरोत्तमदास, गोविंददास,* ज्ञानदास, श्रीनिवास, नरहरिदास आदि बंगीय कवियों ने कविताएँ रचना प्रारंभ किया । बाबू नगेंद्रनाथ गुप्त लिखते हैं—"विद्यापतिर जे रूप अनुकरण हइआछिल, बोध हय कोन देशे कोन कविर तद्रुप हय नाई ।····ताहाँरई भाषा भाँगिया-चूरिया, गड़िया-पठिया, रूप-रस, छंदोबंध, ठामभङ्गी, शब्द, उत्प्रेक्षा, उपमा, ताँहारइ पदावली हइते लइया लोकमनोमोहन वैष्णव काव्यसमूह सृजित हइल ।" त्रैलोक्यनाथ भट्टाचार्य एम. ए., बी. ए. एल. ने जो लिखा था उसका भाव देखिए—"विद्यापति और चंडीदास की अतुलनीय प्रतिभा से समस्त बंग-साहित्य उज्ज्वल और सजीव हुआ है । वैष्णव गोविंददास और ज्ञानदास से लेकर हिंदू बंकिमचंद्र और ब्राह्म रवींद्रनाथ ठाकुर तक सब ही उन लोगों की आभा से आलोकित हैं, और उन लोगों का अनुकरण करके कविता-रचना में व्यस्त पाए जाते हैं ।"

फल यह हुआ कि विद्यापति बंगालियों के रगरग में प्रवेश कर गए । सैकड़ों वर्षों तक लगातार बंगालियों द्वारा गाए जाने के कारण विद्यापति के बंगदेशीय पदों का रूप भी ठेठ बँगला हो गया । अब तो बंगाली लोग यह एक बार ही भूल गए कि विद्यापति बंगाली नहीं, मैथिल थे । बंगाली अपनी कुशाग्रबुद्धि के लिए प्रसिद्ध हैं । उन लोगों ने विद्यापति का निवास-स्थान भी बंगाल ही में ढूँढ़ निकाला । यही नहीं, शिवसिंह नामक एक बंगाली राजा भी कहीं से टपक पड़े—रानी लखिमा देवी भी मिल गईं । यों सब प्रकार से सिद्ध हो गया कि विद्यापति ठेठ बंगाली थे । यही कारण है कि बँगला 1282 साल में स्वर्गीय राजकृष्ण मुखोपाध्याय ने जब पहले-पहले 'वङ्गदर्शन' नामक पत्र में यह प्रकाशित किया कि विद्यापति बंगाली नहीं, मैथिल थे, और इसके प्रमाण में उन्होंने उपर्युक्त ताम्रपत्र आदि पेश किए, तो समूचे बंगाल में कोलाहल मच गया । विद्यापति पर वे लोग इतने फिदा थे, कि उन्हें अन्यदेशीय सिद्ध होना वे सुनना नहीं चाहते थे । उस समय एक प्रसिद्ध बँगला-लेखक ने यह अंदाज लड़ाया था कि विद्यापति बंगाली ही थे, पहले बंगाली लोग मिथिला में विद्याध्ययन को जाते थे, संभव है, विद्यापति यहाँ से विद्याध्ययन को गए हों और वहाँ अपनी प्रतिभा से राजा शिवसिंह को प्रसन्न कर गाँव प्राप्त किया हो और बस गए हों । किंतु ये सब गपोड़ेबाजियाँ अब गलत साबित हो चुकी हैं । महामहोपाध्याय हरप्रसाद शास्त्री, जस्टिस सारदा चरन मित्र, बाबू नगेंद्रनाथ गुप्त सभी बंगीय विद्वानों ने यह कबूल कर लिया है, कि ये मिथिला-निवासी थे और इन्होंने मैथिली भाषा में कविता की है—जो ब्रजबोली की एक शाखा है । हमें धन्यवाद देना चाहिए श्रीयुत ग्रियर्सन साहब को, जिन्होंने सबसे पहले विद्यापति को बिहारी होना सिद्ध किया था ।

---

* कहा जाता है कि ये भी मैथिल ही थे ।—लेखक

विद्यापति का समय

प्राचीन कवियों की तरह विद्यापति के जन्म और मृत्यु के समय भी निश्चित नहीं हैं। निश्चित है, तो केवल यही, कि लक्ष्मणाब्द 292 या शाकाब्द 1324 में देवसिंह मरे थे, उसी साल शिवसिंह राजगद्दी पर बैठे थे; और, राजगद्दी पर बैठने के छः महीने के अंदर उन्होंने विद्यापति को बिसपी गाँव उपहार में दिया था। बिसपी गाँव के ताम्रपत्र की प्रतिलिपि दी जा चुकी है; शिवसिंह के पिता देवसिंह की मृत्यु के विषय में विद्यापति का एक पद यों है—

अनल[3] रंध[9] कर[2] लक्खन नरवइ सक समुद्द[4] कर[2] आगनि[3] ससी[1] ।
चैत कारि छठि जेठा मिलिश्रो बार बेहप्पय जाहु लसी ॥
देवसिंह जू पुहुमि छड्डिअ अद्धासन सुरराअ सरू। इत्वादि

बाबू ब्रजनंदन सहाय ने अपने 'मैथिल-कोकिल विद्यापति' ग्रंथ में लिखा है कि बिसपी गाँव प्राप्त करने के समय विद्यापति की अवस्था केवल बीस वर्ष की थी। इसके पहले विद्यापति ने 'कीर्तिलता' नाम की पुस्तक लिखी थी। सहायजी उसे 16 की अवस्था में लिखी हुई बताते हैं। सहायजी का यह कथन अनुमान-विरुद्ध तथा ऐतिहासिक प्रमाणों से असत्य सिद्ध होता है। सबसे प्रधान कारण तो यह है कि शिवसिंह गद्दी पर बैठने के तीन वर्ष के बाद ही मुसलमानों से युद्ध करते हुए पराजित होकर किसी अज्ञात स्थान में चले गए, जहाँ से वे पुनः नहीं लौटे—संभवतः वे उसी युद्ध में मारे गए। इतिहास से यह[1] सिद्ध है, और स्वयं सहायजी ने भी इसे स्वीकार किया है। इससे तो यही सिद्ध होता है कि कुल तेईस वर्ष की अवस्था तक ही विद्यापति और शिवसिंह की संगति रही। विद्यापति के अधिकांश पदों में शिवसिंह का नाम है। क्या यह कभी संभव हो सकता है कि केवल तीन-चार वर्षों के अंदर ही इतने पद लिखे गए हों? अनुमान की बात जाने दीजिए। इतिहास भी इसके विरुद्ध है। सहायजी ने अपनी पुस्तक में लिखा है कि विद्यापति बचपन में अपने पिता गणपति ठाकुर के साथ राजा गणेश्वर के दरबार में आते-जाते थे। नेपाल-दरबार के पुस्तकालय में विद्यापति-रचित 'कीर्तिलता' की पूरी पुस्तक महामहोपाध्याय पं. हरप्रसाद शास्त्रीजी ने देखी थी और उसकी नकल भी इन्होंने करा ली थी। उस 'कीर्तिलता' में लिखा हुआ है कि 252 लक्ष्मणाब्द में राजा गणेश्वर की मृत्यु हुई थी। अतः राजा गणेश्वर की मृत्यु के पहले तो विद्यापति का जन्म अवश्य हो गया होगा—वे ऐसी अवस्था के जरूर रहे होंगे कि दरबार में अपने पिता के साथ जा सकें। 292 लक्ष्मणाब्द में यदि विद्यापति केवल 20 वर्ष के थे तो 252 लक्ष्मणाब्द में वे राजा गणेश्वर के दरबार में कैसे आ-जा सकते थे—उस समय तो उनका जन्म भी न हुआ होगा!

बात यों है, कि बाबू ब्रजनंदन सहायजी को बाबू अयोध्याप्रसाद खत्री लिखित मिथिला-राज्य की वंशावली ने धोखा दिया है। बाबू अयोध्याप्रसाद खत्री के कथनानुसार शिवसिंह के पिता देवसिंह की मृत्यु 1446 ईस्वी में हुई थी, जो लक्ष्मणाब्द 247 होता है[2]। सहायजी ने स्वयं इसका खंडन किया है। क्योंकि विद्यापति के कथनानुसार लक्ष्मणाब्द 293 में देवसिंह की मृत्यु हुई थी। यों अयोध्याप्रसादजी ने सहायजी की गणनानुसार 46 वर्ष की भूल की है। किंतु एक जगह खत्रीजी के समय को गलत मानकर भी दूसरी जगह सहायजी ने उसे प्रामाणिक मान लिया है। 'दुर्गाभक्ति-तरंगिनी' नामक पुस्तक विद्यापति ने राजा नरसिंहदेव के समय में लिखना शुरू किया था, और उनके बाद के राजा धीरसिंह के समय में समाप्त किया था। नरसिंहदेव का समय खत्रीजी ने 1470 ई. लिखा है। सहायजी ने इस समय को प्रामाणिक मान लिया है। जब 1470 ई. के बाद

---

1. 'मिथिला-दर्पण' के रचयिता ने देवसिंह के बाद शिवसिंह का 46 वर्षों तक राज्य करने की बात लिखी है। किंतु 'मिथिला-दर्पण' का काल-निर्णय नितांत अशुद्ध जान पड़ता है। यहाँ तक कि उसमें दी हुई राजाओं की वंशावली भी अशुद्ध है।—लेखक
2. लक्ष्मणाब्द और ईसवी सन् के तारतम्य में भिन्न-भिन्न ऐतिहासिकों का भिन्न-भिन्न मत है। सहायजी ने शिवसिंह के राज्यारोहण काल 293 ल. सं. को 1400 ई. माना है, 'हिस्ट्री आफ तिरहुत' के रचयिता ने इसे 1412 ई. लिखा है, और मेरे हिसाब से यह 1402 ई. पड़ता है।—लेखक

तक विद्यापति के जीवित रहने की बात स्वीकार कर ली गई, तब उनके जन्म-साल को आगे बढ़ाना सहायजी के लिए जरूरी था। किंतु सोचना तो यह था कि जिस प्रकार देवसिंह की मृत्यु के विषय में खत्रीजी ने 46 वर्ष की भूल की है, वही 46 वर्ष की भूल यहाँ भी की होगी। खत्रीजी की यह भूल भी इतिहास सिद्ध है। स्वयं सहायजी ने अपनी पुस्तक के 20 पृष्ठ में लिखा है कि नरसिंहदेव के पुत्र धीरसिंह के राजत्वकाल में—'सेतुबंध' नामक प्राकृत ग्रंथ की 'सेतुदर्पणी' नामक टीका लिखी गई थी। जिसके अनुसार 321 लक्ष्मणाब्ध में धीरसिंह सिंहासन पर विराजमान बतलाए गए हैं। 321 लक्ष्मणाब्द 1428 ई. में पड़ता हैं।[1] सोचने की बात है कि जब पुत्र 1428 ई. में राजगद्दी पर बैठा था तो उसका पिता 1470 में कैसे राजा हुआ? बस साफ प्रकट है कि खत्रीजी ने यहाँ भी 46 वर्ष की गलती की है। 1470 में 46 घटा देने पर 1424 ई. में नरसिंहदेव का राजा होना सिद्ध होता है। नरसिंहदेव ने सहायजी के ही कथनानुसार एक ही वर्ष तक राज किया था। सम्भव है 1425 में वे मर गए हों और 1428 में उनके पुत्र धीरसिंह राजगद्दी पर विराजमान रहे हों। 'सेतुदर्पिणी' से भी यही पता चलता है। इसी 46 वर्ष के फेर में पड़कर जहाँ सहायजी ने केवल 20 वर्ष की अवस्था में शिवसिंह और विद्यापति की भेंट कराकर तीन ही वर्षों में उनका चिरवियोग कराया, वहाँ विद्यापति की शताधिक वर्ष की अवस्था का भी भ्रम उन्हें हो गया था—जिसका औचित्य प्रमाणित करने के लिए आपने जमीन-आसमान का कुलाबा मिलाया है, निजी और सार्वजनिक सब प्रमाणों को पेश क़िया है।

सहायजी को एक और तिथि ने भी धोखा दिया है। आपने 23 पृष्ठ में लिखा है कि 349 लक्ष्मणाब्द में इनके अपने हाथ से भागवत पोथी की नकल करना सिद्ध होता है। यह गलत है। नगेंद्रनाथ गुप्त ने मैथिल कविवर चंदा झा के साथ स्वयं तरौनी जाकर उस पुस्तक को देखा था। उस पुस्तक के अंत में लिखा है—'शुभमस्तु सर्वार्थगता ल. सं. 309 श्रावण सुदि ५ कुजे रजाबनौली ग्रामे श्री विद्यपितिर्लिपरियमिति।" इस 309 को ही सहायजी ने भ्रमवश 349 मान लिया है।

अब यथार्थ बात सुनिए। वह इतिहास और जनश्रुति दोनों पर अवलंबित है और आपको युक्तियुक्त भी मालूम पड़ेगी।

एशियाटिक सोसाइटी में एक प्राचीन हस्तलिखित पोथी है जो 1322 शाकाब्द (=290 लक्ष्मणाब्द) की लिखी हुई है। वह पोथी शिवसिंह की राजधानी गजरथपुर में विद्यापति की प्रेरणा से लिखी गई थी। दो ब्राह्मणों ने इसे लिखा था। उसमें विद्यापति को 'सप्रक्रिय सदुपाध्याय ठक्कुर श्री विद्यापति' ऐसा लिखा है और शिवसिंह का नाम महाराजा की उपाधि से युक्त है। इससे दो बातों का पता चलता है। एक यह कि शिवसिंह अपने पिता के जीवनकाल में ही महाराजा कहलाते थे। [मालूम होता है, वृद्ध पिता ने अपना शासन-भार पुत्र को ही सौंप दिया था और जनता शिवसिंह को ही अपना अधिपति मानती थी।] दूसरी बात इस पोथी से यह प्रकट होती है कि शिवसिंह के सिंहासनारोहण के पहले से ही विद्यापति दरबार में रहते थे। देवसिंह के नाम से विद्यापति ने कुछ पद भी बनाए हैं।

हाँ, तो यह सिद्ध है कि पिता की मृत्यु के पहले से ही शिवसिंह राज्य-शासन करते थे। मिथिला में यह जनश्रुति है कि शिवसिंह पचास वर्ष की अवस्था में राजगद्दी पर बैठे थे और विद्यापति उनसे दो वर्ष बड़े थे। अतः शिवसिंह के राज्यारोहण के समय विद्यापति की अवस्था 52 वर्ष की थी। यह जन्मश्रुति बहुत तथ्यपूर्ण है। क्योंकि विद्यापति को उपर्युक्त ताम्रपत्र में 'अभिनव जयदेव' लिखा गया है। उस समय तक विद्यापति की कीर्त्ति चारों ओर फैल गई रही होगी। उनकी कविता के माधुर्य पर मुग्ध होकर लोग उन्हें 'अभिनव जयदेव' कहने लगे थे। विद्यापति की कविता राजा के अंतःपुर से लेकर गरीबों की झोंपड़ी तक में गूँज रही थी। राजसिंहासन पर बैठने के समय शिवसिंह अपने प्यारे सहचर विद्यापति को कैसे भूल सकते थे। जिसकी कविता-सुधा को पान कर वह मस्त बने थे, जिसकी कविता उन्हें और उनकी सहधर्मिणी 'लखिमा' को अमर कर चुकी थी, उसे वे कैसे

1. सहायजी की गणना के अनुसार।—लेखक

कुछ पुरस्कार न देते। अतः राजगद्दी पर बैठने के कुछ ही दिनों के बाद उन्होंने विद्यापति को बिसपी गाँव प्रदान किया। जैसा कि पहले लिखा जा चुका है, बिसपी गाँव 293 लक्ष्मणाब्द में विद्यापति को दिया गया था, उस समय उनकी अवस्था लगभग 52 वर्ष की थी। अतः उनका जन्म 241 लक्ष्मणाब्द में या संवत् 1407 विक्रमीय में होना सिद्ध होता है (=सन् 1350 ई.)। इस कथन की सत्यता पूर्वोक्त राजा गणेश्वरसिंह के दरबार में विद्यापति के आने-जानेवाली बात से भी प्रमाणित होती है। 'कीर्तिलता' के अनुसार राजा गणेश्वर 252 लक्ष्मणाब्द में परलोकवासी हुए थे। उस समय विद्यापति 10-11 वर्ष के रहे होंगे। तभी तो उनके पिता उन्हें राज-दरबार में ले जाते थे। अनुमान और प्रमाण से यह समय बहुत अंशों में ठीक है।

विद्यापति का वंश

विद्यापति मैथिल ब्राह्मण थे। इनका मूल बिसइबार और आस्पद ठाकुर था। मैथिलों में पंजी-प्रथा का प्रचलन है। जितने मैथिल ब्राह्मण और कर्णकायस्थ हैं, सभी के नाम, पुस्त-दरपुस्त, एक पोथी में लिखे हुए हैं। इस पोथी को पंजी कहते हैं। पंजी से पता चलता है कि गढ़ बिसपी में कर्मादित्य त्रिपाठी नामक ब्राह्मण रहते थे। आप राजमंत्री थे। ये महाशय विद्यापति के वंश के आदिपुरुष विष्णु शर्म्मा ठाकुर के पोते थे। कर्मादित्य के बाद इनके खानदान में जितने महापुरुषों ने जन्म लिया, सभी तत्कालीन मिथिला के राजा के दरबार में उच्च पदों पर काम करते रहे। कोई राजमंत्री थे, कोई राजपंडित। किसी को महामहत्तक की उपाधि प्राप्त हुई तो किसी को सान्धिविग्रहीक की। इनका खानदान अपनी विद्वत्ता और बुद्धिमत्ता के सम्मुख उस समय मिथिला में जोड़ नहीं रखता था। इनके खानदान में कितने ही लेखक और कवि भी हो गए हैं। कर्मादित्य के पोते वीरेश्वर ठाकुर ने, जो न्यान्यवंशीय राजा शत्रुसिंह एवं उनके पुत्र हरिसिंहदेव के* राजमंत्री भी थे, 'छांदोग्य दशपद्धति' की रचना की थी। अभी तक इसी पुस्तक के अनुसार बिहार में दशकर्म किए जाते हैं। इनके सोदर भाई धीरेश्वर, जो विद्यापति के निज प्रपितामह थे, 'महावार्तिक नैबन्धिक' नाम से प्रख्यात थे। वीरेश्वर के पुत्र चंडेश्वर ने 'कृत्यचिंतामणि' तथा 'विवादरत्नाकर', 'राजनीति-रत्नाकर' आदि सप्त रत्नाकरों की रचना की थी। 'राजनीति-रत्नाकर' एक बहुत ही बहुमूल्य ग्रंथ है। प्राचीन भारतीय राजनीति पर इससे बहुत कुछ प्रकाश डाला जा सकता है। आप उपर्युक्त हरिसिंह देव के मंत्री एवं महामहत्तक सांधिविग्रहीक थे। विद्यापति के पिता पंडित गणपति ठाकुर भी राजमंत्री थे, आपने 'गङ्गभक्ति तरङ्गिनी' नाम की एक पुस्तक की रचना की थी।

यों देखा जाता है, कि विद्यापति का खानदान ही सरस्वती का अपूर्व कृपापात्र रहा है। जिस प्रकार उनके पूर्वजों ने राज्यकर्म में अपनी अपूर्व चातुरी दिखलाई थी, उसी प्रकार सरस्वती-सेवा में भी वे लोग पीछे नहीं रहे हैं। ऐसे प्रतिभावान कुल में उत्पन्न होकर विद्यापति ने जो कुछ काव्य-कुशलता दिखलाई है, वह स्वाभाविक ही है।

विद्यापति का प्रारंभिक जीवन

विद्यापति के पिता का नाम था पंडित गणपति ठाकुर। गणपति ठाकुर राजा गणेश्वर के सभापंडित थे। इनकी माता का नाम था हांसिनी देवी। वह पिता धन्य है, जिन्हें ऐसा पुत्ररत्न प्राप्त हुआ था, वह माता भी धन्य है, जिन्होंने ऐसे पुरुषरत्न को अपने गर्भ में धारण किया था। बिसपी गाँव की प्रत्येक कणा पुण्यमय और धन्य है, जहाँ ऐसे कविकोकिल ने अपना जीवन व्यतीत किया था। कहा जाता है, गणपति ठाकुर ने कपिलेश्वर महादेव की आराधना करके विद्यापति ऐसा पुत्र-रत्न प्राप्त किया था।

विद्यापति ने सुप्रसिद्ध हरिमिश्र से विद्याध्ययन किया था और उनके भतीजे सुख्यात पक्षधर मिश्र इनके सहपाठी थे। विद्यापति अपने पिता के साथ राजा गणेश्वर के दरबार में बचपन से ही आया-जाया करते थे।

---

* हरिसिंहदेव शिवसिंह से बहुत पहले प्रसिद्ध सिमराँव गढ़ के अधिपति थे। इन्होंने नेपाल को जीता था।—लेखक

गणेश्वर के बाद कीर्तिसिंह राजा हुए। विद्यापति राजा कीर्तिसिंह के दरबार में आने-जाने लगे। प्रारंभ से ही इनमें प्रतिभा की झलक दीख पड़ती थी। राजा कीर्तिसिंह के दरबार में, मालूम होता है, ये कुछ अधिक काल तक रहे होंगे क्योंकि इन्हीं राजा कीर्तिसिंह के नाम पर इन्होंने अपना पहला ग्रंथ 'कीर्तिलता' का निर्माण किया था। यह पूरी पुस्तक नेपाल के राज पुस्तकालय में है। मिथिला में इस ग्रंथ का केवल फुटकर अंश मिलता है। 'कीर्तिलता'-कवि के तरुण वयस की रचना है। इस ग्रंथ की भाषा संस्कृत, प्राकृत मिश्रित मैथिली है। कवि ने इस भाषा का नामकरण 'अवहट्ठ' भाषा किया है। 'कीर्तिलता' के प्रथम पल्लव में कवि ने स्वयं कहा है—

देसिल बअना सब जन मीट्ठा।
ते तैसन जम्पओ अवहट्ठा॥

'देशी भाषा सभों को मीठी लगती है। यही जानकर अवहट्ठ भाषा में इसकी मैंने रचना की है।" किंतु इस पुस्तक की रचना के समय, मालूम होता है, कवि अपनी काव्य-कुशलता के लिए बहुत प्रसिद्ध हो गया था। उसकी भाषा पर सभी मुग्ध थे। उसका प्रतिद्वंद्वी उसी अवस्था में कोई नहीं था। वह अभिमान के साथ उस पुस्तक में लिखता है—

बालचंद विज्जावइ भासा।
दुहु नहिं लग्गइ दुज्जन हासा॥
ओ परमेसर हर सिर सोहइ
इ निच्चय नाअर मन मोहइ॥

—कीर्तिलता, प्रथम पल्लव

बाल-चंद्रमा और विद्यापति की भाषा—इन दोनों पर दुष्टों की हँसी लग नहीं सकती। वह (बालचंद्रमा) देवता के रूप में शिव के सिर पर सोहता है और यह (विद्यापति की भाषा) निश्चयपूर्वक नागरों का—सुचतुर भाषाविज्ञों का—मन मोहती है। इस पद के एक-एक शब्द से कवि का अभिमान टपकता है। जयदेव के समान इसे भी अपनी भाषा पर नाज था। बात भी ठीक है। हम दावे के साथ कह सकते हैं कि भाषा की मिठास और कोमलता की दृष्टि से तो इस कवि का कोई भी प्रतिद्वंद्वी हिंदी-साहित्य में नहीं है।

कीर्तिसिंह के बाद शिवसिंह के पिता देवसिंह राजा हुए। देवसिंह के समय में राज्यशासन का भार शिवसिंह के ही हाथ में था। उसी अवसर पर विद्यापति और शिवसिंह में घनिष्ठता हुई। तब से विद्यापति शिवसिंह के अंतिम समय तक उन्हीं के पास रहे।

विद्वत्ता : संस्कृत रचनाएँ

जैसा कि पहले लिखा जा चुका है, इन्होंने सुप्रसिद्ध विद्वान हरिमिश्र से विद्याध्ययन किया था। इनका खानदान ही सरस्वती का कृपापात्र रहा है। इनके पिता गणपति ठाकुर स्वयं कवि थे। अतएव, इसमें संदेह नहीं कि संस्कृत-साहित्य का विद्यापति ने पूरी तरह से अनुशीलन किया था। इसका प्रमाण इनकी लिखी हुई संस्कृत की अनेकानेक पोथियाँ हैं। यहाँ पर यदि हम इनके लिखे हुए संस्कृत-ग्रंथों का कुछ परिचय दे दें, तो असामयिक नहीं होगा। उनसे हम इनकी विद्वत्ता का कुछ अंदाज लगा सकेंगे।

विद्यापति की प्रथम रचना 'कीर्तिलता', है। इसके विषय में कुछ चर्चा हो चुकी है। दूसरी पोथी 'भू-परिक्रमा' है। यह पोथी राजा देवसिंह की आज्ञा से लिखी गई थी। इसमें नैतिक कहानियाँ हैं। इसी का वृहद् रूप 'पुरुष-परीक्षा' है। इनकी तीसरी पोथी है—'पुरुष-परीक्षा'। वह पोथी, मालूम होता है, उस समय की रचना है जब इनके मस्तिष्क का पूरा विकास हो चुका था। यह राजा शिवसिंह की आज्ञा से उन्हीं के राजत्वकाल में लिखी गई थी। इसमें कथाओं के ढंग से धार्मिक एवं राजनीतिक उपयोगी विषयों का वर्णन है। राजनीतिक और धार्मिक विषयों में भी कवि ने शृंगार-रस को विस्मरण नहीं किया है। कवि ने शृंगार-रस के परदे में राजनीति और धर्म की शिक्षा दी है। इस पुस्तक का बहुत मान है। 1830 ईस्वी में इसका अँगरेजी में अनुवाद

हुआ था। यह अनुवाद लार्डबिशप टर्नर के परामर्श से राजा कालीकृष्ण बहादुर ने किया था। फोर्ट विलियम कालेज में पहले यह पाठ्य-पुस्तक की तरह पढ़ाई जाती थी। उक्त कालेज के बङ्गभाषा के प्राध्यापक हरप्रसाद राय ने 1815 ई. में इसका भाषानुवाद किया था।

इनकी चौथी पुस्तक 'कीर्तिपताका' है। इसमें मैथिली भाषा में लिखी गई प्रेम-कविताएँ हैं। पाँचवीं 'लिखनावली' है, जिसमें संस्कृत में पत्रव्यवहार करने की रीति वर्णित है। 'लिखनावली' रजाबनौली के अधिपति पुरादित्य के लिए 299 लक्ष्मणाब्द में लिखी गई थी। इस रजाबनौली में विद्यापति ने 309 लक्ष्मणाब्द में अपने हाथ से भागवत लिखकर समाप्त की थी। छठी पुस्तक 'शैव-सर्वस्व-सार' है। यह पुस्तक शिवसिंह की मृत्यु के बहुत दिनों के बाद रानी विश्वासदेवी के समय में लिखी गई थी। इस पुस्तक में भवसिंह से लेकर विश्वासदेवी तक के समय के राजाओं की कीर्ति-कथा है, एवं शिक्षा की पूजा की विधि लिखी हुई है। सातवीं पुस्तक 'गंगा वाक्यावलि' है, जो विश्वासदेवी के ही लिए लिखी गई थी। आठवीं पुस्तक है—'दान वाक्यावलि'। यह राजा नरसिंहदेव की स्त्री धीरमति को समर्पित की गई है। नवीं पुस्तक 'दुर्गाभक्ति तरंगिणी' दुर्गा-पूजा के प्रमाण और प्रयोग पर लिखी गई है। इसका निर्माण नरसिंहदेव के कहने से हुआ था। धीरसिंह के समय में यह पूरी हुई थी। इसमें धीरसिंह के भाई भैरवसिंह और चंद्रसिंह का भी नाम आया है। इसके अतिरिक्त 'विभाग-सार' (स्मृति ग्रंथ) 'वर्षकृत्य' और 'गया-पतन' नामक संस्कृत पुस्तकें भी आपकी ही लिखी हैं। अब तक मिथिला में खोज का काम कुछ नहीं हुआ है। संभव है, इनकी लिखी और भी संस्कृत-पुस्तकें हों, जो अभी तक छिपी पड़ी होंगी। क्योंकि विद्यापति दीर्घजीवी पुरुष थे। किंतु, केवल इन्हीं पुस्तकों के देखने से ही विद्यापति के प्रगाढ़ पांडित्य का परिचय मिलता है। हिंदी के लिए तो यह नितांत गौरव की बात है कि उसका एक प्रथम श्रेणी का कवि संस्कृत-साहित्य में भी अपना खास स्थान रखता है।

विद्यापति की उपाधियाँ

हिंदी में आजकल यह प्रथा विशेष रूप से पाई जाती है कि प्रत्येक कवि अपना एक-न-एक उपनाम रखता है। हिंदीवालों ने यह प्रथा विशेषतः उर्दूवालों से ली है, ऐसा कहा जाता है। किंतु प्राचीन हिंदी कवियों में भी उपनाम देखे जाते हैं। हाँ, आजकल के उपनाम और उस समय के उपनाम में एक गहरा भेद है। किसी राजा या प्रसिद्ध व्यक्ति द्वारा, उनकी काव्य-कुशलता देखकर उसी के अनुसार प्रदान की हुई उपाधियाँ ही उस समय कवियों के उपनाम होते थे। आजकल जिसके जी में जो आता है, अपना उपनाम धर लेता है। प्राचीन कवियों में 'बिहारी' 'भूषण' आदि उपनाम जो देखे जाते हैं, वे सब राजप्रदत्त उपाधियाँ हैं।

विद्यापति को भी कई उपाधियाँ प्राप्त हुई थीं। 'अभिनव जयदेव' की उपाधि तो सर्वप्रसिद्ध है। बिसपी गाँव का जो ताम्रपत्र है, उसमें भी विद्यापति को 'अभिनव जयदेव' कहा गया है। मालूम होता है, यह उपाधि स्वयं शिवसिंह ने दी थी। विद्यापति इस उपाधि के सर्वथा योग्य भी थे। जिस प्रकार संस्कृत-साहित्य में मधुर-शृंगार वर्णन में जयदेव का जोड़ नहीं है, उसी प्रकार, इस विषय में विद्यापति भी भाषा-साहित्य में अपना जोड़ नहीं रखते! इस उपनाम से इन्होंने कुछ कविताएँ भी की हैं। एक पद यों है—

सुकवि नव जयदेव भनिअ रे।
देवसिंह नरेंद्र नंदन
सेतु नरवइ कुल निकंदन
सिंह सम सिवसिंह राया
सकल गुनक निधान गनिअ रे॥

इनकी दूसरी उपाधि 'कविशेखर' है। कविशेखर नाम से इनकी बहुत-सी रचनाएँ हैं। न मालूम यह उपाधि किसने दी थी। बिसपी ग्राम के दानपत्र में यह उपाधि नहीं है। कविकंठहार, कविरंजन इन दो नामों से भी

अधिक कविताएँ हैं। दशावधान और पंचानन की उपाधियाँ भी इनकी कही जाती हैं। कुछ कविताएँ 'चंपति वा विद्यापति चंपई' नाम से भी हैं। 'दशावधान' नाम से कुछ कविताएँ भी हैं। यह उपाधि, कहा जाता है, दिल्लीश्वर ने दी थी।

विद्यापति का संप्रदाय

अभी तक यह विषय भी संदेहप्रद रहा है। इनकी कविताएँ विशेषतः राधा-कृष्णविषयक हैं। अतः लोगों की धारणा है कि ये वैष्णव रहे होंगे। बंगाल में भी पहले यही धारणा थी। बाबू ब्रजनंदन सहाय ने अपने समर्पणपत्र में भी इन्हें 'वैष्णव-कवि-चूड़ामणि' लिखा है। किंुत जनश्रुति और प्रमाण इसके विरुद्ध है। बात यों है कि विद्यापति शृंगारिक कवि थे। शृंगार के आराध्य देव श्रीकृष्णजी ठहरे। अतः शृंगारिक वर्णन में राधा-कृष्ण के विलास ही वर्णन किए जाते हैं—सभी भारतीय शृंगारिक कवियों ने इसी युगल-मूर्त्ति को लक्ष कर शृंगारिक रचनाएँ की हैं। किंतु इसी से किसी कवि को वैष्णव मान लेना ठीक नहीं। विद्यापति के पिता गणपति ठाकुर शैव थे। आपने शिव की उपासना के बाद ही यह पुत्ररत्न प्राप्त किया था। ऐसी अवस्था में विद्यापति का शैव होना बहुत संभव है। जनश्रुति भी ऐसी ही है। यही नहीं, विद्यापति का एक पद यों है :

आन चान गन हरि कमलासन
सब परिहरि हम देवा।
भक्त-बछल प्रभु वान महेसर
जानि कएलि तुअ सेवा॥

'कोई चंद्र की पूजा करते हैं। कोई विष्णु की पूजा करते हैं। किंतु मैंने सबकों छोड़ दिया। हे वाम महेश्वर भक्तवत्सल जानकर मैंने तुम्हारी ही सेवा की।' यह बाण महेश्वर कौन हैं? विद्यापति के गाँव बिसपी से उत्तर भेड़वा नामक एक गाँव में बाणेश्वर महादेव हैं। प्रवाद है कि विद्यापति उसी महादेव की उपासना करते हैं। यही नहीं, विद्यापति के बनाए हुए अनेकानेक शिवगीत या नचारियाँ हैं जो मिथिला में उनकी पदावली से भी अधिक प्रसिद्ध हैं। मिथिला में उनकी पदावली तो विशेषतः स्त्रियों में प्रचलित है—विशेषतः स्त्रियाँ ही उनके पद गाती हैं। पुरुषों में तो नचारियाँ ही प्रसिद्ध हैं। झुंड के झुंड कोकिलकंठी रमणियाँ जिस प्रकार तीर्थस्थानों को जाती हुई विद्यापति के मधुर पद गाती झूमती जाती हैं, उसी प्रकार तीर्थयात्री पुरुष के झुंड प्रेम से नचारियाँ गाते हैं।

कहते हैं स्वयं महादेव इनकी भक्ति पर मुग्ध थे। एक दिन एक अपरिचित आदमी इनके निकट आया और इनसे नौकरी करने की अनुमति माँगी। विद्यापति ने उसे रख लिया। उसका नाम उगना था—कोई-कोई उदना भी कहते हैं। यह स्वयं महादेवजी थे। उगना इनके यहाँ रहने लगा। वह सदा इनकी फरमाबरदारी में रहता। एक दिन उगना के साथ विद्यापति कहीं जा रहे थे। रास्ते में इन्हें प्यास लगी। उगना से कहा। उगना चल पड़ा। थोड़ी ही देर में वह एक लोटा पानी लेकर लौटा। विद्यापति उसे पीने लगे। किंतु पीने पर उन्हें मालूम हुआ कि यह पानी गंगा का है। आपने कहा—उगना, यह पानी कहाँ से लाया है? उगना ने कहा—निकट ही के कुएँ से। विद्यापति ने कहा—यह जल कुएँ का हो नहीं सकता, यह गंगाजल है। बहुत कहने-सुनने पर भी जब विद्यापति को संतोष न हुआ, तो उगना ने अपना यथार्थ रूप प्रकट किया। स्वयं महादेव उगना के रूप में थे। यह पानी उन्हीं की जटा का पानी था। उस जगह, निकट में, कोई कुआँ या तालाब न पाकर महादेव ने अपनी जटा से पानी लेकर उन्हें दिया था। महादेव ने कहा, देखो, तुम मेरे पूर्ण भक्त हो, मैं तुमसे अलग नहीं रहना चाहता। किंतु प्रतिज्ञा करो, कि तुम कभी यह बात किसी से न प्रकट करोगे। खबरदार, जिस दिन यह बात प्रकट करोगे, उसी दिन मैं अंतर्द्धान हो जाऊँगा।

थोड़े दिन बीते। उगना इनके पास रहने लगा। किंतु विद्यापति अब उसे कभी कोई नीच काम करने को न कहते। एक दिन विद्यापति की स्त्री ने उगना से कुछ लाने को कहा। उगना को लाने में देरी हुई। ब्राह्मणी

बिगड़ पड़ीं। ज्योंही उगना निकट आया कि एक चैला लेकर वे टूट पड़ीं। विद्यापति यह देखकर चिल्ला उठे—हा हा! यह क्या कर रही हो? साक्षात् शिव पर प्रहार!! उसी क्षण उगना अंतर्द्धान हो गया। विद्यापति पागल होकर गाने लगे—

उगना रे मोर कतए गेला।
कतए गेला सिथ की दहु भेला॥
भाँग नहिं बटुआ रुसि बैसलाह।
जोहि हेरि आनि देल हँसि उठलाह॥
जो मोर कहता उगना उदेस।
ताहि देवओं कर कँगना बेस॥
नंदन बन में भेटल महेस।
गौरि मन हरखित मेटल कलेस॥
विद्यापति भन उगना सों काज।
नहि हितकर मोर त्रिभुवन राज॥

इस तरह के कई पद हैं। यद्यपि इस नास्तिकवाद के वैज्ञानिक युग में इस कथा पर लोगों को विश्वास न होगा, किंतु ऐसी घटनाओं से प्राचीन भारतीय इतिहास भरा पड़ा है।

इन सब बातों से यही सिद्ध होता है कि विद्यापति वैष्णव नहीं, वरन शैव थे। हाँ, यह बात निस्संदेह सत्य है कि वे आजकल के शैवों की तरह विष्णु-द्रोही नहीं थे। वे शिव और विष्णु को एक ही रूप की दो कलाएँ मानते थे। आपका एक पद है—

भल हरि भल हर भल तुअ कला।
खन पित बसन खनहि बघछला॥ इत्यादि

विद्यापति के आश्रयदाता : शिवसिंह

जैसा कि पहले लिखा जा चुका है, विद्यापति के प्रधान आश्रयदाता राजा शिवसिंह हैं। इन्हीं की छत्रछाया में रहकर विद्यापति ने अपने अधिकांश पदों की रचना की थी। जिस प्रकार शिवसिंह ने प्रचुर संपत्ति देकर इन्हें सांसारिक झंझटों से मुक्त कर दिया था, उसी प्रकार, बदले में, विद्यापति ने उनका और उनकी धर्मपत्नी लखिमा देवी का नाम अपने पदों में देकर उन्हें अजर-अमर बना दिया है। शिवसिंह का भौतिक दान तो थोड़े ही दिनों में विलीन हो गया, किंतु विद्यापति ने उन्हें जो यश का दान दिया, वह अनंत काल तक संसार में विद्यमान रहेगा।

लोगों को स्वभावतः यह उत्कंठा होगी, कि ये शिवसिंह कौन थे? मिथिला के नवीन युग के शासकों में सिमराँव और सुगाँव ये दो राजघराने अधिक प्रसिद्ध हैं। राजा शिवसिंह सुगाँव राजघराने में हुए थे। सुगाँव-राजघराने के पहले सिमराँव राजघराने के लोग शासन करते थे। इनकी राजधानी सिमराँव गढ़ में थी—जो वर्तमान चंपारण जिले में है। सिमराँव के राजा क्षत्रिय थे। इस राज्य के संस्थापक नान्यदेव थे। इसी राजकुल में सुप्रसिद्ध हरिसिंहदेव हुए थे, जिन्होंने नेपाल विजय किया था। हरिसिंहदेव के मंत्री विद्यापति के पूर्वज चंडेश्वर थे और उनके राजपंडित शिवसिंह के पूर्वज कामेश्वर ठाकुर।

कहा जाता है कि एक समय हरिसिंहदेव ने एक वृहद् यज्ञानुष्ठान किया था। किंतु अन्य राजाओं द्वारा यज्ञ भ्रष्ट कर दिया गया, जिससे विरक्त होकर वे जंगल में चले गए। इसी समय सुअवसर पाकर दिल्ली के बादशाह ने मिथिला पर चढ़ाई की। मिथिला में उस समय अराजकता फैल रही थी। दिल्लीश्वर का चिरमनोरथ पूरा हुआ—मिथिला का शासन-सूत्र मुसलमानों के हाथ में आया। इस अवसर पर राजपंडित कामेश्वर ठाकुर ने बादशाह से भेंट की। बादशाह[1] उनके गुण से अत्यंत संतुष्ट हुए। उनके अस्वीकार करने पर भी उन्हीं को

मिथिला-प्रदेश का शासक नियुक्त किया। तभी से मिथिला का शासन ब्राह्मणों के हाथ में आया।

कामेश्वर ठाकुर ओयनबार ब्राह्मण थे। उनके पूर्वपुरुष पं. ओयन ठाकुर ने किसी राजा से (संभवतः नान्यदेव से) 'ओयनी' नामक गाँव उपहार में पाया था। ओयनी गाँव दरभंगा जिले में पूसा रोड स्टेशन के निकट है। ओयनी गाँव में बसने के कारण इस वंश को ओयनबार वंश कहते हैं।

ओयनबार वंश के सबसे प्रथम राजा यही पं. कामेश्वर हुए। कामेश्वर के बाद उनके पुत्र भोगेश्वर और उनके बाद उनके पुत्र गणेश्वर राजा हुए। गणेश्वर के दो बेटे थे—वीरसिंह और कीर्तिसिंह। इन्हीं कीर्तिसिंह के दरबार में विद्यापति ने 'कीर्तिलता' का निर्माण किया था। कीर्तिसिंह और उनके भाई वीरसिंह निःसंतान मरे। तब भोगेश्वर के भाई भवसिंह के बेटे देवसिंह राजा हुए।

राजा शिवसिंह महाराज देवसिंह के पुत्र थे। इनकी राजधानी गजरथपुर नामक नगर में बागमती के किनारे थी। इनके प्रति विद्यापति की इतनी अनुरक्ति देखकर, मालूम होता है, ये बड़े ही रसिक और काव्यमर्मज्ञ[2] पुरुष थे। विद्यापति के पदों में इनके नाम के साथ इनकी प्राणप्रिया महारानी लखिमा देवी का भी नाम है। इस प्रकार रानी का नाम पदों में देने से लोगों ने उलटा-सीधा बहुत कुछ अनुमान किया है। किंतु यथार्थ बात तो यों है कि विद्यापति ने जहाँ कहीं किसी राजा का नाम दिया है, वहाँ साथ-ही-साथ उसकी स्त्री का नाम भी दिया है। देवसिंह शिवसिंह के पिता थे। जहाँ उनके नाम से विद्यापति ने कविता की है, वहाँ शिवसिंह की माता हँसिनी देवी का भी नाम है।

शिवसिंह और लखिमा देवी के नाम पदों में होने के विषय में मिथिला में एक प्रवाद है। वह यह है, कि विद्यापति जिन पदों की रचना करते थे, वे सब राजा के अंतःपुर में गाए जाते थे। राजा-रानी दोनों अंतःपुर में एकत्र बैठते, उनके चारों ओर स्त्रियाँ आ बैठतीं। उस समय केटी (चेरी) नाम की गायिकाओं की श्रेणी शिवसिंह और लखिमा देवी की भणिता युक्त विद्यापति के पद गाने लगतीं। 'केटी' स्त्रियाँ गानविद्या में निपुण होती थीं। वे महल में इसी काम के लिए नियुक्त की जातीं। विद्यापति के पदों में लखिमा के अतिरिक्त शिवसिंह की अन्य रानियों के भी नाम आए हैं। संभवतः लखिमा देवी ही पटरानी रही हों, या इन्हीं पर राजा की अधिक आसक्ति रही हो।

शिवसिंह जिस प्रकार कलाविद्ध थे, उसी प्रकार वीर योद्धा भी थे। उनको यह बात बहुत अखरती रही कि यवनों के वे अधीन हैं। पिता के जीवन में ही एक बार उन्होंने दिल्ली कर भेजना बंद कर दिया। जिस पर मुसलमानी फौज मिथिला आई। दैव-दुर्विपाक से शिवसिंह कैद करके दिल्ली ले जाए गए। देवसिंह ने अधीनता स्वीकार कर अपना राज्य तो प्राप्त कर लिया, किंतु पुत्रशोक से पीड़ित रहने लगे। इधर विद्यापति को भी शिवसिंह के बिना चैन कहाँ? लखिमा की दशा का क्या पूछना? विद्यापति अपनी जान पर खेलकर शिवसिंह का उद्धार करने पर तुल गए। कविजी दिल्ली पहुँचे। वहाँ जाकर अपना परिचय दिया। सुलतान ने हुकुम दिया कि अगर शायर हो, तो कुछ करामात दिखाओ। विद्यापति ने कहा कि मैं अदृष्ट का दृष्टवत् वर्णन कर सकता हूँ। सुलतान ने एक सद्यःस्नाता सुंदरी का वर्णन करने को कहा। विद्यापति गाने लगे—

कामिनी करए सनाने।
हेरितहि हृदय हनए पंचवाने। आदि।

सुलतान को इससे भी संतुष्टि नहीं हुई। विद्यापति एक काठ के संदूक में बंद किए गए और वह संदूक कुएँ में लटका दिया गया। ऊपर एक सुंदरी स्त्री आग फूँकती हुई खड़ी की गई। तब विद्यापति से कहा गया, कि

---

1. उस समय गयासुद्दीन का राज्यकाल था।—लेखक
2. विद्यापति के ही समान अन्य कितने कवि भी शिवसिंह के दरबार में थे। उन्हीं में से एक थे उमापति, जो 'पारिजातहरण' और 'रुक्मिणी परिणय' नामक भाषा-नाटकों के रचयिता कहे जाते हैं। लोग पहले इन दोनों नाटकों के रचयिता विद्यापति को मानते थे।—लेखक

ऊपर जो कुछ है, उसका वर्णन करो। विद्यापति संदूक के अंदर से गाने लगे—

सजनि निहुरि फुकु आगि।
तोहर कमल भमर मोर देखल
मदन ऊठल जागि।
जो तोंहे भामिनि भबन जएवह
ऐवह कोनह बेला।
जों ए संकट सौं जी बाँचत
होएत लोचन मेला॥

बादशाह अत्यंत प्रसन्न हुआ। राजा शिवसिंह छोड़ दिए गए। तब विद्यापति ने निम्नलिखित पद कहा—

भन विद्यापति चाहथि जे बिधि
करथि से से लीला।
राजा सिवसिंह बंधन मोंचल
तखन सुकवि जीला॥

राजा शिवसिंह की दानशीलता की कहानियाँ अभी तक मिथिला में प्रचलित हैं। इन्होंने अपने पिता का तुलादान कराया था। कितने ही तालाब इन्होंने खुदवाए थे। प्राचीन कमला नदी के किनारे लहेरा नामक गाँव में इन्होंने 'घोड़दौड़' नामक एक तालाब खुदवाया था। कहते हैं, वहाँ इन्होंने अपना निवासस्थान भी बनवाया था। इसका भग्नावशेष अभी तक पाया जाता है। मधुबनी से दक्षिण पतोल नामक गाँव में इनका खुदवाया हुआ एक तालाब है, जिसके विषय में यह कहावत प्रसिद्ध है कि—

पोखरि रजोखरि और सब पोखरा।
राजा सिवसिंह और सब छोकरा॥

राजा शिवसिंह बहुत दिनों तक युवराज के रूप में कार्य करते थे, किंतु प्रजा इन्हें ही अपना राजा समझती थी। देवसिंह तो केवल नाममात्र के राजा थे। युवराजावस्था में ही ये महाराजा कहे जाते थे, जैसा कि पहले वर्णन हो चुका है। ल. 293 में देवसिंह की मृत्यु हुई। ठीक उसी समय दिल्लीश्वर ने भी मिथिला पर चढ़ाई कर दी। दिल्लीश्वर के साथ बंगाल के नवाब भी थे। शिवसिंह के लिए बड़े संकट का समय था। एक ओर पिता का श्राद्धादि कर्म, दूसरी ओर युद्ध का आयोजन। विद्यापति ने प्राकृत मिश्रित एक पद में शिवसिंह की इस विजय की चर्चा यों की है—

अनल रंध कर लक्खन नरवइ सक समुद्द कर अगिनि ससी।
चैत कारि छठि जेठा मिलिओ बार बेहप्पय जाहु लसी॥
देवसिंह जू पुहमी छड्डिअ अद्धासन सुरराए सरू।
दुहु सुरतान नीदे अथ सोअओ तपन -हीन जग तिमिर भरू॥
देखहु ओ पृथिमी के राजा, पौरुस माझ पुत्र पलिओ।
सत बले गंगा मिलिअ कलेवर देवसिंह सुरपुर चलिओ॥
एक दिस सकल जबन बल चलिओ ओका दिस से जमराए चरू।
दूधओ दलटि मनोरथ पुरओ, गरुअ दाप सिवसिंध करू॥
सुरतरु कुसुम घालि दिसि पूरिओ, दुन्दुभि सुन्दर साद धरू।
वीर छत्त देखन को कारन गुरगन सते गगन भरू॥
आरम्भिए अंतेट्ठि महामख राजसूअ असमेध जहाँ।
पंडित घर अचार वर वानिज जाचक काँ घर दान कहाँ॥

बिजाबइ कविवर यहु गावए मानव मन आनंद भओ।
सिंहासन सिवसिंह बइट्ठो, उच्छवै बैरस बिसरि गओ॥

शिवसिंह ने राजगद्दी पर बैठते ही विद्यापति को बिसपी गाँव उपहार में दे दिया। राज्यारोहण के तीन ही वर्ष बाद पुनः यवन सेना मिथिला पर आ चढ़ी। पहली बार पराजित होने के कारण स्वभावतः ही बादशाह ने बड़ी तैयारी की थी। शिवसिंह दूरदर्शी थे, भविष्य समझ गए। किंतु तो भी अधीनता स्वीकार करना उन्हें नापसंद हुआ। आपने अपनी स्त्रियों को विद्यापति के साथ अपने मित्र राजा पुरादित्य के पास रजाबनौली (नेपाल तराई) भेज दिया। स्वयं सेना के साथ बादशाह से जा भिड़े। शिवसिंह बादशाह की सेना का व्यूह भेदकर बादशाह के निकट पहुँच गए और अपनी तलवार से उसका शिरस्त्राण उड़ाते हुए फिर बाहर निकल भागे। यवन-सेना इनके पीछे दौड़ी, तो उसने मना कर दिया। शिवसिंह वहाँ से नेपाल की ओर जंगल में चले गए और पुनः अपने राज्य में न लौटे। कोई-कोई कहते हैं, वे मारे गए।

शिवसिंह की मृत्यु (अथवा पलायन) के बाद मालूम होता है, विद्यापति बहुत दिनों तक लखिमा देवी[1] के साथ रजाबनौली में ही रहे। क्योंकि यहीं पर 299 लक्ष्मणाब्द में यहाँ के राजा पुरादित्य के लिए आपने 'लिखनावली' लिखी। यही नहीं, 309 लक्ष्मणाब्द में आपने स्वलिखित 'भागवत' की पोथी भी यहीं समाप्त की। 'लिखनावली' के बाद आपने शिवसिंह के भाई पद्मसिंह की स्त्री विश्वास देवी के लिए दो ग्रंथ लिखे। इन दोनों ग्रंथों में समय नहीं दिए गए हैं। पद्मसिंह के उत्तराधिकारी हरिसिंह के लिए आपने 'विभागसार' की रचना की थी। उनकी स्त्री धीरमती के लिए 'दान वाक्यावली' लिखी गई थी। जैसा कि पहले लिखा जा चुका है, इनकी अंतिम रचना 'दुर्गा-भक्ति-तरंगिणी' है। यह नरसिंह देव के समय में प्रारंभ की गई थी, धीरसिंह के राजत्वकाल में समाप्त हुई थी। धीरसिंह का समय, 'सेतुदर्पिणी' के अनुसार 301 लक्ष्मणाब्द है। अतएव, इस समय तक, अर्थात् संवत् 1489 वि. या 1430[2] ई.० तक इनका जीवित रहना सब प्रकार से सिद्ध है।

विद्यापति की मृत्यु

विद्यापति की मृत्यु कब हुई, इसमें भी विवाद है। जैसाकि लिखा जा चुका है, 321 लक्ष्मणाब्द् तक उनका जीवित रहना सिद्ध होता है। धीरसिंह के बाद के किसी राजा के नाम से[3] लिखी गई इनकी कोई पुस्तक नहीं मिलती है, इससे अनुमान होता है, कि धीरसिंह के राजत्वकाल में ही या उनके थोड़े ही दिनों के बाद इनकी मृत्यु हो गई होगी। विद्यापति का एक पद यों है—

सपन देखल हम सिवसिंघ भूप।
बतिस बरिस पर सामर रूप॥
बहुत देखल गुरुजन प्राचीन।
आव भेलहुँ हम आयु विहीन॥
सिमटु सिमटु निअ लोचन नीर।
ककरहु काल न राखथि थीर॥

---

1. लखिमा देवी की विद्वत्ता, चतुरता और प्रत्युत्पन्नमतित्व की अनेक जन-श्रुतियाँ मिथिला में प्रचलित हैं। किसी- किसी ऐतिहासिक के मत से इन्होंने शिवसिंह के बाद 9 वर्ष तक राज्य भी किया था। किंतु स्वयं विद्यापति ने भी कहीं इसकी ओर इशारा तक नहीं किया है। अतः यह बात अप्रामाणिक मालूम होती है—लेखक।
2. 'हिस्ट्री आफ तिरहुत' में 321 लक्ष्मणाब्द को 1439 ई. लिखा है—लेखक।
3. विद्यापति के एक पद में 'कंसदलन नारायण सुंदर तसु रंगिनि पए होई' ऐसी भणिता है। मैंने भ्रमवश पहले इस 'कंसदलन नारायण' को 'कंस नारायण' नामक मिथिला का राजा समझा था। एक तो नाम में भी भेद है, दूसरे राधा का वर्णन है, अतः वहाँ कृष्ण अर्थ है। कंस नारायण विद्यापति की मृत्यु के बहुत पश्चात् राजा हुए थे।—लेखक।

विद्यापति सुगतिक प्रस्ताव।
त्याग के करुना रसक सुभाव॥

इससे पता चलता है कि शिवसिंह की मृत्यु के बत्तीस वर्ष बाद विद्यापति ने उन्हें स्वप्न में देखा था। ऐसी प्राचीन धारणा है, कि बहुत दिनों पर यदि अपना कोई मृत प्रेम पात्र मलिन 'वर्ष' में दीख पड़े, तो मृत्यु निकट समझनी चाहिए। यही भाव बड़े ही कारुणिक शब्दों में उपयुक्त पद में वर्णन किया गया है। शिवसिंह 296 लक्ष्मणाब्द में मरे थे, अतः 328 लक्ष्मणाब्द में विद्यापति ने उक्त स्वप्न देखा होगा, जो विक्रमीय संवत् 1494 पड़ता है। यदि हम इस स्वप्न के तीन वर्ष के बाद विद्यापति की मृत्यु मान लें तो वे नब्बे वर्ष की अवस्था में संवत् 1497 वि. में (या 1440 ईस्वी में) मरे थे। श्री नगेंद्रनाथ गुप्त ने भी इसी समय को प्रामाणिक माना है।

उस समय विद्यापति बूढ़े हो चले थे। जन्मभर शृंङ्गार-रचना में व्यस्त रहने के कारण अंतिम समय में संसार के प्रति उन्हें अत्यंत उदासीनता हो गई थी। उन्हें अपना भविष्य अंधकारमय प्रतीत होता था—निराशा की काली घटा ने उनके हृदय-व्योम को आच्छादित कर लिया था। आप अत्यंत करुण स्वर में गाते हैं।

तातल सैकल बारि बूँद सम, सुत मित रमनि समाज।
तोहें बिसरि मन ताहि समर्पिनु अब मझुहब कौन काज॥
माधव, हम परिनाम निरासा।
तुहु जगतारन दीन दयामय अतए तोहर बिसबासा।
आध जनम हम नींद गमायनु जरा सिसु कत दिन गेला।
निधुबन रमनि रभसरँग मातनु तोहे भजब कओन बेला॥

आपने अपनी कविता-रचना द्वारा प्रचुर संपत्ति प्राप्त की थी। वृद्धावस्था में आप इस धन को देख-देखकर कहते हैं—

जतन जतेक धन पापे बटोरल मिलि मिलि परिजन खाए।
मरनक बेरि हरि कोई न पूछए करम संग चलि जाए॥
ए हरि बंदों तुअ पद नाय।
तुअ पद परिहरि पाप पयोनिधि पारक कओन उपाय॥
जावत जनम नहिं तुअ पद सेबिनु जुबतो मति मय मेलि।
अमृत तजि किए हलाहल पीअनु संपद अपदहि भेलि॥

विद्यापति अपनी उमर की ओर लक्ष्य कर कहते हैं—

बयस, कतह चल गेला।
ताहें सेवइत जनम बहल, तइओ न अपन भेला॥

वयम, तुम कहाँ चले गए। तुम्हें सेवते हुए अपना जन्म बिता दिया, किंतु तुम अपना न हुए।

कहा जाता है, अपना मृत्यु-समय निकट आया जान विद्यापति अपने घर के लोगों से बिदा लेकर गंगा-सेवन को चले। गंगा-सेवन की प्रथा मिथिला में अद्यावधि प्रचुर रूप से प्रचलित है। गंगा-यात्रा के अवसर पर आपने अपने पुत्र को बहुत कुछ उपदेश दिया। उससे कहा—बेटा प्रजारंजन करना, अतिथि-सत्कार में कभी नहीं चूकना, दूसरे की स्त्री को माता के तुल्य जानना। पश्चात् विद्यापति अपनी कुल देवी विश्वेश्वरी के निकट गए। देवी से आपने जाने की अनुमति माँगी—कहा, माँ, अब गंगा जा रहा हूँ। जन्म-भर शिव की आराधना की। अब विदा दो। घर पर सभी को संतोष दे पालकी पर चढ़कर गंगा की ओर चले। राह में जब गंगा से कुछ दूर पर ही थे, तो आपने अपनी पालकी रखवा दी। एक अभिमानी भक्त की तरह कहा—मैं इतनी दूर से मैया के निकट आया, क्या मैया मेरे लिए दो कोस आगे नहीं बढ़ आवेगी? रात बीती। दूसरे ही दिन लोग दृश्य देखकर अवाक् रह गए। गंगा अपनी धारा छोड़, दो कोस की दूरी पर पहुँच गई थी!! अभी तक उस स्थान पर गंगा की धारा टेढ़ी नजर आती है। उस स्थान का नाम मऊ बाजितपुर है। यह मुजफ्फरपुर जिले में है। यहीं विद्यापति

की मृत्यु हुई। इनकी चिता पर एक शिव-मंदिर की स्थापना की गई। यह शिव-मंदिर अभी तक विद्यमान है। विद्यापति की मृत्यु-तिथि के विषय में एक पद प्रचलित है—

विद्यापतिक आयु अवसान।
कातिक धवल त्रयोदसि जान॥

इसके अनुसार विद्यापति की मृत्यु कार्त्तिक शुक्ला त्रयोदशी को हुई। यह तिथि प्रामाणिक समझ पड़ती है। कार्त्तिक महीने में गंगासेवन करने का हिंदू शास्त्र के अनुसार बड़ा महत्त्व है। विद्यापति की मृत्यु गंगा-तट पर हुई थी—जबकि वे गंगासेवन करने गए थे। अतः इस तिथि को अप्रामाणिक मानने का कोई कारण नहीं। तुलसीदास के विषय में भी ऐसा ही एक दोहा प्रसिद्ध है। जब वह दोहा प्रामाणिक माना जाता है, तो कोई कारण नहीं, कि यह पद प्रामाणिक न माना जाए।

विद्यापति का हस्ताक्षर

हिंदी में ऐसे बहुत ही कम सौभाग्यशाली प्राचीन कवि हैं, जिनकी हस्तलिपि प्राप्त होती है। विशेषतः विद्यापति ऐसे प्राचीन कवि की—जो चंद को छोड़कर सभी प्रसिद्ध हिंदी कवियों से पहले हुए थे—हस्तलिपि प्राप्त होना, तो हम लोगों के लिए बड़ा ही सौभाग्य का विषय है। विद्यापति के हाथ से लिखी हुई उनकी निज रचना, पदावली या संस्कृत पोथियाँ, नहीं पाई जातीं। हाँ, एक सटीक भागवत की पोथी विद्यापति के हाथ की लिखी हुई अवश्य पाई जाती है। यह पुस्तक दरभंगा से बारह कोस, तरौनी नामक गाँव में जयनारायण झा की विधवा पत्नी के पास सुरक्षित है। दरभंगा जिले की पंडितमंडली का पूरा विश्वास है, और जनश्रुति से भी यह सिद्ध है, कि यह पुस्तक विद्यापति के हाथ से लिखी गई थी। यह पुस्तक तालपत्र पर लिखी हुई है। प्रत्येक पत्र की लंबाई दो फुट और डेढ़ इंच तथा चौड़ाई सवा दो इंच के लगभग है। पत्र की संख्या 576 है। पत्र की दोनों ओर लिखावट है। प्रत्येक पृष्ठ में छः पंक्तियाँ हैं। लिपि स्पष्ट, अक्षर की आकृति बड़ी, प्रत्येक अक्षर अलग-अलग और स्पष्ट, विराम और विभाग का चिह्न सर्वत्र विद्यमान। लिखावट सुंदर, कहीं भी एक अशुद्धि अथवा लिपि-दोष नहीं। रोशनाई प्रायः सर्वत्र स्पष्ट। अंतिम पत्र काष्ठ के वेष्टन के घर्षण और बंधन के कारण जीर्ण हो गया है और लिखावट भी अस्पष्ट हो गई है। ग्रंथ के शेष में लिखा है—

"शुभमस्तु सर्व्वार्थगता संख्या ल. सं. 309 श्रावणशुक्ल
15 कुजे रजाबनौली ग्रामे श्री विद्यापतिलिपिरियमिति।"

अंतिम दो अक्षर 'मिति' पत्रांश से छिन्न हो गया है। रजाबनौली गाँव दरभंगा से प्रायः 15 कोस उत्तर है। शिवसिंह 293 लक्ष्मणाब्द में राज्यासन पर बैठे थे। उनकी मृत्यु उसके तीसरे साल हुई थी। इस तरह उनकी मृत्यु के तेरह साल बाद की यह पोथी है। मालूम होता है, शिवसिंह की मृत्यु के बाद विद्यापति का जी सांसारिक कार्यों से उचट गया था—कम-से-कम शृङ्गारिक रचनाओं की ओर से। मित्र-वियोग पर ऐसा होना संभव भी है। उसी शोकावस्था में अपने चित्त की शांति के लिए विद्यापति ने यह कष्टकर कार्य प्रारंभ किया हो।

विद्यापति का परिवार

विद्यापति के बेटे का नाम हरपति था—विद्यापति-रचित एक पद में इनका नाम आया है। विद्यापति को एक कन्या भी थी। मिथिला में यह प्रवाद है कि इनकी लड़की का नाम दुलही था। विद्यापति ने कितने पद ऐसे बनाए हैं, जिसमें पति-गृह गमन के समय कन्या को उपदेश दिया गया है। उन पदों में दुलही शब्द आया है। कहते हैं, ये पद विद्यापति ने अपनी पुत्री को ही संबोधित कर लिखे थे। दुलही का अर्थ नववधू भी होता है। न मालूम क्या रहस्य है? मिथिला के एक वृद्ध ब्राह्मण के घर में एक पद प्राप्त हुआ है, जिससे सिद्ध होता है कि इनकी लड़की का नाम दुलही था। अंतिम काल में विंद्यापति कहते हैं—

दुल्लहि, तोहर कतए छथि माय ।
कहु न ओ आवथु एखन नहाय ॥

'दुलही, तुम्हारी माँ कहाँ है, कहो न वे इस समय स्नान कर आवें ।'

दरभंगा के वर्त्तमान राजघराने में नरपति ठाकुर नामक राजा हो गए हैं । उनके दरबार में लोचन नामक एक कवि थे । लोचन ने 'रागतरंगिणी' नामक एक पुस्तक का संकलन किया था । उसमें उसने विद्यापति के बहुत से पद रखे हैं । 'रागतरंगिणी' में एक कविता चंद्रकला नामक एक रमणी की बनाई हुई पाई जाती है । लोचन ने इस कविता पर टिप्पणी की है—'इति श्रीविद्यापतिपूत्रवध्वाः" । इससे मालूम होता है, चंद्रकला विद्यापति की पतोहू थी । यहाँ पर चंद्रकला की उस कविता को उद्धृत करने का लोभ हम संवरण नहीं कर सकते—

स्निग्ध कुञ्चित कोमलं कच गंडमंडित कोमलम् ।
अधर बिम्ब समान सुंदर शरदचंद्र निभाननम् ॥
जय कम्बु कंठ विशाल लोचन सारमुज्वल सौरभम् ।
बाहु बल्लि मृणाल पंकज हार शोभित ते शुभम् ॥
शोभय सुंदरि मम हृदयम् ।
गदगद हास सुदति निपुणम् ॥
उर पीन कठिन विशाल कोमल याति युग्म निरंतरम् ।
श्री फला कमला विचित्र विधातु निर्मल कुच वरम् ॥
श्यामा सुवेषा त्रिवलिरेखा जघन भार विलम्बिते ।
मत्त गज-कर जघन युगवर गमन गति वरटा जिते ॥
सुललित मंद गमन करई ।
जनि पति सँग बरटाभमई ॥
अति रूप जौवन प्रथम सम्भव किं वृथा कथया प्रिये ।
तेजह रूप-विमोह परिहर शोक चिंतित चिंतये ॥
उपयात मदन-व्याधि दुःसह दहए पावक से वनम् ।
पवन दिसे दिसे दहए पावक युग्मदारज सम्बरम् ॥
स्यामा सबंदिते ।
अति समय गीत सुशोभिते ॥
आत्मदान समान सुंदरि धार वर्षति सिञ्चये ।
सिञ्चह सुंदरि मम हृदयम् ।
अधर-सुधा मधु पान मियम् ॥
चंद्र कवि जयदेव मुद्रित मान तेज तोहें राधिके ।
वचन मम धर कृष्णमनुसर किन्नु कामकला शुभे ॥
चंद्रकला हे वचन करसी ।
मानिनि माधव मनुसरसी ॥

विद्यापति और पक्षधर मिश्र

पक्षधर मिश्र मिथिला के प्रकांड विद्वान हो गए हैं । आप विद्यापति के सहपाठी थे । विद्यापति ने बिसपी गाँव में एक अतिथिशाला निर्माण कर रखी थी । प्रतिदिन भोजन के पश्चात् स्वयं विद्यापति अतिथिशाला में जाते और अतिथियों से वार्त्तालाप करते । प्रवाद है कि एक दिन जब विद्यापति अतिथिशाला में गए तो सभी अतिथि इनकी अभ्यर्थना में खड़े हो गए । केवल कोने में एक अत्यंत कृश पुरुष बैठा ही रहा । विद्यापति के पूछताछ करने पर

मालूम हुआ कि इन्होंने भोजन नहीं किया है। उस पुरुष की दुर्बलता और कृशता पर इनके मुख से सहसा निकल गया—

प्राघूनो घुणवत् कोणे सूक्ष्मत्वान्नोपलक्षितः।

घर के कोने में सूक्ष्म कीट (घुन) वत् अतिथि सूक्ष्मतावशतः नहीं दीख पड़े।

बैठे हुए पुरुष ने तुरत उस श्लोक की पूर्ति करते हुए उत्तर दिया—

नहिं स्थूलधियः पुंसः सूक्ष्मे दृष्टिः प्रयायते।

'स्थूलबुद्धि पुरुष को सूक्ष्म पदार्थ नहीं दीख पड़ता।' विद्यापति बोली सुनते ही अपने सहपाठी को पहचान गए। उन्हें आदरपूर्वक अपने घर में ले गए। पक्षधर मिश्र संभवतः विद्यापति से कुछ छोटे थे। उनके स्वहस्तलिखित एक विष्णुपुराण में 354 लक्ष्मणाब्द लिखा हुआ है।

विद्यापति के प्रति विद्वेष

बड़े लोगों के प्रति उनके अड़ोस-पड़ोसवाले सदा द्वेष भाव रखते हैं, यह बात स्वयं प्रसिद्ध है। विद्यापति के भी कुछ लोग विद्वेषी थे। विद्यापति शिवभक्त थे। शिव की पूजा करते समय, भावावेश में, स्वयं प्रणीत नचारी गाते थे, वे नाचने तक लगते थे। इसी कारण कुछ लोग उन्हें 'नर्तक' नाम से चिढ़ाते थे, ऐसा प्रवाद है। विद्यापति के एक और प्रसिद्ध विद्वेषी हो गए हैं। इनका नाम है केशव मिश्र। इनका समय 473 लक्ष्मणाब्द है, अर्थात् विद्यापति के लगभग सौ वर्ष पश्चात्। ये प्रसिद्ध शाक्त थे। 'द्वैत परिशिष्ठ' नामक स्वरचित ग्रंथ में इन्होंने 'देवीभागवत' को प्रामाणिक ग्रंथ प्रतिपादित किया है। विद्यापति ने अपने हाथ से 'श्रीमद्भागवत' लिखा था, इसलिए ये उनसे चिढ़ से गए थे। एक शाक्त के निकट भला शिव का पुजारी क्यों न बुरा जँचे? केशव मिश्र विद्यापति को 'अतिलुब्ध नगरयाचक' नाम से उपहास करते थे। विद्यापति ने बिसपी गाँव उपहार-रूप ग्रहण किया था—इसीलिए वे 'नगरयाचक' थे। द्वेष का कोई ठिकाना है। ये महाशय शिवसिंह के कुल की दौहित्र संतान थे। राजकुटुम्ब के पुरुष थे। अतएव ऐसी उद्दंडता स्वाभाविक भी है!

पदावली

यद्यपि विद्यापति ने लगभग एक दर्जन संस्कृत ग्रंथों का निर्माण किया था, तथापि उनकी प्रसिद्धि का खास कारण है उनकी पदावली। गाने योग्य छंद पद कहे जाते हैं। विद्यापति ने जितने छंद बनाए, सभी संगीत के सुर-लय से बँधे हुए हैं। विद्यापति ने कविता में अपना आदर्श जयदेव को माना है—लोग इन्हें 'अभिनय जयदेव' कहते भी थे। अतः जयदेव के ही समान वे संगीत-पूर्ण कोमल कांत पदावली में श्रृङ्गारिक रचना करते थे। जैसाकि पहले लिखा जा चुका है, दरभंगा के वर्तमान अधिपति के पूर्वपुरुष नरपति ठाकुर के समय में लोचन नामक एक कवि हो गए हैं। उन्होंने अपनी 'रागतरंगिणी' नामक पुस्तक में लिखा है कि सुमति नामक एक कलाविद् कायस्थ कत्थक के लड़के जयत को राजा शिवसिंह ने विद्यापति के निकट रख दिया था। विद्यापति पद तैयार करते थे, जयत उसका 'सुर' ठीक करता था:

सुमति सुतोदय जन्मा जयतः शिवसिंहदेवेन।
पंडितवर कविशेखर विद्यापठये तु सन्न्यस्तः॥

बिना संगीत का मर्म जाने संगीत की रचना नहीं की जा सकती। मालूम होता है, विद्यापति स्वयं भी गान विद्या में पारंगत थे। विद्यापति के पदों में कहीं-कहीं छंदोभंग से दीख पड़ते हैं। सूरदास के पदों में यही बात पाई जाती है। किंतु यथार्थतः ऐसी बात नहीं है। संगीत के सुर-लय के अनुसार जो पद बनाए जाते हैं, उनमें

'ध्वनि' का ही विचार किया जाता है, अक्षर और मात्रा का नहीं । इसी से संगीत से अपरिचित व्यक्तियों को पदों में छंदोभंग का आभास हो जाता है ।

पदावली का रूप

विद्यापति ने कितने पद बनाए थे, इसका भी अभी तक पूरा पता नहीं चला है । श्री नगेंद्रनाथ गुप्त ने 945 पदों का संग्रह प्रकाशित किया था । बाबू ब्रजनंदन सहायजी का संग्रह इससे बहुत छोटा है, तथापि उसमें कुछ ऐसे पद हैं, जो नगेंद्रनाथ गुप्त वाले संस्करण में नहीं हैं । सहायजी के नए पदों में नचारियों की ही प्रधानता है । किंतु अभी तक विद्यापति के बहुत से अनूठे पद अप्रकाशित ही हैं । मिथिला की स्त्रियाँ जिन पदों को विवाह के अवसर पर गाती हैं उनका, तथा बहुत-सी नचारियों का, अभी संकलन नहीं हुआ है ।

पदावली के प्राचीन संस्करणों को देखने से पता चलता है, कि विद्यापति ने पदों की रचना विषय-विभाग के अनुसार नहीं की थी । बिहारी के ही समान विद्यापति भी, जब उमंग में आते थे, रचना कर डालते थे । पीछे लोगों ने उन्हें अलग-अलग विभाग कर सजा लिया ।

पदावली की हस्तलिखित पोथियाँ

यों तो विद्यापति के अधिकांश पद लोगों को कंठस्थ ही हैं और उन्हीं का संग्रह 'पदकल्पतरु' आदि बँगला के प्राचीन संग्रह ग्रंथों में है, किंतु हाल में तीन प्राचीन हस्तलिखित ग्रंथ मिले हैं, जिनसे विद्यापति के कितने नवीन पद प्राप्त हुए हैं, एवं पदावली की प्रामाणिकता का पूरा पता चला है ।

उन ग्रंथों में सबसे प्राचीन और पौराणिक तालपत्र पर लिखी हुई एक पोथी है । यह पोथी भी विद्यापति लिखित 'भागवत' के साथ तरौनी ग्राम के स्वर्गीय पंडित लोकनाथ झा के घर में सुरक्षित पाई गई है । कहा जाता है कि विद्यापति के प्रपौत्र ने इसे लिखा था । इस पोथी की लिखावट और उसके तालपत्र को देखने से मालूम होता है कि कम-से-कम तीन सौ वर्षों का यह प्राचीन है । लापरवाही से रखने के कारण यह पोथी जीर्ण-शीर्ण हो गई । पहला और दूसरा पत्र गायब है । फिर नवाँ नहीं है । इसके बाद 81 से लेकर 99 पत्र एक बार ही नहीं हैं । 103 नंबर का पत्र भी गायब है । 132 पत्र के बाद का कुछ भी अंश नहीं मिलता । संपूर्ण पोथी न होने के कारण यह पता नहीं चलता कि यह कब लिखी गई, किसने इसे लिखा और कुल कितने पद इसमें थे । इस पोथी में लगभग 350 पद बचे हुए हैं ।

दूसरी पोथी नेपाल में पाई गई है । महामहोपाध्याय हरप्रसाद शास्त्री ने प्रथम-प्रथम इसे नेपाल-दरबार के पुस्तकालय में देखा था । यह पोथी बहुत सुरक्षित है । किंतु इस पोथी की भाषा में नेपाल-तराई (मोरँग) की बोली की छाप स्पष्ट दीख पड़ती है । मालूम होता है, इसे किसी मोरँग-निवासी ने लोगों से सुनकर लिखा था, जिससे ऐसी गलती हुई है । इस पोथी में लगभग 300 पद हैं । तीसरी पोथी है 'रागतरंगिणी' । इसकी चर्चा पहले हो चुकी है । इसमें लोचन ने विद्यापति के बहुत से पद रखे हैं । प्रत्येक पद के राग का निर्णय भी किया है । छंद के नियम और मात्राओं की संख्या भी दी है । 'रागतरंगिणी' अढाई सौ वर्ष की प्राचीन पोथी है । लोचन ने लिखा है—अपभ्रंश भाषा की रचना प्रथम-प्रथम विद्यापति ने ही की ।

पदावली की भाषा

पदावली की भाषा भी अब तक विवादग्रस्त रही है । बंगाली विद्यापति को बँगला का प्रथम कवि या बंगभाषा का प्रवर्त्तक मानते हैं । इसीलिए उन्होंने विद्यापति को बंगाली सिद्ध करने की भी चेष्टा की थी । किंतु अब तो यह सब प्रकार सिद्ध हो गया कि विद्यापति मैथिल थे । मैथिलों की एक खास बोली है—उसे मैथिली कहते हैं । विद्यापति भी मैथिल थे, अतः मैथिल लोग इन्हें अपनी बोली मैथिली का प्रथम कवि मानते हैं । यथार्थ में यही ठीक है ।

किंतु यह मैथिली बोली किस भाषा की शाखा है—बंगभाषा की या हिंदी भाषा की । बाबू नगेंद्रनाथ गुप्त ने मैथिली को ब्रजबोली (या हिंदी) की एक शाखा माना है । गुप्तजी 'प्राचीन विद्या महार्णव' कहे जाते हैं । उनका निर्णय अधिक मूल्य रखता है । हमारी राय भी गुप्तजी से मिलती है । मिथिला बंग देश से सटी हुई है—विद्यापति का जन्म दरभंगे में हुआ था, जो द्वार बंग या बंगाल का द्वार है—इसलिए मैथिली पर बंगभाषा का प्रभाव जरूर पड़ा है । यदि हम कह सकें, तो कह सकते हैं कि मैथिली का शरीर हिंदी का है, और उसकी पोशाक बँगला की । जिस प्रकार कोई हिंदुस्तानी अँगरेजी पोशाक पहनकर अँगरेज नहीं बन जा सकता, उसी प्रकार मैथिली हिंदी को छोड़कर बंगभाषा हो नहीं सकती । हाँ बंगभाषा के संसर्ग से इसमें मिठास अवश्य आ गई है ।

पदावली की भाषा आजकल की मैथिली से कुछ भिन्न है । यह स्वाभाविक भी है । विद्यापति को हुए पाँच सौ वर्ष हुए । इन पाँच सौ वर्षों में भाषा में अवश्य कुछ न कुछ परिवर्त्तन होना सम्भव है । कुछ मैथिल महाशय विद्यापति के पदों की भाषा को तोड़-फोड़कर आजकल की मैथिली बोली से मिलाने का अनुचित प्रयत्न करते हैं । किंतु क्या वे समझने की चेष्टा करेंगे, कि ऐसा करके वे विद्यापति की स्वर्गीय आत्मा को कितना कष्ट पहुँचा रहे हैं ?

विद्यापति की भाषा की दुर्दशा भी खूब हुई है । बंगालियों ने उसे ठेठ बँगला रूप दे दिया है, मोरँगवालों ने मोरँग का रंग चढ़ाया है, बाबू ब्रजनंदन सहायजी ने उस पर भोजपुरी की कलई की है और आजकल के मैथिल उस पर आधुनिक मैथिली का रोगन चढ़ा रहे हैं ! भगवान विद्यापति की कोमलकांत पदावली की रक्षा करें ।

पदावली की विशेषता

विद्यापति की पदावली अपना खास स्वरूप, अपना खास रंग-ढंग, रखती है । वह कहीं भी रहे, आप उसे कितने ही कविताओं में छिपाकर रखिए, वह स्वयं चिल्ला उठेगी—मैं हिंदीकोकिल की काकली हूँ । जिस प्रकार हजारों पक्षियों के कलरव को चीरती हुई, कोकिल की काकली, आकाश-पाताल को रसप्लावित करती, अलग से अलग अपना स्वतंत्र अस्तित्व प्रकट करती है, उसी प्रकार विद्यापति की कविता भी अपना परिचय आप देती है । बंगाल के यशोहर जिले में बसंत राय नामक एक कवि हो गए हैं । विद्यापति के पदों का प्रचार देखकर आपने भी विद्यापति के नाम से कविता करना प्रारंभ कर दिया था । किंतु वे अपनी कविताएँ विद्यापति की कविता में नहीं खपा सके । विद्यापति की भाषा उनकी खास अपनी भाषा है, उनकी वर्णन-प्रणाली उनकी खास वर्णन-प्रणाली है, उनके भाव स्वयं उनके हैं । उनकी पदावली पर 'खास' की मुहर लगी हुई है । बंगाल के सैकड़ों कवियों ने इनके अनुकरण पर कविताएँ कीं, किंतु कोई भी इनकी छाया न छू सके ।

विद्यापति एक अजीब कवि हो गए हैं । राजा की गगनचुंबी अट्टालिका से लेकर गरीबों की टूटी हुई फूस की झोंपड़ी तक में उनके पदों का आदर है । भूतनाथ के मंदिर और 'कोहबर-घर' में इनके पदों का समान रूप से सम्मान है । कोई मिथिला में जाकर तमाशा देखे । एक शिवपुजारी डमरू हाथ में लिए, त्रिपुंड चढ़ाए, जिस प्रकार 'कखन हरब दुख मोर हे भोलानाथ' गाते-गाते तन्मय होकर अपने आपको भूल जाता है, उसी प्रकार कलकंठी कामिनियाँ नववधू को कोहबर में ले जाती हुई "सुंदरि चललिहुँ पहु-घर ना, जाइतहि लागु परम ढरना" गाकर नव वर-वधू के हृदयों को एक अव्यक्त आनंद-स्रोत में डुबो देती हैं । जिस प्रकार नवयुवक "ससन-परस खसु अम्बर रे देखलि धनि देह" पढ़ता हुआ एक मधुर कल्पना से रोमांचित हो जाता है, उसी प्रकार एक वृद्ध 'तातल सैकत बारिबुन्द सम सुत मित रमनि समाज, ताहे बिसारि मन ताहि समरपिनु अब मझु हब कौन काम, माधव, हम परिनाम निरासा" गाता हुआ अपने नयनों से शत-शत अश्रुबूँद गिराने लगता है । विद्वद्वर ग्रियर्सन का यह कहना कितना सत्य है—

Even when the sun of Hindu-religion is set, when belief and faith in Krishna, and in that medicine of 'disease of existence' the hymns of Krishna's love, is extinct, still the love borne for songs of Vidyapati in which be tells of krishna & Radha will never diminished.

डाक्टर ग्रियर्सन के कथन का प्रमाण बंगाल में जाकर देखिए। सहस्र-सहस्र हिंदू आज तक विद्यापति के राधा-कृष्ण विषयक पदों का कीर्तन करते हुए अपने-आपको विस्मरण कर देते हैं। एक जगह पुनः आप लिखते हैं—

The glowing stanzas of Vidyapati are read by the devout Hindu with a litte of the baser part of human sensuousness as the songs of the Solomon by the Christian priests.

विद्यापति की उपमाएँ अनूठी और अछूती हैं, उनकी उत्प्रेक्षाएँ कल्पना के उत्कृष्ट विकास के उदाहरण हैं, रूपक का इन्होंने रूप खड़ा कर दिया है। स्वभावोक्ति से इनकी सारी रचनाएँ ओत-प्रोत हैं, श्रुत्यानुप्रास इनके पदों का स्वाभाविक आभूषण है, प्रधान काव्यगुण प्रसाद और माधुर्य इनके पद-पद से टपकते है, प्रकृति-वर्णन में तो इन्होंने कमाल किया है—इनका वसंत और पावस काल का वर्णन पढ़कर मंत्रमुग्ध हो जाना पड़ता है। इनके वसंत और पावस में मिथिला की खास छाप है। वसंत के समय में मिथिला की शस्यश्यामला मही जिस प्रकार अलंकृत और आभूषित हो जाती है, वह दर्शनीय है। पावस में, हिमालय निकट होने के कारण, यहाँ बिजलियाँ बड़ी जोर से कड़कती हैं—प्रायः कुलिशपात होता है। विद्यापति ने इसका बड़ा ही अपूर्व वर्णन किया है। विद्यापति का मिलन और विरह का वर्णन भी देखने योग्य है। हिंदी कवियों ने विरह के नाम पर, हाय-हाय का ही बवंडर उठाया है—उनके विरह-वर्णन में, घनआनंद आदि दो-चार को छोड़कर, हृदय-वेदना का सूक्ष्म विश्लेषण प्रायः नहीं देखा जाता। विद्यापति का विरह-वर्णन प्रेमिका के हृदय की तस्वीर है—उसमें वेदना है, व्याकुलता है, प्रियतम के प्रति तल्लीनता है। कोरी हाय-हाय वहाँ है नहीं।

उपसंहार

'विद्यापति' नाम से हम एक समालोचनात्मक ग्रंथ शीघ्र लिखने का विचार कर रहे हैं। उसमें विद्यापति की कविताओं की तुलनात्मक समालोचना रहेगी—विशेषतः हिंदी के सुप्रसिद्ध शृङ्गारिक कवियों की रचनाओं से विद्यापति की पदावली की तुलना की जाएगी। इस समय हम अपनी यह तुच्छ सेवा राष्ट्रभाषा के प्रेमियों के निकट उपस्थित करते हुए विनम्र शब्दों में प्रार्थना करते हैं, कि जिस कविता की माधुरी पर मुग्ध होकर महाप्रभु चैतन्य देव गाते-गाते मूर्च्छित हो जाते थे, जिस कविता की खूबियों पर विदेशी विद्वान् ग्रियर्सन लोट-पोट थे, जिस कविता के एकमात्र आधार पर मैथिली बोली आज कलकत्ता विश्वविद्यालय में वह स्थान प्राप्त कर सकी है, जिस स्थान की प्राप्ति के लिए, हिंदीभाषी प्रांतों के विश्वविद्यालय में ही, माँ हिंदी तड़प रही है, हिंदी के जयदेव, मैथिल-कोकिल विद्यापति की उस कविता को—उस कोमल-कांत-पदावली को—आप उपेक्षा की दृष्टि से न देखिए। हिंदी में क्या नहीं है—सूर्य है, चंद्र है, तारे हैं, एक नवीन 'नभमंडल' भी प्राप्त हुए हैं, किंतु आपका काव्योद्यान आज कोकिलविहीन है—नहीं-नहीं कोकिल है अवश्य, किंतु आप अभी तक अनजाने उसे भूले हुए हैं। अहा हा ! सुनिए, सुनिए, उस कोकिल की वह काकली ! देखिए काव्य-उद्यान का वसंत प्रभात ! !

—श्रीरामवृक्ष शर्म्मा बेनीपुरी

बेनीपुर
(मुजफ्फरपुर)
पौष, 1982 वि.

बाबू लंगटसिंह

[1926 ई.]

दो शब्द

जिस समय मैं मुजफ्फरनगर के भूमिहार ब्राह्मण कौलेजियट-स्कूल में पढ़ता था, उसी समय से बाबू लंगटसिंह की जीवनी लिखने के लिए छटपटा रहा था। किंतु जीवनी लिखने के लिए उचित सामग्री न पा मन मसोसकर रह जाता था। कौलेजियट-स्कूल छोड़े भी वर्षों बीत गए, किंतु अभी तक मेरी इच्छा पूरी नहीं हो सकी थी, और न यह इच्छा पूरी होती, अगर मेरे पूज्य गुरु पं. मथुराप्रसाद दीक्षित कृपा न करते।

दीक्षितजी स्वयं यशस्वी और अध्ययनशील लेखक हैं। आपने 'कुँअरसिंह' और 'नादिरशाह' की गवेषणापूर्ण जीवनियाँ लिखकर हिंदी-संसार में काफी नाम पाया है। बाबू लंगटसिंह की जीवनी लिखने के लिए भी आपने कुछ सामग्री इकट्ठी कर रखी थी। किंतु इधर साहित्यिक जीवन त्यागकर, दरभंगा-राज्य में काम करने के कारण, आपको लिखने का समय ही नहीं मिलता था। मेरी प्रार्थना पर आपने सभी सामग्री मुझे प्रसन्नतापूर्वक दे दी, जिसके आधार पर मैंने यह जीवनी तैयार की है।

इसके पहले मैंने बाबू लंगटसिंह की दो छोटी-छोटी जीवनियाँ लिखकर हिंदी-पुस्तक भंडार (लहेरियासराय) से प्रकाशित 'रचना-नवनीत' और 'रचना-प्रवेशिका' नाम की पुस्तकों में जोड़ दी थीं। उसके बाद अपने 'बालक' के पहले अंक में भी मैंने बाबू लंगटसिंह की सचित्र जीवनी प्रकाशित की। मालूम होता है, वह जीवनी लोगों को बहुत पसंद आई। 'बालक' की समालोचना करते हुए काशी के सुप्रतिष्ठित दैनिक 'आज' ने उस जीवनी के विषय में लिखा था—

'वह कौन हैं?'—शीर्षक के अंदर अपने ही पुरुषार्थ के बल पर अति साधारण स्थिति से असाधारण उन्नति करनेवाले बिहार के स्व. श्री लंगटसिंह का चरित्र दिया गया है। संभवतः आगे भी इस स्तंभ में ऐसे ही स्वदेशीय पुरुषों के जीवन-चरित प्रकाशित किए जाएँगे। बालकों के चरित्र-गठन पर ऐसे चरित्रों का निश्चय ही कल्याणकारी प्रभाव पड़ेगा।

इस प्रकार की टिप्पणियों से मेरा उत्साह बढ़ा—मैंने यह जीवनी तैयार की। किंतु प्रेस में देने के पहले इसे बाबू लंगटसिंह के किसी समसामयिक और सहकारी सज्जन से दिखा लेना मुझे आवश्यक जान पड़ा। भूमिहार-ब्राह्मण-महासभा के पुराने कर्णधारों में मुख्य धर्म-भूषण चौधरी रघुनंदनप्रसाद सिंहजी से मैंने इसे देख देने का अनुरोध किया। आपने बड़े प्रेम से मेरी विनय स्वीकार की; समूची पुस्तक देख गए, कई भ्रामक बातें हटा दीं, कितनी नई बातें बतलाईं; यहाँ तक कि भूमिहार-ब्राह्मण-महासभा-संबंधी आठवाँ प्रकरण खास आपकी कृपा का फल है। आपने इस काम के लिए जो कष्ट उठाया है, उसके लिए मैं आपका चिरऋणी रहूँगा।

अधिक क्या लिखूँ, बाबू लंगटसिंह की जीवनी लिखने की ओर मेरा ही प्रथम प्रयास है। अतः भूल रह जाना बहुत संभव है। मैं उन लोगों का अत्यंत अनुग्रहीत होऊँगा, जो इस जीवनी की त्रुटियों की सूचना देंगे, तथा बाबू लंगटसिंह की जीवनी की नई-नई बातें बतलाएँगे—जिसमें इसका अगला संस्करण सर्वथा दोषरहित निकले।

मुजफ्फरपुर, रूनी सैदपुर
मुजफ्फरपुर,

—बेनीपुरी

1

वह बिहार, जिसके नालंद-विद्यालय में देश-विदेश के छात्र शिक्षा पाते थे; जिसके बुद्ध और महावीर की उपदेश-वाणी श्रवण कर संसार ने शांति पाई थी—और पा रहा है; जिसके चक्रवर्ती सम्राट् चंद्रगुप्त और समुद्रगुप्त की वीरगाथाएँ भारतीय इतिहास का गौरवमय अध्याय हैं; जिसके अशोक की धार्मिक शासन-प्रणाली इतिहास में अपना जोड़ नहीं रखती; जहाँ प्रथम-प्रथम प्रजातंत्र ने जन्म लिया था, और जहाँ पर भारत के सबसे प्रभावशाली राजतंत्र का सर्वप्रथम विकास हुआ था; वही बिहार, वही बुद्ध और महावीर का बिहार, लिच्छवि और मौर्यवंश का बिहार, नालंद और वैशाली का बिहार और उस विस्मृतप्राय अतीत युग के सीता और अहिल्या का बिहार, जनक और गौतम का बिहार, प्रतापी जरासंध का बिहार—अपने गौरव और आदर्श को खोकर, अव्यवस्था और अविद्या का अखाड़ा बना था; न उसमें वीरता थी और न शांति, न लक्ष्मी थी और न सरस्वती, न ऋद्धि थी और न सिद्धि; यहाँ तक कि उसका स्वतंत्र अस्तित्व तक लोप हो गया था—वह बंगाल की चादर पकड़े सिसकता हुआ खड़ा था !

ईश्वर का अचल आसन डोल उठा । एक मुमूर्षु की मर्म-वाणी ने उनके कलेजे को पिघला दिया । एक अँगरेजी कविता है—

Three poets in three distinct ages born
Rome, Greece and England did adorn.

यों ही तीन महान आत्माएँ, एक ही समय, बिहार में अवतीर्ण हुईं और उन तीनों ने वर्तमान बिहार की सृष्टि की ।

वे तीन कौन थे ? एक थे बाबू तेजनारायण भागलपुर के, दूसरे बाबू बिसेसरसिंह पटना के और तीसरे हमारे चरितनायक बाबू लंगटसिंह मुजफ्फरपुर के । एक का कीर्त्तिस्तंभ भागलपुर का टि. एन. जुबली कौलेज है, दूसरे की यश-ध्वजा पटना के बिहार-नैशनल कौलेज पर फहरा रही है, और तीसरे का पवित्र स्मारक मुजफ्फरपुर के भूमिहार-ब्राह्मण कौलेज के रूप में अवस्थित है ।

हम इन्हीं तीनों को वर्तमान बिहार का निर्माता क्यों समझते हैं ?

'शिक्षा' ही सब प्रकार की उन्नतियों की जड़ है । क्या सामाजिक, क्या राजनीतिक, क्या धार्मिक—सभी तरह के उत्थान का मूल कारण है 'शिक्षा' । वे मनुष्य धन्य हैं, जिन्होंने जनता में शिक्षा-प्रचार के लिए प्रयत्न किया है—जनता को शिक्षित और सभ्य बनाने के लिए त्याग और बलिदान किया है । राजनीतिक उद्देश्य के लिए लड़ने-झगड़नेवाले और उसके लिए कष्ट उठानेवाले निस्संदेह धन्यवाद और स्तुति के पात्र हैं, किंतु तुलनात्मक दृष्टि से देखने पर शिक्षा-प्रचारक का स्थान अधिक महत्त्व का है । राजनीतिक स्वतंत्रता का मूल्य है जनता का शाश्वत चैतन्य; और जनता में चैतन्य का तब तक संचार न होगा, जब तक कि उनमें शिक्षा का काफी प्रचार न हो ।

अतः बिहार के उन नेताओं के प्रति, जिन्होंने अपनी कलम और अपने कथन के द्वारा बिहार का हित किया है, या जो कर रहे हैं, सम्मान-भाव रखते हुए भी, हम इन्हीं तीनों को वर्त्तमान बिहार का विधाता मानते हैं ।

हमारे इस कथन पर अब भी जिन्हें किसी प्रकार का विरोध हो, वे जरा अपनी कल्पना से काम लें । यदि आज ये तीन कौलेज न होते, तो बिहार की कैसी अवस्था होती ? यहाँ उच्च शिक्षा का नाम भी सुनने में न आता; चारों ओर अविद्या और अज्ञान का दौरदौरा होता; स्वभाग्य-निर्णय, स्वराज्य और स्वतंत्रता किस चिड़िया का नाम है, लोग समझते भी नहीं । फिर क्या होता; चौकसों की बन आती—शासन, व्यापार, उद्योग-धंधा, सभी में उनके हाथ होते; बेचारा बिहार अपना अस्तित्व तो खो ही चुका था, कुछ ही दिनों में इसका नाम भी न रह जाता ।

यह युद्ध का युग है । जो योग्य होगा, सुशिक्षित और सुसभ्य होगा, वही संसार में रह सकेगा । अशिक्षित और अज्ञान पुरुषों के लिए इस युग में कहीं स्थान नहीं है ।

2

संसार में हम एक बड़ी विचित्रता देखते हैं। प्रायः जितने बड़े आदमी हुए हैं, वे सभी निर्धन कुल में जन्मे हैं। निर्धनता को लोग अभिशाप समझते हैं। किंतु संसार का इतिहास इस धारणा को भ्रामक सिद्ध करता है।

आवश्यकता आविष्कार की जननी है, निर्धनता आवश्यकता की जननी है। दूसरे शब्दों में यों कहिए कि निर्धनता से आवश्यकता की उत्पत्ति हुई, और आवश्यकता पड़ने पर आविष्कार करने की इच्छा होती है। यों निर्धनता आविष्कार की मातामही हुई।

निर्धनता लोगों को परिश्रम करने का, परिस्थिति से लड़ाई लड़ने का, कर्मक्षेत्र में अपनी योग्यता दिखाने का मौका देती है। जो वीर हैं, जो साहसी हैं, जो उद्योगी हैं, जो कर्मशील हैं, उनके लिए निर्धनता आशीर्वाद है—ईश्वर-प्रदत्त शुभाशीर्वाद ! किंतु जो आलसी हैं, कायर हैं, काम से दिल चुरानेवाले हैं, उनके लिए निर्धनता अभिशाप है—दुर्वासा-प्रदत्त अमिट अभिशाप, जो उन्हें जीते-जी भस्म करता रहता है।

संसार-प्रसिद्ध वीर नैपोलियन का जन्म एक गरीब मोची के घर हुआ था। रेल का आविष्कार करनेवाला 'वाट' एक गड़ेरिये का बच्चा था। वाशिंगटन एक ऐसी गरीब हबशी-स्त्री की संतान था, जो पशु के समान गुलामी की जिंदगी बिताती थी। लिंकन साधारण मजदूर के घर जन्मा था। धन-कुबेर कारनेगी निर्धनता की नग्न गोद में ही पला था। विदेशियों की बात जाने दीजिए। अपने देश के शिवाजी, छत्रसाल एवं रणजीतसिंह आदि के जीवन पर एक दृष्टि डालिए। इन लोगों ने जो विशाल राज्य स्थापित किए थे, वह कठिन परिस्थिति में रहकर, कर्मक्षेत्र में असुविधा और अड़चनों से जबरदस्त लड़ाई लड़कर ही।

बाबू लंगटसिंह का जन्म भी, इसी प्रकार, एक गरीब के घर, संवत् 1907 वि. के आश्विन मास में, मुजफ्फरपुर-जिले के 'धरहरा'-गाँव में हुआ था। इनके पिता बाबू बिहारीसिंह गोआइन-मूल के भूमिहार-ब्राह्मण थे। पितामह का नाम था बाबू उजियार सिंह। गोआइन का भाव है 'गोआ'-परगने का आदि निवासी या नायक। मुजफ्फरपुर-जिले के 'हाजीपुर'-सब-डिवीजन के उस भाग में, जहाँ इनका जन्म हुआ था, इस गोआइन-मूल के लोग प्राचीन समय में बड़े वैभवशाली थे और इनकी जमींदारी बड़ी लंबी-चौड़ी थी। मनछिया मूल के लोग, जो अब उस भाग में वैभवशाली समझे जाते हैं, इसी गोआइन-मूल के ब्राह्मणों के भांजे हैं, और इन्हीं लोगों के आश्रय में आकर बसे थे। समय के फेर से गोआइनों का वैभव मनछियों के हाथ में चला आया।

बाबू लंगटसिंह के पुरखे भी पहले खूब श्री-संपन्न थे। किंतु जिस समय इनका जन्म हुआ, उस समय इनके परिवार में निर्धनता अपना नग्न नृत्य दिखा रही थी। ऐसे निर्धन परिवार में उत्पन्न होनेवाले के जन्मोत्सव में, सिवा माता-पिता और परिवार के हार्दिक आनंद के, और क्या दर्शनीय एवं उल्लेखनीय हो सकता है।

भूमिहार ब्राह्मण एक उद्योगी जाति है। दान लेने की प्रथा इस जाति में नहीं है। अतः, सभी संस्कार ब्राह्मण-विधि के अनुसार करते रहने पर भी, जीविका के लिए इस जाति को किसी अन्य पेशे को अख्तियार करना जरूरी था। एक उद्योगशील जाति के समान इसने कृषिकार्य को अपना जीविका-निर्वाह का प्रधान साधन बनाया है। इसमें इसने आशातीत सफलता प्राप्त की है। बिहार के अधिकांश भूभाग इसी जाति के क़ब्जे में हैं। यू. पी, पंजाब आदि प्रदेशों में भी, जहाँ यह जाति 'तगा' और 'महियल' आदि नाम से प्रख्यात है, इसकी उद्योगशीलता की प्रशंसा होती है। वीरता और साहसिकता के लिए भी यह जाति प्रसिद्ध है। मानो परशुराम और द्रोण ने अपनी वीरता का उत्तराधिकारी इसे ही बनाया है। हम एक वाक्य में यों कह सकते हैं कि इस जाति के मस्तिष्क में ब्राह्मणोचित बुद्धि-विकास है, भुजाओं में क्षात्र-धर्म का अधिकार है, और जानुओं में वैश्य-सुलभ कृषि-कुशलता का संचार है।

इस जाति के उपयुक्त संस्कारों की छाप बचपन से ही बाबू लंगटसिंह में पाई जाती थी। बचपन से ही इनमें उद्योगशीलता, साहसिकता और निर्भीकता देखी जाती थी। एक गरीब घर में जन्म लेने के कारण, यद्यपि यह यथेच्छ शिक्षा प्राप्त न कर सके थे, गाँव की पाठशाला में केवल मामूली चिट्ठी-पत्री लिखना ही सीखा था, तथापि इनके अलौकिक बाल-कर्तव्यों को देखकर इनके पितामह, जो इन्हें बहुत ही प्यार करते थे, कहा करते थे

कि हमारा 'लंगट' एक दिन बड़ा आदमी होगा।

उस वृद्ध का यह आशीर्वाद पूर्ण रूप से सफल हुआ। उसके 'लंगट' ने अलौकिक कर्म कर दिखलाए। घोर निर्धनता में जन्म लेकर भी उसने लाखों रुपये की संपत्ति संग्रह की; खुले हाथ दान देकर देश में अचल कीर्त्ति पाई; पं. मदनमोहन मालवीय ऐसे महापुरुष उस अर्द्धशिक्षित (!) को 'बड़ा भाई' कहकर पुकारते थे; वह भूपेंद्रनाथ बसु, सुरेंद्रनाथ बैनर्जी आदि बंगाल के नेताओं के अनन्य मित्रों में था; अगर वह न होता, तो कलकत्ते में कांग्रेस के साथ प्रदर्शनी करना कठिन हो जाता; उसे वक्तृता देने के लिए बंगाल के दूर-दूर स्थानों से निमंत्रण आता था; बंगाल की जो प्रादेशिक कान्फ्रेंस बर्दवान में हुई थी, उसमें उसने एक ऐसी ओजस्विनी वक्तृता दी थी कि उसको बंगालियों ने पुस्तिका-रूप में छापकर विस्तृत रूप में वितरित किया था। मुजफ्फरपुर का कौलेज तो उसकी सबसे बड़ी कीर्त्ति है ही।

यहाँ एक और घटना का उल्लेख करना असंगत न होगा। इनके घर पर भगवान की ठाकुरबारी है, परंपरा से ही इनका परिवार ठाकुरजी की पूजा-अर्चा में मन लगाता आया है। इनके पितामह ठाकुरजी के बड़े ही भक्त थे। वह इनको साथ लेकर पूजा आदि करते थे। अतः बचपन से ही इनमें ईश्वर-निष्ठा पाई जाती थी। कुछ बढ़ने पर यह भी पितामह के साथ-साथ पूजा-अर्चा में भाग लेते थे। एक समय एक महात्मा साधु बाबू उजियारसिंह के यहाँ आ ठहरे। औरागढ़ के बाबू लोगों ने इनसे अपने यहाँ चलने का अनुरोध किया। यह वहाँ नहीं गए और कहा—इस धरहरे में ही एक समय गढ़ बन जाएगा। आज दो कोस अलग से ही धरहरे का गढ़ झलककर उस साधु की वाणी की सत्यता प्रकट करता है।

3

युवक होने पर बाबू लंगटसिंह को जीविका की चिंता हुई। उनका हृदय उच्चाकांक्षा से भरा था। उच्चाकांक्षा तो प्रायः सभी पुरुषों के हृदय में रहती है—कौन नहीं चाहता कि मैं धनी होऊँ, मैं सुख से रहूँ, मुझे यश मिले, लोग मेरी प्रशंसा करें—किंतु उस उच्चाकांक्षा के साथ अध्यवसाय की लगन बिरले ही को होती है। अधिकांश मनुष्य उच्चाकांक्षाओं के माया-महल बनाते-बनाते मर-मिट जाते हैं, और कर्मवीर उन उच्चाकांक्षाओं को कार्यरूप में परिणत कर अपना उज्ज्वल दृष्टांत पृथ्वी पर छोड़ जाते हैं जिसमें भविष्य-संतान उनके चरण-चिह्नों पर चलकर अपना जीवन सार्थक बनावे।

उच्चाकांक्षी युवक लंगटसिंह का अपने गाँव में हाथ-पैर तोड़कर बैठे रहना गैर-मुमकिन था। साधारण कृषकों के समान जीवन-भर केवल खेती के काम में, हल-कुदाल से झगड़ते हुए, अपने को मिट्टी में मिटा देना इन्हें पसंद नहीं था। एक अदृश्य देव इनके हृदय में बैठा प्रेरणा कर रहा था—तू चल—लंगट, तू चल, घर को छोड़ दे, आँख मूँदकर कर्मक्षेत्र में कूद जा; देख, तेरे गले में विजय-माला पहनाने के लिए भाग्य-लक्ष्मी खड़ी है—वह धन का कोष, वह यश का कोष तेरे लिए खुला पड़ा है; लंगट, ओ लंगट, तू चल, उनका अधीश्वर बन!

प्रत्येक प्राणी के जीवन में एक बार वह देवता ऐसी ही पुकार मचाता है, किंतु उसकी आज्ञा को समझने और तदनुकूल कार्य करने की शक्ति भी तो हो!

लंगटसिंह घर से चले। उनके पास केवल एक खंड धोती थी—बस केवल एक खंड! हाँ, चार गोरखपुरी पैसे भी थे—जिनकी कीमत केवल आधा आना होती है! इसी आधा आना पैसे और एक खंड धोती को लेकर वह कार्य-क्षेत्र में कूद पड़े। कितना बड़ा साहस है, कैसा आत्म-विश्वास है!

यदि मनुष्य को अपनी शक्तियों पर विश्वास हो जाए, तो वह क्या न कर बैठे। किंतु शैतान हमें ऐसा करने भी तो दे।

हम लोगों में एक बड़ा अवगुण है—वह है छोटे कामों से भागना। ऊँची जातियों के निकट तो यह भूत और भयानक रूप से खड़ा हुआ मिलता है। वे भूखों मरेंगे, नंगे रहेंगे; यहाँ तक कि भीख तक माँगेंगे, या असत्य-भाषण और बेईमानी से पेट पालेंगे; किंतु मजदूरी न करेंगे। वे भीख माँगना उचित समझते हैं—हाय!

जब हम किसी पगड़ीधारी हृष्टपुष्ट ब्राह्मण को भीख माँगते देखते हैं, तब कैसा दुःख, कैसा क्षोभ मालूम पड़ता है ! द्वार-द्वार भीख के लिए दौड़ना और झिड़कियाँ खाना उन्हें पसंद है ! किंतु अपने शरीर से परिश्रम करना, वीर के समान मजदूरी करके अपना और अपने परिवार का पालन-पोषण करना उन्हें पसंद नहीं ! जापान-देश में अंधे भी भीख माँगना लज्जा की बात समझते और परिश्रम करके जीविका निर्वाह करते हैं !

भविष्य के महापुरुष बाबू लंगटसिंह को परिश्रम करके जीविका-निर्वाह करने से घृणा नहीं हुई । वह घर से पैदल चलकर समस्तीपुर आए । वहाँ रेलवे-लाइन बन रही थी । तार के खंभे पर तार लगाने के काम में इनकी नियुक्ति हुई । यद्यपि यह काम हम पढ़े-लिखे लोगों की दृष्टि से हेय है, कुली का काम है; किंतु उन्हें जरा भी हिचकिचाहट न हुई । वह खूब मुस्तैदी और परिश्रम से अपना काम करने लगे ।

यहीं उनकी बुद्धिमानी का सबसे पहले पता चला । तार की डिबिया और तार नीचे गरम कर ऊपर चढ़ाए जाते थे । किंतु ऊपर जाते-जाते ठंडक लगने के कारण वे बेकार हो जाते थे । सभी हैरान थे, किंतु किसी का इस पर ध्यान नहीं गया । उनकी समझ में आया कि हो न हो गरमी निकल जाने के कारण ही ऐसा होता है । अतः नीचे गरमाने का काम रोककर उन्होंने सीढ़ी लगाकर ऊपर ही डिबिया और तार के गरमाने का इंतजाम किया । काम धड़ल्ले से होने लगा । उनकी बुद्धिमानी देखकर सभी दंग रह गए । इंजीनियर साहब भी उस जगह थे । वह उनकी बुद्धि-चातुरी देखकर बहुत प्रसन्न हुए । फलस्वरूप वह शीघ्र जमादार बना दिए गए ।

तार का काम समाप्त होने पर वह गया-पटने की ओर किसी रेलवे-इंजीनियर के यहाँ नियुक्त हुए । उसके बाद दरभंगे के इंजीनियर को एक चपरासी की आवश्यकता हुई । बाबू लंगटसिंह चपरासी बनकर दरभंगे आए !

मनुष्य के जीवन में, समुद्र के ज्वार के समान, एक युगांतरकारी तरंग आती है । यदि वह उस तरंग की गतिविधि को परख सका—उसके अनुकूल जा सका, तो वह उसे एक बार ही उन्नति की चोटी पर उछाल देती है—उसे महापुरुष बना डालती है । किंतु, यदि नासमझी के कारण उसकी गतिविधि को वह न परख सका, उसके प्रतिकूल खड़ा हुआ, तो वह तरंग उसे सदा के लिए अतीत के अतल गर्भ में विलीन कर देती है । दुनिया को उसकी ठठरियों का भी पता नहीं चलता ।

बाबू लंगटसिंह के जीवन में भी इसी प्रकार का एक समय आया । सौभाग्य से यह उसकी पहचान कर सके । फलतः आज हम इन्हें वर्त्तमान रूप में पाते हैं, इन्हें वर्त्तमान बिहार का विधाता कहने में गर्व अनुभव करते हैं ।

बात यों है । जिस इंजीनियर के यहाँ बाबू लंगटसिंह रहते थे, उसकी मेम की बहन मुजफ्फरपुर में गर्भवती थी । उस समय न रेल थी, न तार था । बेचारी मेम अपनी बहन के संतान-प्रसव का शुभ समाचार सुनने को छटपटा रही थी । वह बड़ी उतावली में थी—चाहती थी कि कोई चौबीस घंटे के अंदर उसे यह सुसमाचार मुजफ्फरपुर से ला दे । दरभंगे से मुजफ्फरपुर 35-36 मील है । कुछ ही दिनों के काम से वह लंगटसिंह को आदर की दृष्टि से देखने लगी थी । इस असाध्य साधना के लिए उसे लंगटसिंह ही उपयुक्त पात्र जँचे । वह इनके पास आई और बड़ी विनय के साथ जाने के लिए कहा । मेम की व्याकुलता देख यह फौरन ही तैयार हो गए ।

रविवार के डेढ़ बजे थे । बाबू साहब का उपवास-व्रत था । इसी हालत में आप अपनी लंबी लाठी लेकर चल पड़े ।

'कार्य वा साधयामि शरीरं वा पातयामि' की बात थी । दौड़ते चले जा रहे थे । न कहीं बैठना, न कहीं विश्राम; अपने आदर्श की ओर सीधा लक्ष्य था । रास्ता बीहड़ था; न कहीं सड़क थी, न नदियों पर पुल थे । छोटी-मोटी कई नदियों को पार करना था । तो भी इनका उत्साह ऐसा था कि उसी दिन संध्या के आठ बजे मुजफ्फरपुर पहुँच गए । मेम की बहन से चिट्ठी का जवाब लिया, और पुनः उसी समय रात के नौ बजे वहाँ से रवाना हो गए । उस समय इन्होंने जैसा साहस किया था, उसकी कल्पना से रोंगटे खड़े हो जाते हैं । अँधेरी रात, कोई संगी न साथी; रास्ता खराब, बीच में कई नदियाँ ! ! किंतु इससे क्या ? वीरों की पहचान तो ऐसे ही समय में

हुआ करती है। यह अपनी लाठी कंधे पर रखे बढ़ते ही चले। भोर के 5 बजे, जिस समय इन्होंने मेम को सोते से जगाकर, उसकी बहन की चिट्ठी दी, उस समय उस बेचारी के आश्चर्य का ठिकाना न रहा। वह बार-बार इनकी प्रशंसा करने लगी।

मेम ने साहब से सिफारिश कर दी। साहब ने कहा—लंगटसिंह, तुम डिस्ट्रिक्ट-बोर्ड की ठेकेदारी करो। लंगटसिंह ने कहा—हजूर, मेरे पास रुपए कहाँ जो ठेकेदारी करूँ। साहब ने कहा—रुपए की परवाह मत करो। मैं हफ्ते-हफ्ते तुम्हारा बिल पास करता जाऊँगा। काम शुरू करो।

उसी दिन बाबू लंगटसिंह चपरासी से ठेकेदार बने। भाग्य का दरवाजा खुल गया!

ऐसा ही असाधारण कार्य इन्होंने पटने में रहते भी किया था। एक साहब ने एक बहुत जरूरी पत्र इनको कहीं दूर के लिए दिया, और देकर सो गया। यह वहाँ गए और वहाँ से उत्तर लेकर ऐसे समय में आ गए, जब कि साहब सोकर उठ रहा था। इतनी शीघ्रता से पत्रोत्तर लाने के कारण वह परम आश्चर्यान्वित हो रहा। इसी प्रकार, यह एक बार 'गया' में थे। श्रावण-शुक्ल के झूलन की एकादशी-तिथि थी। इनको अपने घर पर श्रीठाकुरजी के झूलनोत्सव का स्मरण आ गया। बस प्रातःकाल वहाँ से पैदल रवाना हुए और ठीक उत्सव के समय घर पर पहुँचकर श्रीठाकुरजी के उत्सव में योग दिया। उस दिन कुछ वृष्टि भी हो रही थी, तथापि यह इतनी दूरी तय कर श्रीठाकुरजी की सेवा में ठीक समय पर पहुँच ही गए।

4

अब बाबू लंगटसिंह ठेकेदारी का काम करने लगे। इस काम में भी इन्होंने खूब उत्साह दिखाया। कठिन-से-कठिन काम को थोड़े ही दिनों में अच्छी तरह कर डालना इनके बाएँ हाथ का खेल था। साहब इनसे प्रसन्न था ही, इनका काम देखकर और भी मुग्ध हो गया; ठीक समय पर इन्हें बिल के रुपए मिलते गए।

उसी समय सीतामढ़ी की ओर एक सड़क बनाने का काम इनको सौंपा गया। इन्होंने बड़े ही उत्साह से काम करना प्रारंभ किया। किंतु थोड़ा ही काम हुआ था कि भयंकर वर्षा प्रारंभ हुई। बाढ़ का दौरदौरा हुआ। जितना भी काम हुआ था, सब धुल-धुलाकर न मालूम क्या हो गया! यह बहुत घबराए। अभी तक बिल पास न हुआ था। इंजीनियर को इसकी खबर हुई। उसने इनको प्रोत्साहन दिया। इन्होंने बोर्ड में अर्जी दी कि मैं उस सड़क का अधिकांश काम कर चुका था, बोर्ड के निरीक्षकों की गफलत से मेरे काम का मुआइना नहीं हुआ—बोर्ड मेरा बिल पास करे, नहीं तो मैं नालिश करूँगा। अर्जी मंजूर हुई। इंजीनियर की कृपा से इस काम में इनको बहुत रुपए बचे। तब से यह बोर्ड के कामों के साथ-साथ रेलवे की ठेकेदारी भी करने लगे।

बाबू लंगटसिंह लँगड़े थे—उनका एक पैर कट गया था। इस विषय में इन पंक्तियों के लेखक ने लड़कपन में बहुत-सी किंवदंतियाँ सुनी थीं। किंतु यथार्थ बात का परिचय बहुत कम लोगों को है। विशेषतः लोग यही जानते हैं कि बाबू साहब पहले पैटमैन का काम करते थे, एक दिन दो गाड़ियों के बीच में आ जाने से उनका पैर कट गया। किंतु यथार्थ घटना कुछ और ही है।

बिहार के लाट उत्तर-बिहार में आनेवाले थे। उस समय तक लाइन बनी नहीं थी। इंजीनियर ने सभी ठेकेदारों को बुलाकर कहा कि छः महीने में लाइन बना दो। कोई तैयार नहीं हुआ। बाबू लंगटसिंह भी बुलाए गए। इनकी तत्परता और साहसिकता से वह भली भाँति परिचित था। इंजीनियर की आज्ञा बाबूसाहब न टाल सके—यह कठिन कार्य करने को तत्पर हुए। काम आरंभ किया गया। किंतु कुली की कमी बेतरह काम में बाधा डालने लगी। ईश्वर की कृपा—उसी समय रंगपुर से अढाई-तीन सौ कुली लौटे आ रहे थे। उनके पास खर्च के लिए रुपए नहीं थे। बाबूसाहब को यह खबर मिली। झटपट आप उनसे मिले। उन्हें आश्वासन दिया, रुपए दिए। वे लोग काम करने को तैयार हुए। काम ठिकाने से होने लगा।

उस समय बाबूसाहब का डेरा दरभंगे की कटहल बाड़ी में निज के मकान में था, जिसको लक्ष्मीसागर महल्ला भी कहते हैं। बाबूसाहब इस काम के पीछे दिन-रात कुछ नहीं समझते थे। सदा इधर-उधर चक्कर

लगाते और कार्य का निरीक्षण करते रहते । इनके डेरे के सामने कुछ सामान पहुँचाने के लिए मालगाड़ी लाई गई थी । सामान उतार लेने के बाद बाबूसाहब ने अपने नौकरों को ताकीद कर दिया कि इस मालगाड़ी को यहाँ से हटा देना । यह आज्ञा दे गाड़ी पर चढ़कर पुनः आप काम के निरीक्षण को चल दिए ।

नौकर आखिर नौकर ही ठहरे । मालिक के नजर से बाहर होते ही पुनः उनके हुक्म को बजा लाना उन लोगों ने सीखा नहीं है । बाबूसाहब के नौकर भी इस नियम के अपवाद नहीं थे । उन लोगों ने उस मालगाड़ी को न हटाया ।

रात के नौ बजे थे । दिन-भर काम की निगरानी करके थके-माँदे बाबूसाइब 'टाली' पर चढ़े तेजी से डेरे को लौटे आ रहे थे । किंतु नियति इनकी इस उतावली पर मन-ही-मन मुस्करा रही थी । वह जानती थी कि दूसरे ही क्षण कैसी घटना घटनेवाली है । 'टाली' दौड़ाते हुए जब बाबूसाहब डेरे के निकट आए, तो अचानक भयंकर आँधी आ गई । उस आँधी में हाथ को हाथ सूझना भी कठिन था । टाली तेजी से बढ़ी चली आ रही थी । सामने खड़ी हुई मालगाड़ी देख नहीं पड़ी । तेजी से आती हुई 'टाली' मालगाड़ी से टकरा गई । बाबूसाहब का एक पैर चूर-चूर हो गया । वह अस्पताल पहुँचाए गए । इंजीनियर को जब यह खबर मिली, तब वह भी दौड़ा आया । अच्छी तरह मलहम-पट्टी होने लगी ।

चोट भयानक थी । हड्डियाँ चूर-चूर हो गई थीं । मुजफ्फरपुर और दरभंगा दोनों जगहों के सिविल-सर्जनों ने राय की कि यह पैर काट देने में ही भलाई है । दोनों सर्जनों के सम्मुख आपरेशन करने का विचार हुआ । आपरेशन करने के पहले बेहोश करना जरूरी था । बेहोशी की दवा दी गई । किंतु बाबूसाहब बहुत देर तक बेहोश न हुए । डाक्टरों को बाबूसाहब की इस महाप्राणता और उनके हृदय के अतुल सामर्थ्य पर बड़ा आश्चर्य हुआ । आखिर, बेहोशी की हालत में आपरेशन किया गया । आपरेशन सफल हुआ—पैर काट दिया गया, घाव भी तुरत आराम हो गया । उस समय से बाबूसाहब लाठी के सहारे चलने लगे । पहले केवल 'लंगट' सिंह थे; अब 'लँगड़ा लंगटसिंह' बने !

बाबूसाहब की अस्वस्थता की दशा में भी लाइन बनाने का काम जारी था । नियत समय में लाइन तैयार हो गई । बाबूसाहब की गिनती अब चतुर रेलवे-ठेकेदारों में भी होने लगी ।

ठेकेदारी के समय में भी बाबूसाहब अपनी तत्परता के साथ-साथ अपनी उदारता के लिए प्रसिद्ध थे । ठेकेदारों में बहुत-से एक-दूसरे से द्वेष रखते हैं, किंतु बाबूसाहब किसी से द्वेष नहीं रखते थे । यह इंजीनियर के कृपापात्र थे । यदि यह चाहते तो समूचा काम अपने ही जिम्मे रख सकते थे, किंतु इन्होंने ऐसा कभी नहीं किया । दूसरे की रोटी छीनकर पेट भरना इन्हें पसंद नहीं था । आपस में हिलमिलकर रहना इनकी प्रकृति का एक विशेष धर्म था । सभी ठेकेदार भी, इनके गुणों पर मुग्ध होकर, इन्हें अपना लीडर मानते थे । आवश्यकता होने पर यह सबकी सहायता करने को सदा तत्पर रहते थे ।

उस समय दरभंगा का राज-सिंहासन महाराजा लक्ष्मीश्वर सिंह से सुशोभित था । महाराज लक्ष्मीश्वर सिंह वैसे नरेशों में से थे, जिनकी कीर्त्ति-कथा राजा-प्रजा सभी एक स्वर से गान करते हैं । महाराजा बहादुर, बाबू लंगटसिंह को, बहुत प्रतिष्ठा की नजर से देखते थे । वह बाबूसाहब से मिलकर बहुत प्रसन्न होते थे ।

यों थोड़े ही दिनों में बाबूसाहब ने धन के साथ-साथ अच्छी प्रतिष्ठा भी प्राप्त कर ली ।

5

मनुष्य के जीवन की प्रारंभिक अवस्था में जिस प्रकार एक बार, केवल एक बार, भाग्य-प्रवर्त्तक 'सुयोग' आता है, उसी प्रकार उसके जीवन के मध्याह्न काल में एक बार 'परीक्षा' का भी समय आता है । यदि उस परीक्षा में वह सफल हो गया, तो उसके लिए सुयश-सौभाग्य का पथ और भी प्रशस्त हो जाता है; और यदि असफल हुआ, तो वह पथ प्रतिदिन संकीर्ण होता हुआ अंत में सदा के लिए अवरुद्ध हो जाता है—असफल परीक्षार्थी आँखें फाड़-फाड़कर देखता है, किंतु उसे वह पथ दृष्टिगोचर नहीं होता ।

बाबू लंगटसिंह के जीवन में भी इसी प्रकार का एक परीक्षा-समय आ उपस्थित हुआ। जो इंजीनियर इन्हें इतना मानता था, जिसकी बदौलत यह कुछ धन जमा कर सके थे—और प्रतिष्ठा पाई थी, उसे रुपए की आवश्यकता हुई। कहा जाता है, वह एक आवश्यक काम से इंग्लैंड जा रहा था और उसके पास रुपए की कमी थी। चूँकि वह इंग्लैंड जा रहा था; अतः उसके यह विश्वास दिलाने पर भी कि मैं शीघ्र लौटकर रुपए चुका दूँगा, लोगों को उसे रुपए कर्ज देने की हिम्मत न होती। बाबू लंगटसिंह की आर्थिक स्थिति अभी उतनी अच्छी नहीं हुई थी, तथापि साहब को विश्वास था कि यह पुरुष समय पर मुकरेगा नहीं। उसने इन्हें बुलाया और अपनी स्थिति प्रकट की।

बाबूसाहब अपनी कृतज्ञता को भूलनेवाले नहीं थे। फौरन तैयार हो गए। अपने पास जो कुछ नकद था, उसके अलावा और कुछ कर्ज तक लेकर, उसकी आवश्यकता पूरी कर दी। वह बदले में अपना फर्नीचर वगैरह बहुत-सा सामान इन्हें दे रहा था, किंतु इन्होंने लेने से साफ इनकार कर दिया। साहब के बहुत हठ करने पर भी न लिया।

प्रत्युपकार और कृतज्ञता इसी को कहते हैं। इस रुपए-पैसे के जमाने में कितने लोग हैं, जो अपने उपकारकर्त्ता के लिए यों सर्वस्व त्याग कर सकते हैं? अब तो उपकारकर्त्ता को और भी उलटे छुरे से मूँड़ने की चेष्टा होती है।

इनकी इस उदारता, इस त्यागशीलता पर साहब मुग्ध हो गया। कृतज्ञता के बोझ से दबा हुआ था—उसके मुख से केवल यही निकला—लंगटसिंह, मैं लौटकर तुम्हें राजा बनाऊँगा। वस्तुतः उस विशाल हृदय अँगरेज ने अपनी प्रतिज्ञा पूरी तरह निभाई।

बाबूसाहब की कृतज्ञता की एक और घटना है। मुजफ्फरपुर के महाजन बाबू मथुरादासजी बाबूसाहब के ठेकेदारी के महाजन थे। जब उनका दिवाला निकला, तो बाबूसाहब ने उनकी बड़ी सहायता की, जिससे वह इनके बड़े कृतज्ञ हुए।

कुछ दिनों के बाद बाबूसाहब ने दरभंगा छोड़ दिया। यह बंगाल में 'कोरिया-बुनियाल-पाड़ा' चले गए। इन्होंने इधर ठेकेदारी में अच्छा नाम प्राप्त कर लिया था। अतः यह जहाँ जाते, वहीं धन और यश प्राप्त करते।

थोड़े ही दिनों के बाद वह साहब इंग्लैंड से लौटा। कलकत्ते में आते ही उसने बाबूसाहब को तार दिया। तार पाते ही बाबूसाहब कलकत्ते गए। इन्हें देखकर साहब की प्रसन्नता का कोई ठिकाना न रहा। साहब को पाकर जो प्रसन्नता इन्हें हुई, उसका क्या पूछना! उस समय बंगाल-आसाम-रेलवे लाइन बन रही थी। वही साहब इसका इंजीनियर था। उसने बाबूसाहब से उसमें काम करने का अनुरोध किया। लाइन के बीच में एक बड़ी नदी पड़ती थी। उस पर पुल बनाना बड़ा कठिन था। साहब की आज्ञा से बाबूसाहब इस पुल बनाने के काम में लग गए। इनके स्वाभाविक साहस और उत्साह ने यहाँ भी इनके सिर पर सफलता का मुकुट पहनाया। इस पुल में एक दिन ऐसी समस्या आ गई कि एक नियत स्थान से पानी को पंप द्वारा हटाकर पुख्ता गच न करने से पुल के काम में बड़ी अड़चन होती। यह कार्य करना असंभव-सा मालूम पड़ता था, तथापि बाबूसाहब ने उसका संपादन करना स्वीकार किया और नियत समय में ही काम कर दिखाया। जब इंजीनियर साहब ने देखा, तब आश्चर्य से कहा कि यह परी अथवा जादू का काम मालूम होता है। कहते हैं, एक इसी पुल में बाबूसाहब को ढाई लाख रुपए बचे थे!

किंतु इसी समय एक दुर्घटना हो गई। जो साहब बाबूसाहब को इतना मानता था, जिसकी कृपा-वारि से सिंचित होकर बाबूसाहब यों फूले-फले थे, जिसने प्रतिज्ञा की थी कि लंगटसिंह, मैं तुम्हें राजा बनाऊँगा और जिसने वह प्रतिज्ञा कभी नहीं भुलाई—वही— साहब—वही बाबूसाहब का भाग्यनिर्माता—एक दिन नदी में नाव पर हवाखोरी करते समय, अचानक आँधी आ जाने के कारण, अपनी स्त्री और बच्चों के साथ ही, डूब गया। जब यह समाचार बाबूसाहब को मिला, बेचारे शोक-समुद्र में डूब गए। इस अनभ्र वज्रपात से इनके दिल पर जैसी चोट पहुँची, वह वर्णनातीत है।

किंतु पराक्रमी पुरुष आकस्मिक विपत्तियों से कभी नहीं घबराते, बल्कि ऐसी अवस्था आ जाने पर वे और भी उत्साह से काम में जुट पड़ते हैं। वे लाजवंती के पत्ते नहीं जो जरा-सा छू देने से सिकुड़ जाएँ, वे तो यूकलिप्टस के पत्ते हैं, आप जितना ही कुचलिए वे उतना ही अधिक गंध देंगे।

बाबूसाहब ने अपना काम जारी रखा। किंतु वहाँ के नए इंजीनियर से आपकी नहीं बनी। इसलिए वह काम छोड़कर अब बाबूसाहब कलकत्ते आए और कारपोरेशन के कामों की ठेकेदारी ली।

यों तो बाबूसाहब के निर्माण-संबंधी सब काम मजबूत और खूबसूरत होते ही थे, किंतु जल से संबंध रखनेवाले निर्माण-कार्य में आपकी विशेष प्रसिद्धि थी। उस समय कलकत्ता कारपोरेशन का भवन-निर्माण हो रहा था। तपसिया में एक पंपिंग स्टेशन बनाना था। बाबूसाहब ने इस विशेष उत्तरदायित्वपूर्ण काम को अपने हाथ में लिया। अपने स्वाभाविक उत्साह और धैर्य से इन्होंने कार्य करना प्रारंभ किया। नियत समय में काम समाप्त हुआ। इनके कार्य की सफाई, मजबूती और खूबसूरती देखकर लोग मुग्ध हो गए। उस पंपिंग स्टेशन का उद्घाटन करते समय बंगाल के लाट ने आपकी भूरि-भूरि प्रशंसा की और आपके कार्यों की उत्तमता का एक सर्टिफिकेट भी प्रदान किया। यह कम तारीफ और सौभाग्य की बात नहीं है कि किसी प्रांत का लाट एक ठेकेदार का यों सम्मान करे।

बाबूसाहब की ठेकेदारी का काम नित्य बढ़ने लगा। बंगाल-आसाम-रेलवे, बंगाल-नागपुर-रेलवे, बंगाल-दुआर रेलवे की ठेकेदारी भी उनको मिली, जिसे उन्होंने बड़े परिश्रम से सम्पन्न किया। बंगाल-दुआर-रेलवे की ठेकेदारी का कार्य बड़े अस्वास्थ्यप्रद जंगली स्थान में था, किंतु बाबूसाहब वहाँ रहकर भी स्वस्थ रहे, और उत्तम रीति से कार्य-संपादन किया।

6

अब बाबू लंगटसिंह लखपती हो चले थे। जो पहले कुली का काम करता था, अब हजार-हजार कुली उसी के अंडर काम कर रहे थे। उद्योग के इस सुंदर फल को देखकर किसे उत्साह नहीं होता।

किंतु, केवल रुपए कमाना ही जीवन का एकमात्र आदर्श समझना सरासर भूल है। अगर बाबू लंगटसिंह भी केवल रुपए कमाकर मर गए होते, तो आज उनकी इतनी पूजा नहीं होती। हमारे देश में ऐसे अगणित सज्जन हैं, जिन्होंने अपार संपत्ति पैदा की है। उस संपत्ति को वे जुगाकर जन्म-भर रखते हैं और अंत समय खाली हाथ चल देते हैं। वे कहाँ जन्मे और कहाँ मरे, कोई नहीं जानता। मनुष्य-जीवन का प्रधान आदर्श है लोक-सेवा। लोकसेवक कभी नहीं मरता—यशःशरीर से वह सदा विद्यमान रहता है। आइए, अब हम बाबू लंगटसिंह के उस सार्वजनिक जीवन पर एक दृष्टि डालें, जिसके कारण आज उनका इतना सम्मान है।

कलकत्ते में अखिल भारतवर्षीय कांग्रेस और स्वदेशी प्रदर्शनी होनेवाली थी। समय थोड़ा था, कार्य विशाल। सभी ठेकेदारों ने काम पूरा करने से अस्वीकार कर दिया था। अब वहाँ के नेता बड़ी मुसीबत में पड़े। कलकत्ते में कांग्रेस का होना असंभव दीखने लगा। बंग-भंग का जमाना था। लोगों का उत्साह आसमान को छू रहा था। जब सब ठेकेदारों ने अस्वीकार कर दिया, तब बंगीय नेताओं को बाबूसाहब की याद पड़ी। बंगाल के सफल ठेकेदारों में इनकी गिनती थी। बाबूसाहब केवल रुपए कमाने के मशीन मात्र न थे, वरन् इनके हृदय में स्वदेश-भक्ति की लहर भी उंठती थी; तब इस स्वदेश-भक्ति के कार्य से कैसे मुख मोड़ सकते थे। काम प्रारंभ हुआ और निश्चित अवधि में सुचारु रूप से संपन्न भी हुआ। अब तो बाबूसाहब की देशभक्ति की धाक-सी बँध गई। इस विकट स्थिति में सहायता देने के कारण बंगाली-समाज इनका अत्यंत अनुगृहीत हुआ। वहाँ के बड़े-बड़े नेता—बाबू भूपेंद्रनाथ बसु, सुरेंद्रनाथ बनर्जी, मोतीलाल घोष, ए. चौधरी, जे. चौधरी, जे. घोषाल आदि इनके मित्र हो गए। इस कार्य में अतिरिक्त परिश्रम करने से यह बीमार तक हो गए थे।

अब आप राजनीति में भी पूरी तरह से भाग लेने लगे। बर्दवान में होनेवाली बंगाल-राजनीति-परिषद् में आप सम्मिलित हुए थे, और वहाँ आपका व्याख्यान ऐसा ओजस्वी और प्रभावशाली हुआ कि वह—उस समय

के बंगाल के सर्वश्रेष्ठ पत्र 'बंगाली' में, जिसके संपादक उस समय 'बंगाल के बिना ताज के बादशाह' सुरेंद्रनाथ बनर्जी थे—अक्षरशः प्रकाशित हुआ था। बंगाल के एक प्रसिद्ध नेता इनकी वक्तृता पर ऐसे मुग्ध हो गए कि उनकी राय से इनकी वक्तृता को पुस्तिका-रूप में छपवाकर अधिकाधिक संख्या में बँटवा दिया गया।

बाबूसाहब बड़े ही अच्छे वक्ता थे—आपकी वक्तृता दिल में चुभनेवाली उपमाओं और पैनी समालोचनाओं से ओत-प्रोत होती थी। जनता के हृदय को आप खूब पहचानते थे, फलतः आपके मुख से निकली हुई वाणी जनता के हृदय में प्रवेश कर जाती थी। उस समय बंगाल में स्वदेशी-आंदोलन की धूम थी। कलकत्ते में होनेवाली स्वदेशी-प्रदर्शनी के उन्नायकों में बाबूसाहब की भी गिनती होती है। स्वदेशी को स्थायी रूप देने और उसका अधिकाधिक प्रचार करने के लिए आपने बंगाल के नेताओं से मिलकर कलकत्ते में 'इंडियन-स्टोर' नामक एक संस्था की स्थापना की थी। उत्तर-भारत में स्वदेशी प्रचार के लिए यह सब पहला प्रयत्न था, और वह भी उस समय में, जब स्वदेश की चर्चा आज की ऐसी यत्र-तत्र सर्वत्र नहीं थी। इस स्टोर के डिरेक्टरों में बाबूसाहब प्रमुख थे, और इसके बहुत से शेयर आपने खरीदे थे। जब बंगाल के स्वदेशी-आंदोलन के समय बंबई के मिलवालों ने इसमें सहायता न कर केवल लाभ उठाने का ही निश्चय किया, और फलतः बंगाल में सस्ते दर में वस्त्र मिलना कठिन हो गया, तब बाबूसाहब के कहने पर श्रीमान् दरभंगा नरेश ने पचास हजार रुपए इंडियन स्टोर को दिए, जिससे वस्त्र का अभाव दूर हुआ और मूल्य भी कम हुआ।

'बंग-लक्ष्मी कौटन मिल' की स्थापना में भी बाबूसाहब ने सहायता की थी और उसके भी डिरेक्टर थे।

जब बंगाल में स्वदेशी-आंदोलन खूब जोरों पर था, तब बाबूसाहब ने उस आंदोलन के प्रचार के लिए बंगाल और बिहार में पूरी कोशिश की थी। कभी-कभी तो स्वदेशी पर उपदेश देने के लिए बंगाल के एकदम अंतिम छोर से आपको निमंत्रण आता था। आप उसे सहर्ष स्वीकार कर वहाँ जाते और स्वदेशी के महामंत्र की दीक्षा लोगों को देते थे।

इनके उत्साह से मुज़फ्फरपुर में भी एक 'तिर्हुत स्टोर्स' खुला था, जहाँ स्वदेशी चीजें सुभीते से मिलती थीं।

इनका कार्यकलाप केवल बंगाल और बिहार तक ही सीमित नहीं था, किंतु सुदूर पंजाव और युक्तप्रदेश तक उसका फैलाव था।

पंजाब में उस समय अकाल का भीषण कोप सुनकर आपका उदार हृदय द्रवित हो गया था। वहाँ के लोगों की मदद करने के लिए आपने काफी रुपए इकट्ठे करके भेजे थे तथा स्वयं भी मुक्तहस्त होकर दान दिया था।

माननीय पं. मदनमोहन मालवीय आपको बड़े आदमी की दृष्टि से देखते थे और कितने ही सार्वजनिक कार्यों को दोनों सज्जन मिलकर करते थे। प्रयाग में हिंदू छात्रावास—मैकडानल्ड बोर्डिंग हाउस— की स्थापना के लिए द्रव्य-संग्रह करने में आपने पंडितजी को बड़ी सहायता पहुँचाई थी। स्वयं भी इस कार्य में बहुत कुछ दिया था—जिसके बदले में आप उक्त छात्रावास के आजीवन सदस्य चुने गए थे—और आपकी माता के नाम पर वहाँ भवन-निर्माण भी हुआ था। इसी प्रकार हिंदू-विश्वविद्यालय के लिए द्रव्य-संग्रह करने में भी आपने पंडितजी को बहुत सहायता दी थी। एक बार कलकत्ते में मालवीयजी के साथ धनी-मानी दानियों के पास जाने में आपने इतना अधिक परिश्रम किया था कि बीमार पड़ गए।

भारत धर्म-महामंडल से भी आपका पूरा संबंध था। आप बिहार-प्रदेश के लिए उसके संयुक्त मंत्री बनाए गए थे। महामंडल की जो बैठक कुंभ के अवसर पर प्रयाग में हुई थी और जिसके सभापति दरभंगा-नरेश हुए थे, उसमें आपको महामंडल ने 'बिहार-रत्न' की उपाधि दी थी। आपने भारत-धर्म-महामंडल और उसके साथ प्रतिस्पर्द्धा करनेवाली सनातन-धर्म-महासभा में, महारानी विक्टोरिया की डायमंड जुबली के अवसर पर, परस्पर मैत्री स्थापित कराने की कोशिश की थी और सफलता भी पाई थी। इस अवसर पर सरकार ने आपको 'प्रतिष्ठा की सनद' (Certificate of Honor) प्रदान की थी।

यहाँ तक कि आर्यसमाज भी आपको बहुत आदर और प्रतिष्ठा की दृष्टि से देखता था। आप भी 'समाज' के सुधारकार्यों को बहुत पसंद करते थे और आवश्यकता पड़ने पर मदद करने से चूकते नहीं थे।

7

प्रिय पाठक, बाबूसाहब के जीवन की एक अस्फुट झलक आपने देख ली। आपने देख लिया कि एक युवक घर से एक खंड धोती लेकर निकलता है, नाना प्रकार की असुविधाओं से युद्ध करता हुआ वह आगे बढ़ता है, इसी युद्ध में एक पैर गवाँकर वह लँगड़ा बन जाता है, तो भी वह लाठी के सहारे बढ़ता ही जाता है और बढ़ते-बढ़ते वह उन्नति की सर्वोच्च चोटी पर जा चढ़ता है। अब वह लक्ष्मी का लाल है—लखपती कहलाता है। सरस्वती की भी उस पर कृपा है—मूर्ख होने पर भी उसकी वक्तृता सुनने को लोग उत्कंठित रहते हैं। वह महान देशभक्त कहलाता है—भारत के बड़े-बड़े नेता उसके दोस्त हैं। धार्मिक आंदोलन से भी वह दूर नहीं। इस तरह उसकी कीर्त्ति-पताका चारों ओर फहरा रही है।

किंतु आपको उसके जीवन के दो प्रधान कार्यों का दिग्दर्शन हमने अभी तक नहीं कराया, और उन कार्यों का उल्लेख किए बिना उसका चरित्र पूरा हो नहीं सकता। वे कार्य हैं मुजफ्फरपुर में भूमिहार ब्राह्मण कौलेज की स्थापना और भूमिहार ब्राह्मण सभा का यथार्थ निर्माण तथा उसमें जीवनदान। पहले कौलेज की ही चर्चा सुनिए।

एक बार मुजफ्फरपुर में भूमिहार-ब्राह्मणों की एक सभा हुई। इस जाति की उन्नति के साधनों पर विचार हुआ। सोचा गया कि इस जाति के लिए एक खास स्कूल और छात्रावास स्थापित किया जाए। बाबू लंगटसिंह ने कड़ककर कहा—आपकी जाति इतनी धनी है, फिर स्कूल ही क्यों बने, यहाँ एक कौलेज की स्थापना होनी चाहिए। कौलेज का नाम सुनकर कितने लोग घबड़ा उठे। किंतु बाबू लंगटसिंह के लिए कुछ असंभव नहीं था—जो एक साधारण मजदूर की हैसियत से लखपती बन सकता है, उसके लिए कौलेज की स्थापना कौन-सी बड़ी बात है। बाबूसाहब प्रायः कहा करते थे कि यदि सच्ची लगन और पूर्ण उत्साह से काम किया जाए, तो दुनिया में कोई काम असंभव नहीं।

बस, कौलेज के लिए बाबूसाहब ने उद्योग करना प्रारंभ किया। इस जाति में रुपए की कमी थी नहीं; बाबूसाहब जैसे उत्साही पुरुष इसके कार्यकर्त्ता थे। थोड़े ही दिनों में काफी रुपए के वचन मिल गए। मुजफ्फरपुर में भूमिहार-ब्राह्मण कौलेजियट स्कूल के साथ-साथ भूमिहार-ब्राह्मण-कौलेज की भी स्थापना हो गई। बाबूसाहब कैसे उदार और जाति-प्रेमी थे, इसका अंदाज इसी से लगाया जा सकता है कि बहुत लोगों ने बाबूसाहब से प्रार्थना की थी कि इस कौलेज का नाम 'बाबू लंगटसिंह कौलेज' रहे, किंतु आपने ऐसा नहीं किया। वे पुरुष धन्य हैं, जो ऐसे आत्मत्याग और सच्चे सेवा-भाव से देश और जाति का काम करते हैं; और अपने सम्मान तथा गौरव का ध्यान छोड़कर देश और जाति के सम्मान एवं गौरव को प्रधानता देते हैं।

जब इस कौलेज को विश्वविद्यालय से संबद्ध कराने के लिए अर्जी भेजने का समय आया—तब अचानक एक विघ्न आ उपस्थित हुआ। शुभ कार्य में विघ्न होते ही हैं! मालूम हुआ कि विश्वविद्यालय में, मुजफ्फरपुर की मुकर्जी-सेमिनरी को कौलेज बनाने के लिए, पहले ही अर्जी दे दी गई है। अब तो लोगों में घबराहट फैली। यह मुकर्जी-सेमिनरी एक प्रतिष्ठित बंगाली जमींदार द्वारा संचालित प्राचीन स्कूल था। कलकत्ता-विश्वविद्यालय पर बंगालियों का प्रभाव था। अतः बाबूसाहब के कितने ही दोस्तों ने सलाह दी कि अब आप स्कूल ही रहने दें, कौलेज के लिए व्यर्थ परिश्रम न करें; विश्वविद्यालय आपकी प्रार्थना कभी स्वीकृत न करेगा। किंतु आपको अपने परिश्रम और सफलता पर पूरा विश्वास था, असफलता का मुँह आपने अब तक देखा नहीं था। आप अपने निश्चय पर दृढ़ रहे। मुकर्जी-सेमिनरी की अर्जी पर जिस दिन विश्वविद्यालय में विचार होनेवाला था, ठीक उसके एक ही दिन पहले आपने अपने कौलेज के लिए दरख्वास्त दी। मुकर्जी सेमिनरी की अर्जी के साथ-ही-साथ आपकी अर्जी पर भी विचार हुआ। मुकर्जी-सेमिनरी की अर्जी नामंजूर कर

दी गई, बाबूसाहब की अर्जी मंजूर हुई। इस खबर को सुनकर बाबूसाहब को कितना आनंद प्राप्त हुआ, उसका अनुभव वही कर सकेगा, जिसने कड़े परिश्रम के बाद सच्ची सफलता पाई हो। खास कौलेज बनाने के लिए ही बाबूसाहब ने मुजफ्फरपुर में एक वृहत् भवन खरीद लिया।

अब कौलेज की पढ़ाई शुरू हुई। पहले आई. ए. तक का कोर्स ही पढ़ाया जाता। बाबूसाहब ने योग्य विद्यार्थियों को स्कालरशिप देने का समुचित प्रबंध किया। कौलेज का अध्यापक विभाग भी बहुत ही अच्छा था; सभी प्रायः प्रथम श्रेणी के एम. ए., जिनमें तीन तो विश्वविद्यालय के परीक्षक थे। समस्त तिरहुत से ठट्ट-के-ठट्ट विद्यार्थी आ-आकर शिक्षा पाने लगे। दूसरे ही वर्ष बाबूसाहब ने पुनः विश्वविद्यालय में अपने कौलेज का स्टैंडर्ड बी. ए. क्लास तक बढ़ाने के लिए अर्जी भेजी। अर्जी स्वीकृत हुई। इस प्रकार केवल एक ही वर्ष में किसी सेकंड ग्रेड कौलेज का फर्स्ट ग्रेड कौलेज बन जाना उसके प्रबंध की सुंदरता और संचालकों की तत्परता का स्पष्ट सूचक है। उस समय के बंगाल के लाट 'सर जौन उडबर्न' और 'सर एंड्रू फ्रेजर' ने इस कौलेज का निरीक्षण करके प्रसन्नता प्राप्त की थी और बाबू लंगटसिंह की दानशीलता की मुक्त कंठ से भूरि-भूरि प्रशंसा की थी। इस कौलेज के निर्माण के कारण कलकत्ता के उस समय के प्रधान वकील 'डाक्टर (पश्चात् 'सर') आशुतोष मुकर्जी' भी बाबूसाहब के मित्र हो गए और इनकी बड़ी कद्र करने लगे।

विश्वविद्यालय की दान-पुस्तक देखने से पता चलता है कि इस कौलेज के लिए बाबूसाहब ने एक लाख तिहत्तर हजार रुपए दिए थे। यह तो लिखित दान है, किंतु इसके अतिरिक्त इसकी स्थापना में आपने जितना खर्च किया था, वह अप्रकट है। अन्दाजन दो-ढाई लाख से कम रुपए इसके लिए आपने खर्च नहीं किए थे।

जिस समय बाबू लंगटसिंह ने कौलेज का कार्य प्रारंभ किया, उस समय उनके कोई पुत्र नहीं था। बाद में, शायद उनके इन सुकार्यों से प्रसन्न होकर, भगवान् ने उन्हें पुत्र दिया। वह प्रायः कहते थे कि कौलेज मेरा प्रथम पुत्र है; और इसी नीति के अनुसार उन्होंने कई ग्राम कौलेज को रजिस्टरी करके अर्पण कर दिए।

यद्यपि यह कौलेज भूमिहार-ब्राह्मण-कौलेज के नाम से प्रख्यात है, किंतु तिरहुत-प्रांत के सभी जाति के नवयुवक इससे समान रूप से लाभ उठा रहे हैं। यह कौलेज दिन-दिन उन्नति करता जा रहा है। बाबूसाहब के स्वर्गवासी होने पर गवर्नमेंट ने इस कौलेज को ले लिया है। अभी हाल में इसका विशाल भवन बना है, जो मुजफ्फरपुर के लिए एक दर्शनीय वस्तु है। यदि यह कौलेज न होता, तो आज हम तिरहुत-प्रांत को इस रूप में न पाते। थोड़े ही दिनों में तिरहुत ने ऊँची शिक्षा प्राप्त करके जो इतनी उन्नति की है, उसका प्रधान कारण यह कौलेज ही है। खास मुजफ्फरपुर-जिले के लिए तो यह कामधेनु-सा हो गया है। आज मुजफ्फरपुर, बिहार के सभी आंदोलनों का केंद्र-सा हो रहा है। राजनीति, साहित्य, समाज-सेवा, बिहार के सभी कार्य-क्षेत्रों में मुजफ्फरपुर एक खास स्थान रखता है।

बाबू लंगटसिंह की स्वर्गीय आत्मा अपनी कीर्त्तिलतिका को हरी-भरी और फूली-फली देखकर कितना आनंद और संतोष प्राप्त करती होगी! इस धराधाम पर नित्य लाखों आते और जाते हैं—किंतु उन्हीं पुरुषों का आना धन्य है, जो अपना कीर्त्तिचिह्न यहाँ छोड़ जाते हैं।

8

अपनी जाति के उत्थान में बाबूसाहब ने जो प्रमुख भाग लिया था, उसकी चर्चा किए बिना यह जीवनी सर्वथा अधूरी ही समझी जाएगी। यद्यपि इस राष्ट्रीयता के युग में जातीय संगठन पर देशभक्तों का उतना ध्यान नहीं है, और साथ ही हम यह मानते भी हैं कि जातीय स्वार्थ को राष्ट्रीय स्वार्थ के सामने प्रमुखता देना कदापि उचित नहीं है, तथापि हमारी तुच्छ सम्मति में यदि शुद्ध देशभक्ति के भाव से जातीय संगठन किया जाए, तो राष्ट्रीय उत्थान में बहुत सहायता प्राप्त हो। भिन्न-भिन्न व्यक्तियों और समाजों के मिलने से ही राष्ट्र की उत्पत्ति होती है—अतएव, किसी जाति या समाज को सुसंगठित और सुशिक्षित बनाने की चेष्टा राष्ट्रीयता की पोषक ही होगी, बाधक नहीं। हाँ, इस जातीय संगठन के द्वारा जब किसी असंगठित, अशिक्षित या अल्पसंख्यक जाति को

कुचलने का आयोजन किया जाए, तो वह नितांत निंदनीय और सर्वथा त्याज्य है ।

बाबू लंगटसिंह के जातीय संगठन में यह नीच भाव नहीं था । वह जाति का संगठन करते थे जाति को अपने अधिकारों से परिचित कराने के लिए, उसमें घुसी हुई सामाजिक कुरीतियों को दूर करने के लिए, उसे सुशिक्षित और सुसभ्य बनाने के लिए ।

बाबू लंगटसिंह के द्वारा यह जातीय संगठन होने से पहले बिहार में भूमिहार-ब्राह्मणों की बड़ी बुरी हालत थी । यद्यपि बिहार के अधिकांश भूभाग पर इन्हीं का अधिकार है, तथापि अविद्या और अज्ञान के कारण ये चारों तरफ ठुकराए जाते थे । यहाँ तक कि इनके जातीय गौरव पर खुलेआम निंदनीय लांछन लगाए जाते थे; और ये निपट निरीह पशु के समान सबकुछ सुनते और सहते थे । बाबू लंगटसिंह ने भूमिहार-ब्राह्मण-महासभा के द्वारा इनकी इन्हीं दुर्बलताओं को दूर करने की चेष्टा की थी और आज बिहार के भूमिहार-ब्राह्मणों की अवस्था देखकर कौन नहीं कह सकता कि बाबूसाहब का उद्योग पूर्ण रूप से सफल हुआ । आज शासन, शिक्षा, साहित्य, राजनीति—सभी विभागों में इस जाति के लोग प्रचुर परिमाण में पाए जाते हैं, और ऐसी आशा है कि भविष्य में ये और भी प्रमुखता प्राप्त करेंगे ।

अब हम यहाँ पर भूमिहार-ब्राह्मण-महासभा का, उत्पत्ति से लेकर बाबूसाहब की मृत्यु के समय तक का, संक्षिप्त इतिहास दिए देते हैं, जिससे हमारे उपर्युक्त कथन की पुष्टि हो ।

भूमिहार-ब्राह्मण-जाति के कतिपय विवेकी सज्जनों के मन में यह विचार होता था कि इस जाति की उन्नति और सामाजिक कुरीतियों के सुधार के लिए सभा-स्थापन द्वारा निरंतर चेष्टा करनी चाहिए । ऐसे लोगों में मुँगेर-जिले के 'दहिया'-ग्राम के स्वर्गवासी बाबू भाईलाल सिंह, जिनका नाम पीछे श्रीमुनिजी अथवा परमहंसजी हुआ, मुख्य थे । वह इस विषय में मुजफ्फरपुर-जिले के एक सज्जन से पत्र-व्यवहार कर रहे थे । सन् 1882 ई. के अगस्त मास में उस समय के पटना निवासी भूमिहार-ब्राह्मणों-छात्रों की चेष्टा से वहीं प्रारंभिक सभा हुई । उसके सभापति थे दरभंगा-जिले के प्रसिद्ध नरहन-राज्य के अधिपति बाबू ब्रह्मदेव नारायण सिंह । इस सभा का परिणाम यह हुआ कि एक पुस्तिका सभा के विषय में प्रकाशित की गई और भूमिहार-ब्राह्मण-महासभा का प्रथम अधिवेशन, ता. 1 नवंबर 1882 को, पटना-कौलेज में, मुजफ्फरपुर-जिले के 'रुपौली' ग्राम के बाबू रघुनाथप्रसाद सिंह के सभापतित्व में, हुआ । विद्या-प्रचार, संस्कृत-प्रचार, बोर्डिंग-हाउस की स्थापना, अनाथ बालक और विधवा की सहायता आदि के प्रस्ताव स्वीकृत हुए ।

इन दोनों सभाओं के मुख्य संचालक थे गया-जिले के 'लारी'-ग्राम के बाबू आदित्यप्रसाद सिंह । इस सभा का भी मुद्रित कार्य-विवरण प्रकाशित हुआ ।

भूमिहार-ब्राह्मण-महासभा का दूसरा अधिवेशन 28 सेप्टेंबर 1891 को 'गया' में बाबू अंबिकाप्रसाद सिंह के सभापतित्व में हुआ । इस सभा में बाबू भाईलाल सिंह भी उपस्थित थे, जो प्रथम सभा में सूचना के अभाव से उपस्थित न हो सके थे । हाँ, उनके मुजफ्फरपुर-जिले के उपर्युक्त मित्र उसमें अवश्य उपस्थित थे ।

तीसरी भूमिहार-ब्राह्मण-महासभा फिर गया में ही हुई । यथार्थ बात यह थी कि अब तक यह सभा केवल कुछ नवयुवकों—जैसे बाबू आदित्यप्रसाद सिंह आदि—के उत्साह से किसी प्रकार चल रही थी । इसका मूल सुदृढ़ न हुआ था। इसी कारण सन् 1882 ई. से सन् 1898 ई. तक सोलह वर्षों में, सभा के केवल चार ही अधिवेशन हुए, और वे भी केवल पटना और गया में ही—अन्यत्र नहीं !

सन् 1898 ई. के अंत में बाबू लंगटसिंह कलकत्ते में थे । वहाँ मुजफ्फरपुर-जिले के भगवानपुर-निवासी परमोत्साही बाबू यदुसिंह भी उनके साथ रहते और ठेकेदारी करते थे । उन्होंने गया की भूमिहार-ब्राह्मण-महासभा का मुद्रित कार्य-विवरण बाबूसाहब को दिखलाया और अनुरोध किया कि आप यदि इस सभा के कार्य में अगुआ होंगे, तो यह सभा चल निकलेगी—उसकी नींव दृढ़ हो जाएगी, केवल नाममात्र की न रहकर यह उत्तम कार्य भी करेगी । बाबूसाहब ने उनके इस प्रस्ताव को सहर्ष स्वीकार किया और उसी समय एक पोस्टकार्ड मुजफ्फरपुर के वकील बाबू युगेश्वरप्रसाद सिंह के पास भेजा कि मेरी राय है कि मुजफ्फरपुर में

भूमिहार-ब्राह्मण-महासभा समारोह के साथ होवे और इसकी नींव दृढ़ की जाए, ताकि यह कार्यशील संस्था हो। वकील साहब ने इस प्रस्ताव को सहर्ष स्वीकार किया। बाबू लंगटसिंह इसके निमित्त ही मुजफ्फरपुर आए। एक प्रारंभिक सभा की गई, जिसमें स्वागतकारिणी समिति के अध्यक्ष मुजफ्फरपुर-जिले के जैतपुर-निवासी चौधरी महंथ रघुनाथदासजी हुए और उक्त वकील साहब सेक्रेटरी नियत हुए। बाबू लंगटसिंह ने सभा का संपूर्ण व्यय अपने ऊपर लिया। निमंत्रण-पत्र बाँटे गए। मुजफ्फरपुर में 12 मार्च सन् 1899 से प्रारंभ होकर दो दिन तक यह महासभा, छपरा जिले के माँझा-निवासी बाबू श्यामशिवेंद्रप्रसाद नारायण साही—उपनाम लाल बाबू—के सभापतित्व में हुई। यह सभा बड़ी शानदार हुई। इसके द्वारा जाति में एक नया जीवन और जागृति पैदा हो गई। मुजफ्फरपुर का एकमात्र बिहारी हाई-इंग्लिश स्कूल, जिसका नाम सुसाइटी-स्कूल था, उस समय बहुत हीन दशा में था, और यह विचार सभा में पक्का हुआ कि उसी स्कूल को कौलेज बना दिया जाए, जिससे कौलेज का बहुत बड़ा अभाव तिरहुत-प्रांत में मिट जाए। बाबूसाहब ने सभा को 2100 रुपए दिए, जो कौलेज के चंदे से पृथक् थे। इस सभा में प्रथम बार विवाह में तिलक के लेन-देन के व्यवहार के निषेध और बारात की धूमधाम एवं फिजूलखर्ची की रुकावट के प्रस्ताव स्वीकृत हुए।

इस सभा के बाद बाबूसाहब ने सोचा कि बिना काशिराज के सभा में सम्मिलित हुए सभा दृढ़ न होगी, अतएव वह काशी गए और काशिराज से सभा को अपनाने की प्रार्थना की। काशिराज ने कहा कि आपके अगुआ होने और मुजफ्फरपुर-सभा में कौलेज के निर्माण का प्रस्ताव स्वीकृत होने से मुझे विश्वास हो गया कि अब सभा काम करेगी; अतएव अब मैं सभा में योग देना सहर्ष स्वीकार करता हूँ। वहीं यह निश्चय हुआ कि आगामी महासभा काशी में ही हो।

पाँचवीं महासभा काशी के टकसाल घर में हुई। इस सभा में पश्चिमोत्तर-प्रदेश के पश्चिमीय खंड के त्यागी भाई इसमें आकर सम्मिलित हुए। नरहन के बाबू नेमनारायण सिंह बहाव (प्रयाग) के रायबहादुर महावीरप्रसाद सिंह छितौली (छपरा) के मरुआ बाबू आदि अनेक गण्यमान्य व्यक्ति सम्मिलित हुए। इस सभा में विवाह-सुधार के साथ बाल-विवाह-निषेध का भी प्रस्ताव स्वीकृत हुआ। इस सभा में मेरठ के चौधरी अनूपसिंह ने बड़ी ओजस्विनी वक्तृता दी, जो पुस्तिकाकार छप गई। काशिराज ने सभापति के आसन से जो वक्तृता दी, वह परम गंभीर और बड़े मार्के की थी। सभा की ओर से उसकी कई हजार कापियाँ छपवाकर वितरण की गईं। पंडित मदनमोहन मालवीय ने भी बड़ी उत्तम वक्तृता दी थी। इसी सभा के बाद से बाबूसाहब और श्रीमालवीयजी में मैत्री-भाव का आरंभ हुआ, जो अंत तक अटल रहा। मालवीयजी इनको 'बड़ा भाई' कहकर संबोधन करते थे।

इस काशी-सभा में ही 'भूमिहार-ब्राह्मण पत्रिका' का प्रथम अंक प्रकाशित हुआ और इसके दूसरे अंक में श्री काशिराज की वक्तृता और काशी-महासभा के कार्य-विवरण प्रकाशित हुए। पत्रिका के प्रकाशन का सारा श्रेय भी बाबूसाहब को ही था।

छठीं महासभा प्रयाग में हुई। इसमें भी काशिराज ने सभापति का आसन ग्रहण किया। पीछे कार्यवश न रहने से अपने प्रतिनिधि-रूप में बाबू नेमनारायण सिंह को नियत किया। इस सभा में भी विवाह-सुधार और बाल-विवाह-निषेध के प्रस्ताव स्वीकृत हुए। बाबू लंगटसिंह की चेष्टा से एक बहुत बडा कार्य यह हुआ कि जातीय कोष की स्थापना की गई, जिसमें प्रत्येक भूमिहार-ब्राह्मण को अपनी आमदनी पर फी हजार एक रुपया और साधारण गृहस्थों के लिए फी हजार एक आना देना कर्तव्य निश्चित किया गया। बाबूसाहब जब तक जीवित रहे, तब तक इस प्रस्ताव के अनुसार जातीय कोष में चंदा देते रहे। श्रीमान् काशिराज ने सभापति की हैसियत से इस प्रस्ताव की स्वीकृति पर अपना हस्ताक्षर किया था। इस सभा में यह भी निश्चय हुआ कि सभा की रजिस्ट्री कराई जाए। अतएव बाबूसाहब ने नियम बनाकर इसकी रजिस्टरी करवाई।

इसके बाद से बाबूसाहब का कर्तव्य हुआ स्थान-स्थान में सभा करवाना, स्कूल-पाठशाला खुलवाना, और इसके लिए भ्रमण करना। दरभंगा-जिले के बाबू रामकर्ण राय ने जब 'दीघरा' में मिडिल इंगलिश स्कूल की

स्थापना की तब वह बाबूसाहब के पास सहायता निमित्त गए । जैसी सहायता वह चाहते थे, वैसी मिल गई ।

उस समय बाबूसाहब का उत्साह दर्शनीय था । वे जगह-जगह घूमकर लोगों को महासभा में सम्मिलित होने के लिए उत्तेजित करते थे, भिन्न-भिन्न नगरों में महासभा के अधिवेशन करने का प्रबंध करते थे, चिट्ठी और तार भेज-भेजकर लोगों को अधिवेशन में इकट्ठे करते थे, और जहाँ अधिवेशन होता वहाँ पहले स्वयं पहुँचकर स्वागत-संबंधी कार्यों का निरीक्षण करते थे ।

सातवीं महासभा पटने के छज्जुबाग में हुई, जिसमें सभापति मेरठ-जिले के चौधरी देवीसिंह हुए । यह त्यागी ब्राह्मण थे । बाबूसाहब को त्यागी-भाइयों के मुख्य-मुख्य लोगों से बड़ी मैत्री हो गई थी और उन लोगों से पत्र-व्यवहार बराबर होता रहता था ।

पटने के बाद आठवीं महासभा मुँगेर में हुई, जिसमें महाराजकुमार-काशी ने आकर सभापति के आसन को सुशोभित किया । पटना और मुँगेर की सभा में बाबूसाहब ने बड़ा परिश्रम किया और उक्त जिले में जागृति करने के लिए स्वयं गए, वहाँ जिला-सभा करवाई, जिसके सभापति के आसन को मजबूरन इन्हें ग्रहण करना पड़ा; क्योंकि इनकी प्रतिज्ञा थी कि मैं सभा का सेवक हूँ, सभापति का आसन कदापि नहीं ग्रहण करूँगा ।

इसके बाद नवीं महासभा गाजीपुर में हुई, जिसमें बाबूसाहब के अनुरोध से महाराजकुमार-टिकारी भी सम्मिलित हुए । इसमें बाबूसाहब ने एक मार्के का काम यह किया कि सभा की कार्यकारिणी समिति का निर्माण करवाया ।

दसवीं महासभा गया में हुई । यहाँ जिस उदार भाव को बाबूसाहब ने प्रकाशित किया, उसे उस समय कुछ लोगों ने नहीं माना, किंतु अब वह निर्विवाद और सर्वसम्मत है । यह एक अद्‌भुत बात इनमें थी कि इनका भाव कभी संकीर्ण न होकर सदा उदार होता था ।

ग्यारहवीं सभा दोहरीघाट (आजमगढ़) में हुई । यहाँ बाबूसाहब के पधारने से लोगों में बड़ी जागृति आई ।

बारहवीं महासभा छपरे में हुई, जिसका सब प्रबंध कई बार जाकर बाबूसाहब ने स्वयं करवाया; क्योंकि इसके संचालनकर्त्ता उनके परम मित्र लाल बाबू (माँझा) थे । मुजफ्फरपुर-सभा के बाद से दोनों में गाढ़ी मैत्री हो गई थी । सभा के कारण अनेक लोगों से बाबूसाहब की मैत्री हो गई थी । आवश्यकता होने पर बाबूसाहब उन लोगों की योग्य सहायता भी करते थे ।

छपरे के बाद 13वीं महासभा मोतीहारी में हुई । इस सभा में ग्रामसंगठन पर विशेष जोर दिया गया और जाति के लोगों को कौंसिल आदि में भेजने का प्रस्ताव स्वीकृत हुआ । समझा गया कि ग्रामीण लोगों को वोट का अधिकार मिलेगा, अतएव लोग संगठित हो जाएँ जिसमें समय पर वोट द्वारा अपनी जाति के योग्य प्रतिनिधि चुन सकें ।

इसके बाद चौदहवीं महासभा मुजफ्फरपुर में हुई, जिसमें बाबूसाहब के अनुरोध से स्वयं श्रीकाशिराज ने सभापति का आसन ग्रहण किया और भूमिहार-ब्राह्मण-कौलेज के मकान की नींव अपने हाथ से दी । महासभा में काशिराज ने विवाह में तिलक के लेन-देन के करार तथा धूमधाम और फिजूलखर्ची की कड़ी निंदा की ।

पन्द्रहवीं महासभा प्रयाग में हुई, जहाँ उस समय कांग्रेस और उसके साथ प्रदर्शनी भी थी । फिर भागलपुर और देवरिया में हुई । देवरिया (गोरखपुर) में जब महासभा हुई, उस समय वहाँ प्लेग था और मालूम होता है कि प्लेग का बीज बाबूसाहब के शरीर में वहीं सभा की सेवा करते समय प्रवेश कर गया था ।

उसके बाद ही एक कमेटी, पटने से एक दैनिक पत्र के संचालन के लिए, मुजफ्फरपुर में हुई—जिसमें महाराजा-दरभंगा और महाराजा-हथुआ आदि सम्मिलित थे । उसी दिन उक्त कमेटी में काम करते-करते बाबू लंगटसिंह बीमार हुए, और तीन या चार दिन के बाद स्वर्गलोक सिधार गए !

भूमिहार-ब्राह्मण-महासभा के संबंध में बाबू लंगटसिंह का 'गया' जाकर और वहाँ 'टिकारी' की दुलहिन-साहिबा से मिलकर वहाँ के भूमिहार बोर्डिंग हाउस की उन्नति का यत्न करना और उसके लिए दो दिन

सभा करके स्थानीय लोगों से चंदा करवाना और स्वयं चंदा देना उल्लेखनीय है। मुजफ्फरपुर-जिले के सीतामढ़ी में रामनवमी के समय जो सभा हुई, वह बहुत बड़ी सभा थी। बाबूसाहब दोनों दिन सभा में उपस्थित थे और उसका सब खर्च स्वयं उन्होंने वहन किया। सिमरा, सराय, वैनी आदि स्थानों में जो बड़ी सभाएँ हुईं, उनमें बाबूसाहब का योग देना उल्लेख-योग्य है; क्योंकि इन सभाओं का उत्तम प्रभाव हुआ। समस्तीपुर के भूमिहार-ब्राह्मण-कंपनी में, जिसको सभा के कुछ मुख्य सभासदों ने कायम किया था, बाबूसाहब ने यथेष्ट सहायता दी थी, और स्वयं वहाँ जाकर उन लोगों को उत्साहित किया था।

अधिक कहाँ तक कहा जाए, थोड़े ही शब्दों में यों कह सकते हैं कि बाबूसाहब सभा के प्राण थे। जीवन का अंतिम भाग उन्होंने जातीय सेवा में व्यतीत किया, और दुःख के साथ कहना पड़ता है कि सभा के ही काम में उन्होंने अपना जीवन विसर्जन किया। बाबूसाहब को भूमिहार-ब्राह्मण-सभा से प्रगाढ़ प्रेम था। यदि एक लाख खर्च करने पर इसकी सफलता पक्की समझी जाती, तो यह सहर्ष ऐसा करते। समाज ने इनको 'भूमिहार-कुल-भूषण' की पदवी दी थी, और यह यथार्थ में ऐसे ही थे भी। लोग इन्हें ही भूमिहार-ब्राह्मण-महसभा का जन्मदाता मानते हैं। बात भी ठीक है।

9

'जो फरा सो झरा, जो बरा सो बुताना'—किसी हिंदी-कवि की इस अमर वाणी में सत्यता कूट-कूटकर भरी है!

प्रकृति परिवर्तनशील है। उसमें अदल-बदल सदा होते रहते हैं। जो फूल अपने रूप-सौरभ के अभिमान में फूले हुए शाखाओं पर झूला झूल रहे हैं, वे ही दूसरे क्षण मुरझाकर धूलि-धूसरित हो जाएँगे। जो पृथ्वी वसंत में नाना प्रकार के पुष्प-पल्लवों से समन्वित हो सुषमागार बन रही है, वही ग्रीष्म की लू के थपेड़े खाकर मरणोन्मुख-सी दी पड़ने लगेगी। शरद की चटकीली चाँदनी कितने दिन ठहरती है? कोकिल का कल-कूजन कितने दिनों तक सुन पड़ता है? वर्षा की बहार कब स्थायी हुई है। हेमन्त का मीठा जाड़ा क्षण-भंगुर नहीं है?

मनुष्य-लोक में आइए—आज राम कहाँ हैं, कृष्ण कहाँ हैं? कहाँ हैं बुद्ध, और कहाँ हैं ईसा? कहाँ है परम पराक्रमी ग्रीक-वीर सिकंदर, और कहाँ गया ग्रीकों का मद चूर करनेवाला बिहारी वीर चंद्रगुप्त? कहाँ गया अत्याचारी औरंगजेब, और कहाँ हैं हिंदू-धर्म-रक्षक शिवाजी और गुरु गोविंद? जाने दीजिए—हमारे दादे-पड़दादे कहाँ चले गए—और कल हम स्वतः क्या हो जाएँगे?

एक ही उत्तर है—जो फरा सो झरा, जो बरा सो बुताना!

बाबू लंगटसिंह भी इस नियम के अपवाद नहीं थे। वैशाख-संवत् 1969 वि. (15 अप्रैल 1912 ई.) के सोमवार की आधी रात को मुजफ्फरपुर के अपने विशाल भवन में यह परलोक सिधार गए! अमर आत्मा अमर लोक में चली गई, पंच तत्त्व का पुतला पंच तत्त्व में मिल गया!

उस समय इनकी अवस्था 60 वर्ष 7 महीने की थी।

किंतु इनका यशःशरीर तो अब तक विद्यमान है। मनुष्य मर जाता है, किंतु उसकी कीर्त्ति नहीं मरती बल्कि ऐसा देखा गया है कि ज्यों-ज्यों आदमी की मृत्यु के दिन बीतते जाते हैं, कीर्त्ति और भी विस्तृत होती जाती है। यशःशरीर पुराना नहीं पड़ता, वह अकालबाधित है। वह तो नित्य नया होता जाता है।

बाबू लंगटसिंह की याद आते ही गला रुँध जाता है, आँख से आँसू झरने लगते हैं। साथ ही, इनका उद्योग और साहस, अध्यवसाय और तत्परता, की याद दिल में जोश पैदा कर देती है। एक गरीब घर के लँगड़े पुरुष की ऐसी करनी—उफ! कमाल है!! बुकर-टि-वाशिंगटन का कथन है कि किसी पुरुष की महानता का परिचय उसकी वर्त्तमान अवस्था से नहीं मिलता, वरन् उस अवस्था तक पहुँचने के लिए उसे कैसे-कैसे कष्ट उठाने पड़े हैं—इसके विवेचन से मिलता है। यदि इस कसौटी पर, जो महानता की परख करने की एकमात्र सच्ची कसौटी है, बाबू लंगटसिंह के चरित को कसें, तो भारतीय महापुरुषों में उनको एक खास स्थान प्राप्त होता है। इस देश में बड़े-बड़े वीर, बड़े-बड़े विद्वान्, बड़े-बड़े दानी और बड़े-बड़े धनकुबेर हो गए हैं, किंतु बाबू

लंगटसिंह की ऐसी प्रतिकूल परिस्थिति में पलकर ऐसी उन्नति करनेवाले महापुरुषों की संख्या थोड़ी ही है। अभी हम लोगों में वीर-पूजा का सात्त्विक भाव नहीं आया है, इसलिए संभव है, हमारे इस कथन पर कितने आदमी नाक-भौं सिकोड़ें; किंतु सत्य तो सत्य ही है, समय उसकी सत्यता आप-से-आप प्रकट करेगा।

बाबू लंगटसिंह Light and life of Behar 'बिहार के जीवन और ज्योति' कहे जाते थे। बंगाल और यू.पी. के नेताओं के समान बिहार के नेता भी उन्हें अपना मित्र मानते और आवश्यकता पड़ने पर उनकी सहायता की इच्छा रखते थे। श्रीयुत अली इमाम, हसन इमाम, सर सिन्हा साहब आदि बिहारी नेता उन्हें अपना मित्र और सहायक समझते थे। बिहार के लोकल-सेल्फ-गवर्नमेंट वर्त्तमान मंत्री बाबू गणेशदत्त सिंह उनके भक्तों में से हैं।

मृत्यु के दस वर्ष पहले ही से बाबूसाहब ने ठेकेदारी छोड़ दी थी। ठेकेदारी से उन्होंने पचास लाख की स्थायी संपत्ति उपार्जित की थी। वह अब एक अच्छे जमींदार समझे जाते थे। ठेकेदारी छोड़ने के बाद उनका समय अपनी जमींदारी के सुप्रबंध और सार्वजनिक कामों में ही व्यतीत होता था।

सार्वजनिक काम करने का उनको एक व्यसन था। निजी स्वार्थ को सार्वजनिक कार्यों के सम्मुख गौण समझना—और यदि आवश्यकता हो तो अपने स्वार्थ की बलि भी कर देना—उनके जीवन का मूलमंत्र था।

सार्वजनिक कार्यकर्त्ताओं पर चंदे की रकम का हिसाब न रखने का दोष प्रायः मढ़ा जाता है। बड़े-बड़े नेताओं पर रुपए की गड़बड़ का दोष मढ़ा जा चुका है। किंतु बाबूसाहब इस विषय में बहुत खरे थे। उन्होंने सार्वजनिक कार्यों के लिए अपने निजी दान के अतिरिक्त लाखों रुपए इकट्ठे किए थे, किंतु कभी किसी को इनके व्यवहार पर स्वप्न में भी संदेह न हुआ था। सार्वजनिक जीवन में पवित्रता को वह सर्वोत्कृष्ट स्थान देते थे।

वह अपने वचन के बड़े पक्के थे। जो कुछ कहते थे, उसे कर दिखाते थे। जनता के निकट लंबे-लंबे उपदेश झाड़ना और स्वयं उन उपदेशों के विरुद्ध चलना—लीडरों की इस नीति से वह सदा दूर रहे थे। भूमिहार-ब्राह्मण-सभा ने विवाह में 'तिलक' न लेने का प्रस्ताव पास किया—जब उनके भतीजे का विवाह हुआ, उन्होंने तिलक बिलकुल नहीं लिया। प्रतिज्ञा-पालन में भी वह बड़े तत्पर थे—अपनी प्रतिज्ञा कभी नहीं भूलते थे।

उनके प्रत्येक व्यवहार में खरापन झलकता था। खरी-खरी बातें कह डालने में उनको जरा भी संकोच नहीं होता था। कितना भी बड़ा आदमी हो, यदि उसमें कोई दोष होता, निस्संकोच कह देते, और उस दोष के लिए उसे फटकारते भी। भय, उनको छू नहीं गया था। सच्ची बात कहने से यदि कोई रुष्ट भी हो, तो उसकी वह परवाह नहीं करते। इसका नतीजा यह होता कि जितने बड़े आदमियों से उनका संसर्ग था, वे लोग ऐसी चेष्टा करते जिसमें बाबूसाहब को कुछ कहने का मौका न मिले। जातीय-सुधार में इस खरेपन से बड़ा काम निकला था।

बाबूसाहब की दानशीलता तो भारत-प्रसिद्ध थी। केवल एक भूमिहार-ब्राह्मण-कौलेज के लिए ही उन्होंने लगभग दो लाख रुपए दान दिए थे। कितने ही स्कूल उनकी सहायता से चलते थे। कई अस्पतालों के लिए उन्होंने मुक्तहस्त होकर दान दिया था। जहाँ कहीं अकाल पड़ता था, हजारों रुपए और प्रचुर अन्न-वस्त्र भेजते थे। कई सड़कें अपने खर्च से बनवाई थीं। प्रयाग के हिंदू-छात्रावास के लिए जो कुछ किया था, उसकी चर्चा ऊपर हो चुकी है।

जिस समय पंडित मदनमोहन मालवीय ने हिंदू-विश्वविद्यालय के लिए झंडा उठाया था, बाबूसाहब ने उनको द्रव्य-संग्रह में बड़ी मदद पहुँचाई थी। स्वयं भी बड़ी रकम दान में दी थी।

बाबूसाहब की दानशीलता का डंका केवल बिहार में ही नहीं, बंगाल, आसाम, यू.पी. और पंजाब में भी बजता था। प्रायः उनका दान गुप्त हुआ करता था। जो कोई भूमिहार-ब्राह्मण अपने लड़के के यज्ञोपवीत के लिए मदद माँगने आता, उसे 10 रु. और लड़की की शादी के लिए माँगने पर 50 रु. देने का उन्होंने एक नियम बना रखा था। इस नियम का निर्वाह आजीवन किया था।

बाबू लंगटसिंह यथार्थ में बड़े प्रभावशाली और एकबाली पुरुष थे। वह जहाँ कहीं जाते, लोग उनके पास

आकर उनको घेर लेते और वह उसी जगह प्रायः उपदेश करना प्रारंभ कर देते । उनका यह मुख्य सिद्धांत था कि जो कुछ लोकहितैषी उपदेश अथवा कोई बात हो, उसे गुप्त कदापि नहीं रखना चाहिए—सबको उससे अभिज्ञ कर देना चाहिए । वह प्रायः ऐसा ही करते थे । उनको बोध हुआ कि आम की गुठली का शरबत साँप काटने पर उत्तम औषधि है, बस सर्वत्र उसका प्रचार करते और ग्रामीणों से कहते फिरते थे ।

बाबू लंगटसिंह अपनी मृत्यु के बाद अपनी जायदाद के प्रबंध के लिए एक विल लिखकर रख गए थे, जिसमें उन्होंने अपने घर के प्रत्येक व्यक्ति का खर्च नियत कर दिया था और प्रबंध के लिए चार आदमियों की कमेटी बनाई थी, जिसमें तीन तो उनके संबंधी थे, और एक बाहरी सज्जन भी । किंतु उनकी मृत्यु के बाद इस विल के अनुसार केवल उनकी स्त्री ने प्रबंधक (Executor) के लिए दरख्वास्त दी और वही नियुक्ति भी हुई । अन्य लोगों ने काम करना मंजूर नहीं किया । यह विल उनकी बुद्धिमत्ता और दूरदर्शता का द्योतक था ।

बाबूसाहब बड़े ही फुर्तीले थे । यद्यपि उनका एक पैर काट दिया गया था, लाठी के सहारे चलते थे, तथापि चाल इतनी तेज होती थी कि साथी लोग घबरा जाते थे । वह दोनों काँखों में लाठी अड़ाए आँधी-सा सनसन करते हुए निकल जाते थे । जवानी ढल जाने पर भी उनमें तनिक आलस्य न आया था । 'साठा तब पाठा' वाली कहावत उन पर पूर्ण चरितार्थ होती थी ।

आप प्रयाग, कलकत्ता आदि दूर-दूर शहरों की कितनी ही संस्थाओं के सदस्य थे । अपनी सदस्यता के कर्त्तव्य को वह कभी न भूलते थे ।

रजवाड़ों में भी उनकी बड़ी पूछ थी । काशी-नरेश उनको बहुत ही चाहते थे । जिस समय काशी-नरेश स्वतंत्र हुए, उस समय उन्हें अभिनंदन-पत्र देने के लिए कलकत्ते में एक सभा का आयोजन हुआ था । पथरीहट्टा के बाबू काशी-नरेश के विरोधी बन गए । किंतु बाबूसाहब ने विरोध की परवाह न कर अभिनंदन का भार अपने ऊपर लिया। काश्मीर-नरेश को अभिनंदन पत्र देने के लिए तैयार किया। नियत समय पर सभा हुई—काश्मीर-नरेश ने अभिनंदन-पत्र प्रदान किया ! विरोधियों की कुछ दाल न गल सकी—बाबूसाहब की कीर्त्तिपताका फहराने लगी ।

महाराजा-बर्दवान भी इनको बड़े आदर की दृष्टि देखते थे । यों तो इनके स्वदेशी-प्रचार के कार्य से समूचा बंगाल इनका प्रशंसक भक्त बन गया था, किंतु मुजफ्फरपुर में भूमिहार-ब्राह्मण कौलेज की स्थापना का समाचार सुनकर बर्दवान-नरेश इनके गुणों पर लट्टू थे ।

दरभंगा-नरेश भी इन्हें आदर की दृष्टि से देखते थे । कोई जटिल प्रश्न आ जाने पर इनकी राय लेने से नहीं चूकते थे । जिस समय 'दोआगू-महारानी-साहिबा' ने वर्त्तमान महाराजा पर मुकद्दमा किया, उस समय उन्होंने महाराज की बड़ी सहायता की थी । यहाँ तक कि सुलह कराने में इनका विशेष हाथ था । सुलह कराने में यह विशेष निपुण थे । जिस समय हथवा के महाराज-कुमार शिवप्रतापसाही और माँझा के बाबू हरिहरेंद्रनारायण साही में, लालबाबू के स्टेट के अधिकार के निमित्त, मुकद्दमा चला था, उस समय समझौता कराने में इन्होंने बड़ा परिश्रम किया था । इन्हें सफलता भी प्राप्त हुई थी । छपरा के जिला-जज ने इस सुलहनामे के लिए इन्हें धन्यवाद दिया था; क्योंकि इस कार्य में इन्हें समय और रुपए—दोनों—की हानि उठानी पड़ी थी ।

इस प्रकार बाबू लंगटसिंह ने जीवन की सभी दिशाओं में पूरी ख्याति और सफलता प्राप्त की थी । इनकी गणना ऊँचे दरजे के देश-हितैषियों में होती थी । कई देशी नरेश इन्हें मित्र के समान मानते थे । सरकार भी इनका पूरा सम्मान करती थी । समाज-सुधारक इन्हें आदर की दृष्टि से देखते थे । सनातनी इन्हें शुद्ध सनातनी समझते थे । आर्यसमाजी भी इन पर बड़ी श्रद्धा रखते थे ।

महापुरुषों का यह प्रधान लक्षमण है—वे परस्पर की विरोधी शक्तियों के बीच में काम करते हुए सबको संतुष्ट और प्रसन्न रखते हैं ।

इनकी मृत्यु पर बंगाल, बिहार और यू. पी. के पत्रों में लंबे-लंबे लेख निकले थे । बंगाली पत्रों ने इनको 'बंगाल का सुपूत' कहने में भी संकोच न किया था । यह 'बंगाली' थे या 'बिहारी', इस पर बंगाली-पत्रों में खूब

चर्चा चली थी । हिंदुस्तान में यदि कहीं वीर-पूजा का भाव देख पड़ता है, तो बंगाल और महाराष्ट्र में ही । बंगाल के लिए इन्होंने जो कुछ किया था, उस पर बंगाली मुग्ध थे, फलतः वे यदि इन्हें 'अपना' समझते थे, तो इसमें आश्चर्य क्या? जिस प्रकार वीर-पूजा के भाव से प्रेरित होकर वे कालिदास, विद्यापति, जयदेव आदि सुकवियों को 'बंगाली' कहते और मानते हैं, उसी प्रकार यदि बाबू लंगटसिंह को वे बंगाली कहते थे, तो इसमें आश्चर्य का कोई कारण नहीं । विशेषतः बाबू लंगटसिंह के जीवन का अधिकांश भाग बंगाल में ही व्यतीत हुआ था । बंगालियों में यह कुछ ऐसे घुल-मिल गए थे कि उन लोगों के लिए यह सोचना असंभव था कि यह बिहारी थे ।

10

बाबू लंगटसिंह देश के लिए, प्रदेश के लिए, समाज के लिए और जाति के लिए तो इतना कर गए; किंतु हम लोगों ने उनके लिए क्या किया?

यह एक प्रश्न है, जिस पर जितना ही विचार करते हैं, शर्म से उतना ही मस्तक झुक जाता है । कहिए, उनकी यादगारी के लिए आपने क्या किया है? हम जानते हैं कि किसी पुरुष का यश ही उसका सबसे बड़ा स्मृतिचिह्न है, किंतु केवल यही कह देने से हम अपनी जिम्मेवारी से बच नहीं सकते । जिन्होंने अपना शरीर, अपना धन और अपना हृदय लगाकर हमारी भलाइयाँ की हैं—केवल यह कहकर कि उनका यश ही उनका सबसे बड़ा स्मृति-चिह्न है—उनकी उपेक्षा करना कृतघ्नता की चरम सीमा नहीं तो क्या है? समझ रखिए, कृतघ्नता से बड़ा पाप इस संसार में दूसरा कोई नहीं है ।

हम पुनः कहते हैं, हममें वीर-पूजा का भाव अभी तक किंचित्मात्र जाग्रत नहीं हुआ है । बिहारियो ! यह सबसे बड़ा कलंग तुम्हारे माथे पर है कि तुमने अपने उपकारियों के उपकार को, वर्त्तमान युग के चकाचौंध में आकर, सर्वथा भुला दिया है । आज बाबू बिसेसरसिंह, बाबू तेजनारायण सिंह और बाबू लंगटसिंह की आत्माएँ स्वर्ग से तुम्हारी ओर कैसी नजर से देखती होंगी, इस पर विचार करो । तुम्हारी यह कृतघ्नता अक्षम्य है, इस पाप का प्रायश्चित्त नहीं है ।

बाबू लंगटसिंह—बाबू लंगटसिंह ! ! आज हमें क्षमा कीजिए । हमने आपके प्रति जैसी कृतघ्नता दिखलाई है, उसकी कल्पना से हम स्वयं काँप उठते हैं । जिस कौलेज की स्थापना पर आपने उत्तर-बिहार के लिए शिक्षा का द्वार उन्मुक्त कर दिया; जिस कौलेज के लिए आपने एड़ी-चोटी का पसीना एक किया, जिस कौलेज के लिए आपने कष्ट से कमाए हुए अपने धन से दो लाख रुपए सहर्ष दे दिए, जिस कौलेज का ध्यान आपको स्वप्न में भी रहता था, जिसे आप अपना ज्येष्ठ पुत्र समझते थे, उसी कौलेज में आपकी एक छोटी-सी तस्वीर भी नहीं रखी गई है ! हाय री मनुष्यता ! कौन कहता है, हम मनुष्य हैं ! ! आज तो हमें चाहिए था कि उस कौलेज के किसी आकर्षक स्थान में एक सुरम्य उद्यान बनाकर उसके बीच आपकी एक प्रस्तर प्रतिमा निर्माण कराते, उस प्रतिमा के निकट ही एक मीनार बनाते और मीनार पर सोने के अक्षरों में लिख देते—

'बिहार-विधाता बाबू लंगटसिंह की जय'

किंतु हमसे एक छोटी-सी तस्वीर भी रखना पार न लगा ! और तो और, उसी कौलेज से लिख-पढ़कर हर साल सैकड़ों नवयुवक कर्मक्षेत्र में प्रवेश करते हैं, उसी कौलेज से शिक्षा प्राप्त कर कितने नवयुवक आज लेखक और संपादक कहलाते हैं, किंतु किसी ने आपके जीवन पर दो पंक्तियाँ लिखने का कष्ट न उठाया ! यह कितने खेद की बात है कि एक महापुरुष की ऐसी उत्साहप्रद जीवनी अभी तक भूत की गंभीर गुफा में छिपी पड़ी हो ! हमें तो सबसे बढ़कर आश्चर्य है उस जाति की अकृतज्ञता पर, जिस जाति के लिए आपने इतना परिश्रम किया था, जिस पर अपनी जान तक कुर्बान कर दी थी । भूमिहार-ब्राह्मण-जाति मरी पड़ी थी, आपने ही उसे संजीवनी बूटी पिलाकर खड़ी की । आज जो हम इस जाति में नवीन जागरण, नवीन स्पंदन देख रहे हैं, उसका सारा श्रेय आपको ही है । किंतु क्या उस जाति ने भी आपके प्रति अपने कर्त्तव्य को निबाहा है?

आज हम बिहार के—विशेषतः उत्तर-बिहार के—लोगों से यह अपील करते हैं कि कृतज्ञता और

परोपकार के नाम पर, मनुष्यता और ईश्वर के नाम पर, आप उस महान आत्मा को यों मत भुला दीजिए। आप कम-से-कम इतना करके भी अपने कर्त्तव्य का पालन कर सकते हैं—

(1) जैसा कि हम लिख चुके हैं, मुजफ्फरपुर के कौलेज के अहाते में बाबूसाहब की एक प्रस्तर-प्रतिमा तैयार कराकर खड़ी कर दीजिए। कौलेज-भवन में बाबूसाहब का एक बढ़िया तैलचित्र लटकाना भी जरूरी है।

(2) बाबूसाहब की वर्ष-गाँठ हर साल मनाइए। इस अवसर पर मुजफ्फरपुर का भूमिहार-ब्राह्मण-कौलेज और कौलेजियट स्कूल बंद रहें, इनमें वर्ष-गाँठ धूमधाम से मनाई जाए—बाबू लंगटसिंह-विषय-लेख और कविताएँ पढ़ी जाएँ।

(3) बाबू लंगटसिंह अपनी दानशीलता के लिए प्रसिद्ध थे। गरीब विद्यार्थियों को आप स्कालरशिप देते थे। अतः एक फंड एकत्रित कर 'बाबू लंगटसिंह-स्कालरशिप' के नाम से गरीब विद्यार्थियों को स्कालरशिप दीजिए।

(4) उनके जाति-भाइयों के लिए उचित है कि वे अपनी महासभा का विशेष अधिवेशन, और संभव हो तो महासभा ही, उनकी वर्षगाँठ के अवसर पर किया करें।

(5) भूमिहार-ब्राह्मण-महासभा की ओर से जो शिक्षाकोष है, उसका नाम 'बाबू लंगटसिंह शिक्षा-कोष' रहे। कोष के लिए द्रव्य-संग्रह का नवीन प्रयत्न किया जाए और बिहार के प्रत्येक शहर में कम-से-कम एक-एक भूमिहार-ब्राह्मण-छात्रावास की स्थापना हो।

ये तो केवल दिग्दर्शन मात्र हैं। यदि हमारे मन में उनके प्रति प्रेम-भाव हो, तो हम उनकी कीर्त्ति को चिरस्थायी करने के लिए बहुत-कुछ कर सकते हैं।

गुरु गोविंदसिंह

[1926 ई.]

बीज जब मिट्टी में मिल जाय, वृक्ष तब लगता है ऐ मित्र !
कलम की स्याही गिरती जाय, पत्र पर उठता जाता चित्र ॥
नदी-नद सब जल के भंडार, चढ़ा देते हैं अपना रक्त !
अहा ! तब कहीं मधुरतर बूँद, मेघ से पाते वर्षा- भक्त ॥
सफलता पाई अथवा नहीं, उन्हें क्या ज्ञात, दे चुके प्राण !
विश्व को चाहिए उच्च विचार ? नहीं, केवल अपना बलिदान !

—भारतीय आत्मा

तुच्छ-से-तुच्छ पदार्थ की भी अवहेलना न कर, क्योंकि उसी तुच्छ में महत्ता का बीज छिपा हुआ है । जो चिनगारी आज एक बार चमककर विलीन हो जाती है, संभव है, कल वही ऐसा प्रकांड रूप धारण कर ले, जिसकी ज्वाला में सारा गाँव, सारा प्रदेश, सारा देश, या यों कहें कि सारा संसार भस्म हो जाए ।

—विज्ञवाणी

चलहु वीर उठि तुरत सबै जय-ध्वजहि उड़ाओ ।
लेहु म्यान से खडग खींचि रन-रंग जमाओ ॥
परिकर कसि कटि उठो धनुष पै धरि सर साधो ।
केसरिया बाना सजि-सजि रन - कंकन बाँधो ॥

—भारतेंदु हरिश्चंद्र

पूर्व-कथा

गुरु नानकदेव अपने 'खालसा-पंथ' की स्थापना कर इस संसार से चल बसे। उस समय उनका संप्रदाय शुद्ध धार्मिक था। आर्यों में फैले हुए अज्ञान के अंधकार को दूर कर उनमें शुद्ध वैदिक धर्म का प्रचार करना ही उनका उद्देश्य था।

'खालसा' शब्द निकला है 'खालिस' शब्द से, जिसका अर्थ है 'शुद्ध'। 'पंथ खालसा' यानी 'शुद्ध मार्ग'। इस 'शुद्ध मार्ग' के माननेवाले 'सिक्ख' नाम से प्रसिद्ध हुए। 'सिक्ख' शब्द 'शिष्य' का अपभ्रंश है।

अपनी मृत्यु के बाद नानक ने 'गुरु अंगद' को अपना उत्तराधिकारी नियत किया। गुरु अंगद भी नानकदेव की ही भाँति गरीब की संतान थे। गुरु अंगद के बाद 'गुरु अमरदास' खालसा-पंथ के प्रचारक हुए। इस नवीन धर्म के प्रचार के लिए उन्होंने खूब प्रयत्न किया। अपनी मृत्यु का समय आया जान उन्होंने अपने जामाता 'रामदास' को गुरु की गद्दी का उत्तराधिकारी बनाया।

अब तक गुरु-गद्दी गुरु की शिष्य-मंडली के ही किसी योग्य पुरुष को मिलती रही थी, किंतु अमरदास ने उस पद्धति को गिराकर इसे पैतृक-रूप प्रदान किया।

खैर, गुरु रामदासजी ने भी खालसा-पंथ का खूब प्रचार किया। उस समय तक इस पंथ में हजारों आदमी आ चुके थे। उन शिष्यों द्वारा प्राप्त हुई भेंट से गुरु को अच्छी आय होती रही। इसी द्रव्य से उन्होंने कई मंदिर बनवाए। अमृतसर के स्वर्ण-मंदिर की नींव उन्होंने ही डाली।

फिर, पंचम गुरु हुए 'अर्जुनजी'। आप गुरु रामदास के पुत्र थे। इस शुद्ध धार्मिक पंथ को राजनीतिक रूप आप ही ने दिया, और अपना निवास-स्थान अमृतसर में ही रक्खा, तथा गुरु रामदास का आरंभ किया हुआ स्वर्ण-मंदिर-निर्माण पूरा किया। अमृतसर में आपके आसन जमाने से जिज्ञासु शिष्य वहाँ आ-आकर बसने लगे, जिससे वह एक खासा शहर बन गया। आप राजसी ठाट-बाट में रहने लगे। आपके शिष्य आपको जिस प्रकार अपना धर्मगुरु समझते, उसी प्रकार अपना राजा भी। अब तक शिष्य लोग स्वेच्छा से गुरु को भेंट चढ़ाते थे, पर आप हर-एक जिले में कर्मचारी नियत कर अपने शिष्यों से एक धार्मिक 'कर' वसूल करने लगे।

अलावा इसके, अमृतसर में, वर्ष में एक बार, एक महोत्सव होता। सभी सिक्ख दूर-दूर से आकर उसमें सम्मिलित होते और उसमें धार्मिक तथा राजनीतिक विषयों पर कथोपकथन होता। यों समूची शिष्य-मंडली को आपने एक राज्य-सूत्र में गूँथ दिया।

ग्रंथसाहब का संकलन भी आपने ही कराया! इसमें गुरु नानकदेव से लेकर सभी गुरुओं की वाणी और सूर, कबीर आदि अन्यान्य संत-भक्तों की पदावली संकलित की गई। यही ग्रंथ खालसा-पंथ का मूलाधार है—सिक्खों के लिए वेद, कुरान, बाइबिल, जो कुछ कहिए, सब है। इतना ही क्यों, आपने ही मंदिरों में नियमित पूजा करने की परिपाटी चलाई। दल-के-दल सिक्ख आकर मंदिर में अकाल पुरुष की उपासना करते, गुरु ग्रंथ साहब का पाठ करते और सुनते।

ईश्वर की इच्छा! गुरु अर्जुन के राजसी ठाठ-बाट का पता लाहौर के मुगल शासक को लगा। वह अपने राज्य के अंदर एक दूसरे को राज्य करते कैसे देख सकता था? झूठमूठ लांछन लगाकर उसने उन्हें झट जेल में ठूँस दिया। गुरुजी ने उसी कारागार में असह्य यातनाओं को सहते-सहते अकाल पुरुष के चरणों में अपने-आपको अर्पित कर दिया!

गुरु की इस भीषण मृत्यु का समाचार पाकर सिक्खों में एक अजीब जोश पैदा हुआ। उस जोश की आग ऐसी फैली कि उसमें मुगल-साम्राज्य भस्म हो गया—पंजाब में सिक्खों का राज्य हुआ, अफगानिस्तान में सिक्ख-ध्वजा फहराई। जो सिक्ख अब तक साधारण धर्म-पिपासु किसान मात्र थे, वे ऐसे वीर निकले कि उनका

लोहा प्रचंड तुर्कों और मुगलों को कौन कहे, महापराक्रमी अँगरेजों तक को मानना पड़ा। आज भी ब्रिटिश-सेना का एक मुख्य अंश वीर सिक्खों से भरा पड़ा है।

गुरु अर्जुन की मृत्यु के बाद उनके पुत्र 'हरगोविंदजी' छठे गुरु हुए। वह योग्य पिता की सुयोग्य संतान थे। उनमें वीरता और साहसिकता कूट-कूटकर भरी थी, और शस्त्रों के संग्रह की ओर उनका ध्यान स्वभावतः आकृष्ट हुआ। बात-की-बात में सिक्ख वीरों की एक छोटी-सी टोली उनके अधीन आ इकट्ठी हुई। उसे उन्होंने सिखा-पढ़ाकर योग्य सैनिक तैयार किया। अपनी इस छोटी-सी सेना के साथ वह सज-धजकर बाहर निकलते और शिकार को जाते। उनकी युद्ध-लालसा इतनी बढ़ी कि मुगलों के अधीन नौकरी करने से भी बाज न आए।

किंतु इसका फल बुरा हुआ। संदिग्ध-चित्त मुगल-सम्राट् का चित्त उन पर संदेह करने लगा। फलतः वह ग्वालियर के किले में कैद कर दिए गए। वहाँ बारह वर्ष बंदी रहने के बाद, सिक्खों के अनेक प्रयत्न करने पर, वह मुक्त हुए। तब फिर उन्होंने मुगलों की नौकरी स्वीकार कर ली। किंतु पुनः उनका संदेह वैसा ही देख अमृतसर में भाग आए, और वहीं नए सिरे से शक्ति-संचय करने लगे।

धर्मरक्षा के निमित्त शस्त्र-विद्या का ज्ञान प्राप्त करना सब सिक्खों के लिए अनिवार्य कर दिया। अब तक हल-कुदाल से काम लेनेवाले सिक्ख तलवार चलाने लगे, घोड़े दौड़ाने लगे! इन नवीन धार्मिक सैनिकों के जोश और जोम का क्या पूछना! गुरु अर्जुनदेव की मृत्यु के बदले के रूप में मुसलमानों को लूटना-पीटना इनका कर्त्तव्य हो गया! जगह-जगह मुसलमान लूटे गए, पीटे गए। कई लड़ाइयाँ भी हुईं। इतना ही नहीं, गुरु हरगोविंद ने मुगलों को भी तीन बार परास्त किया!

इस प्रकार सिक्ख-धर्म को एक वीर-धर्म में परिणत कर हरगोविंदजी 50 वर्ष की अवस्था में अकाल-धाम सिधार गए। उनके बाद उनके पौत्र 'हरराय' सातवें गुरु हुए। हरराय के पुत्र 'हरकिशनजी' आठवें गुरु हुए, और नवें गुरु 'तेगबहादुर' हुए—वह धर्मपरायण साधु पुरुष थे। जब उनसे प्रथम कहा गया कि आप गुरु-गद्दी पर बैठिए, तब उन्होंने साफ इनकार कर दिया। कहा—मुझमें ऐसी शक्ति नहीं कि पिताजी की तलवार धारण करूँ, अतएव आप लोग किसी दूसरे को गुरु बनाइए।

किंतु श्रद्धालु शिष्यों के विशेष आग्रह पर उन्हें गुरु-पद स्वीकार करना पड़ा। परंतु गुरु होने पर उन्होंने अपना निवास-स्थान 'मेघवाली' में बनवाया। वहाँ एक सुदृढ़ गढ़ बनवाया गया। उसका नाम पड़ा 'आनंदपुर'।

उन्हीं नवें गुरु तेगबहादुर के समय में जगत्प्रसिद्ध मुगल-सम्राट् औरंगजेब दिल्ली के सिंहासन पर आसीन थे। सम्राट् का ध्यान सिक्खों की ओर आकर्षित हुआ। उन्होंने गुरु तेगबहादुर को बुला भेजा। यद्यपि शिष्यों ने गुरुजी को जाने से मना किया, तो भी निर्भीक-चित्त तेगबहादुर दिल्ली गए। वहाँ जाते ही नजरबंद कर लिए गए। फिर कुछ दिनों के बाद औरंगजेब ने उन्हें निरीह समझ छोड़ दिया। छूटने पर वह पंजाब को छोड़ बिहार-प्रांत के प्रधान नगर 'पटना' में चले आए, और छः वर्षों तक पटना में ही रहे। इसी पटना में हमारे चरितनायक श्री गुरुगोविंद का शुभ जन्म हुआ।

जन्म और शिक्षा

बिहारियों के लिए यह गौरव की बात है कि सिक्ख-धर्म के सबसे प्रतापी गुरु, या आधुनिक अकालियों के सर्वप्रथम आचार्य, 'गुरु गोविंदसिंह' का जन्म भी उनकी राजधानी (पटना) में ही हुआ था। विक्रम संवत् 1723 की पौष-शुक्ला सप्तमी (शनिवार) की अर्द्धरात्रि में, माता गूजरीजी के शुभ गर्भ से, एक दिव्य पुत्र-रत्न उत्पन्न हुआ, जो बाद को 'गुरु गोविंदसिंह' के नाम से संसार-प्रसिद्ध हुआ।

वीर-माता गूजरीदेवी गुरु तेगबहादुर की धर्मपत्नी थीं। वह भी उनके साथ ही पंजाब से पटना चली आई थीं। किंतु गोविंदसिंह के जन्म के समय गुरुजी पटना में नहीं थे, आसाम की ओर धर्म-प्रचार के लिए गए हुए थे। फिर भी माताजी ने अपने एकमात्र पुत्र के जन्म पर खूब धूमधाम से आनंदोत्सव किया।

पाँच वर्ष की अवस्था तक गुरु गोविंदसिंह पटना में ही रहे। पाँच ही वर्षों तक पटना की गलियाँ इस

वीर-व्याघ्र की बाल-क्रीड़ाओं से मुखरित और इसके चरणस्पर्श से पूत होती रहीं। इस अलौकिक बालक का खेल-कूद भी अलौकिक था। आजकल के 'सभ्य' बाबुओं के बालकों की तरह 'बेबी-कार' में जकड़बंद कर यह टहलाया नहीं जाता था, और न भीरु देहातियों के बच्चों की तरह गुड़िया खेलने में ही इसका समय जाता था। यह प्रतिभाशील बालक अपने समवयस्क बालकों के साथ नित्य नए-नए वीरता के खेल खेलता था। कभी अपने साथियों को दो दलों में विभक्त कर एक दल का सेनापति स्वयं बनता और युद्ध छेड़ देता। खूब लड़ाइयाँ होतीं—उठा-पटक, मुक्के और घूँसे की छूट ! कभी पीछे हटते, कभी आगे बढ़ते, किले जीते जाते ! ऊँचे टीले या बालू के बने घरौंदे ही किले का काम देते ! जो लड़का इस युद्ध में अधिक वीरता और साहस दिखाता, उसकी पीठ ठोंकते—प्रेमवश अपने दुपट्टे से उसे ढँक लेते !

बालक गोविंदसिंह को धनुष-बाण धारण करने का बचपन ही से शौक था। कभी वह तीर-धनुही से निशाना मारने का अभ्यास करते; कभी किसका तीर कितनी दूर जाता है—इसकी बाजी लगती; कभी एक लड़के को घोड़ा बनाकर उसकी पीठ पर चढ़ जाते और उसे दौड़ाते हुए निशाना मारने का अभ्यास करते। और, उनकी माता इन बहादुरी के खेलों को देखकर फूली न समातीं, पिता भी बड़े आनंदित होते।

छठे वर्ष वह आनंदपुर लाए गए। माता-पिता ने उनकी शिक्षा-दीक्षा का प्रबंध किया। एक वीर गुरु नियुक्त किए गए। उन्होंने तीरंदाजी, घोड़े पर चढ़ना, तलवार चलाना, कुश्ती लड़ना, बंदूक चलाना आदि कलाएँ सिखाईं। बालक गोविंद ने बहुत ही थोड़े समय में सारी कलाएँ सीख लीं। उन्हीं दिनों देश-देश से लोग गुरु तेगबहादुर के दर्शनों को जाते थे। उन्हीं में लाहौर के एक 'हरियश-नामक' खत्री-रईस भी थे। वह गोविंदसिंह के गुणों पर मुग्ध हो गए। अपनी कन्या से गोविंदसिंह का ब्याह करने के लिए उन्होंने गुरु तेगबहादुर से प्रार्थना की। गुरुजी अपने भक्त के आग्रह को न टाल सके। फलतः केवल सात वर्ष की अवस्था में ही गोविंदसिंह की शादी हो गई। इस बालविवाह पर लोग अँगुली उठा सकते हैं। किंतु उस समय हिंदू-समाज की अवस्था ही ऐसी थी। लंपट विधर्मियों के हाथ से हिंदू-कन्याओं की रक्षा बड़ा कठिन काम था।

धर्मबलि और प्रतिज्ञा

जब काश्मीर के हिंदुओं को सम्राट् औरंगजेब सताने लगा—वे लोग मुसलमान बनाए जाने लगे, तब वे गुरु तेगबहादुर के पास आए, और उनसे अपनी रक्षा की विनती की। गुरुजी के पास फौज थी नहीं कि वह बादशाह से लोहा लेते, अतः अपने को हिंदू-जाति की भलाई के लिए बलिदान कर देने के अभिप्राय से उन्होंने कहा—"तुम लोग जाकर औरंगजेब से कह दो कि हम गरीबों को आप क्यों सताते हैं; यदि गुरु तेगबहादुर को आप मुसलमान बना लें तो हम लोग बेरोकटोक मुसलमान बन जाएँगे।"

काश्मीरी हिंदुओं ने ऐसा ही किया। फिर क्या, शाही फरमान गुरुजी के पास आया। गुरुजी मतलब समझ गए। पंद्रह बरस के अपने प्यारे पुत्र गोविंदसिंह को अपने हाथों गुरु-गद्दी पर बैठाया और समझाकर कहा—"बेटा, आज से तुम अकाल-पुरुष के सेवक हुए। तन-मन से श्रीवाहगुरु की आज्ञा का पालन और प्रचार करना। **दुष्ट यदि प्रबल भी हो, तो जान लड़ाकर उसका दमन करना।**"

इसके बाद गुरुजी अपने पाँच अनन्य भक्तों के साथ दिल्ली—नहीं, मृत्यु के मुख में—पहुँचे। वहाँ जाते ही गुरुजी से औरंगजेब ने कहा कि या तो कोई करामात दिखाओ या मुसलमान बन जाओ। किंतु 'शुद्धपंथ' का आचार्य भला आडंबर क्या जाने ? बस, गुरुजी शिष्यों-सहित कैद कर दिए गए। दो मास तक उन्हें जेल में अनेक कष्ट दिए गए। उनके पाँचों शिष्य मार डाले गए !

अंत में गुरुजी ने संवाद भेजा कि वह भरे दरबार में करामात दिखाने को तैयार हैं। फलतः नियत समय पर दरबार लगा। गुरुजी पधारे—शांतमूर्त्ति ! तपे सोने के समान शरीर की दिव्य ज्योति ! पकी दाढ़ी के उज्ज्वल

बाल नाभि तक लटकते हुए ! हाथ में सुमिरनी ! आते ही बोले—"देखो, मैंने अपने गले में यह कागज का टुकड़ा बाँध रक्खा है । इसमें एक मंत्र लिखा है ! अब कोई कितनी भी तेज तलवार से मेरी गर्दन काटना चाहे, तो नहीं काट सकता ।"

जल्लाद को हुक्म हुआ—नंगी तलवार लिए हाजिर हुआ । गुरुजी आँखें बंद किए बैठ गए—अपनी आत्मा को अकाल-पुरुष के चरणों में लीन कर दिया । तलवार चली । सिर धड़ से अलग हो गया ! ! कागज का टुकड़ा खोला गया । उसमें इतना ही लिखा था—"**सिर दिया, पर 'सार' न दिया !**"

औरंगजेब काँप उठा । अमीर-उमरा सन्नाटे में आ गए । बेगमों ने आँखें बंद कर लीं । मालूम हुआ, आकाश में देवता कह रहे हैं—"सिक्खधर्म की जय ! ! !"

गुरु गोविंदसिंह को यह खबर मिली, तो उनकी आँखों में आँसू भर आए; किंतु फिर तुरत सँभल गए । औरंगजेब ने हिंदुओं को डराने के लिए गुरुजी की लाश को दिल्ली के सबसे ऊँचे मुँड़ेर पर टँगवा दिया था कि उसे चील-कौवे नोच खाएँ । उधर बाल-गोविंद ने कड़ककर उपस्थित सिक्खों से कहा—"है कोई ऐसा गुरु का बंदा—अकाल-पुरुष का सेवक, जो उस पूज्य लाश को ले आवे ?"

दो सिक्ख जवान फौरन तैयार हो गए । वे बड़े ही कौशल से जान पर खेलकर उस लाश को उतार लाए ! फिर, पिता का श्राद्ध करके गोविंदसिंह ने दो तलवारें धारण कीं ! लोगों के पूछने पर कहा—"इनमें एक है पिता का बदला लेने के लिए और दूसरी है धर्म-रक्षा के लिए !" धन्य गोविंद !

शक्ति-संचय

वीर-पूजा की तैयारी हुई । वीर-धर्म का नगाड़ा बजा । वीर बालक गोविंद ने वीरता का बिगुल बजाया । वीर-वाणी में वीर-आज्ञा हुई—"आज से जो सिक्ख गुरुजी से भेंट करने आवे, वह रुपए-अशर्फी न लाकर बंदूक और तलवार की भेंट चढ़ावे । भाला, बर्छा, कटार आदि अस्त्र-शस्त्र तथा गोलीबारूद आदि युद्ध सामग्री भेंट करनेवालों पर गुरुजी की विशेष दया रहेगी । घोड़े, खच्चर, हाथी आदि युद्धोपयोगी पशु की भेंट भी सादर स्वीकृत होगी ।"

यह आज्ञा लिखकर दूर-दूर के सिक्खों के पास भेज दी गई । सिक्खों की टोलियाँ उपर्युक्त सामानों के साथ गुरुजी के निकट आने लगीं । कोई खाली हाथ नहीं आता । युवक सिक्खों को अपने पास कुछ दिन ठहराते और उन्हें राम, कृष्ण, भीष्म, भीम, अर्जुन आदि की वीरगाथाएँ सुनाकर उत्साहित करते—तलवार, धनुष-बाण, बंदूक आदि चलाना सिखाते—उनके साथ शिकार को जाते—उन्हें 'झूठी लड़ाई' सिखाते, घुड़दौड़ की बाजियाँ लगवाते । जो बहादुरी दिखाता, उसे प्रेमपूर्वक छाती से लगा लेते । कभी-कभी वीरतापूर्ण उपदेश देते-देते जोश में वह खड़े भी हो जाते ।

इस प्रकार, गुरुजी ने सिक्खों में नई जान फूँक दी—असंख्य शस्त्र भी जमा कर लिए ! दिन-दिन प्रभाव बढ़ने लगा । आसाम आदि दूर देशों से भी सिक्ख-मंडली उनके दर्शनों को आने लगी । उन सभी को गुरुजी वीरता के उपदेश देते । समय-समय पर दौरा भी करते । उसमें उन्हें सर्वसाधारण से मिलने-जुलने और उनकी आंतरिक दशा जानने का पूरा मौका मिलता । जब कभी वह सुनते कि किसी दो हिंदू में आपस में अनबन है, तो दोनों को बुलाकर समझा देते ।

धनुर्विद्या में तो वह अपने समय के अद्वितीय वीर थे । उनके चलाए बाण तीन-तीन मील तक जाते थे । निशाना अचूक था । घोड़े की सवारी और तलवार-बंदूक चलाने में भी बड़े ही सिद्धहस्त थे । किंतु वीरता तभी काम आती है, जब बुद्धि प्रखर, भला-बुरा सोचने की शक्ति, आत्मा की अमरता पर विश्वास और ईश्वर पर एकांत अनुरक्ति हो । तो ये सभी बातें उनमें पूर्ण रूप से वर्त्तमान थीं । तभी तो वह भोले-भाले—किंतु बलिष्ठ—सिक्खों के हृदय को पवित्र और उनकी आत्मा को शक्तिशालिनी बनाने में समर्थ हुए ।

गुरुजी ने अपने पाँच शिष्यों को ब्रह्मचारी-वेश में विद्याध्ययन के लिए काशी भेजा । वे वहाँ से

भली-भाँति हिंदू धर्मशास्त्रों का अध्ययन करके लौटे। उनके लौटने पर शिष्यों की एक दूसरी टोली भेजी गई—फिर तीसरी, चौथी—इस प्रकार क्रम जारी रहा। विद्वान् शिष्यों से उन्होंने सभी मुख्य धर्म-ग्रंथों का पंजाबी भाषा में अनुवाद कराकर सिक्खों में प्रचार किया। कितने ही वैतनिक उपदेशक रक्खे गए, जो घूम-घूमकर सिक्खों को उपदेश देने लगे।

सिक्ख लोग अस्त्र-शस्त्र की शिक्षा से लड़ाके सिपाही तो पहले ही बन चुके थे, अब शास्त्रचर्चा से पूरे पंडित भी बन गए। उनकी आध्यात्मिक और शारीरिक शक्ति ने मिलकर बड़ा गजब ढाया—भुजा और हृदय के मिलन के आगे जमाने को बरबस झुकना पड़ा। अब गुरुजी ठाट से रहने लगे। अपने को हिंदू-धर्म-रक्षक घोषित कर दिया। उनके गुणग्राही होने के कारण बड़े-बड़े कला-कुशल भी उनके दरबार में सम्मान पाकर रहने लगे।

साधना और परीक्षा

इस प्रकार शक्ति-संचय कर लेने पर भी सिक्खों की एक स्वाभाविक दुर्बलता दूर नहीं हुई थी। उन लोगों का विश्वास था कि बिना शक्ति की आराधना किए—दुर्गाजी से वरदान पाए, विजय प्राप्त करना बिलकुल असंभव है। अतः गुरुजी ने ब्राह्मणों को बुलाकर दुर्गापूजा की तैयारी कराई। दूर-दूर से बड़े-बड़े तंत्रशास्त्री आए, और एक लंबी सूची तैयार कर कहा कि इतनी सामग्री मँगाई जाए, तो दुर्गाजी सदेह प्रकट होंगी। एक लाख रुपए की हवन-सामग्री इकट्ठी हुई। पंडितों ने कहा, आज से चालीसवें दिन दुर्गा प्रगट होंगी।

हवन आरंभ हुआ। दूर-दूर से आए हुए भक्त श्रद्धा से पूजा देखने लगे। एक मास बीतने पर गुरुजी ने पंडितों से कहा—महाराज, तीस दिन बीत गए, दुर्गाजी के प्रगट होने का कोई लक्षण नहीं दीख पड़ता। पंडितों ने कहा, आप अभी तक रोज शिकार खेलकर असंख्य जीव-हत्या करते हैं, तो दुर्गा कैसे प्रगट होंगी। गुरुजी ने उसी दिन से शिकार करना छोड़ दिया। किंतु चालीसवें दिन भी दुर्गाजी प्रगट न हुईं। गुरुजी के फिर पूछने पर यज्ञ के आचार्य ने कहा कि दुर्गाजी नर-बलि चाहती हैं!

गुरुजी ताड़ गए कि यह मुझे चकमा दे रहा है—फौरन उसकी गर्दन पकड़कर बोले, "महाराज! आपसे बढ़कर दूसरा कौन पवित्र पुरुष बलि के योग्य मिलेगा?" ब्राह्मण-देवता को लेने के देने पड़ गए! बहुत विनती-बहाना करके भाग निकले; और अन्य ब्राह्मण भी एक-एक कर खिसक गए।

तब, गुरुजी ने शेष हवन-सामग्री को एक बार ही हवन-कुंड में डाल दिया। ज्वालाओं से आकाश भर गया। लोगों ने समझा, दुर्गाजी प्रगट हुईं। गुरुजी नंगी तलवार हिलाते हुए शिष्य-मंडली में आए। पूछने पर तलवार दिखाते हुए कहा—"देखो, यही दुर्गाजी हैं।" लोगों ने समझा, दुर्गाजी ने स्वयं प्रगट होकर यह तलवार गुरुजी को दी है। फिर क्या था, उनके दिल में यह बात जम गई कि अब गुरुजी को कोई पराजित नहीं कर सकता। समझदारों ने समझा, तलवार ही में शक्ति रहती है; वास्तव में यही दुर्गा हैं।

बस, उसी दिन से गुरुजी को लोग 'दुर्गा का वर-पुत्र' समझने और दूर-दूर से आकर उस तलवार के दर्शन करने लगे। हजारों हथियारबंद सिक्ख गुरुजी के पास सदा बने रहते, बढ़-चढ़कर वीरता की बातें बघारते, गुरुजी की एक जबान पर अपनी जान कुरबान करने की शेखी छाँटते; इसलिए गुरुजी ने उनकी परीक्षा लेने की सोची—सब सिक्खों को निमंत्रण दिया।

विक्रम-संवत् 1755 की चैत्र-पूर्णिमा को झुंड-के-झुंड सिक्ख आनंदपुर में इकट्ठे हुए। एक विशाल मंडप के निकट खड़े किए गए। एक तंबू के द्वार पर पर्दा लटक रहा था। तंबू में से सभा-मंडप तक एक पक्की नाली बनी थी। पाँच बकरे तंबू में छिपाकर बाँधे गए थे। गुरुजी ने सभा में आकर कहा—"भाइयो, दुर्गाजी का यज्ञ तो सफल हुआ; किंतु अभी साधना में कुछ कमी रह गई है। अब दुर्गाजी मुझसे पाँच मनुष्यों की बलि चाहती हैं। आप लोगों में से ऐसा कोई वीर है, जो हँसते-हँसते जगदंबा के चरणों में अपना सिर चढ़ा दे?"

इतना कहकर गुरुजी ने झट म्यान से तलवार निकाल ली। उनकी उस समय की उग्र मूर्त्ति देखकर सब काँप गए। एक-दूसरे का मुँह ताकने लगे। जब कोई न बोला, तो गुरुजी ने बड़े जोर से कड़ककर फिर

ललकारा। तब लाहौर का भाई दयासिंह क्षत्री उठ खड़ा हुआ। गुरुजी ने उसे तंबू में ले जाकर चुपचाप बिठाया और एक बकरे को तलवार के घाट उतार दिया। लहू की धार पक्की नाली से होकर सभा-मंडप की ओर बह चली।

लोगों ने समझा, दयासिंह मार डाला गया ! तब तक वही रक्तरंजित तलवार हिलाते हुए गुरुजी बाहर आकर बोले—"अब दूसरा कौन वीर है, जो धर्म के लिए सिर देगा ?" इस बार दिल्ली का धर्मसिंह जाट आगे आया। उन्होंने उसे भी ले जाकर वहीं बिठाया और दूसरे बकरे को साफ कर फिर उसी तरह बाहर आकर बलिदान माँगा।

इस बार हिम्मतसिंह कहार आगे बढ़ा, और चौथी बार छीपी (शूद्र) जाति का मोहकमसिंह; तथा पाँचवीं बार अंतिम बलिदानी साहब सिंह हज्जाम ने कहा—"क्या इस अधम का सिर धर्म की सेवा के लिए स्वीकार हो सकता है ?" गुरुजी बोले—"तुम-जैसे वीर अधम नहीं हो सकते, तुम अधम-उधारन हो।", बस, इतना कहकर उसे भी वहीं ले जाकर बिठाया और पाँचवें बकरे का वध कर बाहर निकलते ही बोले—"भाइयो, देवीजी प्रसन्न हो गईं ! उनकी प्रसन्नता का खुलासा हाल सुनने के लिए धैर्य से बैठे रहिए !"

इसके बाद वह अंदर गए, और पाँचों वीरों को भड़कीले कपड़े पहनाकर स्वयं राजसी ठाट में बाहर निकले। अब तो लोगों के आश्चर्य की सीमा न रही। सबको चकित देख गुरुजी शांत स्वर में कहने लगे—"भाइयो, आश्चर्य न करो। मैंने तुम लोगों के आत्म-बल की परीक्षा ली है। मुझे बड़ी प्रसन्नता है कि इतने लोगों में कम-से-कम पाँच बलिदानी वीर तो निकले। फिर यह भी प्रकट हो गया कि वीरता किसी जाति-विशेष की बपौती नहीं है। यहाँ ब्राह्मण-क्षत्री पिछड़ गए और शूद्रों ने सहर्ष अपना सिर निछावर किया। आशा है, अभी बहुत-से ऐसे वीर हैं, जो काम पड़ने पर जरूर आगे बढ़ते। खैर, परीक्षा हो गई। अब तुम सब लोग इन पाँचों आत्मत्यागियों के साथ मिलकर देश और धर्म की रक्षा करो।"

अकाली

दूसरे दिन गुरुजी ने अपने सभी शिष्यों को पुनः एकत्र किया। सतलज नदी से एक गगरा जल मँगवाकर एक कड़ाह में डाला। फिर तलवार को उस जल में घुमाने और गुरु-वाणी का पाठ करने लगे।

उसी समय उनकी धर्मपत्नी थाल में मिठाइयाँ लिए उधर से जा रही थीं। गुरुजी ने आनंदोल्लास में चिल्लाकर कहा—"दीक्षा-भूमि ¬ नारी का आगमन अत्यंत शुभ है; भगवान् ने इशारे से यह बतलाया है कि जिस प्रकार वृक्ष में अनेक पत्ते होते हैं, उसी प्रकार यह पवित्र खालसा-धर्म अनेक संतान प्राप्त करेगा।"

इतना कहने के बाद उन मिठाइयों को कड़ाह में डालकर गुरु-वाणी का पाठ करते हुए जल में तलवार का घुमाना जारी रक्खा। इस प्रकार पवित्र शर्बत तैयार हुआ, उसका नाम पड़ा 'अमृत'। सबसे पहले उन पाँच शिष्यों के सिर पर अमृत छिड़ककर थोड़ा-थोड़ा उन्हें पीने को दिया। पीछे सब लोग अमृतपान कर अकाली बन गए। सिक्खों में अब तक उपनयन-संस्कार की जगह यही 'अमृतपान'-संस्कार होता है।

इसके बाद पहले उन पाँच शिष्यों से उन्होंने निम्नलिखित इक्कीस प्रतिज्ञाएँ कराईं—(1) गुरु को पिता और अपने को उनका पुत्र मानना; (2) पटना और आनंदपुर को अपना जन्मस्थान मानना; (3) जाति-पाँति का बखेड़ा छोड़ प्रेम से परस्पर खान-पान करना; (4) कभी परस्पर कलह न करना; (5) युद्ध में ही मरने की कोशिश करना; (6) सत्यश्री अकाल, गुरुग्रंथ साहब और गुरु खालसा—इन्हीं तीन की उपासना करना; (7) कडा, कच्छा (जाँघिया), केश, कंघी और कृपाण (तलवार)—इन पाँच 'क'-कार को सदा धारण करना; (8) सदा सत्य बोलना; (9) काम, क्रोध, मोह, लोभ और अभिमान को त्यागकर पर-स्त्री को माता समझना; (10) गुरु के विरोधियों से सावधान रहना; (11) आज से शुभ क्षत्रिय होने के कारण हुक्का पीनेवाले, कन्या-वध करनेवाले, बहेलिये और संन्यासी की संगति से बचना; (12) स्त्रियों का सोहाग लाल रंग होने के कारण लाल रंग का व्यवहार न करना; (13) आज से 'सिंह' होने के कारण सबके नाम के साथ 'सिंह' पुकारना; (14) स्नान-काल के सिवा कभी नंगे

सिर न रहना; (15) जुआ न खेलना; (16) किसी अंग का केश न कटवाना; (17) विधर्मियों से खान-पान का संबंध न रखना; (18) घुड़सवारी, तलवार और कुश्ती का खूब अभ्यास रखना; (19) दुखियों को सुखी करने और धर्म-रक्षा के लिए ही अपना जन्म समझना; (20) मिथ्या आडंबर से सदा बचना; (21) भजन, अकाल-पुरुष की उपासना और अतिथि-महात्मा आदि के सेवा-सत्कार को ही अपना दैनिक कर्म समझना।

इन्हीं नियमों के बल पर उन्होंने—औरंगजेब के यह कहने पर कि 'सिक्ख चिड़ियाँ और मुगल-सेना बाज है'—ताना देते हुए संवाद भेजा था कि 'चिड़ियों से मैं बाज मराऊँ, तब गुरु गोविंदसिंह कहाऊँ !' वास्तव में उन्होंने ऐसा ही कर दिखाया। सिक्खों में एक नवीन स्फूर्त्ति आ गई। झुंड-के-झुंड सिक्ख आ-आकर अमृतपान करके 'अकाली' (अमर) बनने लगे।

लड़ाइयाँ

गुरुजी जानते थे कि शीघ्र ही मुगलों से मुकाबला करना पड़ेगा। इसीलिए उन्होंने अपने शिष्यों को नवीन दीक्षा देकर उनमें वीरता के भाव भरने का प्रयत्न किया। इससे सिक्खों में एक नवीन जोश और उत्साह भर गया।

तब गुरुजी का ध्यान लड़ाई के सामान जुटाने में लगा। उन्होंने आज्ञा निकाली कि जिस सिक्ख के घर में चार पुरुष हों, उनमें से दो गुरु की सेना में भर्ती होवें। फिर तो थोड़े ही दिनों में हजार-हजार सिक्ख सैनिक उनके झंडे के नीचे आ जुटे। अब तक उनके पास एक भी लड़ाई के योग्य किला न था। इसलिए सतलज और यमुना के बीच की पहाड़ी भूमि में उन्होंने कई किले बनवाए; उनमें युद्ध के सामान भरे गए। सिक्ख लोग भाला, बर्छा, तलवार, बंदूक, हीरा, जवाहर, मोहर, अशर्फी आदि उनको भेंट में देने लगे। देखते-ही-देखते जन, धन और अस्त्र-शस्त्र—लड़ाई के तीनों मुख्य साधनों—से उनके किले भर गए। फल यह हुआ कि पंजाब के कितने ही पहाड़ी राजाओं की आँखों में उनकी यह उन्नति बेतरह खटकने लग गई। वे उन्हें नीचा दिखाने का मौका ढूँढ़ने लगे।

भावी की बात, एक शिष्य ने गुरुजी को एक सफेद रंग का हाथी उपहार में दिया। वह हाथी सूँड़ से पकड़कर मशाल दिखाता, चँवर डुलाता, तलवार चलाता और जूता झाड़ देता था। गुरुजी प्रायः उसी पर सवारी करते। बिलासपुर का राजा उस हाथी को देखकर लुभा गया; गुरुजी से हाथी माँग बैठा। गुरुजी खुद बड़े शौकीन, ऐसा हाथी उसे क्यों देने लगे ! यहाँ तक कि वह एक लाख अशर्फी देने पर तैयार था; किंतु गुरुजी न पिघले। फिर क्या, गुरुजी से उसने लड़ाई छेड़ दी। श्रीनगर का राजा भी उसका साथी हुआ; और कितने सरदार भी उससे आ मिले। दस हजार सेना लेकर गुरुजी पर चढ़ दौड़ा।

उस समय गुरुजी के पास केवल दो हजार सेना थी; मगर धार पर डटकर पुर्जे-पुर्जे कट जानेवाले बहादुर सिपाही थे ! गुरुजी स्वयं रुद्र-मूर्त्ति धारण कर छपाछप तलवार चलाने लगे। शिष्यों ने भी शत्रुओं की लोथों से लड़ाई का मैदान पाट दिया। खून की नदी बह चली। जब कभी गुरुजी तीरों का अचूक घाव करते, उधर तहलका मच जाता।

इसी तरह कई दिनों तक लड़ाई चली। अंत में गुरुजी विजयी हुए। सारे पंजाब पर उनका रोब छा गया। पहाड़ी राजाओं ने उनके पास मित्रता का पैगाम भेजा। वह तो यह चाहते ही थे। उनकी यही इच्छा थी कि सभी देशी राजा मिलकर मुगलों से देश का उद्धार करें। इस युद्ध से पहले भी उन्होंने राजाओं को देशोद्धार की बात सुझाई थी, पर वे तिलकधारी राजा होकर एक साधारण फकीर की आज्ञा मानने पर राजी न हुए !

किंतु उन लोगों ने गुरुजी से मित्रता तो कर ली, और गुरुजी की सीख मानकर मुगलों को 'कर' देना भी बंद कर दिया; पर इस समय भी उनके दिल साफ न थे। आगे चलकर के बड़े धोखेबाज निकले।

जब औरंगजेब ने यह सुना कि गोविंदसिंह के कहने से पहाड़ी राजाओं ने 'कर' देना बंद कर दिया है, तब शीघ्र ही क्रुद्ध होकर उनका दमन करने के लिए सेना भेजी। पहाड़ी राजा त्राहि-त्राहि करने लगे—गुरुजी की शरण ली। गुरुजी ने भी कुछ सेना भेजी। उस सेना ने मुगलों को खूब मजे चखाए, नाकों चने चबवाए। किंतु

कुछ पहाड़ी राजाओं के मिल जाने से मुगल-सेना फिर सँभल गई।

तब, स्वयं गुरुजी लड़ाई के मैदान में उतरे। एक ओर अधिकांश पहाड़ी राजा अपने सरदार गुरु गोविंदसिंह के साथ थे, और दूसरी ओर कुछ पहाड़ी राजाओं के साथ मुगल-सेनापति था। धर्म-मद-मत्त अकाली सेना के सामने मुगल-सेना टिक न सकी। पुनः गुरुजी विजयी हुए।

फिर तीसरी बार मुगल-सेना चढ़ आई। गुरुजी भी आगे बढ़े। किंतु नदी की रेत पर पड़ाव डाले पड़ी हुई मुगल-सेना, रात में अचानक बाढ़ आने से, तहस-नहस होकर आप ही पीछे लौट गई।

इस बार औरंगजेब ने क्रुद्ध होकर अपने प्रिय पुत्र 'मुअज्जम' को सेनापति बनाकर एक जबरदस्त फौज भेजी। सारे पंजाब में खलबली मच गई। उसने पंजाब के सभी विद्रोही राजाओं का बुरी तरह दमन किया। अंत में 'आनंदपुर' पर चढ़ चला। अपार मुगल-सेना के सामने प्रकट रूप से, युद्ध करना अनुचित जान गुरुजी अपनी राजधानी का फाटक बंद कर चुप बैठे रहे। मुगल-सेना ने आनंदपुर को चारों ओर से घेर लिया।

जब रात हुई, तो चुपके-चुपके किले से निकलकर मुगल-सेना पर गुरुजी ने भयानक छापा मारा। सिक्खों की मार से घबराकर मुगल-सेना आगे भाग चली। सिक्खों ने उसे आठ कोस तक खदेड़ मारा! बहुत-सी युद्ध-सामग्री सिक्खों के हाथ आई।

शाहजादा ने देखा कि मामला टेढ़ा है। वह नये सिलसिले से लड़ाई का इंतजाम करने लगा; किंतु मुंशी नंदलाल मुलतानी ने उससे प्रार्थना की कि 'गुरु गोविंदसिंह एक खुदापरस्त फकीर है, उसे हुजूर तंग न करें। यदि वह हार गया, तो कल ही लँगोटी पहनकर जंगल में मंगल मनाएगा; और कहीं जीत गया, तो नाहक बादशाही ताकत की बदनामी होगी।'

'मुअज्जम' यह बात मानकर गुरुजी से मित्रता की बातचीत करने लगा। परंतु, इधर दोस्ती की चर्चा छिड़ी थी, उधर मन-ही-मन गुरुजी से जलनेवाले पहाड़ी राजा—यह समझकर कि इस समय लड़ते-लड़ते गुरुजी थक गए हैं और उनके सहायक अन्य पहाड़ी राजा भी मुगल-सेना द्वारा पस्त कर दिए गए हैं—बीस हजार सेना लेकर चढ़ आए। उनका सरदार था बिलासपुर का राजा अजमेरचंद।

किंतु इस अचानक हमले से गुरुजी घबराए नहीं। 'अकाल-पुरुष की मर्जी' कहकर सेना सजाने लगे। थोड़े ही दिनों में आठ हजार सेना इकट्ठी हो गई। अजमेरचंद ने आनंदपुर को घेर लिया। गुरुजी फिर किले के भीतर, द्वार बंद किए, पड़े रहे। केवल उसके बुर्जों और दीवारों पर से दिन-भर गोलाबारी जारी रही। जब रात में शत्रु-सेना थककर सो गई, तो गुरुजी ने अकस्मात् आक्रमण कर दिया, और जब तक वे सँभलें, तब तक उनका वारा-न्यारा करके पुनः किले में घुस आए!

तब शत्रुओं ने कुढ़कर एक चाल चली। आटे की एक गौ बनाकर उसके गले में यह लिखा कि 'तुम किला छोड़कर यदि बाहर न आओ, तो तुम्हें इसकी कसम है।"

पर गुरुजी ने इसकी कुछ परवाह नहीं की। हाँ, उनकी माता के कोमल हृदय में इस कसम ने ठेस पहुँचाई। उन्होंने हठ किया कि तुम किला छोड़कर अवश्य लड़ो।

मातृभक्त गुरुजी बड़े वेग से फौज के साथ बाहर निकले। एक ऊँचे टीले पर मोर्चा बाँधकर लड़ाई ठान दी। किंतु इस प्रकट युद्ध में भी शत्रु-सेना न ठहर सकी; कसम की चोट खाए हुई सिक्ख-सेना ने उसकी खूब मरम्मत कर दी।

तब पुनः उन लोगों ने सरहिंद के सूबेदार को खूब रुपए देकर भाड़े पर एक बड़ी सेना मँगा ली, और चढ़ आए। उस समय गुरुजी 'कर्त्तारपुर' में थे। कुछ दिनों की लड़ाई के बाद गुरुजी ने किले को, युद्ध के सर्वथा उपयुक्त न समझकर, छोड़ दिया और एक गुप्त राह से चुपके-चुपके आनंदगढ़ में आए!

इस बार शत्रुओं ने आनंदगढ़ में जबरदस्त घेरा डाला। किले में रसद-पानी पहुँचना कठिन हो गया। एक-एक मुट्ठी चना चबाकर सिक्ख मोर्चे पर डटे रहे। चना चुक जाने पर दो-एक दिन केवल पानी पर गुजर किया। भूख-प्यास के मारे सेना व्याकुल हो उठी। तब भूखों मरने की अपेक्षा लड़कर कट मरना उचित समझ

सदर फाटक खोल दिया गया ।

व्यूह बनाकर, आगे-पीछे और अगल-बगल का बचाव करते हुए सिक्ख-सेना आगे बढ़ी । शत्रुओं ने व्यूह-भेदकर गुरुजी को पकड़ लेने की बड़ी चेष्टा की; पर व्यूह न टूटा । ज्योंही एक वीर मरता, उसके स्थान पर दूसरा वीर आ डटता । इस प्रकार, बड़ी सावधानी, चतुराई और बहादुरी से गुरुजी अपनी सेना 'सतलज' के इस पार ले आए । हताश होकर सरहिंदी और पहाड़ी राजाओं की सेना पीछे लौट गई, और उसने आनंदपुर को लूट-पाट कर वीरान कर दिया ।

किंतु इस हार से शत्रुओं पर गुरुजी की धाक बँध गई । गुरुजी ने भी हिम्मत न छोड़ी, पुनः शक्ति-संचय करना आरंभ किया—अपने एक मित्र राजा के यहाँ चले गए । वहाँ उनका पता पाकर नौजवान वीर सिक्ख दल बाँधकर पहुँचने लग गए । फिर एक अच्छी सेना तैयार हो गई । गुरुजी ने पुनः एक बार उन नए हौसलेवाले लड़कों की परीक्षा लेनी चाही ।

एक दिन सभी सिक्खों को एक सभा में बुलाकर एक दोनली बंदूक उठाई और कहा—'है कोई गुरु का प्यारा, जो अपनी छाती खोलकर मुझे निशाना की आजमाइश करने दे ?' बस, गुरु के श्रीमुख से ये शब्द निकलते ही सिक्ख छाती खोलकर एकसाथ खड़े हो गए !

अब गुरुजी ने देर करना उचित न समझा । कूच का नगाड़ा बजा । पुनः आनंदपुर पहुँचे । किले की मरम्मत हुई । 'सत्त श्रीअकाल' और 'वाह गुरु की फतह' के घोर शब्द से आकाश गूँज उठा । उजड़ा हुआ आनंदपुर एक बार फिर जगमगा उठा !

जब पहाड़ी राजाओं ने यह सब समाचार सुना, तो बादशाह के पास एक अर्जी भेजकर उन्हें गुरुजी के विरुद्ध खूब उभाड़ा—तरह-तरह की झूठी शिकायतें कीं, और बाद को स्वयं बादशाह से मिलकर गुरुजी के बढ़ते हुए प्रभाव का लंबा-चौड़ा बयान सुनाया ।

बस, गुरुजी को खटमल की तरह मसल डालने की इच्छा प्रकट करके सम्राट् औरंगजेब फिर उनसे लड़ने को उतारू हो गए । सूबा-सरहिंद के नाम शाही फरमान निकाला कि गोविंदसिंह को पकड़कर फौरन दरबार में हाजिर करो ।

बादशाह का हुक्म पाकर उसने पचास हजार सेना इकट्ठी की । संवत् 1759 के फागुन में, बड़ी धूमधाम से, आनंदगढ़ पर चढ़ाई हुई । गुरुजी भी पहले ही से तैयार थे । सेना-सहित किले से बाहर निकलकर भिड़ पड़े । चार दिन तक खूब जमकर विकट लड़ाई हुई । पाँचवें दिन शत्रु-सेना कमजोर पड़ने लगी । गुरुजी ने हल्ला बोल दिया । शत्रु-सेना कोसों तक खदेड़ दी गई, पर पुनः सँभलकर आगे बढ़ी ।

अजीम खाँ नामक एक सवार ने गुरुजी के निकट आकर अचानक तलवार चला दी । गुरुजी ने झट ढाल पर वार को रोककर अपनी दुर्गा-दत्त तलवार से ऐसा वार किया कि उसका सिर पृथ्वी पर तड़पने लगा । इतने ही में पैदा खाँ नामक एक सवार ने आगे बढ़कर गहरा वार किया । गुरुजी ने उछलकर उसका वार बचाते हुए बगल से उसके कलेजे में अपनी कटार घुसेड़ दी । वह चीख मारकर गिर पड़ा ।

इस अवसर पर गुरुजी के दो पठान-सरदारों ने भी बड़ी वीरता दिखलाई ! कई मुगल-सरदार मारे गए । मुगल-सेना के पैर उखड़ गए ।

यह खबर पाकर औरंगजेब का सिर चकरा उठा । उन्होंने दाँतों ओठ काटकर लाहौर और काश्मीर के सूबेदारों के पास बड़ा ही कड़ा फरमान भेजा—"फौरन आनंदगढ़ पर चढ़ाई कर ईंट-से-ईंट बजा दो और बागी गोविंदसिंह का सिर काटकर हाजिर करो !"

बस, फरमान पाते ही एक लाख सेना के साथ उन लोगों ने आनंदगढ़ पर धावा बोल दिया । गुरुजी तो यह पहले ही से समझे बैठे थे । उन्होंने भी अच्छी तैयारी कर रक्खी थी । आठ हजार वेतन-भोगी सेना और दस हजार अवैतनिक शिष्य-योद्धा उनके पास थे । गोला-बारूद और रसद का इंतजाम भी अच्छा कर लिया था । कुछ सेना आनंदगढ़ में और कुछ—थोड़ी-थोड़ी करके—अन्य किलों में रक्खी गई थी । दो हजार सिक्ख उनके

पुत्र अजीतसिंह के साथ शेरगढ़ में थे, और एक हजार शेरसिंह के साथ लोहगढ़ में।

गुरुजी आनंदगढ़ किले के एक बुर्ज पर बैठे-बैठे तमाशा देख रहे थे— मुगल-सिपाही ठट्ट-के-ठट्ट आनंदगढ़ को घेरते चले आते थे। अब तक गुरुजी चुप थे; किंतु ज्योंही मुगल-सेना किले के नीचे पहुँची कि तोपें दागने का हुक्म दिया। एक बार ही सत्तर बड़ी तोपों पर पलीता लगा! अगली पाँत के सिपाही कहाँ उड़ गए, कुछ पता न चला!

मुगल-सेनापति एकाएक घबरा उठे—सोचा था, एक ही धावे में आनंदपुर को धूल में मिला देंगे; पर यहाँ तो लेने के देने पड़ गए! मुगल-सेना भभरकर पीछे हट आई, एक ऊँचे टीले पर मोर्चा बाँधकर लड़ने लगी। दो दिन तक लड़ाई होती रही।

तीसरे दिन शाम को अजीतसिंह ने शेरगढ़-किले से दो हजार सेना के साथ, थकी हुई मुगल-सेना की छावनी पर, अचानक छापा मारा। मुगल-सेना इस नई बला के टूट पड़ने से हत्बुद्धि हो गई। इधर अपने जासूसों से अपने पुत्र की बहादुरी सुनकर गुरुजी भी पाँच हजार वीर सवारों के साथ शत्रु-सेना पर टूट पड़े। दो-तरफा चढ़ाई से मुगल-सेना की नस-नस ढीली हो गई। अँधेरे में शत्रु-मित्र की पहचान न रहने से आपस में ही सब कट मरे! मुगल-सेनापति दिलगीर खाँ भी मारा गया। सिक्खों ने तीन कोस तक खदेड़कर बचे-खुचे शत्रुओं को और भी चकनाचूर कर दिया।

युद्ध के समय सूबा-सरहिंद और राजा अजमेरचंद एक ऊँचे टीले पर खड़े होकर युद्ध की गतिविधि देख रहे थे। मुगल-सेना को भागते देख बड़े आश्चर्य से सूबा-सरहिंद ने अजमेरचंद से गुरुजी की इस विजय का कारण पूछा, तो उसने कहा कि न जाने गोविंदसिंह में कौन-सी करामात है जो वह एक बार तलवार से छुलाकर जिसे शर्बत पिला देता है, वह मानो वीरता का अवतार बन जाता है।

वास्तव में बात ठीक थी। गुरुजी बड़े ही प्रतापी थे। उनमें एक दैवी शक्ति थी। तभी तो, जब मुगल-सेना फिर सँभलकर इकट्ठी हुई, और दिन-पर-दिन लड़ाई घनी होने लगी, तब भी गुरुजी तनिक पस्त-हिम्मत न हुए। उनकी सेना आनंदगढ़-किले के अंदर से ही तोपें चला रही थी। बीच-बीच में स्वयं वह भी तीर-कमान लेकर बुर्ज पर चढ़ जाते और ताक-ताककर ऐसा अचूक निशाना मारते कि चारों ओर तहलका मच जाता। कितने अच्छे सैनिकों का उन्होंने योंही शिकार कर डाला!

एक दिन, आधी रात को, गुरु साहब के दो सरदारों—नाहरसिंह और शेरसिंह—ने पुनः विकट चढ़ाई की। गुरुजी भी पहले ही की तरह अपने सवारों के साथ किले से दौड़ निकले। अँधेरे में ऐसी घमासान मारकाट मची कि घबराई हुई मुगल-सेना को अपने—अगल-बगल, आगे-पीछे—चारों ओर केवल सिक्ख-ही-सिक्ख दिखाई पड़ते। 'वाह गुरु की फतह' का घनघोर नाद उस आधी रात को आसमान के पर्दे फाड़ रहा था।

सिक्ख-सेना थी तो चार-पाँच ही हजार, मगर अँधेरे में शत्रुओं को पचास-साठ हजार से कम न जान पड़ी! इस बार सिक्खों ने उन्हें दस कोस तक खदेड़ मारा—बहुत-सा गोला-बारूद, रसद-पानी और अस्त्र-शस्त्र भी उनके हाथ लगा।

औरंगजेब को इन बातों की खबर लगी, तो वह आपे में न रहा। बड़ी कड़ी आज्ञा भेजी कि 'सब मिलकर एक बार ही हल्ला बोल दो; अगर इस बार गोविंदसिंह और उसके किले को तहक-नहस करके धूल में मिलाए बिना आओगे, तो खबरदार, सख्त सजा मिलेगी।'

अब क्या था, सारे पंजाब के सूबेदारों ने दलबल के साथ एक लाख से अधिक सेना लेकर, आनंदपुर को जा घेरा। चारों ओर समुद्र-सी सेना से घिरा हुआ आनंदपुर एक अटल चट्टान के समान अपना सिर ऊँचा किए खड़ा था। उसके आकाश-भेदी शिखर पर गुरुजी का काला झंडा निर्भीक भाव से हवा में लहरा रहा था।

इधर शत्रुओं ने चारों ओर से ऐसा प्रबंध किया कि बाहर से एक बूँद पानी या एक दाना अन्न किले में न जाने पावे, और गुरुजी को रात में बार-बार धावा करते देख रात के पहरे का भी खूब कड़ा इंतजाम किया, तथा एक सुसज्जित सेना भी रात में युद्ध के लिए सदा तैयार रखने की व्यवस्था की।

किंतु गुरुजी इतने पर भी दहले नहीं, किले के बुर्ज पर से बराबर तोप दागते ही रहे, कभी-कभी अपने तीर-कमान के करामात भी दिखाया करते, और कड़ा पहरा होने पर भी रात में धावा करके मार-काट मचाते हुए किले में जा छिपते। शत्रु-सेना हैरान थी !

इसी तरह कई सप्ताह बीत गए। आनंदपुर का गढ़ छोटा था। उसमें अधिक दिनों के लिए बीस हजार सैनिकों के योग्य रसद रखना मुश्किल था। अब किले की भोजन-सामग्री चुकने लगी। दो-एक बार बाहर से रसद मँगाने की कोशिश की गई; किंतु शत्रुओं की सावधानी से ऐसा न होने पाया। बड़ी आफत आई। कई दिनों तक केवल सूखे चने पर गुजर किया गया। दो-चार दिन शाक-भाजी पर कटे। जब कुछ भी न रहा, तो वीर सिक्खों ने दो-एक दिन केवल पानी पीकर बिताए। किंतु इस प्रकार कितने दिन कट सकते थे—एक ओर लड़ाई का कठिन परिश्रम, दूसरी ओर खाद्य की कमी ! भूख की ज्वाला ने देश-भक्त और धर्म की ज्वाला पर विजय पाई !

सिक्खों ने गुरुजी से प्रार्थना की कि या तो आत्मसमर्पण कीजिए या हमें कट मरने की आज्ञा दीजिए, यों छिपकर भूखों मरना वीर की शोभा नहीं।

गुरुजी तो यह भली-भाँति जानते थे कि मुगलों का घेरा दिन-दिन कमजोर हो रहा है, दो-तीन दिनों में ही वे ऐसे ढीले पड़ जाएँगे कि उनके लिए एक ही हमला काफी होगा, इसलिए उन्होंने सिक्खों से दो-एक दिन और ठहरने के लिए कहा; किंतु उन लोगों ने गुरुजी का कहना सुनकर भी न सुना—बार-बार जिद्द करने लगे। आखिर गुरुजी ने कह दिया कि जैसा चाहो—करो, तुम्हारी मर्जी !

हाय रे पेट ! जो सिक्ख कल तक गुरुजी की एक बात पर सिर देने को तैयार थे—जो अपने को उनकी बंदूक का निशाना बनाने को उत्सुक थे, वे ही वीर तेरे कारण गुरुजी की आज्ञा टालने पर उतारू हो गए !

दल-के-दल सिक्ख फाटक खोलकर निकल पड़े और शत्रुओं से लड़ते-भिड़ते, मरते-मारते, अपने-अपने घर चले गए। केवल पचास सिक्ख गुरुजी के पास बच रहे। ये कट्टर जवान भूखे-प्यासे मरकर भी गुरु से अलग होना नहीं चाहते थे; किंतु गुरुजी को इनका भी कोई भरोसा न था। उन्हें केवल परमात्मा का सहारा था।

बस, परमेश्वर का नाम लेकर उसी दिन आधी रात को अपनी माता, स्त्री और पुत्रों के साथ किला छोड़ निकल पड़े। उन पचास जवानों का एक सूची-व्यूह—सूई के आकार का व्यूह—बनाया। नोक पर स्वयं आप रहे और स्त्रियाँ तथा बच्चे बीच में। मुगलों ने इन्हें भागते देखा; पर गुरुजी के अव्यर्थ बाणों के कारण पास न फटक सके—जो आगे बढ़ता, बाणविद्ध होकर पृथ्वी पर लोट जाता।

किंतु एक जगह गुरुजी बिलकुल घिर गए, सूची-व्यूह भंग हो गया—तीन पुत्रों के साथ गुरुजी पत्नि-सहित अलग पड़ गए और दो पुत्रों के साथ माताजी अलग पड़ गईं, जिनका डोला कई सिक्ख-योद्धा बड़ी फुर्ती से बचाकर बाहर निकाल ले गए और एक ब्राह्मण को सिपुर्द कर गुरुजी के पास लौट आए।

तब तक यहाँ मारते-काटते, अपनी तेज घोड़ी को शत्रुओं के सिर पर से फँदाते, अपने तीनों लड़कों के साथ, गुरुजी भी शत्रु-सेना से बाहर निकल आए थे। रातों-रात घोड़ा दौड़ाते हुए सब 'चमकौड़' के किले में आ पहुँचे।

किंतु यहाँ भी शत्रुओं ने पीछा न छोड़ा—'चमकौड़' का किला भी घिर गया। इसमें कुल पाँच सौ सिक्ख-सवार थे। भला अपार मुगल-सेना के सामने मुट्ठी-भर सिक्ख कब तक टिके रहते। यहीं गुरुजी के दो पुत्र—अजीतसिंह और जुझारसिंह—लड़ते-लड़ते मारे गए। पर गुरुजी को इसका कुछ भी दुख न हुआ। वीर-पुत्र थे !

उन्होंने सब सिक्खों को बुलाकर कहा—"देखो, अब कल हम लोगों की बारी है; चलो, मरते-मरते हम लोग भी एक बार मुगलों को सिक्ख-तलवार का मजा चखा दें।"

पर शिष्यों ने इसका प्रबल विरोध करते हुए गुरुजी को समझाया कि 'घबराने से काम न बनेगा, यदि कहीं आप इस समय मारे गए, तो निश्चय जानिए, हिंदुओं का सर्वनाश हो जाएगा; यह सिक्ख-जाति का नया पौदा

अभी बिलकुल नाजुक है, इसे एक चतुर माली की आवश्यकता है, आप इस समय यहाँ से निकल भागिए; जब सिक्खों को मालूम होगा कि आप जीवित हैं, तो पुनः असंख्य सिक्ख आपके झंडे के नीचे आ जुटेंगे; बस उसी समय हम लोग यथार्थ में मुगलों को अपनी तलवार का मजा चखा सकेंगे; इसी समय दीपक पर पतंग के समान जल जाने से कोई लाभ न होगा ।'

आखिर इसी राय के अनुसार आधी रात को कुछ सिक्ख-सवार किले से यह शोर मचाते हुए निकल भागे कि 'पकड़ो, गोविंदसिंह भागा जा रहा है ।' बस, हल्ला सुनते ही सारी मुगल-सेना उसी ओर टूट पड़ी; तब तक इधर पीछे के साफ मैदान से गुरुजी चुपके निकल भागे—रातों-रात घोड़ा दौड़ाकर प्रातःकाल 'खोड़ा' नामक गाँव में पहुँचे । यहाँ दो ग्वालों ने उन्हें पहचानकर शोर मचाया, तो झट उनके आगे कुछ अशर्फियाँ फेंक दीं; पर तो भी हरामी चुप न हुए, लालच में और भी चिल्लाने लगे । तब गुरुजी ने बहुत-सी अशर्फियाँ अपने घोड़े के निकट फेंकीं; जब वे दोनों दौड़कर उन्हें उठाने आए, तो गुरुजी ने एक ही वार में दोनों का काम तमाम कर घोड़ा ठोंका, क्योंकि पीछे धूल उड़ रही थी, जिससे अनुमान होता था कि शत्रु उनका पीछा करते आ रहे हैं ।

मगर वह अब कहाँ हाथ आनेवाले थे, घोड़ा दौड़ाकर एक बड़े घने जंगल में जा घुसे । वहाँ एक वृक्ष के नीचे खूब विश्राम किया, कुछ अन्न-जल किया । शत्रु इस जंगल में भी खोज-ढूँढ़ कर रहे थे, पर पा न सके ।

गुरुजी ने रात यहीं बिताई । बनैले पशुओं से भरे भयावने जंगल में रात-भर भरी बंदूक कंधे पर रक्खे जगे बैठे रहे । दूसरे दिन बाहर होकर एक बाग में पहुँचे, जिसके मालिक दो पठान रईस थे । वे कभी गुरुजी के पास घोड़े बेचने गए थे । उन्होंने गुरुजी को पहचानकर बड़ी खातिर की ।

वहाँ भी गुरुजी की खोज पड़ी थी । इसलिए गुरुजी ने अपने शिष्य 'गुलाबराय' तथ्रा अपने फारसी के अध्यापक 'मीर मुहम्मद' को बुलवाया । फिर तीनों ही भेष बदलकर खासे मुल्ला बन गए । साथ में उस बाग के मालिक दोनों पठान भी हो लिए ।

उस समय पंजाब में एक चाल थी कि मुसलमान लोग अपने पीर को खटिया पर रखकर इस गाँव से उस गाँव कंधे पर ढो ले जाते थे । यही युक्ति की गई; गुरुजी पीर बने, शेष चारों मुरीद । खटिया चली । संयोग से एक जगह एक मुगल-सेनापति को कुछ संदेह हुआ । उसने पीर की परीक्षा लेनी चाही—कहा, यदि यह आपके पीर हैं, तो हमारे साथ खाना खाएँ । अब तो भारी धर्मसंकट सिर पर आ बजरा । किंतु गुरुजी कूटनीति के विलक्षण पंडित थे—झट उसके साथ खाना खाने को तैयार हो गए । सबने मिलकर खाना खाया, बस सेनापति का संदेह जाता रहा । खटिया आगे बढ़ी !

कितने ही ऐसे संकटों का सामना करते हुए 'रायकोट' पहुँचे । वहाँ के एक रईस ने उनकी बड़ी आवभगत की । यहीं पर उनके कितने प्रेमी शिष्य भी आ मिले, जिनकी जबानी यह मालूम हुआ कि उनके दो बच्चे, जो माताजी के साथ बच निकले थे, बड़ी बेरहमी से दीवार में चुन दिए गए !

सिंह का बेटा सिंह

'चमकौड़' के किले में गुरुजी के जो दो बेटे—अजीतसिंह और जुझारसिंह—लड़ते-लड़ते मारे गए थे, वे वास्तव में सच्चे बहादुर थे—अपने योग्य पिता की सुयोग्य संतान थे । जिस समय किले में गुरुजी अपने मुट्ठी-भर शिष्यों से यह सलाह कर रहे थे कि चुने हुए निशानेबाज सिक्ख बड़े वेग से बाहर निकल चुन-चुनकर सारे मुगल-सेनापतियों का संहार करें, उसी समय गुरुजी का सबसे बड़ा लड़का 'अजीतसिंह' उनके सामने आकर बोला—"पिताजी, मेरा बड़ा हौसला है कि दुश्मनों को अपनी तलवार का जौहर दिखाऊँ, यों किले में न जाने कब उनके तीर-तोप का निशाना बन जाऊँ, कृपा कर आज्ञा दीजिए कि मैं बाहर जाकर अपने दिल की लगन पूरी करूँ ।"

गुरुजी ने, उस 18 वर्ष के छोकरे की वीर-वाणी सुनकर, अत्यंत हर्ष के साथ उसकी पीठ ठोकते हुए, खूब सज-धज से उसको शत्रु-सेना में—नहीं-नहीं, मृत्यु-मुख में—हँसते-हँसते भेजा । वह मेघों की घटा में बिजली

की तरह शत्रु-सेना में जा घुसा। उसकी तलवार थी या कराल काल की जिह्वा—लप-लप करती हुई शत्रुओं का रक्त पीने लगी! शत्रुओं के सँभलते-सँभलते उसने कितने ही मुगल-सरदारों को तलवार के घाट उतार दिया! तब तक उस 'अभिमन्यु' पर चारों ओर से अनेक महारथी टूट पड़े। एकसाथ ही उस पर इतने प्रहार हुए कि उत्साह-भरी हँसी हँसता हुआ, 'वाह गुरु' कहकर, रणचंडी की गोद में अमरता की नींद सो गया।

गुरुजी किले के बुर्ज से यह सब देख रहे थे। उनके मुँह से पुत्र-शोक की आह नहीं, धन्य-धन्य की ध्वनि निकल रही थी! वहीं पर अजीत का छोटा भाई 'जुझारसिंह' खड़ा था। भाई की वीरगति देखकर उसकी नसों में भी बिजली दौड़ गई। बोला—"पिताजी, क्या मैं भी भाईजी की तरह धन्य नहीं हो सकता?" गुरुजी ने हँसकर उसके सिर पर हाथ फेरते हुए कहा—"क्यों नहीं बेटा, अवश्य हो सकते हो।" उस समय 'जुझार' को प्यास लग रही थी। जब उसने पानी पीकर लड़ाई में जाना चाहा, तो गुरुजी ने कड़ककर कहा— "जाओ बेटा, पानी तुम्हारे भैया के पास है। वीर की प्यास शत्रु के रक्त से बुझती है।"

बस, इसी आन पर वह जोश में फूला हुआ, 14 वर्ष का बाँका लड़ाका छोकरा, तीर की तरह किले से निकल पड़ा। शत्रुओं ने उसे तलवार हिलाते आते देख कोई पागल समझा, पर वह तो सचमुच जातीयता और धर्म के पवित्र नशे में चूर निराला पागल था, शत्रु-दल में पैठते ही छपाछप हाथ साफ करने लगा! देखते-ही-देखते कितनों के धड़ से सिर उड़ा दिए। चारों ओर के प्रहारों से अपने को बचाते हुए वह तोप के गोले की तरह आगे बढ़ता चला गया।

इतने में शत्रुओं ने उसे घेरे में डालकर उसकी एक बाँह उड़ा दी, पर इससे उसका तेज मंद न हुआ—दूसरे हाथ से फिर उसी तरह तलवार की कला दिखाता रहा! तब तक एकाएक दूसरी चोट कंधे पर लगी और तीसरी मस्तक पर! आह! वह वज्र से भी कठोर और कुसुम से भी कोमल बालक मूर्च्छित हो घोड़े पर से गिर पड़ा! तब भी वह हाथ में दृढ़ता से तलवार पकड़े हुए थे, और उसके चेहरे पर वही वीरता का तेज दमकता था! वह वास्तव में जुझारसिंह था!

ठीक इन्हीं दो कर्मवीरों के समान गुरुजी के दो धर्मवीर पुत्र और भी थे। आनंदपुर से भागते समय गुरुजी की माता के साथ जो दो बालक बच निकले थे, वे भी बड़ी निर्भयता और वीरता के साथ धर्म पर बलिदान हुए।

सूची-व्यूह भंग होने पर गुरु-माताजी को जिस ब्राह्मण के सिपुर्द कर सिक्ख-सैनिक गुरुजी के पास लौट आए थे, उसी ब्राह्मण ने माताजी की जवाहरात की पेटी चुरा ली, और उनके पूछने पर साफ-साफ मुकर गया; पर आगे इस भेद के खुल जाने पर—गुरुजी के दंड-भय से बचने के लिए—उसने सूबा-सरहिंद का कृपा-पात्र बन जाना उचित समझा। केवल रत्नों के लोभ और गुरुजी के क्रोध-भय से घबराकर उस नीच ने सूबा-सरहिंद को अपने यहाँ इन लोगों के छिपने की खबर दे दी!

फिर क्या, माताजी के साथ दोनों बालक भी—नौ वर्ष का जोरावरसिंह और सात वर्ष का फतहसिंह—गिरफ्तार किए गए। सूबा-सरहिंद तो गुरुजी का पुराना दुश्मन था ही, सोचा कि ऐसा सुअवसर पाकर गोविंदसिंह के दिल पर गहरी चोट देनी चाहिए, जिससे उसकी सारी हेकड़ी हवा हो जाए।

जब उसके सिपाही माताजी के पास से उन बालकों को लेने आए, तो वह भविष्य समझ गईं। उन्होंने दोनों लाड़ले लालों को छाती से लगाकर सिर चूमते हुए कहा—"बेटा, धर्म पर सदा अटल रहना, अकाल-पुरुष तुम दोनों की रक्षा करेगा।" बस इतना आशीर्वाद देकर इधर वह 'कलेजा' निकल जाने से अधीर हो रोने-पीटने लगीं और उधर दोनों बालक धर्म की आन पर मिटने की चाह से मुस्कुराते हुए दरबार में जा दाखिल हुए।

सूबा-सरहिंद ने प्राणदंड की धमकी देते हुए 'जोरावर' से कहा, "तुम मुसलमान हो जाओ।" 'जोरावर' बिलकुल निडर होकर बोला, "हमारा धर्मग्रंथ ऐसा करने से मना करता है।" सूबा ने अनेक प्रकार के लाभ-लोभ का जाल बिछाते हुए कहा—"मुसलमान होने से तुम्हें बड़े-बड़े ओहदे मिलेंगे, रुपयों और जवाहरात की छूट होगी, शाही और नवाबी घराने की खूबसूरत लड़कियों से तुम्हारी शादी कर दी जाएगी।"

इस पर जोरावर ने दृढ़ता से जवाब दिया, "हमारा धर्मग्रंथ कहता है कि स्वर्ग मिलने पर भी धर्म न छोड़ो।" तब सूबा क्रुद्ध होकर डरावने स्वर से बोला, "यदि तू मुसलमान न होगा, तो तुझे मरना पड़ेगा।" जोरावर ने मुस्कुराकर पूछा, "क्या तू मुझसे लड़ाई करेगा? अच्छा, ला तलवार, गुरु का बच्चा मरने से नहीं डरता।" यह सुन सूबा गरजकर बोला, "जल्लाद अभी तेरा सिर काट लेगा।" जोरावर ने घृणा-भरी हँसी हँसकर कहा, "अब समझा, तुम लड़ाई न करोगे, जल्लाद से मरवाओगे! खैर, हमारे बाबा भी तो इसी तरह मारे गए थे, फिर हम क्यों डरें।"

सूबा ने फिर एक बार बालक को फुसलाने की चेष्टा करते हुए कहा, "तुम नाहक जान गँवा रहे हो।" जोरावर ने अबकी बार डपटकर कहा, "नाहक जान गँवाते हैं तुम्हारे ऐसे कायर पापी, हमारे पूर्वजों ने तो इसी प्रकार बलिदान होकर धर्म की राह खोल दी है।"

सूबा ने लाख हिला-डुलाकर देखा, बालक नहीं डिगा। जब किसी तरह जोरावर पर कोई जादू न चला, तब कुछ देर सोचकर छोटे 'फतह' को एकांत में लेकर बहुत बहकाया, पर वह भी उसकी झाँसा-पट्टी में न आया—टका-सा जवाब दे दिया, "मैं भैया के साथ जाऊँगा, चाहे नरक हो या स्वर्ग!" छोटे-छोटे बालकों में ऐसा दृढ़ साहस देखकर सूबा-दरबार के सभी सरदार दंग रह गए। कहने लगे—गोविंदसिंह की शिक्षा में न जाने कौन-सा जादू है कि बच्चे तक नहीं जानते—भय किस चिड़िया का नाम है।

आखिर यही तय हुआ कि दोनों बालक शहर-पनाह की दीवार में चुन दिए जाएँ। जब वे दीवार में चुने जाने लगे, और उनके घुटनों तक दीवार चुनी जा चुकी, तब सूबा ने पूछा, "क्यों लड़के, अब भी बच सकते हो, अगर मेरी बात मान लो।"

जोरावर ने झुँझलाहट के साथ डाँटकर कहा, "क्यों बार-बार वाहियात बकते हो, मुझे अपने इष्टदेव का ध्यान करने दो।" इस प्रकार, जब दीवार कमर तक पहुँची, तो सूबा के छेड़ने पर जोरावर ने फिर वैसे ही फटकार बताई।

जब छाती तक चुनाई पहुँची, तब छोटे भाई 'फतह' को अटल भाव से एकटक अपनी ओर ताकते हुए देखकर जोरावर ने पूछा, "क्यों भाई, कुछ चिंता तो नहीं है?" फतह ने छूटते ही कहा—"नहीं भाई, चिंता कैसी? बड़ी खुशी है कि शीघ्र ही अकाल-पुरुष के चरणों का दर्शन करूँगा, पिताजी कहते थे कि वह दिन बड़े सौभाग्य का है, जब अकाल-पुरुष की सेवा करने को दुनिया से कूच करना पड़े।"

बस, इतना कहकर वह उमंग से गाने लगा :

चित चरण-कमल के आसरा,
चित चरण-कमल सँग जोड़िए।
बाँह जिन्हादी पकड़िये,
सिर दीजिये, बाँह न छोड़िये।
गुरु तेग बहादुर बोलिया,
धर पइये धर्म न छोड़िये॥

छोटे भाई की यह दिलेरी देख जोरावर धन्य-धन्य कहने लगा। तब तक छाती से ऊपर तक दीवार चुन गई। सूबा ने एक बार फिर कहा, "देखो नादान लड़के, अब भी दीवार तोड़कर तुम निकाले जा सकते हो, बोलो।" इस बार भी उसी स्वर में उत्तर मिला—"चुप रह पापी कहीं का, बार-बार 'वाह गुरु' के ध्यान में विघ्न न डाल।" किंतु गले तक दीवार पहुँचते-पहुँचते सूबा ने अंतिम बार चिल्लाकर फिर वही चेतावनी दी, पर उत्तर में 'धिक्कार' के सिवा और कुछ न मिला। दोनों वीर बालक आँखें बंद कर 'ओम्-ओम्' का उच्चारण करने लगे। दीवार पूरी चुन गई!

हिंदू धर्म के दोनों दीपक अंधकार के गर्भ में लीन हो गए! दीवार में अपने को चुनवा दिया, किंतु अपना धर्म न छोड़ा। धन्य है वह देश, जहाँ ऐसे वीर बालक जन्मे, और धन्य हैं वे माता-पिता, जिन्होंने ऐसी तेजस्वी

संतान पैदा की !

अच्छे दिन; भीषण बदला

मालवा-प्रदेश में गुरु-साहब को अपने दो पुत्रों के दीवार में चुने जाने का समाचार मिला। सुनते ही पहले क्षण तो वह हक्का-बक्का हो रहे, किंतु फिर अपने को सँभालकर उन बालकों की बार-बार बड़ाई करते हुए उन्होंने क्रोध के आवेश में एक 'कुशा' उखाड़ी। शिष्यों ने जब इसका कारण पूछा, तो बोले—"यह कुशा नहीं, मुगल-राज्य की नींव उखाड़ी है। जो राज्य निर्दोष बच्चों पर ऐसा रोमांचकारी अत्याचार कर सकता है, वह अन्यायी राज्य अब बहुत दिन टिक नहीं सकता।"

जब सिक्खों को मालूम हुआ कि गुरुजी मालवा में हैं, तब पुनः झुंड-के-झुंड उनके निकट आकर बहुमूल्य भेंट चढ़ाने लगे। थोड़े ही दिनों में बहुत-से सिक्ख उनकी सेवा में आ जुटे। यहीं पर एक शिष्य ने उनको एक सफेद पोशाक और बहुमूल्य भेंट अर्पित की। अब तक वह उस मुल्ले की नीली पोशाक में ही थे, पर अब उस शिष्य के आग्रह पर उन्होंने उस श्वेत वस्त्र को ही धारण किया, और नीले वस्त्र को फाड़-फाड़कर यह कहते हुए आग में फेंकने लगे कि 'नीले वस्त्र ले कपड़े फाड़, तुरुक-पठानी अमल गया !'

फिर यहीं उन्होंने फारसी में एक बड़ी कविता रची, जिसमें सूबा-सरहिंद के क्रूर कारनामों का पूरा वर्णन और दो निरीह बच्चों के दीवार में चुने जाने का जिक्र था, तथा अंत में औरंगजेब से इस पर न्याय करने की प्रार्थना थी। उन्होंने अपने शिष्यों द्वारा इस प्रार्थना-पत्र को दिल्ली-दरबार में भेजा, किंतु वहाँ इस पर कुछ भी ध्यान न दिया गया। यह पत्र खालसा-पंथ में 'जफरनामा' (विजय-पत्र) कहलाता है।

धीरे-धीरे सूबा-सरहिंद को खबर लगी कि गुरुजी मालवा में शक्ति-संचय कर रहे हैं। वह जानता था कि पुनः संगठित होने पर उनसे पार पाना असंभव है, अतः शीघ्र ही पाँच हजार सैनिकों के साथ चढ़ आया। गुरुजी के पास उस समय थोड़े ही शिष्य थे—किला भी नहीं था, मैदान में रहना पड़ता था। किंतु वह घबराए नहीं। उसी मैदान में एक ऊँचे टीले पर मोर्चा बाँधकर तैयार हो गए।

शत्रु-सेना आ पहुँची। गहरी मुठभेड़ हुई। इस बार सिक्खों के जोश का कोई ठिकाना न था ! भाई अजीत, जुझार, फतह और जोरावर के बलिदान की तस्वीरें उनकी आँखों के सामने नाच रही थीं। मुट्ठी-भर सिक्खों के सामने मुगलों की यह बड़ी सेना भी टिक न सकी। गुरुजी विजयी हुए।

इस युद्ध में गुरुजी के उन शिष्यों ने अधिक वीरता दिखलाई, जो आनंदगढ़ के किले से भूखों छटपटाकर भाग आए थे। वे ही आगे के मोर्चे पर थे—सब-के-सब कट मरे। उनका अग्नि-संस्कार स्वयं गुरुजी ने किया। वहाँ उनका स्मारक अब तक है।

इस युद्ध में विजयी होने पर गुरुजी का पुराना रोब फिर जम गया। उनकी धर्मपत्नी भी उनसे आ मिलीं। सिक्ख भी बड़ी निर्भयता से उनकी सेवा में पहुँचने लगे।

जब यह समाचार औरंगजेब को मिला, तब उन्होंने एक पत्र भेजकर गुरुजी के दर्शन की इच्छा प्रकट की। किंतु गुरुजी तो शिवाजी के साथ की गई बादशाह की सारी चालबाजियाँ जानते थे, अतः नहीं गए।

फिर कुछ दिनों के बाद, जब औरंगजेब मर गए, तब दिल्ली के तख्त के लिए उनके दो पुत्रों—'मुअज्जम' और 'बहादुरशाह'—में खटपट हुई। 'बहादुर' कमजोर था। उसने गुरुजी से सहायता चाही। गुरुजी तो यह चाहते ही थे कि वे आपस में ही कट मरें। बस, उसकी सहायता के लिए एक जबरदस्त सिक्ख-सेना के साथ दिल्ली जा पहुँचे। 'बहादुर' बहुत प्रसन्न हुआ।

तब तक आजमशाह की सेना भी आ गई थी। लड़ाई शुरू हुई। मुगलों की ही तलवार से मुगलों की गर्दनें कटने लगीं। गुरुजी अपनी सेना को तब तक छिपाए हुए थे। जब देखा कि दोनों ओर की सेना थक गई, तो एकाएक धावा बोल दिया। धर्ममद-मत्त सिक्खों ने गजब की लड़ाई की। तब तक इधर गुरुजी ने अपने एक ही अचूक बाण से हाथी पर बैठे हुए आजमशाह का काम तमाम कर दिया ! फिर क्या, आजमशाही सेना भाग

चली। 'बहादुर' विजयी हुआ; पर इस विजय का सेहरा गुरुजी के सिर बँधा।

अब तो गुरुजी के दिन फिरे, 'बहादुर' उनका बिना दाम का गुलाम हो गया! दिल्ली के मोती-बाग में उनका डेरा पड़ा। नित्य बादशाह वहाँ जाकर उनकी खातिरदारी करता। एक दिन, बादशाह के बार-बार कुछ माँगने के अनुरोध पर, गुरुजी ने कहा कि सूबा-सरहिंद से अपने बच्चों का बदला मुझे चाहिए; किंतु बादशाह ने अपनी नई जमती हुई सल्तनत की ओर इशारा करते हुए असमर्थता दिखलाई; फिर भी उसने वचन दिया कि कुछ दिनों के बाद इसका उपाय किया जाएगा।

इस पर गुरुजी ने कड़ककर कहा—"खैर, आपकी जैसी मर्जी, लेकिन एक दिन आवेगा, जब मेरा एक ही शिष्य—बिना आपसे किसी प्रकार की सहायता लिए ही—गिन- गिन बदला चुकाएगा।"

बहादुरशाह बड़ा लज्जित हुआ। उसने बीस लाख की अशर्फियाँ गुरुजी को भेंट कीं, और जब दौरे पर दक्षिण जाने लगा, तो उनको भी साथ ले जाने से न चूका। वहीं, दक्षिण-भारत में, गुरुजी की 'बंदा बहादुर' से मुलाकात हुई, जिसने सूबा-सरहिंद से गुरुजी के बच्चों का खूब बदला चुकाया!

'बंदा' काश्मीर के 'राजोरी' कस्बे का रहनेवाला एक राजपूत किसान था। सन् 1670 ई. की 27वीं अक्तूबर को उसका जन्म हुआ था। उसका नाम पड़ा लक्ष्मणदेव। पिता का नाम था रामदेव। लड़कपन का ही वह बड़ा साहसी, निडर वीर और युद्धप्रिय था। किंतु एक दिन एक छोटी-सी घटना ने उसके जीवन को पलट दिया। उसने शिकार करते समय एक हरिणी को मारा। वह गर्भिणी थी। तीर लगते ही वह ढेर हो गई। उसका पेट चीरते ही दो सुकुमार बच्चे अलग तड़पने लगे और छटपट करते हुए तुरत चल बसे! अजीब कारुणिक दृश्य था!

बस, इसी करुण दृश्य ने अद्भुत साहसी भाई बंदा के कठोर हृदय को पानी-पानी कर दिया। उसे संसार से विरक्ति हो गई। वह सच्चा विरागी बन गया। जानकीदास वैरागी ने उसे अपना शिष्य बनाया। उसका नाम पड़ा 'माधवदास'। वैराग्य में भी उसने बड़ी प्रसिद्धि प्राप्त की। वह बड़ा तांत्रिक था।

दैवयोग से गुरुजी, उसकी प्रशंसा सुनकर, सन् 1708 ई. में उससे मिलने गए। उसने उन पर भी कुछ तंत्र साधा; किंतु असफल रहा। गुरुजी का यह चमत्कार देख वह उनका शिष्य बन गया। शिष्य होने पर उसने गुरु-दक्षिणा देनी चाही। गुरुजी ने अपने बच्चों के बलिदान की कहानी सुनाकर कहा—"गुरुदक्षिणा के रूप में मुझे अपने बच्चों का बदला चाहिए।"

वह फौरन तैयार हो गया। गुरुजी ने वहीं सिक्खों के नाम एक परवाना लिख दिया कि 'बंदा-बहादुर मेरे बच्चों का बदला लेने जा रहा है, तुम लोग इसकी पूरी मदद करो।' फिर क्या, 'बंदा' पंजाब की ओर चला। उसने चलते ही घोषित कर दिया कि 'मैं पंजाब के मुगल-सरदारों को लूटने जा रहा हूँ; जिसे लूटपाट करना हो, मेरे झंडे के नीचे आवे—लूट का माल मैं नहीं लूँगा—जो लूटेंगे, वही पाएँगे।'

फिर तो कितने ही लुटेरे और डाकू अपने-अपने जबरदस्त जत्थों के साथ उसके दल में आ मिले। उधर गुरुजी का परवाना पाकर झुंड-के-झुंड सिक्ख भी उसके झंडे के साए में आ जुटे। राह में जहाँ कहीं मुगल मिले, लूट लिए गए—उनकी बस्तियों में आग लगा दी गई!

प्रलय की बहिया की तरह 'बंदा' प्रबल वेग से आगे बढ़ता चला गया। लूट का माल वह सब लोगों में बाँट देता—यहाँ तक कि अपनी भेंट में मिली हुई चीजें भी वह सबको बाँट देता! उसकी इस निस्पृहता से उसके सभी अनुयायी उसके हाथ की कठपुतली बन गए।

जहाँ कहीं कोई हिंदू आकर उससे यह शिकायत करता कि अमुक मुगल अधिकारी ने उसे सताया है, बस 'बंदा' उसी समय उस पर धावा कर देता। उसके डर के मारे सभी मुगल अधिकारी थरथर काँप उठे। सारे पंजाब में तहलका मच गया। उसकी फौज क्या थी, प्रलय काल की आँधी थी—जिस ओर से निकल जाती, मैदान साफ!

इस प्रकार लूटपाट मचाते बंदा 'सरहिंद' पहुँचा। वहाँ उसने चारों ओर यह परवाना भेज दिया कि

'फागुन-सुदी 13 (संवत् 1764) को गुरु गोविंदसिंह के बेटों का बदला लेने के लिए सूबा-सरहिंद पर चढ़ाई की जाएगी—जिसको इस धर्मयुद्ध में सम्मिलित होना हो, वह शीघ्र आवे ।'

चारों ओर से सिक्ख बरसने लगे । दो दिन पहले से ही रात-रात-भर जागकर बंदा बहादुर की सेना ने अपनी तलवारों पर शान चढ़ाई ! एक-एक सिक्ख जवान के हृदय में इस समय प्रतिशोध की चिनगारियाँ उड़ रही थीं—प्रतिहिंसा की ज्वाला धधक रही थी ।

इधर सूबा-सरहिंद ने भी अपनी सहायता के लिए अपने मित्रों और सहायकों को निमंत्रित किया था । बहुत-से राजभक्त लोग बड़ी-बड़ी दूर से उसकी सेना में आ मिले थे । अजीब दृश्य था ! दोनों ओर जोश का दरिया लहरा रहा था !

निश्चित दिन को मुकाबला हुआ । मुगल-सेना के पास बीस तोपें थीं—दनादन तोपें दगने लगीं । सिक्ख-सेना भाड़ के चने की तरह भूनी जाने लगी ! पर बंदा जरा भी घबराया नहीं, एक ऊँचे टीले पर चढ़कर ऐसा ताक-ताककर तीर मारा कि सभी गोलंदाज एक-एक कर लुढ़कने लगे ! बस तोपचियों का काम तमाम होते ही तोपों की गर्मी चुटकियों में ठंडी पड़ गई !

सिक्ख-सेना को बढ़ावा मिला—उछल-उछलकर वह तोपों को लाँघ गई और बुरी तरह पिल पड़ी शत्रु-दल पर । सिक्खों की तेज तलवारों ने खीरे-ककड़ी की तरह शत्रुओं के खेत की कटनी कर डाली । लोथों का पहाड़ खड़ा हो गया ! खून की नदी बह चली !

बंदा उसी ऊँचे टीले से अचूक तीर चला-चलाकर चुने-चुनाए मुगल-सेनापतियों का संहार कर रहा था । जब देखा कि अब शत्रु-सेना ढीली पड़ गई, तो एक छोटी-सी सुरक्षित सेना लेकर भूखे सिंह की तरह टूट पड़ा । फिर तो इस नई सेना का बल पाकर सिक्खों का उत्साह दूना हो गया । वे भुट्टे की तरह शत्रुओं को धड़ाधड़ उड़ाने लगे ।

इस नई बला को देखकर मुगलों के होश उड़ गए—उनके पैर उखड़ गए । सिक्ख-सेना उनके पीछे पड़ गई । इस भयानक भगदड़ में सूबा-सरहिंद घोड़े से गिर गया—सिक्खों की बात बन आई ! उसे गिरफ्तार कर 'बंदा' सेना-सहित राजधानी में घुस पड़ा ।

क्रोधांध सिक्खों को कुछ भला-बुरा न सूझा—शहर-भर में शत्रुओं को ढूँढ़-ढूँढ़कर कत्ल कर डाला ! जिन काजियों ने गुरुजी के पुत्रों को दीवार में चुनवाने की सलाह दी थी, उनकी बोटी-बोटी उड़ा डाली । महल को धूल में मिला दिया । अंत को शहर में आग लगा दी । तीन दिनों तक प्रचंड अग्नि धधकती रही । बंदा-बहादुर ने सूबा-सरहिंद की मुश्कें कसकर उसी जलती हुई आग में झोंक दिया—वह तड़प-तड़पकर जल मरा ! उसके एक-एक बाल-बच्चे तक सिक्खों की रक्त-पिपासित तलवारों के शिकार हो गए । इस प्रकार गुरुजी के पुत्रों का बदला बंदा ने भली-भाँति चुकाया ।

मृत्यु

गुरुजी को यह सुनकर अत्यंत संतोष हुआ कि उनके प्यारे शिष्य 'बंदा' ने उनके प्यारे पुत्रों की राक्षसी हत्या का बदला सूद-सहित वसूल कर लिया । उस समय गुरुजी गोदावरी नदी के तट पर 'अविचल'-नगर में थे । कई मुसलमान उनके यहाँ नौकरी करते थे । उनमें दो भाई पठान भी थे, जिनके पिता को गुरुजी ने युद्ध में मारा था । वे दोनों गुरुजी के बड़े भक्त थे । गुरुजी भी उन्हें बहुत मानते थे । संयोगवश किसी दुष्ट ने उन दोनों को अपने पिता का बदला लेने के लिए बहका दिया । उनका ईमान डिग गया । वे गुरुजी के प्राणों के गाहक हो गए ।

एक दिन, जब गुरुजी आधी रात को सो रहे थे, वे दोनों उनके विश्राम-भवन में घुस गए, और सोते हुए उनके पेट में कटार भोंक दी ! भाग्यवश कटार पूरी नहीं घुसी । गुरुजी चीखते हुए जग पड़े—सामने तलवार पड़ी थी—झट उठाकर चला ही तो दी । एक पठान तो दो टूक होकर उसी जगह तड़पने लगा, दूसरा भागा । तब तक सिक्खों ने उसे उसी जगह पकड़कर टुकड़े-टुकड़े कर डाला । फिर झटपट जर्राह बुलाए गए । बड़ी

सावधानी से घाव सी दिया गया।

दिन-पर-दिन गुरुजी अच्छे होने लगे। किंतु उनका अंतिम दिन निकट आ चला था। दिल्ली के बादशाह बहादुरशाह ने उन्हीं दिनों उनकी सेवा में कुछ चीजें नजर भेजीं। उनमें बहुत पुराने जमाने के बने हुए नौ टाँके के दो बड़े भारी कमान भी थे। उन्हें एक अजीब चीज समझकर और गुरुजी को धनुर्विद्या में निपुण जानकर ही, बहादुरशाह ने उन्हें गुरुजी के पास भेज दिया था। उन्हें देख सभी सिक्ख भौचक-से रह गए। कहने लगे—'अहा ! वे कैसे वीर रहे होंगे, जो इन पर तानकर तीर चलाते होंगे; इन्हें तो इस युग में कोई टेढ़ा भी नहीं कर सकता।'

बस, इसी बात पर गुरुजी को रोष आया——झटपट गद्दी से नीचे उतरे, और उनमें से एक कमान को उठाकर उस पर रोदा चढ़ाया और तीर रखकर चला दिया। यह अलौकिक कर्म देखकर सभी दरबारी धन्य-धन्य कह उठे। किंतु अभी तक गुरुजी के पेट का घाव अच्छी तरह भरा नहीं था, इस जोर-आजमाई से एक-ब-एक उसके टाँके टूट गए— खून का फव्वारा निकल पड़ा ! जर्राहों ने कितनी भी कोशिशें कीं, पर खून बंद न हुआ।

गुरुजी समझ गए कि अंतकाल निकट है। जर्राहों को विदा कर मरहम-पट्टी उतार फेंकी। शिष्यों को इकट्ठा कर ग्रंथसाहब को सामने मँगवाया। फिर स्नान कर नवीन वस्त्र धारण किए। गुरु-ग्रंथ की पूजा की। शिष्यों को उपदेश दिया कि 'आज से ग्रंथसाहब को ही गुरु मानना।' अंत में अपने प्यारे पाँच शस्त्रों को यथास्थान धारण कर वीरासन से बैठ गए, और बोले—'देखो, मेरी चिता को यों ही जलते छोड़ देना, हड्डियों को न छेड़ना; आप ही मिट्टी में मिट्टी और राख में राख मिल जाएगी। ध्यान रहे।'

इसके बाद शिष्यों को कुछ मार्मिक उपदेश दिए, और 'सत् श्रीअकाल' तथा 'ओम्' का उच्चारण करते हुए—48 वर्ष की अवस्था में—इस असार संसार को छोड़ अकाल-पुरुष के पवित्र चरणों में जा विराजे।

अहा ! वह कातिक-सुदी पंचमी—गुरुवार (विक्रम-संवत् 1787)—का दिन भी कितना धन्य था, जिस दिन भारत में हिंदूधर्म की नींव मजबूत करनेवाले महापराक्रमी वीर का महाप्रस्थान हुआ !

धन्य गुरुगोविंद ! तुम्हारे ऐसा तेजस्वी वीर—जातीयता का अनन्य उपासक—हिंदूधर्म का कट्टर भक्त—वीरता का ज्वलंत पुतला निश्चय ही भारतवर्ष के गौरवपूर्ण इतिहास का उज्ज्वल अलंकार है, सर्वाङ्ग-सुंदर श्रृंगार है ! तुम्हारा अजेय पौरुष, तुम्हारा अद्‌भुत पराक्रम, तुम्हारा प्रचंड तेज, तुम्हारा आश्चर्यजनक रण-कौशल और तुम्हारा अटल देशोद्धार-व्रत निस्संदेह हिंदू-जाति में प्रलय काल तक संजीवनी-शक्ति का संचार करता रहेगा। तुम्हारा धैर्य अचल हिमालय की तरह दृढ़ और तुम्हारा साहस अगाध समुद्र की तरह गंभीर था। वास्तव में तुम एक दिव्य अवतारी पुरुष थे। हे कलियुग के धर्मवीर धनुर्धर अर्जुन ! तुम्हें कोटि-कोटि प्रणाम ! !

रोज़ा लुक्ज़ेम्बुर्ग

[1926 ई.]

क्रांतिमूर्ति बहन सत्यवती देवी, दिल्ली की स्मृति में

भूमिका

रोज़ा लुक्ज़ेम्बुर्ग का नाम मार्क्सवाद के आचार्यों और समाजवादी क्रांतिकारियों के उच्चतम चार-पाँच नामों में से है। सिद्धांत के क्षेत्र में उनकी बराबरी लेनिन के अतिरिक्त और कोई शायद ही कर सकता हो और कार्यक्षेत्र में उनके टक्कर के क्रांतिकारी इने-गिने ही हुए हैं। अपने प्राण तक उन्होंने क्रांति की वेदी पर ही न्यौछावर किए।

लेनिन के साथ कई विषयों पर रोज़ा लुक्ज़ेम्बुर्ग का मतभेद हुआ था, यद्यपि दोनों ने बराबर एक-दूसरे का आदर करते हुए साथ-साथ काम किया था। लेनिन की मृत्यु के बाद जब उनके रूसी अनुयायियों ने लेनिनवाद को संकीर्ण रूप दिया, तो रोज़ा का आदर संसार के कम्युनिस्ट आंदोलन से उठ गया। यही कारण है कि आज मार्क्सवाद के एक ऐसे उच्च कोटि के नेता के नाम से समाजवादी अधिक परिचित नहीं रहे हैं। ऐसी दशा में मेरे मित्र बेनीपुरीजी ने रोज़ा लुक्ज़ेम्बुर्ग की जीवनी और उसके विचारों के ऊपर यह सुंदर पुस्तक रचकर भारतीय समाजवाद की अद्भुत सेवा की है। आज के ज़माने में जब संसार-भर में समाजवाद अपने सही रूप को कायम करने में लगा हुआ है और स्तालिनवाद के कठपुतलों से अपना गला बचाने का यत्न कर रहा है, रोज़ा लुक्ज़ेम्बुर्ग के विचारों का प्रचार अत्यंत आवश्यक है। आज से तीस-चालीस वर्ष पहले इस क्रांतिकारी विदुषी ने जो बातें कही थीं, वे आज सही साबित हो रही हैं और संसार के समाजवादी आंदोलन का पथ-प्रदर्शन कर रही हैं।

मैं चाहूँगा कि प्रत्येक भारतीय समाजवादी और समाजवाद का हितेच्छु बेनीपुरीजी की इस पुस्तक को ध्यान से पढ़े और उसका मनन करे। अपने देश में समाजवादी साहित्य का भंडार लगभग छूँछा है। भाई बेनीपुरी ने उस भंडार को एक अनमोल रत्न दिया है।

—जयप्रकाश नारायण

पटना
11-11-46

दो शब्द

हाँ, इस पुस्तक के बारे में सिर्फ़ दो शब्द कहना है ।

जब मै हज़ारीबाग सेंट्रल जेल में चौथी बार (1942-45) पहुँचा, पॉल फ्रोलिख़ की 'रोज़ा लुक्ज़ेम्बुर्ग' नामक पुस्तक साथी जयप्रकाश ने मुझे दी और कहा—क्या हिंदी में इस विषय पर कोई पुस्तक तैयार नहीं की जा सकती ?

उनकी यह चुनौती अनसुनी कर दी गई होती, यदि वह उस जेल से पलायन (9 नवंबर, 42) नहीं कर गए होते । वह तो चले गए, जो वहाँ रह गए, उनकी ज़िंदगी काँजीहौस में डाले गए जानवर की-सी हो गई—एक मुक़र्रर घेरे के अंदर रहिए और जो भूसा-पुआल सामने डाल दिया जाए, उसे पगुराया कीजिए ।

इस नए बंधन का भी कुछ उपयोग क्यों न हो ? मैंने 20 जनवरी, 43 को इस पुस्तक का लिखना शुरू किया और 21 मार्च 43 को यह ख़त्म हुई—कुल साठ दिन लगे इसमें !

पुस्तक कैसी बन पड़ी है, आप ही बता सकते हैं, हाँ, साथी जयप्रकाश ने इसकी भूमिका लिखकर इसका महत्त्व बढ़ा दिया है, इसमें संदेह नहीं ।

जयप्रकाशजी को धन्यवाद देता हूँ और श्रीमती कुसुम नैयर को भी, जिन्होंने पुस्तक को इतनी शीघ्रता में इतनी स्वच्छता और सुंदरता से प्रकाशित कराया है ।

हिमालय, पटना
31-12-46

—श्री रा. बेनीपुरी

1

वह कौन थी ? क्या थी ?

वे दोनों

प्रथम विश्वयुद्ध (1914-1918) के समय अंतर्राष्ट्रीय समाजवाद का यूरोप में जैसे दिवाला पिट गया ! बड़े-बड़े अगड़धत्त समाजवादी नेताओं ने अपने सभी पुराने सिद्धांतों और कथनों को, जैसे सात हाथ ज़मीन खोदकर नीचे गाड़ डाला और वहाँ के मज़दूरों को साम्राज्यवादी ज़िबहख़ाने में, अपने पुराने नेतृत्व की लाठी से हाँककर, क़त्ल होने को डाल दिया ! मज़दूरों के अंतर्राष्ट्रीय भाईचारे के मंदिर में उन्होंने, देशभक्ति के नाम पर, एक राक्षसी को बिठा दिया—राक्षसी जो ख़ून पर जीए, विनाश पर मुस्कुराए !

यूरोप में संहार का तांडव हो रहा था ! खून की नदियाँ बह रही थीं । उनकी बीभत्स धारा में मानवता ऊब-डूब रही थी ।

यह किसका खून था ? ग़रीबों का, मज़दूरों का । ग़रीबों के बेटे फ़ौज में भर्ती हो रहे, या किए जा रहे । जर्मनी हो या फ्रांस, इंग्लैंड हो या रूस, आस्ट्रिया हो या टर्की—सभी जगह ग़रीबों के बेटे ! शोषितों और उत्पीड़ितों के बेटे, मज़लूमों और मुसीबतज़दों के बेटे । वे घर से छुड़ाकर, हटाकर मैदान में खड़े किए गए—एक-दूसरे की गर्दन काटने को, एक-दूसरे के कलेजे में छुरी भोंकने को । कैसा क्रूर, निर्मम कर्म ! सबसे करुणाजनक बात तो यह थी कि जिन्हें चाहिए था कि उन्हें इस कर्म से दूर रहने का उपदेश दें, वे ही उनके नेता कह रहे थे—'चढ़ जा बेटा, सूली पर !'

इस भयानक अंधकार के युग में, अंतर्राष्ट्रीय समाजवाद के क्षेत्र में दो हस्तियाँ थीं, जिन्होंने सच्चे पथ-प्रदर्शन के लिए आकाश-दीप का काम किया । एक लेनिन, दूसरी रोज़ा लुक्ज़ेम्बुर्ग । एक ने रूस के मज़दूरों को और दूसरी ने जर्मनी के मज़दूरों को सही और सच्ची राह बताई । उनकी आवाज़ ग़रीबों तक, जनता तक नहीं पहुँचने पावे, इसके लिए ज़ार और क़ैसर दोनों ने कुछ उठा नहीं रखा । एक बेचारा देश से निर्वासित, स्वीज़रलैंड में धूनी जमा रहा था; दूसरी इस जेल से उस जेल की कालकोठरियों में तपस्या की ज़िंदगी काट रही थी !

किंतु, इन दोनों की आवाज़ें तोपों की गड़गड़ाहट और गोलियों की सनसनाहट के तुमुलरव को भेदकर ग़रीबों के पास पहुँचकर रहीं—फ़ौजी मोर्चों और कारख़ानों में वे आवाज़ें ध्वनित-प्रतिध्वनित होने लगीं । युद्ध के चौथे वर्ष में ज़ार हवा में उड़ गया, पाँचवाँ वर्ष आते ही क़ैसर गद्दी छोड़कर चुपचाप, अपने देश से लापता हो गया !

लेनिन पेट्रोग्राद पहुँचा, रोज़ा बर्लिन पहुँची । मज़दूरों ने अपने नेताओं का जो स्वागत किया, वह तो इतिहास की चीज़ है ।

किंतु, यह तो क्रांति की पहली मंज़िल थी, जनसत्ता तानाशाहों के हाथ से हटकर लोकतंत्र के हाथ में आई । लोकतंत्र या प्रजातंत्र—जिसमें पूँजीवादियों का बोलबाला होता है । अब क्रांति को दूसरी मंज़िल पर ले जाना था—जब हुकूमत की बागडोर उनके हाथों में आए जो संसार के वैभव के सच्चे उत्पादक हैं, जिनके पसीने पर सभ्यता और संस्कृति का दारमदार है ! दोनों नेता इस कठिनतर कार्य में लग गए ।

इसमें लेनिन सफल हुआ । रूस में, मानव इतिहास की पहली घटना के रूप में, ग़रीबों का—मज़दूरों और किसानों का—राज क़ायम हुआ । संसार के कोने-कोने में इस अघट-घटना की ख़बर पहुँची । जो लेनिन सिर्फ़ रूस के कुछ मज़दूरों के दिल में जगह पाए हुए था, अब वह समूचे संसार की ज़बान पर था । सब जगह

उसकी चर्चाएँ, सब जगह उसकी गाथाएँ। किंतु, जर्मनी की जनता के दुर्भाग्य से, उसके अपार बलिदान करने के बावजूद, जर्मनी की क्रांति दूसरी मंज़िल नहीं तय कर पाई। वह असफल हुई। नतीजा दोनों को भुगतना पड़ा—जर्मनी की जनता की छाती पर एक दिन हिटलर सवार हुआ और उसकी नेता रोज़ा लुक्ज़ेम्बुर्ग ने उस प्रयत्न में सिर्फ़ अपनी जान ही नहीं खोई, उसकी कीर्ति भी सीमित रह गई।

कैसी करुण घटना ! जर्मनी के क्रांतिविरोधियों ने उसकी निर्मम हत्या करके उसकी लाश को चुपचाप एक नाले में डाल दिया, जहाँ से चार महीने बाद वह निकाली गई। उसे नाले से निकालकर मज़दूरों ने आँसुओं से अभिषिक्त किया, श्रद्धाभक्ति से समाधिस्थ किया और उस पर योग्य स्मारक बनाया। हिटलर ने उस स्मारक को भी नहीं रहने दिया, आज—'बेठिकाना उसका मज़ार है !'

किंतु घटनावश, कुछ दिनों के लिए रोज़ा लुक्ज़ेम्बुर्ग की दीप्ति भले ही सीमित रह गई, उसके स्मारक को तानाशाही हाथों ने भले ही नष्ट कर दिया, उसकी पुस्तकों की उन्होंने भले ही होली जलाई, लेकिन उसके अस्तित्व और व्यक्तित्व को दुनिया के इतिहास के पन्नों से कोई ताकत नष्ट नहीं कर सकती। जब तक दुनिया में समाजवाद का नामनिशान रहेगा, जब तक क्रांति का इतिहास लिखा और पढ़ा जाएगा, जब तक त्याग और बलिदान की पूजा हुआ करेगी—रोज़ा का अस्तित्व भी निस्संदेह अपार्थिव रूप में ही, अजर और अमर रहेगा।

महान नारी

अपने पूरे सौ वर्षों के इतिहास में अंतर्राष्ट्रीय समाजवाद ने ऐसी महान नारी पैदा नहीं की। मार्क्स और ऐंजेल्स के बाद जो बड़े से बड़े समाजवादी नेता हुए हैं, उनमें से किसी के भी समकक्ष उसे गौरव के साथ खड़ा किया जा सकता है। विचार और कार्य दोनों का उसमें सुंदर सम्मिश्रण हुआ था। मार्क्स और ऐंजेल्स के वैज्ञानिक समाजवाद की वह अनुयायी थी; किंतु, वह लकीर पीटनेवाले 'बाबा वाक्यम् प्रमाणम्' वाले लोगों की पंक्तियों में अपने को नहीं बिठा सकती थी। उसने समाजवाद को एक जीवित सिद्धांत के रूप में, न कि मुर्दा, पथराए हुए आर्षवाक्य के रूप में, ग्रहण किया था। उस सिद्धांत का प्रयोग कर वह नए परिणामों पर पहुँची, उस प्रयोग को सुंदर, ओजस्वी शब्दों में लोगों के सामने रखा। जब जर्मनी में सुधारवाद का बोलबाला था, जब मार्क्स और ऐंजेल्स के नाम पर, कभी-कभी उन्हीं के वाक्यों को तोड़मरोड़कर, समाजवाद की क्रांतिकारिता को नष्ट करने की चेष्टाएँ हो रही थीं, रोज़ा ने अपनी क़लम और वाणी से उन दो महान आत्माओं के सिद्धांत को, उन्हीं की जन्मभूमि में, सुरक्षित और अक्षुण्ण रखने का उत्तरदायित्व अपने ऊपर लिया और निस्संदेह उसमें सफल हुई। उसकी इस सफलता के कारण, स्वभावतः ही जर्मनी के शासकों की आँखों का वह काँटा बन गई। लैसले के बाद, शासकों के हाथों सबसे ज्यादा दमन और उत्पीड़न का शिकार उसे ही बनना पड़ा था। अंततः उसकी जान के वे गाहक बनके रहे। जिस निर्ममता से उसकी हत्या की गई, उसके पहले वैसी निर्ममता देखी नहीं गई थी !

सोलह वर्ष की उम्र में, जब वह किशोरी ही थी, अपनी ज़िंदगी समाजवाद और क्रांति के लिए उसने न्यौछावर कर दी थी और लगातार बत्तीस वर्षों तक उसे एक समर्पित जीवन की तरह व्यतीत करती रही। दिन-रात क्रांति की ही धुन; दिन-रात समाजवाद की स्थापना का ही स्वप्न ! विराम नहीं, विश्राम नहीं। एक साधक की तरह साधना का अलख वह जगाए जा रही !

पोलैंड के एक अच्छे, सुसभ्य, सुसंस्कृत यहूदी परिवार में उसका जन्म हुआ था। शिक्षा-दीक्षा में कोई कमी नहीं की गई। बचपन से ही उसमें एक अलौकिक प्रतिभा दीख पड़ती थी। माँ-बाप अपनी इस प्रतिभाशाली संतान को देखकर फूले नहीं समाते। जो कोई परिवार में अतिथि रूप में आता, उसके सामने वे इस बालिका-रत्न को पेश करते। वे क्या जानते थे उनकी यह सबसे छोटी बच्ची दुनिया के सामने कुछ दूसरी ही चीज़ पेश करने को भेजी गई है ?

जिस तरह प्रकृति ने उसे प्रतिभा का अमर दान उन्मुक्त हाथों से दिया था, उसी तरह उसके रूप-रंग में उसने थोड़ी कंजूसी दिखाई थी—मानो, वह शुरू से ही, तितली बनने को नहीं, क्रांति का नेतृत्व करने को भेजी

गई हो। उसका क़द कुछ ठिंगना और उसके शरीर की गठन कुछ बेढंगी थी। छोटे-छोटे पाँव, जो लंबे डग के लिए बहुत ही छोटे। बचपन की बीमारी के चलते कमर का निचला भाग भद्दा हो चला था, उसकी चाल में भी उससे विषमता आ जाती थी। चेहरा मनोभावों का स्पष्ट प्रतिबिंब—जिससे कुछ लोग उसकी ओर खिंचते, तो कुछ आप ही आप अलग फेंक दिए जाते। प्रसन्नता, सहानुभूति, घृणा, व्यंग—सब जिस पर स्पष्ट पढ़े जा सकते। ललाट ऊँची और खूबसूरत। पतले अधरों पर प्रायः ही विषाद की गहरी रेखा दीख पड़ती। उसकी सबसे प्रमुख और प्रभावशाली चीज़ थी, उसकी दो बड़ी, काली और आकर्षक आँखें। उन आँखों से कभी शांति और सहानुभूति टपकती, तो कभी क्रोध और उत्तेजना चमक उठती। शक्तिशाली मस्तिष्क—दुर्द्धर्ष आत्मा! वाणी में नफ़ासत और ताक़त—एक-एक शब्द को स्पष्ट उच्चारण करते हुए बोलती। कितना ही बड़ा मजमा क्यों न हो—उसकी बात साफ़ सुनी जाती। बातचीत करने में बड़ी दिलचस्पी रखती—छोटी-छोटी बात को भी जादू और कला से पिरोकर कहती। उससे बात करने में कोई भी गर्व अनुभव कर सकता था। लेकिन वह यह भी जानती थी कि कहाँ चुप रहना और सिर्फ़ दूसरे की ही सुनना मुनासिब है।

विनोद-विश्राम, सुख-चैन से उसे स्वाभाविक वितृष्णा थी। उसका विनोद बच्चों के साथ ही दीख पड़ता। उसके अपनी संतान नहीं थी—एक क्रांतिकारी व्यक्ति को परिवार बसाने की फुर्सत कहाँ? इस बारे में भी वह लेनिन से मिलती थी। किंतु, मुहल्ले भर के बच्चे उसे पहचानते, प्रेम करते; क्योंकि वह उन पर स्नेह बरसाने में ज़रा भी कंजूसी नहीं दिखाती। जर्मनी के सुप्रसिद्ध विद्वान कौट्स्की के बच्चों से वह इस तरह घुलीमिली रहती, उनके खेलों और खिलौनों में इस तरह उलझी होती कि मालूम होता, वह भी छोटी बच्ची है। किंतु, बालिग़ लोगों से, ख़ासकर अपरिचितों से, वह बहुत ही खिंची-खिंची रहती। उनके साथ उसका व्यवहार रूखा, कभी-कभी बहुत ही उखड़ा होता। ऐसा करके शायद वह अपने समय को बर्बाद होने से बचाती, या राजनीतिक क्षेत्र में मतभेद होने पर, उनसे बेलाग और बेलौस बातें कर सके, इसके लिए पहले से ही सोचे रहती। किंतु, जिससे दोस्ती हुई, उससे पूरी दोस्ती निभाती। ऐसा कहा जाता है कि उसकी दोस्ती का एकमात्र आधार राजनीतिक मतसमता थी। बात ऐसी नहीं है। वह चरित्र को इसमें सबसे प्रधानता देती और इस बारे में ज़रा भी फिसलन वह बर्दाश्त नहीं करती। उसके विचार, कई बातों में कौट्स्की से मिलते थे, किंतु दोनों में कभी दोस्ती नहीं हुई। लेनिन से कई बार उसका मतभेद हुआ, कई बार दोनों ओर से घुस्से तने, किंतु इनके बावजूद दोनों को दोनों के लिए अगाध श्रद्धा और स्नेह था। कार्ल रैडक उसके चेलों में सबसे प्रतिभाशील था, किंतु उसके चरित्र की शिथिलता के कारण उसे वह दूर ही देखने की कोशिश करती। फ्रांस के समाजवादी नेता जौरे से उसका कई बार द्वंद्व हुआ, तो भी उसके चरित और साफ़गोई के चलते हमेशा वह उसकी प्रशंसा करती थी। जर्मनी के जितने प्रसिद्ध समाजवादी थे, सब उसकी मित्रमंडली में थे—बेवेल, सिंजर, मेहरिंग, लिब्कनेख़्त, कौट्स्की, क्लारा ज़ेटकिन, लिब्कनेख़्त की बीवी सोनिया, और कौट्स्की की बीवी तो उसकी अभिन्न मित्रों में थी।

इन मित्रों के बीच वह दिल खोलकर बातें करती। यहाँ कुछ भी दुराव नहीं था। किंतु, उसकी ज़बान ज़रा तेज़ थी, और बुद्धि पैनी। इसलिए उनकी आलोचना करने में वह कभी बाज़ नहीं आती। एक बार वह क्लारा ज़ेटकिन के साथ टहलने गई। बातों के सुर में बेसुध बनी दोनों महिलाएँ वहाँ पहुँच गईं, जहाँ सैनिक लोग बंदूक के निशाने ले रहे थे। संयोग ही था कि इन्हें गोली नहीं लगी। शाम को ये कौट्स्की के घर पहुँचीं, जहाँ जर्मनी के सोशल डिमोक्रैटिक पार्टी की पितृमंडली इकट्ठी थी। जब यह घटना उन्हें मालूम हुई, वे तरह-तरह की बातें करने लगे! "यदि आज गोली लग गई होती तो……"। बूढ़े बेवेल ने इन लोगों की मृत्यु पर जो श्रद्धांजलि लिखी जाती, उसे लिखना शुरू कर दिया। प्रशंसा के पुल पर पुल तैयार होने लगे। रोज़ा लुक्ज़ेम्बुर्ग ने बीच में रोककर कहा, सिर्फ़ इतना लिख देना काफ़ी होता—"यहाँ जर्मनी के समाजवादी आंदोलन के दो अंतिम व्यक्तियों ने समाधि ली।" दो अंतिम व्यक्तियों ने!—इसमें जो व्यंग था, उससे सब तिलमिला उठे! जर्मनी की पार्टी ने समाजवादी क्रांति के रास्ते को छोड़कर जो सुधारवादी वैधानिकता की राह पकड़ी थी, उसी पर यहाँ चोट की गई थी! चाटुकारिता तो रोज़ा ने कभी जानी ही नहीं।

अपने जीवन-संगी लिओ जोगिचेस के साथ उसका वैसा ही संबंध था, जैसा दो क्रांतिकारी पति-पत्नी में होना चाहिए। यहाँ प्रेम कर्त्तव्य की वेदी पर निछावर था। मानव-सुलभ वासनाओं और कमज़ोरियों के लिए वहाँ गुंजाइश कहाँ?

संगीत से उसे बड़ा ही प्रेम था। जर्मनी के टकसाली संगीतशास्त्र में उसकी पैठ थी। उसका कंठ भी सुरीला था।

वह दिन में भी सपने देखती और प्रायः कल्पना-जगत में विचरण करती। लेकिन चाहे वह गंभीर बनी हो, या ज़िंदादिली में हो, चाहे व्यंग करती हो, या चुटकी ले रही हो—वह अपने चारों ओर एक प्रोत्साहक, उत्साहमय, मादक वातावरण बनाए रहती।

वह हमेशा अपने को गंभीर अध्ययन में तल्लीन रखती। वह अपने ज्ञान को सर्वव्यापी बनाने की चेष्टा में हमेशा लगी रहती। सिर्फ़ राजनीति, अर्थशास्त्र और इतिहास में—जिनका प्रयोग उसे राजनीतिक अस्त्र की तरह करना था—व्युत्पन्नता हासिल करने से ही उसे संतोष नहीं था। निस्संदेह इनके अध्ययन और इन पर पूरा अधिकार करने में वह एक भी उठा नहीं रखती थी, लेकिन उसके साथ ही भूगर्भशास्त्र, मानववंशशास्त्र, उद्भिजशास्त्र, और प्राणीशास्त्र का अध्ययन भी वह उसी उत्साह से करती। वह कभी-कभी देहातों में निकल जाती और वहाँ से तरह-तरह के पौधे और फूल ले आती, उनकी जाँच करती, उनकी तालिका बनाती और उन पर नोट लिखती। ख़ासकर उद्भिजशास्त्र से तो उसे अपार अनुराग था।

कभी-कभी चित्रकारी की ओर भी उसका प्रबल झुकाव होता। बचपन से ही वह पौधों, फूलों, जानवरों, दृश्यों और मानव आकृतियों की तस्वीरें कूँची और पेंसिल से खींचती। पीछे तैलचित्रों की ओर उसका ध्यान गया और बिना किसी बाज़ाब्ता शिक्षा के भी उसने जो चित्र तैयार किए, उन्हें देखकर चित्रकला के आचार्यों को आश्चर्य होता!

अगर वह राजनीति में नहीं आती, तो अपने मनोभावों के प्रकटीकरण के लिए उसने कविता-क्षेत्र को पसंद किया होता। बचपन में वह जो तुकबंदियाँ करती, वे उसकी छिपी हुई कवि-प्रतिभा की स्पष्ट सूचना देती थीं। उसने जो पहला लेख 'मई दिवस' पर लिखा, उसे लिओ जोगिचेस ने यह कहकर अस्वीकार कर दिया कि यह लेख नहीं, कविता है! उसके समय-समय पर लिखे ख़तों से कविता छलकी पड़ती है। ख़ासकर, जो ख़त उसने जेलों से लिखे, उनमें तो कविता-ही-कविता है। इन ख़तों में क़लम की नोक से वह तस्वीर-पर-तस्वीर बनाए जा रही है—अख़बार बेचनेवाला लड़का, बाज़ार जानेवाली बुढ़िया, फूल बेचनेवाली युवती और होटल का ख़ानसामा—आए दिन आँखों से गुज़रनेवालों की सूरतें उसकी लेखनी की रंगीनी से चमक-सी उठती हैं। दूसरों के कष्टों का वर्णन करते-करते, जैसे, वह कलेजा निकालकर रख देती है, किंतु, जहाँ अपनी बात आई, एक-दो शब्द में चुप!

रोज़ा के चरित में मर्दानगी का अंश ज़रूर ज्यादा था—साफ़ तार्किक मस्तिष्क, निस्सीम कार्यशक्ति, निश्चय की दृढ़ता, साहस और विश्वास—ये पुरुष-सुलभ सब गुण उसमें थे; किंतु, वह मर्दानी औरत नहीं थी। चरित के बल के साथ ही उसमें नम्रता और सहानुभूति, भावुकता और दयालुता भी भरी-पूरी थी। कभी-कभी वह राजनीति के झंझट-झमेलों से ऊब उठती—"मैं लोगों को कैसे विश्वास दिलाऊँ कि मैं सार्वजनिक जीवन में परिस्थिति द्वारा घसीट करके लाई गई हूँ, किसी व्यक्तिगत लाभ के लोभ से, या जानबूझकर, इसमें नहीं आई! आह, लोग समझ पाते, मेरे हृदय में किस तरह स्त्रीत्व उसाँसें भरता रहता है!"

वीर योद्धा!

जेल से उसने जो ख़त लिखे, उनसे उसके हृदय की कोमलता छलकी पड़ती है। कभी वह किसी बनैले साँड़ पर किए गए अत्याचारों पर आँसू बहाती है, कभी वह किसी तितली के टूटे पंख पर आहें भरती है। एक कीड़े को, जिंदा ही, चींटियाँ घसीटे जा रही थीं। उसने चींटियों से उसे छुटकारा दिलाया, पर पीछे पछताई—आह, इस

अधमुए जानवर को छुड़ाकर मैंने उसकी जिंदगी नहीं बढ़ाई; उसकी मौत की पीड़ा बढ़ाई ! युग-युग से हृदय की कोमलता मानवता का शृंगार रही है—ऋषियों, महात्माओं की ज़िंदगी इससे आभूषित होती रही है ।

किंतु, इस कोमलता ने उसके हृदय में कायरता नहीं पैदा की थी, बल्कि तकलीफ़ों और अत्याचारों के विरुद्ध, एक जीवित विद्रोह की भावना से वह ओतप्रोत थी । कोमलता और वीरता का उसमें अपूर्व मिलन हुआ था । एक क्रांतिकारी योद्धा का जीवन किन नियमों पर चलना चाहिए, उसने यों लिखा है—

"दृढ़ क्रांतिकारी कार्य के साथ ही मानवता के लिए गहरी अनुभूति—समाजवाद का मूल तत्व यही है । दुनिया को उलट-पुलट दिया जाए, संहार की होली खुलकर खेली जाए; किंतु, एक बूँद ऐसे आँसू गिरवाना, जिसे रोका जा सकता था, महान अपराध है । आप महान से महान कार्य क्यों नहीं करने जा रहे हों, अगर अपनी असावधानी से एक लड़के को धक्का देकर गिरा दिया, तो समझिए, आपसे एक अक्षम्य अपराध हो गया ।"

वह भली-भाँति जानती थी कि राजनीतिक संघर्षों की क़ीमत मनुष्य को जीवन और आनंद से ही चुकानी पड़ती है, और कोमल भावनाओं के बावजूद, क्रांतिकारी कार्यों में दिल को पत्थर बनाना ही पड़ता है । अगर उससे उद्देश्य की प्राप्ति में शीघ्रता आ सके और बाद की उससे भी अधिक तकलीफ़ों का निवारण किया जा सके, तो राजनीतिक संघर्षों में जो आवश्यक और अनिवार्य हों, वैसा बलिदान देने में वह कभी नहीं हिचकती थी । वह इतिहास के प्रति अपनी जिम्मेवारी को समझती थी, लेकिन उसकी ओट लेकर वह आवश्यक संघर्षों से बचना नहीं चाहती थी । वह जनता को इस धोखे में नहीं रख सकती थी कि उसके जुए का बोझ उन बलिदानों से हलका है, जिनका आलिंगन करके ही वे उस जुए को कंधे से उठाकर फेंक सकते हैं । कार्य में जिम्मेवारी का ज्ञान आवश्यक है, परिस्थिति को अच्छी तरह तौलना ज़रूरी है, आवश्यक निर्णय के पहले उसके परिणामों का विचार कर लेना मुनासिब है—किंतु, ज़रूरत पड़े तो दूसरों को बलिदान के लिए सानंद आह्वान करना और अपने को भी खुशी-खुशी बलिवेदी पर चढ़ा देना—एक क्रांतिकारी नेता का यह कर्त्तव्य है, वह ऐसा मानती थी ।

अपना मूल्य वह समझती थी और इस ज्ञान से महान कार्यों के संपन्न करने का आत्मविश्वास उसमें भरा-पूरा था । इस आत्मविश्वास के साथ दुर्दमनीय कार्यशक्ति से वह किसी काम में जुट जाती थी । उसके हृदय में भावना की चिनगारी जलती रहती थी, किंतु उसके हृदय पर हमेशा ही मस्तिष्क का राज्य था । राजनीतिक निर्णयों को वह पहले दलीलों की कसौटी पर कसती थी, फिर सिद्धांत की नज़र से परखती थी, तब कहीं उसे कार्य में लाती थी । विचार और कार्य की अटूट एकता उसमें दीख पड़ती थी ।

रोज़ा लुक्ज़ेम्बुर्ग के लिए समाजवाद एक आशा-प्रदीप ही नहीं था, बल्कि उसके सब प्रयत्नों का एकमात्र बिंदु था । लेनिन की तरह किसी भी परिणाम को स्वीकार करने में ज़रा भी नहीं हिचक लाती थी, बशर्ते कि वह तर्कसंगत और अनिवार्य हो । चाहे कैसा भी कड़वा घूँट हो, उसे पीने में ज़रा भी उसमें मुकर नहीं थी । अपने विचारों में किसी समझौते की गुंजाइश वह नहीं रखती थी और उसके विचार एवं कार्य में ज़रा भी विरोधाभास नहीं दीखता था ।

उसके इस दृष्टिबिंदु और इस्पाती आत्मअनुशासन ने उसका स्थान उसके साथियों में कहीं ऊपर रखा था । उसमें एक भविष्यदर्शी की बेधक दृष्टि थी, तो उस दृष्टि पर मार्क्सवाद का वैज्ञानिक चश्मा था । उसकी बातों में कभी-कभी यथार्थवाद की कमी लोग देखते थे, उसे स्वप्नदर्शी कह डालते थे । किंतु, इसका प्रधान कारण उन आलोचकों की संकुचित दृष्टि थी । 'पूँजी के संग्रह' पर जो उसने भविष्यवाणी की वह पीछे चलकर चरितार्थ होकर रही, किंतु, उसके समसामयिक लोग उसे स्वीकार करने में आगा-पीछा करते रहे ।

जिसमें भविष्य देखने की शक्ति नहीं, वह राजनीतिक मोर्चाबंदी नहीं कर सकता । वर्गयुद्ध के महानतम युद्ध संचालकों—मार्क्स, ऐंजेल्स, लेनिन, ट्रौटस्की की तरह उसे भी बार-बार पैग़ंबरों की तरह भविष्यवाणियाँ करनी पड़ीं और उनकी कितनी ही भविष्य-वाणियों की तरह रोज़ा की भविष्यवाणियों में से कुछ ग़लत भी साबित हुईं । मार्क्स ने कहा था, समाजवादी राज्य पहले जर्मनी और इंग्लैंड ऐसे उन्नत पूँजीवादी देशों में क़ायम

होगा, वह क़ायम हुआ रूस जैसे पिछड़े देश में। जब समाजवाद के सबसे महान आचार्य की यह बात है, तो दूसरों का क्या कहना? किंतु, ये भविष्यवाणियाँ ग़लत इसलिए नहीं हुईं कि उनके कहनेवालों में दूरदर्शिता का अभाव था, बल्कि इसलिए कि विकास के सिलसिले में ऐसी चीज़ें बीच में पैदा हो गईं, जिनकी उस समय कल्पना नहीं की जा सकती थी। किंतु, बीच की चीज़ों ने उनके समय को ही कुछ दिनों के लिए लंबा कर दिया है, एक-न-एक दिन और भी भीषण रूप में भयानक विस्फोट होंगे और उनकी बात सच होकर रहेगी। उनकी भविष्यवाणियाँ सच्ची हैं, सच्ची साबित हुई हैं; हाँ, परिस्थितिवश समय का अंतर पड़ना ज़रूरी था और रहेगा।

युद्ध में उसे सबसे बड़ा आनंद प्राप्त होता। दिमाग़ी युद्ध का वह सानंद आह्वान करती। वह जो कुछ लिखती, प्रतिद्वंद्वियों को चुनौती देती हुई। उनकी चुनौती को अस्वीकार करने का तो उसके नज़दीक प्रश्न ही नहीं उठता। "जो कुछ करो—मन से करो, धुन से करो—" यह उसकी ज़िंदगी का उद्देश्य वाक्य था। अपने विरोधियों पर जिस क्षिप्रता और तीव्रता से वह टूट पड़ती, जिस तरह अंत तक अपने हथियार चलाए जाती और विजय प्राप्त करके ही दम लेती—उसे देखकर उसके पराजित विरोधी भी उसकी तारीफ़ करते। प्लेख़नौव अपने ज़माने की समाजवादी दुनिया के सबसे बड़े आदमियों में था। लंदन में हुई रूसी सोशल डिमोक्रैटिक कांग्रेस में रोज़ा ने उस पर जिस तरह आक्रमण किया, जिस तेजस्विता और प्रभावशाली ढंग से अपनी चीज़ें रखीं—प्लेख़नौव के मुँह से भूरि-भूरि प्रशंसा निकलकर रही। किंतु, कुछ ऐसे संकुचित-आत्मा व्यक्ति थे, जिनके निकट रोज़ा एक लड़ाकू या ईर्ष्यालु व्यक्ति मालूम होती! इसमें कसूर उनका था, न कि रोज़ा का। रोज़ा कभी किसी पर व्यक्तिगत आक्षेप नहीं करती, न कभी कमर के नीचे गदा चलाती। वह सिद्धांत की लड़ाई लड़ती, सीधे सिर पर चोट करती!

वह बड़े से बड़ा बलिदान करने को हमेशा उद्यत रहती। एक बार उसने अपने सेक्रेटरी को यह आदेश किया था कि उसके मरने के बाद उसकी समाधि पर ये पंक्तियाँ लिखी जाएँ—

"मुझे अफ़सोस है उन घड़ियों का, जिनमें मेरे शरीर पर जिरह-बख्तर नहीं थे,

"मुझे अफ़सोस है उन दिनों का, जिनमें मेरे शरीर पर कोई घाव न लगे, मुझे अफ़सोस है, और उस अफ़सोस में मैं अपने सिर पर ख़ाक डाले लेती हूँ कि विजय में मेरा विश्वास और भी तीक्ष्ण और सबल न था,

"मुझे अफ़सोस है, कि सिर्फ़ एक बार ही मुझे बनवास मिला,

"मुझे अफ़सोस है, कभी-कभी मानव-सुलभ भय की मैं शिकार हो जाती थी,

"मुझे अफ़सोस है, मैं शर्म के साथ इसे स्वीकार करती हूँ कि मुझमें इससे भी तिगुना साहस क्यों न हुआ?"

कवि फ़र्डिनैंड मेयर की यह वाणी पीछे चलकर, रोज़ा के मित्र ब्रूनो स्खोलैंक की समाधि पर अंकित की गई थी। इन पंक्तियों का वह सदुपयोग देखकर, बाद में उसने सेक्रेटरी को लिखा—"नहीं, मेरी समाधि पर इतनी बड़ी-बड़ी चीज़ें लिखने की ज़रूरत नहीं थी। अभी-अभी, इस बसंत में मैं बग़ीचे में गई थी। वहाँ एक छोटी-सी चिड़िया फुदकती हुई आकर, बोल रही थी—'ट्वी-ट्वी!' कैसी अच्छी, प्यारी बोली। कितनी मधुर, कितनी मासूम। अब तक जहाँ-तहाँ बर्फ़ के टुकड़े पड़े हैं, काफ़ी सर्दी है, किंतु यह 'ट्वी-ट्वी' शब्द बताता है, बसंत आ रहा है, आ पहुँचा, आ गया! बस, बस, मेरी समाधि पर यही—'ट्वी-ट्वी' —ये ही दो शब्द लिखवा देना।"

कितना प्रोत्साहक, ऊपर उठानेवाला भाव! यही रोज़ा है। अपने को प्रकृति में तन्मय कर देना, मानवता के संघर्ष की विजय पर अटूट विश्वास रखना, अपने दिमाग में समूचे संसार को भरे रहना, ज़िंदगी का उसकी पूरी इकाई में भोग करना, उसके प्रयत्नों में तरलता और गति अनुभव करना—यही रोज़ा थी! उसका उद्देश्य वाक्य था—

"आदमी को मशाल की तरह जीना चाहिए—दोनों ओर से जलता रहे, प्रकाश देता रहे!"

पोलैंड के अधिवासी उसकी पोलिश भाषा में लिखी हुई रचनाओं को देखकर निहाल हो उठते हैं, क्योंकि उसमें वे अपने महान राष्ट्रीय कलाकारों की सभी खूबियाँ पाते हैं। रूसी भाषा में उसने बहुत कम लिखा, किंतु, जर्मन भाषा तो उसकी मातृभाषा ऐसी हो चली थी। उसने भाषा की आत्मा पर कब्जा कर लिया था। उसकी पूरी शब्दावली पर उसका हुक्म चलता था। साधारण लोगों में प्रचलित मुहावरों तक का वह इस तरह प्रयोग करती थी कि उसके चलते उसकी दलीलों में रंग और ताक़त आ जाती थी।

जिस तरह हथौड़ा लोहार के हाथ में सिर्फ़ एक औज़ार मात्र नहीं रहता, बल्कि वह उसके हाथ का ही एक हिस्सा हो जाता है, उसी तरह भाषा उसके अस्तित्व का ही एक अंश हो चली थी। कभी-कभी वह लंबे वाक्यों का भी प्रयोग करती, किंतु, वाक्यों की लंबाई उसके विचारों को उलझन में नहीं डालती। हर वाक्य निश्चित विचार का प्रतिनिधित्व करता। उसमें सुघराई और सफाई झलकती। अनिच्छुक पाठकों पर अपने विचारों को लादना वह नहीं चाहती, वह उन्हें समझाती, समझाकर ही चैन लेती। वह प्रचारक नहीं, शिक्षक थी। संसार की सभी समस्याओं को एक इकाई के रूप में देखने की कोशिश करती, जीवन की उलझनों में भी वह एकात्मता खोजती—यह खुद एक उलझन से भरी पद्धति थी, किंतु, इससे उसकी भाषा में उलझन नहीं आने पाती, न वह पंडिताऊ होने पाती। उसमें उसकी लेखिका की ज़िंदगी की सादगी और गर्मी झलकती, महसूस होती।

उसकी भाषा का विकास एक कलाकार के आत्म-अनुशासन को प्रकट करता है। शुरू में हम उसमें ज्यादा रंगीनी और लच्छेदारी पाते हैं, किंतु, पीछे वह बिना किसी साज-शृंगार के, सीधी-सादी लड़की-सी मालूम पड़ती है। एक बार उसने अपने मित्र हान्स डिफ़ेनबाख़ को लिखा—"चाहे कला में या विज्ञान में, मेरी रुचि सादगी की ओर—शांति के लिए महानता की ओर प्रवृत्त हो रही है, इसलिए कार्ल मार्क्स के 'कैपिटल' का बहु-प्रशंसित पहला भाग शैली की दृष्टि से मुझे भयावह मालूम पड़ता है।" मालूम ऐसा होता है कि भाषा को आलंकारिक बनाने की प्रवृत्ति से उसे बहुत ही संघर्ष करना पड़ा था। उसका कलात्मक मस्तिष्क बार-बार अलंकार की ओर बढ़ना चाहता, किंतु वह आत्म-अनुशासन की छड़ी से उसे रोकती।

बड़े-बड़े शैली के प्रवर्तकों की तरह, वह भी शब्दचित्रों को बहुत पसंद करती। उसके शब्दचित्र जीवित, सुघर और संपूर्ण होते। उनकी परिणति या तो चिनगारियों में होती, या उसाँसों में। उसके रूपकों के पैर ज़मीन पर होते और उसकी उपमाएँ बड़ी दूर की उड़ान लेती हुई भी, कभी अपने को उपहासास्पद परिस्थिति तक नहीं ले जातीं।

जब किसी करुणाजनक स्थिति का वह वर्णन करने लगती, उसकी लेखनी पर जैसे सरस्वती नाच उठती। विश्वयुद्ध की समाप्ति पर, जैसे उसाँसें भरती हुई वह लिखती है—

"हाँ, पागलपन ख़त्म हुआ। देशभक्ति का कोलाहल अब सड़कों पर नहीं सुनाई पड़ता। विदेशी सोने के पीछे की दौड़धूप, झूठी अफ़वाहों का दौरदौरा, कुओं में हैज़े के कीड़े का डाला जाना, रूसी विद्यार्थियों का हर रेलवे पुल पर बम फेंकना, फ्रांस के वायुयानों का नूरेमबर्ग पर गोले बरसाना, खुफ़ियों से भयभीत किए गए लोगों की खुराफ़ातें, होटलों में देशभक्ति के गानों से कान की झिल्ली का फटना, समूची जनता का वैसी खूँखार भीड़ में परिणत हो जाना, जो गालियाँ दे सकती, जयजयकार कर सकती और स्त्रियों की इज़्ज़त लूट सकती है—चारों ओर खूनखराबी, हत्या—अनाचार; जहाँ सड़कों के कोने पर खड़ी पुलिस ही मानव-मर्यादा की एकमात्र प्रतिनिधि समझी जा सकती थी—उफ़, ये पागल बनानेवाली चीजें ख़त्म हुईं!"

वह प्रायः अख़बारों के लिए ही लिखा करती थी, किंतु वह पेशेवर अख़बारनबीस नहीं थी, जो मिनिस्टरों के व्याख्यानों, धारासभाओं के क़ानून मसविदों और विदेशी संबंधों पर आलोचनाएँ लिखने में ही अपनी क़लम की सार्थकता समझते हैं। वह सिर्फ़ गंभीर राजनीतिक समस्याओं पर ही लिखती। अगर किसी चालू विषय पर लिखती भी तो उसे इतना ऊँचा उठा देती कि उसके द्वारा सिद्धांतों का स्पष्टीकरण हो सके, पूँजीवादी पद्धति में

मानवता की जो ज़िबह हो रही है, उस पर लोगों का ध्यान जा सके। 1902 में मौंट पेलीपर ज्वालामुखी फूटा—उसने कहा, ऐसे ही ज्वालामुखी पूँजीवाद में भी फूटनेवाले हैं, जो देशों, महादेशों को ही नहीं, पूरे संसार को ध्वस्त-पस्त कर देंगे। 1911 में ऐन बड़े दिन के त्योहार में अनाथ भिखमंगे, शराब के बदले, स्पिरिट पीकर बीमार पड़े और बर्लिन के हास्पिटल में दाख़िल हुए, जहाँ उनमें से आधे मर गए। इस मौक़े पर रोज़ा ने जो लिखा, उसमें सिर्फ़ उन अभागों के भाग्य पर रोना था, उन पर सहानुभूति-संवेदना प्रकट करना ही नहीं था, बल्कि उसका क्रोध उस समाज पर प्रकट हुआ जहाँ वैभव के बीच भिखमंगी है, जहाँ मानवता आग पीती और अपने कलेजे जलाकर कुत्ते की मौत मरती है।

प्रकांड वक्ता

जहाँ अपनी बुद्धि का चमत्कार दिखाने की सबसे अधिक उत्कंठा होती है, रोकी नहीं जाती, उन सार्वजनिक व्याख्यानों के मौकों पर भी वह अपने पर अनुशासन रखती। रोज़ा लुक्ज़ेम्बुर्ग एक ज़बरदस्त, मोहक वक्ता थी। किंतु, शब्द-जालों में कभी नहीं फँसती। अपने प्रभावशाली शब्दों और इंगितों का उपयोग वह बहुत कंजूसी से करती, और अपने विषय के स्पष्टीकरण से ही श्रोता के दिल पर विजय पाने की कोशिश करती। निस्संदेह, इसमें उसकी साफ़, सुरीली आवाज़ भी उसकी मदद करती। बड़े-से-बड़े सभागृह के कोने-कोने में उसकी बातें सुनी जातीं और बिना प्रयत्न के ही समझी जातीं। वह व्याख्यानों का कभी प्रारूप तैयार करती और मंच पर घूम-घूमकर व्याख्यान देती। प्रारंभ के ही शब्दों में श्रोताओं पर उसका कब्ज़ा हो जाता, जो आख़िर तक बना रहता। महान वक्ताओं की तरह उसके व्याख्यानों में लोग प्रोत्साहन और नई दुनिया का स्वप्न पाते। क्षणिक उत्तेजना में लाकर, या भावनाओं को उभाड़कर, वह श्रोताओं पर विजय प्राप्त करना नहीं चाहती थी। वे खुद चीज़ों को देखें और निष्कर्ष पर पहुँचें, यह उसकी चेष्टा होती। सीधे-सादे ढंग से बोलती हुई, वह दलील पर दलील दिए जाती। एक चुभती उपमा, एक ज़ोरदार शब्दचित्र देकर गहन विषय को भी स्पष्ट कर देती, चमका देती। अपने विषय को धीरे-धीरे उठाते हुए, वह एक ऐसी जगह पहुँचती, जहाँ श्रोता अपनी स्थिति भूलकर विचारों की दुनिया में विचरण करने लगते। फिर वह उन्हें धीरे-धीरे उस ऊँचाई से इस मानवी जगत में उतारती और वे देखते कि उनके सामने मंच पर एक दुबली-पतली औरत खड़ी है।

एक दुबली-पतली औरत—हाँ, उसके व्याख्यानों के पीछे उसका व्यक्तित्व था, जो श्रोताओं पर सबसे ज्यादा प्रभाव डालता। उसकी जीवनी-शक्ति और कार्यशक्ति; भावना, विचार और इच्छा का समन्वय; विचारों की स्पष्टता और ओजस्विता; और आत्म-अनुशासन में साधा गया स्वभाव—ये चीज़ें श्रोताओं पर बरबस जादू डालकर रहतीं। सुप्रसिद्ध समाजवादी नेता मैक्स एडलर ने 1919 में उसके बारे में संस्मरण लिखते हुए कहा था—

"उच्छ्वसित क्रांतिकारी भावनाएँ इस दुबली-पतली औरत को हमेशा प्रोत्साहित किए रहतीं। पार्टी की कांग्रेसों में बार-बार ऐसे मौक़े आते कि अपने विपक्षियों के मख़ौल उड़ाने, व्यंग करने और मुँह चिढ़ाते रहने के बावजूद वह धैर्यपूर्वक अपना व्याख्यान जारी रखती और अंत में उसका जादू सबके सिर पर चढ़कर रहता—उसके विपक्षी भी अपनापा भूलकर तालियाँ पीटने और आनंद-ध्वनियाँ करने लगते। उसका दिमाग़ कभी स्वभाव पर क़ब्ज़ा नहीं छोड़ता। उसके भाषण में बिजली और चिनगारी की कमी नहीं होती, किंतु, उसमें विचारों का ऐसा ऊहापोह होता कि वे दाहक चीज़ें न बनकर गर्मी और प्रकाश का ही दान करती।"

पार्टी कांग्रेसों के बाहर, सार्वजनिक व्याख्यानों में उसकी वक्तृत्वकला का और भी जौहर खुलता, ख़ासकर, जब वहाँ उसके विरोधियों ने भी मोर्चेबंदी कर रखी हो। उसकी मुँहलगी चुटकियाँ, हाज़िरजवाबी और परिस्थिति की मनोवैज्ञानिक परख उसे हमेशा श्रोताओं के हृदय पर विजय दिलाती। 1907 में जब जर्मनी की धारासभा का चुनाव हो रहा था, एक चुनाव-सभा में एक अजीब घटना देखी गई। उसकी सभा में एक पुलिस-अफ़सर बैठा था, जो जब चाहता, सभा बंद करा दे सकता था। वह नौजवान था और बार-बार टेबुल पर

रखी अपनी टोपी की ओर हाथ बढ़ाता, जिसका मानी था, अब वह खड़ा होकर सभा बंद करा देगा। रोज़ा ज्योंही उसे हाथ बढ़ाते देखती, त्योंही विषय बदलकर उसे चकमे में डाल देती। एक बार तो वह उठकर खड़ा तक हो गया, रोज़ा ने तब उसे संबोधित करते हुए आश्वासन दिलाया कि वह क़ानून के बाहर नहीं जाएगी। अफ़सर अपनी कुर्सी पर उठँग रहा। तब रोज़ा ने बताना शुरू किया कि किस तरह पूँजीपतियों और मज़दूरों के झगड़े के दरम्यान मध्यमवर्ग के लोग पीसे जा रहे हैं। मार्क्स के शब्दों में किस तरह डॉक्टर, वकील, पुरोहित, वैज्ञानिक, कवि, सबके सब मुशायरे पर जीनेवाले मज़दूर बन गए हैं! सरकारी अफ़सरों की दयनीय दशा का वर्णन करते हुए उसने बतलाया कि किस तरह वे भी सरकारी जुल्मों के अनिच्छुक हथियार बन जाते हैं, न उनकी रुचि का ख़याल किया जाता है, न उनकी भावनाओं पर ध्यान दिया जाता है, उन्हें मशीन बना दिया जाता है! फ़िर पुलिस-अफ़सर की ओर मुख़ातिब होकर उसने कहा—"कप्तान साहब, माफ़ कीजिए, आपने इस पर कभी सोचा हो या नहीं, लेकिन आप भी पूँजीवादियों के हाथ के एक हथियार हैं, जिसके ज़ोर पर वे जनता का मनमाना शोषण करते हैं।" चारों ओर से तालियाँ गड़गड़ा उठीं। अफ़सर के पीछे एक कांस्टेबल बंदूक लिए खड़ा था। बंदूक छाती से उठँगी कर वह भी दोनों हाथों से तालियाँ पीट रहा था। इसी समय उसकी नज़र अपने अफ़सर पर पड़ी, जो कुर्सी पर बेचैन कसमस कर रहा था। झट तालियाँ बंद कर उसने बंदूक सँभाली! बेचारा कुछ देर पहले अपनी स्थिति तक भूल गया था। यह था, रोज़ा का जादू!

महायुद्ध के समय जब दूसरे समाजवादी नेताओं ने अपना दिमाग़ी दिवालियापन दिखलाया था, रोज़ा मज़दूरों में क्रांतिकारी भावनाएँ भरने में दिनरात लगी रहती। वह जनता से कहती फिरती कि अभी उनकी अपनी लड़ाई आने ही वाली है, जबकि उन्हें सर्वस्व निछावर करने को तैयार होना पड़ेगा, जो अपने को समाजवाद का हामी समझते हैं, उन्हें अपनी जान देकर अपनी सचाई का पता देना पड़ेगा। श्रोताओं में उत्साह और विश्वास भरती हुई, उन्हें ओजस्वी शब्दों में वह कहती—

"तैयार रहिए, अपने को इन दिनों के लिए तैयार कीजिए, जब समाजवाद आपसे सिर्फ़ मत नहीं माँगेगा, बल्कि आपकी प्यारी जान माँगेगा।"

ज़िंदा मशाल

अपने उपर्युक्त कथन की पुष्टि उसने आततायियों के हाथों अपनी जान देकर की। रोज़ा लुक्ज़ेम्बुर्ग चल बसी, किंतु उसके विचार और कार्य तो मरनेवाले नहीं थे! उसकी मृत्यु के बाद जब जनता को सारी बातें मालूम हुईं, हत्याकारियों को दंड दिलाने की चेष्टाएँ हुईं! किंतु, रोज़ा की स्मृति के लिए क्या इतना ही काफ़ी था? नहीं, ज़रूरी यह था कि उसके कार्य को जारी रखा जाए, उसके विचारों को संकलित रूप दिया जाए। इसके लिए एक अंतर्राष्ट्रीय उपसमिति बनी, जिसमें चार सदस्य थे—निकोलाई, बुख़ारिन, क्लारा ज़ेटकिन, जुलियन कारस्की और एडोल्फ़ बारस्की। अंतर्राष्ट्रीय ख्याति के इन चारों व्यक्तियों के प्रयत्न से रोज़ा लुक्ज़ेम्बुर्ग के ग्रंथों और लेखों के तीन भाग निकले। जब चौथा भाग छप रहा था, हिटलर का जर्मनी में उदय हुआ। उसके गुर्गों ने पुस्तक के प्रूफ़ को ही नहीं ज़ब्त किया, उसके टाइप के भी टुकड़े-टुकड़े कर डाले! पीछे उसकी सभी पुस्तकों की खुलेआम होली जलाई गई, उसकी समाधि को नष्टभ्रष्ट कर दिया गया!

यही सही—किंतु, क्या इससे रोज़ा लुक्ज़ेम्बुर्ग की अमरता में कमी आएगी? कभी नहीं। क्यों?—जवाब क्लारा ज़ेटकिन के मुँह से ही सुनिए—

"रोज़ा लुक्ज़ेम्बुर्ग के लिए समाजवादी विचार उसके दिल और दिमाग़ की संचालक शक्ति थे, एक ऐसी भावना जो हमेशा जलती और प्रकाश करती रहे! इस आश्चर्यमयी रमणी का एक ही कार्य और एक ही उद्देश्य था—सामाजिक क्रांति के लिए रास्ता साफ़ करना, समाजवाद के लिए इतिहास के मार्ग को प्रशस्त करना। क्रांति की चिनगारियों से खेलना, उसके युद्धों में हँस-हँसकर तलवारें खाना—ज़िंदगी का सबसे बड़ा आनंद वह इसी में अनुभव करती थी। अपने पूरे प्रण से, इच्छाशक्ति से, आत्मत्याग से और भक्ति से—जिनका वर्णन शब्दों में

हो नहीं सकता,—इस महिला ने अपनी ज़िंदगी और संपूर्ण अस्तित्व समाजवाद के लिए अर्पित कर रखा था। अपनी महान करुणाजनक मृत्यु से ही नहीं, अपनी ज़िंदगी के एक-एक दिन, एक-एक घड़ी, एक-एक क्षण से इसने समाजवाद की अपार सेवा की। वह क्रान्ति की तेज़ तलवार और ज़िंदा मशाल थी!"

2

बहुजन हिताय, बहुजन सुखाय

विद्रोही बालिका

ज़ामोस्क पोलैंड का एक छोटा-सा शहर है। यह रूस की सरहद पर पड़ता है। बहुत ही ग़रीब शहर है यह—यहाँ के लोगों का सांस्कृतिक जीवन, स्वभावतः ही, बहुत नीचे दर्जे का है। उस समय पोलैंड रूस की ज़ारशाही के चंगुल में था। ज़ारशाही के ख़िलाफ़ पोलैंड के बड़े लोगों ने 1869 में विद्रोह किया। उस विद्रोह से चिढ़कर, बड़े लोगों को सबक सिखाने की ग़रज़ से, ज़ारशाही ने किसानों को ज़मीन पर अधिकार दिलानेवाले कुछ सुधार दिए थे। किंतु, इन सुधारों के बावजूद ग़रीबों की हालत बहुत ही बुरी थी। किसान तबाह थे, मज़दूर तबाह थे; गाँव के लोगों की तबाही शहर के लोगों पर असर डाले हुए थी।

यहूदियों की तो और बुरी हालत थी। विदेशी गुलामी और आम ग़रीबी की तक़लीफ़ और बदहाली के साथ-साथ उन्हें मज़हबी तअस्सुबों का भी शिकार बनना पड़ता था। यहूदी से सभी घृणा करते—उन्हें पतित और वर्जित क़ौम के मानते। ऐसे समाज में जहाँ हर आदमी अपने ऊपर के आदमी का गुलाम था, यहूदी सबसे निचली सतह में होने के कारण, सबके ही गुलाम थे—सबकी जूतियाँ, सब जगह उन पर पड़ती थीं। वे सभी लांछन, अपमान और उत्पीड़न को इस उम्मीद पर सहे जाते कि एक दिन, उनकी धर्मपुस्तक के अनुसार उनके भाग चमकेंगे! वे सारे संसार के सर्वेसर्वा होंगे! इस भावना ने उनमें स्वार्थ की मात्रा बहुत बढ़ा दी थी—मानो कोढ़ में खाज पैदा हो गई थी!

इसी ज़ामोस्क शहर के एक यहूदी परिवार में 5वीं मार्च, 1871 को रोज़ा लुक्ज़ेम्बुर्ग का जन्म हुआ था। किंतु, उसके चरित का निर्माण और उसकी आत्मा का विकास इस दूषित वातावरण में नहीं हुआ। उसका परिवार, मरुभूमि में ओसिस की तरह, इस गंदे और निर्धन शहर में समृद्ध और संपन्न माना जाता था। रोज़ा के दादा ने अपने परिवार के रुतबे को ऊँचा उठाया था। इनका लकड़ी का व्यापार था। इस व्यापार के चलते पोलैंड के बड़े लोगों से ही इनका संबंध नहीं था, बल्कि जर्मनी में भी इनकी आमदरफ्त थी। उन्होंने अपने बच्चों को आधुनिक शिक्षा दी थी, उन्हें बर्लिन और ब्रोमबर्ग तक शिक्षार्थ भेजा था। रोज़ा के पिता जर्मनी से बड़े उदार विचार लाए थे और संसार की हलचलों में काफ़ी दिलचस्पी रखते थे। यूरोप की साहित्यधारा की ओर उनका ख़ास झुकाव था। पोलैंड को रूस की ज़ारशाही से मुक्ति दिलाने के लिए जो राष्ट्रीय क्रांतिकारी आंदोलन चल रहा था, उससे उनकी सहानुभूति थी; किंतु, उन्होंने अपना समय सांस्कृतिक कार्यों में ही लगाना तय किया था। वह उस कोटि के लोग थे, जिनके चलते आज संसार-भर में यहूदियों का नाम कला, विज्ञान और समाजसेवा के क्षेत्र में सम्मान के साथ लिया जाता है।

रोज़ा इनकी पाँच संतानों में सबसे छोटी थी। बचपन में ही उसकी कमर के नीचे कुछ दर्द शुरू हुआ, जिसे हड्डी की थाईसिस मानकर चिकित्सा की गई। पीछे यह निदान ग़लत साबित हुआ, किंतु, इसके चलते जो नुकसान हुआ, उसने रोज़ा की ज़िंदगी पर हमेशा के लिए छाप डाल दी।

वह बड़ी खुशमिज़ाज लड़की थी, बड़ी कार्यशील और मेधावी। जिसने उसे देखा, उस पर मुग्ध हुआ। पाँच वर्ष की उम्र में ही उसने लिखना-पढ़ना सीख लिया। शुरू में उसने पोलैंड की मातृभाषा सीखी, किंतु,

ेगभाषा भी उसके परिवार के व्यवहार में थी, फलतः बचपन से ही वह उससे भी परिचित हो गई। बुजुर्गों को ख़त लिखते देख उसके मन में भी ख़त लिखने की प्रवृत्ति जगी। वह अपने माँ-बाप और भाई-बहन के नाम, एक ही घर में रहने पर भी, अपने मनोभावों को ख़त लिखकर भेजती और उनसे तक़ाज़ा करती कि लिखकर ही उसे जवाब दिया जाए। बचपन से ही वह जर्मन कविता और गद्य को पोलिश भाषा में अनुवाद करने लगी। उसकी पहली रचना बच्चों के एक मासिक पत्र में भेजी गई थी। छुटपन से ही उसे पढ़ाने का भी शौक था। ज्यों ही उसने पढ़ना-लिखना सीखा, कि घर के नौकरों की गुरुआनी बन बैठी !

उसके बचपने की एक बड़ी मज़ेदार घटना है। एक दिन चिराग बालते समय उसने जिस काग़ज़ को जला डाला, वह साधारण काग़ज़ नहीं, बल्कि नोट था और उस दिन घर में सिर्फ़ उतना ही नक़द बच रहा था। किंतु, इससे उसके माँ-बाप नाराज़ नहीं हुए, बल्कि उसकी प्रगल्भता पर खूब हँसे ही !

रोज़ा की माँ का प्रभाव बच्चों पर अधिक था, रोज़ा पर भी। वह साधारण यहूदी स्त्री से ज्यादा सुसंस्कृत और सुशिक्षित थी। धर्म-पुस्तकों के अतिरिक्त साहित्य में उसकी बड़ी रुचि थी। जर्मन और पोलिश भाषाओं के काव्यग्रंथों की ओर उसका विशेष झुकाव था। रोज़ा की साहित्यिक प्रवृत्ति को परिपुष्ट करने में उसकी माँ का बड़ा हाथ था। रोज़ा कविता पढ़ने में ही तल्लीन नहीं रहती, बचपन में कविता रचने का भी उसे शौक था। रोज़ा की इस प्रतिभा और मेधा पर उसके परिवार को बड़ा नाज़ था और जो कोई नया आदमी परिवार में आता, उसके नजदीक रोज़ा को ज़रूर पेश किया जाता। किंतु, अपने को प्रदर्शन की चीज़ बनाने से वह प्रायः इंकार कर देती और जब ज़िद की जाती, तो आगंतुक को ऐसी व्यंग-कविता रचकर सुना देती, जो उन्हीं पर लागू होती।

जब वह तीन वर्ष की थी, तभी रोज़ा के पिता अपना परिवार लेकर ज़ामोस्क से वारसा चले आए। वह अपने बच्चों को जैसी शिक्षा देना चाहते थे, उसका प्रबंध ज़ामोस्क में नहीं हो सकता था।

घर पर की प्रारंभिक शिक्षा के बाद रोज़ा का नाम वारसा के एक हाईस्कूल में लिखाया गया। किंतु, उस समय पोलैंड के हाईस्कूलों की अजीब हालत थी। हर जगह रूसी भाषा का बोलबाला था। प्रमुख स्कूलों में रूसी अफ़सरों के बच्चों के अलावा बहुत कम लोगों को अपने बच्चे भेजने की इजाज़त मिल पाती ! यहूदियों के लिए तो सख्त मुमानियत थी। दूसरे दर्जे के स्कूलों में भी यहूदी बच्चों को मुश्किल से जगह मिलती। ऐसे ही एक स्कूल में रोज़ा का नाम लिखाया जा सका था। स्कूल में बच्चों को बाध्य किया जाता था कि वे आपस की बातचीत भी रूसी भाषा में ही करें। रूसी शिक्षक इतने नीचे उतरे हुए थे कि वे बच्चों पर खुफ़िया का काम भी करते थे।

इस प्रकार के संकीर्ण दमन का नतीजा यह था कि बच्चों के दिलों में शिक्षकों के प्रति बग़ावत और नफ़रत भरी हुई थी। वे प्रायः ही विरोधी प्रदर्शन कर बैठते। जब-जब बाहर कुछ राजनीतिक हलचल होती, स्कूलों में हड़तालें और मुज़ाहरे हो जाते। स्कूलों में गुप्त षड्यंत्रों का भी दौरदौरा था। देशप्रेम में मस्त विद्यार्थी चुपके-चुपके दल बनाते और अपने देश को आज़ाद करने के मधुर स्वप्न देखते। अपने परिवार के उदार विचार और देशभक्ति की भावना के कारण रोज़ा इन प्रदर्शनों में खुलकर साथ देती। थोड़े ही दिनों में वह इसके लिए इतनी बदनाम हो गई कि स्कूल छोड़ने के समय योग्यता के कारण जिस सोने के तमग़े की वह हक़दार थी, उसे "अधिकारियों के प्रति उसके विद्रोही रुख़ के कारण" रोक लिया गया, उसे नहीं दिया गया।

रोज़ा ने 1887 में स्कूल छोड़ा। इसका पता नहीं चलता कि स्कूल की पढ़ाई के समय वह किसी षड्यंत्रकारी दल की सदस्या थी या नहीं। किंतु, इसमें तो शक ही नहीं कि उसके हृदय में जो आग जल रही थी, उसकी गर्मी को वह उस समय भी छिपाकर नहीं रख सकती थी ! किंतु, स्कूल छोड़ने के थोड़े ही दिनों बाद हम उसे 'प्रोलेतारियत' नामक एक समाजवादी संस्था की सदस्य के रूप में पाते हैं और थोड़े ही दिनों के अंदर पुलिस की नज़रों में वह इस तरह चढ़ जाती है कि उसे अपने देश को ही त्याग देना पड़ता है।

प्रोलेतारियत की सेवा में

जिस समय बालिका रोज़ा स्कूल में पढ़ रही थी, उस समय रूस और रूस की ज़ारशाही की चक्की में पिसते हुए

उसकी मातृभूमि पोलैंड में अजीब उथल-पुथल मची हुई थी। ज़ारशाही के अत्याचारों से आज़िज़ आकर रूस के नौजवानों ने षड्यंत्र का एक जाल-सा बिछा रखा था और उन्हें यह फ़ख्र हासिल था कि उन्होंने एक ज़ार (अलेक्ज़ेंडर द्वितीय) की हत्या कर डाली थी (1 मार्च 1881)। किंतु, जिस तरह ज़ार की इस हत्या की चेष्टा में किवैलशिच भी अपने ही बम की चोट से उड़ गया, उसी तरह इस हत्या के बाद जो दमन शुरू हुआ, उसने वहाँ के उस षड्यंत्रकारी आंदोलन को भी नष्ट-भ्रष्ट कर डाला। इसके बाद वहाँ ऐसे लोग राजनीतिक रंगमंच पर आए, जिन्होंने नई पुकार दी। वे कहने लगे—व्यक्तिगत बलिदानों से आप अपनी आदर्शप्रवणता और भावुकता भले ही संसार पर प्रकट करें, किंतु आज़ादी प्राप्ति के लिए आपको जनता तक पहुँचना पड़ेगा, उसके संगठन में जुटना पड़ेगा, तभी आप सफलता प्राप्त कर सकेंगे। ये लोग समाजवादी थे और मज़दूरों के संगठन पर इनका सबसे अधिक ध्यान था। रूस के ऐसे लोगों में प्लेखानौव का नाम सबसे आगे आता है और बाद में लेनिन ने आकर इस विचार में चार चाँद लगा दिए, उसे कार्यरूप में परिणत कर दिखलाया।

पोलैंड में भी षड्यंत्रकारियों के अड्डे थे और यहाँ भी जब-तब आतंकवादी कार्य होते ही रहते थे। किंतु, धीरे-धीरे यहाँ भी इस नई समाजवादी विचारधारा का संचार होने लगा था। इसके दो कारण थे। एक तो पोलैंड में उद्योग-धंधे का अधिक विकास हो चला था; दूसरे पश्चिमी यूरोप के यह सन्निकट था। ज़ारशाही का संरक्षण पाकर पोलैंड का पूँजीवाद बड़ी तीव्र गति से उन्नति कर रहा था। सौ में सौ नफ़ा तो एक साधारण बात थी। उस नफ़े के लिए मज़दूरों से 14-15 घंटे रोज़ाना काम लिया जाता, उन्हें कम मज़दूरी दी जाती, उन्हें घिनौने ढंग से रखा जाता और मारपीटकर उनसे काम लिया जाता। इन मज़दूरों की ओर पोलैंड के उन नौजवानों का ध्यान गया, जिनके कानों में कार्ल मार्क्स के समाजवादी सिद्धांतों के मंत्र पड़ चुके थे। जर्मनी, फ्रांस, इंग्लैंड में मज़दूर आंदोलन की नींव पड़ चुकी थी। जर्मनी से सटे पोलैंड में उसका असर पड़ना ही था।

पोलैंड का समाजवादी आंदोलन रूस से पाँच वर्ष पहले, 1877 में ही शुरू हो जाता है। लुडबिग वारिंस्की नामक एक नौजवान विद्यार्थी ने, अपने कुछ उत्साही दोस्तों के साथ, इस काम में हाथ डाला। वारिंस्की बड़ा ही साहसी, उत्साही और दूरदर्शी व्यक्ति था। वह और उसके साथी कारख़ानों में जाते, मज़दूरों के छोटे-छोटे केन्द्र क़ायम करते, उनकी रक्षा के लिए फंड इकट्ठा करते, उनसे हड़ताल करवाते और उनमें जो लोग बुद्धिमान होते, उन्हें समाजवाद का ज्ञान देते। उन नौजवानों की कठिनाइयों की गिनती नहीं थी। उनके केंद्र बार-बार तोड़ दिए जाते, बड़े पैमाने पर गिरफ्तारियाँ होतीं। मुकदमे चलते। लंबी-लंबी सज़ाएँ मिलतीं। चार वर्षों के अंदर उनके 120 सदस्यों को क़ैद और देश-निकाले की सज़ा मिली थी।

किंतु, इन कठिनाइयों और सज़ाओं के बावजूद काम बढ़ता ही गया और 1882 में मज़दूरों की एक बाज़ाब्ता क्रांतिकारी पार्टी क़ायम की गई, जिसका नाम 'प्रोलेतारियत'— सर्वहारा मज़दूर—रखा गया। जन्म के एक वर्ष बाद ही इस पार्टी की मुठभेड़ वारसा की पुलिस से हो गई। पुलिस ने कारख़ानों में काम करनेवाली औरतों के लिए एक नियम बनाया, जिसके अनुसार, रंडियों की तरह, उन्हें अपने शरीर की जाँच करानी पड़ती। 'प्रोलेतारियत' ने इसके ख़िलाफ़ आवाज़ उठाई और उनकी आज्ञा पर एक कारख़ाने के 6,000 मज़दूरों ने हड़ताल की। हड़ताल को फ़ौलादी हाथों से दबा दिया गया, किंतु, जिस उद्देश्य से हड़ताल की गई, वह सफल हुआ। औरतों को इस ज़लील हुक्मनामे से फ़ुर्सत मिली।

अब पुलिस इस पार्टी के पीछे पड़ी और 1885 में एक षड्यंत्र केस चलाया गया, जिसमें चार आदमियों को फाँसी हुई, तेईस को लंबी कैद की सज़ाएँ मिलीं और लगभग दो सौ आदमियों को देश-निकाले का दंड दिया गया। वारिंस्की ने बड़े ही ओजस्वी शब्दों में अपनी पार्टी की नीति और उद्देश्य को अदालत के सामने रखा। उसे फाँसी तो नहीं दी गई, हाँ, 16 वर्ष सख्त क़ैद की सज़ा पाकर वह धीरे-धीरे जेल में ही शहीद हो गया। इस मुक़दमे से पार्टी तहस-नहस हो चुकी थी। किंतु मार्टिन कैस्पूर्जाक नामक एक मज़दूर उसकी धूनी रमाए बैठा था कि रोज़ा ने इसमें प्रवेश किया।

स्कूल जीवन की इस विद्रोही बालिका ने अब क्रांतिकारी समाजवाद के क्षेत्र में प्रवेश किया। रोज़ा के

लिए कोई दूसरा काम हो भी नहीं सकता था। दलितों और पीड़ितों से उसकी स्वाभाविक सहानुभूति और समवेदना थी। वह एक दलित क़ौम की थी, दलित देश की थी। जहाँ कहीं उसने दुःख और अत्याचार देखे, उन्हें अपना समझ उनके ख़िलाफ़ भिड़ गई। किंतु, अपनी तीक्ष्ण मेधा से वह जान गई कि सभी दुःखों और अत्याचारों के प्रतिकार का एक ही उपाय है—संसार को नए नियम पर बसाया जाए। एक नई नींव पर खड़ा किया जाए। वह नियम, वह नींव क्या हो सकती है? पार्टी में आने पर उसकी नज़रों से मार्क्स और एंजेल्स के साहित्य गुज़रे। उस समय वे साहित्य गुप्त ढंग से ही बँटते थे। उन्हें पढ़कर इस नतीजे पर पहुँचने में उसे देर नहीं लगी कि सारे रोगों की एक ही रामबाण औषध है और वह है समाजवाद!

प्रोलेतारियत पार्टी में आने के बाद उसने जोरशोर से काम करना शुरू कर दिया। उसकी ऐसी प्रतिभाशील युवती का बढ़ता प्रभाव पुलिस की आँखों से छिप नहीं सकता था। ऐसी चर्चा होने लगी पुलिस उसे फँसाने के फेर में है और उसके लिए साज़िशें रची जा रही हैं। रोज़ा इससे डरनेवाली नहीं थी, किंतु, उसके साथियों ने इन मुसीबत के दिनों में उसके ऐसे मेधावी, कर्मशील मेंबर को खोना मुनासिब नहीं समझा और उससे आग्रह किया कि वह ज़ूरिच चली जाए। लेकिन प्रश्न यह था कि ज़ूरिच जाए तो कैसे? पोलैंड से बाहर बिना पासपोर्ट के जाना मना था। पासपोर्ट न होने से पकड़े जाने का ख़तरा लगा था। कास्पज़ांक ने एक तिकड़म की। रोज़ा को चुपचाप पोलैंड और जर्मनी की सरहद तक वह ले गया। सरहद पर एक गाँव में कास्पज़ांक उस गाँव के पादरी से मिला और कहा कि एक यहूदी लड़की ईसाई बनना चाहती है, किंतु, उसके घरवाले इसके बड़े ही ख़िलाफ़ हैं। इसके लिए ज़रूरी यह है कि उसे गुपचुप सरहद के उस पार कर दिया जाए, जहाँ वह किसी गिरजे में जाकर ईसाई मत ग्रहण कर लेगी। बेचारा पादरी चकमे में आ गया। रोज़ा ने ऐसी धार्मिक भावुकता दिखलाई, कुछ इस तरह गिड़गिड़ाई कि पादरी पसीज उठा। किसान की एक गाड़ी पर खरपात डाल दी गई। रोज़ा उस खरपात के भीतर जा घुसी। पादरी साहब ने वह गाड़ी सरहद के पार पहुँचवा दी। पोलैंड की पुलिस देखती रही, रोज़ा स्वच्छंद चिड़िये की तरह ज़ूरिच जा पहुँची।

यह 1889 की घटना है। रोज़ा उस समय अट्ठारह वर्ष की नवयुवती-मात्र थी। अट्ठारह वर्ष की नवयुवती की यह साधना! घर-द्वार छोड़कर, सुख-ऐश्वर्य छोड़कर, प्यारी माँ और स्नेही पिता को छोड़कर, अपने चिरसंगी भाई-बहनों को छोड़कर वह इस परिस्थिति में, तपस्विनी की तरह, चली—कहाँ! जहाँ ज़िंदगी-भर संघर्ष है, तपस्या है, हलचल है—आज यहाँ, कल वहाँ! और, जहाँ इस कठोर ज़िंदगी को भी पूर्ण करने का··· ! लेकिन नहीं, अभी उस निर्मम, निष्ठुर घटना की ओर इशारा भी उचित नहीं!

बनवास की ओर

रोज़ा ज़ूरिच पहुँची। एक कठोर गुलामीवाले देश से, यूरोप के सबसे आज़ाद देश में। नीची, सीलभरी, सड़ी हुई सरज़मीन से हवादार, प्रकाशमयी ऊँचाई पर। ज़ूरिच उस समय रूस और पोलैंड के देशभक्तों का अड्डा बना हुआ था। वहाँ का विश्वविद्यालय इन देशभक्तों की विद्यापीठ समझा जाता था। ज़ारशाही और उसकी पुलिस से परेशान युवक और युवतियाँ वहाँ आते, पढ़ते और इस पढ़ाई के सिलसिले में ही संसार को बहुत ही निकट से देखने और समझने की कोशिश करते। उनमें से कितनों ने लंबी क़ैद भुगती थी, कितनों ने साइबेरिया की हवा खाई थी। अपने परिवार और समाज से उन्हें परिस्थिति ने ज़बर्दस्ती अलग कर दिया था। वे उन मध्यवित्त विद्यार्थियों से बिलकुल दूसरे क़िस्म के थे, जो सिर्फ़ भविष्य जीवन के आनंद और मौज के लिए किताबें रटा करते हैं। उन्हें अपने भविष्य की परवाह नहीं थी। वे तो मानवता के भविष्य के निर्माण में अपने को अर्पित कर चुके थे। वे बहुत ही सादे ढंग से रहते। उनके उपनिवेश में स्त्रियों और पुरुषों के समान पद और हक़ थे। आज़ाद विचार का उनमें बोलबाला था। किंतु, सदाचार के नियमों की पाबंदी में वे ऋषियों को भी मात दे सकते थे। ग़रीबी तो उनके भाग्य में लिखी थी, किंतु, इसके चलते उनमें एकता का अटूट बंधन भी था।

ज़ूरिच के होटलों में शराब पीने, नाचने और मौज उड़ानेवाले विद्यार्थियों से उनका जीवन बिलकुल

अलग था। कम रोटी और ज्यादा चाय; तंग ठंडे कमरे में सिगरेट के धुएँ का बादल; चमकती आँखें और उत्तेजना-भरे इशारे; उमंग और उत्साह से सराबोर वे बहस पर बहसें किए जा रहे हैं। उनकी बहसों के लिए विषय क्या कम थे ? विज्ञान और दर्शन, डार्विन का विकासवाद, स्त्रियों की मुक्ति, मार्क्स और ऐंजेल्स के सिद्धांत, टाल्स्टाय का संन्यासवाद, रूस के किसान, निहलिस्ट विचारधारा, बाकुनिन का अराजकतावाद, ब्लैंकी का आतंकवाद, पूँजीवाद का विकास और पतन, पोलैंड की राष्ट्रीय स्वाधीनता, तुर्ज़नेव की साहित्यशैली यों ही हज़ारों विषय जिन पर की गई बहसों का एक ही नतीजा—क्रांति, इंकलाब ! इनमें से बहुतों की तक़दीर में अपने देश लौटने पर फाँसी चढ़ना या जेलों में घुलघुलकर मरना लिखा था। हाँ, उनमें से कुछ त्याग के मार्ग से विचलित होकर फिर अपनी दुनियादारी में भी लग गए और वे कैसे जिए, कब मरे इसका पता भी दुनिया को नहीं है। उनमें से बहुत कम लोगों को यह सौभाग्य मिला कि जिस तूफ़ान में उन्होंने अपने को डाला था, उससे सफलतापूर्वक बाहर आएँ और स्वप्नों को सत्य के रूप में देख पाएँ।

रोज़ा ज़ूरिच पहुँचकर विद्यार्थियों की इस जमात के संपर्क में आई। उनकी बहसों में वह भी शामिल होती, लेकिन, उसे इस बात से निराशा होती कि ये बहसें प्रायः फ़िजूल ही जातीं; इनसे किसी निर्णय पर नहीं पहुँचा जाता। इन चीज़ों में वह एक रोमांचकारी रहस्यवाद पाती—ठोस वैज्ञानिक तथ्य की ओर कम ध्यान दिया जाता। संयोग से उसे प्रसिद्ध समाजवादी लेखक लुबेक के घर में जगह मिल गई, जो बेचारा रोग से बिलकुल ही अपाहिज हो चला था, किंतु, अपनी रोज़ी किसी तरह क़लम के बल से चला लेता था। रोज़ा ने उसके लिखने-पढ़ने में बड़ी मदद की। जर्मनी के मज़दूरों पर उसने जो किताबें लिखीं, उनके तैयार होने में रोज़ा का हाथ कम न था। कभी-कभी तो वह स्वतंत्र लेख तैयार करती, जो लुबेक के नाम से छपने के कारण काफ़ी पैसे भी लाते। कुछ दिनों के बाद तो रोज़ा इस घर की मालकिन-सी बन गई।

ज़ूरिच विश्वविद्यालय में उसने अपना नाम लिखाया। उसने अपना विषय रखा— प्राकृतिक विज्ञान। पौधों और पशुओं की ज़िंदगी से जो उसका अनुराग था, वह ज़िंदगी-भर उसमें एक व्यसन-सा रहा। जब-जब राजनीति से उसे थोड़ी भी फुर्सत मिलती, कि वह इसमें लग जाती। किंतु, कुछ दिनों तक प्राकृतिक विज्ञान के पढ़ने के बाद, उसे राजनीति विज्ञान की ओर आकृष्ट होना पड़ा। वह शुरू से ही अच्छी तरह समझती थी कि उसे अपनी ज़िंदगी राजनीतिक क्षेत्र में ही व्यतीत करनी है, अतः, इस विषय का पूरा ज्ञान हासिल कर लेना उसने आवश्यक और अनिवार्य समझा। किंतु, क्या कालेजों में राजनीति की पूरी शिक्षा मिल सकती है ? ज़ूरिच के कालेज में जो राजनीति के प्रोफ़ेसर थे, जुलियस उल्फ़, वह अपने जमाने के नामी राजनीतिशास्त्रज्ञ थे, इसमें शक नहीं। किंतु, राजनीतिक अर्थशास्त्र पर उनके विचार बिलकुल पूँजीवादी थे। क्लास में रोज़ा से उनकी प्रायः झड़प हो जाती। वह ऐसे-ऐसे प्रश्न कर देती कि उल्फ़ साहब सिटपिटाकर रह जाते, सिर खुजाने लगते; इधर क्लास के लड़के तालियाँ पीटते। किंतु, यह उल्फ़ की महानुभाविता है कि अपनी आत्मकथा में उसने अपनी इस "सबसे अधिक मेधावी शिष्या" की खुलकर तारीफ़ की है।

कालेज जीवन में ही रोज़ा प्रसिद्ध अर्थशास्त्री आडम स्मिथ और रिकार्डो के ग्रंथों को बड़े मनोयोग से पढ़ गई। कार्ल मार्क्स के जो ग्रंथ उपलब्ध थे, उनका तो, जैसे धर्म ग्रंथ की तरह, उसने अध्ययन किया।

अपने अध्ययन के साथ ही साथ रोज़ा ने ज़ूरिच के मज़दूर-आंदोलन में भी दिलचस्पी लेना शुरू कर दिया। उस समय ज़ूरिच में रूस के मज़दूर-आंदोलन के जो नेता थे, उनके संपर्क में भी वह आई। प्लैख़नौव, जो अपने जमाने का सबसे बड़ा मार्क्सवादी समझा जाता ता, एक्ज़लरौड जो रूसी समाजवादी पार्टी का कर्त्ताधर्त्ता माना जाता था, बरो सैस्सुलिच, जिस रूसी महिला की धाक यूरोप के सभी मार्क्सवादियों पर थी—इन लोगों के सान्निध्य से रोज़ा के विचारों में और भी पुष्टता आई। कालेज के कुछ विद्यार्थियों से उसकी घनिष्ठता बढ़ी, जिनमें से जुलियन मार्चलेवेस्की और एडौल्फ़ बारस्की उसके राजनीतिक कार्य में हमेशा के लिए सहयोगी बन गए। किंतु, सबसे बढ़कर, इसी ज़ूरिच ने रोज़ा को एक जीवनसंगी दिया, जो ज़िंदगी-भर उसके कार्यों में शरीक़ रहा और मौत की राह पर भी उसने उसे अकेले नहीं छोड़ा !

जीवन-संगी

रोज़ा के ज़ूरिच आने के एक वर्ष बाद एक नौजवान यहाँ पहुँचा। उसने भी अपनी ज़िंदगी पोलैंड और रूस के मज़दूरों की सेवा में अर्पित कर रखी थी। ज़ूरिच में आने के थोड़े ही दिनों में उसकी दोस्ती रोज़ा से हो गई।

उस नौजवान का नाम था, लिओ जोगिचेस। वह एक असाधारण पुरुष था। उसकी पूरी ज़िंदगी रहस्य-जाल में ढँकी रही। जो उसके नज़दीक काम करते, वे भी उसके बारे में बहुत कम जानते। वह बहुत ही गंभीर बना रहता और अपने गत जीवन के बारे में कुछ बोलता ही नहीं। जब जर्मनी के 'स्पार्टकस लीग' के नेता की हैसियत से वह शहीद हुआ, तब उसके साथियों और अनुयायियों को उसके जीवन की घटनाएँ एकत्र करने में बड़ी कठिनाई हुई—बड़ी मुश्किल से थोड़ी बातें जानी जा सकीं।

वह रोज़ा से उम्र में चार वर्ष बड़ा था। विलना शहर के एक धनी यहूदी परिवार में उसका जन्म 1867 में हुआ था। उसके पितामह बड़े विद्वान थे। उसके पिता ने अपने को रूसी रंगढंग में इस तरह रँग लिया था कि परिवार में यहूदी भाषा बोली तक नहीं जाती थी। हाईस्कूल में पढ़ते समय से ही लिओ अपने साथियों में क्रांतिकारी विचारों का प्रचार किया करता। परीक्षा पास करने के पहले ही उसने स्कूल छोड़कर पूरा समय क्रांतिकारी कार्यों में देना शुरू कर दिया। 1885 में, जब वह सिर्फ 18 वर्ष का था, उसने अपने शहर विलना में एक छोटी-सी क्रांतिकारी संस्था खोली। यह संस्था अधिक विकसित नहीं हो सकी, क्योंकि एक तो यहाँ के मज़दूर बड़े ही कमज़ोर थे, फिर पढ़े-लिखे लोगों में आतंक छाया हुआ था। तो भी इस संस्था के कारण कई प्रसिद्ध समाजवादी नेता पैदा हुए। इसी संस्था में चार्ल्स रप्पापोर्ट की दीक्षा हुई थी, जो, पीछे फ्रांसीसी समाजवादी पार्टी के सिद्धांतदाता के नाम से प्रसिद्ध हुआ।

जोगिचेस का प्रभाव अपने अनुयायियों पर बहुत ही गहरा था। उनमें से एक कहता है—"जोगिचेस बड़ा ही चतुर और प्रभावशाली वक्ता था और उसकी उपस्थिति उसकी महत्ता को आप ही आप प्रकट कर देती थी। समाजवादी की हैसियत से अपने कार्य में वह बिलकुल तल्लीन रहता। और हम लोग उसे देवता की तरह मानते थे।" अपने को कठोर अनुशासनों में उसने ढाल रखा था और क्रांतिकारी कार्य के लिए वह सबकुछ करने को तैयार रहता था। उसने छापने, ब्लाक बनाने आदि के काम भी सीख लिए थे। कभी वह किसी कारख़ाने में जाकर कारीगर का काम करता था, तो कभी फौज़ में जाकर सैनिकों का गुप्त संगठन करता था। अपने को अनुशासित रखना और दूसरों से भी कड़ा अनुशासन वसूल करना उसका स्वभाव था। गंभीर अध्ययन के द्वारा उसने अपनी योग्यता बहुत बढ़ा ली थी और अपने साथियों को भी पढ़ने-लिखने में हमेशा लगाए रहता था। रूसी क्रांति में प्रसिद्धि-प्राप्त कार्ल रैडक उसके अनुयायियों में था। रैडक ने लिखा है कि 1905 की क्रांति की असफलता के चलते जब चारों ओर अजीब घबराहट और उलझन फैली हुई थी, उसने रैडक को अनेक पुराने विस्मृतप्राय ग्रंथों का अध्ययन करने के लिए बाध्य किया था, जिन्होंने रैडक के विचारों को स्पष्ट कर दिया।

तीन-चार वर्षों तक ही वह काम कर सका था कि 1888 में उसे गिरफ्तार कर विलना के क़िले में कैद कर लिया गया। रिहाई के बाद फिर थोड़े दिनों में ही, 1889 में, वह गिरफ्तार किया गया और इस बार चार महीनों के बाद उसको छुटकारा मिला। अब पुलिस उसके पीछे पड़ी थी। उसने समझ लिया, अब यहाँ वह काम नहीं कर सकेगा। वह अपनी प्यारी मातृभूमि को छोड़कर भागा और ठीक रोज़ा की ही तरह सरहद पर चकमा देकर ज़ूरिच आ पहुँचा। हाँ, जहाँ रोज़ा की गाड़ी में खरपात थी, वहाँ, जोगिचेस ने अपने को कीचड़ में छुपा लिया था।

ज़ूरिच आने पर वह प्लैख़नौव से मिला। उसके पास काफ़ी पैसे थे, जिसे वह समाजवाद के प्रचार में व्यय करता आया था। उसने प्लैख़नौव से कहा कि एक अख़बार निकाला जाए। मैं उसके लिए पैसे दूँगा। प्लैख़नौव राज़ी हो गया और एक शर्तनामा भी तैयार कर लिया गया। किंतु, शर्तों को लेकर गड़बड़ी हो गई। प्लैख़नौव अख़बार पर अपना पूरा अधिकार चाहता था। एक तो उसे अपनी विद्वत्ता का अभिमान था, दूसरे, वह

एक नवयुवक नए आदमी के हाथ में इतना बड़ा अस्त्र देना नापसंद करता था। किंतु, उम्र छोटी होने पर भी जोगिचेस को अपने और अपनी योग्यता पर कम विश्वास नहीं था। उसने प्लैख़नौव के निकट आत्मसमर्पण करने से इंकार कर दिया।

इसी समय उसकी मुलाकात रोज़ा से हुई। जो पहले राजनीतिक संबंध के रूप में शुरू हुई, वह अंत में जीवन संबंध में परिणत हो गई! दोनों ने विवाह कर लिया। ऊपर से देखने पर दोनों का यह आकर्षण और प्रणय कुछ विचित्र मालूम होता है। रोज़ा एक खुशमिज़ाज लड़की; भावुक स्वभाव और तीक्ष्ण मेधा; अपनी प्रतिभा को चारों ओर वितरण करने को उत्सुक! और, लिओ—कठोर और अनुशासित चरित, कर्त्तव्य के लिए ही जीनेवाला, कर्तव्य को पंडिताई की सूक्ष्मता तक बढ़ाकर ले जानेवाला, दूसरे से भी वैसी ही कठोर कर्त्तव्य-साधना की माँग करनेवाला और ज़रूरत पड़ने पर अपने और दूसरे को कर्त्तव्य की बेदी पर ज़िंदा ही उत्सर्ग कर देने को तत्पर! उसकी भावुकता पर कठोरता ने विजय प्राप्त कर ली थी। यों, ज़मीन-आसमान का अंतर मालूम होता है। किंतु, इन दोनों की यह प्रवृत्ति दोनों के लिए कमज़ोरी नहीं, बल्कि बल का कारण सिद्ध हुई। एक के अभाव की दूसरे में पूर्ति होती। दोनों महान थे, किंतु, उनकी महानता कभी टकराई नहीं। उनका यह पवित्र संबंध स्थायी रहा। मौत भी इसको तोड़ नहीं सकी!

सुप्रसिद्ध जर्मन विदुषी क्लारा ज़ेटकिन ने लिखा है—"लिओ की पैनी आलोचना की खराद पर चढ़कर रोज़ा की सैद्धांतिक और व्यावहारिक रचनाएँ और कार्यवाहियाँ और भी चमक उठीं। वह सचमुच एक महापुरुष था। ऐसे लोग बहुत कम होते हैं जो अपने महान व्यक्तित्व को छाया में रखकर भी अपनी अर्द्धांगिनी की महानता को बढ़ते और फूलते-फलते देखकर आनंद अनुभव करते हैं।"

संघर्ष का श्रीगणेश

ज़ूरिच में आने के बाद, रोज़ा सिर्फ अध्ययन में ही लीन नहीं रही; मज़दूरों की क्रियात्मक सेवा के क्षेत्र में भी उसने क़दम बढ़ाए और थोड़े ही दिनों में यूरोप के समाजवादी हलके में उसकी प्रसिद्धि हो गई।

पोलैंड में 'प्रोलेतारियत' पार्टी के अलावा 'वर्कर्स लीग'—मज़दूर-संघ के नाम से एक और संस्था क़ायम हो चुकी थी। इन दोनों संस्थाओं में पहले प्रतिस्पर्द्धा थी, किंतु थोड़े ही दिनों के बाद आपस में सहयोग की भावना बढ़ने लगी। दोनों संस्थाओं ने मिलकर 1892 में पोलैंड भर में 'मई-दिन' मनाया था, जिसमें वारसा के 8000 मज़दूरों ने और लोद्ज़ के 60,000 मज़दूरों ने हिस्सा लिया था। लोद्ज़ में मज़दूरों की पुलिस से मुठभेड़ हो गई, जिसमें 46 मज़दूर गोलियों के शिकार बने और 200 से ज्यादा घायल हुए। मज़दूरों के इस खून ने दोनों संस्थाओं के भेद-भाव को दूर कर दिया। इन दोनों संस्थाओं तथा दो-एक और छोटी-मोटी संस्थाओं को मिलाकर 'पोलैंड-सोशलिस्ट पार्टी' की स्थापना की गई। इस पार्टी का मुखपत्र 'स्प्रावा सेवोत्‌निकज़ा' (मजदूरों का पैग़ाम) नाम से निकाला गया। लिओ जोगिचेस इस पत्र का संस्थापक और एडैल्फ़ वार्सकी इसका संपादक था। निस्संदेह ही रोज़ा लुक्ज़ेम्बुर्ग इस पत्र की प्रमुख संचालिका-शक्ति थी।

थोड़े ही दिनों में इस पार्टी और इसके मुखपत्र की धूम मच गई। किंतु, पोलैंड के कुछ पुराने समाजवादी नेताओं की आँखों में यह उन्नति खटकने लगी। उन लोगों ने इस पार्टी के इन नौजवान नेताओं के ख़िलाफ़ तरह-तरह की ग़लत बातों का प्रचार करना शुरू किया। जिस कास्पर्ज़ाक ने रोज़ा को कार्यक्षेत्र में पदार्पण कराया था, सबसे पहले वही उनका निशाना बना। वे कहने लगे कि कास्पर्ज़ाक तो रूसी खुफ़िया पुलिस का एजेंट है। वह बेचारा कभी रूसी जेल में, कभी जर्मनी के जेलों में सड़ता रहा; उसका स्वास्थ्य चौपट हो गया; किंतु, तो भी इनके मुँह बंद नहीं हुए। लाचार बीस वर्षों तक उस भलेमानस के पीछे वे लोग पड़े रहे। मज़दूरों की अंतर्राष्ट्रीय संस्था की ओर से इसकी जाँच कराई गई, वह निर्दोष पाया गया, किंतु, इनकी विषैली जिह्वाएँ तब तक अपना काम करती रहीं, जब तक कि वह फाँसी के तख्ते पर नहीं चढ़ा दिया गया।

समाजवाद के पिता कार्ल मार्क्स ने मज़दूरों की पहली अंतर्राष्ट्रीय संस्था 1864 में क़ायम की थी। वह

पहली इंटरनेशनल के नाम से मशहूर हुई। पहली इंटरनेशनल के ख़तम हो जाने के बाद, मार्क्स की मृत्यु के पश्चात् 1889 में मार्क्स के प्यारे सखा ऐंजेल्स ने दूसरी अंतर्राष्ट्रीय संस्था—'सेकेंड इंटरनेशनल' की स्थापना की। उस समय यही दूसरी इंटरनेशनल काम कर रही थी, जिसकी ओर से यह जाँच कराई गई थी।

रोज़ा भी उनके प्रवाद से बची नहीं रही। 1893 में जब इंटरनेशनल की कांग्रेस ज़ूरिच में बैठी, तब पोलैंड के इन महानुभावों ने उसके ख़िलाफ भी आवाज़ें उठाईं! उन लोगों ने एक नामलेवा संस्था बना ली थी और चूँकि अंतर्राष्ट्रीय क्षेत्र में वे लोग प्रसिद्ध थे, अतः पोलैंड के मज़दूरों के प्रतिनिधि की हैसियत से उसमें शामिल होने में भी वे समर्थ हो सके थे। इधर पोलैंड की जो असली पार्टी—यह 'पोलैंड सोशलिस्ट पार्टी' थी, उसकी भी उपेक्षा नहीं की जा सकती थी। इस संस्था की ओर से रोज़ा और वार्सकी उस कांग्रेस में शामिल हुए। इन दोनों के ख़िलाफ़ तरह-तरह की अफ़वाहें उड़ाई गईं, इन्हें बदनाम करने की कोशिशें हुईं।

इन प्रवादों के बीच एक नवयुवती एक ऐसी जमात के बीच बोलने को खड़ी होती, जिसमें यूरोप के सभी नामीगिरामी समाजवादी एकत्र हैं। वह खड़ी हुई और बिना किसी झिझक के अपनी बातें इस प्रसिद्ध मंडली के सामने रखीं। उसने अपने विरोधियों पर आक्षेप नहीं किए, बल्कि सैद्धांतिक बातों में ही अपने को आबद्ध रखा। हाथ को हिलाते हुए, उसने उनके सभी तुच्छ और नीच आक्षेपों का इस तरह तिरस्कार किया कि वे कटकर रह गए। इन आक्षेपों के भीतर जो सैद्धांतिक मतभेद की प्रचंड धारा बह रही थी, उसे ऊपर लाकर अपनी बातों का औचित्य और अकाट्यता उसने सिद्ध कर दी। यूरोप के सुप्रसिद्ध समाजवादी नेता वेंडर वेल्ड ने उस घटना के बारे में यों कहा है—

"रोज़ा की उम्र उस समय सिर्फ़ 23 वर्ष की थी। जर्मनी और पोलैंड के एक छोटे-से हलके के बाहर कोई उसे जानता नहीं था। उसके विरोधियों ने उसके ख़िलाफ़ प्रचार करने में कुछ उठा नहीं रखा था। मुझे आज तक याद है—किस तरह प्रतिनिधियों के बीच से वह उठी और जिसमें उसकी आवाज़ सब लोग अच्छी तरह सुन सकें; एक कुर्सी पर खड़ी हो गई। वह छोटे क़द की, दुबली-पतली युवती थी। गर्मी की पोशाक वह इस तरह पहने थी कि जिसमें उसके शरीर की न्यूनता छिप जाए। उसने अपनी बातों को इस चुंबकत्व-भरे ढंग से और ऐसे आकर्षक शब्दों में रखा कि कांग्रेस का बहुमत उसकी ओर हो गया और उसके पक्ष में बहुमत के हाथ आप से आप उठ गए!""

इस कांग्रेस के लौटने के बाद पोलैंड के समाजवादी आंदोलन में चारों ओर फूट-ही-फूट दिखाई देने लगी। जोगिचेस और रोज़ा ने देखा कि पुराने समाजवादी नेताओं के साथ उनका काम करना ग़ैर मुमकिन है। वे बातें तो समाजवाद की करते हैं, किंतु उनके हृदय में अब भी आतंकवादी राष्ट्रीयता का बोलबाला है। मज़दूरों की अंतर्राष्ट्रीयता उनके हृदय में घर नहीं कर पाई है। पोलैंड एक स्वतंत्र देश हो, भले ही वह पूँजीवादी बना रहे—यह थी उनकी धारणा। उनसे अपने को अलग कर लेना ही उचित समझ, रोज़ा ने अपने सहकर्मियों के साथ पोलैंड की 'सोशल-डिमोक्रैटिक पार्टी' की स्थापना की। उस समय जर्मनी और रूस में जो मार्क्सवादी पार्टियाँ थीं, उनके यही नाम थे। यों, उसने पोलैंड के समाजवादी आंदोलन को अंतर्राष्ट्रीय समाजवादी आंदोलन के साथ ला खड़ा किया। पोलैंड की पुरानी सोशलिस्ट पार्टी धीरे-धीरे सुधारवाद की ओर जाने लगी और अंत में उसका नेता पिलुस्की तानाशाह की तरह, 1914 के महायुद्ध के बाद, पोलैंड का एकछत्र शासक बना, जिसके पाप का प्रायश्चित आज भी पोलैंड को करना पड़ रहा है।

पोलैंड की इस सोशल डिमोक्रैटिक पार्टी की स्थापना देख और उसका प्रभाव बढ़ता पाकर वे पुराने नेता और भी नाराज़ हुए। जब इंटरनेशनल की कांग्रेस लंदन में बैठी, तो अब खुल्लमखुल्ला कहा जाने लगा कि रोज़ा पर वारसा के पुलिस चीफ़ की ख़ास मेहरबानी है। उनके नेता डाशिन्स्की ने कांग्रेस में गरजते हुए कहा—

"हम लोग यह बर्दाश्त नहीं कर सकते कि रोज़ा लुक्ज़ेम्बुर्ग और उरबाख़ ऐसे बदमाशों के हाथों में पड़कर हमारा आंदोलन सुलह की ओर झुके। हम इन शैतानियों का हर तरह से डटकर सामना करेंगे। जो हमारे आंदोलन पर रोशनाई के धब्बे डाल रहे हैं, हम उनका पर्दाफ़ाश करेंगे। हम अपनी अंतर्राष्ट्रीय सेना से ऐसे

खुराफ़ातियों को निकाल बाहर करेंगे जो जनसेवा के नाम पर हमारी आज़ादी की लड़ाई को कमज़ोर करते हैं।"

किंतु, उनके इस तर्जन-गर्जन का कोई नतीजा नहीं निकला। पोलैंड के बारे में उन्होंने जो प्रस्ताव रखा, वह ठुकराया गया और रोज़ा की सहमति से ही इस बारे में प्रस्ताव पास हुआ। पेरिस में होनेवाली 1900 की कांग्रेस में भी उन्होंने आवाज़ उठाई, किंतु उनकी आवाज़ में अब ज़ोर बिलकुल नहीं रह गया था। इधर रोज़ा को पोसेन, अपर सेलिसिया और वारसा के मज़दूरों का समर्थन-पत्र प्राप्त था। और 27 राजबंदियों ने जेलों से ख़त भेजकर उसे अपना प्रतिनिधि बताया था। सैनिकवाद पर प्रस्ताव करने के लिए कांग्रेस ने जो एक उपसमिति बनाई, रोज़ा उसमें भी ली गई थी—इसी से उसके स्थान और मर्यादा का पता लगाया जा सकता है।

उसके विपक्षी रोज़ा को 'उच्चाभिलाषिणी' 'षड्यंत्रकारिणी' और 'बकवादी चुड़ैल' आदि बुरे नामों से पुकारते; किंतु, रोज़ा ने शुरू से ही कभी इन बातों की परवाह नहीं की। उसे अपनी सेवा और योग्यता पर अज़हद विश्वास था। गालियों का जवाब गालियों से देना उसने सीखा ही नहीं। वह हमेशा मानती थी कि यदि दृढ़तापूर्वक, अपने सिद्धांत पर अचल और अटल रहते हुए आदमी जनसेवा के मार्ग पर बढ़ता चले, तो एक-न-एक दिन सफलता मिलकर ही रहेगी। रोज़ा को भी सफलता मिली। अपने ज़माने में कई सैद्धांतिक प्रश्नों को लेकर लेनिन, कौट्स्की, बूढ़े लिब्नक्नेख्त आदि बड़े-बड़े समाजवादी आचार्यों से लोहा लेना पड़ा। सबने उसकी योग्यता को क़बूल किया, आज भी अंतर्राष्ट्रीय समाजवाद में उसका नाम आदर से लिया जाता है और वह संसार की महान आत्माओं में गिनी जाती है।

रोज़ा के नेतृत्व में कुछ दिनों तक तो पोलैंड का मज़दूर-आंदोलन बड़ी तेज़ी से आगे बढ़ता रहा; किंतु, जिस ज़ारशाही के फ़ौलादी चंगुल ने रूस के आंदोलन को कुचल डाला था, उससे वह अपनी इस शिशु पार्टी को नहीं बचा सकी। उसकी यह पार्टी ग़ैर क़ानूनी संस्था क़रार दी गई। उसके मेंबरों की लगातार गिरफ्तारियाँ होती रहीं। 1896 तक उसके बहुत ही कम मेंबर बच रहे, यहाँ तक कि पार्टी के मुखपत्र (मज़दूरों का पैग़ाम) के निकालने और वितरण करने में भी कठिनाइयाँ होने लगीं और अंत में तो उसे बंद ही कर देना पड़ा। कुछ दिनों के बाद एक नौजवान इस पार्टी में आया, जो पीछे चलकर बहुत ही नामी आदमी बन गया। उसका नाम जरजिंस्की था। जरजिंस्की के चलते 1899 में फिर एक बार यह पार्टी चमकी। उसने लुथानिया की सोशल डिमोक्रैटिक पार्टी को भी इस पार्टी में शामिल करा दिया। दोनों के मिल जाने से बल बहुत बढ़ गया। जरजिंस्की ने रूस की क्रांति में बहुत नाम कमाया और रूस की सोवियत सरकार के खुफ़िया विभाग के सर्वेसर्वा की हैसियत से वह मरा!

जब आंदोलन धीमा था, रोज़ा ने बहुत ही अध्ययन के बाद 'पोलैंड में उद्योगवाद का विकास' नामक ग्रंथ तैयार किया। साथ ही वह स्वीज़रलैंड के मज़दूर-आंदोलन में भी दिलचस्पी लेती रही। कुछ दिनों के लिए वह फ्रांस भी गई, जहाँ फ्रांस के बड़े-बड़े समाजवादी नेताओं से उसका परिचय हुआ। रूस के कुछ फ़रार क्रांति-नेताओं से भी उसकी घनिष्टता वहाँ बढ़ी।

विस्तृत क्षेत्र में

पोलैंड की सोशल डिमोक्रैटिक पार्टी की संस्थापिका होने और अंतर्राष्ट्रीय-कांग्रेसों में अपने विचारों को इस स्पष्टता से प्रकट करने और बड़े-बड़े नेताओं के विरोध करने पर भी अपनी बात मनवा लेने के कारण रोज़ा लुक्ज़ेम्बुर्ग की ख्याति यूरोप के समाजवादी हलके में विस्तृत हो चली थी। अब पोलैंड के इस शिशु समाजवादी आंदोलन में, जो ज़ारशाही के निष्ठुर प्रहारों के कारण बहुत ही मंदगति से विकास पा रहा था, अपना पूरा समय देना रोज़ा की विस्तृत कार्यशक्ति के लिए अलम नहीं था। अब उसे व्यापक क्षेत्र चाहिए था। स्वभावतः ही उसका झुकाव जर्मनी की ओर हुआ, जो उस ज़माने में समाजवादी विचारों और संगठित मज़दूर-संघों का केंद्र था। राजनीतिक सिद्धांतों और कार्य-पद्धतियों को लेकर वहाँ बहुत ही चहल-पहल थी। किंतु, उसके लिए दिक्कत यह थी कि जर्मनी की पुलिस ज़ारशाही के चंगुल से भागे हुए राजनीतिक भगोड़ों के पीछे हमेशा पड़ी

रहती थी। वह भला रोज़ा ऐसे शिकार को अपने हाथ से क्यों निकलने देती? किंतु, रोज़ा ने पहली ही गोटी में उन्हें मात दे दी। उसने अपने एक जर्मन दोस्त के लड़के से ज़ाब्तगी के लिए शादी कर ली और यों जर्मन प्रजा बनकर पुलिस को चकमा दे दिया।

जर्मनी की सोशल डिमोक्रैटिक पार्टी में बड़े-बड़े दिग्गज विद्वान थे, जिन्होंने अपनी ज़िंदगी बिस्मार्क की समाजवाद-विरोधी नीति से लड़ने में ही गुज़ारी थी और जो अपने को कार्ल मार्क्स के वंशधर-से समझते थे। कार्ल मार्क्स ने समाजवाद की प्रथम स्थापना के लिए जर्मनी को उपयुक्त स्थान बताया था। फिर भला, इन महानुभावों की ऐतिहासिक महत्ता का क्या कहना? किंतु, थोड़े ही दिनों में रोज़ा उनमें इस तरह घुलमिल गई कि मालूम होता, जैसे वह उन लोगों की पुरानी साथिन है! कहाँ, उनकी वे भूरी दाढ़ियाँ और कहाँ रोज़ा का बचपन-सा चेहरा! किंतु, अपनी तीव्र बुद्धि और विलक्षण विश्लेषण शक्ति के कारण उसने उन लोगों पर अपनी छाप डाल दी। कार्ल कौट्स्की उस ज़माने में समाजवाद का 'लाट पादरी' माना जाता था। रोज़ा ने उससे व्यक्तिगत संपर्क बढ़ाया, जो थोड़े ही दिनों में मित्रता में परिणत हो गया। आगस्त बेबेल, पाल सिंगर, फ्रांज मेहरिंग आदि समाजवादी पंडितों के क्षेत्र में उसका प्रवेश हुआ। क्लारा ज़ेटकिन से उसकी ऐसी दोस्ती हुई कि जिंदगी-भर वह रोज़ा का समर्थन करती रही और उसकी मृत्यु के बाद भी उसकी स्मृति को सुरक्षित रखने के लिए प्रयत्नशील रही। जर्मनी के सुप्रसिद्ध समाजवादी नेता विल्हम लिब्तक्नेख्त से उसका प्रारंभ से ही विवाद चला, जो ज़िंदगीभर क़ायम रहा। इसी विल्हम लिब्तक्नेख्त का सुपुत्र कार्ल लिब्तक्नेख्त था, जो बाप की तरह प्रसिद्ध समाजवादी नेता हुआ और जिसकी हत्या रोज़ा के साथ ही की गई!

पारवस जर्मनी की सोशल डिमोक्रैटिक पार्टी के प्रमुख दैनिक पत्र का नामी संपादक था। उसने रोज़ा के लिए अपने पत्र का कालम सुरक्षित कर दिया। थोड़े दिनों के बाद पार्टी के दूसरे नामी दैनिक पत्र के संपादक ब्रूनो स्कोलैंक से रोज़ा की घनिष्ठता बढ़ी। ब्रूनो बड़ा ही प्रतिभाशील संपादक था। उसने अपने पत्र को पार्टी का सिर्फ प्रचार-पत्र ही नहीं रहने दिया था, बल्कि उसे एक ऐसा सांस्कृतिक जामा पहना दिया था कि पार्टी के दुश्मन भी उस पत्र को बड़े चाव से पढ़ने को मजबूर हो जाते। ब्रूनो राजनीति और अर्थशास्त्र का अच्छा ज्ञाता था, उसकी पारखी आँखों ने तुरत देख लिया था कि सैद्धांतिक प्रश्नों में रोज़ा उससे कहीं बढ़ी-चढ़ी है, अतः उसके विचारों से अपने पत्र को सुशोभित करने के लोभ को वह संवरण नहीं कर सकता था।

लिखने के साथ-ही-साथ अब रोज़ा को व्याख्यान देने का भी मौक़ा मिलने लगा। जमंनी में मज़दूरों की सभाएँ होतीं, तो पार्टी की ओर से रोज़ा को भेजा जाता। सभाओं के आयोजक जब रेलवे स्टेशन पर पहुँचते और इस दुबली-पतली महिला को पाते, तब उनका चेहरा लटक जाता। भला, यह छोटी-सी औरत क्या बोलेगी? किंतु, सभाओं में जाते ही रोज़ा का व्यक्तित्व चमक उठता। वह साधारण आंदोलनकर्ता की तरह नहीं बोलती। वह भावनाओं को उत्तेजित करने पर विश्वास नहीं करती, वह हमेशा ही बुद्धि से अपील करती। हृदय की अपेक्षा उसके व्याख्यान मस्तिष्क पर ज्यादा असर करते। वह अपने श्रोताओं के विचारों के तंग दायरे को बढ़ाती, उनकी आँखों के सामने एक नए, विस्तृत संसार की तस्वीर रखती, अपनी वक्तृत्व कला की गर्मी से उनमें चेतना की एक नई रोशनी पैदा करती और अंततः उन्हें अपने साथ चलने को मजबूर कर देती। हर सभा उसे नई जयमाला देती, उसकी धूम चारों ओर बढ़ती जाती, उसे निमंत्रण पर निमंत्रण मिलते। वह अपनी सफलता पर फूली नहीं समाती और अपने जीवनसंगी लिओ जोगिचेस के पास इनका विस्तृत विवरण भेजती।

यही नहीं, ज्यों-ज्यों उसकी प्रसिद्धि बढ़ी, जर्मनी के समाजवादी और मज़दूर हलक़े के कुछ बुजुर्गों के कान खड़े हुए। रोज़ा का स्वभाव बहुत ही मिलनसार था, किंतु, उसकी ज़बान तेज़ थी। वह सिर्फ़ नए विचार ही नहीं देती, पुराने विचारों की धज्जियाँ भी उड़ाती। सोशल डिमोक्रैटिक पार्टी के 'पिता लोगों' में कानाफूसी होने लगी। उसने एक ख़त वेबेल के नाम से लिखकर इसकी हल्की शिकायत की। उसने लिखा—"उसका यह विचित्र स्वागत क्यों हो रहा है? क्या इसलिए कि जर्मनी में उसका जन्म नहीं हुआ, वह एक विदेशिनी है? नहीं, नहीं, एक कारण और भी हो सकता है, वह स्त्री है, एक तुच्छ स्त्री। और स्त्री होकर राजनीति में आने की उसने

गुस्ताखी की है, जोकि सिर्फ़ मर्दों का ही पेशा है । और सबसे बढ़कर तो यह कि वह स्त्री होकर 'व्यवहारकुशल राजनीतिज्ञों' की बातों पर सवाल कर बैठती और अपने नए विचारों को उनके सामने रखकर ऐसी दलीलें देती है कि उन 'भूरी दाढ़ियों' से कोई जवाब नहीं बन पाता है ।"

किंतु, योग्यता ऐसी विभूति है, जिसकी उपेक्षा ज्यादा दिनों तक की ही नहीं जा सकती । उन्हें यह मंजूर करना पड़ा कि वह आसमान से टूटकर गिरती हुई, क्षण-भर की चिनगारियाँ बिखेरकर बुत जानेवाली उल्का मात्र नहीं है; बल्कि एक ऐसा व्यक्तित्व है, जिसने अपने को मज़दूर वर्ग की सेवा में उत्सर्ग कर रखा है और जिसे अपनी ज़िम्मेवारियों का पूरा ज्ञान है । धीरे-धीरे बुजुर्गों की वे कुधारणाएँ दूर हुईं और उसका प्रभाव उनके हृदयों पर जमकर रहा । ब्रूनो स्कौलैंक ने यह ठीक कहा था कि—

"यद्यपि उसकी उम्र थोड़ी है, तो भी उसका राजनीतिक ज्ञान पुख्ता है, और उसकी नज़र ऐसी तीखी है कि दुश्मन की चालाकियों और चालबाजियों को तुरत ही भाँप ले—यह गुण जो प्रायः लंबे अर्से के राजनीतिक जीवन के तजुर्बे के बाद ही मिलता है ।"

1898 में वह पारवस के उस सुप्रसिद्ध पत्र की संपादिका बनाई गई, जिसमें उसने शुरू-शुरू लिखना आरंभ किया था । पारवस की विद्वत्ता में कोई शक नहीं, किंतु, उसका काम बहुत ढीलाढाला होता था । संपादन का दायित्व लेने के बाद रोज़ा ने अपनी ज़िम्मेदारियों को कड़ाई से निभाना शुरू किया, नतीजा यह हुआ कि उसके विभाग के लोगों में खलबली मच गई । इसके अलावा उसने पार्टी के केंद्रीय मुखपत्र के संपादक के विचारों की टीका-टिप्पणी की । इन बातों को लेकर संचालक-मंडल ने उस पर कुछ बंधन डालना चाहा । स्वाभिमानिनी रोज़ा ने तुरत ही इस्तीफ़ा देकर उन्हें आश्चर्य में डाल दिया । उसके बाद वह बर्लिन आ गई और वहाँ रहते ब्रूनो स्कोलैंक के अख़बार में हमेशा लिखने लगी । उसके लेखों ने उस पत्र को सिर्फ़ मार्क्सवादी आधार ही नहीं दिया, बल्कि समाजवादी अख़बारों में उसे अंतर्राष्ट्रीय ख्याति भी दी ।

3

सुधार या क्रांति ?

मार्क्सवाद में संशोधन !

जिस समय रोज़ा ने व्यापक कार्यक्षेत्र में प्रवेश किया, यूरोप के समाजवादी हलक़े में एक नई विचारधारा को लेकर बड़ी ही हलचल मची हुई थी ।

उन्नीसवीं सदी के आख़िरी हिस्से में पूँजीवाद का एक नया विकास हो रहा था—वह साम्राज्यवाद की ओर बेतहाशा बढ़ रहा था । हिंदुस्तान को गुलाम बनाने के बाद ब्रिटेन ने मिश्र पर क़ब्ज़ा जमा लिया था और दक्षिण अफ्रीका में उसका एक विशाल साम्राज्य बन चुका था । फ्रांस ने उत्तरी अफ्रीका के टूनिस और सुदूर पूर्व के टौकिन को हथिया लिया था । इटली अविसिनिया में अपने पैर जमाने की कोशिश में लगा हुआ था । रूस ने मध्य एशिया की विजय के बाद मंचूरिया की ओर अपना ध्यान बँटाया था । अफ्रीका में और दक्षिणी सागर में जर्मनी के प्रथम उपनिवेश क़ायम हो चुके थे । इंग्लैंड के चंगुल से छुटकारा पा अमेरिका अब खुद पूर्वी एशिया में पंजे बढ़ा रहा था और फिलीपाइन द्वीपसमूह उसके क़ब्ज़े में आ चुका था । जापान भी पड़ोसियों पर दाँत गड़ाए हुए था ।

"इस साम्राज्य की लिप्सा के चलते राज्यों के बीच अजीब कशमकश चल रही थी । उत्तरी अफ्रीका में इटली और फ्रांस के बीच, मिश्र में फ्रांस और ब्रिटेन के बीच, मध्य एशिया में ब्रिटेन और रूस के बीच, पूर्वी एशिया में रूस और जापान के बीच, चीन में जापान और ब्रिटेन के बीच, और प्रशांत महासागर में जापान और

अमेरिका के बीच स्वार्थ-संघर्ष जारी थे। परस्पर द्वेष, क्षणिक संधि, आकस्मिक तनाव और दिखावटी सुलह का दौरदारा था। कुछ ही वर्षों का अरसा देकर बार-बार लड़ाई के बादल एकत्र होते, गरजते और मालूम होता, अब फटे, तब फटे ! किंतु, जैसे-तैसे वे टलते जा रहे थे।

इस नई परिस्थिति पर समाजवादियों का ध्यान जाना आवश्यक था। कौट्स्की, पारवस, विल्हम, लिब्तक्नेख्त, क्लारा ज़ेटकिन आदि ने इस परिस्थिति पर ध्यान देते हुए यह घोषणा की थी कि पूँजीवाद अंतर्राष्ट्रीय और राष्ट्रीय संकट के एक नए युग में पदार्पण कर रहा है, जिसके फलस्वरूप एक विश्वयुद्ध होकर ही रहेगा।

लेकिन, कुछ ऐसे समाजवादी भी थे, जो इस आँधी के लक्षणों को देखकर भी नहीं देखना चाहते थे और भविष्य समाज के विकास का एक सुंदर काल्पनिक चित्र खींचकर ही आत्मसंतोष प्राप्त करना चाहते थे। वे कहते, पूँजीवाद लड़कपन की नादानियों से गुज़र चुका है, अब उसमें यौवन-सुलभ स्थिरता आ गई है। अब वह खूँख्वार जानवर नहीं रह गया, वह तो अच्छा-खासा पालतू पशु बन गया है। मार्क्स ने कहा था, हर दस वर्ष पर आर्थिक संकट आएँगे, किंतु, बीस वर्षों से एक भी संकट तो नहीं आया। न इधर यूरोप में कोई बड़ी लड़ाई ही हुई। मज़दूरों की हालत सुधर रही है और मज़दूर संघों की ताक़त बढ़ रही है। मज़दूर आंदोलन पर अब जर्मनी तक में मनाही नहीं है और कैसर ने तो मज़दूरों की हितरक्षा की प्रतिज्ञा तक की है। मज़दूरों की सहयोग-समितियाँ 'पूँजीवादी-मरुभूमि में समाजवादी नख़्लिस्तान' की तरह बड़े वेग से प्रगति पा रही हैं।

इस तरह के विचार पेश करते हुए, इनके समर्थकों का कहना था कि अब क्रांति की ज़रूरत नहीं रह गई, सुधारवादी पथ पर चलते-चलते, कुछ दिनों में, आप ही आप समाजवाद की स्थापना हो जाएगी।

ऐसे विचारवालों का एक प्रबल गिरोह जर्मनी के समाजवादी क्षेत्र में पैदा हो चुका था। जर्मनी का मज़दूर आंदोलन 1848 की अर्द्धक्रांति के पच्चीस वर्षों के बाद प्रारंभ हुआ था। उस समय जर्मनी में बिस्मार्क का बोलबाला था जिसने मज़दूर-आंदोलन का पुलिस द्वारा तीव्रता से दमन कराने की नीति अख़्तियार कर रखी थी। बिस्मार्क के शासन की नींव प्रशिया की सामंतशाही पर थी। फलतः, वहाँ के मज़दूर-आंदोलन का प्रत्यक्ष सामना सामंतशाही से ही था, जो 'जंकर' के नाम से मशहूर थी। नतीजा यह हुआ था कि वहाँ के मज़दूर-आंदोलन में कुछ ऐसे पूँजीवादी भी घुस आए थे, जो मज़दूरों का उपयोग पूँजीवादी प्रजातंत्र कायम करने के लिए करना चाहते थे। इन लोगों के कारण जर्मन मज़दूरों की सुप्रसिद्ध सोशल डिमोक्रैटिक पार्टी में एक ऐसा दल बन गया था जो स्वभावतः ही सुधारवादी था। किंतु, इस दल की ज्यादा चल नहीं पाती थी। 1891 में जब बौलमार ने ज़रा सुधारवादी बातचीत शुरू की थी तो ऐसा ही हल्ला मचा कि बेचारे को लेने के देने पड़ गए थे।

इस घटना के चार वर्ष बाद ही फ्रेडरिक ऐंगेल्स का स्वर्गवास हुआ। ऐंगेल्स मार्क्स का आजीवन सहकर्मी और सहयोगी था। मार्क्स की मृत्यु के बाद वही अंतर्राष्ट्रीय समाजवाद का सलाहकार और मार्क्सवाद का संरक्षक समझा जाता था। उसकी मृत्यु से तो मानो अवसरवाद के लिए एक रास्ता ही खुल गया। सबसे करुणाजनक बात यह हुई कि सुधारवाद के पक्ष में ऐंगेल्स के ही 'परिपक्व और प्रकाशपूर्ण' कथनों को उद्धृत किया जाने लगा। ऐंगेल्स ने मार्क्स के 1848 की क्रांति पर लिखी गई 'फ्रांस में वर्गयुद्ध' नाम की पुस्तिका पर भूमिका लिखी थी। यह भूमिका ऐंगेल्स की आख़िरी रचना थी। इसके लिखने के थोड़े ही दिनों बाद उसकी मृत्यु हो गई। ऐंगेल्स समाजवाद का आचार्य होने के साथ ही सैनिक-विद्या का भी बहुत गहरा ज्ञान रखता था। इसीलिए उसे प्यार से 'सेनापति' भी कहा जाता था। इस भूमिका में 'सेनापति' ने यह बताया कि आज के शहर-निर्माण के नए ढंग और सैनिक-विद्या के नवीन प्रयोग के कारण, रक्षात्मक युद्ध के आधार पर बनाए जानेवाले पुराने क्रांतिकारी युग के 'बैरिकेडों' (लकड़ी आदि रखकर सड़कों को रोक देना और उसकी आड़ से लड़ना) की उपयोगिता ख़त्म हो गई। अब तो भविष्य में जो क्रांतियाँ होंगी, उनमें बिलकुल नई पद्धति का अनुसरण करना होगा। मज़दूरों को राज्यपक्ष की सैनिक-शक्ति पर ज़बर्दस्त आक्रमणात्मक प्रहार करना होगा। इसके लिए पहले से ही विस्तृत, व्यापक और सुगठित तैयारियाँ करनी होंगी। मज़दूरों की संस्थाएँ जब तक बहुत

ही मज़बूत नहीं होंगी और उनके पास काफ़ी साधन नहीं होंगे, तब तक सफलता की आशा नहीं की जा सकती। अतः जब तक पूरी प्रारंभिक तैयारियाँ नहीं हो जाएँ, 'क्रांति के साथ खिलवाड़ करना' निरा बचपन और मज़दूरों के लिए घातक होगा। ऐसे प्रयत्न निन्दनीय समझे जाएँगे। मज़दूर-आंदोलन को चाहिए कि काफ़ी दिनों तक वह कानूनी तरीक़ों को ही इस्तेमाल में लाकर अपनी ताक़त को बढ़ाता जाए। जर्मनी के मज़दूर-आंदोलन से इस बारे में सबक़ लेना चाहिए, जिसने वोट देने की ताक़त को मज़दूरों को मुक्ति के अस्त्र के रूप में अच्छा इस्तेमाल कर दिखाया है।

यह पुस्तक जर्मनी की सोशल डिमोक्रैटिक पार्टी छपवाने जा रही थी। उस समय जर्मनी की पार्लियामेंट (राइख़्ताग) में मज़दूरों का दमन संबंधी क़ानून पेश था। अतः, पार्टी ने सोचा कि इस भूमिका में भविष्य की सशस्त्र क्रांति की चर्चा रहने से सरकार को इस क़ानून के पास कराने में सुविधा होगी। अतः, उसने ऐंगेल्स से निवेदन किया कि उसका वह भाग हटा दिया जाए। पहले ऐंगेल्स ने अपने विचारों का इस प्रकार अंग-भंग किया जाना मंजूर नहीं किया; किंतु, आख़िर परिस्थिति ने उस पर असर डाला और लाचार उसने ऐसी आज्ञा दे दी। यों, अंग-भंग की गई वह भूमिका निकली और थोड़े ही दिनों के बाद ऐंगेल्स चल बसा। ऐंगेल्स के मरते ही अवसरवादी सुधारपंथियों ने उसकी इस भूमिका को उसके आख़िरी 'वसीयतनामे' की तरह मशहूर किया और खुलेआम कहने लगे कि ऐंगेल्स ने तो सब तरह की हिंसा की निंदा की है, क्रांतिकारी आंदोलन की व्यर्थता बता दी है और क़ानूनी पद्धतियों को ही मज़दूरों के सारे रोगों के लिए एकमात्र रामबाण औषधि बताया है।

किताबों का अपना इतिहास होता है और वे इतिहास बनाती भी हैं। इस 'वसीयतनामे' को लोग ले उड़े और जर्मनी में एक ऐसा गिरोह खड़ा हुआ जिसने कहना शुरू किया कि मार्क्सवाद के सिद्धांतों की आवृत्ति फिर से होनी चाहिए, क्योंकि परिस्थिति बदल गई है! जिन नेताओं के कारण उस भूमिका का अंग-भंग और यह महा अनर्थ हुआ था, वे मौन साधे रहे। कौट्स्की कहा करता था कि ज़रूर ही इस भूमिका में कुछ गड़बड़ी मालूम होती है, किंतु, वह बता नहीं सकता था कि वह गड़बड़ी क्या है? पारवस ने इस वसीयतनामे को मान लिया। सिर्फ़ रोज़ा लुक्ज़ेम्बुर्ग ही ऐसी थी जिसने कहा कि इस भूमिका के विचार को ऐंगेल्स का यथार्थ विचार कहा नहीं जा सकता! आख़िर 1924 में सुप्रसिद्ध रूसी समाजवादी रियाज़ेनोव ने ऐंगेल्स के हाथ की लिखी वह पूरी भूमिका किसी तरह प्राप्त कर प्रकाशित करायी, तब सब बातें साफ़ हुईं और पता चला कि रोज़ा का कहना कितना सही था।

ऐंगेल्स के निकटतम व्यक्तियों में एडुआर्ड ब्रन्स्टीन भी था। वही ब्रन्स्टीन इस मार्क्सवाद का संशोधन चाहनेवालों का अगुआ बना। वह एक सुप्रसिद्ध पत्र का संपादक था, जिसे बिस्मार्क ने ज़ब्त कर लिया था। तब वह पत्र लंदन से निकलने लगा था। ब्रन्स्टीन पूँजीवाद के निम्न स्तर से आया था और शुरू में धर्म और नीति की बड़ी दुहाई देता था। ऐंगेल्स की संगति में आने से वह पक्का समाजवादी बन गया था। किंतु, उस पर इंग्लैंड की परिस्थिति की ज़बर्दस्त छाप लग चुकी थी। इंग्लैंड के उदार प्रजातंत्र, मज़दूर-संगठन के मातहत चलनेवाले ज़बरदस्त सहयोग आंदोलन और सुधारपंथी समाजवादियों की विचारधारा ने उस पर बहुत ही असर डाला था। 1848 की फ्रांसीसी क्रांति की विभीषिका ने उसे घबरा दिया था। वह 'समाजवाद की समस्याएँ' शीर्षक से 1896 से, 98 तक लगातार लेख-पर-लेख लिखता और मार्क्सवाद के बुनियादी सिद्धांतों पर प्रहार-पर-प्रहार करता रहा। पहले तो उसके लेखों का महत्त्व लोगों ने नहीं समझा और विरोध की कोई आवाज़ नहीं उठी। किंतु, बेलफ़ोर्ट बाक्स ने लिखा—"ब्रन्स्टीन ने पूँजीवादी उदारवाद और सुधारवाद के नाम पर समाजवाद के अंतिम उद्देश्य को ही छोड़ दिया है!" तब लोगों का ध्यान इस ओर गया। किंतु, आश्चर्य कि विल्हेम लिब्तक्नेख्त, कार्ल कौट्स्की और ब्रूनो स्कोलैंक ने उसका समर्थन ही किया। ब्रन्स्टीन ने जब यह लिखा कि "मुझे इसकी चिंता नहीं कि समाजवाद का अंतिम उद्देश्य क्या है, वह चाहे जो भी हो; मैं तो सिर्फ़ आंदोलन को महत्त्व देता हूँ।" तब कहीं पारवस ने गदा उठाई और फिर तो ब्रन्स्टीन का विवाद अंतर्राष्ट्रीय समाजवाद का सबसे प्रमुख विवाद हो गया जिसमें उपर्युक्त समाजवादी नेताओं के अलावा मेडरिंग, बेवेल, क्लारा ज़ेटकिन,

प्लैख़नौव (रूस), अन्टोनियो लैब्रियोली (इटली), कुलीन ग्विस्दे और जीन जौरे (फ्रांस), सब शामिल हुए।

रोज़ा की तर्कप्रणाली

इस विवाद में जिन बड़े-बड़े महानुभावों ने भाग लिया था, रोज़ा उम्र में सबसे छोटी थी, किंतु, थोड़े ही दिनों में वह उनकी पहली कतार में आ चली। अपने विचारों की गहराई और तर्क की चातुरी के कारण उसने बड़े-बड़े दिग्गजों को घुटने टेकने के लिए मजबूर किया! अंतर्राष्ट्रीय मज़दूर-आंदोलन के प्रमुख व्यक्तियों में उसकी गणना होने लगी। ऐंगेल्स की मृत्यु के बाद कौट्स्की ही मार्क्सवाद का प्रमुख व्याख्याकार समझा जाता था, किंतु रोज़ा ने कौट्स्की को भी धुँधला कर दिया। जो उससे पराजित हुए, वे भी उसकी प्रशंसा करने को मजबूर हुए। बेचारे स्कीप्पेक ने आर्थिक और सैनिक प्रश्नों के विशेषज्ञ की हैसियत से लंबी-लंबी बातें रखीं; किंतु, रोज़ा के तर्क के निकट उसे भी पराजय स्वीकार करनी पड़ी। किंतु, यह उसकी महानता थी कि उसने जिससे पराजय पाई थी, उसी की तारीफ़ में कहा--"उसकी सुंदर तर्कशक्ति, अजेय विश्वास और उत्तेजनाप्रद विवाद शैली निस्संदेह ही प्रशंसनीय है। जिस क्षिप्रता से वह अपने विचारों का विकास करती हुई तार्किक परिणामों पर पहुँच जाती है, वह तो आश्चर्यजनक है।"

सैद्धांतिक और राजनीतिक विवादों में उसका तरीक़ा अपने ही ढंग का था। वह न तो पहले कुछ वादा करके फिर उसके लिए प्रमाण ढूँढ़ती थी और न समाजवाद के आचार्यों के नाम पर अपील ही करती थी। यह उसके बौद्धिक चरित के सर्वथा विपरीत था कि वह उद्धरणों के समूह से अपने विचारों का विकास करे। सामाजिक जीवन के वास्तविक तथ्यों में से विकास की प्रवृत्तियों को ढूँढ़कर रखना और मज़दूर-आंदोलन से प्राप्त हुए अनुभवों को इस विकास-धारा में सम्मिलित कर किसी निश्चित परिणाम पर पहुँचना ही उसकी चरम अभिलाषा थी। वह सभी समस्याओं पर उसके तार्किक परिणामों तक विचार करती थी और उससे जो नतीजे निकलते, उन्हें स्वीकार करने में ज़रा भी नहीं झिझकती थी। वह समझती थी कि तथ्यों का अपना तर्क होता है, भले ही व्यक्ति उसे समझे या न समझे, पसंद करे या न करे। किसी ख़ास राजनीतिक तर्कप्रणाली के निर्माण या अनुसरण करने की अपेक्षा 'तथ्यों के तर्क' को स्पष्टतया रखना ही वह अपना मुख्य काम मानती थी।

साथ-ही-साथ, अधकचरे, व्यक्तिगत अनुभवों पर वैज्ञानिक सिद्धांतों को वह तरजीह देती थी। मार्क्सवादी अनुसंधान-प्रणाली ही उसका अस्त्र थी। वह मार्क्स की तरह ही यह मानती थी कि इतिहास वह धारा है जिसमें अपने ज़माने की आर्थिक स्थिति से पैदा हुई वर्ग-शक्तियाँ अपने वर्ग-स्वार्थों के लिए परस्पर संघर्ष करती हैं। वह मार्क्सवाद को कोई ऐसी विचारधारा नहीं मानती थी, जो सब ज़माने के सभी सवालों का बना-बनाया हल हमारे सामने रख दे। बल्कि उसके अनुसार मार्क्सवाद एक ऐसी परीक्षण-प्रणाली है जिससे हम आर्थिक परिवर्तनों की धारा को उसके विकास की हर नई मंज़िल पर जाँच कर सकें और उनके चलते समाज के हर गिरोह के स्वार्थ, विचार, उद्देश्य और राजनीतिक कार्रवाइयों पर पड़नेवाले प्रभावों को समझ सकें। मार्क्सवाद एक ऐसा हथियार है, जिससे सामाजिक धारा पर बौद्धिक प्रभुता प्राप्त की जा सकती है, और जिसके बल पर नई परिस्थिति में उपयुक्त राजनीतिक निर्णय लिया जा सकता है। उसके मत के अनुसार इस संपूर्ण धारा पर ही हर परिस्थिति में मज़दूर वर्ग का नैतिक और राजनीतिक दृष्टिबिंदु निर्भर करता है। उसका यह दृढ़ विश्वास था कि मार्क्सवाद ने यह पूर्णतः सिद्ध कर दिया है कि समाजवाद एक ऐतिहासिक आवश्यकता है, वह स्थापित होकर ही रहेगा। समाज के प्राकृत नियमों के परिणामस्वरूप पूँजीवाद का ध्वंस होना अनिवार्य है, मार्क्स ने यह इस तरह स्पष्ट बतला दिया है कि समाजवाद को एक पूर्ण वैज्ञानिक तथ्य की तरह पेश किया जा सकता है!

कुछ लोगों ने रोज़ा पर यह दोषारोपण किया है कि वह समाजवाद की अनिवार्यता पर इतना विश्वास करती थी कि उसके लिए किए जानेवाले मानव-प्रयत्नों की आवश्यकता की वह उपेक्षा करती थी। वह भाग्य-रेखा की तरह, बाह्य शक्तियों को एक निश्चित दिशा में काम करनेवाली मानकर मानव-शक्ति या

सामाजिक वर्गों की शक्ति को कार्यों के लिए जगह ही नहीं रखती थी। किंतु, यह बात ग़लत है। उस ज़माने में जो लोग अपने को मार्क्स और ऐंगेल्स के अनुयायी बताते थे, वे 'आर्थिक स्थिति' को एक रहस्यमय और आधिदैविक शक्ति की कोटि में ले जाते थे, जो अपने नियम पर ही चला करती है। किंतु, वे भूल जाते थे कि यह 'आर्थिक स्थिति' आख़िर है क्या चीज़? उत्पादन की धारा नें मनुष्य जिन पारस्परिक संबंधों में प्रवेश करता है, उनके परिणाम का नाम ही आर्थिक स्थिति है, और इस तरह यह मानवी प्रयत्नों और संघर्षों की ही बेटी है। मार्क्स ने कहा था—"मनुष्य अपना इतिहास स्वयं बनाता है। किंतु, यह इतिहास उसकी स्वतंत्र इच्छा के अनुसार या उसके द्वारा चुनी गई परिस्थिति में तैयार नहीं होता, बल्कि भूतकाल से आई हुई पूर्व-स्थापित परिस्थिति की छत्रछाया में ही वह बनाया जाता है।" वे लोग इसका अर्थ शब्दों को पकड़-पकड़कर करते थे। रोज़ा ने मार्क्स के इस कथन को इस रूप में रखा—

"मनुष्य अपनी स्वतंत्र इच्छा से इतिहास नहीं बनाता, किंतु, वह अपना इतिहास ज़रूर बनाता है। उस ज़माने के सामाजिक विकास की परिपक्वता किस दर्जे की है, इस पर मज़दूर वर्ग का कार्य अवश्य निर्भर करता है, किंतु यह सामाजिक विकास भी मज़दूरों से बिलकुल अलग और स्वतंत्र चीज़ नहीं है। मज़दूर भी उसके कारण और प्रवर्त्तक होते हैं, ठीक उसी तरह जिस तरह वे स्वयं उसके पैदावार और नतीजे हैं। मज़दूरवर्ग का प्रयत्न इतिहास के निर्माण का एक मुख्य प्रेरक उपादान है। जिस तरह आदमी उछलकर अपनी छाया को नहीं पार कर सकता, उसी तरह वह सामाजिक विकास की मंज़िलों को भी उछलकर नहीं लाँघ सकता है। लेकिन इस विकास को वह रोक सकता है या तेज़ कर सकता है। समाजवादी मज़दूरवर्ग की विजय इस्पाती ऐतिहासिक नियमों पर निर्भर करती है, और इसके पहले उसे धीरे-धीरे, बड़े परिश्रम से, हज़ारों क़दम आगे बढ़ाने पड़ेंगे। किंतु, हमें यह भी नहीं भूल जाना चाहिए कि ऐतिहासिक धारा द्वारा धीरे-धीरे प्रस्तुत की गई भौतिक परिस्थिति के बारूद में यदि जनता के बहुत बड़े समूह की चेतन इच्छा-शक्ति की चिनगारी नहीं लगाई गई, तो यह विजय कभी भी संभव नहीं हो सकेगी!"

यहाँ मार्क्स और रोज़ा के विचारों में जो थोड़ा अंतर है, उसके कारण को समझ लेना चाहिए। मार्क्स को मज़दूरवर्ग में साहस भरना था, यह तभी संभव था कि जब उन्हें बता दिया जाए कि जिस उद्देश्य में उन्हें आगे बढ़ना है, उसमें उनकी विजय होकर ही रहेगी। किंतु, रोज़ा के ज़माने में मज़दूर आंदोलन ज्यादा आगे बढ़ चुका था, अतः अब उनके सामने विजय की अनिवार्यता पर ज़ोर नहीं देकर, उनके प्रयत्नों पर ज़ोर देना था, जिसमें वे तत्परता से क्रांति के कार्य में संलग्न हों। अतः, फ़र्क बात में नहीं, किंतु, किस बात पर ज़ोर दिया जाए, इसमें है। वह कहा करती थी, "शुरू में काम ही था! और यह काम ऐतिहासिक धारा की पूरी जानकारी हासिल करके करते जाना चाहिए।" मार्क्स के बारे में उसकी, निम्न पंक्तियाँ खुद उस पर भी लागू हैं—

"मार्क्स जिस तरह इतिहास का तीक्ष्ण व्याख्याकार था, उसी तरह वह साहसी क्रांतिकारी भी था—विचारों का आदमी और कार्यों का आदमी भी। मज़दूर आंदोलन के इतिहास में मार्क्सवाद ने ही पहलेपहल सैद्धांतिक ज्ञान का गठबंधन क्रांतिकारी कार्य से किया—एक दूसरे के पोषक और प्रेरक के रूप में! मार्क्सवाद के ये दोनों ही आधार हैं, अगर इनमें से एक को दूसरे से अलग कर दिया जाए, तो फिर मार्क्सवाद एक खिलवाड़ और उपहास की चीज़ हो जाए!"

मार्क्सवाद के नाम पर जो लोग सामाजिक जीवन की सभी विभिन्नताओं और रंगीनियों को आर्थिक आँकड़ों की लंबी लग्गी से नापने की कोशिश करते और उसके आधार पर ही भविष्य में सामाजिक विकास के परिणाम निकालते, उनसे उसकी नहीं पटती थी। वह समझती थी कि पूँजीवाद के विकास की प्रगति पर आर्थिक तथ्यों के अलावा राजनीतिक और ऐतिहासिक तथ्यों का इतना गहरा असर होता है कि जो लोग सिर्फ़ आर्थिक तथ्यों के आधार पर ही पूँजीवादी समाज की जीवन-अवधि कूतेंगे, वे निस्संदेह ही झूठे पैग़ंबर साबित होंगे। वह एक दिव्यदर्शी की तरह समूची ऐतिहासिक विकासधारा को एक ही नज़र में देखने की शक्ति रखती थी, जिस धारा में औज़ार, उत्पादन और वितरण का संगठन, ऐतिहासिक अनुश्रुतियाँ, वैज्ञानिक विकास, क़ानूनी धारणाएँ

आदि अनेक बातें वर्गयुद्ध में बाधक या साधक बनती रहती हैं, लेकिन, इसमें शक नहीं कि अंततः समाज-संगठन में आर्थिक तथ्यों का ही सबसे ऊपर बोलबाला रहता है।

रोज़ा समाज के किसी भी पहलू को सिर्फ़ ऊपरी दृष्टि से नहीं देखती थी। उसकी बुद्धि पैनी और आलोचना की गहरी प्रवृत्ति लिए हुई थी। वह हमेशा ही सतह के नीचे देखती और सत्य की तलाश गहराई में करती। सामाजिक विकास की तह में वह प्रेरक शक्तियों को ढूँढ़ती और इस पद्धति के चलते कभी-कभी ऐसे निर्णयों पर पहुँचती कि उसके सहकर्मियों को आश्चर्य होता, वे उसे स्वीकार करने में हिचकते, उसका खंडन भी करते। किंतु, इतिहास ने रोज़ा के वैसे निर्णयों की सत्यता पीछे चलकर सिद्ध की !

सुधार या क्रांति

इतिहास की विकासधारा को इस पद्धति से देखते हुए उसने ब्रन्स्टीन के सुधारवाद का खंडन आरंभ किया। उसने 1898 और 1899 में दो लेखमालाएँ लिखीं, जो पीछे 'सुधार या क्रांति' के नाम से प्रकाशित हुईं। ब्रन्स्टीन ने अपनी पुस्तक में समाजवादियों को चुनौती दी थी—"वे पुरानी शब्दावली के फेर में मत पड़ें, उन सड़े-गले विचारों को छोड़ें और साफ़ शब्दों में घोषित करें कि वे अब सुधार की राह पर चलनेवाले हैं और उनकी पार्टी सुधारवादी पार्टी है।" ब्रन्स्टीन के समर्थक कहते थे—जब अनियंत्रित शासन-पद्धति थी, राजाओं का बोलबाला था, तब क्रांति के लिए एक औचित्य भी था, वह कुछ अंशों में आवश्यक भी थी; किंतु, अब, जबकि प्रजातंत्र का दौरदौरा है, क्रांति का शोर मचाना तो पागलों का प्रलाप मात्र है। अब तो हमें धारासभाओं के द्वारा धीरे-धीरे मज़दूरों के हकों को प्राप्त करना चाहिए और इस निश्चयात्मक ढंग से ही हम कालक्रम से समाजवाद के आदर्श की स्थापना कर लेंगे। रोज़ा लुक्ज़ेम्बुर्ग ने ऐसे लोगों को धता बताते हुए कहा—

"सुधार और क्रांति सामाजिक अभ्युदय की प्राप्ति के लिए दो भिन्न-भिन्न तरीक़े नहीं हैं। ये दोनों इतिहास की अलमारी में सजाकर रखी गई ठंडी और गर्म तश्तरियाँ नहीं हैं, जिनमें से हम इच्छानुसार किसी एक को चुन लें। ये दोनों वर्ग-समाज के विकास के भिन्न-भिन्न पहलू हैं, जो एक-दूसरे पर असर डालते और एक-दूसरे की कमी पूरी करते हैं। लेकिन साथ ही साथ ये दोनों परस्पर-विरोधी दिशा के भी परिचायक हैं, जैसे दक्षिणी ध्रुव और उत्तरी ध्रुव, या पूँजीपति और मज़दूर !

"वर्तमान सामाजिक विधान क्रांति की ही पैदावार हैं। वर्ग-समाज में नई सृष्टि के लिए की जानेवाली राजनीतिक कार्रवाई का ही दूसरा नाम क्रांति है। और सुधार उसके बाद धीरे-धीरे की जानेवाली कानूनी कार्रवाई की ओर इशारा करता है। क्रांति से अलग सुधार की अपनी कोई प्रेरणाशक्ति नहीं होती। इतिहास की हर मंज़िल में क्रांति के बाद उसी की बनाई राह पर हम सुधार को बढ़ते देखते हैं; और उसकी रफ़्तार तभी तक है जब तक क्रांति से पैदा हुई प्रेरणा क़ायम है। हम इसी को इस तरह भी कह सकते हैं कि पिछली क्रांति द्वारा बनाए गए सामाजिक ढाँचे के अंदर ही सुधार अपना विकास कर सकता है।

"जो लोग यह कहते हैं कि क्रांति को ही लंबे अर्से के दायरे में फैला दें, तो वह सुधार है या सुधार के लंबे अर्से को अगर समेटकर एकत्र कर दें, तो वह क्रांति है, वे निराधार असत्य ही नहीं बोलते, बल्कि वे इतिहास के विरुद्ध बात बोलते हैं। सामाजिक क्रांति और क़ानूनी सुधार समय के लिहाज़ से ही बिलकुल भिन्न नहीं हैं, बल्कि वे आमूलतः अलग-अलग चीज़ें हैं। राजनीतिक शक्ति द्वारा लाई गई ऐतिहासिक क्रांतियों का संपूर्ण रहस्य इस बात में है कि वे परिमाण को गुण में बदल जाने की सूचना देती हैं, या यों कहिए कि वे इतिहास की मंज़िल को आगे की मंज़िल में या समाज के एक विधान को दूसरे विधान में परिवर्तित होने की सूचना देती हैं।

"इसलिए जो लोग राजनीतिक सत्ता पर अधिकार करने की राह को छोड़कर क़ानूनी सुधार की राह पकड़ते हैं, वे सिर्फ़ उस उद्देश्य तक पहुँचने के लिए एक शांतिमय और धीमी जानेवाली राह ही नहीं पकड़ते हैं, बल्कि वे उस उद्देश्य के बदले दूसरा उद्देश्य ही क़बूल कर लेते हैं।

"प्रजातंत्र आवश्यक है, किंतु, इसलिए नहीं कि इसकी प्राप्ति के बाद मज़दूरवर्ग द्वारा राजसत्ता पर विजय

प्राप्त करना फ़िज़ूल हो जाता है, बल्कि ठीक इसके विपरीत प्रजातंत्र तो राजसत्ता पर क़ब्ज़ा करना और भी आवश्यक और अनिवार्य बना देता है। जब ऐंगेल्स ने मार्क्स की 'फ्रांस में वर्गसंघर्ष' नामक पुस्तक की भूमिका में मज़दूर-आंदोलन की कार्य-पद्धति में परिवर्तन करना आवश्यक बताया, और सड़कों पर 'बैरिकेड' बनाकर लड़ने के बदले क़ानूनी कार्रवाइयों की ओर इशारा किया, उस समय उसके दिमाग़ में मज़दूरों द्वारा राजसत्ता पर अंतिम अधिकार करने की बात नहीं थी, बल्कि दिन-दिन का वर्गसंघर्ष ही उसके ध्यान में था। उस भूमिका के एक-एक शब्द इस बात के साक्षी हैं। ऐंगेल्स उस समय की बात नहीं कह रहा था जब मज़दूरवर्ग हर्बे—हथियार से लैस होकर पूँजीवादी राज्य का सामना करने जाएगा, बल्कि जब वह उसकी हदबंदी में रहते हुए अपनी दैनिक माँगों के लिए संघर्ष करेगा। संक्षेप में यों कहा जा सकता है कि ऐंगेल्स ने जो कुछ उस भूमिका में लिखा है वह पीड़ित मज़दूरवर्ग के लिए लिखा है, विजयी मज़दूरवर्ग के लिए नहीं।

"मार्क्स या ऐंगेल्स के दिमाग़ में मज़दूरवर्ग द्वारा राजसत्ता पर अधिकार किए जाने के बारे में कभी भी, किंचित संदेह नहीं था। यह तो ब्रन्स्टीन के ही सौभाग्य में बदा था कि संसार की सबसे बड़ी क्रांति के लिए—मानव समाज को पूँजीवादी रूप के स्थान पर समाजवादी रूप देने के लिए—वह पूँजीवादी वैधानिकतावाद को अस्त्र के रूप में पेश करे!"

रोज़ा के ये शब्द बिजली की तरह प्रकाशमान और पथप्रदर्शन करनेवाले हैं। मज़दूरों की ज़िंदगी को उन्नत करने, मज़दूरी बढ़ाने, काम के घंटे कम करने, मज़दूरों को संगठन के अधिकार दिलाने, अधिक छोटे-मोटे कामों के लिए सुधारवाद का आश्रय लेना आवश्यक होता है, इसमें तो कोई शक ही नहीं। शुरू में ऐसे ही सुधारवादी कार्यों द्वारा मज़दूरों को क्रांतिकारी कार्य के लिए तैयार किया जा सकता है। उन्हें शिक्षित और संगठित किया जा सकता है, और वास्तविक अनुभवों के द्वारा उन्हें बताया जा सकता है कि वे पूँजीवाद की गुलामी से तब तक नहीं मुक्ति पा सकते जब तक कि वे पूँजीवादी राज्य को बिलकुल उलट नहीं देते। किंतु, वह यह सोच भी नहीं सकती थी कि इन सुधारवादी कार्यों से ही एक दिन समाजवाद की स्थापना हो जाएगी। उस समय रूस में लेनिन उन लोगों से बहस में भिड़ा था जो लोग 'अर्थवाद' के चक्कर में पड़कर समझते थे कि मज़दूरों के लिए किसी राजनीतिक सिद्धांत की आवश्यकता नहीं, वे अपनी रोटी की लड़ाइयाँ लड़ते-लड़ते आप-ही-आप अपने लक्ष्य की प्राप्ति की ओर बढ़ेंगे और उसे प्राप्त करेंगे। रोज़ा लेनिन की बातों का समर्थन करती और ऐसे बेहूदे तर्कों को घृणा की नज़र से देखती। इंग्लैंड के सुधारपंथी मज़दूर-आंदोलन के विरोध में भी उसने आवाज़ उठाई थी और बताया था कि वहाँ के मज़दूर-नेता मज़दूरों को समाजवाद की ओर न ले जाकर आदर्श-भ्रष्टता की ओर ढकेल रहे हैं। दैनिक ज़िंदगी को अच्छा बनाने के लिए मज़दूर-संघों द्वारा सामाजिक सेवाएँ करने और सामाजिक सुधार या नागरिक स्वतंत्रता के हक़ों के लिए पार्लियामेंट्री कामों के करने की सार्थकता इस बात में है कि उनके द्वारा मज़दूरों के अंतिम उद्देश्य—समाजवाद की स्थापना—की ओर मज़दूरवर्ग का क़दम बढ़े।

प्रजातंत्र और वैधानिकता

ब्रन्स्टीन और उसके सुधारवादी समर्थकों का प्रजातंत्र और वैधानिकता पर अटूट विश्वास था। वे प्रजातंत्र को आधिदैविक शक्तियों से संपन्न समझते। उनके विचार से वोट देने का काग़ज़ इतनी ताक़त रखता था कि उसके आगे अनियंत्रित शासकों की किरचें आप-से-आप सिर झुका देंगी और पूँजीवाद का गढ़ आप-से-आप ढह पड़ेगा। बस, धारासभाओं में बहुमत होने की देर है, फिर तो मज़दूरों के भाग्य का फ़ैसला हुआ-हुआ है। धारासभाओं में बहुमत हुआ नहीं कि पूँजीपति मज़दूरों के हाथ में शासन सौंपकर स्वयं संन्यास ले लेंगे। यों बिना ख़ूनख़राबी के ही मज़दूरों का राज्य क़ायम हो जाएगा।

रोज़ा ने इस भ्रामक विचार का ज़ोरदार शब्दों में खंडन किया। वह प्रजातंत्र को सामाजिक विकास की महान धारा की एक मंज़िल मात्र मानती थी। मानव समाज के राजनीतिक विकास में प्रजातंत्र की मंज़िल एक

छोटी-सी चीज़ है। फिर यह समझना कि पूँजीवाद और प्रजातंत्र में कोई अन्योन्याश्रय संबंध है, बिलकुल ग़लत है। पूँजीवाद ने अपने विकास के लिए प्रजातंत्र का नारा ज़रूर लगाया और उससे फ़ायदा भी उठाया, किंतु, पूँजीवाद हर हालत में प्रजातंत्र का ही दामन पकड़े रहेगा, यह कोई निश्चित नहीं। वह एकसत्तात्मक राजतंत्र से लेकर पूर्ण प्रजातंत्र तक को अपना सकता है, बशर्ते कि उनके अंदर अपना विकास देखे !

यों ही धारासभाओं के इस्तेमाल में वैधानिकता के ज़ीने से आगे बढ़ने में—जहाँ उसके समर्थक अच्छाई-ही-अच्छाई देखते थे, वहाँ रोज़ा की तीक्ष्ण आँखें उस ज़माने में भी यह स्पष्ट देख सकी थीं कि मज़दूरवर्ग के वर्गसंघर्ष की तीव्रता पूँजीपतियों की संसारव्यापी राजनीतिक प्रतिस्पर्द्धा के कारण वैधानिक कार्य और धारासभाओं का प्रयोग दिन-दिन अपना महत्त्व खोते जाएँगे—

"पूँजीवादियों की विश्वव्यापी राजनीति ने पूँजीवादी देशों के सामाजिक और धार्मिक जीवन को ऐसी अंतर्राष्ट्रीय घटनाओं, संघर्षों और उथलपुथलों की धारा में डाल दिया है, जिसकी न कल्पना की जा सकती थी और न जिस पर क़ब्ज़ा ही रखा जा सकता है। इस खर-तर धारा में धारासभाएँ तुच्छ तिनके की तरह इधर से उधर मारी-मारी फिरा करेंगी, आज भी फिर रही हैं।

"वैधानिक रास्ते से हम न प्रजातंत्र का ही विकास कर सकते हैं और न मानव उन्नति को ही आगे बढ़ा सकते हैं। इसके द्वारा किसी भी महान कार्य के साधन की चेष्टा फ़िज़ूल सिद्ध होकर रहेगी। धारासभाओं द्वारा शासन करने की प्रणाली पूँजीवादियों ने अपने हित के लिए और सामंतशाही को हटाने के लिए अपनाई। जब तक सामंतशाही से पूँजीवाद का झगड़ा रहेगा, तभी तक इसकी उपयोगिता है। ज्योंही सामंतशाही पर पूँजीवाद की विजय हुई, इसका महत्त्व पूँजीपतियों की दृष्टि से जाता रहेगा। अब तो पूँजीवादी देशों में सामंतशाही से समझौता करने की प्रवृत्ति बढ़ रही है। इंग्लैंड, फ्रांस और जर्मनी में उसके लक्षण साफ़ दिखाई दे रहे है।"

किंतु, उपर्युक्त कथन से यह नहीं समझा जाए कि रोज़ा ने धारासभाओं के बहिष्कार का उपदेश मज़दूरों को दिया है। नहीं, वह तो इनके चुनावों का उपयोग समाजवादी विचारों का प्रचार करने और समाजवादी विचार कहाँ तक जनता में घर कर चुका है, यह जानने के लिए आवश्यक समझती थी। यही नहीं, धारासभाओं में जाकर जनता की माँगों को पेश करना, उनके लिए यथासंभव अच्छे क़ानून बनवाना और उनका उपयोग प्रचारकार्य के लिए करना वह मज़दूरों की भलाई के लिए उपयोगी मानती थी। किंतु, वह समझती थी कि ज्यों-ज्यों धारासभाओं में मज़दूरों का बल बढ़ेगा, पूँजीपतियों का विरोध भी बढ़ता जाएगा और यों मज़दूरों की ज्यादा भलाई नहीं हो सकेगी। मज़दूरों को हमेशा ही ध्यान में यह रखना है कि उनकी भलाई धारासभाओं के वैधानिक कार्यों द्वारा नहीं होने वाली है। उनका असली काम तो धारासभाओं के बाहर क्रांति के लिए संगठन करना है, इस बात पर वह हमेशा ज़ोर देती थी।

जिस समय यह विवाद चल रहा था, उसी समय 1899 में एलेक्ज़ेंदर मिलेराँ ने फ्रांसीसी मंत्रिमंडल में स्थान ग्रहण किया। इस पर जौरे ने फ्रांसीसी समाजवादियों को बधाई दी कि आख़िर वे अपना एक प्रतिनिधि पूँजीवादियों के दुर्ग में घुसा सके ! यही नहीं, अंतर्राष्ट्रीय कांग्रेस ने इस बात को क़बूल किया कि अब पूँजीवादी विकास का एक ऐसा संक्रामक-युग आ पहुँचा है, जब मज़दूरवर्ग पूँजीवादियों के साथ मिलकर राज्य का संचालन करेगा। यह समाजवादियों की विजय का प्रारंभ है, जिस पर सबको खुश होना चाहिए। किंतु, रोज़ा का विचार ठीक इसके विपरीत था। उसने इस प्रश्न पर खूब अध्ययन और मनन किया और इस संबंध में लेख पर लेख लिखकर अपने विचार स्पष्ट किए।

उसने कहा कि समाजवादी वैसे ही स्थानों पर जा सकता है, जहाँ से वह वर्गसंघर्ष के कार्य को आगे बढ़ा सके। धारासभाओं में विरोधी दल का स्थान लेकर ही वह ऐसा कर सकता है। जब वह पूँजीवादी मंत्रिमंडलों में शामिल होगा, उसे पूँजीवादी सरकार की मशीन के एक टुकड़े की तरह पूँजीवादी व्यवस्था को क़ायम रखने के लिए काम करना पड़ेगा। उस मंत्रिमंडल में रहकर एक ओर मज़दूरों की दशा सुधारने की कोशिश करना और

दूसरी ओर उस पूँजीवादी सरकार के अस्तित्व को क़ायम रखने में मददगार होना—यह तो समाजवाद को साधारण पूँजीवादी प्रजातंत्र की नीची सतह पर उतारकर खड़ा करना है। उसने बड़े ही गंभीर शब्दों में घोषणा की—

"मज़दूरवर्ग के प्रतिनिधि पूँजीवादी सरकार में, अपने वर्ग कार्य को बिना छोड़े, एक ही शर्त पर शामिल हो सकते हैं कि वे उस सरकार में घुसकर, उसके शासन-सूत्र पर क़ब्ज़ा करें और उसका इस्तेमाल विजयी मज़दूरवर्ग के हथियार के रूप में करें।

"पूँजीवादी समाज में समाजवादी का एक ही रूप हो सकता है, वह है विरोधी का। पूँजीवादी सरकार के चिताभस्म पर ही वह सरकारी पक्ष के रूप में खड़ा हो सकता है।"

मिलेराँ की शुरू में तो बड़ी तारीफ़ हुई, किंतु, थोड़े ही दिनों में यह प्रकट हो गया कि उसका यह प्रयोग समाजवाद की सिद्धि के लिए कितना ख़तरनाक था। एक बार मंत्रिमंडल में घुसने के प्रायश्चित के रूप में फ्रांस की समाजवादी पार्टी को बार-बार पूँजीपतियों की धौंस बर्दाश्त करनी पड़ी। मिलेराँ धीरे-धीरे पतन के गहरे गर्त में गिरता गया। पूँजीवादियों के सभी पापों में उसे शरीक़ होना पड़ा। चीन में और टर्की में वहाँ के लोगों का दमन करने के लिए उसके जमाने में फ्रांसीसी फ़ौज भेजी गई। सबसे बड़ी दुर्गत तो उसकी तब हुई, जब रूस का जार फ्रांस आया और उसे झुककर उसकी सलामी बजानी पड़ी!

रोज़ा ने उस समय जो कुछ कहा, पीछे के इतिहास ने भी उसकी सत्यता सिद्ध की। जर्मनी की सोशल डिमोक्रैटिक पार्टी इसी प्रयोग के कारण नष्ट हुई, इंग्लैंड की लेबर पार्टी और उसका नेता रामज़े मैक्डॉनल्ड इसी ग़लती के कारण बर्बाद हुए और फ्रांस के 'फ्रंट पापुलर'—सरकार की जो दुर्दशा हुई, वह तो अभी कल की घटना है।

पूँजीवाद पालतू?

ब्रन्स्टीन ने संपूर्ण मार्क्सवाद पर ही आक्रमण किया था। मार्क्स का कहना था कि पूँजीवाद ख़ुद इतनी असंगतियों की सृष्टि कर रहा है कि उसका अंत स्वतः अवश्यंभावी है। ब्रन्स्टीन का कहना था, कि अनुभव बताता है, यह बात ग़लत है। पूँजीवाद में परिस्थितियों के अनुसार बदलने की भी प्रवृत्ति है, जो उसे विनाश से रोकेगा। मार्क्स ने जिन आर्थिक संकटों (Economic crisises) पर इतना ज़ोर दिया था, उनके मौक़े अब बहुत कम आते हैं और वह उन्नति की ओर ही बढ़ता जाता है। कई कंपनियों को मिलाकर बड़े-बड़े ट्रस्ट बनाकर और उधार पर माल देने की प्रथा चलाकर पूँजीवाद ने परस्पर प्रतियोगिता करने और माल की खपत नहीं होने की बात पर विजय प्राप्त कर ली है। यही नहीं, अब छोटे-छोटे शेयरवाली कंपनियों का रिवाज़ चल जाने से पूँजी में भी जनतंत्रात्मक भावनाएँ प्रवेश पा रही हैं, ख़ासकर इंग्लैंड ने इस ओर पथ-प्रदर्शन किया है!

ब्रन्स्टीन का एक मशहूर चेला था कोनार्ड स्ख़मीड्ट—वह तो गुरु से भी एक क़दम आगे बढ़ गया। उसने कहा कि अब मज़दूरों में संगठन आ जाने और तरह-तरह के आर्थिक सुधारों के क़ानून बन जाने से पूँजीपतियों की स्थिति दिन-दिन सिर्फ़ प्रबंधकों की होती जाती है। होते-होते ऐसा दिन भी आवेगा कि यह प्रबंधकवाली स्थिति भी उनकी नहीं रह जाएगी और उनके हाथों से प्रबंधकार भी बिलकुल ले लिया जा सकेगा।

रोज़ा ऐसे तर्कों को स्वीकार कर नहीं सकती थी। पूँजीवादी प्रथा में जो असंगतियाँ हैं, वे दिन-दिन तीव्र नहीं होती जा रही हैं, बल्कि उनमें सामंजस्य पैदा हो रहा है, यह मान लेने का मतलब था समाजवाद की स्थापना की अनिवार्यता में ही संदेह करना। सिर्फ़ यही नहीं, बल्कि तब तो समाजवाद एक वैज्ञानिक सिद्धांत नहीं रहकर नैतिक विचारधारा मात्र रह जाएगा और ऐसी हालत में क्यों मज़दूर उसके लिए जाँफ़िशानी उठाएगा, संघर्ष करेगा, बलिदान देगा? तब फिर समाजवाद वहीं पहुँच जाएगा, जहाँ वह मार्क्स के पहले था—यानी कुछ उदार और धर्मभीरु व्यक्तियों की हार्दिक मनोकामना के रूप में।

रोज़ा ने बताया कि ब्रन्स्टीन ने अपने को पूँजीवादी अर्थशास्त्री की गंदी सतह पर उतार दिया है, उसकी नज़र एक पूँजीवादी की नज़र से अच्छी नहीं रह गई है। इसमें कोई शक नहीं कि कुछ हालतों में यह उधार देने की प्रणाली (Credit system) पूँजीवाद को आसन्न कठिनाइयों से बचा लेगी, किंतु, इसका आम असर पूँजीवाद पर दूसरा ही होगा। पूँजीवाद के आर्थिक संकटों का आधार यह है कि उसके अंदर जहाँ हमेशा पैदावार को बढ़ाते जाने की प्रवृत्ति होती है, वहाँ बाज़ार में खपत की ताक़त दिन-दिन कम होती जाती है। उधार की प्रणाली के कारण पैदावार को और भी बढ़ाते जाने की प्रवृत्ति बढ़ेगी, यहाँ तक कि वह बाज़ार की खपत की ताक़त की सीमा को भी लाँघ जाएगी। फिर, ज्योंही आर्थिक संकट आएगा, पूँजीपति भयभीत होकर उधार की प्रणाली को रोक देंगे और यों जिस समय उसकी सबसे अधिक ज़रूरत हो सकती थी, उस वक्त उसको लकवा मार देगा। नतीजा यह होगा कि आर्थिक संकट और भी तीव्र और व्यापक हो उठेगा। यों, यह उधार की प्रणाली पूँजीवाद की रक्षा का साधन न होकर, उसके शीघ्र विनाश का कारण बन जाएगी।

कई कंपनियों को मिलाकर बड़े-बड़े ट्रस्टों के बारे में रोज़ा ने यह माना कि मार्क्स के ज़माने में पूँजीवाद का यह रूप नहीं आया था और इस पर पूर्ण विचार किया जाना चाहिए। किंतु, यह तो बिलकुल साफ़ है कि यह पूँजीवादी अराजकता को एक अंश तक ही कम कर सकेगी। हो सकता है, किसी ख़ास उद्योग में इसके चलते पारस्परिक प्रतियोगिता कम हो जाए, या अपने देश के बाज़ार की होड़ को यह कम कर दे, किंतु, संपूर्ण उद्योगों और सारे संसार की नज़र के सामने रखने पर स्पष्ट हो जाता है कि इसकी शक्ति भी परिमित ही रहेगी और इससे पूँजीवाद की असंगतियों के सिद्धांत में मूलतः कोई फ़र्क़ नहीं आ सकता। इन ट्रस्टों के कारण पूँजीवादी आर्थिक प्रणाली के अंतर्राष्ट्रीय रूप और पूँजीवादी राज्य के राष्ट्रीय रूप के बीच की असंगति और भी तीव्र हो जाएगी जिसका फल होगा, दूसरे के माल के ख़िलाफ़ टैरिफ़ की दीवाल खड़ी करना और यों एक देश का दूसरे देश से शत्रुता बढ़ना और अंततः उनमें गुत्थमगुत्था होना।

1873 से 1900 तक कोई ज़बर्दस्त आर्थिक संकट नहीं आने के कारणों पर विचार कर रोज़ा ने इस संबंध में भी ब्रन्स्टीन का मुँह बंद कर दिया। आर्थिक संकट इसके दरम्यान क्यों नहीं आए? क्या इसलिए कि पूँजीवाद की असंगतियाँ नष्ट हो गईं? बिलकुल ही नहीं। असंगतियाँ तो उसके मूल में हैं, किंतु, इधर एक नई बात आ गई, जिसने उन असंगतियों के विस्फोट में देर लगा दी है। इधर पूँजीवाद को नए-नए बाज़ार मिलते गए हैं। एशिया, अफ्रीका, अमेरिका का वह विस्तृत बाज़ार—जो पूँजीवादी मशीन—राक्षसी की सभी पैदावारों को पचा ले। किंतु, रोज़ा ने सवाल किया, यह कब तक? बकरे की माँ कब तक ख़ैर मनाएगी? वह दिन दूर नहीं, जब यह बाज़ार भी भर जाएगा, उस दिन पैदावार और खपत के बीच का सामंजस्य नष्ट हो जाएगा, और एक नहीं, अनेक आर्थिक संकट आकर सिर्फ़ एक देश को नहीं, बल्कि संसार को झकझोर देंगे और ऐसा भूकंप पैदा करेंगे जिसमें पूँजीवादी प्रणाली की इमारत ताश के घर की तरह आप-से-आप ढह पड़ेगी।

रोज़ा की भविष्यवाणी व्यर्थ नहीं सिद्ध हुई। 1900 में ही यूरोप के इन देशों में भी एक बहुत बड़ा आर्थिक संकट आया, जहाँ 'ट्रस्टों' की भरमार थी और जहाँ उधार की प्रणाली का बोलबाला था। ब्रन्स्टीन की बातों का यों घटना ने भी पर्दाफ़ाश कर दिया।

इन सुधारवादियों की एक ज़बर्दस्त दलील यह थी कि मज़दूर संस्थाओं के मज़बूत होने से पूँजीवादी शोषण धीरे-धीरे आप-से-आप कम होता जाएगा। इसके प्रमाण में वे जर्मनी के मज़दूर आंदोलन को पेश करते थे, जहाँ बिस्मार्क के बनाए मज़दूर-विरोधी क़ानून रद्द हो चुके थे और मज़दूरों के पक्ष में कई अच्छे क़ानून बन चुके थे। ब्रन्स्टीन ने अपनी पुस्तक में बड़े फ़ख्र से लिखा था—"इस समय मुनाफ़े की दर और मज़दूरी की दर में एक संघर्ष चल रहा है। इस संघर्ष के परिणामस्वरूप मुनाफ़े की दर क्रमशः कम होती जाएगी और अंत में मुनाफ़े के लिए कोई जगह ही नहीं रह जाएगी और यों मार्क्स ने जिस अतिरिक्त मूल्य—Surplus Value—पर इतना ज़ोर दिया है, वह आप-से-आप विलीन हो जाएगा और विलीन हो जाएगा उसके साथ ही पूँजीवादी शोषण।"

रोज़ा इन मज़दूर-संस्थाओं की उपयोगिता और उनके द्वारा पूँजीपतियों से प्राप्त की गई सुविधाओं को नज़रअंदाज नहीं करती थी। किंतु, उसने बताया कि ज्यों-ज्यों सामाजिक विकास की धारा में प्रगति आएगी, इन मज़दूर-संस्थाओं के वैधानिक कार्यों की सफलता कम होती जाएगी। जब उद्योगधंधों का विकास चरम सीमा पर पहुँचेगा तब ह्रास का युग प्रारंभ होगा और उस समय इन मज़दूर संस्थाओं के कार्यों में दो तरह की कठिनाइयाँ आएँगी। एक तो पैदावार में कमी करने के लिए पूँजीपति कम मज़दूरों को काम में लाना चाहेंगे, जिससे बाज़ार में मज़दूर ज़रूरत से ज्यादा रहेंगे, और उनकी माँग में कमी हो जाएगी। माँग में कमी होने से मज़दूरी की दर में कमी होना स्वाभाविक ही है। दूसरी बात यह कि इस मंदी के ज़माने में चीज़ों की खपत बढ़ाने के लिए पूँजीपति उसकी क़ीमत में कमी करना चाहेंगे और क़ीमत में कमी करने के लिए वे अपने मुनाफ़े की ओर नज़र नहीं उठाकर मज़दूरी की ओर ही गृद्धदृष्टि डालेंगे और उसमें मनमानी कमी करेंगे। यों, साधारण समयों में जो कुछ ये संस्थाएँ प्राप्त किए होंगी, संकट के समय उनसे छिन जाएगा!

रोज़ा के विचार से मज़दूर-संस्थाएँ मज़दूरों की आर्थिक संस्थाएँ हैं, जिनका काम है कि वे पूँजीवाद के अंदर मज़दूरी का जो शोषणकारी सिद्धांत है, उसे बेरोक काम में आने से रोकें। ये संस्थाएँ मज़दूरों की आत्मरक्षा की संस्थाएँ हैं। निस्संदेह इस आत्मरक्षा की क्रिया के सिलसिले में मज़दूरों को पूँजीवादी नियमों का प्रत्यक्ष अनुभव होगा, उनमें ताक़त आएगी, धीरे-धीरे युद्ध की अनिवार्यता उन पर प्रत्यक्ष होती जाएगी और अंततः वे पूँजीवाद के साथ अपनी आख़िरी लड़ाई के लिए तैयारियाँ करेंगे। किंतु, यह समझना कि ये संस्थाएँ धीरे-धीरे कारख़ानों के प्रबंध में अपनी जगह बनाती हुई, पहले तो पूँजीपतियों से मिलजुलकर, उनकी हिस्सेदारी में, और, अंत में स्वतः ही कारख़ाने की प्रबंधक बन जाएँगी और यों समाजवाद के लिए रास्ता खोल देंगी—रोज़ा के विचार में बिलकुल ही भ्रामक था। सुधारवादियों ने शोर मचाया था, रोज़ा तो मज़दूर-संस्थाओं की दुश्मन है, वह उनकी महत्ता कम करती है, किंतु, इतिहास ने सिद्ध किया कि मज़दूरों के दुश्मन कौन थे? जहाँ रोज़ा ने मज़दूरों के काम में अपने प्राण न्योछावर कर दिए, वहाँ उसे बदनाम करनेवालों ने पूँजीपतियों के हाथ अपने को बेच दिया!

जेल की पहली झलक!

जिस समय रोज़ा ने इन सुधारवादियों से सैद्धांतिक संघर्ष शुरू किया, उस समय उसकी उम्र सिर्फ़ 30 वर्ष की थी। इस समय रोज़ा ने जो लेख लिखे, उनमें एक ओर जहाँ प्रौढ़ता और गंभीरता है, वहाँ दूसरी ओर जवानी की उमंग और शक्ति भी है। जिस समय यह विवाद चल रहा था, वौलमार नामक एक प्रसिद्ध कार्यशील समाजवादी नेता ने संकुचित, बाल की खाल निकालनेवाले और अयथार्थवादी सिद्धांतवादियों की ओर घृणा से उँगली उठाते हुए कहा था—हर आदमी सिद्धांत पर डटा रह सकता है, उसके लिए ज्ञान की कोई आवश्यकता नहीं। किंतु, रोज़ा का यह ख़याल नहीं था। उसका कहना था कि मज़दूरवर्ग का सही नेतृत्व करने के लिए सैद्धांतिक ज्ञान और व्यावहारिक बुद्धिमत्ता की सख्त ज़रूरत है। ऐसा नहीं होने से मज़दूर-आंदोलन की धारा मरुभूमि में जाकर सूख जाएगी। शांति के ज़माने में सुधारवादियों को अपने प्रभाव बढ़ाने में सहूलियत होती है, इसलिए जब तक उनका ज़हर मज़दूरों की पार्टी में असर न कर पाए, उसी समय उसे निचोड़कर या काटकर अलग कर देना चाहिए। इसलिए उसने इस बात का भी आंदोलन शुरू किया कि ब्रन्स्टीन और उसके सुधारवादियों को जर्मनी की सोशल डिमोक्रैटिक पार्टी से निकाल बाहर किया जाए।

किंतु, उस समय इस पार्टी की अजीब हालत थी। यद्यपि पार्टी के साधारण सदस्यों में 90 फ़ीसदी आदमी उस सुधारवाद के ख़िलाफ़ थे, किंतु, पार्टी के जो पदाधिकारी थे, या मज़दूरसंघों में जो प्रधान स्थान रखते थे, उनमें सुधारवाद ने ज़बर्दस्त घर कर लिया था। वे एकता की दुहाई देकर मज़दूर-आंदोलन की जड़ पर ही कुठार चलानेवाली इस सुधारवादी भावना को प्रश्रय देते थे। उसने 1898 के अक्तूबर में एक पत्र समाजवादी नेता बेवेल के पास लिखकर यह उलाहना दिया कि क्यों नहीं आप और कौट्स्की उसे पार्टी से निकालने पर ज़ोर देते हैं? जब हम यह समझ गए हैं कि ब्रन्स्टीन अपनी जगह से नीचे उतर आया है, पतित हो गया है, तो फिर

क्यों नहीं पार्टी उसे एक खुराफ़ाती और नीच समाज-सुधारक समझकर तदनुसार बर्ताव करे ? किंतु, एक ओर उसकी बातों का ये लोग खंडन भी करते थे, दूसरी तरफ़ उसे बर्दाश्त किए जाते थे, क्योंकि वे लोग पार्टी में फूट हो जाने से बहुत ही डरते थे !

एक ओर रोज़ा इन सुधारवादियों से सैद्धांतिक लड़ाई करती थी, दूसरी ओर अपना समय पोलैंड के मज़दूर-आंदोलन में लगाती थी, जो 1899 के बाद फिर नई करवट ले रहा था। उसका व्यक्तिगत जीवन लिखने-पढ़ने में, राष्ट्रीय और अंतर्राष्ट्रीय कांग्रेसों के लिए तैयारियाँ करने में और व्याख्यान देने में व्यतीत होता था। 1899 में जर्मनी की सोशल डिमोक्रैटिक पार्टी ने अपने मुखपत्र 'वोखार्ट' (अग्रसर) के संपादकीय विभाग में उसे स्थान देने का निश्चय किया, किंतु, रोज़ा ने उसे अस्वीकार कर दिया, क्योंकि उसके प्रमुख संपादक विल्हेम लिब्तक्नेख़्त से उसका कुछ मतभेद रहता था। यद्यपि वह विल्हेम लिब्तक्नेख़्त को 'क्रांति का बूढ़ा सिपाही' मानकर बहुत ही इज़्ज़त करती, किंतु, वह सिद्धांत की बातों में सुलह करने को तैयार नहीं थी।

ब्रूनो कोलैंक की मृत्यु 1902 में हुई, तब लिपज़िग से निकलनेवाले उसके पत्र की संपादिका वह बनाई गई। ज्योंही पूँजीवादी पत्रों को इसकी ख़बर लगी, उन्होंने अजीब शोर मचाया। एक अख़बार ने लिखा—उस राँड रोज़ा को निकाल बाहर करना चाहिए जो अपने को क्रांति की लाल पताका की एकमात्र अलमबरदार समझती है; तो दूसरे अखबार ने उसे 'खूनी रोज़ा' की उपाधि देकर इस पर आश्चर्य प्रकट किया कि किस तरह वह इतने बड़े प्रतिष्ठित पत्र की संपादिका बन बैठी है। पूँजीवादियों के सुर में सुधारवादियों ने भी अपने सुर मिलाए और रोज़ा के ख़िलाफ़ एक अजीब बवंडर उठ खड़ा हुआ। इस बवंडर से वह घबरानेवाली नहीं थी, किंतु, उसे आश्चर्य यह जानकर हुआ कि लिपज़िग के जिन समाजवादियों को अपनी 'लहराती हुई लाल पताका' पर नाज़ था, उन्होंने ही यह मुनासिब समझा कि रोज़ा की कलम पर ज़रा बंधन रखा जाए। रोज़ा इसे क्यों बर्दाश्त करती ? उसने संपादक-पद से इस्तीफ़ा दे दिया, यहाँ तक कि उस पत्र में लेख लिखना बंद कर दिया।

रोज़ा के बाद उस पत्र का संपादक सुप्रसिद्ध समाजवादी फ्रांज़ मेहरिंग बनाया गया। इस पर रोज़ा बहुत नाराज़ हुई कि क्यों उसने उसके अधिकारों की ज़ोरदार ढंग से रक्षा नहीं की ? उस समय से मेहरिंग और रोज़ा में प्रायः ही नहीं पटती रही। किंतु, जब ड्रेसडेन कांग्रेस में उसी मेहरिंग पर चारों ओर से बौछारें होने लगीं और उसके विपक्षियों ने उसे अकेला समझ उस पर प्रहार-पर-प्रहार करना शुरू किया, रोज़ा झट मेहरिंग के पक्ष में आकर उसकी ढाल बन गई। मतभेद होने पर भी रोज़ा मेहरिंग की योग्यता को नहीं भूल सकती थी। यों ही फ्रांस के ख्यातिलब्ध समाजवादी नेता जौरे से उसकी प्रायः ही झड़प हो जाती थी, किंतु, जब 1904 की अमैस्टर्डाम कांग्रेस में जौरे के भाषण का अनुवाद करनेवाला कोई नहीं मिला, तो रोज़ा झट उठ खड़ी हुई और अपने विरुद्ध दिए गए भाषण को उसने ओजस्वी शब्दों में अनुवाद कर श्रोताओं को चकित कर दिया। रोज़ा के इस कार्य से मुग्ध हो जौरे ने अपने भाषण का इन शब्दों में अंत किया—"साथियो, आपने देखा कि राजनीतिक मतभेद हमारे सहयोग में हमेशा बाधक नहीं बन सकता !"

इधर रोज़ा की प्रसिद्धि बढ़ रही थी, उधर जर्मन सरकार की नज़र पर वह चढ़ रही थी। पोलैंड का जो हिस्सा उस समय जर्मनी में पड़ता था, उसमें पोलिश सभ्यता का नाश कर जर्मनी की भाषा और रीति-नीति के प्रचार की जो सरकारी चेष्टाएँ हो रही थीं, उनके ख़िलाफ़ रोज़ा ने एक पुस्तिका छपवाई। इस पर सरकारी वकील ने उस पर सरकारी मिनिस्टर की प्रतिष्ठा में बट्टा लगाने के अपराध में मुक़दमा चलाया। इस पर उसे क्या सज़ा मिली, इसका काग़ज़ नहीं मिलता, किंतु, 1904 में उसे तीन महीने की सज़ा जर्मनी के सर्वेसर्वा क़ैसर का अपमान करने के जुर्म में दी गई। यह 'अपमान' क्या था ? रोज़ा ने क़ैसर के एक भाषण की चर्चा करते हुए कहा था—"जो आदमी यह कहता है कि जर्मनी के मज़दूर खुशहाल हैं, वह उनके बारे में पूरा जानता ही नहीं है।" अपनी सज़ा का ज्यादा हिस्सा वह भुगत चुकी थी कि सैक्सनी के राजा के मरने पर उसे 'ऐमेनेस्टो' में छोड़ने की आज्ञा हुई। रोज़ा ने कहा कि जो प्रजातंत्रवादी है, वह राजा की कृपा को ग्रहण कर नहीं सकता और उसने अपने सेल से बाहर होना अस्वीकार कर दिया। किंतु, उसे ज़बर्दस्ती जेल से निकाला गया।

4

क्रांतिकारी मोर्चे पर

लेनिन और रोज़ा

रोज़ा लुक्ज़ेम्बुर्ग जर्मनी में बस गई थी, वहाँ की सोशल डिमोक्रैटिक पार्टी में उसका उच्चस्थान हो गया था, वहाँ के मज़दूर-आंदोलन में वह घुलमिल गई थी, तो भी वह अपनी प्यारी मातृभूमि पोलैंड को किस तरह भूल सकती थी ? यह तो लाचारी थी, जिसने उसे जर्मनी में ला पटका था ।

पोलैंड उस समय रूस के ज़ार की मातहत में था । अतएव, रूस में ज़ारशाही के ख़िलाफ़ जो आंदोलन चल रहे थे, उनसे वह तटस्थ नहीं रह सकती थी । ख़ासकर रूस की सोशल डिमोक्रैटिक पार्टी से तो उसका बहुत ही गहरा संबंध था । इस पार्टी के विकास को वह सिर्फ़ बड़ी उत्सुकता से देखती ही नहीं थी, बल्कि उसके सैद्धांतिक विवादों में स्वयं भाग भी लेती थी ।

1900 में रूसी सोशल डिमोक्रैटिक पार्टी के मुखपत्र की हैसियत से 'इस्करा' (चिनगारी) नामक पत्र लंदन से निकलने लगा । इस पत्र के संपादकीय विभाग में पुराने नेताओं के प्रतिनिधिस्वरूप प्लैख़नौव, एक्ज़ेल्रौड और श्रीमती वीरा सैसुलिच और नई पीढ़ी की प्रतिनिधि रूप में लेनिन, मोर्टौव और पोट्रेसौव थे । कुछ दिनों के बाद साइबेरिया से भागा ट्रौट्स्की भी इसमें शामिल हुआ ।

'इस्करा' का मुख्य उद्देश्य था मार्क्सवाद के ठोस आधार पर रूस के मज़दूर-आंदोलन को चलाने की कोशिश करना । सैद्धांतिक प्रश्न को लेकर रूस में बड़ी गड़बड़ी मची हुई थी । 'नैरोदनिकी' नाम से जो पुराने क्रांतिकारी थे, वे कहते थे कि रूस में पूँजीवाद का विकास हुआ नहीं है, अतः यहाँ मज़दूरों पर आश्रित समाजवाद की स्थापना का स्वप्न देखना फ़िज़ूल है । उनके अनुसार रूस में किसानों पर आश्रित एक ख़ास ढंग का समाजवाद होगा । जो मार्क्सवादी थे, उनमें भी एक दल ऐसा था जो मज़दूरों के आर्थिक संघर्षों को ही सबकुछ मानता था । वह राजनीतिक क्षेत्र में सुधारों में ही अपने को केंद्रित रखना चाहता था, जो सुधार ज़ारशाही की कृपा से प्राप्त हो सके । यह विचार 'अर्थवाद' के नाम से मशहूर था । 'इस्करा' ने इन दोनों प्रवृत्तियों के ख़िलाफ़ ज़बर्दस्त आवाज़ उठाई थी । एक ओर उसने 'नैरोदनिकी' के विचारों का खंडन किया, दूसरी ओर उसने इन 'अर्थवादियों' की धज्जियाँ उड़ाईं ।

इन अर्थवादियों में क्रिचेवेस्की रोज़ा के घनिष्ठ मित्रों में से थी, किंतु, रोज़ा ने इसकी ज़रा भी परवाह नहीं की और इस संबंध में 'इस्करा' के मतों का ही समर्थन किया ।

1903 में रूसी सोशल डिमोक्रैटिक पार्टी में फूट हो गई और वह दो दलों में—बौल्शेविक और मैन्शेविक—में बँट गई । पार्टी के संगठन का क्या आधार हो, इस पर दो प्रस्ताव थे, एक लेनिन का, दूसरा मार्टौव का । अंततः लेनिन की बात रह गई । उसके पक्ष में बहुमत हो गया, इसलिए बौल्शेविक कहलाया ।

संगठन के प्रश्न को लेकर बहुत ही विवाद चला । रोज़ा लेनिन के इस मत से बिलकुल सहमत थी कि मज़दूरों की क्रांतिकारी पार्टी को उसके वर्ग का अगला दस्ता बनना चाहिए, उसका ज़बर्दस्त केंद्रीय संगठन चाहिए और जो बहुमत से तय हो, उसका पालन सख़्ती से किया जाना चाहिए । एक क्रांतिकारी पार्टी में अनुशासन की ढिलाई उचित नहीं । किंतु, इसके आगे लेनिन और उसमें मतभेद था । लेनिन का कहना था कि क्रांतिकारी पार्टी को जिस ग़ैरकानूनी ढंग पर काम करना होता है, उसे देखते, केंद्रीय समिति को पूर्ण अधिकार दिया जाना चाहिए, उसके निर्णयों पर चूँचरा भी नहीं किया जाना चाहिए । रोज़ा का कहना था कि आलोचना का अधिकार छीना जाना अच्छा नहीं । वह कहती—अख़बारों में एकाध लेख लिखे जाने या किसी सदस्य द्वारा मतभेद ज़ाहिर किए जाने से कोई महान पार्टी टूट नहीं सकती । उल्टे, आलोचना का अधिकार नहीं रहने पर पार्टी में निरंकुशता और तानाशाही फैलेगी । उस समय लेनिन ने रोज़ा का विरोध किया था, किंतु, उसी लेनिन ने थर्ड

इंटरनेशनल की स्थापना के समय उसके विधान में, ऐसी पाबंदियाँ रखीं, जिनसे पार्टी के अंदर काफ़ी स्वतंत्रता रहे, पर पीछे, लेनिन की मृत्यु के बाद स्टालिन और उसके अनुयायियों ने लेनिन के 1903-4 के भाषणों को उद्धृत कर सब चौपट कर अपने कामों द्वारा रोज़ा के कथनों को सार्थक कर दिया—आज समूची थर्ड इंटरनेशनल और उससे संबद्ध कम्यूनिस्ट पार्टियाँ इस तानाशाही के अंदर सड़ रही हैं।

ख़ैर ! रोज़ा और लेनिन में जो उस समय मतभेद था, उसका प्रधान कारण दोनों की स्थिति में है। रोज़ा आलोचना पर अधिकार इसलिए चाहती थी कि उस समय जर्मनी की पार्टी में सुधारवादियों का बोलबाला था और वह जनमत को अपने पक्ष में करके उसके द्वारा उन पर दबाव डालना चाहती थी। इधर लेनिन का ध्यान अपने उद्देश्य की सफलता की ओर था, जिसके लिए वह किसी भी राजनीतिक साधन का इस्तेमाल करने में नहीं हिचकना चाहता था। रोज़ा का ध्यान जनता की ओर था, लेनिन का ध्यान पार्टी की ओर। लेनिन एक सुसज्जित सेना का सिपहसालार था, रोज़ा एक जनसमूह को आगे चलानेवाली ध्वजाधारिणी !

किंतु, पार्टी के संगठन के बारे में थोड़ा मतभेद होने पर भी क्रांति के रूप, उद्देश्य और रण-कौशल के विषय में रोज़ा और लेनिन में बिलकुल मतैक्य था। यह तो सभी मार्क्सवादी मानते थे कि रूस में जो पहली क्रांति होगी, वह पूँजीवादी क्रांति होगी—जिसमें ज़ारशाही एकछत्रता का नाश होकर पूँजीवादी प्रजातंत्र की स्थापना होगी। किंतु, इससे मैन्शेविक, नैरोदनिकी तथा पोलिश सोशलिस्ट पार्टी के तत्कालीन संचालक यह निष्कर्ष निकालते थे कि चूँकि पहली क्रांति पूँजीवादी क्रांति होगी, इसलिए इसका नेतृत्व भी पूँजीवादियों पर ही छोड़ देना चाहिए। मज़दूरवर्ग उनका सिर्फ़ समर्थन मात्र करे। अगर मज़दूरवर्ग आगे बढ़ेगा, तो पूँजीवादी घबरा उठेंगे, वे प्रतिक्रिया की ओर मुड़ेंगे और यों क्रांति का मौका ही बर्बाद हो जाएगा। किंतु, लेनिन और उसकी बौल्शेविक पार्टी एवं पार्वस, कौट्स्की, ट्रौट्स्की एवं रोज़ा लुक्ज़ेम्बुर्ग का मत इसके ठीक विपरीत था।

उनका कहना था कि जो लोग इस तरह की बातें कहते हैं, वे या तो प्रतिक्रियावादी हैं या कल्पनालोक में विचरण करनेवाले जीव हैं। फ्रांस की क्रांति भी पूँजीवादी क्रांति थी, किंतु, वह इसलिए सफल हुई कि जेकोबिनों के अधिनायकत्व में गरीबों ने सामंतशाही को जड़ से उखाड़ फेंका और राजसत्ता पर क़ब्ज़ा किया। वहाँ के पूँजीवादी इतनी दूर तक नहीं जाना चाहते थे। किंतु, 1848 में जर्मनी की क्रांति इसलिए असफल हुई कि जर्मनी के पूँजीपति जर्मन-मज़दूरों से डरते थे, वे भागकर राजा की गोद में जा गिरे और यों एकछत्र शासन का अंत नहीं हुआ और न प्रजातंत्र क़ायम हो पाया। रूस के पूँजीवादी भी इसी राह को पकड़ेंगे और बड़ी तेज़ी से, क्योंकि रूस के मज़दूर उस समय के जर्मन-मज़दूरों से ज्यादा संगठित हैं। रूस की पूँजीवादी क्रांति की सफलता मज़दूरों के नेतृत्व पर ही निर्भर है। रूस के पूँजीवादियों में उदारदली मनोवृत्ति का सर्वथा अभाव है। शहर के जो मध्य श्रेणी के लोग हैं, उनमें राजनीतिक चेतना का अभाव है। दूसरे देशों के मध्यश्रेणी के लोगों ने ही मज़दूरों में जागृति पैदा की, रूस में ऐसा नहीं हुआ। यहाँ सिर्फ़ किसान है, जिन्हें ज़मीन की भूख ने क्रांतिकारी बना रखा है। किंतु, वे देहातों में बँटे हुए हैं, वे नेतृत्व करने की स्थिति में नहीं हैं, बल्कि स्वयं उन्हें ही नेतृत्व चाहिए। ऐसी हालत में सिर्फ़ मज़दूरवर्ग ही ऐसा है, जो इस पहली क्रांति का भी नेतृत्व कर सकता है।

फिर, इस क्रांति की सफलता के बाद जो सरकार क़ायम हो, उसका विकास और रूप कैसा होगा ? मैन्शेविक और उनके साथी कहते थे कि निस्संदेह वह सरकार पूँजीवादी सरकार होगी और उसमें समाजवादियों को शामिल नहीं होना चाहिए ! लेनिन इसके ख़िलाफ़ था। उसका कहना था कि नहीं, मज़दूरवर्ग अपने नेतृत्व में क्रांति करके पहले "मज़दूरों और किसानों का क्रांतिकारी प्रजातंत्री एकाधिकार" क़ायम करेगा, फिर उसी के द्वारा 'पूँजीवादी प्रजातंत्र' का आधार पैदा किया जाएगा। रोज़ा लेनिन से यहाँ थोड़ा मतभेद रखती थी। वह कहती थी कि किसानों को मिलाकर ज़ारशाही ख़त्म करने के बाद मज़दूरवर्ग को चाहिए कि वह बिना हिचक के शासन अपने हाथ में ले, अपनी अस्थायी सरकार बनावे, जनता के क्रांतिकारी हिस्से को सशस्त्र करे और मज़दूरों में खुलकर हथियार बाँटे। फिर समाज में राजनीतिक और आर्थिक परिवर्तन लाने के लिए जितनी बुनियादी कार्रवाइयों की ज़रूरत हो, उन्हें काम में लाकर, एक आम वोट के अधिकार के आधार पर विधान परिषद् को

बुलावे, जिसका काम स्थायी विधान तैयार करना हो। जब तक यह विधान तैयार नहीं हो जाए, क्रांतिकारी सरकार और जनता को चाहिए कि अपने अस्त्र को सम्हाले रहें, जिसमें यह विधान-परिषद् क्रांति को पीछे की ओर घसीटने की चेष्टा नहीं कर सके। उसकी सम्मति में जो पहली क्रांतिकारी सरकार होगी उसका रूप 'किसानों पर आश्रित मज़दूरवर्ग का क्रांतिकारी एकाधिकार' होना चाहिए।

1905 का वह तूफ़ान !

1905 की 22 जनवरी का रविवार रूस के इतिहास में ही नहीं, संसार के मज़दूरवर्ग के संघर्ष के इतिहास में हमेशा याद रखा जाएगा। इस 'खूनी रविवार' को ही निरीह मज़दूरों के खून से मज़दूरों की क्रांति की नींव डाली गई, जिस पर उसके बारह वर्ष बाद, 1916 में मज़दूरों के राज्य के रूप में एक नई इमारत खड़ी की गई।

रूस के मज़दूरों में एक नई क्रांतिकारी प्रवृत्ति घर कर रही है, इसका पता 1896 में ही चल गया था। इसी वर्ष रूस में सोशल डिमोक्रैटिक पार्टी का संगठन हुआ और इसी साल जिस समय निकोलस द्वितीय रूस की गद्दी पर बैठा, पिट्सबर्ग (पेट्रोग्राड = लेनिनग्राड) के 40,000 मज़दूरों ने इस बात के लिए हड़ताल की कि इस राज्याभिषेक के चलते उन्हें तीन दिनों की मज़दूरी के घाटे में क्यों रखा गया? इस हड़ताल को बुरी तरह कुचल दिया गया। फिर 1896 की जनवरी में एक ज़बरदस्त हड़ताल हुई, जिसमें मज़दूरों को विजय मिली, जिसके अनुसार अब मज़दूरों से ज्यादा-से-ज्यादा साढ़े ग्यारह घंटे प्रतिदिन काम कराया जा सकता था।

1902 में बातुम में हड़ताल हुई जिसकी सहानुभूति में निज़नी नवोगोरोद और साराटोव में बड़े प्रदर्शन हुए। इसी साल के अंत में रौस्टोव में आम हड़ताल हुई। मज़दूरों ने रूस के इतिहास में पहली बार सार्वजनिक सभा का अधिकार अपनी दृढ़ इच्छाशक्ति से प्राप्त किया। 1903 और 1904 में दक्षिण रूस सामाजिक उथल-पुथल का केंद्र बना हुआ था। मज़दूरों की आम हड़ताल एक शहर से दूसरे शहर में आग की तरह फैलती गई। बाकू से तिफ़्लिस, फिर बातुम, ओडेसा, कीव, निकोलीव, आदि शहर इसकी लपट में आ गए। रूस की ये हड़तालें पश्चिमी यूरोप की हड़तालों से भिन्न थीं। इनका विस्तार, इनकी क्षिप्रगति, इनका विकास, आर्थिक क्षेत्र से राजनीतिक क्षेत्र में प्रवेश—ये सब लक्षण क्रांतिकारी थे। इन हड़तालों में पुलिस और सेना से डटकर मुक़ाबले भी हुए। शहर की हवा देहात में गई। किसानों ने अपने ज़मींदारों के ख़िलाफ़ विद्रोह किया। रूसी क्रांति की पहली झलक साफ़ दिखाई देने लगी।

1904 में रूस-जापान युद्ध शुरू हुआ। पहले तो जापानियों के ख़िलाफ़ देशभक्ति की ज़बर्दस्त लहर उठी। ज़ार ने यह युद्ध इसी उद्देश्य से शुरू भी कराया था। किंतु, ज्यों-ज्यों ज़ार की सेना हारने लगी, देशभक्ति की वह लहर ज़ारशाही के ख़िलाफ़ मुड़ी। उदारपंथी पूँजीवादी आगे बढ़े, लंबी-लंबी तक़रीरें शुरू कीं, सभाएँ कीं, जिनमें प्रजातंत्र की माँग पेश की गई। मालूम होता था कि प्रजातंत्रात्मक आंदोलन का नेतृत्व इन पूँजीवादियों, ज़मींदारों और वकीलों के हाथों में आ गया, किंतु, इस साल के अंत में ज़ार ने एक अच्छी धमकी उन्हें दी। फिर क्या था, वे लोग दुम दबाकर अपने ऐशगाहों में जा घुसे।

किंतु ज़ार की धमकी का जवाब मज़दूरों ने हड़ताल करके दिया। 1905 की जनवरी में पिट्सबर्ग के सुप्रसिद्ध पुटिलौव कारख़ाने में, दो मज़दूरों को निकाल बाहर किए जाने पर, हड़ताल हुई। यह हड़ताल फैलती गई। 20 जनवरी तक 1,40,000 मज़दूर इसमें शामिल हो गए। तमाशा यह था कि इस हड़ताल का संचालन एक ऐसी मज़दूर-संस्था द्वारा हो रहा था, जिसे ज़ारशाही की पुलिस ने, समाजवादियों के ख़िलाफ़, स्थापित कराया था और इनका नेतृत्व गैपन नामक एक पादरी के हाथों में था, जिसका चरित संदेहहीन नहीं था।

गैपन-पादरी के नेतृत्व में 22 जनवरी, रविवार, को दो लाख मज़दूर, जिनमें उनकी स्त्रियाँ और बच्चे भी शामिल थे, ज़ार के शरत-प्रासाद की ओर चले! उनके हाथों में उस दिन लाल झंडे नहीं थे। बल्कि ज़ार की तस्वीरें थीं, जिसे पिता समझकर, अपनी फ़रियाद सुनाने, वे उसकी 'हुज़ूर' में जा रहे थे। एक दर्ख़ास्त भी तैयार कर रखी थी, जिसमें राजबंदियों की रिहाई, नागरिक स्वतंत्रता, दिन में सिर्फ आठ घंटे का काम, अच्छी मज़दूरी,

जनता को ज़मीन और आम वोट के अधिकार पर विधान-परिषद् बुलाने की माँग पेश करते हुए लिखा गया था—

"बादशाह सलामत, ये ही हमारी माँगें हैं। वादा कीजिए कि इन्हें पूरा किया जाएगा। क़सम खाइए कि ये काम में लाई जाएँगी। ऐसा करके आप रूस को सुखी और संपन्न ही नहीं बनवाएँगे, आपका नाम हमारे और हमारे बच्चों के दिलों में हमेशा के लिए सुनहले अक्षरों में लिख जाएगा। लेकिन, अगर आपने हमारी अर्जी पर ध्यान नहीं दिया, तो हम, आपके प्रासाद के इसी मैदान में मर मिटेंगे !....हमारा बलिदान रूस की रक्षा करे, जो बहुत कुछ सह चुका !"

और, सचमुच उसी मैदान में उनका बलिदान हुआ। वे निरीह पशु-से खुद उस बाड़े में जा घुसे थे, जहाँ जल्लाद की तेज़ छुरी चमक रही थी। दो हज़ार मर्द, औरत और बच्चे क़त्ल किए गए और चार हज़ार घायल हुए। किंतु, उस दिन जो बंदूकें उस मैदान में गरजीं, उनकी आवाज़ ने समूचे रूस को जगा दिया, उस दिन जो खून की धारा बही, उसमें ही रूस की क्रांतिदेवी का अभिषेक हुआ। जनवरी ख़त्म होते-होते, दस दिन भी नहीं बीतने पाए कि रूस के भिन्न-भिन्न क्षेत्रों के दस लाख मज़दूर कारख़ाने छोड़कर सड़कों पर निकल आए। फरवरी में रोज़ा ने 'न्यू ज़ीट' (नवजीवन) नामक पत्र में, जिसका संपादक कौट्स्की था—'मज़दूरों की अर्ज़ी' शीर्षक से लिखा—

"प्रकृति की तरह इतिहास की भी दिल्लगियाँ हुआ करती हैं। रूस के मज़दूरों की माँग बहुत ही छोटी थी—सिर्फ़ यही कि रूस के मेहरबान बादशाह अपने ही हाथों से ज़ारशाही का ताज उतारकर फेंक दें, अपनी बादशाहत के गर्दन पर अपने ही हाथों छुरी चला दें। यह बुढ़िया की कहानी-सी लगे, किंतु, इसमें दृढ़ और परिपक्व मज़दूरवर्ग की वर्ग-पुकार छिपी थी। यह अच्छा ही हुआ कि उत्तेजित जनता ने यह बचपने का निर्णय किया कि अपने 'छोटे खुदा' के सामने जाकर उसकी दया की जाँच करे और तब खुद-ब-खुद फ़ौलादी दलील से खिंचकर उस युद्धभूमि में पहुँचे जहाँ दो दुनियाँ, दो सदियाँ ज़िंदगी और मौत की लड़ाई लड़ रही हों।"

साल-भर तक यह ज़िंदगी और मौत की लड़ाई चलती रही। खूनी रविवार की यह घटना रूस के कोने-कोने में फैल गई। राजनीतिक हड़तालों का बोलबाला हुआ। आज़ादी और विधान-परिषद् की पुकार ज़मीन और आसमान को गुंजायमान कर रही थी। सरकारी हाकिम हक्के-बक्के हो रहे थे। विजय की झलक स्पष्ट दिखाई पड़ रही थी। सड़कों पर बैरिकेड बनने लगे थे। किंतु, हड़ताल की बड़ी लहर, समय पाकर, छोटे-छोटे टुकड़ों में बँटने लगी, जिनका उद्देश्य राजनीतिक नहीं रहकर आर्थिक हो गया—ज्यादा वेतन, कम घंटे काम, अच्छा रहन-सहन—ये ही माँगें थीं ! इस तरह आंदोलन की गति मंद पड़ रही थी कि जापानी रणक्षेत्र से रूस की हार की ख़बरें आने लगीं। फिर हड़तालों का ज़ोर हुआ और इस बार मज़दूरों के साथ किसानों और विद्यार्थियों के भी कंधे थे। विद्यार्थियों ने स्कूल-कॉलेज छोड़े, किसानों ने बड़े ज़मींदारों की मिलकीयत में आग लगाना शुरू किया। सैनिक भी अछूते नहीं रहे। तिफ़लिस में पहली फ़ौजी बग़ावत हुई। अप्रैल में बाल्टिक नौसेना के जहाज़ियों ने पिट्सबर्ग की सड़कों पर प्रदर्शन किया। शहरों में हड़ताल, प्रदर्शन और सड़कों पर की लड़ाई की धूम थी। मई-दिवस को सभी कारख़ानों में आम हड़ताल थी। वारसा और कालिस में हड़तालियों और फ़ौज़ में मुठभेड़ हुई। दमन का भी दौरदौरा था। जून में वारसा की सड़कों पर बैरिकेड की लड़ाइयाँ जमके हुईं। 'पोटेम्किन' नामक जंगी जहाज़ की फ़ौज़ ने विद्रोह किया और उस पर अपना क़ब्ज़ा जमाया। लिबाओ, रीगा और दूसरे शहरों में भी फ़ौज़ ने बग़ावत की। किसानों का विद्रोह बढ़ता गया, आतंकवादी कार्य भी शुरू हुए। जुलाई में चिरसन में सिपाही विद्रोह हुआ, रेलवे में हड़तालें हुईं, बाल्टिक प्रांतों के किसानों ने बग़ावत पर बग़ावत की। अगस्त में ज़ार के मंत्रियों ने घोषित किया कि नई डूमा बुलाई जाएगी, जिसका अधिकार सीमित था और उसके लिए वोट देने की योग्यता का जो उल्लेख हुआ था, उसमें बहुत-से मज़दूर नहीं आते थे। सितंबर में रूस की सोशल डिमोक्रैटिक पार्टी ने उसके बहिष्कार का निर्णय किया। अक्तूबर में मास्को में आम हड़ताल हुई, जो देशभर में फैल गई। इस हड़ताल में लाखों मज़दूर शामिल हुए, देश का आर्थिक और राजनीतिक ढाँचा

डगमग कर उठा। अंत में ज़ारशाही को झुकना पड़ा। ज़ार ने अपने नाम से घोषणा प्रकाशित की, जिसमें कुछ जनतंत्रात्मक अधिकार देने और व्यापक वोट के आधार पर डूमा बुलाने की बात थी।

इस समय समूचा रूस एक खौलता हुआ कड़ाह बन रहा था। मज़दूर, किसान, विद्यार्थी, सैनिक सबमें एक अजीब उथलपुथल, हलचल, और क्रियाशीलता थी। लेकिन, पूँजीवादियों का कहीं पता नहीं था, जिन्हें मैन्शेविक नेता इस आंदोलन का नेतृत्व करनेवाले बताते थे। सब जगह मज़दूरों का ही नेतृत्व था। इसी महान हलचल के बीच 26 अक्तूबर को पिट्सबर्ग में 'मज़दूरों और किसानों की सोवियत' क़ायम हुई। ऐसी सोवियतें देशभर में क़ायम होने लगीं और पूरे आंदोलन का संचालन इन्हीं के द्वारा होने लगा। मैन्शेविकों के बहुत-से कार्यकर्त्ता अपने नेताओं को धता बताकर इन सोवियतों में बोल्शेविकों के साथ काम करने लगे। पीछे 1917 में इन सोवियतों ने जो कमाल किया, वह तो इतिहास की अमर घटना बनी रहेगी। अब तो सोवियत समाजवाद के साथ अविच्छिन्न रूप से जुड़ गई है।

रोज़ा उस समय बर्लिन में थी। एक तो वह बीमार थी, दूसरे उस समय ऐसी सहूलियत न थी कि वह दौड़कर पोलैंड जाए! किंतु, वह बर्लिन में भी चैन से बैठी नहीं थी। वह बड़ी तत्परता से अपनी पूरी शक्ति लगाकर, इस महान यज्ञ में अपनी समिधा डाल रही थी। वह दूर बैठी, उन घटनाओं को तीखी निगाह से देखती, उनका विश्लेषण करती, उनसे निष्कर्ष निकालती, आगे के लिए राह सुझाती। जो लोग उसमें क्रियात्मक ढंग से लगे हुए थे, उन्हें इन कामों की फुर्सत कहाँ थी? किंतु, यह काम भी कुछ कम ज़रूरी नहीं था। रोज़ा दूर बैठकर, फ़ौज़ के जनरल-स्टाफ़ की तरह, मोर्चेबंदी की देखभाल करती और प्लैन बनाती और बताती हुई उन्हीं का काम कर रही थी।

फिर, जर्मनी के मज़दूरों और अंतर्राष्ट्रीय समाजवादी क्षेत्र में रूस की इस महान हलचल की सही जानकारी देना और उसकी सहानुभूति और सहायता रूस के मज़दूरों की ओर प्राप्त करना भी रोज़ा का बहुत बड़ा काम था। रूहर प्रांत के मज़दूरों ने जनवरी में हड़ताल की। यह हड़ताल प्रारंभ में आर्थिक थी, किंतु, पीछे इसने राजनीतिक रंग पकड़ा और जर्मन सरकार को कुछ सुधार देने को बाध्य होना पड़ा। जर्मनी के मज़दूरों में रूस की ओर दिलचस्पी बढ़ती गई और रोज़ा की बुलाहट चारों ओर से होने लगी। रोज़ा तबियत ख़राब होने पर भी दिन-रात दौरे पर रहती। जहाँ वह जाती, क्रांति की प्रतिनिधि समझकर मज़दूर उसकी बातों को बड़े चाव से सुनते। जर्मनी की मज़दूर संस्थाएँ रोज़ा से बहुत घबराती थीं, किंतु, मज़दूरों में उसके लिए ऐसी उमंग थी कि उनका सभामंच रोज़ा के लिए धीरे-धीरे सुलभ होने लगा। जर्मन मज़दूरों की सहानुभूति रूसी मज़दूरों के प्रति दिन-दिन बढ़ती गई।

यह देखकर जर्मनी के सुधारपंथी समाजवादी नेताओं का आसन डोल उठा। 1904 में, एक वर्ष पहले, कार्ल लिब्क्नेख़्त का वह प्रस्ताव उन लोगों के विरोध के कारण गिर चुका था, जिसमें जर्मनी की सोशल डिमोक्रैटिक पार्टी से अनुरोध किया गया था कि वह आम हड़ताल को राजनीतिक रूप में स्वीकार करे। रोज़ा ने रूस का उदाहरण देकर फिर मज़दूरों के सामने यह प्रश्न रखा और उसे यह संतोष हुआ कि 1905 के शरत्काल में जेना में जो जर्मन सोशल डिमोक्रैटिक पार्टी की बैठक हुई, उसमें वह प्रस्ताव स्वीकार किया गया। किंतु, इसकी शब्दावली की ऐसी तोड़-मरोड़ की गई कि रोज़ा को उन सुधारपंथी नेताओं पर बड़ा क्रोध आया और उसने अपने भाषण में कहा—

"राजनीतिक आम हड़ताल के बारे में जो व्याख्यान दिए गए हैं, उनको सुनते समय, मैं बार-बार सोचती थी, क्या सचमुच हम रूसी क्रांति के ज़माने में हैं। पिछली क्रांतियों ने, ख़ासकर 1848 की क्रांति ने स्पष्ट कर दिया है कि क्रांतिकारी परिस्थिति में जनता पर रोक रखने की ज़रूरत नहीं, बल्कि रोक रखना है उन सुधारपंथी विधानवादियों और वकीलों पर जो जनता और क्रांति को कभी भी धोखा दे सकते हैं।....इस हिम्मतपस्ती के वातावरण में हमें इस बात को डंके की चोट कह देना है कि मार्क्स का यह कहना 'मज़दूरों को सिवा जंजीरों के कुछ खोना नहीं है और उन्हें पाना है सारी दुनिया'—सिर्फ़ सभा में दुहराने की चीज़ नहीं है, बल्कि हम उसे काम

में लाने को उतावले और मुस्तैद हैं !"

उसके इन शब्दों ने बेवेल को बहुत ही उत्तेजित किया। जवाब देते हुए अपने अंतिम भाषण में उसने कहा—"जब मैं यह भाषण सुन रहा था, मैं बार-बार पैर की ओर देखता था कि कहीं वे अभी से खून की कीचड़ में तो नहीं धँस चुके हैं।" कभी-कभी पुराने क्रांतिकारी भी अपने अतीत जीवन को भूलकर सभ्य नागरिक बन जाते हैं ! बेवेल की ही तरह सरकारी वकील को भी उसके इस भाषण में खून की गंध मिली थी और इस अपराध में रोज़ा को दो महीने की सज़ा एक वर्ष बाद दी गई थी !

किंतु, बेवेल चाहे जितना घबराएँ, जर्मनी के सुधारपंथी नेता जितना भी आगबबूला हों रोज़ा का प्रभाव जर्मनी के मज़दूरों पर इतना बढ़ रहा था कि पार्टी के मुखपत्र 'बोखार्ट' के छह सुधारपंथी संपादकों को हट जाना पड़ा और उनकी जगह पर उग्र विचार के लोग लिए गए, जिनमें रोज़ा भी एक थी ! किंतु, रोज़ा के कानों में तो अब दूसरी पुकार आ रही थी !

युद्धभूमि में

वह पुकार थी मातृभूमि पोलैंड की, जिसकी सेवा ने सबसे पहले उसे जीवन-उत्सर्ग की ओर प्रेरित किया था। जबकि इतना बड़ा क्रांतिकारी प्रयोग हो रहा हो, उसकी आत्मा सिर्फ़ उसके विश्लेषण या सहानुभूति-सृजन से नहीं संतुष्ट हो सकती थी। ज्योंही उसका स्वास्थ्य सुधरा, ज्योंही उसने यह समझ लिया कि क्रांतिकारी परिस्थिति की सभी तक़लीफ़ों और असुविधाओं को अब उसका शरीर बर्दाश्त कर सकेगा, उसने ज़र्मनी छोड़ने और पोलैंड पहुँचने का निर्णय कर लिया। कहीं उसके साथी-नेता उसे इस तरह अपने को संकट में डालने से मना न कर दें, इसलिए, उसने उनसे भी यह बात गुप्त रखी और एक दिन एक जाली पासपोर्ट लेकर वह वारसा के लिए रवाना हो गई।

यह 1905 का दिसंबर महीना था। ज़ार ने अपनी अक्तूबर की घोषणा को स्वयं रद्द कर दिया था। वह कुछ देना तो चाहता नहीं था, प्रलोभन देकर जनता को भ्रम में डाल, अपनी तैयारी के लिए वक्त चाहता था। ज्योंही जनता में थोड़ी सुस्ती आई, उसने प्रत्याक्रमण शुरू कर दिया। किंतु, मज़दूर इतने सस्ते उसे छोड़नेवाले नहीं थे। उस प्रत्याक्रमण के जवाब में उन्होंने भी हड़ताल शुरू की। मास्को से ही यह हड़ताल की लहर चली। रेलवे का चलना बिलकुल बंद-सा हो गया था। जब रोज़ा जर्मनी-पोलैंड की सरहद पर पहुँची, उसे मालूम हुआ, वारसा के लिए उस रास्ते की लाइन से कोई गाड़ी जाती नहीं है। अतः बड़ा चक्कर काटकर वह इल्सोवो पहुँची। किंतु, उसके पहुँचने के पहले ही वहाँ से भी गाड़ी का चलना बंद हो चुका था।

क्या रोज़ा फिर जर्मनी लौट जाए? घोड़ागाड़ी करके इस ज़माने में, लुकते-छिपते, वारसा पहुँचना मुश्किल-सा ही था। इसी उधेड़बुन में वह पड़ी थी कि उसे मालूम हुआ, सैनिकों से भरी हुई एक ट्रेन वारसा को जा रही है। जिसमें जनता उस ट्रेन का जाना जान न ले, इसलिए वह रात में जानेवाली थी—रोशनी भी काफ़ी कम कर दी गई थी। इस ट्रेन से ही क्यों न जाया जाए? किंतु, अगर सैनिकों को मालूम हो गया, तो क्या वे उसकी बोटी-बोटी उड़ा देने में ज़रा भी हिचकेंगे? पर, जान के डर से डरे, उसका नाम रोज़ा हो नहीं सकता था। रोज़ा उसी ट्रेन पर सवार हुई। जाड़े के दिन थे। ट्रेन को बिजली से गरम नहीं किया गया था। एक अँधेरे, ठंडे कोने में सिकुड़ी बैठी रोज़ा जा रही थी। कहीं विद्रोहियों ने पटरी नहीं हटा दी हो, इसलिए ट्रेन धीरे-धीरे बढ़ रही थी। हर स्टेशन पर सैनिक अपनी बंदूक सम्हालकर खड़े हो जाते, इसलिए कि कहीं बाग़ी जनता उन पर धावा नहीं कर दे। दो दिन में यह ट्रेन वारसा पहुँची—क्रांति की यह नेता क्रांतिविरोधी सेना के पहरे में बड़ी हिफ़ाजत से, क्रांति के मोर्चे पर पहुँच गई !!

1905 की इस क्रांति का संचालन पोलैंड में मुख्यतः वहाँ की सोशल डिमोक्रैटिक पार्टी कर रही थी। रोज़ा का जीवन-संगी लिओ जोगिचेस वहाँ पहले पहुँच चुका था। उसकी संगठन-शक्ति ने कमाल कर दिखलाया था। जहाँ 1904 में उस पार्टी के सिर्फ़ 1000 सदस्य थे, वहाँ अब उनकी संख्या 25000 —पच्चीस

हज़ार—हो चली थी। उनके अख़बार पोलैंड की भाषा, यहूदियों की भाषा और जर्मन भाषा में निकलते थे। पोलैंड के मज़दूर अपनी युद्धप्रियता में मास्को और पिट्सबर्ग के मज़दूरों के क़दम पर क़दम मिलाकर चलते थे। इसका कारण एक तो था पोलैंड में उद्योगधंधों का रूस से भी ज़्यादा विकास, दूसरा रोज़ा लुक्ज़ेम्बुर्ग का नेतृत्व ! रोज़ा और जोगिचेस को नौजवान क्रांतिकारियों का एक ज़बर्दस्त जत्था मिला था—जिनमें जरजिंस्की, बारस्की, रैडेक, औसेम, हेनेक्की, पलैक्की, डोपस्की, लेडर, आदि के नाम उल्लेखनीय हैं—इन लोगों ने पीछे 1917 की रूसी क्रांति में भी जबर्दस्त काम किया।

जिस दिन रोज़ा वारसा पहुँची, वहाँ फ़ौज़ी क़ानून का दौरदौरा था। सड़कें सूनी पड़ी थीं, उन पर सिर्फ़ सैनिक गश्त दे रहे थे। मज़दूरों की हड़ताल चल रही थी, किंतु, इसमें शक नहीं कि मज़दूरों की हार हो चुकी थी। मास्को में जो बग़ावत हुई थी, उसे कुचला जा चुका था। ज्वार ख़त्म हो चुका था, भाटे की बारी थी। किंतु, रोज़ा इस भाटे से घबरानेवाली नहीं थी, न निराश होनेवाली थी। उसने वारसा पहुँचकर कौट्स्की को लिखा—

"इस हार का कारण साफ़ है। सिर्फ़ आम हड़ताल से अब काम चलनेवाला नहीं। एक आम हथियारबंद बग़ावत ही अब मज़दूरों के पक्ष में फ़ैसला दिला सकती है। किंतु, इसके लिए तैयारी की ज़रूरत है।"

मज़दूरों में अब भी दम बाकी था। सभी सार्वजनिक सभाओं पर पाबंदी लगा दी गई थी, किंतु, मज़दूर अपने कारख़ानों में निर्द्वंद्व सभाएँ करते और अपने नेताओं के व्याख्यान कराते। कारख़ाने उनके किले रहे थे। मज़दूर-संस्थाओं के संगठन पर रोक थी, किंतु, तो भी मज़दूर-संघों की संख्या और ताक़त बाढ़ पर थी। मज़दूरों के अख़बारों का निकलना बंद कर दिया गया था, लेकिन सोशल डिमोक्रैटिक पार्टी का दैनिक मुखपत्र 'लाल झंडा' हर दिन निकल ही जाता। वह गुप्त रूप से छापा जाता, उसकी छपाई की जगह प्रायः बदला करती थी। अपने प्रेस की जब्ती हो जाने पर, अख़बार के संचालक हाथों में रिवाल्वर लिए किसी प्रेस में घुस जाते और गोली के निशाने के भय पर प्रेसवालों से अपने अख़बार छपवा लेते ! दिन-रात पुलिस और सैनिक पीछे पड़े रहते, किंतु, भोर होते ही सड़कों पर अख़बार बेचनेवाले बच्चे 'लाल झंडा' 'ताज़ा अंक' चिल्लाते दिखाई पड़ते।

किंतु, ज्यों-ज्यों, दिन बीतते जाते, क्रांतिकारियों की कठिनाइयाँ भी बढ़ती जातीं। मास्को के बग़ावत के कुचले जाने के बाद ही प्रतिक्रिया की लहर चारों ओर दौड़ने लगी थी। वारसा की हड़ताल भी टूट गई। ज़ारशाही पहले धक्के से अब सम्हल चुकी थी। जनता के प्रवाह को देखकर पुलिस के पैर डगमगा गए थे, अब वे पैर जमा रहे थे। उसने भीषण दमन शुरू कर दिया था। उसके इस कार्य में पूँजीवादी अख़बार उसे बढ़ावा देते। सोशल डिमोक्रैटिक पार्टी के ख़िलाफ़ वे ज़हर उगल रहे थे। हर दिन पार्टी के सदस्यों की गिरफ्तारियाँ हुआ करतीं। पुलिस घर-घर में छापा मारती और जिन पर संदेह होता, उन्हें सीधे जेल पहुँचाती। उन पर बाज़ाब्ता मुक़दमे भी नहीं चलाए जाते—बस, 'समरी ट्रायल' का बोलबाला था। इस मौक़े पर रोज़ा और उसके साथियों की स्थिति की कल्पना की जा सकती थी। कारख़ानों में सभाएँ करना, फ़ौज़ी छावनियों में प्रचार करना, अख़बार, पर्चे और पुस्तिकाएँ निकालना और संगठन के दर्जनों फुटकल काम करना ! इन कामों की भीड़ में भी रोज़ा को अपने दिमाग़ पर ऐसा काबू था कि सैद्धांतिक प्रश्नों पर उसी सफ़ाई और आसानी से प्रकाश डालती हुई, मानो अंधकार में प्रकाशपुंज का काम करती।

भला पोलैंड की पुलिस उसके इस प्रभावशाली अस्तित्व को किस तरह बर्दाश्त कर सकती थी। एक ओर खुफिया पुलिस और सेना जान भिड़ाकर रोज़ा को पकड़ने के लिए परेशान थीं; दूसरी ओर रोज़ा भी अपने सभी कामों को करते हुए उन्हें चकमे पर चकमे देती जा रही थी। अजब आँखमिचौनी थी। तीन महीने तक यह आँखमिचौनी चली। कुछ लोगों की राय हुई कि रोज़ा फिर विदेश भाग जाए, किंतु, इस भाटे के ज़माने में तब तक लड़ते रहना चाहती थी, जब तक कि थोड़ी भी आशा की झलक मिलती रहे। किंतु, 4 मार्च को वह लिओ जोगिचेस के साथ अंततः पकड़ ली गई। उस समय दोनों ने अपने नाम बदल दिए थे, इसलिए इनकी पहचान में बड़ी कठिनाई हुई। पर, एक सप्ताह के बाद रोज़ा की एक तस्वीर उसकी बहन के पास पुलिस को मिल गई, जोगिचेस को पहचानने में तो पुलिस को पूरे तीन महीने लग गए।

तथाकथित समाजवादी !

यहाँ, यह भी देख लेना है कि इस क्रांति के ज़माने में वे तथाकथित समाजवादी क्या कर रहे थे, जिन्होंने रोज़ा और उसके साथियों को बदनाम करने के लिए अपने देश और उसके बाहर कुछ उठा नहीं रखा था और अब जो पोलिश सोशलिस्ट पार्टी के नाम से काम कर रहे थे, उनके नेता पिल्सुदस्की और डासिंस्की थे। ज्योंही रूस और जापान की लड़ाई छिड़ी, पिल्सुदस्की दौड़ा-दौड़ा जापान सम्राट् की शरण में पहुँचा और उससे धन और अस्त्र की भीख माँगने लगा। इधर डासिंस्की पोलैंड के मज़दूरों से कहने लगा कि वे रूस के मज़दूरों के फेर में नहीं पड़ें—बल्कि इस मौके का उपयोग अपनी राष्ट्रीय स्वतंत्रता के लिए करें, जिस स्वतंत्रता का मानी था पोलैंड के पूँजीपतियों के हाथों में पोलैंड की जनता के भाग्य को सौंपना।

किंतु, रूस की इस लहर को यों बातों की दीवाल बनाकर रोका नहीं जा सकता था। 1905 की जनवरी में ही लोद्ज, रैडम, सील्डस में हड़तालें हो चुकी थीं और ख़ूनी रविवार के बाद तो लोद्ज, बिल्ना, कौवनो, बाईलोस्टौक, आदि नगरों के मज़दूरों और सरकारी हुकूमत में हथियारबंद-मुठभेड़ भी शुरू हो गई थी। इन हड़तालों और संघर्षों में उन्हें ज़बर्दस्ती खिंच आना पड़ा, क्योंकि मजदूरों के नेतृत्व को वे अपने से चिपकाए रहना चाहते थे। पहले तो वे कहते थे कि रूस से ज़ारशाही का ख़त्म करना ग़ैरमुमकिन बात है, इसलिए, पोलैंड की जनता का पहला काम यह होना चाहिए कि वह ज़ारशाही के चंगुल से अपने को अलग कर ले। अंधी देशभक्ति में पागल होकर वे रूस के मज़दूरों और किसानों की हालत को उपेक्षा की नज़र से देखते थे। किंतु, जब वहाँ की जनता ने ग़ज़ब की ताक़त और संगठन-शक्ति दिखलाई तब उस प्रवाह में तैरने लगे।

पर, मज़दूरों का उनका नेतृत्व किसी ठोस सिद्धांत पर क़ायम तो था नहीं। वे मध्यवर्गीय भावुकता के शिकार थे। जब कहा जाता था कि मज़दूरों को अपनी आर्थिक माँगों के आधार पर अपने आंदोलन और संगठन को दृढ़ करना चाहिए, तब वे चिल्ला उठते थे कि हाय, तुच्छ रोटी-नमक की नीची सतह पर समूचा आंदोलन उतारा जा रहा है। अब, जब आंदोलन राजनीतिक ज़ीने पर दनादन ऊँचे बढ़ रहा था, वे उसमें अपनी भावुकता घुसेड़ने को व्याकुल हो उठे। 1905 के बसंत में उनके अख़बार ने लिखा कि अब हमें क्रांतिकारी सेना प्राप्त हो चुकी, ज़रूरत सिर्फ़ इस बात की है कि हम उनके हाथ में क्रांतिकारी हथियार दें। इन हथियारों को विदेशों से ख़रीदकर मँगाने और बड़ी तादाद में बम बनाने पर वे ज़ोर देने लगे। उनकी समझ से ज्योंही पोलैंड की जनता के हाथों में बम और बंदूकें रख दी गईं कि सफलता मिली।

रोज़ा ने तीन पुस्तिकाएँ—'क्रांति आ पहुँची—हम क्या करें ?' नाम से लिखकर उनके इन विचारों का खंडन किया। उसने बताया कि ऐसी बातें सिर्फ़ वे ही कह सकते हैं, जिनका जनता से संपर्क सिर्फ़ ज़बानी हो। निस्संदेह राजसत्ता का ख़ात्मा सशस्त्र विद्रोह से ही हो सकता है, किंतु, इसके लिए हथियार ख़रीदना नहीं, जीतना होगा—सेना से, पुलिस से मुठभेड़ कर उनसे छीनना, शस्त्रागारों पर चढ़ाई कर उन्हें लूटना, आदि। यह काम जनता खुद करेगी।

"पार्टी की कमेटी, प्रतिभाशाली नेता, षड्यंत्रियों का दस्ता—ये चीजें क्रांति में निर्णयात्मक शक्ति नहीं होतीं। क्रांति का निर्णय इस बात पर होता है कि आम जनता कहाँ तक अपना खून बहाने को तैयार है। ये तथाकथित समाजवादी भले ही सोचें कि जनता को चाहिए कि उनसे हुक्म ले, उनकी मातहत में फ़ौज़ी तालीम हासिल करे, किंतु देखा यह गया है कि क्रांति के ज़माने में जनता अपनी राह खुद बनाती और उसका साधन खुद जुटाती है।"

जो सच्चा समाजवादी होगा, वह परिस्थिति और उसकी परिमितता को समझेगा और तदनुसार बरतेगा, चलेगा। इसमें शक नहीं कि पुलिस और फ़ौज़ की नृशंसता का मुक़ाबला करने के लिए मज़दूरों और उनकी टुकड़ियों को हथियारबंद बनना पड़ेगा; किंतु उनसे यह कहना कि पार्टी तुम्हें काफ़ी हथियार देकर इस योग्य बना देगी कि सरकारी तालीमयाफ्ता फ़ौज़ का तुम सामना कर सको और उन्हें हराकर अपना राज्य क़ायम कर

सको—मज़दूरों को धोखा देना और उन्हें गहरे गर्त की ओर घसीटना है। रोज़ा उन लोगों में नहीं थी, जो मज़दूरों को बिना तैयारी के सड़कों पर खड़ा कर देना और उनकी हज़ारों कीमती जानों से खिलवाड़ करना क्रांतिकारिता का चरम लक्ष्य मानते हैं। तैयारी करो, तैयारी करो—हथियारबंद बग़ावत की तैयारी करो—यह उसका नारा था, जैसाकि उसने कौट्स्की को लिखा था। किंतु, इस तैयारी का क्या अर्थ? क्या सिर्फ़ बम बनाना, बंदूकें इकट्ठी करना। नहीं—

हमें तो देहातों में घुसना चाहिए और वहाँ किसानों को सिर्फ़ मोहक देशभक्ति का पाठ नहीं पढ़ाकर, उनके सामने अपने आर्थिक और राजनीतिक प्रोग्राम को साफ़-साफ़ रखना चाहिए। मज़दूरों और अर्द्ध मज़दूरों की क्या दयनीय स्थिति है, उन्हें क्यों मज़दूरों का साथ देना चाहिए, किस तरह मज़दूरों और उनका स्वार्थ एक-दूसरे से बँधा हुआ है, उनका कल्याण समूचे रूस से ज़ारशाही को ख़त्म करने में ही है, आदि बातों का ज्ञान देकर उन्हें लड़ाई में शामिल होने के लिए प्रेरित करना चाहिए। समाजवादियों का प्रारंभिक कार्य सैनिक दस्ते तैयार करना नहीं, बल्कि सेना में घुसकर आंदोलन करना है। रूस के जो सैनिक पोलैंड में लाकर रखे गए हैं, उनमें बग़ावत की भावना तभी आ सकती है, जब हम उनसे मज़दूरों और किसानों के वर्ग-स्वार्थ के नाम से अपील करें। हमारा आंदोलन उनमें से कुछ को हमारी तरफ़ बिलकुल खींच लाएगा, बाक़ी को हिचकिचाहट में डाल देगा। सेना का अनुशासन टूटने लगेगा। मज़दूरों को भी सशस्त्र करना पड़ेगा, किंतु, याद रखो, मज़दूरों के पास सबसे बड़ा अस्त्र है आर्थिक और राजनीतिक ज्ञान। रोज़ा ने जैसे गरजते हुए कहा—

"ज़ारशाही को तहस-नहस करने और क्रांति को सफल बनाने के दो ही रास्ते हैं। मंचूरिया के मैदान में जापान उसकी नींव हिला रहा है। देश में अन्न की कमी हो रही है, अकाल बढ़ रहा है। यूरोप के सर्राफ़े में रूस की साख उठती जा रही है। यह लड़ाई का नतीजा है, जिस पर मज़दूरों का कोई अधिकार नहीं। मज़दूरों की राह दूसरी है—वह है संगठित सामूहिक विद्रोह की। एक ओर उपर्युक्त बातें हो रही हैं, दूसरी ओर मज़दूरों की ओर से हो आम हड़ताल—कारख़ाने बंद हो जाएँ, ट्रेनों और गाड़ियों का आना-जाना रुक जाए, व्यापार चौपट हो जाए, सेना बग़ावत कर बैठे। इन कामों के सामने बम फेंकना तो मच्छर के काटने के समान तुच्छ है। जिनमें राजनीतिक ज्ञान नहीं है, वे ही आतंकवाद को क्षणिक प्रभाव से ज्यादा महत्त्व दे सकते हैं।

"ज़ारशाही को सबसे बड़ा ख़तरा है सामूहिक बग़ावत से पैदा होनेवाली उथल-पुथल से। यह बग़ावत सिर्फ़ शासन के संगठन को ही चूर-चूर नहीं करती, बल्कि साथ ही साथ उन शक्तियों को संगठित करती जाती है, जिन शक्तियों द्वारा ज़ारशाही का नाश और एक नए समाज का निर्माण होना बदा है। समाजवादियों के लिए यही एक रास्ता है। हमारा आंदोलन किसानों को हमारे साथ ला खड़ा करेगा; फ़ौज़ के अनुशासन को ढीला कर देगा, जनता को युद्धक्षेत्र की ओर प्रेरित करेगा। यह ऐसी शक्तियों को पैदा करेगा जो सड़कों पर बैरिकेड बनावेंगी, पुलिस और फ़ौज़ से हथियार छीनेंगी, पहले फुटकल विजय, यहाँ वहाँ, प्राप्त करेंगी और अंत में पूरी जनता को संघर्ष में घसीटकर ज़ारशाही को उठाकर फेंक देंगी।"

रोज़ा इस समय जो कुछ लिख रही थी, वह मार्क्स के 1848 में लिखी हुई बातों का अनुसरण मात्र कर रही थी। 1848 में जब हर्वे स्वयंसेवकों की सशस्त्र टुकड़ी बनाकर, संगीनों की नोंक पर, जर्मनी की क्रांति को आगे बढ़ाने का प्रोग्राम पेश कर रहा था, मार्क्स ने उसका ज़बर्दस्त विरोध किया था। रोज़ा को हथियारों से चिढ़ नहीं थी, किंतु, वह मज़दूरों पर हथियार लादना नहीं चाहती थी, बल्कि चाहती थी कि उनका अपना अनुभव ही उन्हें उस पथ ले जाए। जब उसने देखा कि मज़दूरों में पूर्ण वर्ग-जागरण और संगठन आ गया है और उन्होंने हड़तालों द्वारा काफ़ी अनुभव प्राप्त कर लिया है, तो उसने साफ़ शब्दों में लिखा—

"अब वह समय आ गया है कि मज़दूरों में जो लोग दिमाग़ी और शारीरिक हैसियत से तगड़े हैं, उन्हें सशस्त्र किया जाए, सड़कों पर और गलियों में लड़ाई की योजना बनाई जाए, मास्को के तजुर्बे से फ़ायदा उठाया जाए। सशस्त्र विद्रोह की सारी टेकनिकल तैयारियाँ होनी चाहिए, किंतु, हमेशा यह ध्यान में रखते हुए कि विजय सिर्फ़ इन्हीं तैयारियों पर निर्भर नहीं करती, बल्कि जनता का खुले दिल से भाग लेना और जान देने को तैयार

होना—इन पर ही अंततः सबकुछ निर्भर करेगा।"

किंतु, इन तथाकथित समाजवादियों के दिमाग़ में ये बातें घुस नहीं सकती थीं। उनका जनता में विश्वास नहीं था। ये अपने को, एक मुट्ठी लोगों को, क्रांति का खुदाई सिपहसालार समझे हुए थे। जनता को वे जानवरों की तरह बेवकूफ़ और मूक माने हुए थे। जब तक मज़दूरों में क्रांति का जोश था, वे चुपचाप उनका साथ देते रहे। किंतु, ज्योंही भाटे का ज़माना आया, उनका रंग खुला। जब दिसंबर में मास्को के मज़दूरों ने आम हड़ताल की और अपने भाइयों का आह्वान किया, 1905 के दिसंबर में डासिंस्की ने एक खुली चिट्ठी अपने पत्र में छपवाकर पोलैंड के मज़दूरों को इस हड़ताल से अलग रहने की अपील की। कैसी उसकी दलील थी—"रूस में आम हड़ताल का कोई मतलब भी हो, किंतु, पोलैंड में उसका नतीजा घातक होगा। वारसा-विल्ना-रेलवे के मज़दूर भला क्यों हड़ताल करें—क्योंकि यह रेलवे लाइन सरकारी नहीं है, बल्कि पोलैंड के पूँजीपतियों की मिलकीयत है।" भला, इससे बढ़कर दिमाग़ी दिवालियापन और क्या हो सकता था? डासिंस्की और पिल्सुदस्की के इन क्रांति-विरोधी कारनामों का नतीजा यह हुआ कि जब 1906 में उनकी पार्टी की कांग्रेस हुई, उसमें दो दल हो गए। उसके वामपक्ष ने रोज़ा के बताए हुए रास्ते पर ही चलने का निश्चय किया। पिल्सुदस्की और उसके साथी ने पोलिश सोशलिस्ट पार्टी से अलग होकर 'पोलिश सोशलिस्ट पार्टी—क्रांतिकारी विभाग' नाम से काम करना शुरू किया। उनका जनता से संपर्क दिन-दिन टूटता गया और अंत में उनका एकमात्र काम रह गया डकैतियाँ करना!

जेल और रिहाई

पुलिस ने रोज़ा को पकड़कर वारसा के टाउन-हाल के कैदख़ाने में रखा। वहाँ की हालत दयनीय थी। प्रतिक्रिया का दौरदौरा था। पुलिस खुलकर खेल रही थी। दिन-रात क्रांतिकारियों के पीछे पड़ी रहती और उन्हें पकड़-पकड़कर इस टाउन-हाल में डाल जाती। रोज़ा ने अपने एक पत्र में उस समय लिखा था—

"मैं यहाँ टाउन-हाल में रखी गई हूँ। यहाँ राजबंदी, साधारण दाग़ी क़ैदी और पगले सब एकसाथ ठूँस दिए गए हैं। मेरे सेल में एक ही आदमी की जगह है, किंतु, इसमें 14 'मेहमान' लाकर रखे गए हैं। संयोग ही समझो कि वे सबके सब राजबंदी ही हैं। हम लोगों के दोनों बग़ल में दो सेल हैं, जिनमें हर में तीस-तीस क़ैदी कसमस कर रहे हैं। हम सब ज़मीन पर ही सोते हैं, झींगी मछली की तरह एक के ऊपर दूसरे। खुली हवा में कसरत करने की चर्चा भी फिज़ूल है। दिन में सेल का दरवाज़ा खुलता है, तब हम बरामदे पर निकलते हैं, जहाँ साधारण रंडियों से हम गपशप करें या खुले पाख़ाने की बदबू का मज़ा चखें।"

रोज़ा का स्वास्थ्य पहले से ही ख़राब था, तीन महीनों की सख़्त मेहनत ने उसे और चौपट कर डाला था। उस पर भी यह रहन-सहन। इस रहन-सहन के ख़िलाफ़ उसे अनशन करना पड़ा, जिसके सबब उसकी हालत और ख़राब हो गई। 11 अप्रैल को वह वारसा के किले में भेज दी गई, जहाँ की हालत इससे कुछ अच्छी थी। इस घटना के दस वर्षों के बाद उसने कार्ल लिब्कनेख़्त की स्त्री सोनिया के पास, इस जेल-जीवन के बारे में लिखा था—

"तुमने जेल में जिस तरह कार्ल से भेंट की, उसका संक्षिप्त वर्णन मार्था ने मेरे पास लिख भेजा है। तुमने क्यों नहीं लिखा? तुम्हारी इस घटना से मुझे अपने जीवन के दस वर्ष पहले की बात याद आ गई। मैं उन दिनों वारसा के क़िले में क़ैद थी। मेरा भाई मुझसे मिलने आया था। वहाँ पर दुहरे पिंजड़े से क़ैदियों के मुलाक़ात कराई जाती थी। एक बड़े पिंजड़े में एक छोटा पिजड़ा होता था, उसी में से दुहरे तारों से होकर क़ैदी अपने मुलाक़ातियों से बातें करता। मैंने एक सप्ताह के अनशन को तुरत ही तोड़ा था। इतनी कमज़ोर थी कि वार्डर मुझे उठाकर वहाँ ले गए। मैं दोनों हाथों से तारों को पकड़कर मुश्किल से उस पिंजड़े में खड़ी हो सकी। उस समय मेरी स्थिति चिड़ियाघर के जंगली जानवर की थी। मेरा यह पिंजड़ा कमरे के एक अँधेरे कोने में रखा गया था। मेरा भाई तारों की जाली के नज़दीक मुँह ले जाकर पुकार रहा था—'तुम कहाँ हो?' मैं देख रही थी, उसकी

आँखों में आँसू थे, वह बार-बार अपना चश्मा पोंछ रहा था।"

इससे भी कड़वे अनुभव वहाँ रोज़ा को हो रहे थे। आए दिन ऐसा होता कि क़ैदखाने के सहन में फाँसी की टिकटी खड़ी की जाती, चारों ओर निस्तब्धता फैल जाती, फिर कोई क़ैदी वहाँ लाया जाता, उसकी इस अंतिम यात्रा पर दूसरे सेलों से मृत्यु-गीत की करुण धारा फूट पड़ती! कभी-कभी क्रांतिकारी क़ैदियों की आँखें मूँदकर उन्हें उनके सेल से निकाला जाता, जहाँ वे फिर लौटाकर नहीं लाए जाते। बिना किसी क़ानूनी कार्रवाई या सज़ा के उनकी ज़िंदगी ख़त्म कर दी जाती। एक बार रोज़ा को भी इस तक़दीर का सामना करना पड़ा। उसकी आँखें मूँद दी गईं, उसे सेल से बाहर ले जाया गया, किंतु, सौभाग्यवश यह एक इम्तहान ही साबित हुआ। या तो ऐसा ग़लती से किया गया था या दिमाग़ी क्रूरता से प्रेरित होकर। जब रोज़ा से पूछा गया, तुम्हें उस समय कैसा लग रहा था, तो उसने जवाब दिया—"मुझे इस बात की शरम है कि मुझे ऐसा मालूम होता था कि मैं पीली पड़ती जा रही हूँ!"

जेल में वह प्रायः बीमार रहती थी और उसके बाल पकने लगे थे। किंतु, उस समय जो ख़त उसने लिखे, उनसे उसकी ज़िंदादिली झलकती थी! उसका शरीर दिन-दिन छीजता जा रहा था, मालूम होता था कि वह किसी समय भी सदा के लिए बिछावन पकड़ लेगी, तो भी, उसकी आत्मा में वही पुराना उत्साह था, वही आदर्श-प्रवणता और निर्भीकता थी। वह जेल के अधिकारियों से प्रायः ही लड़ बैठती और उन्हें झुकाकर ही प्रफुल्लित होती। भेंट में दिक्कतें थीं, बार्डर बोलचाल करने से डरते थे, क़िले की मोटी दीवारों के अंदर और कितनी दीवारें थीं। यों बाहर से संपर्क नहीं हो, इसके लिए अधिकारियों ने कुछ उठा नहीं रखा था। तो भी, रोज़ा बाहर से पूर्ण संपर्क बनाए हुए थी। अपनी पार्टी की कार्रवाइयों की ही ख़बरें उसे प्रायः नहीं मिला करतीं, बल्कि वह सलाह और आदेश भी भेजा करती थी। रूस के समाजवादी और मज़दूर हलक़े की ख़बरें भी उसे मिलती रहती थीं। उन ख़बरों को सुनकर वह कहती—

"उफ़, कैसा गोलमाल; निर्णय और शक्ति का कैसा अभाव? किसी तरह मैं बाहर होऊँ—बाहर होऊँ और उन्हें जगाऊँ—भले ही इसके लिए उनके सिर पर मुझे डंडे मारने पड़ें।"

न सिर्फ़ ख़बरें पाती और सलाह भेजती, बल्कि क़िले में पहुँचने के चार सप्ताह के बाद ही उसने बाहर खबर भेजी कि उसने तीन पैम्फलेट तैयार कर लिए हैं और बाद में उन्हें बाहर भेज भी दिया। पार्टी के अख़बार के लिए वह बराबर लेख भी भेजा करती थी। और, यह सारा लिखने-पढ़ने का काम वह रात के 9 बजे से 2 बजे तक करती, जब कि सब सो जाते। यों, उसे अपने सोने के समय को भी कुर्बान कर देना पड़ता।

इधर उसके संबंधी उसकी रिहाई के लिए कोशिश पर कोशिश कर रहे थे। वे लोग जर्मनी की सोशल डिमोक्रैटिक पार्टी के संपर्क में आए और चाहा कि पार्टी जर्मन-सरकार के द्वारा रूस-सरकार पर रोज़ा की रिहाई के लिए दबाव डलवाए, क्योंकि रोज़ा जर्मन की प्रजा बन चुकी थी। जब रोज़ा को यह ख़बर मालूम हुई, तो उसने इसके विरोध में आवाज़ उठाई। वह नहीं चाहती थी कि जर्मन-सरकार का थोड़ा-सा भी अहसान वह अपने ऊपर ले। लेकिन इसमें शक नहीं कि वारसा के सरकारी वकील को इस बात को लेकर परेशानी हो रही थी कि रोज़ा जब जर्मन-प्रजा बन चुकी है, तो उस पर रूसी क़ानून किस तरह लागू किया जा सकेगा? आख़िर उन लोगों ने चालाकी की। रोज़ा की क़ानूनी शादी तो लुबके से सिद्ध थी, किंतु, यह शादी चर्च में नहीं हुई थी, इसलिए रूस में उसकी क़ीमत नहीं हो सकती थी। इसका मतलब यह कि रोज़ा जर्मनी में जर्मन-प्रजा है, किंतु रूस में रूसी प्रजा। जब सरकारी वकील इस तरह की क़ानूनी दाँव-पेंच में लगा हुआ था, रोज़ा की तबियत दिन-दिन ख़राब होती गई और डाक्टरों के एक कमीशन ने उसकी जाँच करके रिपोर्ट दी—"रोज़ा लुक्ज़ेम्बुर्ग को रक्त की कमी, वायुगुल्म और स्नायु दुर्बलता की बीमारी है, उसके पेट और अँतड़ी में ठंड लग गई है और उसकी प्लीहा भी बढ़ गई है। जल-चिकित्सा और स्नान-चिकित्सा उसके लिए ज़रूरी हैं, साथ ही उसके भोजन पर भी काफ़ी निगरानी रखनी पड़ेगी।" इस रिपोर्ट के बाद 28 जून को वह जेल से 3000 रूबल की ज़मानत पर रिहा की गई और उसे वारसा की सीमा के अंदर ही रहने का हुक्म हुआ। थोड़े दिनों के बाद डाक्टरों ने रिपोर्ट दी कि उसे

कहीं विदेश के स्नानगृह में जाकर स्नान-चिकित्सा करनी चाहिए और 31 जुलाई को उसे वारसा छोड़ने का हुक्म मिल गया।

यद्यपि सरकारी काग़ज़ातों में रोज़ा की रिहाई का यही कारण लिखा गया था, लेकिन बातें कुछ दूसरी भी थीं। क्रांति के चलते पुलिस में अनैतिकता आ गई थी। कुछ बड़े अफ़सरों को घूस दिया गया और रोज़ा की पार्टी के 'युद्ध-विभाग' ने ख़ुफ़ियावालों को धमकी दी कि अगर रोज़ा की ज़िंदगी पर ख़तरा आया, तो इसका पूरा बदला चुकाया जाएगा।

वारसा से पहले वह पिट्सबर्ग गई, जहाँ एक्ज़ेल्रौड से उसकी भेंट हुई। उससे रोज़ा ने क्रांति के बारे में गरमागरम बहस की। बाद में वह फिनलैंड में एक महीना रही, जहाँ से ज़ारशाही के सुप्रसिद्ध नारकीय जेल—'पिटरपाल जेल' में उसने पार्वस और लिओ डूरा से मुलाक़ातें कीं जो वहाँ से साइबेरिया भेजे जा रहे थे। फिनलैंड में रहते हुए उसने 'आम हड़ताल, पार्टी और मज़दूर संघ' नाम की पुस्तिका लिखी। अब वह जर्मनी जाने के लिए छटपट करने लगी। किंतु, जर्मनी जाने में एक बड़ी रुकावट थी उसका जेना-कांग्रेसवाला व्याख्यान—जिसके लिए वहाँ की पुलिस ने उस पर मुकदमा चलाने का इंतज़ाम ठीक कर रखा था। उसे यह भी मालूम हुआ कि जर्मनी और रूस की पुलिस में यह तय हो चुका है कि जर्मनी की धारासभा की बैठक के पहले ही वह गिरफ़्तार करके जर्मनी भेज दी जाएगी। रोज़ा रूसी पुलिस के घेरे में जर्मनी नहीं पहुँचना चाहती थी। सितंबर में जर्मनी की सोशल डिमोक्रैटिक पार्टी की कांग्रेस मैनहिल में हो रही थी। वह सीधे उस कांग्रेस में पहुँची। उसके बाद उसे स्वास्थ्य-सुधार के लिए थोड़ा समय मिल गया।

लिओ जोगिचेस अब तक वारसा के ही क़िले में कैद था। एक बार उसे भी ज़मानत पर छोड़ने की बात हुई, किंतु, पुलिस अंत में मुकर गई। इसके बदले नवंबर में घोषित किया गया कि सरकार के पास ऐसे सबूत मिल गए हैं, जिनके आधार पर वह रोज़ा और लिओ पर एक सैनिक अदालत में मुक़दमा चलाने जा रही है, क्योंकि इन दोनों ने सशस्त्र विद्रोह द्वारा रूस की सरकार को उलटने और पोलैंड को आज़ाद करने का जुर्म किया है।

रोज़ा ने इस फ़ौज़ी अदालत के सामने हाज़िर होने से इंकार कर दिया। 1907 की जनवरी में लिओ पर अकेले मुक़दमा चला। मुक़दमा खुलते ही एक ऐसी घटना हो गई, जिसने इस मुक़दमे के बारे में लिओ के रुख का निर्णय कर दिया । अदालत के सदर ने लिओ को 'तू' कहकर संबोधित किया, क्योंकि सरकारी काग़ज़ों में उसे निम्न मध्यवर्ग का माना गया था। इस अपमान के विरुद्ध लिओ और उसके वकील ने आवाज़ उठाई। किंतु, अदालत अपनी बात पर अड़ी रही। इस पर लिओ ने अदालत के कामों में हिस्सा लेने से इन्कार कर दिया और जब तक तीन दिनों तक मुकदमे का स्वाँग चलता रहा, वह चुपचाप देखता रहा। भीषण षड्यंत्र के अभियोग में उसे आठ वर्षों की सख्त सज़ा दी गई। अगर रोज़ा रहती, तो उसे भी यही सज़ा मिली होती, जो निस्संदेह ही उसकी मौत बन जाती। किंतु, क्या जोगिचेस ने यह सज़ा भुगती? अप्रैल में वह रूस के कालेपानी साइबेरिया भेजा जा रहा था। हैनेक्की की सहायता से वह हवालात से गायब हो गया। जोगिचेस ने एक पुलिस को भी मिला लिया था। जोगिचेस का यह पलायन उसके चरित के ही अनुसार अनोखा और अपूर्व था।

क्रांति की आलोचना

रोज़ा ने 1905 की इस क्रांति के पहले वर्ष की घटनाओं का जो लेखा-जोखा तैयार किया था, उससे वह भविष्य के लिए निराश नहीं हुई थी। उसने उम्मीद की थी कि मज़दूरों की क्रियाशीलता और बढ़ेगी, ज़ारशाही की मुल्की और फ़ौज़ी ताक़त में घुन लगता जाएगा, शहरों और गाँवों में बग़ावत की भावना बढ़ती जाएगी और अंत में जनता की विद्रोही प्रवृत्ति ऐसे भीषण रूप में जगेगी कि अनियंत्रित शासन का अंत होकर रहेगा। 1906 की घटनाओं ने उसकी उम्मीद को पुष्ट किया। प्रदर्शन, हड़ताल, किसानों के विद्रोह, फ़ौज़ी बगावत—बार-बार ये

सब होते रहे, जिससे मालूम होता था, अभी क्रांति की आग बुझी नहीं है। लेकिन धीरे-धीरे सरकारी आतंकवाद का दौरदौरा हुआ—जनता पर सरे आम गोलियाँ चलाई जातीं; फ़ौज़ी दस्ते गाँवों और गलियों में गश्त लगाते और जिसे पाते पीटते, मारते; फ़ौज़ी अदालतों या ख़ास अदालतों में 'समरी ट्रायल' होते और दनादन लोगों को फाँसी की टिकटियों पर चढ़ा दिया जाता; झुंड के झुंड लोग साइबेरिया के कालेपानी में भेजे जाते। मज़दूरों ने क्रांति के हुजूम में जो प्राप्त किया था, उनसे धीरे-धीरे छिनता गया। पहले जहाँ मज़दूरों की आम हड़तालें होतीं, वहाँ अब मालिक ही कारख़ाने बंद कर मज़दूरों को भूखों मारने की कोशिशें करते।

दिसंबर में मास्को के नेतृत्व में जो आम हड़ताल और बग़ावत हुई थी, वह इस क्रांति की सबसे आख़िरी कड़ी थी। उसके बाद ही पतन के लक्षण दीख पड़ने लगे। जनता में अब भी क्रांतिकारी सक्रियता थी, किंतु, उसमें अब आगे बढ़कर खुद निर्णय लेने की ताक़त नहीं रह गई थी। क्रांति का स्थान धीरे-धीरे विधानवाद ले रहा था। ज़ार ने सुधार दिए थे, उसके अनुसार हुए चुनाव में उदारदली 'कैडेट' लोगों को बड़ी सफलता मिली थी और अब दक्षिणपक्ष के समाजवादी भी विधानवाद की तरफ़ झुकने लगे थे। रोज़ा ने भविष्यवाणी की थी कि 'डूमा' से ज़ारशाही का कुछ नहीं बिगड़ेगा, अगर बिगड़ने की संभावना होगी तो 'डूमा' की जगह कोज़ाक सेना लेगी। ठीक यही बात हुई। डूमा क्रांति की हार का प्रतीक सिद्ध हुई। जुलाई 1906 में डूमा को ज़ार ने भंग कर दिया और मार्च 1907 तक बिना डूमा के ही राज्य किया। दूसरी डूमा को जून में बर्ख़ास्त किया और उसकी जगह पर तीसरी डूमा का जो चुनाव उसने कराया, उसमें वोट का अधिकार ऐसा परिमित था कि सिर्फ़ सरकारपरस्त लोग ही उसमें पहुँच सके। क्रांति की हार और प्रतिक्रिया की जीत स्पष्ट हो गई।

यह क्रांति क्यों असफल हुई, इस पर रोज़ा ने अपनी एक पुस्तिका में इस तरह लिखा—

"1905-6 की रूसी क्रांति ने जैसी क्रांतिकारी शक्ति, स्पष्ट दृष्टि और तत्परता एवं दृढ़ता दिखलाई, उसका उदाहरण मिलना मुश्किल है। तो भी क्रांति क्यों असफल हुई? उसके दो कारण हैं! पहला कारण तो इस क्रांति के रूप में ही निहित था। इसके सामने जो विशाल ऐतिहासिक कार्यक्रम था और इसने जिन बड़े-बड़े आर्थिक और राजनीतिक सवालों को पैदा किया उनका हल करना इसके बूते के बाहर था। भला, वर्तमान सामाजिक संगठन के अंदर वह किसानों के सवाल का क्या हल दे सकती थी? फिर पूँजीवादियों की मुखाल्फ़त के अंदर उन्हीं पूँजीवादियों का वर्ग-राज्य क़ायम करना क्या आसान काम था? क्रांति असफल हुई क्योंकि, यह मज़दूरों की क्रांति थी, किंतु, उसे पूँजीवादियों का काम करना था। या यों कहिए कि यह एक पूँजीवादी क्रांति थी, किंतु इसके लड़ाई के तरीक़े मज़दूरों और समाजवादियों के थे। दो युगों का समन्वय यह करने चली थी। 1906 की हार क्रांति का दिवालियापन नहीं साबित करती, बल्कि यह बताती है कि एक अध्याय ख़तम हो गया, और अब दूसरा अध्याय शुरू होनेवाला है। क्रांति के हार का दूसरा कारण बाहरी था।—यूरोप की दूसरी प्रतिक्रियावादी सरकारें अपने रूसी भाईबंदों की सहायता में दौड़ीं, किंतु, दूसरे देश के मज़दूर चुपचाप अलग से तमाशा देखते रहे।"

क्रांति की इस असफलता ने रूस के समाजवादी आंदोलन में अजीब गोलमाल पैदा कर दिया। पोलैंड में भी इसकी प्रतिक्रिया की छाप कम नहीं पड़ी। ग़ैरक़ानूनी ढंग से ही अब मज़दूरों का काम हो सकता था। इसमें पार्टी के सदस्यों की तादाद कम हो गई। हार ने मज़दूरों के हृदयों में राजनीतिक कार्यों से उदासीनता पैदा कर दी। जो पढ़े-लिखे लोग समाजवादी आंदोलन की रीढ़ थे, वे राजनीतिक क्षेत्र छोड़कर धीरे-धीरे बिलकुल हट गए। समाजवादियों में तरह-तरह के मतमतांतर चले। बोल्शेविकों का एक गिरोह अब गुह्य दर्शन और रहस्यवाद की ओर मुड़ा। उनके सिद्धांत काम की कसौटी पर जाँचे नहीं जा सकते। वे कहने लगे, क्रांति सदा के लिए कुचल दी गई, अब समाजवादियों का काम है कि नई परिस्थिति को देखकर ही काम करें। उनमें से कुछ लोग ग़ैरक़ानूनी कामों को बिलकुल बंद करने पर ज़ोर देने लगे, जिसका मतलब था, पार्टी को ही भंग कर देना। उन पर पराजयवाद अपने पूरे ओज से सवार था।

मैन्शेविकों के एक नेता चेरवानिन ने दो भागों में इस क्रांति पर ग्रंथ लिखा, जिसमें उसने बताया कि क्रांति की असफलता इसलिए हुई कि क्रांति के पूँजीवादी स्वरूप पर ध्यान नहीं दिया गया। पूँजी पर इस तरह धावा किया गया कि पूँजीवादी भागकर प्रतिक्रिया की गोद में जा गिरे और क्रांति उनके बिना असफल हो गई। वह इस निष्कर्ष पर पहुँचा था कि इस समय मज़दूरवर्ग का कोई कार्यक्रम नहीं सोचा जा सकता—बस रुको और राह देखो।

इसी तरह ट्रौट्स्की ने अपनी 'स्थायी क्रांति' का सिद्धांत पेश करना शुरू किया। वह इस निष्कर्ष पर पहुँचा कि यद्यपि 1905 की क्रांति का उद्देश्य पूँजीवादी प्रजातंत्र क़ायम करना था, किंतु, क्रांति अपने को सिर्फ़ उसी में सीमित नहीं रख सकती थी। क्रांति अपने इसमें तभी सफल हो सकती थी, जब अपने हाथ में वह हुकूमत की बागडोर छीनकर ले सकती। ज्योंही मज़दूरों के हाथ में हुकूमत आती, वह सिर्फ़ पूँजीवादी प्रजातंत्र क़ायम करके ही संतुष्ट नहीं होती। पहले वह सामंतशाही की संपत्ति पर हाथ डालती, फिर पूँजीवादी संपत्ति पर। इसके बाद बड़े किसानों से भी मुठभेड़ होती ही। उस हालत में उसका संघर्ष न सिर्फ़ पूँजीवादी से होता, बल्कि किसानों से भी। यों, एक पिछड़े देश के मज़दूरों की सरकार के साथ इतनी असंगतियाँ पैदा हो जाती हैं, जिनका एक ही देश में हल करना संभव नहीं। वे अंतर्राष्ट्रीय पैमाने पर ही हल की जा सकेंगी। इस तरह ऐतिहासिक ज़रूरतों से प्रेरित होकर रूसी क्रांति को सिर्फ़ पूँजीवादी प्रजातंत्र की सीमा तक ही अपने को आबद्ध नहीं रखना पड़ेगा, बल्कि रूसी क्रांति को विश्वक्रांति की भूमिका बनाना पड़ेगा। रूसी क्रांति तभी सफल हो सकेगी, जब संसार-भर में क्रांति हो।

लेनिन इस क्रांति का विश्लेषण करते हुए इस नतीजे पर पहुँचा कि रूसी क्रांति की सफलता के लिए ज़रूरी यह है कि मज़दूरों के साथ किसानों का दृढ़ गठबंधन हो। 'मज़दूरों और किसानों के जनतंत्रात्मक एकाधिकार' पर ही वह ज़ोर देता रहा।

रोज़ा लुक्ज़ेम्बुर्ग ने इस क्रांति का विशद् विश्लेषण कई लेखों और पुस्तिकाओं में किया। रोज़ा के विचार से उसकी असफलता क्यों हुई, इसका उल्लेख पीछे हो चुका है। रोज़ा ने मैन्शेविकों के विचारों का ज़बर्दस्त खंडन किया। 1907 में जब लंदन में रूसी सोशल डिमोक्रैटिक पार्टी की कांग्रेस हुई (रोज़ा के प्रयत्न से पोलैंड की डिमोक्रैटिक पार्टी उससे संबद्ध हो चुकी थी) उसने दो मार्के के व्याख्यानों में मैन्शेविकों के तर्कों की धज्जियाँ उड़ा दीं। किंतु, रोज़ा किसानों के बारे में लेनिन से कुछ भिन्न मत रखती थी। यद्यपि वह मानती थी कि किसानों के सवाल को हल करने की योग्यता पर ही रूसी क्रांति की सफलता निर्भर करती है और मज़दूरों द्वारा हुकूमत पर कब्ज़ा किए जाने में किसानों की सहायता बहुत ही महत्त्व रखती है, तो भी वह समझती थी कि हुकूमत पर क़ब्ज़ा हो जाने पर जो उसका रूप होगा, उसमें किसानों और मज़दूरों की एक स्थिति रहने से आगे चलकर झंझटें खड़ी होंगी। इसलिए वह 'मज़दूरों और किसानों के लोकतंत्रात्मक एकाधिकार' के बदले 'किसानों के आधार पर मज़दूरों के लोकतंत्रात्मक एकाधिकार', इस नाम पर ज़ोर देती थी। मज़दूरों और किसानों को एक स्थिति में रखने से क्रांति के बाद ही नहीं, पहले भी, एक संगठनात्मक प्रश्न उठता है जब दोनों की स्थिति हुकूमत में एक होनेवाली है, तो क्यों नहीं मज़दूरों और किसानों की संयुक्त पार्टी बनाई जाए? किंतु, ऐसा करना मार्क्सवाद की बुनियाद को ही भूल जाना है—इसलिए, शुरू से ही इस पर स्पष्ट हो जाना वह उचित समझती थी।

लेनिन से इस मतभेद के बावजूद रोज़ा यह मानती थी कि बोल्शेविक लकीर पीटनेवाले नहीं हैं और स्वयं अनुभव उन्हें सही रास्ते पर ले जाएगा। इतिहास ने इसको सही सिद्ध किया।

5

नई हालत, नया हथियार

निराशा का वातावरण

रोज़ा जर्मनी पहुँची थी, उत्साह लेकर। वह काम करना चाहती थी। रूसी क्रांति को लेकर जो विवाद छिड़ा था, उसमें शामिल होना चाहती थी। इस क्रांति का जो व्यक्तिगत अनुभव उसने प्राप्त किया था, उसे जर्मनी के सुसंगठित मज़दूरों के सामने रखकर उन्हें वह विस्मय-विमुग्ध करना चाहती थी। किंतु, उसके उत्साह पर तुरत ही पाला पड़ गया। उसके हाथों में जर्मन सोशल डिमोक्रैटिक पार्टी के, मुखपत्र 'वोखार्ट' (अग्रसर) का जो अंक मिला, उसे देखते ही उसका कलेजा बैठ गया। इस पत्र के संपादकीय विभाग में वह वामपक्षी लोगों को देख आई थी। उसने आशा की थी, रूस की क्रांति का इन लोगों ने समर्थन किया होगा, उससे अच्छा सबक लिया होगा। किंतु, उस अंक में ऐसी कोई बात नहीं थी। फिर, जब मैनहीमें की पार्टी-कांग्रेस में वह पहुँची, वहाँ का दृश्य देखकर वह स्तंभित रह गई!

रूस की क्रांति के लिए शुरू में जो थोड़ा उत्साह नज़र आया था, वह ख़त्म हो चुका था। पार्टी के नेताओं पर पराजयवाद का गाढ़ा असर पड़ चुका था। मज़दूरों को दिखाने के लिए रूसी क्रांति की सालगिरह तो मना ली गई, किंतु, उस सालगिरह में ज्यादा मर्सिया ही पढ़ा गया—उसमें क्रांतिकारी भावनाओं और विचारों का सर्वथा अभाव देखा गया। फरवरी 1909 में, पार्टी की सेंट्रल कमेटी ने मज़दूर-नेताओं के साथ जेना-कांग्रेस में पास हुए आम हड़तालवाले प्रस्ताव पर विचार किया और गुपचुप इस निर्णय पर पहुँचे कि इस अधमुर्दा प्रस्ताव को भी ज़िंदा दफ़ना दिया जाए! मैनहीम-कांग्रेस में बेवेल ने यहाँ तक कह डाला कि रूस की क्रांति की विजय होने पर, उनके ख़िलाफ़ अगर क़ैसर ने जर्मन फ़ौज़ भेजना तय किया, तो जर्मनी की सोशल डिमोक्रैटिक पार्टी कुछ नहीं बोलेगी। इस व्याख्यान के बाद रोज़ा समझ गई कि उसका इन नेताओं से जो मतभेद है, वह क्षणिक और ब्यौरे की बातों में नहीं है, बल्कि मौलिक सिद्धांत में है। उसने 1907 के शुरू में क्लारा ज़ेटकिन को एक पत्र में लिखा—

"रूस से लौटने के बाद मैं अपने को बिलकुल अकेली समझने लगी हूँ। पार्टी के नेताओं का छुटपना और हिचकिचाहट और भी साफ़ हो चली है। किंतु, तुम्हारी तरह मैं उत्तेजित नहीं हुई हूँ। मैं समझती हूँ कि जब तक परिस्थिति नहीं बदलती, जनता और चीज़ों को नहीं बदला जा सकता! अगर हमें जनता का नेतृत्व करना है, तो ऐसे लोगों से हमारा संघर्ष अनिवार्य है, यह समझकर आगे बढ़ना होगा। यह बात साफ़ है कि बेवेल और उनके साथियों ने विधानवादी कार्यक्रम और धारासभाओं से अपने को इस तरह बाँध लिया है कि जब कहीं उस सीमा के अतिक्रमण की बात उठती है, वे घबरा जाते हैं। सिर्फ़ घबरा ही नहीं जाते, बल्कि उस धारा को फिर विधानवाद की ओर मोड़ना चाहते हैं और जो कोई उस सीमा से आगे बढ़ने की हिम्मत करता है, उसे 'जनता के शत्रु' की उपाधि दे डालते हैं। मेरा ख़याल है कि जनता और पार्टी के सदस्य विधानवाद और धारासभाओं से ऊब उठे हैं, किंतु, पार्टी के नेता के पद पर बैठे हुए अवसरवादी संपादक, धारासभाओं के सदस्य, मज़दूर-संस्थाओं के अधिकारी उनके सिर पर बैठे हुए उन्हें उभड़ने नहीं देते। हमें उनके ख़िलाफ़ ज़बर्दस्त आवाज़ उठानी है और जनता और पार्टी को सही रास्ता बताना है। ऐसी चेष्टा होने पर वे सब के सब हम पर टूट पड़ेंगे, किंतु, इससे डरना नहीं है। हमें हमेशा यह याद रखना है कि उत्तेजना में हम अपने दिमाग का समतुलन नहीं खो दें। हमारा काम वर्षों का है।"

लेकिन इन नेताओं के बावजूद पार्टी के सदस्यों में उग्रवादिता काम कर रही है, इसका पता भी उसे जेना-कांग्रेस में मिला था। जहाँ कहीं सार्वजनिक सभाओं में वह रूस की क्रांति पर बोलती, वह मज़दूरों, कार्यकर्त्ताओं, और आम जनता को क्रांतिकारी आवेशों से ओत-प्रोत पाती। आस्ट्रिया में तो रूसी क्रांति ने इतना

असर पैदा कर दिया था कि वहाँ के मज़दूर नेता एडलर चाहकर भी वहाँ के मज़दूरों को आगे बढ़ने से नहीं रोक सका और 1906 में उन्होंने बालिग मताधिकार के रूप में पहली राजनीतिक विजय हासिल की। रोज़ा यह मानती थी कि रूस की यह क्रांति फ़िज़ूल नहीं जा सकती। यूरोप के मज़दूरों पर इसने काफ़ी असर डाला है। वे एक-न-एक दिन फिर उभड़ेंगे ही। अतः सोचना यह है कि अगले उभाड़ में उन्हें सफलता मिले, इसके लिए उन्हें कौन-सा रास्ता अख़्तियार करना चाहिए।

आम हड़ताल : नया हथियार

रूस की 1905 की क्रान्ति पहले की क्रान्तियों से एक बात में सर्वथा भिन्न थी—इस क्रान्ति में सबसे पहले मज़दूरों के एकमात्र अस्त्र हड़ताल का उपयोग राजनीतिक कार्य के लिए किया गया था। लाखों मज़दूरों ने खानों, कारखानों, रेलवे आदि में हड़ताल करके थोड़े ही दिनों के लिए सरकार को पंगु बना डाला था, पूँजीवादी समाज की नींव हिला डाली थी। ये हड़तालें मज़दूरी बढ़ाने या रहन-सहन में तरक्क़ी करने के उद्देश्य से नहीं की गई थीं, इनका एकमात्र उद्देश्य था सरकार को लाचार कर उससे ताक़त छीन लेना। रोज़ा आम हड़ताल की हिमायत पहले भी करती थी, इस बार उसने क्रान्ति में सफल होने के लिए मज़दूरों के ख़ास हथियार के रूप में हड़ताल की महत्ता महसूस और क़बूल की।

आम हड़ताल का ख़याल कोई नया नहीं है। इंग्लैंड में जो चार्टिस्ट आंदोलन बालिग मताधिकार के लिए हुआ था, उसके कुछ नेताओं ने सरकार को मजबूर करने के लिए इस अस्त्र के उपयोग करने पर ज़ोर दिया था। 1862 में पहली इंटरनेशनल की जो कांग्रेस हुई थी, उसमें युद्ध रोकने के लिए आम हड़ताल करने की घोषणा की गई थी। अराजकतावादी बैकुनिन के अनुयायियों ने 1873 में अपनी जेनेवा की कांग्रेस में आम हड़ताल का उपयोग पूँजीवादियों को भूखों मारने और उन्हें झुकाने के लिए आवश्यक समझा था। उनका कहना था कि यदि दस दिनों तक सब काम रोक दिए जाएँ, तो वर्तमान समाज का सारा शिराजा बिखर जाए। फ्रांस के सेंडिकेलिस्टों ने हड़ताल को मज़दूरों का एकमात्र अस्त्र समझा था। वे कहते थे, क्रांतिवादियों के 'बैरिकेड की लड़ाई' और वैधानिकों की धारासभाओं की व्याख्यानबाज़ी, मज़दूरों के लिए उपयुक्त नहीं—हड़ताल करके वे सिर्फ़ हाथ पर हाथ रखकर बैठ जाएँ, फिर विजय तो उन्हें मिलेगी ही !

आम हड़तालें कितने रूपों में भिन्न-भिन्न देशों में की गईं। 1891 और '93 में बेलजियम में आम हड़तालें हुईं; जिनमें क्रमशः सवा लाख और अढाई लाख मज़दूर शामिल हुए। वे हड़तालें मज़दूरों को वोट देने का अधिकार मिलने के लिए की गई थीं और इनमें बहुत अंशों में सफलता भी मिली—मज़दूरों के लिए धारासभाओं का दरवाज़ा खुल गया। 1902 में बेलजियम की लेबर पार्टी ने आम हड़ताल कराई, जिसमें साढ़े तीन लाख मज़दूर शामिल हुए। किंतु, उदारदली लोगों की धोखेबाज़ी के चलते इतनी बड़ी असफल हड़ताल हुई। इसी साल स्वीडन में बालिग़ मताधिकार के लिए विशाल प्रदर्शन-हड़ताल हुई। फ्रांस में 1,00,000 खान में काम करनेवाले मज़दूरों ने हड़ताल की, दूसरे मज़दूरों ने भी उनका साथ दिया। 1903 में हालैंड के रेलवे में आम हड़ताल हुई, जिसका उद्देश्य राजनीतिक था। 1904 में इटली में हड़ताल की एक ज़ोरदार लहर चली और सड़कों पर मुठभेड़ें भी हुईं। यों, आम हड़ताल कोई नई चीज़ नहीं थी, किंतु, 1905 की रूसी क्रांति ने ही उसका पूरा महत्त्व प्रकट किया।

लेकिन, यह कितने आश्चर्य की बात है कि यूरोप के दो प्रधान पूँजीवादी देशों—इंग्लैंड और जर्मनी—के मज़दूर-नेता आम हड़ताल की ओर बड़ी ही ठंडी निगाह से देखते थे। चार्टिस्ट आंदोलन के साथ ही आम हड़ताल इंग्लैंड में दफ़ना दी गई, ऐसा मालूम होता था। जर्मनी में तो 'आम हड़ताल' का नाम 'आम खुराफ़ात' पड़ गया था। और तमाशा यह कि इस बारे में भी ऐंगेल्स को ही घसीटा जाता था। 1873 में बैकुनिन के दल को आम हड़ताल के बारे में जवाब देते हुए ऐंगेल्स ने यह आशंका प्रकट की थी कि इसके लिए जैसा संगठन और जितना धन चाहिए उतना सरकार होने नहीं देगी और अगर उतना हो गया, फिर हड़ताल के बिना

भी सरकार को झुकाया जा सकेगा ! जब 1902 में बेलजियम की हड़ताल असफल हुई, तो ब्रन्स्टीन और उसके साथियों ने ऐंगेल्स की दुहाई देना और उस आम हड़ताल को 'अराजकतावादियों की आख़िरी दुलत्ती' कहकर मज़दूरों को उससे अलग रहने को कहना आरंभ किया। रोज़ा ऐंगेल्स की दुहाई से ही काँप उठनेवाली नहीं थी। उसने कहा कि ऐंगेल्स ने जो कुछ कहा था, एक ख़ास परिस्थिति में। अराजकतावादी दिन-ब-दिन के मज़दूरों के राजनीतिक संघर्ष की उपेक्षा कर आम हड़ताल के ही नारे लगाया करते थे, इसी से ऐंगेल्स ने उनका विरोध किया था। रह गई बेलजियम के मज़दूरों की असफलता, तो उसका कारण उन नेताओं की बुज़दिली है जिन्होंने मज़दूरों को क़ानूनी दायरे में रखने के लिए हड़तालियों की सभाएँ और प्रदर्शन करना भी बंद कर दिया था। यों वह हड़ताल शुरू में ही नपुंसक बना दी गई थी—

"आम हड़ताल को सख्त क़ानूनी पाबंदियों में रखना वैसा ही है, जैसे खाली बंदूक लेकर फ़ौज़ी प्रदर्शन करना। अपने हाथ जेबों में रखे रहो—उन्हें ज़रा हिलाओ-डुलाओ नहीं, भला इस नारे के बाद कौन उस पर ध्यान देने आएगा? 1891-93 की हड़तालें इसलिए सफल हुईं कि बेलजियम की सरकार को विश्वास हो गया था कि यदि उसकी माँगें कबूल की गईं, तो यह हलचल क्रांतिकारी रूप लेगी ! इस बार भी बिना खूनखराबी के ही हड़ताल सफल हो जाती, यदि उसके नेता पहले से ही अपने कारतूसों को नहीं निकाल फेंके होते, फ़ौज़ी प्रदर्शन को धार्मिक जुलूस नहीं बना दिए होते और आम हड़ताल की गगनभेदी हुंकार को आरजू-मिन्नत की में-में में परिणत कर दिए होते !"

नेताओं द्वारा आम हड़ताल की बार-बार निंदा किए जाने के बावजूद रूसी क्रांति के कारण जब जर्मनी के मज़दूरों का ध्यान उस ओर आकृष्ट हुआ, तो भयभीत होकर उन्होंने कोलोन में होनेवाली मज़दूर-कांग्रेस में यह नारा पेश किया—"मज़दूर-आंदोलन को शांति और अमन चाहिए।" और कहा कि आम हड़ताल की चर्चा तक नहीं होनी चाहिए, क्योंकि उसकी चर्चा भी आग से खिलवाड़ करना सिद्ध होगी। एक वकील नेता ने तो यहाँ के क़ानूनी क़िताब के पन्ने से ढूँढ़ निकाला कि राजनीतिक हड़ताल करना बिलकुल ग़ैरकानूनी काम है, यह 'कान्ट्रैक्ट' को तोड़ना और 'भीषण षड्यंत्र' में शामिल होना है !

इस विषैले वातावरण में रोज़ा की 'आम हड़ताल, पार्टी और मज़दूर संघ' नाम की पुस्तिका निकली। इस पुस्तिका ने इस विषय के विवाद को ऊँचे स्तर पर ला रखा। क्रांतिकारी मोर्चे पर अनुभव प्राप्त करके यह पुस्तिका लिखी गई थी। इसके पृष्ठ-पृष्ठ से रूसी क्रांति के तजुर्बे चिनगारियों की तरह चमकते और अंधकार में प्रकाश फैलाते थे। रूस में जो आम हड़ताल हुई, उसका विश्लेषण उसने यों किया—

"किसी राजनीतिक उद्देश्य से प्रेरित होकर, ऊपर के नेताओं के आदेश से, तैयार की गई योजना पर, यह काम में नहीं लाई गई, बल्कि हम इसमें कुछ ऐसे तथ्य पाते हैं जिन्हें क्रांति के ढाँचे से हम अलग नहीं कर सकते, क्योंकि वे हज़ारों तरह से क्रांति के साथ बँधे हुए हैं।

"रूस की क्रांति में हमने आम हड़ताल को भिन्न-भिन्न रूपों में देखा—राजनीतिक और आर्थिक संघर्ष के सभी रूपों और क्रांति की सभी मंज़िलों की झलक हम उसमें पाते हैं। उसका प्रयोग, उसका प्रभाव, उसका कारण बराबर बदलता रहता है। जब मालूम होता था कि क्रांति अब खत्म होने जा रही है, हम उसे अकस्मात् नई संभावनाएँ पैदा करते हुए पाते थे। यों ही जब सफलता बिलकुल नज़दीक मालूम होती थी, हम उसे अचानक दम तोड़ते हुए देखते थे। कभी वह बाढ़ की तरह समूचे देश को प्लावित करती थी, कभी वह छोटी नदी के रूप में किसी कोने में कलकल—छलछल करती थी। कभी वह ज्वालामुखी की तरह फूट उठती थी, कभी वह फूस की आग की तरह तुरत बुतकर ज़मीन में लुप्त हो जाती थी। राजनीतिक और आर्थिक हड़ताल, आम हड़ताल और आंशिक हड़ताल, प्रदर्शन हड़ताल और जंगी हड़ताल, एक दूसरे उद्योगधंधे में आम हड़ताल, एक शहर के ही सब उद्योगों में हड़ताल, वेतन के लिए शांतिमय संघर्ष और बैरिकेड बनाकर सड़कों पर बाजाब्ता लड़ाई—हड़ताल के ये सारे रूप एक-दूसरे से मिले-जुले थे। कभी बग़ल-बग़ल बहती, कभी एक-दूसरे को पार करती, बार-बार एक-दूसरे में परिवर्तित होती, कभी गति में जाती, कभी भँवर बनाती—यह एक अजीब धारा

मंडली-सी दीखती थी।

"आम हड़ताल और कुछ नहीं, एक निश्चित काल के राजनीतिक संघर्ष का वह एक रूप मात्र है और ज्यों-ज्यों विरोधी शक्तियों के संबंध, पार्टी के विकास और वर्ग-भेद एवं प्रतिक्रिया की स्थिति में परिवर्तित होते हैं, उसमें भी हज़ारों तरह के रद्दोबदल होते जाते हैं। यह क्रांति की सबसे मज़बूत और ज़बर्दस्त नाड़ी है। रूस की क्रांति में हमने जो आम हड़ताल देखी, वह मज़दूरवर्ग के संघर्ष का पहले से बना-बनाया हथियार नहीं थी, बल्कि वह क्रांति के ज़माने के मज़दूर-संघर्ष का मूर्तिमंत क़ानून थी।"

'क्रांति के ज़माने के मज़दूर-संघर्ष का मूर्तिमंत क़ानून'—जब इस रूप में आम हड़ताल को लेंगे, तो, फिर बिना आम हड़ताल के आप क्रांति की कल्पना भी कर सकते हैं? किंतु, यहाँ रोज़ा पर यह इल्ज़ाम लगाया जाता है कि उसने क्रांति और आम हड़ताल को एक मान लिया, साथ ही, उसने आर्थिक और राजनीतिक हड़ताल में जो बुनियादी भेद है, उसे भुला दिया। वह जानती थी किसी निश्चित राजनीतिक उद्देश्य से की गई प्रदर्शन-हड़ताल या छिटपुट आम हड़ताल का बहुत ही महत्त्व है, किंतु, किसी निश्चित समय के लिए उसके संचालकों द्वारा तय करके की गई प्रदर्शन-हड़ताल को पूर्ण विकसित क्रांतिकारी वर्ग-संघर्ष उसी तरह नहीं कहा जा सकता है, जिस तरह सैनिक प्रदर्शन को किसी भी हालत में युद्ध नहीं कहा जा सकता है। सैनिक प्रदर्शन करके दुश्मन देश पर प्रभाव डाला जा सकता है, डरा-धमकाकर उससे अपनी बात मनाई जा सकती है, उसी तरह प्रदर्शन-हड़ताल छोटे-छोटे वैधानिक सुधारों के समर्थन में की जा सकती है। किंतु, जो आम हड़ताल पहले से तैयार की गई किसी योजना पर नहीं होकर, आप से आप पैदा होती और आग की तरह फैलती है, उसकी तह में क्रांतिकारी परिस्थिति होती है, भले ही उसका पूर्ण विकास कारणवश नहीं होने पावे। जब ऐसी हड़ताल होने लगे, तो समझना चाहिए कि यह क्रांतिकारी हड़ताल की प्रारंभिक अवस्था है, इसलिए बहुत ही महत्त्वपूर्ण है। आम हड़ताल किसी निश्चित उद्देश्य से बनाई गई अप्राकृतिक, नक़ली पैदावार नहीं होती; बल्कि वह तो एक प्राकृतिक ऐतिहासिक घटना है। इसलिए, वह उन लोगों से सहमत नहीं थी, जो विशुद्ध राजनीतिक हड़ताल को एक निर्जीव और मैकेनिकल सिद्धांत मानते थे। लेकिन, इसके साथ ही वह आम हड़ताल का उपयोग किसी डूबते हुए आंदोलन में जान डालने के लिए, करने के ख़िलाफ़ थी, क्योंकि, "यह आम हड़ताल नहीं है, जिससे क्रांति पैदा होती है, बल्कि यथार्थ बात यह है कि क्रांति ही आम हड़ताल की जननी है"—यह उसका निष्कर्ष था।

जब आम हड़ताल वर्ग-संघर्ष की क्रांतिकारी मंज़िल की सूचना देती है, तो इससे यह भी साफ़ है कि ज़बर्दस्त से ज़बर्दस्त समाजवादी पार्टी भी मनचाहे वक्त पर इसे जिंदा नहीं कर सकती। जो आम हड़ताल सिर्फ़ पार्टी के अनुशासन और उत्साह पर ही केंद्रित होगी, वह थोड़ी देर के लिए मज़दूरों की युद्ध-प्रवृत्ति को भले ही प्रकट करे, किंतु, बाद में वह स्वाभाविक स्थिति में आ जाएगी। किंतु, यहाँ यह भी भूलना नहीं है कि क्रांतिकारी स्थिति में भी आम हड़ताल आसमान से नहीं टपक पड़ती। मज़दूर इसके लिए निर्णय करते हैं, इसमें नेतृत्व की आवश्यकता होती है, इसलिए संगठित समाजवादी पार्टी की आवश्यकता भी अनिवार्य है। किंतु, यह प्रारंभ करने और नेतृत्व देने की शक्ति भी क्रांतिकारी परिस्थिति पर ही निर्भर करती है। रूस की इस क्रांति में ही यह अच्छी तरह देख लिया गया, कि आम हड़ताल का 'आप से आप शुरू होना', लाज़िमी है। रेखागणित की तरह उसके लिए निश्चित नियम नहीं बनाया जा सकता। ऐसे कितने ही आर्थिक, राजनीतिक, राष्ट्रीय, सामाजिक, भौतिक और मानसिक पहलू उसे आगे बढ़ाते, हटाते या भिन्न-भिन्न रूप देते हैं, जिन पर क़ब्ज़ा नहीं रखा जा सकता है। रूस का मज़दूरवर्ग नया था, उसमें शिक्षा नहीं थी, इसलिए ऐसा हुआ—यह कहना ग़लत है। सही बात यह है कि क्रांति पहले से तय की गई राह पर चलना नहीं चाहती, उसे आप उस पर घसीटकर नहीं ले सकते!

तब यहाँ सवाल यह उठता है कि जब क्रांति अपनी ही राह पर चलती है, आम हड़ताल क्रांतिकारी परिस्थिति की ही बेटी है, तो फिर पार्टी, संगठन या शिक्षा की क्या आवश्यकता है? रोज़ा पर जिनोविव आदि ने यह आक्षेप किया कि उसने आम हड़ताल को 'आप से आप पैदा होनेवाली' चीज़ बनाकर सारा बंटाढार कर

दिया। इसका जवाब उसी के शब्दों में सुनिए—

"समाजवादी पार्टी मज़दूरों के सबसे अधिक समझदार और वर्ग-जाग्रत हिस्से से बनी होती है। वह हाथ पर हाथ रखकर इस बात की प्रतीक्षा में नहीं बैठी रह सकती कि 'क्रांतिकारी परिस्थिति' कब आती है और कब आम हड़ताल 'आप से आप' आसमान से चू पड़ती है। इसके ख़िलाफ़, उसे तो घटनाओं के आगे क़दम बढ़ाना और उनकी गति में तीव्रता लाना है। अचानक सोते हुए से जगकर और आम हड़ताल का नारा बुलंद कर वह ऐसा नहीं कर सकती। उसे हमेशा जाग्रत रहते हुए मज़दूरों को बताना पड़ेगा कि क्रांतिकारी युग आ रहा है, उसके लिए सामाजिक परिस्थितियाँ इस तरह राह साफ़ कर रही हैं और उसका राजनीतिक परिणाम यह होगा।

"पार्टी के नेतृत्व का सबसे महत्त्वपूर्ण काम यह है कि आम हड़ताल के ज़माने में उसे लक्ष्य और दिशा दे और ऐसे राजनीतिक रणकौशल का उपयोग करे जिससे संघर्ष के हर क्षण में मज़दूरवर्ग की सारी सक्रिय शक्तियाँ ज़ोरदार ढंग से काम में आवें और उनमें पार्टी और समाजवादी सिद्धांत की युद्धप्रवृत्तियाँ प्रकट हों। ये युद्धप्रवृत्तियाँ शक्तियों के यथार्थ संबंध की सतह से नीचे न उतरने पावें, बल्कि उनसे ऊपर उठकर धधकती रहें। ऐसा नेतृत्व संघर्ष के टेकनिकल नेतृत्व के रूप में विकास पाएगा। पार्टी द्वारा दिया गया तर्कसंगत, दृढ़प्रतिज्ञ और उन्नतिशील रणकौशल मज़दूरों में आत्मविश्वास भरेगा, उनकी युद्धप्रवृत्ति को बढ़ाएगा। ठीक इसके विपरीत यदि पार्टी हिचकिचाहट में रह गई, मज़दूरों की ताक़त पर उसे भरोसा न रहा, तो मज़दूरों में गोलमाल फैलना और अंततः उनका दम टूट जाना लाज़िमी है।"

आम हड़ताल के लिए बहुत बड़ी तैयारी की ज़रूरत है और उससे जो मज़दूरों को तकलीफें होंगी, उसका ध्यान सबसे ज्यादा करना है, ऐसी बातों पर रोज़ा का विश्वास नहीं था। वह समझती थी कि क्रांतिकारी परिस्थिति में मज़दूरवर्ग में ऐसा ज्वलंत आदर्शवाद आ जाता है कि वह सब तकलीफ़ों को बर्दाश्त कर सकता है और संगठन और तैयारी के लिए जितना भी प्रयत्न किया जाए, वह थोड़ा है; तो भी, हमें यह न भूलना चाहिए कि ऐसे संघर्ष के अंदर ही दृढ़ संगठनशक्ति आती है। उसने लिखा है—

"जब आम हड़ताल के उपयुक्त क्रांतिकारी अवसर आता है, इस तरह तैयारी और तकलीफ़ का लेखाजोखा लगाना वैसा ही है जैसे समुद्र को बालटियों से नापने की कोशिश करना। हाँ, यह निस्संदेह समुद्र है—मज़दूरों के लिए तकलीफ़ों और तरद्दुदों का भीषण समुद्र। किंतु, हर क्रांति के लिए उसकी क़ीमत चुकानी पड़ती ही है। हड़ताली मज़दूरों को आर्थिक या सामान की सहायता पहुँचाने की समस्या ऐसे मौक़े पर एक ही तरह से हल होती है—उनके हृदयों में आदर्शवाद का ऐसा प्रवाह आता है, जिसमें बड़ी से बड़ी तकलीफ़ें आपसे आप विलीन हो जाती हैं।"

अर्थशास्त्र और पूँजीवादी संग्रह

1907 में जर्मनी की सोशल डिमोक्रैटिक पार्टी ने बर्लिन में पार्टी-स्कूल क़ायम किया। तब से 1914 के महायुद्ध शुरू होने तक हर साल पार्टी और मज़दूर संघों के 30 व्यक्ति चुने जाते थे और जाड़े के मौसम भर उन्हें सामाजिक विज्ञानों और आंदोलन एवं प्रचार की व्यावहारिक शिक्षा दी जाती थी। मज़दूर आंदोलन की वृद्धि के साथ ही उसके लिए सुशिक्षित संपादकों, व्याख्यानदाताओं और पदाधिकारियों की आवश्यकता बढ़ती गई। इस स्कूल के शिक्षकों में पार्टी के बड़े-बड़े नेता थे। रोज़ा भी चुनी गई थी, किंतु उसने पहले इस पद को स्वीकार नहीं किया। किंतु, जब 1902 में जर्मनी की पुलिस ने, हिलफर्डिंग को, जो आस्ट्रिया का निवासी था, इस स्कूल में शिक्षा के पद से काम करने से मना कर दिया, तो, उसकी खाली जगह की पूर्ति के लिए रोज़ा तुरत तैयार हो गई। रोज़ा के ज़िम्मे राजनीतिक अर्थशास्त्र पढ़ाने का काम सौंपा गया।

वह बड़ी योग्य शिक्षक सिद्ध हुई। उसका यह गुण तो बचपन में भी प्रकट हो चुका था। सिर्फ़ अपने विषय पर ही उसे अधिकार नहीं था, उसकी शिक्षण-पद्धति भी बड़ी दिलचस्प थी। पार्टी का यह शिक्षणकार्य कोई आसान चीज़ नहीं था। भिन्न-भिन्न तरह के विद्यार्थी होते—मिस्त्री, बढ़ई, खनिक, पार्टी के पदाधिकारी,

मज़दूर-संघों के पदाधिकारी, घर सम्हाल का काम करनेवाली औरतें, दिमाग़पेशे नौजवान—इन सबका जमघट होता। उनमें से बहुतों को व्यवस्थित विचार करने का अभ्यास नहीं था। समाजवाद का ज्ञान पार्टी की प्रचार-पुस्तिकाओं या अपने अनुभव से उन्होंने प्राप्त किया था। रोज़ा ने शीघ्र ही उनसे संपर्क स्थापित कर लिया। वह प्रोफ़ेसरों की तरह वैज्ञानिक अनुसंधानों के नतीजों को सिर्फ़ व्याख्यान के रूप में नहीं बक जाती थी। उसकी पद्धति यह थी कि विद्यार्थी खुद सोचें और अपने नतीजे पर पहुँचें, वह उन्हें सिर्फ़ रास्ता बताती चले। वह सवालों द्वारा उनमें उत्सुकता पैदा करती और फिर उनके जवाबों की ग़लती बताते हुए सारी समस्या का विश्लेषण रखती। कुछ प्रतिभाशाली विद्यार्थियों को लेकर बढ़ते जाना और बाक़ी को पीछे छोड़ देना, वह कभी नहीं पसंद करती थी। उसके क्लास के सभी विद्यार्थियों को काम करना पड़ता, वह उनकी ज़रा भी असावधानी और लापरवाही बर्दाश्त करने को तैयार नहीं थी। वह उनकी महत्त्वाकांक्षा को प्रेरणा देती, किंतु, उनकी सुस्ती गुस्ताखी को कभी पसंद नहीं करती। वह डाँट-डपट भी करती, किंतु, उसकी डंक को तुरत ही कुछ दिल्लगियों के फ़िक़रे या कुछ मैत्री पूर्ण बातें कहकर ख़त्म कर देती। उसकी हाज़िरजवाबी तो मशहूर थी। कुंद ज़ेहन से तेज़ दिमाग़ का काम लेना उसी का काम था। वह ऐसा वातावरण बनाने में समर्थ हो सकी थी, जिसमें हर विद्यार्थी अपनी पूरी प्रतिभा का प्रदर्शन कर सके। प्रतियोगिता और होड़ाहोड़ी वहाँ आप से आप पैदा हो जाती। वह विद्यार्थियों को तर्क की राह पर ले जाती, उन्हें बढ़ने को प्रेरित करती, बीच-बीच में उनसे पूछती और टोकती जाती, और यों विद्यार्थियों को, अनजाने ही, सही नतीजे पर पहुँचा देती। इस तरह से जिन नतीजों पर वे पहुँचते, वे उनके दिल में घर कर लेते, क्योंकि वे उनकी अपनी चीज़ होते न कि शिक्षकों द्वारा उनके दिमाग और दिल पर लादी गई चीज़ें।

इसमें शक नहीं कि ज्ञान और अनुभव, दिमाग़ और व्यक्तित्व में वह अन्य शिक्षकों से कहीं बढ़ी-चढ़ी थी; किंतु, उसे अभिमान छू नहीं गया था। वह अपने इन गुणों के बोझ से अपने विद्यार्थियों को दबाना नहीं चाहती थी। इनमें कुछ ऐसे विद्यार्थी थे, जो पहले से तय करके आए थे कि वह रोज़ा से प्रभावित नहीं होंगे, किंतु, एक-एक कर वे जीत लिए गए। इन शिष्यों में से कुछ बाद में उसके राजनीतिक कार्यों में विरोधी बने, किंतु रोज़ा के लिए उनके दिल से सम्मान कभी नहीं गया। उसका उद्देश्य था, अपने विचार और लक्ष्य के लिए शिष्यों के दिल और दिमाग़ को जीतना और इसमें वह पूर्ण सफल रही।

इस अध्यापन के समय उसने दो किताबें तैयार कीं, जो समाजवादी साहित्य में बड़ा ऊँचा स्थान रखती हैं। उनमें से एक पुस्तक थी 'अर्थशास्त्र प्रवेशिका'। इस किताब के कुछ फुटकल अंश ही मिल पाते हैं, किंतु, 1916 में रोज़ा ने बर्लिन जेल से अपने प्रकाशक के पास जो ख़त लिखा, उससे उस पुस्तक की रूपरेखा की झलक हमें मिलती है। अपने विद्यार्थियों से संभाषण करते समय उसे जो उनकी कठिनाइयाँ प्रतीत हुई थीं, उन्हीं को दृष्टि में रखकर, यह पुस्तक तैयार की गई थी। इसमें कार्ल मार्क्स के आर्थिक शिक्षणों को सुगम और सिलसिलेवार ढंग से रखने की चेष्टा की गई थी। ऐसी चेष्टा पहले भी हुई थी, किंतु, रोज़ा चर्वित चर्वण करनेवाली जंतु नहीं थी। मनुष्य के आर्थिक और सामाजिक इतिहास की मंज़िल का निदर्शन करती हुई, हर मंज़िल में जो सामाजिक विचारधाराएँ थीं, उनकी आलोचना उसने की थी। उसकी लेखनशैली प्रांजल और तर्कशक्ति तीक्ष्ण थी। विद्यार्थियों द्वारा जो आधे-सही जवाब उसे मिलते थे, उसी को पकड़कर वह सही नतीजे की ओर बढ़ती थी। इस पुस्तक में भी उसी शैली का अनुकरण किया गया है। अपने विपक्षियों की वैज्ञानिक कमज़ोरी के पीछे नैतिक कमज़ोरी पर वह हाथ रखती थी और उसका भंडाफोड़ करते हुए ज़रा नहीं हिचकती थी। जो दकियानूसी अर्थशास्त्री थे, उनका मख़ौल उड़ाते हुए भी वह अपने विषय से नहीं बहकती थी। उसने बार-बार दिखलाया कि ये दकियानूसी अर्थशास्त्री जो ग़लतियाँ करते हैं तो जानबूझकर, अपने वर्गस्वार्थ की रक्षा के लिए करते हैं और अर्थशास्त्र का उपयोग शासकवर्ग ने हमेशा ही अपनी स्थिति को मज़बूत करने के लिए किया है।

आधुनिक अर्थशास्त्र की पैदाइश पूँजीवादियों द्वारा हुई। सामंतशाही के ख़िलाफ़ इसका इस्तेमाल

उन्होंने किया। निस्संदेह यह उनकी बड़ी वैज्ञानिक सेवा थी। किंतु, ज्योंही मज़दूरवर्ग का जन्म हुआ, इसका इस्तेमाल समाज-व्यवस्था को क़ायम रखने के लिए किया जाने लगा। इन पूँजीवादी समर्थकों ने इसकी विजय को धूल में मिला दिया और अब तो एक आर्थिक रहस्यवाद के रूप में ही इसकी स्थिति रह गई है। रोज़ा ने यह भी बताया कि जिस समय पूरी समाजवादी योजनामूलक अर्थनीति की स्थापना हो जाएगी, अर्थशास्त्र की कोई भी उपयोगिता नहीं रहेगी।

प्रारंभिक अवस्था में जो समाजवादी व्यवस्था थी, उसके बाद किस तरह समाज की आर्थिक व्यवस्था में परिवर्तन होते गए और अंत में किस तरह इस पूँजीवादी अर्थ-व्यवस्था का भी अंत लाज़िमी है, बड़ी सफ़ाई से रोज़ा ने इस पुस्तक में दिखलाया। मार्क्स के ऐतिहासिक भौतिकवाद के आधार पर समाज के विकास को विशद् रूप से दिखलाने की यह प्रथम चेष्टा थी, इसमें तो संदेह ही नहीं।

पार्टी स्कूल के शिक्षण-कार्य के सिलसिले में ही, या यों कहिए कि उपर्युक्त पुस्तक की रचना के कार्य में ही उसने अनुभव किया कि पूँजीवाद के विकास पर अभी बहुत कुछ कहना रह गया है, अतः, उस अभाव की पूर्ति के लिए उसने दूसरी पुस्तक लिखी; जो 'पूँजी का संग्रह' के नाम से मशहूर है। इस पुस्तक में उसने पूँजी के संग्रह की भिन्न-भिन्न स्थितियों की चर्चा करते हुए, समाजवाद की आर्थिक व्याख्या बतलाई है।

सभी मार्क्सवादियों की तरह रोज़ा की भी यह निश्चित धारणा थी कि पूँजीवादी समाज का यह निश्चित परिणाम है कि संसारव्यापी युद्ध हो। अपने अनुसंधानों के आधार पर वह इस निर्णय पर पहुँची कि जिन कारणों से ये महायुद्ध होंगे, वे ही पूँजीवाद के विनाश के भी कारण होंगे।

पूँजीवादी व्यवस्था के क़ायम रखने के लिए यह आवश्यक है कि उसका हमेशा विकास होता रहे। पहले की आर्थिक व्यवस्था में चीज़ें पैदा होती थीं, उनका उद्देश्य था—उपयोग। जो चीज़ें पैदा होतीं, उन्हें मालिक और ग़ुलाम दोनों मिलकर उपयोग में लाते। बुरी फ़सल, लड़ाई या महामारी के चलते उन पर संकट आते थे, किंतु, उस आर्थिक व्यवस्था के आवश्यक कारण के रूप में संकट (crises) का नाम भी नहीं था। ज्यादा पैदावार होने से संकट आए, वैभव के अंबार के बीच में आदमी भूखों मरे, आवश्यक सामानों को बेरहमी से बर्बाद कर दिया जाए—ऐसी बातें सोची भी नहीं जा सकती थीं। पूँजीवादी व्यवस्था के लिए आवश्यक है कि वह समाज की आवश्यकताओं की पूर्ति करे, लेकिन, इसका उद्देश्य दूसरा ही है। वह उद्देश्य है मुनाफ़ा—और मुनाफ़ा तब मिलता है जब मज़दूरों से उनकी मज़दूरी से ज्यादा काम लिया जाए। यह मुनाफ़ा सामान के रूप में ही पहले आता है, इसलिए ज़रूरी है कि इन सामानों के ख़रीदने के लिए ख़रीदार मिलते जाएँ। वही पूँजीवादी अपने सामान जल्द बेच सकेगा, जो सस्ता बेच सके इसलिए पूँजीपतियों में परस्पर होड़ मची रहती है। सामान सस्ता करने के लिए वे औजारों में तरक्की करते हैं। औज़ारों में तरक्की होने से एक ओर जहाँ ज्यादा सामान तैयार होते हैं, वहाँ दूसरी ओर मज़दूरों की तादाद घटती है। औज़ारों की तरक्क़ी जितनी ज्यादा होगी, उतने ही कम मज़दूर उसमें लगाए जाएँगे। फलतः बहुत से मज़दूर बेकार हो जाते हैं, उनकी मज़दूरी में कमी की जाती है, और इन मज़दूरों की आर्थिक स्थिति के बिगड़ने से उन सामानों के ख़रीदार भी कम हो जाते हैं। सामान ज्यादा, ख़रीदार कम। तब सामानों को बर्बाद किया जाना, पैदावार रोक देना आदि क्रियाएँ शुरू हो जाती हैं। आर्थिक संकट आता है, हाहाकार मचता है। कुछ वर्षों में हालत जब स्वाभाविक स्थिति में आती है, फिर वही पुराना रवैया शुरू होता है और फिर बड़े पैमाने पर संकट हाज़िर होता है।

यह थी मार्क्स की तर्क़प्रणाली और आर्थिक व्यवस्था की व्याख्या। किंतु, 1850 के बाद देखा गया कि यूरोप के मज़दूरों की मज़दूरी बढ़ती गई, बेकारों की तादाद बढ़ने की अपेक्षा घटती गई, आर्थिक संकटों का आना कम होता गया, पूँजीवादी समृद्धि में उन्नति ही उन्नति होती गई। इसे देखकर मार्क्स के कुछ तथाकथित अनुयायियों ने कहना शुरू किया, मार्क्स की बातें या तो ग़लत हैं, या वे अब बदली हुई हालत में लागू नहीं की जा सकतीं। रोज़ा ने इन लोगों की इन दलीलों का करारा जवाब दिया। उसने बताया कि यह पूँजीवादी समृद्धि क्षणिक है, यद्यपि यह आधी शताब्दी तक टिकी रही। इसके कारण भी हैं, किंतु, बकरे की माँ कब तक ख़ैर

मनाएगी? ये कारण उसकी उम्र थोड़ी बढ़ा दें, किंतु, अंततः उसकी मौत निश्चित है।

उसने पूँजीवादी विकास को तीन हिस्सों में बाँटा—

(क) पूँजीवाद के प्रारंभिक स्वावलंबी समाज की अर्थनीति से संघर्ष जो सामंतशाही के अंदर पूँजीवाद के जन्म के साथ ही शुरू हुआ और जो अपनी भौगोलिक सीमा को पारकर दूसरे देशों में भी जा पहुँचा।

(ख) पूँजीवाद के व्यापारी माल की सरल पैदावार-प्रणाली के साथ संघर्ष और

(ग) पूँजीवादी संसार की, विदेशी बाज़ार की रही-सही लूट के लिए, भीषण प्रतियोगिता—यानी पूँजीवादी संग्रह के अंतिम प्रयत्न।

हिंदुस्तान और अलजीरिया की मिसाल देकर उसने बताया कि किस तरह से उपनिवेशों की प्रारंभिक स्वावलंबी अर्थनीति को पाशविक ढंग से बर्बाद किया गया। चीन की अफ़ीम—लड़ाई से लेकर बौक्सर—लड़ाई तक का खूनी इतिहास पूँजीवादी संग्रह के इस हिस्से का ज्वलंत उदाहरण है। अमेरिका, कनाडा, दक्षिण अफ्रीका के हब्सियों और आदिवासियों की ज़मीन और आज़ादी और बहुत अंशों तक ज़िंदगी लूटी गई; गुलामों के व्यापार के नाम पर खून और हत्या का बाज़ार गर्म किया गया, सिर्फ़ इसलिए कि मुनाफ़ा मिलता रहे, बढ़ता रहे। इस तरह प्रारंभिक स्वावलंबी अर्थनीति पर विजय प्राप्त कर पूँजीवादी ने व्यापारी माल की सरल उत्पादन-प्रणाली के क्षेत्र में प्रवेश किया। ऐसा कहा जाता है कि पूँजीवादी ग़ैरपूँजीवादी समाज पर जीता है, नहीं, सच बात यह है कि वह उसके विनाश पर जीता है। कहा जाता है कि पूँजीवाद के लिए गैरपूँजीवादी क्षेत्रों की आवश्यकता है, लेकिन, सच बात यह है कि वह अपने संग्रह की प्रवृत्ति में वैसे क्षेत्रों को निगलता जा रहा है। पूँजीवाद अगर ग़ैरपूँजीवादी क्षेत्रों के बिना ज़िंदा नहीं रह सकता, तो ये ग़ैरपूँजीवादी क्षेत्र भी पूँजीवाद की बग़ल में ज़िंदा नहीं रह सकते हैं—वे उसके निवाला बनके रहेंगे।

ऐसे ग़ैरपूँजीवादी क्षेत्रों में पूँजीवाद का ज्यों-ज्यों प्रवेश होता जाता है, त्यों-त्यों उसके शोषण के तरीक़े और भी तेज़ होते जाते हैं। पहले वह वहाँ तैयार माल भेजता और मुनाफ़े लूटता है। फिर, उस मुनाफ़े से उत्पादन के औज़ारों में तरक्क़ी करता और ज्यादा माल पैदा कर अपने लिए एक अनिवार्य असंगति की सृष्टि करता है। सिर्फ़ इतने ही से उसे संतोष नहीं; तैयार माल की जगह वह अपनी पूँजी को भी उन क्षेत्रों में भेजकर वहाँ कारख़ाने खड़े करना शुरू कर देता है। इस तरह वह वहाँ भी अपना प्रतियोगी स्वयं बना लेता है। पहले इन पूँजीवादी डकैतों का अलग-अलग क्षेत्र बँटा रहता है, जहाँ वे अपनी-अपनी लूट जारी रखते हैं। किंतु, ज्योंही ये क्षेत्र कम होने लगते हैं, उनमें प्रतिद्वंद्विता और बढ़ जाती है और लूट के माल के बँटवारे के लिए झगड़े खड़े हो जाते हैं। यही साम्राज्यवाद का विकसित रूप है—

"साम्राज्यवाद एक ओर पूँजीवाद की उम्र बढ़ाता है, तो दूसरी ओर निश्चित से उसे सीमित भी करता है। इसका यह मानी नहीं कि उसकी अंतिम सीमा स्वतः या अनिवार्यतः पहुँच जाएगी, किंतु, उस अंतिम सीमा की झलक साथ दिखाई पड़ रही है और इसके लक्षण स्पष्ट हो रहे हैं कि पूँजीवाद की यह अंतिम मंज़िल एक महान संकट और विनाश का युग सिद्ध होगी!"

साम्राज्यवाद के विरोध में

रोज़ा ने 'पूँजी के संग्रह' द्वारा न सिर्फ़ एक सैद्धांतिक प्रश्न का उत्तर पेश किया, बल्कि उसने साम्राज्यवाद को उसके सभी दुर्गुणों के साथ लोगों के सामने रखा। किस तरह पूँजीवादी राज्यों में उपनिवेशों और प्रमुख क्षेत्रों के लिए पूँजी को देश से बाहर भेजने और कच्चे माल की प्राप्ति के लिए प्रतियोगिता होती है; संरक्षण की नीति की तह में क्या है; बैंकों और ट्रस्टों का प्रभाव किस तरह बढ़ रहा है; राष्ट्रों में क्यों शस्त्र-वृद्धि के लिए घुड़दौड़ हो रही है; ये सब चीज़ें ऐसी नहीं हैं, जिन्हें अलग रखकर पूँजीवाद का विकास किया जा सकता था। ये तो उसकी ऐतिहासिक आवश्यकताएँ हैं—उसकी आख़िरी मंज़िल की सूचना देती हैं। और इन बातों का ज्ञान मज़दूरों को होना ज़रूरी है, क्योंकि इन्हें बिना समझे साम्राज्यवाद से लड़ने के लिए न तो मज़दूरों में साफ़ दृष्टि आएगी और

न पूरी ताक़त।

साम्राज्यवाद के इस प्रश्न को लेकर जर्मनी के समाजवादियों में काफ़ी विवाद चला। सुधारवादी दल ने इतना कहकर ही संतोष किया कि ठीक, साम्राज्यवाद अगर पूँजीवाद की आख़िरी मंज़िल है, तो हमें सच्चे मार्क्सवादी होने की हैसियत से इस ऐतिहासिक विकास में रुकावट नहीं डालना चाहिए, बल्कि मदद देनी चाहिए! कैसी आत्म-वंचना! किंतु, कौट्स्की आदि जो अपने को मध्य में रहनेवाले मार्क्सवादी समझते थे, उन्होंने इसमें काफ़ी हिस्सा लिया। कौट्स्की ने यह सिद्धांत निकाला—हाँ, पूँजीवाद का विकास हो रहा है, किंतु उसके इस प्रकार को साम्राज्यवाद नहीं कहा जा सकता। साम्राज्यवाद उसके प्रसार का एक प्रखर रूप है, लेकिन इसका संचालक पूँजीवादियों का एक छोटा-सा गिरोह है, न कि पूरा पूँजीवादी वर्ग। साम्राज्यवाद समूचे पूँजीवादी वर्ग के हित में नहीं है, और न बड़े उद्योगों के हित में। राजनीतिक शक्ति आर्थिक विकास में दिन-दिन कम महत्वपूर्ण होती जा रही है। साम्राज्यवाद के कारण अस्त्र-शस्त्र में इतना अधिक ख़र्च करना पड़ता है कि पूँजीपति वर्ग का बहुमत उसके ख़िलाफ़ होता जाएगा। यों धीरे-धीरे स्वयं पूँजीवादी शक्तियाँ साम्राज्यवाद को छोड़ती जाएँगी और 'स्वतंत्र व्यापार' और 'खुले द्वार' की नीति को अपनाती जाएँगी।

रोज़ा ने इन लोगों का ओजस्वी शब्दों में जवाब दिया। उसने बताया कि इस सिद्धांत को पेश करके शायद पूँजीपतियों पर यह असर डालने की कोशिश की गई है कि साम्राज्यवाद और सैनिकवाद खुद उनके हित के लिए ही बुरे हैं; अतः, वे मज़दूरों से मिलकर उन एक मुट्ठी पूँजीवादियों का विरोध करें, जो उनके पूरे वर्ग को ख़तरे और विनाश की ओर लिए जा रहे हैं! उनकी यह आशा है कि इस तरह वे 'साम्राज्यवाद' को भूखों मरने को लाचार करेंगे या उसके ज़हरीले दाँत को तोड़ सकेंगे! उनकी यह आशा इतनी ही बड़ी मृगतृष्णा है जितनी की सुधारवादी पूँजीपतियों को उस समय थी, जबकि उन्होंने मूर्ख राजाओं की ओर लक्ष्य कर 'बुद्धिमान राजाओं' से अपील की थी कि वे स्वयं प्रजातंत्र की स्थापना कर दें। वे पूँजीपतियों को दो हिस्सों में बाँटना चाहते हैं—'समझदार' पूँजीपति और 'बेसमझ' पूँजीपति और समझते हैं कि समझदार पूँजीपति अंतर्राष्ट्रीय सुलहनामे के द्वारा अस्त्र-शस्त्र की वृद्धि को रोक देंगे, और संसारव्यापी महायुद्ध के बदले प्रजातंत्रीय राष्ट्रीय सरकारों के संघ की स्थापना हो सकेगी। यह शुतुरमुर्ग की तरह सिर्फ़ बालू में मुँह छिपाना नहीं है, बल्कि मज़दूरों को भ्रम में डालकर उन्हें उस दिन की तैयारी से रोकना है जिस दिन पूँजीवाद और मज़दूरवर्ग का आख़िरी युद्ध होगा!

साम्राज्यवाद की ओर जर्मन सोशल डिमोक्रैटिक पार्टी का भी यही रुख़ था। वे साम्राज्यवाद के ख़िलाफ़ आवाज़ उठाते थे किंतु, 'राइख़्टाग' में जो उनके मेंबर थे, वे हमेशा जर्मन साम्राज्यवाद के विकास के विधानों के समर्थन में ही वोट देते थे। उनमें से कुछ तो इंग्लैंड से युद्ध करने की बात भी करते थे। संसार के उपनिवेशों का फिर से बँटवारा होना चाहिए, ऐसी आवाज़ लगाकर वे देशों को ग़ुलाम बनाने की प्रथा का भी अप्रत्यक्षतः समर्थन करते थे। 1911 में ब्रन्स्टीन ने कहना शुरू किया कि लड़ाई की चर्चा करना भी फ़िज़ूल है। लड़ाई हो नहीं सकती, सभी राष्ट्रों में अब शांतिवादी नेताओं की तादाद बढ़ रही है। वह दिन दूर नहीं, जब यूरोप का एक संयुक्त राज्य बनकर ही रहेगा। रोज़ा का कहना था कि यह शांति और निःशस्त्रीकरण की चर्चा ढोंगमात्र है। जब सर एडवर्ड ग्रे ने निशस्त्रीकरण की बात की, उसने कहा—

"अगर ये बड़े-बड़े राज्य सचमुच शस्त्रीकरण को रोकना चाहते हैं तो इन्हें संरक्षण की प्रणाली को तोड़ना पड़ेगा और औपनिवेशिक लूट को छोड़ना पड़ेगा। एक ओर निःशस्त्रीकरण की बात करना, दूसरी ओर संसार-भर पर प्रभावक्षेत्र क़ायम रखना—ये परस्पर विरोधी बातें हैं।"

रोज़ा ने यह स्पष्ट किया कि साम्राज्यवाद पर पूँजीवादी ढाँचे के अंदर नियंत्रण किया नहीं जा सकता, क्योंकि यह पूँजीवाद समाज के गहरे स्वार्थ से ही विकसित हुआ है। साम्राज्यवाद के ख़िलाफ़ जो कोई संघर्ष होगा, वह संपूर्ण पूँजीवादी समाज के ख़िलाफ़ होगा। साम्राज्यवाद और समाजवाद—दो ही राहें हैं, इनमें से एक ही को चुना जा सकता है। आज संसार में जो राजनीतिक संघर्ष हो रहे हैं, उनका कोई आंशिक निपटारा खोजना

मज़दूरवर्ग को धोखा देना और पूँजीवादियों के एक गिरोह से गठबंधन करना होगा। निस्संदेह ही यह गठबंधन अपने देश के पूँजीपतियों से होगा, जो आगे चलकर, मज़दूरों को राष्ट्रीयता के दलदल में फँसावेगा और साम्राज्यवादी युद्ध के प्रारंभ होने पर उन्हें उसका समर्थन करने और उसमें शामिल होने को बाध्य करेगा। इस पूँजीवादी समाज के अंदर शांति का शोर मचाना—निःशस्त्रीकरण, अंतर्राष्ट्रीय पंचायत, उदार औपनिवेशिक नीति आदि के लिए प्रचार करना या तो भ्रमजाल है, या पूँजीवादी हिंसा को छिपाने के लिए धोखे की टट्टी है। यह मज़दूरों की दृष्टि को धुँधला बनाता है और उनकी ताक़त को कमज़ोर करता है।

युद्ध के विरोध में रोज़ा के विचार 1907 में ही लोगों को अच्छी तरह मालूम हो चुके थे। दूसरी इंटरनेशनल के 1907 वाली कांग्रेस में उसने लेनिन और मार्टोव के साथ एक प्रस्ताव तैयार किया था, जो वहाँ सर्वसम्मति से पास हुआ। उस प्रस्ताव में कहा गया था—

"लड़ाई का ख़तरा मालूम होते ही, इन देशों के मज़दूरों और उनके पार्लियामेंटरी सदस्यों का काम होगा कि वे युद्ध को रोकने के लिए उचित उपायों को काम में लावें और यदि उनकी चेष्टा के बावजूद युद्ध प्रारंभ हो ही जाए, तो उसे तुरत ख़तम करने के लिए उपाय करना और युद्ध के चलते, होनेवाले आर्थिक राजनीतिक संकटों का उपयोग कर, जनता को उभाड़ना और पूँजीवादी शासन को उखाड़ फेंकने की चेष्टा करना उनका कर्तव्य हो जाएगा।"

कौट्स्की से संबंध-विच्छेद

नेताओं के दकियानूसी विचारों के बावजूद जर्मनी के मज़दूरों में धीरे-धीरे क्रांतिकारी भावनाएँ घर कर रही थीं। 1908 में इसका प्रत्यक्ष प्रमाण मिला। जर्मनी के मज़दूर आंदोलन के इतिहास में पहली बार हम मज़दूरों को पुलिस की मनाही की अवज्ञा कर सड़कों पर प्रदर्शन करते पाते हैं। इसका तुरत का नतीजा यह हुआ कि क़ैसर ने अपने राजकीय भाषण में वोट देने के अधिकार में सुधार करने की प्रतिज्ञा की। किंतु, दो वर्ष हो गए, इस संबंध में कुछ नहीं किया गया। उल्टे, इसके बदले सुधार के नाम पर मध्यवर्गीय लोगों का एक अलग वर्ग बनाकर मानो मज़दूरों के मुँह पर घूँसा मारा गया।

इस घूँसे ने मज़दूरों के आत्मसम्मान पर धक्का पहुँचाया, वे जागे और 1910 के फरवरी और मार्च महीने के हर रविवार को जर्मनी के हर बड़े शहर में मज़दूरों के बड़े-बड़े प्रदर्शन होने लगे। इन प्रदर्शनों पर मनाही की गई थी, किंतु, कौन उसकी परवाह करता है? प्रांतीय शहरों में, कई जगह, पुलिस से खुलकर मुठभेड़ें भी हुईं, जिसमें काफ़ी खून बहा। इस खून ने मज़दूरों के हृदयों में जलती हुई उमंग की आग में घी का काम किया। प्रदर्शनों में और भी गरमी आई। बर्लिन के पुलिस-प्रेसिडेंट ने बड़ी शान से दमन की घोषणा की और शहर की गलियों में फ़ौज़ की टुकड़ियाँ खड़ी करा दीं। इन टुकड़ियों से मज़दूर बिलकुल नहीं डरे, हाँ, कुछ ऐसी होशियारी से काम करने लगे कि पुलिस-प्रेसिडेंट साहब दाँतों अँगुली काटकर रह जाते। लाखों मज़दूर ऐसी जगहों पर अकस्मात् पहुँचकर प्रदर्शन करने लगे, जहाँ के लिए उम्मीद भी नहीं की जा सकती थी। इन प्रदर्शनों के कारण नए सुधार वापस लिए गए और मज़दूरों को सड़कों पर प्रदर्शन करने का स्थायी अधिकार प्राप्त हुआ।

यों जर्मनी के मज़दूरों ने पहली लड़ाई में फ़तह हासिल की। इस लड़ाई ने यह साबित किया कि उनमें क्रांतिकारी भावनाओं की कमी नहीं, वे लड़ना जानते हैं और लड़ सकते हैं। इन प्रदर्शनों से प्रभावित होकर खनिकों ने ज़बर्दस्त हड़ताल अपनी मज़दूरी बढ़ाने के लिए की और दो लाख मिस्त्रियों और घर बनानेवाले मज़दूरों ने भी काम बंद कर अपनी बात मानने को लोगों को लाचार किया। रोज़ा इन घटनाओं से इस नतीजे पर आई कि यही मौक़ा है जब एक आम राजनीतिक हड़ताल बोलकर जर्मनी के शासकों से मज़दूरों के हित में बालिग़ मताधिकार का हक़ हासिल किया जाए। उस समय जर्मनी में वोट देने का हक विचित्र था। 1908 में मज़दूरों के उम्मीदवारों को 6 लाख वोट मिले, तो भी उनके सिर्फ़ छह आदमी चुने जा सके, इधर दकियानूस

उम्मीदवारों ने 4 लाख वोट में से 212 जगहें हासिल कर लीं। रोज़ा का कहना था कि आज जो क्रांतिकारी परिस्थिति आ गई है, उसमें मज़दूरों को आगे बढ़ने से रोकना और और ज्यादा ननु-नच करना स्वयं पराजय को निमंत्रण देना है।

यह विचार पार्टी में घर कर रहा था और कई जगहों की संस्थाओं ने इसके पक्ष में प्रस्ताव कर पार्टी की केंद्रीय कमेटी के पास भेजा था। कील और फ्रांकफ़ोर्ट में प्रदर्शन-हड़तालें शुरू भी हो गई थीं। किंतु, पार्टी का जैसा नेतृत्व था, यह उम्मीद की नहीं जा सकती थी। उसने इन प्रस्तावों को अस्वीकार कर दिया।

रोज़ा ने अपने विचारों को एक लेख में लिपिबद्ध करके पार्टी के मुखपत्र 'वोखार्ट' में भेजा, जहाँ से पार्टी नेताओं के हुक्म से वह लौटा दिया गया। तब उस लेख को उसने कौट्स्की के पास 'न्यूज़ीत' में छपने के लिए भेजा, किंतु, उसके आश्चर्य का ठिकाना नहीं रहा जब उसने उत्तर पाया कि, "बहुत ही सुंदर और महत्वपूर्ण" होने पर भी उसका यह लेख 'न्यूज़ीत' में नहीं छापा जा सकता। पीछे वह लेख कई टुकड़ों में कई दैनिक पत्रों में छपा, लेकिन रोज़ा इस अपमान को नहीं पी सकी। रोज़ा 'न्यूज़ीत' के स्थायी लेखकों में थी, उसकी सलाहकार-मंडली की वह एक सदस्या थी और कई बार उसने संपादकीय उत्तरदायित्व को भी निभाया था। कौट्स्की का जो सम्मान उग्रपंथी समाजवादियों में था, उसका कारण रोज़ा भी थी। उसी रोज़ा का लेख उस 'न्यूज़ीत' से वापस आए। किंतु, आश्चर्य की बात इतनी ही नहीं थी। जब रोज़ा का लेख दूसरे पत्रों में छप चुका तो उसका जवाब 'न्यूज़ीत' ने दिया!

रोज़ा ने उस जवाब का जवाब लिख भेजा। इसे छापने से फिर कौट्स्की ने इंकार किया, किंतु, उस पर चारों ओर से छिः-छिः होने लगी, जिससे उसे फिर छापने को लाचार होना पड़ा। मई से अगस्त तक दोनों में खूब बहस चली। इस बहस में फ्रांज मेहरिंग और लेनिन ने भी भाग लिया और लेनिन ने कौट्स्की का समर्थन किया। लेनिन की आँख तब खुली, जब 1914 का महायुद्ध शुरू हुआ और कौट्स्की ने क़ैसर का समर्थन करना शुरू कर दिया। उस समय 1914 के अक्टूबर में लेनिन ने लिखा—"रोज़ा उस समय ठीक बात कह रही थी। मैं तो ग़लती में था। उसने कौट्स्की को मुझसे पहले पहचाना—कौट्स्की समय साधक है, विचारक नहीं; वह बहुमत का अनुसरण करनेवाला अवसरवादी है।" पीछे कौट्स्की रूस की 1917 की क्रांति का भी विरोधी हो गया और लेनिन ने उसे जवाब देते हुए—'मज़दूरों का एकाधिकार और पतित कौट्स्की' नाम की एक पुस्तक लिखी! किंतु, रोज़ा ने तो 1910 में ही कौट्स्की से अपना संबंध-विच्छेद कर लिया था।

कौट्स्की से रोज़ा का संबंध-विच्छेद हो जाने से जर्मनी की सोशल डिमोक्रैटिक पार्टी में अब तीन दल हो गए—पहला सुधारवादियों का, जिन्होंने धीरे-धीरे साम्राज्यवादी नीति अख्तियार कर ली। दूसरा—मध्यमार्गियों का, जो ऊपर से क्रांतिकारिता का बुर्का ओढ़े रहे, लेकिन जो धीरे-धीरे सुधारवादियों की राह पर ही आगे बढ़ते गए और तीसरा क्रांतिवादियों का जो साधारणतः वामपक्षी कहे जाते और जिनका नेतृत्व रोज़ा लुक्ज़ेम्बुर्ग, क्लारा ज़ेटकिन, फ्रांज मेहरिंग, कार्ल लिब्नक्नेख्त, कारस्की और पैनेकोयक करते थे।

1914 के महायुद्ध शुरू होने के पहले की सोशल डिमोक्रैटिक पार्टी की पूरी नीति समस्याओं को भुलाने, पीछे हटने और एक के बाद एक भ्रांति की सृष्टि करने की रही है। 1911 में जर्मनी के वैदेशिक सचिव के कारनामे के कारण मालूम हुआ, अब महायुद्ध छिड़कर रहेगा। उस समय दूसरी इंटरनेशनल की ओर से हर देश की पार्टियों से अपीलें की गईं कि इसे रोकने के लिए कुछ संयुक्त कार्य किया जाए। जर्मनी की पार्टी ने इसमें शामिल होने से साफ़ इंकार कर दिया, इस बिना पर कि जर्मनी के वैदेशिक सचिव ने उसे इत्मीनान दिलाया है कि जर्मनी युद्ध नहीं करने जा रहा है, साथ ही, यदि उपनिवेश के प्रश्न पर पार्टी ने ज्यादा ज़ोर दिया, तो अगले चुनाव में उसे वोट कम मिलेंगे। रोज़ा ने हल्ला मचाया कि यह तो साफ़ विश्वासघात है। उस हल्ला से डरकर पार्टी ने मोरक्को की चढ़ाई का विरोध किया, किंतु, उसका ध्यान तो चुनाव पर लगा हुआ था।

1912 में चुनाव हुआ और पार्टी के 110 उम्मीदवार कामयाब हुए। इस विजय पर कौट्स्की और उसके दोस्तों ने बड़ा आनंद मनाया। किंतु, इस चुनाव की लड़ाई में कामयाब होने के लिए पार्टी ने किस तरह अपने सिद्धांत को छोड़ दिया था और अपने ईमान को उदारदली पूँजीवादियों के हाथ गिरवी रख दिया था, इसका सबूत तो इसके दो वर्षों के बाद मिला। किंतु, उसके लक्षण एक वर्ष के बाद ही प्रकट होने लगे। जब 1913 में लुंडनडौर्थ ने राइख्टाग में नए शस्त्रीकरण का प्रस्ताव रखा, तो पार्टी के मेम्बरों ने इस शस्त्रीकरण के प्रस्ताव को काम में लानेवाले बजट के पक्ष में वोट दिया। इस बजट पर वोट देने के बारे में उनका कहना था कि चूँकि यह रक़म धनियों से वसूल की जाएगी, इसलिए हमने वोट देना अनुचित नहीं समझा। यद्यपि पार्टी इस सिद्धांत पर आज तक काम करती आ रही थी कि किसी ख़र्चे के रूप पर ही विचार कर उस पर वोट देना चाहिए, न कि उसके ज़रिए पर। यहाँ यह ख़र्च शस्त्रीकरण के लिए था, अतः पार्टी को वोट नहीं देना चाहिए। किंतु, जब पतन की ओर झुक जाता है, तो क्या उसकी कोई सीमा होती है?

रोज़ा पार्टी के इस क्रमशः पतन की ओर जर्मनी के मज़दूरों को ध्यान दिलाती और क्रांति के आदर्श को उनके सामने रखती थी। उसका प्रभाव मज़दूरों पर पड़ता था, इससे बौखलाकर कौट्स्की ने रोज़ा को नई-नई उपाधियाँ दीं—वह षड्यंत्रकारिणी है, वह अराजकतावादिनी है, वह क्रांतिकारी व्यायाम करती है, वह सीधी चोट सिखाती है, वह अचानक धावा कर शासन पर क़ब्ज़ा करना चाहती है, आदि, आदि। यही नहीं, उसके लेखों के लिए सभी पार्टी के अख़बारों पर प्रतिबंध लगा दिया गया। पर रोज़ा ऐसी व्यक्ति नहीं थी, जो निंदा या रुकावट से घबरा जाए। दिसंबर 1913 में उसने मेहरिंग और कारस्की के सहयोग से 'सोशल डिमोक्रैटिक कारेसपौंडंस' नाम का एक अख़बार निकाला। इस अख़बार को लड़ाई शुरू होने पर सैनिक सेंसर ने बंद कर दिया। इसमें चालू विषयों पर लिखने के साथ ही रोज़ा ज्यादा सैनिक विषयों पर लिखती, जिसमें उसने अब विशेषता हासिल कर ली थी।

फिर क़ानूनी शिकंजे में

एक ओर कौट्स्की आदि उसके पुराने साथी उस पर जो तोहमतें लगा रहे थे, उससे अवश्य ही सरकार को रोज़ा के पकड़ने का प्रोत्साहन मिल रहा था, तो दूसरी ओर उसके फ़ौज़ी विषयों पर लिखे गए लेख फ़ौज़ी अधिकारियों को तिलमिला रहे थे। अतः फरवरी 1914 में, फिर एक बार रोज़ा को कचहरी के कठघरे में खड़ा होना पड़ा। इस मुक़दमे का आधार एक व्याख्यान था, जिसमें उसने कहा था—"अगर वे कहते हैं कि तुम फ्रांसीसी या दूसरे विदेशी भाइयों पर गोली चलाओ, तो उनसे कह दो—नहीं, ऐसा हो नहीं सकता!" रोज़ा के वकीलों ने यह सिद्ध कर दिया कि उस पर मुक़दमा चलाने लायक़ आधार नहीं हैं, किंतु, सरकारी वकील ने कोर्ट से दरख़ास्त की कि रोज़ा को ज़रूर सज़ा दी जाए, एक वर्ष से कम की सज़ा न हो और उसे तुरत ही गिरफ्तार करके जेल में रख दिया जाए। सिर्फ़ विचारों के लिए एक वर्ष की सज़ा जर्मनी में बिस्मार्क के समय में ही मिला करती थी! किंतु, इस सज़ा के नाम पर रोज़ा विचलित नहीं हुई। उसने अपने व्याख्यान को क़बूल किया, इसकी व्याख्या करके उसका महत्त्व कम करने की कोशिश नहीं की, बल्कि, उल्टे उसने जर्मन सरकार और क़ैसर की युद्धनीति की आलोचना करते हुए बताया कि युद्ध का फ़ैसला न शासक वर्ग के हाथ में है, न सेना के हाथ में। मज़दूर ही उसका फ़ैसला दे सकते हैं कि वे युद्ध में शामिल हों या न हों। अगर मज़दूरों ने यह निर्णय किया कि युद्ध एक दानवी, अनैतिक और प्रतिक्रियावादी चीज़ है, तो फ़ौज़ अपने अफ़सरों की बात भले ही मानती चले, लड़ाई हो नहीं सकती, जीती नहीं जा सकती। तुरत गिरफ्तार करके जेल में भेजे जाने के बारे में उसने कहा—

"सरकारी वकील का कहना है कि मुझे तुरत गिरफ्तार करके जेल में भेजा जाए, क्योंकि हो सकता है मैं फ़रार हो जाऊँ। इसका मतलब यह है कि स्वयं सरकारी वकील समझते हैं कि अगर उन्हें एक वर्ष की सज़ा मिलती, तो वह भाग खड़े होते। वह ऐसा कर सकेंगे, ऐसा मेरा विश्वास है, किंतु, एक समाजवादी ऐसा कर नहीं सकता। समाजवादी अपनी बात पर अड़ा रहेगा और तुम्हारी सज़ाओं पर ठट्ठा मार हँसेगा!'

उसे एक वर्ष की सज़ा दी गई, किंतु, उसे वहीं गिरफ्तार नहीं किया गया। कचहरी से वह सीधे फ्रैंकफ़ोर्ट के मज़दूरों की विराट सभा में गई। जहाँ उसने अपनी बातों को और भी ज़ोरदार शब्दों में दुहराया और कहा कि संघर्ष अभी शुरू ही हुआ है। इस सज़ा ने देशभर में असंतोष पैदा किया और रोज़ा को भिन्न-भिन्न जगहों से निमंत्रण आने लगे। उन भाषणों में रोज़ा ने वर्ग-अन्याय, सैनिकवाद और शीघ्र ही छिड़नेवाले साम्राज्यवादी युद्ध पर विस्तृत प्रकाश डाल मज़दूरों को आगामी ख़तरे से सावधान किया।

सैनिकता के विरोध में चारों ओर से आवाज़ें उठने लगीं। जर्मनी की फ़ौज़ के उस समय चार हिस्से थे। स्थायी सेना, सुरक्षित सेना, और पुराने सैनिकों के दो और हिस्से, जिन्हें वक्त-वक्त पर फ़ौज़ी पाबंदियों का पालन करना पड़ता था। इन्हीं पुराने सैनिकों के कुछ लोगों को छोटे-से अपराध के कारण एटफ़र्ट की अदालत ने कड़ी सज़ाएँ दीं। रोज़ा ने इन सैनिकों के समर्थन में ज़बर्दस्त लेख लिखकर बताया कि जर्मनी के फ़ौज़ी बारकों में किस तरह अमानुषिक व्यवहार किया जाता है। जर्मनी के युद्ध-मंत्री ने इस पर रोज़ा के ख़िलाफ़ फ़ौज के अपमान का अभियोग लगाकर मुक़दमा चलाया। रोज़ा तैयार थी ही। उसने अपने डिफेंस की गवाही के लिए सैनिकों से गवाही देने की अपील निकाली। तीस हज़ार सैनिकों ने अपने नाम दिए। यह देखकर युद्ध सचिव का होश ठंडा हो गया। मुक़दमा जारी रहा, किंतु उसकी गति ऐसी धीमी हो गई कि उसका महत्त्व जाता रहा।

1914, जून में रोज़ा ने बर्लिन की पार्टी-मीटिंग में फिर राजनीतिक हड़ताल का प्रस्ताव रखा। इस प्रस्ताव को लेकर सरकारी वकील फिर आगे बढ़ा। उसने रोज़ा और उस प्रस्ताव के सभी समर्थकों पर मुक़दमा चलाया। वह तो यहाँ तक चाहता था कि जितने लोगों ने उस पर वोट दिए, सब पर मुक़दमा चलाया जाए। यह स्पष्ट था कि जर्मनी की सरकार क्रांति का गला घोंटने को तैयार बैठी है। वह अब लक्ष्य देखती है, साधन नहीं। चाहे जैसे भी हो, वह क्रांति को पहले से ही कुचलकर आगामी युद्ध में निश्चिंत बन जाना चाहती थी। लैसेल के बाद किसी भी राजनीतिक नेता पर सरकार इस तरह हाथ धोकर नहीं पड़ी थी!

अपने ख़राब स्वास्थ्य और लंबी सज़ा की संभावना के लिए रोज़ा को ज़रा भी परवाह नहीं थी। वह समझती थी कि उसने अपने कर्तव्य का पालन कर लिया और ये मुक़दमे उसकी सेवाओं की स्वीकृति के लक्षण हैं। किंतु, उसे चिंता इस बात की थी कि जो तूफ़ान आनेवाला है, उसमें पार्टी का नेतृत्व उनके हाथों में होगा, जिनमें न हिम्मत है, न नैतिक बल। उसे आशा थी, तो नई पीढ़ी पर, जिस पीढ़ी को उसने खुद लिखा-पढ़ाकर तैयार किया था और जिसका नेता कार्ल लिब्तक्नेख़्त था। कार्ल की उम्र रोज़ा से थोड़ी ही कम थी, किंतु पढ़ने-लिखने और वकालत में कुछ वक्त देने के कारण वह बहुत दिनों तक राजनीतिक क्षेत्र में प्रमुखता नहीं प्राप्त कर सका था। वह जर्मनी के सुप्रसिद्ध समाजवादी नेता विल्हेम लिब्तक्नेख़्त का सुपुत्र था। जब वह राजनीतिक क्षेत्र में आया, बहुत दिनों तक वह उन पूर्व धारणाओं और अविश्वासों का शिकार बना रहा, जो बड़े लोगों के बेटों पर साधारणतः लोगों के मन में होते हैं। उसकी तेजस्विता, स्वतंत्रता और अधिक परिश्रमशीलता देख बूढ़े नेता उससे शुरू से ही भय खाते और उसे दबाने की कोशिश करते रहे। किंतु रोज़ा इन्हीं गुणों के चलते उसकी क़द्र करती थी और थोड़े दिनों में ही उसने मान लिया कि वह एक पक्का क्रांतिकारी है, जिसके साथ काम किया जा सकता है। कार्ल रूस की क्रांति में भी क्रियात्मक दिलचस्पी लेता था और वह सिर्फ़ बोल्शेविकों का क़ानूनी प्रतिनिधि ही नहीं था, बल्कि उनके ग़ैरक़ानूनी कामों में भी उनके साथ था। इस सूत्र ने रोज़ा को और भी कार्ल के नज़दीक ला दिया। फिर, दोनों को सैनिकवाद से घृणा थी और सैनिकता के ख़िलाफ़ दोनों एक-दूसरे के पूरक थे। रोज़ा सिद्धांत देती, कार्ल उसे काम में लाता। युद्ध के कुछ वर्ष पहले, युद्ध के दरम्यान और क्रांति के प्रारंभिक दिनों में दोनों ने कंधों से कंधे भिड़ाकर काम किया और दोनों ने एकसाथ ही हत्यारों के हाथों से शहादत प्राप्त की!

6

1914 का विश्वयुद्ध

प्रलय-शंख बजा !

18 जून को यूरोप के बारूदघर में चिंगारी लगी। सर्विया के राष्ट्रवादियों ने आस्ट्रिया के युवराज फ्रांज फ़र्डिनैंड की हत्या कर दी—उसकी पत्नी के साथ। इससे जो उत्तेजना फैली, वह ख़त्म होने जा रही है, ऐसा मालूम होता था कि 23 जुलाई को अचानक आस्ट्रिया ने सर्विया को चुनौती भेजी। यह चुनौती सात बार लिखी और फाड़ी गई थी, जिसमें ऐसी कोई चीज़ इसमें नहीं रह जाए, जिससे समझौते की झलक दिखाई पड़े। इस चुनौती के पीछे जर्मनी था, जों इंग्लैंड को किसी तरह युद्ध के मैदान में उतारना चाहता था। इसके दो दिनों के बाद ही सर्विया पर युद्ध की घोषणा कर दी गई। 28 को रूस ने सर्विया की मदद के लिए अपनी फ़ौज़ को तैयार रहने का हुक्म जारी किया।

28-30 जुलाई को बेलजियम की राजधानी ब्रुसेल्स में दूसरी इंटरनेशनल के ब्यूरो की बैठक हुई जिसमें यूरोप-भर के समाजवादी और मज़दूर नेता एकत्र हुए—रोज़ा लुक्ज़ेम्बुर्ग, जीन जौरे, गीदे, एक्ज़ेलरॉड, विक्टर एलडर, कियरहार्डी, हैस्स, कौट्स्की, ग्रिम, मोरगरी, ऐंगिलिका, बालाबैनोवा, आदि, इस बैठक की जो कार्रवाई मालूम है, उससे उपस्थित लोगों के बहुमत का अंधापन, अज्ञान, निस्सहायावस्था और अयोग्यता साफ़ प्रकट है। उनकी एक ही आशा थी कि कोई आकस्मिक चमत्कार, कोई जादू होकर रहेगा। आस्ट्रिया की सोशलिस्ट पार्टी के नेता ऐडलर ने 1912 में बड़े ज़ोरों से कहा था—"यदि लड़ाई शुरू हुई, यह अपराध इन पूँजीपतियों ने किया, तो मैं कहता हूँ, आप-से-आप, हाँ, आपसे आप, इन बदमाशों का शासन ख़त्म हो जाएगा।" अब वही ऐडलर तुतलाते हुए कह रहा था—"हमसे कोई उम्मीद मत रखिए। हमारे यहाँ लड़ाई शुरू हो गई। मैं यहाँ भाषण करने नहीं आया हूँ, आपकी सच्ची बात की सूचना देने आया हूँ। वह सच्ची बात यह है—जब लाखों आदमी युद्धस्थल की ओर दौड़े चले जा रहे हैं, जब फ़ौज़ी क़ानून का दौरदौरा हो चुका है, तब हमारे यहाँ कोई भी काम का होना संभव नहीं रह गया है !"

इस बैठक में जो प्रस्ताव पास हुआ, उसमें सिर्फ़ इतना ही कहा गया कि युद्ध के ख़िलाफ़ और शांति के पक्ष में प्रदर्शन किए जाएँ, तथा यह माँग की जाए कि आस्ट्रिया और सर्विया का यह झगड़ा पंचायत से तय किया जाए। भला इस दिवालियापना का भी कुछ ठिकाना था ? जब आग लग चुकी थी, ये कुआँ खोदने जा रहे थे !

रोज़ा ने इसमें क्या कहा था, इसकी कोई छपी रिपोर्ट नहीं है। किंतु, इस बैठक के बाद ब्रुसेल्स में जो मज़दूरों की एक बड़ी सभा हुई, उसका वर्णन करते हुए बालानोवा ने लिखा है कि जब चारों ओर निरुत्साह और निराशा का वातावरण छाया हुआ था, और ऐसा आदमी एक पराजित व्यक्ति की तरह अपने हाथों को लाचारी से हवा में हिला रहा था, उसकी बोली में न वह पुरानी आग थी, न गर्मी—तब 'थोड़ी देर के लिए उस सभा में आत्मविश्वास और उत्साह उस समय देखा गया जब रोज़ा व्याख्यान देने को उठ खड़ी हुई।'

31 जुलाई को आस्ट्रिया और रूस ने अपनी सेनाओं को पूरी तैयारी का हुक्म दिया। इस पर जर्मनी ने रूस को 11 घंटे का अल्टीमेटम लिख भेजा। अनिश्चितता के वातावरण में, घंटे-घंटे सभी प्रमुख नेताओं की गिरफ्तारी की प्रतीक्षा में, जर्मनी की सोशल डिमोक्रैटिक पार्टी की केंद्रीय कमेटी यह तय करने को बैठी कि लड़ाई के ख़र्चे के बजट पर उसके प्रतिनिधि पक्ष में वोट दें या विपक्ष में। बड़ी बहस के बाद यह तय हुआ कि पार्टी की ओर से हरमैन मुलर को फ्रांस भेजा जाए और जो कुछ किया जाए फ्रांस की समाजवादी पार्टी से मिलजुलकर, एक ही ढंग से काम हो।

किंतु, फ्रांस में एक अजीब घटना घट चुकी थी। 31 जुलाई को ही पेरिस में जौरे का खून कर दिया गया था। इस ख़ून ने फ्रांस की समाजवादी पार्टी के होश फ़ाख्ता क़र दिए। बेलजियम पार्टी का प्रतिनिधि भी इस

परामर्श में शामिल हुआ। दोनों देशों के प्रतिनिधियों ने अंतर्राष्ट्रीय मज़दूरवर्ग के स्वार्थ को ताक पर रखकर अपने देशों की रक्षा की ओट में इस साम्राज्यवादी युद्ध का एक हिस्सा बनना ज़ाहिर किया ! उस तरफ़ यह सलाह-मशविरा चल रहा था, इधर जर्मनी ने रूस पर युद्ध की घोषणा कर दी और सारे यूरोप में अग्नि-ज्वाला धधक उठी। तीसरी अगस्त को जर्मनी की सोशल डिमोक्रैटिक पार्टी ने तय किया कि लड़ाई के ख़र्च के पक्ष में उसके प्रतिनिधि वोट दें। कार्ल लिब्तक्नेख़्त भी राइख्टाग का मेम्बर था। वह और उसके दूसरे चौदह साथियों ने इसके विरोध में वोट देने की सलाह दी, किंतु, उनकी बात नहीं चली। पार्टी ने अनुशासन के नाम पर उन्हें वोट देने को लाचार किया। उसके 111 मेम्बरों ने युद्ध के पक्ष में वोट देकर मानो पार्टी के दिवालियापन की पहली नोटिस निकाल दी !

जर्मनी की पार्टी के इस काम से अंतर्राष्ट्रीय मज़दूरवर्ग में अजीब खलबली मच गई। किसी को इस पर विश्वास नहीं होता था। रूमानिया की समाजवादी पार्टी ने इस रिपोर्ट को 'राक्षसी झूठ' माना। लेनिन ने जब 'वोखार्ट' में यह रिपोर्ट पढ़ी, उसने समझा कि यह पूरा अंक ही जाली है, जर्मन सरकार के फ़ौज़ी विभाग ने यह जालसाज़ी की है। सब लोग जानते थे कि दूसरे देशों की पार्टियों के पतन से इंटरनेशनल को धक्का ज़रूर लगेगा, किंतु, जर्मनी की पार्टी का पतन तो संपूर्ण मज़दूरवर्ग को राष्ट्रीयता की गोद में जाने को बाध्य करेगा। जर्मन पार्टी के बारे में लोगों की ऐसी धारणा थी कि इस सच्ची रिपोर्ट पर जहाँ किसी ने विश्वास नहीं किया, वहाँ इस झूठी अफ़वाह पर सबको तुरत विश्वास हो गया कि जर्मन सरकार ने रोज़ा लुक्ज़ेम्बुर्ग और कार्ल लिब्तक्नेख़्त को फ़ौज़ी क़ानून के मुताबिक तोप पर उड़ा दिया है !

बग़ावत का झंडा

जर्मन सोशल डिमोक्रैटिक पार्टी के इस निर्णय ने ज़िंदगी में पहली बार रोज़ा के हृदय में निराशा पैदा की। क्या इतने दिनों की उसकी मेहनत व्यर्थ गई ? इतना प्रचार, इतना हाड़तोड़ परिश्रम, क्या इसी दिन के लिए ? वर्षों की जाँफ़िसानी कुछ घंटों में ही ख़त्म ? थोड़ी-सी दृढ़ता दिखाई गई होती तो एक बात। कहाँ मज़दूर-राज का स्वप्न और कहाँ साम्राज्यवादी बेड़ियों की ख़ूँरेज़ी में शामिल होना।

लेकिन, ऐसे मौक़ों पर निराश होकर हाथ पर हाथ धरकर बैठना—रोज़ा के स्वभाव और आदर्शवाद के विरुद्ध था। ठीक, जिस दिन पार्टी के नेताओं ने जर्मनी के सेना-विभाग से गठबंधन किया, 4 अगस्त की शाम को समाजवादियों का एक छोटा गिरोह रोज़ा लुक्ज़ेम्बुर्ग के घर पर इकट्ठा हुआ और उसने तय किया कि साम्राज्यवादी युद्ध और उसके संबंध की पार्टी की नीति के ख़िलाफ़ वह अपनी आवाज़ उठाएगा—बग़ावत के झंडे को लहराता हुआ रखेगा। उस गिरोह में फ्रांज मेहरिंग था, जो अब बूढ़ा हो चला था, पौललिनौख़ था और था जुलियन कार्स्की। क्लारा ज़ेटकिन ने स्टट्टगार्ट से लिख भेजा, वह भी इस गिरोह के साथ है। थोड़े दिनों के बाद कार्ल लिब्तक्नेख़्त भी उसमें दाख़िल हुआ। बर्लिन, सैक्सनी, राइनलैंड, रूहर, हैम्बुर्ग आदि औद्योगिक स्थानों में पार्टी के ऐसे सदस्य थे, जो पार्टी के आत्मसमर्पण से सहमत नहीं हो सकते थे। वे लोग भी इस गिरोह में आ जुटे।

आगे चलकर यही दल 'स्पार्टकस लीग' के नाम से मशहूर हुआ—उसके लाल झंडे को रोज़ा ने अपने ख़ून से रँगकर और लाल बनाया।

इसके बाद के महीने रोज़ा और उसके साथियों के लिए बड़ी कठिनाई के साबित हुए। दिन-दिन ऐसी ख़बरें आती गईं, जो निराशा और उदासी को और भी बढ़ा देनेवाली थीं। समाजवाद और समाजवादी सिद्धांतों का झंडा वे लोग पैरों से ठुकरा रहे थे, जो अच्छी तरह जानते थे कि यह युद्ध राष्ट्रीय आत्मरक्षा का युद्ध नहीं है, इसमें सभी बड़े-बड़े राष्ट्रों के अपराध का हिस्सा है, यह युद्ध साम्राज्यवादी असंगतियों और विरोधों का नतीजा है। सैकड़ों बार वे लोग चिल्ला चुके थे कि युद्ध शुरू होते ही, नतीजे पर बिना ख़याल किए हुए, वे इसके विरोध में जान लड़ा देंगे। अब वे ही लोग अपने-अपने देशों के राज्यों से समझौता करके अपनी बहनों को कारख़ाने

की गुलामी के जुए में जोत रहे थे और अपने भाइयों को तोप की खुराक बनाने के लिए सेना-विभाग के हाथ में सौंप रहे थे !

समाजवादी खेमे से भागनेवालों का ताँता लग गया था। मोर की तरह छैला बना स्खाईडमैन अब देशभक्ति की तान लगा रहा था; सुडेकम जर्मन-साम्राज्यवाद की ओर से विदेशों में प्रचार कर रहा था, बड़े-बड़े मज़दूर नेता थाइसेन और स्टीनेस ऐसे ख़ूँख्वार पूँजीपतियों के घर भोज खा रहे थे। जर्मनी की ही क्या बात? रूस में मार्क्सवाद का सर्वप्रथम झंडा उड़ानेवाला प्लैख़नौव, जो हमेशा ही युद्ध के विरोध में क्रांतिकारी विद्रोह का झंडा उड़ाने की बातें करता था, अब जर्मनी की बर्बरता के ख़िलाफ़ ज़ारशाही का झंडा कंधे पर लिए घूम रहा था ! जौरे शहीद हो चुका था और गीदे मार्क्सवाद का कट्टर अनुयायी होते हुए भी फ्रांसीसी सरकार के मंत्रिमंडल का एक सम्माननीय सदस्य बन चुका था ! इंग्लैंड, आस्ट्रिया और बेलजियम से भी कुछ उत्साहजनक समाचार नहीं आते थे। जर्मनी के दो प्रमुख समाजवादी पारवस और कौट्स्की क्या कर रहे थे ? पारवस पिछले बालकन युद्ध में दलाली करके ख़ूब धन कमाकर गुलछर्रे उड़ा रहा था और कौट्स्की शब्दजाल में अपनी पराजय को छिपाने की चेष्टा करता हुआ कह रहा था—'इंटरनेशनल की उपयोगिता युद्ध में नहीं है, वह तो शांतिकाल की चीज़ है।' लड़ाई शुरू होने के तुरत बाद पारवस रोज़ा से मिलने के लिए उसके घर पर आया था, किंतु, रोज़ा ने उससे भेंट करने से इंकार कर दिया ! मज़दूरों को धोखा दो और रोज़ा से दोस्ती निभाओ—यह हो नहीं सकता था !

तो भी, रोज़ा और उसके साथी जोशोख़रोश से काम करते रहे। बर्लिन और दूसरे मज़दूर केंद्रों में धीरे-धीरे इनके काम का असर देखा जाने लगा और युद्ध एवं पार्टी के निर्णय के विरुद्ध आवाज़ें उठने लगीं। किंतु, इन विरोधी आवाज़ों का प्रकाश में आना बड़ा कठिन था। पार्टी के अख़बार में कुछ छप नहीं सकता; फ़ौज़ी सेंसर के कारण दूसरे अख़बार युद्ध के ख़िलाफ़ कुछ छापने से थर-थर काँपते थे। तब रोज़ा ने एक नई तरकीब सोची। पार्टी के राइख्टाग के सदस्यों में से 15 ने बजट के ख़िलाफ़ वोट करने की राय दी थी। सोचा गया था कि अब फिर जब वोट का वक्त आए, तो ये 15 सदस्य विरोध में वोट देकर संसार को बता दें कि युद्ध के ख़िलाफ़ जर्मनी के मज़दूरों की राय अब तक बनी हुई है। इस वोट के दिन ही चारों ओर मज़दूरों का प्रदर्शन हो। यों, राइख्टाग और उसके बाहर का प्रोग्राम बनाकर तैयारियाँ की जाने लगीं। जब-जब युद्ध के लिए नए ख़र्चे की माँग आती थी, राइख्टाग की बैठक बुलाई जाती थी। ऐसा मौक़ा आ गया। तैयारियों में कड़ी मेहनत की गई। बहुत से राइख्टाग के पार्टी-सदस्यों ने वोट देने का वादा किया, किंतु, जब वक्त आया सब टाँय-टाँय फिस् !

हाँ, सिर्फ़ एक आदमी ने अपनी छाती को तना हुआ और सिर को ऊँचा रखा—वह कौन था? कार्ल लिब्तक्नेख़्त था। एक आदमी ने समूचे राइख्टाग को धता बताया, एक आदमी क़ैसर की शक्तिमत्ता से आँख भिड़ाकर खड़ा रहा, एक आदमी ने संसार को बताया कि जर्मनी में समाजवाद ज़िंदा है और युद्ध के पागलपन से बचा हुआ है ! जिस समय लिब्तक्नेख़्त ने अपना हाथ युद्ध के ख़र्चे के ख़िलाफ़ उठाया, एक सनसनी, एक हलचल मच गई। उसका नाम एक प्रतीक, युद्ध के ख़िलाफ़ एक नारा बन गया ! संसार-भर में वह फैल गया—युद्ध के मोर्चों पर, खाइयों में पहले हज़ारों, फिर लाखों ने इस नाम को सामने रखकर संसारव्यापी बूचड़ख़ाने के ख़िलाफ़ आवाज़ बुलंद की ! 2 दिसंबर, 1914 की इस घटना ने रोज़ा और कार्ल के संबंध को अविच्छेद्य बना दिया !

कार्ल लिब्तक्नेख़्त ने जो आदर्श रखा था, उसे व्यापक बनाना था। बिना अख़बार के इस काम में बाधा पड़ रही थी। रोज़ा और उसके साथी इस प्रयत्न में लगे कि किसी तरह एक नया अख़बार निकले। कितनी ही निराशाओं और प्रयत्नों के बाद आख़िर 1915 के अप्रैल में वे 'इंटरनेशनल' के नाम से एक नया अख़बार निकालने में समर्थ हो सके। इसके संयुक्त संपादक रोज़ा और मेहरिंग थे और उसके लेखकों में क्लारा ज़ेटकिन, पौल लांग आदि वामपक्ष के समाजवादी नेता था। मेहरिंग ने युद्ध के बारे में मार्क्स और ऐंगेल्स के

विचारों का विश्लेषण करते हुए साम्राज्यवादी युद्ध पर उन्हें लागू किया। क्लारा ज़ेटकिन ने युद्ध में स्त्रियों की स्थिति पर प्रकाश डाला। लांग ने ट्रेड यूनियन नेताओं द्वारा मज़दूरों को जो धोखा दिया गया है, उस पर प्रकाश डाला। रोज़ा ने दो लेख लिखे, एक में इंटरनेशनल के पुनर्निर्माण पर ज़ोर दिया, दूसरे में कौट्स्की के युद्ध संबंधी विचारों का खंडन किया। कौट्स्की के बारे में उसने लिखा—कौट्स्की ने मार्क्स के 'दुनियाभर के मज़दूरो, एक हो जाओ' की एक नई व्याख्या इस तरह की है—'दुनियाभर के मज़दूरो, शांति के समय एक हो जाओ, और लड़ाई के वक्त एक-दूसरे का गला काटो।'

'इंटरनेशनल' के लेख बड़ी सावधानी से लिखे गए थे, जिसमें सरकारी प्रहार से यह बचा रहे। किंतु, फ़ौज़ी सेंसर इसके महत्त्व को अच्छी तरह समझता था और शुरू में ही उसे ख़त्म कर देना उसने तय किया। सरकारी वकील ने रोज़ा, मेहरिंग और क्लारा ज़ेटकिन पर संपादक की हैसियत से, साथ ही उसके मुद्रक और प्रकाशक पर भी 'भयानक राजद्रोह' के अपराध में मुक़दमा चालू किया। 'इंटरनेशनल' को दुधमुँही अवस्था में ही क़त्ल कर दिया गया!

जेल और जुनियस

जिस समय 'इंटरनेशनल' निकला, रोज़ा दो महीने जेल में बिता चुकी थी। फ्रांकफुर्ट में उसे सज़ा मिली थी, उसके अनुसार उसे 31 मार्च 1915 को जेल में जाना था। युद्ध शुरू होने के समय उसका स्वास्थ्य ख़राब था, उसे अस्पताल की शरण लेनी पड़ी थी। इस बीमारी के कारण ही अब तक उसका जेल जाना स्थगित होता आया था, किंतु, यह जो आख़िरी तारीख़ ठीक की गई थी, तब तक जर्मनी की सरकार उसे बाहर रखना ख़तरे से खाली नहीं समझती थी। 19 फरवरी को वह क्लारा ज़ेटकिन के साथ हॉलैंड जा रही थी, जहाँ, स्त्रियों की अंतर्राष्ट्रीय कान्फ्रेंस बैठने जा रही थी। वह अकस्मात गिरफ़्तार कर बर्लिन की बर्निमस्ट्रैसे जेल में रख दी गई। इस जेल के पहले दिन का वर्णन उसने एक दोस्त से यों किया है—

"वे मुझे काली कोठरी में ले गए—किंतु, वारसा में इसका अनुभव मुझे पहले हो चुका था। दोनों जगहों में पूरी समता थी। फ़र्क़ यही था कि रूस की पुलिस 'राजबंदी' समझकर मेरी क़दर करती थी, वहाँ बर्लिन की पुलिस ने कहा कि उसे ज़रा भी परवाह नहीं कि वह क्या है और दूसरे क़ैदियों के साथ बिना किसी भेदभाव वे उस कालकोठरी में मुझे ठूँस दिया। किंतु, ये तो छोटी बातें हैं, ऐसी घटनाओं को ज़रा ज़िंदादिली से लेना चाहिए। इसमें मेरी कोई वीर भावना नहीं। हाँ, एक बात तो है, जब एक ही दिन में दो बार मुझे नंगी करके मेरी ख़ानातलाशी ली गई, तो मेरी आँखों में आँसू आए बिना नहीं रह सके। मैं क्रोध में काँप रही थी और आज भी उसकी याद कँपा देती है। लेकिन, उस रात में जिस चीज़ ने मुझ पर उससे भी गहरा असर किया, वह दूसरी चीज़ थी। सोचो, वह क्या चीज़ हो सकती है? मुझे उस रात बिना रात की पोशाक के ही सोना पड़ा, रात की पोशाक की क्या बात, कंघी भी नहीं थी कि बाल सँवारूँ।"

इस बार रोज़ा अनिच्छा से जेल में गई थी। वह समझती थी कि उसकी आवश्यकता बाहर है, किंतु, अपना क्या वश था? जेल में पहुँचकर वह बैठी नहीं; जाते ही अपना काम उसने शुरू कर दिया। सबसे पहले 'जुनियसी' पुस्तिका लिखी, जिसे अप्रैल तक उसने बाहर भेज दिया। इसके बाद एक बार मुलाक़ात के समय उसकी पुलिस से छेड़छाड़ हो गई। उसने उसके सिर पर किताब पटक दी, जिसके लिए अलग सज़ा मिली, सख़्ती बढ़ी।

किंतु, तो भी, रोज़ा, विचलित नहीं हुई—उसने उस समय लिखा था—"मैंने सबकुछ बर्दाश्त करने लायक अपने को बना लिया है, मैं ज़हर की घूँट भी बिना चेहरे पर शिकन लाए खुशी-खुशी पी लूँगी, पचा लूँगी।" उसके 'पूँजी के संग्रह' पर जो आलोचनाएँ निकली थीं, उस स्थिति में रहते हुए भी उसने उसका जवाब लिखा और 'अर्थशास्त्र प्रवेशिका' पर भी काम किया। कोरोलेंको की आत्मकथा का अनुवाद भी किया। 1915 के अंत में बाहर की दुनिया से फिर उसने संबंध स्थापित किया और उसके बाद कार्ल लिब्तक्नेख़्त के पास जो

उसने खत भेजे थे, वे उसके हृदय की भावनाओं को भली-भाँति प्रकट करते हैं। कार्ल को जेल से ही उसने प्रेरित किया कि वह आगे बढ़कर मज़दूरों को राह बताए और उसी की प्रेरणा से जनवरी के शुरू में ही क्रांतिवादी समाजवादियों की एक बैठक बर्लिन में बुलाई गई। इस बैठक के लिए उसने कुछ हिदायतें लिख भेजी थीं, जो 'स्पार्टकस लीग' के कार्यक्रम के रूप में प्रसिद्ध हुईं।

जनवरी के अंत में वह छूटी, और फ़ौज़ी तानाशाही के अंदर जो थोड़ी बहुत आज़ादी बची थी, उसमें साँस लेने लगी। इस बार जेल से वह चौपट स्वास्थ्य लेकर लौटी थी, बाहर जो घटनाएँ हो रही थीं, उन्होंने उसके ऊपर बुरा असर डाला था। जो जनता को अपने इशारे पर नचाना जानती थी, उसे जनता के सामने जाते झिझक होती थी। किंतु, धीरे-धीरे यह बात दूर हुई। ख़ासकर, जिन स्त्रियों के बीच उसने काम किया था, वे उसकी भक्त और अनुरक्त बनी रहीं। रोज़ा की रिहाई पर उन्होंने स्वागत का इंतज़ाम किया, उसके प्रति अपनी श्रद्धांजलि अर्पित की। दोस्त पर दोस्त, साथी पर साथी उसके नज़दीक आने और घेरने लगे और फिर एक बार हम उसे अपनी बचीबचाई ताक़त का संग्रह कर कर्मक्षेत्र में तत्पर पाते हैं।

जेल में लिखी यह 'जुनियस'-पुस्तिका क्या थी? इस पुस्तिका का नाम यों तो 'सोशल डिमोक्रैसी पर संकट' था किंतु, पीछे यह उपर्युक्त नाम से अभिहित हुई। इसी पुस्तिका में ऐसी बातें थीं, जो क़ानून के दायरे में आती थीं, इसलिए रोज़ा के साथियों ने सलाह दी कि वह किसी उपनाम से निकाली जाए। इंग्लैंड में जिस समय जॉर्ज तीसरे का राज्य था उसके और उसके मंत्रियों के ख़िलाफ़ 'जुनियस के पत्र' छपे थे, जिसके लेखकों में बर्क ऐसे आदमी भी थे। जुनियस रोम के ज़माने में आज़ादी का एक बड़ा योद्धा हो चुका है। उसी नाम को बर्क आदि ने इस्तेमाल किया था, अब रोज़ा ने भी उसी की शरण ली। यह पुस्तिका ग़ैरकानूनी ढंग से छपवाई गई थी। विश्वयुद्ध के ज़माने में उसके ख़िलाफ़ जितनी चीज़ें लिखी गईं, उनमें यह पुस्तिका सबसे ज़बर्दस्त और प्रभावपूर्ण थी, इसमें तो शक ही नहीं। इसकी माँग इतनी हुई कि बार-बार इसके गुप्त संस्करण कराने पड़े।

यह पुस्तिका बड़े ही प्रभावशाली ढंग से शुरू होती है। रोज़ा वहाँ एक ऐसी दुनिया का वर्णन कर रही है जहाँ हज़ारों की हत्या और ख़ून लोगों का रोज़ाना पेशा हो चुका है; जहाँ जनता की हड्डियों के खँडहर पर व्यापार के महल तैयार हो रहे हैं; जहाँ देशभक्ति के नाम पर एक ओर युद्धभूमि में जानें दी जा रही हैं और दूसरी ओर लड़ाई से मुनाफ़े उठाने के लिए दौड़धूप जारी है। देश के देश सत्यानाश में मिल रहे हैं और सभ्यता का पुतला धूल में लोट रहा है। पूँजीवाद आज नंगा नृत्य कर रहा है—संस्कृति और दर्शन, सदाचार और मनुष्यता, क़ानून और न्याय की जगह नृशंस अराजकता, खूनी राक्षसता और भीषण संहार ने ले ली है। आगे वह समाजवादी नेताओं का ज्वलंत शब्दों में वर्णन करती हुई, समाजवादी कार्यकर्त्ताओं को फटकारती है, जो झूठे नेताओं के फेर में पड़कर साम्राज्यवादी नगारे की चोट पर उछलते और जान दे रहे हैं। जुनियस की तरह इसके वाक्यों से कोड़े की कड़क की आवाज़ आती है, उसके शब्द चिंगारी की तरह फफोले उगाते हैं।

उसने यह भी बताया कि मार्क्स और ऐंगेल्स के ज़माने की बातें आज भी लागू नहीं हो सकती। मार्क्स और ऐंगेल्स ने कहा था कि युद्ध होने पर मज़दूरों को उस पक्ष की तरफ़दारी करनी चाहिए जिसकी जीत से मानवी संस्कृति का अधिक विकास हो सके और अंतर्राष्ट्रीय मज़दूरवर्ग का जिससे कल्याण सध सके। किंतु, आज दोनों पक्ष जिस विजय के लिए लड़ रहे हैं, उससे नए उत्पीड़न और शोषण की वृद्धि होगी और अंतर्राष्ट्रीय मज़दूरवर्ग के स्वार्थ को कुचला जाएगा। इसलिए संसार के मज़दूरों को दोनों में से किसी का भी साथ नहीं देना चाहिए, बल्कि अंतर्राष्ट्रीय संगठन करके साम्राज्यवाद के ख़िलाफ़ खड़ा होना चाहिए।

उस समय जर्मनी की जीत पर जीत हो रही थी। उसने भविष्यवाणी की कि आस्ट्रिया और टर्की का पतन अवश्यंभावी है और रूस भी उसके साथ ही धौंस कर रहेगा। जापान और इंग्लैंड में उस समय दोस्ती थी, उसने कहा, चीन को लेकर एक-न-एक दिन इनमें झगड़ा होगा ही। मज़दूरों के क्रांतिकारी हस्तक्षेप के अभाव में जो शांति होगी, चाहे कोई भी जीते, वह मज़दूरों के लिए नुक़सानदेह और ख़तरनाक़ होगी। एक ही रास्ता है—युद्ध के दरम्यान और भी ज़ोरों से वर्गसंघर्ष शुरू किया जाए। उसने इन शब्दों में पुस्तिका को ख़त्म किया है—

"साम्राज्यवादी राक्षसता आज यूरोप की सरज़मीन को श्मशान बनाने पर तुली हुई है। संस्कृति की पुकार लगानेवाले लोग चुपचाप बैठे हैं, क्यों ? क्योंकि वे जानते हैं कि इसमें ज़िब्ह हो रहे हैं यूरोप के मज़दूर, जिनके लिए उनके दिल में न कभी दर्द था और न है। हमारी आशा, हमारा मांस और खून, हमारे सगे-सहोदर तलवार के घाट उतर रहे हैं—जैसे गाजर, मूली काटी जा रही हों ! अंतर्राष्ट्रीय समाजवाद के बढ़िया से बढ़िया, तेज़ से तेज़, सुशिक्षित और सुसज्जित सैनिक—मज़दूर आंदोलन की वीरतापूर्ण धरोहर के थातीदार, संसार के मज़दूरवर्ग के झंडे को उड़ाने और बढ़ानेवाले—इंग्लैंड, फ्रांस, जर्मनी और रूस के मज़दूर बूचरखाने में जिब्ह किए जा रहे हैं। गिरिजाघरों के ध्वस्त होने, संग्रहालयों के पस्त होने से बढ़कर यह क़सूर है, जिसे क्षमा नहीं किया जा सकता। जिन हाथों में मानवता का भविष्य है, जो अतीत की देन की रक्षा करके उसे नए और सुंदरतर समाज तक पहुँचाते, वे हाथ आज एक-एक कर कट रहे हैं । पूँजीवाद का सच्चा रूप प्रकट हो गया—उसने सिद्ध कर दिया कि अब उसकी स्थिति का कोई ऐतिहासिक कारण नहीं रह गया, वह मानव कल्याण को आगे नहीं बढ़ने दे सकता···

"प्रजातंत्र की जय हो, जर्मनी की जय हो, ज़ार की जय हो, स्लाब जाति की जय हो ! दस हज़ार कंबलें बिलकुल दुरुस्त हालत की; एक लाख चीनी और कॉफ़ी के डब्बे—तुरत हमसे लीजिए ! मुनाफ़े की लूट है, मज़दूरों की मृत्यु है ! और ये मरनेवाले—भविष्य के योद्धा, क्रांति के सैनिक, मानवता के त्राता—अरे बेठिकाना इनक मज़ार है !

"यह पागलपन तभी दूर होगा, यह नारकीय ख़ूनख़राबी तभी बंद होगी, जब जर्मनी, फ्रांस, इंग्लैंड, रूस के मज़दूर नशे से दूर होंगे, होश में आएँगे, एक-दूसरे से हाथ मिलाएँगे और साम्राज्यवादी भेड़ियों की चीख़ को आधुनिक मज़दूर आंदोलन के सिंहनाद से ढँक लेंगे—संसार के मज़दूरो, एक हो जाओ !"

यह पुस्तिका लिखे जाने के एक वर्ष बाद छपी। ज़रूरी समझा गया कि उसके साथ ही क्रांतिकारी मज़दूरवर्ग के आगे के काम के लिए उसमें उन हिदायतों को भी छाप दिया जाए, जिन्हें रोज़ा ने अपनी जेल-ज़िंदगी के अंत में लिखा था।

इन हिदायतों में यह प्रारंभ में ही स्पष्ट कर दिया गया था कि सिर्फ़ शांति शांति का शोर मचाना और अंतर्राष्ट्रीय पंचायत, निरस्त्रीकरण, समुद्रों की स्वतंत्रता और राष्ट्रसंघ आदि की बातें करना कोरी काल्पनिकता ही नहीं, बल्कि प्रतिक्रियावादिता भी है, और जो ऐसी बातों पर कौट्स्की आदि के फेरे में तकिया किए हुए हैं, वे धोखे की ओर जा रहे हैं—

"साम्राज्यवाद, जोकि पूँजीवादी शासन का अंतिम विकसित रूप है, संसार भरके मज़दूरों का जानी दुश्मन है।···साम्राज्यवाद के ख़िलाफ़ संघर्ष करना एक ही साथ मज़दूरों के लिए राजनीतिक शक्ति हासिल करने और पूँजीवाद पर समाजवाद की अंतिम विजय करने के लिए संघर्ष करना है। समाजवाद का अंतिम उद्देश्य तभी सिद्ध हो सकता है, जब अंतर्राष्ट्रीय मज़दूरवर्ग संपूर्ण साम्राज्यवाद के ख़िलाफ़ लड़ाई छेड़ दे और अपना नारा रखे—'लड़ाई के ख़िलाफ़ लड़ाई' इस लड़ाई में सुलह नहीं हो सकती और बलिदान की पूरी ताक़त और योग्यता का प्रदर्शन करना होगा।"

इस हिदायतनामे में संगठन के बारे में भी स्पष्ट उल्लेख था। एक नई इंटरनेशनल कायम की जाए, उसके विधान में अनुशासन पर ज्यादा ज़ोर दिया जाए। यह सिर्फ़ शांति के ज़माने में ही काम नहीं करे, बल्कि युद्ध के ज़माने के लिए भी एक आम कार्य पद्धति तय करे। राष्ट्रीय स्वतंत्रता के नाम पर जो मज़दूरों को धोखा नहीं दे—क्योंकि "सच्ची राष्ट्रीय स्वतंत्रता की रक्षा तभी होगी, जब संसार के मज़दूरवर्ग साम्राज्यवाद से लड़ाई छेड़ देंगे। मज़दूरों की पितृभूमि उनका अंतर्राष्ट्रीय संगठन है और उसकी रक्षा के बाद ही कोई दूसरी बात सोची जा सकती है।"

जब सुधारवादियों और तथाकथित मार्क्सवादियों ने इस हिदायत पर चींचपड़ शुरू की, तो रोज़ा ने, जेल से निकलने के बाद घोषित किया—

"मज़दूरों का अंतर्राष्ट्रीय भाईचारा संसार-भर में सबसे बड़ी चीज़ है। यह मेरी ज़िंदगी का ध्रुवतारा है, यही मेरा सर्वोत्तम आदर्श है, यही मेरी यथार्थ पितृभक्ति है! मैं अपनी ज़िंदगी कुरबान कर दूँगी, किंतु, इस आदर्श के प्रति अभक्ति नहीं दिखलाऊँगी!"

झंडा उड़ता रहा!

रोज़ा जेल में थी और बाहर लड़ाई जारी थी। सिर्फ़ मरने और घायल होनेवालों की तादाद ही नहीं बढ़ रही थी, अभाव बढ़ रहा था, भूख बढ़ रही थी, और बढ़ता जा रहा था जनता का नैतिक पतन। पहले सोचा जाता था, लड़ाई तुरत ख़त्म होगी, किंतु, हर विजय या पराजय लड़ाई को और ज़ोरदार बनाती थी। सोशल डिमोक्रैटिक पार्टी के नेताओं की बुद्धि दिन-दिन भ्रष्ट होती जाती थी और राष्ट्रीयता का बोलबाला था। 1915 से जर्मनी की जीत निश्चित मालूम होती थी, और वही वर्ष समाजवादी आदर्श के लिए सबसे काला वर्ष था।

(यहाँ से मूल पुस्तक का एक पृष्ठ प्राप्त नहीं हुआ। अब उसके बाद : सं.) घुड़सवार दौड़े। रोज़ा रास्ता रोककर खड़ी हुई, धक्के देकर एक ओर ढकेल दिया गया। लिब्तक्नेख़्त को गिरफ़्तार किया गया। मज़दूरों ने लिब्तक्नेख़्त को छुड़ाने की कोशिश की। मारपीट शुरू हो गई। जनता की धाराएँ प्रदर्शन भूमि की ओर बढ़ने लगीं। चारों ओर नरमुंड-ही-नरमुंड—और उस पर धड़पकड़, मारपीट! यह मारपीट सड़कों तक पहुँची। पुलिस और जनता में खुली मुठभेड़ें होने लगीं। युद्ध शुरू होने के बाद पहली बार बर्लिन की सड़कों पर जनता ने युद्ध और सरकार के ख़िलाफ़ खुला प्रदर्शन किया! निष्क्रियता टूटी, क्रियाशीलता ऊपर आई।

लिब्तक्नेख़्त ने एक बार फिर अपनी ओर अंतर्राष्ट्रीय मज़दूरवर्ग का ध्यान आकृष्ट किया। इस कठिनाई के कुअवसर में, जब सोशल डिमोक्रैटिक पार्टी का नैतिक पतन हो चुका था, जर्मनी के मज़दूरों में साहस नहीं रह गया था, जनता ने नेताओं में अपना विश्वास खो दिया था, ज़रूरत थी इस बात की कि कुछ लोग आगे बढ़ें और अपने व्यक्तिगत बलिदान का ज्वलंत उदाहरण रखकर बताएँ कि इस स्थिति में भी कुछ किया जा सकता है—इतना किया जा सकता है। कार्ल लिब्तक्नेख़्त और रोज़ा लुक्ज़ेम्बुर्ग ने अपने को ख़तरे में रखकर एक आदर्श जनता के सामने रखा—एक उज्ज्वल, प्रोत्साहक, जीवंत आदर्श!

लिब्तक्नेख़्त की गिरफ़्तारी के बाद जर्मनी-भर में लाखों पर्चे छाप-छापकर बाँटे गए। इन पर्चों में से अधिकांश को खुद रोज़ा ने लिखा था। पर्चों में लिब्तक्नेख़्त के कार्य का औचित्य बताते हुए उसका अनुसरण करने की ज़बर्दस्त अपील होती थी। लिब्तक्नेख़्त ने भी इस प्रचार में मदद की, उसने फ़ौज़ी अदालत के सामने अपने क़सूर को स्वीकार करते हुए, ऐसे बयान दिए, जो क़ैसर के गढ़ पर गोले के काम करते थे। ये बयान, सरकारी मनाही के बावजूद, बड़ी तादाद में छापे और बाँटे गए। हज़ारों नए सदस्य रोज़ा के दल में आ मिले।

28 जून 1916 को कार्ल लिब्तक्नेख़्त को ढाई वर्ष की सख्त सज़ा दी गई। जिस दिन मुक़दमा शुरू हुआ, बर्लिन के मज़दूरों ने विराट प्रदर्शन किया और जिस दिन सज़ा हुई, बर्लिन के फ़ौज़ी सामान बनाने के कारख़ानों के 55,000 मज़दूरों ने हड़ताल की। स्टट्टगार्ट में प्रदर्शन हुए और ब्रंस्विक और ब्रिमेन में ज़बर्दस्त हड़तालें हुईं। जिस राजनीतिक हड़ताल के ख़िलाफ़ शांति के ज़माने में पार्टी के नेता शोर मचाते थे, वही राजनीतिक हड़ताल इस महायुद्ध के ज़माने में संभव हुई, जब कि हड़ताली मज़दूरों को चेतावनी दी गई थी कि हड़ताल करने पर उन्हें क़ैदख़ाने या युद्धभूमि की हवा खानी पड़ेगी!

यह सब काम 'स्पार्टकस' के नाम से किया गया—यह स्पार्टकस क्या है, यहाँ समझ लेना है, क्योंकि अंततः यही स्पार्टकस पीछे स्पार्टकस लीग के नाम से प्रसिद्ध होगा। रोम के ज़माने में, वहाँ के 'सुसभ्य' नागरिक निरीह लोगों को अपने खेल के अखाड़े के बीच कटार लेकर खड़े कर देते और उनसे युद्ध कराकर मरने-मारने के तमाशे देखते—ये निरीह लोग 'ग्लैडियेटर' कहलाते। स्पार्टकस नाम का एक ग्लैडियेटर था, जिसने इस राक्षसी प्रथा के ख़िलाफ़ आवाज़ उठाई, ग़रीबों को इसके विरोध में तैयार किया और अंत में इस अमानुत्रिक प्रथा का अंत हुआ। विश्वयुद्ध के रूप में जो निरीह लोगों की यह आपस की खूनख़राबी हो रही थी, उसके विरोध में

जो लोग काम करते थे, वे अपने लिए 'स्पार्टकस' से बढ़कर दूसरा कौन-सा नाम चुन सकते थे ?

स्पार्टकस लोगों की तादाद कम थी, किंतु, एक तो रोज़ा का नेतृत्व उन्हें हासिल था, दूसरे, उनकी बात इतनी सही थी कि हज़ारों, लाखों मज़दूर उसमें अपना त्राण समझते थे । इन प्रदर्शनों और हड़तालों से मालूम हुआ कि जर्मनी के मज़दूरों ने अब तक अपना दिमाग खोया नहीं है । किंतु, जर्मनी के फ़ौज़ी नेता इन बातों को कैसे बर्दाश्त कर सकते थे ? उन्होंने स्पार्टकस के सदस्यों की खोज-ढूँढ़ शुरू की और उन्हें या तो जेल में या मोर्चे पर भेजना शुरू किया । मोर्चे पर जो लोग गए, उन्हें तो मानो मुँहमाँगा वरदान मिल गया । वहाँ फ़ौज़ में भी बग़ावत का झंडा उड़ाना शुरू किया । जब इसकी ख़बर हुई, बड़ी तादाद में वहाँ भी फ़ौज़ी अदालतों में मुक़दमे चलने लगे और लंबी-लंबी सज़ाएँ मिलने लगीं । लेकिन इस तरह एक-एक कार्यशील कार्यकर्ताओं को चुन लिए जाने के कारण जब लिब्तक्नेख्त की अपील में सज़ा बढ़ाकर 4 वर्ष कर दी गई, उसके ख़िलाफ़ कोई प्रदर्शन नहीं हो सका । हाँ, वातावरण में लिब्तक्नेख्त के ये शब्द गूँजते रहे—'किसी सेनापति ने इस फख्र के साथ अपनी वर्दी नहीं पहनी होगी, जिस फख्र के साथ मैं जेल की यह धारीदार किट पहन रहा हूँ !'

जेल, जेल, जेल

लिब्तक्नेख्त को 4 वर्ष की सज़ा देकर, लुकाओ जेल में, उससे अब जूता गाँठने का काम लिया जा रहा है—हाँ, जूता गाँठने का काम ! और रोज़ा कहाँ है ?

10 जुलाई को रोज़ा भी गिरफ़्तार कर ली गई और तब से युद्ध ख़त्म होने तक जर्मनी के इस जेल से उस जेल में वह घुमाई जाती रही । बहुत दिनों बाद जनरल वौन रिस्वर्ग ने एक राजनीतिक मुक़दमे में गवाही देते हुए कहा था कि रोज़ा की गिरफ़्तारी सोशल डिमोक्रैटिक पार्टी के राइख्टाग के एक सदस्य के कहने पर हुई थी ।

उसके बाद ही, 70 वर्ष का बूढ़ा फ्रांज मेहरिंग गिरफ्तार किया गया और बहुत दिनों तक आज़ादी भोगकर अर्न्स्ट मेयर भी जेल में आ पहुँचा । जुलियन कारस्की एक कैंप-जेल में सड़ रहा था । किंतु, स्पार्टकस बिना योग्य नेता के नहीं था । अब उसका सूत्र लिओ जोगिचेस के हाथ में था । उसकी राजनीतिक समझदारी, षड्यंत्रकारी अनुभव, उत्साह और अनुशासन एवं सबसे बढ़कर अनुयायियों को अपने मोहक व्यक्तित्व में बाँधकर रखने की योग्यता से स्पार्टकस का काम, संकट के समय भी, धड़ाके के साथ चलता रहा । अब उसका मुखपत्र 'स्पार्टकस ब्रीफ़' साइक्लोस्टाइल के बदले प्रेस पर छपकर बड़ी तादाद में निकलता । उसमें रोज़ा लुक्ज़ेम्बुर्ग, कार्ल लिब्तक्नेख्त, फ्रांज मेहरिंग, जुलियन कारस्की और अर्न्स्ट मेयर के लेख निकला करते । ये लेख जेल की चहारदीवारी के अंदर से आते गए । इनके द्वारा जर्मनी के मज़दूरों को सही नेतृत्व मिला करता ।

रोज़ा को बाज़ाब्ता सज़ा नहीं दी गई थी—वह सिर्फ़ नज़रबंद की गई थी । किंतु, यह नज़रबंदी थी कि फ्रांस की क्रांति की बैस्टाइल जेल की नवीन आवृत्ति—वह भुक्तभोगी ही जानता था । तीन महीने से ज्यादा दिनों तक कानून की रू से, किसी को नज़रबंद नहीं रखा जा सकता था, किंतु, तीन महीने बीतते-बीतते बड़ी समयपरता के साथ नया आज्ञापत्र आकर जेल ही में तामील हो जाता ।

पहले वह बर्निम स्ट्रैस की ज़नाना जेल में रखी गई । इस जेल से वह पूर्णतः परिचित थी । भला, यह फ़ौज़ी तानाशाही को कैसे पसंद होता ? वे तो उसे ऐसी जगह पर रखना चाहते थे, जहाँ से वह बाहर से कोई संबंध स्थापित नहीं कर सके । जब तक ऐसी जगह नहीं मिल जाती, उसे बर्निम से हटाकर पुलिस प्रिसिडियम में रखा गया । यह जेल नहीं, हाजत थी । यहाँ सिर्फ़ एक या दो दिन के लिए क़ैदियों को रखा जाता, फिर जेल में भेज दिया जाता । इसलिए वहाँ का इंतज़ाम हद से ज्यादा बुरा था । दोपहर में ही वहाँ के सेल अंधकारमय दीखते । रात में कैदियों के लिए सोना मुश्किल था । बरामदे का बूट का चर्रमर्र, थोड़ी-थोड़ी देर पर ताले और दरवाज़े खोलने की खटखट और रात-भर क़ैदियों के आते-जाते रहने का शोरगुल—भला किसकी आँख लग पाए ? नज़दीक ही स्टेशन था, रात में जब गाड़ियाँ आती-जातीं, इसकी सारी इमारत थरथर काँपने लगती । 'छः हफ्तों में ही इस जगह ने मेरे सिर के काफ़ी बाल उजले कर डाले !' —रोज़ा ने एक अपने मित्र को लिखा था ।

अक्तूबर में वह पोसेन प्रांत के रोंके जेल में भेज दी गई। पुराने क़िले को जेल में बदल दिया गया था। कार्य-क्षेत्र से बहुत दूर कर दी गई थी, किंतु, उसे वह स्थान पसंद आया। सेल का दरवाज़ा दिनभर खुला रहता। कुछ फूल के पेड़ थे, जिन्हें वह सींचती, सम्हालती। चिड़ियाँ चहचह करती रहतीं, जिनकी आवाज़ सुनकर वह अपना जेल-जीवन तक भूल जाती। किंतु, यह आनंद भी उसके उत्पीड़कों को बर्दाश्त नहीं हुआ। जुलाई 1917 में वह वहाँ से ब्रैस्लो की सेंट्रल जेल में भेज दी गई। वह ख़ूँख़्वार इमारत न फूल, न पंछी, न आज़ादी। दिनभर वह सेल में रखी जाती, सिर्फ़ कसरत के लिए थोड़ी देर के लिए बाहर लाई जाती। जेल के उजाड़ आँगन में वह दीवाल के किनारे-किनारे टहलती, जहाँ थोड़ी धूप पहुँचती थी। पत्थर की दीवाल के जोड़ों पर जहाँ-तहाँ हरी घास उगी पाकर वह किसी तरह ललचाई आँखों से उसे देखती। इसी वातावरण में 9 नवंबर, 1918 तक रहना पड़ा—जब जर्मनी की क्रांति ने उसे बाहर निकाला।

बाहर आग लगी हुई थी, जेल उसके दिमाग और दिल में कुछ करने, सीखने और इस पागलपन के अंदर एक नई समाजवादी दुनिया बसाने की बेचैनी हिलक़ोरें ले रही थी। किंतु वह एक शीशे के घर में बंद थी, जहाँ न आज़ाद हवा आ सकती थी, और न जहाँ हफ्तों तक सिवा अपनी आवाज़ के दूसरी आवाज़ सुनाई देती थी। किंतु, इस काली कोठरी में बैठी हुई भी वह युद्धभूमि की विभीषिका, खाइयों में गोलियों से झाँझर या भुर्त्ता बनी मानव देह, जनता की तकलीफ़ें, बच्चों की मौत, एक पूरी पीढ़ी का पतन और मानव संस्कृति में जो सबसे अच्छी चीज़ें हैं, उनका राक्षसी बन जाना या विनष्ट होना देख रही थी। उसकी निजी तकलीफ़ों और सख़्तियों की भी कमी नहीं थी। किंतु वह उन्हें खुशी-खुशी, बड़ी शान से, बर्दाश्त किए जाती, अगर भूली-भटकी कोई चिड़िया आकर चें-चें कर गई, कहीं अचानक कोई फल दिखाई पड़ा, कभी चींटियों की कतार उसकी सेल में आई और निकल गई, कुछ भौंरे आकर गुनगुना गए—बस उसकी ज़िंदगी में थोड़ी देर के लिए परिवर्तन ही नहीं आया, जिंदादिली भी आ गई। एक बार एक छोटी तितली को उसने बर्फ़ से ठिठुरते देखा, बड़े प्रेम से उसे उठाकर धूप में ले गई, और जब वह पंख फड़फड़ाकर उड़ी—उसके आनंद का ठिकाना नहीं रहा। जो आकाश का एक टुकड़ा वह अपने उस तंग स्थान से देख पाती, उसमें जब कभी बादल आते-जाते, वह विह्वल-विमुग्ध होकर देखती रह जाती। जिन मित्रों से वह दूर कर दी गई थी, कल्पना के लोक में उनके साथ रहना, उनकी चिंता करना और उनके बारे में अपने को तल्लीन रखना—उसका एक काम यह भी था। जो ख़त कभी-कभी मुश्किल से आ जाते, उन्हें वह बार-बार पढ़ती—अक्षरों और पंक्तियों के बीच की गुप्त बातें खोजने की कोशिश करती। इतने पर भी लोगों में साहस भरती हुई लिखती—"धीरज रखो। मैं तुम्हारे नज़दीक़ आऊँगी। मुझे कुछ विचलित नहीं कर सकता। मुझमें वह चीजें ही नहीं हैं, जो दुविधा में डालती हैं।" लिब्तक्नेख्त की बीवी सोनिया को वह लिखती है—"मेरी सबसे प्यारी सोना रानी, शांत रहो, प्रसन्न रहो, हमें ज़िंदगी का, उसके हर रूप में, सामना करना चाहिए—हिम्मत से, उत्साह से, हँसते हुए! तक़लीफ़ें आती हैं, आने दो!" अपनी हर संगिनी के लिए उसकी अलग-अलग भावनाएँ हैं। सोनिया को वह माँ की तरह प्यार करती है, उसे धीरज देती है, उत्साह देती है। कौट्स्की की बीवी लूसे को वह अपने बराबर समझ दोस्ताना उलाहने के साथ लिखती है। क्लारा ज़ेटकिन को वह विश्वास के साथ पंक्ति में खड़े योद्धा की तरह संबोधित करती है।

जेल जीवन की इस नीरसता और एकांत में पुस्तकें ही उसकी शांति और सांत्वना की जगह थीं। साधारण क़ैदियों से यही एक सहूलियत उसे थी कि वह किताबें पढ़ सकती थी—निस्संदेह, वही किताबें, जिन्हें सेंसर उसके पास जाने दे। वह पुराने काव्यग्रंथ के सौंदर्य और जर्मनी, फ्रांस, रूस और इंग्लैंड के नए साहित्य की बहुरंगिता में अपना दिल लगाने लगी। प्राकृतिक विज्ञान उसका प्यारा विषय था। इस निश्चिंतता में उसने फिर उसे पकड़ा। इसके अतिरिक्त लिखने की ओर भी उसका बहुत ध्यान था अपनी 'अर्थशास्त्र प्रवेशिका' पर गोदगाद शुरू की, कोरोलैंको के अनुवाद को जारी किया, पोलैंड का इतिहास लिखने लगी और बाद में रूस की क्रांति पर भी एक पुस्तक लिखना शुरू किया। फिर, हर 'डाक के दिन' कुछ लेख भी ज़रूर तैयार हो जाते, जो जेल के अधिकारी और पुलिस की तीखी नज़रों के बावजूद बाहर

जाकर स्पार्टकस के मुखपत्र में छप जाते ।

यों जेल में अपने दिन गुज़ारते, वह उस दिन की प्रतीक्षा में थी जब जनता का असंतोष उग्र रूप धारण कर क्रांति के रूप में प्रकट होगा । उसमें निराशा के लिए जगह नहीं थी । उसका विश्वास था कि इतिहास अपनी राह पर बढ़ेगा ही । जर्मनी के, "सबसे दिमाग़दार, सबसे अनुशासित और सबसे अधिक समाजवादी सिद्धांतों में पले और संगठित हुए" मज़दूर वर्दी पहनकर सिर्फ़ तोपों की खूराक ही नहीं बनते रहेंगे, एक दिन वे बग़ावत के उड़ते हुए झंडे को आसमान तक उड़ाएँगे, बढ़ेंगे और विजय करेंगे, यह उसकी निश्चित धारणा थी ।

"गीली रेत पर रगड़ खाते हुए संतरियों के बूट की चीख़ और चर्रमर्र में भी जीवन का संगीत है, बशर्ते कि उसके सुनने के लिए कान हों"—वह लूसे कौट्स्की को लिखती है—

"मेरे पास जितने ख़त आते हैं सबमें उससें हैं, शिक़वे हैं, यह कैसी बेवक़ूफ़ी ! तुम क्या अनुभव नहीं करतीं कि बाहर जो संहार मचा हुआ है, उस पर सिर्फ़ आँसू ही नहीं गिराए जा सकते । आज संसार के पुर्जे-पुर्जे बिखर रहे हैं, हमें समझने की कोशिश करनी चाहिए कि ऐसा क्यों हो रहा है, मैंने अपना फ़र्ज़ अदा किया, अब मैं शांति और आनंद अनुभव करती हूँ । अपने को ज़माने की गर्दिश में डालकर टुकुर-टुकुर देखते रहना, मेरी समझ में यह बात नहीं आती—मैं इसे बर्दाश्त नहीं कर सकती !"

7

रूस की क्रांति

पहली विजय

युद्ध के प्रारंभ होते ही रोज़ा का संबंध पोलैंड और रूस के मज़दूर आंदोलन से टूट चुका था । किंतु, उसे प्रसन्नता इस ख़बर से हुई थी कि पोलैंड की उसकी पार्टी उसके विचारों के प्रति वफ़ादार बनी रही और उसमें नैतिक पतन का नामोनिशान भी नहीं था । अपने को कभी समाजवादी कहनेवाले पिल्सुदस्की और डासिंस्की ने पोलैंड की आज़ादी के नाम पर जहाँ अपने को आस्ट्रिया हँगरी का गुलाम बना रखा था, वहाँ सोशलिस्ट पार्टी के नाम पक्ष और यहूदी मज़दूर संघ ने मिलकर एक सम्मिलित घोषणा इस संबंध की यों निकाली थी—

"मज़दूरवर्ग अपनी सरकार और उत्पीड़कों से युद्ध की घोषणा करता है । राष्ट्रीय अधिकारों के संघर्ष से पोलैंड का मज़दूरवर्ग अपने संपूर्ण वर्ग-हित को सामने रखकर ही अपनी नीति स्थिर करेगा ।...उसमें सफल होने के लिए ज़रूरी यह है कि पोलैंड का मज़दूरवर्ग शासन-सूत्र छीनकर अपने हाथों में ले ।"

अपने इस आदर्श पर पोलैंड की सोशल डिमोक्रैटिक पार्टी अंत तक डटी रही और इसके कारण रूस की ज़ारशाही और जर्मन सैनिक विभाग दोनों का कोपभाजन बनी ! पार्टी का सदर मुक़ाम वारसा का जेलखाना बना रहा, जहाँ उसके अधिकांश सदस्य क़ैद किए गए थे ।

रूस और उसके बाहर बोल्शेविक हमेशा अपने लक्ष्य पर डटे रहे और उन्हीं के चलते रूस में क्रांतिकारी वातावरण बना रहा । 1914 में डूमा के बोल्शेविक मेंबर क्रांतिकारी कार्य के लिए निर्वासित किए गए । युद्ध शुरू होने के कुछ दिन पहले ही जुलाई में पिट्सबर्ग की सड़कों पर बैरिकेड खड़े किए गए थे । युद्ध शुरू होने पर थोड़े दिनों तक कोई हलचल नहीं देखी गई । पूँजीपति नए देशों की विजय की आशा में मस्त थे । किसान नई ज़मीन पाने की कल्पना कर रहे थे । और मज़दूरों में घटनाओं के चलते विशृंखलता फैली हुई थी । किंतु 1915 के आरंभ से ही नई हड़तालों और प्रदर्शनों का सिलसिला शुरू हो गया । रूस की हार पर हार हो रही थी । सैनिकों की दुर्बलता और राज्य की असमर्थता साफ़ प्रकट होती जाती थी । ज़ार का दरबार षड्यंत्रों का अड्डा बना हुआ था । जनता की तक़लीफ़ और तरद्दुद बढ़ रहे थे । मज़दूरों में जाग्रति आ गई थी । और पूँजीपति

सोचने लगे थे कि यही मौक़ा है, जब वे अपने हाथों में सूत्र ले सकें। उनके प्रतिनिधि सुधार पाने की कोशिशें कर रहे थे, उधर एक सामाजिक क्रांति हो गई। 9 मार्च 1918 (पुराने रूसी चलन के मुताबिक 25 फरवरी) को पिट्सबर्ग के मज़दूर सैनिकों से मिलकर विद्रोह कर बैठे और मज़दूर-सैनिक-सोवियतें धड़ाधड़ क़ायम होने लगीं। मज़दूरों के हाथ में अनायास ही शासन-सूत्र आ गया, किंतु उन्हें अपने पर विश्वास नहीं था। उन्होंने इस जीती हुई ताक़त को पूँजीपतियों के सुपुर्द किया—एक नई प्रजातंत्रात्मक सरकार बनी।

रूस की इस मार्च क्रांति की ख़बर पाकर रोज़ा जेल में उछल पड़ी ! उसने एक ख़त में लिखा—

"तुम कल्पना कर सकते हो, रूस की ख़बर ने मुझे कितना आंदोलित किया ! मेरे बहुत से पुराने दोस्त जो मास्को, पिट्र्सबर्ग, ओरेल और रीगा की जेलों में वर्षों से सड़ रहे थे, आजाद आदमी की तरह सड़कों पर घूम रहे हैं।....इस घटना से मेरी रिहाई का मौक़ा कम हो गया, किंतु दूसरे की आज़ादी ने ही मुझे कम खुश नहीं किया है।"

एक बार उसने सोचा कि वह जर्मनी की सरकार से कहे कि उसे रूस में निर्वासित कर लिया जाए, किंतु इसके बारे में क्या हुआ, कोई खास पता नहीं चलता।

अब उसके दिमाग़ में सबसे पहला स्थान रूस की क्रांति का था और उसकी बेचैनी का क्या कहना? उसे इस बात की घोर चिंता थी कहीं रूस की क्रांति अपने देश की आंतरिक कठिनाई और विदेशी क्रांति-विरोधी ताक़तों के हस्तक्षेप के कारण नष्ट न कर दी जाए, इसलिए उसने जर्मनी के मज़दूरों से रूस की क्रांति की रक्षा करने की अपील की। रूसी क्रांति का पहला असर जर्मनी के मज़दूरों पर बहुत अच्छा पड़ा। अप्रैल 1918 में युद्ध सामानों के कारखानों के मज़दूरों में हड़ताल की ज़बर्दस्त लहर चली और सिर्फ़ बर्लिन में ही तीन लाख मज़दूरों ने हड़ताल की। इस पर जर्मनी का सेना विभाग घबड़ाया और उसकी मदद में सोशल डिमोक्रैटिक पार्टी के सूत्रधार और उदारदली महानुभाव दौड़े। उन्होंने घोषित किया कि ये हड़ताली देश के दुश्मन और कायर कुत्ते हैं। यही नहीं, फिर कारख़ानों में धरपकड़ शुरू हुई और जिन पर थोड़ा भी संदेह हुआ, वे पकड़कर युद्ध के मोर्चे पर तोप की खूराक बनने को भेज दिए गए। सोशल डिमोक्रैटिक नेतृत्व की बात मत पूछिए? इंडिपेंडेंट सोशल डिमोक्रैटिक पार्टी के नाम से जो नई पार्टी बनी थी उसने कहना शुरू किया—"जर्मनी रूस नहीं है, जर्मनी में वैधानिक ढंग पर ही आज़ादी हासिल की जा सकती है।" रोज़ा ने चाबुक की चोट की तरह तीखी दलीलों में उन्हें जवाब दिया और मज़दूरों से ज़ोरदार अपील की—"आगे बढ़ो, रूस की क्रांति की रक्षा करो—युद्ध को रोकना और मुक्ति पाना इसका यही एक उपाय है।"

उसने रूस की क्रांति का अध्ययन करना और उससे परिणाम पर पहुँचने की चेष्टा करना शुरू किया। किंतु इसमें अनेक बाधाएँ थीं। जर्मनी के अख़बारों में इस क्रांति के बारे में जो ख़बरें छपतीं वो तोड़ी-मरोड़ी गई होतीं। कभी-कभी 'टाइम्स' और 'टेम्पस' की कॉपियाँ उसे मिल जातीं, किंतु उनसे भी सही बातों का पता लगाना मुश्किल था। इसलिए जहाँ वह क्रांति के रूप और उद्देश्य के बारे में बोल्शेविकों से संपूर्णतः सहमत थी, वहाँ फुटकल बातों के अंदाज़ा लगाने की उसने छोटी-छोटी ग़लतियाँ भी कीं। जिस तरह कभी लेनिन ने कौट्स्की पर विश्वास किया था, उसी तरह रोज़ा को मैन्शेविकों पर विश्वास था कि क्रांतिकारी आवश्यकता उन्हें ऊँचे उठाएगी और वे आगे बढ़कर क्रांति में उसी तरह उपयोगी बन सकेंगे, जिस तरह फ्रांस की क्रांति में बहुत से सुधारवादियों ने बड़ा कमाल कर दिखाया था। किंतु, उसकी यह आशा पूरी नहीं हुई।

जिस समय सोशल रेव्होल्यूशनरी और मैन्शेविक करेंस्की की सरकार में शामिल हुए, उसकी रही-सही आशा जाती रही। उसने लिखा—

"कई दलों को मिलाकर बनी हुई सरकारें आधी राह पर ही रुक जानेवाली चीज़ होती है। यह समाजवाद को पूरी ज़िम्मेदारी निभाने नहीं देती, उसके ऊपर बोझ बन जाती है। यही नहीं, उसके अपने कार्यक्रम को पूरा करने की आज़ादी भी यह नहीं देती। यह ऐसा समझौता सिद्ध होती है, जिसका सभी राजनीतिक समझौतों की तरह, असफल होना निश्चित है। मज़दूरों को एकाधिकार की स्थापना आवश्यक

और अनिवार्य है।"

किंतु, वह यह बात भी अच्छी तरह समझती थी कि यदि संसार के मज़दूरों ने मदद नहीं दी, तो रूस के मज़दूरों का एकाधिकार बुरी तरह कुचल दिया जाएगा और इस तरह पेरिस कम्यून से भी बड़ा संकट मज़दूरों पर आ जाएगा। पर, इससे भयभीत होकर पीछे हटने की बात भी वह नहीं सोच सकती थी। क्रांति का यह क़ानून है कि वह अबाध रूप में आगे बढ़ती जाती है। ज़रा भी हिचक, ज़रा भी सुस्ती क्रांतिविरोधी शक्तियों की विजय के लिए रास्ता खोल देती है, फिर उनके द्वारा भयानक ख़ूनखराबा होना लाज़िमी है। इसलिए, वह चाहती थी कि रूस के मज़दूर अपने विजय-पथ पर अग्रसर होते चलें।

करेंन्स्की की सरकार ने युद्ध जारी रखा और उसका नाम बदलकर राष्ट्रीय रक्षा का जनतंत्रात्मक युद्ध रख दिया। यह रूसी मज़दूरों और किसान को सीधा धोखा देना था। 1917 अगस्त में 'स्पार्टकस ब्रीफ़' में एक लंबा लेख लिखकर रोज़ा ने इसका विरोध किया। उसने बताया कि युद्ध में शामिल रहना रूसी क्रांति के लिए नुक़सानदेह है। चाहे जो भी सुंदर नाम दिया जाए, किंतु, इस युद्ध से अंग्रेज़, फ्रांसीसी और इटालियन साम्राज्यवाद को ही मदद मिलती है। रूस की प्रजातंत्री सरकार रक्षात्मक नाम पर साम्राज्यवादी युद्ध का एक पुर्ज़ा बनी हुई है। यह युद्ध साम्राज्यवादी शक्तियों की ज़ोर आज़माई की लड़ाई है—ऐसे ऐतिहासिक और प्रत्यक्ष कारण हैं, जिनको देखते हुए, इस युद्ध को दूसरा रूप नहीं दिया जा सकता है !"

1917 की गर्मियों में कुछ समाजवादियों ने शांति क़ायम होने और युद्ध बंद किए जाने का नारा बुलंद किया और इसके लिए स्टॉकहॉल्म में एक अंतर्राष्ट्रीय शांतिसम्मेलन करने का आयोजन किया गया। रोज़ा ने इस सम्मेलन को साम्राज्यवादियों का नया जाल माना, जिसमें मज़दूरों को फँसाने की चेष्टा की जा रही थी। इस सम्मेलन का एक ही मतलब है कि ये साम्राज्यवादी भेड़िये, जो लड़ते-लड़ते थक गए हैं, थोड़ी देर सुस्ता लें, जिसमें आगे फिर से लड़ सकें—रोज़ा ने इसे स्पष्ट किया। उस समय जर्मन साम्राज्यवाद का पाया हिल रहा था, अतः जर्मन सरकार ने इस सम्मेलन के लिए सोशल डिमोक्रैटिक पार्टी के प्रतिनिधियों को पूरी सहूलियत देना स्वीकार कर लिया। किंतु, अँगरेज़, फ्रांसीसी आदि मित्रराष्ट्रों को यह पसंद नहीं था। उन्होंने अपने देशों के प्रतिनिधियों को उसमें जाने से रोक दिया। यों, यह सम्मेलन टाँय-टाँय फ़िस्स हो गया।

युद्ध के प्रारंभ में रोज़ा ने खुद शांति का नारा दिया था। किंतु, अब परिस्थिति बदल गई थी। दुनिया का एक विशाल साम्राज्यवाद—रूस, नष्ट हो चुका था, दूसरे दम तोड़ रहे थे। ऐसे अवसर पर वह अपने पुराने विचारों के साथ यह खिलवाड़ होना नहीं देख सकती थी। अब 'क्रांति' का नारा चाहिए, न कि 'शांति' का—उसने गरजते हुए अपने प्रतिद्वंद्वियों से कहा।

नवम्बर की क्रांति

नवम्बर में लेनिन की बोल्शेविक पार्टी ने फिर क्रांति कराई और सफलता प्राप्त की। इस ख़बर का जो असर रोज़ा पर हुआ, उसका कोई रोज़ा के हाथ का लिखित प्रमाण नहीं मिलता, क्योंकि उस समय रोज़ा को अपने एक अत्यंत प्रियजन की मृत्यु की ख़बर मिल चुकी थी, और वह शोकग्रस्त थी। हो सकता था, इसके बावजूद इस पर वह लिखती, किंतु, उस समय लगातार गिरफ्तारियों और दूसरी कठिनाइयों के कारण 'स्पार्टकस ब्रीफ़' अनियमित रूप से निकलता था और तुरत वह नियमित रूप से निकलने लगा, दूसरे ज़रूरी विषय आ पहुँचे, जिन पर गत ध्यान देना ज़रूरी था। किंतु, इसमें शक नहीं कि मज़दूरों की इस विजय ने उसके हृदय में आनंदोल्लास भर दिया होगा। इसकी एक झलक उस ख़त से मिलती है, जिसे उसने 24 नवंबर को कौट्स्की की बीवी के पास लिखा था—

"क्या तुम्हें इन रूसियों की करामात पर आनंद नहीं आता? हो सकता है, इस इंद्रजाल को ये निभा नहीं सके, किंतु, याद रखो, इन्हें भी असफलता इसलिए नहीं मिलेगी कि आँकड़ों से रूस का आर्थिक विकास बहुत पिछड़ा हुआ मालूम पड़ता है जैसा कि तुम्हारे 'पंडित' पतिदेव सिद्ध कर चुके हैं, बल्कि इसलिए कि सुविकसित

पश्चिमी यूरोप के मज़दूर-आंदोलन में बुजदिलों का दौरदौरा है, जो कि उस हालत में भी हाथ पर हाथ धरे बैठे हैं, जब वे रूसी अपने हृदय के खून की धारा से समाजवाद की क्यारी सींच रहे हैं। उनकी असफलता भी उन देशों के तथाकथित समाजवादियों की 'पितृभूमि के लिए' किए गए कुकर्मों से कहीं अच्छी होगी। यह एक संसारव्यापी ऐतिहासिक घटना घटी है, जिसका चिन्ह सदियों तक विद्यमान रहेगा।

बोल्शेविकों के सामने सबसे पहला सवाल था, साम्राज्यवादी जर्मनी से समझौता कर लेना। उन लोगों ने उम्मीद की थी कि रूस की क्रांति का असर समूचे संसार के मज़दूरों पर पड़ेगा और वे अपने शासकों के ख़िलाफ़ खड़े होकर संसार की शांति की स्थापना करने में समर्थ होंगे। किंतु, इस बारे में वे निराश हुए। उनके पास ऐसी सेना भी नहीं थी, जिसके बल पर वह मुक़ाबले की बात सोच सकते। जर्मनी की फ़ौजी ताक़त उनकी क्रांति को हड़प सकती थी और यदि थोड़ी देर के लिए भी सुलह हो जाए, तो उन्हें साँस लेने के लिए थोड़ा वक़्त मिल सकता था। उनके सामने स्पष्ट था; ब्रेस्ट-लिटोवस्क या क्रांति का सर्वनाश।

लेनिन ने क्रांति को नाश से बचाने के लिए ब्रेस्ट-लिटोवस्क की सुलह जर्मनी से की। रोज़ा को जो पहले ख़बर मिली, उससे उसे शक़ हुआ कि हो-न-हो लेनिन भी जर्मनी के साम्राज्यवादियों के चकमे में आ गया और उसने इस संबंध में चेतावनी के शब्द कहे। किंतु, पीछे जब पूरी स्थिति मालूम हुई, उसने लिखा—"लेनिन और उसके साथियों ने न अपने को धोखे में रखा और न दुनिया को धोखा देने की कोशिश की, जो परिस्थिति थी, उसमें उन्होंने खुलेआम पराजय स्वीकार की।" किंतु, यह पराजय क्यों? इसका दोषी कौन? रोज़ा ने माना कि इसके लिए अगर किसी को दोष दिया जा सकता था, तो, जर्मनी के मज़दूरवर्ग को, जो सुधारवादी नेताओं के चकमे में आकर फ़ौज़ी-विभाग की मदद किए जा रहा है।

"जर्मनी के मज़दूरों की गुलाम-प्रवृत्ति ने ही रूस के क्रांतिकारी नेताओं को जर्मनी के साम्राज्यवाद से सुलह करने को मजबूर किया है। जब तक जर्मनी के वर्तमान शासकों को हटाया नहीं जाएगा, दुनिया में शांति नहीं हो सकती—दिन-दिन बढ़ते हुए ख़ून और हत्या और जर्मनी के साम्राज्यवादियों की पूरब और पश्चिम की विजय की रफ्तार तब तक रोकी नहीं जा सकती। उसे रोकने के लिए एक ही उपाय है—जर्मनी में क्रांति की मशाल जलाओ, शासन की बागडोर अपने हाथ में लेने के लिए खुला जन-संघर्ष शुरू करो और जर्मनी में जनता का प्रजातंत्र क़ायम कराओ। भाग्य ने यह जर्मनी के मज़दूरों को मौक़ा दिया है कि जो क्रांति पूरब की ओर (रूस में) शुरू हुई है, उसे वे पश्चिम के आख़िरी छोर तक पहुँचा दें। हिचक मौत का पैग़ाम लाएगी, कार्य विजय लाएगा।"

इसी मौक़े पर रोज़ा ने 'रूस की क्रांति' नाम की एक पुस्तक लिखनी शुरू की। उसकी कापी उसने पौल लेवी के पास भेजनी शुरू की, जो 1918 में लिओ जोगिचेस की गिरफ्तारी के बाद स्पार्टकस लीग का संचालन और स्पार्टकस ब्रीफ़ का संपादन करता था। यह पुस्तक अधूरी ही रह गई। रोज़ा की मृत्यु के बाद 1922 में पौल लेवी ने उसे प्रकाशित कराया।

इस पुस्तक में उसने लेनिन और बोल्शेविकों के बहुत कामों की तीव्र आलोचना भी की है। उसका विचार था कि मज़दूरवर्ग तभी सफलता प्राप्त कर सकता है, जब वह हर ऐतिहासिक घटनाओं का निष्ठुरता से विश्लेषण करे और उससे निकले नतीजों से सबक़ लेकर आगे उन गलतियों से बचे। किसी चीज़ को हर परिस्थिति में पूर्ण सत्य मान लेना, वैज्ञानिक दृष्टिकोण नहीं है। किंतु, उस पुस्तक में कहीं ऐसा प्रसंग नहीं है, जिसे उसने निंदा की नज़र से लिखा हो। उल्टे, बोल्शेविकों की प्रशंसा करते वह अघाती नहीं है। सुधारवादियों ने उसकी इस पुस्तक से अवतरण देकर यह सिद्ध करने की कोशिश की है कि रोज़ा बोल्शेविकों की नीति पसंद नहीं करती थी, वह मैन्शेविकों की कार्यपद्धति की समर्थक थी। यह सरासर ग़लत बात है। उसने शुरू में ही कौट्स्की और मैन्शेविकों की नीति की धज्जियाँ उड़ाई हैं, जो कि उदारवाद से मिलकर समझौते की शामिल सरकार में घुसे हुए थे और यों जो क्रांति की गति को रोके हुए थे। उसने लिखा है—

"लेनिन की पार्टी ही रूस में एकमात्र पार्टी थी, जो शुरू से ही क्रांति की गतिविधि को ठीक से समझ

सकी थी। इसी पार्टी ने क्रांति कराई, यही पार्टी समाजवादी नीति का अनुसरण करती रही। रूस की क्रांति कुछ महीनों में उस हालत पर पहुँच गई थी, जब दो ही रास्ते रह गए थे—क्रांति-विरोधी ताक़तों की विजय या मज़दूरों का एकाधिकार; काले दिन या लेनिन।"

जिस निश्चय और साहस से लेनिन की पार्टी फ़ैसलाकुन वक्त में, सही नारों के साथ आगे बढ़ी, एक ही रात में, वह दलित-निंदित, ग़ैर क़ानूनी छोटी-सी जमात, जो अपने सिर छुपाए फिरती थी, रूस की सर्वेसर्वा बन गई। उसकी जितनी प्रशंसा की जाती, थोड़ी थी। लेनिन, ट्रॉट्स्की और उनके साथियों ने उस समय वह हिम्मत, उत्साह और क्रांतिकारी दूरदर्शिता दिखाई, जो किसी भी पार्टी के लिए गौरव की चीज़ हो सकती है—"जिसे पश्चिम यूरोप के समाजवादियों ने धोखा दिया था, उस क्रांति की बोल्शेविकों ने रक्षा कर ली। नवंबर की क्रांति ने रूसी क्रांति की ही रक्षा नहीं की, उसने अंतर्राष्ट्रीय समाजवाद की नाक रख ली !"

बोल्शेविक नीति की आलोचना

रोज़ा लुक्ज़ेम्बुर्ग ने नवंबर की क्रांति की भूरि-भूरि प्रशंसा की, लेकिन उसके साथ ही उसने बोल्शेविकों की तीन नीतियों की गंभीर आलोचना की—

(1) किसानों का सवाल, (2) स्वभाग्य निर्णय का सवाल और (3) जनतंत्र एवं दमन का सवाल।

बोल्शेविकों की यह घोषित नीति थी कि समाजवाद की स्थापना के प्रथम कार्य के रूप में ज़मीन का राष्ट्रीयकरण किया जाएगा। सोशल रिव्होल्यूशनरी, ज़मीन किसानों को बाँट देना चाहते थे। इस पर 1905 में ही लेनिन ने कहा था कि ऐसा करने से गाँवों में एक नए किस्म के पूँजीवादी वर्ग क़ायम हो जाएँगे। किंतु, जब उनके हाथ में शासन आया, तो बोल्शेविकों ने अपनी नीति छोड़ दी और सोशल रिव्होल्यूशनरी नीति के अनुसार किसानों में ज़मीन बाँट दी। रोज़ा बोल्शेविकों की उन कठिनाइयों को समझती थी, जिनसे प्रेरित होकर उन्हें ऐसा करना पड़ा। किंतु, वह इस कार्य को आगे बढ़ा हुआ पग नहीं समझकर, पीछे घसीटनेवाला पग मानती थी। वह समझती थी कि इसके चलते समाजवाद की स्थापना में दिक्क़त होगी, देहातों में धन की विषमता बढ़ेगी, खुशहाल किसानों का ऐसा वर्ग बन आएगा जो ज़मीन के समाजीकरण का सख्त विरोध करेगा, क्योंकि उसकी दाढ़ में खून होगा, संपत्ति की भावना उसे ख़ूँख्वार बना देगी। जहाँ तक सिद्धांत की बात है, वहाँ तक उसका कहना बिलकुल ही सही है। पीछे चलकर जब पंचायती खेती का आरंभ किया गया, तो वहाँ की 'कुलक' कहलानेवाली इस जमात ने बहुत विघ्न डाले और रोज़ा की भविष्यवाणी एक तरह से सही सिद्ध हुई। किंतु, रोज़ा जेल में रहते हुए, उस परिस्थिति की जानकारी नहीं रख सकती थी, जिसके चलते बोल्शेविकों को इस नीति का अनुसरण करना पड़ा था। बात यों थी, कि सरकारी क़ानून बनने के पहले ही, क्रांति के पहले झोंके में ही, किसानों ने ज़मींदारों से ज़मीन छीन ली थी और उसे आपस में बाँट लिया था। अब सवाल यह नहीं था कि ज़मीन बाँटी जाए या नहीं, बल्कि यह था कि किसानों से फिर ज़मीन छीनी जाए, या नहीं। उनसे ज़मीन छीनना घातक सिद्ध होता। क्योंकि क्रांति के बाद जो गृहयुद्ध शुरू हुआ, उसमें किसानों की सहायता से ही बोल्शेविकों को विजय प्राप्त हुई। रोज़ा समझती थी कि किसान अपनी दकियानूसी भावनाओं के कारण क्रांति की रक्षा में उद्यत नहीं होंगे। यह बात ग़लत सिद्ध हुई। उस समय रूस में क्रांति की भावना का जो ज्वार आया था, उससे किसान भी प्रभावित और प्रवाहित हुए और ज़मीन पाने से क्रांति के साथ उनका आर्थिक स्वार्थ भी जुट गया ! अगर बोल्शेविकों ने किसानों से ज़मीन छीनने की कोशिश की होती, तो गृह-युद्ध में क्रांति का अंत होकर रहता। जब रोज़ा जेल से रिहा होकर आई और वास्तविक परिस्थिति की ख़बर उसे मिली, तो उसने लेनिन की नीति का समर्थन किया।

स्वभाग्य निर्णय का वह हमेशा ही विरोध करती आई थी। स्वभाग्य निर्णय की बात समाजवाद स्थापना के बाद ही सोची जा सकती है, यह उसकी धारणा थी। लेनिन का कहना था कि जिस देश ने दूसरे देशों को गुलाम बना रखा है, वहाँ की क्रांतिकारी पार्टी स्वभाग्य निर्णय का नारा दे ही, उन गुलाम देशों को अपने अंदर

रखने की कोशिश कर सकती है। लेनिन की इस नीति के चलते ही आज सोवियत यूनियन में कितने ही भिन्न राष्ट्रीयतावाले देश शामिल हैं। किंतु, पोलैंड और फिनलैंड के बारे में रोज़ा की बात ही सच साबित हुई। ये दोनों देश रूस से स्वभाग्य निर्णय पाकर उनसे अलग ही नहीं हुए, बल्कि अपने देशों के पूँजीपतियों के चकमे में आकर रूस के विरोधी ही बने रहे।

जनतंत्र और विधान-परिषद के बारे में रोज़ा की आलोचना सबसे वज़नदार है। विधान-परिषद का नारा बोल्शेविकों ने ही दिया था। किंतु, जब विधान-परिषद बुलाई गई, तो उसे भंग कर दिया गया। बोल्शेविकों का तर्क था कि यह परिषद जनता की क्रांतिकारी भावनाओं का प्रतिनिधित्व नहीं करती थी। रोज़ा का जवाब था कि यदि ऐसी बात थी तो इस परिषद को भंग कर जनता को फिर नए सदस्यों को चुनने के लिए कहा जाता। ट्रौट्स्की ने इसका माक़ूल जवाब दिया था। उसका कहना था कि ठीक, हमने विधान-परिषद का नारा दिया था। किंतु, उसके साथ ही सोवियतों का इतना तीव्र विकास हुआ कि हमारे नज़दीक इस चुनाव का प्रश्न आया सोवियत को मानें या परिषद को। दोनों के मानने से द्वैध शासन चलता, दो नाव पर पैर रखनेवाली क्रांति औंधे मुँह नदी में गिरकर डूब जाती। जेल से बाहर आने पर रोज़ा ने जर्मनी की सोशल डिमोक्रैटिक पार्टी के इस नारे का विरोध किया, जिसमें सोवियत और राष्ट्रीय परिषद दोनों की माँग थी। रोज़ा ने कहा—सोवियत ही सबकुछ है। राष्ट्रीय परिषद धोखे की टट्टी साबित होगी।

हाँ, वह जनतंत्र की हिमायत कभी नहीं छोड़ सकती थी। जो क्रांति के दुश्मन हों, उन्हें आप जिस तरह भी दबाएँ, कुचलें, रोज़ा को इसमें कोई एतराज़ नहीं था, किंतु, वह चाहती थी कि आलोचना करने की आज़ादी विरोधियों को भी दी जानी चाहिए। अगर ऐसा नहीं होगा तो नौकरशाही का बोलबाला होगा और समूची सरकार में अनैतिकता और पतन का घुन लग जाएगा। "मज़दूरों के एकाधिकार के लिए जनता को शिक्षित करना, उसमें राजनीतिक चेतना भरना, आवश्यक है और यह तब तक संभव नहीं जब तक स्वतंत्र विचार और आलोचना के लिए जगह नहीं दी जाए। इसलिए बोलने की स्वतंत्रता, अख़बारों की स्वतंत्रता और सभाओं की स्वतंत्रता मज़दूरों के एकाधिकार में अवश्य रहनी चाहिए—

" सिर्फ़ सरकार के समर्थकों के लिए या किसी पार्टी के मेम्बरों के लिए (चाहे वह पार्टी कितनी भी बड़ी हो) आज़ादी का कोई मतलब नहीं—उसे आज़ादी नहीं कहा जा सकता। आज़ादी का मतलब यह है कि भिन्न विचारवालों की भी आज़ादी हो।

" देश की राजनीतिक जीवनधारा की स्वतंत्र गति को रोकने की चेष्टा सोवियत को भी पतन की ओर ले जाएगी। आम चुनाव, प्रेस की आज़ादी, बोलने की आज़ादी, संगठन की आज़ादी के बिना नौकरशाही निरंकुश हो जाएगी और वह शासन को गहरे गर्त में जा ढकेलेगी। यह नियम है, इसे बदला नहीं जा सकता। सार्वजनिक जीवन धीरे-धीरे क्षीण होता जाएगा और एक दिन ऐसा आएगा कि कुछ दर्जन पार्टी के नेता ही सर्वेसर्वा बन जाएँगे—उन्हीं का राज होगा, उन्हीं का नियंत्रण होगा।

" एक छोटी-सी जमात की भी तानाशाही होती है, किंतु, उसे 'मज़दूरों' का एकाधिकार नहीं कहा जा सकता। वह पूँजीवादी एकाधिकार होगा, या षड्यंत्रकारियों का एकाधिकार—एक मुट्ठी लोगों का एकाधिकार।"

किंतु उसका यह मतलब नहीं कि रोज़ा पूँजीवादी जनतंत्र का समर्थन करती थी। उस जनतंत्र को तो वह सामाजिक असमता और अन्याय को ढकने के लिए एक रंगीन पर्दा मात्र समझती थी। मज़दूरों के एकाधिकार की वह भी समर्थक थी, किंतु, वह एकाधिकार इसलिए चाहती थी कि समाज का उसके द्वारा शीघ्र से शीघ्र परिवर्तन किया जा सके। वह एकाधिकार जनतंत्र का शत्रु नहीं हो सकता बल्कि वह जनतंत्र के लिए उपयुक्त सरज़मीन तैयार करता है। लेकिन, वह जानती थी कि बोल्शेविकों को इस घातक नीति का अनुसरण क्यों करना पड़ा? महायुद्ध के चलते जो परिस्थिति थी, जर्मनी का जो ख़तरा था, घर के दुश्मनों का जो ज़ोर था उसे मद्दे नज़र रखते हुए कोई भी दूसरी समाजवादी पार्टी नहीं चाहकर भी इसी रास्ते पर चलने को बाध्य होती। किंतु,

किसी आवश्यकता को सुकर्म का नाम नहीं दिया जाए, गलती को गलती मानकर ही लाचारी से आगे बढ़ा जाए, यह उसकी मान्यता थी। उसने अपनी उस पुस्तिका में एक जगह लिखा है—

"बोल्शेविज्म के रूप में क्रियात्मक क्रांतिकारी समाजवाद का नारा संपूर्ण मज़दूरवर्ग के लिए यह है—हुकूमत पर क़ब्ज़ा करो। बोल्शेविज्म ने पूँजीवाद की ज़मीन में दरार चीरकर एक ऐतिहासिक सेवा की है। इस महान् सेवा को देखते हुए जो या ब्योरे की ग़लतियाँ, भ्रांतियाँ हुई हैं, उनके लिए उन्हें दोष नहीं दिया जा सकता।"

किंतु, एक दृष्टि से रोज़ा की भविष्यवाणी सोलह आने सफल हुई। वही बोल्शेविक पार्टी आज एक मुट्ठी लोगों के हाथ का खिलौना बन चुकी है। लेनिन भी इसके लिए चिंतित था और उसने ज़िंदगी-भर पार्टी को इस पतन से बचाने की कोशिश की। किंतु, उसकी मृत्यु के बाद स्टालिन ने उन्हीं सब कामों को कर दिखाया, जिसकी आशंका अपनी आलोचना में रोज़ा ने प्रकट की थी। थर्ड इंटरनेशनल से लेकर रूस के शासन तक में सब जगह 'एक मुट्ठी लोगों का एकाधिकार' है—'कुछ दर्जन पार्टी के नेता ही सबकुछ' हो गए हैं और 'नौकरशाही निरंकुश' होकर पूरे समाजवादी राज्य को गहरे गर्त में ढकेले जा रही है!

8

जर्मनी में क्रांति

'रंग लाती है हिना'

1918 का साल रोज़ा के जेल-जीवन का सबसे बुरा साल था। अपने उत्साह को क़ायम रखने के लिए उसने सबकुछ किया। संयोग से जो थोड़ा आनंद मिल पाता, उसमें अपने को तन्मय रखती और अपने एकांत जीवन की तक़लीफ़ों और नाउम्मीदियों को कड़ी मेहनत में अपने को तन्मय रखकर भूलने की कोशिश करती। किंतु, दिन-दिन की यातनाएँ उसकी शिराओं पर हथौड़े की चोट किए जातीं। रौंक में ही उसकी तबीयत ख़राब थी, ब्रेंसलौ की जेल की सख़्ती ने उसकी हालत और ख़राब कर दी। उसने अपने प्रति किए गए दुर्व्यवहारों की शिकायत जर्मन-सरकार से की, किंतु, कौन उस पर ध्यान देता है? जब तक नज़रबंदों के केस की देखभाल करने को कमीशनें मुक़र्रर की जातीं तब तक न जाने क्या होता। किंतु, उनमें रोज़ा की सुनवाई क्यों होने पाती? बीमारी के सबब पैरोल की दरख़्वास्त उसने दी, वह नामंजूर हुई। उसने चिढ़कर सोनिया लिब्तक्नेख्त के पास लिखा—"मालूम होता है, हमें तब तक इंतज़ार करना पड़ेगा, जब तक हम संसार को न जीत लें।"

अपने हर ख़त में वह सोनिया को धीरज देती, पति की जेलयात्रा के चलते उस पर जो भारी बोझ आ पड़ा था, उसे बर्दाश्त करने का उपदेश करती। किंतु, 1918 में एक बार खुद अपना धीरज खोकर उसने लिखा—"उफ़, कुछ मत पूछो, कुछ मत पूछो—उफ़ मेरे स्नायु; मुझे रात में नींद तक नहीं आती।" कभी-कभी वह अचानक घबरा उठती कि कहीं उसके किसी प्रियजन पर आपत्ति न आ गई हो। क्लारा ज़ेटकिन के दोनों लड़के सेना में भर्ती करके मोर्चे पर भेज दिए गए थे। थोड़े दिनों तक क्लारा ने कोई चिट्ठी उसके पास नहीं भेजी। फिर क्या था, रोज़ा ने कल्पना कर ली, उसके बच्चे ज़रूर मारे गए। कौट्स्की की बीवी के पास वह लिखती है—"मुझ पर जो भी संकट आएँ, मैं खुशी-खुशी बर्दाश्त करूँगी। किंतु, मुझमें यह ताक़त नहीं रह गई कि दूसरों के दुखों को सह सकूँ—फिर, क्लारा पर कोई मुसीबत आए तो···? उफ़, ऐसा न हो!"

बाहर जो कुछ हो रहा था, उसका प्रभाव उसके हृदय पर गहरा पड़ता। कहीं जर्मनी का साम्राज्यवाद विजयी हुआ तो? कहीं रूस की क्रांति कुचल दी गई तो? जर्मनी के मज़दूर जिस तरह गुमसुम बैठे थे, या अपने मालिकों के ख़ूनी काम किए जाते थे, उससे तो उसका हृदय और भी आंदोलित रहा करता था।

लेकिन, 1918 की जनवरी में फिर एक बार आशा की किरन छिटकी। वीयना के मज़दूरों के वीरतापूर्ण उदाहरण से प्रभावित हो, जर्मनी के मज़दूरों ने भी करवट ली और ब्रेस्ट-लिटोवस्क के सुलहनामे में रूस की क्रांतिकारी सरकार को जिस तरह दबाया गया था, उसके ख़िलाफ़ था। लोगों में जो भूख और नंगेपन का दौरदौरा था, उसके ख़िलाफ़ प्रदर्शन होने शुरू हुए। इन प्रदर्शनों में प्रजातंत्र की माँग भी की जाती। बहुत-से बड़े-बड़े शहरों में ये प्रदर्शन हुए। बर्लिन में पाँच लाख मज़दूर कारख़ाने छोड़कर सड़कों पर निकल आए। किंतु, इस बार भी क्रांति का सिर बुरी तरह कुचल दिया गया। फ़ौज़ी अदालतों की भरमार हुई, लंबी-लंबी सज़ाएँ मिलने लगीं, जेलों में स्पार्टकस के सदस्य और उनके समर्थकों का ताता बँध गया। मार्च में स्पार्टकस लीग के फ़ौज़ी संगठन के बहुत से सदस्य लिओ जोगिचेस के साथ गिरफ्तार करके जेलों में रख दिए गए। सिर्फ़ दो या तीन प्रमुख व्यक्ति बच गए थे, जो किसी तरह आग को ज़िंदा रखे जा रहे थे। इधर लुंडेनडौर्फ़ पश्चिमी मोर्चे पर घमासान मचाए हुए था। जून, 1918 के 'स्पार्टकस ब्रीफ़' में रोज़ा ने जर्मनी के मज़दूरों को ताना देते हुए लिखा—

"जर्मनी का मज़दूरवर्ग साम्राज्यवादी रथ की गति को रोक नहीं सका, अब वह खुद उसके चक्के में बँधकर घसीटा जा रहा है और समूचे यूरोप से समाजवाद और जनतंत्र का नामनिशान मिटाने पर तुला हुआ है। जर्मनी के मज़दूर रूस, यूक्रेन, फ़िनलैंड और बाल्टिक देशों के क्रांतिकारी मज़दूरों के ख़ून में नहा रहे हैं और बेल्ज़ियम, पोलैंड, लूथानिया और रूमानिया की राष्ट्रीयता को पैरों से कुचल रहे हैं। फ्रांस की आज़ादी का अस्तित्व उनके चलते नष्ट होने पर है। हर जगह वे जर्मनी के साम्राज्यवादी झंडे को गाड़ रहे हैं।

"किंतु, तोपों की ख़ूराक बननेवाले ये मज़दूर नहीं सोचते कि जितनी ही नई ज़मीन जर्मनी को सैनिक विजय से मिलती जा रही है, उतनी ही प्रतिक्रियावाद की जड़ जर्मनी में मज़बूत होती जा रही है, फ़िनलैंड या दक्षिणी रूस की लाल सेना पर जितनी गोलियाँ चलती हैं, उतनी ही मज़बूती जर्मनी के पूँजीवाद और ज़मींदारशाही को मिलती है। फ्रांस के जितने शहरों पर ज़र्मनी का क़ब्ज़ा हो रहा है, जर्मनी-प्रजातंत्र के उतने ही क़िले ध्वस्त होते जा रहे हैं। इस लड़ाई के दरम्यान भी जर्मनी के मज़दूरों की पीठ पर कोड़े पड़ रहे हैं—ये इसी के योग्य हैं!"

रोज़ा ने यह विश्वास नहीं खोया था कि जर्मनी के मज़दूर एक दिन, जगेंगे। किंतु, वह सोचती थी कि 'का बरषा जब कृषी सुखाने'—रूस की क्रांति के कुचले जाने पर जर्मनी में क्रांति हुई ही तो? इसलिए, वह बार-बार उन्हें उलाहना देती, उनमें उत्साह और उत्तेजना भरती।

धीरे-धीरे जर्मनी की सामाजिक रचना खोखली होती जा रही थी। आम ख़ूँरेज़ी से लोगों के दिलों में शासकवर्ग के प्रति घृणा का भाव घर करता जा रहा था। अधभूखे पेट की कुलकुलाहट से लोगों का दिमाग गर्म होता जा रहा था। शासकों के पैर के नीचे की ज़मीन काँप रही थी। भय का दौरदौरा था, आतंक का दबदबा था। ब्रेस्ट लिटोवस्क की संधि वांछित फल नहीं दे सकी। जो जर्मन सैनिक रूस की सेना के संपर्क में आ चुके थे, उनमें क्रांति की भावना संक्रामक रोग की तरह फैल चुकी थी। पूरब के मोर्चे से फुर्सत पाकर वे पश्चिम के मोर्चे पर आए, और आए इस बीमारी को लेते हुए। लुडेनडौर्फ़ सेना में बच्चों और अपाहिजों को भी भर्ती कर रहा था, किंतु लाखों योग्य सैनिक मोर्चे से भागकर देहातों में छिपे पड़े थे। वे लोगों में—जनता में शासकों और फ़ौज़ी अफ़सरों के प्रति अभक्ति और घृणा का आम प्रचार करते थे। विद्रोह की आग धीरे-धीरे लहक रही थी। कारख़ानों में षड्यंत्र के अड्डे बन चुके थे। सब लोग उस सुअवसर की ताक में थे, जब एक धक्का लगाकर क़ैसरशाही का नाश कर दिया जाए।

पहली अक्टूबर को दो प्रमुख घटनाएँ हुईं। पहली, हिंडेनबर्ग और लुडेनडौर्फ़ ने क़ैसर के सामने यह प्रस्ताव रखा कि अब शत्रुओं से समझौता कर लिया जाए। दूसरी—स्पार्टकस लीग और वामपक्षी रेडिकलों की एक सम्मिलित बैठक हुई, जिसमें आगामी क्रांति के लिए एक कार्यक्रम तैयार किया गया और एक युद्ध-समिति बनाई गई। यह भी निश्चय किया गया कि फ़ौज़ में ज़ोरों से प्रचार किया जाए और हर जगह मज़दूरों और

सैनिकों की समितियाँ बनाए जाएँ।

क़ैसर का सिंहासन हिल उठा। कोशिश हुई कि पुरानी व्यवस्था की भी रक्षा हो और थोड़ा सुधार भी दे दिया जाए। एक 'जनतंत्रात्मक' सरकार क़ायम की गई, जिसका प्रधानमंत्री वेडैन का प्रिंस मैक्स हुआ और जिसमें स्खाईडमैन भी शामिल हुआ। राजतंत्र की रक्षा हो और जनता को संतुष्ट किया जाए--यही उसका राजनीतिक प्रोग्राम था। अब विजय की आशा नहीं थी; क़ैसर ने सुलह का घिनौना काम नए मंत्रिमंडल पर रख दिया। एक ओर कुछ राजबंदियों की रिहाई हुई, तो दूसरी ओर कुछ भयानक संदिग्ध पुरुषों को सेना और कारख़ानों से हटाकर जेलों में ठूँस दिया गया। घोषणा की गई कि जर्मनी में पूर्ण जनतंत्र क़ायम हो गया, किंतु, एक ज़बर्दस्त सेना बर्लिन में इसलिए रखी गई कि कहीं विद्रोह हो तो उसे अच्छी तरह कुचल दिया जाए। सभा और संगठन करने की आज़ादी की डुगडुगी पीटी गई, किंतु, पुलिस ने सिर्फ़ रुकावटें ही नहीं डालीं, प्रदर्शन पर गोलियाँ तक चलाईं। हर नया सुधर, हर नई हिंसा, हर नई सुविधा गड़बड़ियों को और भी बढ़ाती गई।

रोज़ा के लिए अब जेल ज़िंदगी असहनीय थी। वह सींकचे हिलाने और अपनी रिहाई की माँग करने लगी। आज़ादी पाकर काम करने, रास्ता बताने और हिम्मत देने के लिए वह बेचैन हो उठी। 18 अक्टूबर को उसने सोनिया को लिखा—

"एक बात निश्चित है। मेरी ऐसी चित्तवृत्ति हो चली है कि जेल के अधिकारियों के बंधन में अब मैं किसी से मुलाक़ात नहीं कर सकती। मैंने वर्षों बर्दाश्त किया, वर्षों बर्दाश्त कर सकती हूँ—किंतु, इस परिस्थिति में नहीं। क्रांति की गाड़ी चल चुकी है—मेरी मनोवृत्ति में अजीब परिवर्तन हो चला है। मुलाक़ात के समय मुझ पर निगरानी रखी जाए और उन बातों के कहने से मना किया जाए, जिन पर इस समय चुप रहना संभव नहीं, यह मुझसे बर्दाश्त नहीं होगा। अब हम आज़ाद होने पर ही परस्पर मिल सकेंगे। हमें ज्यादा दिनों तक इस तरह नहीं रखा जा सकता। मुझे छोड़ना पड़ेगा—कार्ल भी तुरत आज़ाद होगा!"

20 अक्टूबर को राजबंदियों की रिहाई का परवाना कटा और 23 को कार्ल लिब्लक्नेख्त रिहा हुआ। बर्लिन के मज़दूरों ने उसका शाही स्वागत किया। किंतु, रोज़ा इस रिहाई के अंदर नहीं आ सकी, क्योंकि वह नज़रबंद थी! ऐसा क्यों हुआ? क्या फ़ौज़ी अधिकारी रोज़ा की उपस्थिति बर्दाश्त नहीं कर सकते थे? और उनके प्रभाव से दब-दबकर सरकार को चुप्पी साध लेना पड़ा था? जब चारों ओर हलचल मची थी, रोज़ा अपने सेल में छटपट कर रही थी।

क़ैसर भाग चला!

घटनाएँ तेज़ी से छलाँग लेने लगीं। मोर्चों से पराजय और पतन की ख़बरें आने लगीं। 29 अक्टूबर को लुडेनडौर्फ़, जो इस समय जर्मनी का यथार्थ शासक था, एक झूठे पासपोर्ट के आधार पर विदेश भाग गया। 28 अक्टूबर को जहाज़ी सेना के सेनापतियों ने उत्तरी सागर में अपनी इज्ज़त की हिफ़ाज़त के लिए 80,000 नाविकों और अपने जहाज़ों को कुर्बान कर दिया। जर्मनी की हार निश्चित हो गई।

सेना से अधिक जहाज़ी सेना में क्रांतिकारी विचार फैले हुए थे। 1917 में ही जहाज़ी सेना में एक संगठित प्रयत्न बग़ावत के लिए हुआ था। दो जहाज़ी सैनिकों को फाँसी हुई थी। हर जहाज़ पर क्रांतिकारी समितियाँ थीं, जो अपने अफ़सरों की करतूतों पर सख्त निगरानी रखतीं। नौसेना के लोग अपने देश की इज़्ज़त के लिए अपनी जान को कुर्बान करने के लिए हमेशा तैयार थे, किंतु, वे व्यर्थ के इस हत्याकांड में अपनी जान गँवाना क्यों पसंद करें? जब उन्हें 'काम' पर जाने, चढ़ाई करने का हुक्म हुआ, नाविकों ने जहाज़ों की इंजनों की आग बुझाकर अफ़सरों के पागल प्रयास को रोक दिया। 600 नाविक गिरफ्तार किए गए। नाविकों ने इस पर खुला विद्रोह कर दिया और मज़दूरों से जा मिले। एक दिन में ही जहाज़ों और कारख़ानों में एक तरह से आम हड़ताल होना शुरू हो गई। 4 नवंबर को कील के गवर्नर को इस्तीफ़ा देना पड़ा और मज़दूरों और नाविकों की

पंचायत का वहाँ राज्य हुआ। सरकार ने समझा, यह छिटपुट विद्रोह है और उसे शांत करने को सोशल डिमोक्रैटिक नेता गुस्टवनौस्क को भेजा। किंतु, यह तो एक क्रांति थी—जो एक शहर से दूसरे शहर में दावानल की तरह फैल गई।

अपने छुटकारे के बाद, दो सप्ताह से कार्ल लिब्तक्नेख्त दिन-रात काम कर रहा था—मज़दूरों और सैनिकों की मनोवृत्ति का अध्ययन करता, कारख़ानों में यहाँ-वहाँ व्याख्यान देता और जनता को विद्रोह करने के लिए उभारता। वह शौप-स्टिवार्ड कमेटी का सदस्य चुना गया, जो जनवरी की हड़ताल के समय क़ायम हुई थी और जिसमें कारख़ानों के प्रतिनिधि भी थे। यह मज़दूरों की तरह थी, जिसका उद्देश्य क्रांति को आगे बढ़ाना था। इस कमेटी की रोज़ बैठक होती और क्रांति की तैयारियों के कार्यक्रम तैयार होते। पुलिस उसके सदस्यों को गिरफ्तार करने के लिए बेचैन रहती। ख़ासकर लिब्तक्नेख्त पर उसका सबसे ज्यादा ध्यान था, किंतु उस बेचारे को घर जाने की भी फ़ुर्सत कहाँ थी? उसकी रातें अजीब-अजीब जगहों में कटतीं। कभी मज़दूर सभाओं के मंच पर ही एक नींद ले लेता, कभी किसी पार्क के बेंच पर सो जाता और कभी ट्रेपटाओ के जंगल में जा छिपता—क्योंकि पुलिस हमेशा उसके पीछे पड़ी थी। शौप-स्टिवार्ड कमेटी के बुज़ुर्ग नेताओं से उसका मतभेद था। वह चाहता था कि जनता को क्रांति के लिए आह्वान किया जाए, सैनिकों को अपने पक्ष में करने के लिए मज़दूरों का प्रदर्शन किया जाए और कारख़ानों और फ़ौज़ी बैरकों में जमकर प्रचार किया जाए। शौप-स्टिवार्ड के जो साहसी सदस्य थे, उन्हें अपनी रिवाल्वर पर ही ज्यादा विश्वास था और वे तरह-तरह की टेकनिकल तैयारियों में लगे हुए थे। उनका नारा था—'पूरा या कुछ नहीं' और बहुत से हिचक में पड़े लोग भी उनमें शामिल हो गए थे। विद्रोह के दिन और वक्त ठीक किए जाते थे और वे टलते जाते थे। अंत में मज़दूरों ने खुद नेतृत्व लिया और ये षड्यंत्री तब उनके आगे जाकर खड़े हुए। रोज़ा का वह विचार सही हुआ कि क्रांति 'बनाई' नहीं जा सकती, क्रांति तो उपयुक्त मौक़े पर खुद जनता से पैदा होती है और तथाकथित तैयारियाँ सही नतीजे पर नहीं ला पातीं, बल्कि उनके चलते मौक़े को आदमी खो देता है।

9वीं नवंबर को बर्लिन में क्रांति का घंटा बजा। लाखों मज़दूर कारख़ानों से निकल आए। इसको कुचलने का किसी को साहस नहीं हुआ। बड़े-बड़े दकियानूस अफ़सर भी बग़लें झाँकने लगे। क़ैसर भागकर हॉलैंड पहुँच गया। प्रिंस मैक्स ने क़ैसर के राज्यत्याग की घोषणा की और उसकी जगह युवराज को गद्दी दिए जाने का ऐलान किया। सोशल डिमोक्रैटिक नेताओं की मदद से वह अब तक भी राजघराने को ज़िंदा रखने की उम्मीद करता था। उसने राइख्टाग का चांसलर सोशल डिमोक्रैटिक नेता फ्रित्स एबर्ट को बनाया, जो पहले कभी ज़ीनसाज़ी का काम करता था। एबर्ट ने चांसलर होते ही कहा—"मैं क्रांति को नैतिक पाप की तरह, घृणा की नज़र से देखता हूँ।" ठीक उसी समय बादशाही महल की छत पर खड़े होकर कार्ल लिब्तक्नेख्त ने मज़दूरों के बहुत बड़े समूह के सामने ऐलान किया—"जर्मनी में समाजवादी प्रजातंत्र की स्थापना होने जा रही है।"

हर कारख़ाने और बैरक में मज़दूरों और सैनिकों की पंचायतें चुनी जाने लगीं। मज़दूरों और सैनिकों की पंचायत की एक केंद्रीय कार्यसमिति क़ायम की गई, जिसने समूचे जर्मनी पर अपना अधिकार घोषित किया। सभी सरकारी इमारतें मज़दूरों के क़ब्ज़े में आ गईं। जेलख़ानों पर धावे हुए और सैकड़ों राजनीतिक क़ैदी रिहा किए गए जिसमें लिओ जोगिचेस भी था।

बर्लिन में क्रांति की विजय हुई। दावानल की तरह चारों ओर क्रांति की लहर दौड़ी। बड़े-बड़े शहरों में भी बर्लिन की ही पुनरावृत्ति हुई। ब्रेसलाओ की जेल पर 9 नवंबर को जनता ने धावा किया और रोज़ा लुक्ज़ेम्बुर्ग को जेल से निकाला। जेल से वह सीधे वहाँ के मैदान में गई, जहाँ मज़दूरों और जनता की बड़ी भीड़ एकत्र थी। उसे देखते ही चारों ओर से आनंद-ध्वनियाँ होने लगीं। रोज़ा ने ज़ोरदार व्याख्यान दिया, क्रांति के झंडे को हमेशा उड़ते रखने का आदेश किया। 10 नवंबर को वह बर्लिन पहुँची। उसे देखकर उसके पुराने दोस्तों को आनंद भी हुआ, दुःख भी। अरे, वह कैसी बूढ़ी हो गई है, उसके सारे बाल उजले हो चले हैं। वह

बीमार है। किंतु, उसकी आँखों में वही आग और रोशनी है। उसके दिल में वही उमंग और उत्साह है। उसकी वाणी में वही जोशोख़रोश हैं। उसे आराम चाहिए था, तीमारदारी चाहिए थी। किंतु, उसे इन चीज़ों के लिए फुर्सत कहाँ थी? इसके बाद सिर्फ़ दो महीने वह जीवित रही, किंतु, इन दो महीनों के दिन और रात, उसके अपने न थे। अपने स्वास्थ्य, अपनी रक्षा की कोई चिंता नहीं करके वह एक-एक पल, एक-एक क्षण क्रांति के कार्यों में लगाती रही। क्रांति—अहा, वह रंगीन, मोहक और महान् दृश्य !

जिस तत्परता और तदात्मता से वह काम करती, उसके नज़दीक के लोग डरते कि कहीं वह जोश में ग़लती न कर बैठे। उस पर यह भी इल्ज़ाम लगाया जाता कि वह क्रांति के बारे में रूस का अंधानुसरण कर रही है। किंतु, यह डर, यह अभियोग आधार-रहित था। इस तरह के उथल-पुथल के ज़माने में जिसे बड़े-बड़े निर्णय करने होते हैं, उससे ब्योरे में कुछ ग़लतियाँ हो जाना असंभव नहीं। किंतु, क्रांति अपने विजय के पथ पर बढ़ती हुई ऐसी ग़लतियों को समाज के झारझंखाड़ के ढूहों में गाड़ देती है और उन स्वप्नों को सत्य करके दिखला देती है, जिन्हें एक क्षण पहले अवास्तविक और मृगमरीचिका कहकर लोग उपेक्षा करते थे। रोज़ा क्रांति के इस मौलिक क़ानून को समझती हुई, बढ़ रही थी—

"क्रांति या तो इस्पाती निर्णय के साथ, अपनी विरोधी ताक़तों को लोहे के हाथ से कुचलती हुई, अपने उद्देश्य की ओर बढ़ती चलेगी, बढ़ती चलेगी, या वह अपनी कमज़ोर शुरुआत के कारण पीछे ढकेल दी जाएगी, क्रांति-विरोधी ताक़तों से कुचल दी जाएगी।"

पल-पल, क्षण-क्षण, बदलनेवाली उन क्रांतिकारी घड़ियों में अपनी तूफ़ानी मनोवृत्ति के बावजूद, रोज़ा हमेशा तर्क और दलील से काम लेती। एक बार सफलता के दरवाज़े तक पहुँचकर पीछे वह बहुत दूर ढकेल दी गई, कुचल दी गई—जर्मनी की क्रांति का यह हृदय-द्रावक अंत उसके नेताओं की ग़लतियों के कारण नहीं हुआ, बल्कि उन परिस्थितियों के कारण, जिन पर बार-बार चेष्टा करने पर भी क्रांतिकारी नेतृत्व काबू नहीं कर सका और अंततः अपने खून की आहुति देकर उसने उस महान् असफल यज्ञ में चार चाँद लगा दिए।

शक्तियों का लेखा-जोखा

यह प्रायः पूछा जाता है, इस तरह शानदार ढंग से प्रारंभ होकर भी क्यों जर्मनी की क्रांति वह परिणाम नहीं दिखा सकी, जिसकी उम्मीद उससे की जाती थी?

हम ज़रा यहाँ, आगे बढ़ने के पहले, उस समय जो सामाजिक ताक़तें काम कर रही थीं, उनका विश्लेषण कर लें।

1917 की रूस की मार्च-क्रांति की तरह जर्मनी की क्रांति ने एक ही झटके में सामंतशाही का ख़ात्मा कर दिया; किंतु, इस आकस्मिक सफलता ने जर्मनी की जनता में यह भ्रम गहरे पैदा कर दिया कि वह अब प्रजातंत्र के वैधानिक रास्ते पर चलकर समाजवाद की स्थापना कर सकेगी। फिर 1915 की जर्मनी में रूस की तरह क्रांतिकारी किसानवर्ग का सर्वथा अभाव था ! जर्मनी के किसानों ने महायुद्ध में बड़ा बलिदान किया था, बहुत कष्ट सहे थे ! किंतु, उसे उम्मीद लगी हुई थी कि इसका इनाम ज़रूर मिलेगा। लड़ाई के कर्ज़े का बौंड खरीदकर वे अपने संदूकों में रखे हुए थे और सोचते थे कि ज्योंही युद्धजनित रुकावटें हटेंगी, वे मालामाल हो जाएँगे। दूसरी तरफ़ जर्मन पूँजीपति रूस के पूँजीपतियों से ज्यादा मज़बूत और होशियार थे। उन्होंने देखा था कि रूस की क्रांति ने क्या करवट ली थी और वहाँ के पूँजीपतियों की क्या दुर्गत हुई थी, इसलिए जर्मनी में क्रांति होते ही उनके कान खड़े हो गए और वे अपनी स्थिति की रक्षा में जुट पड़े। पूँजीपतियों, मध्यवर्गीय महानुभावों और पुराने ज़मींदारों में तुरत गठबंधन हुआ। मज़दूर जब जोश में थे, उन्होंने सिर नीचे कर ज्वार के पानी को निकल जाने दिया। किंतु, अपनी गदा सम्हाले रहे कि ज्योंही मौक़ा मिले, क्रांति को चूर-चूर कर दें। उनके सौभाग्य से जर्मनी में सोशल डिमोक्रैटिक पार्टी के ऐसे नेता उन्हें मिल गए, जिन्हें शिखंडी की तरह आगे रखकर वे सब घिनौने काम कर पाए।

इन सोशल डिमोक्रैटिक नेताओं की अजीब हालत थी । मज़दूरों का नेता लेनिन पूँजीवादियों के सरताज स्टिनेस से हाथ मिला रहा था । फ़ौज़ी क़ौम के सरग़ना हेन्डेनबर्ग के साथ ज़ीनसाज़ एबर्ट की साँठगाँठ बँध गई थी । समाजवादी कहलानेवाला स्खाईडमैन और नोस्क पुलिस के सरदार कैम्प और ज़मींदारों के प्रतिनिधि हेडेब्रांड के कंधे से कंधा मिलाकर चल रहे थे । एबर्ट और उसके संगियों पर विश्वास करके जर्मनी के पूँजीवादियों ने कुछ खोया नहीं, सबकुछ बचा लिया । शुरू से ही एबर्ट, स्खाईडमैन, नोस्क, लेजिन आदि सबके सब क्रांति-विरोधी थे । कैसा तमाशा ? 10 नवंबर को बर्लिन के मज़दूरों और सैनिकों की पंचायत ने एबर्ट को सरकार का सबसे बड़ा अधिकारी बनाया और उसी दिन उसने ग्रौनर और हिन्डेनबर्ग के साथ यह साँठगाँठ की कि यदि बर्लिन के मज़दूर ज्यादा आगे बढ़ना चाहेंगे, तो वह फौज़ से उन्हें कुचलने में ज़रा भी नहीं हिचकेगा । यहाँ सवाल उठता है, क्यों मज़दूरों और सैनिकों ने सोशल डिमोक्रैटिक पार्टी और उसके नेताओं पर विश्वास कर उन्हें चुना ? इसमें शक नहीं कि युद्ध के ज़माने में यह पार्टी और उसके नेता काफ़ी बदनाम हो चुके थे । किंतु, इस पार्टी का जो पुराना सुंदर इतिहास रहा है, उसका जैसा ज़बर्दस्त संगठन रहा है, उसके साथ कितने स्वार्थत्यागी नेताओं के नाम जो जुटे हुए थे, इन कारणों से मज़दूरों को अब भी उससे आशाएँ थीं ।

रूस में एक अच्छी बात हुई थी, जिसके कारण बोल्शेविक पार्टी की जो शुरू में संगठन की कमज़ोरियाँ थीं, वह छिप गई थीं । वह बात थी—मज़दूरों और सैनिकों के सोवियतों की स्थापना । इन सोवियतों की तरह जर्मनी में भी मज़दूरों और सैनिकों की पंचायतें बनीं, किंतु उनमें कुछ बल नहीं था । जर्मनी की क्रांति उस तरह अचानक हुई, कि इन पंचायतों में संघर्ष के कारण जो ताक़त आती, वह नहीं आ सकी । जनता के शक्ति-साधन के अस्त्र नहीं होकर ये पंचायतें जनतंत्र का दुमछल्ला मात्र थीं । सोशल डिमोक्रैटिक पार्टी के नीचे की सतह के सदस्यों में क्रांति की भावनाएँ थीं, किंतु, वे अपने नेताओं का मुँह देखा करते थे । हैस्स, कौट्स्की, ब्रन्स्टीन आदि ने मिलकर इन्डिपेन्डेन्ट सोशल डिमोक्रैटिक पार्टी बनाई थी । इसका असर मज़दूरों पर काफ़ी था । किंतु, ये लोग क्रांति हो जाने पर भी क्रांति से होनेवाले सामाजिक उथल-पुथल को रोकना चाहते थे—इनकी स्थिति रूस की मैन्शेविक पार्टी की तरह की थी । स्पार्टकस लीग का बड़ा नाम था, प्रसिद्धि थी । किंतु, भीषण दमन के चलते, इसका पूर्ण विकास होने पाया नहीं था । इसलिए चाहकर भी वह बोल्शेविक पार्टी का 'रोल' अदा नहीं कर सकती थी । यदि समय मिलता, पंचायतें मज़बूत होतीं, तो जर्मनी का इतिहास आज दूसरा ही होता ।

रूस की क्रांति का नारा था—शांति और ज़मीन ! इस नारे पर सैनिक और किसान सबकुछ बलिदान करने को तत्पर हुए । जर्मनी में शांति हो चुकी थी और किसानों के हृदय में ज़मीन के लिए वैसी भूख नहीं थी । तुरत का कोई ज़बर्दस्त उद्देश्य नहीं होने के कारण जर्मनी की क्रांति में वैसी सरगर्मी नहीं देखी गई—बस, एक क़दम आगे बढ़ा दिया, अब उसमें ठहराव की प्रवृत्ति पैदा हो गई थी ।

किंतु, क्रांति के पक्ष में एक सबसे बड़ी बात यह थी कि मज़दूरों के पास हथियार थे । कोई भी वर्ग निरस्त्र होना नहीं चाहता और कोई भी समाज टिक नहीं सकता जिसके शासकवर्ग के हाथ में शस्त्रों का पूरा नियंत्रण न हो । ऐसी हालत में शासकों और मज़दूरों में संघर्ष होना लाज़िमी था । इस संघर्ष को किस तरह संचालित किया जाए कि मज़दूरवर्ग शासन का सूत्र अपने हाथ में ले सके, अपने शत्रुओं को पराजित कर सके, यह तुरत का महान् क्रांतिकारी कार्य था और इसी कार्य में रोज़ा और उसके साथी जेल से निकलते ही जुट पड़े । वे बैठ नहीं सकते थे, ऐसा करना मज़दूरों को धोखा देना होता; अतः अनेक सामाजिक ताक़तों के विपरीत होने पर भी वे अपने मोर्चे पर डटे रहे ।

रोज़ा ने बर्लिन में पहुँचकर देखा कि इन्डिपेन्डेन्ट सोशल डिमोक्रैटिक पार्टी के अनुयायी तीन पूँजीवादी अख़बारों के दफ्तर पर क़ब्ज़ा करके, उनसे अपने अख़बार निकाल रहे हैं । स्पार्टकस लीग के सदस्य ही पीछे क्यों रहते ? उन्होंने भी एक दैनिक अख़बार पर क़ब्ज़ा कर लिया है और 'रोटे फ़ाहने' नामक एक दैनिक अख़बार उनका भी निकल रहा है । रोज़ा को पूँजीवादी संपत्ति के लिए कोई ममता नहीं थी, न वह पूँजीवादी क़ानून की पवित्रता स्वीकार करती थी । किंतु उसने देखा कि, जैसी स्थिति है, चुनौती मिलने पर वह इस दफ्तर की रक्षा नहीं

कर सकेगी, इसलिए उसने वहाँ से अपने लोगों को हटा लिया।

किंतु, इस क्रांतिकारी ज़माने में एक क्रांतिकारी संगठन और उसके क्रांतिकारी मुखपत्र की आवश्यकता तो थी ही। स्पार्टकस का विकास धीरे-धीरे एक संस्था के रूप में हो चला था, किंतु, उसकी सदस्यता समूचे देश में छोटे-छोटे स्वतंत्र गिरोहों के रूप में बिखरी हुई थी। संगठन बहुत प्रारंभिक अवस्था में था। इसलिए जहाँ लिब्तक्नेख्त कारख़ानों और बैरकों में अपने अन्य साथियों के साथ दिन-रात आंदोलन करता फिरता, वहाँ लिओ जोगिचेस ने संगठन का सूत्र अपने हाथों में लिया। अख़बार निकालने में बड़ी-बड़ी कठिनाइयाँ थीं—सरकार का नियंत्रण काग़ज़ पर था और भला रोज़ा और लिब्तक्नेख्त के अख़बार के लिए वह क्यों काग़ज़ देने लगी? किंतु, इन झंझटों के बावजूद 18 नवंबर को 'रोटे फ़ाहने' का पहला अंक निकलकर ही रहा। उसके संपादकों में कार्ल लिब्तक्नेख्त और रोज़ा लुक्ज़ेम्बुर्ग के नाम थे। यथार्थतः संपादन का पूरा सूत्र रोज़ा के ही हाथों में था! पॉल लेवी, ऑगस्त थालहाइमर और पॉल लौंग ऐसे प्रतिभाशाली लेखकों के साथ वह अपने पत्र को शान से निकालने लगी। संगठन की दिशा का निर्देश भी वही करती। उस ज़माने के हर सवाल पर प्राणोत्पादक लेख निकलते। जनता की क्रिया और प्रतिक्रिया का निरीक्षण करना, उनकी कमज़ोरियों की आलोचना करना, उनके कर्त्तव्यों और सफलताओं का हार्दिक स्वागत करना और उनकी शक्तियों को एक ही केंद्र की ओर मोड़ना—हुकूमत की बागडोर अपने हाथ में छीन लो—इन कामों को करते हुए वह कभी थकती नहीं थी। उस समय का 'रोटे फ़ाहने' तत्कालीन जर्मनी का सजीव इतिहास है। उसकी पंक्तियाँ मज़दूरों के नाम रोज़ा की अंतिम घोषणा है—उसका अंतिम वसीयतनामा है।—

क्रांति का कार्यक्रम

'रोटे फ़ाहने' के पहले अंक में उसने क्रांति के प्रोग्राम पर एक ज़बर्दस्त लेख लिखा। रूस की क्रांति पर जो पुस्तक उसने लिखी थी, उससे उसके विचार कितना आगे बढ़ चुके थे, इस लेख से स्पष्ट हो जाता है। यह लेख इतना साफ़ है, क्रांति के प्रोग्राम को ऐसी सफ़ाई से रखा गया है कि बहुत दिनों तक क्रांतिकारी समाजवादियों के लिए वह आकाशदीप का काम करेगा। थोड़े से वाक्यों में क्रांति के प्रथम सप्ताह के नतीजों का विश्लेषण करके उसने क्रांति का प्रोग्राम इन शब्दों में रखा—

"पूँजीवादी शासन का अंत करना और समाजवादी ढाँचे पर समाज का पुनर्निमाण करना—जर्मनी की क्रांति का एकमात्र यही ऐतिहासिक उद्देश्य होना चाहिए। यह बहुत बड़ा काम है और सिर्फ़ कुछ डिग्रियाँ जारी करने या क़ानून बना देने से यह पूरा नहीं हो सकता। यह तभी होना संभव है जब शहर और देहात की श्रमजीवी जनता समझ-बूझकर प्रयत्न करती चले—उसमें ऊँचे दर्जे की मानसिक व्युत्पन्नता और दृढ़ आदर्शवाद हो और ऐसी लगन हो कि सब कठिनाइयों को कुचलते हुए वह पूर्ण विजय प्राप्त करके ही दम ले।

"क्रांति का उद्देश्य ही उसके पथ का निर्णय करता है—कार्य से ही उसके संपन्न करने की प्रणाली तय होती है। क्रांतिकारी सरकारों के पथ निर्देश के लिए ये ही सिद्धांत हैं—सभी शक्तियाँ जनता के हाथों में, मज़दूरों और सैनिकों की पंचायतों के हाथों में दी जाएँ और क्रांति की रक्षा उसकी सब कमज़ोर जगहों पर हाज़िर दुश्मनों से करने के लिए उसे सब तरह के साधनों से लैस करके तत्पर रखा जाए।

"क्रांतिकारी सरकार का हर क़दम, उसका हर काम कम्पास की सुई की तरह सिर्फ़ एक ही दिशा की ओर केंद्रित होना चाहिए और वह दिशा यों है—

"मज़दूरों और सैनिकों की पंचायतों का फिर से चुनाव कराना चाहिए, उसका विस्तार होना चाहिए। पहले वे उथल-पुथल के ज़माने में बनाई गई थीं, अब ज़रूरत यह है कि वे क्रांति के उद्देश्य, कार्य और पद्धति को जागरूकता के साथ समझें, बूझें।

"जल्द-से-जल्द मज़दूरों और सैनिकों की महापंचायत बुलाई जाए, जिससे जर्मनी भर के मज़दूरवर्ग में एकात्मता का भाव जगे, एक केंद्रीय राजनीतिक शक्ति का उदय हो जो क्रांति की हिफ़ाजत करे, उसे वेग से आगे

बढ़ाए।

"देहातों में जल्द-से-जल्द तथाकथित किसानों का नहीं, बल्कि देहात के मज़दूरों और छोटे-छोटे किसानों का संगठन किया जाए—जो कि दुर्भाग्यवश अब भी क्रांति से अलग खड़े हैं।

"क्रांति की स्थायी रक्षा के लिए मज़दूरों की लाल पलटन खड़ी की जाए, उसे सुशिक्षित करके एक क्रांतिकारी सेना के रूप में तुरत परिवर्तित किया जाए, जिसमें ज़रूरते नागहानी पर कोई दिक्क़त न पैदा हो सके।

"राज्य के सभी मुहकमे-अदालतें, सेना, पुलिस से पूँजीवादी गुर्गों को निकाल बाहर किया जाए।

"खानदानी ज़मींदारियों के धन और संपत्ति को ज़ब्त कर लिया जाए, बड़ी-बड़ी जमींदारियों और उनके अन्न भंडारों पर क़ब्ज़ा कर लिया जाए, जिसमें जनता को अच्छी तरह खिलाया-पिलाया जा सके। हमें हमेशा याद रखना है कि क्रांति-विरोधियों को सबसे बड़ी सहायता भूख से ही मिलती है।

"शीघ्र ही संसार-भर के मज़दूरों की एक कांग्रेस बुलाई जाए, जिसमें क्रांति के समाजवादी और अंतर्राष्ट्रीय रूप को बतलाया जा सके। जर्मनी की क्रांति का भविष्य अंतर्राष्ट्रीय मज़दूरवर्ग की संगठित शांति, और संसारव्यापी मज़दूरों की क्रांति पर ही निर्भर करता है।"

सोशल डिमोक्रैटिक पार्टी की सरकार में हैस्स, कौट्स्की आदि की इंडिपेंडेंट सोशल डिमोक्रैटिक पार्टी के सदस्य भी शामिल हो चुके थे। हैस्स स्वयं एक मिनिस्टर बन चुका था। रोज़ा लुक्ज़ेम्बुर्ग ने इस क्रांतिकारी कार्यक्रम की तुलना एबर्ट और हैस्स की तथाकथित 'क्रांतिकारी सरकार' के कार्यक्रम से करके उसका खोखलापन बताया। यह तथाकथित क्रांतिकारी सरकार व्यक्तिगत संपत्ति की पवित्रता की दुहाई दे रही थी, पूँजीवादी संबंधों को कायम रखे हुए थी और क्रांतिविरोधी ताक़तों को उससे हर तरह का प्रोत्साहन मिल रहा था। अब यह सरकार एक 'राष्ट्रीय परिषद' बुलाने का आयोजन कर रही थी। रोज़ा ने बताया कि इस राष्ट्रीय परिषद के बुलाने का एक ही उद्देश्य है—मज़दूरों और सैनिकों की पंचायत का महत्त्व कम करना और क्रांति को समाजवादी उद्देश्य से हटाकर पूँजीवादी क्रांति में परिणत कर देना। जिस समय लेनिन ने विधान-परिषद को भंग किया था, रोज़ा बिगड़ी थी, अब जब क्रांतिविरोधियों की कार्रवाइयाँ देखीं, उसको अपने विचार बदलने पड़े। जनतंत्र के नारे के बारे में 1884 में ही फ्रेडरिख़ ऐंगेल्स ने बेवेल को लिखा था—

"हमें यह कभी नहीं भूलना चाहिए कि जब संकट का काल आता है, उस समय और उसके बाद सभी प्रतिक्रियावादी ताक़तें जनतंत्र के झंडे के नीचे ही शरण खोजती हैं, उसी के नारे लगाती हैं।"

चौंतीस वर्षों के बाद ऐंगेल्स की भविष्यवाणी जर्मनी में सफल हो रही थी। जो कोई भी समाजवाद का दुश्मन और मज़दूरों के राज्य का विरोधी था—दक्षिणपंथी दकियानूसों से लेकर वामपक्षी इंडिपेंडेंट सोशल डिमोक्रैटिक पार्टी के सदस्यों तक—सब एक स्वर से राष्ट्रीय परिषद का समर्थन कर रहे थे। जो आम मताधिकार के ख़िलाफ़ आवाज़ें उठाते नहीं थकते थे, जो अपने वर्गस्वार्थ पर ज़रा भी आँच आने देना पसंद नहीं करते थे, वे ही इस समय जनतंत्र और समानाधिकार के सबसे उत्साही समर्थक बन गए थे। फिर उनका क्या कहना, जो मार्क्सवाद के नाम पर साम्राज्यवाद के दुमछल्ले बन हुए थे, जिन्होंने राजतंत्र की रक्षा के लिए कुछ भी नहीं उठा रखा था और जो अब ख़ूनी पूँजीवादी एकाधिकार के लिए बद्धपरिकर खड़े थे। ये अपने को क्रांतिकारी अब भी कह रहे थे। अपनी सरकार को अब भी क्रांतिकारी सरकार बता रहे थे। नए रौबेस्पियर और ब्लांकी के उत्तराधिकारी थे, न मार्क्स और लेनिन के—ये तो झूठे पूँजीवादी प्रजातंत्र के पौष्यपुत्र मात्र थे। रोज़ा इनके असली रूप को जनता के सामने ही रखने लगी। कौट्स्की के दल पर उसकी सख़्त नाराज़ी थी, जो राष्ट्रीय परिषद का समर्थन तो करते थे, किंतु उसके चुनाव को स्थगित कर देना चाहते थे, क्योंकि चुनाव होने से गृहयुद्ध की आशंका उन्हें दिखाई देती थी। रोज़ा ने, 20 नवंबर को उनके बारे में लिखा—

"मालूम होता है 1848 के क्रांतिवादी और बकवादी लोगों की परंपरा अब तक जारी है, हाँ, उनमें पूर्व-सी न तो प्रतिभा है, न नयापन रह गया है। कौट्स्की, हैस्स और हिलफ़र्डिंग के रूप में हम उनके भद्दे जर्मन संस्करण देख रहे हैं।

" जिस गृहयुद्ध को वे टालना चाहते हैं, वह अनिवार्य है। वर्गयुद्ध का ही दूसरा नाम गृहयुद्ध है और बिना वर्गयुद्ध के, सिर्फ़ वैधानिक बहुमत के द्वारा स्थापित समाजवाद—निम्न मध्यम श्रेणी के छुटभैयों का स्वप्नमात्र है।

" जो लोग जाने या अनजाने विधान-परिषद के पक्ष में प्रचार कर रहे हैं, वे क्रांति को नीचे घसीटकर पूँजीवादी क्रांति में परिणत करना चाहते हैं, वे पूँजीपतियों के नक़ाबपोश एजेंट हैं और निम्नमध्यम श्रेणी के प्रतिनिधि हैं।

" हमारे सामने का सवाल प्रजातंत्र और एकाधिकार का सवाल नहीं है। सवाल है—पूँजीवादी प्रजातंत्र या समाजवादी प्रजातंत्र। मज़दूरों का एकाधिकार ही सही प्रजातंत्र है। मज़दूरों के एकाधिकार के मानी, बम, छापे, दंगे या अराजकता नहीं है। उसके मानी हैं समाजवाद की स्थापना के लिए राजनीतिक शक्ति का उपयोग करना और मज़दूरों के क्रांतिकारी बहुमत की इच्छा से पूँजावादी वर्ग के सभी साधनों को छीनकर समाजवाद की स्थापना में लगाना।"

'राष्ट्रीय परिषद' या 'मज़दूरों और सैनिकों की पंचायत' —यही केंद्रीय प्रश्न था। 14 दिसंबर को 'रोटे फ़ाहने' में रोज़ा लुक्ज़ेम्बुर्ग ने स्पार्टकस लीग की ओर से बताया कि मज़दूरों और सैनिकों की पंचायत ही उसके प्रोग्राम का तत्कालीन मुख्य हिस्सा है। इस संसारव्यापी युद्ध ने समाज के सामने यह स्पष्ट कर दिया है कि या तो पूँजीवाद को जिंदा रखकर फिर नई लड़ाइयों और ख़ूनख़राबियों की तैयारी कीजिए, या पूँजीवादी शोषण का अंत कर मनुष्यता को विनाश से बचाइए। समाजवाद की स्थापना सिर्फ़ मज़दूरवर्ग ही कर सकता है—

"इसलिए मज़दूरवर्ग को चाहिए कि पूँजीवादी शासन के जितने अस्त्र और चिन्ह हैं—फ़ेडरल कौंसिल, पार्लियामेंट, धारा-सभाएँ, म्युनिसिपैलिटी आदि सबको तोड़कर उनकी जगह अपनी वर्गसंस्थाएँ—मज़दूरों और सैनिकों की पंचायतें क़ायम करें। जितने सरकारी ओहदे हैं, सार्वजनिक पद हैं, सब पर वे अपना क़ब्ज़ा करें, सभी सार्वजनिक कार्यों का नियंत्रण करें और सभी सरकारी कामों को एक ही दृष्टि से संचालित करें कि वे समाजवाद की स्थापना और उनके वर्गहित के लिए उपयोगी हैं या नहीं।

" हम उत्पादन के सिर्फ़ पुर्जे नहीं हैं, बल्कि हम सभी पुर्जों के चलानेवाले स्वतंत्र और स्वाधीन व्यक्तित्व हैं—मज़दूरवर्ग में यह भावना आनी चाहिए। उन्हें यह सोचना चाहिए कि राष्ट्र के सभी धन के मालिक वे ही हैं और अपनी इस महान् जिम्मेवारी को उन्हें निभाना चाहिए। कोड़े की मार के बिना भी उन्हें काफ़ी मेहनत करनी चाहिए, डंडे के ज़ोर से बिना हँकाए हुए भी उनकी गति में तेज़ी होनी चाहिए, पूँजीवादी जुए के बिना भी उनमें अनुशासन का भाव होना चाहिए। समाजवादी समाज के आधार होने चाहिए—सबके हित में उच्चतम आदर्शवाद, कठोर आत्मअनुशासन और क्रियात्मक नागरिकता की भावना; ठीक उसी तरह जिस तरह पूँजीवादी समाज के नैतिक आधार हैं—मूर्खता, अहंकार और अनाचार !"

कैसा उच्च-आदर्श किंतु, इस आदर्श की ओर जनता का ध्यान नहीं जाए, इसलिए स्वार्थियों ने स्पार्टकस लीग के ख़िलाफ़ तरह-तरह के अपवादों का प्रचार शुरू किया। उसके नेताओं और कार्यकर्ताओं को मनुष्यरूप में ख़ूनी जानवर बताया जाता—जो हत्याकांड करने पर उतारू हैं। अख़बारों में, पर्चों में, दीवालपर्चों में, तरह-तरह के घृणित आक्षेप उन पर किए जाते। रोज़ा ने उनका जवाब दिया—

"पूँजीवादी क्रांतियों में उदीयमान वर्ग के अस्त्र रहे हैं ख़ूनख़राबी, आतंकवाद और राजनीतिक हत्याएँ। किंतु, मज़दूरों की क्रांति में आतंकवाद की आवश्यकता नहीं, उसके समर्थक हत्या को घृणा की नज़र से देखते हैं। ऐसी क्रांति को ऐसे हथियार की क्या ज़रूरत—क्योंकि वह संस्थाओं के ख़िलाफ़ होती है, न कि व्यक्तियों के ख़िलाफ़। न वह झूठे भ्रमों में आकर संघर्ष में प्रवेश करती है और न उसे निराशाओं के प्रतिकार में ख़ूनी आतंक की शरण लेनी पड़ती है। मज़दूरों की क्रांति अल्पमत का, एक मुट्ठी बड़े लोगों का संसार को हिंसा द्वारा बदलने का, दुस्साहसी के प्रयत्न नहीं हैं। यह श्रमजीवी बहुमत का —असंख्य जनता का—एक ऐतिहासिक कर्तव्य-पालन है, एक ऐतिहासिक आवश्यकता को एक ऐतिहासिक सत्य में बदलने की चेष्टा है।"

मज़दूरों की क्रांति के उद्देश्य और साधन की यह घोषणा एक सच्चे क्रांतिवादी की हार्दिक अभिलाषा को पुष्ट करती है। रूस की क्रांति में जो खूनखराबी हुई थी, उसकी ज़रूरत को महसूस करते हुए भी वह मज़दूरवर्ग को बताना चाहती थी कि हिंसा का प्रयोग आवश्यक आत्मरक्षा के लिए ही किया जाना चाहिए। वह समझती थी कि 'यह सोचना निरा पागलपन होगा कि पूँजीपति समाजवादी बहुमत को देखकर, आप-से-आप, अपनी संपत्ति, अपना मुनाफ़ा और अपने मानव भाइयों का ख़ून चूसने का अधिकार चुपचाप सुपुर्द कर देंगे' किंतु, वह चाहती थी कि हिंसा वहीं तक हो, जहाँ तक उसकी अनिवार्य आवश्यकता समझी जाए! पूँजीवादियों की नीचता, पागलपन और पाशविकता उसकी आँखों से दूर नहीं थी और वह जानती थी कि ये लोग अपने शोषण का अधिकार छोड़ने के बदले संसार को भस्मीभूत कर देना ज्यादा पसंद करेंगे और बिना हिचक ऐसा करेंगे। इसलिए उसने यह भी स्पष्ट कर दिया—

"पूँजीवादियों की क्रांतिविरोधी हिंसा का जवाब मज़दूरों की क्रांतिकारी हिंसा से दिया जाना चाहिए। मुक़ाबले की कड़ियों को इस्पाती हाथ और दुर्दमनीय शक्ति से तोड़ते हुए आगे बढ़ना होगा। पूँजीपतियों के घावों, साज़िशों और बदमाशियों को दृढ़ निश्चय, जागरूकता और अविरल कार्यकलाप से व्यर्थ बनाना होगा। क्रांतिविरोधियों के ख़तरों से बचने के लिए जनता को सशस्त्र करना होगा। और शासकों के हाथों से हथियार छीनना पड़ेगा। पूँजीवादियों की वैधानिक रुकावटों का सामना मज़दूरों और सैनिकों के दृढ़ संगठन से ही किया जा सकता है।

" समाजवाद की स्थापना के लिए किया गया संघर्ष संसार में हुए सभी भीषण गृहयुद्ध से भी भीषण होता है और इसमें विजय प्राप्त करने के लिए मज़दूरों की क्रांति को सभी हथियारों के लैस होकर रहना पड़ता है। इन हथियारों से लड़ने और विजयी होने के लिए मज़दूरवर्ग को इनके इस्तेमाल का पूरा ज्ञान होना चाहिए।

" मज़दूरों का एकाधिकार जनता के हाथों में क्रांति के उद्देश्य को पूरा करने का अस्त्र है, इसलिए यह एकाधिकार ही यथार्थतः जनतंत्र है। वह प्रजातंत्र तो धोखा है जिसमें सूखे हुए, पिचके गालवाले मज़दूर और किसान पूँजीपतियों और ज़मींदारों की बग़ल में बैठकर सिर्फ़ बहस-पर-बहस किए जाते हैं। सच्चा प्रजातंत्र वह है जिसमें करोड़ों की जनता राजशक्ति को अपने हाथ में लेती और उसका इस्तेमाल अपने शत्रुओं के सिर को कुचलने और अपने लिए एक नई दुनिया बनाने के लिए करती है। यही सही अर्थ में प्रजातंत्र है—बाक़ी धोखा है, जाल है, फ़रेब है।"

क्रांतिकारी कार्य के साधारण सिद्धांतों की घोषणा के साथ ही इस प्रोग्राम में शासन पर विजय पाने, उस विजय को स्थायी बनाने, समाजवादी अर्थनीति को काम में लाने, जनता के रहन-सहन को ऊँचा करने और उनमें सांस्कृतिक उन्नति लाने का भी ब्योरेवार उल्लेख था। स्पार्टकस लीग को मज़दूरवर्ग का सबसे अधिक वर्ग-जागृत हिस्सा कहा गया था, जिसका उद्देश्य था क्रांति की हर मंज़िल पर मज़दूरवर्ग को उसके ऐतिहासिक कर्तव्यपालन में सही रास्ता बनाना एवं समाजवाद और विश्वव्यापी क्रांति का प्रतिनिधित्व करना। क्रांति के दुश्मनों के साथ वह शासन में हिस्सा नहीं बँटाएगी और न समय के पहले वह सरकार की बागडोर ही अपने हाथ में लेगी। यह कार्यक्रम सिर्फ़ बहादुरी दिखाने या छापे मारने का प्रोग्राम नहीं है—बल्कि ठीक उसका विरोधी है।

"जब जर्मनी की श्रमजीवी जनता का बहुमत उसके विचार, उद्देश्य और कार्यपद्धति का समर्थन करके साफ़-साफ़ अपनी इच्छा प्रकट कर देगा, तभी स्पार्टकस लीग शासन का सूत्र अपने हाथ में लेगी, उसके पहले कभी नहीं।"

दो सप्ताह बाद इस कार्यक्रम को रोज़ा ने जर्मनी की कम्युनिस्ट पार्टी के प्रारंभिक सम्मेलन में पेश किया और कहा कि 'कम्युनिस्ट मैनिफ़ैस्टो' के सिद्धांतों का ही इसमें समयानुसार निर्देश किया गया है। इसमें शक नहीं कि एक ही विचार, एक ही उद्देश्य, एक ही कार्यपद्धति और एक ही प्रेरणा से ये दोनों घोषणाएँ प्रकट हुई थीं—एक को अगर हम वैज्ञानिक समाजवाद की जन्मपत्री कहें, तो दूसरे को उसका अंतिम दस्तावेज़। कार्ल

मार्क्स ने 'कम्युनिस्ट मैनिफ़ैस्टो' 1848 में लिखा था, जब जर्मनी पूँजीवादी क्रांति के दरवाज़े पर खड़ा था, जिस क्रांति को मार्क्स ने मज़दूरों की क्रांति का पूर्वज माना था। 1815 में सामंतशाही का ख़ात्मा हो चुका था और पूँजीवादी क्रांति समाप्त हो चुकी थी। अब पूँजीवादी और मज़दूरवर्ग आमने-सामने खड़े होकर अंतिम युद्ध की तैयारी में लगे थे। रोज़ा द्वारा लिखा गया यह 'क्रांति का कार्यक्रम' ऐसे ज़माने में मज़दूरों का क्या कर्तव्य है, यह बताता है। बीच में सत्तर वर्ष का लंबा काल था, किंतु, इन दोनों में कितनी समता थी।

क्रांतिविरोधी धावे ?

जिस समय रोज़ा लुक्ज़ेम्बुर्ग ने क्रांति का यह प्रोग्राम प्रकाशित किया, जर्मनी में क्रांतिकारी और क्रांति-विरोधी ताक़तों में गुत्थमगुत्थी शुरू हो गई थी। क्रांति के दुश्मनों ने बड़ी चालाकी और चक्कर से काम किया था। 10 नवंबर को एबर्ट ने सेनाविभाग से सुलह की थी, जिसका प्रारंभिक उद्देश्य था बर्लिन के मज़दूरों को सर करना। 30 नवंबर को कमिसार विनिंग ने, जो पहले मज़दूर नेता था, बोल्शेविक रूस से युद्ध करने के लिए एक सेना एकत्र करने की घोषणा की थी और स्वतंत्र दस्ते पोलैंड को सबक़ सिखाने के नाम पर तैयार किए जा रहे थे। दस डिवीज़न सेना बर्लिन पर चढ़ आई थी, किंतु क्रांति की आग में, न जाने वह कहाँ पिघलकर विलीन हो गई। तब बर्लिन के सोशल डिमोक्रैटिक सेनापति वेल्स ने 'प्रजातंत्री सैनिक संघ' की नींव डाली और पूँजीपतियों के पैसों के ज़ोर से उसमें 15,000 सैनिक भर्ती हुए। जो सैनिक-शक्तियाँ क्रांति के पक्ष में थीं, वे कमज़ोर थीं। बर्लिन का पुलिस प्रेसिडेंट एमिल इंडिपेंडेंट सोशल डिमोक्रैटिक पार्टी का सदस्य था। उसने मज़दूरों को लेकर एक ज़बर्दस्त रक्षादल कायम कर रखा था, 3,000 नाविकों ने इंपीरियल पैलेस में डेरा डाल रखा था, किंतु, उन पर तुरत विश्वास नहीं किया जा सकता था। स्पार्टकस लीग की ओर से 'लाल सैनिक संघ' का संगठन किया गया था, जिसमें सैनिकों की तादाद ज़्यादा नहीं थी। हाँ, कई हज़ार हथियारबंद थे, जो क्रांति की रक्षा के लिए हमेशा तत्पर और तैयार थे।

6 दिसंबर को क्रांतिविरोधी ताक़तों ने सबसे पहले सिर उठाया। हैम्बुर्ग और राइनलैंड में क्रांतिविरोधी षड्यंत्रों का पता लगा। बर्लिन के सैनिकों के एक गिरोह ने एबर्ट को प्रजातंत्र का सभापति घोषित कर सब ताक़तों पर क़ब्ज़ा करने की माँग पेश की। दूसरे गिरोह ने 'मजदूरों और सैनिकों की पंचायत' के पदाधिकारियों को गिरफ्तार करना शुरू किया और तीसरे ने 'रोटे फ़ाहने' के दफ्तर पर क़ब्ज़ा कर लिया। ये सब ग़ैर क़ानूनी काम हुए, किंतु, सरकार ने उँगली तक नहीं उठाई। किंतु, बर्लिन के उत्तरी हिस्से में लाल सैनिक संघ की ओर से, सरकार को बाज़ाब्ता सूचना देकर जो प्रदर्शन किया गया, उस पर गोलियाँ चलाई गईं, जिसमें 18 मरे और 30 घायल हुए। इन घटनाओं ने सरकार की इज्ज़त धूल में मिला दी। इनके विरोध में स्पार्टकस लीग की अपील पर लाखों मज़दूरों ने बर्लिन की सड़कों पर प्रदर्शन किया। तब लाचार पुलिस प्रेसिडेंट ने जाँच की और जब यह भेद खुलने लगा कि सारी करामात बर्लिन के सेनापति और युद्धमंत्री की है, तो कुछ इधर-उधर करके बात दबा दी गई।

स्पार्टकस के ख़िलाफ़ घिनौने प्रचार ज़ोरशोर से शुरू हुए—जैसे ये पागल के प्रलाप हों ! रोज़ सूचना दी जाती—आज ये लोग छापा मारेंगे। बोल्शेविज्म और स्पार्टकस—भयभीत पूँजीवादियों की ज़बान पर, ये ही दो शब्द थे। कहा जाता कि बोल्शेविक तो औरतों को सार्वजनिक उपभोग की वस्तु बना देते हैं ! और, देश में जहाँ जो खुराफ़ातें होतीं, सब स्पार्टकस के सिर थोप दी जातीं। कार्ल लिब्तक्नेख्त और रोज़ा लुक्ज़ेम्बुर्ग का ऐसा चित्रण किया जाता, मानो ये दो ख़ून के प्यासे शेर-शेरनी हों ! सरकारी रुपए के बल से 'बोल्शेविक विरोधी संघ' क़ायम हुआ था, जो दिन-रात अफ़वाहें फैलाता, लोगों को भयभीत करता। खुफ़िया और उभाड़नेवाले गुर्गों की भरमार थी। सभाओं में स्पार्टकस के नेताओं की हत्या कर देने की बात खुलेआम कही जाती। साम्राज्यवादियों की पुरानी संस्था ने एक बड़ा पर्चा दीवालों पर इस आशय का खुलेआम टँगवाया—

"मज़दूरो, नागरिको,

हमारी पितृभूमि के विनाश की आशंका है। उसकी रक्षा कीजिए। यह ख़तरा बाहर का नहीं, भीतर का है। स्पार्टकस उसे नाश करना चाहते हैं। उनके नेताओं को मार डालिए! लिब्कनेख़्त को ज़िंदा मत छोड़िए! जब ये मर जाएँगे, तभी हमें शांति, काम और रोटी मिलेगी।

—मोर्चे से आए सैनिक !"

सरकार चुपचाप तमाशा देखती थी, ऐसी कार्रवाइयों को रोकने के लिए कुछ नहीं करती थी। 7 दिसंबर को कार्ल लिब्कनेख़्त 'रोटे फ़ाहने' के दफ़्तर में था कि उसे घेर लिया गया और उठाकर उसे बाहर ले जाने का इंतज़ाम ही हो रहा था कि पुलिस पहुँच गई और यों वह बच गया। पीछे पता चला, वे लोग उसे उठाकर ले जाते और मार डालते! सोशल डिमोक्रैट वेल्स ने गुंडों का एक दल बनाया था, जिसका एकमात्र उद्देश्य था—स्पार्टकस लीग के नेताओं को खोज-खोजकर पीटना और उसके संगठन को असंभव बना डालना। स्पार्टकस के नेताओं की ज़िंदगी पर हर घड़ी ख़तरा था। रोज़ा काम की भीड़ में ऐसी फँसी रहती कि अपने घर जाने की भी उसे फुर्सत नहीं मिलती। अब तो वहाँ जाना भी ख़तरे से ख़ाली नहीं था। उसके दुश्मन हमेशा वहाँ उसकी ताक़ में रहते। हर रात अलग-अलग नामों से वह भिन्न-भिन्न होटलों में रहती और सवेरे ही घिर जाने के डर से वहाँ से भाग निकलती। उसे पूरी नींद भी मुअस्सर नहीं होती। 'रोटे फ़ाहने' का संपादकीय दफ्तर भी सुरक्षित नहीं था—बहकाए और चढ़ाए हुए सैनिकों की टोलियाँ बार-बार उस पर धावे कर बैठतीं।

इन उत्तेजनाओं में भी रोज़ा अपने सिर को ठंडा और अपने दिमाग को साफ़ रखती। एक ओर विश्लेषणात्मक लेख पर लेख लिखकर जनता की क्रांति-भावना को पुष्ट किए जाती, दूसरी ओर जो मज़दूर और सैनिक उसके दफ़्तर में सलाह के लिए आते, उनके दिमाग़ों की गुत्थियों को सुलझाती, उन्हें सही रास्ता बताती। खाने का ठिकाना नहीं, पीने की फुर्सत नहीं, तो भी वह मशीन की तरह काम किए जाती। अपने शरीर पर उसका पूरा क़ब्ज़ा था, उसकी इच्छा पर वह बेचारा चला करता। उसकी इचछा-शक्ति का उसकी शारीरिक दुर्बलता पर पूरा अधिकार हो चुका था। 'क्रांति के मोहक दृश्य' उसके हृदय को, मस्तिष्क को समतुलन पर रखे हुए थे।

तरह-तरह की कोशिशों—झूठ, षड्यंत्र, बहकावा, प्रतिक्रिया, खूनी हिंसा के बावजूद दिन-दिन क्रांति की भावना बढ़ रही थी। मोर्चे से सैनिक गुस्से में चूर इस बहकावे में आते कि स्पार्टकस ही सब खुराफ़ातों की जड़ है, किंतु, तुरत ही वे क्रांति के समर्थक बन जाते। मज़दूर अपने ख़ास हथियार-हड़ताल का इस्तेमाल बार-बार करने लगे। अपर सिलेसिया से राइनलैंड तक हड़तालों की धूम थी। हड़ताल का नया रूप और नया नेतृत्व विकसित होने लगा। इन हड़तालों ने जिनमें लाखों मज़दूर शामिल होते, 'अमन और क़ानून' के रक्षकों के दिल में दहशत पैदा कर दी। उस तथाकथित 'समाजवादी' और 'क्रांतिकारी' सरकार ने फ़ौज़ के द्वारा हड़तालों को कुचलने का निश्चय किया। एक पुराने मज़दूर-नेता ने बड़ी आह से कहा—"हाय, क्रांति को कितना नीचे घसीटा जा रहा है, मज़दूर अब मुशाहरा बढ़ाने की माँग करने लगे हैं!"

कैसी प्रवंचना! जो वर्षों से भूखों मर रहे थे, तरह-तरह के अभावों की ज़िंदगी बिता रहे थे, वे यदि अपनी इस क्रांतिकारी सरकार से रोटी माँगें, उससे अपनी स्थिति सुधारे जाने की माँग पेश करें, दबाव डालें, तो इसमें कौन-सी अस्वाभाविकता है, अनहोनापन है? फिर ये हड़तालें सिर्फ़ मुशाहरे के लिए की जानेवाली हड़तालें नहीं थीं, ये तो क्रांति की अंग थीं। मज़दूरों की माँग सिर्फ़ मज़दूरी बढ़ाने की नहीं थी, बल्कि कारख़ानों पर उनका अधिकार होने और उन कारख़ानों का संचालन समाजवादी ढंग पर किए जाने की थी। इसलिए रोज़ा ने इन हड़तालों का समर्थन उत्साह से किया। वह रूस की 1905 की क्रांति का सबक़ भूली नहीं थी, सामाजिक परिवर्तन के युग में इन आर्थिक संघर्षों का क्या अर्थ होता है, वह जानती थी। उसने उसी समय, यह भविष्यवाणी की थी—

"क्रांति का ज़माना आते ही जर्मनी के मज़दूर-आंदोलन का रूप भी बदलकर रहेगा; उस समय वह ऐसा भीषण रूप धारण करेगा कि आजकल के छिटपुट संघर्ष उस समय बच्चों का खिलवाड़ मालूम पड़ेगा! आर्थिक हड़तालों की लहर उस समय राजनीतिक संघर्ष को प्रेरणा देगी, आगे बढ़ाएगी! राजनीतिक और आर्थिक संघर्षों

की क्रिया और प्रतिक्रिया मज़दूरवर्ग की क्रांतिकारिता को उसी तरह दिशा देगी, लक्ष्य तक पहुँचाएगी, जिस तरह दूसरे देशों में देखी गई है।"

उसकी उस भविष्यवाणी पर उस समय किसी ने ध्यान नहीं दिया था। किंतु, अब वही जब सत्य का रूप धारण कर रही थी, लोग आश्चर्य से आँखें मींच रहे थे। रोज़ा ने 27 नवंबर के 'रोटे फ़ाहने' में लिखा—

"सरकार की उदार डिग्रियों की प्रतीक्षा किए बिना और विचित्र राष्ट्रीय परिषद के निर्णय की राह देखे बग़ैर जनता, आप से आप, समाजवाद की स्थापना और पूँजीवाद के ख़ात्मा के यथार्थ साधनों को पकड़ रही है। हड़तालों की जो लहर चल रही है, उससे यह साबित हो जाता है कि क्रांति सामाजिक व्यवस्था की जड़ तक पहुँच चुकी है। क्रांति स्वयं अपने प्राकृतिक आधार की ओर बढ़ रही है—वह मंत्रिमंडल के परिवर्तनों और उनके क़ानून को ताक पर रखती जाती है, क्योंकि वे पूँजी और मज़दूर के सामाजिक संबंध पर ज़रा भी असर नहीं डालते और व्यक्तिगत इच्छाओं का पदानुसरण करते हैं।

" वर्तमान क्रांति में हड़तालों का रूप सिर्फ़ वेतन की वृद्धि या दूसरी महत्त्वपूर्ण बातों के लिए किए गए संघर्षों का नहीं रह गया है। बल्कि, जर्मनी के साम्राज्यवाद के पतन और मज़दूरों और सैनिकों की क्षणिक राजनीतिक क्रांति के चलते पूँजीवादी संबंधों में जो महान् उथलपुथल मच गयी है, उसमें मज़दूरों की स्वाभाविक आकांक्षाओं को ये प्रकट करती हैं। ये जनता द्वारा शुरू की गई सीधी चोट की लड़ाई की सूचना देती हैं—सरकार की डिग्रियाँ तो इनका शामिल-बाजा हैं।"

रोज़ा को पूरी उम्मीद थी और इसमें शक नहीं कि जनता तेज़ी से वामपक्ष की ओर बढ़ रही थी। किंतु उसकी यह गति प्रारंभिक अवस्था की थी, घटनाओं के प्रवाह से वह संचालित थी। जनता उसके राजनीतिक महत्त्व को ठीक से नहीं अनुभव कर रही थी। मज़दूरों और सैनिकों की पंचायतें जनता में स्पष्ट राजनीतिक भावनाओं का संचार कर सकती थीं, किंतु, क्रांति की पहली लहर में उनमें जो जोश-ख़रोश था, वह अब धीरे-धीरे ख़त्म होता जाता था। वे सरकारी संख्याओं के सामने झुकतीं और अपने कर्तव्यों और अधिकारों को सौंपती जाती थीं। सोशल डिमोक्रैटिक नेता देश-भर में ज़बर्दस्त प्रचार कर इन पंचायतों को अपने अधिकार छोड़ने के लिए तैयार कर रहे थे।

जनता और नेतृत्व के बीच कैसी खाई पड़ गई है, इसका सबूत बर्लिन में 16 से 20 दिसंबर तक होनेवाली मज़दूरों और सैनिकों की पंचायतों की कांग्रेस में मिला। इस कांग्रेस के लिए प्रतिनिधियों का सीधा चुनाव नहीं हुआ। स्थानीय पंचायतों ने प्रतिनिधियों को नामज़द किया। ये प्रतिनिधि वर्तमान का नहीं, अतीत का प्रतिनिधित्व कर रहे थे। अपने राजनीतिक रूप में यह, जनता की पंचायत नहीं थी; बड़े-बड़े लोगों की मजलिस थी। 489 प्रतिनिधि आए थे, जिनमें 288 सोशल डिमोक्रैटिक थे, 80 इंडिपेंडेंट सोशल डिमोक्रैटिक थे और सिर्फ़ 10 स्पार्टकस थे। बाहर की जो स्थिति थी, उससे उस कांग्रेस-भवन का वातावरण बिलकुल भिन्न था।

रोज़ा ने 'रोटे फ़ाहने' में एक लेख लिखकर बताया कि इस कांग्रेस को किस रास्ते पर बढ़ना चाहिए। एबर्ट-स्खाईडमैन सरकार को डिसमिस करो, क्योंकि यह प्रतिक्रियावादियों का अड्डा बन गई है; उन फ़ौज़ी दस्तों के हथियार छीन लो जो मज़दूरों और सैनिकों की पंचायतों की बात नहीं मानतीं; नई सरकार ने जो फ़ौज़ी दस्ते तैयार किए हैं, उन्हें भंग कर दो; लाल सेना की भर्ती करो; राष्ट्रीय परिषद के भुलावे को छोड़ो, क्योंकि वह क्रांति को पथ भ्रष्ट करना चाहती है; मज़दूरों और सैनिकों की पंचायतों को सारे अधिकार दो! यही सच्ची राह है, जिस पर चलकर जर्मनी की क्रांति को पूरा किया जा सकता है। इन माँगों के समर्थन में स्पार्टकस लीग ने बर्लिन के मज़दूरों से विराट् प्रदर्शन करने का आह्वान किया और जैसा बड़ा प्रदर्शन हुआ, वैसा बर्लिन ने कभी देखा नहीं था। इस प्रदर्शन के कारण कांग्रेस ने 'क्रांति-विरोधियों के हथियार तुरत छीन लेने' का प्रस्ताव तो किया; कुछ और भी धोखेधड़ी से भरी बातें भी की गईं, किंतु, जो इस कांग्रेस का यथार्थ रूप था, वह प्रकट हो गया, जब उसने अपने सब अधिकार नई सरकार को सौंपकर मानो स्वयं आत्महत्या कर ली!

रोज़ा ने तुरत ही इस निर्णय के व्यापक परिणाम को समझ लिया, उसने 'रोटे फ़ाहने' में 21 दिसंबर को

लिखा—

"क्रांति की पहली मंज़िल की त्रुटियों के कारण ऐसा नहीं हुआ है, बल्कि इसके कारण हैं, इस क्रांति की कुछ ख़ास कठिनाइयाँ और उसकी ऐतिहासिक स्थिति की कुछ ख़ास विशेषताएँ। दूसरी क्रांतियों में लड़नेवाले मुँह से नक़ाब हटाकर आमने-सामने खड़े होते थे—वर्ग के ख़िलाफ़ वर्ग, प्रोग्राम के ख़िलाफ़ प्रोग्राम और झंडे के ख़िलाफ़ झंडा। किंतु, इस क्रांति में पुरानी व्यवस्था के रक्षक शासक वर्ग के चिन्ह धारण करके नहीं लड़ रहे हैं, बल्कि वे सोशल डिमोक्रैटिक पार्टी के झंडे के नीचे खड़े होकर लड़ रहे हैं। अगर आज यह सवाल साफ़ और खुला होता कि समाजवाद या पूँजीवाद, तो जनता में एक क्षण के लिए भी हिचक नहीं देखी जाती।"

किंतु, रोज़ा को अब भी आशा बँधी हुई थी। क्योंकि सैनिक साम्राज्यवादी जामे को उतार फेंक रहे थे और अपना संपर्क उस सामाजिक आधार से जोड़ रहे थे जिसमें वर्गजाग्रति ने जड़ जमा ली थी। फिर, बड़े-बड़े नए सवाल पैदा हो रहे थे। बेकारी बढ़ रही थी, पूँजीपतियों और मज़दूरों के झगड़े बढ़ रहे थे और सरकार का ख़जाना खाली हो रहा था। इन परिस्थितियों में वर्गों का विभेद साफ़ और तेज़ होता जाएगा और क्रांतिकारी उत्तेजना बढ़ती जाएगी। समय खुद क्रांति को पुष्ट किए जा रहा था। यद्यपि वह जल्द फ़ैसला कर लेना चाहती थी और दुश्मनों से जा मिलनेवाले दग़ाबाजों से वह घोर घृणा करती थी, तो भी, उसकी इच्छा और उसका दिमाग़ उसकी उतावली पर क़ब्ज़ा रखे हुए थे और वह पार्टी के सामने दो बातों को इस समय रख रही थी—(1) क्रांति के उद्देश्य और रूप एवं क्रांतिविरोधियों की चालबाजियों का ज्ञान मज़दूरों को अच्छी तरह कराना और (2) क्रांतिकारी मोर्चे की रक्षा, मज़बूती और क्रमिक विकास की ओर ज्यादा से ज्यादा ध्यान देना। कोई बेमौक़े की चढ़ाई नहीं; कोई क़ब्ल-अज़-वक्त धावा नहीं! उसने एक महीना पहले ही इस संबंध में (24 नवंबर) यों लिखा था—

"आतंकवाद, उथलपुथल और अराजकता की ज़रूरत तो पूँजीपतियों और उनके टुकड़ेखोरों को है, जो अपने धन, सुविधाओं, मुनाफ़े और अपने शासन की रक्षा के लिए थर-थर काँप रहे हैं। ये लोग समाजवादी मज़दूरवर्ग पर गड़बड़ी और धावे का दोष मढ़ते हैं, किंतु, खुद इसकी तैयारियाँ कर रहे हैं, जिसमें ठीक मौक़े पर ये मज़दूरों की क्रांति का गला घोंट दें और उसके चिता-भस्म पर पूँजीवादी तानाशाही की इमारत फिर से खड़ी करें। हम अपने ऐतिहासिक मोर्चेबंदी पर खड़े होकर सिर्फ़ उन पर मुस्कुरा सकते हैं। हम उनकी चालाकी समझते हैं, हम उनके इस नाटक के पात्रों को पहचानते हैं, उनके अभिनयों को जानते हैं और उनके सूत्रधार भी हमसे छिपे हुए नहीं हैं।"

क्रांतिविरोधियों के सरदार—एबर्ट, स्खाईडमैन और पुराने सेनापति—सबके सब यह अच्छी तरह देख रहे थे कि समय धीरे-धीरे क्रांति के पक्ष में काम कर रहा है और मज़दूरों और सैनिकों की पंचायतों की कांग्रेस में नामलेवा विजय उन्होंने हासिल की है, उसका भी कोई महत्त्व नहीं रह जाएगा, यदि उन्होंने शीघ्र ही क्रांति को जड़ से नहीं उखाड़ फेंका। इसके लिए उन्होंने अपना पहला निशाना भी ठीक कर लिया। 6 दिसंबर को सैनिकों के तीन गिरोहों ने जो गुंडई की थी, उसमें नाविकसेना कमांडर भी शामिल था। नाविकों में क्रांतिकारी भावना अक्षुण्ण थी, वे क्रांति के हिमायती और उसके ज़बर्दस्त समर्थक थे। उन्होंने उस कमांडर को निकाल बाहर किया और उसकी जगह पर एक साधारण सैनिक को कमांडर चुना। भला, ऐसी गुस्ताखी? फिर यह सेना बर्लिन के मध्य में—पुराने बादशाही महल में अपना अड्डा जमाए हुए थी। उनके ज्यादा आदमी स्पार्टक्स के अनुयायी नहीं थे, किंतु, वे क्रांति के तहेदिल से समर्थक थे। इसलिए, सोचा गया कि उन्हें सबक़ सिखाया जाए। उनके ख़िलाफ़ तरह-तरह की शिकायतें और बदनामियाँ फैलाई गईं। अंत में सरकार की ओर से धमकियाँ दी जाने लगीं। एक बार जब वे नाविक प्रदर्शन कर रहे थे, उन पर गोलियाँ चलाई गईं। इस पर उत्तेजित होकर उन्होंने बर्लिन के कमांडर वेल्स को पकड़ लिया और उसे ले जाकर अपने पास रखा, जिसमें समझौता जल्द हो सके। यही मौक़ा सरकार देख रही थी। समझौते के बदले बाज़ाब्ता उनके अड्डे पर चढ़ाई कर दी गई। वे लड़ाई के लिए तैयार नहीं थे, किंतु, उससे तो सरकारी सूत्रधार को और भी उत्साह मिला। ऐन 'बड़े दिन' को—उस पवित्र

त्योहार के दिन तोपों से उन पर गोलियाँ बरसाई जाने लगीं। कई घंटों तक गोलियों की वर्षा होती रही, किंतु, नाविकों ने भी आत्म-समर्पण करने से साफ़ इंकार कर दिया। पुलिस के बहुत से जवान और सशस्त्र मज़दूरों के दस्ते नाविकों की मदद में पहुँच गए। औरत और मर्द चढ़ाई करनेवाले सरकारी सैनिकों में मिल गए, उनके काम में बाधा डालने लगे और अंत में उन्हें हथियार रख देने को लाचार कर दिया। शाम तक गोलाबारी बंद हो गई। सरकार चक्कर में पड़ी। उसे झुकना पड़ा, नाविकों से सुलह करनी पड़ी। वेल्स को इस्तीफ़ा देकर हट जाना पड़ा।

यह क्रांति की प्रत्यक्ष विजय थी। क्रांतिकारी और क्रांतिविरोधियों के बीच की खाई चौड़ी हो चली थी। अगर वर्ग-समन्वय की कोई आशा थी, तो इसे 'खूनी बड़े दिन' ने उसे धूलिसात कर दिया। अब यह साफ़ हो गया कि एक न एक दिन—और जल्द ही—आख़िरी फैसले की लड़ाई होकर रहेगी।

जर्मनी की कम्यूनिस्ट पार्टी

स्पार्टकस लीग एक ढीलीढाली संस्था थी, जिसके सिर्फ़ कई हज़ार सदस्य थे। सोशल डिमोक्रैटिक के वामपक्ष और रोज़ा लुक्ज़ेम्बुर्ग के शिष्यों से ही इसकी रचना हुई थी। समाजवादी युवक संघ के अधिकांश सदस्य पीछे इसमें शामिल हो गए, जिन्होंने युद्ध विरोध के सिलसिले में मज़दूरों से काफ़ी मेम्बर भर्ती किए थे। लड़ाई के ज़माने में लीग के सदस्यों ने वे खतरे उठाए, जिन्हें पश्चिमी यूरोप के समाजवादियों और मज़दूरों ने कभी अनुभव नहीं किया था। वे लोग क्रांति के शैदाई थे, उनका प्रेम पागलपन की सीमा तक पहुँच जाता था। युद्ध के युग में जिन ग़ैरक़ानूनी परिस्थितियों में उन्हें काम करना पड़ता था, उनमें दृढ़ अनुशासन और केंद्रीय संचालन का होना असंभव था। हर शहर में स्पार्टकस के सदस्यों के ग्रुप थे, लेकिन उसे अनुशासित पार्टी नहीं कहा जा सकता था।

1917 की अप्रैल में इंडिपेंडेंट सोशल डिमोक्रैटिक पार्टी की स्थापना हुई थी। स्पार्टकस लीग ने उससे अपने को संबद्ध कराया था, किंतु, उसकी आशा नहीं पूरी हो सकी। थोड़े ही दिनों में प्रकट हो गया कि अपनी मातृ-संस्था की तरह यह भी क्रांति-विरोधी संस्था बन चुकी है—जैसे नागनाथ वैसे साँपनाथ। हाँ, इस बड़ी संस्था से संबद्ध होकर स्पार्टकस ने उससे कुछ नए सदस्य ज़रूर प्राप्त किए थे।

ब्रिमेन में वामपक्षी रेडिकलों का केंद्र था। उनकी शाखाएँ उत्तरी जर्मनी, सैक्सनी और राइनलैंड में थीं। उनका एक ग़ैरक़ानूनी मुखपत्र भी निकलता था और मुख्य सिद्धांतों में स्पार्टकस लीग से वे मिलते-जुलते थे; किंतु, कुछ ब्योरे की छोटे-मोटी बातों में मतभेद होने के कारण दोनों मिलकर एक नहीं हो सके थे। रेडिकल यह नहीं पसंद करते थे कि स्पार्टकस ऐसी क्रांतिकारी संस्था इंडिपेंडेंट सोशल डिमोक्रैटिक पार्टी से संबद्ध हो, या रहे।

किंतु, यद्यपि इंडिपेंडेंट सोशल डिमोक्रैसी के लीडर नई सरकार में शामिल थे। स्पार्टकस के संसर्ग में आने से उसके कार्यकर्ताओं में क्रांतिकारी भावनाएँ ज़रूर क़ायम थीं। वे कार्यकर्ता अपने नेताओं से सरकार से अलग हो जाने पर ज़ोर देने लगे थे। दिसंबर में जो क्रांतिविरोधी धावे सरकार की ओर से या उसके उकसाने से हुए थे, उसके कारण इन कार्यकर्ताओं का बहुमत बर्लिन, सैक्सनी, राइनलैंड ऐसे प्रमुख केंद्रों की पार्टी में हो चुका था। स्पार्टकस लीग की ओर से उनमें खूब प्रचार हो रहा था। बर्लिन की पार्टी की जो आम सभा हुई, उसमें रोज़ा ने सारी स्थिति इस तरह स्पष्ट करके रखी कि तुरत पार्टी की कांग्रेस बुलाने का प्रस्ताव सर्वसम्मति से पास हुआ। बर्लिन का अनुसरण दूसरे केंद्रों के पार्टी सदस्यों ने किया। अपने कार्यकर्ताओं और सदस्यों की इस क्रांतिकारी माँग से पार्टी के नेता घबरा उठे। उन्होंने तय किया कि पार्टी की कांग्रेस नहीं बुलाएँगे—क्योंकि ऐसा कर वे अपनी हार को खुद निमंत्रित करेंगे। वे आत्महत्या करने को तैयार क्यों होते?

इधर क्रांतिकारी और क्रांतिविरोधी शक्तियों में जो संघर्ष हो रहा था, वह ऐसी जगह पहुँच चुका था कि सभी क्रांतिकारी ताक़तों को एकत्र करना, उनका दृढ़ संगठन करना और एक निश्चित कार्यक्रम पर उनको चलाना

और बढ़ाना आवश्यक था। इसलिए, स्पार्टकस लीग ने अपना राष्ट्रीय सम्मेलन साल के अंत में बुलाया। इस सम्मेलन ने सबसे पहला काम किया—जर्मनी की कम्यूनिस्ट पार्टी : स्पार्टकस लीग का बाज़ाब्ता संगठन। उधर वामपक्षी रेडिकलों ने भी अपना सम्मेलन किया और तय किया कि इस संस्था में वे भी शामिल होंगे। इन दोनों के मिलने से क्रांतिकारी शक्ति अधिक बढ़ गई, इसमें शक नहीं। किंतु, पार्टी के सामने जो उस समय सबसे प्रमुख सवाल था, उसको लेकर बड़ा मतभेद देखा गया।

सवाल यह था कि राष्ट्रीय परिषद का जो चुनाव हो रहा है, उसके बारे में पार्टी क्या करे? रोज़ा ने इस बारे में 'रोटे फ़ाहने' में यह मत प्रकट किया—

"हम लोग एक क्रांतिकारी ज़माने से गुज़र रहे हैं। विधान-परिषद के रूप में क्रांतिविरोधी शक्तियाँ क्रांतिकारी मज़दूरवर्ग के ख़िलाफ़ एक क़िला बनाना चाहती हैं। हमारा काम है कि इस क़िले पर अचानक चढ़ाई करके इसे ख़ाक में मिला दें। राष्ट्रीय परिषद के ख़िलाफ़ जनता में प्रचार करके और उन्हें आख़िरी संघर्ष के पथ पर आगे बढ़ाने के लिए यह आवश्यक है कि हम इस चुनाव का और राष्ट्रीय परिषद के मंच का उपयोग करें। राष्ट्रीय परिषद में शामिल होकर उसके असली रूप को हम जनता के सामने रख सकेंगे, शासकों की चालाकियों और धूर्तताओं का भंडाफोड़ कर सकेंगे और क़दम-क़दम पर उनकी क्रांतिविरोधी कार्रवाइयों का पर्दाफ़ाश करके जनता से अपील करेंगे कि वह आगे बढ़े और आख़िरी फ़ैसला तुरत कर ले।"

दूसरे नेता भी रोज़ा के इस विचार से सहमत थे। हाँ, लिब्नक्नेख्त के गले के नीचे यह नहीं उतर सका था। कार्यकर्ताओं में से अधिकांश भी इस राय के महत्त्व को अच्छी तरह नहीं समझ सके। वह कहते थे, जब राष्ट्रीय परिषद बुरी है, तो उसका पूरा बहिष्कार क्यों न हो? वे रूस का उदाहरण तो देते थे, किंतु, नवंबर क्रांति के पहले की तैयारियों को भूल जाते थे। उनकी समझ में जर्मनी की क्रांति उस जगह पर पहुँच चुकी थी, जहाँ से अब सीधा मुक़ाबला ही बाक़ी रह गया था। रोज़ा लुक्ज़ेम्बुर्ग ने उन्हें मना किया कि आगे की कठिनाइयों को छोटा करके मत दें, तुरत और आसान विजय के प्रलोभन में मत पड़ो, सहायक और समर्थक बनाने के एक भी साधन का तिरस्कार न करो। तो भी वह प्रस्ताव बहुमत से गिर गया। इस पर लिओ जोगिचेस तो बहुत हताश हो गया। उसका कहना था कि नई पार्टी बनाकर हमने गलती की, वक्त से पहले ही हमने यह काम किया, अभी कुछ दिन और ठहरना था। किंतु, रोज़ा ने इसकी परवाह नहीं की। उसने कहा—"नए पैदा हुए बच्चों में प्रायः ही कोई न कोई बीमारी होती रहती है।" उसने क्लारा ज़ेटकिन के पास एक ख़त लिखकर, जो इस घटना से काफ़ी परेशान थी, बताया कि घबराओ मत, पार्टी सही रास्ते को पकड़ेगी, शुरू में ग़लतियाँ हो ही जाती हैं, जर्मनी के मज़दूरवर्ग के क्रांतिकारी गिरोह हमारे साथ हैं, तो फिर परवाह किस बात की।"

नेताओं की गंभीर राय और नौजवान कार्यकर्ताओं के क्रांतिकारी उतावलेपन के बीच जो एक उत्तेजनाजनक परिस्थिति पैदा हो गई थी, वह उसी समय शांत हुई, जब रोज़ा ने पार्टी के कार्यक्रम पर बोलना शुरू किया। उसके बिगड़े हुए स्वास्थ्य को देखकर पार्टी के प्रतिनिधि चिंतित थे, किंतु, जब वह बोलने को खड़ी हुई, सब पर जादू-सा चल गया।

उसका व्याख्यान अंतिम विजय के विश्वास से ओतप्रोत था। उसने क्रांतिकारी संघर्ष के लिए ज़ोरदार शब्दों में अपील की। किंतु, उसने बताया कि ख़ामख़ाँ बड़ी उम्मीद बाँधना ख़तरे की ओर ले जाएगा। उसने बताया कि अभी लंबी मंज़िल तय करनी है—उसकी राह सीधी नहीं है, उस पर फूल नहीं बिछे हैं। चक्करदार, खाइयों और काँटों से भरी, राह होती है क्रांति की। उस पर क़दम-क़दम फूँककर बढ़ना होगा, जो पैर उठेंगे, मज़बूती से। रास्ते में हृदयद्रावक परिस्थितियों से गुज़रना होगा। हार पर हार आ सकती है। किंतु, ये हारें हमारे लक्ष्य को और निकट लाएँगी, हम अनुभव की गली से विजय के द्वार पर पहुँचेंगे। उसने कहा—

"क्रांति की पहली मंज़िल से हमें धोखे में नहीं पड़ना चाहिए। जिस आसानी से एक पूँजीवादी सरकार को हराकर दूसरी पूँजीवादी सरकार क़ायम हुई, उसी आसानी से हम समाजवादी क्रांति भी पूरी कर लेंगे ऐसा सोचना निरी प्रवंचना होगा। विजय तभी मिलेगी, जब मज़दूरवर्ग समाजवादी क्रांतिकारी संघर्ष के द्वारा वर्तमान

एबर्ट सरकार को उलट दे। छह नवंबर की क्रांति राजनीतिक क्रांति थी, जबकि क्रांति का यथार्थ रूप आर्थिक होना चाहिए। फिर यह क्रांति सिर्फ़ शहरों में ही सीमित रही, देहात से इसका संपर्क न था और न है। अगर हम समाज को समाजवादी ढाँचे में ढालना चाहते हैं, तो हमें देहात पर भी ध्यान देना होगा। देहात में हमारा काम अभी शुरू नहीं हुआ, यह हमारे लिए दुर्भाग्य की बात है।

"पूँजीवादी क्रांति के लिए जो ऐतिहासिक सहूलियतें थीं, वे हमें हासिल नहीं। उसका काम सिर्फ़ इतना था—पुरानी केंद्रीय सरकार को उलटकर, उसकी जगह पर कुछ दर्जन नए आदमियों को बिठला देना। किंतु, हमें तो नीचें से ऊपर तक परिवर्तन करना है। नीचे—जहाँ व्यक्तिगत पूँजीपति व्यक्तिगत मज़दूरों को गुलाम की हैसियत से रखे हुए हैं और जहाँ के शोषण और रक्त-दोहन की क्रिया को जारी रखने के लिए ही ऊपर की राजनीतिक शक्ति को उन्होंने वर्ग के रूप में अपने हाथों में कर रखा है। हमें एक-एक क़दम आगे बढ़ाना होगा और उनके हाथों से ताक़त छीनते हुए मज़दूरों के हाथों में देना होगा।

"मैं जानती हूँ, मैं जो नक्शा रख रही हूँ, आप घबराते होंगे। मैं जैसी लंबी और कठिनाई से भरी मंज़िल बताती हूँ, आप वैसा विश्वास करने को तैयार नहीं हैं। किंतु, याद रखिए, कठिनाइयों और झंझटों से आँख मूँदकर नहीं, बल्कि उनका सही ज्ञान रखकर ही हम अपनी क्रांति के सिर पर विजयमुकुट रख सकेंगे। मैं कह नहीं सकती, यह मंज़िल कितनी बड़ी होगी, किंतु, मेरा विश्वास है, हमारी ज़िंदगी इतनी लंबी है कि हम उस विजय को प्राप्त करके ही मरेंगे।"

काश, रोज़ा की ज़िंदगी इतनी बड़ी होती! और क्या आश्चर्य कि जिस पार्टी की नींव उसने डाली, किंतु, जिसने शुरू में ही उसकी सम्मति को न मानकर उतावलापन दिखलाया, और उसी पार्टी ने उसकी पवित्र शहादत के बाद, उसे भुला भी दिया।

9

बेठिकाना उनका मज़ार है!

आग किसने लगाई?

रोज़ा लुक्ज़ेम्बुर्ग ने यह व्याख्यान पहली जनवरी 1919 को दिया था। इस व्याख्यान का सारांश यही था कि क्रांतिकारी समाजवादी लोग स्थिति को सही-सही समझने की कोशिश करें, और जब तक अंतिम संघर्ष के लिए उपयुक्त वातावरण नहीं पैदा हो जाता, तब तक ठोस तैयारी के आरंभिक कार्य करें। इसके कुछ ही दिनों के बाद बर्लिन की सड़कों पर लड़ाई शुरू हो गई और उसमें मज़दूरवर्ग बुरी तरह पराजित हुआ। इस घटना को इतिहास-लेखकों ने 'स्पार्टकस-विद्रोह' का नाम दिया और इसकी पराजय ने क्रांति-विरोधियों की सत्ता जर्मनी में जमा दी।

परिस्थिति में इस आकस्मिक परिवर्तन का क्या कारण हुआ? क्या राष्ट्रीय परिषद के प्रस्ताव की स्वीकृति के चलते ऐसा हुआ? क्या इस निर्णय का यह स्वाभाविक नतीजा था कि उसके समर्थक शक्ति-प्रयोग के द्वारा चुनाव को रोकने की चेष्टा करें? नहीं, बिलकुल नहीं। जिन सदस्यों ने उसके पक्ष में वोट दिए थे, उन्होंने इसकी कल्पना तक नहीं की थी! इस नई पार्टी के नेता रोज़ा के बताए उपर्युक्त मार्ग को त्यागने की इच्छा तक नहीं रख सकते थे—क्योंकि यह मार्ग रोज़ा ने अपने सभी साथियों की राय से उनके सामने रखा था। तो क्या रूस के दूतावास ने स्पार्टकस को भड़काकर लड़ा दिया, जिससे बोल्शेविकों पर जो तनाव उस समय था, वह कम हो जाए? पीछे कुछ इतिहास-पुस्तकों में इसका इशारा भी किया गया था। किंतु, तमाशा तो यह है कि उस समय बर्लिन में रूस का दूतावास था भी नहीं—उसे 4 नवंबर को ही नई सरकार ने उठने को बाध्य किया था। उस

समय बर्लिन में सिर्फ़ एक नाममात्र का रूसी था—कार्ल रैडक। रैडक ने इस लड़ाई के दर्म्यान जो पार्टी की केंद्रीय समिति के पास पत्र भेजा, उससे साफ़ है कि रैडक का उसमें ज़रा भी हाथ नहीं था और यह कल्पना भी हास्यास्पद है कि रोज़ा लुक्ज़ेम्बुर्ग और जोगिचेस ऐसे धुरंधर और अनुभवी क्रांतिकारी नेता 'सलाहकारों' के कहने पर इस तरह के सर्वनाशक दुस्साहस के लिए उद्यत हो जाएँगे। यह भी कहा जाता है कि रोज़ा और उसके साथियों ने दिमाग़ का सन्तुलन खो दिया था, बिना तैयारी के ही वे धावा कर बैठे और अपने साथ अपनी पार्टी और मज़दूरवर्ग को भी ले बैठे! कुछ समझदार लोगों ने भी इसे मंजूर कर लिया था। उनका क्या क़सूर? जब तक सही बातें लोगों को मालूम न हों, तब तक अंट-शंट बातों पर ही विश्वास कर लेने को मजबूर होना ही पड़ता है।

सही बात तो यह है कि 'स्पार्टकस-विद्रोह' नाम की कोई चीज़ हुई ही नहीं थी। इसका सबसे बड़ा सबूत है 'रोटे फ़ाहने' के लेख; जोकि पार्टी की नीति-रीति के सच्चे परिचायक रहे हैं। उन नाजुक दिनों में उसके अग्रलेख निकले वे यों हैं—जनवरी 1, 'परदे के पीछे क्रांति-विरोधियों की खुराफ़ातें' जिसमें सरकारी काग़ज़ात से साबित किया गया है कि किस तरह रूस के ख़िलाफ़ लड़ाई की तैयारियाँ हो रही हैं; जनवरी 2, 'गुलामों के व्यापारी,' पिछले विषय पर ही; जनवरी 3, 'हमारी पहली पार्टी कांग्रेस,' जिसमें पार्टी की कठिनाइयों का उल्लेख है; जनवरी 4, 'इटली में क्रांति की संभावना;' जनवरी 5, 'खानों के पूँजीवादी लुटेरे,' जिसमें रूहर के आर्थिक संघर्षों पर प्रकाश डाला गया है और जनवरी 6, 'बेरोज़गारी'। इन लेखों से ही साबित है कि जर्मनी की कम्यूनिस्ट पार्टी के नेताओं का क्रांति के क्रमिक विकास की ओर ही ध्यान था; बर्लिन की सड़कों पर ज़ोरआज़माई उनके दिमाग़ में थी ही नहीं।

सच बात यों है, कि जर्मनी में जो यह लड़ाई हुई उसकी तैयारी और शुरुआत क्रांति-विरोधियों ने बड़ी चालाकी से की थी। उस समय उन्होंने जो कुछ किया, उसकी मिसाल इतिहास में नहीं मिलती, इसलिए, लोग उस समय उसे न समझ सके और न उस पर विश्वास कर सके। किंतु, पीछे फैसिज्म ने बड़े पैमाने पर उसे दुहराकर लोगों की आँखें खोल दीं! घटनाएँ आप अपनी गवाही देती हैं—

इस घटना के छः साल बाद 1925 के अक्टूबर महीने में म्यूनिख़ की कचहरी में एक मानहानि का मुक़दमा चला था। यह मुक़दमा बड़ा सनसनीदार था, जो 'पीठ में छुरा' नाम से मशहूर हुआ। जर्मनी महायुद्ध में क्यों हारा, इसी को लेकर यह अभियोग चला था। उस मुक़दमे में ग़वाही देते हुए सेनापति ग्रोनर ने बताया कि किस तरह प्रेसिडेंट एबर्ट ने फ़ौज़ी विभाग के साथ मिलकर यह षड्यंत्र रचा था—"29 दिसंबर को एबर्ट ने नोस्क को हुक्म दिया कि स्पार्टकस के ख़िलाफ़ फ़ौज़ी कार्रवाई की तैयारी करे। उस दिन सैनिकों का जमाव किया गया और लड़ाई की हर तैयारी कर ली गई।" इस गवाही से यह स्पष्ट है कि जिस दिन कम्युनिस्ट पार्टी की कांग्रेस शुरू हुई, उसी दिन सब तैयारियाँ क्रांति-विरोधियों ने कर ली थीं, किंतु, तैयारियाँ तो इसके पहले से हो रही थीं। कई सप्ताह पहले स्वयं सैनिकों का जमाव पोलैंड की सीमा की रक्षा के नाम पर किया जा चुका था। 27 दिसंबर को उन्होंने बर्लिन के चारों ओर घेरा डालना शुरू किया। इस घेरे को छिपाकर रखना मुश्किल था। एबर्ट ने मंत्रिमंडल के अपने इंडिपेंडेंट सोशल डिमोक्रैटिक साथियों से इसके लिए मंजूरी लेने की कोशिश धोखा देकर की, उनसे कहा गया कि पोलैंड और रूस पर चढ़ाई करने के लिए सैनिकों का जमाव हो रहा है। बाल्टिक प्रांतों में रूस के ख़िलाफ़, सोशल डिमोक्रैटिक बिनिंग के नेतृत्व में, युद्ध शुरू हो चुका था। इंडिपेंडेंट सोशल डिमोक्रैटिक पार्टी के मिनिस्टरों ने इस प्रस्ताव को अस्वीकार कर दिया, जिससे उन्हें इस्तीफ़ा देकर हट जाना पड़ा और अब पूरे दक्षिणपंथी सोशल डिमोक्रैटिक मिनिस्टरों की सरकार बनी—एबर्ट, स्ख़ाईडमैन, लैंड्स्बर्ग, बिस्सल और नोस्क। तब नोस्क ने सेना का नायकत्व अपने हाथ में इन शब्दों के साथ लिया—"आख़िर किसी को शिकारी कुत्ते का काम करना ही है!" धन्य ओ शिकारी कुत्ते!

अपने 'संस्मरण' में सेनापति मायरकर ने लिखा है—"जनवरी के शुरू में जो एक बैठक सैनिक विभाग के दफ्तर में हुई, उसमें नोस्क हाज़िर था। उसमें बर्लिन पर घेरा डाले हुए स्वयं सैनिकों के नायक भी हाज़िर थे।

बर्लिन पर किस तरह धावा शुरू किया जाए, इसके ब्योरे पर बहस हुई और निर्णय हुआ।" 4 जनवरी को एबर्ट और नोस्क ने बर्लिन से बाहर जाकर उन स्वयंसैनिकों का निरीक्षण किया। नाम तो उनका स्वयंसैनिक था, यानी, देश के नाम से स्वेच्छापूर्वक तैयार होकर लड़नेवाले देशभक्तों का दस्ता! किंतु, यथार्थ बात दूसरी ही थी। उनमें छः दस्ते तो बाज़ाब्ता शिक्षित सैनिकों के थे और जो बाकी थे, वे भी सरकार के भाड़े के टट्टू थे, जिन पर सरकारी फ़ौज़ी अफ़सर सवारी कसे हुए थे। उनके पास पूरे हथियार और युद्ध के सामान थे।

इस तरफ़ ये सैनिक तैयारियाँ हो रही थीं, दूसरी ओर लोगों को स्पार्टकस के ख़िलाफ़ भड़काया जा रहा था। सोशल डिमोक्रैटिक पार्टी का मुखपत्र 'वोखार्ट' (जिसके संपादन विभाग में रोज़ा काम कर चुकी थी) 24 दिसंबर से ही आग और ज़हर उगलने लगा था। वह रोज़-रोज़ अपने कालमों में स्पार्टकस और उसके नेताओं के ख़िलाफ़ तरह-तरह की घिनौनी और उत्तेजक बातें लिखता। 'बड़े दिन' को जिन नाविकों की मृत्यु लड़ाई में हुई थी, जिसकी चर्चा पीछे हो चुकी है, उनका अंतिम संस्कार 29 दिसंबर को हुआ। लाखों मज़दूरों ने उनकी अर्थी का साथ दिया। ठीक इसी दिन सोशल डिमोक्रैटिक पार्टी ने एक पर्चा निकाला—

"लिब्तक्नेख्त और रोज़ा लुक्ज़ेम्बुर्ग क्रांति की इज्ज़त में धब्बा लगा रहे हैं और उसके फ़ायदों को बर्बाद करने पर तुले हुए हैं। ये शारीरिक बल पर भरोसा रखनेवाले और उनकी सहायता करनेवाले प्रजातंत्र के रुतबे को धूल में मिलावें, जनता को गृह-युद्ध के लिए उत्तेजित करें और भाषण की स्वतंत्रता को गंदे इल्ज़ामों से अपवित्र बनाएँ—जनता कब तक इन बातों को चुपचाप बर्दाश्त करती रहेगी? जो उनके ख़िलाफ़ होता है, उन्हें वे गालियाँ देते हैं, धमकाते हैं और पिटवाते हैं। उनकी धृष्टता इतनी बढ़ गई है कि वे अपने को बर्लिन का मालिक ही समझ बैठे हैं।"

दूसरा पर्चा इस आशय का क्रांति-विरोधियों द्वारा उसी दिन बाँटा गया था—" 'बड़े दिन' की ये उत्तेजनाएँ जनता को गड्ढे में गिरा देंगी। इनके कर्ताधर्ता स्पार्टकस हैं—इन बदमाशों की पाशविक हिंसा का जवाब हिंसा से ही दिया जा सकता है। क्या आप शांति चाहते हैं? तब आपमें से हर एक का यह कर्तव्य है कि स्पार्टकस की खुराफ़ातों का ख़ात्मा करें। आप आज़ादी चाहते हैं? तब लिब्तक्नेख्त के उन हथियारबंद आवारों को जहन्नुम रसीद करें।"

इसके कुछ ही दिन बाद बोल्शेविक विरोधी संघ ने खुलेआम ऐलान किया कि जो कोई लिब्तक्नेख्त का सिर उतार लेगा, उसे दस हज़ार मार्क इनाम मिलेगा। सरकार ऐसे ऐलानों पर कोई कार्रवाई कहाँ तक करती, उल्टे उसकी और पूँजीपतियों की थैली इन हत्याकारी उत्तेजनाओं को बढ़ाने के लिए खुली हुई थी।

पहली जनवरी को सोशल डिमोक्रैटिक हाइलमैन और हौफ्रिख्टर द्वारा संपादित अख़बार ने बर्लिन के पुलिस प्रेसिडेंट ईख़ौर्न के ख़िलाफ़ तरह-तरह के इल्ज़ाम लगाए। ईख़ौर्न बड़ा ही चरितवान व्यक्ति था। उसकी सच्चरित्रता की धाक इन इल्ज़ाम लगानेवालों पर भी थी। किंतु, इससे क्या? उन्होंने खुलकर यहाँ तक लिख डाला कि उसने जनता का रुपया खा लिया है। यही नहीं, उस पर यह भी अभियोग लगाया गया कि वह गृह-युद्ध की तैयारी में लगा हुआ है, यद्यपि वे यह जानते थे कि उसके पास इतने हथियार भी नहीं हैं कि अपनी पुलिस को अच्छी तरह हथियारबंद कर सके। तीसरी जनवरी 1919 को वह मिनिस्टरी के आफ़िस में बुलाया गया और उस पर इल्ज़ामों की बौछार करके उससे कहा गया कि वह इस्तीफ़ा दे दे। उसने कहा कि उस पर जो इल्जाम हैं, उन्हें लिखकर दिया जाए, जिनका जवाब वह 24 घंटे के अंदर देगा। सरकार लिखकर जनता के सामने अपने को लाना नहीं चाहती थी। दूसरे ही दिन उसे बरख़ास्त कर दिया गया। ईख़ौर्न ने चार्ज देने से इंकार कर दिया, जब तक कि उस पर बाज़ाब्ता लिखकर कार्रवाई नहीं की जाती। फिर, उसकी भर्ती मिनिस्टरी ने नहीं की थी। मज़दूर-सैनिक-पंचायत की कार्य-समिति ने उसे उस पद पर बिठाया था। तब वह क्यों मिनिस्टरी की बात माने?

इस प्रश्न पर विचार करने को बर्लिन की इंडिपेंडेंट सोशल डिमोक्रैटिक पार्टी और शौप-स्टिवार्ड-कमेटी की सम्मिलित बैठ हुई, जिसमें ईख़ौर्न का समर्थन करते हुए प्रस्ताव पास हुआ। संघर्ष बचाने के लिए ईख़ौर्न ने

कहा कि बर्लिन की मज़दूर-सैनिक-पंचायत से मुझे हुक्म दिला दिया जाए, तो मैं हट जाऊँ। इस पंचायत में सरकार का बहुमत था, आसानी से वह ऐसा कर सकती थी। किंतु, वह तो खुद संघर्ष चाहती थी। ईख़ौर्न को ज़बर्दस्ती हटा दिया गया और उसकी जगह एक सोशल डिमोक्रैट को पुलिस प्रेसिडेंट मुक़र्रर किया गया। सरकार के इस काम के ख़िलाफ़ 5 जनवरी को इंडिपेंडेंट सोशल डिमोक्रैटिक पार्टी और शौप-स्टिवार्ड-कमेटी की ओर से विराट प्रदर्शन किया गया। कम्यूनिस्ट पार्टी स्पार्टकस लीग भी उसमें शामिल हुई। लाखों मज़दूर कारख़ानों से निकल आए, जुलूस बनाकर पुलिस आफ़िस के नज़दीक़ गए, ईख़ौर्न को बहाल रखे जाने की माँग पेश की और ऐलान किया कि यदि सरकार नहीं सुनेगी, तो हम उससे ऐसा कराके छोड़ेंगे!

इस प्रदर्शन से प्रभावित होकर इंडिपेंडेंट सोशल डिमोक्रैटिक पार्टी की कार्य-समिति, शौप-स्टिवार्ड-कमेटी और कम्यूनिस्ट पार्टी की ओर से दो प्रतिनिधियों—कार्ल लिब्तक्नेख्त और विल्हेम पीक की सम्मिलित बैठक हुई। उसका विश्वास था कि बर्लिन की सेना उनका साथ देगी, स्पांडाओ और फ्रांकफुर्त से भी उन्हें सैनिक सहायता पाने की उम्मीद थी। इस बैठक ने तय किया कि ईख़ौर्न की इस बरख़ास्ती का मुक़ाबला किया जाए, एबर्ट-स्खाईडमैन की सरकार को उखाड़ फेंका जाए। एक 'क्रांतिकारी कमेटी' चुन ली गई, जिसके नेता जार्ज लेबेंडर, कार्ल लिब्तक्नेख्त और पाल स्खौल्ज़ बनाए गए।

यह प्रश्न किया जा सकता है कि क्या निर्णय समयोचित था? क्या वे लोग इसके उपयुक्त पात्र थे, जिन्हें इस महान् कार्य के लिए चुना गया था? किंतु, यह सवाल भी नहीं उठता, क्योंकि जिस समय वह निर्णय हो रहा था, उसके पहले, दूसरी जगह आग लग चुकी थी!

25 दिसंबर को, जबकि नाविकों पर सरकार ने अन्यायपूर्वक धावा बोल दिया था, कुछ क्रांतिकारी मज़दूर 'वोखार्ट' के आफ़िस पर चढ़ दौड़े थे और उस पर अपना क़ब्ज़ा जमा लिया था। इन मज़दूरों को इस बात की चिढ़ थी कि उन्हीं के रुपए से स्थापित और आज भी उन्हीं से इकट्ठा किए गए कोष से चलनेवाला यह अख़बार, उनका और क्रांति का प्रबल विरोधी बन गया है। महायुद्ध के ज़माने में इसने धोखा दिया था ही, आज भी यह अपना क्रांतिविरोधी रवैया नहीं छोड़ता। उनकी यह चिढ़ स्वाभाविक थी और उनका यह क़ब्ज़ा न्यायोचित था। किंतु, रोज़ा को जब यह ख़बर मालूम हुई, उसने अभी ऐसा करना मुनासिब नहीं समझा और उसी दिन मज़दूरों को वहाँ से हटा दिया। 5 जनवरी को जब वह महान् प्रदर्शन पुलिस आफ़िस के सामने हो रहा था, फिर किसी ने मज़दूरों को 'वोखार्ट' पर क़ब्ज़ा करने की याद दिलाई। उनका एक गिरोह उस ओर गया, अख़बार और सोशल डिमोक्रैटिक पार्टी के दफ़्तर पर उन्होंने क़ब्ज़ा कर लिया। शाम होते-होते बर्लिन के सभी प्रमुख अख़बारों और प्रेसों पर मज़दूरों का झंडा उड़ रहा था। दूसरे दिन, 6 जनवरी को, सरकारी प्रेस और स्टेशनरी के दफ़्तर पर भी वह झंडा लहरा रहा था।

इसमें शक नहीं कि ऐसी घटनाएँ जनता के जोश में हो जाना असंभव नहीं। लेकिन, जिन बातों का पीछे पता चला, उनसे यह सिद्ध है कि मज़दूरों को धोखा दिया गया। उन्हें दुश्मनों ने भड़काया और जाल में फँसाया। प्रूशिया की धारासभा ने जो जाँच-समिति बैठाई थी, उसने गवाहियों की छान-बीन कर यह निर्णय दिया कि बर्लिन के सेनापति के आफ़िस के मुशाहरे पर पलनेवाले कुछ उत्तेजना देनेवाले खुफ़िया के गुर्गों ने मज़दूरों को इस काम के लिए उभाड़ा, गलत नारे देकर उन्हें उस ओर बढ़ाया, जहाँ पहले से ही सर्वनाश का जाल होशियारी से बिछाया जा चुका था!

शाबाश स्पार्टकस!

यों, इस जनवरी के विद्रोह की शुरुआत क्रांति-विरोधियों ने की थी और इसलिए उन्हें सब सुविधाएँ प्राप्त थीं। किंतु, मज़दूरों के हाथ में भी कुछ अच्छे ताश थे। उनके पास हथियारों की कमी नहीं थी और वे उनके इस्तेमाल करने को भी तैयार थे। यद्यपि बर्लिन की सेना ने अपने को तटस्थ घोषित किया था और वह अपने बैरक में ही पड़ी हुई थी, किंतु, यह बहुत संभव था कि मज़दूरों की दृढ़ता और वीरता को देखकर वह उनका साथ दे दे।

होशियारी से तैयार की गई और उत्साह से चलाई गई सैनिक कार्रवाइयाँ क्रांतिविरोधियों के होश दुरुस्त कर देतीं, उनके पैर उखाड़ देतीं, इसमें शक नहीं। बहुत संभव था कि बर्लिन में मज़दूरों को पूरी विजय प्राप्त होती, किंतु सवाल था बर्लिन से बाहर का, जहाँ आंदोलन और संगठन की कमी थी। जब बाहर से ख़तरा आता, बर्लिन में क्या किया जा सकता, कहाँ तक उसे दूर किया जाता, यही प्रश्न था। किंतु, यह प्रश्न उठने भी नहीं पाया कि शुरू में ही मज़दूरों की हार पर मुहर लग गई। इंडिपेंडेंट सोशल डिमोक्रैट, शौप-स्टिवार्ड-कमेटी के बहुमत से बनी 'क्रांतिकारी-कमेटी' ने सशस्त्र मुक़ाबले और सरकार को उखाड़ फेंकने का ऐलान तो कर दिया, किंतु उसका नेतृत्व बिलकुल निकम्मा साबित हुआ। उसने 6 जनवरी को फिर प्रदर्शन करने की अपील निकाली; मज़दूरों में कुछ राइफ़लें भी बाँटीं और मिनिस्ट्री के युद्ध-विभाग पर क़ब्ज़ा करने की धीमी कोशिश भी की। किंतु, उसने उन मज़दूरों के बारे में कुछ नहीं सोचा, जो अख़बारों के दफ़्तरों पर क़ब्ज़ा करके बैठे हुए थे। जबकि घनघोर लड़ाई हो रही थी, मज़दूरों के ये क्रांतिकारी जत्थे असैनिक महत्त्व के स्थानों में उलझे रहें, यह उचित नहीं था। इस लड़ाई के दर्म्यान सिर्फ़ एक ही सैनिक महत्त्व का काम हुआ और उसे मज़दूरों ने अपने मन से किया—वह था स्टेशनों पर क़ब्ज़ा करना। उस समय 'क्रांतिकारी कमेटी' सिर्फ़ बहस किए जा रही थी—बहस, बहस, बहस! और इन बहसों का नतीजा—सरकार से समझौता कर लेना! समझौता करके वह अब अपने को इस ज्वाला से निकालकर बचा लेना चाहती थी, किंतु, मज़दूर तो अपनी नाव तब तक चला चुके थे। इस समझौते की बातचीत ने उनमें पस्ती लाई, उनके हौसले टूट गए, पैर बँध गए।

और यह नई कम्यूनिस्ट पार्टी क्या कर रही थी? लिब्तक्नेख्त और पीक ने इस लड़ाई के पक्ष में वोट दिए थे और लिब्तक्नेख्त की जो प्रतिष्ठा थी, उसके चलते इस निर्णय के होने में बड़ी मदद मिली थी। लिब्तक्नेख्त एक बहादुर, लेकिन भावना-प्रवण आदमी था। वह होशियारी से मोर्चाबंदी करना या स्थिति के हर ब्योरे पर ध्यान देना जानता नहीं था। उत्साह और साहस का वह पुतला था। लड़ाकू स्वभाव—हर लड़ाई के पक्ष में। उसने और पीक ने बिना पार्टी से पूछे ही लड़ाई के पक्ष में वोट दिए थे। पार्टी समूची क्रांति को इस तरह बाज़ी पर रख देने को तैयार नहीं थी। रोज़ा लुक्ज़ेम्बुर्ग ने लिब्तक्नेख्त को इसके लिए काफ़ी फटकार बताई और इस पर क्रोध और आश्चर्य प्रकट किया कि स्पार्टकस लीग की मोर्चेबंदी के सभी सिद्धांतों को उसने एक बार ही हवा में उड़ा दिया। वह सशस्त्र संघर्ष की विरोधी नहीं थी, किंतु, उसके लिए उपयुक्त मौक़ा अभी नहीं आया था। कम्यूनिस्ट पार्टी अभी बच्ची थी; बर्लिन के मज़दूरों पर उसकी धाक थी, किंतु, समूचे मज़दूरवर्ग पर उसका एकाधिकार था, ऐसा नहीं कहा जा सकता। ऐसी हालत में विजय प्राप्त होने पर भी वह असली हुकूमत की बागडोर सम्हाल सकती थी, यह भी विवादास्पद बात थी। इसलिए, अभी धैर्य से काम लेना था। किंतु, अब जब लड़ाई शुरू हो गई थी, रोज़ा ने पूरी ताक़त और दृढ़ निश्चय से इसके चलाने में ही कल्याण देखा। अब पैर पीछे रखना मज़दूरों को धोखा देना होता। इसलिए वह 'रोटे फ़ाहने' में लेख लिखकर मज़दूरों से डटे रहने और आगे बढ़ने एवं नेतृत्व को दृढ़ता से स्थिति का सामना करने को उत्साहित करने लगी। 7 जनवरी को उसने लिखा—

"क्या नेताओं ने स्थिति की गंभीरता और अपने कर्तव्य को समझने की कोशिश की है? क्या इंडिपेंडेंट सोशल डिमोक्रैटिक पार्टी के क्रांतिकारी हिस्से और क्रांतिकारी शौप-स्टिवार्ड-कमेटी ने जनता के बढ़ते हुए जोश को महसूस किया है? जनता ने इनकी बात मानकर अपने को इस ज्वाला में झोंक दिया है। वे अब आगे बढ़ने के लिए अपने नेताओं से हुक्म पाने की प्रतीक्षा में हैं।

" इन नेताओं ने इस बारे में क्या निश्चय किया है? शायद वे लोग 'गंभीर' विचार कर रहे हैं—किंतु, समय अब सिर्फ़ विचार करने का नहीं है, काम करने का है।

" एबर्ट और स्ख़ाईडमैन का गिरोह बहस में नहीं फँसा हुआ है। वह पर्दे में बैठा क्रांतिविरोधियों की धूर्तता और कार्यशक्ति से क्रांति को कुचलने की तैयारी में लगा हुआ है। वह अपनी तोप-बंदूकों में गोले-गोलियाँ भरकर घात में बैठा है कि ज्योंही मौक़ा मिले, क्रांति को धूल में मिला दे।

"खोने के लिए समय नहीं है। तुरत ही काम शुरू होना ज़रूरी है। क्रांतिकारी संस्थाओं की जोशीली और उत्साहपूर्ण कार्रवाइयों से ही हिचक में पड़े हुए सैनिकों को क्रांति के पक्ष में लाया जा सकता है।

"सभी सच्चे समाजवादी नेताओं का, चाहे वे जिस पार्टी के हों, एक ही काम है, —करो, बढ़ो; उत्साह से, हिम्मत से करो, बढ़ो! क्रांति-विरोधियों से हथियार छीन लो, जनता के हाथों में हथियार दो, सभी प्रमुख नाकों पर क़ब्ज़ा करो। करो, बढ़ो—क्रांति की यही माँग है, यही आदेश है।"

सुलह की जो बातचीत चल रही थी, रोज़ा ने स्पष्टतः बताया कि यह क्रांति-विरोधियों का जाल है। यद्यपि लड़ाई शुरू करने के पहले उससे राय नहीं ली गई थी, किन्तु अब जब लड़ाई शुरू हो गई थी, तब वह सुलह के जंजाल में नहीं फँसकर लड़ाई को जोश से आगे बढ़ाने के पक्ष में थी। उसकी बात बिलकुल सही थी—पीछे की कार्रवाइयों से पता चला कि सुलह की यह चर्चा मज़दूरों की हिम्मत और उत्साह तोड़ने के लिए की गई थी। ज्योंही मौक़ा आया, क्रांति-विरोधियों ने अपने वादों को तोड़ डाला, उस सुलहनामे को फाड़ फेंका जिस पर उनके दस्तख़त थे और पूरी पैशाचिकता से दमन आरंभ कर दिया।

रोज़ा का जो रुख़ इस जनवरी के संघर्ष के बारे में था, उसका समर्थन करते हुए क्लारा ज़ेटकिन ने लिखा है—

"ये घटनाएँ प्रारंभ में बहुत ही उत्साहप्रद और आशाप्रद प्रतीत होती थीं, किंतु, रोज़ा किसी घटना को अलग करके विचारने की आदी नहीं थी। वह संपूर्ण आंदोलन को देखती थी; देखती थी समूची जर्मनी की जनता की क्या स्थिति है। हो सकता है, बर्लिन में मज़दूरों की विजय हो जाती, किंतु, जब तक संपूर्ण जर्मनी की जनता तैयार नहीं हो, तब तक 'पेरिस-कम्यून' की तरह चंद दिनों का 'बर्लिन-कम्यून' भी इतिहास देखता। इसलिए वह इस समय समूची सरकार को उखाड़ फेंकने की कोशिश के बदले क्रांतिविरोधियों के हमले का मुँहतोड़ जवाब देने, ईख़ौर्न को फिर उसके पद पर बिठाने, बर्लिन के आंदोलन को कुचलने के लिए बुलाई गई सेना को वापस करने, मज़दूरों को हथियारबंद करने और सैनिक-शक्ति की बागडोर मज़दूरों के हाथ में देने—इन्हीं सवालों को आगे रखना पसंद करती थी। किंतु, ये सवाल भी बहस से, या सुलह से हल नहीं हो सकते थे, इनके लिए भी क्रांतिकारी कार्रवाई की ज़रूरत थी।

"रोज़ा लुक्ज़ेम्बुर्ग के नेतृत्व में नई कम्यूनिस्ट पार्टी के नज़दीक़ कितनी ही कठिनाइयाँ थीं, कितनी ही झंझटें थीं। वह सरकार को उखाड़ फेंकने के उद्देश्य से की गई इस लड़ाई के पक्ष में नहीं थी, लेकिन, अब, जब जनता उसमें शामिल हो चुकी थी, वह अपने को उनसे अलग भी नहीं रख सकती थी। मतभेद होने पर भी पार्टी को जनता का साथ देना लाज़िमी था, जिसमें क्रांति-विरोधियों के मुक़ाबले में कमज़ोरी नहीं आने पाए और जनता स्वयं अपने अनुभवों से क्रांतिकारी सबक़ ले। इसलिए, पार्टी के काम दो तरह के थे—एक ओर आलोचनात्मक और दूसरी ओर सहायतात्मक।"

इसके अलावा रोज़ा के कामों का समर्थन एक और पहलू से भी होता था। उसने बार-बार यह बताया था कि क्रांतिकारी परिस्थिति आने पर जनता की मनोवृत्ति में जल्द-जल्द विकास होता जाता—'क्रांति का एक-एक घंटा इतिहास में महीनों का काम करता है और उसका एक-एक दिन वर्षों का।'

इस मनोवृत्ति की झलक भी मिल रही थी। देशभर में क्रांति की लहर तेज़ी से फैल रही थी। राइनलैंड की क्रांति-विरोधी सेना को खुली लड़ाई में हराया जा चुका था और डूसेलडौर्फ़ एवं ब्रिमेन में मज़दूर-सैनिक-पंचायत ने शासन की बागडोर अपने हाथ में कर ली थी। बर्लिन में कसकर की गई चढ़ाई दुश्मनों को बड़ी-से-बड़ी रिआयत देने को मजबूर कर सकती थी। इसीलिए, जब कार्ल रैडेक ने यह सलाह दी कि कम्यूनिस्ट पार्टी इस विद्रोह से अपने को अलग कर ले, पीछे हटकर बैठ रहे, तो रोज़ा और उसकी पार्टी ने उसकी बात नहीं मानी। फिर उस समय की जर्मनी की कम्यूनिस्ट पार्टी रूस की बोल्शेविक पार्टी की तरह एक सुसंगठित और अनुशासित पार्टी नहीं थी, जो बाक़ायदा पीछे हटकर अपनी स्थिति को क़ायम रख पाती। पार्टी इतनी मज़बूत नहीं थी कि वह अकेली आगे बढ़ सकती, या पीछे हट सकती थी।

इस लड़ाई के दरम्यान कार्ल लिब्तक्नेख्त दिन-रात मज़दूरों के बीच में रहता था। न खाता, न सोता—पल-पल में ज़िंदगी का ख़तरा। किंतु, उन ख़तरों के बीच भी वह इस मोर्चे से उस मोर्चे पर दौड़ता रहता, मज़दूरों को सलाह देता, उत्साहित करता। इस दौड़धूप में उसे इतनी भी फुर्सत नहीं मिलती थी कि पार्टी के दफ़्तर से संबंध रख सके, सलाह ले सके।

रोज़ा की भी अजीब हालत थी। पहली क्रांति में उसके चेहरे से शांति और विश्वास टपकता। वह अपने समर्थकों को उमंग में रखती, उसकी एक मुस्कुराहट की नज़र उनकी थकावट दूर कर देती, उनमें उत्साह भर देती। मौक़े पर वह उन्हें डाँटती और सही रास्ता बताती। वह एक चलती-फिरती चिनगारी मालूम होती। किंतु, इस बार उसके शरीर ने उसके साथ दग़ा कर दिया था। अब इच्छाशक्ति का उस पर वश नहीं था। युद्ध के वर्षों की जेल-ज़िंदगी की प्रतिक्रिया अब उसे जैसे धीरे-धीरे निगलना चाहती हो। काम करते-करते वह अचानक बेहोश हो जाती। बेहोशी प्रायः हर दिन, कभी-कभी कई बार, आती। साथी कहते, आराम कीजिए, दवा कराइए। वह उन पर गुस्से से ताकती, कहती, क्या मैं मज़दूरों से दग़ा करूँ। वे लड़ रहे हैं, मर रहे हैं, मैं ज़िंदगी की ख़ैर मनाऊँ। जो बाक़ी रही-सही शक्ति थी, उसका एक-एक कण काम में लगाती। रोज़ाना उसके लेख 'रोटे फ़ाहने' में निकलते। उन लेखों में वही स्पष्ट विचार, वही उत्साह और साहस।

नरमेध का आरंभ

आठवीं जनवरी को विल्हेम स्ट्रास्से पर क्रांति-विरोधियों ने गोलाबारी शुरू की थी। इसी भवन में 'रोटे फ़ाहने' का संपादकीय दफ़्तर था। फिर इसके अंदर घुसने की कोशिश हुई, किंतु, वे थोड़ी ही देर में आप-से-आप भाग खड़े हुए। क्योंकि उन्हें ऐसा विश्वास था कि स्पार्टकस ने इस मकान को क़िले में परिणत कर रखा है। सच बात यह थी कि इस मकान में अस्त्र-शस्त्र का नाम नहीं था, न यहाँ उस समय, सिवा एक स्त्री के कोई दूसरा व्यक्ति ही था। इस घटना से सबक़ लिया गया और 9 जनवरी को वहाँ से आफ़िस हटा लिया गया। सरकार ने उस समय उस घर पर पहरा बैठा दिया था। रोज़ा जब निकली, उसने इन पहरेदारों को देखा। ये कौन थे? ग़रीबों ही के बेटे तो। किंतु, भूख और बेकारी ने उन्हें इस कुकर्म पर—अपने ही पैर में कुल्हाड़ी मारने को—लाचार किया था। रोज़ा ने उन्हें समझाना शुरू किया, किंतु, क्या इस समय उसे इस तरह छोड़ा जा सकता था? मुश्किल से उसे वहाँ से हटाया जा सका। उसके तुरत ही बाद ह्यूगो एवरलीन ने देखा, वह फिर सड़क पर खड़ी लोगों को समझा रही है। रोज़ा सब ख़तरों को भूल गई थी, बल्कि वह जिम्मेवारी के ख़याल से, ख़तरों को खोजती फिरती थी। जब पार्टी का हर सदस्य और जनता का हर व्यक्ति इस जद्दोजहद में फँसा है, उसे ही क्या हक़ है कि हिफ़ाज़त खोजे, वह इस तरह सोचती।

कुछ दिनों तक वह लड़ाई के हलक़े में ही, एक डॉक्टर के घर पर रही। वह और लिओ जोगिचेस—दोनों अनुभवी क्रांतिकारी थे, किस तरह संकटों में छिपा और बचा जाता है, अच्छी तरह जानते थे; किंतु, वे दोनों निर्द्वंद्व होकर इस तरह काम कर रहे थे, जैसे खतरे का कोई अंदेशा ही नहीं हो। वे नेताओं और लड़नेवाले समूहों के प्रतिनिधियों से खुलेआम जलपानघरों और होटलों में मिलते। चारों ओर गोलियाँ चल रहीं, उनके दुश्मन हर जगह उनको फँसाने के लिए जाल बिछाए चलते, किंतु, ये दोनों अपने काम में बेरोकटोक लगे रहते। 10 जनवरी को शहर के कमांडर ने विद्रोही नेताओं की धरपकड़ शुरू की। जॉर्ज लेडेबोर और अर्न्स्ट मेयर गिरफ्तार किए गए। इन दोनों के साथ जो सलूक़ किया, उससे पता चला, सरकार क्रांति-नेताओं की जान लेने पर उतारू है।

लेडेबोर की गिरफ्तारी का सपना नहीं देखा जा सकता था। वह इंडिपेंडेंट सोशल डिमोक्रैटिक पार्टी का नामी नेता था और वही सरकार से सुलह की बातचीत कर रहा था। दूसरी भोर में ही सुलह की बात होने को थी। उसने सरकार से कहा, उसे छोड़ दिया जाए, उसकी गिरफ्तारी का क्या मतलब? वह तो सुलह कराना चाहता है। किंतु, एबर्ट सुलह थोड़े ही चाहता था। वह तो किसी तरह समय काट ले जाना और मज़दूरों के जोश

को ठंडा करना चाहता था । इसमें वह सफल हो चुका था । अब वह किसी से कुछ रिआयत क्यों करने चले ?

11 जनवरी की घटना से साबित हो गया, सरकार कहाँ तक नीचे उतरने—नीचता और निर्ममता दिखाने को तैयार है । 11 को एक फ़ौज़ी दस्ता 'वोखार्ट' के आफ़िस को विद्रोहियों से छीनने को भेजा गया । दस्ते ने आते ही मशीनगन और तोप चलाना शुरू कर दिया । क़ब्ज़ा करने की पहली चेष्टा असफल होने पर गोलाबारी शुरू की गई । दो घंटे तक भीषण गोलाबारी होती रही । जब देखा कि अब किसी तरह क़ब्ज़ा नहीं रखा जा सकता, तो विद्रोही मज़दूरों ने अपने दो प्रतिनिधि सुलह के लिए भेजे—उनमें एक था मज़दूरों का प्यारा कवि मोलर और दूसरा प्रसिद्ध लेखक ओल्फ़गैग फ़र्नबाख़ । फ़ौज़ी दस्ते ने इस बात को मंज़ूर किया कि बिना शर्त के मज़दूर पराजय स्वीकार करके दफ़्तर ख़ाली कर दें । मज़दूरों ने इस शर्त को मंजूर कर लिया, किंतु, जब वे तीन सौ मज़दूर आफ़िस से बाहर निकले तो देखा कि उनके दोनों प्रतिनिधियों की लाशें खून में तड़प रही हैं ।

क्रांतिविरोधियों का आतंकवाद शुरू हो गया ।

फ्रेडरिख़ स्ट्रास्से में कम्यूनिस्ट पार्टी का दफ़्तर था । उस पर धावा किया गया और उसे ज़मींदोज़ कर डाला गया । लिओ जोगिचेस और ह्यूगो एबरलीन को गिरफ़्तार किया गया । एबरलीन किसी तरह भाग निकला और उसकी मारफ़त जोगिचेस ने पार्टी के नेताओं को ख़बर भेज दी कि वे बर्लिन छोड़कर फ्रांकफुर्त चले जाएँ और वहीं से जो कुछ संभव हो, करें । जो उस समय एक घटना हुई, उससे उसकी आशंका का समर्थन होता था । 'रोटे फ़ाहने' के दफ़्तर में क्या हो रहा है, यह जानने के लिए एक महिला सदस्य को भेजा गया था । सरकारी गुर्गों ने समझा, यही 'रोज़ा' है । फिर क्या था, बेचारी को पकड़कर दुर्गत कर दी—बड़ी मुश्किल से उसकी जान बची, जब यह पता चला कि यह रोज़ा नहीं हैं । इससे सिद्ध था कि रोज़ा ज्योंही पकड़ी जाएगी, उसकी जान लिए बिना ये नहीं छोड़ेंगे । किंतु, जब लिओ जोगिचेस की यह राय रोज़ा से कही गई, उसने झुँझलाकर उसे नामंजूर कर दिया । मुझे और लिब्तक्नेख्त को बर्लिन में ही रहना है, जिसमें मज़दूर पराजय से बच सकें और उनमें पस्ती न आने पावे—यह थी उसकी दलील । और उसकी दलील में तथ्य था, इसे कौन अस्वीकार कर सकता है ?

कुछ लोग कहते हैं, रोज़ा को इस मौक़े पर लेनिन का अनुसरण करना चाहिए था, जो 1917 की जुलाई के दिनों में क्रांतिविरोधी ताक़तों का ज़ोर देखकर, रूस छोड़कर फिनलैंड भाग गया ! किंतु, लेनिन की धर्मपत्नी क्रुप्स्काया ने जो संस्मरण लिखे हैं, उनसे यह स्पष्ट हो चला है कि लेनिन और जिनोबिब रूस छोड़ने के पक्ष में नहीं थे, वे अपने को अदालत के सुपुर्द करने को तैयार थे, किंतु, पार्टी ने उन्हें हुक्म दिया, तब कहीं लाचारी वे अपनी जगह से हटे ।

11 जनवरी को रोज़ा लुक्ज़ेम्बुर्ग के निवास स्थान पर एक मीटिंग हुई, जिसमें कार्ल लिब्तक्नेख्त भी शामिल हुआ । उसमें यह तय हुआ कि यह स्थान सुरक्षित नहीं है, इसलिए रोज़ा और कार्ल दोनों वहाँ से हटकर दूसरे मोहल्ले में एक मज़दूर परिवार में जाकर ठहरें । ऐसा ही हुआ । किंतु, 13 को उन्हें वहाँ से भी हटना पड़ा, क्योंकि अफ़वाह उड़ी कि सरकारी गुर्गों को इस जगह की भी ख़बर लग गई है । अब वे दोनों विल्मर्स डौर्फ़ नामक बर्लिन के अंचल की बस्ती में एक मध्यवित्त परिवार में जा रहे । इसी घर में रोज़ा ने अपना अंतिम लेख लिखा । शीर्षक था—'अब बर्लिन में शांति है !' इस लेख में बताया गया था कि क्यों मज़दूरों की यह लड़ाई असफल हुई । साथ ही, मज़दूरों को हिम्मत भी दी गई थी कि वे भयभीत न हों, घबराएँ नहीं—एक न एक दिन उनकी जीत होकर रहेगी । लिब्तक्नेख्त ने भी एक लेख लिखा, कैसी ओजस्वी वाणी में—

"स्पार्टकस आग है, शक्ति है ! स्पार्टकस हृदय है, आत्मा है ! क्रांतिकारी इच्छा और क्रांतिकारी कर्तृत्व का नाम स्पार्टकस है । स्पार्टकस—चाहे जो हो, परवाह क्या ?"

हत्या, हत्या, हत्या !

जब रोज़ा लुक्ज़ेम्बुर्ग और कार्ल लिब्तक्नेख्त विल्मर्स डौर्फ़ में पहुँचे, उन्हें फँसाने के लिए पूरा इंतज़ाम किया जा चुका था । कितनी क्रांतिविरोधी संस्थाओं के थैलों पर पलनेवाले खुफ़िया के गुर्गे चारों ओर उनकी तलाश में

चक्कर काट रहे थे। रूस से भागे हुए बड़े लोगों ने जो बोल्शेविक-विरोधी संघ क़ायम कर रखा था, उसका थैला इस पुण्य कर्म के लिए खुला हुआ था। इस संस्था ने समूची जर्मनी में अपना जाल बिछा रखा था और रोज़ा, कार्ल और रैडक के सिर पर बड़े-बड़े इनाम बोल रखे थे। इसी के एक एजेंट वौन ट्याज़्का ने 7 जनवरी को कार्ल लिब्तक्नेख़्त को पकड़वाने की कोशिश की थी। इसी एजेंट ने एक लेफ्टिनेंट के साथ मिलकर अर्न्स्ट मेयर और जैपर्ग लेडेबोर को गिरफ्तार कराया था। सरकारी ख़ुफ़ियों के साथ भिन्न-भिन्न क्रांतिविरोधी संस्थाओं के ख़ुफ़िया भी सिरतोड़ परिश्रम कर रहे थे। पीछे जो कई मानहानि के मुक़दमे चले, उनकी गवाहियों से यह पता लगा कि रोज़ा लुक्ज़ेम्बुर्ग और कार्ल लिब्तक्नेख़्त के सिर पर एक लाख मार्क का इनाम बोला गया था। फ़िलिप स्ख़ाईडमैन की ओर से उसके साले ने ख़ुफ़ियों के सर्किल में जा-जाकर प्रचार किया था कि ज्योंही यह काम संपन्न कर लिया जाएगा, इनाम की रक़म एकपुश्त अदा कर दी जाएगी।

पूँजीवादी और सोशल डिमोक्रैटिक दोनों ही संस्थाओं के संचालक इस बात में होड़ लगाए हुए थे कि किसे इन दो नेताओं के सिर उतरवाने का सौभाग्य प्राप्त होता है।

इन हत्याओं के लिए वातावरण भी बनाया जा रहा था। क्रांति के शुरू होते ही स्पार्टकस के ख़िलाफ़ अख़बारों के कालम रँगा जाना और लाखों पर्चे बँटवाना शुरू हो गया था। सरकार के भाड़े के टट्टू मज़दूरों को गोलियों का शिकार बना रहे या उनके सिर तलवार के घाट उतार रहे थे और उन हत्यारों को 'मुक्तिदाता' की उपाधि दी जा रही थी। ऐसा ज़बर्दस्त प्रचार किया गया था कि पूँजीवादियों की क्या बात, मध्यवर्गीय भलेमानस भी मज़दूरों को सब खुराफ़ातों की जड़ मानकर उन्हें पकड़कर सरकारी अफ़सरों के सुपुर्द करते, जो उन्हें पंक्तियों में खड़ा कर गोलियों से सरेआम मार डालते। उनकी लाशें तड़पतीं, वे देख-देखकर खुश होते। कितने ही बेक़सूर लोग भी इस आम हत्याकांड में काम आए। मज़दूरों के ख़ून से होली खेलने के बाद अब इन दो नेताओं के खून से वे अपने हाथ में मेंहदी लगाना चाहते थे। 'वोखार्ट' ने निर्लज्जता की हद कर दी, जब उसने 13 जनवरी को इस आशय की एक कविता सजाकर, छापी—

कई सौ लाशें पाँत में तड़प रही हैं—
मज़दूरो !
कार्ल, रोज़ा, रैडक और उनके साथी—
इनमें नहीं दीख पड़ते, इनमें नहीं दीख पड़ते
मज़दूरो !

और इसी 'वोखार्ट' को यह परम सौभाग्य प्राप्त हुआ कि 16 जनवरी के अपने अंक में उसने घोषित किया—"लिब्तक्नेख़्त निकल भागने की चेष्टा में गोली से मार दिया गया" और रोज़ा लुक्ज़ेम्बुर्ग को "जनता ने खुद मार डाला।"

यह हत्या कैसे हुई, उसका एक-एक ब्योरा अब मालूम है। गिरफ़्तारी के बाद निकल भागकर लिओ जोगिचेस ने सारी बातों का ब्योरेवार पता लगाया और उन्हें 'रोटे फ़ाहने' में छपवाया। मज़दूर-सैनिक-पंचायत के प्रतिनिधियों से मिलकर उसने सारे ब्योरे को सरकारी वकील जौर्न्स के लिए पता लगाया। ये बातें ऐसी सनसनीखेज थीं कि सरकारी वकील बहुत बातों को दबा गया। पीछे स्ख़ाईडमैन बनाम प्रिंज (1920) आदि के जो मानहानि के मुक़दमे चले, उनमें कितनी छिपी बातें सामने आईं। प्रुशिया को 'डायट' ने सरकारी तौर पर एक कमेटी इस हत्याकांड की जाँच के लिए मुक़र्रर की थी, जिसकी रिपोर्ट सरकारी काग़ज़ों में छपी। बची-खुची बातें 1929-30 में हुए जौर्न्स के मानहानि के मुक़दमे में खुलीं।

15 जनवरी को नौ बजे शाम को कार्ल लिब्तक्नेख़्त, रोज़ा लुक्ज़ेम्बुर्ग और विल्हेम पीक की गिरफ़्तारी विल्मर्स डौर्फ़ के 53 नम्बर के मकान में हुई। पहले रोज़ा और लिब्तक्नेख़्त दोनों ने झूठे नाम बताए, इस भ्रम में कि शायद धोखे से किसी दूसरे की तलाश में यह छापा मारा गया है। किंतु, एक ख़ुफ़िया ने बताया कि वे ही दोनों हैं, क्योंकि वह ख़ुफ़िया दोनों को अच्छी तरह पहचानता था और कुछ दिन पहले उसने लिब्तक्नेख़्त का

विश्वास भी प्राप्त कर लिया था। पहले लिब्नक्नेख्त को खुफ़िया के दफ़्तर में ले जाया गया, वहाँ से वह ईडन होटल लाया गया, जहाँ क्रांतिविरोधी अफ़सरों का अड्डा था। रोज़ा और पीक वहाँ से पीछे ले जाए गए।

ईडन होटल में ज्योंही उनकी गिरफ़्तारी की ख़बर मिली, कैप्टन पैबस्ट ने रोज़ा लुक्ज़ेम्बुर्ग और कार्ल लिब्नक्नेख्त दोनों की हत्या का इंतज़ाम किया। होटल में लिब्नक्नेख्त के पहुँचते ही राइफ़ल के दो कुंदे उसके सिर पर जमाए गए। उसने कहा कि कम-से-कम इस जख्म पर पट्टी तो दे दो—किंतु, कौन पट्टी देता है? जब रोज़ा लुक्ज़ेम्बुर्ग वहाँ पहुँचाई गई, चारों ओर से एक राक्षसी आनंद-ध्वनि हुई। फिर गोलियों की बौछार शुरू हुई। पीक को बरामदे पर रोक रखा गया और रोज़ा और लिब्नक्नेख्त को सवाल पूछने के लिए कैप्टन पैबस्ट के कमरे में ले जाया गया। इसके थोड़ी देर के बाद लिब्नक्नेख्त को होटल से बाहर ले चले। जब वह होटल से निकल रहा था, फिर उसके सिर पर एक कुंदा जमाया गया। वह बेहोश होकर गिर गया, तब घसीटकर उसे एक मोटर पर डाल दिया गया, जहाँ 6 फ़ौज़ी अफ़सर और एक सैनिक बैठे थे। मोटर चली और टीरगार्टन में पहुँची। आधे बेहोश लिब्नक्नेख्त को मोटर से घसीटकर बाहर किया गया और उसकी निर्मम हत्या कर दी गई। फिर, उसकी लाश को मोटर पर रखकर नज़दीक के क़ब्रगाह पहुँचाया गया और कहा गया यह एक अपरिचित आदमी की लाश टीरगार्टन में पड़ी हुई मिली है!!!

थोड़ी देर बाद रोज़ा लुक्ज़ेम्बुर्ग को भी ईडन होटल से लेफ्टिनेंट बौगेल नामक फ़ौज़ी अफ़सर ले चला। ज्योंही वह दरवाज़े से बाहर हुई, बौगेल के हुक्म से पहले से ही तैयार एक सैनिक ने उसके सिर पर दो कुंदे लगाए। कुंदों के लगते ही उसकी खोपड़ी चूर-चूर हो गई, वह गिर पड़ी। अर्धमृत की दशा में उसे उठाकर मोटर पर रखा गया और बौगेल कई अफ़सरों के साथ उसे लेकर चला। मोटर पर ही एक अफ़सर ने उसकी खोपड़ी को रिवाल्वर की मूँठ से और भी चूर-चूर कर दिया। फिर बौगेल ने अपनी रिवाल्वर नज़दीक ले जाकर गोली छोड़ी, जिससे उसकी तड़पती लाश बिलकुल ठंडी हो गई! मोटर चलती हुई लैंडवेहर नाले के पुल पर पहुँची। वहाँ वह खड़ी की गई, रोज़ा की लाश निकाली गई और उसे नीचे के पानी में डाल दिया गया!!!

उपसंहार

"किसी अलक्षित कोड़े से ताड़ित होकर सूर्य-देवता के घोड़े हमारे भाग्य के कमज़ोर रथ को घसीटे हुए बढ़ते जाते हैं, और सिवा ठंडे साहस से उनकी लगाम पकड़े रहने के, हमारे लिए कोई दूसरा चारा नहीं होता।....अगर हमारे लिए गिरना बदा है तो वज्रपात से हो, हवा के झोंके से हो, या एक ग़लत क़दम बढ़ाने से हो, हम उस गढ़े में गिरकर ही रहेंगे, जहाँ हमारे ऐसे हज़ारों पहले से ही गिर पड़े हैं। युद्धक्षेत्र में अच्छे साथियों के साथ, छोटे लाभ के लिए भी, ज़िंदगी की बड़ी बाज़ी लगा देने में हमने हिचक नहीं दिखाई; फिर उन महान कार्यों के लिए, जिन पर जान देना हर आज़ाद मनुष्य सौभाग्य समझता है, प्राणोत्सर्ग करने में मैं क्या आगापीछा सोचूँगा?" —गेटे

महान जर्मन कवि गेटे की उपर्युक्त पंक्तियों में रोज़ा लुक्ज़ेम्बुर्ग की ज़िंदगी का दर्शन छिपा हुआ है। वह जानती थी उसे बाज़ी पर किस अमूल्य चीज़ को लगा देना है, वह जानती थी कि उसका नतीजा क्या हो सकता है, वह जानती थी कि जिस महान कार्य को लेकर वह आगे बढ़ी है उसमें हज़ारों जानों की कुर्बानियाँ देनी हैं, वह जानती थी कि उसे भी एक दिन मौत का खुशी-खुशी आलिंगन करना होगा। उसने एक बार सोनिया लिब्नक्नेख्त को लिखा था—"मुझे यक़ीन है, युद्धभूमि में ही मेरी मौत होगी—या तो किसी सड़क पर, या किसी जेल में।" यह कोई भावना की बात नहीं थी, यह उसका विश्वास था और विश्वास पूरा हुआ!

यह नहीं कहा जा सकता कि अगर वह ज़िंदा होती, इन पच्चीस वर्षों के अंदर जर्मनी का इतिहास क्या रुख़ लिए होता? निस्संदेह ही उसके प्रभाव के कारण जर्मनी के मज़दूरों ने कुछ दूसरा ही करतब दिखाया

होता। उसकी मृत्यु ने उसके जीवन को ही नहीं, जर्मनी के समाजवादी आंदोलन को भी बर्बाद कर डाला। अपने आदर्श को विजयी रूप में देखने का सौभाग्य उसे जीवन में नहीं मिल सका, तो कम-से-कम उसे ऐसी शानदार मौत ज़रूर मिली, जिसकी कामना हर वीरात्मा व्यक्ति करता है। ज़िंदा रहो तो अपने आदर्श के लिए; मरो तो अपने आदर्श के लिए, लड़ते-लड़ते। बिछावन पर पैर रगड़कर नहीं, दोस्तों और कुटुम्बियों की आह और उसाँस के बीच नहीं—बल्कि दुश्मनों के हथियार से, उनके गुस्से और घृणा की कालिमा को अपने खून से धोते, लाल बनाते हुए! इस वीर मृत्यु ने रोज़ा की ज़िंदगी को हमारी आँखों के सामने और भी चमका दिया, उसे एक जीवित प्रतीक बना डाला!

इस हत्या की ख़बर ने वृद्ध फ्रांज मेहरिंग के जर्जर हृदय को मानो टुकड़े-टुकड़े कर डाला। उसके दो सप्ताह के अंदर ही—29 जनवरी को उसने भी इस पापी दुनिया से सदा के लिए आँखें मूँद लीं। रोज़ा ऐसी ईमानदार, धुनी, कर्मठ, अथाह विद्वत्ता और अपार योग्यता से भरी महिला का यह राक्षसी अंत, बूढ़े मेहरिंग के लिए बर्दाश्त करना ग़ैर मुमकिन था! लिओ जोगिचेस तब तक अफ़सरों की आँखों में धूल झोंककर उनके चंगुल से निकल चुका था। जब उसे यह ख़बर मिली, एक दिन में ही वह बूढ़ा हो गया। किंतु, वह किंकर्त्तव्यविमूढ़ नहीं हुआ। इस नारकीय अपराध के ख़िलाफ़ उसने ज़बर्दस्त प्रचार शुरू किया। 'रोटे फ़ाहने' के कालमों के अलावा कितने ही पर्चे और पुस्तिकाएँ निकालीं, जिसमें चश्मदीद गवाहों के बयान ही नहीं थे, भंडाफोड़ करनेवाले फ़ोटो भी थे। इन प्रचारों से भयभीत होकर सरकारी और अर्द्धसरकारी गुर्गे उसकी जान पर पड़े। 10 मार्च को उसे गिरफ़्तार किया गया और पुलिस के सदर मुक़ाम में ले जाकर उसकी भी हत्या कर डाली गई!!!

इन दिनों हज़ारों मज़दूरों ने स्पार्टकस के प्रति अपनी भक्ति दिखाने के लिए सड़कों और जेलों में अपनी जान गँवाई!!

उनकी हत्या पर क्रांतिविरोधियों ने उत्सव मनाए, दावतें कीं। उन्होंने समझा, क्रांति को उन्होंने सदा के लिए दफ़ना दिया। उनके हलक़ों में आनंद की किलोलें मच रही थीं। उनके इशारे पर नाचनेवाली वेश्या की तरह, दकियानूसी अख़बारों ने इस घटना को छिपाने या इसके औचित्य को सिद्ध करने की पूरी कोशिशें कीं। किंतु, 'रोटे फ़ाहने' तब तक ज़िंदा था। उसने इन हत्याओं के ब्यौरे पर ब्यौरे देकर जनता की सोई हुई आत्मा को जाग्रत करने की कोशिश की। धीरे-धीरे जनता जगी, निरपराधों का खून बोल उठा! लाख कोशिश करके भी सरकार इस पर पर्दा नहीं डाल सकी। आख़िर उसे न्याय का एक स्वाँग रचना ही पड़ा। झूठ, मक्कारी और घूस के घटाटोप के अंदर से सत्य की किरणें निखरने लगीं। जब बातें ज्यादा खुलने लगीं, तो जल्द-जल्द कुछ आदमियों को सज़ा देकर उन्हें फिर तोप देने की कोशिश की गई। लेफ्टिनेंट वौगेल को दो वर्ष की सज़ा दी गई और रोज़ा के हत्याकारी रंगे को भी उतने ही दिनों की! उनमें से वौगेल को तो सज़ा के बाद जर्मनी से ही ख़र्चा देकर हटा दिया गया, जिसमें उसे सज़ा न भुगतनी पड़े। जिसने जोगिचेस की हत्या की थी, उसे तो 'अच्छे काम के लिए' तरक्क़ी दी गई।

चार महीनों के बाद रोज़ा के शव को उस नाले में से निकाला गया। मज़दूरों ने उस पर आँसू के फूल चढ़ाए, उसकी पूजा की, उसे आदर से दफ़नाया और उस पर स्मारक बनाया।

ज़िंदगी-भर पूँजीवादी अख़बारों ने उसे बुरे-से-बुरे रूप में चित्रित करने की कोशिश की थी। 'खूनी रोज़ा' तो उसका नाम ही रख दिया था, इन ख़ून के प्यासे कुत्तों ने। तरह-तरह के उस पर कार्टून निकालते रहे—वह 'क्रोध की मूर्ति' है, 'बारूद का ढेर' है, 'पेट्रोल की कुप्पी' है। 1918-19 में तो रोज़ा पर की उनकी नाराज़ी ने पागल-प्रलाप का रूप धारण कर लिया था। रोज़ा ने कभी एक पंक्ति भी ऐसी नहीं लिखी थी, एक वाक्य भी ऐसा नहीं कहा था, जो मर्यादा के विपरीत हो। किंतु, इससे क्या? रोज़ा का सबसे बड़ा अपराध तो यह था कि उसने पूँजीवाद का सच्चा रूप जनता के सामने रखा था और उससे सुलह करने को कभी तैयार नहीं थी। वह डंके की चोट कहती थी—पूँजीवाद संसार में खून और हिंसा के जरिए आया है और यह अपना अस्तित्व

रखने के लिए ख़ून की धारा बहाता रहा है और रहेगा। भला, यह सच्ची, किंतु, तीखी बात उन्हें किस तरह बर्दाश्त होती? उसे बदनाम किया, फिर उसकी हत्या कराई। अच्छे-अच्छे लोग भी उनके प्रचार में फँस गए। किंतु, रोज़ा का निरपराध ख़ून रंग लाकर रहा। धीरे-धीरे ग़ैरसमाजवादी भी उसके यथार्थरूप को पहचानने लगे और अपने को कोसने लगे कि धोखे में पड़कर उन्होंने इस नारी-रत्न की हत्या में, नैतिक रूप से ही सही, हाथ बँटाया।

और, उन सोशल डिमोक्रैटिक नेताओं का क्या हुआ, जिन्होंने पूँजीवादियों के हित में, अपने को समाजवादी कहते हुए भी, रोज़ा के ख़ून से अपने हाथ रँगे! जनवरी 1919 का कुकर्म जनवरी 1933 में रंग लाया। हिटलर ने उसे भी हत्याकारी प्रवृत्ति दिखलाकर, उसी घाट का उन्हें पानी पिलाया, जिस घाट पर रोज़ा, लिब्तक्नेख्त और जोगिचेस तथा हज़ारों मज़दूरों को मौत के घूँट पीने को लाचार किया था।

हिटलर के लिए रोज़ा की स्मृति को भी बर्दाश्त करना असंभव था। ज्योंही उसके हाथ में शासन आया, रोज़ा के स्मारक को उसने ज़मींदोज़ कर दिया, उसका नामनिशान भी नहीं रहने दिया, उसकी किताबों की आम होली जलाई गई। स्पार्टकस के मशाल को जो लोग जलाते आ रहे थे, उन्हें या तो कत्ल करा दिया, या कान्सेन्ट्रेशन कैम्पों में सड़ाकर मार डाला गया।

उस ख़ूनी व्यक्ति और उसके सिद्धांत से दूसरी आशा ही क्या की जा सकती थी? उसके शासन में रोज़ा का स्मारक का बचा रहना ही उसका अपमान होता। किंतु, सबसे बड़ा आश्चर्य और दुख तो तब होता है, जब हम उन्हें भी उसकी स्मृति को नष्ट-भ्रष्ट करने की चेष्टा करते हुए पाते हैं, जिन्हें उसकी रक्षा के लिए सबसे आगे बढ़ना चाहिए था। जिस कम्यूनिस्ट पार्टी की स्थापना और उसके आदर्श की रक्षा में रोज़ा ने अपनी ज़िंदगी गँवाई, उसी पार्टी के नाम पर उन लोगों ने, स्तालिन का राज्य शुरू होते ही, रोज़ा के सिद्धांतों को तोड़-मरोड़कर, उसे 'लुक्ज़ेम्बुर्गवाद' का भ्रामक नाम देकर, उसके ख़िलाफ़ अजीब तरह का प्रचार किया, मज़दूर आंदोलन में उसके नेतृत्व की बुरी-से-बुरी आलोचना की, उसे बदनाम किया, उसके अनुयायियों को पार्टी से निकाल बाहर किया, यहाँ तक कि उसके ग्रंथों के प्रकाशन में भी तरह-तरह की बाधाएँ डालीं। और अंत में उसके बहुत से साथियों और अनुयायियों को, इसीलिए जेलों में तड़प-तड़पकर मरना पड़ा कि वे स्तालिन के बताए रास्ते को अंतर्राष्ट्रीय समाजवाद के लिए गलत समझते थे!

जब जर्मनी के मज़दूरों को मालूम हुआ कि रोज़ा को मारकर लैंहवेहर के नाले में डाल दिया गया है, तब उन्हें इस पर विश्वास नहीं हुआ। वे सोच नहीं सकते थे कि उत्साह, प्रतिभा और इच्छाशक्ति की यह जीवंत मूर्ति बंदूक के कुंदों या पिस्तौल की गोलियों से मारी जा सकती है और बहुत दिनों तक उनमें यह अफ़वाह थी कि रोज़ा कहीं मौक़े की ताक़ में छिपी हुई है, वक्त पर वह फिर बाहर निकलेगी और उनकी क्रांति का नेतृत्व करेगी।

यह अफ़वाह ग़लत थी, किंतु, इसमें सच्चाई का भी एक अंश ज़रूर था। उसका हाड़-मांस का शरीर फिर कभी क्रांति का नेतृत्व नहीं कर सकेगा, इसमें शक नहीं, किंतु, दुनिया का कोई तानाशाही हुक्म या अग्निकांड उसके विचारों को नष्ट नहीं कर सकते। वे विचार उसके अनुयायियों और मज़दूरों के दिमाग़ में नक्श हो चुके हैं। जो शक्तियाँ इतिहास को पीछे घसीट ले जाना चाहती हैं, उनका पतन अंत में निश्चित है, भले ही थोड़ी देर उन्हें कितनी भी सफलता मिलकर रहे। बीज बोया जा चुका है, एक दिन पेड़ उगकर रहेगा, उसमें फल लगकर रहेंगे। इतिहास इसका साक्षी है; ऐसा ही हुआ है, ऐसा ही होगा। आज लिब्तक्नेख्त और रोज़ा लुक्ज़ेम्बुर्ग के नाम उनके लिए प्रकाशस्तंभ का काम कर रहे हैं, जो सच्ची आज़ादी के प्रेमी हैं, जो मानवता के हार्दिक पुजारी हैं!

आज बर्बरता और राक्षसता की चारों ओर विजय दीखती है, किंतु, इस विजय की भी सीमा है। सामाजिक अभ्युदय और मानव स्वतंत्रता का आंदोलन फिर एक बार सिर उठाएगा और उस अंतिम युद्ध में उन सिद्धांतों की विजय होकर रहेगी, जिन्हें रोज़ा लुक्ज़ेम्बुर्ग ने अपने ख़ून से अभिसिक्त किया है।

जयप्रकाश

[1947 ई.]

अगस्त क्रांति के अज्ञात शहीदों की पुण्य स्मृति में

-श्रीरामवृक्ष बेनीपुरी

दो शब्द

हमारे साहित्य में प्रथम चरितलेखक वाल्मीकि हैं और उनकी रामायण पहला जीवनचरित ।

व्यास और कालिदास ने उनका अनुसरण किया । व्यास की चीज पुराण बनकर रह गई और कालिदास की कोरा काव्य ।

हमारी हिंदी में सूरदास और तुलसीदास दो प्रमुख चरितलेखक हैं । सूरदास भी काव्य में उलझ गए । वाल्मीकि के बाद सफल चरितलेखक तुलसीदास हैं ।

यूरोप में चरितलेखन की एक नई परिपाटी चली, जिसके चरम उत्कर्ष के प्रतिनिधि एमिल लुडविक और आंद्रे मोरिया हैं ।

इतिहास, काव्य, उपन्यास, नाटक इन सबसे परे चरितलेखक की एक खास कला है; जिसमें इन चारों का पुट न पड़े, तो चीज सूनी-सूनी, बासी-बासी मालूम हो ।

इतिहास की सचाई, काव्य की मनोहारिता, उपन्यास की सरसता और नाटक की भंगिमा यदि चरित में नहीं आई—तो समझ जाइए, आप असफल हुए !

और, इन सबको एकसाथ जुटाने के लिए सबसे आवश्यक यह है कि चरितलेखक को अच्छा चरितनायक मिले—जो सर्वांगपूर्ण हो और जिसके साथ वह भावना की डोर में बँधा हो ।

सिर्फ मस्तिष्क का अहामोह अच्छा जीवनचरित नहीं दे सकता, हृदय का स्पंदन और आलोड़न उसका प्रमुख उपादान है ।

मेरा सौभाग्य है कि मुझे एक उपयुक्त नायक मिला और मेरा उसका संबंध सिर्फ मस्तिष्क का नहीं, हृदय का भी है ।

अभी हाल में पंडित बनारसीदास चतुर्वेदी ने अपने स्वर की स्वाभाविक ऊँचाई में मुझे हिंदी का सर्वश्रेष्ठ शब्द चित्रकार घोषित किया है । सर्वश्रेष्ठता का दावा तो मेरा नहीं है, किंतु मैं शब्द चित्रकार हूँ, और इस पुस्तक में मैंने अपने चरितनायक को मुख्यतः चित्रों के एक अलबम के रूप में पेश करने की चेष्टा की है ।

जीवन का वर्णन उसकी गति में होना चाहिए—उसकी धारा में । मैंने अपने नायक को कहीं खड़ा करके उसका फोटो लेने की चेष्टा नहीं की है—जब वह खेल रहा है, पढ़ रहा है, जा रहा है, रो रहा है, हँस रहा है—जब वह किसी महानतम् कार्य को सम्पन्न करने में लीन है, या जब वह अदना से अदना काम में अपने को बहला रहा है—मेरे कलम के कैमरे ने उन अवसरों पर उसे पकड़ने की कोशिश की है ।

यह जीवनचरित कैसा उतरा, मेरा यह अलबम कैसा है, यह आप बताएँ । किंतु मुझे संतोष है कि शतशः कर्म-कोलाहलों में फँसा, कार्य और समय की होड़ाहोड़ी में पड़ा रहकर भी मैंने इसे पूरा कर ही लिया । अपनी खूबियाँ ही नहीं, अपनी खामियाँ भी जानता हूँ—इसलिए जनमत और आत्मतुष्टि की खींचतान में भी मेरा कलाकार निर्बंध और निर्विकार रह सके, यही मेरी आकांक्षा है ।

पटना
1947

—श्रीरामवृक्ष बेनीपुरी

दूसरे संस्करण की भूमिका

'जयप्रकाश' का पहला संस्करण प्रकाशित हुए आज बीस वर्ष हो गए। इस बीच देश और मेरे चरितनायक के जीवन में जो अपेक्षित और अनपेक्षित परिवर्तन हुए, उसे देखकर आश्चर्य और निराशा भी कम नहीं होती।

इस जीवन-चरित्र के लिखने के कुछ ही महीनों बाद पूरब के इस महान् भारत देश के भाग्यक्षितिज पर स्वतंत्रता का सूर्योदय हुआ। देश को स्वाधीनता के लक्ष्य पर अग्रसर करनेवाले देश के युगपुरुषों में मेरे चरितनायक का क्या ऐतिहासिक महत्त्व है, उसको अब यहाँ दुहराना उचित नहीं समझता। उस युग के जन-जन के मानस पर जयप्रकाशजी किस प्रकार छा गए थे—अब वह अतीत की कहानी-भर रह गई है।

ब्रिटिश दासता की कठोर जंजीरों को तोड़कर देश स्वाधीन हुआ। अँगरेज गाँधी की इस आवाज पर आखिर भारत छोड़ने के लिए मजबूर तो हुए। पर जाते-जाते देश को भयानक मजबूरी भी दे गए। हमारा यह प्यारा देश विभेद और विभाजन के परिणामस्वरूप दो टुकड़ों में बँटा। फिर तो रावी-सतलज और गंगा-यमुना के तटों पर रक्त की नदी बह चली। मनुष्यता पशुता में हावी हो गयी, इंसानियत हैवानियत के पैरों तले कुचली गयी, मानवों में देव-रूप गांधी की आत्मा कराह उठी—अंततः बुद्ध की भूमि के इस महान अहिंसक को हिंसा को मिटाने के लिए खुद को मिटा देना पड़ा। हिंदू मंदिर के प्रांगण में इस महात्मा की बलि चढ़ाई गई एक कट्टर सांप्रदायिक हिंदू की गोली की बौछारों से।

यह गाँधी की हत्या नहीं, देश की आत्मा की हत्या थी। तब से आज तक न जाने कितनी बार और कितने रूपों में देश की हत्या होती रही है। जाने-अनजाने मानो गाँधी के हत्या के पाप का प्रायश्चित हम भोग रहे हैं।

स्वाधीनता के उपरांत सन् 1952 में पहली बार प्रथम राष्ट्रीय चुनाव हुआ। मेरे चरितनायक का यह एक सुनहला सपना था कि उस चुनाव में कांग्रेस के विरोध में समाजवादी दल एक प्रबल विरोधी दल के रूप में देश को सही नेतृत्व देगा, देश में समाजवाद का पुण्य पथ प्रशस्त होगा। पर कांग्रेस की प्रतिगामी शक्तियों के आगे समाजवादी दल को चुनाव में घुटने टेकने पड़े। सभी प्रदेशों में कांग्रेस भारी बहुमत से विजयी हुई और समाजवादी दल नगण्य विरोधी दल के रूप में ही किसी प्रकार जीवित रह सका। इस पराजय का समाजवादी नेतृत्व पर बड़ा ही घातक प्रभाव पड़ा। जयप्रकाश की उस समय क्या मनोदशा थी, आज भी मेरी अतीत की स्मृतियों में कौंध उठती है। उस भयानक पराजय के बाद हम लोग राजगृह की शांत उपत्यका में निराशा, पराजय और गहन अंधकार की छाया में हम अपना सिंहावलोकन कर रहे थे जिसमें जयप्रकाशजी और गंगाशरण अंधकार में रास्ता टटोल रहे थे।

कांग्रेस विजयी तो हुई पर उसी विजय में कांग्रेस की भावी पराजय का वीज-वपन भी हुआ। जनतंत्र के स्वस्थ विकास के लिए प्रबल विरोधी दल के अभाव में देश शासन यंत्र और नेतृत्व दोनों ही स्वेच्छाचारिता, नौकरशाही और चारित्रिक पतन के शिकार हुए। दूसरी ओर समाजवादी दल का नेतृत्व भी मानो आपस में फूट पड़ा। उसमें उसकी समाजवादी सत्ता की स्थापना में उनकी प्रबल आस्था एकबारगी डगमगा उठी। किसी ने संन्यास लिया, किसी ने वैराग्य और कुछ ने अपना अलग बसेरा बना लिया।

जयप्रकाशजी को गहरा सदमा लगा और अपने-आपको किसी प्रकार सम्हाले रहे। बाद में समाजवादी विचारों के प्रसार को दृष्टि में रखकर आचार्य कृपलानी की कृषक मजदूर प्रजा पार्टी के साथ समझौता कर समाजवादी दल—प्रजासमाजवादी दल बना। इसमें जयप्रकाश और आचार्य नरेंद्रदेव ने विशेष योगदान दिया। पर इस मेल-मिलाप के बावजूद प्रजासमाजवादी दल में आदर्शों, विचार-दर्शन और कार्यपद्धति को लेकर परस्पर मतभेद बढ़ता ही रहा। कुछ साथी तो निराश होकर पीछे ही छूट गए। शेष में विचारों का संघर्ष निरंतर चलता रहा।

प्रजासमाजवादी दल में कुछ तो गाँधीवादी सिद्धांतों के प्रति सहानुभूतिशील थे, कुछ समाजवादी आदर्शों के प्रति विशेष रूप से संवेदनशील और कुछ जवाहरलाल की योजनाओं और सोशलिस्ट पैटर्न के नारे के प्रति अत्यधिक आकर्षित। जयप्रकाश, लोहिया और अशोक मेहता इन तीनों विचारों के आज भी प्रतीक बने हैं। केवल आचार्य नरेंद्रदेव ही ऐसे समाजवादी नेता और विचारक थे जिनके समक्ष समाजवाद का आदर्श अपने स्वच्छ रूप में था।

इस प्रकार देश का समाजवादी आंदोलन और नेतृत्व टूटता-जुटता आगे बढ़ रहा था। जयप्रकाशजी प्रजासमाजवादी दल के अंतर्विरोध के दबाव को सहन नहीं कर सके और नाजुक घड़ी में बहुत ही असमंजस की स्थिति में ही अपने आपको प्रजासमाजवादी दल से ही नहीं पृथक् कर लिया अपितु देश की राजनीति से पृथक् हो जाने की दुर्भाग्य की घोषणा की। राममनोहर लोहिया ने अपने बहुत से समाजवादी साथियों के सहयोग से नयी सोशलिस्ट पार्टी बनाई। बावन के राष्ट्रीय चुनाव का यह ऐतिहासिक परिणाम वर्षों बाद इस रूप में हमारे सामने आया। इस आपसी फूट के बाद समाजवादी आंदोलन को एक और गहरा धक्का लगा।

जयप्रकाशजी ने प्रजासमाजवादी दल से अपने-आपको पृथक् तो कर लिया पर उनकी जीवन-यात्रा का क्रम चलता रहा टेढ़े-मेढ़े रास्तों पर। देश की आर्थिक विषमता, शोषण और उत्पीड़न का अंत करने के लिए उन्होंने सर्वोदय, भूदान और खादी ग्रामोद्योग आदि गाँधीवादी विचारों को कार्यरूप देने के लिए अपना समस्त जीवन अर्पित कर दिया है। विनोबाजी के आदर्शों और कार्यपद्धतियों से वे विशेष रूप से प्रभावित हैं। जयप्रकाशजी ने अपने विचारों के मौलिक परिवर्तन के कारण राजनीति को छोड़ देश-सेवा और भावना की सेवा का व्रत लिया है या देश की गँदीली राजनीति से ऊबकर पलायनवादिता का सहारा लेकर राजनीति से विरत हुए हैं, इसका निर्णय तो भावी इतिहासकार ही करेंगे। जयप्रकाशजी द्वारा राजनीति के त्याग से देश को हानि हुई है या लाभ, यह प्रश्न बार-बार मन में कौंधता रहता है, विशेषकर जब देश बिखरता नजर आता है और अविरत भारतीय नेतृत्व अब लुप्तप्राय हो चुका है। कभी समझा जाता था कि प्रजासमाजवादी दल जनतांत्रिक रीति से कांग्रेस का स्थान ग्रहण करेगी और जयप्रकाशजी जवाहरलाल नेहरू के राजनीतिक उत्तराधिकारी होंगे।

इतिहास की यात्रा कभी-कभी अनपेक्षित और बहुत ही टेढ़े-मेढ़े रास्तों से होती है। समकालीन भारतीय इतिहास में कुछ ऐसा ही हुआ है। पिछले कुछ वर्षों में कुछ और राजनीतिक दल उभरकर आगे आए हैं और नए नेतृत्व के कई नए सितारे आसमान में जगमग कर रहे हैं। परंतु हमारे चरितनायक जयप्रकाशजी सर्वोदय में ही सर्वथा अस्त-व्यस्त होते मालूम पड़ते हैं।

कभी-कभी मैं सोचता हूँ कि क्या सचमुच जयप्रकाशजी ने राजनीति से संन्यास ले लिया है। देश की किसी राष्ट्रीय, और अंतर्राष्ट्रीय समस्याओं पर जयप्रकाशजी की आज भी गहरी रुचि है। जिन समस्याओं ने देश को उलझन में डाल दिया है उनके प्रति जयप्रकाशजी जागरूक ही नहीं, नितांत सक्रिय रहे हैं। बल्कि राजनीतिक रंगमंच पर वे स्वयं अभिनेता के रूप में प्रस्तुत होते हुए बड़ी ही महत्त्वपूर्ण भूमिका अदा करते रहे हैं। भारत, चीन और भारत-पाक-युद्ध, काश्मीर, और नागालैंड जैसी पेचीदा समस्याओं पर वे समाधान ही प्रस्तुत करते नज़र नहीं आते, अपितु स्वयं उनमें सक्रिय योग देते रहे हैं। इस तरह परोक्ष या प्रत्यक्ष रूप से राजनीति से संबंधित ही रहे हैं। प्रायः इन समस्याओं पर उनके समाधान भारतीय जनभावना के प्रायः प्रतिकूल ही रहे हैं, इस बात से हम परिचित हैं। परंतु इस तथ्य को भी अस्वीकार नहीं किया जा सकता कि समकालीन भारतीय चिंतकों में जयप्रकाशजी एक ऐसे युगपुरुष हैं जो अपने यश-अपयश की चिंता किए बिना देश के समक्ष अपनी दृष्टि से उचित मार्ग का साहस के साथ संकेत करते हैं।

मुझ जैसे चरितलेखक को अपने इस चरितनायक को इस उलझन की अवस्था में देख कुछ निराशा तो अवश्य होती है, पर संतोष भी कम नहीं होता कि अगस्त क्रांति का अग्रदूत देश में शांतिदूत का पवित्र कार्य कर रहा है; वह जीवन-यात्रा में भटका नहीं, अँधेरे में राह टटोल रहा है, अपने लिए किसी छोटे या बड़े दल में राजनीतिक शक्ति का विस्तार करने के लिए नहीं, वह देश के लिए प्रकाश की खोज कर रहा है—शांति की

तलाश में है । जिस साथी की कभी मैंने पूजा की थी आज भी वह पूज्य और महान इसीलिए बना हुआ है कि वह देश की मानवता की सुख-समृद्धि की तलाश में है । भले ही आज उसके हाथों में मशाल नहीं, सर्वोदय और जनसेवा का मंद-मधुर दीप जल रहा हो ।

गाँधीजी ने जयप्रकाश को भारतीय समाजवाद का आचार्य कहकर सम्मानित किया था, इतने लम्बे वर्षों के आयाम में यह बात तो सिद्ध ही हो गई कि गाँधी के वे तथाकथित उत्तराधिकारी गाँधीवाद से उतने ही दूर हो गए जितना ही करीब जयप्रकाशजी हो गए । कांग्रेस शासन ने गाँधी के विचारों को त्यागकर पंचवर्षीय योजनाएँ चलाईं । परंतु इन पंचवर्षीय योजनाओं से देश को सुख-समृद्धि तो मिली ही नहीं उल्टे आर्थिक शोषण, महँगाई, बेकारी और भुखमरी से देश पीड़ित और तबाह है । देश-प्रेम के स्थान पर क्षेत्रीय प्रेम, भाषा, संकीर्ण संस्कृति और क्षुद्र प्रांतीयता का भाव बड़े वेग से पनपता जा रहा है । छात्रों, युवकों और जनजीवन में असंतोष बढ़ रहा है । चारों ओर बिखराव और विघटन का प्रभाव बढ़ रहा है । पुराने मूल्य टूट रहे हैं—नये प्रतिमान उभरते नज़र नहीं आते । क्या समाज और क्या राजनीति, क्या सभ्यता और क्या संस्कृति और क्या आदर्श और क्या विचार दर्शन सबमें अनास्था ने अपना घर बना लिया है । दुर्भाग्य से भारत एक ऐसे संकट की घड़ी से गुजर रहा है, जहाँ उचित नेतृत्व और मार्ग-प्रदर्शन के अभाव में देश के टूट जाने का भय उपस्थित हो गया है । कहीं भी भावात्मक एकता का सूत्र दृढ़ता से हमको बाँधता हुआ नहीं मालूम पड़ता । आज तो ऐसा लग रहा है कि यह महान देश बीस वर्षों की स्वाधीनता के बाद पुनः खंड-खंड होकर टूट और बिखर न जाय और हम पुनः सामंतवादी युग की ओर आ लौट पड़ें या किसी बड़ी शक्ति के दास न बने रह जाएँ । बीस वर्षों बाद भी तो हमारी यात्रा उसी मंज़िल तक हुई है कि हम अन्न के लिए भिक्षा माँगते हैं, आत्मरक्षा के लिए विदेशों के सामने हाथ पसारते हैं—ऊँची तकनीकी शिक्षा-दीक्षा के लिए बाहर की ओर टकटकी लगाये रहते हैं—हम किसी मानी में आत्मनिर्भर हो सके, इसमें मुझे संदेह है । हाँ, कुछ निजी उद्योग संस्थाओं और धनपतियों के पास पूँजी का अम्बार खड़ा करने और सारे देश को निर्धन बनाने में हमें आत्मनिर्भरता अवश्य प्राप्त हो गई है ।

वाल्मीकि को राम पर कम आक्रोश नहीं था क्योंकि राम ने भूमिजा सीता के प्रति अपने उचित कर्त्तव्य का पालन नहीं किया । मुझे भी जयप्रकाश पर कम आक्रोश नहीं है । देश जब ऐसे भयंकर विघटन, बिखराव और भावात्मक विभेद के दौर से गुजर रहा हो—वह तट पर सर्वोदय की छाया में कब तक खड़े रहेंगे । देश में ऐसे सही नेतृत्व की आवश्यकता है, जो देश के लिए कोई सुंदर नक्शा अपने दिल में रखता हो, जिसके दिमाग में ऐसी शक्ति और बाहुओं में ऐसी ताकत हो कि उस नक्शे को रूप दे । दुःखी जनता की झोंपड़ियों में सुख और समृद्धि की मीठी रोशनी बाँट सके ।

हमारे देश का दुर्भाग्य आज यही है कि नेता देश में पहले अपने लिए नक्शा बनाता है, कोई प्रांत में, कोई केंद्र में । सारी शक्ति उसी में लग जाती है । देश की बात कौन सोचे ! दलगत राजनीति और क्षुद्र स्वार्थों से ऊपर उठकर समस्त देश की कल्याण की कामना जैसे नेताओं के हृदय से मिटती जा रही है, मिट चुकी है ।

इसीलिए रह-रहकर यह बात दिल में उभरती है कि हर ईमानदार देशवासी को अपने-आपको आवाज़ देनी चाहिए कि देश की पुकार को सुने । अपने अंदर के हृदय की धड़कन को सुने ।

जयप्रकाश की विचारधारा और कार्य-पद्धति से बहुतों का असहमत होना स्वाभाविक है पर उनकी देशभक्ति, नेकनियती और ईमानदारी पर संदेह नहीं किया जा सकता। देश को ऐसे ईमानदार नेतृत्व की आवश्यकता है जो सही अर्थों में मार्ग-प्रदर्शन कर सके ।

आज देश इतिहास के नाजुक दौर से गुजर रहा है । सौभाग्य से देश के कई प्रांतों में कांग्रेस-विरोधी सरकारें बनी हैं, समाजवादी तथा प्रतिगामी विचारधाराओं का भी प्रतिनिधित्व है । केंद्र में भी शासन यंत्र बहुत ढीला है । हमारे राष्ट्रीय जीवन में भ्रष्टाचार, अर्थलिप्सा-शक्ति के विस्तार ने घर कर लिया है । स्वच्छता, सदाशयता, जनकल्याण और देश-प्रेम की बातें बीते युगों की कहानी-भर रह गई हैं । आज जयप्रकाश का राजनीति से तटस्थ रहना शायद देश के हित में नहीं है । सीता की तरह भारतभूमि उन्हें आवाज़ दे रही है !

दूसरे संस्करण की यह भूमिका लिखते समय अतीत की बहुत-सी बातें मेरी स्मृति की आँखों में उभरती हैं और मिटती हैं। आज जब वर्षों से पक्षाघात से पीड़ित हूँ, तो सहसा साथी यूसफ मेहरअली और आचार्य नरेंद्रदेवजी की याद हो आती है, जिन्होंने अपने रक्त से समाजवाद के पौधे को सींचा था। पर वे आज हमारे बीच नहीं हैं।

इस लम्बी बीमारी के कारण देश की घटनाओं के बहुत नज़दीक होकर भी जैसे बहुत दूर से देखता-सुनता रहा हूँ। देश के हृदय की धड़कन बहुत हल्के-हल्के सुनाई पड़ती है। कभी मन में संकल्प था कि अपने चरितनायक के स्वातंत्र्योत्तर जीवन-कथा का अंकन कार्योपम रमणीयता, नाटकीय गति और औपन्यासिक कौतूहल और आवेग के साथ प्रस्तुत करता, जिसमें मेरी चंचल-चपल खंजन-सी फुदकती शैली के सौंदर्य का उन्मेष होता। पर वह कहाँ हो पाता है। मेरे चरितनायक ने राजनीति से संन्यास लिया और पक्षाघात से पीड़ित होने के कारण मेरी लेखनी ने भी विश्राम ही ले लिया है। लगता है वह प्रतिभा अब सोती सोती ही रहेगी।

मेरी तो कामना थी देश को सुखी-समृद्ध देखने की—वह अधूरी ही है।

पर यह कामना अभी भी शेष है। जयप्रकाश आगामी वर्षों में देश के इस विघटन, बिखराव, अंधकार और निराशा के घुटनपूर्ण वातावरण में नया प्रकाश, नई किरण दें, यह अंधकार फटेगा, निराशा टूटेगी—देश के आगे नया स्वर्णविहान होगा—जब गाँव-गाँव और नगर-नगर में जीवन की स्वच्छता, सुख-सुविधा समान रूप से फिर वितरित होगी—जयप्रकाश की इस पुनीत भावना का जयघोष करता हूँ।

मुजफ्फरपुर
5-4-67

—श्रीरामवृक्ष बेनीपुरी

प्रकाशकीय

'जयप्रकाश' का दूसरा संस्करण बीस वर्षों के बाद प्रकाशित हो रहा है। बीस वर्षों में जयप्रकाशजी के व्यक्तित्व का महत्त्वपूर्ण और अप्रत्याशित ढंग से विकास हुआ है। देशवासी जनता उन्हें भूदान-ऋषि के रूप में जानने लगी है। इस पुस्तक में उनकी स्वातंत्र्य-सेनानी-मूर्ति अंकित है। उनके आज के व्यक्तित्व के निर्माण में उनके पुराने व्यक्तित्व का क्रमागत योग है।

पुस्तक के प्रणेता श्रीयुत बेनीपुरीजी जयप्रकाशजी के कर्मठ सहयोगी, मित्र और स्नेही रहे हैं। जयप्रकाश के मूल्यांकन के इस युग में यह आत्मीय रंग में लिखा गया चरित पर्याप्त उत्साहवर्द्धक होगा। लेखक बेनीपुरीजी अब अस्वस्थ हैं। पुरानी स्मृतियों में उन्हें सुख मिलता है। इस प्रकाशन से उन्हें भी तृप्ति मिलनी है।

पुस्तक के इस नए संस्करण की प्रेरणा खादी ग्रामोद्योग के उपमंत्री जयलोक बाबू तथा सर्वोदय साहित्य सदन के व्यवस्थापक श्री धर्मवीर भाई ने दी थी। इन सज्जनों के उकसाने पर ही यह पुस्तक प्रकाशन पा रही है। उनके प्रति आभार-भाव है। उत्साहवर्द्धन में डॉ. सुरेंद्रनाथ दीक्षित, प्रो. महंथ श्यामसुंदरदास का भी योग है। इन महानुभावों के प्रति प्रेम-प्रणाम अर्पित किए बिना मेरा दायित्व अधूरा ही रह जाएगा।

बेनीपुरी प्रकाशन
मुजफ्फरपुर

—बीरेंद्र कुमार बेनीपुरी

उस दिन नदियाँ बोलीं

हाँ, उस दिन नदियाँ बोली थीं ।

रात का वक्त। आसमान पर हल्के, उजले बादलों के टुकड़े विचर रहे। उनके बीच आधा चाँद आँखमिचौनी खेल रहा। धरती पर, वहाँ से बहुत दूर, गाँव की धुँधली छाया ऊँघती-सी। हवा का लड़खड़ाता झोंका किनारे के कासों की झुरमुट से जब-तब खिलवाड़ कर निकल जाता।

दो नदियाँ हड़हड़-कुलकुल-कलकल करती आती हैं, लपकती, झपकती; और एक-दूसरे से गले मिलकर स्थिर, अचंचल हो रहती हैं।

लहरों के आँचल हिलते हैं; बुदबुदों के अधरों से वाणी फूट निकलती है—

"बहिना, गंगा, चुप क्यों हो सखि ?"

"सरयू, संगिनि, हँसना-बोलना तुम्हारे ही भाग में पड़ा है !"

"ओहो, ऐसी उदासी ? क्या बात है, बहिना ? हाँ, मैं देख रही हूँ, कुछ दिनों से जैसे तेरे 'जीवन' में कोई उत्साह, उछाह, उमंग-तरंग ही नहीं रह गई हैं।"

"उत्साह-उछाह, उमंग-तरंग—इन सबकी एक दिन मैं भी, नहीं, मैं ही, रानी थी, सखि ! किंतु, वे दिन चले गए, अब तो····"

लहरें शान्त, बुदबुदे विलीन ! नीचे, एक भयानक सन्नाटा; ऊपर का आधा चाँद घने-काले बादलों में छिप जाता है।

अचानक हवा का झोंका—फिर लहर पर लहर, बुदबुदे पर बुदबुदे। गंगा, जैसे, सिसकियों में कहने लगती है—

"तो···मेरी व्यथा सुना चाहती है, सरयू !···आह, कहाँ मैं शिव की जटा में, हिमालय की गोद में सोई पड़ी थी ! श्वेत, श्वेत, श्वेत—शांति, शांति, शांति ! कहीं कालिमा की, काई की रत्ती-राई नहीं; कहीं हाहा की, हूहू की आहट, भनक नहीं। कि···हाँ, कि उस तपस्वी, भगीरथ ने, अपने तपस्या-बल से मुझे जगाया, धराधान पर उतरने को लाचार किया !

"सुना था, यह पुण्यभूमि है, देवभूमि है, देवदुर्लभ भूमि है। चलना ही पड़ा, तो चली उमंग में, तरंग में ! मेरी वे तरंगें ! ऐरावत से पूछो, उसकी तरलता, उसकी प्रखरता !

"किंतु आज ! सखि, आज की बात ! उफ्···

"जिस जमीन को मैंने सरसब्ज बनाया, हरीभरी, फूलों-भरी, फलों-भरी; हरे-हरे खेत, खेतों के बीच गाँव; गाँवों के बाद नगर—नगर, अट्टालिकाओं से जगमग, रत्नों से चकमक—वही जमीन, आज उजाड़ बन रही है ! उजाड़, श्मशान !

"खेतों में कराह है, गाँवों में आह है ! ये नगर नहीं, उसाँसों के अम्बार हैं !

"दुपहरिया में खेतों को जोतते हुए किसान—हाँ, जिन्हें दुनिया अन्नदाता कहकर चिढ़ाती है—वे ही किसान जब एक मुट्ठी अन्न के अभाव में अपने पेट की आग मेरे पानी से बुझाने को मेरे तट पर आते हैं और अपनी रूखी, सूखी, काँपती अंजलि मेरी ओर बढ़ाते हैं, तब मेरे अंग-अंग सिहर जाते हैं, काँप उठते हैं और मैं सोचने लगती हूँ, आह कहाँ-से-कहाँ मैं भटक आई।

"यों ही अभी-अभी जिसका सुहाग-सिंदूर मलिन नहीं हुआ, ब्याह की हल्दी हाथों से छूटी नहीं, जिसकी लाह की चूड़ी का रंग अब भी जगमग कर रहा है, जब वे किशोरियाँ मेरे घाट पर आकर, हाहा खातीं, चिल्लातीं,

अपना सिंदूर, अपनी चूड़ियाँ मुझको सौंपने लगती हैं—उस समय, तुम सोच सकती हो सखि, मेरा हृदय कितने टुकड़े हो जाया करता है !

"उफ्—मेरे घाट आज जवानों की लाशों की चिताभूमि हैं; मेरे तट जीवित नरकंकालों की क्रीड़ाभूमि ।

"जीवित नरकंकाल !—क्या तुम इन्हें मानव कह सकती हो ? सूखी टाँगें, झुकी कमर, सिकुड़ी छाती, धँसी आँखें,—नहीं, नहीं, यह मानवों का चित्र नहीं !

"और इन जीवित नरकंकालों के बीच-बीच कुछ जीवित नरपिशाच ! मोटे, मुस्तंडे—हृदयहीन, मस्तिष्कहीन···

"ये जीवित नरपिशाच···"

अब लहरों में तरलता है, बुदबुदों में चटुलता ! गंगा मैया जैसे गुस्से में बोल रही हों—

"हाँ सखि, दुख की बात तो यह है कि यह सब विधाता की देन नहीं, बल्कि मानवी रचना है । हाँ, मनुष्यों ने यह स्थिति पैदा कर दी है ! चारों ओर अकाल है, भुखमरी है; महामारी है, अकाल मृत्यु है ! रुदन है, आँसू हैं ; हाहाकार है, आर्त्तनाद है ! और बीच-बीच में नरपिशाचों का उल्लंग नृत्य है, दानवी अट्टहास है !

"जब कभी वे रास-हास के लिए अपने बजड़े मेरी छाती पर उतराते फिरते हैं, सोचती हूँ, क्यों न एक लहर में उन्हें सदा के लिए नरक भेज दूँ !

"किंतु आह ! सखि, मेरी लहरों में वह जोर नहीं रहा, जिसने ऐरावत की खलड़ी उधेर दी थी, उसकी देह को झझरी बना छोड़ा था । ये आज इतराते हैं, इठलाते हैं और मैं चुपचाप देखती रहती हूँ !

"सबसे महान् अनर्थ तो यह है सखि, कि मेरे तटवासियों के अन्न के ग्रास छीनकर, मेरी ही छाती पर होकर, मानो उस पर मूँग दलते हुए, जब उन्हें देश-विदेश भेजा जाता है, तब मैं सिर्फ टुकुर-टुकुर देखती रह जाती हूँ ! हाड़-मांस या लकड़ी से मैं जोर-आजमाई भी कर लूँ, किंतु इस्पात पर मेरा क्या वश !

"अब तो एक ही काम रह गया है—रोऊँ अपनी लाचारी पर, बेबसी पर या अपने लोगों के भाग्य पर ! उत्साह-उछाह, उमंग-तरंग—अब इनका नाम मत लो, सखि !"

फिर एक बार सन्नाटा । नदियाँ, लहरें, कास, आकाश, बादल, चाँद—सब स्तब्ध, निस्तब्ध !

तब सरयू बोली—

"यह व्यथा तुम्हारी ही नहीं है, सखि ! हम सबकी ही एक हालत है ! तुम्हीं कहो न, कहाँ है मेरा राम, कहाँ है मेरी अयोध्या ? जब आज की हालत में उन दिनों की याद आती है, उफ्···

"किंतु···"

सरयू की वाणी में अब उल्लास था—

"किंतु, मैं आज तुम्हें एक खुशखबरी सुनाने आई हूँ, सखि !"

गंगा बोलीं नहीं । वह उसी तरह उदास, अनमनी बनी रहीं !

सरयू ने अपना कहना जारी रखा । अब उल्लास में आह्लाद की पुट पड़ी हुई थी—

"हाँ, तो जो मैं खुशखबरी लाई, उसे सुनो ! यह रुदन, यह हाहाकार—सब सही । यह अत्याचार, यह उत्पीड़न—सब ठीक ! किंतु, इन सबके ऊपर एक नई शक्ति का आविर्भाव हो रहा है, जिस शक्ति में भगीरथ की तपस्या···"

"क्या कहा ? भगीरथ की तपस्या ?"—गंगा अधीर हो उठीं, उनकी लहरों पर चंचलता खेलने-सी लगी !

"हाँ, भगीरथ की तपस्या, जिसके साथ राम की मर्यादा-पुरुषोत्तमता भी सन्निहित है ! यह शक्ति भिन्न स्थानों में, भिन्न नामों से आविर्भूत हो रही है ! अपनी तपस्या के बल से, अपने धनुषवाण की टंकार से यह नई शक्ति एक नई दुनिया बसाने जा रही है—नई दुनिया, सुनहरी दुनिया !

"नई दुनिया—जिसमें हाहाकार न होगा, रुदन न होगा । जहाँ उल्लास होगा, अट्टहास होगा । अभाव के

बदले जहाँ तृप्ति होगी, विषमता के बदले समानता। सब समान, सब भाई-भाई। सब सुंदर, सब स्वस्थ, सब दीर्घायु ! जो आयु को जीतेंगे, मृत्यु को जीतेंगे—अजर, अमर !"

"अजर, अमर ?"

"हाँ, हाँ, तभी तो यह भूमि देवभूमि होगी ! देवभूमि, दिव्यभूमि !"

"वैसे दिन कब आयेंगे, सखि ?"

"आ ही रहे हैं !" सरयू बोलती रही ! "इस नई शक्ति के नए प्रतीकों में कई अवतरित हो चुके, कुछ अवतरित होनेवाले हैं। इस जगह, जहाँ हम-तुम मिलती हैं, उन्हीं में से एक प्रकाशपुंज प्रतीक का प्रादुर्भाव कल होने जा रहा है !"

"कल ?"

"हाँ, कल ! क्योंकि कल विजयादशमी न है ! जो इस नई शक्ति की विजय का भी प्रतीक होने जा रहा है, उसके जन्म के लिए इससे अच्छी तिथि कौन होगी ? और जिसे फिर एक बार भगीरथ की तपस्या और राम की मर्यादा-पुरुषोत्तमता का प्रतिनिधित्व करना है, उसकी जन्मभूमि के लिए मेरे-तुम्हारे संगम स्थान से बढ़कर दूसरी भूमि भी कौन होगी ?"

"इस नई शक्ति की जय हो !"

"इस नए प्रकाशपुंज की जय हो !"

फिर हड़हड़-हड़हड़, कुलकुल-कलकल—

दोनों नदियाँ एक होकर बहती जा रही हैं। ऊपर का आधा चाँद अब पश्चिम क्षितिज को चूम रहा है। उजले-पतले मेघखंड में उसकी शेष रश्मियाँ चमचम कर रही हैं। तटभूमि के कास में सनन-सनन करती हुई हवा प्रवाह की लहरों पर मस्ती बिखेर रही है और, उस सुदूर में, चकवा-चकई के जोड़े के पंख की फड़फड़ाहट सुनाई पड़ रही है !

पहला अध्याय : व्यक्तित्व का विकास

1

सिताब-दियारा

यह है सिताब-दियारा गाँव। जहाँ से गंगाजी ने बिहार में प्रवेश किया है, वहाँ से—बिहार के पश्चिमी छोर, शाहाबाद जिले से—जहाँ गंगाजी बंगाल से जा मिली हैं, वहाँ, पूर्णिया के पूर्वी छोर तक—जहाँ-तहाँ एक खास किस्म की भूमि बन गई है, जो दियारा कहलाती है।

यह भूमि गंगा के गर्भ में होती है, जैसे समुद्र के गर्भ में टापू ! चारों ओर पानी-पानी, बीच-बीच में हरी-भरी आबादियाँ।

यह भूमि कुछ अजीब होती है और अजीब होते हैं इसके निवासी। चार पूरे महीनों तक यह भूमि बाढ़ की क्रीड़ाभूमि बनी रहती है। गंगाजी की उत्तुंग लहरें चारों ओर लहरा रही हैं। कभी इधर की जमीन कटकर धारा में बह गई, कभी उधर नई जमीन उग आई। जमीन कट रही है, खेत कट रहे हैं, गाँव कट रहे हैं, घर कट रहे हैं ! घर कटकर गिर गए—छप्पर बहे जा रहे हैं ! कभी आदमी और जानवर भी बह चले।

और, गंगा की इन विनाशकारी लहरों से अपने घर-बार को बचाने के लिए आदमी भी कम प्रयत्नशील नहीं। अपनी बलिष्ठ भुजाओं से लहरों को चीरता हुआ या अपनी नाव को उन लहरों पर नचाता हुआ, यह दो

पैर का जानवर अपने अस्तित्व की रक्षा के लिए संघर्ष की हद कर देता है ! प्रकृति से की गई इस कशमकश के कारण उसके पुट्ठे ही मजबूत नहीं होते, उसके हृदय में भी निस्सीम साहस संकलित होता रहता है ।

गंगाजी उतार पर आती हैं, बाढ़ खत्म होती है । बाढ़ के साथ ही खत्म हो जाती हैं खेतों की मेड़ें । इन मेड़ों को लेकर भी जब-तब संग्राम मचता है । जिन हाथों में पहले पतवार होते हैं, उन्हीं हाथों में तलवारें चमकने लगती हैं !

दियारे के लोग अपने दुस्साहस और दबंगपन के लिए बिहार में मशहूर ही नहीं, बदनाम भी हैं ! बदनाम भी ?—अभी उस साल इस सिताब-दियारे में एक मुट्ठी सरपत के लिए क्या खून की नदी नहीं बह गई थी ? गाँव के दो टोलों के दो दलों में, घास के लिए काटी गई एक पुलिया सरपत के लिए, खासी मारपीट मच गई—लाठियाँ चलीं, भाले चले और अंत में गोलियाँ तक चलकर रहीं !

गंगा के उतार के बाद खेतों में गेहूँ, चने, मटर की फसलें जो लहराती हैं, वह देखने ही लायक ! आबादी के बाद भी बहुत-सी जमीन यों ही पड़ी रहती है, जहाँ कास, सरपत आदि की घासें लहराती हैं, जिनमें भैंसें चरती रहती हैं ! गेहूँ की रोटी और भैंस का दूध-दही खा-पीकर आदमी यहाँ सत्तरह-अठारह साल में ही गभरू जवान बन जाता है ! बिहार की सुपुष्ट सुंदर मानवता के नमूने देखने हों, तो आपको इन दियारों की सैर करनी चाहिए ।

इन्हीं दियारों में एक प्रमुख दियारा है सिताब-दियारा । कहा जाता है, इसे राजा सिताबराय ने बसाया था, जो आखिरी मुसलमानी जमाने में बिहार के गवर्नर थे । राजा सिताबराय बड़े ही योग्य और चतुर व्यक्ति थे । किंतु, देश का दुर्भाग्य कहिए कि उन्होंने अँगरेजों का पक्ष लिया था और बिहार में अँगरेजों की हुकूमत की नींव मजबूत करने में उनका बड़ा हाथ था । ऐतिहासिक प्रतिशोध का यह भी एक उदाहरण है कि उसी सिताबराय के बसाए दियारे में एक ऐसा लड़का पैदा हुआ, जो अँगरेजी हुकूमत की आखिरी ईंट तक उखाड़ फेंकने में दत्तचित है ।

अपनी ऐतिहासिकता के लिए ही नहीं, एक और स्थिति ने सिताब-दियारे को प्रमुखता और प्रसिद्धि दे रखी है । दो नदियों का संगम-स्थल हिंदोस्तान में स्वभावतः ही तीर्थभूमि का सम्मान प्राप्त कर लेता है । जहाँ दो धाराएँ मिलकर एक हो जाएँ—वह स्थल क्यों न पूत-पुण्य समझा जाए ? सिताब-दियारे में उत्तरी भारत की दो प्रसिद्ध नदियों का संगम हुआ है । यहाँ सरयू (घाघरा) घहराती हुई आकर विशाल हृदया जाह्नवी (गंगा) से आ मिलती है ।

दो प्रांतों की सरहदें भी यहाँ आ मिली हैं, जिन्हें नदियों की ये दुहरी धाराएँ प्रायः मिटाने की कोशिश करती रहती हैं । लेकिन आदमी को शायद मेड़ों से मोह है । फलतः हम सिताब-दियारे की भूमि को कभी युक्तप्रान्त में और कभी बिहार में शुमार होते देखते हैं ।

दो नदियों के संगम पर बसा, दो प्रांतों के झूले पर झूलता यह गाँव एक छोटा-मोटा कस्बा ही है । बाईस टोले हैं इसके और जनसंख्या बाईस हजार से कम नहीं । बिहार की सभी प्रमुख जातियाँ यहाँ आकर बसी हैं और प्रायः अलग-अलग इनके टोले हैं ।

उन्हीं टोलों में कायस्थों का एक टोला है, जो 'लाला टोली' के नाम से मशहूर है । किंतु, यहाँ के कायस्थों से आप उस मसि-जीवी जाति को न समझें जो शरीर-धन से सर्वथा क्षीण अपने मस्तिष्क की तीक्ष्णता के बल पर ही अपनी हस्ती कायम रखती है । नहीं, सिताब-दियारे के लाला लोगों को अपने तीक्ष्ण मस्तिष्क के साथ अपने उभड़े पुट्ठों पर भी कम नाज नहीं है ।

उन्हीं लाला लोगों में, दो पुश्त पहले, एक सज्जन हुए, जिनका नाम था बाबू देवकीनंदन लाल ! वह सिताब-दियारे के लाला लोगों की उपर्युक्त परम्परा के योग्यतम प्रतिनिधि होने के साथ-साथ दियारे के दबंगपन और अक्खड़पन का भी सोलहो आना प्रतिनिधित्व करते थे । देवकीनंदन लालजी ने अँगरेजी शिक्षा प्राप्त की और पुलिस-दारोगा हुए । भरे अंग, उभड़े पुट्ठे, चेहरे पर रोब, हाथ में हंटर—यह घोड़े को फँदाते हुए, देखिए, बाबू देवकीनंदन लालजी आ रहे हैं । इनके डर से बड़े-बड़े अगड़धत्त जमींदार थर-थर काँपते हैं । इनके अफसरों पर

भी इनका कम रोब नहीं है। अभी उस दिन अँगरेज पुलिस सुपरिंटेंडेंट ने इनकी जरा-सी तौहीनी कर दी थी। बाबू देवकीनंदन उसे कैसे बर्दाश्त करते? चेहरा लाल हो उठा, आँखों में खून उतर आया, हाथ का हंटर तड़ातड़ साहब-बहादुर के गोरे शरीर पर गिरने लगा! साहब हक्का-बक्का! लेकिन, वह किससे कहे, कि एक काले नेटिव ने मुझे पीट दिया है। बेचारा पी गया, पचा गया।

हाँ, आज से पचास साल पहले जब गोरे चमड़े की क्या बात, लाल पगड़ी से ही लोग थर-थर काँपते थे, बाबू देवकीनंदन लाल ने गोरे पुलिस सुपरिंटेंडेंट को हंटर से पीटा था!

बाबू देवकीनंदन लालजी के कोई संतान नहीं थी। आप तो अपने दबंगपन में मस्त। किंतु, उनकी धर्मपत्नी अपनी सूनी गोद पर हमेशा बिसूरती रहतीं। कितने व्रत, कितनी मन्नतें! आखिर शाहाबाद के सुप्रसिद्ध हरसू ब्रह्म की मन्नत पर उस सती-साध्वी ने एक पुत्ररत्न प्राप्त किया और उन्हीं की दया की स्मृति में उस पुत्र का नाम हरसूदयाल रखा। यही बाबू हरसूदयाल हमारे चरितनायक के भाग्यशाली पिता थे।

बाबू हरसूदयाल ने भी अँगरेजी शिक्षा प्राप्त की, किंतु प्रवृत्त्या यह अपने पिता के सर्वथा प्रतिकूल थे। अतः पुलिस-लाइन में न जाकर इन्होंने नहर-विभाग में मुलाजमत शुरू की और जिलेदार (डिस्ट्रिक्ट ऑफिसर) के पद से रेवन्यू-असिस्टेंट के पद पर पहुँचे। हरसूदयालजी के शील-सौजन्य को वे कभी भूल नहीं सकते, जो थोड़ी देर के लिए भी उनके सम्पर्क में आए। सादगी और सूधेपन के तो मानो अवतार ही थे। सरकारी मुलाजमत के दुर्गुण उनमें छू नहीं गए थे। उनके देखने से ही उन पर श्रद्धा और भक्ति उमड़ आती थी। अपने परिवार से बहुत ही संलग्न, अपने बच्चों पर बहुत ही ममत्व रखते। बच्चों के मित्रों को भी अपने बच्चों की तरह ही मानते, दुलारते।

उनकी धर्मपत्नी का नाम था श्रीमती फूलरानी। दया-ममता की मूर्त्ति, पूरी गृहिणी। घर-गिरस्ती का सारा काम वही सम्हालतीं। खेती-बारी, लेन-देन—सबका सूत्र उन्हीं के हाथ में और इन कामों को इस चतुरता से सहेजतीं कि देखनेवाले दंग रहते। बहुत ही कम बोलतीं—नौकरों-चाकरों से ऐसा व्यवहार रखतीं कि वे उन्हें देवी समझते।

इन्हीं श्रीमती फूलरानी की गोद में एक फूल खिला, वह जयप्रकाश के नाम से आज संसार में प्रकाश और सुवास बिखेर रहा है।

2

यह बूढ़ा लड़का!

बीसवीं सदी सारे एशिया में नया जागरण, नई किरणें बिखेरती हुई आई—चीन, जापान; मिश्र, तुर्की; अरब, ईरान—सब जगह एक सुगबुगाहट, एक हलचल।

हिंदोस्तान में यह सदी साम्राज्यशाही की प्रतिमूर्त्ति में कालिख पोतती और गुलामी की छाती पर गोली चलाती हुई पधारी—हाँ, पूना में विक्टोरिया की प्रतिमा में जिन्होंने स्याही लगाई, या कलक्टर रैंड की छाती को जिन्होंने पिस्तौल से छेदा—वे नौजवान उपर्युक्त दो भावनाओं के ही प्रतीक थे!

यह इन्कलाबी सदी जब दो ही डग आगे रख सकी थी कि बिहार के एक घोर देहाती गाँव में, एक मध्यवित्त गृहस्थ के घर में, विजयादशमी की पवित्र-पावन तिथि को एक बच्चे का जन्म हुआ, जो आज हिंदोस्तान के कोने-कोने में जयप्रकाश के नाम से प्रसिद्ध है—जो भारत के राजनीतिक आकाश की विजय-ज्योति का प्रतीक हो रहा है।

विजयादशमी की तिथि—समूचा सिताब-दियारा उत्साह और उमंग में डूबा। नए, रंगीन कपड़ों में लड़के

मस्त; नौजवानों के लिए अपने पुट्ठों और हाथ के करतब दिखाने का सुनहला मौका। ब्राह्मण गेहूँ के हरे सुनहले पौधों को यजमानों की शिखा से बाँधते हुए 'जयंती' के मंत्र पढ़ रहे। क्षत्रियों का तो यह विजय-दिवस था ही—आज उनकी बोटी-बोटी फड़क रही ! लाला टोली के लोगों की मस्ती भी दर्शनीय—नौकरीपेशे, दूरदराज रहनेवाले लोग घरों को लौट आए थे। घर-आँगन गुलजार बना था—

और, उनमें सबसे अधिक गुलजार था बाबू हरसूदयालजी का आँगन, जहाँ फूलरानी की गोद में आज एक अनुपम, अद्‌भुत फूल खिला था !

यह संवत् 1959 की विजयादशमी, या 1902 की 11वीं अक्टूबर की तिथि भारतीय इतिहास में चिरस्मरणीय होकर रहेगी, यह न तो बाबू हरसूदयालजी समझ सकते थे, न उनके आस-पड़ोस, गाँव-घर के लोग ही ! बेचारी फूलरानी को इन बातों पर ध्यान देने की ही कहाँ फुर्सत थी—वह बेचारी तो अपनी गोद के अनुपम अद्‌भूत फूल को ही देखने में निमग्न थी !

यह अनुपम अद्‌भुत फूल—कितना सुघड़, कितना सुंदर; मानो विधाता ने अपने हाथों गढ़कर इसे भेजा है ! फूलरानी अपने इस बेटे को देखकर फूली नहीं समातीं !

दिन बीतते हैं, महीने आते और जाते हैं। फूलरानी की गोद का यह सुंदर फूल दिन-दिन खिलता-निखरता जा रहा है। सुंदर गोरे चेहरे पर घुँघराले और भूरे बालों के लट बिखर रहे; उभड़ी चौड़ी ललाट के नीचे दो हृदयबेधनी आँखें; लाल पतले होंठ, जो बहुत ही कम खुलते हैं, किन्तु जब उन पर मुस्कुराहट की रेखा खिंच जाती है, तो समूचा वातावरण उजला-सा हुआ दीखता है; बचपन में भी जो काफी लम्बी हैं, उन बाँहों से अपने पैर के अँगूठे को पकड़कर चूमता हुआ जब कभी वह किलकारियाँ लेता है—माता के सुख-सागर में तरंग-पर-तरंग उठने लगती हैं ! उसके इस फूल को कहीं नजर नहीं लग जाय—इसलिए फूलरानी ने दो-दो दिठौने दे रखे हैं—ललाट पर, कपाल पर ! ये दिठौने—मानहुँ चाँद बिछायके बैठे सालिग्राम !

महीने बीतते हैं, साल आते-जाते हैं। गोद से पालने पर, पालने से आँगन में। पहले घुटनों के बल—फिर ताथेई के सुर पर डग-पर-डग। लेकिन, यह अनुपम, अद्‌भुत बच्चा है न ? दूसरे बच्चों की तरह न इसके अंग में चंचलता है, न वाणी में चटुलता। चलता है, जैसे पैरों को तोल-तोलकर; बोलने के लिए जिह्वा सुगबुगाती भी है, तो दाँतों का आसरा न पाकर वाणी बेमानी हो जाती है। अरे, इसके दाँत अब तक नहीं निकल पाए ! क्या यह बउला है ? 'बउल'—एक दिन फूलरानी के मुँह से यह निकला और आज जिसकी वाणी से हिंदोस्तान का कोना-कोना गूँज रहा है, वह अब भी अपने परिजन, पुरजन, मित्रजन का 'बउलजी' ही बना हुआ है !

हरसूदयालजी नहर-विभाग में काम करते हैं। ज्यादातर शाहाबाद जिले में रहते हैं—सन् 57 के विद्रोह के नेता बाबू कुँअरसिंह के शाहाबाद में। उनके साथ ही 'बउलजी' भी अपनी माँ के साथ रहते हैं। विद्रोह का वातावरण इस बच्चे की हड्डी में भले ही असर पैदा कर रहा हो, ऊपर-ऊपर कुछ नहीं दिखाई पड़ता ! इतना शांत कहीं लड़का होता है ? उछल-कूद नहीं, ऊधम-फसाद नहीं, किलकारियाँ-अट्टहास नहीं। वह खुद खिलौना-सा लगता है, किंतु खिलौनों से जैसे उसको विरक्ति-सी है ! हमेशा ध्यानस्थ अवस्था में—कुछ देख रहा है, कुछ घूर रहा है, जैसे दर्शनीय पदार्थ के भीतर घुसकर उसका रहस्य जानने के प्रयत्न में हो। बोलता है, कम, बहुत ही कम; किंतु जब मुँह खोलता है, ऐसी बात, इस ढंग से कहता है, मानो कोई बड़ा-बूढ़ा बोल रहा हो ! बाबू हरसूदयालजी अपने इस प्यारे, लाड़ले, नन्हे बच्चे को गौर से देखते हैं और एक दिन अपने को जब्त नहीं कर पाते, कह बैठते हैं—'ई त बूढ़ लरिका हउअन !'

'यह तो बूढ़ा लड़का है !'—पिताजी के मुँह से निकला यह वाक्य 'बउलजी' के अकाल-वृद्धत्व का सूचक नहीं था, समय पाकर यही उनके ज्ञान-वृद्धत्व का सूचक सिद्ध हुआ ! आज भी उनकी बातें सुनकर बहुत-से वयोवृद्ध नेता बुदबुदाते हैं, यह आज का छोकरा हमें सिखाने चला है, जैसे, हमारे बूढ़े बाबा हों !

अब, बउलजी पाँच साल के हुए, उन्हें स्कूल भेजना चाहिए—कायस्थ का बेटा जितना जल्द कलम पकड़े,

उतना ही अच्छा ! और, यह देखिए, बउलजी स्कूल भेजे जा रहे हैं । उन्हें आज नए-नए कपड़े मिले हैं—सिर पर जर की टोपी है, बदन में फूलदार अचकन है, पैर में चमचमाते जूते हैं । बगल में रंगीन बस्ता और तख्ती दबाए वह स्कूल ले जाए जा रहे हैं । घर में उत्सव हो रहा है, स्कूल में बताशे बँट रहे हैं । हरसूदयालजी खुश हैं, फूलरानी खुश हैं, सारा घर जैसे आनंद का अखाड़ा बना हुआ है ।

अ-आ, इ-ई, क-ख, ग-घ; पहाड़े सवैया; आना-छटाँक ! किताबें पढ़ी जा रही हैं, हिसाब बनाये जा रहे हैं । एक बार गुरुजी ने जो कह दिया, वह मानो जबान पर हमेशा के लिए लिख गया; एक बार गुरुजी ने तख्ती पर लकीरें खींच दीं, वे मानो दिमाग पर खिंच गईं । बउलजी? कौन कहता है बउल, 'बउलजी एक दिन पढ़ने-लिखने में नाम कर दिखाएगा'—गुरुजी की यह वाणी सफल होकर रही ।

सिताब-दियारे में अपर प्राइमरी स्कूल है । थोड़े दिन वहाँ; थोड़े दिन उन जगहों में, जहाँ उनके पिताजी मुलाजमत करते थे । यों प्राइमरी की शिक्षा खत्म होती है । अब बउलजी को कहाँ भेजा जाए? इधर-उधर नहीं भेजकर, पटना ही क्यों न भेज दिया जाए? पटना में ही तो शम्भु रहते हैं—शम्भु के साथ रहेगा, अच्छी संगत, अच्छी देखरेख ! एक दिन सिताब-दियारे ऐसे गाँव या नहर-विभाग के मुकामों के कस्बों में रहनेवाला लड़का, प्रांत की राजधानी में भेज दिया गया ।

अफसोस, आज शम्भु बाबू नहीं रहे ! बाबू शम्भुशरण समय पाकर पटना के सुप्रसिद्ध वकील हुए । वह जयप्रकाशजी के भतीजे होते थे, नातेदारी में छोटे होते, पर उम्र में काफी बड़े । उस समय वह पटना में कौलेज की पढ़ाई समाप्त करने में लगे थे । वकालत शुरू करने के थोड़े दिनों बाद ही, भरी जवानी में, उनकी मृत्यु हुई । यदि वह जीवित होते, अपने इस छोटे चाचाजी की उन्नति देखकर कितने प्रसन्न होते ! किंतु विधाता की प्रसन्नता तो सबसे ऊपर है न !

3

सरस्वती-भवन में

उस दिन का पटना आज का पटना नहीं था ।

पिच की सपाट सड़कों के स्थान पर उन दिनों ऊबड़-खाबड़ रोड़ों की भरमार थी; मोटर और बस की रेलपेल के बदले पटनिया टमटम झमझम करती चलती थी । पुरानी ढहती इमारतों के बीच वह उजड़ा हुआ शहर शाम-सुबह अपने प्राचीन गौरव के नाम पर सिसकियाँ भरता-सा दीखता था !

इस शहर के केंद्र में पटना-कौलेजियट स्कूल था, जिसकी इमारत भी पुरानी थी । किंतु पुरानी इमारत में बैठनेवाला यह स्कूल और उसी से संलग्न पटना-कौलेज प्रांत में नई रोशनी बिखेरने के प्रयत्न में लगे हुए थे ।

उन दिनों पटना-कौलेजियट के हेडमास्टर थे श्री अमजदअली खाँ । खाँ साहब बिहार के योग्यतम शिक्षकों में गिने जाते थे । बच्चों के मानसिक विकास के साथ ही उनके चरित्र-निर्माण पर वह काफी ध्यान देते थे । जयप्रकाश का यह सौभाग्य था कि शहर में आते ही ऐसे योग्य शिक्षक के तत्त्वावधान में उन्हें पढ़ने-लिखने का सुअवसर मिला ।

पटना-कौलेजियट में जयप्रकाश का नाम सातवें दर्जे में लिखाया गया, जो आज का चौथा दर्जा है । इस नये वातावरण में थोड़े दिनों में ही घुलमिल गया यह देहाती विद्यार्थी पटना-कौलेजियट में नियमित रूप से जानेवाले विद्यार्थियों में शुमार किया जाने लगता है !

सिर पर फेल्टकैप, शरीर में कमीज और कोट, कमर में धोती, पैर में अँगरेजी जूते—सकुचाता, शर्माता, अपने-आपको छिपाता, किंतु अपने रूप-रंग, चाल-ढाल की वजह से और भी नुमायाँ होता, यह जो 12-13 वर्ष का

लड़का पटना की ऊबड़-खाबड़ सड़क के रोड़ों पर आँखें गड़ाए आगे बढ़ता जा रहा है, पहचानिए, वह कौन है ? अभी बच्चा है, किंतु आप उसकी टोपी में तेल और गर्द का निशान नहीं पायेंगे, कपड़ों पर रोशनाई का दाग नहीं देखेंगे। किताबें, कापियाँ, पेंसिलें—सबसे उस बच्चे की सजगता और सावधानता चूई-सी पड़ती है।

वह अब क्लास के आधे दर्जन अच्छे लड़कों में शुमार किया जाता है। किंतु, न इसका घमंड है उसमें, न कुछ आडम्बर। चुपचाप आकर अपने दर्जे में बैठ जाता है; मास्टर जो पढ़ाते हैं, ध्यान से सुनता है; जो पूछते हैं, उसका सावधानी से जवाब देता है ! दर्जे में तरह-तरह के लड़के हैं, वे उसे अपने गिरोह में शामिल करने की कोशिश में रहते हैं; किंतु, वह पद्मपत्रमिवाम्भसा का उदाहरण बन उनसे अलग-अलग ही रहा करता है ! उसे कुछ अपनी ही धुन है, वह स्वयं किसी चीज की खोज में है—किंतु उसे अभी मालूम नहीं, वह चीज क्या है; वह कस्तूरीमृग-सा अपनी गंध में विभोर है !

संयोग सदा उसका साथ देता रहेगा—यहाँ भी दिया। वह जिस होस्टल में रहता है, वहाँ का वातावरण उसके अंदर उस छिपी हुई वस्तु के प्रकट होने में सहायक होता है।

आज के मिन्टो, जैक्सन, न्यूटन आदि नामों से अभिहित होस्टलों में रहनेवाले विद्यार्थी 'सरस्वती-भवन' का नाम नहीं जानते होंगे। किंतु, एक जमाना था, जब सरस्वती-भवन पटना के विद्यार्थियों का सबसे अधिक प्रसिद्ध और प्रभावशाली केंद्र था। जिस समय जयप्रकाश पटना आए, सरस्वती-भवन बिहार की सर्वोत्तम प्रतिभाओं का अखाड़ा था। वहीं अनुग्रह बाबू थे, जो आज बिहार के अर्थमंत्री हैं; वहीं रामचरित्र सिंहजी थे, जो आज बिहार के बिजली और सिंचाई विभाग के मंत्री हैं; पांडे रघुनंदन थे, जो कभी किसी दर्जे में द्वितीय हुए ही नहीं—सिर्फ पढ़ने-लिखने की बात ली जाय, तो राजेंद्र बाबू से भी ज्यादा प्रतिभाशील; पांडेय हरनंदन थे, जिन्होंने पुरातत्व-विभाग में बहुत ही नाम किया; श्री रामनवमी बाबू थे, जिन्होंने चम्पारण में महात्माजी का साथ दिया और जो जयप्रकाश के आफिसियल गार्जियन थे और शम्भु बाबू तो थे ही। अपनी मित्रमंडली से मिलने श्रीबाबू (आज बिहार-सरकार के प्रधानमंत्री) भी वहाँ प्रायः आ जाया करते थे।

बिहार के ये सब-के-सब नौनिहाल पढ़ने-लिखने में ही नामी नहीं थे; इन सबके हृदयों में देश-सेवा का बीज-वपन हो चुका था और देश की राजनीतिक जिंदगी से दिलचस्पी लेना इन्होंने शुरू कर दिया था। जयप्रकाश की उम्र छोटी थी; किंतु, बुजुर्ग लोग आपस में देश की समस्याओं को लेकर जो वादविवाद करते, सलाह-मशविरा करते, उनकी ओर इस बच्चे का ध्यान बरबस जाता और होते-होते उसके हृदय में भी देशभक्ति की भावना प्रस्फुटित होने लगती है। अब वह सिर्फ स्कूली किताबों का कीड़ा नहीं है—वह उस समय की पत्र-पत्रिकाओं को भी ध्यान से पढ़ता है और घटनाओं एवं व्यक्तियों के बारे में अपने निर्णय पर आने की भी चेष्टा करता है। इन बुजुर्गों के पास जो बाहरी किताबें हैं, उन्हें वह पढ़ता है और स्कूल की लाइब्रेरी का उपयोग भी वह कम नहीं करता !

जिस तरह प्रातःकाल का शीतल मंद समीर पाकर कमल का एक-एक दल विकसित, प्रस्फुटित होने लगता है, उसी तरह इस अनुकूल वातावरण में जयप्रकाश का व्यक्तित्व भी धीरे-धीरे विकास पाने लगा।

जयप्रकाश सरस्वती-भवन में ही रहते थे कि उनकी बड़ी बहन चंद्रावतीजी का विवाह हुआ। जयप्रकाश के नए भाई साहब श्री ब्रजबिहारी सहायजी पटना-हाईकोर्ट के आफिस में काम करने के सिलसिले में पटना आकर ही रहने लगे। तब से वह सरस्वती-भवन छोड़कर ब्रजबिहारी बाबू के डेरे में आ गए और जब तक पटना में रहे, उन्हीं का साथ रहा और आज भी प्रायः उन्हीं के साथ रहते हैं।

ब्रजबिहारी बाबू शांत प्रकृति के बड़े ही निष्ठावान, चरित्रवान व्यक्ति हैं। उनकी संगति ने जयप्रकाश के चरित्र-निर्माण में और भी सहायता पहुँचाई। ब्रजबिहारी बाबू से पूछिए, उनकी किशोरावस्था के जीवन का वह बहुत ही मनोरंजक वर्णन देंगे। हाईकोर्ट क्वार्टर से कौलेजियट स्कूल दूर पर है। जयप्रकाश को रोज तीन आने पैसे मिलते हैं—टमटमवाले को एक आना देकर वह स्कूल पहुँचते हैं; एक आने में टिफिन के वक्त जलपान करते हैं और एक आना फिर देकर टमटम पर वापस आते हैं। ब्रजबिहारी बाबू के दोस्त आते हैं और उनके इस

'हसीन' साले से तरह-तरह की दिल्लगियाँ करते हैं; किंतु कहीं एक हाथ से ताली बजती है। दिल्लगी की जगह समान-भावना ले लेती है—इस लड़के के शील-सौजन्य के आगे उन्हें भी सर-नगूँ होना पड़ता है ! ब्रजबिहारी बाबू बड़े निष्ठावान व्यक्ति हैं, या तो ब्राह्मण के हाथ का खाएँगे, या अपने घर के लोगों के हाथ का। ब्राह्मण बीमार पड़ गया, चंद्राजी मायके हैं। ब्रजबिहारी बाबू स्वयं रसोई बना रहे हैं। जयप्रकाश अकेले उन्हें क्यों चूल्हे के निकट झुलसने दें ? उन्हें पूजा करने को भेज आप दाल छौंक रहे हैं, तरकारी बघार रहे हैं। रसोई बनाने की यह शिक्षा आगे चलकर अमेरिका में कितना काम देगी—आप पीछे देखेंगे।

कौलेजियट के हेडमास्टर की जगह पर अब जनाब राममसूद साहब आए हैं, जो पीछे चलकर निजाम हैदराबाद के शिक्षा-मंत्री हुए और 'सर' की उपाधि से आभूषित किए गए। इधर जयप्रकाश भी अब इन्ट्रेंस इम्तहान की तैयारियों में हैं। अँगरेजी उनकी अच्छी है, हिंदी अच्छी है, संस्कृत अच्छी है। साहित्य की ओर दिलचस्पी भी कम नहीं। किंतु, हृदय साहित्य की ओर है, मस्तिष्क विज्ञान की ओर। गणित भी कम अच्छा नहीं—100 में 98 अंक ले आना उनके लिए आसान है। अतिरिक्त विषयों में उन दिनों 'मैकेनिक्स' भी एक विषय था। इस विषय से आगे चलकर विज्ञान की पढ़ाई में मदद मिलेगी, इसलिए इसे ले रखा है। वह क्या जानते थे कि इसी विषय के चलते उनकी परीक्षा का फल मनोनुकूल नहीं हो सकेगा ? यदि संस्कृत लिए होते तो कहाँ अच्छा फल होता। किंतु, प्रारम्भ से ही जयप्रकाश फल की ओर देखनेवाले नहीं थे।

जनाब राममसूद साहब की जगह विटमोर साहब कौलेजियट का हेडमास्टर होकर आए। अँगरेज होकर भी हिंदोस्तानी विद्यार्थियों पर बहुत ही स्नेह रखते हैं। लेकिन इच्छा रखते हुए भी अपने को भारतीय भावनाओं को समझने में समर्थ नहीं बना सकते थे। एक दिन उनकी मुठभेड़ स्कूल के इस शान्त-शिष्ट विद्यार्थी से हो ही जाती है। एक त्योहार के दिन में ही उन्होंने परीक्षा का दिन तय कर दिया है। साहब ने तय कर दिया, कौन जबान हिलाए ? न शिक्षकों में ऐसा बल था, न विद्यार्थियों में ऐसा साहस। किंतु, छः विद्यार्थियों का आपस में विचार हुआ और तय कर लिया गया, इसका विरोध किया जाएगा। ये छः विद्यार्थी दर्जे के सर्वोत्तम विद्यार्थी हैं। परीक्षा के दिन सब विद्यार्थी परीक्षा-भवन में बैठे हैं; सभी शिक्षक 'पहरे' दे रहे हैं, किंतु ये छः विद्यार्थी अपनी गैरहाजिरी से ही वहाँ नुमायाँ हो रहे हैं ! गोरा हेडमास्टर गुस्से से लाल हो रहा है। दूसरे दिन, जब ये स्कूल में आते हैं, वह इन्हें बुलाता है। इनमें, देखिए, वह जयप्रकाश भी हैं !

एक तरफ गुस्से में लाल बना, गोरा हेडमास्टर है, दूसरी ओर ये आधे दर्जन नन्हें विद्यार्थी। वह पूछता है, गरजता है—तुम क्यों नहीं परीक्षा में बैठे ? इनकी तरफ से कहा गया, कल त्योहार जो था ! त्योहार ? जी-हाँ ! त्योहार—लगी बात, तुम्हें बेंत लगेंगे ! बेंत ? छः जोड़ी छोटी-छोटी हथेलियाँ निर्भीक आगे बढ़ती हैं। साहब उन्हें देखता है, इन नाजुक हथेलियों पर बेंत ? किंतु जबान से तो बात निकल गई है ! हथेलियों पर बेंत पड़ते हैं, किंतु फूल बनकर ! यह थी छोटे-भारतीय बच्चों की गोरे साहब के हृदय पर विजय !

अंततः इंट्रेंस की परीक्षा होती है, जयप्रकाश उसमें बैठते हैं। जैसी उम्मीद की जाती थी वैसा फल तो नहीं ही हुआ; किंतु तो भी स्कालरशिप के साथ पास किया !

4

किशोरावस्था में आदर्शवादिता !

सरस्वती-भवन का वातावरण जो छाप दे चुका है, वह दिन-दिन स्पष्ट होता जा रहा है।

मेधावी, विनयी, परिश्रमी जयप्रकाश के अन्दर साधक जयप्रकाश का भी जन्म और विकास हो रहा है। बहुत दिनों तक जो अध्ययन और मनन के रूप में दिखलाई पड़ती थी, वह साधना अब जीवन के अंतरंग और

बहिरंग पर भी प्रकट हो रही है।

अभी वह किशोर ही है; यही 15-16 वर्षों का। किंतु, जैसे वह अपने जीवन का एक क्रम तय कर चुका है और उस पर चलने के प्रयत्न में लीन है। वह बहुत ही सवेरे उठता है और दाँत हिलानेवाला जाड़ा ही क्यों न हो, सवेरे नहा लेता है, फिर पाठ पर बैठ जाता है ! पाठ—गीतापाठ !

हाँ, गीता का वह अनन्य भक्त हो चला है। अभी उस दिन उसने सुना नहीं था कि बालक खुदीराम मुजफ्फरपुर में फाँसी के तख्ते पर झूलते समय भी गीता के श्लोक ही दुहराता रहा; अभी उसने सुना नहीं है, स्वामी विवेकानंद गीता-ज्ञान के द्वारा ही अमेरिका में भारतीय श्रेष्ठता का डंका बजा सके थे।

वह घर पर ही गीता-पाठ नहीं करता; जब स्कूल में जाता है, गीता लिए जाता है और टिफिन के समय अपने संगी-साथियों को एकत्र कर गीता सुनाता और अपनी योग्यतानुसार उसकी व्याख्या करता है। यह गीता-प्रेम उसका इतना बढ़ता जाएगा कि वह अपनी पत्नी को पहली भेंट, पहले उपहार के रूप में, गीता ही देगा और जब अमेरिका जाने लगेगा, गीता की एक प्रति अपने साथ लेता जाएगा !

बिहार की राजनीति में उस समय दो धाराएँ काम कर रही थीं। एक ओर बंगाल के संसर्ग के कारण आतंकवादी कार्यों की ओर नौजवानों की प्रवृत्ति बढ़ रही थी। हिंदोस्तान के इतिहास में पहला बम बिहार में ही फूटा था; पहली राजनीतिक डकैती बिहार में ही हुई थी। हाँ, दोनों के कर्त्ता बाहरी लोग थे। बम खुदीराम बोस ने मुजफ्फरपुर में चलाया था; डकैती अर्जुनलाल सेठी ने शाहाबाद में की थी। किंतु इन घटनाओं के असर से बिहार के युवक अछूते नहीं थे। बम-पिस्तौल का आकर्षण और शीघ्र अपने देश को मुक्त करने की उतावली उन्हें इस ओर प्रवृत्त करती थी।

दूसरी धारा थी गाँधीजी की। गाँधीजी ने चम्पारण में आकर और वहाँ पर एक अजीबोगरीब लड़ाई छेड़कर निलहे साहबों को जो परास्त किया, उसका असर भी नौजवानों पर कम नहीं पड़ रहा था। गाँधीजी की सादगी, उनके जीवन की सरलता, जनता के साथ उनकी एकात्मता नौजवानों की भावनाओं को उनकी ओर आकृष्ट करने के लिए कम नहीं थी। उस समय का नौजवान बिहार-राजनीति की इन धाराओं में उतरता फिरता था; कभी वह एक धारा में बहता था, कभी दूसरी में। उसकी जिंदगी एक झूले की-सी थी—इधर-उधर पेंग लेती, कहीं स्थिर नहीं।

जयप्रकाश भी इन दोनों धाराओं के गिर्दाव में थे। गाँधीजी के लेखों, उनकी जीवनी आदि का इतना बड़ा असर हुआ कि उन्होंने अपने पूरे रहन-सहन को ही बदल दिया ! बारीक, सुंदर कपड़ों को उतार दिया; चमचमाते चर-मर करते जूते फेंक दिए। बाजार जाकर मोटी धोती ले आए और उसे घुटनों तक ही पहना। कमीज-कोट की जगह मोटे कपड़े के कुर्ते ने ली। एक देहाती चमार की दूकान पर गए और चमरौंधा जूते का जोड़ा कुछ आनों में खरीद लाए। किंतु, उसे पहनें कैसे ? कितना कड़ा, सख्त है यह। रेंड़ी का तेल रखकर उसे मुलायम बनाया, किंतु तो भी उसने पैर तो काट ही दिए !

जो मुश्किल से फिट हो रहे हैं, जिन्हें पहनकर ठीक चलना मुश्किल है, जिनकी शक्ल भद्दी है, तेल से चुपड़े होने के कारण जिन पर धूल जम गई है, उन जूतों को पैर में पहने; जिसके सूते मोटे हैं, जिसकी बुनाई ऊबड़खाबड़ है, जो मुश्किल से घुटनों के नीचे पहुँच पाती है, उस धोती को कमर से लपेटे; और इस धोती को ही मैच करनेवाला भद्दा, खुरदरा कुर्त्ता पहने यह साधक जयप्रकाश जा रहा है ! अपनी साधना पर ही इसे संतोष नहीं, यह अपने साथियों को भी अपने रंग में रँगना चाहता है। स्कूल में इसने एक समिति बना रखी है। उसके बाजाब्ता मेम्बर हैं। उसकी नियमित बैठकें होती हैं—टिफिन के वक्त स्कूल के किसी कोने में या फुर्सत के दिन यहाँ-वहाँ। गीता अब भी पढ़ी जाती है, किंतु उसके साथ ही राजनीति, देशसेवा, समाजसुधार आदि बातों पर विचार-विमर्श भी होते हैं। स्वभावतः ही जो गम्भीर है, वह जयप्रकाश अपने चेहरे पर पूरी गम्भीरता लाकर इन बैठकों में जब 'प्रवचन' करने लगता है, तो मालूम होता है, आकाश-गंगा में स्नान कर तुरत-तुरत कोई देवदूत इस धराधाम पर पधारा है और इन हमजोलियों को कुछ दिव्यसंदेश अपनी तोतली वाणी में सुना रहा है !

दूसरी धारा का आकर्षण भी उसे खींचता है। अभी उस दिन की बात है। भोर-भोर, धुँधलका भी दूर नहीं हुआ है कि सरस्वती-भवन में हलचल मच जाती है। सब जग गए हैं; सब दूर पर देख रहे हैं, घूर रहे हैं; किसी के मुँह से आवाज नहीं निकलती, किंतु सबके चेहरे पर आश्चर्य और भय की छाया स्पष्ट है। यहाँ से कुछ दूर पर, वह प्रोफेसर यदुनाथ सरकार का डेरा है, (जो अब सुप्रसिद्ध इतिहासज्ञ सर यदुनाथ सरकार हैं)। उनके डेरे के चारों ओर पुलिस की लाल पगड़ियाँ हैं, जिनके रोब को अफसरों की भूरी पोशाक के चमकीले बटन और चौगुना बढ़ा देते हैं। प्रोफेसर सरकार के घर की खानातलाशी हो रही है। खानातलाशी—जी हाँ, वहाँ एक नौजवान रहता है, जो क्रांतिकारी-दल का है!

क्रांतिकारी-दल! उसका आकर्षण बढ़ता जाता है। वह अवश्य ही क्रांतिकारी-दल से सम्पर्क करेगा। उसे अब पता चल गया है, इस पटना शहर में क्रांतिकारियों का एक अड्डा है, जिसमें ज्यादातर बंगाली लड़के हैं। वह उनसे मिलेगा, उनकी बातें सुनेगा, उन्हें समझने की कोशिश करेगा—क्योंकि बिना समझे वह किसी ओर पैर बढ़ा नहीं सकता। जहाँ चाह, वहाँ राह। धीरे-धीरे उसकी आकांक्षा पूरी होती है। उनमें से एक से उसकी जान-पहचान होती है। आतंकवाद के साथ जो रोमांचकता लगी है, उसका जादू इस किशोर पर चलाया जाता है। कभी गंगा-किनारे, लोगों से दूर, उस निराले, नीरव घाट पर, भोर में मुँहअँधेरे ही; कभी उस उजड़े, सूने खँडहर में, हौले-हौले, झुटपुटे के वक्त! इतने हथियार हैं, इतने आदमी हैं। ज्योंही वक्त आया, जितने गोरे अफसर हैं, उन्हें बम से उड़ा दिया जाएगा—'गोरन को मार-मार बोरन में भरि हों!" और जितने सरकारी दफ्तर हैं, सब पर कब्जा कर लिया जाएगा। बंगाल तैयार है, पंजाब तैयार है, महाराष्ट्र तैयार है। बिहार पीछे क्यों रहे? क्या यह शर्म की बात नहीं? तुम्हारे ऐसे विचारवान, निष्ठावान नौजवानों की खास जरूरत है। आओ, दीक्षा लो—क्रांति-सेना में नाम लिखाओ!

हृदय मंथन होता है, वह क्या करे? यह आह्वान अनसुना कर देने लायक तो नहीं? किंतु, उसका मन भरता नहीं है। वह शुरू से राजनीति में गोखले का हिमायती रहा है, गोखले के मरने पर उसने एक प्रशस्ति-कविता भी लिखी थी, इस तरह शोक मनाया था, जैसे उसका कोई सगा-संबंधी चल बसा हो। फिर गाँधीजी के भारतीयता के अनुकूल सादे जीवन का असर उस पर हुआ था और उस आदर्श को अपने जीवन में उतारने की कोशिश भी उसने शुरू की है। किंतु, यह नई पुकार भी तो ऐसी नहीं लगती जिसे वह सुनकर ही अनसुनी कर दे। मस्तिष्क पर इसका असर न हो, किंतु उसके हृदय पर, उसकी धमनियों में इसका प्रभाव पड़े बिना नहीं रहता। उसका हृदय उद्वेलित हो उठता है, उसका रक्त नृत्यशील बन जाता है।

वह कुछ निर्णय नहीं कर पाता, वह चकोह में पड़ा है। किंतु घटना उसकी मदद कर देती है। अचानक वह बंगाली नौजवान अंतर्धान हो जाता है। वह उसकी खोज में निर्जन घाटों पर जाता है, सूने खँडहरों में जाता है। वह नहीं मिलता। मानो नाटक के एक अंक का ड्रापसीन हो जाता है! दर्शक अब नए अंक, नए दृश्य की प्रतीक्षा करें। क्योंकि यह किशोर नए दृश्यों, नए अंकों, नए नाटकों का सृजन करने के लिए ही पैदा हुआ है!

5

साहित्य बनाम विज्ञान

साधक जयप्रकाश के साथ-साथ साहित्यिक जयप्रकाश का भी विकास हो रहा है।

जब वह सरस्वती-मंदिर में पहुँचा, उसने अपने एक बुजुर्ग के हाथ में एक पत्रिका देखी—ऊपर हंस-वाहिनी, वीणावादिनी 'सरस्वती' की भव्य-दिव्य मूर्त्ति थी; और भीतर नयनाभिराम छपाई में लेखों और कविताओं का मनोरम गुलदस्ता। वह उन दिनों उसके सब लेखों को समझ नहीं सकता था, किंतु कविताएँ उसे अधिक भाती हैं। श्री मैथिलीशरणजी की कविताएँ तो उसे सबसे अच्छी लगती हैं क्योंकि वह उनमें अपनी रुचि के अनुरूप भावनाएँ प्राप्त करता है। वह देशभक्त बन चुका है; जो कविता देशभक्ति की भावना हृदयों में भरे, उसे वह सर्वोत्कृष्ट कविता उन दिनों, मानता है!

'सरस्वती' के बाद 'मर्यादा'!—'मर्यादा' में वह राजनीति अधिक पाता है, इसलिए खुश है। किंतु 'प्रभा' तो इन दोनों से अच्छी! राजनीति और साहित्य का कैसा सुंदर सम्मिश्रण! उन दिनों 'प्रभा' के सम्पादक थे पं. माखनलाल चतुर्वेदी और 'भारतीय आत्मा' के नाम से लिखी उनकी कविताएँ नौजवानों को बहुत ही प्रोत्साहित करती थीं। साप्ताहिकों में 'प्रताप' उसे पसंद है, खासकर फौजी-प्रवासियों की करुण कथा, पं. तोताराम सनाढ्य की लिखी, वह बड़ी उत्सुकता से पढ़ता है।

वह पुस्तकें भी पढ़ता है। 'भारतेंदुजी' के नाटक उसे बहुत ही आकृष्ट करते हैं! 'भारतदुर्दशा', 'नीलदेवी' आदि नाटक उसकी आँखों में कई बार आँसू ला चुके हैं! जब बाजार में 'भारत-भारती' और 'जयद्रथवध' की धूम मच जाती है, वह भी उन पुस्तकों के प्रशंसकों में हो रहता है। किंतु 'प्रियप्रवास' के आते ही उसकी रुचि बदल जाती है। 'प्रियप्रवास' की करुणा के प्रवाह में जैसे वह बह जाता है।

कुछ दिनों के बाद तुलसीदास का 'रामचरित-मानस' उसका प्रिय ग्रंथ हो जाता है और जब वह अमेरिका जाने लगता है तो दो बाहरी पुस्तकों में एक तुलसी बाबा की यह रामायण भी होती है।

होते-होते वह दिन आता है, जब वह सिर्फ साहित्य-रसिक ही नहीं रह जाता; वह स्वयं लेखक और कवि बनने का हौसला करने लगता है। अपनी लेखनी से मातृभूमि के उद्धारकार्य में सहायक बनूँगा, ऐसा सोचकर डरते-डरते एक दिन वह लेखनी पकड़ने की धृष्टता भी कर बैठता है!

किंतु, वह लिखे क्या? यहाँ भारतेंदुजी का असर सबसे ऊपर आ जाता है। वह नाटक लिखेगा! अंक, दृश्य आदि का ढाँचा बनाकर वह एक नाटक लिखना शुरू कर देता है!

और, 'प्रियप्रवास' की भाषा और छंद के अनुसरण पर उन दिनों जो कविताएँ उसने लिखीं, उनकी कुछ पंक्तियाँ आज भी आप उससे सुन सकते हैं—बशर्ते कि आपके आग्रह में विनोद की भी पुट हो!

अपने लेखन की योग्यता को वह परीक्षा की कसौटी पर स्वयं एक बार कसना चाहता है। उन दिनों बिहारी-छात्र-संघ की ओर से कई प्रतियोगिताएँ हुआ करती थीं। एक प्रतियोगिता थी हिंदी में लेख लिखने की, जिसमें स्कूल-कौलेज सबके छात्र सम्मिलित हो सकते थे। अभी वह स्कूल में ही था; वह क्या खाकर कौलेज के विद्यार्थियों के साथ आँखें मिलाने चले? किंतु नहीं, नहीं! वह संकोची है, विनयी है; किंतु हीन-भावना उसमें नहीं है। लेख का विषय है—"बिहार में हिंदी की अवस्था।" वह इस लेख के लिए तैयारी करने में जुट पड़ता है। इस संबंध का सारा साहित्य पढ़ जाता है, अधिकारी विद्वानों से पूछताछ भी करता है। अंत में लेख तैयार हो जाता है और वह उसे परीक्षक के पास भेज देता है। परीक्षक कौन है? प्रोफेसर बदरीनाथ वर्मा एम. ए. काव्यतीर्थ, जो आज आचार्य बदरीनाथ वर्मा के नाम से बिहार प्रांत के शिक्षा-सचिव हैं? बदरीबाबू ऐसे निष्पक्ष और कड़े परीक्षक; तो भी जयप्रकाश का लेख सर्वश्रेष्ठता का सौभाग्य प्राप्त करता है। ओहो, स्कूल के एक विद्यार्थी ने कौलेज के सारे विद्यार्थियों को मात दे दी।

उसकी गद्य-लेखन-शैली पर सरस्वती-संपादक पं. महावीरप्रसाद द्विवेदीजी की छाप आज भी स्पष्ट दीख पड़ती है। वह विशुद्ध प्रांजल भाषा का हिमायती है, किंतु विशुद्धता के नाम पर पंडिताऊ भारीभरकम बनावटी भाषा का वह कट्टर विरोधी है।

किंतु, उन दिनों साहित्य से अधिक धूम थी विज्ञान की। हमारे देश की उन्नति क्यों रुकी रही; क्यों रुकी हुई है? साधकों की, साहित्यिकों की तो हमारे देश में कमी नहीं। हममें ऐसे-ऐसे कविर्मनीषी हुए हैं, जिनके जोड़े

के व्यक्ति संसार में मिलना कठिन ! हममें कालिदास हुए हैं, तुलसीदास हुए हैं, इस युग में भी कवींद्र-रवींद्र हैं, जिनकी काव्य-प्रतिभा के सामने संसार का सिर झुक चुका है । किंतु तो भी हमारा देश अन्य देशों से बहुत ही पिछड़ा हुआ है । क्यों ? यह युग विज्ञान का युग है, विज्ञान ने यूरोप की प्रतिभा में पंख लगा दिए हैं, वहाँ के निवासी आज आसमान की सैर कर रहे हैं । विज्ञान ने जापान की कायापलट कर दी है; रूसी ऋक्ष को किस तरह पटक दिया इस पीले राष्ट्र ने ! भारत में भी आज सबसे अधिक आवश्यकता है वैज्ञानिकों की । दो उदाहरणों ने सिद्ध कर दिया है, हममें वैज्ञानिक प्रतिभा की भी कमी नहीं । श्री जगदीशचंद्र बोस और श्री प्रफुल्लचंद्र राय ने इस क्षेत्र में कमाल कर दिखलाया है । आचार्य राय की ओर उसका अधिक आकर्षण है; क्योंकि उनके विज्ञान के साथ साधना भी मिली हुई है । अपना व्यक्तिगत स्वार्थ कुछ नहीं; भोग-विलास से सर्वथा परे, विज्ञान की उन्नति में ही जिसने अपना पूरा जीवन उत्सर्ग कर रखा है, सादगी का अवतार, सरल जीवन का उदाहरण—तपस्वी राय उसके आदर्श के अधिक अनुरूप जँचते हैं ।

किंतु प्रश्न उठता है क्या विज्ञान को वह अपना सकता है ? वैज्ञानिक प्रवृत्ति की सूचना देती है गणित की अभिरुचि । गणित में वह किसी से कम नहीं । उसे याद नहीं, कभी सौ में नब्बे से कम नम्बर उसने गणित में प्राप्त किए हों ! 'मैकनिक्स' में उसे कुछ कम नम्बर आए, जरूर । किंतु, यह तो 'चांस' का एक खेल था । इस विषय में भी 'थ्योरी' में उसे कम नम्बर नहीं आए, हाँ 'प्रैक्टिकल' जरा खराब हो गया—जो सोलहो आने चांस की आँखमिचौनी है !

मैं वैज्ञानिक बनूँगा—वह तय कर लेता है और कौलेज में साइंस में ही नाम लिखाता है ! अब उसकी मेज पर एक ओर 'भारत-भारती', 'प्रियप्रवास', 'रामचरितमानस' हैं; दूसरी ओर फिजिक्स और केमेस्ट्री के पाठ्य-ग्रंथ ! उसका हृदय साहित्य के नव रस के सतरंगी धनुष की रंगीनियों से ओतप्रोत है, किंतु, उसका मस्तिष्क अब भौतिक विज्ञान के तत्त्वों और अणुओं के अनुसंधान एवं रसायन-शास्त्र की बारीकियों के अन्वेषण में लीन है ! साहित्य और विज्ञान की यह गंगा-जमुना की समानांतर धारा उसके जीवन-क्षेत्र में अनवरत प्रवाहित होती रहेगी । साहित्य उसके विज्ञान को सरस और सहृदय बनाता रहेगा; विज्ञान उसके साहित्य को विश्लेषणात्मक और विचारात्मक रूप देता रहेगा !

6

प्रभावतीजी से परिणय

"बउलजी, जरा चलिए, राजेंद्र बाबू के डेरे पर ब्रजकिशोर बाबू के दर्शन कर आवें ।" —शम्भू बाबू ने अपने छोटे चाचाजी से साग्रह कहा ।

ब्रजकिशोर बाबू—आदमी की याददाश्त कितनी छोटी होती है ? जिसने 1921 से 1933 तक बिहार की कांग्रेस पर एकछत्र राज्य किया; जो बिहार का, सही मानी में, सर्वप्रथम कांग्रेसी था; जो अपने जमाने का सर्वश्रेष्ठ जनसेवी और जननायक था; जिसने महात्मा गाँधी को चम्पारण बुलाया और निलहों को सारी शेखी धूल में मिला दी; जो इम्पीरियल कौंसिल में बिहार का सर्वप्रथम गैरसरकारी प्रतिनिधि था; जिसकी गिनती फख्र के साथ बिहार के निर्माताओं में की जाएगी; दरभंगा में रहकर, कितने ही मौकों पर, जिसने प्रांत के सबसे बड़े धनीमानी व्यक्ति दरभंगा-नरेश के मनसूबों को चूर-चूर किया था—आज मालूम होता है, जैसे हम उसे भूल गए ! गठिया से परेशान, लाठी से टेककर चलते हुए, सदाकत-आश्रम की राजनीति को जिसने एक युग तक संचालित किया—जो प्रांतीय कांग्रेस कमेटी में अपने लिए एक साधारण सदस्य की हैसियत रखता था, किंतु, प्रांत के सारे राजनीतिक सूत्र जिसकी मुट्ठियों में रहते थे; जो घटनाओं की सृष्टि करनेवाला और उनका मनोनुकूल अंजाम

देनेवाला एवं व्यक्तियों को बनाने और बिगाड़नेवाला था; जिसकी छत्रछाया में पल भर ही राजेंद्र बाबू का व्यक्तित्व इतना विकसित हो सका; जिसके समक्ष राजेंद्र बाबू विनयशील बच्चे की तरह व्यवहार करते थे,—उस ब्रजकिशोर बाबू को हम-आप भले भूल जाएँ, बिहार का इतिहासकार भूल नहीं सकता !

इन्हीं बाबू ब्रजकिशोर प्रसादजी के दर्शन करना और राजेंद्र बाबू के डेरे पर ! क्योंकि तब तक सदाकत-आश्रम नहीं बन सका था; और राजेंद्र बाबू कलकत्ता से पटना आकर पटना हाईकोर्ट में एक सफल वकील की जिंदगी गुजार रहे थे ! तब पटना हाईकोर्ट के वकीलों की सूची में सर अली इमाम थे, हसन इमाम थे, मिस्टर मानुक आदि के नाम थे, जिनके समक्ष वकालत करके सफल होना कोई छोटी बात नहीं थी ! बिहार के सार्वजनिक जीवन में सरगर्मी से दिलचस्पी लेने एवं अपने सरल सादा जीवन के कारण भी राजेंद्र बावू की प्रसिद्धि प्रांतव्यापी हो चुकी थी। कलकत्ता-विश्वविद्यालय की परीक्षाओं में कई बार लगातार सर्वश्रेष्ठ होने के कारण तो पढ़े-लिखे लोगों में उनका नाम विद्यार्थी-जीवन से ही प्रमुखता प्राप्त कर चुका था !

राजेंद्र बाबू के डेरे पर ब्रजकिशोर बाबू के दर्शन करने जाने में बउलजी को क्या उज्र हो सकता था भला? यह तो एक सौभाग्यसूचक ही बात थी—यों भी, अपने किसी गुरुजन की आज्ञा पर उज्र-एतराज करना बउलजी का स्वभाव नहीं रहा है । एक प्रातःकाल हम इन दोनों चचा-भतीजे को पटना-गया रोड पर जाते हुए देखते हैं और वे स्टेशन के नजदीक की मोड़ पर आकर (आज जहाँ 'सर्चलाइट' का मकान है उसके निकट के) एक मकान में घुसते हुए दीखते हैं !

वहाँ प्रांत के दो दिग्गजों से इन दो नौजवानों की भेंट होती है । बउलजी को देखते ही ब्रजकिशोर बाबू खिल-से उठते हैं । उन्हें ऐसा लगता है, जैसे उनकी प्यारी बेटी प्रभावती के लिए ही इस नौजवान की सृष्टि हुई है । प्यारी बेटी—हाँ, प्रभा उनकी बहुत ही प्यारी बेटी है । बेटे की तरह ही उसका पालन-पोषण किया है । बेटे की तरह ही—अभी परसाल तक प्रभा बेटों की ही पोशाक में रही है—कुर्त्ता, पाजामे में । उसके पढ़ाने-लिखाने में भी उन्होंने कमी नहीं की है । स्कूल नहीं भेजकर घर पर ही उसे बाकायदा शिक्षा दिलवाई है । कन्याविद्यालय, जालंधर का कोर्स वह पढ़ रही है । अभी वह तेरह-चौदह साल की ही है । बिलकुल बालिका—भोली-भाली, संसार से अनभिज्ञ ! इतनी छोटी बच्ची की कहीं शादी होती है? किंतु, बउलजी-ऐसा वर कहीं हाथ से निकल गया तो ! नहीं, नहीं, यह शादी होनी ही है—प्रभावती, जयप्रकाश—प्रभा और प्रकाश का यह परिणय अवश्य ही दोनों परिवार के लिए, संसार के लिए मंगलप्रद होगा; वह बूढ़ा राजर्षि निर्णय कर लेता है !

कुछ मामूली-सी पूछताछ ! क्योंकि विशेष ब्यौरे की बातें तो शम्भू बाबू से उन्हें पहले ही ज्ञात हो चुकी हैं । इतनी मामूली बात कि जयप्रकाश समझ भी नहीं पाते कि इसके भीतर विवाह सन्निहित है । उन्हें खुशी इसी बात की है कि उनके साथ इस तरह आत्मीयता का व्यवहार किया गया और इसी खुशी-खुशी में वह अपने बहनोई के घर लौटते हैं ।

किंतु, बातें छिपती नहीं; फिर शादी-ब्याह की बातें, और वह भी ब्रजकिशोर बाबू-ऐसे व्यक्ति की बेटी के ब्याह की बात ! जब बाबू हरसूदयाल के निकट ब्रजकिशोर बाबू की ओर से बाजाप्ता यह पैगाम पेश किया जाता है—जरा भी ननु-नच किए बगैर वह हाँ कह देते हैं ! क्योंकि वह जानते हैं, उनका सुपुत्र भी इस संबंध के विषय में कोई विरोध नहीं करेगा । फूलरानी यह खबर सुनकर तो फूली नहीं समा रहीं । पराए घर की एक छोटी-सी किशोरी आकर उनके घर-आँगन को दिन-रात प्रभासित-प्रकाशित करेगी, यह कल्पना-मात्र ही उन्हें आनंद-विभोर करने के लिए काफी है ।

विवाह तय हो जाता है, तिथि तय हो जाती है । फूलरानी अपने इस अठारह वर्ष के बेटे को, जो उस दिन भी 5 फीट 9 इंच का जवान बन चुका था, आज फिर एक बार बच्चा बनाने पर तुल गई हैं !

फिर आज उसके सिर पर जर की टोपी है, फिर उसके बदन में फूलदार अचकन है, फिर उसकी आँखों में काजल है; फिर उसके चंदन-चर्चित कपाल के एक कोने पर डिठौना है । जिसके ऊपर हल्की पतली मसें भीग

रही हैं, उन लाल-लाल होंठों की लालिमा ताम्बूल-राग से और भी रक्ताक्त हो रही है। हाथ में रेशमी रुमाल लिए, नौशाह बना, हर गुरुजन का आशीर्वाद प्राप्त करता हुआ, फूलरानी का यह फूल आज मुजस्सम फूल बना हुआ है—गुलाब का एक गुच्छा जैसे जमीन पर टहल-घूम रहा हो !

गीतों के कलरव में, बाजेगाजे और जनरव में, जो बरात सिताब-दियारे से दिन को जगमग करती बाबू हरसूदयाल के दरवाजे से रवाना होती है, वह श्रीनगर की शाम को उजाला करती, रंगीन बनाती बाबू ब्रजकिशोरप्रसादजी के दरवाजे से जा लगती है। प्रभावती के योग्य ही यह वर मिला—परिजन-पुरजन सबके मुँह से यह निकल पड़ता है ! सास अपने इस सुंदर-सजीले दामाद को देखकर कृतकृत्य हैं; गाँव की स्त्रियाँ इस दूल्हे पर निछावर हो रही हैं। प्रभावती की सखियाँ दौड़ी-दौड़ी जाती हैं और जहाँ वह पीली साड़ी पहने, जो सिंदूर से अभी लाल बनेगी उस केश-राशि को खोले, अज्ञात आकुल आकांक्षा से चेहरा लाल बनाए बैठी थीं, वहाँ पहुँचती हैं, और उसे गुदगुदाकर, हँसाकर, उसके इस हृदयेश का नखशिख वर्णन सुना करके ही दम लेती हैं !

शादी सानंद समाप्त होती है। यह कहना व्यर्थ है कि इस शादी में तिलक-दहेज की घिनौनी प्रथा का सर्वथा बहिष्कार किया गया था। क्योंकि, ब्रजकिशोर बाबू देशभक्त ही नहीं थे, समाजसुधारक भी थे। हाँ, समाजसुधार के नाम पर शादी-ब्याह को मुहर्रमी रूप देने की जो प्रथा चल पड़ी है, उसके कायल वह नहीं थे और बाबू हरसूदयाल के लिए भी अपने इस दुलारे बेटे की शादी में अपने उत्साह-उमंग को रोक रखना कठिन था। सात्विक, शुद्ध उत्सव और आनंद के बीच यह मंगल कार्य सम्पन्न हुआ।

प्रभावतीजी से जयप्रकाशजी का विवाह कई दृष्टियों से महत्त्वपूर्ण सिद्ध हुआ। एक तो इस विवाह के द्वारा प्रांत की राजनीति से उसका रक्त संबंध-सा हो गया। बाबू ब्रजकिशोर का दामाद होना ही बिहार की राजनीति में उच्चातिउच्च पद पर पहुँचने का लाइसेंस प्राप्त कर लेना था। यदि जयप्रकाशजी ने वामपक्षी राजनीति नहीं अपनाई होती, तो अमेरिका से शिक्षा प्राप्त कर लेने के बाद, उन्हें राजनीति में वे सब पद सुलभ हो गए होते जिनके लिए लोग जमीन-आसमान एक किए रहते हैं ! ब्रजकिशोर बाबू के साथ ही राजेंद्र बाबू से भी उनका रक्त-संबंध-सा हो गया; खासकर जब ब्रजकिशोर बाबू की छोटी लड़की, प्रभावतीजी की बहन, से राजेंद्र बाबू के बड़े लड़के श्री मृत्युञ्जय प्रसादजी का विवाह हुआ। किंतु इन दोनों संबंधों से महत्त्वपूर्ण तो महात्मा गाँधीजी से उनका संबंध हो जाना हुआ। जब जयप्रकाशजी अमेरिका गए, ब्रजकिशोर बाबू ने प्रभाजी को महात्माजी के साबरमती-आश्रम में भेज दिया। वहाँ जाकर प्रभाजी ने महात्माजी एवं पूजनीय 'बा' का वह स्नेह प्राप्त किया, जो पुत्री को ही प्राप्य है। उनकी नजरों में प्रभावतीजी क्या हैं, उसकी यथार्थ सूचना तब मिली, जब माता कस्तूर-बा आगाखाँ-महल में बीमार पड़ीं। सरकार ने जब पूजनीया-बा की सेवा के लिए एक व्यक्ति बाहर से बुला लेने की इजाजत दी, तो अपनी पुतोहुओं एवं दूसरी निकट-संबंधी महिलाओं को छोड़कर उन्होंने प्रभावतीजी को ही बुला देने का आग्रह किया। प्रभावतीजी उस समय भागलपुर जेल में थीं—बुलाने में दिक्कतें भी हुईं। पूज्य बा की मृत्युशय्या के निकट बैठने और उनकी अंतिम सेवा करने का यह सौभाग्य पाना कोई छोटी बात नहीं थी ! उसी प्रभावतीजी के पति के प्रति महात्माजी के हृदय में कौन-सी आत्मीय भावना काम करती होगी, इसकी कल्पना ही की जा सकती है ! हाँ, जब-तब इसका प्रच्छन्न प्रदर्शन भी हम देख पाते हैं !

प्रभावतीजी स्वयं भी एक सुशिक्षित, सुसंस्कृत व्यक्तित्व रखती हैं और महात्माजी के आदर्शों में अपने को सर्वथा लीन कर उन्हीं के बताए पथ पर देश और समाज की सेवा में अनवरत लगी रहती हैं। प्रभावतीजी ऐसी आदर्शवादिनी, कर्त्तव्यपरायण पत्नी पाना भी कम सौभाग्य की बात नहीं—फिर उनके चलते जो राजनीतिक संबंध जयप्रकाशजी को अनायास ही प्राप्त हो गए, उससे इस परिणय का महत्त्व तो कई गुणा बढ़ ही जाता है !

7

असहयोग की पुकार पर

ज्यों-ज्यों जयप्रकाश किशोरावस्था की सीमा का अतिक्रमण कर युवावस्था की ओर पैर बढ़ा रहे हैं, त्यों-त्यों देश का वायमुंडल गरम से गरम होता जाता है ।

प्रथम विश्वयुद्ध की समाप्ति के साथ ही भारत के राजनीतिक आकाश में तूफान के लक्षण दिखाई देने लगे । जिस तरह कांग्रेस के श्रीगणेश की तह में एक अँगरेज भद्रजन का हाथ था; उसी प्रकार युद्धोत्तर जाग्रति का प्रतीक एक अँगरेज महिला बनी । श्रीमती एनीबिसेंट ने होमरूल का वह हंगामा मचाया कि सरकारी अधिकारी भी भयभीत हो गए । उन्होंने श्रीमती बिसेंट को नजरबंद किया, उनके अखबार को जब्त किया । किंतु वह लहर इन दमनात्मक कार्रवाइयों से दबनेवाली नहीं थी; वह और उभड़ी और उभड़ती ही गई ! जयप्रकाश का देशभक्त हृदय इस लहर से अछूता नहीं रह सका । वह सिर्फ मौखिक सहानुभूति रखकर संतोष करनेवाले नहीं थे; होमरूल-संबंधी आंदोलन में उन्होंने क्रियात्मक रूप से भाग लिया । उसकी पुस्तिका, बैज आदि के वितरण में वह सरगर्मी से काम करते रहे ।

उसी समय लोकमान्य तिलक अपनी छः साल की सजा काटकर मांडले जेल से छूटे । गीता के कर्मयोग-रहस्य-भाष्यकार की ओर गीता के इस युवा प्रेमी का ध्यान आकृष्ट होना स्वाभाविक ही था । लोकमान्य तिलक का 'स्वराज्य हमारा जन्मसिद्ध अधिकार है' का महामंत्र सिर्फ उसकी जिह्वा पर ही नहीं था, उसके रोम-रोम में वह व्याप्त हो चुका था ।

उसके बाद ही घटनाएँ विद्युत्-वेग से करवटें लेने लगती हैं । रौलट कमीशन बैठती है; रौलट ऐक्ट पास होता है; समूचा देश उसके विरोध में शोर करने लगता है; इस विरोध का नेतृत्व गाँधीजी के हाथों में आता है; सत्याग्रह के प्रतिज्ञापत्र पर हस्ताक्षर होने लगते हैं; फिर 13 अप्रैल को सारा देश उसके विरोध में उपवास करता है और इसे रद्द कराकर ही दम लेने की प्रतिज्ञा करता है; इस भयानक उथल-पुथल के समय ही पंजाब में जलियाँवालाबाग का कुकांड हो जाता है, निहत्थे लोगों—जिनमें बच्चे और औरतें भी थीं—पर जनरल डायर मशीनगनों से गोलियाँ चलाता है ! इस कुकांड से सारा पंजाब बौखला उठता है; लोग ब्रिटिश सत्ता को उखाड़ फेंकने को उद्यत हो जाते हैं; उन्हें दबाने के लिए गोलियों की बौछारों पर बौछारें होने लगती हैं; फौजी कानून जारी होता है; नागरिकों को नंगा करके कोड़े लगाए जाते हैं; उन्हें छाती के बल पर रेंगकर गलियाँ पार करने को लाचार किया जाता है; इधर पंजाब का यह हत्याकांड होता है, उधर टर्की के साथ अँगरेज बदसलूकी करते हैं; मुसलमानों में खिलाफत के प्रश्न को लेकर उत्तेजना फैल जाती है; पंजाब कांड और खिलाफत के सवाल को एक सूत्र में गूँथकर गाँधीजी असहयोग आंदोलन का सूत्रपात करते हैं और उसे धीरे-धीरे उस ऊँचाई पर पहुँचा देते हैं, जिसकी कल्पना भी नहीं की जा सकती थी; समूचा देश एक जलती भट्ठी बन जाता है—चारों ओर धुआँधुआँ, आग-आग, ज्वाला-ज्वाला !

जयप्रकाश भी इस धुएँ के अरेरे में पड़ जाते हैं । डेढ़ साल तक वह कौलेज में विज्ञान पढ़ चुके हैं । प्रयोगशाला में उन्होंने तत्त्वों और उसके सम्मिश्रणों के करिश्मे देखे हैं, आजमाएँ हैं । प्रयोगशाला की यह प्रवृत्ति उन्हें घटनाओं के विश्लेषण की ओर स्वतः प्रवृत्त करती है । देश के वायुमंडल में जो विद्युत प्रवाह जारी है, उसका अनुभव वह करते हैं; किंतु, अपने अन्य समवयस्कों की तरह उस प्रवाह में प्रवाहित होने के पहले वह उसके तत्त्वों को जान लेना चाहते हैं । वह स्वभावतः ही गम्भीर हैं ।

कौलेज के अपने साथियों में विचारशीलता और गम्भीरता के लिए वह प्रसिद्ध हैं । उनके साथियों में कुछ ऐसे भी मेधावी विद्यार्थी हैं, जिनकी मेधा के आगे वह सिर झुकाने में जरा भी झिझक नहीं अनुभव करते; किंतु वे साथी भी नेतृत्व के लिए उन्हीं की तरफ देखते हैं । अभी उस दिन की बात है । क्लास में राजनीति को लेकर बहस

चल रही थी—बड़ी सरगर्मी से; उस समय की फिज़ा में ठंडी बहसों के लिए जगह कहाँ थी ? बहस की सरगर्मी आखिरी छोर छूने जा रही थी कि एक साथी की नजर उन पर पड़ी, जो सिर झुकाए, कुछ सोचते, क्लास-रूम की तरफ आ रहे थे । वह साथी क्लास के सर्वोत्तम विद्यार्थियों में है । किंतु, उन्हें देखते ही वह चिल्ला पड़ता है—"बस, बहस बंद ! देखिए, हम लोगों के राजेंद्रप्रसादजी आ रहे हैं; जो वह कह दें, हम सबको मान्य !"

हम लोगों के राजेंद्रप्रसाद ! इसमें व्यंग नहीं था; श्रद्धा का, विश्वास का, नेतृत्व के स्वीकार का भाव भरा था । और इसी भाव ने जयप्रकाश में जिम्मेवारी की भावना भर दी है । वह जिस ओर बढ़ेगा, एक जमात बढ़ेगी ! ऐसी-वैसी जमात नहीं, प्रांत के सुंदरतम पुष्पों की श्रेणी ! इसलिए, यह लाजिमी है कि वह जो पैर उठाए सोचकर; वह जो करे, समझकर !

और, पैर उठाना ही है; कुछ करना जरूरी ही है । अब तो गाँधीजी ने सीधी पुकार दे दी है—विद्यार्थियो, स्कूल-कौलेज छोड़ो ! छोड़ो इन विद्यालयों को, ये विद्यालय नहीं हैं, गुलामखाने हैं—गुलामखाने, जहाँ गुलाम ढलते हैं, विदेशियों के गुलाम, अँगरेजों के गुलाम !

यद्यपि गाँधीजी का असहयोग का कार्यक्रम कलकत्ता के विशेष अधिवेशन में ही कांग्रेस ने स्वीकार कर लिया था; किंतु विद्यार्थियों के स्कूल-कौलेज छोड़ने पर नेताओं में कुछ मतभेद था । पर नागपुर-कांग्रेस ने असहयोग के पूरे कार्यक्रम पर स्वीकृति देकर अब इसमें हिचक या आगापीछा करने का कोई आधार ही नहीं छोड़ा । सिर्फ विद्यार्थियों से ही नहीं, देश के हर तबके के लोगों से पुकार की गई थी—उपाधियाँ छोड़ी जा रही थीं; वकालत छोड़ी जा रही थी; नौकरियाँ छोड़ी जा रही थीं । कवींद्र-रवींद्र ने 'सर' की उपाधि छोड़ दी थी; देशबंधु चित्तरंजनदास और त्यागमूर्ति पं. मोतीलाल नेहरू ने वकालत छोड़ दी थी । पटना में मौलाना मजरुल हक साहब ने वकालत छोड़ी थी; राजेंद्र बाबू ने वकालत छोड़ी थी । चारों ओर असहयोग की धूम थी । अभी या कभी नहीं—चीजें इस जगह पर पहुँच चुकी थीं ।

अब जयप्रकाश के लिए भी ननु-नच करने का कोई कारण नहीं रह गया था । हिचक की हिलती दीवार के लिए भावावेश का एक छोटा-सा धक्का चाहिए था । उसे मौलाना अबुल कलाम आजाद साहब के भाषण ने मुहैया कर दिया । डाकबंगले के सामने, आज जहाँ रिजवाँ है, वहीं मौलाना मज़हरुल हक साहब की कोठी थी । कोठी के बड़े हाते में आजाद साहब का भाषण हुआ । आजाद साहब का भाषण सुनने को अपने मित्रों के साथ जयप्रकाश भी गए थे । मौलाना साहब का, ओजस्विनी भाषा में, वह तर्कपूर्ण धाराप्रवाह भाषण—इस धारा में शक-सुबहा, सोच-संदेह के पैर खड़े रह नहीं सकते थे । कौलेज के नौजवान छात्रों के हृदयों को उस धारा ने प्लावित किया, पूरा निमग्न कर दिया । वहीं मन-ही-मन कुछ तय कर लिया गया और दूसरे दिन समूचे पटना में शोर मच गया कि पटना-कौलेज के सर्वोत्तम छात्रों ने कौलेज छोड़ दिया ?

जयप्रकाश ने कौलेज छोड़ दिया—यूनिवर्सिटी की फीस दाखिल हो चुकी थी; पढ़ाई की पूरी तैयारी हो चुकी थी; अब परीक्षा में कुल तीन सप्ताह की देर थी कि जयप्रकाश ने कौलेज छोड़ दिया । जयप्रकाश ने कौलेज छोड़ दिया, क्योंकि अब सारी चीजें वहाँ पहुँच चुकी थीं, जहाँ 'अभी या कभी नहीं' का प्रश्न उत्तर की प्रतीक्षा में आमने-सामने खड़ा होता है । जयप्रकाश ऐसे मौकों पर सही जवाब देने में कभी नहीं चूकेंगे, यह आप आगे-आगे भी देखा करेंगे !

जयप्रकाश के साथ ही पटना-कौलेज के सर्वोत्तम विद्यार्थियों के एक बहुत बड़े गिरोह ने कौलेज छोड़ दिया । उनमें सिंहेश्वर बाबू थे, जो आज रायबहादुर प्रसाद सिंह के रूप में बिहार-सरकार के रेवेन्यू सेक्रेटरी हैं; बाबू कृष्णवल्लभ सहाय थे, जो आज रेवेन्यू-मिनिस्टर हैं; श्री पुष्कर ठाकुर थे, जो अब डिप्टी मैजिस्ट्रेट हैं; श्री फूलनप्रसाद वर्मा थे, जो आज भी राजनीति में उनके सच्चे साथी सिद्ध हो रहे हैं; बाबू विश्वेश्वरदयाल थे जो बड़े प्रतिभाशील वकील निकले । इन लोगों के कौलेज से निकलते ही पटना-कौलेज में जैसे भगदड़ मच गई—मालूम होता था, जैसे यह कौलेज अब हमेशा के लिए बंद होने जा रहा है !

सामने देखिए, यह असहयोगी जयप्रकाश जा रहे हैं ! सिर पर गाँधी टोपी चढ़ी है जो जिंदगी-भर

उतरनेवाली नहीं। बदन में बगाबग खादी कुर्त्ता, जिसकी सफाई बढ़ती जाएगी, सुघराई बढ़ती जाएगी और जिसके गले में थोड़ा इजाफा करके जिसे वह जयप्रकाश-कुर्त्ता के नाम से मशहूर कर देंगे। लम्बे कद में खादी की धोती भी क्या फबती है ! और पैर में चप्पल, जो अभी चमड़े की एक लबड़धोंधों चीज-सी मालूम पड़ती है, किंतु जो समय पाकर उसके पैरों की खूबसूरती चौगुना बढ़ा देगी ! वह साधक जयप्रकाश, साहित्यिक जयप्रकाश, वह वैज्ञानिक जयप्रकाश, और यह असहयोगी जयप्रकाश—किंतु, इन सभी रूपों में एकात्मता पैदा करती है, आकर्षण पैदा करती है, उसकी प्रशांत मुद्रा ! उसकी साधना में दिखावट नहीं; उसकी साहित्यिकता में भोंड़ापन नहीं, उसकी वैज्ञानिकता में रूक्षता नहीं और आज असहयोग करने के बाद भी उसमें त्याग का अहंकार नहीं।

दूसरा अध्याय : अमेरिका-प्रवास

1

अमेरिका की ओर

सारे देश के जीवन के हर पहलू की नींव को झकझोरता, कुछ दिनों तक आँधी-सा वायुमंडल को व्याकुल बनाता और फिर, आँधी की तरह ही, एक शून्य निस्तब्धता छोड़ता हुआ असहयोग-आंदोलन शांत, प्रशांत हो गया !

बड़े-बड़े नेता जेलों में ठूँसे गए। जेल से निकलकर उनमें से कुछ ने असेम्बलियों और कौंसिलों पर कब्जा करने की ओर ध्यान दिया; कुछ ने चर्खे-कर्घे को अपनाया। बहुत-से वकीलों ने फिर चोगे को कंधे पर रख कचहरियाँ जाना शुरू किया; बहुत-से विद्यार्थी एक-दो वर्ष गाँवों और गलियों में नारे लगाने के बाद फिर बगल में किताबें दबाए स्कूल-कौलेजों में जाते-आते दीख पड़ने लगे।

असहयोग करने के दूसरे ही दिन जयप्रकाश अपना बिस्तर बाँधकर तैयार हो गए थे साबरमती-आश्रम जाने को : किंतु, ब्रजकिशोर बाबू के आग्रह पर वहाँ जाना उन्होंने स्थगित कर दिया। तब तक सदाकत-आश्रम की नींव मौलाना मजहरुल हक साहब ने दे रखी थी और वहीं पर बिहार-विद्यापीठ कायम हो चुका था, जिसके प्रधान आचार्य राजेंद्र बाबू थे। विद्यापीठ के लिए झरिया से एक काफी रकम महात्माजी ने वसूल की थी और उसे एक आदर्श शिक्षालय बनाने के प्रयत्न हो रहे थे। जयप्रकाश ने इंटरमिडियट साइंस की परीक्षा बिहार-विद्यापीठ से ही दी और सम्मान के साथ उत्तीर्ण हुए। बी. एस-सी. की पढ़ाई का कोई प्रबंध विद्यापीठ में नहीं था, अतः वह बनारस चले गए और वहाँ प्रोफेसर फूलदेव सहाय वर्मा (आजकल हिंदू विश्वविद्यालय के रसायन-विभाग के प्रधान) के साथ रहकर उनकी देख-रेख में विज्ञान का अध्ययन करते रहे। वहाँ रहते हुए प्रोफेसर वर्मा की लेबोरेटरी का भी वह उपयोग करते। जब असहयोग-आंदोलन शांत हुआ, तो गुरुजनों का आग्रह हुआ कि हिंदू विश्वविद्यालय में ही नाम लिखाकर वह विज्ञान का अध्ययन करें। किंतु, जयप्रकाश इसके लिए राजी नहीं हो सके। जिस सरकार को एक वर्ष पहले शैतानी सरकार कहा जाता था, क्या अब वह शैतानी सरकार नहीं रह गई कि उसकी मदद लेकर चलनेवाली किसी यूनिवर्सिटी में अध्ययन किया जाए? अपनी सहूलियत के लिए सिद्धान्त का तोड़मरोड़ करना जयप्रकाश का स्वभाव नहीं रहा है।

इधर ज्ञान की पिपासा भी प्रबल थी। तो, कहीं विदेश चलकर विज्ञान का अध्ययन किया जाए? असहयोग के पहले बिहार प्रांत में स्वामी सत्यदेव के व्याख्यानों की धूम थी और उनकी अमेरिका-संबंधी पुस्तकें विद्यार्थियों में बड़े चाव से पढ़ी जाती थीं। जयप्रकाश भी उन व्याख्यानों और पुस्तकों से प्रभावित हुए थे और जब विदेश जाने की बात उठी, तो स्वभावतः ही उन्होंने अमेरिका जाना ही पसंद किया। अमेरिका में विद्यार्थी स्वावलम्बन के आधार पर शिक्षा प्राप्त कर सकते हैं, यह बात उन्हें सबसे अधिक पसंद थी। अपने घरवालों पर

जरा भी अधिक बोझ दिए और किसी धनी-मानी का अहसान लिए बगैर अपनी भुजा के बल पर यदि शिक्षा का उपाय हो सके, तो यह सर्वोत्तम ! और यह सर्वोत्तम मार्ग शीघ्रातिशीघ्र चुन लिया गया और इस संबंध में दौड़धूप शुरू की गई ।

किंतु, इसमें प्रारम्भ से ही विघ्न शुरू हुए । सबसे पहले घर से ही—बाबू हरसूदयालजी अपने इस प्यारे बेटे को इतनी दूर भेजने की चर्चा से ही सिहर उठे तो फूलरानी ने आँसुओं से घर-आँगन को भर दिया । ब्रजकिशोर बाबू विद्यार्थियों को विदेश भेजे जाने में प्रोत्साहन देते आये थे, बहुत-से लोगों की मदद भी की थी । किंतु, वह भी अभी उनके अमेरिका जाने के पक्ष में नहीं थे । शम्भू बाबू की भी यही हालत थी । उस समय श्री भोलादत्त पंत नामक एक गढ़वाली विद्यार्थी, जो हिंदू यूनिवर्सिटी में पढ़ते थे, अमेरिका जाने के लिए मदद की उम्मीद में ब्रजकिशोर बाबू के पास आए । जयप्रकाश से उनकी भेंट हुई और पहली मुलाकात में ही दोनों दोस्त बन गए । जयप्रकाश ने भोलादत्त पंत के साथ ही अमेरिका जाना तय कर लिया । और कलकत्ता जाकर पासपोर्ट आदि का प्रबंध भी कर लिया गया । इसी कलकत्ता यात्रा में जयप्रकाश ने पहले-पहल ट्राम देखा, जिसकी चर्चा यूसुफ मेहरअली ने बड़े मनोरंजक ढंग से की है ! किंतु, उसी समय अखबारों में निकला कि अमेरिका में जो भारतीय विद्यार्थी हैं, उन्हें बहुत कष्ट उठाने पड़ रहे हैं; मंदी की वजह से वहाँ कोई काम भी नहीं मिलता, आदि-आदि । अखबार का यह अवतरण दिखलाकर जयप्रकाश को रोक ही दिया गया । किंतु भोलादत्त पंत अमेरिका गए ही । अमेरिका पहुँचकर उन्होंने जयप्रकाश को लिखा कि अखबार की वह बात अतिशयोक्ति-मात्र है, तुम आप ही क्या, अपनी पत्नी के साथ भी आ सकते हो ! यह पत्र जयप्रकाश ने प्रभावतीजी को दिखलाया और फिर पति-पत्नी में गुपचुप का षड्यंत्र हुआ । जयप्रकाश अब सीधे कलकत्ता पहुँचे और सारा प्रबंध करके लौटे, तब घरवालों को सूचना की कि अमुक तिथि को मैं जा रहा हूँ । सब चकित हुए । प्रभावतीजी मायके में थीं । ब्रजकिशोर बाबू ने जब पूछा कि तुम्हें यह सब मालूम था, तो वह नाहीं नहीं कह सकीं ।

जयप्रकाश इस समय बीस वर्ष के हैं । इस उम्र के नौजवान से जिस ज्ञान और अनुभव की आशा की जा सकती है, वे सब उनमें पूर्णतः पाए जाते हैं । शील और सौजन्य के तो मानो अवतार हैं । आचार और व्यवहार ऐसा कि हर नौजवान के लिए अनुकरणीय । बचपन में कुछ दिनों तक वह मलेरिया से बुरी तरह पीड़ित रहे थे, किंतु अब उनका स्वास्थ्य बहुत ही अच्छा है । मध्यवित्त कायस्थ-कुल में जन्म लेने के कारण कभी शारीरिक परिश्रम करने का मौका नहीं मिला है, किंतु शुरू से ही अपने को साधना की कसौटी में कसने का प्रयत्न करते रहने के कारण उन्हें पूरी आशा है कि शारीरिक परिश्रम में भी वह किसी विद्यार्थी से पीछे नहीं रहेंगे । उनका चरित्र इतना बेदाग, निष्कलंक, निर्मल और प्रोज्वल है कि उनके घर वाले या उनके किसी परिचित व्यक्ति के मन में कभी कोई कुभावना या दुर्भावना आ नहीं सकती थी । इस संबंध में उनके किसी गुरुजन को कोई उपदेश देने की आवश्यकता नहीं थी, उनके पिता या माता को उनसे कोई शपथ लेने की कल्पना भी नहीं हो सकती थी ! सब लोग समझते थे, बउलजी अमेरिका से शत-प्रतिशत सफलता प्राप्त करके लौटेंगे ।

जाने के पहले दो व्यक्तियों का प्रबोध कर जाना उनका कर्त्तव्य है—ऐसा वह समझते थे । एक तो उनकी नवोढ़ा पत्नी, प्रभावतीजी थीं, जो अभी कुल पंद्रह-सोलह साल की बच्ची-मात्र थीं । किंतु, इस उम्र में ही प्रभावतीजी ने बता दिया था कि वह किस धातु की बनी हुई हैं । जब पहली बार अमेरिका जाने की चर्चा हुई तभी उनका गौना हो चुका था और ससुराल आने पर उनसे कहा गया कि वह जयप्रकाश को अभी कुछ दिनों रुक जाने को कहें । किंतु प्रभावतीजी ने ऐसा कहने में अस्वीकार कर दिया । "यदि वह अध्ययन करने के लिए कहीं जाना चाहते हैं, तो मैं बीच में बाधक नहीं बन सकती !"—उन्होंने साफ-साफ कह दिया । जयप्रकाश को अपनी इस नवोढ़ा पत्नी पर इतना विश्वास है, कि भोलादत्त पंत का पत्र उसे दिखा चुके हैं और उनकी स्वीकृति लेकर ही आगे बढ़े हैं । इसलिए, इस ओर ज़्यादा कुछ कहना-सुनना नहीं रह गया है । मैं शीघ्र ही आऊँगा, घबराना मत;

तुम भी तब तक यहाँ लिखो-पढ़ो और गीता पढ़ना और चरखा चलाना नहीं भूलना—ऐसी ही कुछ मामूली बातें कहकर संतोष कर लिया गया। चरखा चलाना? अभी उस दिन प्रभावतीजी ने हँसते-हँसते कहा था—"पूछिए इनसे, मुझे चरखा चलाने के लिए किसने प्रेरित किया? अफसोस उस समय के इनके खत नहीं मिल रहे हैं, नहीं तो उन्हें छपवाकर मैं दुनिया को बता सकती कि यह कहाँ से शुरू करके अब कहाँ चले गए हैं!" जिस साबरमती आश्रम में वह जाते-जाते रुक गए, यदि प्रभावतीजी वहाँ इस अवधि के लिए चली जाएँ, तो उन्हें आनंद ही हो और अंत में यही हुआ भी। जयप्रकाशजी अमेरिका गए, प्रभाजी साबरमती। एक पक्के समाजवादी बने, दूसरी कट्टर गाँधीवादिनी! किंतु, अपनी माताजी को वह क्या कहकर समझाएँ। यों तो पिता का प्रेम भी उन पर अगाध है; किंतु वह चिपके रहे हैं माताजी से ही? उनके निकटतम व्यक्ति जानते हैं कि जयप्रकाश मुख्यतः 'माँ के बेटे' हैं—आकृति-प्रकृति आदि की ज्यादा छाप उन पर माताजी की पड़ी है। माताजी इस कल्पना से ही अधीर हो उठी हैं कि उनका लाड़ला आधे युग के लिए उनसे बिछुड़कर सात समुंदर पार जा रहा है! छुट्टियाँ नहीं मिलने के कारण यदि लगातार दो महीने भी अपने इस बेटे को नहीं देखतीं तो, जो घबरा उठतीं, व्याकुल बन जातीं; वही किसी तरह चार या छः वर्ष तक अपने इस 'बउल' को देखे बिना रह सकेंगी? बउलजी के लिए सबसे बड़ी कठिनाई तो यह है कि वह उनके नजदीक बैठकर उन्हें समझा-बुझा भी नहीं सकते। उनके निकट जाते ही आज भी वह 'बउल' बन जाते हैं। किंतु बेटे के रोम-रोम से विदेश जाकर शिक्षा प्राप्त करने की जो उत्सुकता और आकांक्षा प्रतिपल प्रकट होती रहती है, उसका प्रभाव माता पर पड़े बिना नहीं रहता! मौन-मौन में ही स्वीकृति के अंश-पर-अंश मिलते जाते हैं और इधर बिदाई की तिथि दिन-पर-दिन निकट होती जाती है!

और, एक दिन बंधु-बांधवों की शुभकामना और माता-पिता के शुभाशीर्वाद के बीच जयप्रकाश अमेरिका के लिए रवाना हो जाते हैं। जयप्रकाश ने फूलरानी के चरण छूए, उन्होंने झपटकर उन्हें गले से लगा लिया और मंगल-आँसुओं से अभिषिक्त कर उन्हें घर से विदा दी। जयप्रकाश ज्योंही घर से निकले, उनकी आँखों से आँसुओं की धारा फूट निकली, इधर आँगन से फूलरानी की क्रंदन-ध्वनि निकलकर वातावरण को करुण बनाने लगी। जयप्रकाश के कान उस करुण-ध्वनि की ओर तब तक लगे रहे, जब तक दूरी ने उन दोनों के बीच पर्दा नहीं डाल दिया।

2

भारत से जापान तक

16 मई, 1922। कलकत्ता शहर, संध्या समय। सूरज की अंतिम किरणें इस जादूपुरी के जादू को और भी जगा रही हैं। अपनी प्रखरता, विशालता, स्वच्छता, शुद्धता, उज्ज्वलता और दिव्यता को जैसे बहुत पीछे ही छोड़कर गंगामैया हुगली के रूप में, यहाँ, इस नगरी के वेश में खड़ी उस सभ्यता को निहार रही हैं, जो यहाँ की उनकी धारा की तरह ही संकीर्ण, गतिहीन और गंदी है। और, हुगली की छाती पर निर्द्वन्द्व भाव से खड़े ये छोटे-बड़े जहाज धुआँ उगलकर उस सभ्यता की तह में ढँकी कालिमा को भी नुमायाँ कर रहे हैं! उन्हीं जहाजों में यह जो एक जहाज खड़ा है, जरा सावधानी से उसका नाम पढ़िए—'जेनस'!

जेनस—यह जहाज आज ही रात को जापान के लिए रवाना होनेवाला है। अभी से उस पर यात्रियों की आवाजाही लगी है। तरह-तरह के चेहरे, तरह-तरह की बोली। जेटी पर मिलनेवालों का स्नेह-प्रदर्शन—आलिंगन, चुम्बन, शेकहैंड, रूमाल हिलाना! भूरी, काली या सुफेद पोशाकों के अंदर जो रोमांच हो रहे हैं, दिल धड़क रहे हैं, नाड़ियाँ तेजी से चल रही हैं, उन्हें कौन देखे, अनुभव करे? हाँ, गोरे, गेहुएँ, काले चेहरों पर पल-पल परिवर्तित होनेवाले भाव आप देख सकते हैं, और यदि आप सहृदय हैं, उन भावों के साथ कम-से-कम कुछ देर के लिए तदात्मता अनुभव कर सकते हैं।

ऊपर, सेकेंड क्लास के डेक पर, एक नौजवान आकर खड़ा है। उससे मिलनेवाले, अभी-अभी, उसे भावना-स्रोत में गोते खाते छोड़कर चले गए हैं। गोरा-भभूरा चेहरा, आंतरिक उद्वेलन के कारण, लाल बना हुआ है। रूमाल से बार-बार पोंछकर उसने कपोलों और नयन-कोरकों को सूखा बना रखा है जरूर; किंतु पपनियों की आर्द्रता को वह किस तरह सुखा पाए? बिलकुल साहबी पोशाक में है वह—सिर पर हैट है, जिसे उतारकर उसने बगल से दबा रखा है; रेशमी टाई हिल-डुलकर, उसके सूट के भीतर छिपे हृदय की गति प्रकट कर रही है; जब कभी वह रेलिंग पकड़कर खड़ा होता या डेक-चेयर पर बैठता है, अनायास उसके एक पाँव का जूता हिलने लगता है; वह भीगी आँखों से कभी इस मायापुरी की अट्टालिकाओं को देखता है, कभी घाट पर खड़े लोगों को घूरता है, कभी नदी में डगमग चलनेवाली डोंगियों और उनके मल्लाहों को निहारते रह जाते हैं; और, अंत में जैसे थककर, अपने कैबिन में जा लेटता है! क्या आपने पहचाना, यह कौन है? आपका जयप्रकाश आज इस जेनस जहाज से अमेरिका जा रहा है! अपने प्यारे देश को, अपने पूज्य पिता को, अपनी प्यारी माँ को और अपनी प्रेयसी प्रभा को कितने वर्षों के लिए छोड़कर ज्ञान की खोज में, विज्ञान के अन्वेषण में साधक जयप्रकाश आज फिर साधना के पथ पर अग्रसर हो रहा है!

वह केबिन में चला जाता है, धीरे-धीरे रात गम्भीर होती जाती है, किंतु क्या उसे नींद आ रही है? कितनी ही भूली हुई बातें, कितनी ही विस्मृत कथाएँ, कितने ही प्यारे चेहरे, कितनी ही प्रेमल आँखें आज उसके सामने आ रहीं और उसके भावनाप्रवण हृदय में तूफान की सृष्टि कर रही हैं। फिर, एक अपरिचित देश में, परिमित सम्बल लेकर, अकेले-अकेले जाने का दुस्साहस जो वह कर बैठा है, उसकी भली-बुरी सम्भावनाएँ भी उसे कम बेचैन नहीं कर रही हैं! उत्तेजनाओं से थकी स्नायुराशियाँ कब शिथिल पड़ती हैं; कब आँखें झिपतीं और कल्पनाएँ स्वप्न का रूप धारण करती हैं—वह जान नहीं पाता है; हाँ, जब वह जानता है, तो पाता है, उसका जहाज मंथर गति से गंगासागर को पार कर रहा है!

गंगासागर! जहाँ गंगा के रूप में भारत की सभ्यता-धारा निस्सीम विलीन होने को सागर से जा मिली है; जहाँ एक अविरल प्रवाह एक अनंत विशालता की गोद में सदा के लिए जा सोया है; जहाँ भगीरथ की तपस्या अपनी पूर्णता को प्राप्त कर चिर-समाधि लेती है! बन-गमन को जाते हुए राम ने गंगा पार करते हुए जिस तरह उन्हें भक्ति-भावपूर्ण हृदय से प्रणाम किया था, क्या प्रवास के लिए प्रस्थित जयप्रकाश ने उसी तरह गंगामैया के इस अंतिम रूप को सादर सभक्ति नमस्कार नहीं किया? उसके होंठों पर किसी मंत्र की बुदबुदाहट थी, उसके हृदय में किसी वरदान की कामना थी?—अफसोस, ये बड़े लोग बचपन में ही अपने बड़प्पन का डंका तो पीटते नहीं; फलतः उनके जीवन की कितनी ही मार्मिक घटनाएँ यों ही अलिखित, अचित्रित रह जाती हैं!

अब भारत की तटभूमि बहुत पीछे छूट चुकी है। ज्यों-ज्यों देश की सीमा से अलग होने की कल्पना करता है, त्यों-त्यों वह अधिक-से-अधिक एकाकीपन का अनुभव करने लगता है। यह एकाकीपन टूटना ही चाहिए। देखना चाहिए, इस 'जेनस' पर कोई ऐसा आदमी है या नहीं जो अधिक-से-अधिक दूर तक उसका साथ दे सके। इस बारे में उसे ज्यादा खोज-ढूँढ़ करने की जरूरत नहीं पड़ती। इस जहाज के सेकेंड क्लास के केबिनों में ही उसे दो युवक मिल जाते हैं, जो उसी तरह ज्ञानान्वेषण में अमेरिका जा रहे हैं। दोनों विद्यार्थी हैं, दोनों उसके समवयस्क हैं, दोनों उसी की तरह स्वावलम्ब के पुजारी हैं। वे दोनों हैदराबाद राज्य से आए हैं, उनमें से एक का नाम है सीताराम गोपाल रेड्डी और दूसरे का हरिश्चंद्र रामराव प्रधान। रेड्डी और प्रधान थोड़ी देर में ही उसके प्रिय सखा बन जाते हैं। जो थोड़ी देर पहले एकाकीपन का अनुभव कर रहा था, अब वह त्रिमूर्ति में एक हो चला है! तीनों साथ बैठते हैं, बातें करते हैं, खाते-पीते हैं। 'सुबह होती है, शाम होती है!' और इसी हँसी-खुशी में सफर की दूरी 'तमाम होती है!'

किंतु, ज्यों ही जहाज बंगाल की खाड़ी के भीतर घुसता है, तीनों मित्रों की हालत खराब होने लगती है। तीनों का यह पहला जहाजी सफर था। तीनों के सिर चक्कर काटने लगे, तीनों को उकबाई शुरू हुई और तीनों ही कै की सामुद्रिक बीमारी के शिकार बन गए। बड़ी बुरी हालत थी। न बैठा जाए, न सोया जाए। खड़े होने की

बात ही दूर। न कुछ खा सकते हैं, न पी सकते हैं ! अभी तो यह यात्रा का आरम्भ है, श्रीगणेश है; यदि यही हालत रही, तो खुदा ही हाफिज। तीन दिनों के बाद राम-राम करके रंगून पहुँचते हैं। बरमा की इस सुंदरी राजधानी—सोने के पगोडावाली नगरी, अनंतयौवना बरमी-नारियों की नगरी—को देखने-सुनने की उन्हें फुर्सत कहाँ थी? वहाँ पहुँचते ही प्रधान ने सवाल उठाया, हम लोग क्यों नहीं अपने देश को वापस चलें? हम लोगों की प्रकृति ऐसी नहीं कि सामुद्रिक यात्रा को हम बर्दाश्त कर सकें। आगे बढ़ने पर और भी झंझटें बढ़ सकती हैं और तब लौटकर अपनी ज्यादा भद्द कराने से क्या फायदा? मालूम होता है अमेरिका की शिक्षा-दीक्षा हमें बदी नहीं है ! किंतु जयप्रकाश पर ऐसी दलीलों का क्या कुछ असर हो सकता है? वह भी काफी परेशान हुआ है। उसका चेहरा पीला पड़ गया है, मुरझा गया है—किंतु, जब वह अपनी जीवन-नैया संसार-सागर में डाल चुका है, तो भले ही पतवार छूट जाए, पाल उड़ जाए; वह लंगर डाल नहीं सकता। संयोग, रेड्डी भी तो उसका साथ देता है। बहुमत जाने के पक्ष में है—प्रधान भी अपने साथियों की बात मान लेता है। 'जेनस' रंगून से प्रस्थान का भोंपू बजाता है—उसके डेक पर हम इन तीनों भारतीय युवकों को पहले-सा ही उत्साह और उमंग में देखते हैं। जैसे बीच में कुछ हुआ ही नहीं।

जहाज बढ़ता जाता है, ऊपर नीला आकाश, नीचे नीला समुद्र। बगल में यह मलाया की हरीभरी भूमि ! भारतीयों के लिए स्वर्णद्वीप, मलयद्वीप कोई नई चीज नहीं। बिहार के कितने ही युवकों ने आज से दो-ढाई हजार साल पहले इस रास्ते से प्रयास किया होगा—नई भूमियों के अनुसंधान में, जहाँ वे सभ्यता के नए संदेश दे सकें। उस समय साधनों की कमी थी, ऐसे जहाज तक नहीं थे; किंतु, तो भी उनके हृदयों में वह असीम साहस था, जो असम्भव को सम्भव कर लेता है। उन शत-सहस्र साहसी बिहारी युवकों की आत्माएँ क्या बिहार के इस नौजवान को शुभाशीष नहीं दे रही होंगी, जो आज शांत मुद्रा लिए विदेश को जा रहा है, किंतु नियति जिसके भविष्य में कितने ही दुस्साहसिक कार्यों की टेढ़ी-मेढ़ी रेखाएँ खींच चुकी है।

'जेनस' पिनांग पहुँचता है और वहाँ से सिंगापुर के लिए प्रस्थान करता है। अब देखिए, वह सिंगापुर पहुँच भी चुका। सिंगापुर को अँगरेजी साम्राज्यशाही जो संसार का एक अद्वितीय जहाजी अड्डा बनाने जा रहा है, इसकी झलक तो दिखाई पड़ती थी; किंतु, उन दिनों क्या यह कल्पना भी की जा सकती थी कि यह विशाल जहाजी अड्डा ताश का घर साबित होगा, जापान का एक ही हमला इसे नेस्तनाबूद कर देगा; इस पर जापानी झंडा उड़ेगा, इसका नाम तक बदल जाएगा और सबसे बड़ा आश्चर्य तो यह होगा कि यहीं पर पहली आजाद-हिंद-फौज का संगठन जेनरल मोहन सिंह के नायकत्व में होगा, जिस फौज के कारनामे से भारत में एक अभूतपूर्व जाग्रति की लहर दौड़ जाएगी ! नहीं, उन दिनों यह कल्पना असम्भव थी और जिस तरह थोड़ा विश्राम लेकर यह जहाज आगे के लिए चलता है, सिंगापुर भी, बिना कोई स्थायी प्रभाव मस्तिष्क पर छोड़े, आँखों से दूर हो जाता है।

सिंगापुर के बाद हौंगकौंग—और हौंगकौंग का मानी है चीन ! भारतीय युवकों के मन में चीन के प्रति हमेशा एक आकर्षण रहा है। चीन के राष्ट्रीय संग्राम की कहानियों ने भारतीय युवकों को कम अनुप्राणित नहीं किया है। किंतु, जयप्रकाश का ध्यान तो अब जापान की ओर लगा है, जो उस समय भारतीय युवकों को, अपनी अभूतपूर्व उन्नति के कारण, बहुत ही आकृष्ट करता था।

हौंगकौंग से 'जेनस' हँसी-खुशी में ही रवाना होता है, किंतु, ज्योंही जहाज बीच समुद्र में आता है, तूफान के लक्षण दिखाई देने लगते हैं। पहले समझा जाता है, यह भी कोई मौसमी तूफान है, किंतु धीरे-धीरे प्रकट होता है कि जहाज यथार्थतः संकट में फँस गया है। यह तो वह तूफान है, जिसे अँगरेजी नाविक 'चाइनीज टाइफून' कहते हैं, और जिसकी कल्पना से ही वे काँप उठते हैं। धीरे-धीरे समूचा समुद्र खौलता कड़ाह बन जाता है। चारों ओर उत्ताल तरंगें हैं, जिन पर यह जहाज कभी इधर, कभी उधर फिंका-फिंका फिरता है ! तरंगें जहाज से टकराती हैं, उसे इस तरह झकझोरती हैं कि धुर्रे-धुर्रे उड़ाकर छोड़ेंगी; फिर सारे डेक को भिगो-भिगोकर हट जाती हैं। जहाज की हर चीज इधर-उधर लुढ़क रही है, बर्तनों के टन-टन, हड़-हड़ कानों को परेशान कर रहे हैं !

बड़े-बड़े साहसी नाविकों का भी धीरज छूट रहा है। वह देखिए, सेकेंड क्लास के केबिन के सामने वह नौजवान खड़ा है? वही चिर-परिचित शांत-शिष्ट मुद्रा—आँखें इन तरंगों को देखने, कान हाहाहूहू सुनने में लगे हैं; किंतु, चेहरे पर कभी आश्चर्य, कभी आशंका, कभी भय के भाव? क्या 'जेनस' को चीन-समुद्र में सदा के लिए जल-समाधि लेनी है? क्या हमारे भाग्य में यही बदा था कि हमारी हड्डियाँ भी हमारे देश को नसीब न हों! किंतु, यह स्थिति अधिक देर तक नहीं रहती। धीरे-धीरे तरंग छोटी पड़ती जाती है, जहाज का हिलडुल कम होता जाता है। विशेषज्ञों के चेहरे खिल पड़ते हैं; वे कहते हैं—ओहो, अब बच गए! हम टाइफून के बीच में नहीं पड़े थे; सिर्फ उसकी दुम की चपेट में आ गए थे!

सलाम चाइनीज टाइफून—बार-बार सलाम आपकी दुम को! फिर कभी आपके, आपकी दुम के दर्शनों का सौभाग्य नहीं हो!

अब फिर साफ आसमान है, प्रशान्त सागर है। 'जेनस' शान से बढ़ रहा है—बढ़ रहा है! अरे, यह क्या? समुद्र में ये क्या उड़ रहे हैं! पंछी? नहीं, नहीं; ये पंछी तो नहीं मालूम पड़ते! तो, तो यह क्या? देखो, उनमें से एक जहाज पर आ रहा। देखें तो इसे? अरे, यह तो मछली है? उड़नेवाली मछली—पुस्तकों में जिनके बारे में पढ़ा था, उन्हीं उड़नेवाली मछलियों की यह उड़ान देखने में जयप्रकाश की सौंदर्यपारखी आँखें थकती नहीं हैं।

और लीजिए, पूरे तीस दिनों तक समुद्र की तरंगों के थपेड़े खाने के बाद, हौंगकौंग से यह जहाज कोबे पहुँचा! कोबे—जापान!

जापान!—क्या यह वही छोटा-सा देश है, जिसके बहादुर सपूतों ने रूसी रीछ को पछाड़कर यूरोप के गोरे प्रमाद के गाल पर थप्पड़ रसीद की थी? क्या उगते हुए सूरज का आराधक यह वही देश है जिसने पचास साल के अंदर अपनी कायापलट कर अपने उद्योगधंधे, वाणिज्य-व्यापार सबकी धाक सारे संसार पर जमा दी है?

जयप्रकाश को जापान बहुत भाया। छोटे-छोटे साफ-सुथरे मकान, आँगनों में फूलों के झाड़, सादगी में सजी हुई रमणियाँ, चुस्त-फुर्तीले नौजवान। घरों में फरनीचरों की रेलपेल नहीं, सादी फर्श या कालीन। अतिथियों को झुककर अभिवादन; विनय और श्रद्धा से सत्कार; कभी उन्हें पीठ नहीं देखने देंगे, लौटेंगे तो पीछे हटते हुए, दूर जाने पर ही मुड़ेंगे। क्या अपने देश को इतना ही सुंदर, साफ, सुसभ्य और सुसंस्कृत नहीं बनाया जा सकता?

कोबे से जयप्रकाश ओसाका जाते हैं, जहाँ उनकी भेंट श्री महादेवलाल शर्राफ से होती है। शर्राफ भी अमेरिका पढ़ने जा रहे थे और यहाँ कुछ पैसे कमाने की धुन में ठहर गए थे। 'मीनी-ची' नामक एक जापानी अखबार के अँगरेजी विभाग में प्रूफरीडर का काम वह कर रहे थे।

ओसाका से ट्रेन से योकोहामा। स्टेशन पर डब्बे में चावल बिक रहा—साफ, सुफेद चमचम चावल! सूखी मछली भी। एक डब्बा चावल खरीदिए, कुछ सूखी मछली और चावल के साथ ही जो बाँस का चम्मच मिलता है, उससे उड़ाइए इन्हें! किंतु, जयप्रकाश तो निरामिष-भोजी हैं, वह मछली की ओर ताकेंगे भी क्यों?

योकोहामा से ही अमेरिका के लिए जहाज मिलता है। किंतु, जहाज मिलने में दिक्कत हो रही है। क्या किया जाए? वहाँ कुछ भारतीय सौदागर रहते हैं। उनसे मिला जाता है। वे दौड़धूप करते हैं, जहाज पर जगह मिल जाती है।

यह जहाज! नाम है तैयो-मारू। तैयो = सूरज; मारू = जहाज। जापानी जहाज है यह। किंतु यह मूलतः एक जर्मन जहाज है, जो पिछली लड़ाई में जर्मनी से छीनकर जापान को दिया गया था। जापानियों ने सिर्फ उसका नया नामकरण ही नहीं किया है, उसे पूरी जापानी सूरत-शक्ल दे रखी है!

दस दिनों तक जापान में रहकर, तैयोमारू पर, अमेरिका के लिए प्रस्थान होता है—अमेरिका के लिए, नई दुनिया के लिए!

3

नई दुनिया की सरजमीन पर

प्रशांत सागर होकर तैयोमारू चला जा रहा है। ज्यों-ज्यों अमेरिका निकट आता जाता है, जयप्रकाश की उत्सुकता और कुतूहल बढ़ते जाते हैं। अमेरिका के बारे में वह काफी पढ़ चुके हैं। किंतु, उन्हें मालूम होता है जैसे वह सारी बातें भूल गए। एक बिलकुल अपरिचित देश में जा रहे हैं—कैसी होगी वह भूमि, कैसे होंगे उसके निवासी, किस तरह वह अपने को इस बिलकुल नवीन वातावरण में ढाल सकेंगे ?

इसी उधेड़बुन में बीच में हवाई-द्वीप आता है। हवाई-द्वीप—मानो यह छोटा-सा टापू आसमान की ओर देखकर चुनौती देता है : "अगर फिरदौस बर-रूए जमीनस्त— हमीनस्तो हमोनस्त !" हाँ, हाँ, अगर कहीं स्वर्ग है, तो यहीं है, यही हैं, यहीं है ! जयप्रकाश इस 'प्रशांत सागर के स्वर्ग' को देखकर निहाल हो उठे। एक दिन तक रहकर यहाँ के स्वच्छ नीलाभ आकाश, रंग-बिरंगे फूलों से जगमग पृथ्वी, सुगंध और संगीतमय वातावरण और उन्मुक्त अनावृत यौवन का सौंदर्य देखते फिरे।

योकोहामा से चलने के 18वें दिन तैयोमारू सान् फ्रांसिस्को पहुँचा। स्वर्ग पहुँचने के पहले वैतरणी पार करनी पड़ती है। वह सेकेंड क्लास के यात्री थे, अतः उन्हें एक टापू में उतारा गया और कोरटाइन पर रखकर डाक्टरी जाँच की गई। नंगा करके असभ्य की तरह जाँच करना, फिजूल परेशानियों में रखा जाना—जयप्रकाश को बहुत बुरा लगा। किंतु, चारा क्या था ? सान्फ्रांसिस्को में जहाज से उतरकर एक टैक्सीवाले के निकट पहुँचे और उससे किसी होटल में पहुँचाने को कहा। टैक्सीवाले ने उन्हें एक हब्शी होटल में दाखिल कर दिया ! नई दुनिया में पैर रखते ही रंग-भेद का यह नजारा जयप्रकाश को जरूर ही नापसंद आया। किंतु, जो एक उद्देश्य लेकर आया हो, उसके लिए छोटी बातों में उलझना क्या ठीक होगा ?

तुरत ही पता लगाया गया, यहाँ कैलिफोर्निया यूनिवर्सिटी में पढ़ना होगा, जो बर्कली नामक स्थान में है। यहाँ और भी भारतीय विद्यार्थी हैं, जिन्होंने अपना एक केंद्र बना रखा है, जिसे वे 'नालंदा क्लब' कहते हैं। कैलिफोर्निया में नालंदा क्लब ! नालंदा—प्राचीन भारत का सर्वश्रेष्ठ विश्वविद्यालय, जहाँ दस हजार विद्यार्थी, निःशुल्क, होस्टलों में रहकर विद्याध्ययन करते हैं और ये विद्यार्थी सिर्फ भारत के कोने-कोने से ही नहीं आते थे, बल्कि पूरब में जापान, कोरिया, चीन, श्याम, जावा, सुमात्रा आदि देशों और द्वीपों से एवं पश्चिम में मध्यएशिया तक से आते थे। एक हजार वर्षों तक अपनी गरिमा दिखाकर जो आज एक हजार वर्ष पहले नष्टभ्रष्ट हो गया, उसी की यादगार को सात समुद्र पार आकर भारतीय विद्यार्थी इस क्लब के रूप में जिंदा रखे हुए हैं ! नालंदा बिहार में था, जयप्रकाश के अपने प्रान्त में—फिर वह क्यों नहीं नालंदा-क्लब को अपना घर-सा ही मान लें।

जयप्रकाश नालंदा-क्लब में आ गए और स्थानाभाव के कारण डाक्टर के. वी. मेनन के कमरे में रहे, जो उस समय विश्वविद्यालय के चौथे वर्ष में अध्ययन कर रहे थे और वहाँ से डाक्टरेट लेकर जब भारत लौटे, तो सार्वजनिक कार्यों में ही अपने को उत्सर्ग किया। पहले वह पं. नेहरू द्वारा आयोजित सिविल लिबर्टीज यूनियन के मंत्री थे और आजकल देशी राज्य प्रजापरिषद के प्रधानमंत्री हैं। पिछली अगस्त-क्रांति में मेनन साहब को दस साल सख्त कैद की सजा हुई थी और अब वह कांग्रेस-सोशलिस्ट-पार्टी के सदस्य भी बन गए हैं। मेनन साहब की जन्मभूमि केरल प्रांत है।

जयप्रकाश ने 16 मई को भारत का तट छोड़ा था और 8 अक्टूबर को उन्होंने अमेरिका की सरजमीन पर पैर रखा। किंतु यूनिवर्सिटी का टर्म अगस्त से ही शुरू हो जाता था। अब नया टर्म फिर जनवरी से शुरू होगा, अतः बीच के दो-ढाई महीने किस तरह काटे जाएँ, इस पर विचार-विमर्श हुआ। क्यों नहीं इसके अंदर मजदूरी करके कुछ पैसे कमा लिए जाएँ ? जयप्रकाश भी तो यही चाहते थे। अब मजदूरी की तलाश शुरू हुई।

कैलिफोर्निया यूनिवर्सिटी से सम्बद्ध यंगमैन्स क्रिश्चियन एसोसियेशन की तरफ से एक काम

दिलानेवाला ब्यूरो था, जो विद्यार्थियों के लिए काम की खोज-ढूँढ़ किया करता और यों उनकी सहायता में लगा रहता था। इस ब्यूरो को खबर की गई; किंतु प्रतीक्षा करने के बावजूद, मालूम हुआ कि इसके द्वारा अभी तुरत कोई काम मिलना सम्भव नहीं है! तब कुछ पंजाबियों ने बताया कि मेरिसविले (Marys Ville) या 'मेरी का गाँव' नामक एक स्थान कैलिफोर्निया में है, जहाँ हिंदोस्तानी फोरमैन मजदूरों की भर्ती करने आया-जाया करते हैं और प्रायः हर गैंग में एक-दो विद्यार्थी भी ले लेते हैं। जयप्रकाश अपने साथ रेड्डी को लेकर 'मेरी के गाँव' में आए। वहाँ एक होटल में दोनों ठहरे और शाम-सुबह हिंदोस्तानी फोरमैनों के अड्डों पर जाकर दरियाफ्त करते। जयप्रकाश ने पाया, अपने देश से इतनी दूर रहने पर भी ये हिंदोस्तानी अपनी मातृभूमि को भूले नही हैं। वे इन दोनों नौजवानों से बड़े तपाक से मिलते, बहुत भाई-चारा दिखाते, 'वतन' की हालत पूछते, खासकर, असहयोग के बारे में ब्योरे की बातें जानना चाहते, जिसकी खबर तो उन्हें थी किंतु जिस संबंध की पूरी जानकारी उन तक नहीं पहुँच पाई थी। ऐसे ही वतनपरस्त फोरमैनों में एक फोरमैन थे शेर खाँ पठान। शेर खाँ—सात फुट लम्बा, तगड़ा, जो अपने सूबाई भाई सरहदी गाँधी को भी अपनी लम्बाई में मात कर दें! शेर खाँ इन दोनों नौजवानों से मिलकर बहुत खुश हुआ और उन्हें गैंग में ले लिया। जयप्रकाश आज भी शेर खाँ की चर्चा करते हुए कृतज्ञता के बोझ से झुक जाते हैं। इस पठान ने इन्हें काम ही नहीं दिया, वह आराम दिया, जो घर पर ही मिल सकता है। पराए देश में हैं, पराए लोगों में हैं, उन्हें यह बोध होने भी नहीं दिया। जब तक वे लोग उसके गैंग में रहे, शेर खाँ ने अपने रसोईघर में कभी गो-मांस नहीं बनने दिया—वह इन हिंदू नौजवानों की भावनाओं पर इतना अधिक ध्यान देता था।

शेर खाँ का गैंग यूवा-सिटी में मिस्टर सी. बी. हार्टर की अंगूर की खेती पर काम कर रहा था जो 'रंच' कहलाती है। हजारों एकड़ में एक-एक रंच फैली होती है। मुख्यतः अंगूर की ही खेती होती है, किंतु उसके साथ बादाम, खूबानी, नाशपाती आदि फल भी वहाँ पैदा किए जाते हैं। अंगूर को सुखाकर किशमिश बनाते हैं। यार्ड में लम्बे-लम्बे तख्ते पड़े होते हैं, जिन पर अंगूर को सूखने के लिए रख दिया जाता है। लकड़ी की खुरपी होती है, जिससे उलट-पुलट करते रहते हैं। इस उलट-पुलट के सिलसिले में सड़े अंगूरों को चुनकर फेंक दिया जाता है। अंगूर सूख जाने पर फिर उसकी पैकिंग वगैरह की जाती है। अंगूर की फसल खतम होने पर बादाम चुनने, खूबानियाँ तोड़ने आदि का काम शुरू होता है। प्रतिदिन नौ घंटे के हिसाब से काम करना पड़ता था, जिसमें बीच में एक घंटे की छुट्टी जलपान और आराम के लिए दी जाती थी। फी घंटा 40 सेंट के हिसाब से मजदूरी मिलती थी, जो चार डालर रोजाना जा पड़ती थी। उस जमाने में चार डालर हिंदोस्तान के 17 रुपये के लगभग होते थे।

यह देखिए, यह मि. हार्टर की रंच है! चारों ओर अंगूर की लताएँ, जिनमें गुच्छे के गुच्छे अंगूर लटक रहे! जहाँ-तहाँ बादाम, खूबानी और नाशपाती के छोटे-छोटे पेड़—फलों से लदे हैं! रंच के बीच में यह लम्बा-चौड़ा यार्ड—तख्तों पर जहाँ अंगूर के दाने बिखरे हैं! और, उनके बीच यह कौन खड़ा हुआ है? आपको पहचानने में दिक्कत हो रही है? होनी ही चाहिए। सिर पर हैट, बदन में कमीज, कमर में पतलून—किंतु, इन सबको ढक-सा रखा है, ओवर औल ने, जो गर्दन से घुटने के नीचे तक लबादा-सा लटक रहा है! यह पोशाक पहने, हाथ में लकड़ी की खुरपी लिए, वह कितनी फुर्ती से इस तख्ते से उस तख्ते तक जाता है और किस चुस्ती से अपना सारा काम पूरा करता है। वह जानता है, फोरमैन लोग विद्यार्थियों को रियायत करके काम पर लेते हैं। किंतु वह दिखला देना चाहता है कि वह रियायत पसंद नहीं करता। वह जिस हिसाब से पैसे पाता है, उस पैसे की भरपाई काम के रूप में वह पूरा-पूरा कर देना चाहता है! जयप्रकाश की रचना साधारण मिट्टी से नहीं हुई है—शेर खाँ और उसके सारे मजदूर थोड़े ही दिनों में ही यह महसूस करने लगते हैं!

नवम्बर खत्म हुआ, काम भी खत्म हुआ। जयप्रकाश के पास अब उतने पैसे हैं कि वह एक टर्म निश्चिंत होकर पढ़ सकें। वह बर्कली आते हैं, यूनिवर्सिटी में दाखिल होने की दरखास्त करते हैं। उनके पास बिहार

विद्यापीठ का सर्टिफिकेट है कि उन्होंने आई. एस-सी. पास किया है; यूनिवर्सिटी के प्रोफेसरों के प्रशंसापत्र हैं, जिनमें कहा गया है कि उनमें इंटरमिडियट की पूरी योग्यता है। फलतः उनका नाम वहाँ सेकंड इयर में लिख लिया जाता है।

यह कैलिफोर्निया यूनिवर्सिटी। कैलिफोर्निया को अमेरिकन लोग 'संसार का बगीचा' कहते हैं—समुद्र के किनारे होने से न तो यहाँ ज्यादा बर्फ गिरती है, न यहाँ गरमी अधिक पड़ती है। खूब हराभरा प्रदेश—फलों और फूलों से लदा-सा! कैलिफोर्निया के अनुरूप ही यहाँ की यह यूनिवर्सिटी है, जिसे देखकर ही जयप्रकाश भौचक में पड़ जाते हैं। बीस हजार विद्यार्थी यहाँ पढ़ते हैं। मीलों तक फैला लम्बा-चौड़ा, खूबसूरत घेरा है इसका, जो कैम्पस कहलाता है। मकान भी बहुत ही भव्य और सुंदर। विद्यार्थियों में लड़कियों की तायदाद काफी—जो लड़कों के साथ ही पढ़तीं, खेलतीं और होस्टलों में साथ ही रहतीं। प्रोफेसर भी बहुत ही अच्छे, प्रयोगशाला भी बहुत अच्छी। विद्यार्थियों और प्रोफेसरों में वैसा भाईचारापन, जिसकी भारत में कल्पना भी नहीं हो सकती। जयप्रकाश को पहले इन प्रोफेसरों के लेक्चर समझने में दिक्कत होती है, क्योंकि उनके उच्चारण में विभिन्नता है। तो भी टर्म के अंत में जब परीक्षा होती है, तो प्रयोगशाला के प्रैक्टिकल को छोड़कर 'ए' ग्रेड नम्बर उसे प्राप्त होता है, जिसका मानी होता है सौ में नब्बे से ज्यादा नम्बर लाना।

4

श्रमिक जीवन के खट्टे-मीठे अनुभव

कैलिफोर्निया-यूनिवर्सिटी में एक टर्म तक ही पढ़ पाए थे कि वहाँ की फीस के दुर्वह बोझ का अनुभव जयप्रकाश को होने लगा। पहले भी कड़ी फीस थी, फिर उसका इजाफा होने जा रहा था। एक टर्म—आधा साल—की फीस डेढ़ सौ डालर हो गई, जिसका मानी था करीब सौ रुपए माहवार! इतनी कड़ी फीस देकर स्वावलम्बन के आधार पर अध्ययन करना असम्भव नहीं तो कठिनतम अवश्य था।

जयप्रकाश के पुराने परिचित और अन्तरंग मित्र भोलादत्त पंत उन दिनों इयोवा (Iowa) यूनिवर्सिटी में पढ़ रहे थे, जहाँ सुप्रसिद्ध भारतीय विद्वान डा. सुधींद्र बोस प्रोफेसर थे। इस यूनिवर्सिटी में फीस कम थी, फिर पंत की संगति का सुख। जयप्रकाश कैलिफोर्निया छोड़ इयोवा जाने की तैयारी करने लगे।

जाने के पहले फिर क्यों नहीं कुछ पैसे कमा लिए जाएँ? जयप्रकाश ने फिर रंच की राह पकड़ी। इस बार वह सिक्खों के गैंग में पहले गए; किंतु, उनका आचार-व्यवहार कुछ ऐसा था कि जयप्रकाश उनके साथ एक दिन से ज्यादा नहीं टिक सके। काम भी बहुत सख्त था। उसके बाद वह फलों की पैकिंग करने के काम में लगे। आड़ू, नाक (नाशपाती किस्म का एक फल) खूबानी, चेरी इत्यादि फलों को पहले भाप से पकाया जाता था। यह अच्छी तरह देखना पड़ता था कि ये फल पक गए—न कच्चे रहे, न ज्यादा पके। फिर उन्हें सिरप में रख दिया जाता था, तब उन्हें पैकिंग-टिन के डब्बों में भर दिया जाता। टिन में रखने का काम ज्यादातर लड़कियाँ करतीं, मर्दों का काम उन्हें टिन का बर्तन पहुँचाना, बर्तनों में भरे जाने के बाद बक्स में उन्हें पैक करना, आदि था। टिन के बर्तनों और बक्सों में उनकी पायदारी का यकीन कर लेना, आदि काम भी मर्द ही करते। कुछ दिनों तक इस मजदूरी से काफी पैसे कमाकर जयप्रकाश इयोवा के लिए रवाना हो गए।

इयोवा में हिंदोस्तानी विद्यार्थियों का एक गिरोह पहले से था, जिसमें बंगाली थे, पंजाबी थे, कुछ दूसरे सूबों के विद्यार्थी भी थे। जयप्रकाश पंत के ही साथ ठहरे। दोनों एक ही कमरे में रहते! एक ही बिछावन पर सोते। निस्संदेह ही अमेरिका में जयप्रकाश का सबसे घनिष्ठ मित्र भोलादत्त पंत ही थे।

इयोवा में जयप्रकाश दो टर्म—एक साल—तक रहे। पाँच-छः विद्यार्थियों का एक ही साथ खाना पकाना होता। खाना खुद ही पकाया जाता। रविवार को जो छुट्टियाँ होतीं, उन्हें गपशप में नहीं बिताया जाता। रविवार को जयप्रकाश भलेमानसों के मुहल्लों में निकल जाते और उनके फरनीचरों को साफ करते, उन्में वार्निश लगाते। खिड़कियों और आलमारियों के शीशों की भी सफाई की जाती। जब कभी बर्फ पड़ी, कुदाल लेकर घर से निकले और किसी भलेमानस के आँगन की बर्फ काटकर, हटाकर उसे फिर पूर्ववत् साफ-सुथरा बना दिया। इन छोटे-छोटे कामों से भी काफी पैसे मिल जाते।

इयोवा में और विषयों के साथ जयप्रकाश ने केमिकल इंजीनियरिंग भी ले रखा था और इस संबंध में ड्राइंग भी एक विषय था। जयप्रकाश आज भी हल्की मुस्कान के बीच बताते हैं कि जिंदगी भर में यही (ड्राइंग) एक विषय है, जिसमें उन्होंने फेल किया!

इयोवा के बाद जयप्रकाश शिकागो आए—शिकागो, अमेरिका का दूसरा सर्वश्रेष्ठ नगर! उस जमाने में भी उसकी आबादी 35 लाख की थी। जयप्रकाश सबसे अधिक दिनों तक शिकागो में ही रहे, लगभग ढाई साल तक। इयोवा से आने के बाद तो यहाँ रहे ही; यहाँ से विस्कौंसिन गए और वहाँ से लौटकर फिर यहाँ बहुत दिनों तक रहे। शिकागो में जितने खट्टे-मीठे अनुभव जयप्रकाश ने प्राप्त किए, उतने अमेरिका के किसी शहर में नहीं—यद्यपि ओहायों में भी लगभग इतने दिनों, या इससे कुछ ही कम दिनों तक, रहे।

शिकागो में तरह-तरह की मजदूरियाँ उन्हें करनी पड़ीं। मुसीबतें भी तरह-तरह की उठानी पड़ीं। पन्द्रह दिनों तक उन्हें एक होटल में पाखाना साफ करने का काम—मेहतर का काम—भी करना पड़ा, इसी से आप अंदाजा लगा सकते हैं, शिकागो में जयप्रकाश को क्या-क्या भुगतने पड़े, क्या-क्या करने पड़े!

कुछ दिनों तक उन्होंने मांस की फैक्टरी में काम किया! मांस की फैक्टरी—उफ्, जहाँ छोटे-बड़े खाद्य-पशुओं की वह निर्मम हत्या होती है जिसकी कल्पना से ही आदमी के रोंगटे खड़े हो जाएँ! अभी आपके सामने जो बैल, जो गायें, जो सूअर, जो बकरे खड़े हैं—पलक मारते ही वे कहाँ चले जाएँगे और कुछ मिनटों में ही उनके मांस किस तरह डब्बों में बंद होकर देश-विदेश जाने लगेंगे, यह दृश्य आप-हम नहीं देखें, वही अच्छा। जयप्रकाश निरामिषभोजी, पक्का शाकाहारी। किंतु, पैसे की दिक्कत जो न कराए! पर वह भीतर कारखाने में तो किसी तरह काम नहीं कर सकते। उसके पावर हाउस में काम करते हैं।

कुछ दिनों तक मिट्टी के बर्तनों के कारखाने में भी अपने हाथ की आजमाइश करते हैं। यहाँ इस कारखाने में विशेषतः मकानों की आभूषण-सामग्रियाँ बनती हैं। कोनों, कोर्निसों में रखने के लिए तरह-तरह की मूर्त्तियाँ, गमले आदि तैयार किए जाते हैं। ढाँचे में मिट्टी रखकर उन्हें ढाला जाता है, फिर ढलाई के भद्देपन और रुखड़ेपन को पालिश से साफ कर दिया जाता है, अंत में सुंदर-सुडौल बनाकर रँग-रँगाकर ग्राहकों के हाथ ये मिट्टी की चीजें सोने की कीमत में बेची जाती हैं।

लोहे के कारखाने में भी। इस कारखाने में स्क्रू, नट, बोल्ट, आदि छोटे-छोटे जोड़ने के सामान तैयार किए जाते हैं। लोहे के ढोके ढलाई-घर में भट्ठी की गरमी पाकर पानी-सा पतला बन जाते हैं, उन्हें ढाँचों से होकर गुजरना पड़ता है और जब वे सामने आते हैं, स्क्रू, नट, बोल्ट, आदि भिन्न-भिन्न रूपों में। ठोक-ठोककर इनकी पायदारी देखिए, आकार-प्रकार के अनुसार इन्हें अलग-अलग छाँटकर रखिए; जिनमें कुछ नुक्स रह गया है उन्हें फिर ढलाईघर में गलने-ढलने को भेज दीजिए!

किंतु, क्या ये काम रोज-रोज मिलते हैं? जाड़े के दिनों में प्रायः ही दिक्कत होती है। उस समय कारखानों में जल्द काम नहीं मिलता। फिर अमेरिका-भर में रंग-भेद का जो बाजार गर्म रहता है। प्रायः ही कारखानों के दरवाजों पर लिखा रहता है, यहाँ 'रंगीन जातियों—हब्सियों और एशियाई मुल्कों के लोगों—के लिए जगह नहीं।' विद्यार्थियों के साथ कुछ रियायत जरूर की जाती है, किंतु हर रियायत की भी कोई सीमा है न!

आजकल जयप्रकाश बड़ी मुसीबत में हैं। पैसे की सख्त कमी है। बाजार से एक डब्बा चावल और एक

डब्बा सेम के बीज खरीद लाते हैं। उन्हें आप ही उबालते हैं। उबलने पर यह दो आदमी का पूरा भोजन हो जाता है। उसमें से आधा भोर में खाकर, ऊपर से एक कप कॉफी पी लेते हैं, जो कभी मकान-मालकिन दे देती है और जिसमें कभी पैसे लग जाते हैं, और काम की तलाश में चल देते हैं। कितने कारखानों के दरवाजे पर 'जरूरत नहीं' की तख्तियाँ पढ़ते या कितने दफ्तरों की झिड़कियाँ खाते दिन चढ़े लौटते हैं। जवानी की हड्डियाँ हरारत खोजती हैं, जवानी का दिमाग खुराक माँगता है। कभी रैकेट लेकर शिकागो के दो बड़े पार्कों में से एक में चले जाते हैं, जो दो महान राष्ट्रपतियों के स्मारक हैं—लिंकन पार्क और जैक्सन पार्क। वहाँ टेनिस के कोर्ट हैं, जहाँ आप मुफ्त खेल सकते हैं। एक घंटे तक खूब खेल-कूदकर थक-थकाकर वह लौटते हैं। अब क्या किया जाए? तब पुस्तकों पर टूटते हैं।

साहित्य में अब पूरी अभिरुचि जग चुकी है। यूरोप के बड़े-बड़े कलाकारों की सम्पूर्ण कृतियों के भाग-पर-भाग खत्म किए जा रहे हैं। अनातोले फ्रांस, इब्सन, क्नूट हम्सन (नोबेल पुरस्कार विजेता—नौर्वेजियन उपन्यास-सम्राट), गोर्की आदि की पुस्तकें छान डाली जाती हैं। अनातोले फ्रांस उन्हें सबसे अधिक पसंद आया है, इब्सन उसके बाद। साहित्यिक समालोचना में मदाम द. स्तेल नामक फ्रांसीसी महिला की ग्रंथावली के छः भागों को वह एक-एक कर पढ़ डालते हैं। इस ग्रंथ से यूरोप की साहित्यिक प्रगति और पद्धति का उन्हें पूरा परिचय प्राप्त हो जाता है।

किंतु, हालत दिन-दिन खराब ही होती जाती है। उस समय जयप्रकाश एक पेशा अख्तियार करते हैं, जो उनकी रुचि के अनुरूप नहीं फिर भीलाचारा में जिसे उन्हें स्वीकार करना ही पड़ता है। भारतीय विद्यार्थी तरह-तरह के सेंट, क्रीम, हेयरलोशन वगैरह तैयार करते हैं, जिनमें वे 'हिमालय की बूटियाँ—Himalayan Herbs – भी रखते हैं। इन बूटियों के रखने से इनके गुण में अजीब परिवर्तन हो जाते हैं, काले चेहरे को गोरा कर देते हैं, भेड़ के ऊन की तरह के हब्सी बालों को ये लम्बे-घुँघराले बना डालते हैं! हब्सी और मलाट औरतें, इन चीजों के पीछे पागल बनी रहती हैं, खासकर मलाट औरतें, जो हब्सियों और गोरों की वर्णसंकरता से पैदा होती हैं, चेहरा गोरा होने पर भी जिनके बाल भद्दे और भयावने, हब्सियों के-से, होते हैं। केमेस्ट्री का यह मेधावी छात्र भी हिमालय की कल्पित 'बूटियों' की शरण लेने को लाचार होता है और अब हम उसे फेरीवालों के रूप में हब्सी और मलाट महल्लों में घूमते हुए देखते हैं। इसकी चीजें अच्छी होती हैं, बिक्री भी अच्छी हो रही है। किंतु, एक दिन यह क्या हो जाता है कि वह इस पेशे को हमेशा के लिए नमस्कार कर लेता है!

वह फेरी की चीजों को लेकर मलाटों के मुहल्ले में गया। एक मलाट युवती ने उससे चीजें लीं, काफी चीजें। वह खुश हुआ, आज अच्छा सौदा पटा। चीजें देखकर जब वह बिल देने लगा, उसने कहा—घर का मालिक बाहर है, थोड़ी देर बाद आना। यही सही। थोड़ी देर बाद पहुँचने पर वह घर में ले गई, कहा, बैठो, कॉफी पिओ। अच्छा यह भी सही। एक महिला का आग्रह क्यों टाले! कॉफी भी खत्म, लेकिन न मालिक लौट रहा है, न पैसे मिल रहे हैं। मुझे देर हो रही है, कोई इंतजाम कीजिए, फुर्सत दीजिए। पैसे चाहिए? सिर्फ पैसे? एक भीषण मुस्कुराहट! जयप्रकाशजी वहाँ से भागते हैं, तो यह भी होश नहीं रहता कि अपनी फेरी की क्या-क्या चीजें जल्दी में वहीं छोड़ आए!

शिकागो में भारतीय अहमदिया मुसलमानों की एक मस्जिद है—हब्सी लोगों के मुहल्ले में। कितने हब्सी मुसलमान हुए इसका हिसाब वहाँ के मुल्ला साहब ही जानें; जयप्रकाश और उसके साथियों के लिए यह मस्जिद जयारत की चीज इसलिए है कि यहाँ पर इन भुखमरों—भारतीय नौजवानों—को जब-तब बढ़िया पुलाव खाने को मिल जाया करता है। उनकी सूखी जीभें इस पुलाव को पाकर प्रायः चिल्लाई हैं—इस्लाम की जय, भारतीय मुसलमानों की जय।

शिकागो में बहुत दिनों तक बंगाली छात्रों के साथ भी जयप्रकाश को रहने का मौका मिला और उन्होंने बँगला बोलना और पढ़ना सीखा।

5

समाजवादी विचारधारा—मास्को चलो

शिकागो से विस्कौंसिन विश्वविद्यालय की ओर

विस्कौंसिन का राज्य उन दिनों अमेरिका के सबसे प्रगतिशील राज्यों में गिना जाता था। वहाँ की यूनिवर्सिटी बहुत ही सुंदर थी। यूनिवर्सिटी के जो सभापति थे, वे तो करीब-करीब समाजवादी ही थे। जयप्रकाश अपना बोरिया-बँधना लेकर इस विश्व-विद्यालय में पहुँचे और विज्ञान का अध्ययन प्रारम्भ किया।

छुट्टियों में यहाँ भी तरह-तरह की मजदूरियाँ की जाती हैं—जलपान-घरों में तश्तरियाँ साफ की जाती हैं, मेज पर खाना परोसना पड़ता है; घरों में फर्श बुहारना, कोयला जला देना, पानी गरम करना, आदि काम करने पड़ते हैं। जूता साफ करना, हजामत-घरों में काम करना—मालूम होता है, जैसे कोई भी काम बाकी नहीं छोड़ा जाएगा।

विस्कौंसिन में आने पर जयप्रकाश की जान-पहचान विद्यार्थियों की एक अजीब मंडली से होती है, इस मंडली में अमेरिकन ही विद्यार्थी नहीं हैं—रूसी हैं, पोलैंड-निवासी हैं, जर्मन हैं, डच हैं, फ्रांसीसी हैं। अजीब लोग हैं ये, अजीब है इनकी वेश-भूषा। सबने मानो सभी प्रचलित रीति-नीति और परम्पराओं को तोड़ने की शपथ खा ली हो। इनके कपड़े निराले, इनके बाल निराले। विचारों की स्वाधीनता उच्छृंखलता की परावाष्ठा तक पहुँची हुई है। ये लोग समय-समय पर एकत्र होते हैं, विचार-विमर्श करते हैं, वाद-विवाद करते हैं। संसार का कोई ऐसा विषय नहीं, जिसे इन्होंने अछूता रहने दिया हो।

जयप्रकाश उनकी बैठकों में शामिल होते हैं, उनमें से कुछ व्यक्तियों से उनकी घनिष्ठता बढ़ती है। उन्हीं में से एक नौजवान है ऐब्रम लैंडी—वह पोलैंडनिवासी यहूदी है। इस विश्वविद्यालय का वह छात्र है, ऊपर के वर्ग का वह छात्र है और नीचे के वर्गों में पढ़ाता भी है—सहायक प्रोफेसर है। वह अजीब प्रतिभाशाली व्यक्ति है। विश्वविद्यालय की पढ़ाई में उसका नाम तो था ही; मार्क्सवादी साहित्य का अध्ययन भी उसने वड़ी गहराई तक किया था। जयप्रकाश उसकी ओर आकृष्ट होते हैं, वह इनकी ओर। साधारण परिचय घनिष्ठता में परिवर्तित होता है और घनिष्ठता अंततः मैत्री में। वह जयप्रकाश को पुस्तकें देता है, उनसे बहस करता है, उन्हें अपने विचारों के समीप लाना चाहता है। कुछ दिनों के बाद पता चलता है, वह कम्युनिस्ट पार्टी का स्दस्य है, यहाँ भी कम्युनिस्टों का एक 'सेल' है। जयप्रकाश उनके सेल में जाना शुरू करते हैं और अंततः उनकी विचारधारा को स्वीकार कर लेते हैं। उन्हीं दिनों उन्होंने श्री एम. एन. राय की किताबें पढ़ीं—राय साहब उन दिनों कम्युनिस्ट थे, रूस में रहते थे, कोमिंटर्न के प्रसिद्ध नेताओं में से थे। उनकी दो पुस्तकें—Aftermath of Non-co-operation और India in Transition—जयप्रकाश को बहुत प्रभावित करती हैं। राय द्वारा सम्पादित एक पत्र निकलता था—New Masses। इस पत्र के भी वह नियमित पाठक बन जाते हैं। अमेरिका की कम्युनिस्ट पार्टी के विविध साहित्यों का भी अध्ययन करते हैं। अमेरिका की कम्युनिस्ट पार्टी के पूर्वीय विभाग के इन्चार्ज थे श्री मैनुअल गोमेज। वह मैक्सिको के निवासी थे। जयप्रकाश गोमेज से भी मिलते हैं और जब अमेरिकन मजदूरों की हड़ताल उनके नेतृत्व में होती है, उसमें क्रियात्मक सहायता पहुँचाते हैं।

अपनी आज तक की अध्ययन-श्रृंखला की ओर भी जयप्रकाश आलोचनात्मक दृष्टि डालते हैं। आज तक वह विज्ञान पढ़ते रहे। विज्ञान पढ़ने का एक ही उद्देश्य था कि स्वदेश लौटकर अपने वैज्ञानिक अनुसंधानों द्वारा देश को लाभ पहुँचाएँ; और, यदि सम्भव हो सके, तो कुछ पूँजी एकत्र कर आचार्य राय की तरह बेंगाल केमिकल की तरह का कोई कारखाना खोलें। किंतु, अब वह सोचने लगते हैं, जब तक समाज का वर्तमान आधार कायम रहेगा, वैज्ञानिक अनुसंधान या उनकी नींव पर खड़े किए गए कल-कारखाने देश के लिए, देश की जनता के लिए, कितने फायदे के हो सकते हैं? इन अनुसंधानों, इन कारखानों से फायदे होंगे, तो कुछ लोगों को, एक

मुट्ठी लोगों को। एक मुट्ठी लोगों की तिजोरियाँ भरेंगी, उनके लिए सुंदर भवन बनेंगे। हो सकता है, कुछ मेहनतकशों के लिए भी काम मिल जाए—किंतु, क्या इससे देश की गरीबी और बेकारी का मसला हल हो सकेगा? नहीं, जब तक समाज का नया निर्माण नहीं होता, नई नींव पर बिलकुल नए सिरे से निर्माण नहीं होता, तब तक विज्ञान और अनुसंधान व्यर्थ हैं। वह अपने को इसी नव-निर्माण कार्य के लिए न्यौछावर करेंगे।

इस नव-निर्माण का एक चित्र उन्हें लैंडी द्वारा दिए गए साहित्य में मिल चुका है और वह उससे सहमत भी हो चले हैं। किंतु, वह तो सिक्के का एक रुख है, वह दूसरे रुख को भी क्यों न देख लें? जहाँ विस्कौंसिन में, वह पढ़ रहे हैं, वहाँ समाजशास्त्र के दो प्रकांड विद्वान हैं—प्रोफेसर रौस और प्रोफेसर यंग। प्रोफेसर रौस अमेरिका में समाजशास्त्र के पिताओं में गिने जाते हैं—कितने ही प्रामाणिक ग्रंथों के प्रणेता, अमेरिका के आधे दर्जन विद्वानों में एक। और, प्रोफेसर यंग भी सामाजिक मनोविज्ञान के आचार्य हैं। जयप्रकाश निर्णय कर लेते हैं, वह विज्ञान का अध्ययन छोड़ देंगे, अब समाजशास्त्र का अध्ययन प्रारम्भ करेंगे। जिसने विज्ञान के अध्ययन में पाँच वर्ष लगाए—दो वर्ष हिंदोस्तान में, तीन वर्ष अमेरिका में—वह ग्रेजुयट होने के पहले ही उसे छोड़कर समाजशास्त्र की ओर मुड़ पड़ता है! जयप्रकाश डिग्रियों के भूखे नहीं हैं, वह तो ज्ञान के भूखे हैं।

लेकिन, थोड़े दिनों तक समाजशास्त्र पढ़ने के बाद लैंडी की प्रेरणा और गोमेज के प्रोत्साहन पर जयप्रकाश रूस जाने को तैयार हो जाते हैं। ठीक तो, एक बार रूस जाकर वहाँ, अपनी आँखों, समाज के नवनिर्माण के उस भगीरथ प्रयत्न को क्यों नहीं देख लें? वहाँ, मास्को में, एक पूर्वीय विश्वविद्यालय है, जहाँ चीन, भारत आदि के विद्यार्थी अध्ययन करते हैं। उस विश्वविद्यालय में वह समाजशास्त्र का भी अध्ययन करेंगे। मास्को चलो—उनके कान यह आह्वान अनायास सुनते हैं।

विस्कौंसिन को सलाम कर वह फिर शिकागो आ जाते हैं। शिकागो में वह पैसे कमाना चाहते हैं, जिसमें तुरत से तुरत वह रूस जाने के योग्य अपने को बना सकें। शिकागो में एक भारतीय भद्रपुरुष रहते हैं—नाम है चंद्रासिंह। श्री चंद्रासिंह के पूर्वज भारत से वेस्टइंडीज गए थे, ग्रेनाडा-टापू में। वहाँ वे शर्तबंद कुली की हैसियत से गए थे, लेकिन धीरे-धीरे कुछ पैसे कमाकर स्वतंत्र नागरिक बन चुके थे। श्री चंद्रासिंह के पूर्वज किस जिले से गए, किस जाति के थे, चंद्रासिंह तक को अब उसका पता नहीं चलता। चंद्रासिंह ने शिकागो में अपना मकान कर लिया है और अपनी धर्मपत्नी के साथ वहीं रहते हैं। उनका मकान भारतीय विद्यार्थियों की शरण-स्थली है। जयप्रकाश आकर वहीं ठहरते हैं। किंतु जैसी उन्हें उम्मीद थी, यहाँ आकर तुरत पैसे कमाना तो मुहाल—यहाँ रहना भी मुश्किल हो रहा है। मंदी का जमाना है, जाड़े का मौसम। जैसा पीछे वर्णन हो चुका है—वही एक डब्बा चावल, एक डब्बा सेम के बीज। एक प्याला कॉफी कभी-कभी चंद्रासिंह की बीवी दे दिया करती हैं, जिन्हें वह 'मदर' (माँ) कहते हैं। भोजन की कमी, कपड़ों की कमी, फिर, दिन-भर की दौड़धूप, बीमारी उन्हें धर दबोचती है! पहले कुछ खाँसी होती है, टौन्सिल की शिकायत। किंतु धीरे-धीरे वह भयानक रूप धारण करती जाती है।

आह! देखिए, वह कौन खाट पर पड़ा है? गले में दर्द, फिर जोड़ों में दर्द। वह बोल नहीं सकता, खा नहीं सकता। शरीर गल रहा है, चेहरा मुरझा रहा है। रूस का सपना तो जैसे सदा के लिए हवा हो गया—अब वह फिर अपने देश को भी देख पाएगा, इसमें भी संदेह हो रहा है। उसकी आँखें किसी को खोज रही हैं। कभी शून्य में वह ताकता रह जाता है, कभी आँखें मूँद किसी की कल्पनामूर्ति को घूरता रह जाता है। वह कौन-सी कल्पनामूर्ति है? माँ—फूलरानी! आज जैसे उसके अणु-अणु से ध्वनि-प्रतिध्वनि निकल रही है—माँ, माँ! किंतु, बेचारी माँ को यह खबर कहाँ कि उसका 'बउल' आजकल रोगशय्या पर पड़ा उसकी याद में तड़प रहा है, बिसूर रहा है। उस बेचारी को सिर्फ इतनी चिंता है कि 'बउल' ने कोई पत्र इधर क्यों नहीं भेजा—क्या बात है, क्यों चुप हो गया है, क्या हम लोगों को भूल गया, क्या हम लोगों से नाराज हो गया? नाराज—यह तो हो नहीं सकता। भूल गया—यह भी असम्भव! तो फिर मामला क्या है? मन्नतें मानी जा रही हैं, पूजाव्रत हो रहे हैं। उधर, उसका 'बउल' अपनी पीड़ाओं को आप ही पीता हुआ, अपनी अंतर्व्यथा किसी पर प्रकट तक नहीं होने देता—घर लिखने और खबर देने की कौन-सी बात?

बेचारे चंद्रासिंह हैं, उनकी धर्मपत्नी हैं; वहाँ उसके और भी साथी हैं; रेड्डी हैं, प्रधान हैं—यात्रा के प्रथम दिन के ही साथी। और भी कई नए लोग हैं—सब-के-सब उसकी सेवा में लगे हैं। पैसे उसके पास नहीं थे; किंतु साथियों के पास जो कुछ है, उसे अपने इस प्यारे 'नारायण' के लिए खर्च करने में क्या वे जरा भी आनाकानी कर सकते हैं? फिर चंद्रासिंहजी हैं! डाक्टर बुलाए जाते हैं, उन्हें दिखाया जाता है। गले का आपरेशन होता है, जोड़ों के दर्द के लिए दवाएँ दी जा रही हैं। डाक्टरों का कहना है, अमेरिका की जलवायु को देखते हुए मांस नहीं खाना उनके लिए हानिप्रद हुआ है—उन्हें थोड़ा गोश्त जरूर ही लेना चाहिए। पाँच महीने तक बीमार रहने के बाद जयप्रकाश अच्छे होते हैं—खाट छोड़ते हैं, चलते-फिरते हैं। तब कहीं वह घर पर खत भेजते है कि मैं बीमार पड़ गया था; अब अच्छा हूँ। बीमारी में कुछ रुपए कर्ज हो गए हैं—कृपया रुपए भेजिए। बउलजी बीमार थे, परिवार में सनसनी फैल जाती है। बाबू हरसूदयालजी जमीन रेहन रखकर, कर्ज लेकर, तुरत रुपया अमेरिका भेजते हैं।

घरवालों को यह भी खबर होती है, वह रूस जाना चाहते थे, जाना चाहते हैं—अतः सिर्फ स्वयं ही मनाही की चिट्ठी नहीं लिखते, श्री ब्रजकिशोर बाबू से, श्री राजेंद्र बाबू से चिट्ठियाँ लिखवाते हैं। राजेंद्र बाबू ने लिखा है—आप उधर से रूस नहीं जाएँ; भारत लौटें और यदि आपका आग्रह ही रहा, तो लौट आने के बाद यहाँ से रूस जाने का प्रबंध करने की कोशिश की जाएगी। वह बीमारी; यह मनाही। रूस जाना स्थगित ही कर दिया जाता है।

6

उपाधि और अध्यापन!

रूस का जाना रुक गया और अभी स्वदेश भी नहीं लौट सकते थे। इतनी सख्त बीमारी के बाद अपने लोगों को देखने की प्रवृत्ति स्वाभाविक होती है, किंतु अधूरा काम छोड़ना जयप्रकाश का स्वभाव नहीं था।

वह फिर विस्कौंसिन लौटते हैं और समाजशास्त्र का अध्ययन जारी हो जाता है। समाजशास्त्र में समाज के विकास का अध्ययन उन्हें बहुत ही पसंद है—समाज किस तरह संग्रथित होता है, किस तरह उसमें परिवर्तन होते जाते हैं, उन परिवर्तनों के क्या नियम हैं, आदि की खोज-ढूँढ़ उन्हें भौतिक विज्ञान के अनुसंधानों से भी ज्यादा दिलचस्प मालूम होती है।

विस्कौंसिन में एक ही टर्म पढ़ पाते हैं कि लैंडी ओहायो (Ohio) विश्वविद्यालय में स्थान पा जाता है और वहीं चला जाता है। जयप्रकाश भी विस्कौंसिन से ओहायो के लिए प्रस्थान कर देते हैं और अमेरिका का शेष जीवन वहीं व्यतीत करते हैं।

ओहायो की यूनिवर्सिटी भी उन्हें भाती है। वहाँ लैंडी तो गया ही है, वहाँ प्रोफेसर मिलर हैं, विकासवाद पर जिनके अनुसंधानों ने वैज्ञानिक जगत में धूम मचा दी है। जब वह अमेरिका से लौटेंगे, गर्व के साथ मिलर के शिष्य के रूप में अपने को पेश करेंगे। मिलर से पढ़ना मात्र ही जैसे ज्ञान अनुसंधान का प्रमाणपत्र हो! प्रोफेसर लुमाले के भी वह बड़े प्रिय शिष्य थे।

ओहायो में आकर ही जयप्रकाश ने बी.ए. किया—ग्रेजुयट हुए। उन्होंने यूनिवर्सिटी में अच्छा स्थान भी प्राप्त किया, जिसके चलते उन्हें 30 डालर की स्कालरशिप मिली। इस स्कालरशिप के चलते जयप्रकाश को मजदूरी करने से फुर्सत मिल गई। फिर, एम. ए. में एक ही टर्म पढ़ सके थे कि वह सहायक प्रोफेसर बना दिए गए—आप एम. ए. में पढ़ते भी थे और इधर नीचे के वर्गों के विद्यार्थियों को पढ़ाते भी थे। इस अध्यापन-कार्य से 80 डालर प्रतिमास प्राप्त हो जाते हैं, जो उनके ऐसे मितव्ययी व्यक्ति के लिए अमेरिका में भी काफी हो जाता है। इस 80 डालर के बदले उन्हें हफ्ते में चार क्लास करने पड़ते थे।

यहाँ अमेरिकन यूनिवर्सिटियों की अध्ययन-प्रणाली पर भी दो-चार शब्द लिख देना आवश्यक है। अमेरिकन विश्वविद्यालयों में ग्रेजुयट होने के लिए चार साल लगते हैं, किंतु यदि लगातार पढ़ा जाए और परिश्रम किया जाए, तो ढाई साल में भी विद्यार्थी बी. ए. कर जा सकता है। ग्रेजुयट होने के लिए कुल मिलाकर कुछ खास नम्बर परीक्षा में लाना आवश्यक है। विद्यार्थियों के पास यूनिवर्सिटी के कार्ड होते हैं, हर टर्म में वह जितना नम्बर ला सकेगा, वे उसके कार्ड पर अंकित कर दिएँ जाएँगे। अगर बीच में, किसी कारण से, वह एक टर्म छोड़ भी दे, जैसा जयप्रकाश कमाने के लिए प्रायः करते थे, तो इससे कोई हानि नहीं। अगले टर्म में जो नम्बर प्राप्त किए जाते हैं, उन्हें कार्ड पर चढ़ा दिया जाता है। यदि बीच में एक यूनिवर्सिटी छोड़कर दूसरी यूनिवर्सिटी में चले गए, तो भी कोई हर्ज नहीं। वह कार्ड जायज समझा जाता है और नई यूनिवर्सिटी अपने यहाँ के नम्बर उस पर अंकित करती जाती है। पास करने के लिए वहाँ सैकड़े पचहत्तर नम्बर लाना आवश्यक है। एक विशेषता यह है कि साइंसवालों को भी कुछ आर्ट्स के पर्चे लेने होते हैं और आर्ट्सवालों को भी कुछ साइंस के पर्चे। इससे साइंसवाले थोड़ा अतिरिक्त परिश्रम अपने ऊपर उठाकर आर्ट्स में चले जा सकते हैं और आर्ट्सवाले साइंस में। इसलिए जयप्रकाश ने अब साइंस छोड़कर आर्ट्स लिया, तो उन्हें ज्यादा तरद्दुद नहीं करनी पड़ी। नए-नए विषयों को लेना और बदलते रहना जयप्रकाश का स्वभाव भी था। वह अपने समय का पूरा उपयोग करना चाहते थे, फलतः नए-नए विषयों को लेकर उनका ज्ञान प्राप्त करना अपना स्वभाव-सा बना रखा था।

ओहायो से ही जयप्रकाश ने एम. ए. किया—एम. ए. की थिसिस उन्होंने प्रोफेसर लुमले के संरक्षण में तैयार की थी। उनकी थिसिस का विषय था—Social variation. डारविन ने अपने विकासवाद में बताया था कि किस तरह जीवों में नई-नई किस्म की नस्लें बनती हैं और उनमें से कुछ तो बच पातीं, बाकी परिस्थिति प्रतिकूल होने के कारण नष्ट हो जाती हैं। डारविन के इसी सिद्धांत को समाज पर लागू करने का श्रेय है येल-यूनिवर्सिटी के प्रोफेसर केलर को। जयप्रकाश ने अपनी इस थिसिस में केलर के सिद्धांत को विकसित किया था और बताया था कि क्यों और किस तरह समाज में नए-नए रीति-रिवाज आदि पैदा होते और उनमें से कुछ बच जाते, बाकी नष्ट हो जाते हैं। उनकी यह थिसिस उस साल की उस विषय की यूनिवर्सिटी की सर्वश्रेष्ठ थी और इसके लिए जयप्रकाश की बड़ी प्रशंसा हुई थी।

विज्ञान और समाजशास्त्र के अध्ययन के सिलसिले में जयप्रकाश ने अन्य कितने ही विषयों का गम्भीर अध्ययन किया। गणित उनका प्यारा विषय रहा है; गणित की ऊँची-से-ऊँची पढ़ाई में वह शामिल होते रहे। 'हायर कलकुलस' (Higher Calculas) के अलावा वे 'गणित की सम्भावनाएँ' (Mathematical Probabilities) और 'व्यापारिक भविष्यवाणी' (Business Forecast) के शास्त्रों का भी अध्ययन करते हैं। जब विज्ञान छोड़ा, तब भी उन्होंने गणित का परित्याग नहीं किया। कीटाणुशास्त्र (Bacteriology) का उस समय का बिलकुल नया शास्त्र था, जयप्रकाश ने इसके अध्ययन में भी अपना काफी समय लगाया। अर्थशास्त्र, मनोविज्ञान, इतिहास, शरीर-विज्ञान, मानववंश शास्त्र (Anthropology), अंक-तालिका-शास्त्र (Statistics) आदि में भी जयप्रकाश ने काफी समय लगाया और उनमें व्युत्पन्नता प्राप्त की। आज क्या यह मजे में नहीं कहा जा सकता है कि भारतीय नेताओं में ऐसा कोई नहीं है, जिसने उनकी तरह विविध शास्त्रों का बाजाप्ता अध्ययन किया हो और फलतः उनकी तरह बहुज्ञ हो? यह जयप्रकाश की विनयशीलता है कि वह अपनी विद्या को अपने निकटतम व्यक्तियों से छुपाए रहते हैं। यही नहीं, अमेरिका के अपने जीवन में पाखाना साफ करने से लेकर प्रोफेसरी तक की भिन्न-भिन्न जीविकाओं का जो अनुभव उन्होंने प्राप्त किया, इसको भी वह अपने अध्ययन का एक बहुत बड़ा जबर्दस्त हिस्सा मानते हैं, किंतु इन बातों को भी वह इस तरह छुपाए रहते हैं, जिससे मालूम होता है, अमेरिका का उनका अध्ययन साधारण विद्यार्थियों का अध्ययन रहा है। यह तो मजे में कहा जा सकता है कि श्रमिक जीवन के ये खट्टे-मीठे अनुभव नहीं होते, तो आप जयप्रकाश को किसी यूनिवर्सिटी के किसी विभाग का 'हेड' देख सकते थे, भारतीय राजनीति में भी किसी उज्ज्वलतम पद पर उन्हें पा सकते थे, किंतु, आज जो

जयप्रकाश जनता के नेता हैं, गरीबों के नेता हैं, किसानों के नेता हैं, मजदूरों के नेता हैं—उस जयप्रकाश को हम-आप नहीं देख सकते, पा नहीं सकते थे !

एम. ए. करने के बाद जयप्रकाश पी-एच. डी. की तैयारी करते हैं । बस अब एक-सवा वर्ष की देर है । वह सोचते हैं, इस अर्से में पी-एच. डी. करके वह अपनी जन्मभूमि के लिए प्रस्थान कर देंगे । किंतु, शायद उनकी एक अभिलाषा को अपूर्ण रखा जाना ही नियति ने तय कर रखा था । उन्हें अचानक खबर मिलती है, उनकी माँ बीमार हैं ! माँ—फूलरानी ! बीमार हैं, मृत्युशय्या पर हैं । मृत्युशय्या पर—मृत्युशय्या क्या चीज है, वह देख चुके हैं; उस समय की भावनाओं का अनुभव कर चुके हैं । फूलरानी अपने 'बउल' के लिए उस शय्या पर किस तरह बेचैन होंगी, वह महसूस करते हैं । उन्होंने जो खत लिखा है, उससे माँ के हृदय की व्यथा का अंदाजा लगाया जा सकता है । वह व्यथा उनके हृदय को मथ देती है; व्याकुल कर देती है और वह तय कर लेते हैं, जहन्नुम में जाए यह पी-एच. डी.; डाक्टर न कहलाए, क्या बिगड़ गया ? वह अपनी माँ के दर्शन उनकी मृत्युशय्या पर जरूर करेंगे, करके रहेंगे ।

7
सलाम, चचा शाम !

माँ बीमार हैं, घर लौटना है । किंतु लौटा जाए कैसे ? क्या इसके लिए घर से पैसे मँगाए जाएँ ? इतने पैसे आएँगे कहाँ से ? इन पैसों के चलते क्या माँ की दवादारू में कमी नहीं हो जाएगी ? तब ? फिर, वही मजदूरी की धुन । ओहायो के विश्वविद्यालय को सलाम किया जाता है; प्रोफेसरों को सलाम किया जाता है, मित्रों को सलाम किया जाता है और 'चचा शाम' को आखिरी सलाम देने के खयाल से न्यूयार्क के लिए प्रस्थान कर दिया जाता है ।

न्यूयार्क—अमेरिका की राजधानी ! संसार की सर्वोत्तम और सर्वश्रेष्ठ ऐश्वर्यशाली नगरी ! जहाँ यथार्थ में गगनचुम्बी इमारतें हैं, जैसी ऊँची इमारतें संसार में बनी नहीं ।

इसी न्यूयार्क में जयप्रकाश के प्यारे सखा रेड्डी पहले से जमे हुए थे और सुगंधियों का व्यापार कर रहे थे । भोलादत्त पंत भी थे । यहाँ आकर जयप्रकाश ने होटल और कारखाने में काम करना शुरू किया । कारखानों में पैसे अधिक मिलते; होटलों में पैसों के अलावा खाने को मिल जाता । न्यूयार्क के होटलों की विलासिता, निर्लज्जता और नग्नता के दृश्य जयप्रकाश के हृदय पर पूँजीवादी सभ्यता के खिलाफ आखिरी लकीर खींच देती हैं । आह ! जहाँ आदमी कुत्तों-सा निरीह जीव समझा जाता है—जिसके सामने नग्न वासना के विविध दर्शन करते ये विलासिता के पुतले लज्जा का भी अनुभव नहीं करते !

कारखाने और होटल से जब कभी फुर्सत मिलती है, रौक्फेलर के बनाए इंटरनेशनल हाउस में मित्रमंडली जुटती है और दो घड़ी का मनबहलाव हो जाता है । एक दिन शाम का वक्त । जयप्रकाश इंटरनेशनल हाउस में आकर एक बेंच पर बैठ गए । सामने समुद्र लहरा रहा है; जिसके पानी को जहाजों की रोशनी जगमग बना रही है । उसके पीछे न्यूयार्क का परीस्तान है, जहाँ का शोर उसके कानों में आकर टकरा रहा है । उसके कान शोर सुन रहे हैं, उसकी आँखें झिलमिल तरंगों को देख रही हैं । किंतु , उसका मन कहीं और है । कहाँ ? —सात समुद्र पार, किसी घोर देहात के खपरैल के भीतर, जहाँ खाट पर पड़ी उसकी माँ 'बउल' 'बउल' कह रही होंगी । वह क्या करे ? जल्द पैसे पूरे हो नहीं रहे । उसका शरीर जितनी मेहनत कर सकता है, वह कर रहा है । किंतु क्या सदा श्रम के अनुपात में ही पारिश्रमिक मिलता है ?

"हलो, नारायण !"—पीछे से पीठ पर लगी एक हल्की धौल के अहसास के साथ वह यह शब्द सुनता है । मुड़कर देखता है, उसका पुराना मराठा साथी औरंगाबादकर है ! "अच्छा, तुम"—जयप्रकाश के मुँह से

निकलता है कि औरंगाबादकर जैसे चिढ़कर कहता है? –"तुम? और तुम थे कहाँ हजरत? मैं तलाश करते-करते थक गया! सोचा था तुम्हारे साथ ही देश को लौटेंगे—अपनी मोटर भी लिए चलेंगे और यूरोप से मोटर द्वारा ही सैर-सपाटा करते हिंदोस्तान पहुँचेंगे। तुमने तो सब गुड़गोबर कर दिया! खैर, बताओ, देश चलते हो न?"

"जाने की खाहिश तो है, लेकिन थोड़े दिनों बाद?"

"रहने दो, रहने दो; मैं समझ गया! तुम्हारे पास पैसे नहीं हैं, यही न? जानता हूँ, तुम छिपाओगे! लेकिन, मैं मानूँगा नहीं। कल ही के जहाज से चलना है और इंगलैंड तक का खर्च मेरा रहा।"

अभी-अभी देखिए, यह भारतीय नौजवानों की मंडली जुटी है! मराठे हैं, मद्रासी हैं; पंजाबी हैं, युक्तप्रांती हैं—और बीच में यह एक बिहारी है! इसी बिहारी की बिदाई के लिए तो तुरत-तुरत यह समारोह एकत्र हुआ है। यह सबका प्यारा साथी रहा है; सबने इसे स्नेह दिया है, श्रद्धा दी है! हाँ, श्रद्धा भी! जिसने अमेरिका के इस जीवनमय, यौवनमय वातावरण में सात सालों तक रहकर भी न शराब छूई, न सिगरेट छूआ; जिसका चरित सदा शरद की गंगा की तरह निर्मल, पवित्र रहा है; जिसने अमेरिकन विद्यार्थियों और प्रोफेसरों के हृदयों पर भारतीय प्रतिभा का सिक्का जमाया—वह उनका श्रद्धाभाजन क्यों न हो? आज वह जा रहा है। उसका अभाव वे किस तरह कितना अनुभव करेंगे! सबके हृदय में एक उदासी-सी छाई है, किंतु, सभी हँस-हँसकर बिदा कर रहे हैं! जाओ दोस्त, जाओ! सुख से जाओ, आनंद से जाओ और अपने देश को, समाज को, परिवार को अपनी उपस्थिति, योग्यता और सेवा से कृतकृत्य करो!

"लेकिन, नारायण, चलते-चलते तुम्हें एक काम तो करना ही होगा!" भोला पंत ने यह बोलते हुए अपना सिगरेट केस निकाला और उसमें से एक सिगरेट जयप्रकाश को देते हुए कहा—"लो, आखिरी बार हम लोगों के नाम पर जरा धुआँ भी तो उड़ा लो।" और जब सिगरेट जला, तो फरमाइश हुई—"अच्छा, जरा 'रिंग' तो बनाओ।" और वह देखिए, जयप्रकाश के होंठों से धुएँ का वृत्त निकलकर हवा में फैलता बढ़ता जा रहा है और मित्रों की तालियों की गड़गड़ाहट से वातावरण विक्षुब्ध बन रहा है।

1922 के अक्टूबर में, सिर्फ 20 वर्ष की उम्र में जिस नौजवान ने अमेरिका की सरजमीन पर पैर रखा था, वह सितम्बर 1929 में उसकी तटभूमि को नमस्कार कर स्वदेश के लिए चल देता है। अब वह 27 वर्ष का प्रौढ़ युवक है। उसने नए ज्ञान प्राप्त किए हैं, नए-नए अनुभव प्राप्त किए हैं। जब वह आया था, कच्चा नौसिखुआ जवान था, अब वह प्रौढ़ परिपक्व विद्वान होकर लौट रहा है। अमेरिका का अहसान वह कभी भूल नहीं सकता। इस भूमि ने उसे जो कुछ दिया है, उसे ही सम्बल बनाकर उसे अपनी जीवनयात्रा पूरी करनी होगी। अमेरिका को 'चचा शाम' कहकर पुकारा जाता है—लम्बे, अधेड़ किंतु तने हुए, चुक्की दाढ़ीवाले, वात्सल्य से सने चचा के रूप में अमेरिका को चित्रित किया जाता है। चचा शाम ने सचमुच वात्सल्यपूर्ण प्रेमल चचा का व्यवहार जयप्रकाश से किया है! वह मन-ही-मन हजारों बार अपने 'चचा शाम' को सलाम करता पल-क्षण उससे दूर होता जा रहा है!

अमेरिका से यह जहाज इंग्लैंड आया। इंग्लैंड आकर औरंगाबादकर तो देश को रवाना हो गए, किंतु, जयप्रकाश ने वहीं ठहरकर घर को रुपए भेजने के लिए खबर की। रुपए आने में 28 दिन की देर हुई। इन 28 दिनों में जयप्रकाश ने लंदन को देखने-समझने की कोशिश की—हाँ, बीच में एक बार, रुपयों के अभाव के बावजूद, औक्सफोर्ड देखने का लोभ वह संवरण नहीं कर सके। औक्सफोर्ड में उन्हें सर राधाकृष्णन् से मिलना भी था, जो उस समय वहाँ भारतीय दर्शन के प्रोफेसर थे। 1914-18 के महायुद्ध के बाद, संसार में सद्भाव और शांति की स्थापना के लिए एक संस्था कायम करने का विचार उस समय हो रहा था, जिसके द्वारा योग्य नौजवानों को नैतिक नेतृत्व की नींव डालने के लिए सुरक्षित कर उन्हें देश-देश में भेजा जाए। जयप्रकाश इस संस्था में सम्मिलित होना चाहते थे और इसके लिए उन्होंने अमेरिका से ही एक खत सर राधाकृष्णन् के पास भेजा था, जो उस संस्था के प्रवर्तकों में से ही थे। इस भेंट के बाद जयप्रकाश को पता चल गया कि इस संस्था का भविष्य

क्या है—फलतः वह स्वदेश को ही कर्मक्षेत्र बनाने का निश्चय करके इंग्लैंड से चल पड़े।

घर से जो पैसे आए, उससे थर्ड क्लास का टिकट कटाकर, वह एक औस्ट्रेलियन जहाज से भारत के लिए रवाना हुए। थर्ड क्लास की यात्रा की तकलीफें अब उनके लिए असहनीय नहीं रह गई थीं। सात साल की अमेरिकन जिंदगी में जो-जो भुगत चुके थे, उसे देखते, ये तकलीफें तो आराम ही-सी लगती थीं। यह औस्ट्रेलियन जहाज कोलम्बो होकर अपने देश को जाता था। जयप्रकाश कोलम्बो में उससे उतर गए और फिर दूसरे जहाज से कलकत्ता के लिए चल पड़े। कोलम्बो से मद्रास और मद्रास से कलकत्ता!

और, कलकत्ता से पटना! वही पटना, जिसे सात साल पहले छोड़ा था! इन सात वर्षों में दोनों तरफ तब्दीलियाँ हुई हैं। पटना की सूरत-शक्ल बदल गई है; जयप्रकाश की सूरत-शक्ल भी पुरानी नहीं है! पुराने पटना में फिर से जवानी की अँगड़ाई दीख पड़ती है; जवान जयप्रकाश में प्रौढ़ता के लक्षण फूटे पड़ते हैं! दोनों एक-दूसरे को देखते हैं, ललचते हैं, लपकते हैं! दोनों कुछ निर्णय कर लेते हैं—किंतु, अभी गंगा में कुछ और पानी बह जाना है!

पटना से सिताब-दियारा—'जन्मभूमि मम पुरी सुहावनि'। वही स्वच्छ, नील आकाश; वही हरीभरी भूमि! भूमि पर कहीं-कहीं कास, आकाश में यत्र-तत्र शुभ्र बादल। फूस और खपरैलोंवाला यह गाँव—परिचित चेहरे, परिचित घर—जिन्हें सात वर्ष के प्रवास ने तब्दीलियाँ लाकर और मनोरम बना रखा है। किंतु जयप्रकाश को इन्हें देखने की फुर्सत कहाँ? वह बेतहासा दौड़ते हैं अपनी माँ की शय्या की ओर! और, यह माँ-बेटा मिल रहे हैं! माँ-बेटे का यह मिलन! कौशल्या ने चौदह वर्ष के बनवास के बाद अपने 'रामू' को पाया—फूलरानी ने सात वर्ष के प्रवास के बाद अपने 'बउल' को पाया! कहाँ अधिक आँसू बहे? किस ओर से अधिक आँसू बहे? साक्षिणी सरयू!—इतिहास एक दिन तुम्हीं से पूछेगा; जरा सावधानी से देख रखो।

तीसरा अध्याय : भारत के राजनीतिक मंच पर

1

स्वराज्य-भवन में

जयप्रकाश हिंदोस्तान लौटकर देखते हैं जिस हिंदोस्तान को छोड़कर वह गए थे, वह हिंदोस्तान; अब नहीं रहा। इन सात सालों ने उसकी पूरी कायापलट कर रखी है।

यह नया हिंदोस्तान—यौवन और जीवन का हिंदोस्तान; उत्साह और उमंग का हिदोस्तान; उत्सर्ग और बलिदान का हिंदोस्तान!

हिंदोस्तान के कोने-कोने में जवानी, जैसे, अँगड़ाई ले रही है। जगह-जगह नौजवानों की सभाएँ कायम हो रही हैं। तरुणों के जयघोष ने देश के वायुमंडल में विद्युत का संचार कर रखा है। नई भावना, नए आदर्श से प्रेरित हो वे अपने को बलिदान करने के लिए, जैसे, पागल-से दिखाई पड़ रहे हैं। उनके इस जोश ने बुड्ढों की हड्डियों के खून को भी गरमा दिया है। अब कहीं निराशा का नाम नहीं है। मर्दानगी ने मुर्दानगी पर विजय प्राप्त कर ली है।

इसकी एक झलक जयप्रकाश को अपने घर में आते ही देखने को मिल जाती है।

उनके आने के थोड़े दिनों के बाद ही मुंगेर में प्रांतीय राजनीतिक सम्मेलन हुआ। सम्मेलन बड़े धूमधाम से किया गया। सम्मेलन के सभापति श्री राजेंद्र बाबू थे। सरदार पटेल भी उसमें पधारे थे—बारदोली की

विजय ने जिनके व्यक्तित्व को बाँसों उछाल दिया था। उस सम्मेलन में प्रांत की तरुण शक्ति से इन बड़े-बूढ़ों की मुठभेड़-सी हो गई। पूर्ण स्वतंत्रता बनाम औपनिवेशिक स्वराज्य—यह उस समय का अहम सवाल था। नौजवानों ने पूर्ण स्वतंत्रता का प्रस्ताव किया; नेताओं ने उसका विरोध किया। प्रांत के सभी नेताओं के अतिरिक्त सरदार पटेल ने भी उस प्रस्ताव के खिलाफ व्याख्यान किया। स्वामी सहजानंद सरस्वती और पं. प्रजापति मिश्र (जो युवक-सम्मेलन के सभापति चुने गए थे) ने उन नेताओं का साथ देकर एक अजीब परिस्थिति पैदा कर दी। उस समय व्याख्यानमंच की शोभा देखने ही लायक थी। एक तरफ से बड़े-बड़े नेता आते और अपनी सारी गम्भीरता के साथ नौजवानों को समझाते, डाँटते, चेतावनी देते ! दूसरी तरफ से नौजवान कार्यकर्ता शब्दों में अपने सारे जोशखरोश भरकर जनता पर उड़ेलने की कोशिश करते। कई घंटों तक विवाद चला, अंत में जब वोट लिए गए—नेता हार चुके थे, नौजवानों की जीत हो चुकी थी !

इस जीत ने जयप्रकाश पर क्या असर किया होगा, आप कल्पना कर सकते हैं ! जयप्रकाश—जो वहाँ आकर अलग-अलग से दो शक्तियों की इस जोर आजमाइश को देख रहे, तौल रहे थे !

किंतु, जयप्रकाश के निर्णय के लिए इतना ही काफी नहीं है।

मुंगेर से लौटने के बाद वह वर्धा जाते हैं, जहाँ उन दिनों, गाँधीजी थे। प्रभावतीजी ने सात साल तक गाँधीजी के साथ रहकर अपने लिए 'बापू की बेटी' का जो रुतबा हासिल कर लिया था, उसका तकाजा था कि हिंदोस्तान में आने के बाद तुरत-से-तुरत जयप्रकाश गाँधीजी की सेवा में उपस्थित हों। सिर्फ इस व्यक्तिगत संबंध के कारण से ही नहीं, अपने को किसी काम में लगाने के पहले वह देश के इस सर्वश्रेष्ठ पुरुष के चरणों में अपनी श्रद्धांजलि अर्पित करना भी आवश्यक समझते थे। गाँधीजी ने जिस वात्सल्य और प्रेम से उनका स्वागत किया, वह आश्चर्यचकित रह गए। जिसके जीवन का एक-एक क्षण अमूल्य है, वह अपने आदमियों की छोटी-छोटी सहूलियतों की निगरानी के लिए भी यों समय निकाल पाता है, यह सचसुच अद्‌भुत है, अनुपम है !

वर्धा से गाँधीजी के साथ लाहौर !—जहाँ पं. जवाहरलाल नेहरू के सभापतित्व में कांग्रेस होने जा रही थी।

लाहौर के रावी-तट पर के वे दृश्य ! सबकुछ सपने-से लगते हैं, सपने-से। लाख-लाख नरनारियों के वे झुंड-पर-झुंड ! उनके चेहरों से फूटती हुई बलिभावना की वे चकाचौंध करनेवाली किरणें ! उनके मुँह से निकलनेवाले 'इंकलाब जिंदाबाद' के वे गगनभेदी नारे ! सबके हाथ उठे हुए, सबकी छातियाँ फूली हुईं। किसी के पैर जमीन पर नहीं—मानो जजबात की लहरों पर सभी बहे चले जा रहे हैं। धूल-धूल से अग्निकण चिटखते दीखते हैं। ओहो, यह नया हिंदोस्तान है, जवान हिंदोस्तान है ! इस हिंदोस्तान से अपने को कौन जवान अलग रख सकता है ? यह उमंग संक्रामक है, लगके रहेगी !

और, 31 दिसम्बर की वह आधी रात—जब जवाहरलाल ने भारत की पूर्ण स्वतंत्रता की घोषणा की और उस घोषणा के साथ ही आजाद हिंदोस्तान की राष्ट्रीय पताका की तरह तिरंगा नीले आसमान में लहरा उठा ! लाख-लाख कंठ एक बार चिल्ला उठे—स्वतंत्र भारत की जय ! इंकलाब जिंदाबाद ! फिर इस चिल्लाहट के बीच ही जवानों ने बढ़कर जवाहरलाल को कंधों पर ले लिया और तब से भोर तक उस रावी-तट पर उत्साह, उमंग, जोशखरोस के जो दृश्य देखे गए, क्या उनका वर्णन भी सम्भव है ? देश की जवानी और जवानी के भीतर छिपी हुई कुर्बानी के उन नज्जारों को जिसने नहीं देखा, उसने भारत के इतिहास के एक जगमगाते पन्ने को नहीं देखा !

और, इन दृश्यों को देख लेने के बाद क्या जयप्रकाश के लिए कुछ निर्णय कर लेने में कठिनाई हो सकती थी ?

वह अमेरिका से सोचकर चले थे, पहले वह हिंदू-यूनिवर्सिटी में समाजशास्त्र का विभाग खोलने की चेष्टा करेंगे। समाजशास्त्र की पढ़ाई सिर्फ दो ही देशों में होती है—अमेरिका और रूस में। क्यों न हिंदोस्तान में भी उसका अध्ययन-अध्यापन प्रारम्भ हो ? हिंदू-यूनिवर्सिटी ही ऐसी संस्था है, जो इसे कर सकती है। जब महात्माजी ने उनसे पूछा था—अब हिंदोस्तान में क्या करना चाहते हो, तो उन्होंने उनसे यही कहा था।

जयप्रकाश के पास उस विभाग के लिए एक योजना भी तैयार थी जिसके अनुसार पचास हजार के प्रारम्भिक खर्च के बाद वह विभाग स्वावलम्बी हो जाता।

गाँधीजी ने वचन दिया था कि मालवीयजी से कहकर वह प्रबंध करा देंगे। किंतु यहाँ आने पर अब वह कुछ दूसरी ही दिशा में सोचने लगे हैं। जब देश क्रांति के लिए यों अँगड़ाइयाँ ले रहा है—तब क्यों वह यूनिवर्सिटी की कुर्सियों को तोड़ते और पुस्तकों को चाटते, चटवाते रहेंगे? गाँधीजी ने उनकी भेंट जवाहरलाल से करा दी है। पहली भेंट में ही वह जवाहरलाल की ओर खिंचे हैं और जवाहरलाल उनकी ओर! कांग्रेस समाप्त होते-होते जब जवाहरलालजी कहते हैं—छोड़ो यूनिवर्सिटी का यह चक्कर; ए. आई. सी. सी. के दफ्तर में चलो और उसके मजदूर-खोज-विभाग का भार सम्हालो; तो वह नाहीं नहीं कह पाते हैं।

यह इलाहाबाद, यह स्वराज्य-भवन। और, यह कांग्रेस का मजदूर-खोज-विभाग। पहले इसके इंचार्ज थे, मिर्जा बाकर अली। मिर्जा साहब की योग्यता का क्या कहना? किंतु, वह किसी विभाग का प्रारम्भिक संगठन और संचालन करने की वैसी क्षमता नहीं रखते थे। फलतः जयप्रकाश को शुरू से ही सब बातों का श्रीगणेश करना पड़ता है। वह नियमित रूप से अपने दफ्तर जाते हैं और डटकर परिश्रम करते हैं। कागज-पत्र सम्हाले जा रहे हैं; पुस्तकों और पत्रपत्रिकाओं का सिलसिला दुरुस्त किया जाता है; सूचियाँ बन रही हैं, तालिकाएँ बन रही हैं, प्रश्नावलियाँ बन रही हैं। उनके काम से जवाहरलालजी अत्यंत प्रसन्न हैं। जवाहरलालजी से घनिष्टता बढ़ती जाती है, और धीरे-धीरे यह घनिष्ठता भाईचारे में बदल जाती है। स्वराज्य-भवन से आनंद-भवन में प्रवेश होता है। अब जवाहरलालजी उनके 'भाई' हैं, कमलाजी उनकी 'भाभी'। प्रभावतीजी भी आ गई हैं; उनके आने से पारिवारिक जीवन का आनंद जिंदगी में पहली बार जयप्रकाश अनुभव करने लगे हैं। प्रभावतीजी के कारण आनंद-भवन के भाईचारे में और भी वृद्धि होती है।

थोड़े दिनों में ही स्वराज्य-भवन में जयप्रकाश की योग्यता की धाक जम जाती है। जवाहरलालजी को तो जैसे दाहिना हाथ मिल गया। वह जयप्रकाश के काम से इतना संतुष्ट हैं कि जब कांग्रेस के स्थायी मंत्री श्री राजाराव की जगह खाली होती है, जयप्रकाश की नियुक्ति उस पद पर कर देते हैं। इतने दिनों तक विदेश में रहने के बाद देश में आने के छः महीने के अंदर ही कांग्रेस का स्थायी मंत्री बना दिया जाना जयप्रकाश ऐसे असाधारण प्रतिभाशील युवक के लिए ही सम्भव था।

2

तीस का तूफान, बत्तीस की आँधी

स्वराज्य-भवन में आते ही जयप्रकाश उस उमस का अनुभव करने लगे, जो आसन्न भविष्य में आँधी आने की सूचना दे रही थी। 26 जनवरी को देश-भर में पहली बार स्वतंत्रता-दिवस मनाया गया, पूरी आजादी की प्रतिज्ञा ली गई। इस दिवस के मनाने से देश में एक अजीब उत्साह का संचार हुआ। 26 जनवरी, रविवार, 1930 में पढ़ा गया वह प्रतिज्ञापत्र आज भी भारतीयों के जन्मसिद्ध अधिकारों की माँग का एक पवित्र दस्तावेज है। आज जिसे हम 'भारत छोड़ो' कहते हैं, वह बीज-रूप में उसी दिन कहा जा चुका था। अँगरेजों को अपनी राजनीतिक, आर्थिक और नैतिक अवनति के लिए जिम्मेवार ठहराते हुए हमने उसी दिन उनसे कह दिया था—हम तुम्हारे अंदर अब रह नहीं सकते, हम पूरी आजादी लेकर ही दम लेंगे; तुम्हें भारत छोड़ना ही पड़ेगा!

भारतीय जनता द्वारा प्रदर्शित 26 जनवरी के उत्साह ने नेताओं में भी उत्साह भर दिया। अब सोचा जाने लगा, आगे किस कदर कदम बढ़ाया जाए? गाँधीजी ने सत्याग्रह का सुझाव रखा, जिसे लोगों ने पूरे जोशखरोस से स्वीकार किया; किंतु, सत्याग्रह के लिए नमक को जो उन्होंने प्रमुख साधन बनाया, पहले लोगों की समझ में

यह बात नहीं आ पाती थी। नमक धनी-गरीब सबके भोजन का एक आवश्यक उपादान है, यह माना। उस पर कोई टैक्स नहीं लगना चाहिए, यह भी ठीक। किंतु इसके विरोध में गाँव-गाँव नमक बनाकर या समुद्र किनारे के नमक को उठाकर उस कानून को तोड़ने से हम स्वराज्य के निकट पहुँच जाएँगे—यह कल्पना करना सबके लिए आसान भी नहीं था! किंतु, गाँधीजी की जादूगरी पर तो लोगों का विश्वास था ही। अतः चारों तरफ नमक-सत्याग्रह की चर्चाएँ और तैयारियाँ होने लगीं।

गाँधीजी सत्याग्रह आश्रम, साबरमती से 12 मार्च को डांडी नामक स्थान को प्रस्थान करनेवाले थे, जहाँ वह नमक-सत्याग्रह करते। 6 अप्रैल, राष्ट्रीय सप्ताह के प्रारम्भ से यह सत्याग्रह शुरू होनेवाला था। गाँधीजी की इस डांडी-यात्रा ने ही देश में एक अजीब उत्साह पैदा कर दिया। फिर 1921 की क्रांतिकारी परिस्थिति के लक्षण दिखाई पड़ने लगे। एक महीने के अंदर फिर समूचा हिंदोस्तान आग का एक धधकता हुआ शोला था! जो चीज नमक-सत्याग्रह ऐसे तुच्छ उत्पादन को लेकर शुरू हुई, वह थोड़े दिनों के अंदर ही गाँव-गाँव, नगर-नगर, गली-गली में अँगरेजी राज्य को चुनौती देने लगी। गोलियाँ चलने लगीं, लाठियाँ बरसने लगीं, जेल आबाद होने लगे, जब्तियों और कुर्कियों की भरमार हुई। किंतु, इन दमनों के दबाव से क्रांतिकारी चेतना और उभड़ती ही गई। कानून तोड़े जा रहे हैं, जुलूस निकल रहे हैं, पिकेटिंग हो रही है, कर-बंदियाँ शुरू हो गईं! हाकिम परेशान, अमले परेशान, पुलिस परेशान! कांग्रेस गैर-कानूनी संस्था करार दी गई, फिर भी उसके जल्से हो रहे हैं, दफ्तर चल रहे हैं, पर्चे निकल रहे हैं, डाक आ-जा रही है! जवानों की क्या बात,—बूढ़ों ने, बच्चों ने, स्त्रियों ने उस साहस का प्रदर्शन किया कि अँगरेजी सरकार का पाया डोल गया!

अँगरेजी राज्य के इतिहास में पहली बार सरकार को झुकना पड़ा। लौर्ड इरविन ने गाँधीजी को आमंत्रित कर उनसे समझौता किया। राजबंदी छूटे, कांग्रेस पर से प्रतिबंध हटा, कराँची-कांग्रेस हुई, गाँधीजी गोलमेज सम्मेलन में शामिल होने को विलायत रवाना हुए!

स्वराज्य-भवन से जयप्रकाश भारतीय गगन पर बादल का यह उमड़ना-घुमड़ना देखते रहे। उनके हृदय में भी कुछ ऐसे ही बादल उमड़-घुमड़ रहे थे। किंतु, अरे, यह क्या हुआ? जिसे मातृ-स्नेह ने उन्हें पी-एच. डी. की उपाधि लेने से वंचित किया, वही उन्हें इस विशाल क्रांतियज्ञ में सम्मिलित होने के सौभाग्य से भी वंचित रखना चाह रहा है। खबर की गई, माताजी की तबीयत बहुत खराब हो चली है, अबकी बार वह, यथार्थतः, मृत्यु-शय्या पर हैं; शीघ्र आओ। जयप्रकाश स्वराज्य-भवन छोड़कर घर की ओर दौड़े और यहाँ पाया, सचमुच वह जीवन-यात्रा की आखिरी मंजिल पर जा पहुँची हैं। जब से जयप्रकाश अमेरिका गए, तभी से फूलरानी बीमार रहने लगी थीं। जयप्रकाश सोचने लगे, मेरे ही चलते यह बीमारी उनके पीछे पड़ी है—उनकी इस असामयिक मृत्यु का मैं ही कारण बनने जा रहा हूँ। इस अन्तर्व्यथा से अभिभूत अंतिम समय में जितना भी सम्भव था, उन्होंने माता की सेवा-शुश्रूषा की। किंतु फूलरानी अब इस शुश्रूषा से परे हो चुकी थीं। उन्हें सबसे बड़ा संतोष यही था कि मेरा 'बउल' मेरे इस अंतिम काल में मेरी मृत्यु के निकट है, मेरी आँखों के सामने है। और, अपने 'बउल' की तस्वीर ही अपनी आँखों में रखकर एक दिन उन्होंने सदा के लिए उन आँखों को बंद कर लिया!

साधक जयप्रकाश, वैज्ञानिक जयप्रकाश, समाजशास्त्री जयप्रकाश आज बच्चों-सा रो रहा है! उसका गला रुँध रहा है, उसकी आँखें सूज रही हैं और वह रोए जा रहा है! कौन उसे समझाए, क्या कहकर समझाए? आँसुओं के प्रवाह में जैसे सारे ज्ञान-ध्यान बह गए, दह गए! आज वह सिर्फ मानव जयप्रकाश है! मानव जयप्रकाश, मातृ-वंचित पुत्र जयप्रकाश! इस विह्वलता में भी वह महान है; अश्रुभिषिक्त इस करुणामूर्त्ति को देखकर किसकी आँखें न गीली पड़ जाएँगी, किसका सिर न अवनत हो रहेगा!

और, मातृ-वियोग की यह असह्य व्यथा कम भी नहीं होने पाई थी कि पिता को लकवा मार गया। अब क्या किया जाए? पिताजी ही घर के संचालक थे, भरण-पोषण-कर्त्ता थे। नहर-विभाग से जो कमाते; उसी से घर का सारा काम-काज चलता। यों तो जयप्रकाश ने स्वावलम्बन की पद्धति से ही अमेरिका में शिक्षा प्राप्त की थी, किंतु जाने के समय, बीच में बीमारी के समय और आने के समय जो रुपए उन्हें दिए गए या भेजे गए, वे सबके

सब कर्ज ही से आए थे। कर्ज की यह रकम सूद के पंख पर ऊपर उड़ती जाती थी और मालूम होता था परिवार के आर्थिक जीवन के आकाश को यह बिलकुल आच्छन्न कर लेगी। पिताजी की बीमारी के खर्च, परिवार के संचालन और कर्ज के इस बोझ को उतारने के लिए क्या किया जाए—समझ में नहीं आ रहा था। इस अवसर पर जयप्रकाश ने महात्माजी के पास एक खत भेजकर अपनी सारी परिस्थिति उनके सामने रखी। गाँधीजी ने उन्हें पिताजी की सेवा-शुश्रूषा और घर के प्रबंध की ओर ही सर्वप्रथम ध्यान देने का आदेश दिया—यही नहीं, उन्होंने श्री बिड़लाजी को लिखा कि जयप्रकाश को वह कोई काम दें। उनके पिलानी-कालेज में यदि जयप्रकाश को जगह मिल जाए तो और भी अच्छा। किंतु सरकार यह कैसे गवारा कर सकती थी कि जयप्रकाश-ऐसे आग के शोले को वह किसी शिक्षण संस्था में घुसने का अवसर दे। फलतः बिड़लाजी के आग्रह पर वह उनके सेक्रेटरी का काम करने लगे।

यहीं जयप्रकाश ने भारतीय पूँजीवाद के रूप की झाँकी नजदीक से देखी। भारतीय पूँजीवाद—जो एक राष्ट्रीयता के नाम पर अपनी थैली खोलता है, दूसरी ओर उद्योग-धंधे के विकास के नाम पर बड़े-बड़े कारखाने खोल देश के पैसे-पैसे को चूसने के लिए मुँह बाए रहता है; जो एक ओर बड़ी-बड़ी घरेलू उद्योग के प्रोत्साहन के नाम पर खुद चक्की चलाता है, दूसरी ओर अपनी मशीनों की चक्की में मजदूरों को बेपनाह पीसता है; जो अहिंसा का पुजारी है, हिंसा का नाम सुनते ही काँप उठता है, किंतु लड़ाई के जमाने में बड़े-बड़े ठेके लेकर भीषण नर-संहार में हँसते-हँसते हाथ बँटाता है। जो हमेशा दो घोड़ों पर सवार है—दो नावों पर सवार है। जिसका एक पैर साबरमती या सेवाग्राम में रहता है, तो दूसरा पैर वाइसरीगल लौज या ह्वाइट हाउस में। जो दो-दो मालिकों को एकसाथ प्रसन्न रखना चाहता है; जो त्याग और भोग का एक ऐसा चोंचों का मुरब्बा बनाता है कि देखनेवाले दंग रह जाएँ। जिसकी दो पोशाकें हैं, जिसकी दो भाषाएँ हैं और जो यथार्थतः दो-जीभा है—काला साँप!

सिर्फ दो महीने जयप्रकाश ये अजीब दृश्य देख सके थे कि गाँधी-इरविन पैक्ट हुआ और, जैसा लिखा जा चुका है, फिर कांग्रेस कानूनी संस्था बनी, नेता जेलों से छूटे। जवाहर की बुलाहट पहुँची—फौरन आ जाओ। बिड़ला साहब—ऐसे योग्य व्यक्ति को अपने पास पाकर महा प्रसन्न थे, वह उन्हें छोड़ने को तैयार नहीं थे। काश, वह उस समय जान पाते कि जो एक आकस्मिक संकट में पड़कर अचानक उनके यहाँ आ जाने को बाध्य हुआ था, वही एक दिन उस पूरी पद्धति का ही महा शत्रु सिद्ध होगा, जिसका वह प्रतीक है, तब निश्चय ही वह उस दिन चिल्ला उठे होते—अरे, आस्तीन का साँप! किंतु, इतनी साफगोई भी भारतीय पूँजीवाद के पास कहाँ? वह दो-जीभा जो है!

स्वराज्य-भवन में आकर जयप्रकाश ने 1930 के इस अभूतपूर्व सत्याग्रह का इतिहास लिखा, जो आज भी स्वराज्य-भवन के कागज के पुलिंदों में होगा, यदि उसे दीमकों ने नहीं चाट लिया हो तो। जब कभी वह इतिहास प्रकाश में आ सकेगा, हम देख सकेंगे, आज का 'अगस्त क्रांति का हीरो' एक युग पहले के इस आंदोलन को किस नजर से देखता था।

इस इतिहास को तैयार करते समय भी जयप्रकाश के हृदय में यह बात काँटे की तरह खटकती थी कि देश में इतना बड़ा आंदोलन हुआ और वह उसमें कोई भी क्रियात्मक भाग नहीं ले सके। वह मन ही मन एक ग्लानि, एक पश्चात्ताप का भाव अनुभव करते। मानो, उनका यह पश्चात्ताप नियति सुन रही थी और मानो उन्हें मौका देने के लिए ही मंथरा की तरह उसने अँगरेजी साम्राज्यवाद की मति फेर दी, जिसने गाँधी-इरविन पैक्ट को हवा में फेंककर कांग्रेस को फिर लड़ने के लिए लाचार कर दिया।

गाँधी-इरविन-पैक्ट के अनुसार कांग्रेस की ओर से गोलमेज परिषद् में शामिल होने को विलायत जाने के समय ही महात्माजी ने कहा था—या तो वहाँ से स्वराज्य लेकर लौटूँगा, या भारत के तट पर पहुँचते ही अपने को फिर जेल में पाऊँगा। उनके कथन का यह दूसरा अंश सोलहो आने चरितार्थ हुआ। उधर वह विलायत गए, इधर लार्ड इरविन की जगह लार्ड विलिंग्डन नए वायसराय होकर आए। विलिंग्डन ने आते ही इरविन के सारे

किए-कराए को चौपट करना शुरू किया। देश के कई हिस्सों में गिरफ्तारियाँ शुरू हो गईं और जब गाँधीजी बम्बई लौटे तो उन्होंने पाया उनके दाएँ-बाएँ हाथ के रूप में, सरहदी गाँधी, खान अब्दुल गफ्फार खाँ और पंडित जवाहरलाल नेहरू—दोनों जेल के सींकचों के अंदर डाल दिए गए हैं।

गोलमेज-परिषद् सफल नहीं हो सकी थी। अब क्या किया जाए, इस पर विचार करने के लिए बम्बई में कांग्रेस वर्किंग कमेटी की बैठक होनेवाली थी। जवाहरलालजी उस बैठक में शामिल होने को स्वर्गीय श्री तसद्दुक अहमद शेरवानी के साथ बम्बई जा रहे थे। उन्हें ऐसी अफवाह सुनाई पड़ी थी कि शायद उनकी गिरफ्तारी का वारंट कट चुका है। इसलिए अपने साथ उन्होंने जयप्रकाश को भी ले लिया था। सारे कागज-पत्र उन्होंने जयप्रकाश ही के साथ रख छोड़े थे, जो उसी ट्रेन के दूसरे डब्बे में थे। नैनी पहुँचते ही जवाहरलालजी और शेरवानी साहब गिरफ्तार कर लिए गए और जयप्रकाश इन कागज-पत्रों के साथ बम्बई पहुँचे।

विलिंग्डन ने कांग्रेस को कुचलने की सारी तैयारियाँ कर रखी थीं। एक दर्जन आर्डिनेंस तैयार थे और किसी भी समय उनका वार कांग्रेस पर कर दिया जा सकता था। गाँधीजी ने उनसे मुलाकात करने की दरखास्त की, किंतु बड़े लाट साहब का दिमाग तो सातवें आसमान पर था। इधर कांग्रेस ने सत्याग्रह को स्थगित करने का पुराना प्रस्ताव उठाने का निर्णय किया उधर आर्डिनेंसों का हमला शुरू कर दिया गया। फिर कांग्रेस गैरकानूनी संस्था करार दी गई और एक सप्ताह के अंदर ही देश-भर के सभी प्रमुख नेताओं को पकड़कर जेलों में रख दिया गया एवं कांग्रेस-आफिसों को पुलिस के आरजी मुकामों में परिणत कर दिया गया। सर सैम्युएल होर भारतमंत्री थे, उन्होंने पार्लियामेंट में बड़े नाज-नखरे से कहा—कांग्रेस तो मर चुकी; अब कारवान चलता जाएगा, कुत्ते भूँकते रहें !

कांग्रेस मर चुकी !—हाँ, सचमुच कांग्रेस मर चुकी होती, यदि उसका मतलब सिर्फ कुछ नेताओं से होता। किंतु, कांग्रेस सिर्फ कुछ नेताओं का नाम नहीं है। वह तो भारतीय जनता की स्वतंत्रता की उस ज्वलंत आकांक्षा का नाम है, जिसे कुचला नहीं जा सकता, नष्ट नहीं किया जा सकता। और, भारतीय जनता के सौभाग्य से उस समय भी कुछ ऐसे नए कार्यकर्त्ता देश के कोने-कोने में फैले हुए थे, जो अपने नेताओं के अभाव में भी आजादी की इस लड़ाई को जारी रख सकते थे। इन नए कार्यकर्त्ताओं को संगठित करना, कार्यशील बनाना और फिर अगल-बगल के हमलों से अँगरेजी शेर की अँतड़ियाँ उधेड़ देना—यही काम था और इस काम को कौन अंजाम देता है, यही देशमाता की माँग थी, पुकार थी। हम जयप्रकाश को, यहीं, पहली बार, आगे बढ़ते देखते हैं।

साधक जयप्रकाश, वैज्ञानिक जयप्रकाश, समाजशास्त्री जयप्रकाश अब हमारे सामने कार्यशील क्रांतिकारी के रूप में प्रकट होता है !

3

कांग्रेस-ब्रेन एरेस्टेड !

यह है बम्बई शहर ! और, यह है गेटवे औफ इंडिया। और, यह है उसके सामने ताजमहल होटल—शानदार बम्बई का शानदार होटल ! सामने समुद्र लहरा रहा; इस होटल के अंदर न जाने कितनों की जिंदगी और जवानी लहरा रही।

बूढ़ी होने पर भी जो भारत की जिंदगी और जवानी का प्रतिनिधित्व करती हैं, वह भारत-कोकिला श्रीमती सरोजनी नायडू इसी होटल में ठहरी हुई हैं। नेताओं की गिरफ्तारियों के बाद वही कांग्रेस की स्थानापन्न अध्यक्षा हैं।

उनके नजदीक एक अच्छी खासी भीड़ है; तरह-तरह के लोग हैं वहाँ। टोपी, टोप; सूट, अचकन—सबका यहाँ सम्मेलन है। उसी समय वहाँ एक नौजवान पहुँचता है पूरी पारसी पोशाक में। वह ऊँची टोपी, वह पारसी कोट, वह ढीला पतलून? "ओहो, तुम··· ? और, यह हैं मेरे नौजवान पारसी दोस्त···" भारत-कोकिला इन शब्दों में उसका परिचय कराती हैं। वह नौजवान हँसता हुआ अभिवादन करके बैठ जाता है और तब तक बैठा रहता है, जब तक कि यह पूरी भीड़ छँट नहीं जाती।

पहचाना आपने? यह आपके जयप्रकाश हैं। जवाहरलालजी ने जो कागज-पत्र दिए थे, उन्हें सुरक्षित स्थान पर पहुँचाकर वह बम्बई से सीधे इलाहाबाद गए। वहाँ थोड़े ही दिन रह पाए कि उनकी पत्नी श्रीमती प्रभावती देवी श्री कमला नेहरू के साथ गिरफ्तार हो गईं। जयप्रकाश तब बम्बई लौटे और यहाँ आकर अब अखिल भारतीय कांग्रेस कमेटी का पुनर्गठन कर बड़े लाट साहब और भारतमंत्री दोनों को जवाब देने पर तुले हुए हैं। बम्बई में कांग्रेस का बाजाप्ता आफिस खुल चुका है, जिसके प्रधानमंत्री जयप्रकाश और लालजी मेहरोत्रा हैं, जो पीछे चलकर कराँची के मेयर चुने गए। श्री जाल नोरोजी, श्री अच्युत, श्री दीक्षित, श्री जौहरी का पूरा सहयोग भी इन्हें प्राप्त है।

बम्बई का यह अखिल भारतीय कांग्रेस आफिस अब प्रांतों के लिए सरकुलर पर सरकुलर जारी कर रहा है, आंदोलन के लिए नए-नए कार्यक्रम तैयार कर रहा है, एक नेता की गिरफ्तारी पर दूसरे नेता को कांग्रेस का अध्यक्ष मुकर्रर कर रहा है। सारी बातें अब सिलसिले से हो रही हैं। फिर भारत के कोने-कोने में कांग्रेस के आफिस चल रहे हैं, डाक आने-जाने का प्रबंध हो गया है, पिकेटिंग का बाजार गर्म हो उठा है, गिरफ्तारियों का क्रम बँध चुका है! मालूम पड़ता है, जैसे जमीन फोड़कर आदमी निकल आते हैं—ये कम्बख्त कहाँ से आ जाते हैं, कौन इनका संचालन करता है, यह जानने को पुलिस परेशान है, खुफिए परेशान हैं! बम्बई के डाकिया को पकड़ लेना सहज काम नहीं। वे तरह-तरह के वेश में बम्बई के भिन्न-भिन्न स्टेशनों से रवाना होते हैं। कोई सूती कपड़े का एजेंट है, कोई रेशमी का, कोई ऊनी का; कोई रंग का, कोई मोटरों का, कोई बीमा-कम्पनियों का, सबके पास उनके फर्मों की रसीदें हैं, लेटर पेपर हैं, एजेंसी की नियमावली हैं और हैं सामानों के नमूने भी! बड़े-बड़े ट्रंकों में ये सामान भरे हैं, खोलके देख लीजिए, ढूँढ़ लीजिए। किंतु, आप कुछ पा सकेंगे कैसे? आपको क्या मालूम कि इन ट्रंकों की दो तहें हैं—ऊपरी तह में ये सारी चीजें और निचली तह में सरकुलर, चिट्ठियाँ, हिदायतें और नोटों के पुलिंदे। ये सब चीजें ठीक आदमी को, ठीक वक्त पर मिलती हैं या नहीं; और, फिर इन सामानों और रुपयों का उपयोग अच्छी तरह होता है या नहीं, यह देखने को जयप्रकाश हिंदोस्तान में सफर करते हैं। एक बार नहीं, दो बार नहीं, तीन-तीन बार। इस सफर में वे उन अगिनत नौजवानों और कार्यकर्त्ताओं से मिलते हैं, जो अपनी जान हथेली पर रखकर, इतने बड़े साम्राज्य को पद-पद पर चुनौती दे रहे थे। जयप्रकाश उन्हें देखते हैं, उनकी आँखों को देखते हैं और उनकी आँखों के द्वारा ही उनके बलिपंथी हृदय को देखते है! उफ, जहाँ ऐसे नौजवान हैं, उस देश को कोई क्या खाकर कितने दिनों तक गुलाम रख सकता है? जरूरत है, सिर्फ इनके हृदय की इस आग को हमेशा जलाए रखने की!

एक ओर जयप्रकाश ने देश के नौनिहालों का यह जोश देखा; दूसरी ओर भारतीय पूँजीवादियों की कायरता और देशद्रोहिता देखी। एक ओर पिकेटिंग के चलते स्वयंसेवकों को पुलिस के नाना तरह के अत्याचार सहने पड़ रहे थे, दूसरी ओर ये चुपके-चुपके विदेशी माल मँगा और उन्हें बेशर्मी से बेच रहे थे। बेशर्मी की हद तो तब हो गई, जब इन भारतीय पूँजीवादियों ने लंकाशायर के कपड़ेवालों से खुला समझौता कर लिया! जब देश जीवन-मरण के युद्ध में लगा था, इन्होंने पीछे से आकर छुरा भोंक दिया! सबसे तमाशा तो यह था कि कल तक ये लोग इस आंदोलन के संचालन में पानी की तरह पैसे बहाते थे, किंतु ज्योंही विलिंग्डन की सरकार ने कड़ा रुख लिया, वे सिर्फ बगलें ही नहीं झाँकने लगे, भाग भी खड़े हुए। अब अगर कोई इनके नजदीक पैसे के लिए पहुँचता, ये सिर्फ इंकार ही नहीं करते, उसे दुत्कार और फटकार भी बताते।

नौजवानों की इस बलि-भावना और पूँजीवादियों की इस देशद्रोहिता ने ही जयप्रकाश को कांग्रेस

सोशलिस्ट पार्टी के संस्थापन और संगठन की ओर, आगे चलकर, प्रेरित किया—किंतु, अभी यह कहानी बिलकुल कब्ल-अज-वक्त है ।

तो, हाँ, पूँजीवादियों के इस रुख के बावजूद कांग्रेस जिंदा रही, उसका आंदोलन चलता रहा—शान के साथ चलता रहा । सरकार हैरत में थी; किंतु उसकी हैरत की हद तो तब हो गई, तब उसने यह पाया कि खास राजधानी में, जहाँ विलिंग्डन साहब कांग्रेस को मार देने और निश्चिंत सोने के सपने देख रहे थे, वहाँ, उनकी नाक के सामने ही, कांग्रेस का बाजाप्ता अधिवेशन होकर रहा । देश के कोने-कोने से डेलिगेट आए और दिल्ली के सबसे प्रमुख बाजार चाँदनी चौक में खुला अधिवेशन किया ! एक भोर को, जब लोगों की नींद भी अच्छी तरह नहीं टूटी थी, अचानक यह चौक 'गाँधीजी की जय' और 'इंकलाब जिंदाबाद' के नारे से गनगना उठा । फिर चारों ओर से तिरंगे झंडे लहराते हुए लोग चौक पर इकट्ठे होते हुए दीख पड़े । एक टेबुल पर चढ़कर सभापति भाषण देने लगे, लोग तालियाँ पीटने लगे । फिर प्रस्ताव पेश और पास हुए । 'खिसियानी बिल्ली खम्भा नोचे' की कहावत के अनुसार दिल्ली की पुलिस ने गुस्से से उनकी ओर देखा और उन निहत्थे, अहिंसक प्रतिनिधियों पर लाठियों की वर्षा करके और जेलों में उन्हें तरह-तरह से कष्ट देकर अपनी गत प्रतिष्ठा की क्षति-पूर्ति करनी चाही—किंतु, कहीं खोई हुई इज्जत वापस लाई जा सकती है ! कांग्रेस की इस शानदार विजय ने सिद्ध कर दिया—दुनिया की कोई ताकत जनता की उभड़ी हुई भावना को दबा नहीं सकती ।

इसके कुछ दिनों बाद ही जयप्रकाश और उसके साथियों ने बनारस में कांग्रेस वर्किंग कमेटी की गुप्त बैठक कराई । बाबू शिवप्रसाद गुप्त उन दिनों सख्त बीमार थे । वह जानते थे, अपने घर में इस बैठक के लिए जगह देने का क्या अर्थ है । किंतु, वह महान् दानी ही नहीं, महान् योद्धा भी थे । उन्हीं के घर 'सेवा-उपवन' में यह बैठक हुई । डाक्टर किचलू कांग्रेस के अध्यक्ष थे । अध्यक्ष एवं देश के कोने-कोने से सदस्य पहुँचे । सर्वश्री राजेंद्र प्रसाद, चक्रवर्ती राजगोपालाचारी, किरणशंकर राय, अणे, महामना मालवीयजी आदि देश के प्रमुख नेता उसमें सम्मिलित हुए । पीछे इस बैठक की खबर मिलने पर श्री शिवप्रसादजी गुप्त को गिरफ्तार किया गया और जेल में जो उन्हें कष्ट हुए, उनके चलते उनकी मृत्यु और समीप आ गई । स्वर्गीय गुप्तजी की सेवाओं को देश कभी भूल नहीं सकता ।

उस समय भारत की परिस्थिति का पर्यवेक्षण करने और खासकर सरकार द्वारा किए गए दमन की जाँच करने के लिए इंग्लैंड की 'इंडिया लीग' की तरफ से एक डेलिगेशन आ रहा था, जिसके सदस्यों में मिस विल्किसन भी थीं, जो आज विलायत की मजदूर-सरकार की शिक्षा-सचिव हैं । वर्किंग कमेटी की इस बैठक ने तय किया कि जयप्रकाश उस डेलिगेशन के साथ देश-भर में घूमें और उन्हें उपयुक्त व्यक्तियों से भेंट कराएँ एवं दमन के स्थानों पर ले जाकर अत्याचारों के दृश्य दिखलाएँ । इधर पुलिस को यह पता चल गया था कि कांग्रेस की इन सारी कार्रवाइयों में मुख्य हाथ जयप्रकाश का है, अतः भिन्न-भिन्न प्रांतों की सरकारों ने उनके नाम से वारंट जारी कर रखा था, किंतु वे जयप्रकाश को पकड़ नहीं पाती थीं ! अब, जयप्रकाश ज्योंही खुलेआम घूमने लगेंगे, तो क्या उन्हें तुरत ही गिरफ्तार नहीं कर लिया जाएगा ? यह सवाल स्वभावतः उठता था, किंतु, महामना मालवीयजी का कहना था कि उस डेलिगेशन के साथ रहते समय जयप्रकाश को गिरफ्तार करने की धृष्टता पुलिस कर नहीं सकेगी । फलतः जयप्रकाश को उपर्युक्त आदेश दिया गया और जयप्रकाश जरा भी चूँचरा किए बगैर डेलिगेशन का साथ देने को तैयार हो गए ।

पूना से जयप्रकाश डेलिगेशन के साथ हो लिए । उनके साथ कांग्रेस का एक प्रतिनिधि है, जो उन्हें सारी बातें बताएगा, सारी जगहों के सारे दृश्य दिखलाएगा, इस बात से डेलिगेशन के सदस्यों को बड़ी प्रसन्नता हुई । फिर जयप्रकाश ऐसे सुसंस्कृत प्रतिनिधि ! पूना से हँसी-खुशी यह डेलिगेशन मद्रास के लिए रवाना हुआ । मद्रास स्टेशन पर ही जयप्रकाश की जागरूक आँखों ने देखा, मामला कुछ बेढब जरूर है । कुछ आँखें उनकी ओर बेतरह घूर रही हैं, कुछ होंठ जब-तब फुसफुसा उठते हैं, कुछ उँगलियाँ रह-रहकर उनकी दिशा में उठती हैं । यह क्या है ? और, तब उनके कानों ने सुना— 'जयप्रकाश नारायण' ! किंतु, उस ओर ज्योंही घूरकर वह देखते हैं,

वहाँ कोई नहीं है ? क्या यह उनका भ्रम है ? कानों का भ्रम या आँखों का भ्रम ? उँह, इन झंझटों में कौन पड़े ?

जयप्रकाश दो दिनों तक मद्रास में डेलिगेशन के साथ रहे । बीच में उन्होंने श्री राजगोपालाचारी से अपने उपर्युक्त भ्रम के बारे में कहा, किंतु, उन्होंने आश्वासन दिया—मद्रास में आर्डिनेंस लागू नहीं है, इसलिए यहाँ आपकी गिरफ्तारी हो नहीं सकती; आप निश्चिंत होकर डेलिगेशन के कामों में खुले-खुले मदद करें—आपकी ओर कोई हाथ नहीं बढ़ा सकता; माना, सरकार बौखलाई हुई है, किंतु इस तरह जीती मक्खी वह निगल नहीं सकती । खैर, जब तक वह मद्रास में डेलिगेशन के साथ घूमते रहे, कुछ नहीं हुआ । किंतु ज्योंही तीसरे दिन डेलिगेशन के सदस्यों में से एक टुकड़ी को कर्णाटक की ओर रवाना करने के लिए वह स्टेशन पर पहुँचे और उन्हें रवाना करके अपने डेरे की ओर लौटे कि उनकी मोटर को घेर लिया गया । एक अफसर ने पूछा—"आपका नाम ?"

"आपको मेरे नाम से क्या जरूरत" ?

"क्योंकि आप पर वारंट है, आपको हम गिरफ्तार करते हैं, आप जयप्रकाश नारायण हैं ।"

और, थोड़ी देर बाद ही जयप्रकाश नारायण पुलिस की हवालात में थे । श्री राजगोपालाचारी इस गिरफ्तारी के खिलाफ हाईकोर्ट में हैबियस कारपस करने की तैयारी में ही लगे थे कि जयप्रकाश को चुपचाप मद्रास से बम्बई भेज दिया गया । इस गिरफ्तारी की खबर पाकर बम्बई के 'फ्री प्रेस जनरल' ने, जो लगभग पौन लाख रुपए जमानत में जब्त कराकर भी कांग्रेस का झंडा बुलंद किए हुए था, इस समाचार की सुर्खी दी—"कांग्रेस ब्रेन एरेस्टेड "—कांग्रेस का दिमाग गिरफ्तार हो गया । और, इस सुर्खी में पूरी सत्यता थी, क्या इस बारे में भी कुछ कहना है ?

4

जेलों का हृदय-मंथन

1930 का सत्याग्रह सफल हुआ; 1932 का सत्याग्रह धीरे-धीरे असफलता की ओर पैर बढ़ा रहा था । उसके कई कारण थे । एक तो 1930 के गाँधी-इरविन पैक्ट के बाद समूचा देश यह समझ रहा था कि अब तो समझौता हो चुका; अब लड़ाई का मौका शायद ही आए; वहाँ विलिंग्डन की सरकार कांग्रेस को कुचलने की पक्की तैयारी कर रही थी और ज्योंही जरा-सा मौका मिला, उसने कांग्रेस पर वह अचानक छापा मारा कि सारे संगठन को जैसे लकवा मार गया । पीछे कुछ नौजवानों ने उस लकवे पर नारायणी तेल की मालिश शुरू की, अंग हिलने-डुलने भी लगे; लेकिन तब तक गंगा में काफी पानी निकल चुका था । कांग्रेस का जो संगठन किया जा सका, उससे सरकार को परेशान तो किया जा सकता था; किंतु उसे लाचार बनाना तो अब मुश्किल ही था ।

दूसरे—जो पूँजीपति हमेशा से कांग्रेस को आर्थिक मदद देते आए थे, वे धीरे-धीरे हाथ खींचने लगे । वे डरते थे कि कहीं विलिंग्डन की सरकार उनका ही न खात्मा कर दे । उस जमाने में जब कांग्रेस का एक पदाधिकारी श्री बिड़लाजी से मिलने गया, तो सेठजी ने उससे मिलना भी अस्वीकार कर दिया और कहला भेजा, जैसा जमाना है, कृपा कर मुझे क्षमा कर दिया जाए । यही नहीं; जबर्दस्त पिकेटिंग होने पर जिन विलायती मालों को व्यापारी मुहरबंद करके रख देते, पिकेटिंग ढीली पड़ते देखते ही, मुहरों को तोड़कर उनकी खरीद-बिक्री शुरू कर देते । निर्लज्जता की हद तो तब हो गई जब इसी युद्ध के दरम्यान लंकाशायर के कपड़े के व्यापारियों से भारतीय व्यापारियों ने समझौता कर लिया !

तीसरे—इस सत्याग्रह में सरकार ने दमन के दो नए रूप अख्तियार किए । अब तक वह बड़े लोगों को ऊँचे दर्जे का कैदी बनाकर रखती और उन्हें सब प्रकार की सहूलियतें देती थी । किंतु इस बार वह सिवा

चंद लोगों के, बाकी लोगों को एक ही क्लास—सी-क्लास-में रखने लगी। सी-क्लास की कठिनाइयों को साल-छः महीने तक निभा ले जाना तो आसान था; किंतु धीरे-धीरे देखा गया, लम्बी सजा काटकर जो नेता निकले, वे कोई-न-कोई बीमारी लेकर, और सबने स्वास्थ्य पर ही ध्यान देना पसंद किया। यों जेलों में जानेवाले नेताओं का प्रवाह एकाएक रुक-सा गया, और नेताओं का असर कार्यकर्त्ताओं पर पड़ना ही था। फिर इस बार बड़े-बड़े जुर्माने भी किए गए और उनकी वसूली में बड़ी सख्ती से काम लिया गया। छोटी-छोटी रकमों में बड़ी-बड़ी जब्तियाँ हुईं। देखा यह गया कि जहाँ तक शारीरिक कष्ट की बात है, बर्दाश्त करना कुछ आसान होता है; किंतु आर्थिक हानियों से लोग घबरा उठते हैं। यह स्वाभाविक भी है—क्योंकि आर्थिक हानियों का असर सारे परिवार पर पड़ता है। आप कष्ट सह लीजिए; घरवालों को कष्ट में रखने का आपको क्या हक है?—यह प्रवृत्ति ऊपर आने लगी; फलतः ऊँचे तबके के कांग्रेसजनों में बुजदिली और पस्तहिम्मती का दौरदौरा होता गया।

जिस समय सत्याग्रह चल रहा था; उसी समय अछूतों को अलग प्रतिनिधित्व देने की घोषणा अँगेरजी सरकार की तरफ से की गई, जिसके विरोध में महात्माजी ने आमरण अनशन की घोषणा की। महात्माजी जेल से रिहा हुए, देश ने उनके प्राण की भिक्षा प्राप्त कर ली; किंतु, इस घटना ने सत्याग्रह के प्राण तो ले ही लिए! अब सारे देश में अछूत-समस्या की धूम थी; सत्याग्रह बिलकुल पीछे पड़ गया। जो लोग सत्याग्रह से ऊबे हुए थे, उन्होंने अपने को अछूतों की सेवा में उत्सर्ग करना शुरू कर दिया। सत्याग्रह का मोर्चा दिन-दिन कमजोर होता गया।

इसी समय कुछ नेताओं ने यह आवाज बुलंद की—हमें अब असेम्बलियों और कौंसिलों में जाना चाहिए; हम अब अँगरेजी सिंह को उसकी माँद में ही पछाड़ेंगे! लम्बी बातें—किंतु मानी साफ यह कि सत्याग्रह छोड़ो, कुर्सियों को गरमाओ! यह आवाज दिन-दिन जोर पकड़ती गई और यह स्पष्ट हो गया कि यह सत्याग्रह की मौत की घंटी है!

धीरे-धीरे, मुमूर्षु रोगी की तरह, सत्याग्रह को इस तरह दम तोड़ते देखना बड़ा ही करुण दृश्य था! पहले जन-सत्याग्रह को हटाकर व्यक्तिगत सत्याग्रह पर आया गया; फिर उसे धीरे से दफना दिया गया!

जब बाहर करुण दृश्य का यह बाजार लगा था—जेलों में एक अजीब तरह का हृदय-मंथन चल रहा था! 1921, 1930, और यह 1932!–क्या हमारे राष्ट्रीय आंदोलन का यही हश्र होना है! साल-छः महीने का हंगामा, उथल-पुथल, फिर वही थकावट, वही विश्राम, वही बहानेबाजियाँ, वही विधानवादी प्रवृत्ति! यदि यही हालत रही—तो हम आजाद होने से रहे।

तो, दूसरा उपाय क्या है? हृदय-मंथन के बाद आलोचना और विश्लेषण की बारी आई। लोगों ने सारे आंदोलन को कसौटी पर कसना शुरू किया। निर्दयतापूर्वक आलोचनाएँ होने लगीं। व्यक्तिगत आलोचनाओं में क्या धरा था! तुम कायर हो, हम वीर हैं—इस तू-तू मैं-मैं से कुछ होने-जानेवाला तो था नहीं। सारे आंदोलन के उपादानों और प्रवृत्तियों की छानबीन शुरू हुई। इस छानबीन में अपने आंदोलन के व्यक्तिगत और सामूहिक तजर्बों को संसार के ऐसे ही आंदोलन के तजर्बों के आमने-सामने रखकर देखा गया, परखा गया! ज्यादा माथापच्ची करने की जरूरत नहीं पड़ी। सारी बातें इतनी साफ और नुमायाँ थीं, कि एक सही नतीजे पर पहुँचने में देर नहीं लगी। हाँ, एक ही सही नतीजे पर!—चाहे पटना-कैम्प जेल में हो, चाहे लखनऊ कैम्प जेल में, लाहौर सेन्ट्रल जेल, या नासिक जेल में! अलग-अलग, दूर-दूर रहते हुए भी, लोग एक ही नतीजे पर पहुँचे, एक ही सही नतीजे पर!

अब अपने आंदोलन को एक नई दिशा देनी पड़ेगी। महात्माजी ने हमारे आंदोलन को जहाँ तक बढ़ाया है, उससे आगे बढ़ने के लिए हमें खुद पैर उठाने पड़ेंगे! सिर्फ राजनीतिक उद्देश्यों को लेकर जहाँ तक हम बढ़ सकते थे, बढ़ चुके! अब उसमें आर्थिक प्रश्नों को जोड़ना पड़ेगा। जब तक पूँजीपतियों और बाबुओं का बोलबाला रहेगा; जब्तियों का डर हमारे आंदोलन को डगमगाता ही रहेगा; लम्बी कड़ी सजाएँ बीमारियाँ पैदा

करती ही रहेंगी, कुर्सियों का मोह असेम्बली और कौंसिल की ओर हमें खींचता ही रहेगा। हम उन वर्गों की ओर बढ़ें, जिनके पास खोने को सिवा जंजीर के कुछ नहीं और पाने को सारा संसार है ! इन जेलों में ही देखिए; जो किसान, जो मजदूर आए हैं, किस तरह मगन हैं, किस तरह यहाँ भी लड़ने को व्याकुल और आतुर हैं ! इनके घर पर क्या है, जो जब्ती में जाएगा; इनके पेट में रोटी क्यों पेचिश पैदा करने लगी ! यदि हमें सत्याग्रह से ही स्वराज्य लेना है, तो भी, इन्हीं लोगों की बड़ी-बड़ी सेना हमें तैयार करनी पड़ेगी !

किंतु इनकी सेना बने तो कैसे ? जो लोग एक बित्ता जमीन के लिए अपने भाई का गला काट डालते हैं; उन्हें ही आप सारा देश देने को तैयार हैं, किंतु वे आपके पास नहीं फटकते ! क्यों ? आपका 'सारा देश' उनके 'छोटे दिमाग' में समाता ही नहीं है ! हमें उनके निकट, लम्बे-लम्बे शब्दों को लेकर नहीं जाना है। उनकी रोजमर्रे की जरूरतों को लेकर ही हम-आप उनकी झोंपड़ी में घुस सकते हैं !

तो, किसानों और मजदूरों की रोजमर्रे की जरूरतों को लेकर उनका संगठन किया जाए। किसान सभाएँ बनाई जाएँ, मजदूर संघ बनाए जाएँ। इन संस्थाओं द्वारा रोजमर्रे की लड़ाई में शामिल कर किसानों को, मजदूरों को सेना के रूप में संघबद्ध किया जाए। फिर उन्हें कांग्रेस में लाकर अँगरेजी साम्राज्यवाद पर ऐसा जबर्दस्त धावा बोला जाए, कि वह सम्हल भी नहीं पावे—पहले ही धावे में उनका खात्मा कर उसकी जगह पर हम स्वराज्य, पूर्ण स्वराज्य की स्थापना करें ! पूर्ण स्वराज्य !—यहाँ भी अब साफ हो जाना पड़ेगा हमें। गरीबों के बच्चे आधा स्वराज, पूरा स्वराज नहीं समझते। हमें साफ कहना है, हमें तुम्हारा राज कायम करना है—किसानों और मजदूरों का राज कायम करना है !

किसानों और मजदूरों का राज—और, हम समाजवाद के निकट पहुँच गए ! हाँ, यह समाजवादी विचारधारा है। अब वक्त आ गया है कि हम ऊँची आवाज में, सम्मिलित कंठ से, देश के सामने समाजवादी विचारधारा को रखें। हमें गाँधीवाद से घृणा नहीं, शत्रुता नहीं। हम उसके उपकारों को मानते हैं, हम उसके अनुगृहीत हैं। किंतु, उसकी सीमाओं को भी हम समझते हैं। उन सीमाओं को हम विस्तृत करना चाहते हैं ! नए नाम हमें घबरा नहीं सकते। समाजवाद हौआ नहीं है। कार्ल मार्क्स और लेनिन भी मानवता के उतने ही बड़े पुजारी रहे हैं, जितने मनु या गाँधी ! उनके दर्शनों को भी अपनाने में हम डर नहीं सकते, बशर्ते कि वे हमारे सामने हमारी राह को स्पष्ट करके रख सकें !

हिंदोस्तान के अंदर एक समाजवादी पार्टी बननी चाहिए—इसके लिए यही समय है, यही अवसर है ! नासिक-जेल की एकांत कोठरी में बैठे हुए जयप्रकाश मन-ही-मन कुछ गुन रहे हैं, कुछ सुन रहे हैं। हाँ, हिंदोस्तान के कोने-कोने के जेलों में साधक की धूनी रमाते हुए नौजवानों के मन में भी जो कुछ इसी तरह की भावनाएँ तरंगें ले रही हैं, वे आकर जयप्रकाश के मन से टकराती हैं, झनझनाती हैं; जयप्रकाश उन्हें सुनते हैं, गुनते हैं; गुनते हैं, सुनते हैं ! और, एक दिन उन भावना-तरंगों को वह जब कागज पर कलमबंद कर देते हैं, भारतीय राजनीति के इतिहास में एक नया अध्याय शुरू हो जाता है !

5

हिंदोस्तान में समाजवाद

हिंदोस्तान के लिए 1934 तक समाजवाद बिलकुल नई चीज नहीं रह गया था। जयप्रकाश के सामने उसका पिछले एक युग का इतिहास भी था, जिसकी छानबीन के बाद ही कोई नई समाजवादी पार्टी कायम की जा सकती थी—यदि उसकी कामयाबी का हौसला रखा जाए।

रूस की क्रांति—युगप्रवर्तक महाक्रांति—1917 में हुई और संसार के पाँचवें हिस्से पर इतिहास में पहली

बार मजदूरों और किसानों का राज्य कायम हुआ ! समाजवाद एक अंतर्राष्ट्रीय विचारधारा है; समाजवाद के आधार पर एक देश में न राज्य कायम किया जा सकता है और न समाज बनाया जा सकता है । इसलिए इस राज्य के कायम होते ही उसके प्रवर्तकों ने एक अंतर्राष्ट्रीय समाजवादी संस्था का संगठन किया, जो थर्ड इंटरनेशनल या 'कोमिंटर्न' के नाम से मशहूर हुई । कोमिंटर्न का ध्यान हिंदोस्तान की ओर भी गया, यह कहना व्यर्थ है ।

1921 के असहयोग-आंदोलन के समय कुछ हिंदोस्तानी नौजवान रूस की ओर गए, जिनमें श्री शिवनाथ बनर्जी और शौकत उस्मानी के नाम मशहूर हैं । कोमिंटर्न की ओर से इन नौजवानों को समाजवादी विचारधारा में दीक्षित और शिक्षित करने की चेष्टाएँ हुईं और जब वे भारत लौटे, भिन्न-भिन्न क्षेत्रों में समाजवादी विचारों का प्रचार एवं मजदूरों का संगठन करने में लग गए । 1927 में जब मेरठ-षड्यंत्र-केस शुरू हुआ, तो लोगों को पता लग सका कि हिंदोस्तान में समाजवादी विचारधारा कहाँ तक फैल चुकी है ! इस केस को चलाकर जहाँ सरकार ने सोचा था कि वह समाजवाद का उच्छेद कर सकेगी, वहाँ उसने पाया, इसके चलते समाजवाद का और भी व्यापक प्रचार हो रहा है ।

किंतु, जिस समय हिंदोस्तान में समाजवाद का बीज इस व्यापक रूप में बोया जा रहा था, उसी समय रूस में, कोमिंटर्न में, आपस के झगड़े मचे हुए थे, जो खूँरेजी का रूप धारण कर रहे थे । लेनिन की मृत्यु के बाद रूस का समाजवाद दो टुकड़ों में बँट गया था, एक का नेता था स्टालिन और दूसरे का ट्रौट्स्की । ट्रौट्स्की लेनिन का साथी था, दाहिना हाथ था; किंतु, स्टालिन की चालबाजियों से वह पार पा नहीं सका । रूस पर, कोमिंटर्न पर स्टालिन का अंततः प्रभुत्व हुआ । स्टालिन की इस प्रभुता ने कोमिंटर्न की रीतिनीति में आमूल परिवर्तन कर दिया । अब कोमिंटर्न अंतर्राष्ट्रीय समाजवाद की एक स्वतंत्र संस्था नहीं रहकर रूस की परराष्ट्र-नीति की दुम-मात्र बनकर रह गई और अपनी गलत कार्रवाइयों से संसार-भर के समाजवाद को ले डूबी ! यदि स्टालिन नहीं होता, तो हिटलर और मुसोलिनी भी नहीं पैदा होते, यह मजे में कहा जा सकता है !

हिंदोस्तान में कोमिंटर्न ने नए खिलवाड़ शुरू किए । उसने मान लिया कि कांग्रेस एक प्रतिक्रियावादी संस्था है, उसके असर को कम करना चाहिए, उसका खात्मा करने की कोशिश करनी चाहिए, और उसकी जगह पर एक किसान-मजदूर-पार्टी का संगठन होना चाहिए । कागज पर ही एक किसान मजदूर-पार्टी बना ली गई और उसकी नींव को मजबूत करने के लिए इंग्लैंड से श्री सकलतवाला को हिंदोस्तान भेजा गया । श्री सकलतवाला पार्लियामेंट के मेम्बर थे, कम्युनिस्ट थे । वह भारत आए और प्रांत-प्रांत में उन्होंने दौरे किए । किंतु, इस दौरे का नतीजा कुछ नहीं हुआ. कागज की न स्कीम चलती है, न नाव ! फिर, मजदूरों में फूट डालने की कोशिश हुई । ट्रेड यूनियन कांग्रेस के खिलाफ लाल ट्रेड यूनियन कायम की गई । पूँजीवाद से लड़ने के बदले ये लाल ट्रेड यूनियनवाले अपने भाइयों से लड़ने और उन्हें जलील करने की कोशिश करने लगे ।

बेवकूफी और बदमाशी की हद तो तब हो गई, जब 1930-32—में भारत की राष्ट्रीयता अँगेरजी साम्राज्यवाद से जिंदगी और मौत की लड़ाई लड़ रही थी, स्टालिन के ये भारतीय एजेंट, जो अपने को कम्युनिस्ट कहते हैं, भोले-भाले मजदूरों को बहकाकर देशभक्त स्वयंसेवकों पर हमले करने, उनके तिरंगे छीनने और उन झंडों को जलाने लगे ! प्रायः पुलिस और उनका हमला साथ-साथ होता । यों भारत का कम्युनिज्म अँगरेजी इम्पीरियलिज्म का सगा-संबंधी बन गया !

श्री एम. एन. राय साहब पहले कोमिंटर्न में पूर्वी देशों के इंचार्ज के रूप में थे । चीन की क्रांति में उनकी अदूरदर्शिता के चलते हानि हो चुकी थी, चीन में समाजवाद बदनाम हो चुका था । स्टालिन के इस झगड़े के कारण उन्हें भी कोमिंटर्न से हटाया गया । वहाँ से हटाए जाने पर वह गुप-चुप भारत आए और राय-ग्रूप के नाम से समाजवादी दल कायम करने की कोशिश की । जब वह गिरफ्तार हो गए, यह दल सिमटकर और भी छोटा हो गया ।

किंतु, समाजवाद के सौभाग्य से हिंदोस्तान में उसे पं. जवाहरलाल नेहरू-ऐसा बागी मिल चुका था। अपनी रूस-यात्रा के बाद तो जवाहरलालजी ने खुलेआम समाजवाद का प्रचार करना शुरू किया। अपने व्याख्यानों में, लेखों में वह प्रायः ही समाजवाद की चर्चा करते और उससे अपनी सहमति और महानुभूति प्रकट करते। भारतीय राजनीति में गाँधीजी के बाद जवाहरलालजी का स्थान रहा है। अतः जब उन्होंने समाजवाद को अपनाया, तो स्वभावतः ही देश-भर में वह चर्चा का विषय बन गया, उसके अध्ययन-मनन की ओर देश के नौजवानों का ध्यान जाने लगा। जब ये नौजवान 1930 और 1932 में सत्याग्रह-आंदोलन के सिलसिले में जेलों में गए, तो अपने साथ समाजवाद-संबंधी कुछ-न-कुछ पुस्तकें भी लेते गए और जब वे जेलों से बाहर आए, समाजवाद का रंग उन पर पक्का हो चला था।

कांग्रेस के अंदर ही एक समाजवादी पार्टी का संगठन किया जाए, यानी समाजवाद का गठबंधन राष्ट्रीयता के साथ करने पर ही देश का कल्याण और समाजवादी समाज का निर्माण हो सकता है, इस विचार का सर्वप्रथम प्रकटीकरण बिहार में हुआ। 1930 के बाद जेलों से लौटने पर बिहार के कुछ नौजवान कार्यकर्त्ता पटना में एकत्र हुए और उन्होंने बिहार-सोशलिस्ट-पार्टी को जन्म दिया। इस पार्टी में सम्मिलित होने के लिए कांग्रेस का मेम्बर होना आवश्यक था। इस पार्टी का जब घोषणापत्र लिखा जा रहा था, तब जयप्रकाश से पार्टी के संचालकों का सम्पर्क बढ़ा, जो उन दिनों अखिल भारतीय कांग्रेस कमेटी के मजदूर-विभाग के इंचार्ज थे। पार्टी के घोषणापत्र को अंतिम रूप देने में जयप्रकाश का बहुत बड़ा हाथ था।

उस समय पंजाब तथा अन्य कई स्थानों में भी सोशलिस्ट पार्टियाँ कायम हुई थीं, जो अपने-अपने तरीके से अपने-अपने दायरे में समाजवाद का काम कर रही थीं।

नासिक जेल में जब जयप्रकाश अपने साथियों को लेकर एक अखिल भारतीय समाजवादी पार्टी कायम करने के लिए कागज-कलम के साथ बैठे, तो स्वभावतः ही यह पृष्ठभूमि उनकी आँखों के सामने आ खड़ी हुई।

सबसे पहले वह उस नतीजे पर पहुँचे, जहाँ उनके बिहार के साथी पहुँच चुके थे और जिस नतीजे पर पहुँचने में उनका भी सहयोग था। आजाद देश की राष्ट्रीयता पूँजीवादी प्रसार का औजार भले ही बन जाए; किंतु गुलाम देश की राष्ट्रीयता एक क्रांतिकारी शक्ति होती है। इस क्रांतिकारी शक्ति से दूर रहकर समाजवाद एक कदम भी आगे नहीं बढ़ सकता। हमारी कांग्रेस इसी क्रांतिकारी शक्ति का संगठित रूप है, इसलिए यह क्रांतिकारी संस्था है और इस क्रांतिकारी संस्था से सम्पर्क रखकर ही भारतीय समाजवाद जनता के निकट तुरत-से-तुरत पहुँच सकता है! समाजवाद के साथ राष्ट्रीयता के इस गठबंधन को कम्युनिस्टों ने इस तरह तिरस्कृत किया था कि जहाँ बिहार के साथियों ने पार्टी में शामिल होने के लिए कांग्रेस की मेम्बरी को ही काफी समझा था, वहाँ जयप्रकाश ने पार्टी के नाम के साथ ही कांग्रेस को जोड़ देना अति आवश्यक समझा। हमारी यह नई पार्टी सिर्फ सोशलिस्ट पार्टी नहीं हो, बल्कि कांग्रेस-सोशलिस्ट-पार्टी हो, जिसमें कांग्रेस का महत्त्व हमेशा हमारे सामने रह सके; यह उनका निर्णय था और इस निर्णय का औचित्य पार्टी का बारह वर्षों का इतिहास दे रहा है। यद्यपि इस नाम को लेकर स्टालिन के भारतीय एजेंटों ने बहुत बावेला मचाया—हिटलर के नेशनल सोशलिज्म से इसकी तुलना करने की धृष्टता की; किंतु पीछे तो वे खुद इस पार्टी में शामिल हुए और अंततः बहुत शैतानियाँ करने के कारण निकाले गए।

हिंदोस्तान में जितने लोग भी समाजवादी विचार रखते हों, उन्हें दावत दी जाए कि इस पार्टी में शामिल हों; और यों भारत में एक विशाल समाजवादी पार्टी कायम की जाए, कांग्रेस की विधानवादी प्रवृत्ति को रोकने और उसे दिन-दिन युद्धोन्मुख बनाने की चेष्टा की जाए; मजदूर-संस्थाओं की फूट को दूर कर एक ही जबर्दस्त ट्रेड यूनियन कांग्रेस बनाई जाए; किसानों का व्यापक संगठन किया जाए एवं विद्यार्थियों और नौजवानों आदि को संगठित, अनुशासित और शिक्षित करने के प्रयत्न किए जाएँ—आदि निर्णय पर पहुँचकर उस पार्टी के विधान आदि भी नासिक जेल में ही तैयार कर लिए गए।

यह नासिक जेल है। नासिक—यहीं कहीं पंचवटी है; यहीं कहीं किष्किंधा है। त्रेतायुग में यहीं कहीं

बैठकर राम ने अपने दाक्षिणात्य साथियों—जिन्हें बानर कहा गया है—के साथ एक योजना तैयार की थी कि किस तरह राक्षसों को पराजित किया जाए, लंका को जीता जाए, सीता को वापस लाया जाए, रामराज्य की स्थापना की जाए ! आज फिर उत्तर का एक नौजवान यहाँ पहुँचा है और अपने दाक्षिणात्य साथियों से घिरा बैठा है ! यहाँ नर और बानर का भेदभाव नहीं है ! सब मानव हैं, सब मानवता के पुजारी हैं। सबके चेहरे पर ओज है, तेज है; सबके दिल में दर्द है, आग है; सबके दिमाग में विचार हैं, योजनाएँ हैं। किसी एक की सीता नहीं, देश की आजादी की सीता हरी गई है, वह राक्षसपुरी में कैद है। यह राक्षसपुरी एक समुंदर पार नहीं, सात समुंदर पार है ! इस राक्षसपुरी पर विजय प्राप्त करना है, सीता का उद्धार करना है। स्वयं बंधन में रहकर भी ये नौजवान माता के बंधन काटने का आयोजन करने लगे हैं ! नरक में रखे जाने पर भी यह युवक-मंडली 'पृथ्वी पर स्वर्ग' बसाने की योजना बनाने में लीन है। रह-रहकर ललाट पर चिंता-रेखाएँ खिंच जाती हैं; भवों पर सिकुड़न आ जाती है; आँखें सूनी-सूनी-सी लगती हैं, चेहरे खोए-खोए-से मालूम होते हैं !······कि अचानक आँखें चमक उठती हैं, होंठ विहँस पड़ते हैं—ओहो, समस्या का हल मिल गया ! एक क्षण में ही ये फिर हँसते-हँसते जिंदा-दिल मानव बन जाते हैं।

नासिक, नासिक !—इस क्षण को, इस घड़ी को, इस दिन और रात को न भूलना ! इन्हीं के चलते फिर एक बार भारत के नक्शे पर जगमगाते अक्षरों में तुम्हारा नाम लिखाने जा रहा है !

6

बिहार भूकम्प ! अपनों से परिचय

15 जनवरी, 1934। दोपहर के बाद अचानक जमीन हिल उठी; पहले एक साधारण-सा हिलकोरा; फिर धक्के-पर-धक्के ! बड़े-बड़े मकान ताश के घर की तरह गिर पड़े, भहरा पड़े। उनके मलबे के नीचे धन की राशि ही नहीं आ रही, उनके बासिंदे भी आ पड़े। उफ, आदमी की वह मौत ! घरों में, सड़कों पर लाशें थीं, उन्हें कोई छूनेवाला नहीं था—कुत्ते उनके लहू चाट रहे, कौए उनकी आँखें निकाल रहे !

जमीन फोड़कर पानी की धारा निकल आई। कुएँ बालू से भर गए, तालाब छिछले बन गए, नदी के कछार गायब हो गए ! खाने को अन्न नहीं, पीने को पानी नहीं ! सारा बिहार त्राहि-त्राहि कर रहा। मुँगेर की हालत सबसे बुरी—उसके बाद मुजफ्फरपुर की बदहाली।

बिहार की इस विपत्ति की खबर देश को लगी, देशभर से—विदेशों से भी—सहायता का स्रोत बिहार की ओर उमड़ पड़ा। अब जरूरत यह थी कि इस सहायता को संगठित रूप में वितरित किया जाए, जहाँ जिस चीज की जरूरत है, वहाँ उसे वक्त पर पहुँचाया जाए। यह काम खासकर बिहारियों का था। पटना में एक सहायता-केंद्र खोला गया। उसके आफिस में, नासिक जेल से रिहा होने के बाद, हम जयप्रकाश को एक मंत्री की हैसियत से काम करते देखते हैं।

जयप्रकाश अब तक प्रांत के बाहर-बाहर ही काम करते रहे। प्रांत के नौजवानों से उनका निकटतम सम्पर्क नहीं होने पाया था। इस अवसर पर उन्हें यह देखने का मौका मिला कि जिस पार्टी के निर्माण के लिए वह दृढ़प्रतिज्ञ हैं, उसके लिए मानवीय उपादान उनके अपने प्रांत में कहाँ तक उपलब्ध हैं। इस संबंध की एक कहानी बहुत मजेदार है—

एक दिन जयप्रकाश सहायता-केंद्र के आफिस में पहुँचे। आफिस का संगठन नहीं होने पाया था। शुरू से ही सब काम को सम्हालना था। उसके लिए एक टाइपराइटर की जरूरत थी। शहर के सुप्रसिद्ध नागरिक श्री सच्चिदानंद सिन्हा ने टाइपराइटर देने का वचन दिया था। एक आदमी उनके घर पर भेजने की जरूरत थी।

आफिस में आकर वह एक स्वयंसेवक की तलाश करते हैं। एक आदमी उनके सामने आता है। खादी की धूल-धूसरित एक धोती उसकी कमर में और दूसरी उसके कंधे पर। बिलकुल घोर देहाती शक्ल-सूरत।

"आप स्वयंसेवक हैं?"

"जी हाँ!"

"सिन्हा साहब का घर जानते हैं?"

"सिन्हा साहब? वही जो बालिस्टर हैं न?"

"हाँ।"

"तो क्या हुक्म होता है?"

"यह लीजिए, पैसे। एक टमटम कर लीजिए—सिन्हा साहब के घर जाइए, यह पुर्जा दीजिएगा और उनसे टाइपराइटर लेकर जल्द आ जाइएगा। टाइपराइटर समझते हैं?"

"वही न, जिससे कचहरी में दरखास्त छापी जाती है।"

"हाँ, हाँ, वही।"

"तो उसके लाने के लिए पैसे की क्या जरूरत? लाइए पुर्जा, लिए आता हूँ।"

जयप्रकाश पैसे देने की हठ करते रह जाते हैं; वह पुर्जा लेकर चल देता है और थोड़ी ही देर में कंधे पर की धोती को सिर पर लपेटे, उस पर टाइपराइटर रखे, वह उनके आफिस में घुसता है। आफिस में तब तक राजेंद्र बाबू भी आ पहुँचे हैं। राजेंद्र बाबू को देखते ही वह कुछ झेंपता है, फिर झट टाइपराइटर रख चल देता है!

"इन्हें टाइपराइटर लाने को किसने कहा?" राजेंद्र बाबू पूछते हैं।

"क्यों? मैंने ही तो!" जयप्रकाश कहते हैं।

"आप इन्हें जानते हैं?"

"जी नहीं!"

"तभी! यह श्यामनंदन बाबू हैं, इस जिले की कांग्रेस कमेटी के सेक्रेटरी!"

जयप्रकाश चकित-विस्मित! उन्हें यह भी मालूम होता है कि श्यामनंदनजी पटना यूनिवर्सिटी के ग्रेजुएट हैं, घर के काफी सम्पन्न व्यक्ति हैं! वह माफी माँगने को श्यामनंदनजी की तलाश करते हैं; किंतु तब तक श्यामनंदन तो कहीं दूसरे ऐसे ही काम में अपने को खो चुके होंगे!

हाँ, यदि हिंदोस्तान में समाजवाद कायम करना है, तो ऐसा ही नौजवान चाहिए, जो अपने को जनता में बिलकुल खपा सके, जिसमें विद्या-बुद्धि का मोह न हो, जो सेवा में नीच-ऊँच का भेद न रखे, जो हर समय हर काम करते को मुस्तैद हो! श्यामनंदन के रूप में जयप्रकाश ने बिहार के नौजवानों को देखा—धुनी, कर्मठ, विनयी, बलिपंथी नौजवानों के झुंड-के-झुंड को देखा, जो बिहार के हर गाँव, हर गली में फैले हुए हैं। और, मानो उसी दिन तय कर लिया, वह अपने कार्य का मुख्यक्षेत्र बिहार को ही बनाएँगे।

सहायता पहुँचाने की प्रारम्भिक अवस्था थी, फलतः अव्यवस्था की कमी नहीं। फिर, हम बिहारी काम तो हद से ज्यादा करते हैं, किंतु उसे दफ्तरी व्यवस्था का रूप देने की, जैसे, आवश्यकता ही नहीं अनुभव करते। इसलिए, जयप्रकाश को प्रारम्भ में आफिस चलाने में बड़ी कठिनाई हुई। किंतु, धीरे-धीरे काम का सिलसिला बँधता गया, केंद्रीय आफिस सुचारु रूप से चलने लगा, मुफस्सिल के कामों में भी व्यवस्था आ गई। तब, जयप्रकाश का ध्यान अपने प्रांत के अन्य राजनीतिक कार्यों की ओर आकृष्ट होने लगा।

एक ओर बाहर से भूकम्प-पीड़ितों को सहायता पहुँचाई जा रही थी; दूसरी ओर जमींदारों की ओर से उन पर सख्तियाँ हो रही थीं। किसानों को खेतों से बालू हटाने के लिए, घर बनाने के लिए, खाने-पीने के लिए जो रुपए सहायता के रूप में मिलते, उन्हें जमींदारों के अमले या तो हड़प जाते या बाकी-मालगुजारी में उचक लेते। बहुत जगह अपने बगीचों से लकड़ी और बाँस काटकर घर बनाने से भी उन्हें रोका जाता। बाबू (अब सर) चंद्रेश्वरप्रसाद नारायण सिंह और महाराजाधिराज दरभंगा की जमींदारियों से भी ऐसी शिकायतें आ रही थीं।

बिहार के किसान-नेता और कार्यकर्त्ता सहायता के अलावा इस ओर भी ध्यान देते। जयप्रकाश का ध्यान भी बिहार के किसानों की समस्याओं की ओर आकृष्ट होने लगा।

इन पंक्तियों के लेखक ने 1933 में जेल से निकलते ही जमींदारी प्रथा हटाने का नारा बिहार के किसानों में प्रचलित किया था। इस नारे का किसानों ने बड़े उत्साह से स्वागत किया और इसे अपनाया था। किंतु जयप्रकाश को उस समय कितना आश्चर्य हुआ, जब उन्होंने देखा कि प्रांतीय किसान-कौंसिल में जब इस संबंध का प्रस्ताव मैंने पेश किया, तो स्वामी सहजानंदजी सरस्वती ने उसका विरोध किया और जब वह बहुमत से पास हो गया तो उन्होंने सभापति के पद से इस्तीफा तक देने की धमकी दी। खैर, जयप्रकाश ने ही बीच-बिचाव कर उस प्रस्ताव को वापस कराया! किंतु हवा का क्या रुख है, वह उन्हें मालूम होने से बाकी नहीं रहा।

अब जयप्रकाश बिहार सोशलिस्ट पार्टी में भी शामिल हो गए और अखिल भारतीय कांग्रेस समाजवादी पार्टी के संगठन के लिए बिहार के साथियों से मिलकर प्रयत्न करने लगे। उनकी योजना को बिहार के साथियों ने बहुत ही पसंद किया—यथार्थ में वह योजना तो बिहार सोशलिस्ट पार्टी के ही देशव्यापी रूप की योजना थी—फिर, वह क्यों नहीं पसंद की जाती? उसी समय यह खबर लगी कि अखिल भारतीय कांग्रेस कमेटी की बैठक पटना में बुलाई जा रही है, जिसमें महात्माजी सत्याग्रह वापस लेने का प्रस्ताव पेश करेंगे और विधानवादियों की ओर से असेम्बली और कौंसिलों में जाने का प्रस्ताव पेश किया जाएगा। इस अवसर को उपयुक्त समझकर बिहार सोशलिस्ट पार्टी ने पटना में देशभर के समाजवादियों को एक कान्फ्रेंस में बुलाने का तय किया।

समाजवादियों की यह अखिल भारतीय कान्फ्रेंस ही कांग्रेस सोशलिस्ट पार्टी की जननी सिद्ध हुई।

चौथा अध्याय : कांग्रेस सोशलिस्ट पार्टी

1

पार्टी का जन्म, लक्ष्य और कार्यक्रम

18 मई, 1934। भूकम्प-पीड़ित बिहार की राजधानी पटना में आज अजीब चहल-पहल है। एक ओर देश के बड़े-बड़े नेता पधार रहे हैं और उनकी अगवानी और मेहमानदारी के लिए जमीन-आसमान एक किया जा रहा है। दूसरी ओर देश के कोने-कोने से नौजवान कार्यकर्त्ताओं के ठट्ठ-के-ठट्ठ पहुँच रहे और जल्द-जल्द नहाने-खाने से फुर्सत पाकर अन्जुमन-इस्लामिया-हौल की ओर दौड़े जा रहे हैं, जहाँ आज हिंदोस्तान में पहली बार समाजवादियों का एक वृहद् सम्मेलन किया जा रहा है। इनके चेहरे नए हैं, इनके दिमागों में विचार नए हैं, इनके हृदय में भावनाएँ नई हैं; इनकी नाड़ियों का खून नया है और एक नई दुनिया के सपने इनकी आँखों में घूम रहे हैं।

इस सम्मेलन का सभापतित्व आचार्य नरेंद्रदेवजी ने किया था। काशी-विद्यापीठ के प्रिंसिपल के रूप में आचार्यजी ने बहुत ही ख्याति प्राप्त कर रखी थी; किंतु, इस सम्मेलन के सभापति के रूप में देश ने पहली बार उनके राजनीतिक और सामाजिक ज्ञान की ऊँचाई का अंदाजा पाया। वेल बिगन, हाफ डन—यदि यह कहावत सही है, तो आचार्यजी को सभापति बनाकर ही जैसे सम्मेलन ने अपनी सफलता की आधी गारंटी कर ली थी।

सम्मेलन ने अंतर्राष्ट्रीय स्थिति का निरीक्षण करते हुए फासिज्म की बढ़ती हुई ताकत और उसके खतरे की ओर इंगित किया; निकट भविष्य में ही एक युद्ध की अनिवार्यता की भविष्यवाणी करते हुए उस युद्ध में

अँगरेजी साम्राज्य की मदद नहीं करने की सूचना दी, रूस के समाजवादी नवनिर्माण का अभिनंदन किया, कांग्रेस में विधानवादी प्रवृत्ति की वृत्ति पर चिंता प्रकट की, सीधे मोर्चे की लड़ाई को ही स्वतंत्रता-प्राप्ति का एकमात्र रास्ता बताया और उस लड़ाई में विजयी होने के लिए किसान-मजदूरों के संगठन की आवश्यकता बताई। अंत में सम्मेलन ने हिंदोस्तान में एक समाजवादी पार्टी के संगठन की अनिवार्यता स्वीकार करते हुए इसके लिए एक अस्थायी समिति बनाई जिसका प्रधानमंत्री जयप्रकाश को चुना गया।

प्रधानमंत्री होने के बाद जयप्रकाश ने समूचे देश का एक बार दौरा किया और सभी प्रमुख प्रांतों में पार्टी की शाखाएँ कायम कीं। पार्टी का पहला बाजाप्ता सम्मेलन बम्बई में (दिसम्बर 1934) हुआ, जिसका सभापतित्व श्री सम्पूर्णानंदजी ने किया। पार्टी का दूसरा सम्मेलन मेरठ में (जनवरी 1936) श्री कमलादेवी (चट्टोपाध्याय) के सभापतित्व में हुआ, तीसरा फैजपुर में (दिसम्बर 1936) श्री जयप्रकाश नारायण के सभापतित्व में और चौथा लाहौर में (अप्रैल 1938) श्री मिन मसानी के सभापतित्व में। पार्टी के प्रधानमंत्रित्व का भार हमेशा ही जयप्रकाश के कंधों पर ही रखा गया और वही उसकी नीतिरीति के प्रधान संचालक रहे।

मेरठ में जो थीसिस कबूल की गई थी, उसमें पार्टी के जन्म के बारे में इस तरह का उल्लेख है—

"कांग्रेस समाजवादी पार्टी पिछले दोनों राष्ट्रीय युद्धों के अनुभवों का नतीजा है। अंतिम सत्याग्रह आंदोलन के बाद उसको ऐसे कांग्रेसजनों ने जन्म दिया, जिनको यह विश्वास हो गया था कि राष्ट्रीय आंदोलन को नई दिशा में ले चलने की जरूरत है और उसके लक्ष्य को पुनः निश्चित करने तथा उसके तरीकों में कुछ परिवर्तन करने की आवश्यकता है। इस दिशा में पहला कदम वही लोग बढ़ा सकते थे जो हमारे वर्तमान समाज में काम करनेवाली शक्तियों के स्वरूप को सिद्धांततः समझते थे। यह स्वभावतः वही कांग्रेसजन थे जिन पर मार्क्स द्वारा प्रवर्तित समाजवाद का प्रभाव पड़ चुका था और जो उसे स्वीकार कर चुके थे। इसलिए यह स्वाभाविक था कि इस परिस्थिति में जिस संस्था का जन्म हुआ, वह 'समाजवादी' कहलाए। 'समाजवादी' के पहले लगा हुआ 'कांग्रेस' शब्द इस संस्था और राष्ट्रीय आंदोलन के अतीत, वर्तमान और भविष्य के अविच्छेद्य संबंध को प्रकट करता है।"

पार्टी के लक्ष्य के बारे में जयप्रकाश के ही शब्दों में सुनिए—

" कांग्रेस सोशलिस्ट पार्टी का लक्ष्य उसके विधान में इस तरह लिखा हुआ है—'पूर्ण स्वतंत्रता की प्राप्ति जिसका मानी अँगरेजी साम्राज्य से संबंध-विच्छेद है और देश में समाजवादी समाज की स्थापना।'

" यह बिलकुल सीधी और सरल बात है। पार्टी के दो उद्देश्य हैं—पहला उद्देश्य कांग्रेस का ही उद्देश्य है, सिवा इसके कि पार्टी ने यह साफ कर दिया है कि पूर्ण स्वतंत्रता का अर्थ अँगरेजी साम्राज्य से अलग हो जाना है।

" क्यों?

" गहराई में जाने पर प्रश्न अंततः मूल्यों और अंतिम उद्देश्यों का रह जाता है, जिनके निश्चय कर लेने के बाद और सारी बातें तार्किक परिणाम मात्र बन जाती हैं।

" यदि हमारा अंतिम उद्देश्य जनता को राजनीतिक और आर्थिक दासता से मुक्त करना है, उसे सम्पन्न और सुखी बनाना है, उसे शोषण के शिकंजों से छुटकारा दिलाना है, उसे विकास का अबाध अवसर देना है, तब समाजवाद को लक्ष्य बनाना ही है और सब किसी को उसके नजदीक आना ही है। फिर, यदि हमारा उद्देश्य समाज की उन शक्तियों पर काबू करना है जो परस्पर संघर्ष करतीं और गड़बड़ी पैदा करती रहती हैं और उन्हें इस तरह से संचालित करना है कि उनसे समाज का अधिक-से-अधिक कल्याण हो, तथा यदि हम मानवी बुद्धि की सभी चेतन प्रेरणाओं को समाज के सम्मिलित हित और वैभव की ओर प्रेरित करना चाहते हैं, तब भी हमारे लिए समाजवाद के निकट पहुँचना अनिवार्यतः आवश्यक हो जाता है।

" यदि हमारे यही उद्देश्य हैं, तो इस पर बहस के लिए कोई गुंजायश नहीं कि हिंदोस्तान में भी समाजवाद की स्थापना होकर रहेगी। क्योंकि आखिर हिंदोस्तान में भी गरीबी है, नहीं, एक तरफ भुखमरी है और

दूसरी ओर दौलत और मौज है ! हिंदोस्तान में भी शोषण है, यहाँ भी उत्पादन के सभी साधन कुछ व्यक्तियों के हाथों में हैं। संक्षेप में वर्तमान समाज के मूल रोग यानी आर्थिक और सामाजिक विषमता और उसके कारण हिंदोस्तान में भी मौजूद हैं, यहाँ भी एक मुट्ठी लोग ज्यादा से ज्यादा लोगों को चूस और दूह रहे हैं !

" और, ऐसा सिर्फ अँगरेजी राज के चलते नहीं हो रहा है। अँगरेजी राज के नहीं रहने पर भी ऐसा होता रहेगा। विदेशी राज्य के खत्म होते ही हिंदोस्तान की गरीबी का सवाल आप-से-आप हल नहीं होगा और न बंद होगा जनता का यह भीषण शोषण—यानी, हमारे उन उद्देश्यों की पूर्त्ति नहीं हो सकेगी, जिनकी चर्चा हमने शुरू में की है। राजनीतिक स्वतंत्रता के साथ आर्थिक स्वतंत्रता भी परम आवश्यक है।

" हम समाजवादियों के सामने आर्थिक स्वतंत्रता का मानी एक शब्द में है—'समाजवाद' ! समाजवाद के बिना आर्थिक स्वतंत्रता धोखे की टट्टी साबित होगी, झूठी कल्पना सिद्ध होगी।

" कांग्रेस का वर्तमान कार्यक्रम इन उद्देश्यों की पूर्त्ति की दृष्टि से बहुत ही कम है। इस कार्यक्रम से जनता की हालत में थोड़ा सुधार हो जाए, किंतु यह न तो उसे शोषण से मुक्ति दिलाएगा और न उसके हाथ में शासन-सूत्र देगा। यह कार्यक्रम समाज के आर्थिक संगठन में क्रांतिकारी परिवर्तन कहाँ तक ला सकेगा, उल्टे यह उस संगठन को और भी मजबूत बनानेवाला है। इसके अनुसार इस देश में पूँजीपति, जमींदार और राजे-महाराजे भी रहेंगे और मजदूर, किसान और प्रजा भी ! सिवा मूल उद्योगों के उत्पादन के सभी साधनों को यह व्यक्तियों के हाथ में रखना चाहता है। यों गरीबों और मध्यवर्गीय लोगों के शोषण के आधार पर बने वर्तमान आर्थिक संगठन को यह सुरक्षा प्रदान करता है। आर्थिक स्वतंत्रता का यह अर्थ कदापि नहीं है। यदि कांग्रेस अपने को जनता की आर्थिक स्वतंत्रता का हामी बताती है, तो उसे साफ करना चाहिए कि इस स्वतंत्रता का अर्थ क्या है ?

" इस कार्यक्रम के बदले हम जो कार्यक्रम रखते हैं, उसे कांग्रेस स्वीकार करने को तैयार न हो, यह बात अलग है; किंतु आज जो बार-बार यह दुहराया जाता है कि समाजवाद सिर्फ काल्पनिक वस्तु है, यह भारतीय वातावरण के अनुकूल नहीं, हिंदोस्तान के समाजवादी सिर्फ सिद्धांत की लकीर पीट रहे हैं, वे मार्क्स नामक जर्मन यहूदी की किताबों की तोतारटंत करते फिरते हैं आदि, यह बात नहीं, बात के जवाब में बतंगड़ है !

" हम यह नहीं कहते कि कांग्रेस को समाजवाद का पूरा कार्यक्रम स्वीकार कर लेना चाहिए। किंतु, हम यह जरूर कहते हैं और चाहते हैं कि कांग्रेस को कम-से-कम एक ऐसा आर्थिक कार्यक्रम तैयार और स्वीकार कर ही लेना चाहिए, जिसे काम में लाने पर जनता को आर्थिक शोषणों से मुक्ति मिल जाए और सारी राजनीतिक और आर्थिक सत्ता उसके हाथों में आ सके।

" कांग्रेस सोशलिस्ट पार्टी एक ऐसा ही कार्यक्रम देश के सामने रख रही है।

" पार्टी का वह कार्यक्रम क्या है ? मूल उद्योगों के राष्ट्रीयकरण के अतिरिक्त स्वराज-सरकार को और क्या-क्या करने हैं जिनसे जनता को पूरी आर्थिक आजादी प्राप्त हो और वह शोषण, अन्याय, दुःख, दरिद्रता और अज्ञान से मुक्ति पा जाए।

" उस कार्यक्रम को अखिल भारतीय कांग्रेस सोशलिस्ट पार्टी ने अपने विधान में यों रखा है—

(1) उत्पादक जनता के हाथों में समस्त राजसत्ता देना।

(2) देश के आर्थिक जीवन के विकास की योजना और नियंत्रण राज्य के द्वारा होना।

(3) मूल और प्रधान उद्योगों (जैसे लोहा, रूई, जूट, रेल, जहाज, खान, बगान आदि) के अतिरिक्त बैंकों, बीमा और जनोपयोगी धंधों का समाजीकरण, इस दृष्टि से कि उत्पादन, वितरण और विनिमय के सभी साधनों का क्रमशः समाजीकरण हो जाए, यानी इनका अधिकार समाज के हाथों में आ जाए।

(4) विदेशी व्यापार पर राज्य का एकाधिकार।

(5) आर्थिक जीवन के जिन भागों का समाजीकरण नहीं हुआ है, उनके उत्पादन, वितरण और महाजनी के लिए सहयोग-समितियों का संगठन।

(6) राजाओं, जमींदारों और सभी शोषक वर्गों को बिना किसी मुआवजा के हटा देना।

(7) जमीन का किसानों के दरम्यान फिर से बँटवारा।

(8) राज्य द्वारा सहयोगमूलक और सामूहिक खेती के लिए प्रोत्साहन और अभ्युन्नति के प्रयत्न।

(9) किसानों और मजदूरों पर जितना भी कर्ज हो, उसको हटाना।

(10) राज्य द्वारा हर व्यक्ति को काम देने या उनके निर्वाह किए जाने के अधिकार की स्वीकृति।

(11) 'हर एक को उसकी जरूरत के मुताबिक मिलेगा और हर एक से उसकी योग्यता के मुताबिक काम लिया जाएगा'—अंततः इसी आधार पर जीवनोपयोगी पदार्थों का वितरण और उत्पादन होना।

(12) पेशे के आधार पर हर एक बालिग को मताधिकार।

(13) राज्य द्वारा न किसी मजहब या धर्म का समर्थन और न मजहबों के दरम्यान भेदभाव करना और न जाति या सम्प्रदाय के आधार पर किसी प्रकार का भेद करना।

(14) राज्य द्वारा स्त्री-पुरुष के दरम्यान किसी तरह का भेद नहीं करना।

(15) जिसको हिंदोस्तान का सार्वजनिक ऋण कहा जाता है, उसे रद्द करना।

" हमारे कार्यक्रम की ये पंद्रह धाराएँ हैं। देखने में ये भारी-भरकम लगती हैं, बहुत ही सख्त और बढ़ी-चढ़ी मालूम होती हैं और इनमें विदेशीपने की बूबास भी मालूम होती है। लेकिन यथार्थतः ऐसी बात नहीं है। ये काफी सीधीसादी हैं, तर्कसंगत हैं और काम में लाई जाने योग्य हैं। और विदेशीपने की बूबास !—तो विधान-परिषद्, असेम्बली और कौंसिल, मिलों के धुएँ और रेलों की चीख क्या इन चीजों में कम विदेशी बूबास है?

"हमारे कार्यक्रम की इन धाराओं का सीधासादा अर्थ यह है कि हम व्यक्तिगत धन के उस भूत को दफन कर देना चाहते हैं, जिसके चलते ही हमारा घर अशांति और गंदगी का अखाड़ा बन गया है। और उस भूत के दफन करने के बाद हम चाहते हैं कि इस घर को अच्छी तरह चलाने के लिए एक सुंदर आर्थिक योजना बना लें और उसे काम में लाने के लिए सब मिलजुलकर पिल पड़ें !"—(Why Socialism? से)

इस लक्ष्य और कार्यक्रम को इससे अच्छे शब्दों में दिया नहीं जा सकता। उस लक्ष्य और कार्यक्रम तक पहुँचने के लिए पार्टी ने इस तरह काम करना तय किया—

(1) कांग्रेस के अंदर इस दृष्टि से काम करना कि उसे एक सच्चा साम्राज्यविरोधी मोर्चा बनाया जा सके।

(2) किसानसभाओं और मजदूरसंघों का संगठन करना और जहाँ कहीं ऐसे संघ कायम हों, उनमें इस उद्देश्य से शरीक होना कि किसानों और मजदूरों की रोजमर्रे की आर्थिक और राजनीतिक लड़ाइयों को तीव्र करने और उनमें हिस्सा लेने और जनता के वर्गसंघर्ष को मजबूत करके स्वाधीनता एवं समाजवाद की प्राप्ति के लिए एक मजबूत जन-आंदोलन तैयार करने की सूरत पैदा हो।

(3) युवकसंघ, महिलासंघ, स्वयंसेवकसंघ वगैरह में हिस्सा लेना और उनका संगठन जिनसे वे पार्टी के कार्यक्रम के समर्थक बनाए जा सकें।

(4) सभी साम्राज्यवादी युद्धों का सक्रिय विरोध और इस प्रकार के या दूसरे संकटों का राष्ट्रीय संग्राम को मजबूत बनाने के लिए उपयोग करना।

(5) अँगरेजी सरकार के साथ किसी भी मंजिल पर विधान-संबंधी समस्या पर समझौता करने में शरीक होने से इंकार कर देना।

(6) राज्यशक्ति पर अधिकार हो जाने पर भारतीय राज्य के विधान को नियमित रूप से तैयार करने की गरज से मजदूरों, किसानों और दूसरे शोषित वर्गों के प्रतिनिधियों को स्थानीय समितियों द्वारा चुने गए प्रतिनिधियों की एक विधान-परिषद् बुलाना।— (कांग्रेस सोशलिस्ट पार्टी के विधान से)

अपने लक्ष्य और कार्यक्रम को ध्यान में रखते हुए अपने जन्म के बाद के इन बारह वर्षों में कांग्रेस समाजवादी पार्टी ने क्या किया, अगले पृष्ठों में उसकी संक्षिप्त चर्चा की जाएगी। संक्षेप में यही कहना है कि इस

पार्टी के जन्म के बाद ही भारत में समाजवाद ने एक जीवित-जाग्रत आंदोलन का रूप धारण किया, देश के कोने-कोने के झोंपड़े-झोंपड़े तक में समाजवाद की चर्चा शुरू हुई; पढ़े-लिखे दिमागपेशा लोगों में ही नहीं, किसानों और मजदूरों में भी समाजवाद के लिए आकर्षण एवं अनुराग पैदा हुआ और आज यह स्थिति आ गई है कि हिंदोस्तान में समाजवाद की स्थापना एक सपना न रहकर निकट भविष्य का ठोस सत्य समझा जाने लगा है। इस स्थिति तक देश और समाजवाद को पहुँचाने में जयप्रकाश को अच्छे-से-अच्छे साथी मिले—श्रीमती कमलादेवी (चट्टोपाध्याय), स्वर्गीय श्री सत्यवती देवी (दिल्ली), श्री पूर्णिमा बनर्जी (प्रयाग), श्री मालती चौधरी (कटक), सर्वश्री आचार्य नरेंद्रदेव, यूसुफ मेहरअली, अच्युत पटवर्धन, मिनू मसानी, सेठ दामोदर स्वरूप, मोहनलाल गौतम, फरीदुलहक अंसारी, मुंशी अहमददीन, डा. राममनोहर लोहिया, शिवनाथ बनर्जी, आदि के अतिरिक्त बिहार के लगभग एक दर्जन ऐसे उच्चकोटि के कार्यकर्त्ता उन्हें मिले, जो किसी भी आंदोलन के लिए आधार-स्तम्भ साबित हो सकते थे; किंतु जिन्होंने अपना अस्तित्व तक जयप्रकाश में विलीन कर दिया है! अगस्त-क्रांति के बाद श्रीमती अरुणा आसफअली और देश के कोने-कोने में क्रांति की धूनी रमानेवाले कर्मठ क्रांतिकारियों का एक नया गिरोह भी उनसे आ मिला है, और आज जयप्रकाश का दल हिंदोस्तान में सबसे अधिक सम्पन्न, संगठित और कर्मशील क्रांतिकारी दल है, इसमें तो शक ही नहीं।

2

कांग्रेस : साम्राज्यविरोधी संयुक्त मोर्चा!

कांग्रेस सोशलिस्ट पार्टी के नाम के साथ ही कांग्रेस नत्थी है, इसलिए सबसे पहले यह आवश्यक है कि कांग्रेस के स्वरूप को तात्विक दृष्टि से समझ लिया जाए।

पार्टी ने यह शुरू से ही माना कि साम्राज्यशाही के खिलाफ में खड़े हुए संयुक्त राष्ट्रीय मोर्चे का नाम ही कांग्रेस है। इस मोर्चे का पचास वर्ष का पिछला इतिहास है। यह मोर्चा धीरे-धीरे तैयार हुआ है। इसमें वे सभी वर्ग शामिल हैं, जिनकी स्थिति, विकास या प्रसार में साम्राज्यशाही बाधक रही है। भारतीय पूँजीवाद को भी अपने विकास में यह साम्राज्यशाही विघ्न रूप में दिखाई पड़ती है, बाधा मालूम होती है, इसलिए हिंदोस्तान के पूँजीपति भी कांग्रेस में आते और उसे सहायता पहुँचाते हैं। किंतु, सिर्फ इसी कारण यह पूँजीवादी संस्था नहीं है। इसके दूसरे छोर में सर्वहारा मजदूरों की पाँत है, जिनकी स्थिति भी इस साम्राज्यशाही के चलते नारकीय बनी हुई है। मजदूरों का कल्याण भी यही चाहता है कि यह साम्राज्यशाही नष्ट हो। इन दो परस्परविरोधी वर्गों के बीच कांग्रेस में निम्न मध्यमवर्ग और किसानों की बड़ी जमात है, जो यथार्थतः कांग्रेस की रीढ़ हैं। कुछ छिटफुट जमींदार, कुछ बड़े-बड़े दिमागपेशा लोग भी इस मोर्चे में शामिल हो जाया करते हैं, क्योंकि गुलामी शब्द ही बहुत घिनौना है और अपने देश को आजाद देखने की इच्छा सबके हृदय में होती है।

इस साम्राज्य-विरोधी मोर्चे को तोड़ना या कमजोर करना किसी समाजवादी पार्टी का काम नहीं हो सकता—क्योंकि देश में समाजवाद कायम करने के लिए सबसे पहली शर्त है, देश को आजाद करना। आजाद भारत ही समाजवादी भारत हो सकता है। इसलिए हर समाजवादी का यह कर्त्तव्य है कि इस मोर्चे को तोड़ने के बजाय इसे ज्यादा-से-ज्यादा मजबूत बनाए। इसके अंदर कोई ऐसी कार्रवाई नहीं करे, जिससे इस मोर्चे की मजबूती पर जरा भी धक्का लगे।

किंतु पार्टी ने यह भी माना कि यह मोर्चा उतना मजबूत नहीं, जिससे यह साम्राज्यशाही का मुकाबला सफलतापूर्वक कर सके। अतः उसने अपना यह भी कर्त्तव्य समझा कि इसे और भी पुख्ता बनाया जाए, इसमें उन सभी वर्गों को ज्यादा-से-ज्यादा तायदाद में लाने की कोशिश की जाए जो सबसे लड़ाकू और दृढ़प्रतिज्ञ हैं। किंतु,

इसकी सीमा भी उसने समझी। वह सीमा क्या है, कांग्रेस के अंदर पार्टी के काम का क्या सिलसिला हो, इसे जयप्रकाश के ही शब्दों में सुनिए—

" कांग्रेस एक सच्ची और मजबूत साम्राज्यविरोधी मोर्चा बने, इसी को ध्यान में रखकर हमें उसके अंदर काम करना है। हम कांग्रेस को निखालिस समाजवादी संस्था बनाना नहीं चाहते—जो ऐसा सोचते हैं, वह गलती करते हैं। हम सिर्फ यह चाहते हैं कि कांग्रेस के कार्यक्रम और नीति को इस कदर बदल दें कि वह जनता का सच्चा प्रतिनिधित्व कर सके और उसे विदेशी सत्ता और देशी शोषण से मुक्ति दिला सके।

" कुछ लोग हमारे इस विचार का मखौल उड़ाते हैं। वे समझते हैं कि कांग्रेस तो पूँजीवादी संस्था है और उसकी नीति को हम उपर्युक्त ढंग से बदल नहीं सकते। किंतु, हम ऐसे लोगों से सहमत नहीं। आज कांग्रेस में उच्चवर्गीय लोगों के स्वार्थों का बोलबाला है और उसके नेता उसमें ऐसे कार्यक्रम को नहीं शामिल करना चाहते जो जनता को पूरी आर्थिक मुक्ति दिलाए। लेकिन, तो भी, कांग्रेस में ऐसे लोगों की एक बड़ी तायदाद है जो ऐसे कार्यक्रम का हार्दिक स्वागत करेंगे। इसके लिए शर्त सिर्फ यह है कि पुराने नेताओं की छत्रछाया में आज तक काम करते आनेवाले इन लोगों को हम यह विश्वास दिला सकें कि यह कार्यक्रम राष्ट्रीय शक्ति को विभाजित करके राष्ट्रीय युद्ध को कमजोर बनानेवाला नहीं है। यदि हम इन्हें समझाना चाहते हैं, इन्हें अपने साथ लाना चाहते हैं (और बिना इन्हें अपने साथ किए इस देश में मजबूत साम्राज्यविरोधी मोर्चा बन नहीं सकता) तो सिर्फ नेताओं को गाली देने या लम्बी और विद्वत्तापूर्ण 'थीसिस' लिखने से काम नहीं चलेगा। बल्कि हमें कार्यरूप में यह दिखाना होगा कि हमारा कार्यक्रम ज्यादा प्रभावशाली है, ज्यादा प्रेरणाशील है।"

पार्टी के मेरठ-अधिवेशन ने जो 'थीसिस' मंजूर की थी, उसमें लिखा है—

"अपने उद्देश्य को सामने रखते हुए पार्टी को कांग्रेस के मंच पर केवल साम्राज्यविरोधी रुख अख्तियार करना चाहिए। कांग्रेस के सामने पूरे समाजवादी कार्यक्रम को रखने की गलती नहीं करनी चाहिए। ऐसा साम्राज्यविरोधी कार्यक्रम निकालना चाहिए कि मजदूरों, किसानों और निम्न मध्यमवर्ग की जरूरतों के अनुकूल हो।

" चूँकि पार्टी का यह लक्ष्य है कि साम्राज्यविरोधी लोगों पर उसकी विचारधारा का प्रभाव पड़े, इसलिए हमारे लिए बहुत समझदारी से काम लेने की जरूरत है। हमें किसी भी हालत में लोगों को अपनी असहिष्णुता या बेसब्री से नाराज नहीं कर देना चाहिए। कांग्रेस के रचनात्मक कार्यक्रम की तार्किक आलोचना करना और उसकी गलतियाँ दिखलाना मुनासिब है, परंतु उसमें किसी प्रकार की बाधा नहीं डालनी चाहिए। कांग्रेस के चुनावों में हमको कमेटियों और पदों पर कब्जा करने की उत्सुकता न दिखानी चाहिए और न इस मतलब से ऐसे लोगों का साथ देना चाहिए, जो राजनीतिक दृष्टि से त्याज्य हैं!"

कांग्रेस के इस स्वरूप और उसके अंदर कार्य करने की यह सीमा स्वीकार कर पार्टी ने बारह वर्षों तक जो कुछ किया है, उसका वर्णन ही एक पूरे पोथे का रूप धारण कर सकता है। यहाँ बहुत संक्षेप में ही उसका उल्लेख किया जा सकता है।

कांग्रेस के अंदर पार्टी के कामों को चार हिस्सों में बाँटा जा सकता है— (1) वैधानिकता के खिलाफ जेहाद जारी रखना, (2) जनता की आर्थिक समस्याओं के निराकरण की ओर कांग्रेस का ध्यान दिलाना, (3) कांग्रेस के संगठन की त्रुटियों को दूर कराने की चेष्टा करना और (4) कांग्रेस को हमेशा युद्धोन्मुख बनाए रखना।

जिस समय पार्टी का जन्म हुआ, 1930-32 का सत्याग्रह-आंदोलन आखिरी दम तोड़ रहा था। जिस दिन पार्टी को जन्म दिया गया, उसके दूसरे ही दिन अखिल भारतीय कांग्रेस कमेटी की बैठक पटना में हुई, जिसमें असेम्बलियों और कौंसिलों में प्रतिनिधि भेजने का प्रस्ताव रखा गया। पार्टी ने इसकी जबर्दस्त मुखालफत की। किंतु, जब प्रस्ताव पास हो गया, तो उसने अपने सदस्यों को केंद्रीय असेम्बली के चुनाव में खड़े होने से मना कर दिया और इस आज्ञा को नहीं मानने के कारण प्रोफेसर रंगा को भी पार्टी से अलग कर देने में वह नहीं हिचकी।

उसके बाद प्रांतीय असेम्बलियों का चुनाव आया।

यह चुनाव नए विधान के अनुसार हो रहा था, जिसको तोड़ने का निर्णय कांग्रेस कर चुकी थी। इसलिए पार्टी ने अपने सदस्यों को प्रचार की दृष्टि से उस चुनाव में खड़े होने की इजाजत दी और कांग्रेस को इन चुनावों के जीतने में पूरी मदद पहुँचाई। इन चुनावों में कांग्रेस को शानदार विजय मिली। किंतु इस विजय के बाद ही मंत्रिमंडल बनाने की ओर कांग्रेस के कुछ कर्णधारों का झुकाव दीख पड़ने लगा। पार्टी ने इसके खिलाफ आवाज उठाई। मंत्रित्व नहीं स्वीकार किया जाए, इसके लिए जबर्दस्त आंदोलन शुरू किया गया और यह दावे के साथ कहा जा सकता है कि अखिल भारतीय कांग्रेस कमेटी की दिल्ली बैठक में मंत्रिमंडल कायम करने के खिलाफ जितनी बड़ी तादाद में वोट मिले, उसका श्रेय पार्टी को ही है। किंतु, बहुमत से यह तय हो गया कि मंत्रिमंडल कायम किया जाए। मंत्रिमंडल कायम हो जाने के बाद भी जब राजनीतिक बंदी जेलों में सड़ते रहे, तो जयप्रकाश ने यह सुप्रसिद्ध नारा दिया—"Release or resign" राजबंदियों को छोड़ो, या इस्तीफा दो। इस नारे का ऐसा असर हुआ कि युक्तप्रांत और बिहार के मंत्रिमंडलों को इस प्रश्न पर इस्तीफा तक देना पड़ा। इस इस्तीफे से साम्राज्यशाही घबरा उठी और सभी राजबंदियों को छोड़ दिया गया। फिर जब 1939 में द्वितीय महायुद्ध शुरू हुआ, पार्टी ने मंत्रिमंडलों के इस्तीफे पर जोर दिया और अंततः वही होकर रहा! महायुद्ध की समाप्ति के बाद जेल से निकलते ही जयप्रकाश ने फिर वैधानिकता के खिलाफ आवाज उठाई है और अपने लोगों को विधान-परिषद् में जाने से रोका। यही नहीं, जब इन्टरिम गवर्नमेंट केंद्र में बनाई गई, तब पार्टी ने उसके पक्ष में अपने वोट देने से इंकार कर दिया।

कांग्रेस ने अपने कराँची-प्रस्ताव के द्वारा जनता के आर्थिक प्रश्नों की ओर ध्यान देना शुरू कर दिया था। मुख्यतः पार्टी के प्रयत्न से उसने फैजपुर का किसान-संबंधी कार्यक्रम स्वीकार किया, जो प्रांतीय असेम्बलियों के चुनाव में कांग्रेस की विजय का सबसे प्रभावशाली अस्त्र सिद्ध हुआ। जब इस विजय के बाद कांग्रेसी मंत्रिमंडल बने, तो पार्टी ने यह उचित समझा कि वह मंत्रिमंडलों का ध्यान किसानों और मजदूरों की समस्या की ओर पूर्णतः आकृष्ट करे। इसके लिए सर्वप्रथम उसने असेम्बली के सामने किसानों के बड़े-बड़े प्रदर्शन कराए, फिर जगह-जगह किसान-सम्मेलन कराकर प्रांतीय मंत्रिमंडलों पर जोर देना शुरू किया कि फैजपुर के कार्यक्रम को काम में लाया जाए। कई प्रांतों में तो इस बारे में पूरी सफलता मिली—किसानों की जमीन और कर्ज के संबंध में अच्छे-अच्छे कानून बन गए। किंतु कई प्रांतों में किसानों की आशा पूरी नहीं हुई, उन्हें दमन तक का शिकार होना पड़ा। मजदूरों ने अपनी माँगें पेश करना शुरू किया और पार्टी के योग्य नेतृत्व के कारण प्रायः हर मोर्चे पर मजदूरों की विजय हुई। मजदूरों की स्थिति की जाँच के लिए मंत्रिमंडलों द्वारा कई प्रांतों में कमेटियाँ बनाई गईं और उनकी रिपोर्टें और सिफारिशें मजदूर आंदोलन की प्रगति में सहायक सिद्ध हुईं। जब, अगस्त 1942 में 'भारत छोड़ो' का प्रस्ताव कांग्रेस ने पास किया, तो उसमें यहाँ तक स्वीकार कर लिया गया कि भारत की जो स्वतंत्र सरकार होगी, वह "खेतों और कारखानों में काम करनेवाले श्रमजीवियों" की सरकार होगी। गाँधीजी ने, जेल से निकलने के बाद, घोषणा की है कि हिंदोस्तान के स्वराज्य का मानी है 'किसान-मजदूर-प्रजा-राज्य'। गाँधीजी की यह घोषणा कांग्रेस सोशलिस्ट पार्टी के आदर्शों और प्रयत्नों की विजय की घोषणा है। यद्यपि अभी किसानों और मजदूरों के लिए दिल्ली दूर ही है!

कांग्रेस के संगठन की कमजोरियों की ओर पार्टी का ध्यान शुरू से ही रहा। जयप्रकाश ने इस संबंध में 1935 में ही कहा था—

"कांग्रेस का विकास एक दूसरी ओर करना है। यह उसके संगठन और विधान से संबंध रखता है। आजकल कांग्रेस का संगठन व्यक्तिगत सदस्यता के आधार पर होता है, जो बड़ा ही असंतोषप्रद है। इसके चलते कांग्रेस एक बनावटी संस्था-मात्र बन जाती है। वह जनता की संस्था न होकर एक मुट्ठी सदस्यों की संस्था-मात्र बनी रहती है। हमें इसके संगठन को इस तरह बदलना है कि वह जनता की सीधी प्रतिनिधि-संस्था बन जाए। मेरे विचार से इसके लिए आवश्यक है कि कांग्रेस में सामूहिक प्रतिनिधित्व का सिलसिला जारी

किया जाए। वर्गों और समूहों की संस्थाओं से चुने गए व्यक्तियों से ही कांग्रेस की प्रारम्भिक कमेटियों का संगठन किया जाए। वे किसानों, खेतिहरों, व्यापारियों और दूसरे पेशों के प्रतिनिधियों की हैसियत रखनेवाले सदस्यों से ही संगठित की जाएँ। इस योजना का ब्योरा बनाना कठिन माना जा सकता है; किंतु इसका सिद्धांत बहुत ही सरल और, मेरे विचार से, न्याययुक्त और उचित है।"

किंतु खेद है, बहुत प्रयत्नों के बाद भी आज तक कांग्रेस इस सिद्धांत को नहीं मान सकी। पार्टी ने मुसलमानों में काम करने के लिए भी एक योजना कांग्रेस के सामने रखी, सिद्धांततः उसे स्वीकार भी किया गया, किंतु उसे कार्यरूप में परिणत करने पर ध्यान नहीं दिया गया, जिससे आज मुसलमान कांग्रेस मे दूर होते चले जा रहे हैं।

जिस समय पार्टी का बाजाप्ता पहला सम्मेलन बम्बई में हो रहा था, उसी समय बम्बई-कांग्रेस में गाँधीजी ने एक प्रस्ताव रखा कि कांग्रेस के उद्देश्य में प्रयुक्त 'उचित और शांतिमय' शब्दों के बदले 'सत्य और अहिंसा' को रख दिया जाए। पार्टी ने इसकी जबर्दस्त मुखालफत की, जिससे अंततः गाँधीजी का वह प्रस्ताव पास नहीं हो सका। पार्टी यह मानती रही है, कि जन-आंदोलन का प्रारम्भ और विकास शांतिमय तरीकों से ही होता आया है। यूरोप में भी हड़तालें बंदूक और बम से नहीं शुरू होतीं! किंतु, जनसंघर्ष का एक अवसर ऐसा आता है, जब शांति की दुहाई उसके पराजय का प्रतीक बन जाती है। जिस समय पार्टी ने ऐसा कहना शुरू किया था, जोरों से हल्ला शुरू किया गया था। किंतु, पिछले महायुद्ध के दरम्यान कांग्रेस खुद गाँधीजी की अहिंसा से हटती गई और जयप्रकाश को अगस्त-क्रांति के अवसर पर यह कहना पड़ा—

"सबसे पहले हम यह जान लें कि गाँधीजी की अहिंसा और कांग्रेस की अहिंसा में फर्क है। गाँधीजी किसी भी दशा में अहिंसा से डिगनेवाले नहीं हैं। उनके लिए अहिंसा एक धर्म है, एक जीवन-सिद्धांत है। किंतु, कांग्रेस के लिए ऐसी बात नहीं है। इस लड़ाई के दरम्यान कांग्रेस ने कहा है कि यदि भारत स्वतंत्र हो जाए या यहाँ राष्ट्रीय सरकार कायम हो जाए, तो वह आक्रमण का सामना हथियारों से करने को तैयार है। यदि हम जर्मनों और जापानियों से हथियार लेकर लड़ सकते हैं तो फिर अँगरेजों से हम सशस्त्र मुकाबला क्यों नहीं कर सकते?....

" मैं मानता हूँ कि यदि बड़े पैमाने पर अहिंसा का प्रयोग किया जा सके, तो हिंसा अनावश्यक हो जाती है; लेकिन जब तक ऐसी अहिंसा नहीं पाई जाती, मैं कांग्रेस के शास्त्रीय आवरण में छुपकर क्रांति के रास्ते में रुकावट डालते रहना बर्दाश्त नहीं कर सकता।"

यों तो विधानवादी प्रवृत्ति को रोकने की चेष्टा ही कांग्रेस को युद्धोन्मुख करने में शुमार की जा सकती है, किंतु पार्टी ने लड़ाई की पुकार देने में कभी कोर-कसर नहीं की। एक ओर वह कांग्रेस के नेताओं का ध्यान बार-बार 'सीधी चोट' की लड़ाई की ओर खींचती रही, तो दूसरी ओर जनता से उस लड़ाई की तैयारियों के लिए अपील भी करती रही। किंतु सिर्फ पुकार देने से ही उसे कभी संतोष नहीं हुआ—जब-जब मौके आए, उसके नेताओं ने व्यक्तिगत उदाहरणों द्वारा इस संबंध में पथ-प्रदर्शन किया। 1937 में जब सारा देश मंत्रिमंडल बनने न बनने की उधेड़बुन में फँसा हुआ था, जयप्रकाश ने नए विधान के जारी किए जाने के विरोध में किए गए प्रदर्शन पर रुकावट डाले जाने पर पटना में खुलेआम कानून तोड़ा और सजा ली। इस मौके पर पार्टी के कितने अन्य सदस्यों ने भी देश के भिन्न-भिन्न भागों में प्रदर्शन पर लगाए गए प्रतिबंधों को तोड़कर सीधी चोट की लड़ाई का आदर्श देश के सामने रखा। पटना में जयप्रकाश का दर्जनों साथियों के साथ गिरफ्तार होना और फिर तीन-तीन महीने की सजा पाना—इस घटना से देश में ही नहीं, इंग्लैंड में भी सनसनी फैल गई और वहाँ जयप्रकाश की तस्वीर लेकर प्रदर्शन किए गए। यों ही जब द्वितीय महायुद्ध शुरू हुआ, पार्टी ने उस युद्ध के खिलाफ शुरू से ही जेहाद जारी किया, जिससे पार्टी के प्रायः सभी प्रमुख नेता गिरफ्तार कर लिए गए। 1940 में व्यक्तिगत सत्याग्रह शुरू करने के सिलसिले में बोलते हुए महात्माजी ने कहा था—"जब तक जयप्रकाश और लोहिया ऐसे लोग जेलों में सड़ रहे हैं, मैं चैन से किस तरह बैठा रह सकता हूँ।" फिर पार्टी को इसका गर्व है कि 1942 की

अगस्त-क्रांति की यज्ञाग्नि के लिए समिधा एकत्र करने में उसका बहुत बड़ा हाथ रहा है और उसे अंत तक प्रचलित रखने का श्रेय तो उसके नेतृत्व को ही है !

पार्टी का यह विश्वास है कि कांग्रेस के अंदर उसने जो कुछ किया है, उससे साम्राज्यविरोधी मोर्चे के रूप में उसमें मजबूती आई है—उसमें नई शक्तियों का समावेश हुआ, उसका विस्तार हुआ, वह अधिक संगठित और सुसज्जित हुई। पार्टी के इस रोल को कांग्रेस ने भी स्वीकार किया है—यद्यपि उसके कुछ नेता अपनी संकीर्ण दृष्टि के कारण पार्टी को गालियाँ देने से भी नहीं चूक सके हैं। कांग्रेस के अंदर पार्टी के प्रभाव को स्वीकार करते हुए पार्टी के जन्म के साल भर के अंदर-अंदर, उसके तीन सदस्यों को कांग्रेस की कार्य-समिति में लिया गया, जिनमें एक जयप्रकाश भी थे। जयप्रकाश ने तीन महीने के बाद ही इस्तीफा दे दिया, किंतु बाकी दो सदस्य आचार्य नरेंद्रदेव और श्री अच्युत पटवर्धन कार्य-समिति के सदस्य बने रहे। कई मौके ऐसे आए, जब पार्टी के सदस्यों को कार्य-समिति में रहने से इंकार भी करना पड़ा। किंतु इसका मतलब कांग्रेस से असहयोग नहीं था। आज फिर जयप्रकाश उसकी कार्यसमिति के सम्माननीय सदस्यों में से हैं।

3

किसानों और मजदूरों का संगठन

"साम्राज्यविरोधी शक्तियों का विकास सिर्फ सिद्धांतों के प्रचार से नहीं हो सकता। उसके साथ ही हम जनता में काम भी करें। क्योंकि साम्राज्यविरोधी आंदोलन सिर्फ सिद्धांतवादियों का जमघट नहीं रहेगा, बल्कि उसमें किसानों, मजदूरों और गरीब मध्यवर्गीय लोगों का बोलबाला होना चाहिए। इन वर्गों में काम करना, इनकी राजनीतिक चेतना को जाग्रत करना, इनके आर्थिक संघर्षों का संगठन करना—यही हमारा मुख्य और मौलिक कार्य है।"

—***जयप्रकाश,*** बंगाल पार्टी-सम्मेलन का भाषण

हम पहले देखें, जिस समय पार्टी का जन्म हुआ, हिंदोस्तान के किसान-आंदोलन की क्या दशा थी ?

जब से देश में राजनीतिक जाग्रति का श्रीगणेश हुआ, किसानों की दरिद्रता और अज्ञान की ओर देशभक्तों का ध्यान जाने लगा। भाषणों में, पुस्तकों में उनकी दशा पर आँसू गिराए जाते—हायतोबा की जाती। किंतु, किसानों के किसी प्रश्न को लेकर एक आंदोलन खड़ा करना और उस आंदोलन को सीधा चोट की लड़ाई तक पहुँचा देना—इस काम का प्रारम्भ महात्मा गाँधी के द्वारा ही चम्पारण और खेड़ा में हुआ। चम्पारण के नीलहों के अत्याचार से किसानों का उद्धार करके गाँधीजी ने अपने सत्याग्रह-अस्त्र का वह चमत्कार दिखलाया, कि देश-भर में उनकी और उनके इस नए अस्त्र की धूम मच गई। सदियों से सताए, सोए, बेहोश पड़े किसानों ने भी एक नवजीवन का अनुभव किया—वे सुगबुगाने लगे, आँखें मलने लगे, उठ खड़ा होने की तैयारियाँ करने लगे। 1921 के असहयोग-आंदोलन ने उनकी राजनीतिक चेतना को और भी जाग्रत किया। यद्यपि असहयोग आंदोलन में सभी साम्राज्यविरोधी वर्ग के लोग सम्मिलित थे, किंतु किसानों की ओर ही इसका रुख था। बारदोली में करबंदी करने की घोषणा करके गाँधीजी ने देशभर के किसानों को मानो निमंत्रण दिया था—यह लड़ाई अंततः तुम्हारी है, आओ, इस महान यज्ञ में अपने सर्वस्त्र की आहुति दो !

चौरीचौरा-कांड ने बारदोली की योजना को गर्भ में ही मार डाला। गाँधीजी जेल गए और वहाँ से लौटे, तो उनके सामने राजनीति के ऐसे पेचीदे सवाल खड़े थे कि वह अब विशुद्ध किसान-आंदोलन का संचालन कर नहीं सकते थे।

किंतु, किसानों में जो जाग्रति आई थी, उसका संगठनात्मक रूप किसी-न-किसी सूरत में लोगों की आँखों के सामने आना अनिवार्य था। खासकर बिहार और युक्तप्रांत में हम किसानसभाओं का नाम सुनने लगते हैं। किसानों के सवालों को लेकर भिन्न-भिन्न प्रांतों में भिन्न-भिन्न व्यक्तियों द्वारा भिन्न-भिन्न रूप में किसान-आंदोलन चलाया जाने लगा। किंतु, इन आंदोलनों के सूत्रधारों में कोई ऐसा नहीं था, जो इन्हें एक सूत्र में गूँथकर अखिल भारतीय रूप देता। उनमें से कुछ तो बिलकुल अवसरवादी थे, किसानों के भोलेपन से उन्होंने लाभ उठाया, उन्हें धोखे दिए।

जब पंडित मोतीलाल नेहरू की स्वराज्य पार्टी प्रांतों में मजबूत हुई, तो किसानों के कानूनों के संशोधन के प्रश्न को लेकर फिर एक बार किसानों में जाग्रति देखी गई। किंतु, देश की राजनीतिक प्रगति की धारा में स्वराज्य पार्टी भी विलीन हुई और यह आंदोलन भी। हाँ, सरदार पटेल के नेतृत्व में बारदोली के किसानों ने एक शानदार लड़ाई लड़कर और जीतकर देश के किसानों को बहुत ही अनुप्राणित किया। बारदोली-विजय के बाद सरदार पटेल का दौरा बिहार में हुआ था और उन्होंने जमींदारों के खिलाफ वे बातें कहीं थीं, जिन्हें कोई किसानसभावादी भी उन दिनों कहने की हिम्मत नहीं कर सकता था।

1932 के सत्याग्रह की विफलता के बाद जो कांग्रेस कार्यकर्त्ता जेलों से नए आदर्श को लेकर निकले थे, उन्होंने देश के कई कोनों में किसान-आंदोलन का श्रीगणेश कर दिया था। पार्टी के जन्म के समय बिहार, युक्तप्रांत, आंध्र, पंजाब और गुजरात में किसान-आंदोलन का फिर से श्रीगणेश हो चुका था। पार्टी का सबसे पहला काम यह हुआ कि वह भिन्न-भिन्न प्रांतों में चलनेवाले किसान-आंदोलनों को एक अखिल भारतीय सूत्र में गूँथे और इसके लिए उसने अपने मेरठ-अधिवेशन में एक कमेटी बनाई, जिसके सदस्यों में जयप्रकाश भी थे। उस कमेटी के ही प्रयत्न से अखिल भारतीय किसान सभा का संगठन हुआ। इस सभा में वे सभी सम्मिलित हुए, जो किसानों के हितेच्छु थे, उनके अंदर काम करते और उनकी लड़ाइयों में शामिल होते थे। पार्टी ने उन पर कभी यह बंधन नहीं रखा कि वे पार्टी के सदस्य हो जाएँ; उल्टे पार्टी ने यह मुनासिब समझा कि पार्टी से अलग रहनेवाले किसानसेवकों को पूरी प्रमुखता दी जाए, जिसमें किसानसभा एक पार्टी की चीज नहीं समझी जाकर किसान-मात्र की प्रतिनिधि संस्था मानी जाए। अपनी निष्पक्षता पर जोर देने के कारण पार्टी ने ऐसे सज्जनों को भी प्रमुखता दे दी, जिन्होंने पीछे चलकर किसानों और किसानसभा को गुमराह करने के लिए कुछ उठा नहीं रखा।

अब तक किसानसभा किसानों की कुछ तात्कालिक माँगों के आधार पर चलती थी। पार्टी ने उसे सैद्धांतिक आधार दिया। जमींदारी, तालुकेदारी आदि की प्रथाओं का उच्छेद और किसानों के कर्ज की मंसूखी उसकी प्रमुख माँग रखी गई। हिंदोस्तान के कोने-कोने से 'जमींदारी प्रथा नाश हो' के नारे उठने लगे और यह नारा ऐसा जबर्दस्त होता गया कि जमींदारी के उच्छेद के लिए कांग्रेस मंत्रिमंडलों की ओर से कानून बनने जा रहे हैं। इनके अतिरिक्त बकाया लगान रद्द किया जाए, मालगुजारी आधी कर दी जाए, जिस किसान के पास जीविका के योग्य पूरी जमीन न हो, उसे मालगुजारी नहीं देनी पड़े, किसानों से बेगार या अब्बवाब लेने पर जमींदारों को दंड दिया जाए, मालगुजारी या कर्ज की वसूली में किसानों के घर, खलिहान, खेती के साधन एवं किसान-परिवार की परवरिश के लायक जमीन की नीलामी नहीं हो और किसानों को सहयोगी एवं पंचायती खेती के लिए प्रोत्साहन दिया जाए—किसानों के जीवन के अस्तित्व से संबंध रखनेवाली ये बातें भी किसानों की माँग में रखी गईं। इन माँगों ने किसान-आंदोलन को ऊँची सतह पर लाकर खड़ा कर दिया!

अखिल भारतीय किसानसभा का सबसे शानदार सम्मेलन गया में हुआ जिसकी सदारत आचार्य नरेंद्रदेवजी ने की थी। इस सम्मेलन में एक लाख किसान शामिल हुए थे और उसका रूपरंग कांग्रेस के वार्षिक अधिवेशनों-सा ही मालूम पड़ता था। इस सम्मेलन में किसानों के हितेच्छुओं को यह विश्वास हो गया था कि अब किसानों के भाग्य खुलने ही वाले हैं—आगामी क्रांति में संगठित किसानों का वह शानदार हिस्सा होगा कि किसान-मजदूर-राज कायम होने में ज्यादा दिन नहीं लगेंगे।

किसान-आंदोलन का मूलस्रोत प्रारम्भ से ही बिहार रहा है। जब जयप्रकाश ने बिहार में रहना शुरू किया, वह किसान-आंदोलन में पूरी दिलचस्पी लेने लगे और बिहपुर में हुए प्रांतीय किसान-सम्मेलन का सभापतित्व भी किया। कांग्रेस-मंत्रिमंडल के जमाने में जब प्रांत-भर में बकाश्त-सत्याग्रह की धूम मची, जयप्रकाश उसकी प्रमुख संचालक-शक्ति थे। खेड़ा का बकाश्त-आंदोलन उनके ही योग्य नेतृत्व के कारण हिंदोस्तान-भर में ख्याति प्राप्त कर सका था!

किंतु, ज्योंही महायुद्ध शुरू हुआ, किसानों के दुर्भाग्य से, किसानसभा के उन प्रमुख लोगों ने किसान-क्रांति के पथ में रोड़े डालने शुरू किए, जिन्हें पार्टी ने किसानसभा के सूत्रधारों में स्थान दे रखा था। पहले रामगढ़-कांग्रेस के अवसर पर किसानसभा का उपयोग कांग्रेस के खिलाफ करने की चेष्टा की गई इस गलत नारे पर कि कांग्रेस लड़ना नहीं चाहती, किसानो, आजादी की लड़ाई छेड़ो! और जब कांग्रेस ने उपयुक्त समय जानकर लड़ाई के लिए देश का आह्वान किया, तो फिर किसानों से कहा जाने लगा कि इस लड़ाई में तुम क्यों शामिल हो—रूस के लिए कम्बल भेजो, और बस तुम्हारा कर्तव्य समाप्त! राष्ट्र के उस संकटकाल में किसानसभा की ऐसी छीछालेदर हुई कि उसके स्मरण से आज भी हर किसान-सेवक का सिर शर्म से नीचे झुक जाता है।

जयप्रकाश उन दिनों देवली-जेल में थे। किसानसभा की यह दुर्गति उन्हें खल रही थी। किंतु वे क्या कर सकते थे? संयोग ही कहिए, उन दिनों भी देश में उनके कुछ विश्वस्त साथी बाहर थे। उन्होंने किसानसभा की इस टूटती और डूबती नैया का पतवार अपने हाथों में लिया और श्री अवधेश्वर प्रसाद सिंह के सभापतित्व में अखिल भारतीय किसानसभा का पुनर्संगठन किया। फिर देश के किसानों के कंठ से गूँजने लगा—'साम्राज्यवादी यह लड़ाई, हम न देंगे एक पाई, एक भाई'! जो लोग इस विश्वयुद्ध को अब 'जनता का युद्ध' कहते थे, उन्होंने जब बिहटा (पटना) में किसानसभा के नाम पर डेढ़ चावल की खिचड़ी पकाने का आयोजन किया, इस पुनर्संगठित अखिल भारतीय किसानसभा का शानदार सम्मेलन बेदौल (मुजफ्फरपुर) में किया गया, जिसके मनोनीत सभापति आचार्य नरेंद्रदेव थे और जिसमें सेठ दामोदर स्वरूप, डा. लोहिया, श्री मेहरअली आदि पार्टी के प्रमुख नेता सम्मिलित हुए। इस सम्मेलन ने भारतीय किसानों में फिर से क्रांतिकारी भावना फूँक दी और 1942 की अगस्त-क्रांति में किसानों का जो पूरा सहयोग मिल सका, उसका श्रेय इस सम्मेलन को ही है।

मजदूरों के संगठन की हालत किसानों से कुछ भिन्न ही थी। जिस समय पार्टी का जन्म हुआ, उस समय हिंदोस्तान में तीन अखिल भारतीय मजदूर संस्थाएँ थीं, जो अलग-अलग अपनी खिचड़ी पकाती और एक-दूसरे को अपना दुश्मन समझती थीं। इन तीन संस्थाओं के आपसी विग्रह के कारण मजदूरों का संगठन मजबूत क्या हो पाता—बहुत-सी ऐसी जगहें थीं, जहाँ के मजदूर असंगठित पड़े थे, उनकी ओर कोई देखनेवाला तक नहीं था। इसलिए पार्टी ने मजदूरों में अपने काम को दो हिस्सों में बाँटा—(1) इन तीनों मजदूर संस्थाओं को मिलाकर एक ही अखिल भारतीय मजदूर संघ की स्थापना करना और (2) जहाँ कहीं भी असंगठित मजदूर हों, उन्हें तुरत संगठित करने का प्रयत्न करना।

1919 में झरिया (बिहार) में स्वर्गीय लाला लाजपतराय के सभापतित्व में मजदूरों का एक अखिल भारतीय सम्मेलन हुआ था और उसी में अखिल भारतीय ट्रेड यूनियन कांग्रेस को जन्म दिया गया था। किंतु यह ट्रेड यूनियन कांग्रेस अभी छः-सात साल का बच्चा ही था, कि उसके अंगों का विच्छेद शुरू हुआ। यहाँ की लिबरल पार्टी और कम्युनिस्ट पार्टी इस कुकर्म के लिए जिम्मेदार थी और आज भी जब हम ट्रेड यूनियन कांग्रेस में

लिबरलों और कम्युनिस्टों का गठबंधन देखते हैं, तो क्या हमें कुछ आश्चर्य होता है? ट्रेड यूनियन कांग्रेस की बैठक नागपुर में (1927) पं. जवाहरलाल के सभापतित्व में हो रही थी, तो उसमें यह सवाल उठा कि साइमन-कमीशन के साथ मजदूरों की स्थिति की जाँच के लिए आनेवाली ह्विटले-कमीशन के साथ ट्रेड यूनियन कांग्रेस सहयोग करे या नहीं? साइमन-कमीशन का बायकाट देशभर के हर तबके के लोग कर रहे थे। मजदूर भला उससे सहयोग कैसे कर सकते थे? किंतु, लिबरलों ने जिद की और जब उनकी बात नहीं चली, तो उन्होंने ट्रेड यूनियन कांग्रेस से हटकर 'लेबर-फेडरेशन' के नाम से अपना अलग मजदूर-संगठन शुरू किया। यों ही जब मास्को से आदेश आया कि 'बुरजुआ' लोगों के साथ मजदूर-संगठन करना 'पाप' है, तो कम्युनिस्ट भी ट्रेड यूनियन कांग्रेस से हट गए और उन्होंने 'रेड ट्रेड यूनियन' के नाम पर काम करना शुरू किया।

इस परिस्थिति में पार्टी ने जो रुख लिया, वह जयप्रकाश के ही शब्दों में सुनिए—

"पार्टी को मजदूरों की एकता पर दृढ़ विश्वास था और उसके लिए वह शुरू से ही काम करने लगी। जब तक यह एकता पूरी तरह कायम नहीं हो जाती, तब तक उसने अखिल भारतीय ट्रेड यूनियन कांग्रेस के साथ ही काम करने का तय किया। पार्टी के अंदर जो मजदूर-यूनियन बननेवाले थे, उनका संबंध ट्रेड यूनियन कांग्रेस से ही कराने का उसने निश्चय किया। मजदूरों की तीन संस्थाओं में ट्रेड यूनियन कांग्रेस को ही चुनकर पार्टी ने अपनी बुद्धिमानी का ही परिचय दिया, क्योंकि बाकी दो संस्थाएँ उसी से फूटी थीं और अंततः उन्हें उसी में मिलना था।"

जयप्रकाश ने इस संबंध में पहले कम्युनिस्टों से बातें शुरू कीं और थोड़े ही दिनों में उन्हें सफलता मिली। इधर मास्को में कोमिंटर्न की जो बैठक हुई, उसने भी हिंदोस्तानी कम्युनिस्टों को अपने 'लाल भगवे' को हटाने की सलाह दी। 'रेड ट्रेड यूनियन' दफन कर दी गई और उसके अंदर के मजदूर संघों ने अपने को ट्रेड यूनियन कांग्रेस में शामिल कर लिया। इसके बाद जयप्रकाश ने लिबरलों से बातें शुरू कीं और खासकर मजदूर नेता गिरि, कलप्पा और एन. एम. जोशी के सहयोग के कारण लेबर-फेडरेशन भी ट्रेड यूनियन कांग्रेस में आ मिला। पार्टी का प्रभाव ट्रेड यूनियन कांग्रेस में कितना बढ़ गया था, इसका सबूत यह है कि अब जो सभी पार्टियों के शामिल हो जाने के बाद ट्रेड यूनियन कांग्रेस बनी, उसके सभापति लगातार छः सालों तक पार्टी के सदस्य ही चुने जाते रहे। किंतु, जब द्वितीय साम्राज्यवादी युद्ध शुरू हुआ और पार्टी के सदस्य जेलों में ठूँस दिए गए, कम्युनिस्टों को अपनी चाल चलने की बारी आई। उन्होंने लिबरलों से मिलकर ट्रेड यूनियन कांग्रेस पर कब्जा किया, अगस्त-क्रांति के अवसर पर मजदूरों को उससे अलग रखने की कोशिश की और आज भी उसका दुरुपयोग करने में वे नहीं चूक रहे हैं। किंतु, बकरे की माँ कब तक खैर मनाएगी? जिस तरह देश की राजनीति में उनका अस्तित्व समाप्त हो चुका है, मजदूर-आंदोलन से भी उन्हें तुरत विदाई मिलनेवाली है।

जयप्रकाश और उनकी पार्टी ने सिर्फ एकता पर ही ध्यान नहीं दिया, बल्कि मजदूरों में नियमित रूप से काम करनेवाले मजदूर-सेवकों का एक बड़ा गिरोह भी तैयार किया जिसने बम्बई, युक्तप्रांत, पंजाब, बंगाल और बिहार में मजदूरों की अनन्य सेवाएँ की हैं। मजदूर-संगठन की दृष्टि से बिहार बहुत ही पिछड़ा हुआ था। किंतु, पार्टी के चलते आज बिहार में कोई ऐसा मजदूर-क्षेत्र नहीं है, जहाँ मजदूरों के जबर्दस्त संगठन नहीं हों। बिहार में मजदूर-आंदोलन की नींव डालने के लिए पार्टी को बहुत ही संघर्ष करने पड़े। लगभग आधे दर्जन स्थानों में हड़तालों के दरम्यान बड़ी-बड़ी तायदाद में पार्टी के सदस्य जेलों में भेजे गए और अंततः पार्टी के एक सदस्य ने तो अपनी जान भी कुर्बान कर दी। यह जमशेदपुर में हुआ। जमशेदपुर का लोहे का कारखाना एशिया का सबसे बड़ा कारखाना है। वहाँ के मजदूरों की ओर जयप्रकाश और पार्टी का ध्यान हमेशा रहा है। वहाँ की तार-कम्पनी के मजदूरों ने जब हड़ताल की, बिहार की पार्टी पूरे बल से मजदूरों की सहायता करने लगी। जयप्रकाश वहाँ स्वयं गए और अपनी देखरेख में हड़ताल का संचालन करने लगे। उसी समय जब मजदूर पिकेटिंग कर रहे थे, कम्पनी के एक ड्राइवर ने अपनी गाड़ी सरदार हजारासिंह पर चढ़ा दी, जो पार्टी के बड़े ही बहादुर सदस्य थे। हजारासिंह की मृत्यु वहीं हो गई। सरदार हजारासिंह की इस शहादत ने हड़ताल का महत्त्व और बढ़ा दिया।

जयप्रकाश ने वहीं डेरा डाल दिया और यह मालूम पड़ता था कि हड़ताल में विजय होकर रहेगी, तार-कम्पनी के मालिकों ने भी समझौता कर लेने के लिए संवाद भेजे; किंतु बीच में कुछ ऐसी घटना हो गई कि समझौता हो न सका। जयप्रकाश के दिल पर इसका बड़ा सदमा हुआ, उन्होंने जमशेदपुर की मजदूर-समस्याओं की ओर ध्यान देना अपना पहला काम बना लिया और अंततः वहीं के एक भाषण पर गिरफ्तार गिए गए और नौ महीने के लिए (1940) जेल में डाल दिए गए !

पार्टी ने मजदूरों की तात्कालिक माँगों में—(1) संघ बनाने, हड़ताल करने और धरना देने की स्वतंत्रता; (2) मजदूरों के रखनेवालों के लिए मजदूर-संघों को लाजिमी मानना; (3) हफ्ते में सिर्फ 40 घंटे का काम; (4) मजदूरी इतनी, जिसमें मजदूर-परिवार सानंद निर्वाह कर सके; (5) मजदूरों के लिए अच्छे मकान; (6) बेकारी, बीमारी, आकस्मिक घटना, बुढ़ापा वगैरह के लिए बीमा; (7) साल में एक महीने की सवैतनिक छुट्टी, इसके अतिरिक्त औरतों को प्रसूतिकाल में दो महीने की सवैतनिक छुट्टी; (8) समान काम के लिए समान मजदूरी; (9) माँग करने पर मजदूरी की हफ्तावार अदायगी—आदि बातें रखी थीं। इन आर्थिक माँगों के साथ पार्टी राजनीतिक उद्देश्यों की ओर मजदूरों का ध्यान हमेशा खींचती रही और भारतीय क्रांति में योग्य हिस्सा लेकर शीघ्र-से-शीघ्र हिंदोस्तान में किसान-मजदूर-राज्य कायम करने के लिए मजदूरों का आह्वान करती रही। पार्टी के इसी आह्वान का फल था कि कम्युनिस्टों और लिबरलों द्वारा बहकाए जाने पर भी हिंदोस्तान के मजदूरों ने 1942 की क्रांति में, बहुत-सी जगहों पर, शानदार हिस्सा लिया।

4

विद्यार्थियों, नौजवानों और स्त्रियों में

किसानों और मजदूरों के अतिरिक्त साम्राज्यविरोधी शक्तियों के और भी कई समूह हैं, जिनमें कार्य करना पार्टी ने प्रारम्भ से ही आवश्यक समझा। पार्टी के कार्य के ब्योरे की तीसरी मद में लिखा है—"युवक संघ, महिला संघ, स्वयंसेवक संघ वगैरह में हिस्सा लेना और उनका संगठन करना जिससे कि वे पार्टी के कार्यक्रम के समर्थक बन जाएँ।"

सन् तीस के पहले कुछ वर्षों में देश-भर में युवक-आंदोलन की धूम मची थी। इस युवक-आंदोलन का आरम्भ बम्बई से हुआ था और श्री यूसुफ मेहरअली उसके प्रमुख प्रवर्तकों में से थे। पीछे पं. जवाहरलाल नेहरू ने इस युवक-आंदोलन को आशीर्वाद देकर उसकी उन्नति में प्रगति ला दी। फिर सरदार भगतसिंह के मुकदमे के सिलसिले में नौजवान भारत सभा की चर्चा इतनी बार आई कि देश-भर के नौजवान अपने-अपने हलक़ों में युवकसंघों की स्थापना में पिल-से पड़े। देश का शायद ही कोई हिस्सा हो, जहाँ उन दिनों युवकों की सभा या संघ नहीं हो।

भारत का यह युवक-आंदोलन संसारव्यापी युवक-आंदोलन की लहर का एक अंग था। चीन और रूस के युवकों ने अपने देश के उद्धार और नवनिर्माण में जो हिस्सा लिया था, उससे संसार-भर के युवक अनुप्राणित हुए थे। उन दिनों संसार के प्रायः हर जाग्रत देश में युवक-आंदोलन किसी-न-किसी रूप में चल रहा था। पीछे जब एक अंतर्राष्ट्रीय युवक-सम्मेलन अमेरिका में बुलाया गया, तो भारतीय युवकों के प्रतिनिधि रूप में श्री यूसुफ मेहरअली उसमें सम्मिलित हुए थे।

किंतु धीरे-धीरे युवक-आंदोलन धीमा पड़ता गया। नौजवान दो स्वाभाविक हिस्सों में बँट गए। जो लोग कौलेजों और यूनिवर्सिटियों में पढ़ रहे थे, उन्होंने विद्यार्थी-आंदोलन का आरम्भ किया और जो बाकी नौजवान थे, वे किसी-न-किसी पार्टी या संगठन में घुलमिल गए।

कांग्रेस सोशलिस्ट पार्टी ने नौजवानों के इन दोनों हिस्सों की ओर ध्यान दिया।

विद्यार्थी-आंदोलन यों तो बीसवीं सदी के प्रारम्भ से ही शुरू हो चुका था। बिहार में जब डाक्टर राजेंद्रप्रसाद विद्यार्थी थे, उन्हीं के प्रयत्न से एक सुसंचालित विद्यार्थी-संघ काम करने लग गया था। उसके सभापति के मंच को महात्मा गाँधी, श्रीमती सरोजिनी नायडू, आचार्य प्रफुल्लचंद्र राय-ऐसे देश के गण्य-मान्य व्यक्ति सुशोभित कर चुके थे। किंतु, यह विद्यार्थी-आंदोलन प्रमुखतः सांस्कृतिक और सामाजिक प्रश्नों की ओर ही ध्यान देता था और उसमें उसने अच्छी सफलता भी प्राप्त की थी। किंतु 1921 के असहयोग-आंदोलन के बाद उसमें भी राजनीति का प्रवेश होना शुरू हुआ। पर, ज्योंही युवक-आंदोलन का जोर 1925 के बाद शुरू हुआ, विद्यार्थी-आंदोलन फीका पड़ता-पड़ता कुछ दिनों के लिए विलीन-सा हो गया।

1932 के सत्याग्रह-आंदोलन के बाद विद्यार्थी-आंदोलन ने फिर करवटें बदलना शुरू किया। जब कांग्रेसी मंत्रिमंडल प्रांतों में कायम हुए, विद्यार्थियों में अभूतपूर्व जाग्रति देखी गई। पार्टी ने इस नवोत्थित आंदोलन को नेतृत्व देना शुरू किया। प्रायः जितने विद्यार्थी-सम्मेलन होते, सबका सभापतित्व पार्टी के सदस्य या पार्टी से सम्बद्ध सज्जन ही करते। उन दिनों कम्युनिस्ट पार्टी के सदस्य भी कांग्रेस सोशलिस्ट पार्टी में सम्मिलित थे। उनमें से कुछ को पार्टी ने विद्यार्थी-आंदोलन में प्रमुखता दी। उन्होंने इसका बहुत बुरा फायदा उठाया। जब द्वितीय साम्राज्यवादी युद्ध शुरू हुआ, पार्टी चाहती थी कि कांग्रेस के नेतृत्व में ही राष्ट्रीय संग्राम शुरू हो; किंतु कांग्रेस की ओर से राष्ट्रीय युद्ध का प्रारम्भ करने में देर हो रही थी। अतः पहले तो इन कम्युनिस्टों ने उतावले विद्यार्थियों को यह कहकर बरगलाया कि कांग्रेस सोशलिस्ट पार्टी से कुछ होने-जाने का नहीं; चलो, हम राष्ट्रीय संग्राम छेड़ें। और, जब 1942 में अगस्त-क्रांति शुरू हुई, तो उसके पहले ही इनके द्वारा विद्यार्थियों को कहा जा चुका था कि रूस के शामिल होते ही यह साम्राज्यवादी युद्ध लोकयुद्ध हो गया, अतः अब तो हमें क्रांति से दूर ही रहना है, अँगरेजों की मदद कर रूस को मदद पहुँचानी है। युद्ध के प्रारम्भ में ही पार्टी के अधिकांश नेता गिरफ्तार हो चुके थे, इससे भी इन्होंने खूब फायदा उठाया। किंतु, कांग्रेस और पार्टी के अनुयायी विद्यार्थी-नेताओं में जो लोग बचे हुए थे, उन्होंने कम्युनिस्टों के इस जाल में फँसने से इंकार कर दिया। विद्यार्थी-आंदोलन के दो टुकड़े हो गए—एक के नेता एम. एल. शाह थे, जो पार्टी के सदस्य थे और जिसमें हर विचार के राष्ट्रीयतावादी विद्यार्थी सम्मिलित थे और दूसरा टुकड़ा निखालिस कम्युनिस्टों का था। इतने ही में श्री यूसुफ मेहरअली जेल से बाहर आए और पटना में जो अखिल भारतीय छात्र-सम्मेलन 1942 के प्रारम्भ में हुआ, उसका सभापतित्व कर फिर उन्होंने देश के विद्यार्थियों को सही राह बताई!

उसके बाद ही अगस्त-क्रांति हुई। अगस्त-क्रांति के अवसर पर विद्यार्थियों ने जो हिस्सा लिया, वह भारतीय स्वतंत्रता-संग्राम में सुनहले अक्षरों से लिखा जाएगा। जब जयप्रकाश हजारीबाग जेल से निकल आए और देश के भिन्न-भिन्न वर्गों और समूहों के नाम अपना युद्ध-आह्वान भेजा, तो उस समय उन्होंने विद्यार्थियों को संबोधित करते हुए कहा—

"सबसे पहले, ओ मेरे नन्हे साथियो, मैं आपको बधाई देता हूँ, आपके उन शानदार कामों के लिए, जो इस आजादी की अजीमुस्सान लड़ाई में आपने कर दिखाए हैं।....जेल की ठंडी दीवारों के नीचे बैठकर जब मैं दिन-ब-दिन आपके बहादुराना कामों की चर्चाएँ सुनता और आपके बलिदानों की कल्पना करता था, तब मेरा हृदय आनंद और अभिमान से फूल उठता था।

" किंतु दोस्तो, अभी न तो अपने पिछले कामों की ओर ध्यान देने का वक्त है, न पतवार रखकर सो जाने का।

" कौलेज खुलने जा रहे हैं और आप वहाँ जाने की सोच रहे होंगे। यदि मैं कहूँ कि यह समय पढ़ने या इम्तहान देने का नहीं है, तो आप कहेंगे, यह तो पुरानी बात है, मामूली दलील है। किंतु, दोस्तो, क्या रूस और चीन के विश्वविद्यालयों या औक्सफोर्ड और हारवार्ड के विश्वविद्यालयों के विद्यार्थी भी इस विचार को इसी तरह पुरानी दलील कहकर टाल सकते थे?

"साधारण समयों में विद्यार्थियों का काम है कि वे पढ़ें-लिखें, जिसमें योग्य नागरिक बनकर देश की अधिकाधिक सेवा करें। किंतु, राष्ट्र के जीवन में ऐसे वक्त भी आते हैं, जब व्यक्ति को अपने विकास को तिलांजलि समाज के जीवन और विकास की वेदी पर देनी होती है। क्या रूस और चीन के विद्यार्थी अपनी पढ़ाई पूरी करके मोर्चे पर गए हैं? क्या कैम्ब्रिज और कोलम्बिया में भी विद्यार्थियों से कहा गया कि पहले पढ़ाई खत्म कर लो, तब युद्धभूमि में जाना?

" नहीं दोस्तो, नहीं! इतिहास हमारे सामने एक वक्त ऐसा भी पेश करता है, जब व्यक्ति को अपनी जान इसलिए देनी पड़ती है कि राष्ट्र जिंदा रहे, सभ्यता बर्बाद न हो। आज का समय ऐसा ही है। हमें भी अपनी जानें कुर्बान करनी हैं, तकलीफें झेलनी हैं, अपने को धूल में मिला देना है, जिसमें हमारा राष्ट्र चिरंजीवी हो, हमारी सभ्यता फूले-फले। इसलिए देशद्रोहियों की बातों में मत फँसिए—खुली बगावत के पथ पर बढ़े चलिए!

". याद रखिए, संसार के नौजवान आज अपने देशों के लिए राशि-राशि हृदय-रक्त दे रहे हैं। चाहे राष्ट्रीय दृष्टि से देखिए या अंतर्राष्ट्रीय दृष्टि से, नैतिक दृष्टि से या भौतिक दृष्टि से, क्या 40 करोड़ व्यक्तियों की बंधनमुक्ति से भी बड़ा और बढ़िया काम कोई हो सकता है? संसार के मानवों के पाँचवें हिस्से की आजादी के सिपाही होकर आप 'आजादी, शांति और उन्नति' के अंतर्राष्ट्रीय सैनिकों की अगली पाँत में आ जाएँगे। संसार का भविष्य एशिया पर निर्भर है और एशिया की कुंजी हिंदोस्तान है!"

अगस्त-क्रांति की शांति के बाद विद्यार्थियों ने अपनी संस्था का पुनर्संगठन शुरू कर दिया और कम्युनिस्टों की संस्था से बिलकुल अलग होकर 'अखिल भारतीय छात्र-कांग्रेस' के नाम से वे आजकल काम कर रहे हैं। इस छात्र-कांग्रेस का सभापति पार्टी का एक विद्यार्थी-सदस्य है।

विद्यार्थियों के इस संगठन में सहायता पहुँचाने के अतिरिक्त पार्टी ने जगह-जगह, अध्ययन-केंद्र कायम किए, जिनमें शामिल होने से विद्यार्थियों के सैद्धान्तिक ज्ञान में वृद्धि हुई, उनमें चीजों को असली रूप में देखने और समझने की सूझ आई।

नौजवानों एवं अन्य राष्ट्रीय एवं वर्गसंस्थाओं में काम करनेवाले कार्यकर्त्ताओं के लिए पार्टी ने एक नवीन प्रकार का आयोजन प्रारम्भ किया, जैसा इस देश में पहले कभी नहीं देखा गया था। पार्टी ने देश के भिन्न-भिन्न भागों में सामयिक राजनीतिक विद्यालय खोले, जो लगभग एक महीने तक चलते थे और जिनमें राजनीति और समाजशास्त्र के हर पहलू पर योग्य विद्वानों के व्याख्यान होते थे। ऐसे ही विद्यालयों में एक विद्यालय सोनपुर (बिहार) में खुला, जिसका नाम राजनीतिक ग्रीष्म विद्यालय—Summer School of Politics – था और जिसका आचार्य स्वयं जयप्रकाश थे। बिहार की नई पीढ़ी के जितने प्रगतिवादी कार्यकर्त्ता हैं, उनमें से अधिकांश इस ग्रीष्म विद्यालय के विद्यार्थी रह चुके हैं। 1942 की अगस्त-क्रांति की जड़ खोजते समय बिहार के खुफिया विभाग का ध्यान बार-बार इस विद्यालय पर जाता था और नजरबंदों से प्रायः ऐसे प्रश्न पूछे जाते थे।

तीस के सत्याग्रह-आंदोलन के पहले ही डाक्टर हार्डीकर ने कांग्रेस के अंदर हिंदोस्तानी सेवादल का संगठन शुरू किया था। सेवादल के बहुत-से कार्यकर्त्ता पार्टी में शामिल हुए और उन्होंने स्वयंसेवकों की ट्रेनिंग को जारी रखा। कांग्रेस के सेवादल के बाहर भी देश के भिन्न-भिन्न हिस्सों में भिन्न-भिन्न नाम से स्वयंसेवकों का संगठन पार्टी की ओर से चलता रहा। बिहार में किसानों और मजदूरों की 'लाल सेना' में हजारों नौजवान शामिल थे और उन्होंने बकाश्त संग्राम और हड़ताल के मौकों पर बहुत काम किया था, बड़ी बहादुरी दिखलाई थी। नागपुर की 'रेड आर्मी' तो 42 की क्रांति में सरकार के लिए हौआ-सी हो चली थी और उसके संचालकों के सिर पर बड़े-बड़े इनाम बोले गए थे। पंजाब में, युक्तप्रान्त में, बम्बई में पार्टी के अधीन स्वयंसेवकों के अच्छे जत्थे थे। अगस्त-क्रांति में 'आजाद-दस्ता' नाम से छापामार स्वयंसेवकों का एक देशव्यापी संगठन किया गया था, जिसकी चर्चा हम आगे पायेंगे।

पार्टी के सौभाग्य से उसे श्री कमलादेवी (चट्टोपाध्याय) ऐसी सदस्या मिलीं, जो हिंदोस्तान के

नारी-आंदोलन की प्रवर्त्तिकाओं और संचालिकाओं में से हैं। श्री कमलादेवी ने पार्टी के झंडे को भारतीय महिलाओं के कार्यक्षेत्र में हमेशा बुलंद रखा है—किंतु इसका यह मतलब नहीं समझा जाए कि नारी-आंदोलन में उन्होंने पार्टी के नाम पर काम किया। नहीं, यह कांग्रेस समाजवादी पार्टी का तरीका ही नहीं रहा है। हम जहाँ भी काम करते हैं, उस संस्था का होकर, उस संस्था के व्यापक हितों की दृष्टि से। क्योंकि हम समझते हैं, पार्टी का हित भी हिंदोस्तान के हित, हिंदोस्तान की प्रगतिशील ताकतों के हित में सम्मिलित है।

तो, श्री कमलादेवी शुरू से ही भारतीय नारी-आंदोलन में दिलचस्पी लेती रही हैं और जब अखिल भारतीय नारी-शिक्षा-सम्मेलन का प्रथम अधिवेशन हुआ, वह सर्वसम्मति से उसकी प्रधानमंत्री चुनी गईं; फिर लगातार बहुत वर्षों तक वह अखिल भारतीय महिला-सम्मेलन की संगठन-मंत्री रहीं। श्री कमलादेवी का भारतीय नारी-आंदोलन में क्या स्थान है, यह इसी से सिद्ध है कि वह पाँच अंतर्राष्ट्रीय नारी-सम्मेलनों—जनेवा, बर्लिन, प्रेग, इल्सिनोर, कोपेन-हेगन—में भारतीय नारियों का प्रतिनिधित्व कर चुकी हैं। अखिल भारतीय महिला-सम्मेलन भी उन्हें अपनी अध्यक्षा चुनकर उनकी सेवाओं पर अपनी कृतज्ञता प्रकट कर चुका है।

यों भी पार्टी ने हमेशा ही नारी-आंदोलन को उत्साहित किया है और जो युवतियाँ देश और समाज के लिए काम करना चाहती हैं, वे पार्टी द्वारा सदा सहायता और प्रेरणा पाती रही हैं। स्वर्गीय श्रीमती सत्यवती देवी, श्री मालती देवी, श्री पूर्णिमा बनर्जी ये नाम भारतीय नारियों के राजनीति की ओर बढ़ते हुए कदम के मील के पत्थरों के सूचक हैं और अब श्री अरुणा आसफअली दिल्ली में सिर्फ बहन सत्यवती की जगह की ही पूर्ति नहीं करतीं, देश के नौजवानों और नवयुवतियों के हृदयों में समाजवाद के लिए स्थायी स्थान की भी सृष्टि कर रही हैं।

5

द्वितीय साम्राज्यवादी महायुद्ध !

निकट भविष्य में एक महायुद्ध होनेवाला ही है और यह महायुद्ध, प्रथम महायुद्ध की तरह, साम्राज्यवादी महायुद्ध होगा और इसमें किसी-न-किसी मंजिल में अँगरेजी सरकार जरूर उलझेगी, यह मान्यता पार्टी की प्रारम्भ से ही रही है। अँगरेजी सरकार इसमें इसलिए उलझेगी कि इंग्लैंड संसार का सबसे बड़ा साम्राज्यवादी देश है, अतः संसार के किसी हिस्से पर युद्ध हो, उसका असर अँगरेजी साम्राज्यवाद पर जरूर पड़ेगा और रक्षा एवं प्रसार दोनों ही पहलुओं का यह तकाजा होगा कि वह तटस्थ न रहे, किसी-न-किसी पार्टी का साथ दे। अपने साम्राज्यवादी उद्देश्यों को छिपाने के लिए वह इस युद्ध का अच्छा-से-अच्छा नाम देने की कोशिश करेगा, इसमें संदेह नहीं। किंतु, पिछले युद्ध की तरह हमें अगले युद्ध में धोखा नहीं खाना है, इस मौके से फायदा उठाना है। यह फायदा हम तभी उठा सकते हैं, जबकि ऐसे मौके पर, जब साम्राज्यवाद कमजोर पड़ जाता है, हम उस पर धावा बोल दें और उसे अपने देश से हटाकर ही चैन लें। अपने इसी अभिप्राय को कम-से-कम शब्दों में पार्टी ने अपने कार्य के ब्योरे में यों दिया है—

सब साम्राज्यवादी युद्धों का सक्रिय विरोध और इस प्रकार के या दूसरे संकटों का राष्ट्रीय संग्राम को मजबूत बनाने के लिए उपयोग करना।

राष्ट्रीय संग्राम का एक ही मोर्चा है, कांग्रेस। कांग्रेस से अलग राष्ट्रीय संग्राम का सपना नहीं देखा जा सकता। इसलिए पार्टी ने बम्बई-कांग्रेस (1934) में ही एक प्रस्ताव इस संबंध का पेश किया, किंतु उस प्रस्ताव को अखिल भारतीय कांग्रेस कमेटी के सिर पर टाल दिया गया और सरदार पटेल ऐसे सेनानी भी व्यंग करने से नहीं चूके कि ये समाजवादी हमेशा दूर की कौड़ी ही लाया करते हैं! पर, उसके बाद पं. जवाहरलाल नेहरू दो

बार राष्ट्रपति चुने गए और अपने अंतर्राष्ट्रीय दृष्टिकोण के कारण उन्हें पार्टी के इस प्रस्ताव का महत्व समझने में कोई कठिनाई नहीं हुई और तब से कांग्रेस के हर अधिवेशन में लड़ाई संबंधी यह प्रस्ताव किसी-न-किसी रूप में दुहराया जाता रहा है। ज्यों-ज्यों दिन बीतते गए, आनेवाली लड़ाई की धमक भी मालूम होने लगी और जो लोग विरोधी थे, वे भी समाजवादियों की दूरदर्शिता के कायल हुए—भले ही सार्वजनिक तौर से इसे स्वीकार न कर सके।

आखिर, पहली सितम्बर, 1939 को युद्ध का नगारा बज ही गया। जर्मनी ने पोलैंड पर चढ़ाई कर दी। उन दिनों पार्टी के प्रमुख सदस्य, एक मीटिंग के चलते, पटना में ही थे। लड़ाई की खबर होते ही पार्टी की ओर से एक आम सभा 'अंजुमन इस्लामिया हौल' में बुलाई गई, जिसका सभापतित्व आचार्य नरेंद्रदेवजी ने किया। उस सभा में बोलते हुए जयप्रकाश ने तुमुल ध्वनियों के बीच यह घोषित किया—"यह युद्ध साम्राज्यवादी युद्ध है, हम इसका विरोध करेंगे; आज हम सभा करके इसका ऐलान कर रहे हैं, वक्त आएगा, जब हमें सभा भी नहीं करने दी जाएगी; तब हम सड़कों पर, गली के नुक्कड़ों पर, यहाँ तक कि घरों के छप्परों पर से यही ऐलान करेंगे और इस मौके का फायदा उठाकर हम अपने को आजाद करने की कोशिश करेंगे!"

इसके बाद ही पार्टी की कार्य-समिति की बैठक लखनऊ में हुई और एक घोषणा प्रकाशित की गई जिसमें इस युद्ध के साम्राज्यवादी स्वरूप पर विस्तृत प्रकाश डाला गया और स्पष्ट कह दिया गया कि पार्टी इस युद्ध में किसी तरह सहयोग नहीं कर सकती, बल्कि वह इसका प्रबलतम विरोध करेगी और उसके नतीजों को भुगतने को भी तैयार रहेगी। वर्धा में पार्टी की कार्य-समिति जब बैठी, तो उसने अपनी इस घोषणा को कार्य में लाने के लिए एक कार्यक्रम तैयार किया, जो यों है—

(1) युद्ध-विरोधी प्रचार जोरों से चलाना। इस सिलसिले में सार्वजनिक और राजनीतिक हड़तालों का संगठन करना।

(2) स्थानीय कांग्रेस कमेटियों को युद्ध-विरोधी कार्य के लिए सक्रिय बनाना।

(3) पंजाब और बंगाल के सूबों में, जहाँ आर्डिनेंसों के लागू किए जाने से युद्ध-विरोधी कार्य करना कठिन ही नहीं, असम्भव हो चला है, जनता के उत्साह में शिथिलता का आना रोकने के लिए पार्टी के सदस्यों द्वारा कानून का भंग करना और आर्डिनेंस की हुकूमत के खिलाफ सार्वजनिक आंदोलन खड़ा करना।

(4) कांग्रेसी सूबों में, जिनमें अब भी मंत्रिमंडल काम कर रहे हैं, अगर पार्टी के सदस्यों पर किसी खास काम के विरुद्ध, जिसका करना उनके लिए जायज हो, रोक लगा दी जाए तो इस प्रकार की पाबंदी का उल्लंघन करना।

(5) स्वयंसेवकों की भरती के काम को आगे बढ़ाना।

(6) पार्टी के अन्य साधारण कार्यों को जारी रखना, विशेषकर किसानों और मजदूरों के मोर्चे पर।

और इस कार्यक्रम को चलाने के लिए पार्टी ने एक युद्ध-समिति भी गठित की। उसी समय, वर्धा में ही, कांग्रेस की कार्य-समिति की भी बैठक हो रही थी और जयप्रकाश उसमें विशेषरूप से आमंत्रित किए गए थे। कार्य-समिति की बैठक में क्या हुआ, वह जयप्रकाश के ही शब्दों में देखिए—

"देश के सामने तीन नीतियाँ थीं। पहली थी महात्मा गाँधी की नीति, जो कि ब्रिटेन के बिना शर्त सहायता देने के पक्ष में थी, यद्यपि वह सहायता सिर्फ नैतिक सहायता थी। दूसरी नीति हमारी पार्टी की थी—युद्ध का और ब्रिटिश सरकार का, जो कि हिंदोस्तान को उसमें घसीट रही थी, बिना शर्त के विरोध करना। इसका अर्थ अविलम्ब जनसंग्राम था। तीसरी बीच की नीति कांग्रेस-कार्य समिति की थी जो कि वस्तुतः इन दोनों नीतियों का समझौता थी (यद्यपि जानबूझकर दोनों नीतियों में समझौता करने का प्रयत्न नहीं किया गया था)। कार्य-समिति ने ब्रिटिश सरकार से अपने युद्ध-संबंधी उद्देश्यों की घोषणा करने की माँग की थी—विशेषकर हिंदोस्तान के संबंध में—और इस शर्त पर अपने को युद्ध से संबंधित करने का वादा किया था कि इन उद्देश्यों का लक्ष्य साम्राज्य और उसके बाहर साम्राज्यवाद और फैसिज्म का नाश करना हो। इस नीति का भी तर्कसंगत

परिणाम सत्याग्रह ही था (क्योंकि ब्रिटेन इस युद्ध में उक्त प्रकार के उद्देश्यों से प्रेरित नहीं रहा है); लेकिन बहुत कुछ अनिश्चित रूप में।"

कांग्रेस-कार्य-समिति ने युद्ध के उद्देश्य की घोषणा के लिए अँगरेजी सरकार से जो अनुरोध किया, वह ठुकरा दिया गया। फलतः कांग्रेसी मंत्रिमंडलों ने इस्तीफे दे दिए और अब सिवा सत्याग्रह के और कोई उपाय कांग्रेस के सामने नहीं रह गया। इस नवीन परिस्थिति में जयप्रकाश ने पार्टी के प्रधानमंत्री की हैसियत से पार्टी के कार्यकर्त्ताओं के सामने निम्नलिखित कार्यक्रम को रखा—

(1) सभाओं, प्रदर्शनों, हड़तालों, रैलियों, नोटिसों और पुस्तिकाओं के जरिए युद्ध-विरोधी प्रचार। युद्ध का साम्राज्यवादी स्वरूप समझाया जाना चाहिए।

(2) कांग्रेस और स्वराज्य-पंचायत (Constituent Assembly) की स्थिति के संबंध में प्रचार। कांग्रेस के जरिए राष्ट्रीय एकता के स्पष्टीकरण पर जोर दिया जाना चाहिए और साम्राज्यशाही के हथियार बनकर प्रतिक्रियावादी तथा सम्प्रदायवादी जिस प्रकार देश की उन्नति के मार्ग में रुकावट डाल रहे हैं उसकी पोल भी खोलना जरूरी है। स्वराज्य-पंचायत के स्वरूप की व्याख्या और उसके अर्थ को तोड़ने-मरोड़ने की कोशिशों की आलोचना और विरोध होना चाहिए। स्वराज्य-पंचायत के क्रांतिकारी महत्त्व पर जोर दिया जाना चाहिए।

(3) मुसलमानों तथा दूसरे प्रकार की अल्पसंख्यक जनता के बीच प्रचार पर विशेष ध्यान।

(4) देशव्यापी सविनय अवज्ञा आंदोलन चलाने के लिए प्रचार—खासकर कांग्रेसजनों में सविनय अवज्ञा के अंतर्गत लगान, मालगुजारी तथा दूसरे प्रकार की करबंदी पर जोर देना चाहिए।

(5) लगानबंदी और करबंदी आंदोलनों के लिए प्रचार और संगठनात्मक तैयारियाँ।

(6) जनसंग्राम के लिए स्वयंसेवकों की भर्ती और उनके शिक्षण का प्रबंध। स्वयंसेवकों की प्रतिज्ञा और उनका शिक्षण किसी समूह विशेष की मनोवृत्ति से नहीं होना चाहिए। जहाँ कहीं सम्भव हो, कांग्रेस कमेटियों को इस कार्य को हाथ में लेने के लिए तैयार होना चाहिए।

(7) कांग्रेस कमेटियों को सक्रिय बनाना। चवन्नी के सदस्यों और मंडल कमेटियों के पास पहुँचने की कोशिश करनी चाहिए।

(8) किसानों और मजदूरों के आंदोलन को आगे बढ़ाना। बाजार दर की बढ़ती, संगठन पर रोक और मजदूर-आंदोलन में भाग लेनेवाले जंगजू कार्यकर्त्ताओं को क्षेत्र से हटाने की कोशिशों आदि को लेकर छोटी-छोटी लड़ाइयों को जोरदार बनाना।

(9) विद्यार्थियों में कार्य। विद्यार्थियों को इस बात के लिए तैयार करना चाहिए कि मुल्क की आजादी की लड़ाई शुरू होने पर वे सामूहिक रूप में पढ़ाई छोड़कर उसमें सम्मिलित हों।

(10) अनुशासन का पालन करते हुए रचनात्मक कार्यक्रम को पूरा करने में भाग लेना।

किंतु, एक ओर जहाँ जयप्रकाश और उनकी पार्टी युद्ध-विरोध को ऊँचे-से-ऊँचे स्तर पर पहुँचाने और साम्राज्यवाद पर अंतिम सफल धावा करने के लिए देश को तैयार करने के प्रयत्न में लगे थे, वहाँ, देश के दुर्भाग्य से, देश के राजनीतिक मंच पर कुछ लोग अजीब धमाचौकड़ी मचा रहे थे। महायुद्ध के पहले त्रिपुरी कांग्रेस हुई, जिसका सभापति दूसरी बार श्री सुभाषचंद्र बोस चुने गए। सुभाष बाबू के चुने जाने में पार्टी का भी बड़ा हाथ था—पार्टी ने पूरी ताकत लगाकर डा. पट्टाभि सीतारामैया के विरुद्ध उनके विजयी होने में मदद की! किंतु, उनके चुने जाने के बाद ही महात्माजी ने डा. पट्टाभि की हार को अपनी हार बताई और कार्य-समिति के गाँधीवादी सदस्यों ने इस्तीफे दे दिए। जयप्रकाश ने गाँधीजी और उनके अनुयायियों के इस काम को पसंद नहीं किया और एक वक्तव्य देकर मिलजुलकर काम करने की नीति पर जोर डाला। किंतु, इस विजय के बाद श्री सुभाष बाबू के इर्दगिर्द जो लोग एकत्र हुए, वे भी गाँधीवादियों को निकाल बाहर करने पर जैसे तुले हुए थे। इस विकट परिस्थिति में त्रिपुरी कांग्रेस हुई। दोनों पक्षों की खींचातानी में मालूम होता था, अब कांग्रेस टूटकर रहेगी। पार्टी हमेशा संयुक्त मोर्चे की हिमायत करती आई थी, भला वह इस खींचातानी में क्यों पड़े? जयप्रकाश ने दोनों

पक्षों में सुलह कराने की पूरी कोशिश की, लेकिन जब झगड़ा नहीं सुलझा, तो इस झगड़े से अपने को तटस्थ कर लिया।

त्रिपुरी में गाँधीवादियों की जीत हुई। त्रिपुरी के बाद जब कलकत्ता में अखिल कांग्रेस कमेटी की बैठक हुई, जयप्रकाश ने फिर दोनों पक्षों में सुलह कराने की कोशिश की और गाँधीवादी यह मान गए कि श्री सुभाष बाबू सभापति और पंडित जवाहरलाल प्रधानमंत्री रहें और पाँच वामपक्षी कार्य-समिति में लिए जाएँ। सुभाष बाबू का सभापतित्व और जवाहरलाल का मंत्रित्व—अंतर्राष्ट्रीय परिस्थिति को देखते हुए पार्टी को बहुत उपयुक्त जँचा, किंतु सुभाष बाबू के पक्ष ने इसे स्वीकार नहीं किया। उसके बाद ही सुभाष बाबू ने फौरवार्ड ब्लौक नाम से एक दल बनाया और देश में दौरे शुरू किए। कांग्रेस गृहयुद्ध का अखाड़ा बन गई। रामगढ़-कांग्रेस के मुकाबले में वहीं पर समझौता-विरोधी-सम्मेलन का आयोजन किया गया और नई कांग्रेस बनाने की बातें भी उठाई गईं। इस अवसर पर, मार्च 1940 में, जयप्रकाश ने एक लेख लिखकर इस परिस्थिति की गुत्थी सुलझाने की कोशिश की—

"इस समय एक विचित्र वातावरण बन गया है। राजनीतिक हवा दूषित हो गई है। तरह-तरह के सवाल कार्यकर्त्ताओं को परेशान कर रहे हैं। कई तरह की बातें उन्हें कहीं जा रही हैं। कहीं काली झंडियाँ दिखायी जा रही हैं; तो कहीं आग लगाई जा रही है। तरह-तरह के इलजांम एक-दूसरे पर लगाए जा रहे हैं। इस बात का खतरा नजर आ रहा है कि 56 वर्षों की संकलित शक्ति छिन्नभिन्न न हो जाए। कुछ लोगों को यही खयाल प्रेरित कर रहा है कि कांग्रेस को लात मारकर निकल जाने से ही ब्रिटिश साम्राज्यशाही का ध्वंस हो जाएगा। कुछ लोग अभी से ही एक दूसरी कांग्रेस का स्वप्न देख रहे हैं। कुछ इसके प्रतिद्वंद्वी स्वरूप एक नयी स्वराज्य पार्टी बनाकर आनेवाले चुनाव में खड़ा होना चाहते हैं और अगर अपना बहुमत बना सके तो वे मंत्रिमंडल भी कायम कर सकेंगे। कहीं हम देखते हैं कि कांग्रेस-विरोधी शक्तियों—जैसे हिंदूसभा, मुस्लिम लीग, आदिवासी आंदोलन आदि—को प्रोत्साहन मिल रहा है।

" दूसरी तरफ एक और ही चित्र है। कांग्रेस मिनिस्ट्रियों के वापस आने की तारीखें कहीं मुकर्रर हो रही हैं, कहीं केंद्रीय सरकार के मंत्रियों के नाम तय हो रहे हैं। कहीं ब्रिटिश सरकार से समझौते की शर्तें निश्चित हो रही हैं और कहीं स्वराज्य-पंचायत (Constituent Assembly) के क्रांतिकारी रूप को विकृत कर उसे एक गोलमेज सम्मेलन का रूप दिया जा रहा है।

" ऐसी परिस्थिति में अपना कार्यक्रम निर्धारित करना अवश्य ही कठिन है। परंतु मुझे तो इस परिस्थिति में भी अपना फर्ज साफ दीख पड़ता है। आज से पाँच वर्ष पहले कांग्रेस सोशलिस्ट पार्टी इस उद्देश्य से बनाई गई कि कांग्रेस को एक नया कार्यक्रम दिया जाए जिससे साम्राज्यशाही का जल्द खात्मा हो और देश में गरीब जनता का राज्य कायम हो। पार्टी ने कांग्रेस के पुराने कार्यक्रम को नाकाफी समझा और किसान-मजदूर संगठन का नया कार्यक्रम कांग्रेस में रखा। आज पाँच वर्ष के बाद हम देखते हैं कि कांग्रेस का वही पुराना कार्यक्रम है। यह ठीक है कि बहुत-से कांग्रेसजनों ने हमारे कार्यक्रम को स्वीकार किया और उसका कांग्रेस पर काफी असर हुआ। लेकिन हम कांग्रेस के कार्यक्रम को बदलने में असमर्थ रहे, फलतः कांग्रेस का नेतृत्व भी आज उन्हीं के हाथों में है जो उस पुराने कार्यक्रम को मानते हैं। हमें विश्वास है कि अगर हमें कुछ और समय मिलता तो हम अपने उद्देश्य को पूरा कर सकते और उसके बाद कांग्रेस की नीति हमारे हाथों में होती। लेकिन इस समय जो परिस्थिति है, उसको समझकर हमें अपना रास्ता ठीक करना है।

" आरम्भ से ही हमारे सामने एक दूसरा रास्ता (Alternative) भी था। हमने जब पार्टी बनाई, उस समय हम यह कर सकते थे कि हम कांग्रेस से निकल आते और नए प्रोग्राम के आधार पर जनता का एक दूसरा साम्राज्यविरोधी संगठन यानी एक दूसरी कांग्रेस बनाते। लेकिन हमने ऐसा करना गलत समझा और कांग्रेस में ही रहकर उसी के रूप और कार्यक्रम को अपने साँचे में ढालने की कोशिश की। इस नीति का नाम संयुक्त मोर्चा की नीति था।

" वर्तमान परिस्थिति में ऐसी कोई नई चीज नहीं हुई है जिससे हम इस नीति को बदलें। हमारे लिए दिक्कत यह हो गई कि इसके पहले कि हम कांग्रेस पर पूरा प्रभाव डाल सकें, हमारे सामने साम्राज्यशाही का मुकाबला करने का सवाल यूरोपीय युद्ध के कारण आ उपस्थित हुआ। इस समय हमारे लिए दो रास्ते हैं। या तो हम अपनी शक्ति को लेकर कांग्रेस से अलग हो जाएँ और साम्राज्यशाही से लड़ाई छेड़ दें या कांग्रेस के अंदर ही रहकर इस बात की कोशिश करते रहें कि पूरी कांग्रेस ही यह लड़ाई लड़े। मेरे खयाल से मौजूद हालत में पहला रास्ता अख्तियार करना घातक होगा, क्योंकि हमारी अलग लड़ाई उतनी जोरदार नहीं हो सकती जितनी कांग्रेस के द्वारा ठानी हुई लड़ाई होगी। इस समय यह निश्चित रूप से कहना कि पूरी कांग्रेस की तरफ से लड़ाई होने की कोई सम्भावना नहीं है, बहुत बड़ी भूल होगी। जब तक ऐसी लड़ाई की उमीद है, हमें कांग्रेस के मोर्चे को मजबूत रखना चाहिए और उसकी कमजोरी को दूर करना चाहिए।"

तरह-तरह की जो अफवाहें उड़ रही और तुहमतें लगाई जा रही थीं, उनमें एक यह थी कि गाँधीजी और अँगरेजी सरकार में समझौते की बातें गुपचुप चल रही हैं। इस संबंध में जयप्रकाश ने एक ओर गाँधीजी के आलोचकों से कहा—

"मैं उन वामपक्षवालों में नहीं हूँ जिनका विश्वास है कि महात्मा गाँधी जनता से डरते हैं या वे भारतीय पूँजीपतियों के दलाल हैं और भारतीय पूँजीपतियों की ओर से ब्रिटिश सरकार के साथ कोई सौदा कर लेंगे। मेरा विश्वास है कि गाँधीजी भी उसी प्रकार मुल्क की आजादी चाहते हैं जिस तरह कोई दूसरा वामपक्षवाला चाहता है और यह आजादी वे सिर्फ स्थिर स्वार्थवालों के लिए ही नहीं, बल्कि करोड़ों की संख्या में अधिकार-वंचित जनता के लिए चाहते हैं। राजकोट-अनशन के बाद ही गाँधीजी चीफ जस्टिस के फैसले के सिलसिले में दिल्ली गए हुए थे। दिल्ली में रहते हुए वे वायसराय से भी मिले थे। मैं गाँधीजी से मिलने दिल्ली गया हुआ था। अपनी बातचीत के सिलसिले में एक बार मैंने उनसे कहा कि बहुत-से लोगों का खयाल है कि वे संघ-योजना (Federation) के संबंध में वायसराय से किसी प्रकार की समझौते की बातें कर रहे हैं। गाँधीजी में बहुत बड़ा आत्मनियंत्रण है, लेकिन मैंने देखा कि जवाब देते वक्त उनके चेहरे का रंग गहरा हो गया; कड़ाई के साथ, जैसा कि बोलने की उनकी आदत नहीं है, उन्होंने कहा—'जयप्रकाश, उन लोगों से कह दो कि गाँधी चाहे जो कुछ भी करे, वह कभी अपने देश को बेचेगा नहीं।' अतएव मैं गाँधीजी और गाँधीवाद की आलोचना करनेवाले अपने साथियों से प्रार्थना करूँगा कि वे अपनी आलोचना में नीयत का कोई सवाल न उठाएँ! महात्माजी और कार्यसमिति की नीयत को दोष देकर हम अपने दावे को बेकार ही कमजोर कर लेते हैं।"

तो, दूसरी ओर उन्होंने महात्माजी और कांग्रेस के सामने यह सवाल पेश किया कि क्या ब्रिटिश सरकार की चालों में फँसकर अपना शोषण होने देना चाहिए। कांग्रेस प्रजातंत्र के साम्राज्यवाद के नाश में विश्वास करती है। चेम्बरलेन न तो साम्राज्यवाद के विरोध का ही प्रतिनिधित्व करते हैं और न प्रजातंत्र का ही। उन्होंने यूरोप में फैसिज्म के पोषक और पिता का काम किया है और स्वयं एक बड़ी साम्राज्यवादी प्रणाली के अध्यक्ष हैं। उनके साथ समझौता करने का अर्थ यूरोप और दुनिया के दूसरे भागों में उन्हें मनमानी नीति के बरतने के लिए स्वतंत्रता देना होगा। इसका अर्थ संसार में सर्वत्र प्रजातंत्र और स्वतंत्रता के प्रति विश्वासघात होगा। इस प्रकार तर्क करते हुए अंत में जयप्रकाश ने महात्माजी का महान् उत्तरदायित्व बताते हुए उनके प्रति कहा—

"संसार के वर्तमान व्यक्तियों में सबसे बड़े होने के नाते महात्मा गाँधीजी के कंधों पर बहुत बड़ा बोझ है। इस समय उनकी मुट्ठी में न सिर्फ 35 करोड़ भारतीयों का ही भाग्य है, बल्कि संसार के भविष्य के भी एक बड़े अंश को बनाने या बिगाड़ने की जिम्मेवारी उन पर है। इतिहास बड़ी कड़ाई के साथ उनकी जाँच करेगा, जैसा कि वह उन सभी की करता है जिन पर संकट के समय किसी बड़े काम की जिम्मेवारी रहती है। कर्नल हाउस ने लिखा है कि विल्सन महोदय वेल्स के जादूगर, लायड जार्ज, के प्रति कम-से-कम सशंक जरूर थे। महात्मा गाँधी को वाइसराय की सचाई में विश्वास है। इसलिए उन्हें दोहरी होशियारी की जरूरत है। अगर वे चेम्बरलेन के साथ समझौता करेंगे तो वे स्वतंत्रता और प्रजातंत्र, शांति और न्याय के हत्यारे के साथ समझौता

करेंगे। इस युद्ध के गर्भ में ऐसी ताकतें पैदा हो रही हैं जो चेम्बरलेन और जिस व्यवस्था का वे प्रतिनिधित्व करते हैं उसे खत्म कर देंगी। उस मरती हुई व्यवस्था के साथ समझौता करके हम उसमें नई जान डालने की क्यों कोशिश करें?"

किंतु पार्टी और जयप्रकाश के लिए यह वाद-विवाद या तूतू-मैंमैं ही सबकुछ नहीं था। वह और उनके साथी युद्धविरोधी कार्यों को करते हुए देश को अंतिम मोर्चे के लिए तैयार करने में जीजान से लग पड़े थे। अँगरेजी सरकार इसे भला किस तरह बर्दाश्त कर सकती थी? उनके बहुत-से साथी भिन्न-भिन्न प्रांतों में गिरफ्तार किए जाने लगे। अंततः जयप्रकाश को भी जमशेदपुर में किए गए एक युद्ध-विरोधी भाषण के जुर्म में रामगढ़ कांग्रेस (1940) के पहले ही गिरफ्तार कर लिया गया। मजिस्ट्रेट के सामने जयप्रकाश ने जो बयान दिया, वह उनके युद्ध-विरोधी-विचारों का दस्तावेज है। उसकी कुछ चमकती पंक्तियाँ देखिए—

"मुझ पर यह दोष लगाया गया है कि मैंने युद्ध को सफल बनाने के लिए जिन अस्त्र-शस्त्रों और दूसरे जरूरी सामानों की आवश्यकता है उनके बनने में रोड़े अटकाने की कोशिश की है और हिंदोस्तान की रक्षा के लिए जनता के जिस रुख और मनोवृत्ति की जरूरत है उस पर विरोधी प्रभाव डालने की चेष्टा की है। मैं इस दोष को सानंद स्वीकार करता हूँ।

" क्योंकि इस दोष को मैं अपराध नहीं समझता बल्कि अपना कर्त्तव्य समझता हूँ और उसके लिए मिलनेवाली सजा को हँस-हँसकर झेलने को तैयार हूँ। तलवार की ताकत पर कायम रहनेवाली विदेशी हुकूमत के कानून इसको जुर्म समझते हैं, इसकी मुझे कोई परवाह नहीं। इन कानूनों का उद्देश्य उस राष्ट्रीय भारत के लक्ष्यों के सर्वथा विपरीत है जिसका मैं एक तुच्छ प्रतिनिधि हूँ। यह स्वाभाविक ही है, हमारी मुठभेड़ उस कानून से हो।

" मेरा देश इस महायुद्ध में किसी भी रूप में हिस्सा लेने को तैयार नहीं है, क्योंकि वह जर्मन नाजीवाद और अँगरेजी साम्राज्यवाद दोनों को अपना दुश्मन समझता है। वह साफ देख रहा है कि दोनों तरफ के लोग इस युद्ध में विजय और प्रभुत्व, शोषण और अत्याचार के स्वार्थपूर्ण गर्हित उद्देश्य के लिए लड़ रहे हैं। अँगरेज इसलिए नहीं लड़ रहे हैं कि वे उस नाजीवाद का नाश चाहते हैं जिसे उन्होंने पोसपोसकर बढ़ाया है, बल्कि वे अपने एक प्रतिद्वंद्वी को कुचल देना चाहते हैं जो अब उनसे आँखें मिलाने की जुर्रत कर रहा है! वे संसार में अपनी प्रभुता बनाए रखना चाहते हैं और अपनी साम्राज्यवादी शक्ति और गौरव पर आँच नहीं आने देना चाहते हैं। जहाँ तक भारत से संबंध है, अँगरेज अपने भारतीय साम्राज्य को कायम रखने के लिए लड़ रहे हैं।

" यह साफ है कि भारत ऐसी लड़ाई से कोई संबंध नहीं रख सकता। कोई भी भारतीय अपने देश के साधनों का उपयोग साम्राज्यवाद की रक्षा करने के लिए होने देना नहीं चाहेगा, क्योंकि ऐसा होने देना अपनी गुलामी की जंजीर को आप मजबूत बनाना है। राष्ट्रीय भारत की एकमात्र संस्था के रूप में कांग्रेस ने देशवासियों का ध्यान इस पवित्र कर्त्तव्य की ओर आकृष्ट किया है। कांग्रेस के एक तुच्छ सेवक की हैसियत से मैंने उस कर्त्तव्य की पूर्त्ति मात्र करने की कोशिश की है।

" इसके विपरीत अँगरेजी सरकार ने भारतीयों की सम्मति को बेरहमी से ठुकराकर हिंदोस्तान को इस युद्ध में शामिल होने की घोषणा कर दी है और हमारे स्पष्ट विरोध पर जरा भी ध्यान नहीं देकर हमारे देश के धन-जन और सामानों का उपयोग कर रही है। यह हमारे देश पर वैसा ही क्रूर आक्रमण है जैसा जर्मनी का पोलैंड पर। हिंदोस्तान इस आक्रमण का सामना करेगा ही। आज हर हिंदोस्तानी का यह देशभक्तिपूर्ण कर्त्तव्य हो गया है कि वह साम्राज्यवादी उद्देश्यों के लिए की जानेवाली हमारे देश के धन-जन के उपयोग की चेष्टा का खुलेआम विरोध करे। इसलिए मुझ पर युद्ध में बाधा डालने का जो दोष लगाया गया है, वह तो मेरे देशभक्तिपूर्ण कर्त्तव्य का पालन मात्र है। जिसे देशभक्त भारतीय अपना कर्त्तव्य समझते हों, उसे अपराध करार देकर यह अँगरेजी सरकार अपने साम्राज्यवादी रूप का आप ही ढिंढोरा पीट रही है।

" मैं कह नहीं सकता कि मेरे इस व्याख्यान ने अपने उद्देश्य में कहाँ तक सफलता पाई है। किंतु मुझे

सबसे बड़ी खुशी तब होगी जब मुझे यह मालूम हो जाए कि मेरे इस व्याख्यान ने सचमुच युद्ध के सफलतापूर्वक संचालन करने में बाँधा पहुँचाई है। अपनी इस सफलता के लिए मैं सबसे बड़ी सजा भी हँसते-हँसते भुगतने को तैयार हूँ।

" भारत की रक्षा में बाधा डालने का जो दोष मुझ पर लगाया गया है, इस उपहास पर क्या कहा जा सकता है भला? लेकिन याद रखिए, गुलाम अपनी जंजीर की रक्षा करने के लिए बाध्य नहीं है। उसका कर्त्तव्य तो उसे इस बात के लिए बाध्य करता है कि वह उस जंजीर को तोड़ डाले। जब हम आजादी हासिल कर लेंगे, तो दुनिया देख लेगी, हम अपने देश की रक्षा किस शान से करते हैं!"

6

वामपक्ष की एकता

पार्टी के जन्म के समय से ही जयप्रकाश की यह आकांक्षा रही कि देश में जितनी समाजवादी पार्टियाँ हैं उन्हें मिलाकर साथ ले चला जाए एवं कांग्रेस में जितने लोग उग्रनीति के हामी हैं, उन्हें पार्टी में लाया जाए या उनसे भी हिलमिलकर काम किया जाए। इसके लिए जयप्रकाश लगातार कोशिशें करते रहे, किंतु, ये कोशिशें इस तरह बेकार गईं कि आज जब कोई उनके सामने इस सवाल को रखता है, तो उनकी भवों पर बल पड़ जाते हैं, वह अनखाकर मुँह फेर लेते हैं। समाजवादियों या वामपक्षियों की एकता वह नहीं चाहते ऐसी बात नहीं है, किंतु, किसी फारसी कवि के कथनानुसार, जिसे बार-बार आजमाया जा चुका है उसे फिर आजमाना, वह मूर्खता की पराकाष्ठा समझते हैं।

जिस समय कांग्रेस सोशलिस्ट पार्टी कायम हुई, देश में चार पार्टियाँ ऐसी थीं जो अपने को समाजवादी बतलाती थीं। वे थीं—कम्युनिस्ट पार्टी, रायग्रूप, पंजाब सोशलिस्ट पार्टी और बंगाल लेबर पार्टी। हम रायग्रूप से ही शुरू करें।

श्री एम. एन. राय के बारे में पीछे लिखा जा चुका है। कोमिंटर्न से निकाले जाने के बाद वह 1931 में हिंदोस्तान आये और कम्युनिस्ट पार्टी के अंदर उनके जो समर्थक थे उन्हें लेकर रायग्रूप कायम किया। इस ग्रूप के कायम होने के थोड़े दिनों बाद ही वह गिरफ्तार कर लिए गए और प्रशंसात्मक लेख लिखकर पं. जवाहरलाल नेहरू ने उनका रुतबा और बढ़ा दिया। जब कांग्रेस सोशलिस्ट पार्टी कायम हुई, राय साहब जेल में ही थे। किंतु इस ग्रूप के कुछ प्रमुख नेता प्रारम्भ से ही इस पार्टी के संगठन में दिलचस्पी लेते रहे। फलतः उनके लिए पार्टी ने अपना दरवाजा उदारतापूर्वक खोल दिया और कुछ महीनों के अंदर ही प्रायः पूरा ग्रूप पार्टी में शामिल हो गया। जिस समय वे लोग शामिल हुए, उन्होंने अपनी पूरी सहमति पार्टी की रीतिनीति से प्रकट की थी। किंतु, थोड़े दिनों के बाद ही, पार्टी की मेरठ-कान्फ्रेंस के समय, इन्होंने मतभेद दिखाना प्रारम्भ किया! इस ग्रूप द्वारा तैयार हुआ एक कागज मिला था जिसमें कहा गया था कि इस पार्टी को एक समाजवादी पार्टी न होकर कांग्रेस के एक वामपक्षी मंच के रूप में काम करना चाहिए। जब यह कागज पार्टी की कार्यसमिति में पेश किया गया तो रायग्रूप के सदस्यों ने इस कागज से अपनी असहमति प्रकट की और अपनी पूरी भक्ति पार्टी के प्रति दिखलाई। इसके बाद भी कान्फ्रेंस में जब पार्टी की आफिशियल थीसिस पेश की गई तब रायग्रूप के कुछ सदस्यों ने उसमें संशोधन करना चाहा, किंतु, वे इसमें बिलकुल नाकामयाब रहे। सिवा इस एक उदाहरण के रायग्रूप हमेशा पार्टी के साथ रहा, जब तक कि स्वयं राय साहब जेल से छूटकर नहीं आए।

1936 के अंत में राय साहब जेल से छूटे और प्रारम्भ में उन्होंने पार्टी से पूरी सहानुभूति ही नहीं प्रकट की, बल्कि उसमें शामिल होने की बातचीत भी वह चलाने लगे। किंतु ज्यों-ज्यों दिन बीतते गए, उनका रुख बदलता

गया। "कांग्रेस के अंदर कोई पार्टी नहीं होनी चाहिए", "कांग्रेस कमेटियों से अलग कोई किसानसभा नहीं बननी चाहिए" ऐसे-ऐसे उनके वक्तव्य निकलने लगे, जो पार्टी की राजनीति के बिलकुल प्रतिकूल थे। उसके बाद ही असेम्बलियों का चुनाव आया और फिर मिनिस्ट्री स्वीकार की जाए या नहीं, इसके फैसले के लिए दिल्ली में कन्वेंसन बुलाई गई। पार्टी कांग्रेस द्वारा मंत्रिमंडल बनाए जाने के खिलाफ थी; राय साहब कुछ शर्तों के साथ उसके पक्ष में थे। फलतः पार्टी को उनके खिलाफ वोट देने पड़े। बस, उनका पारा गर्म हुआ और उन्होंने अपने अनुयायियों को पार्टी से अलग होने का फर्मान दे डाला। जयप्रकाश इस पर लिखते हैं—"शायद उन्हें अब अच्छी तरह मालूम हो गया था कि कांग्रेस सोशलिस्ट पार्टी उनके हाथों का खिलौना नहीं बन सकती; न एक ऐसा मंच ही बन सकती है जिस पर चढ़कर वह अपनी इच्छित प्रसिद्धि का छोर छू सकें।"

पार्टी से संबंध-विच्छेद हो जाने के बाद रायग्रुप ने जो-जो कारनामे किए, वह जगजाहिर हैं। त्रिपुरी में श्री सुभाषचंद्र बोस से मिलकर 'समानांतर नेतृत्व' के सिद्धांत की उन्होंने आजमाइश की, फिर कांग्रेस से निकलकर रैडिकल पार्टी बनाई जिसका मुख्य काम हुआ भारत सरकार से रुपए ऐंठकर मजदूरों को युद्ध में अँगरेजों की सहायता देने और अपने देश के साथ बगावत करने के लिए बरगलाना। वह मजदूरों को कितना बरगला सके, यह इतिहास के सामने हैं; किन्तु उनका पाकिट खूब गरम हुआ और उनके कुछ अनुयायी बड़े-बड़े ओहदे पा सके, जिसका वे सपना भी नहीं देख सकते थे।

बंगाल की लेबर पार्टी ने शुरू से ही पार्टी के खिलाफ रुख रखा। किंतु, पार्टी ने उसे हमेशा मिलाने की कोशिश की और अंततः वह सफल हुई। बंगाल कांग्रेस सोशलिस्ट पार्टी और बंगाल लेबर पार्टी के बीच एक समझौता हुआ और मिलजुलकर काम करने का तय किया गया। इसके लिए एक संयुक्त कमेटी भी बनाई गई। किन्तु, थोड़े दिनों के बाद लेबर पार्टी कम्युनिस्ट पार्टी से मिल गई और फिर वहाँ से हटकर फौरवार्ड ब्लौक के साथ उसने गठबंधन किया। अब वह पार्टी बिलकुल ही खत्म हो चुकी है और उसके नेता श्री निहारेन्दुदत्त मजूमदार सात घाटों का पानी पीकर आजकल बंगाल की कांग्रेस के शीतल जल में अवगाहन कर रहे हैं!

पंजाब सोशलिस्ट पार्टी मुख्यतः पंजाब की 'नौजवान भारत सभा' के सदस्यों से बनी थी। इसी सभा में सरदार भगतसिंह थे। यह पार्टी कांग्रेस के प्रति अच्छा रुख नहीं रखती थी, जिसके चलते पार्टी के साथ काम करने में कुछ सैद्धांतिक कठिनाइयाँ उपस्थित होती रहीं; किंतु, धीरे-धीरे उसके सदस्य पार्टी में सम्मिलित होते गए और कुछ दिनों में पंजाब सोशलिस्ट पार्टी पंजाब कांग्रेस सोशलिस्ट पार्टी में विलीन हो गई।

कम्युनिस्ट पार्टी की कथा काफी लंबी और धोखाधड़ी से भरी हुई है। ज्योंही कांग्रेस सोशलिस्ट पार्टी का जन्म हुआ, कम्युनिस्टों ने इस पार्टी को 'वामपक्ष की आड़ में पूँजीपतियों की चालबाजी' कहकर पुकारना शुरू किया और उसे हिटलर के 'नाजीवाद का सगा-संबंधी' कहने से भी बाज नहीं आए। हिंदोस्तानी कम्युनिस्टों की ही यह हालत नहीं थी; उनके आका, इंग्लैंड की कम्युनिस्ट पार्टी के व्याख्याकार जनाब पामदत्त साहब ने भ्री ऐसा ही फर्मान जारी किया था। उस समय कोमिन्टर्न के सामने उसकी छठी कांग्रेस का फतवा था, जिसमें समाजवाद के नाम पर काम करनेवाली हर पार्टी को तोड़ना और बदनाम करना संसार भर के कम्युनिस्टों के लिए एक धार्मिक कर्त्तव्य समझा गया था। इसी फतवे का नतीजा इटली में मुसोलिनी और जर्मनी में हिटलर का अभ्युदय हुआ, किंतु जब यूरोप पर इन दोनों तानाशाहों का दबदबा फैला, तो कोमिन्टर्न के अफीमचियों की नींद टूटी और अपनी सातवीं कांग्रेस में उन्होंने पिछले फतवे को वापस लिया, लेकिन तब तक तो संसार में समाजवाद के लिए काफी अनर्थ हो चुका था।

खैर, अपने जन्मकाल से ही कम्युनिस्ट पार्टी की गालियाँ सुनते हुए भी समाजवाद के व्यापक हित पर ध्यान देते हुए और यह समझते हुए कि एक दिन यह अपनी गलती महसूस करेगी, कांग्रेस सोशलिस्ट पार्टी उससे मेल-मिलाप की चेष्टा करती रही। पहले मजदूर-क्षेत्र में एक समझौता हुआ। उस समझौते की शर्तों को भी उसके सदस्य बार-बार तोड़ते रहे—किंतु पार्टी सब बर्दाश्त करती जाती थी और जयप्रकाश स्वयं उसके नेताओं से मिलकर इस चेष्टा में लगे थे कि वे लोग अपनी गलती महसूस करें। उन दिनों कम्युनिस्ट पार्टी

गैरकानूनी थी, तो भी जयप्रकाश अपने पर खतरा लेकर उनके नेताओं से संपर्क रखते और प्रायः ही उनके लिए शरणस्थली का प्रबंध करते। जयप्रकाश की इस नीति से पार्टी के कुछ सदस्य असंतुष्ट भी रहते; किंतु जयप्रकाश उन्हें भी समझाते और अपना प्रयत्न जारी रखते।

इसी दरम्यान मास्को से कोमिन्टर्न की नई नीति की खबर हिन्दोस्तान की कम्युनिस्ट पार्टी को दी गई और वे लोग अब पार्टी के साथ मिलकर काम करने को तैयार हुए। ज्योंही उन लोगों का यह रुख मालूम हुआ, जयप्रकाश ने अपनी पार्टी का दरवाजा उनके लिए खोल दिया और वे बड़ी तायदाद में पार्टी में शामिल हुए। उनके चार सदस्यों को अपनी कार्य-समिति में लेकर पार्टी ने अपनी सदिच्छा का पक्का सबूत दिया।

किंतु ज्योंही कम्युनिस्टों की तायदाद पार्टी में बढ़ने लगी, कई जगहों से उनके कारनामों के बारे में चिंताजनक रिपोर्टें आने लगीं। आंध्र की शिकायतें सबसे प्रमुख थीं; कलकत्ता, बम्बई और कानपुर के मजदूर-क्षेत्रों से भी शिकायतों का ताँता लगने लगा। इन रिपोर्टों से जयप्रकाश बहुत ही चिंतित हुए, किंतु उन्हें सबसे बड़ा सदमा तो तब लगा जब पार्टी की कार्य-समिति की पटना की बैठक (1937) में कम्युनिस्टों का एक पर्चा पेश किया गया, जिसमें लिखा था कि कांग्रेस सोशलिस्ट पार्टी किसी भी हालत में समाजवादी पार्टी नहीं है, हिंदोस्तान में सिर्फ एक ही समाजवादी पार्टी है और वह है कम्युनिस्ट पार्टी।

इस पर्चे के बाद स्वभावतः ही यह निर्णय किया गया कि अब से कम्युनिस्ट पार्टी के सदस्यों के लिए पार्टी का दरवाजा बन्द कर दिया जाए। हाँ, पुराने सदस्यों को रहने दिया गया। किंतु इस चेतावनी का असर कम्युनिस्टों पर कुछ नहीं हुआ। वे चुपचाप अपने सदस्यों को पार्टी में शामिल करते रहे और जब पार्टी की कान्फ्रेंस (1938) लाहौर में हुई तब एक बार पूरी ताकत के साथ उन्होंने पार्टी पर कब्जा कर लेने की चेष्टा की। कार्य-समिति के लिए पार्टी ने जो आफिशियल लिस्ट पेश की थी, उसके मुकाबले उन्होंने दूसरी लिस्ट पेश की—किंतु वे बुरी तरह हारे !

इस हार के बाद भी उनके प्रयत्न जारी रहे, जिसके सबूत में श्री मसानी ने कम्युनिस्टों का एक गुप्त सरकुलर प्रकाशित किया, जिसमें ब्योरेवार यह बताया गया था कि किस प्रकार कांग्रेस सोशलिस्ट पार्टी पर पूरा कब्जा किया जा सकता है ! इस सरकुलर के बाद अब इसके सिवा कोई चारा नहीं रह गया था कि कम्युनिस्टों को निकाल बाहर किया जाए। किंतु जयप्रकाश को अब भी उनसे कुछ आशा बनी हुई थी और उन्होंने उनसे समझौते की बातें नए सिरे से शुरू कीं। इस नीति से असंतुष्ट होकर सर्वश्री अच्युत पटवर्धन, मसानी, लोहिया और कमलादेवी ने पार्टी की कार्य-समिति से इस्तीफा दिया। इन इस्तीफों को कम्युनिस्टों ने अपनी विजय समझा, किंतु उनके 'फैसले का दिन' भी नजदीक आ रहा था, काश वे यह समझ पाते !

ज्योंही द्वितीय साम्राज्यवादी महायुद्ध प्रारंभ हुआ (1939) कम्युनिस्ट पार्टी ने एक नई थीसिस जारी की, जिसमें यह स्पष्ट उल्लेख किया गया था कि कांग्रेस सोशलिस्ट पार्टी रूस की मैन्शेविक पार्टी की तरह है—यह क्रांति-विरोधी पार्टी है, इसका खात्मा होना आवश्यक है ! इधर कुछ दिनों से कम्युनिस्टों ने फौरवार्ड ब्लौक से दोस्ती गाँठ रखी थी, इस थीसिस में एक दुलत्ती उन पर भी थी, उन्हें 'अग्रगामी' के बदले 'पीछे भागनेवाला दल' घोषित किया गया था और कांग्रेस फिर 'अँगरेजों की दासी' बन गई थी। इस थीसिस के बाद अब सोच-विचार करने की भी जरूरत नहीं रह गई थी; इधर जयप्रकाश भी जेल चले गए थे; फलतः रामगढ़-कांग्रेस के अवसर पर जब पार्टी की कार्य-समिति (1940) बैठी, तो उसने कम्युनिस्टों को निकाल बाहर करने का प्रस्ताव सर्वसम्मति से स्वीकार किया।

पार्टी से निकाले जाने के बाद कम्युनिस्टों ने 1942 की अगस्त-क्रांति के अवसर पर देश को कितना धोखा दिया, अँगरेजों का कैसा साथ दिया—इसकी चर्चा विस्तार से करने की आवश्यकता नहीं। जयप्रकाश जब हजारीबाग जेल से निकल भागे और क्रांति का संचालन अपने हाथों में ले लिया, तब कम्युनिस्ट पार्टी के प्रहार का मुख्य लक्ष्य वही बने और उन्हें पकड़कर जिंदा जलाने के लिए अँगरेजों को उकसाने में उसने कोई कसर उठा नहीं रखी ! जयप्रकाश तो पकड़े जाने पर भी नहीं जलाए जा सके, हाँ, अपने पाप को आग में

कम्युनिस्ट पार्टी खुद ही जल मरी—आज आप-हम उसके नाम पर जो कुछ देखते हैं, वह उस पार्टी का चिताभस्म-मात्र है, जो आगे की आँधी में सदा के लिए उड़ जानेवाला है ।

अंत में हम कांग्रेस सोशलिस्ट पार्टी के साथ श्री सुभाषचंद्र बोस और फौरवार्ड ब्लौक के संबंध को भी संक्षेप में देख लें ।

जिस समय पार्टी बनी, सुभाषचंद्र बोस बीमारी के कारण यूरोप में थे । वहीं से उन्होंने 'इंडियन स्ट्रगल' नामक एक पुस्तक प्रकाशित कराई थी, जिसको लेकर हिंदोस्तान में बड़ी चर्चा चली; क्योंकि उस पुस्तक में फासिज्म की प्रशंसा थी । गोरे अखबार उस प्रशंसा को लेकर उन्हें 'फासिस्ट' भी कहने लगे थे । बीमारी से कुछ अच्छे होने के बाद जब सुभाष बाबू हिंदोस्तान लौटे, तब पार्टी की ओर से श्री मसानी उनसे मिले । और समाजवाद के बारे में बातें कीं । सुभाष बाबू ने अपने को समाजवाद के पक्ष में बताया और कांग्रेस सोशलिस्ट पार्टी को हर तरह से सहायता पहुँचाने का वचन दिया । जब वह हरिपुरा-कांग्रेस के अध्यक्ष चुने गए, तब अपने भाषण में उन्होंने पार्टी की खुलकर प्रशंसा की । पार्टी की ओर से, समाजवादी साहित्य के प्रकाशन का एक आयोजन किया गया, तो उसके संपादक-मंडल में उन्होंने अपना नाम भी दिया ।

हरिपुरा के बाद त्रिपुरी में कांग्रेस होने जा रही थी । उस समय की स्थिति देखकर, खासकर मुस्लिम लीग की तरक्की पर चिंताशील होने के कारण, पार्टी चाहती थी कि मौलाना अबुल कलाम आजाद को राष्ट्रपति बनाया जाए । किंतु मौलाना को मालूम हुआ कि सुभाष बाबू फिर राष्ट्रपति होना चाहते हैं, अतः उन्होंने खड़ा होने से इंकार कर दिया । अब राष्ट्रपतित्व के लिए दो ही उम्मीदवार रह गए—सुभाष बाबू और डॉ. पट्टाभि सीतारामैया ! इन दोनों में सुभाष बाबू को ही पार्टी वोट दे सकती थी, फलतः जयप्रकाश ने वक्तव्य निकालकर पार्टी-सदस्यों को हिदायत की कि पार्टी का एक-एक वोट सुभाष बाबू को ही मिले । चुनाव में सुभाष बाबू जीत गए । इस जीत को वामपक्ष ने अपनी जीत समझा और इस पर खुशियाँ मनाईं ।

किंतु, चुनाव खत्म होते ही एक अजीब स्थिति पैदा हो गई । एक ओर गाँधीजी ने डॉ. पट्टाभि की हार को अपनी हार मान लिया और सरदार पटेल, राजेंद्र बाबू आदि ने कार्य-समिति से इस्तीफे दे दिए; तो दूसरी ओर वामपक्ष के नाम पर सुभाष बाबू के इर्द-गिर्द ऐसे लोग जमा होने लगे, जिनकी कार्य-पद्धति और राजनीतिक ईमानदारी पर पूरा भरोसा नहीं किया जा सकता था । ऐसा मालूम होता था कि कांग्रेस के दो टुकड़े होने जा रहे हैं । जयप्रकाश अंतर्राष्ट्रीय परिस्थिति को देखते हुए समझ रहे थे कि निकट भविष्य में ही एक संग्राम होनेवाला है और इस संग्राम के अवसर पर कांग्रेस में फूट रहना देश के लिए बड़ा घातक होगा । अतः वह कभी दौड़कर गाँधीजी के पास जाते रहे और कभी सुभाष बाबू के पास, कि किसी तरह मिलजुलकर काम किया जा सके । किंतु, दोनों ही दल अपनी-अपनी जगह पर अटल बैठे थे । गाँधीजी त्रिपुरी कांग्रेस में आए तक नहीं, राजकोट में अनशन शुरू कर दिया । इधर सुभाष बाबू बीमार पड़ गए; जिससे उनसे भी पूरी बातें करना मुश्किल हो चला था । इस स्थिति में पार्टी ने यह तय किया कि इस झगड़े से तटस्थ ही रहा जाए ।

त्रिपुरी कांग्रेस में पार्टी ने तटस्थता की जो नीति अख्तियार की, उसको लेकर तरह-तरह के विवाद खड़े हुए । पार्टी के सदस्य भी इस नीति के औचित्य को पहली नजर में नहीं समझ सके, फलतः कुछ ने बड़ा ही क्रोध प्रकट किया । किंतु धीरे-धीरे पार्टी की इस तटस्थता की नीति की बुद्धिमानी प्रकट हुई और आज तो विरोधी भी स्वीकार करते हैं कि पार्टी ने उन दिनों कांग्रेस को टुकड़ों में बँटने से बचाकर देश के लिए महान् उपकार का काम किया ।

जयप्रकाश इसके बाद भी दोनों दलों में समझौता करने की चेष्टा कर रहे थे और जब कलकत्ते में अखिल भारतीय कांग्रेस कमेटी की बैठक हुई, ऐसा मालूम होने लगा, जयप्रकाश का प्रयत्न सफल होकर रहेगा । गाँधीजी के अनुयायियों ने यह मान लिया कि कांग्रेस का अध्यक्ष यदि सुभाष बाबू बने रहें, तो वामपक्ष के तीन और सदस्यों को कांग्रेस-कार्य-समिति में रखा जाना वे मंजूर कर लेंगे और पं. जवाहरलाल नेहरू को प्रधानमंत्री बनाए जाने पर भी उन्हें उज्र नहीं होगा । आगामी संग्राम का खयाल करते हुए सुभाष बाबू की अध्यक्षता,

पं. जवाहरलाल नेहरू का प्रधानमंत्रित्व और तीन नए वामपक्षियों का कांग्रेस-कार्य-समिति में लिया जाना—पार्टी ने देश के कल्याण के लिए बहुत ही उपयुक्त समझा। किंतु, दुर्भाग्यवश सुभाष बाबू के अनुयायियों ने इसे मंजूर नहीं किया। सुभाष बाबू ने इस्तीफा दिया और श्री राजेंद्र प्रसादजी कांग्रेस के नए अध्यक्ष बनाए गए। कांग्रेस-कार्य-समिति में हमेशा पार्टी के दो सदस्य रहते आए थे, किंतु, इस बार राजेंद्र बाबू की कार्यसमिति में अपने सदस्यों का रखा जाना पार्टी ने पसंद नहीं किया। यहाँ भी पार्टी ने फिर त्रिपुरीवाली अपनी तटस्थता की नीति कायम रखी।

इसके बाद ही श्री सुभाषचंद्र बोस ने फौरवार्ड ब्लौक का संगठन किया और देश भर में दौरे करके वह कांग्रेस के प्रति बगावत की भावना उभाड़ने लगे। त्रिपुरी के बाद रामगढ़ में कांग्रेस हो रही थी। कांग्रेस के अवसर पर ही रामगढ़ में ही उन्होंने समझौता-विरोधी-सम्मेलन का आयोजन किया और वहाँ बड़े ही शोरगुल में 'जंगे आजादी छेड़े दिलाम' की घोषणा की। 'आजादी की लड़ाई छेड़ दी'—यह नारा नौजवानों को खूब ही पसंद आया। किंतु, उन्हें निराशा तब हुई, जब रामगढ़ में आजादी की लड़ाई छेड़कर सुभाष बाबू कलकत्ता पहुँचे और वहाँ कलकत्ता कार्पोरेशन के चुनाव में अपनी पार्टी के लिए गोटियाँ बैठाने लगे! अंततः जंगे आजादी छेड़ी भी गई, तो उसका रूप हुआ— कलकत्ता के 'ब्लैक हॉल' पर हथौड़ा लेकर जाना और अपने को गिरफ्तार कराना।

इतने पर भी सुभाष बाबू के प्रति जयप्रकाश के मन में कोई दुर्भावना घर न कर सकी और जब वह हजारीबाग जेल से छूटे (1941) तो कलकत्ता जाकर उनसे भेंट की और फिर मिलजुलकर काम करने के लिए उनके सामने प्रस्ताव रखा। तब तक कांग्रेस भी लड़ाई की ओर कदम बढ़ा रही थी और बहुत संभव था कि अँगरेजी साम्राज्यवाद के खिलाफ हिंदोस्तान का एक संयुक्त मोर्चा बन पाता और उसे हिंदोस्तान से विदाई लेनी पड़ती। किंतु, कलकत्ता के बाद जब जयप्रकाश बम्बई पहुँचे, वहीं फिर गिरफ्तार कर लिए गए; उधर सुभाष बाबू ने भी स्वदेश छोड़कर छद्मवेश में विदेशों के लिए प्रस्थान कर दिया।

हजारीबाग जेल से निकल भागने के बाद जब जयप्रकाश को मालूम हुआ कि सुभाष बाबू आजाद हिंद फौज का संगठन कर बर्मा की राह से हिंदोस्तान आ रहे हैं, तो उनसे संपर्क कायम करने को उन्होंने आसाम के रास्ते से अपना एक आदमी उनके पास भेजने की कोशिश की। जयप्रकाश ने उन दिनों आजादी के सैनिकों के नाम जो दूसरा खत प्रकाशित किया था, उसमें सुभाष बाबू और उनके कार्यों के बारे में लिखते हुए यों कहा था—

"शायद आपको मालूम हो, श्री सुभाषचंद्र बोस ने शोनान (सिंगापुर) में एक अस्थायी स्वतंत्र भारतीय सरकार कायम की है जिसे जापान की सरकार ने मंजूर कर लिया है। उन्होंने 'आजाद हिंद फौज' के नाम से एक सेना भी संगठित की है, जो दिन-दिन बढ़ती जा रही है। ये घटनाएँ हमारे लिए बहुत महत्त्व की हैं।····यह आसान है कि श्री सुभाष को देशद्रोही (Quisling) कह दिया जाए। जो लोग खुद देशद्रोही हैं, वे आज आसानी से उन्हें गोलियाँ दे सकते हैं। लेकिन, राष्ट्रीय भारत उन्हें एक ज्वलंत देशभक्त के रूप में जानता है, जिसने हमेशा अपने को देश की आजादी की लड़ाई की अगली कतार में रखा है। यह सोचा भी नहीं जा सकता है कि उनके ऐसा आदमी किसी भी हालत में अपने देश को बेचेगा।"

फिर, जब से जयप्रकाश आगरा जेल से छूटकर आये हैं, अपने व्याख्यानों में हमेशा ही 'नेताजी' श्री सुभाषचंद्र बोस और उनकी 'आजाद हिंद फौज' की मुक्तकंठ से प्रशंसाएँ की हैं! किंतु, यह बात तो सर्वविदित है कि फौरवार्ड ब्लौक जिस उद्देश्य से कायम किया गया था, वह पूरा हो चुका। साथ ही, यह भी स्पष्ट है कि आदमी वहमों और रूढ़ियों का भी कम शिकार नहीं है, फलतः किन्हीं दो दलों को मिला देना बहुत ही मुश्किल काम है। इस मेलमिलाप का जो तजर्बा जयप्रकाश ने बारह वर्षों में हासिल किया है, उसे देखते हुए अब वह जिस नतीजे पर पहुँचे हैं, उसे उन्होंने 'आजादी के सैनिकों के नाम' लिखे गए अपने तीसरे खत में यों बतलाया है—

"संगठन के सवाल के साथ ही वामपक्ष की एकता का सवाल भी उठता है। मेरे खयाल से इस बारे में

लोगों में बहुत भ्रम फैला हुआ है । वामपक्ष की एकता का सवाल संसार के सबसे ज्यादा उलझन-भरे सवालों में से है । यदि वामपक्ष की एकता का मानी सभी वामपक्षी पार्टियों की एकता से हो, तो मेरे विचार से यह एक बिलकुल असंभव बात है''''संसार भर के वामपक्षी आंदोलनों का अनुभव भी यही है कि वामपक्षी पार्टियाँ कभी भी मिलकर एक न हो सकीं और सिवा खास काम के लिए खास मौकों को छोड़कर वे कभी भी साथ मिलकर काम नहीं कर सकीं ।''''अपने देश का अनुभव भी हमें यही बताता है । हमने वामपक्ष की एकता के लिए कोशिशें कीं, लेकिन, हम सिर्फ नाकामयाब ही नहीं हुए, बल्कि इसके चलते और कटुता बढ़ी और काम में नुकसान हुआ ! हमारा अनुभव है कि कांग्रेस सोशलिस्ट पार्टी ने जब-जब सोशलिस्ट ग्रूपों और वामपक्षियों के लिए ईमानदारी के साथ अपने दरवाजे खोले और भाईचारे का हाथ बढ़ाया, तब-तब उसके साथ चालाकी खेली गई, उसके अंदर अपने-अपने प्रभाव बढ़ाने की कोशिशें की गईं और उसके मेम्बरों को तोड़ने की साजिशें हुईं, जैसा कि संसार-भर में वामपक्षी एकता के नाम पर होता आया है । इसलिए जहाँ तक मेरा संबंध है, वामपक्षी एकता पर से मेरा विश्वास उठ गया है और मैं इस संबंध में फिर कोई कोशिश नहीं करने जा रहा हूँ ! मेरे खयाल से वामपक्षियों के निकट एक ही रास्ता है कि वे लोग अपने कट्टरपंथी पागलपन को छोड़ें, डेढ़ चावल की अलग-अलग खिचड़ी पकाना भूल जाएँ और वामपक्षी राष्ट्रीयता और समाजवाद की एक व्यापक और विस्तृत पार्टी में शामिल हो जाएँ । आज हिंदोस्तान् में वैसी पार्टी सिर्फ एक ही है, वह है कांग्रेस सोशलिस्ट पार्टी !

पाँचवाँ अध्याय : हजारीबाग जेल से पलायन

1

जेल-जीवन : देवली का विजेता !

"जो घटना हजारीबाग में हुई, उसकी नींव देवली में ही पड़ चुकी थी"—लेखक ने हजारीबाग से जयप्रकाश के निकल भागने की घटना की चर्चा करते हुए ऐसा लिखा है । क्या यह बात सच है ?

1940 के जाड़े की एक भोर में श्री फूलनप्रसाद वर्मा के घर पर जयप्रकाश बैठे हुए थे कि एक मित्र ने उन्हें सूचना दी कि परसों आप जरूर गिरफ्तार हो जाएँगे । एक काम से आचार्य नरेंद्रदेव भी पटना आए हुए थे और वहीं बैठकर गपशप कर रहे थे । रामगढ़ में कांग्रेस होने जा रही थी । बिहार में कांग्रेस हो रही हो और जयप्रकाश गिरफ्तार कर लिए जाएँ ?—यह बात कुछ आश्चर्य-भरी जरूर मालूम पड़ती थी । किंतु बात सच निकली । जमशेदपुर में किए गए एक भाषण के सिलसिले में उन पर वारंट निकल चुका था । वह वारंट पटना से जमशेदपुर गया और वहाँ से तीसरे दिन वापस आकर जयप्रकाश को चाइवासा जेल में डालकर ही शांत हुआ !

इस गिरफ्तारी को पं. जवाहरलाल नेहरू ने सरकार की चुनौती मानी और कहा कि इसका जवाब रामगढ़ देगा ! गाँधीजी ने इस गिरफ्तारी पर एक लेख लिखकर जयप्रकाश को भारतीय समाजवाद का आचार्य बताया और सरकार की इस कार्रवाई पर क्षोभ प्रकट किया !

गाँधीजी एवं नेहरू जयप्रकाश की जितनी प्रशंसा करें, हमारे वामपक्षी दोस्त तो उनसे जलेभुने थे । जब चाइवासा से नौ महीने की सजा लेकर जयप्रकाश हजारीबाग जेल पहुँचे, तो, वहाँ जो पहले ही पहुँच चुके थे, उन कम्युनिस्ट और फौरवार्ड ब्लाक के 'पुराने' साथियों ने उनका जो स्वागत किया, उसे क्या वह कभी भूल सकेंगे ? स्वामी सहजानंदजी भी वहाँ पहुँच चुके थे । उन्होंने तो जयप्रकाश से बोलना तक बंद कर दिया था ।

इन लोगों के रोष का एक ही कारण था—क्यों नहीं जयप्रकाश उनकी ही तरह कांग्रेस को गालियाँ देते, गाँधीजी को क्रांतिविरोधी समझते और उन लोगों के सुर-में-सुर मिलाकर राष्ट्रीय संग्राम के नाम पर डेढ़ चावल की खिचड़ी अलग पकाते ? जो ऐसा नहीं करे, उसे भी क्रांतिविरोधी क्यों नहीं मान लिया जाए ? और उसके साथ हर बदसलूकी करने में हर्ज ही क्या है ?

किंतु जयप्रकाश इन बातों से न ऊबनेवाले थे, न घबरानेवाले । उन्होंने अपना वही शांत, सौम्य स्वभाव और व्यवहार रखा । धीरे-धीरे उनके साथी भी वहाँ पहुँचने लगे । जयप्रकाश ने राजनीति, अर्थशास्त्र और विज्ञान के क्लास खोल दिए । थोड़े दिनों में ही वे सब भी उनके निकट आने पर शिष्यत्व स्वीकार करने लगे, जो उन्हें खरीखोटी सुनाने में भी नहीं हिचकते थे ।

जयप्रकाश की 'प्रोफेसरी' शान से चल रही थी, लेकिन, वह इतने से ही संतोष करनेवाले नहीं थे । बाहर से सम्पर्क रखने का गुप्त आयोजन उन्होंने किया और थोड़े दिनों के अंदर ही उनके खत ही बाहर के साथियों को नहीं मिल जाया करते, उनके लेख भी अखबारों में निकलने लगे । "एक कांग्रेस सोशलिस्ट" के नाम से 'सर्चलाइट', 'नेशनल हेरल्ड', 'बाम्बे क्रानिकल' आदि प्रमुख पत्रों में छपे ये लेख किसके लिखे होते हैं—यह बात वे सभी जानते थे जिन्हें जानना चाहिए ।

यही नहीं, जेल में रहते हुए इस बार उन्होंने कांग्रेस-नेताओं से भी अपना सम्पर्क रखा । फ्रांस के पतन के बाद जब कांग्रेस ने अँगरेजी साम्राज्यवाद से समझौता कर 'राष्ट्रीय सरकार' बनाने का निर्णय किया, तो उसके विरोध में उन्होंने जवाहरलालजी को एक जबर्दस्त खत भेजा और गाँधीजी के कानों में भी अपनी नाराजी पहुँचाने का प्रबंध किया । उस समय सुभाष बाबू अनशन के बाद जेल से बाहर किए गए थे—उनके पास भी जयप्रकाश ने खत भेजा ।

सजा पूरी होने पर '1940 के अंत में' जयप्रकाश हजारीबाग जेल से रिहा हुए । रिहा होने के पहले ही वह तय कर चुके थे कि अबकी निकलने के बाद वह अपने को गिरफ्तार नहीं होने देंगे—ज्योंही ऐसा मौका देखेंगे, झट रूपोश हो जाएँगे !

उस समय गाँधीजी का व्यक्तिगत सत्याग्रह चल रहा था । जयप्रकाश ने सोचा, सरकार तब तक मुझे गिरफ्तार नहीं करेगी, जब तक मैं खुलेआम कोई कानून—चाहे व्याख्यान के रूप में ही सही—नहीं तोड़ूँ । फलतः वह देश के प्रमुख स्थानों में घूमकर अपने साथियों को सबकुछ समझा-बुझा देना चाहते थे और फिर कुछ दिनों के बाद अपने को अंतर्धान कर देने का निश्चय कर चुके थे । जेल से निकलने के बाद वह गाँधीजी से मिले, फिर सुभाष बाबू से । सुभाष बाबू को वह फिर कांग्रेस में लाकर अँगरेजी साम्राज्यवाद को संयुक्त मोर्चा देना चाहते थे । कलकत्ता से लौटकर, बिहार और युक्तप्रांत होते वह गुजरात गए और वहाँ से बम्बई पहुँचे । रास्ते-रास्ते वह गुप्त संगठन की तैयारियाँ भी करते जा रहे थे और बम्बई पहुँचकर वह जिन गुप्त वेशों में घूमते-फिरते, उनके सामान भी एकत्र करने का प्रबंध कर लिया था । किंतु, उनके सारे हौसले चूर हो गए, जब उन्होंने अपने को एक दिन पुलिस के फंदे में पाया !

बम्बई का आर्थर रोड प्रिजन—फिर देवली का कैम्प !

देवली का कैम्प ! और देवली के वे प्रसिद्ध खत याद आए बिना नहीं रह सकते जिन्होंने एक बार समूचे भारत को आंदोलित कर दिया था ।

18 अक्टूबर, 1941 । जिन्होंने जिस भाषा का भी अखबार भोर में खोला, मुखपृष्ठ पर मोटे-मोटे शीर्षकों में एक ही खबर देखी—जयप्रकाश हिंदोस्तान का षड्यंत्री नं. 1 है; उसकी पार्टी अब गुप्त रूप से षड्यंत्रों का संचालन करने जा रही है; वे लोग अब डकैतियाँ डालेंगे; वे बाहर से सम्पर्क स्थापित कर हिंदोस्तान में सशस्त्र विद्रोह की तैयारियाँ कर रहे हैं—आदि-आदि ! अखबारों को यह खबर भारत-सरकार ने भेजी थी, प्रामाणिकता लाने के लिए जयप्रकाश के खतों के कुछ अंश के फोटो भी भेजे थे । उन खतों को अपने ढंग से सजाया गया था, उस पर अपनी व्याख्या की गई थी । किंतु, हिंदोस्तान-भर में सिवा तीन अखबारों के किसी के सम्पादक के मन में

यह सवाल भी नहीं उठा कि हम क्यों इस खबर को छापें? जब जयप्रकाश जेल में हैं, हम क्यों उसकी पीठ में छुरा भोंकें? वे तीन अखबार थे—मद्रास का 'हिंदू', दिल्ली का 'हिंदोस्तान टाइम्स' और बम्बई की 'फ्री प्रेस'। इन अखबारों ने अखबारनवीसी की शान रख ली। किंतु, कुछ अखबारों ने तो सरकार के सुर-में-सुर मिलाकर जयप्रकाश को खूब गालियाँ भी सुनाईं।

सिर्फ अखबारों में ही देकर सरकार को संतोष नहीं हुआ, वह रेडियो द्वारा हिंदोस्तान के कोने-कोने में ही नहीं, संसार के कोने-कोने तक यह खबर फैलाती रही।

चूँकि जयप्रकाश अचानक गिरफ्तार हो गए थे, अतः उन खतों में उन्होंने बतलाया था कि कांग्रेस सोशलिस्ट पार्टी का काम बाहर किस तरह चलना चाहिए। पार्टी के कुछ प्रमुख लोगों को रूपोश होने की सलाह दी गई थी; पार्टी की तरफ से गैरकानूनी अखबार निकालने का आदेश किया गया था, देवली कैम्प से सम्पर्क रखने के लिए तरह-तरह के उपाय बताए गए थे, विदेशों से सम्पर्क करने की झलक भी उसमें थी और पुराने तरीकों से रुपए इकट्ठे करने पर जोर दिया गया था, जिससे योगेंद्रशुक्लजी की सहमति की चर्चा करने से सरकार ने जिसे राजनैतिक डकैती समझ लिया था! फिर पार्टी के जिन सदस्यों ने धोखे दिए थे उन्हें खरीखोटी सुनाई गई थी और अंत में कम्युनिस्टों के कारनामों पर विस्तृत प्रकाश डाला गया था। इनमें एक खत प्रभावतीजी के नाम से था और दो खत श्री पुरुषोत्तम त्रिकमदास के नाम, जो पार्टी के ऐक्टिंग जनरल सेक्रेटरी थे।

जेल से बाहर खत भेजना जयप्रकाश के लिए नई बात नहीं थी। किंतु देवली की नई परिस्थिति में उन्हें कुछ नए उपाय करने पड़े थे। चलिए, हम देवली-कैम्प के गेट पर तमाशा देखें।

आज उनकी धर्मपत्नी प्रभावती देवी उनसे मिलने आ रही हैं। वह जानते हैं, प्रभावतीजी गाँधीजी हैं। वह उनके षड्यंत्र में शामिल होंगी या नहीं, इसमें उन्हें शक है। किंतु वह चेष्टा तो जरूर करेंगे। जो अपना गुप्त-से-गुप्त कागज जेल के गेट से टाइप करके मँगा सकता है, उसे उनके हाथों भेज सकता है जिनके बारे में कोई स्वप्न भी नहीं देख सकता, वह अपनी पत्नी पर एक बार प्रयोग करने में क्यों झिझकें!

यह देवली कैम्प का गेट है। बाहर से प्रभावती आती हैं, भीतर से जयप्रकाश। दोनों अगल-बगल बैठ जाते हैं। टेबुल के उस तरफ खुफिया पुलिस का बंगाली नौजवान बैठता है! "अच्छी हो?" "और सब आनंद!" "हाँ हाँ, यह नाप लो, इस नाप का चप्पल खरीदकर दे जाना।" "देख लीजिए साहब, यह नाप है।" जयप्रकाश हाथ बढ़ाकर नापवाला कागज खुफिया को दे देते हैं! वह उसे लेकर गौर से देखने लगता है। कहीं भीतर अदृश्य गुप्त लिपि में कुछ लिखा तो नहीं है? वह उस कागज को देखने में लीन है। तब तक जयप्रकाश खतों का एक पुलिंदा जेब से निकालकर टेबुल की ओट-ओट प्रभावती की कुर्सी की ओर बढ़ाते हैं। प्रभावती हाथ नहीं बढ़ातीं, तब पुलिंदे को उनकी कुर्सी पर रख देते हैं। अब सिर्फ इतना ही काम है कि प्रभावती अपने झोले को खोलकर, उसमें उसे रख लें। कोई संदेह क्यों करता? किंतु यह प्रभावती गाँधीवादी हैं न? पुलिंदे को छूती भी नहीं हैं। जरा इस समय दोनों के चेहरे देखिए—एक अजीब उत्तेजना में दोनों के चेहरे लाल बन रहे! और तब तक खुफिया उस चप्पलवाले कागज को अच्छी तरह देख चुकता है। अब उसका ध्यान इस ओर आ गया, अतः झट जयप्रकाश पुलिंदे को प्रभावती की कुर्सी से उठाकर अपने हाथ में ले लेते हैं! और, वह बंगाली है न? तुरत भाँप लेता है, टूट पड़ता है, कागज को पकड़ लेता है!

एक हलचल, एक खड़खड़। जयप्रकाश उसे धक्का दे देते हैं। वह गिर पड़ता है, फिर उठता है, फिर उनके हाथ की ओर लपकता है। अब तीन-चार धौल लगते हैं उसे! "गार्ड! गार्ड!"—शोर सुनकर गार्ड आ जाते हैं। जयप्रकाश को घेर लेते हैं। "चलिए, सुपरिंटेंडेंट के कमरे में।"

"चलो।"

"आप क्या कर रहे थे यह?"

"मैं चिट्ठियाँ गुपचुप भेजने की कोशिश कर रहा था।"

"आपके ऐसे सज्जन पुरुष से इसकी मैंने उमीद नहीं की थी ।"

"ताज्जुब, आप मुझे सिर्फ सज्जन पुरुष ही के रूप में जानते हैं । सिर्फ सज्जन पुरुष यहाँ इस कैम्प में नहीं भेजे जाते ?"

"आपको इस काम पर अफसोस नहीं है !"

"बिलकुल नहीं । मौका मिला तो फिर करेंगे—हाँ, अफसोस है यह, कि आज मैं पहली बार नाकामयाब रहा ।"

जयप्रकाश को थोड़े ही दिन हुए थे यहाँ आए; किंतु सब पर उनके व्यक्तित्व की धाक जम चुकी थी । जब तक वह यहाँ नहीं आए थे, कम्युनिस्टों का बोलबाला था । किंतु जयप्रकाश के व्यक्तित्व ने उन्हें बिलकुल ढक लिया है । जयप्रकाश ने यहाँ आने के बाद कैम्प में कितने सुधार कराए हैं । कैम्प का सुपरिंटेंडेंट खुश है कि कम-से-कम एक आदमी तो ऐसा मिला, जो अपनी माँग पर भी डटा रह सकता है और अपने वादे पर भी ।

आज वही आदमी उसके सामने है । वह अब क्या बोले !—"आप अपने वार्ड में जा सकते हैं !" जयप्रकाश अपने वार्ड में चले जाते हैं । वे खत सरकार के घर पहुँचते हैं । सरकार को जैसे सुनहला मौका मिल गया । उस समय देवली-कैम्प की कुव्यवस्था के खिलाफ देश-भर में आंदोलन उठ रहा था—देवली-कैम्प के राजबंदी अनशन करने का अल्टिमेटम दे चुके थे । सरकार ने इन खतों को अपना ढाल बनाना चाहा । वे खत एक दिन प्रकाशित कर दिए गए ।

आज फिर देवली-कैम्प के सुपरिंटेंडेंट ने जयप्रकाश को अपने दफ्तर में बुलाया है । वह उनके सामने अखबार रख देता है और कहता है—"सरकार ने आपके खत प्रकाशित कर दिए, मैं उसके औचित्य या अनौचित्य पर क्या कहूँ; किंतु एक बात !"

"क्या बात है ?"

"इसमें कम्युनिस्टों का भंडाफोड़ आपने किया है; इस कैम्प में वे ही लोग अधिक हैं; अखबार पढ़ने के बाद शायद वे आपको तंग करें; इसलिए मैंने अभी तक भीतर नहीं जाने दिया !" फिर सिर खुजलाते हुए उसने कहा, "किंतु, मैं कब तक इस तरह रोककर रख सकूँगा…"

"रोकने की क्या बात है—आप भीतर जाने दीजिए ।"

"मैं चाहता हूँ, आप अपना बिस्तर मँगा लें और कुछ दिनों बाहर के ही कमरे में रहें । मामला शांत हो जाने पर भीतर जाएँ—वे लोग अच्छे आदमी नहीं हैं !"

जयप्रकाश का चेहरा तमतमा उठता है—

"सुपरिंटेंडेंट साहब, आप यह मेरी तौहीनी कर रहे हैं ! हम क्रांतिकारी हैं । हमारी जान हमेशा हमारी हथेली पर है । क्या बुरा हुआ, अपने आदमियों के हाथ वह जाए ? गैर की हिफाजत से अपने हाथों बर्बादी अच्छी ! नमस्ते !—"

और, वह देखिए, जयप्रकाश दनदनाते हुए कैम्प के अंदर जा रहे हैं । सुपरिंटेंडेंट हक्काबक्का उनकी पीठ की ओर घूर रहा है ! उफ, यह कैसा आदमी है !

उसके बाद ही देवली-कैम्प में भूख हड़ताल हुई । जयप्रकाश ने उसका नेतृत्व लिया । कम्युनिस्टों ने धोखे दिए । जयप्रकाश लगभग पचास साथियों सहित अपनी अड़ पर अटल रहे । दिन बीते, हफ्ते बीतने लगे, अब महीना लगने को आया । जयप्रकाश की देह ने खाट पकड़ ली है । बुखार भी आने लगा है । सब कोई उनके लिए चिंतित हैं । किंतु, उनके चेहरे पर ओजस्विता है; तेजस्विता है । या तो यह कैम्प टूटेगा; या शरीर छूटेगा—कार्यं वा साधयामि, शरीरं वा पातयामि ! बीच का रास्ता नहीं ! उनकी माँग में प्रमुख माँग यह है कि यह देवली-कैंप तोड़ दिया जाए ! कैम्प के भीतर से ये एक मुट्ठी लोग इस कैम्प को तोड़ने का सपना देख रहे हैं ! सपना ? नहीं, यह सत्य हुआ ! बाहर कोहराम मच गया । गाँधीजी ने इस सवाल को अपने हाथों में लिया । तेंतीस दिनों के बाद, जयप्रकाश को खबर दी गई—अनशन तोड़िए, आपकी माँगें सरकार ने कबूल कर लीं !

जिसके दुबले-पतले शरीर का अधिकांश मांस गल चुका है, जो खाट से सटा पड़ा है, जिसके चेहरे पर स्याही की एक पर्त-सी पड़ी है, वही जयप्रकाश इस खबर से मुस्कुरा पड़ता है ! इस मरुभूमि में, अँगरेजों ने इस बेस्टाइल में विजयलक्ष्मी आकर उसके गले में जयमाला डाल रही है !—उफ, अहा !

एक महीने के अंदर-अंदर देवली-जेल खाली हो जाता है । और, वह देखिए, देवली का विजेता अपने जीते हुए किले की ओर हसरत की निगाह डालता, अब अपनी जन्मभूमि की ओर लौट रहा है—बिहार की ओर !

2

हजारीबाग जेल : स्थिति और इतिहास

स्टेशन से हमें ढोकर ले जानेवाली बस बढ़ी जा रही है—बढ़ी जा रही है । थोड़ी देर तक दूर-दूर पर गाँव मिलते रहे, फिर जंगल-जंगल । इस जंगल की पथरीली जमीन को काटकर बनाई गई टेढ़ी-मेढ़ी सड़कों पर आपको जब-तब चीते और भालू न मिलें, तो अपनी शुभ यात्रा समझें । बस का ड्राइवर कह रहा है—उस दिन वह बस लिए रात मैं लौट रहा था, तो एक बड़ा-सा बाघ सड़क पर आ रहा और भोंपू की आवाज को अनसुना कर तब तक गुर्राया किया, जब तक उसकी आँखों में बस की लाइट सीधे नहीं पड़ी ! और, अब हमें ले जानेवाले जमादार साहब कह रहे हैं—बाबू, यह आप लोगों को जेल की सजा मिली है, या बनवास की !

जेल की सजा या बनवास की ? सचमुच बिहार-सरकार राजबंदियों को हजारीबाग सेंट्रल जेल भेजकर एक ही साथ जेल और बनवास दोनों की सजा पूरी कराती है ! यह जेल किसी भी स्टेशन से पचास मील की दूरी से कम पर नहीं है । जंगल-जंगल, पहाड़-पहाड़—उसके बीच बनाया गया यह जेल । रास्ते में जहाँ-तहाँ जो गाँव हैं, उनमें वे आदिवासी बसते हैं जिनके रंग से आपके रंग का मेल खा नहीं सकता, ढंग की तो बात ही अलग !

कहने से लगता है, जैसे यह जेल हजारीबाग शहर में है किंतु, यह उससे भी दो-तीन मील दूर है । शहर से दो-तीन मील दूर—एक चट्टान पर यह बनाया गया है । पत्थर के बड़े-बड़े ढोके काटकर, उन्हें सिमेंट से जोड़कर ऊँची-ऊँची दीवारें बना दी गई हैं । जमाने की गर्दिश ने इन दीवारों पर काफी कालिख पोत रखी है, जिससे उनकी भयानकता और बढ़ जाती है । दीवारों के घेरे पर चारों ओर बुर्जियाँ बनी हैं—जिनमें अगर रात में रोशनी कर दी जाए, तो सारे जेल का तिनका-तिनका दीखे । इन बुर्जियों पर बंदूकें लिए सिपाहियों के पहरे पड़ें, तो फिर किसकी हिम्मत जो भीतर भी चू-चरा करे; बाहर जाने की तो कल्पना भी कल्पनातीत !

भीतर जेल के तीन प्रमुख हिस्से हैं । एक हिस्से में एक छोर पर जेल का अस्पताल है, दूसरे छोर पर दूसरे हिस्से में छोकरा किता, जनाना किता, हाजती किता—ये तीन किते हैं । बीच के हिस्से में जेल का प्रमुख अंश है । इस हिस्से के बीचोंबीच जेल का सेंट्रल टावर है । सेंट्रल टावर को केंद्र मानिए, तो आधे वृत्त में छः वार्ड हैं जो बाबू वार्ड कहलाते हैं; एक चौथाई वृत्त में तीन वार्ड हैं, जो 'पंजाबी सेल' कहलाते हैं; और एक चौथाई में एक लम्बा-सा दुमंजिला मकान है जो साधारण कैदियों का वार्ड है । 'बाबू-वार्ड' और 'पंजाबी सेल' इनके क्या मानी ? कहाँ बिहार के झारखंड में बना यह जेल और कहाँ सुदूर पंजाब ! पंजाबी यहाँ कहाँ ? और, 'बाबू' से मतलब यदि बंगाली से है (जैसा कि यहाँ है) तो बंगाली बाबुओं के नाम पर ये वार्ड क्यों प्रसिद्ध हुए ?

इस सेल की स्थापना जिस नीयत से हुई हो, किंतु प्रथम जर्मन-युद्ध (1914-18) के समय में अँगरेजी सरकार ने इस जेल को राजनीतिक रूप दे दिया । उसने इस जेल में उन खूँखार राजनीतिक कैदियों को रखना तय किया, जिन्हें वह किसी कारण से कालापानी नहीं भेजना चाहती थी ! कालापानी और इसमें अंतर भी कम

है—जहाँ तक सुरक्षा का प्रश्न है। वहाँ मीलों तक फैला समुद्र—यहाँ मीलों तक फैले जंगल-पहाड़। यदि इन ऊँची संगीन दीवारों को, बुर्जियों की बंदूकों और रोशनी के बावजूद कोई पार भी कर ले, तो वह खप नहीं सकता यहाँ के लोगों में—उन काले-काले अर्धनग्न जंगली लोगों में। और, यदि वह जंगलों को पार करना चाहे, तो हिंस्र जंतुओं का शिकार बने! उसकी हड्डियाँ भी घर नहीं पहुँच पाएँ।

तो, इस 'जंगली कालापानी' में सरकार ने खूँखार राजनीतिक कैदियों को रखना तय किया। वे राजबंदी मुख्यतः पंजाबी और बंगाली थे। बंगालियों में ज्यादातर नजरबंद लोग थे और पंजाबियों में गदर पार्टी के वे पुरुष सिंह जिन्होंने फौज में बगावत की या कराने की कोशिश की थी। बंगाली बाबुओं के लिए छः वार्ड बनाए गए और पंजाबियों के लिए तीन वार्ड। बाबुओं के वार्ड आरामदेह—हर वार्ड में 26 या 28 सेल, जिनमें दो सेल 'मजिस्टरी सेल'! मजिस्टरी सेल में चक्की लगी, दरवाजा बंद—जिन्होंने कसूर किया, उन्हीं की किस्मत इनके लायक! बाकी 26 सेलों में उतनी ही जगह जिसमें एक आदमी रह-सह सके। उन सेलों के सामने बरामदे, बाहर खुली जगह। किंतु पंजाबियों के वार्ड बड़े ही भयानक! न बरामदे, न खुली जगह! सेल के सामने छोटे-छोटे घेरे, नहाना-धोना, जो कुछ करना हो, वहीं!

पंजाब से, बंगाल से राजबंदियों को लाकर सरकार ने इन सेलों में ठूँस दिया। स्वभावतः ही वह पंजाबियों से ज्यादा नाराज थी—अंतः उन्हें तरह-तरह के कष्ट भी दिए जाने लगे। जहाँ बाबू-वार्ड के नाले होकर, बकौल पुराने जमादारों के, घी और दूध बहा करते, वहाँ बेचारे पंजाबियों को सूखी रोटियाँ भी भरपेट नसीब नहीं हो पातीं। पंजाबियों ने इस स्थिति को बर्दाश्त करना नामंजूर कर दिया। संघर्ष चलने लगे। एक ओर जेल के नियमों को तोड़ा जाने लगा, दूसरी ओर तरह-तरह की सजाएँ दी जाने लगीं। कितने वार्डरों के सिर लोहे के तसले से टूटे, कितने कैदियों के चूतड़ों की धज्जियाँ कोड़ों से उधेड़ दी गईं!

किंतु अंततः सरकार को इन पंजाबियों के सामने हार माननी पड़ी। कोड़ों के बल पर कब तक जेल चलाया जा सकता है? जेलर और सुपरिंटेंडेंट की बदली हुई। जो नए जेलर और सुपरिंटेंडेंट आए, उन्होंने पंजाबियों के सामने सुलह और मेल का पैगाम रखा। तय हुआ, सरकार पंजाबियों को उनके धार्मिक कृत्य करने देगी, उन्हें पंजाबी खाना देगी—रोटी-गोश्त! इसके बदले पंजाबी राजबंदी जेल के नियमों को मानेंगे, जेल के कामों को करेंगे, जेल के अफसरों की कद्र करेंगे। दोनों ओर से सुलह की शर्तों पर पालन शुरू हुआ। स्थिति में सुधार हुआ। धीरे-धीरे पंजाबी राजबंदियों को सेल से बाहर आने-जाने और एक-दूसरे से मिलने की सहूलियत भी हासिल हुई!

"भाई गंडासिंह, तुम्हें तो दामुल की सजा है न?"

"और, तुम्हें? मैंने तो सोच रखा था, तुम्हें फाँसी के तख्ते पर झूलना पड़ेगा, केहर!"

"हाकिम बेवकूफ था—"

"या होशियार, यार! एक घंटे की सजा न देकर जिंदगी-भर की सजा दे डाली!"

"लेकिन बच्चू को दस दिन बाद न मालूम होगा?"

"क्यों? क्या खुदकुशी होगी!"

"खुदकुशी करें मेरे दुश्मन! मैं तो एक दिन चम्पत हुआ…"

"अरे, यह क्या कह रहे हो? ये दीवारें, ये बंदूकें!"

"बंदूकों की बात मत करो, यार! जिंदगी-भर बंदूकों का ही सौदा किया है। हाँ, ये दीवारें! तो, बस तीन साथियों की जरूरत है। फिर बेड़ा पार।"

"बेड़ा पार! या गंडा पार।"

"और केहर पार नहीं? क्या यहाँ अंडे सेया करोगे?"

कानो-कान की बातें सूचासिंह को सुनाई गईं।—"हाँ सूचा, मेरे सरदार, हम जिंदगी भर जेल में नहीं रह सकते। तुमने कहा, मैं राजी हुआ—आमने-सामने की लड़ाई होती—वे मारते मुझे या मैं उन्हें! किस्सा खतम!

लेकिन यह जिंदगी-भर की पिसाई ! मुझसे नहीं पार लगेगी—मेरे सरदार ! उस दिन मैंने तुम्हारा साथ दिया, अब तुम्हारी बारी है । साथ दो या…"

सूचासिंह ने समझाने की कोशिश की, किंतु कौन सुनता है । तरकीबें सोची गईं और वह भी पंजाबियों के ही लायक । सेल के ऊपर जो ये सुराखें हैं, उन्हीं से दो आदमी रात में निकलेंगे—वे पतले हैं, छरहरे हैं, निकल सकेंगे वे । निकलकर वे बरामदे के छप्पर से वहाँ पहुँचेंगे, जहाँ वार्डर आधी रात को ऊँघता रहता है । उस पर टूट पड़ेंगे, उसकी मुश्क बाँध देंगे, फिर उससे चाबियों के गुच्छे छीनकर इस वार्ड के सभी सेलों को खोल देंगे । इस वार्ड का काम खत्म कर वे दूसरे और तीसरे पंजाबी वार्डों में जाएँगे और वहाँ के सभी 'सिहों' को सेलों से निकालकर दीवाल फाँदकर बाहर होंगे और तब यदि मौका मिला, तो बाहर से छापा मारकर जेल की मैगजीन पर कब्जा करेंगे और अस्त्र-शस्त्र से लैश होकर इस पहाड़ी प्रांत में छापेमारों की लड़ाई लड़ते पंजाब की ओर बढ़ेंगे ! क्या ऐसा हो सकेगा ? नहीं हुआ, तो क्या हुआ ? दामुल से कम सजा तो किसी की नहीं; लड़ते-लड़ते मरना अच्छा, या जमीन पर पैर रगड़ते-रगड़ते !

और, एक रात गंडासिंह सुराख से निकला और छत पर होते सूचासिंह के सेल के नजदीक गया । सूचासिंह सुराख से निकलने की चेष्टा कर रहे थे, किंतु उनका सीना कुछ ज्यादा चौड़ा था, वह फँस गए थे । "गंडा, जरा जोर से मुझे खींचो ! नहीं तो अब खून जमना शुरू हो जायगा, सीना और फूल जाएगा और हम कहीं के नहीं रहेंगे ।" गंडा ने दीवाल से टाँग अड़ा दी और पूरे जोर से सूचासिंह को खींचा । कुछ खरोंच लिए सूचासिंह बाहर थे ।

पूर्व निश्चय के अनुसार वार्डर को पकड़ा गया, उसकी मुश्क बाँधी गई, चाबियाँ ली गईं, सेलों से सिंहों को निकाला गया । फिर सूचासिंह दूसरे पंजाबी वार्ड में गए, वहाँ के वार्डर को भी पकड़ा गया, चाबियाँ ली गईं । किंतु यह क्या ? जल्दी में चाबियों का नम्बर मिल नहीं रहा है, ताले खुल नहीं रहे हैं । जहाँ सेकेंड की भी कीमत, वहाँ मिनट-पर-मिनट बीते जा रहे हैं । इधर पहले वार्ड के 'सिंहों' के मन में संदेह होता है—क्या वे लोग कहीं फँस तो नहीं गए ? तो फिर हम भी क्यों फँसें ? सब लोग दीवाल की तरफ भागे । उनके पैरों की धमधम की आवाज से जेल के दूसरे वार्डर चौकन्ना हुए; शोरगुल, फिर पगली घंटी ! एक ओर मशालें लेकर जेल को घेरने की कोशिश हो रही है । दूसरी ओर एक के कंधे पर दूसरे, दूसरे के कंधे पर तीसरे और फिर दीवाल की उस ओर कूदा जाने लगा । कुछ वार्डरों ने उनके नजदीक पहुँचने की कोशिश की, तो जस्ते के जो बड़े-बड़े ताले उन्होंने सेलों से खोले थे, वे उनके हाथों में थे । उनसे एक-दो को दे मारा, जिन्हें लगे, वे धराशायी । फिर किसकी हिम्मत कि आगे बढ़े । नीचे के दो आदमी रह गए, जिनके कंधों पर और सब पार हुए थे । बाकी चम्पत हो गए !

लेकिन, उनकी बिपता यहीं खत्म नहीं हुई । दीवाल पर से कूदते समय कई की टाँगें टूट गई थीं; वे बगल के धनखेतों में रात में तो छिपे पड़े रहे, किंतु, दिन में जब कुछ लड़कियाँ बकरियाँ चराती हुई वहाँ पहुँचीं, उन्हें देखकर चिल्ला उठीं । उन लोगों को मारते-पीटते, अधमुए बनाकर, फिर जेल में दाखिल कर दिया गया । सरदार सूचासिंह के पैर में भी चोट आई थी, किंतु उन्हें उनके साथी टाँगटूँगकर ले चले । थोड़ी दूर जाने पर यह देखा गया कि कुछ और लोग भी चलने से लाचार हैं । वे लोग झाड़ियों में छिप रहे, किंतु कुछ दिनों बाद पकड़े गए और उनकी भी कम दुर्गत नहीं की गई । कहा जाता है, उनमें से एक को जान से मार डाला गया और उसके पैर में रस्सी लगाकर, मरे कुत्ते की तरह घसीटकर, जेल के फाटक तक लाया गया ।

जो लोग सरदार सूचासिंह के साथ भागे जा रहे थे, अब उनकी तादाद एक दर्जन के लगभग थी । वे लोग जंगल-जंगल रात-भर चलते रहे । दिन आता, वे किसी झाड़ी या गुफा में ठहर जाते, रात होती और चल पड़ते । कई बार उनकी बगल से शेर और भालू निकले, एक बार एक हाथी निकला, एक रात जब वे जेल से लाई हुई कम्बल बिछाकर सोये, तो जगने पर देखा एक गेहुँएन साँप उनसे कुचलकर मर गया है ! कई दिन हो चले थे, एक मुट्ठी दाना भी उन्होंने मुँह में नहीं रखा था । वे तगड़े थे, फौजी जिंदगी की कठिनाइयों के आदी थे, तो भी उनके पैर अब जवाब दे रहे थे, हिम्मत टूटी जाती थी । एक बार तो एक दिन और एक रात तक पानी नहीं मिला ।

कंठ सूख रहे थे, अंतड़ियों में शलाखें-सी जलती मालूम पड़ती थीं। अब बचना तो मुश्किल है हारदार कर वे एक चट्टान पर लेट गए, जिसकी ठंडक उन्हें थोड़ी शांति दे रही थी, किंतु जो मृत्यु की विभीषिका को और स्पष्ट किए देती थी !

"सूचासिंह, आखिर हम लोगों की मिट्टी यहाँ आकर मिलनी थी !"—किंतु सूचासिंह क्या जवाब देते? ऊपर चमकते हुए तारे को देखकर उन्होंने एक लम्बी साँस ली ! कि, इतने ही में मेढ़क की आवाज सुनाई पड़ी। मेढ़क—तो यहाँ पानी जरूर होगा ! किंतु, किसी दूसरे जानवर की भी तो ऐसी आवाज हो सकती है। मरता क्या न करता? देख तो लिया जाए ! उस अंधकार में सूचासिंह उस आवाज का छोर पकड़े बढ़ते जा रहे हैं। थोड़ी दूर गए थे कि आवाज बंद। क्या मौत हम लोगों के साथ मजाक कर रही है? थोड़ी देर खड़ा रहकर लौटना चाहते थे कि फिर टर्र-टर्र ! आखिर वहाँ पहुँचकर हाथ से टटोला, तो पाया, एक छोटा-सा खड्ड है, जिसमें एक चुल्लू पानी है और उसी में मेढ़क-महाराज आनंद से बैठे अपना राग अलाप रहे हैं ! सूचासिंह ने मेढ़क को हाथ में उठाया, फिर साथियों से कहा—"बस एक चुल्लू पानी है, आपमें से जिनकी जरूरत सबसे ज्यादा हो, वह पी लें !" लेकिन कोई बढ़ता नहीं है, सब एक-दूसरे से कह रहे हैं कि तुम्हीं पी लो। अंत में सूचासिंह ने फैसला दिया—जो सबसे कमजोर था, उसे पानी पीने की आज्ञा दी। बड़ी हिचक के बाद वह बढ़ा, चुल्लू में लेकर पानी पिया। किंतु ज्योंही यह देखने को उस खड्ड में हाथ रखा कि कितना पानी बचा है, कि पाता है, खड्ड फिर भर गया है ! भाइयो, यह खड्ड नहीं, यह तो सतश्रीअकाल का भेजा अमृत का सोता है ! सब एक-एक कर बढ़ते हैं, छक-छककर पानी पीते हैं; अंत में अपने हाथ का मेढ़क दूसरे को देकर सूचासिंह भी पानी पीते हैं और फिर बड़े सम्मान के साथ उस मेढ़क को उस खड्ड में रख देते हैं।

कई दिनों के बाद रास्ते में एक गाँव दिखाई पड़ा। इन सबको दाढ़ियाँ थीं; सोचा गया, ज्योंही ये दर्जन-भर दाढ़ियाँ एकसाथ दीख पड़ीं तो लोगों का हम पर संदेह जरूर होगा। अतः एक साथी को गाँव में भेजा गया, वह नागा बाबा बनकर आग माँग लाया। उस आग से लकड़ियाँ जलाई गईं और उन जलती लकड़ियों को दाढ़ियों से लगा-लगाकर दाढ़ियाँ जला डाली गईं। लकड़ियों के जलने से जो राख बनी, उसे भभूत की तरह शरीर में मल लिया गया और जेल के कपड़े को चीर-चारकर लंगोटियाँ बना ली गईं; फिर दो दलों में बँटकर वे आगे बढ़े। एक दल दूसरे से काफी दूर पर रहता, जिससे कोई संकट आये, तो एक दल तो बचे !

इसी तरह बढ़ते जा रहे थे। अगले दल में सूचासिंह थे। सूचासिंह जब एक गाँव के बाहर निकले, तो उन्होंने देखा, गाँव के बाहर चौपाल में एक खाट पर कुछ लोग बैठे हैं और उनके सामने लाल-लाल पगड़ियाँ रखी हैं। सूचासिंह ने समझ लिया, ये पुलिस के लोग हैं और शायद उन्हीं लोगों की खोज में रास्ते-रास्ते पर बैठे हुए हैं। बात भी यही थी। सरकार ने हर रास्ते पर, हर पड़ाव पर, हर स्टेशन पर आदमी तैनात कर रखे थे, जो भागे हुए सिक्खों की तलाश चौकन्नी आँखों से कर रहे थे। न जाने क्या बात हुई, सूचासिंह का दल आगे बढ़ता गया, किंतु उन्होंने पूछताछ या छेड़छाड़ नहीं की। सूचासिंह आगे बढ़कर एक निराले स्थान में रुककर पिछले दल की प्रतीक्षा करने लगे कि उन्होंने शोर सुना और देखा, उनके पिछले दल के साथी आगे-आगे भाग रहे हैं और पीछे से लोग हल्ला करते उनको खदेड़ रहे हैं। सूचासिंह समझ गए कि बात क्या है? अपने दल को लेकर वह वहाँ से निकल गए।

उसी रात में तय हुआ, अब दल बनाकर नहीं चला जाए। सब आँखों में आँसू भरकर, गले-गले मिलकर, एक-दूसरे से अलग हुए। सूचासिंह किस तरह फिर पंजाब पहुँचे, घर गए, वहाँ से फटकार पाकर साधु बन गए; बीस वर्षों तक साधु जीवन व्यतीत कर जब चारों तरफ कांग्रेसी मंत्रिमंडल बन गए और फरार राजबन्दी अपने को प्रकट करने लगे, तो फिर किस तरह उन्होंने भी पुलिस को अपने बारे में खबर की, किस तरह पुलिस ने उनसे दगा की, उन्हें गिरफ्तार कराकर फिर हजारीबाग जेल भेजा और वह अपनी 'दामुल' की सजा to be kept in jail till alive भुगत रहे थे, इस पर विस्तृत प्रकाश डालने की आवश्यकता नहीं ! जब जयप्रकाश 1940 में हजारीबाग पहुँचे, सरदार साहब ने अपनी सारी कहानी उन्हें सुनाई थी और जब वह 1941 में छूटे तो महात्माजी से मिलकर

उन्हें छुड़वाने की कोशिश की थी। किंतु इसमें वह सफल नहीं हो सके थे; उल्टे खुद फिर 1942 में वहीं आकर सरदार साहब के साथी बन गए थे।

जब हम हजारीबाग जेल की इस स्थिति और इतिहास को ध्यान में रखेंगे, तभी हम समझ पाएँगे कि इस जेल से जयप्रकाश का पलायन कर जाना क्या बात थी!

3

शेर पिंजड़े में छटपट कर रहा!

देवली से अपने प्रांत में लौटाए जाने पर जयप्रकाश फिर हजारीबाग जेल में ही रखे गए और उन्हें जेल के उस हिस्से में रखा गया, जो 'छोकरा-किता' कहलाता है। इस किते में पहले जुविनाइल (नाबालिग) कैदी रखे जाते थे। 'जुविनाइल वार्ड' के लिए 'छोकरा-किता' अनुवाद वैसा ही है, जैसा 'विमेंस वार्ड' के लिए 'रंडी-किता'। समझ में नहीं आता, ये अनुवाद किसने कब किए, किंतु जेलों में, थोड़े दिनों पहले तक, 'रंडी-किता', 'छोकरा-किता' आदि शब्द ही प्रचलित थे।

1930 से ही यह छोकरा-किता राजबंदियों के लिए निश्चित किया गया था। 1930 में इसी में राजेंद्र बाबू, दीपबाबू (भागलपुर) आदि रहते थे और 1932 में इसी में शरहदी गाँधी खान अब्दुल गफ्फार खाँ और उनके भाई डाक्टर खान साहब को रखा गया था। खान-बंधुओं के कारण इस किते के रुतबे में ही नहीं, खूबसूरती में भी वृद्धि हुई थी। उन्होंने वार्ड के सामने की बंजर जमीन को कोड़कर, कोड़वाकर एक अच्छा बगीचा लगा दिया था। आज भी उनके हाथों के रोपे कुछ गुलाब और मोतिए के झाड़ आप वहाँ पा सकेंगे। सेहन और खिड़कियों में भी कुछ सुधार हुए थे।

जिस कमरे में खान अब्दुल गफ्फार खाँ रहते थे, उसी में जयप्रकाश भी रखे गए थे। 1937 में अपनी तीन महीने की सजा जयप्रकाश ने इसी कमरे में काटी थी।

जयप्रकाश का स्वास्थ्य इन दिनों बहुत खराब है। देवली जेल के 33 दिनों के अनशन के कारण सिर्फ दुर्बलता ही नहीं आई है, कई पुरानी बीमारियाँ उभर गई हैं। खासकर पैर की साइटिका तो रह-रहकर उभड़ आती और चलने-फिरने में भी लाचार कर देती है। आजकल वह बिलकुल फलाहार पर रहते हैं—यह फलाहार उन्होंने गाँधीजी की आज्ञा से प्रारम्भ किया है। गाँधीजी के खत आजकल बराबर आते रहते हैं, जिनमें वह इनके स्वास्थ्य-सुधार के बारे में दरियाफ्त करते और खानपान के बारे में सलाहें भेजा करते हैं।

अगस्त की अगवानी की धमक इस जेल में भी पहुँच रही है। इस बार कुछ होकर रहेगा और वह 'कुछ' ऐसा होगा जैसा कभी नहीं हुआ। क्रांति—महाक्रांति! और "इस क्रांति में मैं क्या इसी जेल में सड़ता रहूँगा?"—जयप्रकाश रह-रहकर सामने की पथरीली दीवारों को देखते हैं, जो मालूम होता है, उनके पौरुष को रह-रहकर चुनौती देती रहती हैं।

हाँ, इन दीवारों की 'अनुल्लंघनीय पवित्रता' पर जयप्रकाश को विश्वास नहीं है। जेल की दीवारें उनकी नजरों में मानवता पर की जानेवाली राज्य की भीषण हिंसा का प्रतीक हैं, और हिंसा यदि पापमय है, तो ये दीवारें पाप की दीवारें हैं। ये जितना जल्द टूटें, ध्वस्त हो जाएँ, पस्त हो जाएँ, उतना ही अच्छा।

अगस्त शुरू हो रहा था कि उनका एक साथी युद्धविरोध में सजा पाकर हजारीबाग जेल में पहुँचा। वह 'बाबू वार्ड' में रखा गया; किंतु, जयप्रकाश ने उससे मुलाकात का इंतजाम कर लिया। इन फन में जयप्रकाश शुरू से ही उस्ताद रहे हैं। उस साथी ने जब बाहर की सारी हालतें बताईं, क्या-क्या होने जा रहा है इसका एक खाका उनके सामने रखा, तब तो वह और अधीर हो गए। साथी ने बताया और जयप्रकाश की दूरदर्शी आँखों ने देखा,

कि जहाँ तक कांग्रेस का सवाल है और जनता का रुख है—सरकार को एक ही धक्के में तहस-नहस कर दिया जाएगा। किंतु, सवाल इसके बाद का है। तहस-नहस के बाद क्या हो—इस पर कोई नहीं सोच रहा। तहस-नहस के बाद ही नव-निर्माण नहीं हुआ, तो फिर प्रतिक्रिया का दौरदौरा होकर रहेगा। चोटी का सवाल सिर्फ यह नहीं है कि सरकारी सत्ता को नष्ट कर दिया जाए, बल्कि मार्के का सवाल यह है कि उसके साथ ही तुरत एक नई सत्ता का सृजन हो और यह सृजन का काम सम्पन्न नहीं हो सकता जब तक जयप्रकाश ऐसे लोग आंदोलन का प्रारंभ से ही संचालन न करें—यह स्पष्ट था।

वह साथी जमानत पर छुटकर जानेवाला था और अगस्त-क्रांति की तारीख भी उन दिनों दूर मालूम होती थी—क्योंकि 7-8 अगस्त को अखिल भारतीय कांग्रेस कमेटी की बैठक बम्बई में होनेवाली थी और गाँधीजी सरकार को पंद्रह दिनों का अवसर देनेवाले थे! अतः, तय यह हुआ कि वह साथी बाहर जाकर ऐसा प्रबंध करे कि अगस्त-क्रांति के प्रारंभ होते ही जयप्रकाश को जेल से निकाल लिया जाए। इसके लिए एक योजना भी सोच ली गई।

किंतु, वह साथी बाहर जा भी नहीं पाया था कि 1 अगस्त की शाम को, जब पानी टिप-टिप बरस रहा था, हजारीबाग के दोनों सिंह-बंधु श्री रामनारायण सिंह, एम. एल. ए. (सेंट्रल) और श्री सुखलाल सिंह (आजकल बिहार-सरकार के पार्लियामेंटरी सेक्रेटरी) कम्बल ओढ़े जेल में दाखिल हुए और उनसे मालूम हुआ—सरकार ने धावा बोल दिया है, गिरफ्तारियाँ शुरू हो गई हैं! गाँधीजी ने अपने एक लेख में बताया था, इस बार का आंदोलन खुली बगावत होगा, इसमें लोगों को जेल में जाना नहीं है। उसका मानी साधारणतः यह लगाया गया था कि लोग गिरफ्तार होने से इंकार कर देंगे। इसलिए जब इन दोनों भाइयों को, जो काफी दबंग और लोकप्रिय नेता समझे जाते हैं, खरामा-खरामा जेल में आते देखा गया, जयप्रकाश और उनके साथियों को आश्चर्य हुआ! किंतु, यह आश्चर्य तुरत मिट गया जब खबरें मिलने लगीं कि गाँधीजी एवं अन्य नेता भी गिरफ्तार हो गए और दो-चार दिनों के अंदर-अंदर ही यह हजारीबाग जेल भी कांग्रेस नेताओं और कार्यकर्त्ताओं से भरने लगा।

क्या खुली बगावत का यही रूप है कि लोग अपने को पुलिस-अफसरों के हवाले कर दें और फिर जेल में आकर पहले की तरह इस बार भी चुपचाप चरखा काता करें या अध्ययन किया करें—यह प्रश्न जयप्रकाश के मन में उठने लगा और वहाँ जो प्रमुख कांग्रेस नेता और कार्यकर्त्ता एकत्र हुए थे, उनके सामने उन्होंने इस प्रश्न को रखना शुरू किया! गाँधीजी ने गिरफ्तार होते समय एक मंत्र लोगों को दिया 'करो या मरो'—क्या इस मंत्र का मानी यह नहीं है कि इस बार जान पर खेल करके भी हमें इस क्रांति को सफल बनाना है? जयप्रकाश के इस सवाल का उत्तर स्पष्ट था, किंतु वे लोग अपनी लाचारी बताने लगे कि किस तरह वे अचानक ही गिरफ्तार कर लिए गए, वे तुरत सोच नहीं सके कि उन्हें क्या करना चाहिए, हाँ, उन्हें कुछ ऐसा जरूर लग रहा है कि कहीं कोई गलती उनसे हुई है।

इस गलती को दुरुस्त किए बिना क्रांति की गाड़ी आगे बढ़ नहीं सकती, अतः जयप्रकाश और उनके साथियों ने एक ऐसी योजना तैयार की जिसमें यह पूरा जेल ही खाली कर दिया जा सके। बड़ी दुस्साहसिकतापूर्ण थी यह योजना! अगर यह काम में लाई जा सकती, तो फ्रांस की क्रांति का बेस्टाइल जेल का तोड़ा जाना भी नगण्य लगता। और उसे काम में लाने के लिए आदमियों का चुनाव और समय का निर्धारण भी हो चुका था। किंतु, जयप्रकाश का कहना था कि चूँकि कुछ प्रमुख कांग्रेसजन भी यहाँ पहुँच चुके हैं, इसलिए उनमें से चुने हुए लोगों को इसकी खबर तो कर ही देनी चाहिए, जिसमें वे लोग हमें यह दोष नहीं दे सकें कि उन्हें खबर भी नहीं की गई थी। कुछ तथाकथित प्रगतिशील लोग भी वहाँ थे। अतएव उन्होंने एक दिन उनमें से कुछ लोगों को बुलाया और इस योजना की एक झलक बता दी। जहाँ-जहाँ जान पर खतरे आने की आशंका थी, वहाँ-वहाँ जयप्रकाश के साथी ही रखे गए थे, बाकी लोगों को सिर्फ निकल चलना था। इस योजना की विभीषिका पर तो सभी थर्राए, लेकिन, खुली बगावत का ध्यान रखते हुए इसमें कोई ऐसी बात नहीं थी कि सिद्धांत के नाम पर भी जिसका विरोध किया जा सकता!

जयप्रकाश और उनके साथी बहुत खुश हुए और अब इस योजना के ब्योरे पर 'फाइनल टचेज' देने लगे कि इतने ही में कल होकर जो जेल-अधिकारी आए, उन्होंने जयप्रकाश से कुछ ऐसी बातें कीं जिनसे यह ध्वनि निकलती थी कि उन्हें इस योजना की कुछ भनक मिल चुकी है ! यह क्या हुआ ? क्या किसी ने भंडाफोड़ कर दिया, या उस अधिकारी की यह आशंका-मात्र थी ? उसके बाद ही जब ध्यान से देखा जाने लगा, तो पता चला, आज वार्डरों के पहरे में भी कुछ तब्दीली की गई है और चारों ओर चौकसी का भाव दिखाई पड़ रहा है । इस तब्दीली और इस चौकसी की काट भी सोची गई, किंतु देश के दुर्भाग्य से उसी समय भागलपुर सेंट्रल जेल में बगावत हो गई, जिसमें दो-एक जेल-अधिकारी भी मारे गए । फलतः वहाँ गोलियाँ चलीं, दर्जनों कैदी मार डाले गए और प्रांत की हर जेल की सुरक्षा का नए सिरे से प्रबंध किया गया और यों यह योजना जहाँ की तहाँ रह गई !

तब सोचा गया, कुछ चुने हुए साथियों को लेकर ही निकल जाया जाए । उसके लिए भी साथी चुन लिए गए और उसका प्रबंध नए सिरे से किया जाने लगा । किंतु, यहाँ भी भद्रा पड़ी । एक दिन देखा गया, समूचे जेल पर सशस्त्र पुलिस का पहरा है । जो बुर्जियाँ सिर्फ तमाशे की चीज थीं, उन पर दिन में बंदूकों की संगीनें चमकती हैं और रात में गैस की बत्तियाँ । पहले खबर फैली, कांग्रेस की वर्किंग कमेटी के मेम्बर यहीं लाए जा रहे हैं; फिर पता चला, जमशेदपुर के सिपाहियों ने विद्रोह कर दिया है, उन्हीं के नेताओं को लाया जा रहा है । जब तक वे सिपाही वहाँ रखे गए, पुलिस के ऐसे ही सख्त पहरे दिन-रात पड़ते रहे और जयप्रकाश और उनके साथी चुपचाप ये दृश्य देखते उसाँसें भरा किए !

हाँ, उसाँसें ! क्योंकि अब बाहर से जो खबरें आ रही थीं, वे बताती थीं कि किस तरह गोले से, गोलियों से, किरचों से, हंटरों से अगस्त-क्रांति को कुचलने की चेष्टाएँ हो रही हैं और नेताओं के अभाव में किस तरह जनता असहाय होकर दबती, छिपती जा रही है । जैसा पहले सोचा गया था, क्रांति के पहले धक्के में ही बहुत जगहों पर समूची अँगरेजी सरकार ताश के घर की तरह भहराकर गिर गई थी; किंतु तुरत उसकी जगह पर कोई चीज नहीं बनने से अब फिर अँगरेजी सरकार के पैर वहाँ पहुँचते और जमते जा रहे थे । उजड़े हुए थानों में दारोगाजी लौट रहे हैं और उनके साथ ही अँगरेज सैनिक पहुँचकर लोगों को तबाह और बर्बाद कर रहे हैं । दमन का दौरदौरा है, चारों ओर त्राहि-त्राहि मची हुई है । गाँव के गाँव जलाए जा रहे हैं, घर लूटे जा रहे हैं—स्त्रियों के सतीत्व और बूढ़े-बच्चों की जानें भी सुरक्षित नहीं हैं ।

देश की यह हालत है; उधर अंतर्राष्ट्रीय जगत में बड़ी-बड़ी घटनाएँ घट रही हैं । एक ओर से जापान हिंदोस्तान की ओर बढ़ा आ रहा है—बीच के देशों को जीतते, रौंदते, कुचलते । दूसरी ओर जर्मनी की सेनाएँ कौकेशिया और अफ्रीका की ओर से, क्षिप्र वेग में, सड़ँसी के दोनों मुँह की तरह, अँगरेजी राज्य के आखिरी किले के रूप में इस हिंदोस्तान को निगलने के लिए, बढ़ती आ रही हैं । जापान और जर्मनी में, जैसे, होड़ लगी हो कि कौन पहले हिंदोस्तान पहुँचता है । क्या इनका विजयी के रूप में हिंदोस्तान में पधारना कल्याणकर होगा ? क्या वे हमारे देश को भी गोरे नाजीवाद और पीले सैनिकवाद के अखाड़े नहीं बना छोड़ेंगे ? अँगरेजी साम्राज्यवाद बुरा है, घातक है, तभी हमने कहा— 'अँगरेजो, भारत छोड़ो !' उन्होंने भारत नहीं छोड़ा, उल्टे हमें कुचल रहे हैं, पीस रहे हैं । किंतु यह स्पष्ट है कि जर्मनी और जापान की दुहरी चक्की में पिसने के पहले ही ये भारत छोड़कर भाग खड़े होंगे । इनका जाना भारत के लिए शुभ होगा, कल्याणप्रद होगा—पुराना कोढ़ दूर होगा ! किंतु उसके बाद क्या ऐसा कोई उपाय नहीं किया जा सकता है कि अँगरेजी सत्ता के खत्म होते ही, जापानी या जर्मन सत्ता कायम होते न होते, फिर ऐसी बगावत की जाय कि उन्हें भी भारत छोड़ने को लाचार होना पड़े । इस अगस्त-क्रांति ने इतना तो सिद्ध कर ही दिया कि जनता में वैसी ताकत है कि वह डेढ़ सौ सालों से स्थापित सरकार को भी उलट दे । जिसने शालिग्राम भून डाले, उसके लिए बैगन का भूनना कौन-सी बात ? यदि योग्य नेतृत्व मिले तो जनता डेढ़ दिनों के स्थापित जापानी सैनिकवाद और जर्मन नाजीवाद को बातोंबात में उखाड़ फेंकेगी । यह नेतृत्व हमें देना है—जो साम्राज्यवाद, नाजीवाद और सैनिकवाद तीनों के एक-से विरोधी हैं । नहीं,

हमारी जगह जेल में नहीं है। जान पर खेलकर के भी हमें बाहर जाना ही है।

तब तक जमशेदपुर के सिपाहियों को सजाएँ मिल चुकी थीं और वे इस जेल से हटाकर प्रांत के भिन्न-भिन्न जेलों में भेजे जा चुके थे। फलतः सशस्त्र पुलिस का पहरा भी धीरे-धीरे हटा लिया गया था। जेल के अधिकारी भी अब निश्चिंत हो चले थे कि यहाँ कुछ होने-जाने को नहीं है। प्रांत के प्रायः सभी प्रमुख नेता यहाँ अब पहुँच चुके थे और जेल की वही सत्याग्रही जिंदगी मजे में बिताई जा रही थी—सरकार से दस आने का राशन लेना और डटकर खाना, खेलना, हँसना, हँसाना! हाँ, जयप्रकाश और उनके साथियों के भाग्य में यह भी नहीं बदा था—क्योंकि वे लोग यहाँ के सी. डिवीजन के राजबंदियों के प्रश्न को लेकर ऊपर के डिवीजनों की सहूलियतों और आराम को छोड़कर सात पैसे रोजाना के राशन पर ही जिंदगी गुजार रहे थे।

इस भोजन ने जयप्रकाश के स्वास्थ्य को और भी चौपट कर डाला था, वह न तेजी से चल सकते थे, न तनकर खड़े हो सकते थे। किंतु, उनका हृदय और मस्तिष्क और भी मजबूत और दृढ़निश्चयी बन चुके थे। उन्होंने तय कर लिया, वह बाहर जाएँगे ही और अब उसके लिए आखिरी तैयारी भी शुरू कर दी गई।

जहाँ तक दीवार के उस पार जाने का सवाल था, उसके लिए ज्यादा चिंता की जरूरत नहीं थी। यह तो पाँच मिनट का खेल था। सवाल था कि बाहर जाने पर क्या हाल हो? सरदार सूचासिंह और सिक्ख-बंदियों का इतिहास यहाँ रास्ता रोके खड़ा था। फिर जयप्रकाश की यह बीमारी। इसलिए पहली जरूरत तो यह थी कि कोई तेज सवारी हो, जो तुरत किसी स्टेशन या शहर तक पहुँचा दे। इस सवारी के लिए भी प्रयत्न किए गए। जयप्रकाश का धीरज जैसे अंतिम सीमा तक पहुँच चुका था। वे तो ऐसे लोगों से भी माँग करने को तैयार थे, जिनसे पूछने की कोई कल्पना भी नहीं कर सकता। जयप्रकाश को अपने पर असीम विश्वास है न? किंतु साथियों ने मना किया। तब सोचा गया, एक आदमी ऐसा खोजा जाए, जो जंगलों की राह से सुरक्षित स्थान तक पहुँचा दे सके और यह सुरक्षित स्थान कम से कम दूरी पर हो, क्योंकि जयप्रकाश के वर्तमान स्वास्थ्य के लिए लम्बी दूरी ठीक नहीं। कम से कम दूरी के साथ ही ज्यादा से ज्यादा वक्त मिल सके, यह भी सोचना जरूरी था। रात में ही जाया जा सकता है और नौ बजे शाम को वार्डबंदी शुरू हो जाती है। यदि सात बजे शाम को भी जाया जाय, तो दो घंटे में कहाँ तक निकला जा सकेगा? क्योंकि वार्डबंदी के समय भंडा फूटेगा ही। इसलिए कोई तरकीब सोची जाए, जिससे कुछ ज्यादा वक्त मिल सके। त्योहारों के दिन वार्डबंदी में अमूमन देर होती है—विजयादशमी के दिन देख लिया गया कि आधी रात तक वार्ड खुले रह सकते हैं। विजयादशमी के बाद दीवाली!— बस, यह तारीख भी तय हो गई!

जयप्रकाश का मस्तिष्क वैज्ञानिक है न? उन्हें तो प्रयोग पर विश्वास है। इसलिए जिस तरह विजयादशमी को प्रयोग करके देख लिया गया कि वार्ड देर तक खुले रह सकते हैं, बुर्जियों की रोशनी के बावजूद कई ऐसी जगहें हैं जहाँ दीवार के निकट अंधकार रहता है, वार्डरों और जमादारों को कुछ देर तक चकमे में रखा जा सकता है; वहाँ दीवार लाँघने का प्रयोग भी वह कर लेना चाहते हैं। एक सेल में इसका प्रयोग कई दिनों तक चलता है; घड़ी देखकर अंदाजा कर लिया जाता है कि ठीक कितने वक्त में सबके सब निकल जा सकेंगे!

साथियों के चुनाव में दो बातों का ध्यान रखा गया—एक तो यह कि कुछ ऐसे साथियों को जेल में रहना चाहिए, जो उस रात को ज्यादा से ज्यादा वक्त तक वार्डबंदी में देर करा सकें, फिर वार्डबंदी के समय भी कुछ ऐसी तिकड़म लगा सकें कि भंडा न फूटे और ज्यादा से ज्यादा वक्त भागनेवालों को मिल पाए तथा भागने के बाद जो सरकारी उत्पीड़न और कांग्रेसजनों की प्रतिक्रिया हो, उसका मुकाबला कर सकें। जो बाहर जानेवाले थे, उनमें सबसे बड़ी जरूरत साहस और बल की थी। ऐसे लोग हों, जो वक्त पड़ने पर दो-दो हाथ लड़ सकें; जो जरूरत पड़ने पर जयप्रकाश को भागने में मदद कर सकें, जो बाहर में काम के सिद्ध हो सकें, और जो रास्ते की मुसीबतों को बखूबी झेल सकें! इस पलायन-कांड के नेता तो श्री योगेन्द्रशुक्लजी थे ही—योगेन्द्रशुक्लजी, बिहार के शेर, बिहार के प्रथम क्रांतिकारी, जिनकी एक ललकार से ही कितनों की धोतियाँ ढीली पड़ जाएँ! फिर

सूर्यनारायण सिंह—क्षत्रित्व के जीवंत प्रतीक, बहादुर, जाँ-निसार ! गुलाबचंद या गुलाली—मोलनिया-केस के नायक, दृढ़निश्चयी, वफादार । श्री रामनंदन मिश्र उड़ीसा से आए और उन्होंने भी जाने की उत्सुकता प्रकट की, वह भी ले लिए गए और राह बताने के लिए शालिग्रामसिंह—हजारीबाग कांग्रेस कमेटी के मंत्री, मौन जनसेवक, सच्चा सिपाही !

यहाँ एक दिलचस्प घटना का उल्लेख अधिक नहीं होगा—जब विजयादशमी के दिन यह प्रयोग चल रहा था कि कितनी देर तक वार्ड खुले रह सकते हैं और कहाँ से भागना सबसे मौजूँ होगा, तो देखा यह गया कि दो राजबंदी एक सीढ़ी खिसकाते दीवार की ओर बढ़ रहे हैं ! ये दोनों शहर के आवारों में से थे और उत्साह में आकर कुछ कर रहे थे कि पुलिस ने इन्हें पकड़कर जेल में रख दिया था । अब ये दोनों आज की इस देर की वार्डबंदी से फायदा उठाकर जेल से भागने की धुन में थे । यदि इन्हें भागने दिया गया, तो फिर कल से ही कड़ाई शुरू हो जाएगी, जेल के अधिकारी चौकस हो जाएँगे और दीवाली की योजना पिछली योजनाओं की तरह ही सिर धुनने की बात मात्र रह जाएगी । लेकिन इन्हें रोका कैसे जाए ? और इस सीढ़ी का क्या हो ? झट एक साथी चादर को सिर पर मुरेठे की नरह बाँधकर उस तरफ बढ़ा और जरा खाँस दिया—खाँसी सुन और इन्हें वार्डर समझकर वे दोनों तो भागे । किंतु सवाल सीढ़ी का रह गया । अगर सीढ़ी वहीं रही, तो फिर हल्ला मचेगा और चौकसी बढ़ जाएगी । लेकिन यदि कोई हटाने गया और किसी ने देख लिया, तब तो वही आदमी भागनेवाला माना जाएगा और बड़ी भद्द होगी । यह असमंजस की हालत थी । खैर, एक साथी को सूझ आई । वह सीढ़ी के नजदीक पेशाब करने के लिए बैठ गए, उसमें झट एक रस्सी बाँध दी, और रस्सी को दूर से जाकर धीरे-धीरे खींचते हुए सीढ़ी को दीवार से काफी दूर तक हटा दिया । तो भी कुछ शक हो सकता था । किंतु, मालूम होता है, जब किसी जमादार ने सीढ़ी देखी, अपने पर बिपता आने के डर से वहाँ से उठाकर उसे वहाँ रख दिया जहाँ से वह लाई गई थी !

4

दीवाली फिर आ गई सजनी !

आज की ऊषा में कुछ अजीब आकर्षण है ! आज की प्रभात-किरणों में सोना-ही-सोना है !

हजारीबाग जेल के लगभग एक दर्जन राजबंदी आज कुछ विचित्र सपना देखते उठे हैं। वह सपना—उसमें उत्साह है, उमंग है; आकुलता है, आशंका है !

जयप्रकाश यों कुछ देर से उठा करते हैं—किंतु, आज सवेरे उठकर छोकरा-किता से बाबू-वार्ड की ओर आ रहे हैं, जहाँ उनके दूसरे साथी हैं । यह जयप्रकाश ! लगभग एक सप्ताह से दाढ़ी नहीं बनाई है, काले-उजले बालों की खिचड़ी बनी यह दाढ़ी उनकी दुर्बलता को और भी नुमायाँ कर रही है । आगे के दाँत टूट गए हैं, जिन्होंने उनकी आकृति में ही नहीं, आवाज में भी विकृति ला दी है । आँखें कुछ धँसी हुईं—गाल पिचके हुए ! चलते हैं तो झुककर—और जमीन को नापते हुए-से ! उनके एक साथी का हृदयावेग फूट पड़ता है—

"आपकी तंदुरुस्ती को देखकर हमारा दिल बार-बार सहम उठता है ! यों तो आप··· ।"

और, यह देखिए, सूखा चेहरा तमतमा उठता है, धँसी आँखें बल उठती हैं, गालों पर एक क्षण के लिए गुलाबी दौड़ जाती है; अपनी पूरी ऊँचाई में तनकर, अपनी वाणी को ज्यादा से ज्यादा स्पष्ट करते हुए, जयप्रकाश बोल उठते हैं—

"क्या आप समझते हैं जिस्म ही सबकुछ है—स्पिरिट कुछ नहीं !···और जब मैं तय कर चुका तो इस आखिरी वक्त में यह सब कहने का क्या फायदा ? मुझे जाना चाहिए, मैं जा रहा हूँ—आगे जो होना होगा,

होगा !"

फिर, जैसे इस प्रसंग की वह कुछ चर्चा भी सुनना पसंद नहीं करते। वह अपने एक बीमार साथी को देखने के लिए अस्पताल की ओर चल पड़ते हैं। सभी साथी स्तब्ध, निस्तब्ध रह जाते हैं ! जिस साथी ने उनसे कहा था, उनकी आँखें सजल हो उठती हैं !

आज दीवाली है। तैयारियाँ हो रही हैं कि आज दिन-भर कौन-कौन खेल होंगे? खाने-पीने को क्या-क्या बनेगा? शाम के बाद क्या खेल होगा और किस प्रकार बारह बजे रात तक हँसी-खुशी में वक्त काटा जाएगा? यहाँ गानेवाले हैं, यहाँ बजानेवाले हैं; यहाँ खेलनेवाले हैं, खानेवाले हैं, खिलानेवाले हैं। जयप्रकाश के लिए कई जगहों की दावतें हैं—शाम को उन्हें बैडमिंटन का मैच भी खेलना है। ताश के तो पुराने खिलाड़ी हैं ही—आज बाजी बदकर खेलना है उन्हें। बैडमिंटन में भी हारेंगे, ताश में भी हारेंगे। बाबू कृष्णवल्लभ सहाय से बैडमिंटन में वह क्या खाकर जीत सकेंगे? और बाबू यदुवंश सहाय से ताश में एक-दो टिन स्टेट एक्सप्रेस जरूर हारेंगे।

गाने-बजानेवालों ने तय किया है, शाम को खाने-पीने के बाद एक थाल में बयालीस दीपक जलाए जाएँगे और जुलूस बनाकर वार्ड-वार्ड घूमा जाएगा। जुलूस में गाने के लिए सिनेमा का वह प्रसिद्ध गीत चुना गया है—'दीवाली फिर आ गई सजनी।'

श्री योगेंद्र शुक्लजी आज सबसे बड़ी मस्ती में हैं। वह अपने एक प्रिय साथी के सेल में बैठे कह रहे हैं—अरे, जरा वह गाना तो सुनाओ—

"वह हिंद का जिंदा काँप रहा है, गूँज रही हैं तकबीरें।
उकताये हैं शायद कुछ कैदी और तोड़ रहे हैं जंजीरें।"

ये दावतें, ये खेल, ये गाने—सबकी तैयारियाँ कुछ इस स्वाभाविकता से हो रही हैं कि जेल के राजबंदी समझ भी नहीं पाते कि कुछ अस्वाभाविक घटनाएँ भी घट सकती हैं। साधारण राजबंदियों की कौन-सी बात—जयप्रकाश की पार्टी के लगभग सौ सदस्य यहाँ हैं, उन्हें भी पता नहीं है कि क्या होने जा रहा है? जानते हैं सिर्फ वे आधे दर्जन लोग जिन्हें जाना है और आधे दर्जन और वे साथी जिन्हें भीतर इंतजाम करना और स्थिति सम्हालना है।

जो लोग जानेवाले हैं, वे तीन वार्डों में रहते हैं। जयप्रकाश, शुक्लजी और गुलाली एक वार्ड में और सूरजनारायण छोकरे-किते में ही दूसरे वार्ड में। रामनंदन मिश्र और शालिग्रामजी बाबू वार्ड के पहले नम्बर में।

शाम हुई, झुटपुटा हुआ ! चारों ओर दीपक जलने लगे। लोग एक-दूसरे से गले-गले मिलने लगे। जयप्रकाश भी उन सबसे मिले, जिनसे उनकी घनिष्टता है। यह मिलन-जुलन—इसमें भी कहीं कोई अस्वाभाविकता नहीं दिखाई पड़ती है।

हाँ, कुछ आँखें रह-रहकर पसीज उठती हैं, कुछ साँसें जोर-जोर से चलने लगती हैं। किंतु कोई किसी से कुछ कह नहीं रहा है। सबके सब एक बड़े नाटक के खिलाड़ी की हैसियत से अपने-अपने पार्ट अदा करने की तैयारियाँ कर रहे हैं।

इस पार्ट का रिहर्सल और तैयारी पहले से किए जा रहे थे। बाहर जाकर पहले देहाती के रूप में जंगल पार करना होगा, फिर स्टेशन के नजदीक पहुँचकर अलग-अलग सूरत-शक्ल अख्तियार करनी होगी। उसी के अनुरूप कपड़ों का इंतजाम कर लिया गया है। न जाने रास्ते में क्या झंझट आ पड़े, इसलिए थोड़ी बहुत खाने की चीजों का भी जोगाड़ कर लिया गया है। पहाड़ी प्रदेश में चलने के लिए खास जूते भी मँगा लिए गए हैं। कुछ नकद रुपए का भी प्रबंध कर लिया गया है !

शाम के पहले फिर एक बार बाहर के लिए सवारी का इंतजाम कर लेने की कोशिश की जाती है, किंतु फिर नाकामयाबी मिलती है। अतः अब 'चरणदास की जोड़ी' का ही भरोसा रखकर आगे बढ़ने का तय कर लिया जाता है।

किंतु, यह क्या? ज्योंही थोड़ी रात बीती है, जयप्रकाश के कमरे में जो दो और सज्जन हैं उनमें एक के पेट में जोरों से दर्द शुरू हो जाता है। वह अलसर के पुराने मरीज हैं। दर्द उठना और डॉक्टर आदि का वहाँ आना-जाना शुरू हुआ। अब क्या होगा? निस्संदेह, वे दोनों सज्जन नहीं जानते थे कि क्या होनेवाला है और यदि जानते भी तो अलसर का यह दर्द रुकनेवाला थोड़े ही था।

इसके चलते थोड़ी देर हो जाती है। किंतु, आगे चलकर इससे फायदा ही फायदा होता है।

अब उपयुक्त अवसर आ गया। जयप्रकाश अपने एक प्रियजन से अंतिम बार मिल रहे हैं! अंतिम ? हाँ, जयप्रकाश ऐसा ही समझ रहे हैं। वह उनसे लिपट पड़ते हैं, कहते हैं—"अब हम नहीं मिल सकेंगे, शायद?" शायद कहने तक उनका गला भर आता है। वह प्रियजन सुनकर भौचक हो रहते हैं। 'अब हम नहीं मिल सकेंगे?' ओहो, जयप्रकाश ने अपनी जान बाजी पर चढ़ा दी है! रोशनी न रही, न तो दोनों ओर की आँखें और चेहरे अजीब दृश्य उपस्थित करते।

सिर्फ छः मिनट—और, छः अभियानी दीवार के उस पार थे।

इधर जेल के भीतर 'दीवाली, फिर आ गई सजनी' का जुलूस निकला हुआ है। हाँ, जुलूस ही। आगे-आगे वह दीपक का थाल है; पीछे गानेवाले। उसके बाद दर्शकों का झुंड! दर्शकों में छोटे-बड़े सभी तरह के लोग शामिल हैं। सिर्फ कैदी ही नहीं--वार्डर और जमादार भी इस अभूतपूर्व तमाशे को देखते घूम रहे हैं। छः बाबू-वार्डों के कमरे-कमरे में जुलूस जाता है, फिर पंजाबी सेलों की तरफ। पंजाबी सेलों के निकट जाकर एक कैदी बोल उठता है—"चलिए छोकरा-किता, जयप्रकाश बाबू को दिखला आया जाए!" और, लोग मुड़ जाते हैं उस ओर। अब क्या हो? इस प्रवाह को किस तरह रोका जाए? झट दो आदमी आगे बढ़ जाते हैं और कहते हैं—"नहीं-नहीं, वहाँ एक आदमी सख्त बीमार पड़ गए हैं, वहाँ हल्ला ठीक नहीं।" जुलूस फिर मुड़ जाता है।

इस वार्ड से उस वार्ड—इस कमरे से उस कमरे! उसकी आखिरी तान टूटती है बाबा सच्चिदानंदजी के कमरे में। वह बेचारे सो रहे थे। उनके कुछ शैतान 'चेले' उनके कमरे के नजदीक जाकर उन्हें चिल्ला-चिल्लाकर जगाने लगे। उनके व्याख्यानों और लाठी-चार्जों का मजा लोग यहाँ प्रायः लूटा करते हैं—इस जेल की एकरसता भंग करने में उनका बड़ा हाथ रहता आया है। इस आधी रात को भी उन्होंने लाठी-चार्ज कर ही दिया। कुछ को चोट भी लगी। सबके सब भागे।

हाँ, अब रात बारह बजे से ज्यादा बीत चुकी है। अब वे लोग सात मील की दूरी पार कर चुके होंगे और निर्धारित अड्डे पर पहुँच गए होंगे। किंतु कोशिश की जाए— जितनी ज्यादा देर तक भंडा नहीं फूटता है, उतना ही अच्छा।

एक आदमी को जयप्रकाश के कमरे में भेजा जाता है। तब तक वहाँ रह गए वे दोनों सज्जन सो चुके हैं। जो तीन सज्जन बाहर गए हैं, उनके बिछावन की मशहरियाँ पहले से ही गिरा दी गई हैं। तकिए और ओढ़ने को इस सलीके से रख दिया गया है कि मालूम हो, लोग सो रहे हैं। वह आदमी जाकर घर के दरवाजे पर एक कुर्सी लेकर बैठ जाता है। ज्योंही जमादार साहब अपने बूटों को चरमर करते और चाबियों के झब्बे को झनझनाते आते दीख पड़ते हैं—वह आदमी आगे बढ़ता और हाथ को मुँह पर ले जाकर इस तरह इशारा करता है कि बीमार अभी सोए हैं, आप उधर से ही लौट जाइए। उस समय तक इस जेल में नियम था कि जिस कमरे में बीमार हो, वह बंद नहीं किया जाता था, डाक्टर और जेलर से कहने पर खुले रखने की इजाजत मिल जाया करती थी। यह प्रथा इतनी प्रचलित थी कि जमादार साहब ने मान लिया होगा कि इजाजत ले ली गई है—क्योंकि इस बीमारी की चर्चा शाम को ही जेल भर में हो चुकी थी। रात में जब-जब पहरेवाले और नए जमादार या वार्डर गश्त में आए, तब-तब ऐसा ही किया गया और किसी ने कमरे को बंद करने या भीतर घुसकर गिनती लेने की जरूरत भी महसूस नहीं की। बाहर से तो मालूम होता ही था लोग सोए हुए हैं।

जरा उस आदमी की भक्ति, साहस और चातुरी के निकट सिर झुकाइए, जो रातभर वहाँ बैठा रहा और यों जमादारों को चकमे में डालता रहा; क्योंकि जरा भी भेद खुलता, तो सारा गुस्सा उसी पर उतारा जाता ! वह कोई बड़ा आदमी भी नहीं था, जो उसे माफी मिल पाती !

छोकरा-किते के दूसरे वार्ड से सिर्फ एक आदमी निकला था—वहाँ वार्ड-बंदी में दिक्कत नहीं हुई । "सब बाबू आगइल बाड़न"? और जवाब में "हाँ, जमादार साहब !" बस, किस्सा खत्म ! किंतु, इधर बाबू-वार्ड के पहले नम्बर से दो आदमी भागे थे । एक का कमरा तो बंद हुआ, दूसरे के कमरे के नजदीक पहुँचने पर वार्डर पूछने लगा—"इसके बाबू कहाँ हैं ?" "बाहर तमाशा देखने गए होंगे !"—ऐसा कह तो दिया गया किंतु, जब तक उस वार्डर का पहरा नहीं बदला, तब तक फिर नए तमाशे का इंतजाम चलता रहा । जब दूसरा वार्डर आया, तब फिर वह कमरा भी रामराम करके बंद कराया जा सका !

चारों ओर सन्नाटा है । कहीं से गाने की आवाज आ रही है—"पंछी उड़ जा अपने देश !" हाँ, हाँ, उड़ जा, उड़ जा ! और, जब गाने की दूसरी कड़ी आती है—

"हौले-हौले उड़कर जाना, नन्हे-नन्हे पर न थकाना" तब? जेल का समूचा वातावरण जैसे काँपता, सिहरता-सा मालूम हो रहा है । गानेवाला वह विद्यार्थी क्या जानता था कि वह इस गीत को गाकर अपने दिल को हल्का करने के बदले कितने दिलों की धड़कन को तेज कर रहा था ।

भोर होती है । आज का दिन कुछ भारी है । आसमान पर बादल छाए हुए हैं । वे लोग कहाँ होंगे ? कैसे होंगे ? कपड़े यहीं छूट गए ! जूते यहीं छूट गए, खाना यहीं छूट गया, पैसे यहीं छूट गए ! उफ, लेकिन, अब तक तो अड्डे पर जरूर पहुँच चुके होंगे । शालिग्रामजी जो साथ में हैं । वह जरूर कोई इंतजाम कर सके होंगे । किंतु, अभी कुछ निश्चित क्या कहा जाए ! क्या कुछ और देर तक इस प्रसंग को छिपाया नहीं जा सकता ? हाँ, हाँ, कुछ और देर····

जयप्रकाश भोर में मार्क्सवाद पर क्लास करते हैं । जेलभर से लोग छोकरा-किते में उनके यहाँ पहुँचते हैं । इस तरफ खबर करा दी गई—"जयप्रकाश की तबीयत खराब है, रातभर नींद नहीं आयी; अभी सोए हैं, आप लोग उनकी ओर न जाइए ।" और, छोकरा-किते के लोगों ने समझा—आज सबेरे ही जयप्रकाश बाबू-वार्ड की ओर चले गए हैं ।

बाबू-वार्ड की ओर भोर में भी कुछ खेल हुए, कुछ गाने हुए । लोगों का ध्यान और बँटा रहा । किंतु दस बजते-बजते मालूम हो रहा है—अब बम फूटने जा रहा है । क्योंकि देखिए, यह बड़े जमादार साहब जयप्रकाशजी की तलाश में वार्ड-वार्ड घूम रहे हैं । बात यों है कि इस जेल में नए सुपरिंटेंडेंट साहब परसों ही पधारे हैं । आज ऑफिस में आने के बाद जेल के भीतरी प्रबंध के बारे में कुछ जरूरी निर्णय कर लेने के लिए वह एक-दो परिचित राजबंदी को बुलाते हैं । उन लोगों ने उनसे कहा है कि इस जेल में जयप्रकाश ही सर्वेसर्वा हैं, आप उनसे ही मिलिए । वे राजबंदी बेचारे यह क्या जानते थे कि जयप्रकाश वहाँ हैं नहीं—फलतः वे एक भयानक भंडाफोड़ के कारण बन रहे हैं । खैर, उनकी बात पर सुपरिंटेंडेंट साहब छोकरा-किता पहुँचते हैं । वहाँ पता चलता है, जयप्रकाश यहाँ नहीं हैं, शायद बाबू-वार्ड की ओर गए होंगे । साहब बैठ जाते हैं जयप्रकाश के कमरे के बरामदे में और जमादार से उन्हें बुला लाने को कहते हैं ।

जमादार जब किसी वार्ड में पहुँचता है, तुरत कोई-न-कोई ऐसा निकल ही आता है, जो उसे कहता है कि मैंने जयप्रकाश को अमुक ओर जाते देखा है । वह बेचारा इधर-उधर मारा-मारा फिर रहा है । छः बाबू-वार्ड, पूरा अस्पताल, तीनों पंजाबी-सेल वह खोज डालता है और अंततः यह समझकर लौटता है कि शायद जयप्रकाश अपने कमरे में लौट गए हों । रास्ते में ही जेलर से भेंट होती है, जिसे सुपरिंटेंडेंट ने देर होते देखकर भेजा है । जेलर जब जमादार के मुँह से सारी बातें सुनता है, चौंक उठता है । कहता है—"देखो तो, शुक्लजी कहाँ हैं । योगेंद्र शुक्लजी !" बिहार-भर के जेल शुक्लजी के नाम से काँपते हैं । जेलर ने बहुत सही समझा—बिना शुक्लजी के कौन जेल की दीवार फाँदने की हिम्मत कर सकता है ?

थोड़ी देर फिर दोनों की दौड़धूप? जेलर के चेहरे पर हवाइयाँ उड़ रही हैं और जमादार आकर जब कहता है—"हुजूर, शुक्लजी भी नहीं दिखाई दे रहे।" "और सूरज बाबू?" "जहाँ तक याद है, उन्हें भी नहीं देखा!" बस, वह सुपरिंटेंडेंट के पास दौड़ता पहुँचा और अब देखिए, सुपरिंटेंडेंट का पूरा काफिला बेतहासा जेल-दफ्तर में, गेट की ओर, भागा जा रहा है!

टन-टन-टन! टन-टन-टन! यह पगली घंटी बज उठी। सारा जेल गूँज उठा। सभी वार्डों के फाटक बंद हो गए। सब सेंट्रल टावर की ओर दौड़ पड़े। "क्यों दौड़ रहे हो? झूठी पगली होगी!" "जमादार साहब, क्या बात है?" "क्या कहा—जयप्रकाशजी भाग गए!" "वाह साहब, क्या कहने हैं।" तरह-तरह का कोलाहल! पगली घंटी का इस्तेमाल इधर मुद्दत से नहीं हुआ था। घंटी टूटकर नीचे गिर पड़ी। ठहाका पड़ने लगा—"अँगरेजी राज की घंटी टूट गिरी!" घंटी टूटने पर खतरे की लाल झंडी दिखाई जाने लगी। कमाची पतली थी—हवा के झोंके से झंडी निकलकर हवा में उड़ती हुई जमीन पर आ रही! "अँगरेजी राज का झंडा गिर गया?"—फिर ठहाके पर ठहाके! "क्या सचमुच जयप्रकाशजी भाग गए हैं?" एक ने कहा—"करें तो क्या? न यहाँ अंटी मिलती है न बंडी, इस जाड़े में कोई यहाँ क्यों रहे!" बात यों है, कि इस जेल के राजबंदियों को जाड़े में अंटी का कुर्त्ता और ऊन की बंडी मिला करते थे; किंतु इस साल ये अब तक नहीं मिल पाए थे। उसी पर यह किसी ने दिल्लगी कर दी। अब ठहाका अट्टहास में बदल गया!

यह ठहाका और अट्टहास कुछ ऐसे संक्रामक हुए कि लगभग दो बजे जब पुलिस सुपरिंटेंडेंट जेल में आए, तो उनके डिपुटी ने एक राजबंदी को बुलाकर कहा—"……जी, जाने दीजिए, बहुत दिल्लगी हुई। अब जयप्रकाशजी को बाहर कीजिए! भला उनके ऐसा आदमी कहीं जेल से भागता है?"

किंतु, धीरे-धीरे इस घटना की गम्भीरता जेल पर छाने लगी। जेल के अफसरों ने जेल के कोने-कोने को छान डाला—सेल देखे गए, वार्ड देखे गए—बिस्तरों के नीचे देखा गया, पेड़ों के ऊपर देखा गया, पाखाने देखे गए, रसोई-घर देखे गए! जयप्रकाशजी सचमुच भाग गए और उनके साथ ही योगेंद्र शुक्लजी, सूरज नारायणजी, रामनंदन मिश्रजी, गुलालीजी और शालिग्रामजी भी!

भोर से ही बाबू रामनारायण सिंहजी कई बार शालिग्राम की चर्चा कर रहे थे—वह कहाँ चला जाया करता है, कब खाने आएगा आदि। जिस समय पगली घंटी बज रही थी, वह निश्चिंत होकर शतरंज खेल रहे थे; क्योंकि वह सोच भी नहीं सकते थे कि जयप्रकाश या कोई राजबंदी जेल से भागेगा। किंतु कितना आश्चर्य—इन राजबंदियों को जेल से भगाने के अभियोग में सबसे पहले सजा दी गई रामनारायण बाबू को ही! एक रात को उन्हें गेट पर बुलाया गया और श्री कृष्णवल्लभ सहाय (अब मालमंत्री, बिहार सरकार) एवं श्री सुखलाल सिंह (अब पार्लियामेंटरी सेक्रेटरी) के साथ उन्हें चुपके-चुपके भागलपुर जेल भेज दिया गया!

अन्य राजबंदियों पर जो गुस्सा जेल-अधिकारियों ने उतारा, उसकी चर्चा ही फिजूल। किन्तु चाहे जो हो, 1942 की इस हजारीबाग की दीवाली को बिहार का राजनीतिक इतिहास तो भूल नहीं सकता।

5

"कहीं आदमी जेल में रखा जाता है?"

अब जेल के भीतर क्या रखा है भला? चलिए, जरा बाहर चलकर तमाशा देखें।

देखिए, यह सामने दीवार है। पत्थर की काली दीवार, जिसे अमावस्या की कालिमा ने और काली-काली बना रखा है। चारों ओर कैसी निस्तब्धता! धान के खेतों में हवा सायँ-सायँ कर रही है और एक टिटहरी अभी टें-टें करके सिर से निकल गई है।

दीवार के ऊपर वह देखिए, एक काली-काली-सी आकृति। आकृति हिल रही है। फिर वह दीवार के सहारे ससरकर जमीन पर आ खड़ी होती है। पहचाना आपने? पहचान सकेंगे कैसे? काली सूरत, काली कमीज, काला पैंट ! यह सूरज नारायण हैं। इन सबों में सबसे तेज दौड़ सकते हैं सूरज; वह 'डेअर डविलरी' में भी किसी से कम नहीं हैं ! पहले आए हैं कि यदि कोई गड़बड़ हो तो भाग निकल सकें और नहीं, तो 'औल क्लियर' का सिगनल भीतर भेज सकें।

इधर-उधर देखते हैं, कुछ नहीं। चारों ओर अंधकार है, सन्नाटा है। सिगनल—और, यह दीवार पर दूसरी आकृति ! यह शालिग्राम हैं? पथप्रदर्शक तो इन्हें ही होना है न? यह भी खिसककर जमीन पर आ जाते हैं और दोनों लेट रहते हैं, कहीं दूर से कोई टौर्च भी डाले, तो दिखाई नहीं पड़े !

फिर तीसरी आकृति ! लम्बी, पतली ! यह जयप्रकाश हैं। शरीर में सिर्फ एक ऊनी बनियाइन है, जिससे शरीर की लम्बाई बढ़ी-सी मालूम पड़ती है। वह भी नीचे आ रहते हैं, एक बार इस ऊँची दीवार की ओर नीचे से ऊपर तक नजर डालते हैं और फिर दोनों साथियों के नजदीक छबककर बैठ जाते हैं।

यह आये रामनंदन ! अपना कोट हड़बड़ी में उसी पार छोड़ आए हैं—जिसमें रुपए भी हैं।

और, तब शुक्लजी ! इस जहाज के कर्णधार ! इस अभियान के नेता ! जैसा शरीर, वैसी हिम्मत ! उनके पीछे, छाया की तरह गुलाली !

लेकिन यह क्या? अंत में डोर के सहारे जो गठरी आनेवाली थी, वह आ नहीं रही ! उसी गठरी में कपड़े हैं, जूते हैं, खाने की कुछ चीजें हैं। आती कहाँ तक, धम्म-सी आवाज। क्या गठरी डोर से खुलकर गिर गई? अब क्या हो? "मैं लाने जा रहा हूँ !"— गुलाली ने कहा। किंतु फिर धम्म-सी आवाज ! नहीं-नहीं, अब रुकना ठीक नहीं—हम आग बढ़ें ! जो होना होगा, होगा !

छः मिनट के अंदर-अंदर जेल की चहारदीवारी को पार कर छः व्यक्तियों का यह काफिला चल पड़ता है।

थोड़ी दूर छाती के बल रेंगते हुए, फिर हाथ और घुटनों के सहारे, तब छाती और सिर झुकाकर, अंत में सिर ताने छः-के-छः ये नए अभियानी भारतीय इतिहास में एक नया अध्याय लिखते आगे बढ़ रहे हैं !

हाँ, भारतीय इतिहास में यह नया अध्याय लिखा जा रहा था। सुना कि वारंट कट गया, और फरार हो गए; जमानत पर जेल से बाहर आए और पूरा इंतजाम कर एक रात को अंतर्धान हो गए ! इक्का-दुक्का पुलिस को चकमे में डालकर चम्पत हो गए—ऐसे उदाहरण भारतीय क्रांतिकारियों के इतिहास में देखा-सुना गया था। किंतु, जयप्रकाश ऐसे देशविख्यात व्यक्ति का बिना किसी बाहरी सहायता के, घोर जंगलों और पहाड़ों के बीच बने जेल से यों एक काफिले के साथ निकल भागना और पूरी कामयाबी के साथ, ऐसा पहले कभी नहीं हुआ था।

लेकिन, हम यह इतिहास में क्या उलझ गए—हम जरा इस जीवित इतिहास का पदानुसरण करें।

अरे, यह क्या हुआ? अभी दस कदम भी आगे नहीं बढ़ पाए थे कि सबके सब पानी में चभ-चभ करके गिर गए। यह पानी? क्या जेल का नाला है यह? या खेतों को पटाने के लिए बनाया गया नाला। कम्बख्त जो कुछ हो—रहे-सहे कपड़ों को भी तो भिगो डाला ! यह नवम्बर की हजारीबाग की रात। सायँ-सायँ हवा। कपड़े भीगे और तेजी से कदम बढ़ रहे। दाँत कट-कट कर रहे, हाथ काँप रहे, किंतु, कदम, हाँ तेजी से बढ़ रहे।

बढ़े चलो, बढ़े चलो !—अब तो ये दौड़ते चले जा रहे हैं। कहाँ जा रहे हैं? किस ओर जा रहे हैं? रास्ता कहाँ है? छोड़िए इन झंझटों को—बढ़े चलिए। बढ़े चलिए, पहले काफी दूर निकल जाएँ; सुरक्षा का इत्मीनान कर लें, फिर रास्ता ढूँढ़ लेंगे। जिसे जेल की दीवार रास्ता दे सकी, उसे धरतीमाता रास्ता न देंगी? बढ़े चलिए, बढ़े चलिए !

बढ़े चलिए, बढ़े चलिए—किंतु क्या बढ़िएगा, कहाँ तक बढ़िएगा? वह पीछे देखिए, जेल के सेंट्रल

टावर की वह रोशनी आपकी ओर घूर-घूरकर देख रही है और व्यंग के स्वर में कह रही है—हजरात, आप लोग भागे कहाँ जा रहे हैं ? मैं देख रही हूँ, देख रही हूँ आप लोगों को ! आप लोग कहाँ छिप पाएँगे, कहाँ जाएँगे ?

उफ, इस रोशनी से कैसे पिंड छूटे ? यह पिशाचिनी कब हमारा पीछा छोड़ेगी ? बढ़े चलो दोस्तो, बढ़े चलो ।

यह हैं जयप्रकाश—जो सीधे तनकर खड़ा भी नहीं हो पाते थे; जो गिन-गिनकर डग रखते थे । इस रात में, इस अँधेरे में, इस खुरदरी जमीन पर, इस कँकरीले रास्ते पर किस तरह दौड़े भागे जा रहे हैं !

"देखिए जयप्रकाशजी, वही आप हैं ! कहाँ गई कमजोरी, कहाँ गई दुर्बलता ! आजाद हवा ने हमारे पैरों में जैसे पंख लगा दिए हों । अरे ! आदमी कहीं जेल में रखा जाता है ?"

यह शुक्लजी बोल रहे हैं । कविता बोल रहे हैं ! शुक्लजी कविता बोल रहे हैं ! जिनका शरीर इस्पाती, दिल इस्पाती, मंसूबे इस्पाती, इरादे इस्पाती—वही इस्पाती शुक्लजी इस समय जैसे कवि बन गए हों । चट्टान के नीचे झरना होता है—काश, आदमी आदमी के बारे में भी यह सच हमेशा याद रखता !

एक घंटा, दो घंटे, तीन घंटे, चार घंटे, पाँच घंटे—हाँ, पाँच घंटों के लगातार दौड़-धूप के बाद जेल की रोशनी से पिंड छूटा । तब, अब देखते हैं, पगडंडियाँ भी गायब हो रही हैं और सामने घनघोर जंगल !

सात मील पर जो अड्डा था—अब तो उसकी बात भी नहीं सोची जा सकती थी । ये बहुत दूर निकल आए हैं । शालिग्राम अब पथप्रदर्शक नहीं रहे; अब उनका काम आसमान के तारों ने ले लिया । यह हैं सप्तर्षि, यह ध्रुव, यह हुआ उत्तर, उसके पीछे दक्षिण; यह दाहिने हाथ की तरफ पूरब, बाएँ पश्चिम । उस स्टेशन तक पहुँचना, वहाँ के लिए इस दिशा में बढ़ना है—बढ़े चलो, जवानो, बढ़े चलो !

जंगल है—हाथों में जरूर कुछ ले लो । तड़-तड़ करके कई टहनियाँ तोड़ी गईं; उनके पत्ते-दातुन छील दिए गए—छः हाथों में अब छः डंडे हैं ।

डंडे ? आदमी ! तुम डंडे लेकर मेरे राज में निर्द्वन्द्व घुसे आ रहे ? गुस्ताखी है तुम्हारी ! सरासर गुस्ताखी ! एक भयानक गुर्राहट । समूचा बन-प्रांतर थर्रा उठा । घोंसलों के पंछी चिहुँक उठे । पत्ते काँपते-से दीखे । शेर है ? हाँ, शेर है । "सूरज, चलो, साले को मार डालें !"—यह बिहार के शेर बोल रहे हैं । दो शेरों का मुकाबला है । देवताओ, जरा आसमान से इस दृश्य को देखो । लेकिन नहीं । शेर की कद्र शेर जानता है—जानवर हुआ तो क्या ? जंगल के चौपाए शेर ने दो पाए शेर के रोब के सामने घुटने टेक दिए । "तुम्हारा लोहा मान लिया, भाई—आगे बढ़ो !" वह शेर चलता बना । शुक्लजी के नेतृत्व में उनका काफिला आगे बढ़ा । रह-रहकर बादल घिर आते हैं । तारे भी गुम । लेकिन तो भी कदम आगे बढ़ते जा रहे—अब भी कोई रोशनी उन्हें राह बता रही है—हृदय की रोशनी या आदर्श की रोशनी ?

यह देखिए, अब लोही लग रही है—अब भोर होने ही को है । जरा अब सुस्ता क्यों न लें ? हाँ, हाँ, थोड़ा आराम कर लीजिए । एक पेड़ के नीचे सोने का क्रम होने लगा । किंतु कपड़े कुछ तो हवा से सूख गए हैं, कुछ अब भी गीले हैं । रामनंदनजी सबकुछ भूल सकते हैं, सिगरेट-दियासलाई कैसे भूलें ? पेड़ के पत्ते बटोरकर आग जलाई गई—शरीर भी गरम हुआ, कपड़े भी सूखे । फिर तने की उभरी जड़ों को तकिया बनाकर सब लेट गए । किंतु, नींद आती कहाँ से है ? शेर की दहाड़—जंगली जानवरों का चिल्ल-पों—फिर, यह चिंता कि हम कहाँ हैं ? कहीं दुश्मन तो निकट नहीं ?

और, आनंद का आधिक्य भी तो नींद नहीं आने देता ! आखिर, हम जेल के बाहर हो ही गए ! एक असम्भव इस आसानी से सम्भव होकर रहा ! हृदय में भावनाओं की तरंगें—मस्तिष्क में विचारों की उधेड़बुन । भावनाओं और विचारों ने कब स्वप्न के रूप धारण किए, किस स्वप्न के रूप धारण किए, हम उसके गोरखधंधे में क्यों फँसने जाएँ ? देखिए लोही फट चुकी है, अब किरणें छिटक रही हैं । आज की किरणें—इन्हें बादल ने ज्यादा रंगीन बना दिया है । या हमारी भावनाओं ने ? जाड़े से सिकुड़े जिस्म पर ये किरणें स्वर्ण-लेप का काम करती हैं ! गरमी मिल रही है, ताजगी मिल रही है ।

गाँव दिखाई पड़ता है। यह गाँव है, यह खलिहान है। देखिए, वह दुबेजी ही तो हैं? धान ओसा रहे हैं। अरे, आप लोग? हाँ। आप लोगों के भागने का शोर तो चारों ओर मचा हुआ है। किंतु होने दीजिए, चलिए, भोजन तो कीजिए। लेकिन शालिग्राम का गाँव में जाना ठीक नहीं। किसी दूसरे ने पहचान लिया तो? चलिए शुक्लजी, सूरजबाबू। दुबेजी का आँगन, रसोईघर—दोनों पलथी मारे किस शान से भात-दाल-घी खा रहे हैं। पूरे पैंतालीस घंटे के बाद यह भरपेट खाना मिला है—और इन घंटों के अधिकांश का एक-एक मिनट दौड़धूप में ही बीता है न?

शालिग्राम खलिहान में ही खा लेते हैं। फिर सौ रुपए का नोट भुनाया जाता है। चालीस के कपड़े खरीदे जाते हैं। पुराने जूते इकट्ठे किए जाते हैं। चूड़ा, गुड़ और आटे की टिकरियाँ मोटरी में बाँधकर जंगल की ओर चला जाता है।

इधर जंगल का दूसरा ही हाल था। दिन का जो चूड़ा बचा था, उसे रात में ही खा लिया गया था, इसलिए आज सवेरे से ही फिर एकादशी थी। जब तीनों साथी गाँव की ओर चले गए थे, तब जयप्रकाश अपने दो साथियों के साथ जंगल में झरबेर के पेड़ खोज रहे थे और उनके फलों को चूसकर पेट की आग बुझाने की कोशिश कर रहे थे। साथियों के शीघ्र नहीं लौटने पर उनके मन में तरह-तरह की आशंकाएँ भी हो रही थीं और चिंता में पड़े थे कि कहीं वे लोग पकड़ गए, तो हमारा क्या होगा? इतने ही में सीटी की आवाज सुनाई पड़ी। यह सीटी! दोस्त की या दुश्मन की? शुक्लजी जब गाँव से लौट रहे थे, रास्ता भूल गए थे। वे लोग भटक गए थे, कुछ ढूँढ़-ढाँढ़ के बाद अंत में सूरज ने यह सीटी दी थी। थोड़ी देर के बाद ही इत्मीनान कर लिया गया कि यह सीटी अपने लोगों की है और सीटी का जवाब सीटी से दिया गया। फिर, दोनों दल मिले—दुबेजी की कृपाओं की कहानी सुनकर जयप्रकाश की आँखें छलछला उठीं!

दुबेजी की कृपाओं की सीमा नहीं थी। उन्होंने अपने छोटे भाई को एक बैलगाड़ी लेकर उनकी सेवा में भेज दिया। छोटी बैलगाड़ी थी—उस पर तीनों घायल साथियों को सुला दिया गया। बाकी तीन साथी देहाती किसान के वेश में पीछे-पीछे चले। रास्ते में एक पुलिस-चौकी पड़ती थी। कहीं उन लोगों ने छेड़छाड़ की तो? दो कुल्हाड़ियाँ भी ले ली गई थीं, जिन्हें सूरज और शुक्लजी अपने कंधों पर लिए चल रहे थे। इन कुल्हाड़ियों के कारण एक तो ऐसा मालूम पड़ता था कि ये लोग सचमुच जंगल से लौट रहे हैं, दूसरा मौके पर इनके सहारे पुलिसवालों से दो-दो हाथ भी कर लिया जा सकता था—क्योंकि चौकी की पुलिस के पास बंदूकें तो हुआ नहीं करतीं! किंतु, इन कुल्हाड़ियों के प्रयोग की कोई जरूरत ही नहीं पड़ी। आधी रात से ज्यादा वक्त गुजर गया था। चौकी पर सब लोग खर्राटे ले रहे थे। गाड़ी और काफिला मजे में आगे बढ़ गए।

और, अब ये गया जिले में पहुँच चुके हैं। दुबेजी की बैलगाड़ी लौटा दी जाती है और ये लोग एक जगह सो जाते हैं। भोर में उठकर देखते हैं, हम लोग रातभर काँटों पर सोए हुए थे। थकावट शायद काँटे को भी फूल बना देती है!

सोने के पहले ही विचार कर लिया गया था कि अब आगे का क्या कार्यक्रम हो। तय पाया गया कि अब इस काफिले को दलों में बाँटना चाहिए। एक दल में जयप्रकाश, रामनंदन और शालिग्राम रहें; दूसरे दल में शुक्लजी, सूरज और गुलाली। एक दल यहाँ से बनारस जाएगा, दूसरा दल उत्तर बिहार। बनारस के दल का एक निश्चित ठिकाना मुकर्रर कर लिया गया, जहाँ उत्तर बिहार वाला दल एक निश्चित अवधि के अंदर पहुँचेगा। रुपए बाँटे गए, टिकरियाँ बाँटी गईं। अब भी क्या बीतेगी, क्या होगा, कहा नहीं जा सकता। दोनों दलों ने लिपटकर, आँसू भरकर, एक-दूसरे से विदा ली!

यह शुक्लजी का दल जा रहा है। शुक्लजी पंडाजी बन गए हैं और सूरज एवं गुलाली उनके चेले। वही सिर पर पग्गड़, ललाट पर चंदन। थोड़ी देर आगे बढ़ते हैं, तो एक गाड़ीवान जाता हुआ दिखाई देता है। क्यों जजमान, पंडाजी को अपनी बैलगाड़ी पर चढ़ा लोगे? कुछ खुराकी ले लेना। सरमाबाजार तक ढाई रुपए में गाड़ीवान पहुँचा देता है। चलते समय गाड़ीवान पंडाजी को पैर छूकर प्रणाम करता है। पंडाजी उसे आशीर्वाद

देते हैं—तुम्हारी रोजी बढ़े, गृहस्थी बढ़े ! फिर फल्गु नदी पार कर एक गाँव में पहुँचते हैं, जहाँ सूरज की एक रिश्तेदारी है । "आप यहाँ कैसे ?" "बोलिए जय गंगा; भेद खोले तो देह पर बज्र गिरे ।" पूरी बातें कह दी जाती हैं । वहीं तीन जोड़े केट्स जूते खरीद जाते हैं, कुछ सिगरेट आदि की भी खरीद होती है । जाकर देखते हैं, तो शुक्लजी खेसारी का सत्तू खा रहे हैं । "चलिए, ससुराली मजा लूटिए" ! खूब खा-पीकर आगे बढ़ते हैं । किंतु, आगे जो यह मिलिटरी कैम्प है ! शुक्लजी हाथ में खैनी-चना लिए, उसे देहाती की तरह चुनाते, थपकियाते आगे बढ़े; किसी ने संदेह तक नहीं किया । दोनों साथी भी पार हुए । रास्ते में प्रायः ही लोग पूछ बैठते—आप कौन हैं, कहाँ से आ रहे हैं आदि ! "तिरहुत घर है, बाबू की ससुराल में बैल पहुँचाने आए थे ।" तीनों अलग-अलग चलते, लोगों से बचने की कोशिश करते । एक जगह आकर विश्राम कर रहे थे, कि देखा रामनंदन भी वहाँ जा पहुँचे ! अरे, दुनिया गोल है ! किंतु, बिस्तरा गोल कीजिए जनाब ! मुसलमानी टोपी खरीदी गई, लुंगी खरीदी गई, कुर्त्ता खरीदा गया ! और अब यह नवादा है—सामने थाना; अखबार में भागने की खबर छप चुकी है, सब उसे पढ़ रहे हैं, सबकी जबान पर यही चर्चा है, तरह-तरह की कहानियाँ हैं ।

लक्खीसराय में शुक्लजी ने अपना मुंडन करा लिया । बढ़ही, फिर मुकामा । आज छठ है । घाट पर बड़ी भीड़ । "आपको आश्रम में कभी देखा है ?" "दुरजी, हमर जात काहे ले रहत छी !" और सामने दारोगाजी भी तो खड़े हैं । वही शुक्लजी की खैनी और चूना, चुटकी और थपकी । गंगा पार । "ओ, सूरज बाबू छी !" —और सूरज बाबू अपने दोनों साथियों को लिए-दिए भीड़ में अपने को छिपा रहे हैं ! यह तेघड़ा है—सामने थाना ! उहँ, हमें कौन गिरफ्तार कर सकता है अब ! अकड़ते हुए थाने के सामने से निकल गए । बछवारा—बाजितपुर ! शुक्लजी की राह अलग हुई—सूरज और गुलाली दरभंगा की ओर चले ! शुक्लजी—बिहार का शेर ! स्वयं फंदे की ओर बढ़े—एक पुराने साथी ने धोखा दिया—मुजफ्फरपुर पहुँचते-पहुँचते वह गिरफ्तार हो गए ! बिहार का शेर फिर पिंजड़े में—समूचे बिहार में मातम छा गया ! हाँ, समूचे बिहार में !

लेकिन हम इस दुखद प्रसंग को यहीं छोड़कर वहाँ चलें, जहाँ जयप्रकाश को छोड़ आए थे !

7

"बाबूजी, आप ऐसे कैसे ?"

जयप्रकाश के नेतृत्व में दूसरा दल आगे बढ़ा । आगे-आगे जयप्रकाश, बीच में रामनंदन, पीछे-पीछे शालिग्राम ।

"यहीं कहीं मेरी ससुराल की कचहरी होगी" । काफिले का रुख उसी ओर हुआ ।

यह बोधगया है—यहीं कहीं गौतम को बुद्धत्व प्राप्त हुआ था । यहीं कहीं उन्हें ज्ञान की किरण प्राप्त हुई थीं । "चरबे भिक्खब, बहुजन हिताय बहुजन सुखाय—" के महामंत्र का बीज यहीं कहीं पड़ा था । बहुजन हिताय, बहुजन सुखाय के ही आदर्श से पगले बनकर ये तीनों आधुनिक भिक्षु यहाँ भटक रहे हैं । उन्हें राह नहीं मिल रही है—प्रकाश उन्हें डरा रहा है ।

अब फल्गु नदी पार की जा रही है । अच्छी बात हुई फल्गु कि तू अंतःसलिला है । नहीं तो उन्हें किस मुसीबत का सामना करना पड़ता तेरे पार करने के लिए ।

शाम हो गई, कुछ रात बीत गई है । अब चलने से लोग शक करेंगे—चोर-डाकू समझेंगे । एक देहाती दुकान है, दुकान की मालकिन बैठी है । एक चटाई दे दी उसने । हाथ-पैर धोकर लिट्टी बनाने लगे । लिट्टी—आज पूरे सौ घंटे के बाद कहीं उन्हें गरम-गरम खाना मिलेगा । लिट्टी बनती है—जयप्रकाश तो लिट्टी के घर के हैं ? सारन जिला—दिन में सत्तू, रात में लिट्टी । लेकिन रामनंदन के गले से यह लिट्टी तब तक नहीं उतरेगी जब तक पूरा घी नहीं दिया जाए !

घी लिया जा रहा है और पुष्ट करके। मौदिआइन ताज्जुब से इन तीन देहातियों को देख रही है, जो इतना घी खरीदकर खा रहे हैं। हजारों को देखे-परखे हुई मोदिआइन—अब उसकी आँखों में उत्सुकता है, कुतूहल है। "कोई अच्छा असामी फँसा आज क्या?" उसके चेहरे पर उल्लास और हास की रेखाएँ हैं। "जाड़ा है, घर के भीतर सोइएगा बाबू?" "नहीं-नहीं, बाहर ही पड़ रहेंगे।" भगोड़े के लिए अपरिचित घर के अंदर सोना वर्जित है न?

मोदिआइन का मुँह लटक जाता है। इधर संदेह और आशंका के मारे नींद नहीं आ रही। मुँह-अँधेरे ही उठकर चल पड़ते हैं।

दिनभर चलते रहे। चला नहीं जा रहा—तो भी चलते रहे। और, यह कचहरीवाला गाँव है। जयप्रकाश और रामनंदन गाँव के बाहर के तालाब पर बैठे रहे। शालिग्राम कचहरी की ओर बढ़े। कचहरी में बूढ़े दीवानजी बैठे हैं। "सलाम दीवानजी।" दीवानजी नीचे-ऊपर देख रहे हैं। "पतोर के मेहमानजी आये हैं, तालाब पर बैठे हैं, आपको बुला रहे हैं।" दीवानजी दौड़े-दौड़े पहुँचे तालाब पर। किंतु मेहमानजी को देखकर उन्हें विश्वास नहीं हो रहा है। ऊँह, मेहमानजी ऐसे? इस वेश में! पतोर के मेहमानजी इस वेश में? कोई धोखे की बात तो नहीं? रामनंदन भाँप जाते हैं। कुछ पते की बातें कहते हैं। दीवानजी उन्हें लेकर कचहरी लौटते हैं।

"यह मेरे दोस्त हैं; और यह बराहिल!" यह समझाकर रामनंदन ससुराल चले। किंतु जब मेहमानजी पर ही विश्वास नहीं तो, फिर उनके दोस्त पर क्या विश्वास? मामूली खातिरदारी। किंतु, दूसरे दिन त्रिवेणी बाबू (स्वर्गीय बाबू त्रिवेणी प्रसाद सिंह, एम. एल. सी.) का खत पहुँचता है—"दोनों अतिथियों को पूरी खातिरदारी से रखिए।" अब कहाँ बैठाएँ, कहाँ सुलाएँ? रात टूटी खाट थी, आज पलंग है। और, तरह-तरह की तरकारियाँ, अचार, चटनी अलग।

किंतु, क्या ये खातिरदारियाँ सुहा रही हैं? रामनंदन, जैसे, ससुराल में चिपक गए। एक दिन, दो दिन, तीन दिन! झल्लाहट, झुँझलाहट—रंजिश, नाराजी? अब हम लोग एक ससुराल के चलते फिर दूसरी ससुराल (जेल) पहुँचकर रहेंगे। अब तक सरकार सजग हो चुकी होगी—रास्ते घिर गए होंगे। मिश्रजी ने यह क्या किया?

चौथे दिन, मिश्रजी की सवारी पहुँची। हाँ, मेहमानजी पूरे मेहमानजी बने हुए हैं। जूते लाए हैं, धोती लाए हैं, कुरते लाए हैं, रुपए लाए हैं। और, लाए हैं चाँदी का चमचम करता सिगरेट केस और चरमर करता पर्स। "जनाब आली, देहाती वेश में यह सिगरेट केस और पर्स कैसे फबेंगे?" देखा जाएगा, ससुराल की भेंट है। जेब में पड़ी रहेगी।

कचहरी में ही जयप्रकाश अपने सिर के बाल मुँड़ा देते हैं—वे बाल, जिन पर उनको हमेशा नाज रहा है! वहाँ से बैलगाड़ी पर चलते हैं। रास्ते में एक पहाड़ी के नजदीक जाकर बैलगाड़ी लौटा देते हैं। पहले तय हो चुका है, ससुराल से एक बैलगाड़ी उस जगह खास सरोसामान के साथ पहुँचेगी और उसी पर गया शहर पार करेंगे। इस गाड़ी के आने में देर है। तीनों एक चट्टान में छिपके बैठ जाते हैं। आखिर वह गाड़ी पहुँचती है। गाड़ी के ऊपर छावनी कर दी गई है। उसके नीचे तीसी के बोरे हैं। बोरों के बीच जगह बना दी गई है। उसी तंग जगह में तीनों सिमटकर लुढ़क जाते हैं।

रात का वक्त है। बैलगाड़ी जा रही है। यह फल्गु का पुल आया। पुल पर बैलगाड़ी हड़हड़ कर रही है—यहाँ दिल धड़-धड़ कर रहे हैं। अब गया शहर में हैं। ब्लैकआउट का जमाना है। इसे वरदान ही समझिए। सड़कों पर अंधकार—टख-टख करती बैलगाड़ी बढ़ी जा रही है। जल्द शहर क्यों नहीं खत्म हो रहा?—बैलों के पैर में पर क्यों नहीं लग जाते? गया शहर आजकल मिलिटरी का अखाड़ा बना हुआ है। बंगाल के बाद सेकेंड लाइन औफ डिफेंस यहीं पर है। जहाँ-तहाँ कैम्प—नीचे सैनिक, टैंक और ऊपर हवाई जहाज, बम! निकल सकें, तो भाग्य! नहीं तो यहीं किसी कैम्प में कचूमर निकलेंगे!

राम-राम करके गया पार। "गाड़ीवान, अब तुम लौट जाओ; बाबू से कह देना, हम लोग आराम से पहुँच

गए !····और यह इनाम भी लो भाई !" यथार्थतः उसने इनाम का काम किया भी था। वहाँ से पैदल ही चले। मिश्रजी को विश्वास था, 'उस गाँव' के 'वह सज्जन' ज्योंही खबर सुनेंगे, दौड़े-दौड़े पहुँचेंगे और आगे का इंतजाम कर देंगे। किंतु, उन्होंने कहला भेजा—आगे बढ़ें, हम अमुक जगह मिलेंगे। तब शालिग्राम गाँव में गए और एक बैलगाड़ी कर लाए।

ऊपर छावनी लगी है। नीचे तीनों लेटे हैं। बैलगाड़ी जा रही है। रामनंदन रह-रहकर अपना चाँदी का सिगरेट केस निकालते हैं और धुआँ-पर-धुआँ उड़ाते जाते हैं। थोड़ी दूर जाने के बाद गाड़ीवान को छोड़ दिया जाता है—शालिग्राम के पास पैसे हैं, उसे दे दिया जाता है। अब फिर पैदल-पैदल कुछ आगे बढ़े थे कि रामनंदन अपना सिगरेट केस निकालना चाहते हैं। अरे, सिगरेट केस गायब? और पर्स भी? रास्ते में हमें झपकी लग गई थी। क्या गाड़ीवान ने हाथ साफ किया? जयप्रकाश कहते हैं, जाने दीजिए; इसका यही हश्र होना था। रामनंदन को ससुराल की भेंट पर ममता है। शालिग्राम को लेकर बैलगाड़ी की तलाश में लौटते हैं। किंतु खोई चीज कितने आदमी को फिर मिल सकी है?

गोड़ारू—ओबरा-पामरगंज ! सोन के पुल पर तो सख्त पहरे पड़ रहे हैं। नहर पकड़कर सात मील उतार पर सोन पार करते हैं। अब शाहाबाद जिले में हैं ! घुटने तक धोती; सिर पर धोती की ही पगड़ी; बाल मुँड़े, दाढ़ी बढ़ी, बदन में गाढ़े का कुरता; हाथ में ऊँची लाठी—यह जयप्रकाश हैं, जो इस दल का नेतृत्व कर रहे हैं। कहाँ घर है? कहाँ जा रहे हैं? सवालों की भरमार। भोजपुरी-बोली इस समय जयप्रकाश की सहायता कर रही है। पामरगंज से ही एक मित्र को खबर दी गई थी—हमारी सहायता कीजिए, खासकर कुछ रुपए चाहिए। उन्हीं की बताई राह पकड़कर उनके ननिहाल पहुँचा जाता है। यह ननिहाल का गाँव है। गाँव की बगल में एक मंदिर है। मंदिर में ही ठहर जाते हैं। मंदिर के बाबाजी रात में भात-दाल का 'प्रसाद' 'पवाते' हैं। आज दो साल के बाद भी जयप्रकाश कह रहे हैं—सचमुच उस स्वाद की भात-दाल मैंने जिंदगी-भर में नहीं खाई थी।

वह सज्जन रुपए लेकर आ जाते हैं। जयप्रकाश की आँखों में कृतज्ञता के आँसू हैं ! अहा, वे दिन कब आएँगे, जब इन मित्रों के नाम वह खुलकर सबके सामने रख सकेंगे?

यह सामने स्टेशन है। नाम पढ़िए—करवदिया ! झकझक करती पैसेंजर गाड़ी इस स्टेशन पर आती है। छोटे स्टेशन पर छोटी हलचल। थर्ड क्लास के तीन मुसाफिर लपकते हुए आगे बढ़ते हैं और तीनों तीन डब्बे में घुस जाते हैं। सीटी बजती है, गाड़ी मोगलसराय की तरफ चल रही है—तीनों के हृदय की धड़कन से सुर मिलाती ! थर्ड क्लास के डब्बे में सिकुड़कर बैठे जयप्रकाश की सूरत देखिए, दाढ़ी और बढ़ गई है, काली-उजली खिचड़ी दाढ़ी। होंठों के ऊपर घनी मूँछें ! देहाती कैंची से कुतरे गए सिर के बालों ने सूरत ही बिगाड़ रखी है। कुर्ता, जिसे मटमैले रंग में रँग लिया गया है। बगल में देहाती काली कंबल दबाए। सिर पर एक धोती को लपेट लेने से बना देहाती पग्गड़, पैर में पुराना चमरौंधा जूता, जिस पर धूलों की मोटी पर्त्त जमी ! कमी है, तो होंठों में एक फाँक खैनी का !—"कहा कहौं छवि आज की; भले बने हो नाथ !" जाइए, ऊपर, बिस्तरे रखने के स्थान पर, सो जाइए !

मोगलसराय स्टेशन पर तीनों उतर जाते हैं। एक्के किए जा रहे हैं। किंतु, रामनंदन को चाय का चस्का है न? "चलिए, जरा चाय पी लें !"—"पगले हो गए हैं मिश्रजी, यह रूप और चाय !" शालिग्राम को सीधे बनारस भेज दिया जाता है—अमुक दिन, अमुक स्थान पर, अमुक संकेत से पूछना। वह चलता है, किंतु वह क्या जानता है, आज जो बिछड़ रहा है, सो फिर निकट भविष्य में मिल नहीं पाएगा। शालिग्राम फिर इन लोगों से मिल नहीं सका। लगभग दो साल तक फरार रहा, जब गाँधीजी जेल से बाहर आए, उनकी आज्ञा पर उसने अपने को 'प्रकट' किया, सजा पाई।

रामनंदन को लेकर जयप्रकाश एक्के पर राजनगर की ओर चले। वहाँ से दो नावें की गईं। दोनों अलग-अलग नाव पर चले। नावें नगवा में लगीं। यह नगवा, यह हिंदू विश्वविद्यालय !

हिंदू विश्वविद्यालय—जयप्रकाश यहीं न प्रोफेसरी करना चाहते थे? यहाँ के प्रोफेसर नहीं हुए, किंतु, इस

जगह का आकर्षण, प्रथम प्रेम की तरह, कभी कम नहीं हुआ। यहाँ उनके कितने मित्र हैं, कितने साथी हैं ! शाम के झुटपुट के वक्त एक साथी के बँगले के अंदर घुसते हैं। बाहर सन्नाटा है। दरवाजे पर दस्तक देते हैं; भीतर से कोई आ रहा है। दबकर ऐसी जगह खड़े हो जाते हैं, जहाँ बिजली की रोशनी चेहरे पर नहीं पड़े। न जाने कौन निकल रहा हो ? यह साथी का नौकर है। आकर वह इनके नजदीक खड़ा होता है और अचानक उसके मुँह से निकल जाता है—

"बाबूजी, आप ऐसे कैसे ?"

बाबूजी तो सन्न। इतना रूप बदला, किंतु एक साधारण नौकर तक पहचान गया ? नौकर जल्दी-जल्दी कहे जा रहा है—घर के मालिक बाहर टहलने गए हैं; थोड़ी देर से आवेंगे, आते ही होंगे बाबू; चलिए, भीतर बैठिए; बीमार पड़ गए थे क्या ? ओहो, कितने दुबले हो गए हैं बाबूजी ! किंतु बाबूजी से तो अब वहाँ खड़ा भी नहीं रहा जाता। आखिर यह नौकर ठहरा—मेरे सिर पर पाँच हजार का इनाम है, कहीं इसका ईमान डोल गया तो। "अच्छा, आते हैं !" कहकर जयप्रकाश चल देते हैं। बँगले के फाटक तक नौकर पीछा करते आता है, वह भौचक हो रहा है, कुछ नहीं समझ रहा है। जयप्रकाश अंततः मैदान के अंधकार में छिप जाते हैं !

छठा अध्याय : अगस्त-क्रांति का अग्रदूत

1

करेंगे या मरेंगे

सरकार के पास बत्तीस का सफल तजर्बा था—कांग्रेस को धावा करने का मौका नहीं दो, उनके पहले ही छापा मारो—कांग्रेस को गैर कानूनी संस्था घोषित करो, नेताओं को पकड़कर जेलों में ठूँस दो—दो दिनों तक हो-हल्ला रहेगा, फिर टायँटायँ फिस !

बत्तीस के इस तजर्बे को बयालीस में उसने दुहराया। उसने पहले से ही लिस्ट तैयार कर रखी थी—तीन-तीन लिस्ट। किन लोगों को पहले गिरफ्तार किया जाएगा, किन लोगों को बाद में, किन लोगों को अंत में। पहली लिस्ट के वारंट भी तैयार कर लिए गए थे। नौ अगस्त को ही पहली लिस्ट के वारंट जारी कर दिए गए और जो नेता जहाँ पर मिले, उन्हें गिरफ्तार कर जेलों में पहुँचा दिया गया।

किंतु सरकार की भूल यही हुई कि उसने समझा था, क्रांति के तजर्बे का हकदार सिर्फ वही है। उसने कुछ तजर्बे हासिल किए थे, तो लोग भी पिछले अनुभवों के आधार पर कम सजग नहीं थे।

और, उन सजग, जागरूक व्यक्तियों में पहला स्थान जयप्रकाश का था। महायुद्ध के छिड़ते ही, जिस तरह बैरोमीटर आँधी का आगमन बता देता है, जयप्रकाश भाँप गए थे कि देश में एक क्रांति होकर रहेगी। क्रांति का उन्होंने एक सामाजिक प्रक्रिया की तरह वैज्ञानिक अध्ययन किया था। उनका अध्ययन, उनका दर्शन, उनका पर्यवेक्षण सबकुछ यही बता रहा था कि भारत में क्रांति अनिवार्य है। इस अनिवार्यता के जानने के बाद उसमें अपना और अपनी पार्टी का स्थान समझने में उन्हें देर नहीं लगी थी। इस बार की क्रांति बहुत ऊँची सतह पर होगी और उसमें सच्चे क्रांतिकारियों को अपना जौहर दिखाने के लिए बड़े-बड़े अवसर मिलेंगे, वह समझते थे। एक ओर वह कांग्रेस से आग्रह कर रहे थे कि वह क्रांति का पैगाम दे, तो दूसरी ओर अपनी पार्टी के एक-एक सदस्य से उसके लिए तैयार रहने की चेतावनी देते जाते थे। बम्बई में हुई अपनी गिरफ्तारी से उन्हें बहुत सदमा लगा था। किंतु, उनका सौभाग्य था कि उनके पीछे ऐसे योग्य साथियों का गिरोह था जो उनकी भावना को समझे

और उनके परोक्ष में भी उसे काम में ला सके।

गाँधीजी के नेतृत्व में एक बहुत बड़ी क्रांति होने जा रही है—इसकी घोषणा सबसे पहले मेहरअली ने की थी। मेहरअली उस समय बम्बई के मेयर थे। गाँधीजी ने उन्हें बुलाकर जो बातें कीं, उन्हीं के आधार पर उन्होंने यह घोषणा की थी। सिर्फ घोषणा करके ही वह या उनके साथी संतुष्ट नहीं हो गए। पार्टी के हर सूबे की शाखाओं में इसकी खबर करा दी गई थी। और आदेश दिया गया था—खबरदार, इस बार गलती नहीं होने पावे; क्रांति की तैयारी किए रहो, मौका मिलते ही टूट पड़ना होगा!

अखिल भारतीय किसान सम्मेलन के बेदौल (मुजफ्फरपुर, बिहार) अधिवेशन में मेहरअली और लोहिया पहुँचे हुए थे। मेहरअली ने पार्टी के सदस्यों की बैठक में स्पष्ट कह दिया था—इस बार पार्टी के जो सदस्य गिरफ्तार हो जाएँगे, समझा जाएगा, वे निकम्मे हैं।

स्वयं गाँधीजी लोगों में गिरफ्तारी के खिलाफ मनोवृत्ति पैदा कर रहे थे। इस बार के आंदोलन का रूप खुली बगावत का होगा। खुली बगावत में गिरफ्तार हो जाने का सवाल ही कहाँ उठता है? हम हर जगह सरकारी सत्ता को चुनौती देंगे और अंत तक लड़ते रहेंगे। इसमें समझौते के लिए भी गुंजायश नहीं है—विराम के लिए स्थान कहाँ? यदि किसी तरह दुश्मन के हाथों में पड़ गए, तो वहाँ आमरण अनशन करने तक की बारी आ सकती है। अपने इन्हीं उपदेशों को अंत में, जैसे, उन्होंने एक मंत्र के रूप में गूँथ दिया था—'करो या मरो!'

'करो या मरो'—इस नारे का क्रियात्मक रूप नौ अगस्त को बम्बई में ही देख लिया गया! समूची बम्बई एक खौलता हुआ कड़ाह, दहकता हुआ अंगारा बन गई। ट्राम जल रहे हैं, ट्रेनें जल रही हैं, थाने जल रहे हैं, डाकखाने जल रहे हैं—दूसरी ओर, गोलियाँ चल रही हैं, लाठियाँ चल रही हैं, टीअरगैस फूट रहे हैं, मशीनगनें खड़ी कर दी गई हैं! सड़कों पर, गलियों में; मैदानों में, पार्कों में—दोनों पक्ष की जोरआजमाइयाँ चल रही हैं! बच्चे, बूढ़े, औरत, विद्यार्थी, मजदूर, दुकानदार, बाबू दल!—सब पर आज पागलपन सवार है, जुनून सवार है। 'करेंगे या मरेंगे'—आज बम्बई के वातावरण के अणुअणु में यही पुकार ध्वनित-प्रतिध्वनित हो रही है!

भाई कृष्णवल्लभ सहाय ने बम्बई की एक कथा सुनाई थी। नौ अगस्त को जब बम्बई में यह हालत थी, वह एक रेस्टोराँ में बैठकर आश्चर्यचकित देख रहे थे—यह क्या हो रहा है! उन्होंने देखा, एक छोटा बच्चा दौड़ता हुआ सड़क पर आया और खड़िया से लिखने लगा—"गाँधीजी गिरफ्तार हो···· !" वह पूरा लिखने भी नहीं पाया कि पीछे से एक गोरा आता दिखाई पड़ा और उसने नजदीक पहुँचकर उस बच्चे की पीठ पर ऐसा कुंदा लगाया कि बच्चा चीखकर जमीन पर लेट गया और उसके मुँह से खून निकलने लगा! देखनेवालों के रोंगटे खड़े हो गए और गोरा राइफल लिए शान से तनकर खड़ा हो गया—मानो, उसने बड़ी विजय प्राप्त कर ली! उसी समय निकट के एक सैलून से एक हजाम निकला, वह चुपके-चुपके पीछे से गोरे के नजदीक आया और उसके नजदीक पहुँचकर पूरा छुरा उसके पेट में घुसेड़ दिया! गोरा बंदूक पटककर कुछ कदम दौड़ा, किंतु अँतड़ियाँ निकल आईं, वह मुँह के बल गिर गया! चारों ओर से हर्षध्वनियाँ होने लगीं और वह हजाम सैलून में आकर फिर अपने ग्राहक का अधूरा बाल यों बनाने लगा, जैसे कुछ हुआ ही नहीं!

करेंगे या मरेंगे—की यह तो एक जुनून-भरी शकल हुई। किंतु, क्रांति सिर्फ पागलपन नहीं है! उसके लिए कोई कार्यक्रम चाहिए, कोई योजना चाहिए। यह कार्यक्रम कौन दे? गाँधीजी ने कोई निश्चित योजना तो बताई नहीं थी। हाँ, उन्होंने कहा था कि अहिंसा की शर्त के साथ सबकुछ किया जा सकता है और हर आदमी को अपना नेता बन जाने का आदेश दिया था। किंतु, इतने से भी काम चलनेवाला नहीं था। बगावत के लिए एक ठोस कार्यक्रम और उपयुक्त नेतृत्व का अभाव उन सबने अनुभव किया, जो इस बगावत को खिलवाड़ नहीं बनाकर अँगरेजों को भारत से भगाने का साधन बनाना चाहते थे। करेंगे या मरेंगे—बात सही है; किंतु, करेंगे क्या? और मरेंगे कैसे?—इसका निर्णय कर लेना आवश्यक है।

बम्बई में जो बचेखुचे नेता थे, वे उन गोलियों की बौछार के नीचे एक जगह एकत्र हुए। देखिए, इनमें यह कमलादेवी हैं, यह मृदुला साराभाई हैं, यह पूर्णिमा बनर्जी हैं। यह हैं अच्युत पटवर्धन, यह सादिकअली साहब,

यह पुरुषोत्तम विक्रमदास और यह लोहिया। श्री मोहनलाल सक्सेना भी हैं, गिरिधारीजी भी हैं। बिहार से बसावनजी और रामनंदनजी हैं। ये लोग आज भी जयप्रकाश का अभाव अनुभव कर रहे हैं। सक्सेना कहते हैं—"1932 के सत्याग्रह का गुप्त संचालन जयप्रकाश ने किया, काश, वह 1942 में भी हमारे साथ होते !" तो भी, मिलजुलकर एक कार्यक्रम बना लिया जाता है, और उसे काम में लाने के लिए प्रांत-प्रांत में विशेष दूत भेजने का भी तय कर लिया जाता है। बम्बई की यह बैठक ही पीछे चलकर कांग्रेस के केंद्रीय संचालक-मंडल की जननी सिद्ध हुई !

केंद्रीय संचालक-मंडल के कर्णधारों में श्री अच्युत पटवर्धन, श्रीमती अरुणा आसफअली, श्रीमती सुचिता कृपलानी, डा. राममनोहर लोहिया, आचार्य युगल किशोर, डा. केसकर, श्री दिवाकर प्रमुख थे। बाबा राघवदास, श्री अन्नदा चौधरी, वी. पी. सिन्हा, प्रो. गयराला, प्रो. राधेश्याम, गोपीनाथ सिंह, एन. एम. जोशी, गोरे, शाने गुरुजी, श्यामनंदन सिंह, श्री खानचंद गौतम, श्री बसावन सिंह का भी संचालक-मंडल के कार्यों के सम्पादन और नीतिनिर्धारण में पूरा हाथ रहा।

किंतु, जब तक बम्बई की उस बैठक या केंद्रीय संचालकमंडल का पैगाम प्रांत-प्रांत में पहुँचाया जा सके, तब तक तो सारे देश में आग लग चुकी थी—उसकी ज्वालाएँ सातवाँ आसमान छू रही थी। नेताओं की इस अचानक गिरफ्तारी से जनता के मन में क्षोभ और क्रोध की वह ज्वाला भड़की कि जिसके दिमाग में जो आया, बिना सोचे-समझे वह कर गुजरा। दो दिनों के अंदर-अंदर समूचे हिंदोस्तान में खुली बगावत का दौरदौरा हो चुका था—हाँ, उसके रूप में जगह-जगह पर अंतर थे। इस अंतर को, भेदभाव को भारतमंत्री मि. एमरी ने दूर कर दिया। नेताओं की गिरफ्तारी का औचित्य सिद्ध करते हुए उन्होंने पार्लियामेंट में एक वक्तव्य दिया, जिसमें बताया गया कि लोग खुली बगावत के नाम पर रेलवे-लाइन को उखाड़ने, तारों को काटने, पुल तोड़ने, थानों पर कब्जा करने, कचहरियों पर अपनी हुकूमत जारी करने आदि की कोशिश करने जा रहे थे। रेडियो द्वारा यह वक्तव्य देश के कोने-कोने में भिन्न-भिन्न भाषाओं में सुनाया गया। फिर क्या था, लोगों ने मान लिया, हमारे नेताओं का कार्यक्रम यही है और उस कार्यक्रम को पूरा करने में हर तबके का हर व्यक्ति जीजान से डट पड़ा !

यह अतिशयोक्ति नहीं, बल्कि ऐतिहासिक सत्य है कि एक पखवारे तक हिंदोस्तान के अधिकांश भाग से अँगरेजी राज बिलकुल उठ गया था ! डेढ़ सौ वर्षों से स्थापित यह राज यों फूँक में उड़ जाएगा, लोगों को देख-सुनकर आश्चर्य, महा आश्चर्य होता था !

किंतु, यह स्थिति ज्यादा दिनों तक कायम नहीं रह सकी। अब ब्रिटिश सिंह का खूनी पंजा सबके सिर पर था। दमन का उल्लंग नृत्य हो रहा था। इस मौके पर केन्द्रीय संचालक-मंडल व्यवस्थित रूप में लोगों के सामने आया। उसके आदेश के अनुसार इस दमन का मुकाबला होने लगा और क्रांति की ज्वाला को सुलगाए रखने की चेष्टाएँ की जाने लगीं।

पूरे आंदोलन को गुप्त रूप दे दिया गया। फिर कांग्रेस के हरकारे छिपे-छिपे देश में घूमने लगे। कांग्रेस के गैरकानूनी अखबार और बुलेटिनें फिर प्रकाशित होने लगीं। कांग्रेस के रेडियो से लोगों को क्रांति का संदेश दिया जाने लगा। क्रांति की समिधा को प्रज्वलित रखने के लिए नौजवान कार्यकर्त्ता अपनी जान हथेली पर लेकर घूमने लगे।

लेकिन सरकार के घनघोर दमन के चलते काम करना दिन-दिन मुश्किल होता जाता था। जो कुछ किया जाता था, उसका मूर्त्त रूप जनता के सामने नहीं रहने से उसमें निराशा का वातावरण फैल रहा था। केंद्रीय संचालक-मंडल के एक-एक सदस्य अपनी जान पर खतरे लेकर काम को अंजाम दे रहे थे, लेकिन वे भी किसी बड़े व्यक्ति का अभाव अनुभव कर रहे थे। ठीक ऐसे ही समय में एक दिन बिहार-सरकार ने विज्ञप्ति निकाली कि जयप्रकाशनारायण अपने पाँच साथियों के साथ हजारीबाग सेंट्रल जेल से निकल भागे हैं, जो उन्हें पकड़ा देगा या पकड़ने में मदद देगा, उसे कुल मिलाकर 21,000) (इक्कीस हजार रुपए) इनाम में मिलेंगे—जयप्रकाशनारायण के लिए 5000), योगेंद्र शुक्ल के लिए 5000), रामनंदन मिश्र के लिए 5000),

सूरजनारायण सिंह के लिए 2000), गुलाबचंद गुप्त उर्फ गुलाली के लिए 2000) और शालिग्राम सिंह के लिए 2000)।

जयप्रकाश के निकल भागने के प्रभाव को एक साथी ने अपने जेल के साथी को गुप्त रूप से यों लिख भेजा था—

"प्यारे साथी, तुम सोच नहीं सकते कि जयप्रकाशजी का निकल भागना हमारे लिए क्या सिद्ध हुआ है। हम हारे तो थे ही, थक भी कम नहीं गए थे। हमारे जिस्म जवाब दे रहे थे, दिमाग जवाब दे रहा था। दिल में आग तो थी, किंतु उसकी ज्वाला बुझ चुकी थी, चिनगारी पर राख की पर्त पड़ती जा रही थी। दमन के चलते लोगों में दहशत थी, भय था। वे हमें श्रद्धा की दृष्टि से देखते थे, हमारी मदद भी करना चाहते थे; किंतु दिन में हमारा चेहरा देखना पसंद नहीं करते थे। अगस्त में अपने बल से वे सरकार को उखाड़ चुके थे—वही सरकार जब फिर कायम हुई और उसने भीषण रूप दिखलाया, तो वे इस उम्मीद में सब्र किए रहे कि सुभाष बाबू की सेना चली आ रही है। सेगाँव से बराबर आश्वासन दिया जाता रहा, हम अब आए, अब आए। रात में लोग तारों को देखते और उनकी रोशनी को सुभाष बाबू के हवाई जहाज की रोशनी मानने की कोशिश करते। किंतु धीरे-धीरे आशा की यह रोशनी भी बुझ गई। अब चारों ओर अंधकार-ही-अंधकार नजर आता था कि जयप्रकाश का आगमन हमारे बीच हुआ ! उनके नाम की सार्थकता तुम नहीं समझ सकते, हमने समझा है। फिर चारों ओर प्रकाश-ही-प्रकाश है। कार्यकर्त्ताओं के दिल की चिनगारी फिर चमक उठी है; जनता सोचने लगी है कि हमारे नेताओं को कोई जेल में रख नहीं सकता। जयप्रकाश खुद जेल तोड़कर हमारे बीच में आए हैं; अब हम जेल तोड़कर गाँधीजी और दूसरे नेताओं को छुड़ावेंगे। जनता में एक अजीब जोश और हिम्मत आ गई है ! अब हम विजयी होकर ही दम लेंगे, यह हमारी पक्की आशा है—ध्रुव आशा ! "चालीस करोड़, नहीं दबेंगे !" "करेंगे या मरेंगे।"

और, जयप्रकाश का जेल से यों जान हथेली पर लेकर निकल भागना ही क्या 'करेंगे या मरेंगे' का सर्वोतम उदाहरण नहीं था ? नेतृत्व सिर्फ उपदेश ही नहीं माँगता, उदाहरण भी तलब करता है न !

2

आजादी के सैनिको, बढ़े चलो !

यों, आजादी के सैनिकों के अंधकारमय हृदयों में फिर प्रकाश की रेखा खींचनेवाले जयप्रकाश ने हिंदू-यूनिवर्सिटी के मैदान के अंधकार में छुपकर ही अपने को सुरक्षित नहीं समझा। उस रात रामनंदन के परिचय के ही एक स्थान में ठहरा गया, किंतु उस जगह की सुरक्षितता पर भी जयप्रकाश को विश्वास नहीं हुआ। दूसरे दिन से फिर परिचितों की तलाश हुई—और अंततः एक निश्‍चित स्थान प्राप्त किया जा सका।

निश्‍चित होते ही जयप्रकाश ने रामनंदन को बम्बई भेजा, अच्युत एवं दूसरे साथियों से सम्पर्क स्थापित करने को। और, खुद कलम-कागज लेकर अगस्त-क्रांति के दूसरे दौर की पूरी योजना तैयार करने लगे।

सबसे पहले उन्होंने प्रचार के लिए कुछ विज्ञप्तियाँ लिखीं। वे विज्ञप्तियाँ खुली चिट्ठियों के रूप में थीं—(1) आजादी के सैनिकों के नाम, (2) अमेरिकन फौज के अफसरों और सैनिकों के नाम, (3) विद्यार्थियों के नाम, (4) किसानों के नाम, (5) बिहार की जनता के नाम, (6) बिहार के पुलिस सिपाहियों के नाम आदि। इन विज्ञप्तियों के पढ़ने से आज भी आदमी अपनी नसों में खून की नई रवानी अनुभव करने लगता है।

दमन की प्रचंडता के कारण, मालूम होता था, जैसे क्रांति समाप्त हो चुकी है ! जयप्रकाश ने गरजते हुए कहा—"नहीं, यह समझना गलत है कि क्रांति दबा दी गई, कुचल डाली गई। क्रांति के इतिहासों को

देखिए—आप पावेंगे कि क्रांति कोई छिटपुट घटना नहीं है । क्रांति एक दौर है, एक सामाजिक प्रक्रिया है । क्रांति के विकास के सिलसिले में ज्वार आते हैं, तो भाटे भी आते हैं । आज हमारी क्रांति की लहर नीचे की ओर जाती दिखाई पड़ती है, किंतु वह तुरत ऊपर उठेगी, विजय-पर-विजय प्राप्त करेगी ।"

आगे जयप्रकाश ने आजादी के सैनिकों के सामने अगस्त-क्रांति के पहले दौर की त्रुटियों को रखा । त्रुटियाँ दो थीं—एक तो, कोई चुस्त संगठन नहीं था, जो जनता की उभरी हुई ताकतों को व्यूहबद्ध कर उन्हें विजय-पथ पर बढ़ाए । दूसरी त्रुटि यह थी कि जहाँ जनशक्ति ने विजय भी प्राप्त की, तो उस विजय को टिकाऊ बनाने, उसे मूर्त्त रूप देने का कोई कार्यक्रम क्रांतिकारियों के पास नहीं था । जयप्रकाश कहते हैं—"क्रांति का अर्थ सिर्फ संहार नहीं है, क्रांति के साथ निर्माण की महान् शक्ति भी सन्निहित है । जो क्रांति सिर्फ संहार करना ही जानती है, वह जीवित नहीं रह सकती । अगर उसे जीवित रहना है, तो जिस सरकारी सत्ता का उसने नाश किया है, उसके बदले तुरत दूसरी सत्ता का वह सृजन करे ।" अगस्त-क्रांति में बड़ी भूल यह हुई कि हमने थानों पर कब्जा किया, कचहरियों पर कब्जा किया, खजानों पर कब्जा किया, स्टेशनों पर कब्जा किया, किंतु कब्जा करने के बाद हम अपने-अपने घरों में जाकर सो गए कि हमने मैदान फतह कर लिया ! "जिन-जिन हलकों में विदेशी राज की हुकूमत के साधनों को हमने नष्ट किया, उनके अफसरों को हमने भगा दिया, अगर वहाँ-वहाँ हम 'इंकलाबी सरकार' कायम किए होते और उस सरकार की रक्षा के लिए अपनी पुलिस और अपनी फौज भरती कर लिए होते, तो इसमें एक ऐसी रचनात्मक शक्ति पैदा हुई होती जो एक हलके से दूसरे हलके में फैलती; और क्रांति की लहर आसमान को छूती हुई ऐसे वेग से आगे बढ़ती कि साम्राज्यशाही का जर्जर जहाज टूक-टूक हो गया होता और आज हम अपने देश में पूर्ण स्वराज्य का सुख भोगते होते !"

खैर, गलतियाँ तो हो चुकीं, अब क्या हो ? जयप्रकाश इस सवाल पर एक दूसरा सवाल हमसे पूछ बैठते हैं—"जब कोई सेनापति कोई मैदान हारता या जीतता है, तो वह क्या करता है ?"

सिकंदर जब हार गया, तो उसने क्या किया ? और भी कितने उदाहरण हैं । अब काम यह है कि अपनी बिहारी सेना को फिर एकत्र किया जाए, शिक्षित किया जाए, व्यूहबद्ध किया जाए, अनुशासित किया जाए ! साथ ही, हमें किसानों में, मजदूरों में घुसना चाहिए "क्योंकि हमारा काम सिर्फ षड्यंत्र करके छापा मारना नहीं है, हमें पूरी जनता को विद्रोह-पथ पर ले चलना है ।" इन किसानों और मजदूरों से हमें नए-नए सैनिक भी मिलते जाएँगे । हमें अँगरेजी सरकार की हिंदुस्तानी फौज में भी घुसना है, उसमें क्रांति की आग सुलगानी है । सरकारी नौकरों के दिमाग को भी बदलने की कोशिश करनी है । लेकिन इन तैयारियों का मतलब लड़ाई वंद कर देना नहीं है । "नहीं नहीं—सैनिक शब्दों में 'छिटपुट मुठभेड़' 'सरहदी कार्रवाइयाँ', 'हाथापाई' 'गश्त लगाना' और 'निशाने लेना', यह सब भी चलते रहना चहिए !" अंत में वह कहते हैं—

"जनता को पूरा विश्वास और अपने उद्देश्य पर पूरी आस्था रखते हुए हम आगे बढ़ते चलें ! हमारे पैर मजबूती से अड़े रहें, हमारे हृदय दृढ़ता से ओतप्रोत हों और हमारी नजरों में धुँधलापन न आने पावे । देखिए, वह हिंदोस्तान की आजादी का सूरज आसमान पर चमकने लगा है । कहीं हमारी आशंका और कलह, कार्यहीनता और विश्वासहीनता के बादल उसे ढँक न लें; हम कहीं फिर अंधकार में नहीं ढकेल दिए जाएँ—सावधान !"

जयप्रकाश अमेरिका में सात वर्षों तक रह चुके थे । इसलिए उस समय जो अमेरिकन अफसर और सैनिक हिंदोस्तान में जापान का सामना करने के लिए इकट्ठे किए गए थे, उनके नाम भी उन्होंने एक पत्र प्रकाशित किया । उस पत्र में उन्होंने उस समय की याद दिलाई थी जब वह कैलिफोर्निया, इयोवा, विस्कौंसिन और ओहायो में पढ़ते थे और हो सकता है, उन विश्वविद्यालयों के छात्र भी अमेरिकन फौज में आए हों, अतः उनसे उन्होंने खासकर निवेदन किया था—"मैं एक वैसे युद्ध-बंदी की हैसियत से आपको लिख रहा हूँ, जिसने दुश्मन की कैद से निकल भागने के अपने जन्मजात अधिकार का उपयोग किया है । मैं हाल ही हजारीबाग जेल से भाग आया हूँ इस उद्देश्य से कि मैं अपने देश को आजाद कराने में क्रियात्मक भाग ले सकूँ । हमारे दुश्मन—इस अँगरेजी साम्राज्यशाही सरकार ने मुझे पकड़वाने के लिए इनाम की घोषणा की है । जैसा कि मैं कोई दागी कैदी होऊँ ।

आपमें से जो कोई भी कदाचित् युद्धबंदी बनाया जाएगा, वह मौका मिलते ही दुश्मन के कैम्प में भाग आना कर्त्तव्य समझेगा और उसे आप और आपके देशवासी निस्संदेह ही 'हीरो' मानकर आदर करेंगे। 'हीरो' कहलाए जाने का हौसला मैं नहीं रखता, लेकिन मैं अपने को दागी कैदी भी नहीं समझता। मैं अपने को सिर्फ देश की आजादी की वेदी पर बलिदान करना चाहता हूँ!"

इस पत्र में जयप्रकाश ने अँगरेजी के झूठे प्रचार पर सख्त चोट की थी और उसका पोल खोला था—"आप लोगों ने नाजियों की झुठाई की कहानियाँ सुनी होंगी। डा. गोयेबेल्स अपनी झुठाई के लिए संसार भर में बदनाम है। लेकिन चर्चिल, हैलिफैक्स, एमरी ऐंड कम्पनी की झुठाई उससे भी बदतर है—क्योंकि उसके ऊपर पोलिश की हुई होती है और वह गहरी मार करती है।"

जयप्रकाश ने अमेरिकन सैनिकों से तीन प्रकार की सहायता माँगी थी— (1) अँगरेजों ने हमारे साथ जो फैसिस्ट लड़ाई छेड़ रखी है, उसमें आप अँगरेजों का साथ न दें। (2) हिंदोस्तान के बारे में सही बातें अपने देशवासियों को बताएँ और इस तरह अँगरेजों के घृणित प्रचार को बेकार बना दें। अंत में (3) उनसे आग्रह किया था कि आप लोग उन अँगरेज सैनिकों को समझाएँ जो बेचारे व्यर्थ अपनी जान अँगरेजी पूँजीपतियों के फेर में पड़कर दे रहे हैं। अँगरेज सैनिक अमूमन ईमानदार और बहादुर होते हैं और उन्हें धोखे में रखकर ही उनसे कुकर्म कराए जाते हैं—"उनसे कहिए कि यदि वह सचमुच एक नई दुनिया के निर्माण के लिए लड़ रहे हैं तो फिर उनके लिए मुनासिब नहीं है कि फैसिस्टों की तरह औरतों और बच्चों पर गोली चलाएँ, घरों को जलाएँ और लूटें तथा इस अति प्राचीन एशिया के जर्रे-जर्रे को चौंका देनेवाली इस महानतम आजादी की लड़ाई को बेरहमी से कुचलें। उनसे कहिए, हम उनसे लड़ना नहीं चाहते। हमारी लड़ाई सिर्फ साम्राज्य से है, हम उसे ही नष्ट करना चाहते हैं, क्योंकि वह आजादी का दुश्मन है, मानवता के सुख और वैभव का शत्रु है। उनसे कहिए, ज्योंही हम आजाद होंगे, अँगरेज सैनिकों के साथ कंधे-से-कंधे भिड़ाकर हम सभी तरह के शोषणों, उत्पीड़नों और पशुताओं से लड़ेंगे—चाहे उसका नाम नाजीवाद हो, साम्राज्यवाद हो या पूँजीवाद। इन पर विजय प्राप्त करके ही हम सब मिलजुलकर इस पृथ्वी पर एक नई दुनिया बसा सकेंगे!"

विद्यार्थियों, किसानों, बिहार की जनता एवं बिहार के पुलिस-सिपाहियों के नाम से जो पत्र उन्होंने प्रकाशित कराए, सबमें देश के नाम पर, आजादी की इस अंतिम लड़ाई को अंत तक लड़ने की, अपील की गई थी!

एक ओर ये अपीलें तैयार की जा रही थीं; दूसरी ओर साथियों को बुला-बुलाकर बातें भी चल रही थीं। बिहार से बसावन आये, श्यामनंदन बाबू आए, सूरजनारायण आए। बी. पी. सिन्हा काशी विद्यापीठ के पूरे गिरोह के साथ आ मिले! हिंदू-यूनिवर्सिटी का भी पूरा दल एकत्र हुआ। बम्बई से अच्युत दौड़े-दौड़े आए। तय हुआ, दिल्ली में केंद्रीय संचालक-मंडल की बैठक बुलाई जाए और देश-भर में एक निश्चित योजना पर पूरी मुस्तैदी से काम चलाया जाए।

बनारस से ही फरार जिंदगी के लुत्फ उठाने के मौके आते गए। बसावनजी एक परिवार में टिके हुए थे। वे लोग समझते थे, यह अमुक स्थान के एक रोजगारी हैं। एक-एक निश्चित अड्डे पर कुछ खटका समझ जयप्रकाश और अच्युत को लिए-दिए बसावन उस परिवार में पहुँचे और बताया, यह भी हमारे साथी रोजगारी हैं। दोनों को आदर-सत्कार से रखा गया। फिर घर के मालिक बसावन को अलग बुलाकर कहते हैं—"यह जयप्रकाशजी को आप कैसे-कैसे यहाँ ले आए?" बसावन लाख समझाने की कोशिश करते हैं, वह सज्जन मानते नहीं। "मैंने बीसों बार देखा है, भाषण सुना है, कुछ बालों और कपड़ों की उलटपुलट से आदमी को कैसे भुलाया जा सकता है?" लेकिन जयप्रकाश को रखने से उन्हें गर्व है, आनंद है, वह सब खतरा लेने को तैयार हैं! लेकिन उनका आग्रह है कि उनकी पत्नी को नहीं मालूम हो कि यह जयप्रकाश हैं—"औरत की जात, न जाने भूलकर किसी से भनक दे!" उधर थोड़ी देर में घर की मालकिन, बसावन को अलग लेकर कहती हैं—"यह दूसरे सज्जन तो अच्युत हैं, हाँ, अच्युत पटवर्धन! मैंने इन्हें देखा है, मैंने इनसे बात की है! वाह, मैं भूल किस

तरह सकती हूँ ?" देवीजी भी प्रसन्न हैं कि अच्युत ऐसे देशभक्त उनके घर आ पहुँचे हैं । किंतु, उनका कहना है कि यह बात उनके पति को नहीं मालूम हो, क्योंकि वह निछछ व्यापारी ठहरे, घबरा जाएँगे !

ऐसे घर में ज्यादा दिनों तक तो नहीं ही रहा जा सकता है । अब जयप्रकाश एक सम्भ्रांत सज्जन के घर पर जा टिके हैं, कि एक दिन एक आगंतुक सज्जन कह उठते हैं—'बउलजी !' यह घर की बोली । यह प्यारसूचक सम्बोधन ! किंतु, इस सम्बोधन के सुनते ही, जयप्रकाश के सिर के बाल खड़े हो जाते हैं ! नहीं, यह स्थान भी छोड़ना ही पड़ेगा ।

कितने घर बदले जाते हैं, कई रूप धरे जाते हैं । सामने आदमकद आईना रखकर अलग-अलग वेशों की परीक्षाएँ की जाती हैं । आइए, यह देखिए तो । यह सामने आईना है । उसके सामने जयप्रकाश खड़े हैं । बड़ा-सा पगड़, भभ्भड़ कुरते पर कामदार सलूका, घाँघरेदार पाजामा, काबुली चप्पल—कहिए, यह पूरा आगा बन चुके हैं या नहीं ? अलस्सलाम आगा !

3

दिल्ली, बम्बई, कलकत्ता, नेपाल

जिस दिल्ली में लौर्ड लिनलिथगो और बेवेल की गुड्डा-कौंसिलें बैठती रही हैं, वहीं अगस्त-क्रांति के क्रेंद्रीय संचालक-मंडल की बैठक होने जा रही है । शाही दिल्ली में ही साम्राज्यशाही के कट्टर दुश्मनों का जमावड़ा, खुफिया पुलिस की आँखों में धूल झोंककर, फौजी खुफिया की सारी अंतर्राष्ट्रीय ख्याति पर स्याही पोतते हुए, जुटने जा रहा है । देश के कोने-कोने से क्रांति के पुजारियों की सवारी 'नाना वाहन पर, नाना वेश में' पहुँच रही है ।

जयप्रकाश भी बनारस से दिल्ली के लिए प्रस्थान करते हैं—उनके साथ सिर्फ एक आदमी हैं, बाबा श्यामनंदन !

मिर्जापुर ! यह है मिर्जापुर स्टेशन । गाड़ी स्टेशन पर पहुँचते ही अवध के एक रईस साहब उसके डब्बा की ओर लपकते हैं । चननदार धोती है, मलमली कुर्त्ता है, धूपवाला चश्मा है, किश्तीनुमा टोपी सिर पर है और पैर में सलीमशाही जूते हैं । पीछे उनके, उनका एक कारिंदा है । लेकिन डब्बों में जगह कहाँ मिल रही है । कलकत्ते में बमबारी हो चुकी है । अजीब भगदड़ मच रही है । डब्बे ठसाठस भरे हैं—थर्ड की क्या बात, इंटर, सेकेंड, फर्स्ट—किसी क्लास में जगह नहीं । और, यह गाड़ी अब खुलने ही पर है । हरी झंडी दिखा दी गई, सीटी बज उठी ।

एक फर्स्ट क्लास डब्बे के निकट श्यामनंदन बाबा आरजू-मिन्नत करते हैं । भीतर एक मारवाड़ी युवक है । उसका बर्थ रिजर्व है । एक बार वह इस 'अवध के रईस' को देखता है । झट दरवाजा खोल देता है । भीतर आने के बाद वह अपना पूरा बर्थ खाली कर देता है । रईस साहब सो जाते हैं । उनके कारिंदाजी लोगों से बातें करने लगते हैं—

"क्या कहें साहब, अजीब परेशान में पड़े हैं । बाबूसाहब बीमार हैं । विंध्याचल ले आए थे । बड़े-बड़े वैद्यों से दवाएँ हुईं; यहाँ की जलवायु से भी कुछ फायदा नहीं दीखता है । घर के अकेले । इन्हीं पर सब दारमदार है । अब दिल्ली लिए जा रहे हैं—वहीं हकीमों से दिखलाएँगे । दिल्ली के हकीमों का बड़ा नाम है न ! देखिए, क्या होता है—भगवान ही मालिक !"

इधर अवध के रईस, जो चादर से मुँह ढँके सो रहे थे, मन-ही-मन हँस रहे हैं ! आगे के एक जंक्शन पर टि. टि. सी. दीख पड़ा । उससे कहा गया, जरा हमारा टिकट बदल दीजिएगा । रास्ते में इस टिकट बदलाई में वह

कुछ ज्यादा पैसे ले लेता है, किंतु, चुपचाप दे दिए जाते हैं—यद्यपि साथ के पैसिंजर इस ज्यादती को बर्दाश्त करना नहीं चाहते । उन बेचारों को क्या मालूम कि ये दोनों किसी अफसर से आमना-सामना होने की कल्पना से ही किस तरह घबरा उठते हैं !

यह गाजियाबाद स्टेशन है । यहीं इन दोनों के लिए कार रहेगी । रईस साहब तो अब भी लेटे हैं । एक आदमी हर डब्बे में अजीब तरह से झाँकता फिरता है । श्यामनंदनबाबा अनुभव करते हैं, यह अपना आदमी है । किंतु, भय लगा हुआ है । तब तक गाड़ी चल देती है ! अब यह दिल्ली स्टेशन । स्टेशन के सदर दरवाजे से 'अवध के रईस' और उनके कारिंदा निकले चले जा रहे हैं और, वहाँ से एक ताँगे पर अपने निश्चित अड्डे पर आ जाते हैं । श्यामनंदन बाबा इसके पहले एक बार दिल्ली आकर इस अड्डे को देख जा चुके थे ।

दिल्ली में केंद्रीय संचालक-मंडल की बैठक हो रही है । मंडल के मेंबरों के ये चेहरे ! तीन महीनों के क्रान्तिकारी संघर्षों ने इनके चेहरों में कितने परिवर्तन ला दिए हैं । चेहरों से भी ज्यादा परिवर्तन तो आत्माओं में दीख पड़ता है । लोहा जलाए जाने के सिलसिले में इस्पात बन चुका है, सोना तपकर कुंदन बन गया है । इनमें बूढ़े हैं, नौजवान हैं; स्त्रियाँ हैं, पुरुष हैं; गाँधीवादी हैं, समाजवादी हैं ! लेकिन सारे भेदभाव के मैल क्रांति की ज्वाला में जल चुके हैं । सबको एक ही आन है, एक ही शान है—"चालीस करोड़ नहीं दबेंगे", "करेंगे या मरेंगे !" तीन महीनों से ये भर-नींद सोए तक नहीं हैं । भोजन और विश्राम की तो बात दूर । चेहरों पर रूक्षता है, जिस्म पर कितने ही घावों के निशान हैं । ये घाव बाहर-बाहर न दीखें, भीतर-भीतर खाए जा रहे हैं । लेकिन, इनकी ओर ध्यान देने की भी फुर्सत कहाँ ? एक ही ध्यान है—हिंदोस्तान से इस लुटेरी सरकार को किस तरह भगा पावेंगे, कब भगा पावेंगे !

इस ऐतिहासिक बैठक में आज एक नई हस्ती आई है—जयप्रकाश आए हैं । जयप्रकाश के आगमन से ही सबों के चेहरों की झुर्रियाँ भर गई-सी दीखती हैं ! खिंचे चेहरों पर हास्य की रेखा दौड़ती नजर आती है । प्रारम्भिक मिलन-जुलन, कुशलवार्त्ता ! फिर देश की, क्रांति की गम्भीर समस्याएँ । जयप्रकाश अपना कार्यक्रम बनारस से ही तैयार कर लाए हैं । सबके सामने रखते हैं । सब उसे स्वीकार करते हैं, सब एक स्वर से जयप्रकाश को नेता मान लेते हैं ।

यह कार्यक्रम अगस्त-क्रांति के दूसरे दौर की तैयारी का था । अंतर्राष्ट्रीय परिस्थिति दिन-दिन गम्भीर होती जा रही थी, तो देश की दशा भी दिन-दिन क्रांति के अनुकूल हो रही थी । बाजारों में चीजों की कमी होती जा रही थी, देहात तक में अन्न का अभाव हड़कम्प मचाए था । यातायात के साधनों की कमी कोढ़ में खाज पैदा कर रही थी । हिंदोस्तानी फौज में असंतोष फैला हुआ था; पुलिस की नैतिकता भ्रष्टता तक पहुँच चुकी थी । कलकत्ता पर जो बमबारी हुई थी, उसके कारण लोगों में अजीब आतंक और भगदड़ मच रही थी । यदि इन परिस्थितियों का सम्यक् उपयोग किया जाए, तो अगस्त-क्रांति की राखढँकी चिनगारी से फिर ज्वालाएँ फूटने लगें । लेकिन, सिर्फ ज्वालाएँ फूटने से ही काम चलनेवाला नहीं, यह बात पहले दौर ने ही स्पष्ट कर दी थी । जरूरत यह भी थी कि क्रांतिकारियों के शिक्षित दस्ते तैयार किए जाएँ और उन्हें सभी साधनों से लैस किया जाए, जिसमें जब कभी क्रांतिकारी परिस्थिति परिपक्व हो, तुरत धावा बोल दिया जाए और पहले ही धावे में शाहंशाही की पूरी इमारत को ध्वस्त-पस्त कर दिया जाए । ऐसा न हो कि जब पुल तोड़ने की जरूरत पड़े, तो कोई घन चला रहा है, कोई गाँती भाँज रहा है, तो कोई डेनामाइट के लिए दौड़ा जा रहा है ! नहीं, अगस्त-क्रांति की खामियों और गलतियों को पहले से ही दुरुस्त कर लेना है ।

मजदूरों में, किसानों में, विद्यार्थियों में काम करने के लिए अलग-अलग विभाग बनाए गए । मजदूरों को अगस्त-क्रांति के समय कम्युनिस्टों ने काफी गुमराह किया था, अतः उस ओर ज्यादा ध्यान देने की जरूरत महसूस की गई । किसानों को बुरी तरह कुचला गया था, उन्हें ढाढ़स बँधाने की जरूरत थी । दिमागपस्त लोगों की स्वाभाविक कमजोरी विद्यार्थियों में परिलक्षित हो रही थी, वे फिर कॉलिजों की ओर भागे जा रहे थे—उन्हें रोकना जरूरी माना गया । फौज में काम करना तो दूसरे दौर के कार्यक्रम का प्रमुख अंग समझा गया । पुलिस में

काम करने की योजना भी तैयार की गई। विदेशों से सम्पर्क करने की तजवीज भी पेश और पास हुई ! प्रचार के कार्य के लिए साइक्लोस्टाइल, प्रेस और रेडियो का प्रबंध किया गया। 'आजाद-दस्ता' के नाम से अगस्त के क्रांतिकरियों का गुरिल्ला संगठन करने एवं उन्हें शिक्षित करने की योजना को सबसे अधिक आवश्यक माना गया। यह काम जयप्रकाश ने अपने हाथों में रखा।

दिल्ली में यह कार्यक्रम स्वीकृत हो जाने के बाद जयप्रकाश बम्बई की ओर चले। यह यात्रा उनके मोटर से हुई। राजपूताने के रेगिस्तान को पार करते जयपुर होते जयप्रकाश अहमदाबाद आए। फिर गुजरात की हरी भूमि को नमस्कार करते वह बम्बई पहुँचे। अगस्त-क्रांति की जन्मभूमि में इस समय बहुत कुछ शांति हो चली थी, किंतु, महाराष्ट्र अपने शिवाजी की परम्परा शान से निभाए जा रहा था। बम्बई के मित्रों की राय हुई कि जयप्रकाश यहीं ठहरें, यहाँ सुरक्षा का सब प्रबंध आसानी से किया जा सकता है, साथ ही साधनों की भी कमी यहाँ पर नहीं होगी। किंतु, जयप्रकाश सिर्फ सुरक्षा की खोज में नहीं थे। तो भी उन्हें बम्बई में तीन महीने रह जाना पड़ा—क्योंकि इसी दरम्यान गाँधीजी का आगाखाँ महल में सुप्रसिद्ध अनशन शुरू हुआ। जयप्रकाश उस अनशन के असर को उत्सुक दृष्टि से देखते रहे। शुरू में ऐसा मालूम हुआ, क्रांति का दूसरा दौर शुरू होने जा रहा है, किंतु फिर उत्तेजना दब गई। जयप्रकाश इससे निराश नहीं हुए। क्योंकि अभी तैयारी कुछ नहीं हो सकी थी।

बम्बई से मद्रास होकर वह कलकत्ता के लिए रवाना हुए। यहाँ से उन्होंने श्री अच्युत पटवर्धन की छोटी बहन विजया को अपने साथ ले लिया। पूरा साहबाना ठाठ है—सूट और हैट के बीच बड़ी-बड़ी मूँछें ही हिंदोस्तानियों की लाज बचाए हुए हैं। साहब फर्स्टक्लास के डब्बे से कम में क्या सफर करेंगे? साहब के साथ उनकी यह लड़की है—लड़की भी, प्राइवेट सेक्रेटरी भी। साहब की तबीयत कुछ अलील है। देखिए, उनकी दुलारी बेटी दिन-रात किस तरह सेवा में सजग, चौकस रहती है !

यह है हावड़ा स्टेशन। एक दिन सरेआम जयप्रकाश गाड़ी से वहाँ उतरते हैं और पहले से खड़ी एक कार पर कलकत्ता शहर में पहुँच जाते हैं। कलकत्ता पहुँचकर वहाँ गुप्त संगठन का एक जाल-सा बुन दिया गया। जगह-जगह पर 'सेल्स' बनाए गए, संवाद के ले जाने, ले आने के लिए 'कोड' बनाए गए। नेपाल के काम का सीधा सम्पर्क यहीं से रहेगा, अतः, यहाँ पर जबर्दस्त संगठन की आवश्यकता महसूस की गई और उसे पूरा किया गया।

श्यामनंदनबाबा और सूर्यनारायण जयप्रकाश को नेपाल ले जाने के लिए कलकत्ता पहुँच चुके थे। सूरज को लेकर जयप्रकाश नेपाल के लिए रवाना हुए। कलकत्ता से कटिहार तक तो फिर वही साहबी पोशाक; किंतु, कटिहार से बंगाली जमींदार का रूप पकड़ा गया। यह हैं मिस्टर ए. बी. सिन्हा और वह हैं कुमारी सिन्हा, उनकी लड़की; और यह है उनका मुसाहब ! कटिहार में फर्स्टक्लास डब्बे की कमी है। मुसाहब रेलवे-स्टाफ के एक व्यक्ति से मिलता है—"हुजूर आपको इनाम देंगे, डब्बे का इंतजाम कर दीजिए।" डब्बे का इंतजाम होता है, इनाम मिलता है। यह है मनसी स्टेशन, जहाँ से गाड़ी मधेपुरा के लिए बदलेगी। जमींदार साहब अपनी लड़की के साथ गाड़ी से उतरकर दूसरी गाड़ी में जा चढ़ते हैं; किंतु मुसाहब जब टिकट दिखाने लगता है, पता चलता है, टिकट मनसी का नहीं मनसाली का है। "टिकट बाबू कुछ इनाम लीजिए, नहीं तो हुजूर को यह गलती मालूम होगी, तो मेरी नौकरी चली जाएगी।" नौ रुपए उसके हाथ में रख दिए गए—झंझट खत्म !

झंझट खत्म?—नहीं-नहीं; सूरज को अभी मालूम हुआ है, जैसे कोई उसका पीछा कर रहा है ! वह अरहर के खेत से होकर निकल जाता है। लेकिन इससे जयप्रकाश को दिक्कत नहीं होनेवाली। एक लड़का—ब्वाय (boy) के रूप में उनके साथ है—वह जानता है, उन्हें कहाँ उतरना पड़ेगा !

सोनबरसा से एक अजीब काफिला नेपाल की ओर जा रहा है। देखिए, यह आगे-आगे हाथी है, इस पर कौन बैठे हैं वह? ढीली धोती, फर्शी जूते, रेशमी 'पंजाबी' घुँघराले बाल—यह हैं श्री ए. बी. सिन्हा, बंगाली जमींदार। हाथी के पीछे सम्पनी है, जिसमें जमींदार साहब की इकलौती बेटी बैठी हैं।—महाराष्ट्री विजया पूरी बंगबालिका की सूरत में। उसके पीछे बैलगाड़ी है, जिस पर जमींदार साहब के सभी सामानों के साथ उनका मुसाहब बैठा है—सूरजनारायण, अपनी पूरी शक्ल में पक्का मुसाहब जँच रहा है आज !

4

आजाद दस्ता : इंकलाबी गुरिल्ले !

नेपाल में जयप्रकाश 'आजाद-दस्ता' का संगठन और शिक्षण का प्रबंध करने जा रहे थे, इसलिए पहले हम 'आजाद-दस्ता' के बारे में कुछ ब्यौरे से जान लें ।

अगस्त-क्रांति में कुछ जगहों में 'पंचायती राज' कायम भी किया गया, तो सबसे बड़ी गलती यह हुई कि उस राज के शासन को उसके विरोधियों से मनवाने और उसकी रक्षा करने के लिए फौज या पुलिस का संगठन करने की कोशिश नहीं की गई । जिन-जिन थानों को लूटा गया, वहाँ-वहाँ से कुछ बंदूकें क्रांतिकारियों के हाथ लगी थीं; देहातों में भी जहाँ-तहाँ बड़े लोगों के पास बंदूकें थीं, कई जगहों पर सैनिक छावनियों से अस्त्र-शस्त्र मिल सकते थे और मिले—लेकिन, इनका कोई अच्छा उपयोग नहीं किया गया । जो अस्त्र-शस्त्र हाथ लगे, उन्हें लेकर थोड़े दिनों तक खिलवाड़ चला, फिर या तो वे नदियों और कुओं में फेंक दिए गए या जमीन में गाड़ दिए गए । कांग्रेस अहिंसा मानती रही है, किंतु राज की ओर से होनेवाली हिंसा को उसने हमेशा स्वीकार किया है । कांग्रेस-मंत्रिमंडलों ने प्रायः ही गोलियाँ और लाठियाँ चलवाईं और अगस्त-क्रांति के कुछ घंटे पहले अँगरेजों से कहा गया था कि यदि आप भारत छोड़ने को तैयार हों तो हम आपका साथ देकर जर्मनों और जापानियों से लड़ेंगे । यों, जहाँ तक कांग्रेस का सवाल है, वह राज की हिंसा को, लाचारी ही सही, हमेशा से लाजिमी मानती रही है । फिर कोई कारण नहीं था कि अगस्त के जमाने में उन अस्त्र-शस्त्रों को लेकर 'पंचायती राज' अपनी फौज क्यों नहीं कायम करता ?

लेकिन यह गलती तो हो चुकी थी । अब क्रांति के दूसरे दौर में यह गलती नहीं होने पावे, इसके लिए जरूरी था कि देश के नौजवानों का एक दल पहले से ही संगठित किया जाए, जिसे जहाँ तक संभव हो, अस्त्र-शस्त्रों के प्रयोग से वाकिफ करा दिया जाए, जिसमें ज्योंही फिर क्रांति हो, पंचायती राज को तुरत एक बनी-बनाई फौज मिल जाए । जब तक क्रांति का दूसरा दौर नहीं आता, उसके दरम्यान भी, ऐसे दल की सख्त जरूरत थी । क्योंकि कांग्रेस के 'भारत छोड़ो' प्रस्ताव के बाद यहाँ की सरकार भारतीय जनता की नजरों में एक ऐसी सरकार थी, जो जबर्दस्ती मुल्क के सीने पर बैठी हुई थी और उसे हर तरह से तंग करना, लाचार करना भारतीय राष्ट्र का परम कर्त्तव्य था । यूरोप में उन दिनों जिन देशों पर जर्मनी ने कब्जा किया था, वहाँ-वहाँ छापेमार दस्ता—गुरिल्ला बैंड—का संगठन किया गया था और वे छापेमार जर्मनों को नाकोदम किए हुए थे । हम भी अपने देश में अँगरेजों को नाकोदम कर दें—इसके लिए छापेमार दस्ते कायम किए जाएँ । ऐसा सोचना उस स्थिति में बिलकुल स्वाभाविक था ।

इन्हीं दो उद्देश्यों को दृष्टि में रखकर जयप्रकाश ने 'आजाद-दस्ता' का संगठन शुरू किया, किंतु चूँकि क्रांति के दूसरे दौर में देर थी और इस समय का काम सरकार को तंग करना, उसका शासन चलाना नामुमकिन कर देना—यही प्रमुख था, इसलिए 'आजाद दस्तों' का पहला काम तोड़-फोड़ (dislocation) ही समझा गया था । 'आजाद-दस्ता' की हस्त-पुस्तिका नं. 2 में कहा गया है—

"तोड़-फोड़ गुलाम और पीड़ित जनता का एक अमोघ अस्त्र है, जिसके द्वारा वह अपने शासकों से लड़ती आई है । जनता को गुलाम बनाए रखने और उसे चूसने-दूहने के लिए जिन साधनों का निर्माण शासकों ने कर रखा है, उनका संहार करना, उनके कलपुर्जों को चकनाचूर करना, यातायात के साधनों को बेकाम कर देना, इमारतों और भंडारों को भस्मीभूत कर देना—ये सब काम तोड़-फोड़ के अंदर आते हैं । इसलिए यदि तार काट दिए जाते हैं, रेल की पटरी हटा दी जाती है, पुल उड़ा दिए जाते हैं, कारखानों का चलना बंद कर दिया जाता है, पेट्रोल की टंकियों में आग लगा दी जाती है, थानों को जला दिया जाता है, सरकारी कागजों को नष्ट कर दिया जाता है—ये सब-के-सब तोड़-फोड़ में आ जाते हैं और इनका करना जनता के लिए सर्वथा उचित है । किंतु यदि बाजार पर, स्कूल में, धर्मशाला में बम फेंका जाता है, तो निस्संदेह यह काम शैतानी का है, शैतानों का है । यह तोड़-फोड़ नहीं है ।

" लेकिन हमें यह भी समझ लेना है कि तोड़-फोड़ ही हमारा एकमात्र कार्यक्रम नहीं है और न सिर्फ यही हमारा उद्देश्य है। हमें याद रखना है कि हम तो जन-क्रांति के हिमायती हैं और अंततः जनता की क्रांति पर ही सबकुछ निर्भर करता है। सिर्फ तोड़-फोड़ करनेवाले गुप्त दस्तों से ही क्रांति नहीं की जा सकती। तोड़-फोड़ करनेवाले दस्तों का भी क्रांति में एक बहुत बड़ा हिस्सा होता है, लेकिन इससे ज्यादा उनका महत्त्व नहीं है।

" तीसरी बात हमें यह समझ लेनी है कि तोड़-फोड़ को कामयाब होने के लिए जरूरी यह है कि वह बड़े पैमाने पर की जाए—वह खुद ही एक जन-आंदोलन का रूप धारण कर ले।"

उसके बाद वह पुस्तिका तोड़-फोड़ के भिन्न-भिन्न रूपों की व्याख्या करती है। पहले तोड़फोड़ को तीन हिस्सों में बाँटा गया है (1) यातायात के साधनों की तोड़फोड़—जिसमें तार, टेलीफोन, डाक, बेतार के तार, रेलवे, सड़क, पुल, इंजन और लौरी-बस शामिल हैं, (2) औद्योगिक साधनों की तोड़फोड़—जिसमें फैक्टरी, मिल, खान और जहाजी अड्डे शामिल हैं और (3) अग्निकांड—जिसमें सरकारी कागजपत्रों, इमारतों, पेट्रोल की टंकी और गोले-बारूद के भंडारों में आग लगाना शामिल है। तरीके के खयाल से तोड़फोड़ की दो किस्में हैं—(1) औजार से काम लेना—जिसमें रेती, आरी, हथौड़ा, कुदाल, बालू आदि शामिल हैं और (2) रसायन से काम लेना—आग लगाने और विस्फोट करनेवाले रासायनिक द्रव्यों का इस्तेमाल।

तोड़फोड़ के इन रूपों और तरीकों को सफलतापूर्वक काम में लाने के लिए दो तरह के संगठन की जरूरत बताई गई है। यातायात के साधनों एवं अग्निकांड के लिए 'आजाद-दस्ता' का व्यापक संगठन होना चाहिए, किंतु औद्योगिक तोड़फोड़ तभी कामयाब हो सकती है, जब आजाद-दस्ता के सदस्य उसमें घुसकर चुपचाप काम करें। यों ही तोड़फोड़ के लिए हमेशा महत्त्व की चीजों को ही चुनना चाहिए, छोटे-छोटे कामों में शक्ति बर्बाद नहीं करनी चाहिए। साथ ही ऐसी तोड़फोड़ कभी नहीं करनी चाहिए, जिससे सरकार के बदले जनता को ही ज्यादा तकलीफ उठानी पड़े। तोड़फोड़ तभी सफल होती है, जब जनता का पूरा समर्थन उसे प्राप्त हो। जब जनता को तकलीफ होगी, उसमें और तोड़फोड़ करनेवाले दस्ते में एक खाई पड़ जाएगी—फिर, न तो वह दस्ता काम कर सकता है, न तोड़फोड़ का काम चल सकता है।

'आजाद-दस्ता' की आवश्यकता बताते हुए उसकी पहली हस्तपुस्तिका में बताया गया है कि किस तरह अगस्त-क्रांति के बाद बहुत-से नौजवान चारों ओर मारे-मारे फिर रहे हैं और जिनके मन में जो आता है, करते फिरते हैं। इससे देश को नुकसान हो रहा है। बहुत से नौजवान हथियारों के लिए अब परेशान हैं और एक पिस्तौल, एक बम या एक दर्जन बुलेट के लिए वे जान पर भी खेलने को तैयार हैं। यह पागलपन है या बेसब्री? काश, हमारे ये दोस्त जानते कि एक हथौड़ी, एक छेनी, एक आरी, एक रेती, कुछ गज तार और रस्सी, एक कुदाल, एक लाठी, और एक सीढ़ी से वे इस समूची साम्राज्यशाही की नींव सालों तक हिलाए रख सकते हैं—कुछ रासायनिक द्रव्य भी उन्हें मिल जाएँ, तो फिर क्या कहना है? हिंदोस्तान में लगभग 250 जिले हैं, हर जिले में लगभग 20 थाने हैं। यदि हर थाने में पाँच नौजवान भी निकल आवें, तो वे इन साधारण औजारों से बिना किसी एक व्यक्ति की हिंसा किए ही, अँगरेजी राज का चलना असम्भव बना सकते हैं!

डा. राममनोहर लोहिया ने 'क्रांति की तैयारी करो' नामक अपने लेख में इन दस्तों की उपयोगिता के बारे में यों लिखा था—

"धुन के पक्के और शिक्षा पाए हुए पाँच-पाँच आदमियों के दस्ते ऐसे तैयार किए जाएँ, जो ज्योंही क्रांति शुरू हो, आगे बढ़कर जनता का नेतृत्व करें और उसे कामयाबी तक पहुँचाएँ। बड़ा-से-बड़ा बलिदान करके भी आप-से-आप विद्रोह के लिए खड़ी हुई जनता जो काम पूरे तौर से नहीं कर सकती, वे ही काम इन दस्तों के चलते आसानी से सम्पन्न हो सकेंगे। जुलूस पर गोली चलाने के लिए भेजे गए या अँगरेजी सरकार के केंद्रों की रक्षा पर तैनात किए गए सैनिकों के हथियार छीनने की बात हो; या सड़क काटने, तार काटने, रेल की पटरियाँ उखाड़ने और रेलगाड़ियों का चलना बंद करने की बात हो; या थानों पर, जेलों पर, कचहरियों पर, और सेक्रेटेरियट पर जनसमूह को लेकर धावा करने की बात हो—इन कामों के लिए पहले से ही विशेष शिक्षा प्राप्त

किए हुए नौजवानों से बने ये दस्ते कमाल कर दिखाएँगे। जिन-जिन क्षेत्रों में ऐसे दस्ते होंगे, वहाँ क्रांति शुरू होते ही अँगरेजी राज का खात्मा चुटकी बजाकर कर दिया जा सकता है और इनसे प्रोत्साहन पाकर दूसरे क्षेत्रों में भी क्रांति की ज्वाला धधक उठेगी और अँगरेजी राज को स्वाहा कर देगी।"

युक्तप्रांत के साथियों के नाम प्रकाशित 'आजाद राज कैसे बने?' अपनी पुस्तिका में डा. लोहिया कहते हैं—"मैं दावे के साथ कहता हूँ कि अगर अपने सूबे के हर जिले में सौ मजबूत और तैनात आदमी हों और एक जिले का दूसरे जिले के साथ ऐसा संगठन किया जाए कि सारे सूबे में एकसाथ कुछ हो सके, तो हम फिर से एक जबर्दस्त और सफल क्रांति कर सकते हैं।"

5

नेपाल की कैद से उद्धार!

जयप्रकाश का नेपाल में पहुँचना था कि सारे बिहार के क्रांतिकारियों में हलचल मच गई। जितने फरार और रूपोश क्रांतिकारी थे, सब नेपाल की ओर मुँह किए चल पड़े। जयप्रकाश को देखकर ही सबके मन में अजीब उत्साह का संचार हो जाता था। क्रांति के दूसरे दौर की तैयारी और इसके दरम्यान तोड़फोड़ के काम को व्यापक बनाने की जो योजना उनकी थी, सबने उसे सहर्ष स्वीकार किया।

नेपाल को ही अंततः आजाद-दस्ता का अखिल भारतीय केंद्र बनाया जाए, ऐसा भी सोचा जाने लगा। कोसी-नदी के कछार में 'बकरो का टापू' नामक एक स्थान है, वहीं पर जयप्रकाश के लिए फूस का मकान बनाया गया। घर बनाए गए, कुआँ खोदा गया। बाहर से सम्पर्क रखने के लिए दो घोड़े खरीदे गए, बैलगाड़ी खरीदी गई। डाकखाना और स्टेशन से अखबार लाने का प्रबंध किया गया। जहाँ जयप्रकाश का घर बनाया गया, उससे कुछ दूर पर आजाद-दस्ता का बिहार प्रांतीय दफ्तर बनवाया गया। दो हरकारे रखे गए, जो जयप्रकाश और प्रांतीय दफ्तर में सम्पर्क बनाए रखें। जयप्रकाश के घर से कुछ दूर पर सामने एक पहाड़ था; इंतजाम किया जाने लगा कि वहीं रेडियो का स्टेशन बनाया जाए—उसके लिए ट्रांसमीटर और बैटरी वगैरह लाने का भी प्रबंध किया गया। रेडियो एवं प्रचार-विभाग के अध्यक्ष डा. लोहिया को लेकर श्यामनंदनबाबा भी आ पहुँचे।

जयप्रकाश के साथ एक डाक्टर भी थे। वहाँ यह प्रचार किया गया था कि नए डाक्टर साहब यहाँ प्रैक्टिस करने आए हैं और उनके साथ उनका परिवार भी आया है। विजया की उपस्थिति से परिवार की तस्वीर पूरी हो जाती थी।

प्रांतीय दफ्तर काफी दूर पर था। बाहर से जो लोग आते, वह प्रांतीय दफ्तर में पहुँचते। प्रांतीय दफ्तर को जब उन पर विश्वास हो जाता, तब जयप्रकाश को उनके नाम और काम की सूचना दी जाती। जब जयप्रकाश स्वीकृति देते, तभी उनसे मुलाकात का प्रबंध किया जाता।

बिहार के लिए एक आजाद-कौंसिल का संगठन कर लिया गया था, जिसके संयोजक सूरजनारायण बनाए गए थे। प्रांतीय कौंसिल ने तीन शिक्षण शिविर खोलने का निर्णय किया था और तीनों ही शिविरों के लिए आजाद-दस्ता के सैनिकों की भरती भी जिले-जिले में शुरू कर दी गई थी।

नेपाल में जो पहला शिविर खोला गया था, उसमें 35 ऐसे सैनिकों को लिया गया, जो जिलों में जाकर आजाद-दस्ता का संगठन और शिक्षण का प्रबंध कर सकें। यह शिविर मुख्यतः अफसरों का शिविर था। इसके मुख्य शिक्षक श्री नित्यानंदजी थे, जो पीछे सोनबरसा (भागलपुर) में पुलिस से लड़ते हुए गोली खाकर शहीद हो गए। शिविर के लिए अन्न का प्रबंध नेपाल के लोगों ने ही किया था।

जयप्रकाश नेपाल में दो महीने रह चुके थे। विजया महाराष्ट्र लौट चुकी थी। शिविर का काम चल रहा

था। मालूम होता था, अब सफलता निकट पहुँच चुकी है कि चारों ओर कुछ भनक सुनाई पड़ने लगी। अँगरेजी सरकार के कहने पर नेपाल-सरकार जयप्रकाश की खोज में लगी है, चारों ओर खुफिए दौड़ रहे हैं, किसी भी दिन जयप्रकाश के घर पर या शिविर पर छापा मारा जा सकता है—ऐसी चर्चाएँ कानोंकान होने लगी थीं। यहाँ से हटकर बाराह क्षेत्र की ओर क्यों न चला जाए जहाँ जंगल-ही-जंगल, पहाड़-ही-पहाड़ हैं, ऐसा सोचा जाने लगा।

रुपए की कुछ कमी हो चली थी, उसके प्रबंध में श्यामनंदनबाबा बैलगाड़ी पर चले। थोड़ी दूर जाने पर उन्होंने देखा, नेपाली सैनिकों का एक दस्ता आ रहा है। दस्ते ने श्यामनंदन को घेर लिया। "आप कौन हैं? कहाँ जा रहे हैं?" इसके उत्तर में बाबा ने बता दिया—"पूर्णिया-जिला घर है, न्यौते में आए थे, अब लौट रहे हैं!" लेकिन दस्ते के कप्तान को इससे संतोष नहीं हुआ, दो सिपाहियों को उनकी देखरेख करने को छोड़कर वह आगे बढ़ा। बाबा समझ गए, यह धावा जयप्रकाश के घर पर होगा। दोनों सिपाहियों को बहला दिया और गाड़ीवान को भेजा कि दौड़कर जयप्रकाश को खबर कर दे लेकिन जब तक गाड़ीवान पहुँचे, तब तक तो वहाँ जयप्रकाश और लोहिया दो अन्य साथियों सहित गिरफ्तार कर लिए गए थे।

पहले जयप्रकाश के घर पर पहरे पड़ते थे, किंतु इधर कुछ निश्चिंतता आ गई थी। अचानक अपना घर घिरा हुआ देखकर चारों आदमी भौचक रह गए। जयप्रकाश बरामदे पर बैठे थे; सोचने के लिए कुछ समय लेने के खयाल से वह भीतर रसोईघर की तरफ बढ़े। पीछे से सिपाही आ धमका और कहा, "आप लोग गिरफ्तार हैं, हनुमान नगर चलिए।" " हम लोगों को क्यों गिरफ्तार किया जा रहा है?" यह पूछने पर कप्तान ने सिर्फ यह कहा कि ये सब बातें वहीं बड़े हाकिम से मालूम होंगी। वे सबके सब सशस्त्र थे, अतः उनके पीछे हो लिया गया। थोड़ी दूर आने पर बाबा भी इस गिरोह में आ मिले।

कोसी नदी को पार कर रात में एक जगह ठहरा गया। सशस्त्र सिपाही चारों ओर घेरा डाले हुए थे। श्यामनंदनबाबा ने कप्तान से बातें शुरू कीं। उन्हें मालूम था, नेपाल की पुलिस और अफसरों में घूसखोरी का दौरदौरा है। क्यों नहीं घूस देकर निकलने की कोशिश की जाए? यह भी मालूम था कि जिसे प्राणदंड की सम्भावना होती है, उसे पकड़कर अँगरेजों को सौंपना नेपाल-सरकार मुनासिब नहीं समझती। ब्राह्मण तो वहाँ अबध्य समझे ही जाते हैं। अतः, बाबा ने एक कहानी बनाई—"जयप्रकाश एक बड़े घर के इकलौते सपूत हैं। उनका घर सीतामढ़ी के नजदीक है, जाति के भूमिहार ब्राह्मण हैं। उनका एक पट्टीदार है, जिससे खानदानी दुश्मनी है। पट्टीदार की दोस्ती थानेदार से है। हाल ही सीतामढ़ी का एस. डी. ओ. मारा गया है। अब पट्टीदार चाह रहा है कि अपने दोस्त थानेदार से मिलकर उन्हें उस कत्ल के केस में फँसा दें और यदि उन्हें फाँसी हो जाए, तो हमेशा के लिए वह झंझट से मुक्त हो जाए। क्योंकि वह भाई में अकेले हैं, पिता मर चुके हैं—सिर्फ माँ बची हुई हैं और युवती पत्नी है! हुजूर, जरा बुढ़िया माँ की तरफ ध्यान दीजिए और उस नवयुवती पत्नी के सुहाग की तरफ खयाल कीजिए। ज्योंही उन्हें यह खबर मालूम होगी, वे जान दे देंगी, हुजूर!"

यों आरजू-मिन्नत होती है, फिर फुसफुस कर कानों में कहा जाता है—"हुजूर, आप जितना रुपया कहिए, मैं ले आता हूँ; बुढ़िया माँ अपने बेटे के लिए सर्वस्व बेच देगी, हुजूर।....बताइए हुजूर, कितना चाहिए, पाँच सौ, एक हजार, डेढ़ हजार, दो हजार.... !" किंतु कप्तान बातें टालता जा रहा है—घबराइए मत, आप लोग छूट जाइएगा। कुछ बड़े क्रांतिकारी लोग यहाँ आ गए हैं, हम उन्हीं की तलाश में हैं। आप लोगों से सिर्फ पूछताछ कर छोड़ दिया जाएगा।

दूसरे दिन भोर में चलने के लिए बैलगाड़ियों की तलाश में जब नेपाली सिपाही गाँव में घूम रहे थे, दो सज्जन और पकड़े गए जो जयप्रकाश से मिलने को जा रहे थे। अब पाँच से सात हुए। तीन बैलगाड़ियों पर इन्हें लादकर ले चला गया। सबके चेहरे उतरे हुए हैं। सबके हृदयों में आँधियाँ चल रही हैं। कोई किसी से बोलता तक नहीं। बाबा देखते हैं, यह स्थिति तो असह्य है। कहते हैं—अब मैं तो हँसूँगा! और सबके चेहरे पर हँसी दौड़ जाती है। अब सब हँसते-बोलते हनुमान नगर की ओर चले।

इधर भोर में एक बात और हुई थी, जिसने पीछे सारी घटना पर एक नया रंग ला दिया। भोर में

जयप्रकाश शौच के लिए नदी की तरफ चले। साथ ही बंदूक लिए सिपाही थे। सिपाही इधर खड़े हो गए, जयप्रकाश नदी के कछार में शौच के लिए बढ़े। नदी के उस पार उन्होंने एक लड़के को देखा। अरे, यह तो परिचित आदमी मालूम होता है। कौन है? शशि तो! उधर शशि की आँखों से आँसू की धारा निकल रही है। उसे इशारा करते हैं, बैठ जाओ। वह बैठ जाता है। फिर उसे कहते हैं— प्रताप (सूरजनारायण) को जाकर खबर दो, जब हमें अँगरेजी सरहद में ले जाया जाए, तो चाहे जिस कीमत पर हो हमें छुड़ाने की कोशिश करें।

रात में ये लोग हनुमाननगर पहुँचे। उसी समय बड़ा हाकिम आया और इन्हें देखा। फिर उसने टेलीफोन पर काठमांडू से बातें कीं। इन लोगों को गार्ड रूम में रखा गया। भोर से ही कचहरी शुरू हुई।

जरा इस कचहरी का रंग देखिए। एक ओर बड़ा हाकिम बैठा है! दूसरी ओर ये सात अभियुक्त। चारों ओर सख्त पहरे पड़ रहे हैं। एक-एक कर अभियुक्तों को पूछा जाता है, वे अपना बयान दिए जा रहे हैं।

सबसे पहले बाबा श्यामनंदन आते हैं। बाबा अपनी उपर्युक्त कहानी दुहरा जाते हैं, फिर कहते हैं...."जैसा आप खुद देख सकते हैं, हुजूर, हमारे मालिक (जयप्रकाश) बिलकुल सीधे-सादे आदमी हैं, धर्मभीरु व्यक्ति हैं। कभी किसी की हानि न की, कभी किसी का बुरा नहीं चाहा। तो भी इनके पीछे दुश्मन पड़े हैं। भागकर बाबा पशुपतिनाथ की शरण में आए थे; किंतु अभाग्य यहाँ भी पीछा करता आया। खैर, यदि आप समझते हों कि आपके राज्य में आकर हमने गलती की, तो जुर्माना कीजिए, हम जुर्माना देने को तैयार हैं।" जयप्रकाश अपने स्वामिभक्त मैनेजर (बाबा) की बात की सिर्फ ताईद करते हैं, उन्हें कुछ ज्यादा कहना नहीं है। किंतु लोहिया ने तो काफी वक्त लिया। लोहिया जयप्रकाश के लँगोटिया यार हैं। आई. ए. तक पढ़े हुए हैं, वह हाकिम को बताते हैं—"हम शरणार्थी हैं। नेपाल हिंदू राज्य है, क्षत्रिय राज्य है। हिंदू राजा, क्षत्रिय राजा कभी अपनी शरण में आए व्यक्ति को कष्ट नहीं देते, बल्कि अपराधी शरणार्थी की रक्षा में अपने सर्वस्व की बाजी लगा देते हैं। हमने कोई अपराध नहीं किया है, हमें क्यों कष्ट दिया जा रहा है? वह कुछ कानूनी बातें भी पेश करते हैं। नेपाल स्वतंत्र राज्य है। एक स्वतंत्र राज्य की हैसियत से वह बाध्य नहीं है कि अँगरेजों के अपराधी को उन्हें सौंपे या दंड दे। अँगरेज अगर ऐसी माँग करते हैं, तो नेपाल की स्वतंत्रता पर आघात करते हैं, उसका अपमान करते हैं। दुनिया-भर के राजनीतिक अपराधी इंग्लैंड की जमीन पर पैर रखते ही अपने को निरापद समझने लगते हैं। नेपाल की भूमि क्या इंग्लैंड की जमीन से कम पवित्र है? हिंदोस्तान-भर में सिर्फ नेपाल की भूमि ही स्वतंत्र है, इसी की ओर हिंदोस्तान-भर के स्वतंत्रता-प्रेमियों का ध्यान लगा है। यह स्वतंत्रता एक धरोहर है, इसकी रक्षा आप करते आए हैं, आज भी कीजिए!"

शेष चार व्यक्ति भी अपने बयान देते हैं। उनके बयान मामूली होते हैं—हम सीधे-सादे किसान हैं, अँगरेजों के डर से भागकर नेपाल आए हैं, अँगरेज हिंदोस्तान में जुल्म कर रहे हैं, जिसको चाहते हैं, गोली मार देते हैं, फाँसी पर चढ़ा देते हैं। हम हिंदू हैं, आप हिंदू राजा हैं, म्लेक्षों से हमें बचाइए, सरकार!

बीच-बीच में हाकिम जिरह भी करता जाता है और रह-रहकर टेलिफोन पर काठमंडू से बातें करता है। उसके पास कुछ फोटो भी हैं। उन फोटो से वह इनके चेहरों की मिलान करता है। शायद किसी का चेहरा मिल नहीं रहा है—हाँ, लोहिया का चेहरा गुलाली के फोटो से थोड़ा मिलता है; किंतु इसमें जयप्रकाश नहीं हैं, यह तो उसे विश्वास हो चला है! अंत में वह अभियुक्तों से कहता है—आप लोग घबड़ाएँ नहीं; बाबा पशुपतिनाथ की कृपा हुई, तो आप जल्द ही छूट जाएँगे!

और, हाकिम का यह कहना कुछ घंटों के अंदर ही सच सिद्ध हुआ!

शशि ने अपने काम की जिम्मेवारी समझी और दूसरे दिन सुबह-सुबह शिविर में यह खबर पहुँच गई कि जयप्रकाश गिरफ्तार हो गए और उन्हें छुड़ाना चाहिए। लोगों में यह धैर्य नहीं था कि अँगरेजी राज की भूमि में आने पर उन्हें छुड़ाया जाए—न जाने बीच में क्या हो? सूरजनारायण शिविर के सैनिकों से कहते हैं, जो मरने को तैयार हों, वे मेरे साथ फौरन रवाना हो जाएँ! 35 के 35 सैनिक जाने को उद्यत हो गए और उन्हें लेकर तुरत कूच कर दिया गया। वहाँ से लगभग तीस मील की दूरी पर हनुमाननगर है। आज रात में ही नेपाल जेल को तोड़ना

है। इसलिए, सिवा डबल मार्च के और कोई उपाय नहीं है।

सब जा रहे हैं, दौड़े जा रहे हैं ! रास्ते में सिर्फ पहाड़ी नालों का पानी पीते जाते हैं। शाम को एक जगह दो रुपए की मिश्री मिली, तो उसी की एकाध डलियाँ सबके कंठ में गईं।

हनुमाननगर के निकट पहुँचकर एक जगह विश्राम किया गया और वहीं कैद से उद्धार करने का पूरा प्रोग्राम बना लिया गया। नेपाल के जो लोग साथ देते रहे, उनके चलते पता चल गया कि कहाँ पर किस तरह से उन्हें रखा गया है। सबसे पहली जरूरत यह थी कि ज्योंही हमला हो, काठमंडू के टेलिफोन का तार काट दिया जाए। दो आदमियों को उसके लिए मुकर्रर किया गया। इन लोगों के पास सिर्फ तीन बंदूक, दो राइफल, एक डिनामाइट और दो रिवाल्वर थे। बाकी लोगों के हाथों में बाँस चीरकर खुरहरे फट्ठे दे दिए गए। बाँस के इन फट्ठों की मार से नेपाली सैनिक बहुत घबड़ाते थे। जिस गार्ड रूम में इन्हें रखा जाता था उसकी बगल में एक फूस की झोंपड़ी थी। गार्ड रूम के सामने गैस की रोशनी होती थी। तय हुआ दो लड़के झोंपड़ी के नजदीक जाएँगे, उस पर किरासन डालकर आग लगा देंगे। घर में आग लगती हुई देखकर संतरी उस ओर दौड़ेंगे, तब तक ये लोग गार्ड रूम पर धावा कर देंगे। गार्ड रूम के ठीक सामने जो रोशनी हो रही थी, गोली मारकर उसे बुता देना भी जरूरी समझा गया।

आधी रात के लगभग छापेमारों का यह दस्ता हनुमाननगर कचहरी के नजदीक पहुँचा। दोनों लड़के (जिसमें एक शशि भी था) फूस के घर की ओर बढ़े, तेल छिड़का, दियासलाई जलाकर उस पर फेंकी। किंतु आग नहीं लगी, वे घबराकर भागे। सूरज ने उन्हें रोका और उन्हें फिर भेजकर आप गार्ड रूम की तरफ बढ़ा। उसके साथ में नित्यानंदजी (सरदार) थे। देखा गया, संतरी निशान पर नहीं है। उसी समय एक किसान उधर से निकला, जब तक वह हल्ला करे, उसकी गर्दन पर सूरज का हाथ था। डर के मारे उसने बता दिया कि संतरी किधर है। सरदार ने राइफल का निशाना लिया। किंतु राइफल फेल कर गई। तब सूरज ने रिवाल्वर चलाई, जो रोशनी में जा लगी ! उसका शीशा फूट गया। इतने में संतरी की तरफ से एक गोली आई और सूरज की कनपट्टी होकर सन-से निकल गई। अब सूरज ने अपनी रिवाल्वर सरदार को दे दी, वह लगातार गोलियाँ चलाने लगे। इधर सूरज ने दौड़कर संतरी को पकड़ लिया, उससे राइफल छीन ली। फिर तो कुहराम मच गया, दोनों ओर गोलियाँ चलने लगीं—पैंतीसो छापेमार जोरों से हल्ला करते हुए टूट पड़े !

आज दिन की तिपहरिया में जयप्रकाश ने देखा था, एक परिचित सूरत किसान के वेश में सानने के पेड़ के निकट खड़ी है। वह पेशाब करने के बहाने धीरे-धीरे उस तरफ बढ़े और सुना—'सब ठीक है' ! इतना कहकर वह चला गया। किंतु, इससे तो यह पता चलता नहीं था कि आज ही धावा होगा। यदि यह पता होता, तो शायद कुछ और तरकीबें भी सोची जातीं। मई का महीना था, गर्मी की रात थी। थोड़ी जगह में ही सातों कैदी सट-सटकर सोने को लाचार थे। सामने दो संतरी बंदूक लिए पहरे दे रहे थे, बाकी संतरी सो गए थे।

ज्योंही गोलियाँ चलने लगीं, लोहिया बोल उठे—"What a hell is this?" यह क्या खुराफात है ? श्यामनंदनबाबा उनकी बगल में सोए थे, बोले—"Perhaps they are our men"—शायद अपने ही लोग हैं ! बाबा ने सिर उठाकर झाँकना चाहा; लोहिया ने कहा—"सिर मत उठाओ, गोली लग जाएगी !" किंतु, तब तक तो शीशे का एक टुकड़ा बाबा की भौं पर आ गड़ा था और खून-खून हो रहा था।

किंतु, इस खून की ओर कौन ध्यान दे सके ? संतरी सब भाग रहे हैं, सूरज नजदीक पहुँचकर कह रहे हैं, भागिए, भागिए। सातों कैदी भी भाग रहे हैं। किंतु अजीब हुरदंग मच गया है। अपना ही आदमी कोई आता है और बाबा की पीठ पर एक लाठी जमा देता है, दुश्मन समझकर। सूरज दुश्मन समझकर झुके हुए लोहिया को जोरों से दबोच देते हैं—"अरे भाई, चश्मा खोज रहा हूँ।" तब उन्हें फुर्सत मिलती है। सबसे बढ़कर तो आफत आई जयप्रकाश पर। एक तरफ काँटे का घेरा है, दूसरी ओर से एक आदमी उनकी छाती पर रिवाल्वर ताने खड़ा है, दुश्मन समझकर। यह संकट देख बाबा झपटते हैं, और चिल्लाते हैं, यह जे. पी. हैं ! तब कहीं उनकी जान बच पाती है, किंतु काँटे से पैर तो घायल हो ही गए।

बाबा जयप्रकाश को लेकर एक ओर भाग गए; लोहिया दूसरी ओर भटक गए। "जयप्रकाश क्या हुए"—बेचैनी से खोज होने लगी। जयप्रकाश मिले, "तब लोहिया कहाँ हैं"—इसकी खोज शुरू हुई! "लोहिया नहीं हैं"—यह सुनते ही जयप्रकाश व्याकुल हो उठते हैं। खैर, वह भी मिले। किंतु, लोहिया से चला जो नहीं जाता। एक बारात से एक घोड़ा लौटाकर ले जाया जा रहा है। साईस से कहा जाता है, घोड़ा दे दो, कल तुम्हारे गाँव पर घोड़ा पहुँच जाएगा। इन्हें डाकुओं का गिरोह समझकर वह चुपचाप घोड़े पर से उतर जाता है। और यह देखिए, जिस घोड़े पर दिन में दुल्हा जा रहा था, उसी घोड़े पर रात में आजादी के दुल्हे श्रीमान् डॉ. राममनोहर लोहिया साहब चले जा रहे हैं!

6

आजाद हिंद फौज से संपर्क की चेष्टा!

रात भर चला किए, चला किए। दिन हुआ, एक परिचित सज्जन के घर पर ठहर गए। वहाँ भीतर लेटे हुए थे। दरवाजे पर तरह-तरह की गप्पें चल रहीं। गप्पों का विषय एक ही—हनुमाननगर से किस तरह क्रांतिकारी लोग निकल भागे। एक कह रहा था—तीस हजार की फौज लेकर वे लोग जेल पर टूट पड़े; उनके पास बिजली की तोप थी! हाँ, हाँ बिजली की तोप। बड़ा हाकिम ज्योंही निकला, उसकी नजर बिजली पर पड़ी, वह बेहोश होकर गिर गया। बाहर की इन गप्पों से भीतर के लोग हँसी के मारे लोट-पोट हो रहे हैं!

जयप्रकाश और लोहिया को लेकर सूरज स्टेशन की ओर चले। साथ में वह डाक्टर, जिसके प्रैक्टिस करने के नाम पर घर बनाया गया था। जयप्रकाश किसानों की गंदी धोती पहने हुए हैं—कुर्त्ता भी फटाचिटा है। दाढ़ी बढ़ गई है। लोहिया साहब के बड़े-बड़े बाल गर्दन के पीछे जुल्फ की तरह लटक रहे हैं। करारी मूँछें भी हैं। चश्मा नहीं होने से चलने में दिक्कत हो रही है। मंझारीघाट पहुँचे, खूब भूखे थे, एक दुकान पर खाने को बैठे। मिठाइयाँ खाई जा रही हैं, मलाई मँगाई जा रही है। क्रांतिकारियों के भागने का हल्ला था ही; कुछ लोग संदेह की नजरों से इन्हें देखने लगे हैं। यहाँ से नाव पर चलना है—नाववाला तरह-तरह के बहाने करके देर कर रहा है। उसने पुलिस को खबर कर दी है और किसी तरह इन्हें उलझाकर रखना चाहता है।

जयप्रकाश भाँप जाते हैं, वह खिसककर बगल के बगीचे में चले जाते हैं। अन्य साथी भी आ मिलते हैं और तेजी से बढ़ते हैं। पहले तेज कदम, पीछे भागना शुरू होता है। थोड़ी दूर आगे बढ़े होंगे कि पीछे से हल्ला सुनाई पाता है। मुड़कर देखते हैं, तो 25 आदमी इन्हें खदेड़े आ रहे हैं। थोड़ी दूर दौड़कर भागने की चेष्टा करते हैं, किंतु, पीछा करनेवाले नजदीक होते जाते हैं। तब रुक जाते हैं। जयप्रकाश रिवाल्वर भर देते हैं—सूरज रिवाल्वर तानकर कुछ कदम आगे बढ़ जाता है और कहता है—"रुक जाओ!" हाथ में रिवाल्वर और यह फौजी हुक्म। खदेड़नेवाले के पैर जैसे बँध जाते हैं। सब खड़े हो गए। सूरज फिर हुक्म देता है—"पैर मिलाओ!" बेचारे सब झटपट पैर मिलाने लगते हैं। सूरज कड़ककर कहता है—"शर्म नहीं आती कि हमारा पीछा कर रहे हो! हम चोर-डाकू नहीं हैं, हम स्वराज के सिपाही हैं; स्वराज सबके लिए होगा; हम तुम्हारे लिए लड़ रहे हैं, तकलीफ उठा रहे हैं और तुम हमें पकड़ने आ रहे हो! शर्म करो, अपना चेहरा छुपाओ! हम तुम्हारा मुँह देखना नहीं चाहते;—मुड़ जाओ।" सबके सब कल के पुतले की तरह घूम गए। एक ने कहा—"हुजूर लोगों को दारोगाजी बुला रहे हैं।" सूरज की आवाज में अब बिजली कड़क उठी—"भागो; देखो, मैं एक-दो-तीन बोलूँगा और तीन कहते ही जो नहीं भागेगा, उसे गोली से उड़ा दूँगा। भागो—एक, दो, तीन···" और देखिए, सब नौ-दो ग्यारह हो रहे हैं!

लोहिया कह रहे हैं—"यह तो पूरी अहिंसा है भाई!" किंतु यह स्थान हिंसा और अहिंसा की बहस का

नहीं है । अपने लक्ष्य की ओर सब बढ़े जा रहे हैं । पैर में फोड़े निकल आए हैं । फोड़े फूटकर पानी बह गया, फिर चमड़ा उधड़ गया, अब खून निकलने की बारी आई है । कोसी का किनारा पकड़े बढ़ते जा रहे हैं । कोसी के झाड़झंखाड़ में भैंस भी घोड़े के रूप में दिखाई देती है—क्या हम फिर घेर लिए गए, ऐसी आशंका रह-रहकर होती है । एक मित्र के घर पर पहुँचे, तो पता चला, वह नहीं है । अब विश्राम की जगह कहाँ ? लोहिया के पैर इतने घायल हैं कि वह कोसी के किनारे मुलायम घास देख-देखकर उस पर चलने की कोशिश करते हैं । कड़ी धूप है, बड़ी गरमी है । जयप्रकाश कहते हैं—"लोहिया, गरम बालू पर चलो, गरम बालू पर ! इसकी गरमी घायल पैरों में कम्प्रेशन (सेंक) का काम करेगी, भाई !" वाह री कम्प्रेशन ! लोहिया इस सूझ पर मुस्कुराते हैं !—"भाई, तुम क्रांतिकारी गलती से हो गए, तुम्हें कवि होना चाहिए था ।"

शाम को एक ग्वाले के बथान में ठहरे । उसने डेढ़ सेर दूध मोल दिया किंतु, उसे पीए कौन ? सबके सब बेहोश लेटे हैं । जयप्रकाश दूध लेकर एक-एक को उठाते हैं, दूध पिलाते हैं । दूध पीकर सब फिर बेहोश लेट जाते हैं ! रात में खूब वर्षा होने लगती है । जयप्रकाश अब सबके शरीर को कंबल से ढँक रहे हैं ! क्या भाईचारे का इससे उत्कृष्ट उदाहरण कोई और हो सकता है ?

अब उस डाक्टर के साथ लोहिया दूसरी राह से चले, सूरज के साथ जयप्रकाश दूसरी राह से । रास्ते में दफादार मिलता है, चौकीदार मिलता है । सूरज चौकीदार से ही रास्ता पूछता है—"जेहलपट्टी इसी रास्ते पर है न !" रास्ते में एक जगह मूढ़ी बिक रही थी, उसे खरीदते समय मालूम हुआ, खोआ भी मिलता है । मंझारीघाटवाली घटना याद थी, डरते-डरते खोआ लिया और चल दिए । रास्ते-रास्ते मूढ़ी फाँक रहे हैं और चुरा-चुराकर खोआ मुँह में रख लेते हैं ।

यह है राधोपुर डाकबँगला—पुलिस यहाँ अड्डा डाले हुए है । किंतु उसके सामने ही पानी पीया जाता है ! वहाँ से बैलगाड़ी करके एक मित्र के घर ! और, जमाई बनकर वहाँ कुछ दिनों विश्राम किया जाता है ! हाँ, उस मित्र ने अपना बहनोई बनाकर जिस आदर और सम्मान के साथ, जिस खतरे को अपने ऊपर लेकर, जयप्रकाश को रखा—क्या वह या उनके साथी उस उपकार को कभी भुला सकते हैं ?

फिर कलकत्ते की ओर ! पार्वतीपुर, दिनाजपुर और यह है स्यालदह स्टेशन ! महानगरी कलकत्ता में जयप्रकाश कहाँ विलीन हो गए, अब कौन पता लगा सके ?

यहाँ पर एक प्रसंग की चर्चा अत्यावश्यक है । जब जयप्रकाश हजारीबाग जेल पार कर बाहर आए, तब से ही वह सुभाष बाबू से संपर्क करने की चेष्टा में लगे । उन्होंने इसके लिए काफी परेशानी उठाई । उन्हें आश्चर्य यह हो रहा था कि सुभाष बाबू ने आजाद हिंद फौज की स्थापना के बाद अपने कई दूत हिंदोस्तान भेजे, लेकिन वे दूत ऐसे लोगों के पास आए, जिन्होंने डर के मारे उनसे बातें तक नहीं कीं । बम्बई के एक सज्जन के पास उनका एक दूत आया, तो उस सज्जन ने तब से अपने मकान पर रहना ही छोड़ दिया । कलकत्ता में भी ऐसे लोगों के पास ही उनके आदमी आए, जो उनकी छाया से ही थर-थर काँप उठे । उन्होंने कभी कांग्रेस के संचालक-मंडल या उसके सदस्यों से संबंध स्थापित करने की कोशिश नहीं की । हजारों की तायदाद में जो क्रांतिकारी देश के कोने-कोने में अगस्त-क्रांति की धूनी जगाए हुए थे, उनकी खबर उन्हें न हो, यह आश्चर्य की बात मालूम होती थी । जयप्रकाश हजारीबाग जेल से भाग गए हैं, यह समाचार जापानी रेडियो से भी कहा गया था; किंतु जयप्रकाश से भी संबंध कायम करने की कोशिश उन्होंने नहीं की थी । जयप्रकाश के मन में उनके प्रति कोई दुर्भावना न थी, इसकी सूचना उन्हें पहले भी कई बार मिल चुकी थी । फिर भी उनकी इस उपेक्षा का क्या कारण है—जयप्रकाश की समझ में नहीं आता था ।

लेकिन जयप्रकाश यह आवश्यक समझते थे कि आजाद हिंद फौज और आजाद-दस्ते में सहयोग प्राप्त हो । बाहर के हमले से कुछ न होगा, यदि भीतर से उसका प्रबलतम संपर्क न हो । यह सब सोचकर उन्होंने एक आदमी आसाम की राह से बरमा भेजने को तय किया । भागलपुर के एक धनीमानी सज्जन का आसाम में हाथी का रोजगार होता था । बेचारे को राजनीति से कोई संसर्ग नहीं था; लेकिन देश की आजादी की भावना ने उन्हें

अपने ऊपर खतरा लेने को तैयार कर दिया। वह जयप्रकाश का दूत बनकर आसाम की ओर चले। अपना पूरा साजसामान हाथी के व्यापारी का-सा ही रखा। तो भी उन पर संदेह हो ही गया। वह बेचारे रास्ते में फौजी खुफिया विभाग द्वारा पकड़े गए—कैद किए गए। किंतु उन्होंने ऐसा स्वाँग रचा कि अंततः उन्हें निछछ व्यापारी समझकर छोड़ दिया गया। छूटकर वह बरमा की सरहद तक गए और वहाँ से ऐसे रास्तों का पता लगा लाए, जिनसे बरमा में पहुँचा जा सकता था। वह अगस्त में लौटे, तब तक घनघोर बरसात पहुँच चुकी थी। आसाम में जाना मुश्किल हो गया था। अतः इस समय बरमा की ओर जाने का प्रयत्न बेकार समझकर अक्टूबर के लिए स्थगित कर दिया गया।

1 सितंबर 43 को जयप्रकाश का "आजादी के सैनिकों के नाम दूसरा खत" प्रकाशित हुआ। उसमें उन्होंने इस प्रसंग में यों लिखा है—

"शायद आपको मालूम हो कि श्री सुभाषचंद्र बोस ने शोनान (सिंगापुर) में एक अस्थायी हिंदुस्तानी राष्ट्रीय सरकार कायम की है, जिसे जापान की सरकार ने मंजूर कर लिया है। उन्होंने आजाद हिंद फौज का भी संगठन किया है, जिसकी तायदाद दिन-दिन बढ़ रही है। इन घटनाओं का हमारे लिए बहुत महत्त्व है। आपकी जानकारी के लिए मैं यह भी बता देना चाहता हूँ कि सुभाष बाबू की सरकार ने सबसे पहला काम यह किया कि बंगाल के अकाल-पीड़ितों के लिए चावल भेजने का संदेश भेजा किंतु अँगरेजी सरकार ने हमें पिल्लुओं की तरह मरने देना ही पसंद किया।

" यह आसान बात है कि हम सुभाष बाबू को देशद्रोही (क्विसलिंग) कह दें। जो लोग खुद अँगरेजों के क्विसलिंग हैं, वे दूसरे को क्या कह सकते हैं? लेकिन राष्ट्रीय भारत सुभाष को उत्कट देशभक्त के रूप में ही जानता है, जो हमेशा ही आजादी की लड़ाई की अगली पाँत में रहे हैं। यह कल्पना भी नहीं की जा सकती है कि वह अपने देश को बेच देंगे। इसमें शक नहीं कि धुरी-शक्तियों ने ही उन्हें सब सामान और रुपए दिए हैं। किंतु सबसे पहली बात तो यह है कि उनकी सरकार और फौज में वैसे ही लोग हैं जिनके हृदयों में अँगरेजों से घोर घृणा और अपने देश को आजाद करने की उत्कट इच्छा है। दूसरी बात यह याद रखने की है कि यूरोप की जितनी भगोड़ी सरकारें हैं, सब संयुक्त राष्ट्र के ही पैसों पर तो पल रही हैं। तीसरी बात—इस विश्वयुद्ध की मोर्चाबंदी ऐसी हालत भी पैदा कर सकती है कि महान राष्ट्र भी छोटे और गिरे हुए राष्ट्रों के नजदीक झुकने को लाचार हो जाएँ।····कौटिल्य और मेकियावेली से भी पहले का यह राजनीतिक नियम है कि दुश्मन से भी मदद ली जाए। हो सकता है, इस मदद के चलते सुभाष बाबू अंत में धोखा खाएँ, किंतु उनकी ईमानदारी पर तो शक नहीं ही किया जा सकता है। अपने देश को आजाद कराने में वह सफल होंगे या नहीं, यह बात घटनाओं की ऐसी शृंखला पर निर्भर करती है जिस पर उनका या किसी भी देश के राजनीतिक नेता का वश नहीं।

" लेकिन शोनान की हिंदोस्तानी सरकार और आजाद हिंद फौज के महत्त्व को मानते हुए भी मैं साफ कह देना चाहता हूँ कि हमारी आजादी का दारमदार मुख्यतः हमारी शक्ति और साधन पर ही है। बाहरी मदद की उम्मीद में चुपचाप बैठे रहना आत्महत्या की राजनीति है। सिर्फ बाहरी मदद ही हमें आजाद नहीं करा सकती। यह सोचना भी पागलपन है कि सिर्फ सुभाष बाबू की फौज, चाहे वह कितनी भी बड़ी हो, मित्रराष्ट्रों की फौज को हरा सकेगी। मित्रराष्ट्रों की फौज को जापानी फौज ही हरा सकती है। किंतु यदि जापानियों ने अँगरेजों को हिंदोस्तान में हराया, तो वे चुपचाप हिंदोस्तान हमारे हाथों में नहीं सौंप देंगे—भले ही तोजो और सुभाष बाबू में जो भी शर्तनामे हुए हों! हमें तैयार रहना है कि ज्योंही अँगरेजों और जापानियों में हिंदोस्तान के मैदान में लड़ाई छिड़े, हम राज्यशक्ति अपने हाथों में कर ले सकें। यदि हम इसके लिए तैयार रहें, तभी आजाद हिंद फौज हमारे काम की सिद्ध हो सकती है और तभी हम तोजो को हिंदोस्तान में जापानी राज्य कायम करने से रोक सकते हैं। मुझे मालूम नहीं कि सुभाष बाबू हिंदोस्तान की इस राष्ट्रीय मोर्चाबंदी को समझ सके हैं या नहीं?"

और, जयप्रकाश इसीलिए बेचैन थे कि सुभाष बाबू से मिलकर इस राष्ट्रीय मोर्चाबंदी के बारे में ब्योरे के साथ बातें कर ली जाएँ। वह खुद भी बरमा जाने को तैयार थे—आजादी के लिए बड़ा-से-बड़ा खतरा लेना

जयप्रकाश के लिए कुछ नहीं था। जो नेपाल में नहीं हो सका, वह बरमा के जंगलों में ही हो ! किंतु, नियति उनकी इस दुस्साहसिकता पर मुस्कुरा रही थी !

7

लाहौर के नारकीय किले में !

चारों ओर जयप्रकाश की खोज है। शहर की गलियों में घेरे डाले जा रहे हैं, घोर देहात के गाँवों पर छापे मारे जा रहे हैं। जिनका चेहरा जयप्रकाश से मिलता-जुलता है, जिसके नाम के आगे-पीछे 'जय' या 'प्रकाश' है, सब पर आफत आई हुई है। तरह-तरह की कहानियाँ प्रचलित हैं; तरह-तरह की गप्पें उड़ रही हैं। कभी वह किसी राजा के घर में ठहरे हुए हैं, कभी कोई सेठ उन्हें सोने के कटोरे में दूध पिला रहा है—उनके आगे-पीछे उनकी अंगरक्षक सेना चला करती है, कितने ही अफसरों ने कई बार उन्हें देखा है; किंतु किसको मजाल, जो उन्हें गिरफ्तार करे—जनश्रुतियों और अफवाहों की कमी नहीं।

उनके मित्रों का आग्रह होता है, या तो आप किसी दूसरे देश में चले जाइए, या कही छुपकर कुछ दिनों तक रहिए; किंतु जयप्रकाश किसी की नहीं सुनते। वह अपने को बचाने के लिए, छुपाने के लिए, जेल से नहीं भागे हैं। क्रांति के प्रयत्न में अपने को खपा देना कहीं अच्छा है, बनिस्बत अपनी जान बचाने की चेष्टा में इधर-उधर छिपे फिरने के !

उस समय एक अफवाह बड़े जोरों से उड़ रही थी कि उस समय का होम मेंबर मैक्सवेल जयप्रकाश के खून का प्यासा हो रहा है। उसने हुक्म दे रखा है, जयप्रकाश को जहाँ पाओ, गोली मार दो। अगर जयप्रकाश जिंदा भी पकड़े गए, तो उन्हें फाँसी पर लटकाए बिना वह चैन नहीं लेगा। अपने अनशन के पहले गाँधीजी ने सरकार को जो खत लिखा था, उसमें जयप्रकाश की चर्चा करते हुए बड़े दर्द के साथ कहा था कि क्यों शिकारी जानवर की तरह इनका अहेर किया जा रहा है। जयप्रकाश का कसूर क्या है? यही न कि अपने देश के प्रति उनके हृदय में ज्वलंत प्रेम है। कहा जाता है, गाँधीजी ने अपने खत में जयप्रकाश की चर्चा इसीलिए की थी कि उन्हें खबर थी, मैक्सवेल जयप्रकाश की जान का गाहक हो रहा है !

किंतु, जयप्रकाश को जान का सौदा करने में जरा भी उज्र नहीं था। वह निर्भीक और निर्द्वंद्व होकर घूमते-फिरते थे। उन्हें कुछ ऐसा विश्वास हो गया था कि सरकारी गुर्गे क्या खाकर उन्हें पकड़ सकेंगे। वह अकेले लंबे-लंबे सफर कर लेते।

बरसात पहुँच चुकी थी और तबीयत भी कुछ खराब थी, अतः तय किया गया कि बीच के दो महीने काश्मीर की तरफ गुजारे जाएँ। भारत की उत्तरी-पश्चिमी सीमा से संपर्क ताजा कर लेना था; उधर के क्रांतिकारियों से घनिष्ठता बढ़ा लेनी थी। बरसात खत्म होते ही जापानी चढ़ाई की उम्मीद की जाती थी। तब तक क्रांति की तैयारियों में भी कुछ निश्चितता आ जाने की संभावना थी। कलकत्ता से दिल्ली और दिल्ली से कश्मीर की ओर !

18वीं सितंबर, 1943। दस बजे रात को सूट-बूट में एक देशी साहब दिल्ली के सदर स्टेशन पर आते हैं और लाहौर जानेवाली ट्रेन के एक फर्स्ट क्लास डब्बे में सवार हो जाते हैं। डब्बा पहले से ही रिजर्व किया जा चुका है। सीटी होती है, गाड़ी चलती है। गाड़ी जब ससरती है, वह प्लेटफार्म की ओर चौकन्ना होकर देखते हैं और कहीं कुछ अस्वाभाविक नहीं पाकर अपना बिस्तरा फैलाकर लेट जाते हैं ! किंतु आज क्या बात है कि नींद नहीं आ रही है?

यह जयप्रकाश हैं। 9 नवंबर, 1942 को हजारीबाग जेल से निकल पड़े पर आज 18वीं सितंबर 1943 है।

कुल दस महीने नौ दिन हुए हैं। ये दस महीने नौ दिन कैसे बीते हैं, किन मुसीबतों में बीते हैं! शरीर ने कौन-कौन से कष्ट नहीं उठाए, मस्तिष्क ने किन-किन चिंताओं का अनुभव नहीं किया। फरार की यह जिंदगी—हमेशा नसें खिंची-खिंची; हमेशा इंद्रियाँ चौकस, चैतन्य! किंतु, इन सबके ऊपर 'चांस' का खिलवाड़! चौकसी कहाँ तक मदद करेगी, यदि 'चांस' धोखा दे। इन दस महीनों के अंदर कई ऐसे साथी गिरफ्तार हो चुके हैं, जिन्हें अपनी चौकसी और चालाकी पर नाज था! शुक्लजी बेचारे दस दिन भी बाहर नहीं रह सके, उनके अरमान उनके दिल में ही रह गए। बसावन अपने को तीस-मारखाँ समझे बैठे थे, दिल्ली में मुफ्त-मुफ्त में बी. पी. सिन्हा के साथ गिरफ्तार हुए। अपने पूरे काफिले के साथ जोशी गए, रामनंदन भी पकड़े जा चुके हैं। क्रांतिकारियों की पाँत कमजोर होती जाती है। कमजोर? नहीं-नहीं, ये नए-नए लोग आए हैं, वे तो कमाल कर रहे हैं। आज समूचे देश में कम-से-कम दस हजार ऐसे आदमी हैं, जो संघबद्ध होकर, एक मनप्राण होकर क्रांति के बारे में सोच रहे हैं, कर रहे हैं। निराशा की कोई बात नहीं, क्रांति अमर है····। पास में जो कई कागज हैं, क्या उन्हें नष्ट कर दिया जाए? इसी समय? हड़बड़ी क्या है—कल देखा जाएगा····।

और, जब कल होता है, तो यह अमृतसर है। मुँह-हाथ धोकर चायवाले को पुकारा जाता है। चायवाला ट्रे रख जाता है। चाय बनाकर पीने जा रहे हैं, कि बाहर से कोई दस्तक दे रहा है। आइए। एक अँगरेज, दो सिक्ख। तीनों आकर खड़े हैं, घूर रहे हैं। शक हो रहा है, चाय की चुस्की ली जा रही है। फिर सिर उठाकर कहते हैं—"बैठिए!" अँगरेज पूछता है—"कहाँ जा रहे हैं आप?" रावलपिंडी। "बैठिए न।" किंतु, वह बैठे क्या, फिर पूछता है—"आपका साथी कहाँ है?"

"साथी? मैं तो अकेला हूँ।"

"तो, आप सिर निकालकर पीछे देख किसे रहे थे?"

"मैं किसे देखूँ—शायद आपको कुछ धोखा हो रहा है।"

"धोखा? तो, हाँ, इस ऊपर के बर्थ पर बिछावन किसका है?"—जयप्रकाश का होल्डौल ऊपर रखा था और उससे बिस्तरा निकालकर वह नीचे के बर्थ पर रात में सोए थे। होल्डौल से उसे शक हो रहा था कि किसी दूसरे का बिस्तरा है! किंतु जयप्रकाश उसे बराबर इत्मीनान दिलाने की कोशिश करते हैं कि कोई दूसरा नहीं है। तब वह कहता है—

"आप मुझे धोखा नहीं दे सकते—यह नेपाल नहीं है!"

"नेपाल?"

"जी हाँ, आज आप बुरी तरह फँस गए हैं।"

"आप क्या कह रहे हैं? मैं कभी नेपाल नहीं गया, मैं बम्बई का व्यापारी हूँ।"

"आप जयप्रकाशनारायण हैं।"

"जी नहीं, मैं हूँ एस. पी. मेहता!"

"अच्छा, पहले अपनी तलाशी दे लीजिए। हम लोग पुलिस-अफसर हैं, यह तो आप समझ ही गए होंगे!"

"जैसी आप लोगों की मर्जी!"

अब तलाशी शुरू हो रही है। बिस्तर देखा जाता है, सूटकेस देखा जाता है, पर्स देखा जाता है, टिकट देखा जाता है, पाकेटें देखी जाती हैं, तकिए को उलट-पलटकर देखा जाता है। कागज-पत्र की ओर उनका ध्यान भी नहीं है।

"आपके हथियार कहाँ हैं?"

"यह सब आप क्या बोल रहे हैं। मैं हूँ बम्बई का व्यापारी, एस. पी. मेहता! मैं फिजूल में तंग किया जा रहा हूँ।" वह अँगरेज अफसर बैठ जाता है। हँसकर कहने लगता है—

"आज आप बच गए; अगर ज्यादा सिर निकालते, हम आपको शूट कर देते। आप बिलकुल घिरे थे।

चारों ओर हमारे आदमी हैं। खैर, बताइए, आपके हथियार कहाँ हैं? आपके आदमी किस डब्बे में हैं।"

किंतु, जयप्रकाश कहे जा रहे हैं—"आप गलत आदमी को घेरे हुए हैं! मैं तो बम्बई का व्यापारी हूँ। मैं नेपाल क्या जानूँ? हाँ, जयप्रकाशनारायण का नाम जरूर सुना है। किंतु, मुझसे उनसे कोई वास्ता नहीं है। आपने तो तलाशी भी ले ली है।"

किंतु, इन घपलों में वह आनेवाला नहीं। वह कहता है—"मिस्टर जे. पी., यह बिलकुल चांस की बात है कि आप पकड़े गए हैं। मेरा सौभाग्य था और आपका दुर्भाग्य—बस सिर्फ इतना ही। आपके पकड़ लेने का श्रेय मैं नहीं लेना चाहता!"

फिर वह इधर-उधर की बातें करने लगता है—"आपके देश में डेमोक्रैसी हो नहीं सकती; आपकी जमीन की यह उपज नहीं, आपके देश की यह चीज नहीं। हो सकता है, आप बिहार के बादशाह हो जाएँ! यह मुमकिन है। किंतु, आप प्रजातंत्र के प्रेसिडेंट हों; यह बिलकुल गैरमुमकिन बात है।" और, साहब की इन बातों का जवाब सिर्फ यह कहकर दिया जा रहा है, आप गलत आदमी से ये बातें कह रहे हैं, मैं राजनीति क्या जानूँ, मैं तो एक साधारण व्यापारी हूँ।

बातोंबात में गाड़ी लाहौर के इधर मुगलपुरा पहुँचती है। गाड़ी से उतरने के पहले जयप्रकाश के हाथ उनके स्ट्रैप से बाँध दिया जाता है। स्टेशन के बाहर खास मोटर खड़ी थी। पहले से ही इंतजाम था। सरसर करती मोटर चलती और जयप्रकाश को लाहौर के उस नारकीय किले में दाखिल कर देती है!

यह है लाहौर फोर्ट!—हिंदोस्तान का नाजी कैंप नं. 1! हाँ, नाजियों द्वारा दी गई यंत्रणाओं का हिंदोस्तान में कहीं रिहर्सल होता है, तो यहीं। अभी कुछ दिन पहले यहाँ रामनंदन पर क्या-क्या नहीं बीती है? बेचारे को सोने तक नहीं दिया जाता—बाल नोंचे जा रहे हैं, लात-घूँसे लग रहे हैं, कंबल डालकर डंडे से पीटा जा रहा है, खाने-पीने की क्या चर्चा, जब कपड़े तक पहनने को नहीं दिए जा रहे हैं! रामनंदन अधमुए हो चुके थे—शरीर का लगभग एक मन खून और मांस गँवा चुके थे, तब कहीं उन्हें इस नारकीय किले से फुर्सत मिली!

जयप्रकाश की गिरफ्तारी के बाद सरकार ने इस खबर को छिपाकर रखना चाहा। लेकिन, धीरे-धीरे यह बात खुली और लोगों में अफवाहें फैलने लगीं कि लाहौर किले में जयप्रकाश को तरह-तरह की यंत्रणाएँ दी जा रही हैं, जिनमें एक था कि जयप्रकाश को बर्फ पर बिठाया जा रहा है। साइटिका के बीमार को बर्फ पर बिठलाना—इस कल्पना से ही लोग काँप उठे। बंबई के सुप्रसिद्ध बैरिस्टर पारडीवाला लाहौर पहुँचे और उन्होंने लाहौर हाईकोर्ट में जयप्रकाश के लिए 'हाबियस कारपस' की दरखास्त की। इस दरखास्त के मुताबिक जयप्रकाश को कोर्ट में कहाँ तक हाजिर किया जाता, पारडीवाला को ही पंजाब की पुलिस ने जेल में रख दिया। पारडीवाला की गिरफ्तारी से और भी सनसनी फैली। तब सुश्री पूर्णिमा बनर्जी पंजाब पहुँचीं और वहाँ के सुप्रसिद्ध वकील श्री जीवनलाल कपूर के द्वारा 'हाबियस कारपस' की दरखास्त दिलवाई। तब पंजाब की पुलिस ने दूसरी चालाकी की—अगर इसे शैतानी नहीं कहा जाए तो! जयप्रकाश को सेक्यूरिटी प्रिजनर से बदलकर 1918 के तीसरे रेगुलेशन का स्टेट प्रिजनर बना दिया, जिसके मोताबिक 'हाबियस कारपस' की कार्रवाई नहीं हो सकती थी! किंतु, तमाशा यह कि ज्योंही हाबियस कारपस की दरखास्त वापस की गई, त्योंही उन्हें फिर सेक्यूरिटी प्रिजनर बना दिया गया!

उसके बाद ही बड़े जोरों से अफवाह फैली कि जयप्रकाश पर सरकार मुकदमा चलाने जा रही है और उन पर राज्य-विद्रोह के अतिरिक्त षड्यंत्र, हत्या आदि के अभियोग भी लगाए जाएँगे। इस मुकदमे के सिलसिले में बिहार में पुलिस की दौड़धूप भी शुरू हुई और अफवाह थी कि स्कॉटलैंड वार्ड के विशेषज्ञ भी इस मामले में बुलाए गए हैं। इस मुकदमे की खबर से बड़ी सनसनी मची; जयप्रकाश के मुकदमे की पैरवी करने के लिए सिर्फ हिंदोस्तान के बड़े-बड़े वकीलों के ही पैगाम नहीं आए, बल्कि इंग्लैंड के इंडिपेंडेंट लेबर पार्टी ने भी अपनी ओर से वकील भेजने का संवाद दिया। इन हलचलों के बाद मुकदमा चलाने की बात भी टाँय-टाँय फिस हो गई।

जयप्रकाश को लेकर इतना आंदोलन चल रहा था कि पंजाब सरकार ने उन्हें लाहौर से आगरा जेल भेज

दिया। आगरा जेल में उनसे मिलने ब्रिटिश डेलिगेशन के श्री सौरेनसेन गए और तब खबर उड़ने लगी कि जयप्रकाश छोड़ दिए जाएँगे। किंतु, यह काम तब तक नहीं हुआ, जब तक कैबिनेट मिशन हिंदोस्तान नहीं पहुँचा। कहा जाता है, गाँधीजी ने अँगरेजों की ईमानदारी के सबूत में यह भी रखा था कि जयप्रकाश को जेल से रिहा किया जाए। रिहाई के पहले भारत सरकार के होम-मेंबर जयप्रकाश से मिलने आगरा जेल पहुँचे। दूसरी बातों के साथ होम मेम्बर ने जयप्रकाश के सामने हिंसा और अहिंसा का प्रश्न उठाया। जयप्रकाश रिहाई के लिए अपने विचार को छिपा नहीं सकते थे। उन्होंने साफ कह दिया—हमारा मकसद आजादी है; अगर अहिंसा से मिली, तो फिर क्या कहना है? किंतु, जरूरत हुई, तो हिंसा से भी उसे प्राप्त करने में हम नहीं मुकरेंगे! कहा जाता है, होम-मेंबर जयप्रकाश के इस स्पष्ट कथन से बहुत ही प्रभावित हुए थे।

ता. 11 अप्रैल, '46 को यह खबर बिजली की तरह सारे देश में फैल गई कि जयप्रकाश अपने साथी डाक्टर लोहिया के साथ आगरा जेल से रिहा कर दिए गए। जयप्रकाश को देश ने एक स्वर से अगस्त-क्रांति का अग्रदूत मानकर जो स्वागत किया और आज भी कर रहा है—क्या अभी उसकी चर्चा की जरूरत है!

उत्तरायण

आज जर्रा-जर्रा बोल रहा है!

उस दिन नदियाँ बोलीं, आज जर्रा-जर्रा बोल रहा है!

बचपन का वह गुमसुम देहाती लड़का किशोरावस्था में आते ही अपनी प्रतिभा के पंख फटफटाने लगा; युवावस्था के आगमन के साथ ही उसने सात समुंदर की सैर कर ली, सात घाट का पानी पीकर अपने को ज्ञानवृद्ध बना लिया; देश में लौटते ही वह राष्ट्र की सर्वमान्य संस्था से संबद्ध हुआ और उसके उच्चतम पदों की जिम्मेवारी योग्यतापूर्वक निभाई; किंतु पुराना आकाश उसके नए पंखों के लिए पूरा नहीं मालूम हुआ, उसने नए आकाश की सृष्टि की...एक नई संस्था की कल्पना की, उसे मूर्त्त रूप दिया, उसे विकसित किया।

अपने दोनों पंखों से दोनों आकाशों को आच्छादित किए, मथते हुए उसने कितनी ही बार अपनी जान की बाजी लगाई—उसके अपनों की छाती बैठी जा रही थी; पराओं की साँस फूल रही थी—अरे, यह क्या होने जा रहा है? क्या वह गया, सदा के लिए गया? किंतु हर बार वह मृत्यु-सागर की लहरों को चीरता हुआ ऊपर हुआ, हँसता, मुस्कुराता— उस कमल नाल-सा, जो क्षीरशायी विष्णु की नाभि से फूटकर जगत-स्रष्टा ब्रह्मा का स्रष्टा बनता है।

नासिक, लाहौर, देवली, हजारीबाग—गुलाम देश के दक्षिण-उत्तर, पश्चिम-पूरब को अपनी लौहशृंखला में बाँधनेवाली काराओं ने उसको, उसकी निर्बंध आत्मा को निगलने की क्या-क्या न कोशिशें कीं; किंतु वे क्या जानती थीं कि बकासुर की तरह अपने पेट फाड़ने के ही प्रयास में वे लगी हैं? इनसे वह निकला,—अपने डैनों में नए पंख लेते हुए, अपनी उड़ान में नई जान लेते हुए! हर घेरा उसकी आत्मा को प्रसार देता रहा है; हर बंधन उसकी गति को प्रखरता प्रदान करता रहा है!

आज वह दूने वेग से, चौगुनी ऊँचाई से देश के कोने-कोने को नाप डालने को तुला हुआ है! उसके पंखों की हहास, उसकी वाणी की तीक्ष्णता, उसके प्रशंसकों के हृदयों में उल्लास और उत्साह की सृष्टि करती है; और जो विपक्षी हैं, वे या तो भयभीत हो रहे हैं या समझ नहीं पाते, यह क्या है!

सिर्फ हिंदोस्तान के नहीं; नए संसार के नवीनतम अग्रदूतों में उसकी गिनती होने लगी है और देखनेवाली आँखें देख रही हैं, वह 'प्रकाश' जो अभी अपने देश के अंधकार को ही छिन्न करने में लगा है, यहाँ 'जय' पाते ही

संसार के कोने-कोने को भी उद्भासित-प्रकाशित करके रहेगा !

संक्रांतिकाल महानताओं का जनक होता है ! महान कर्तृत्व, महान व्यक्तित्व; महान कलाकृति, महान श्रुतिस्मृति—संक्रांतिकाल में ही विकास पाते हैं ! हम समझें या न समझें, हमारे देश का संक्रांतिकाल हमें वैसी-वैसी महान हस्तियाँ दे रहा है, जिन पर हम सदियों तक नाज कर सकेंगे।

जयप्रकाश उन्हीं महान हस्तियों में हैं—क्या आप नहीं देख रहे ? आँखें नहीं, तो क्या कान भी नहीं हैं आपके ? क्या आप नहीं सुन रहे हैं, आपके देश का जर्रा-जर्रा क्या पुकार रहा है ?

हाँ, आपके देश के जर्रे-जर्रे में एक आवाज है, एक पुकार है। वह आवाज, वह पुकार दिन-दिन स्पष्ट होती जा रही है—बहरे कानों में भी पहुँचने की बेचैनी उसे बेताब किए हुए है।

वह आवाज कहती है—आज जो तुम थोड़ी शांति देख रहे हो; वह आनेवाली आँधी के पहले का सन्नाटा-मात्र है। यह सन्नाटा टूटनेवाला है; एक बड़ा-सा झोंका इस देश को लक्ष्य बनाए दौड़ा आ रहा है। झोंका—आँधी—तूफान ! पेड़ उखड़ेंगे; अट्टालिकाएँ हिलेंगी। जमीन के गर्दगुबार दूर होंगे। फिर, एक शीतल शांतिदायिनी फुहार, वर्षा ! पृथ्वी के कालिमा कलुष धुल जाएँगे; पेड़ों में नए पत्ते उगेंगे; अट्टालिकाओं पर ही नहीं, झोंपड़ों पर भी नए रंग चमकेंगे ! आज की ऊसर-भूमि नंदन उपवन बनकर रहेगी !

वह पुकार हमारे कर्णकुहरों में चिल्ला-चिल्लाकर कहती है—उफ, तुम कैसे हो, तुम कुछ नहीं सुन रहे ! अरे, जिसे तुम जयप्रकाश कहते हो न—वह उसी आगत झोंके, आँधी, तूफान और अंत की शीतल शांतिदायिनी फुहार, वर्षा का प्रतीक है ! महापुरुष सिर्फ बड़ा आदमी नहीं होता, एक प्रतीक होता है—किसी महान उद्देश्य का, किसी महान कर्म का ! लक्ष-लक्ष मानव-मन की आशाएँ, आकांक्षाएँ ही एकत्र होकर एक महापुरुष का रूप धारण करती हैं ! ऐसे महान पुरुषों का वंदन-अभिनंदन व्यक्तिपूजा नहीं, आदर्श पूजा है और उसके कार्यों में हाथ बँटाने की चेष्टा पुनीत महायज्ञ ! यज्ञाग्नि प्रज्वलित है, उसमें अपनी समिधा डालो !

कार्ल मार्क्स

[1951 ई.]

1
घर और स्कूल

कार्ल हेनरिख मार्क्स का जन्म 5 मई, 1818 को जर्मनी के ट्रायर नामक स्थान में हुआ।

कार्ल मार्क्स के पितामह का नाम था मार्क्स लेवी। पीछे चलकर लेवी शब्द हट गया और उन्हीं के मूल नाम के आधार पर सारा परिवार मार्क्स की उपाधि धारण करने लगा। पितामह मार्क्स की कई संतानें हुईं; उनमें से दो ने पढ़ने-लिखने की प्रवृत्ति दिखलाई—सैमुएल और हर्सखेल ने। यही हर्सखेल कार्ल मार्क्स के पिता थे। उन्होंने वकालत पढ़ी और ट्रायर के नामी वकील हुए। कार्ल मार्क्स परिवार यहूदी धर्म मानता था। उनके पिता ने यहूदी धर्म छोड़कर ईसाई धर्म स्वीकार किया और हर्सखेल नाम को बदलकर हेनरिख नाम रखा। उनकी मृत्यु 1838 में हुई, जब कार्ल मार्क्स बीस वर्ष के थे।

कार्ल मार्क्स की माँ हालैंड की एक यहूदी महिला थीं। उनका नाम हेनरियेटा था। उनकी मृत्यु 1863 में हुई, जब कार्ल मार्क्स 45 वर्ष के हो चुके थे। देवी हेनरियेटा का वैवाहिक जीवन बहुत आनंदप्रद रहा; संतानों की भी कमी नहीं रही। उनमें एक बेटा और तीन बेटियाँ—चार संतानें दीर्घजीवी हुईं। कार्ल मार्क्स उनकी दूसरी संतान थे। कार्ल मार्क्स से बड़ी एक बहन थीं—नाम था उनका सूफी।

बहन सूफी और माता-पिता के प्रेम और लाड़-प्यार में कार्ल मार्क्स का बचपन आनंद से कटा। कार्ल मार्क्स में प्रतिभा की झलक बचपन से ही दिखाई पड़ती थी। पिता सोचते थे, बड़ा होने पर मेरा बेटा नाम करेगा। माँ सोचती थी, यह पत्थर को भी छूएगा तो सोना ही बन जाएगा। किंतु ज्यों-ज्यों कार्ल मार्क्स बड़े होते गए, दोनों को निराशा होने लगी। बाप देख रहे थे, उनका बच्चा एक अप्रत्याशित मार्ग पर दृढ़ता से बढ़ रहा है। बाप का स्वभाव लचीला था; किंतु बेटा जैसे लोहे का बना हो। अपने देश को वह प्यार करते थे, किंतु उनके बेटे का देश-प्रेम कुछ अजीब शक्ल अख्तियार कर रहा था। वह बहुत चिंतित होने लगे थे; किंतु माँ बेचारी को घर-गिरस्ती से ही फुर्सत नहीं थी। बेटे के मानसिक संघर्ष की ओर ध्यान देने की योग्यता भी उस बेचारी में नहीं थी।

कार्ल मार्क्स के पिता ने यहूदी धर्म क्यों परित्याग किया और उसका प्रभाव कार्ल मार्क्स पर क्या पड़ा—इस संबंध में भी तरह-तरह की बातों का अटकल लगाया जाता है। यहूदियों में से अधिकांश सूदखोरी का पेशा करते थे। किसानों के लिए वे अभिशाप-तुल्य थे। राइनलैंड, जहाँ ट्रायर था, इन यहूदियों के चलते तबाह हो रहा था। लोग उनकी ओर घृणा की दृष्टि से देखते थे। फिर यहूदी धर्म की संकीर्णता भी मार्क्स के पिता के उदार जीवन के प्रतिकूल पड़ती थी। यहूदी धर्म से उनकी उदासीनता बढ़ती जा रही थी कि कार्ल मार्क्स बढ़कर स्कूल जाने योग्य हो गए। पिता ने अब विलंब करना उचित नहीं समझा। उन्होंने धर्म-परिवर्तन किया और स्कूल में कार्ल मार्क्स का धर्म ईसाई ही लिखा गया।

कार्ल मार्क्स के पिताजी के लिखे गए बहुत-से पत्र प्राप्त हुए हैं, जिनसे उनकी उदारता, सांस्कृतिक सुरुचि एवं पुत्र-प्रेम का परिचय मिलता है। अपने पुत्र के अभ्युदय के लिए वह सबकुछ करने को तैयार थे। वह चाहते थे कि उनका बेटा दुनिया के भौतिक सुखों के साथ संसार में यश भी प्राप्त करता चले। पत्रों से कहीं तो प्रेम टपकता है, कहीं क्रोध। पिता देख रहे थे कि मार्क्स ठीक उसी राह पर नहीं चल रहे थे, जहाँ वह उन्हें ले जाना चाहते थे। यह उन्हें सह्य नहीं था। खासकर जब उन्हें मालूम हुआ कि उनका यह पुत्र कविता की ओर ध्यान देने लगा है, तब तो वह आग-बबूला हो उठे। यह कौन-सा राक्षस तुम्हारे हृदय में घर कर बैठा है—गुस्से में भरकर

वह बार-बार अपने बेटे से पूछा करते !

कार्ल मार्क्स का स्कूल-जीवन कैसा रहा, इस पर न तो उन्होंने स्वयं कहीं कुछ उल्लेख किया है और न उनके किसी साथी ने ही कुछ लिखा है। स्कूल छोड़ने के सर्टिफिकेट पर 25 अगस्त 1835, तारीख लिखी हुई है। सर्टिफिकेट में कार्ल मार्क्स के भविष्य में उन्नति पाने की कामना की गई है और खासकर यह उल्लेख दिया गया है कि प्राचीन काव्यों के कठिनतम अंशों को तुरत समझ जाने की योग्यता उनमें असाधारण रूप में थी। लैटिन भाषा में उन्हें बचपन से ही व्युत्पन्नता प्राप्त थी और लेखों में सुंदर विचारों का संकलन करने में वह उस्ताद थे, यद्यपि पंडिताऊपन उनकी शैली में प्रारंभ से ही था।

अंतिम परीक्षा में धार्मिक विषय और इतिहास ने उनके लिए कठिनाई उपस्थित की थी, किंतु लेख लिखने में उन्होंने काफी सफलता प्राप्त की थी। लेख का विषय था— 'जीविका चुनने के पहले युवकों का हृदय मंथन !' मार्क्स ने इस विषय पर कुछ विचित्र विचार प्रकट किए थे, जिससे बेचारा परीक्षक चकित रह गया था। कार्ल मार्क्स ने लिखा था—"हमें अपने मन के लायक जीविका चुनने में सफलता नहीं प्राप्त होती क्योंकि समाज में हमारा संबंध उस समय निश्चित हो जाता है जब कि हममें इतना होश भी नहीं होता कि उस संबंध के निर्णय में कोई हिस्सा ले सकें।" इन पंक्तियों में ही कार्ल मार्क्स के युगांतकारी विचारों की आरंभिक झलक हमें दृष्टिगोचर होती है। इसी विचार ने आगे चलकर मानवता के लिए कल्याण का पथ प्रशस्त कर दिया।

2

जेनी : जीवनसंगिनी !

1835 के शरदकाल में कार्ल मार्क्स ने बौन-विश्वविद्यालय में प्रवेश किया और वहाँ एक साल तक रहे। वहाँ वह कानून पढ़ने के लिए गए थे, किंतु इस विषय में वह कहाँ तक गहरे प्रवेश कर सके थे, इसमें संदेह ही है।

उस समय के लिखे उनके पिता के पत्रों से पता चलता है कि कार्ल मार्क्स के हृदय में उन दिनों कुछ विचित्र भावनाएँ उदित हो रही थीं। एक तो वह अपने पिता के पास अपने खर्चे का नियमित हिसाब नहीं भेजते थे और जब भेजते भी थे तो उसमें सींग-पूँछ का कोई ठिकाना नहीं रहता था। (अर्थशास्त्र का यह महान् विद्वान जन्म-भर निजी हिसाब-किताब में कमजोर ही रहा)। फिर उनमें मटरगश्ती और आमोद-प्रमोद की प्रवृत्ति आ गई थी, यहाँ तक कि कविताएँ भी वह लिखने लगे थे। वकील पिता ने बेटे को बौन भेजा था वकील बनने के लिए; वहाँ वह छैला बनता जाता था— भला, वह कैसे चुपचाप बर्दाश्त करते इसे ?

इसी जमाने में कार्ल मार्क्स ने प्रेम के क्षेत्र में प्रवेश किया। एक लड़की थी जिसके साथ वह बचपन से ही खेलकूद रहे थे। वह लड़की उनसे चार साल बड़ी थी और उनकी बड़ी बहन सूफी की संगिनी थी। कार्ल मार्क्स के प्रेम को सफल करने में बहन सूफी ने बड़ी मदद की। जेनी एक बहुत ही कुलीन खानदान की लड़की थी और उसके पिता एक बहुत बड़े अफसर थे। विधाता ने उसे रूप और गुण देने में जरा भी कसर नहीं की थी। उसके सौंदर्य और उसके पिता की पद-मर्यादा के कारण जर्मनी का कोई भी युवक उस रमणी का पाणिग्रहण करने को ललच सकता था। कार्ल मार्क्स के पिता को जब यह खबर लगी कि उनके सुपुत्र इस अनिंद्य सुंदरी पर मर रहे हैं, तब उन्हें ऐसा लगा कि उनका बेटा सचमुच पागलपन के पथ पर है। जेनी कार्ल से शादी करने को तैयार होगी, वह सोच भी नहीं सकते थे। किंतु पीछे वकील पिता ने भी देखा कि जेनी सिर्फ सुंदरी ही नहीं है, उसके भीतर उससे भी अधिक सुंदर उसकी आत्मा है। उसने एक बार कार्ल मार्क्स को प्रेम दे दिया, तो फिर उसे कोई भी डिगा नहीं सकता। फिर तो उन्होंने अपने बेटे को इस 'सौंदर्य की देवी', इस 'जादूमयी रमणी' का प्रेम पाने के लिए बधाई दी और विश्वास दिलाया कि कोई राजकुमार भी तुम्हें तुम्हारी इस हृदय की देवी से वंचित

नहीं कर सकता।

जेनी का परिवार राइनलैंड का एक ऐतिहासिक परिवार था। जेनी के पितामह राजनीतिज्ञ के अलावा एक दुर्धर्ष योद्धा भी थे। फ्रांस के साथ जब जर्मनी की सात सालों की लगातार लड़ाई हुई थी, उन्होंने लुई पंद्रहवें की फौज को पश्चिमी जर्मनी में आने से रोक दिया था। जर्मनी की मदद अँगरेज कर रहे थे। अँगरेजों और जर्मनों की एक मिश्रित सेना का प्रधान सेनापति का पद उन्हें दिया गया था और इस पद के साथ ही उन्हें एक रमणी भी प्राप्त हुई थी जो स्काटलैंड के एक नवाब घराने की लड़की थी और जो उस समय जर्मनी में उस अँगरेजी सेना के सेनापति से मिलने आई थी। जेनी के पितामह उस पर मुग्ध हुए और अंततः उन दोनों की शादी हुई। इन्हीं दोनों से लुडविक वॉन वेस्टफैलन का जन्म हुआ, जो जेनी के पिता थे। लुडविक बड़े घमंड से अपने माता-पिता के खानदान की चर्चा करते थे। उनके ननिहाल के लोगों ने भी वीरता के कितने उदाहरण पेश किए थे। स्कॉटलैंड के सुधार के समय, सुधार के पक्षपाती होने के कारण उस खानदान के एक सुपुत्र ने हँसते-हँसते फाँसी की सजा स्वीकार की थी और एक दूसरा सुपुत्र जेम्स दूसरे के खिलाफ विद्रोह करने के कारण सूली पर चढ़ा दिया गया था।

जेनी ने कार्ल मार्क्स से यह प्रेम चुपके-चुपके किया था। उन्हें और उनके मित्रों को संदेह था कि जेनी के पिता शायद इस संबंध को स्वीकार नहीं करें, फिर दिक्कतों का सामना करना पड़ेगा। किंतु ऐसा नहीं हुआ। जंकर-गिरोह का होने पर भी श्रीमान् लुडविक में जंकरपन नहीं था। उन्होंने जब यह प्रेम की कहानी सुनी, हँसकर तुरत ही स्वीकृति दे दी। लुडविक देख रहे थे कि उनके पिता ने भी इसी तरह प्रेम की शादी की थी, जिसका परिणाम सुंदर ही हुआ था। लुडविक उदार स्वभाव के थे, यह तो कहना ही व्यर्थ है। उनकी उदारता पर साहित्यिकता ने शान चढ़ा दी थी। उन्होंने होमर की कविताओं और शेक्सपीयर के अधिकांश नाटकों को कंठस्थ कर रखा था और अपना समय अन्य साहित्यिक कृतियों के अध्ययन में देने से वह कभी नहीं हिचकते थे।

कार्ल मार्क्स अपने ससुर की इस कृपा को आजन्म नहीं भूले थे। उन्हें वह पिता के तुल्य मानते रहे और उनके वात्सल्य को वह अपनी अमूल्य निधि समझते थे। श्रीमान् लुडविक ने कार्ल मार्क्स को और प्रकार से भी प्रोत्साहित किया था। लुडविक के दो लड़के थे, उनमें एक तो प्रूशिया के गृहमंत्री हुए और इस पद का उपयोग क्रांति को निर्ममता से दबाने में किया। इस हजरत से जेनी ने कभी संबंध नहीं रखा; यह उसके सौतेले भाई भी होते थे। जेनी का अपना भाई एडगर था; वह सैलानी और मस्त स्वभाव का था। कार्ल मार्क्स के 'कम्यूनिस्ट मेनिफेस्टो' पर भी उसने दस्तखत किया था; किंतु राजनीति को उसने कभी गंभीरता से ग्रहण नहीं किया। वह देश-विदेशों में घूमता रहा; कभी संकट झेलता रहा, कभी मौज उड़ाता रहा किंतु, जहाँ भी रहा, अपनी प्यारी बहन जेनी और अपने आदरणीय बहनोई कार्ल मार्क्स को कभी नहीं भूला। ये दोनों भी उसे हृदय से प्यार करते और जब जेनी की गोद में एक लड़का आया, तब उसका नाम अपने उस प्यारे भाई के नाम पर एडगर ही रखा गया।

जेनी अपनी जवानी में अपने शहर की सबसे सुंदरी लड़की थी। उसकी सुंदरता पर कार्ल मार्क्स को बड़ा ही घमंड था। शादी के बीस वर्ष के बाद जब वह अपनी माँ के श्राद्ध में ट्रायर गए, तब वहाँ से उन्होंने यों खत लिखा—"यहाँ मैं रोज ही 'वेस्टफैलेन-महल' की ओर जाया करता हूँ। मुझे वहाँ वह आनंद प्राप्त होता है जो रोमन भग्नावशेषों के देखने से भी नहीं प्राप्त होता। मेरा वह तीर्थ है, ऐसा मुझे लगता है; क्योंकि वहाँ जाते ही जवानी और प्रेम के वे पवित्र दिन याद आ जाते हैं; और अपने 'हृदय की रानी' की स्मृति ताजी हो उठती है। प्रायः रोज ही मुझसे लोग 'ट्रायर की सर्वश्रेष्ठ सुंदरी' और 'नाचघर की सम्राज्ञी' की कुशल-वार्ता पूछते हैं। उसकी पत्नी को लोग इतने दिनों के बाद याद किए हुए हैं, यह किस पति के हृदय को गर्व से नहीं भर देगा।"

जेनी सुंदरी तो थी ही, बाद के जीवन में यह भी पता चला कि वह कितनी महान् नारी है। कार्ल मार्क्स की जिंदगी उन संकटों और कष्टों के बीच से गुजरी, जिनकी पहले कल्पना भी नहीं की जा सकती थी। उन सबके बीच जेनी का व्यक्तित्व निर्धूम दीपशिखा-सा जलता रहा। जवानी में जिस चेहरे से सौंदर्य की किरणें

फूटतीं; उन्हीं से उन संकटों के दिनों में शांति की चाँदनी छिटकती रहती। कार्ल मार्क्स इसलिए ही कार्ल मार्क्स बन सके कि उन्हें जेनी ऐसी जीवनसंगिनी मिली थी।

3

जर्मनी की राजधानी में

जेनी से प्रणय-सूत्र में बँधने के पहले ही कार्ल मार्क्स के पिता ने यह तय कर लिया था कि वह अपने बेटे को बर्लिन में पढ़ाएँगे। बर्लिन के विश्वविद्यालय को वह नवयुवकों के 'रोमांस की जगह' नहीं समझकर 'विद्या का कारखाना' मानते थे। उनका बेटा इस कारखाने में रहे, विद्या सीखे, संसार में वैभव और यश प्राप्त करे—यही उनकी आकांक्षा थी।

किंतु कार्ल मार्क्स को बर्लिन कभी नहीं पसंद आया। वह तो हमेशा ही राइनलैंड के उपासक बने रहे। राइनलैंड में सुनहली धूप थी, खुली जगह थी, आजाद जिंदगी थी। बर्लिन पर प्रूशिया के राजवंश की छाया थी। धूप की कमी, जगह की कमी। फिर, बर्लिन कितनी दूर कर देता था उन्हें उनकी प्रियतमा से। यद्यपि दोनों प्रेमिकों ने यह तय कर लिया था कि अध्ययन की समाप्ति के बाद ही हम लोगों का विवाह होगा; यही नहीं, इसके अंदर हम लोग बहुत कम मिलें-जुलें और इस तरह का व्यवहार रखें कि लोगों को हमारे गहरे प्रेम का पता न लगे किंतु प्रेमिकों के ऐसे निश्चय प्रायः ही बालू की लकीरें साबित हुए हैं। कार्ल मार्क्स अपने बच्चों से भी, बाद में, यह कहने में संकोच नहीं करते थे कि जेनी से दूर होकर वह किस तरह मजनूँ बने रहते थे। कार्ल मार्क्स को थोड़ा धीरज तब हुआ जब जेनी के पिता ने दोनों प्रेमिकों को परस्पर पत्रों का आदान-प्रदान करने की आज्ञा दे दी।

बर्लिन के प्रारंभिक दिनों में कार्ल मार्क्स पर प्रेम का जैसे भूत सवार रहता था। प्रेम के आवेग से आड़ोलित उनके हृदय में कविता की धारा तरंगें लेने लगी और थोड़े ही दिनों में तीन कापियाँ कविताओं से भर गईं। इन कविताओं को उन्होंने "अपनी प्यारी और शाश्वत प्रेमिका जेनी" को अर्पित किया। यह अर्पण-कार्य सूफी के द्वारा हुआ और उसने अपने 'छोटे भैया' को लिखा कि किस प्रकार इस उपहार को पाते ही जेनी की आँखों में आनंद और उदासी के आँसू झलक आए थे!

किंतु मार्क्स अपने को सिर्फ कविताओं में ही ज्यादा दिनों तक उलझाए नहीं रख सकते थे। अपने पिता की इच्छा की पूर्ति भी वह अपना कर्त्तव्य समझते थे। इसलिए वह कानून की ओर भी ध्यान देते रहे। फौजदारी और अदालती दोनों कानूनों का अध्ययन उन्होंने शुरू किया और उनके एक प्रोफेसर के अनुसार उन्होंने इस विषय में काफी व्युत्पन्नता हासिल कर ली थी। कानून के अध्ययन के समय भी मार्क्स का ध्यान उसके मूल सिद्धांत की ओर ज्यादा जाता था। कानून के साथ ही मार्क्स ने इतिहास और दर्शनशास्त्र का अध्ययन शुरू किया। इतिहास और दर्शन पर विश्वविद्यालय के प्रोफेसर के लेक्चर पर ही उन्हें संतोष नहीं था; वह प्रामाणिक पुस्तकों को ढूँढ़-ढूँढ़कर पढ़ते और पढ़ते समय नोट भी लेते जाते और उन पर अपनी सम्मति भी दर्ज करते। विश्वविद्यालय का पहला टर्म (छः महीने का) खत्म करने के बाद कार्ल मार्क्स ने जो पिताजी को खत लिखा, उससे पता चलता है कि इस अर्से के दरम्यान कितनी रातें उन्होंने अध्ययन में ही बिता डालीं, कितने ही मानसिक संघर्ष उन्हें परेशान करते रहे और भीतरी और बाहरी कितने ही प्रोत्साहन उन्हें आगे बढ़ने को प्रेरणा देते रहे। प्रकृति के वैभव, कला का आकर्षण और मित्रों का ममत्व—ये सब जैसे भूल गए थे वह। उनके स्वास्थ्य पर इस गहरे अध्ययन का बुरा असर हुआ, बर्लिन छोड़कर उसके पड़ोस के एक मछुओं के गाँव में जाकर वह रहने लगे। स्वास्थ्य तुरत सुधरा; फिर दूसरे टर्म की पढ़ाई जोर-शोर से शुरू हुई।

कार्ल मार्क्स की ज्ञान-पिपासा तीव्रतर होती जाती थी। वह नए-नए विषयों के अध्ययन की ओर प्रवृत्त

होते थे, किंतु धीरे-धीरे दर्शनशास्त्र उस पर अधिकार करता जाता था। हेगेल के दर्शन की उस समय बर्लिन में धूम थी। पहले तो कार्ल मार्क्स को वह दर्शन कुछ बदशक्ल और बदरंग जँचता है, वह उससे प्रभावित नहीं होते। किंतु धीरे-धीरे उसका असर बढ़ता जाता है। संयोग से कार्ल मार्क्स बीमार पड़े; इस बीमारी में उन्होंने हेगेल के दर्शनशास्त्र का शुरू से आखिर तक अध्ययन किया। अब तो उन पर उस दर्शन का पूरा प्रभाव जम चुका। किंतु अब भी जगह-जगह संदेह बने हुए थे। इन संदेहों को कैसे दूर किया जाए, कहाँ दूर किया जाए। कार्ल मार्क्स ने अपने पिता को लिखा कि आज्ञा दीजिए, मैं आपकी सेवा में पहुँचूँ, आपकी स्नेहपूर्ण सम्मतियाँ मेरे आचार के निर्माण में बहुत सहायक होंगी। किंतु, पिता नहीं चाहते थे कि वह बर्लिन छोड़कर इतना जल्द घर लौटें—"इस समय घर आना मूर्खता होगी। मैं जानता हूँ कि तुम विश्वविद्यालयों के लेक्चरों की परवाह नहीं करते, किंतु मैं तो अनुशासन का हामी हूँ। लोग क्या कहते हैं, इसकी परवाह मुझे भी नहीं है, किंतु मेरी कीमत पर लोग बात का बतंगड़ बनाएँ—इसे मैं बर्दाश्त नहीं कर सकता।"

मालूम होता है, पिता को शक था कि जेनी का प्रेम ही उसके पुत्र को अध्ययन से विरत कर रहा है। अपने उस पत्र में इस ओर उन्होंने इशारा भी दिया है। फिर वह नहीं चाहते थे कि मार्क्स अपने अध्ययन की मूल दिशा को छोड़कर इधर-उधर भटके। हर विज्ञान की ओर दौड़ने-फिरने से क्या फायदा? जो प्रवृत्ति आज सिर के बालों को सम्हालने में बाधक होती है, कल वह हाथों में शराब की बोतल भी दे सकती है। बूढ़ा अपनी कल्पना की नजरों से देख रहा है कि उसका बेटा न सिर्फ उसके वात्सल्य-भरे पत्रों को, बल्कि जेनी के आँसू-भरे प्रेम-पत्रों को भी जलाकर सिगार पीए जा रहा है। तुम्हारे हृदय में कोई शैतान घर बनाए जा रहा है, ओ मेरे प्यारे बेटे! ज़रा चेतो! फिर वह झिड़कता है कि तुम हर महीने सात सौ थेलर खर्च कर देते हो, जब कि धनी से धनी विद्यार्थी भी बर्लिन में पाँच सौ थेलर से ज्यादा खर्च नहीं करते। ऐसा क्यों? तुम फिजूल-खर्च तो कभी नहीं करते रहे—मालूम होता है, कुछ लोग तुम्हारे पैसे उड़ा लेते हैं।

मार्क्स उसके बाद की छुट्टी में भी घर नहीं जाते। बाप को इससे खुशी होती है, लेकिन माँ बहुत दुखी हो जाती हैं। उसके थोड़े दिनों के बाद ही पिताजी बीमार पड़ते हैं और 10 मई, 1838 को चल बसते हैं। कार्ल मार्क्स अपने जीवन-भर पिता के प्रेम को नहीं भूल सके। उन्होंने उनकी एक बहुत ही प्यारी तस्वीर अपने हृदय में बना रखी थी, जो उनके साथ ही कब्र में विलीन हो सकी!

पिता की मृत्यु के बाद तीन साल तक कार्ल मार्क्स बर्लिन में रहे। ये तीन वर्ष ज्यादातर उन्होंने हेगेल के दर्शन के अध्ययन और मनन में ही बिताए।

4

हेगेल के शिष्य

हेगेल का दर्शन उस समय प्रूशिया के राज्य का दर्शन समझा जाता था और उसके मंत्री उस दर्शन के अध्ययन-अध्यापन की सहायता मुक्तहस्त से करते थे। हेगेल ने राज्य को सभी नैतिक विचारों की प्रतिमूर्त्ति माना था और उसे अपने-आपमें पूर्ण तर्क और उच्चतम आदर्श समझा था। इसलिए राज्य को सबकुछ करने का अधिकार है और व्यक्ति का सबसे बड़ा कर्तव्य यह है कि वह राज्य का वफादार सदस्य बना रहे। वह प्रजातंत्र का भी हामी नहीं था—एक सुव्यवस्थित राजतंत्र को उस पर तरजीह देता था। राज्य के संबंध में हेगेल का यह दर्शन प्रूशिया के राज्य के लिए, जो अत्याचार और दमन का यंत्र मात्र था, बहुत ही उपयोगी जँचता था। फिर वह राज्य उसका पक्षपाती क्यों नहीं हो?

किंतु दर्शन में जिस पद्धति को हेलेन ने अपनाया था, वह राज्य-संबंधी उसकी इस धारणा के प्रतिकूल

पड़ती थी । सगुण से निर्गुण पैदा होता है और फिर उन दोनों के संयोग से विकसित सगुण का निर्माण होता है । हर पदार्थ एक ही समय में है भी और नहीं भी है—क्योंकि हर चीज गति में है, परिवर्तन में है, विकास और विनाश की प्रक्रिया में है । इस सिद्धांत को मान लेने पर इतिहास उस प्रक्रिया का मूर्त्त रूप हो जाता है जिसमें मानव नीचे से ऊपर बढ़ता जा रहा है, निचली सतह से ऊपरी मंजिल पर चढ़ता जाता है । 'परम विचार' ही वह मूल वस्तु है, जो इतिहास को इस प्रक्रिया में रखे हुए है । संसार को जीवित रखनेवाली आत्मा ही परम विचार है ।

हेगेल की इस क्रांतिकारी विचारधारा में थोड़ी दूर तक ही राजतंत्र की गुंजाइश थी । नतीजा यह हुआ कि प्रूशिया का राजवंश बहुत दिनों तक हेगेल के दर्शन से गठबंधन नहीं निभा सका । 1830 के लगभग जर्मनी में जो उथलपुथल हुई, उसने राजवंश को दर्शन की बारीकियों से अलग कर ठोस अत्याचार पर आधारित होने को बाध्य किया । राजवंश का मूलाधार धर्म है । हेगेल के दर्शन ने धर्म के स्थान पर विचार को प्रतिष्ठित किया था—'परमात्मा' की जगह उसने 'परम विचार' को दे डाली थी । हेगेल ने बाइबिल के किस्सों की, बुढ़िया दादी की कहानी कहकर, खिल्ली उड़ाई थी । हेगेल के एक शिष्य स्ट्रौस ने अपने गुरु के इस विचार को 'ईसा की जीवनी' लिखकर पुष्ट किया था । उसने बताया था कि ईसा भगवान के बेटे नहीं थे, एक ऐतिहासिक पुरुष थे; उनके जन्म और जीवन में कोई करामात नहीं थी; ये करामातें ईसाई समाज ने अपनी तस्वीर के अनुसार गढ़ लीं । इस पुस्तक ने प्रूशिया के राजवंश को हेगेल के दर्शन से दूर हटने में काफी मदद पहुँचाई ।

जब मार्क्स बर्लिन में थे, हेगेल के युवक अनुयायियों का एक क्लब वहाँ चालू था जिससे एक वार्षिक पत्र भी निकलता था । इस पत्र ने हेगेल के दर्शन को सिर्फ धर्म तक ही सीमित नहीं रखा; बल्कि उसे राजनीति के क्षेत्र में प्रवेश कराया । क्लब के सदस्य ज्यादातर अध्यापक, शिक्षक या लेखक थे । कार्ल मार्क्स भी इस क्लब में शामिल हुए । उनकी उम्र उस समय बीस साल से नीचे की ही थी, किंतु थोड़े ही दिनों में बड़े-बूढ़े भी उनकी योग्यता की धाक मानने लगे । इस क्लब का एक सदस्य एक मासिक पत्रिका का संपादक था जिसने अपनी पत्रिका में कार्ल मार्क्स की दो कविताएँ छापीं । मार्क्स की कविताओं में सिर्फ ये दो ही प्रकाश पा सकीं । कोप्पेन नामक एक अत्यंत प्रतिभाशाली सदस्य इस क्लब का था । उसकी उम्र कार्ल मार्क्स से दस साल ज्यादा थी; किंतु वह इस किशोर पर इस तरह मुग्ध हुआ कि अपनी एक पुस्तक "अपने मित्र ट्रायर के कार्ल मार्क्स को" अर्पित की । कोप्पेन ने बुद्ध के चरित पर भी एक पुस्तक लिखी थी । कोप्पेन ने जो पुस्तक कार्ल मार्क्स को अर्पित की, वह प्रूशिया के 'महान फ्रेडरिख' की जीवनी थी । इस जीवनी के बहाने कोप्पेन ने सोई हुई जर्मन-आत्मा को जागृत करने और तलवार एवं आग से उन लोगों का सत्यानाश करने की चेष्टा की थी जो नौजवानों को उनके उचित स्थान से वंचित करते रहे हैं । उसने उन दार्शनिकों की भी खिल्ली उड़ाई जो हेगेल का नाम लेते हैं, किंतु उसकी क्रांतिकारी विचारधारा को गन्तव्य पथ से बढ़ने से रोकते हैं । "ये कीचड़ में पलनेवाले मेढ़क, ये साँप, जिनका न कोई धर्म है, न देश; न सिद्धांत है, न आत्मा, न हृदय; जो न ठंडे हैं, न गरम; जिनमें न आनंद है न शोक, न प्रेम, न घृणा; जिनका न कोई भगवान है, न शैतान; ये घिनौने जीव जो नरक के द्वार पर पड़े रहते हैं क्योंकि उनके लिए वहाँ भी प्रवेश निषेध है !"

इस पुस्तक के मतों से कार्ल मार्क्स बिलकुल सहमत तो थे ही, इस पुस्तक के कारण उनकी प्रसिद्धि भी बढ़ी । उस पुस्तक को लेकर जर्मनी में काफी हलचल मची—राजवंश की भृकुटि टेढ़ी हुई, तो ज्ञानियों की परेशानी में कम शिकन नहीं आई । कार्ल मार्क्स की लेखन-शैली पर भी कोप्पेन का बहुत बड़ा असर हुआ और दोनों आजन्म मित्र बने रहे ।

किंतु, बर्लिन के नवयुवक हेगेलवादियों का नेता न तो स्ट्रौस था, न कोप्पेन; उसका नेता था ब्रूनौ वाउर ! । ब्रूनो बाउर मार्क्स से नौ साल बड़ा था, किंतु वह मार्क्स की योग्यता से बहुत प्रभावित था । बाद में भी दोनों में काफी दिनों तक पत्राचार होते रहे । ब्रूनो ने स्ट्रौस के ईसाई-धर्म संबंधी विचारों को और भी आगे बढ़ाया कि बाइबिल की कहानी में कुछ भी सार नहीं है, वह पूरी की पूरी कल्पित चीज है तथा यह कहना कि

ईसाई-धर्म ग्रीक-रोमन-संसार पर जबर्दस्ती लाद दिया गया बिलकुल गलत है, वह तो उस संसार का स्वाभाविक फल था। आगे चलकर उसने बताया कि जब ईसाई-धर्म ऐसा तर्कविहीन सिद्धांत लोगों को अपनी ओर आकृष्ट कर ले सकता है तब फिर द्वंद्वात्मक दर्शनशास्त्र ऐसा तर्कपूर्ण सिद्धांत ईसाई-धर्म पर क्यों नहीं विजय प्राप्त करेगा?

ब्रूनो, कोप्पेन और मार्क्स तीनों ही ग्रीकदर्शन की 'आत्म-चेतना' के उपासक थे। 'आत्म-चेतना' के दर्शन ने ग्रीक के युवकों को दिमागी गुलामी से मुक्त किया था—उनके सामने सीमा और काल के घेरे से एक उन्मुक्त अंतरिक्ष का द्वार खोल दिया था। हेगेल ने अपने दर्शन में 'आत्म-चेतना' के पहलू पर विस्तृत प्रकाश नहीं डाला था। किंतु ब्रूनो, कोप्पेन और मार्क्स तीनों ने ही अपनी रचनाओं में इस पर बहुत जोर डाला। मार्क्स का कहना था—मनुष्य की आत्म-चेतना से परे कोई भगवान नहीं है। हम इससे अलग किसी भगवान को बर्दाश्त नहीं कर सकते, वह भगवान चाहे धर्म के वेष्टन में लपेटकर हमारे सामने पेश किया जाए या दर्शन के।

धर्म और ईश्वरसंबंधी इन आलोचनाओं से प्रूशिया के कट्टर धर्मध्वजी आग-बबूला हुए जाते थे और उनका प्रभाव राज्य पर भी कम नहीं था। फलतः राज्य की दृष्टि इन नवयुवक हेगेलवादियों की ओर वक्र हुई जाती थी। किंतु, जब तक अल्टेंस्टीन प्रूशिया के संस्कृति-सचिव थे; तब तक तो किसी तरह निभती गई। वह काफी होशियार थे और अपने को हेगेलवादियों में गिनते थे। 1840 में उनकी मृत्यु हुई और उनकी जगह पर जो नए संस्कृति-सचिव नियुक्त हुए, उन्होंने इन नए दार्शनिकों को सबक सिखाना शुरू किया। ब्रूनो वाउर बौन विश्वविद्यालय में प्रोफेसर बनकर जाना चाहता था, उसे रोक दिया गया। स्ट्रौस को हेल-विश्वविद्यालय में प्रोफेसर की जगह नहीं दी गई। ब्रूनो को इस पर बहुत क्षोभ हुआ और उसने तय किया कि बौन जाकर वह एक अखबार निकालेगा। मार्क्स ने तब तक अंतिम परीक्षा नहीं दी थी—ब्रूनो उन्हें तंग करने लगा कि जल्द परीक्षा की झंझट से मुक्ति पाओ और मेरे साथ अखबार में काम करो। लेकिन दिक्कत मार्क्स के लिए भी थी। यदि वह प्रूशिया के अंदर किसी विश्वविद्यालय से अंतिम परीक्षा देते हैं तो संभव है, वहाँ के कट्टरपंथी प्रोफेसर नीचा दिखाने की कोशिश करें। फलतः उन्होंने तय किया कि वह किसी छोटे से विश्वविद्यालय से डॉक्टर ऑफ फिलासफी—दर्शनाचार्य की उपाधि प्राप्त करेंगे, फिर अपनी थीसिस को प्रकाशित कराकर अपनी योग्यता की धाक प्रूशिया के पंडितों पर जमाएँगे।

5

दर्शन का आचार्य

कार्ल मार्क्स ने इस निर्णय को कार्यान्वित किया। उन्होंने जेना-विश्वविद्यालय में अपनी थीसिस पेश की। थीसिस का विषय था—'डिमोक्रिटस और इपिक्यूरस के प्राकृतिक दर्शन में अंतर'। 15 अप्रैल, 1841 को जेना-विश्वविद्यालय ने उन्हें—'दर्शनाचार्य' —डॉक्टर ऑफ फिलास की उपाधि देकर सम्मानित किया।

पहले लिखा जा चुका है कि मार्क्स का ध्यान ग्रीक-दर्शन की ओर प्रारंभ में ही आकृष्ट हुआ था। मार्क्स ग्रीक-दर्शन पर एक बृहद् ग्रंथ लिखना चाहते थे। यह थीसिस उसकी भूमिका मात्र थी। इसमें मार्क्स ने ग्रीक-दर्शन के दो आचार्यों को लिया था और दोनों के सिद्धांतों पर तुलनात्मक अध्ययन किया था। डिमोक्रिटस प्रारंभिक ग्रीक-दार्शनिकों में पहला आदमी था जिसने भौतिकवाद को गहरे पकड़ा था। नहीं से कुछ नहीं पैदा हो सकता। जो है, उसे कोई नष्ट नहीं कर सकता। जितने परिवर्त्तन हैं, वे अवयवों के सम्मिलन और विशृंखलन के परिणाम हैं। अकारण कुछ नहीं होता, जो कुछ होता है उसमें तर्क है, उसकी आवश्यकता होती है। संसार में शून्य स्थान है और परमाणु हैं। इनके अलावा और सबकुछ विडंबना है। परमाणु असंख्य हैं, उनके रूप

अगणित हैं। वे शून्य में सदा गिरते रहते हैं। बड़े परमाणु तेजी से गिरते हैं, छोटे परमाणु से टकराते हैं। इससे गति पैदा होती है, घूर्णियाँ बनती हैं और इनसे ही संसार की सृष्टि होती है। अगणित संसार साथ-साथ और क्रमशः बनते और बिगड़ते रहते हैं।

इपिक्यूरस ने डिमोक्रिटस के इस सिद्धांत को लिया, किंतु उसमें कई परिवर्त्तन और परिवर्द्धन किए। उनमें मुख्य यह है कि वे परमाणु सीधे नहीं गिरते, बल्कि तिरछे गिरते हैं। इपिक्यूरस के इस तिरछे गिरनेवाले सिद्धांत की बहुत लोगों ने पीछे चलकर खिल्ली उड़ाई, कांट ने तो उस पर गुस्ताखी का भी आरोप लगाया। मार्क्स ने भी इपिक्यूरस के इस सिद्धांत को गलत बताया। किंतु प्राकृतिक पदार्थों के उद्‌भव और विनाश की कल्पना के संबंध में गलती करके भी कोई दार्शनिक विचारों के क्षेत्र में कमाल की बात कह सकता है, यह उनकी मान्यता थी। इपिक्यूरस का दोष यह था कि वह अपनी इन ज्ञानेंद्रियों को ही सत्य की माप का आधार मानता था—वह कहता था कि सूर्य का वृत्त दो फुट का ही है, क्योंकि आँखों से वह ऐसा ही दिखाई पड़ता है। किंतु इपिक्यूरस वैज्ञानिक नहीं था, वह दार्शनिक था,—हम इस पर ध्यान रखें। वह प्रकृति पर अनुसंधान नहीं कर रहा था, किंतु प्रकृति के नियमों से अपने दार्शनिक निष्कर्षों को सही साबित करने की कोशिश कर रहा था।

इपिक्यूरस की खूबी यह है कि जहाँ डिमोक्रिटस परमाणु के अस्तित्व पर ही संतोष कर गया; वहाँ उसने उसके रूप, स्थिति, गति और सार पर भी विचार किया। परमाणु सिर्फ संसार के अस्तित्व के ही कारण नहीं हैं, बल्कि उन्हीं के चलते व्यक्तिगत आत्मचेतना का भी उद्‌भव होता है। जब तक परमाणु सीधे गिरते रहेंगे, व्यक्तियों में स्वतंत्र इच्छाशक्ति का जन्म कैसे होगा? व्यक्तियों में हम स्वतंत्र आत्म-चेतना पाते हैं, तो यह निश्चय है कि परमाणु एक सीधी पंक्ति में नहीं गिरते होंगे। यों इपिक्यूरस डिमोक्रिटस के भौतिकवाद में पंख लगा देता है और मार्क्स निस्संकोच उसे ग्रीस का 'सबसे बड़ा ज्ञानदाता' मान लेते हैं।

इस थीसिस से ही पता चल गया था कि मार्क्स साधारण व्यक्ति नहीं हैं, एक महान दार्शनिक के लक्षण इसकी पंक्ति-पंक्ति से प्रकट हो रहे थे। इसके लिखने में शुरू से अंत तक मार्क्स ने द्वंद्वात्मक पद्धति को अपनाया था और उनकी शैली से उनकी अभिव्यक्ति की शक्ति फूटी पड़ती थी। पद्धति और शैली दोनों में अपने गुरु हेगेल के पाँव-पर-पाँव रखकर, इस छोटी-सी उम्र में ही, चलते नजर आते हैं। इसमें शक नहीं कि डिमोक्रिटस की कदर इधर के अनुसंधानों से बढ़ गई है किंतु मार्क्स इपिक्यूरस पर जो लट्टू थे, उसका कारण उनकी प्रवृत्ति में छिपा हुआ था। मार्क्स के लिए जीने का अर्थ काम करना और काम करने का अर्थ था लड़ना। डिमोक्रिटस के सिद्धांत में उन्होंने क्रियाशीलता का अभाव पाया था और इस अभाव को वह भौतिकवाद का सबसे बड़ा दोष मानते थे। 'मैं न तो बिजली से डरता हूँ, न भगवान से, न इंद्र के वज्र से।' कवि की यह वाणी मार्क्स की नस-नस में व्याप्त थी और इपिक्यूरस के दर्शन में उन्होंने इस वाणी की व्याख्या पाई थी।

अपनी इस थीसिस को कार्ल मार्क्स ने अपने ससुर को अर्पित किया था। उसकी भूमिका में मार्क्स ने लिखा था—जब तक दर्शन के विश्वविजयी और अजेय हृदय में रक्त की एक बूँद भी चंचलित है, तब तक वह इपिक्यूरस के इन शब्दों में अपने शत्रुओं को ललकारते रहेंगे—"नास्तिक वह नहीं है जो जनसमूह के भगवान को नहीं मानता, बल्कि नास्तिक शिरोमणि वह है जो भगवान के बारे में जनसमूह के विचारों को सिर झुकाकर मान लेता है।" इस भूमिका की समाप्ति कार्ल मार्क्स ने शहीद संत प्रोमेथ्यूज के उन शब्दों में की थी, जिन्हें उसने भगवान के दूत को संबोधित करके कहा था—"मैं तुम्हें साफ कह दूँ; मुझे सभी भगवानों से घृणा है! तुम्हारी घृणित दासता की अपेक्षा, याद रखो, मैं अपने वर्तमान असमय की अवस्था में ही रहना ज्यादा पसंद करूँगा!" ब्रूनो बाउर इन अंतिम पंक्तियों की आवश्यकता महसूस नहीं करता था। किंतु शायद वह भूल गया था कि मार्क्स उसकी मिट्टी के नहीं बने हुए थे!

6

पत्रकार का जीवन

मार्क्स ने दर्शनाचार्य की उपाधि तो ली, किंतु थोड़े ही दिनों में पाया कि उनके उपाधि-पत्र की कोई कीमत नहीं है। प्रूशिया का कोई विश्वविद्यालय उन्हें अध्यापक का पद नहीं दे सकता। बौन-विश्वविद्यालय में कोई जगह पा जाने की आशा मार्क्स को थी, किंतु थोड़े ही दिनों में इस ओर से भी निराशा प्राप्त हुई। अब रह गया पत्रकार बनना जिसके लिए ब्रूनो बाउर ने उन्हें निमंत्रण दे रखा था, किंतु इस ओर कदम बढ़ाना भी मुश्किल था। प्रूशिया के राजा ने प्रेस के नियंत्रण के लिए ऐसे नियम जारी कराए, जिन्हें देखते ब्रूनो या मार्क्स-ऐसे आदमी के लिए अखबार का निकालना मुश्किल हो गया।

ब्रूनो बाउर ने उस समय एक पुस्तिका 'चुनौती' नाम से निकाली, जिसके लेखक की जगह उसने अपना उपनाम रख दिया था। इस पुस्तिका में हेगेल के शब्द से ही सिद्ध किया गया था कि वह भगवान को नहीं मानता था। इस पुस्तिका को लेकर बहुत तूमार उठा; यह पुस्तिका जब्त तक की गई। हो सकता है, अपना नाम खुलकर दिए होता तो ब्रूनो संकट में भी पड़ता। 'चुनौती' का दूसरा भाग भी प्रकाशित करने का विचार नवयुवक हेगेलवादियों ने किया; उसके लिए कार्ल मार्क्स ने भी एक लेख लिखा; किंतु यह दूसरी पुस्तिका प्रकाश में नहीं आ सकी। इसी समय मार्क्स बीमार पड़े, और उनके ससुर भी। ससुरजी चल बसे, मार्क्स का लिखना-पढ़ना थोड़े दिनों के लिए बंद रहा।

रूज नामक एक प्रतिभावान जर्मन नवयुवक था जो एक अखबार निकाला करता था। लेकिन प्रेस-सेंसर के चलते उसे भी कठिनाई हो रही थी, अतः उसने स्वीट्जरलैंड से 'अनेकडोटा' नामक एक पत्रिका निकालने का विचार किया। मार्क्स ने इस पत्र के लिए दो लेख लिखे—जिनमें एक प्रेस-सेंसर पर था। इसी लेख के साथ मार्क्स ने राजनीति में प्रवेश किया।

राजनीति में प्रवेश करने के बाद मार्क्स 'अनेकडोटा' ऐसी दार्शनिक पत्रिका में अपने को उलझाए नहीं रख सके। जनवरी, 1842 से राइनलैंड के कोलन शहर से 'राइनिश जीटुंग' नामक एक अखबार निकलने लगा, मार्क्स ने उसी के साथ अपना संबंध स्थापित किया। 'राइनिश जीटुंग' पहले सरकार-विरोधी पत्र नहीं था। कोलन के पूँजीवादियों ने इस पत्र की स्थापना की थी और सरकार की कृपा भी इसे प्राप्त थी। किंतु संपादक-मंडल में जो दो नवयुवक लिए गए थे, वे युवक हेगेलवादियों की बिरादरी के निकले। उन्होंने इस पत्र में युवक हेगेलवादियों के लेख छापना शुरू किया। कार्ल मार्क्स से भी उन्होंने घनिष्ठता स्थापित की। कार्ल मार्क्स उसके लिए लेख ही नहीं देते रहे, ट्रायर से कोलन चले आने का भी सोचा जिसमें संपादन में भी कुछ सहायता दे सकें। किंतु कोलन की आबहवा उनके अनुकूल नहीं पड़ी, वह बोन में आकर रम गए जहाँ से ब्रूनो बाउर हाल ही विदा हो चुका था। "यह दुर्भाग्य की बात होगी कि यहाँ पर कट्टरपंथियों से छेड़खानी करने के लिए कोई नहीं रह जाए।" बोन में रहने का उनका यह तर्क था।

मार्क्स आदि युवक हेगेलवादियों के लेखों की इतनी प्रधानता 'राइनिश जीटुंग' में हुई कि बर्लिन का आसन डोल उठा। जब मार्क्स की सिफारिश पर रूटेनबर्ग उसका संपादक बनाया गया, तब तो सरकारी हलक़े में हलचल मच गई। किंतु तो भी इस पत्र से इसलिए छेड़छाड़ नहीं की गई कि उसी समय कोलन से 'कोलनिश जीटुंग' नामक पत्र निकलता था, जो प्रूशिया की सरकार का खुलेआम विरोध कर रहा था। उस पत्र की तीव्र उग्रवादिता को दबाने के लिए यह आवश्यक समझा गया कि 'राइनिश जीटुंग' को जिंदा रहने दिया जाए।

'राइनिश जीटुंग' में कार्ल मार्क्स ने जमकर लिखना शुरू किया। पहले उसने राइन-प्रदेश की धारासभा पर कई लेखमालाएँ लिखीं। पहली लेखमाला में छः लेख प्रेस की स्वाधीनता पर लिखे गए। धारासभा में दिए गए व्याख्यानों को भी स्वतंत्रतापूर्वक छापने का अधिकार अखबारों को नहीं दिया गया था। उन्होंने सरकार के

इस हुक्म की खिल्ली उड़ाते हुए धारासभा पर व्यंग किया—मालूम होता है, हमारी धारासभा रोशनी से घबड़ाती है। अपनी कार्रवाई को छिपाकर रखना उसके स्वरूप के अनुकूल ही है। फिर उन्होंने सदस्यों पर फब्ती कसी—"जनता ने आपको अपने हकों की रक्षा करने का भार दिया; आपने जनता द्वारा दी गई इज्जत को मजे में स्वीकार कर लिया। लेकिन उसका मतलब यह तो नहीं है कि आप अपनी कार्रवाइयों को, अपने चरित को, जनता के समक्ष रखने को बाध्य किए जाएँ! जनता ने आप पर विश्वास किया, तो इसका यह मानी थोड़ी ही है कि जनता आपके पीछे खुफिया बनकर पड़ी रहे।" मार्क्स के हृदय में धारासभाओं और उसके सदस्यों के प्रति जो घृणा का भाव पैदा हुआ, वह दिन-दिन बढ़ता ही गया और जिंदगी में कभी वह उनके प्रति आदर का भाव नहीं रख सका। प्रेस की स्वाधीनता के बारे में लिखी गई इस लेखमाला को पढ़कर रूज ने कहा था—"इस संबंध में इससे अच्छी और गंभीर चीज शायद ही कभी कही गई हो। एक पूँजीवादी ने वह विचार प्रकट किया था कि प्रेस और व्यापार दोनों को पूरी स्वाधीनता मिलनी चाहिए।" उस पर मार्क्स ने लिखा था—"क्या प्रेस अपने को व्यापार की कोटि में गिरा देगा? प्रेस की स्वाधीनता का मानी ही यह है कि वह अपने को व्यापार से आजाद कर ले। जो लेखक प्रेस को भौतिक सुखसाधन का जरिया बना लेता है, वह सेंसर की सजा के लिए उपयुक्त पात्र है, या शायद उसका अस्तित्व ही उसकी सजा है।" मार्क्स अपनी जिंदगी-भर इस नियम पर चलते रहे। अपने विचारों के लिए अपने जीवन को भी उत्सर्ग करने को जो लेखक तैयार नहीं, मार्क्स उन लेखकों को लेखनकला का कलंक मानते रहे।

कार्ल मार्क्स की दूसरी लेखमाला एक धार्मिक विवाद को लेकर लिखी गई थी। कोलन के बड़े पादरी पर एक धार्मिक मामले को लेकर प्रूशिया की सरकार नाराज हुई; उसे गिरफ्तार कर जेल में रख दिया। मार्क्स का कहना था कि यह भी तमाशा है कि धर्म ने राजनीति की शरण ली है और राजनीति ने धर्म की। किंतु सेंसर ने इस लेखमाला को छपने नहीं दिया। मार्क्स की तीसरी लेखमाला थी जंगल से लकड़ी काटने के अधिकार के संबंध में। इस लेखमाला में मार्क्स ने पाँच लेख लिखे। उन्होंने बताया कि जंगल से लकड़ी काटने का अधिकार समाज के हर व्यक्ति को है। जनता को प्रकृति के इस दान से रोकना अपराध है, न कि इस अधिकार का उपभोग करना। 1836 में इस अपराध में डेढ़ लाख आदमियों को सजा हुई थी। वे लोग बिलकुल गरीब थे, गरीबों में सबसे गरीब थे। मार्क्स ने कहा—"धारासभा ने ऐसा कानून बनाकर सिर्फ लकड़हारों और गरीब किसानों को ही मिटाने की कोशिश नहीं की है, उसने कानून का अंगभंग किया है, उसके कलेजे में छुरा भोंका है।" मार्क्स ने इस लेखमाला में जंगल, जमीन, राज्य आदि के संबंध में विस्तृत विवेचना की और हेगल के आदर्श राज्य प्रूशिया के राज्य की तुलना करते हुए बताया कि राज्य को यदि सर्वमान्य होना है, तो उसे व्यक्तियों से ऊपर उठना पड़ेगा। कार्ल मार्क्स तब तक समाजवाद के निष्कर्ष तक नहीं पहुँच पाए थे।

मार्क्स की इस लेखमाला के तीन ही लेख 'राइनिश जीटुंग' में छपे थे कि वह इस पत्र के संपादक बना दिए गए। संपादक बन जाने के बाद उन्होंने 'राइनिश जीटुंग' के स्टैंडर्ड को और भी ऊँचा करने की कोशिश की। किंतु इस प्रयत्न में उन्हें अपने पुराने साथियों से ही बाधाएँ मिलने लगीं। जब तक रुटेनबर्ग संपादक था, वह सभी मित्रों के लेख बिना काट-छाँट या चुनाव के ही दे दिया करता था। किंतु मार्क्स इसे बर्दाश्त नहीं कर सकते थे। खासकर उन्हें उन लोगों से चिढ़ थी, जो हमेशा ही आग उगलने की कोशिश करते थे। मार्क्स ने उस समय अपने एक मित्र को लिखा कि वह आधारहीन शिकायतों, शब्द के झंकारों और आत्मप्रशंसाओं की जगह यथार्थ परिस्थिति का विस्तृत विवेचन और विषय का पूर्ण व्यावहारिक ज्ञान पसंद करते हैं। सोशलिज्म या कम्यूनिज्म के कुछ चुने हुए शब्दों और मुहावरों को दुहराते जाना सिर्फ बुरा ही नहीं है, अनैतिक भी है। समाजवाद पर लिखना है तो दूसरी तरह से और विस्तृत रूप से लिखा जाए। यों ही धर्म की आलोचना करनी हो तो तत्कालीन राजनीतिक परिस्थिति की आलोचना से शुरू करना आवश्यक है, क्योंकि धर्म आसमान से नहीं उतरा है, वह जमीन की चीज है, और ज्योंही राजनीति और सामाजिक स्थिति में परिवर्तन होगा, वह आप ही नष्ट हो जाएगा। और दर्शन का विवेचन खामखा नास्तिकता से ही नहीं शुरू किया जाना चाहिए, बल्कि जनता को

उसका सही अर्थ समझाने की कोशिश करनी चाहिए।

खैर, मित्रों और पुराने साथियों का कोपभाजन बनते हुए भी कार्ल मार्क्स ने 'राइनिश जीटुंग' की प्रतिष्ठा और प्रसिद्धि बढ़ा दी। जहाँ 8 अगस्त को वहाँ के गवर्नर ने प्रूशिया को खबर दी थी कि इस पत्र की ग्राहक संख्या सिर्फ 885 है, वहाँ 15 अक्टूबर को मार्क्स द्वारा संपादन-भार ग्रहण करने के बाद, 10 नवंबर को उसने लिखा कि उसकी ग्राहक संख्या बढ़कर 1820 हो गई है और उसका रुख दिन-दिन विरोध और औद्धत्य की ओर जा रहा है। सरकार की नजर कड़ी होती जाती थी कि इसी समय विवाह-संबंधी एक प्रस्तावित कानून का मसविदा 'राइनिश जीटुंग' ने छापकर मानो आग में घी डाल दिया। यह कानून बहुत ही दकियानूसी था। उसके खिलाफ एक अजीब कोलाहल शुरू हो गया। सरकार ने तुरत हुक्म दिया कि पत्र का संपादक हटा दिया जाए। अब तक संपादक की जगह पर रुटेनबर्ग का ही नाम था; वह बेचारा—हटाया गया। किंतु सरकार ने अब यह माँग की कि किसी जिम्मेवार संपादक को उसके स्थान पर मुकर्रर करो और सरकार 12 दिसंबर तक देखेगी कि पत्र का नया रुख क्या होता है, तब कोई स्थायी आज्ञा दी जाएगी।

किंतु इसके अंदर ही फिर बखेड़ा शुरू हो गया। 'राइनिश जिटुंग' में दो लेख छपे, जिसमें मोसेल के किसानों की दयनीय हालत का वर्णन था। प्रूशिया की सरकार ने धमकी का एक खत भेजा और उस लेख में संशोधन छापने को भेजा। सरकार के संशोधन को मार्क्स ने छाप दिया। बात उस समय टल गई। किंतु जनवरी के अंतिम हिस्से में मोसेल के किसानों पर होनेवाले अत्याचारों की जाँच-पड़ताल कराकर मार्क्स ने सबूत के साथ पाँच लेख छापे। इन लेखों में राइनलैंड के अफसरों का पर्दाफाश कर दिया; बर्लिन तक शिकायत पहुँचाई और 21 जनवरी को प्रूशिया के राजा ने हुक्म दिया कि 'राइनिश जीटुंग' को बंद कर दिया जाए। इस खबर से राइनलैंड-भर में सनसनी फैल गई। अखबार के शेयर होल्डरों का एक डेपुटेशन बर्लिन गया, जनता की ओर से हजारों के दस्तखत से सरकार के पास प्रार्थना पत्र भेजे गए; किंतु हुआ कुछ नहीं। हाँ, तीन महीने के लिए और निकालने का हुक्म इस शर्त पर मिला कि आगे से अब सरकार के खिलाफ यों खुलकर नहीं लिखा जाएगा। उस समय मार्क्स ने अपने एक मित्र को लिखा था—"फाँसी पड़ने के दिन के इंतजार में हम दुहरे सेंसर की चक्की में पिस रहे हैं। सेंसर-अफसर के ऊपर भी सेंसर है।...यदि हम कोई ऐसी चीज छाप दें जिसकी गंध पुलिसवालों की नाक को नहीं आए, तो बस उसी दिन हमारा अखबार बंद कर दिया जाएगा।" किंतु यह लुकाछिपी कब तक चल सकती थी। पुलिसवालों के हस्तक्षेप से ऊबकर उस सेंसर-अफसर ने इस्तीफा दे दिया। जो दूसरा अफसर आया, वह चरितभ्रष्ट आदमी था। एक ओर वह बर्लिन के युवक हेगेलवादियों से साँठ-गाँठ जोड़े हुए था, दूसरी ओर रंडीखाने की सैर किया करता था। मार्क्स को उसने खूब तंग किया और 18 मार्च को उसने बर्लिन के अपने आक्रांतों को यह खुशखबरी भेजी थी कि—"कल डॉक्टर मार्क्स ने इस्तीफा दे दिया। मैं इससे बहुत खुश हूँ; क्योंकि आज मुझे सेंसर के काम में सिर्फ एक चौथाई वक्त देना पड़ा है।"

मार्क्स इसके लिए अपने को पहले से ही तैयार कर चुके थे। इस्तीफे के पहले ही उन्होंने अपने एक दोस्त को लिखा था—"मैं सानंद इस्तीफा दे रहा हूँ; क्योंकि मैं जानता हूँ कि 'राइनिश जीटुंग' पर किया गया यह प्रहार राजनीतिक चेतना की वृद्धि का सूचक है। उस वातावरण में मेरी साँस घुट रही थी। आजादी के लिए लड़ना ठीक है, किंतु तलवार के बदले सुई लेकर लड़ना मुझसे नहीं हो सकता। मैं सरकार के पाखंड, मूर्खता और पशुता से ऊब उठा हूँ तो अपने लोगों की कायरता, आज्ञापालकता और धूर्तता से भी मैं कम बेजार नहीं हूँ। इस इस्तीफे से मुझे आजादी मिल गई है। मेरे लिए जर्मनी में अब जगह नहीं। यहाँ रहना अपने को पतित बनाना है।"

7

विवाह और वनवास

मार्क्स जिस समय पत्रकार जीवन के प्रारंभ में ही संघर्षों का मुकाबला कर रहे थे, मालूम होता है, उनका घर भी शांति का आवास नहीं रह गया था। उन्होंने अपने व्यक्तिगत जीवन के सुख-दुःखों पर बहुत ही कम लिखा है। सार्वजनिक सुख-दुःखों के समक्ष वह व्यक्तिगत हानि-लाभों को बहुत ही तुच्छ स्थान देते थे—अपने भाग्य पर रोने की आदत उनमें नहीं थी। 9 जुलाई 1842 को, उन्होंने रूज को 'अनेकडोटा' में नहीं लिख सकने का कारण बताते हुए लिखा—"मेरा बाकी समय अत्यंत दुःखप्रद पारिवारिक विवादों में बर्बाद हो जाता है। मेरा परिवार सुखी है, किंतु उसने मेरे लिए कितनी कठिनाइयों की सृष्टि कर दी है, जिससे मेरा बुरा हाल है। मैं अपने व्यक्तिगत झंझटों के वर्णन से आपको परेशान करना नहीं चाहता, हमारे लिए यह सौभाग्य की बात है कि सार्वजनिक कार्यों की ही इतनी चिंता रहती है कि व्यक्तिगत उलझनें हमें बहुत कम परेशान कर पाती हैं।" इस पत्र में मार्क्स के चरित की दृढ़ता टपकी पड़ती है।

उसी पत्र में मार्क्स ने यह भी चर्चा की है कि प्रेम के सात साल बीत गए, वह अब विवाह में विलंब नहीं कर सकते। उनके ससुर की मृत्यु हो चुकी थी। उनकी सास उस समय क्रूजनाख़ में रहती थीं। कुमारी जेनी ने मार्क्स के लिए जो बलिदान किया था, उसकी अधिक उपेक्षा नहीं की जा सकती थी। उसके संभ्रांत परिवार के अन्य सभी लोग इस विवाह-संबंध से खुश नहीं थे। उन लोगों की दिन-रात की प्रताड़ना से वह बेचारी परेशान रहती थी। उसका स्वास्थ्य इधर अच्छा नहीं रहता था। अतः तुरत शादी कर लेना आवश्यक था। किंतु, इस इस्तीफे और उक्त पारिवारिक झंझटों ने मार्क्स के लिए आमदनी के सारे जरिए बंद कर दिए थे। इस गाढ़े वक्त पर रूज की दोस्ती काम आई। एक नया अखबार निकालने का आयोजन हुआ। किंतु यह अखबार जर्मनी से तो निकाला नहीं जा सकता था। तय हुआ कि पेरिस से निकाला जाए। यों मार्क्स का विवाह और वनवास साथ-साथ आया। रूज ने उस अखबार के संपादन के लिए 500 थेलर मासिक देना तय किया और इसी आय पर तकियाकर 19 जून 1843 में जेनी से शादी कर ली।

शादी के बाद कुछ महीनों तक कार्ल मार्क्स अपनी सास के साथ ही रहकर मधुयामिनी मनाते रहे। नवंबर आते-आते दोनों प्राणी पेरिस के लिए रवाना हुए। अपने देश को छोड़ते हुए दोनों को कम कष्ट नहीं हुआ; किंतु सिद्धांत और कार्य की धुन में सबकुछ बर्दाश्त किए जाना महान पुरुषों के भाग्य में सदा लिखा रहा है।

इसी जमाने में कार्ल मार्क्स का परिचय लुडविक फुअरबाख़ से हुआ। फुअरबाख़ ने 'ईसाई धर्म का मूलतत्त्व' नामक एक पुस्तक लिखी। उस पुस्तक से मार्क्स बहुत प्रभावित हुए। उस पुस्तक में फुअरबाख़ ने सिद्ध किया कि आदमी ही धर्म का पिता है न कि धर्म आदमी का। और आदमी ने परमात्मा की जो कल्पना की है उसका आधार उसका अपना व्यक्तित्व है। किंतु मार्क्स ने यह अनुभव किया कि अब यह पुस्तक कुछ आउट-आफ-डेट है। क्योंकि अब विवाद धर्मक्षेत्र से उतरकर भौतिक क्षेत्र में, राजनीति में चला आया है। उन्होंने एक पत्र में अपने विचारों को यों लिखा है—'फुअरबाख़ की पुस्तक का सिर्फ एक पहलू मुझे पसंद नहीं आया। उन्होंने प्रकृति को ज्यादा स्थान दिया है, राजनीति को कम। दर्शन का उद्धार अब तभी संभव है जब उसका गठबंधन राजनीति से हो।" जर्मनी से विदा होते समय का जो आखिरी खत मार्क्स का लिखा हुआ प्राप्त हो सका है, वह फुअरबाख़ के नाम से है, जिसमें उन्होंने उससे अपने अखबार के लिए लेख की माँग की है। फुअरबाख़ ने मार्क्स की माँग नहीं पूरी की। वह देहात का शांत जीवन पसंद करता था; संघर्षों से वह घबड़ाता था। देहात का यह एकांत उसके जीवन को एकाकी बनाने लगा। एक सितारा की तरह कुछ देर चकमक कर वह शांत हो गया।

1

पेरिस में पहला साल

जिस अखबार को पेरिस से निकालना था, उसे वार्षिक रूप में प्रकाशित करना था। यह वार्षिक पत्रिका खास जर्मनी की चीज थी। सेंसर का नियम छोटे-छोटे प्रकाशनों पर ही लागू था; 20 फर्मे से ज्यादा की पुस्तक या पत्रिका तो उसके शिकंजे में आ ही नहीं सकती थी। अतएव जो लोग कुछ गरमागरम मसाला देना चाहते, वे वार्षिक पत्रिका के रूप में उसे निकालते। मार्क्स की इस पत्रिका की खास विशेषता यह थी कि उसमें फ्रांस और जर्मनी की प्रतिभाओं का सम्मेलन कराने का प्रयत्न किया गया था। रूज का मत था कि जर्मन दर्शन का फ्रेंच राजनीति से गठबंधन होना चाहिए। जर्मन और फ्रेंच प्रतिभा यदि एकत्र होकर आगे बढ़े, तो सिर्फ इन दो देशों का ही कल्याण नहीं हो, यूरोप भी एक नया पथप्रदर्शन पाए। इस आदर्श के अनुसार ही उस पत्रिका का नाम 'ड्यूत्स्ख्र-फ्रांज़ोइश जहरबुख़र' रखा गया था यानी 'जर्मन-फ्रेंच-वार्षिक'!

पत्रिका का पहला अंक निकला। रूज ने कोशिश की कि फ्रांस के लेखक और विचारक इसमें अपनी रचनाएँ दें, किंतु उन लोगों का सहयोग नहीं प्राप्त हो सका। हाँ, नए जर्मन लेखकों का ऐसा जमावड़ा शायद ही किसी पत्रिका में हुआ हो।

इस पत्रिका में मार्क्स की जो रचनाएँ छपीं, उनसे यह स्पष्ट होता है कि मार्क्स के विचारों में दिन-दिन क्रांति का रंग गाढ़ा होता जाता था और उनकी दूरदर्शी आँखें भविष्य के गहन अंधकार को भेदने में समर्थ होने लगी थीं। आनेवाली दुनिया पर ध्यान देते हुए वह कहते हैं—"हमारे सुधारकों में अराजकता है, वे भविष्य को अच्छी तरह देख नहीं पाते····नए संसार की कल्पना हम पुराने संसार की आलोचना में ही प्राप्त कर सकते हैं····आवश्यकता यह नहीं है कि हम भविष्य का एक पूरा खाका बना लें और हमेशा के लिए सभी समस्याओं का हल ढूँढ़ लें। हमारा काम तो है वर्तमान की आलोचना निर्भयता से करते जाना। निर्भयता से मेरा मतलब है कि हम अपने विश्लेषण के परिणामों से खुद न घबरा उठें और न हुकूमत करनेवाली ताकतों से डरें ही। उस समय समाजवाद के नाम पर जो चीजें लिखी जाती थीं, उनमें राजनीति से जान-बूझकर परहेज किया जाता था। राजनीति को वे तुच्छ बताते और एक काल्पनिक समाज का ढाँचा जनता के सामने रख देने में ही अपने कर्त्तव्य की इतिश्री समझते थे। मार्क्स ने गरजकर ऐसे लोगों से कहा—"हमारी आलोचना राजनीतिक आलोचना से ही शुरू होनी चाहिए। यही नहीं, हमें राजनीति में हिस्सा लेना चाहिए, यथार्थ संघर्ष में शामिल होना चाहिए। तभी हम कोरे तर्क से ऊपर उठेंगे और एक नए विश्वास के साथ कह सकेंगे—सत्य यह है. इसके सामने सिर झुकाओ, इसकी पूजा करो। संसार के पुराने नियमों में से ही हम नए संसार का नियम निकाल सकते हैं। हमें संसार से यह नहीं कहना है—झगड़ा बंद करो, तुम मूर्ख हो, हमारी बात सुनो, सत्य हमारे पास है। बल्कि इसकी जगह हमें संसार को समझाना है कि संघर्ष होते क्यों हैं और इस तथ्य को उसे समझना पड़ेगा चाहे उसकी ओर से वह कितनी भी आँखें मूँदे।"

यह पत्रिका मार्क्स और रूज दोनों के संयुक्त संपादन में निकली थी। रूज बीमार था, इसलिए सब काम मार्क्स को ही करना पड़ा था। किंतु पत्रिका जैसी निकली, उससे वह प्रसन्न था। किंतु इस पत्रिका का दूसरा अंक नहीं निकल सका। क्योंकि बीच ही में एक प्रसंग को लेकर रूज और मार्क्स में कहासुनी हो गई। फिर आर्थिक झंझटें भी आईं। रूज उन लोगों में था, जो सिद्धांत से बढ़कर पैसे को महत्त्व देते हैं। रूज का जो साझीदार था, उसने अधिक पैसे लगाने में अपनी असमर्थता प्रकट की। इधर प्रूशिया की सरकार ने इस पत्रिका पर धावा बोल

दिया। उसने 18 अप्रैल 1844 को घोषित किया कि 'जहरबुख़र' में राजद्रोह का जहर भरा है; उसकी जो प्रतियाँ मिलें, उन्हें जब्त कर लिया जाए और रूज और मार्क्स यदि जर्मनी की जमीन पर पैर रखें, तो उन्हें तुरत गिरफ्तार कर लिया जाए। फ्रांस की सीमा पर सख्त पहरे बिठला दिए गए और 'जहरबुख़र' की 100 प्रतियाँ राइन नदी में चलनेवाले एक जहाज पर से जब्त कर ली गईं और 200 प्रतियाँ फ्रांस की सीमा पर के एक शहर में जब्त की गईं। पत्रिका की अधिक प्रतियाँ नहीं छपी थीं, इसलिए यह घाटा भी उसके लिए असह्य हुआ। रूज ने मार्क्स को उनका मुशाहरा रुपए के रूप में नहीं देकर पत्रिका की कापियों के रूप में दिया। मार्क्स पर यह अत्याचार था। किंतु तो भी उन्होंने रूज से पत्रिका को जारी रखने का आग्रह किया; किंतु वह अपनी जेब खाली कर देने को तैयार नहीं था। पत्रिका बंद कर दी गई।

इस पत्रिका में मार्क्स के बड़े महत्त्वपूर्ण दो लेख निकले। एक में हेगेल के कानून के दर्शन की आलोचना की गई थी और दूसरा, ब्रूनो बाउर-लिखित यहूदी धर्म की दो पुस्तकों की आलोचना के रूप में एक स्वतंत्र लेख था। दोनों लेख दो भिन्न विषयों पर होने पर भी दोनों की विचारधारा में एकरूपता है। पहले लेख में हम सर्वहारा के संघर्ष की दार्शनिक रूपरेखा पाते हैं और दूसरे में समाजवादी समाज की दार्शनिक रूपरेखा। मार्क्स का कहना था कि ऐतिहासिक विकास का ज्ञान समाज के अध्ययन से प्राप्त होगा न कि राज्य के अध्ययन से जैसा कि हेगेल का कहना है। पहले लेख को उसने फुअरबाख़ के उस वाक्य की छानबीन से शुरू किया है जिसमें उसने कहा है कि आदमी ही धर्म का पिता है। मार्क्स ने बताया कि यह तो ठीक, किंतु आदमी समाज या संसार से बाहर का कोई किंरूप किमाकार प्राणी नहीं है। इसलिए धर्म के खिलाफ किया गया युद्ध संसार के खिलाफ का युद्ध हो जाता है। हम यदि गौर करके देखेंगे तो पाएँगे कि स्वर्ग की आलोचना यथार्थतः पृथ्वी की आलोचना है, धर्म की आलोचना कानून की आलोचना है और ईश्वरवाद की आलोचना राजनीति की आलोचना। मार्क्स ने इस कथन की पुष्टि में जर्मनी के इतिहास के उदाहरण पेश किए हैं और बताया है कि किस तरह सामाजिक परिवर्तन के साथ धर्म, कानून आदि परिवर्तित होते रहे हैं। इस परिवर्तन के सिलसिले में जर्मनी में सर्वहारा दल पैदा हुआ है। जिस तरह दर्शन अपना भौतिक आधार सर्वहारा में प्राप्त करता है, उसी तरह सर्वहारा अपना दिमागी हथियार दर्शन में प्राप्त करेगा। ज्योंही साधारण जनता के दिमाग में विचारों की बिजली कौंधेगी, जन-जाति अपने को मुक्त करके मनुष्य के रूप में संसार के सामने खड़ी होगी। जर्मन-जाति की इस मुक्ति का अर्थ होगा मानवता की मुक्ति।

दूसरे लेख में मार्क्स ने राज्य, समाज और धर्म पर विस्तृत विवेचन किया है। इन दोनों लेखों में इतिहास की आर्थिक व्याख्या का अंकुर स्पष्ट झलकता है।

2

समाजवाद की ओर

अब तक कार्ल मार्क्स हेगेल के दर्शन और उसकी तर्कप्रणाली में ही तैरते रहे थे, फ्रांस आकर उन्होंने अपने सामने ज्ञान का एक अपार सागर लहराता हुआ पाया। फ्रांस की क्रांति ने फ्रांसीसी विचारकों के मस्तिष्क को झकझोर डाला था और वे भिन्न-भिन्न विचारक्षेत्रों में तेजी से अनुसंधान और अनुशीलन कर रहे थे। खासकर भौतिकवाद पर उनका बहुत झुकाव था और इस भौतिकवाद के आवश्यक परिणामस्वरूप समाजवाद की ओर वे तेजी से प्रवृत्त हो रहे थे।

मार्क्स किसी काम को पिछले ढंग से नहीं करते थे। समाजवाद और भौतिकवाद की ओर जाने के पहले उन्होंने फ्रांस की क्रांति पर ही अध्ययन शुरू किया, जो इनका मूल स्रोत था। मार्क्स ने इस क्रांति पर एक पुस्तक

लिखने का भी आयोजन किया था। मार्क्स उस समय अध्ययन में किस तरह पिले हुए थे, इसका पता चलता है रूज के उस खत से जो उसने फुअरबाख़ को लिखा था। मार्क्स उस समय दिन-रात पढ़ते और काम करते रहते थे। उनके चारों ओर मोटे-मोटे ग्रंथों का ढेर लगा रहता था। तीन-तीन, चार-चार रात तक वह सोते नहीं थे। इस रात्रि-जागरण और गंभीर अध्ययन के कारण वह बीमार भी पड़ गए थे। उनके स्वभाव में अजीब चिड़चिड़ापन आ गया था और बात-बात में वे बिगड़ पड़ते थे। पहले मार्क्स फ्रांस के कुल इतिहास-लेखकों द्वारा लिखे गए इतिहासों को पढ़ गए जिन्होंने ग्यारहवीं सदी से तत्कालीन फ्रांस के संघर्षों पर विस्तृत प्रकाश डाला था। वर्ग और वर्गसंघर्ष की ऐतिहासिक भित्ति मार्क्स को यहीं से प्राप्त हुई। मार्क्स ने खासकर दो इतिहास-लेखकों का उल्लेख किया है—ग्रीजो और थीयरी का। इसके बाद अर्थशास्त्र के क्षेत्र में प्रवेश किया और यहाँ रेकार्डो ने उन्हें प्रभावित किया। फ्रांसीसी अर्थशास्त्र ने उनके वर्गयुद्ध के सिद्धांत को आर्थिक भित्ति दी। मार्क्स ने हमेशा कहा है कि वर्गयुद्ध के सिद्धांत का आविष्कर्ता वह नहीं है। उन्होंने सिर्फ यह किया कि इस बात के सबूत पेश किए कि वर्गों की स्थिति उत्पादन के विकास के सिलसिले में हुए ऐतिहासिक संघर्षों के साथ जुड़ी हुई हैं और वर्गयुद्ध का निश्चित परिणाम सर्वहारा के एकाधिकार के रूप में प्रस्फुटित होगा। किंतु यह एकाधिकार भी स्थायी नहीं होगा, वह समाजवादी समाज में परिणत हो जाएगा जिसमें वर्गों का अस्तित्व सदा के लिए नाश हो चुका होगा। पेरिस में रहते समय ही मार्क्स ने इस विचार-सरणी का निर्माण किया।

भौतिकवादी दर्शन ही वह अमोघ अस्त्र था, जिसको लेकर फ्रांसीसी जनता ने अट्ठारहवीं सदी के शासकों के खिलाफ लड़ाई छेड़ी थी। मार्क्स का झुकाव दर्शन की ओर पहले से ही था—इस दर्शन पर भी वह टूट पड़े और जो कुछ पढ़ने लायक था, सब पढ़ गए। उन्होंने डिस्कारटिस की शाखा की ओर क्रम ध्यान दिया, क्योंकि वह शाखा आगे चलकर प्राकृतिक विज्ञान की ओर मुड़ जाती थी। उन्होंने लोके की शाखा पकड़ी जो सामाजिक विज्ञान पर परिणत हो गया था। हेलबेटियस और हॉलवाश नामक दो दार्शनिकों ने भी नवयुवक मार्क्स के ज्ञान को अधिक प्रदीप्त किया। इन लोगों ने भौतिकवाद को सामाजिक जीवन तक पहुँचा दिया था और यह सिद्ध कर दिखाया था कि मानव-मस्तिष्क में स्वाभाविक समता है, उद्योग के साथ विवेक का भी विकास होता जाता है, मानव-स्वभाव में अच्छाई की ही प्रधानता है और शिक्षा में ऐसी शक्ति है कि वह बची-खुची बुराइयों को दूर कर दे। मार्क्स ने इनके दर्शन को 'यथार्थ मानववाद' कहा था और समाजवाद का सामाजिक आधार माना था।

पेरिस में उस समय समाजवाद की धूम थी। पूँजीवादी पत्र भी उससे अछूते नहीं थे। सर्वहारावर्ग से भी कुछ विचारक ऊपर आए थे और वे अपनी गर्जना से धनिकों के हृदय को दहला रहे थे। लेकिन ज्यादातर ऐसे लोग थे जिन्होंने समाजवाद को सामाजिक कल्याण का एकमात्र उपाय समझकर ग्रहण किया था। संत साइमन और फोरिचे के अनुयायियों का बड़ा बोलबाला था, उनके अपना अखबार था। ईसाई पादरियों का एक दल भी समाजवाद की आवाज बुलंद कर रहा था, जिसमें धार्मिकता की पुट होती थी। बाबूदल में समाजवाद की सबसे अधिक चर्चा थी। कवियों और लेखकों की वाणी से भी समाजवाद फूट रहा था—उपन्यासों, कहानियों और कविताओं में भी समाजवाद ने स्थान ग्रहण कर लिया था।

पेरिस में मार्क्स सिर्फ समाजवादी विचारधारा से ही प्रभावित नहीं हुए; बल्कि उन्होंने वहाँ मजदूरों की संगठित शक्ति का भी बोध किया। मजदूरों ने वहाँ पर अपनी वर्ग-संस्थाएँ ही नहीं बना ली थीं, मजदूरों की कई पार्टियाँ भी बन गई थीं। उनमें पहली पार्टी थी प्रजातंत्री समाजवादी पार्टी, जिसके नेता लुई ब्लैंक आदि थे। इस पार्टी में बाबूदल की भरमार थी। वे लोग मजदूरों के संगठन और काम करने के अधिकार पर जोर देते थे। यद्यपि वे पूँजीवादी समाज पर सीधा हमला करने के पक्षपाती नहीं थे; किंतु मजदूरों के लिए राजनीति में हिस्सा लिए बिना कल्याण नहीं, ऐसा मानते थे। इस तरह मजदूरों में उनके चलते राजनीतिक जाग्रति आ रही थी। दूसरी पार्टी कैबेट की थी और उसमें गरीबों की बहुलता थी। कैबेट टामस मूर का उटोपिया पढ़कर समाजवादी बना था और खुद 'इकारिया की यात्रा' नाम से एक उटोपिया की सृष्टि की थी। किंतु मजदूरों की जो अपनी

पार्टी थी उसका नेतृत्व लेरो और प्राकुधों कर रहे थे। वे दोनों प्रेस में काम करते थे, खुद मजदूर थे और मजदूरों का लड़ाकू झंडा लिए फिरते थे। प्राकुधों ने मार्क्स को बहुत प्रभावित किया—कितनी ही रातें मार्क्स ने उससे बात और बहस करने में गुजार दी थीं। प्राकुधों ने ही कहा था—धन चोरी का माल है और मार्क्स के कथनानुसार उसकी पुस्तक ही समाजवादियों की पहली वैज्ञानिक घोषणा है। प्राकुधों से आगे चलकर मार्क्स का मतभेद हो गया किंतु उसकी कदर मार्क्स के हृदय में हमेशा बनी रही।

3

अनन्य मित्र एंगेल्स

पेरिस के एक साल का प्रवास मार्क्स के लिए सब तरह अच्छा रहा। कोलन के मित्रों ने मार्क्स को एक हजार थेलर उपहार में दिया था, उन रुपयों ने मार्क्स के सादे जीवन में आर्थिक उलझनें नहीं आने दीं। मार्क्स की धर्मपत्नी श्रीमती जेनी पहली संतान की माता बनीं, वह लड़की थी, उसे लेकर वह सौभाग्य के गर्व के साथ जर्मनी लौटीं।

मार्क्स के मित्रों की संख्या भी बढ़ी। यहीं पर सुप्रसिद्ध कवि हेनारेख़ हेन से उनका परिचय हुआ। मार्क्स अपनी किशोरावस्था में कवि बनने का स्वप्न देख चुके थे; इस सपने का इंद्रजाल उनकी आँखों के सामने से कभी दूर नहीं हुआ। रूज से संबंध-विच्छेद में एक कवि ही कारण हुए थे। रूज ने हरबे नामक एक कवि की शान के खिलाफ कुछ कह दिया, मार्क्स बिगड़ पड़े और उससे कमजोर पड़ते हुए संबंध की डोर को एक ही झटके में तोड़ डाला। अब हेन पर वह आशिक हुए। हेन हरबे की अपेक्षा बड़ा कवि था। 'शिशिर की कहानियाँ' और 'जुलाहों के गीत' नाम की उसकी दो कविता पुस्तकें बहुत प्रसिद्ध हुई थीं। हेन में कवि-सुलभ कुछ बुराइयाँ भी थीं, जिसके चलते बहुत लोगों ने उस बेचारे पर आक्षेप किए। किंतु मार्क्स ने हमेशा उसका पक्ष किया। वह अनुभव करता था कि कवि कुछ विचित्र प्राणी होता है, उसे अपने पथ पर जाने देना चाहिए और उसके चरित्र की जाँच साधारण मापदंड से नहीं करनी चाहिए। यदि आप चाहते हैं कि वह गाता रहे, तो यह लाजिमी है कि आप उसकी पीठ ठोंकते रहिए—आलोचना की छड़ी उस सुकोमल प्राणी के लिए नहीं है। किंतु हेन सिर्फ कवि नहीं था, वह तो मजदूरों के अधिकारों का योद्धा भी था; इसलिए मार्क्स उसके सौ खून माफ करने को तैयार थे।

यहीं पर रूसी अराजकतावादी बैकुनिन से भी उसकी घनिष्ठता बढ़ी, यद्यपि पीछे चलकर बैकुनिन ने मार्क्स के खिलाफ सैद्धांतिक जेहाद शुरू किया। किन्तु पेरिस में सबसे मधुर मैत्री शुरू हुई एँगेल्स से, जो जिंदगी-भर कायम रही और आज वह समाजवादी इतिहास की अमर घटना हो गई है। सितंबर 1844 में एँगेल्स पेरिस होकर गुजर रहा था, वह दस दिनों तक मार्क्स के साथ ठहरा और इन दस दिनों ने ही इतिहास के एक उज्ज्वल अध्याय का आरंभ कर दिया।

फ्रेडरिख़ एँगेल्स का जन्म 28 नवंबर 1830 में बारमेन में हुआ। उसका पिता व्यापार में लगा था और कट्टर धार्मिक पुरुष था। एँगेल्स ने कौलेज की शिक्षा पाई, किंतु डिग्री लेने के पहले ही कौलेज छोड़कर वह व्यापार में लग गया। व्यापार में दिल नहीं लगने पर भी वह अच्छा व्यापारी समझा जाता था।

धार्मिक कट्टरता में उसकी परवरिश हुई थी। धार्मिक केंचुल छोड़ने में उसको बहुत कष्ट हुआ था और समय लगा था। उसने अपने एक मित्र को लिखा था—"मैं प्रतिदिन भगवान की प्रार्थना करता हूँ। जब से धार्मिक संदेह मेरे मन में पैदा हुआ है, तब से और भी प्रार्थना करने लगा हूँ।···पत्र लिखते समय मेरी आँखों से

आँसू बहे जा रहे हैं और मैं आशा करता हूँ कि भगवान मुझे अपनी गोद में जरूर लेंगे।" किंतु इसी समय स्ट्रौस की पुस्तक उसके हाथों में आती है और उसकी धारणाओं में मौलिक परिवर्तन हो जाते हैं। वह फिर लिखता है—"मैं अब हेगेल का अनुयायी बनकर रहूँगा, ऐसा लग रहा है। स्ट्रौस ने मेरे लिए प्रकाश का पथ प्रशस्त कर दिया है।" 1841-42 में एँगेल्स बर्लिन में सैनिक शिक्षा पा रहा था। उसके बैरक के निकट ही वह घर था जिसमें हेगेल रहा और मरा। इस घर की ओर उसका आकर्षण बढ़ता गया और अंत में वह युवक हेगेलवादियों के दायरे में आकर रहा।

बचपन से ही एँगेल्स में लिखने की रुचि थी। उसने 1842 में एक लेख लिखा था जिस पर रूज ने टिप्पणी की थी—"यह होनहार नौजवान अपनी गति से बर्लिन के सभी गधों को पीछे छोड़ता जा रहा है! ब्रूनो बाउर जब निकाला गया था तो उसने 'ईसाई महाकाव्य' के नाम से एक कविता-पुस्तक लिखी थी। उसमें उसने अपने बारे में और मार्क्स के बारे में जो कुछ लिखा वह कम मनोरंजक नहीं है। मार्क्स से तब तक उसकी देखादेखी नहीं हुई थी, तो भी वह उनकी रचनाओं से काफी प्रभावित हो चुका था। अपने बारे में वह कहता है—"देखो, वह सबसे बायें कोने लंबी टाँगों पर नाच रहा है? वह ओस्वाल्ड है। उसका कोट भूरे रंग का है और पाजामा मिर्चे के रंग का। लेकिन उसके दिल में मिर्च नहीं है; हाँ, वह एड़ी से चोटी तक क्रांतिवादी है। अपने हाथ में यह कौन-सा बाजा ले रखा है उसने? यह फाँसी का तख्ता है, जिस पर वह नरक के गीत गा रहा है—चिल्लाता हुआ!" और मार्क्स के बारे में वह लिखता है—"अरे गुस्से में आग-बबूला बना वह कौन आ रहा है? ट्रायर की आबहवा ने जिसकी चमड़ी को काला बना दिया है; जो न चलता है न कूदता है—जो अपनी एड़ी पर उछल रहा है, अपनी लंबी बाँहों को हवा में फटकारता हुआ, मानो आसमान के तम्बू को पकड़कर वह टुकड़े-टुकड़े कर देगा, जमींदोज कर डालेगा। अपने घुस्से को ताने हुए वह गुस्से में ऐसा चूर है कि मालूम होता है, मानो हजारों शैतान उसकी छाती के अंदर नाच रहे हों!"

बर्लिन में अपनी पढ़ाई खत्म कर वह घर लौटा और वहाँ से इंग्लैंड को रवाना हुआ जहाँ उसके पिता का कारोबार था। इंग्लैंड जाते समय रास्ते में उसने कोलन में 'राइनिश जीटुंग' के आफिस में मार्क्स से भेंट की थी। उस समय मार्क्स उससे दिल खोलकर नहीं मिल सके, क्योंकि उनकी समझ से एँगेल्स बर्लिन के उन आगबबूलों में से था जो हेगेल के नाम पर मनमानी कर रहे थे। एँगेल्स भी तब तक मार्क्स का पूरा महत्व नहीं जान सका था, क्योंकि उस पर ब्रूनो बाउर आदि का प्रभाव ज्यादा था, जो बर्लिन के आगबबूलों का सरगना समझा जाता था।

21 महीने के इंग्लैंड-प्रवास ने एँगेल्स पर वही प्रभाव डाला, जो फ्रांस-प्रवास ने कार्ल मार्क्स पर। जिस नतीजे पर मार्क्स को फ्रांस की राज्य-क्रांति ने पहुँचाया था, उस नतीजे पर एँगेल्स को पहुँचाया इंग्लैंड की उद्योग-क्रांति ने। मार्क्स की वार्षिक पत्रिका 'जहरबुखर' में एँगेल्स ने राष्ट्रीय अर्थशास्त्र पर एक लेख दिया था। उस लेख में उसने पूँजीवादी प्रतियोगिता, जनसंख्या के सिद्धांत, पूँजीवादी उत्पादन का विकास, आर्थिक और व्यापारिक संकट, वेतन के नियम, विज्ञान की उन्नति आदि पर विस्तृत प्रकाश डाला था और कहा था कि व्यक्तिगत संपत्ति के चलते विज्ञान की उन्नति मानवजाति को स्वतंत्र करने की अपेक्षा दिन-दिन गुलामी में जकड़ती जाती है। इस लेख में हम मार्क्सवाद के आर्थिक सिद्धांतों का बीज पाते हैं। किंतु इसका पूरा यश एँगेल्स अपने लेने को तैयार नहीं था। उसने एक बार कहा था कि लेख को अंतिम रूप और आकार तो मार्क्स ने दिया था। एक जगह उसने और यों कहा था—"मार्क्स हम सबसे महान था, वह दूर तक देखता था, अधिक देखता था, और तुरत देखता था।"

'जहरबुखर' की दूसरी संख्या में उसने अँगरेजी समाज पर एक लेख लिखा था, जिसमें उसने कार्लाइल की एक पुस्तक को आधार मानकर अँगरेजी समाज के भिन्न-भिन्न स्तरों की विवेचना की थी। एँगेल्स के मतानुसार पढ़े-लिखे अँगरेज अँगरेजी-समाज का सही प्रतिनिधित्व नहीं करते— संसार में उनसे बढ़कर मानसिक गुलाम कोई है नहीं; वे अंधविश्वासों, परंपराओं और धार्मिक पक्षपातों से इतने दबे होते हैं कि उनसे कोई क्रांतिकारी काम सोचना व्यर्थ है। "इंग्लैंड के सबसे भद्र लोग तो वहाँ के मजदूर हैं जो समाज में अछूत

समझे जाते हैं। वे मूर्ख हैं; किंतु उनमें कोई पक्षपात नहीं, उन्हें तुरत शिक्षित किया जा सकता है। किसी भी बड़े आंदोलन के चलाने के योग्य उनमें शक्ति है। उनका भविष्य महान है।" आज इंग्लैंड में मजदूर राज्य है। क्या एँगेल्स की भविष्यवाणी सफल नहीं हुई?

मार्क्स और एँगेल्स धीरे-धीरे नजदीक होने लगे। एँगेल्स धीरे-धीरे बर्लिन के आगबबूलों से अपना पिंड छुड़ाता गया। ब्रूनो बाउर ने उस समय एक साहित्यिक पत्रिका में एक लेख छपवाया था, वह लेख बर्लिन के इन तथाकथित आगबबूलों का घोषणापत्र-सा था। उस लेख में बताया गया कि अब तक जितने बड़े आंदोलन हुए वे सब असफल इसलिए हुए कि मूर्ख जनता उस ओर आकृष्ट हुई, उसे अपनाया और अंत में उसे भ्रष्ट कर डाला। जनता की तालियों पर बढ़नेवाले सिद्धांत की यही दुर्गति होती है। 'जनता' और 'मस्तिष्क' में हमेशा बैर रहा है। 'विचार' स्वयं वंदनीय है, 'स्वार्थ' का धब्बा उस पर नहीं लगना चाहिए। जहाँ स्वार्थ की बात आई, वहाँ विचार की पवित्रता नष्ट हुई। अपने इस विचार के समर्थन में ब्रूनो और उसके साथियों ने हेगेल के सिद्धांत के बाल की खाल निकाली थी। इस लेख को पढ़कर एँगेल्स ने एक मित्र को लिखा था—हेगेल का यह सड़ागला दर्शन उस बुढ़िया की तरह दीखता है जिसके अंग गलपच गए हों किंतु तो भी जो सिंगार-पटार इसलिए किए जाती हो कि कोई नौजवान एक दिन मेरे गले में माला डालेगा ही।

किंतु ब्रूनो बाउर और उसके साथी हेगेल के दर्शन के नाम पर जो तरह-तरह की खुराफातें कर रहे थे, उनका जवाब देना जरूरी हो गया। इसी जरूरत ने मार्क्स और एँगेल्स को और भी नजदीक ला दिया। एँगेल्स इंग्लैंड से जर्मनी जा रहा था। रास्ते में उसने पेरिस में मार्क्स से भेंट की और दस दिन तक उनके साथ रहा। इस घनिष्ठता के फलस्वरूप दोनों ने मिलकर एक पुस्तक तैयार की जो 'पवित्र परिवार' के नाम से प्रकाशित हुई। 'मस्तिष्क' और 'जनता', 'विचार' और 'स्वार्थ' में जो विरोध ब्रूनो ने बताया था, उसका जवाब देते हुए इस पुस्तक में कहा गया कि जब विचार अपने को स्वार्थ से अलग कर लेता है, वह कहीं का नहीं रह जाता। जो विचार आज दुनिया में पूजे जा रहे हैं, वे इसीलिए पूजनीय बन सके कि उन्होंने मानवता और जनता के स्वार्थ को सर्वोच्च स्थान दिया। फ्रांस की क्रांति में यह स्वार्थ इतना प्रबल दिखाई पड़ता है कि ज्योंही उस पर कोई आघात हुआ कि मरात की कलम, नेपोलियन की तलवार और राजवंश का ताज जमीन पर लोटते दिखाई पड़े। मार्क्स ने ब्रूनो और हेगेल को एक ही साथ यों आड़े हाथों लिया है—"यह दर्शन जिस तरह विचार को भावना से, आत्मा को शरीर से जुदा करके विचार करता है, उसी तरह यह इतिहास को प्राकृतिक विज्ञान और उद्योग से जुदा करके हमारे सामने रखता है। यह बतलाता है कि इतिहास का निर्माण इस पृथ्वी के ऊबड़खाबड़ धरातल पर नहीं बल्कि आकाश के रंगीन बादलों पर हुआ।"

इस सम्मिलित ग्रंथ के अतिरिक्त एँगेल्स ने उस समय एक और पुस्तक लिखी। यह पुस्तक 'इंग्लैंड के मजदूरों की आर्थिक स्थिति' पर लिखी गई थी। इस पुस्तक में 24 वर्ष की उम्र में एँगेल्स ने अपने को महान विचारक के रूप में उपस्थित किया है। इस पुस्तक में मजदूरों की दयनीय स्थिति पर ही प्रकाश नहीं डाला गया है, न उस स्थिति पर क्रोध प्रकट करके ही संतोष कर लिया गया है, बल्कि उसमें विस्तारपूर्वक बताया गया कि पूँजीवादी उत्पादन-प्रणाली का स्वभाव क्या है, पूँजीवादी समाज किस तरह उन्नति करता जाता है और फिर वह किस तरह पतन के गर्त में गिरकर रहेगा और जो मजदूरवर्ग आज दुर्दशाओं के बीच पड़ा है किस तरह उसके सिर पर ताज चमकेगा! बड़े पैमाने के उद्योग ने मजदूरों को पशु बना दिया है, उनके शरीर को झकझोर डाला है, उनके मानसिक और नैतिक धरातल को निम्नतर बना छोड़ा है। किंतु ऐतिहासिक द्वंद्ववाद के नियमानुसार मजदूरवर्ग दिन-दिन संगठित होता जाएगा, विकसित होता जाएगा, और अंत में अपने स्रष्टा का काल बनकर रहेगा। मजदूरवर्ग का गठबंधन ज्योंही समाजवाद से हुआ कि इंग्लैंड में मजदूर राज कायम होकर रहेगा।

इस पुस्तक के प्रकाशन के बाद एँगेल्स का सिक्का समाजवादी संसार में ही नहीं मान लिया गया, बल्कि पूँजीवादी विद्वानों ने भी इसकी श्रेष्ठता स्वीकार की। आज भी यह पुस्तक वैज्ञानिक समाजवाद का सबसे पहला प्रामाणिक दस्तावेज के रूप में स्वीकार की जाती है।

4

फ्रांस से भी निकाले गए

जिस समय कार्ल मार्क्स पेरिस में थे, वहाँ से 'वोखार्ट' नामक एक साप्ताहिक पत्र निकला करता था। पहले उस पत्र को एक व्यापारी ने विज्ञापन के लिए निकाला था; किंतु धीरे-धीरे उस पर जर्मनी के निर्वासित दिमागपेशों का प्रभाव पड़ता गया। उस पत्र में हेन, रूज, मार्क्स आदि सभी लिखते। उसमें सिर्फ 'बर्लिन के ईसाई-जर्मन गधों' पर ही फब्तियाँ नहीं होतीं, 'बर्लिन-महल के नए सिकंदर' की छीछालेदर भी की जाती। प्रूशिया की सरकार ने इस पर बिगड़कर फ्रांस की सरकार को इन बदमाशों को सजा देने के लिए लिखा। कुछ हिचकिचाहट के बाद अंत में उसने 'वोखार्ट' के संपादक पर मुकदमा चलाया। संपादक को हल्की सजा हुई। किंतु इससे 'वोखार्ट' की आलोचना में कमी नहीं आई। उसने हेन-लिखित ग्यारह व्यंग कविताएँ छापीं, जिनने प्रूशिया की सरकार को और तिलमिला दिया। उसने फिर फ्रांस की सरकार पर जोर डाला। हेन पर हाथ उठाना फ्रांस की सरकार के लिए भी कुछ मुश्किल था। क्योंकि हेन की प्रसिद्धि यूरोपव्यापी थी और फ्रांस की जनता उसे राष्ट्रीय कवि के रूप में मानती। खैर, हेन को छोड़ दिया गया किंतु मार्क्स, रूज, बैकुनिन आदि पर 11 जनवरी, 1845 में देश-निकाले की आज्ञा जारी की गई। रूज ने तिकड़म लगाई—किंतु मार्क्स के आत्मसम्मान ने उन्हें वंचित किया कि वह फ्रांस छोड़कर कहीं अन्यत्र चले जाएँ। मार्क्स अपना बोरियाबिस्तर बाँधने के साथ बेलजियम की राजधानी ब्रूसेल्स चले आए।

किंतु ज्योंही ब्रूसेल्स में उन्होंने पैर रखा, ब्रूसेल्स के राजभवन में उनकी बुलाहट हुई और उनसे एक शर्तनामे पर दस्तखत कराया गया कि वह बेलजियम की सरकार के खिलाफ कुछ भी नहीं लिखेंगे। मार्क्स को बेलजियम के भीतरी मामलों से कोई दिलचस्पी नहीं थी; इसलिए शर्तनामे पर दस्तखत करने में उन्हें कोई संकोच नहीं हुआ। किंतु प्रूशिया की सरकार तो मार्क्स को बेलजियम में भी नहीं रहने देना चाहती थी। जब उसने बेलजियम की सरकार पर बार-बार दबाव डाला; तब मार्क्स ने जर्मन-नागरिकता को ही सदा के लिए सलाम कर लिया। तब से मार्क्स ने किसी देश की नागरिकता पाने की चेष्टा नहीं की। कानूनी दृष्टि से वह जिंदगी-भर आवारा रहे!

1845 के बसंत में एँगेल्स ब्रूसेल्स पहुँचा और दोनों मित्र अध्ययन के लिए इंग्लैंड पहुँचे। इंग्लैंड में मार्क्स छः हफ्ते तक रहे। पेरिस में वह रेकार्डो के अर्थशास्त्र से प्रभावित हो चुके थे। इंग्लैंड में उन्होंने अर्थशास्त्र का फिर से अध्ययन शुरू किया और मैनचेस्टर में जो पुस्तकें इस संबंध की मिल सकीं, उन्हें पढ़ लिया। इंग्लैंड में रहते हुए एँगेल्स ने ओवेन और चार्टिस्ट आंदोलन के संचालकों से जान-पहचान कर रखी थी। मार्क्स ने भी इन समाजवादियों और जन-आंदोलन के नेताओं से भेंट की, संपर्क बढ़ाया। इंग्लैंड से लौटकर दोनों मित्र फिर हेगेल के दर्शन पर चिढ़ गए। दोनों ने मिलकर बड़े आकार की 800 पृष्ठों की एक पुस्तक हेगेल के पूर्ववर्ती दार्शनिकों की आलोचना पर लिख डाली। मार्क्स ने इस ग्रंथ के लिखने के उद्देश्य पर स्वयं कहा है कि हम दोनों मित्र अब तक स्वयं भी हेगेल-दर्शन की लपेट से बाहर नहीं हो सके थे। इस पुस्तक द्वारा हम स्वयं अपने को अपनी पूर्वधारणाओं से मुक्त कर लेना चाहते थे। इस पुस्तक का यह उद्देश्य अवश्य सफल हुआ। हाँ, इस पोथे के प्रकाशन का प्रबंध उस समय नहीं हो सका। इस पुस्तक का नाम रखा गया था "जर्मन विचारवाद—आधुनिक जर्मन-दर्शन और उसके प्रतिनिधि फुअरबाख, ब्रूनो बाउर और स्टरनर को एवं जर्मन समाजवाद एवं उसके पैगंबरों की आलोचना।" जैसा कि नाम से ही प्रकट है, इस पुस्तक के दो खंड थे, जो पीछे चलकर दो पुस्तक के रूप में माने जाने लगे। एक का नाम पड़ा—'जर्मन विचारवाद' और दूसरे का 'सच्चा समाजवाद'। जर्मनी में भी समाजवाद का प्रचार हो रहा था। कितने पत्र उसके समर्थन और प्रचार में निकल रहे थे; कितने ही समाजवादी नेता पैदा हो चुके थे जो ईमानदारी से समाजवाद के लिए कोशिशें कर रहे

थे। किंतु उनका समाजवाद फ्रांस की क्रांति या इंग्लैंड के उद्योग के आधार पर नहीं खड़ा होकर जर्मन-दर्शन पर अवलंबित था। फलतः आर्थिक और भौतिक दुनिया से अलग वह उदार विचारों का पुंजमात्र था। मार्क्स ने इस 'सच्चे समाजवाद' की आलोचना बड़े व्यंग के साथ की थी—"थोड़ी-सी मानवता, इस मानवता या दानवता का थोड़ा-सा ज्ञान, धन के बारे में दूर-दूर की थोड़ी जानकारी, गरीबों के बारे में थोड़ी दया, मजदूरों का ढीलाढाला संगठन, निम्नस्तर के मध्यवित्त लोगों की दशा सुधारने के लिए थोड़ी-सी दौड़-धूप और अर्थशास्त्र एवं समाजविज्ञान के संबंध में महान अज्ञान—बस, इसी का नाम 'सच्चा समाजवाद' है। इसकी रही-सही जान भी खत्म हो जाती है तब, जब कि इस पर 'सैद्धांतिक निष्पक्षता' और 'विचारों की पूर्ण शांतता' की वारनिश फेर दी जाती है। और, सादगी की हद तो यह है कि इस थकानेवाली चीज से वे जर्मनी में क्रांति करना चाहते हैं, सर्वहारा को गति में लाना चाहते हैं और जनता को सोचने और करने के लिए प्रेरित करना चाहते हैं।" इस सच्चे समाजवाद के जनक थे कार्ल ग्रून और मोसेस हेस्स। इन दोनों की खूब खिल्ली उड़ाई गई थी इस पुस्तक में।

इस पुस्तक के प्रकाशन के लिए कई चेष्टाएँ हुईं—किंतु सफलता नहीं मिल सकी। इससे मार्क्स और एँगेल्स को बड़ी निराशा हुई। एक खत में एँगेल्स ने अपनी लाचारी पर बड़ा ही सुंदर व्यंग किया है—"हमारी आलोचना की आलोचना आजकल चूहों द्वारा हो रही है।"

5

'दर्शन की दरिद्रता'

किंतु इस अवसर पर मार्क्स और एँगेल्स से जिन दो अन्य महानुभावों का विवाद छिड़ा, वह इससे भी ज्यादा महत्त्वपूर्ण है। वे दोनों सही अर्थ में सर्वहारा का प्रतिनिधित्व करते थे। दोनों का जन्म गरीब के घर में हुआ था, दोनों में इतनी प्रतिभा थी कि वे पूँजीवादी समाज में भी उच्चतम स्थान तक पहुँच सकते थे। किंतु उनका चरित्र इस्पात से बना था, अपनी गरीबी पर उन्हें नाज था और अपने सहकर्मी भाइयों के साथ गरीबी में जिंदगी गुजारना उन्होंने अपने लिए फख्र समझा था।

उनमें से एक का नाम था वीटलिंग और दूसरे का प्राउधों। 'एक मामूली बिछावन, एक कमरे में प्रायः तीन आदमियों का रहना-सहना, टेबुल की जगह लकड़ी का एक बदनुमा तख्ता और जब-तब काली कॉफी का एक प्याला' —वीटलिंग जिस समय इस हालत में रहता था, उसके नाम से बड़े-बड़े के दिलों में दहशत फैल जाती थी। प्राउधों की जिंदगी भी पेरिस की गलियों में कुछ इसी तरह से बीत रही थी—'हाथ की बुनी एक ऊनी गंजी शरीर में डाले और पैर में काठ के जूते पहने' वह बेफिक्र इधर-उधर घूमा करता था जबकि उसकी प्रसिद्धि की धाक समूचे यूरोप पर छाई हुई थी।

इन दोनों के निर्माण में फ्रेंच और जर्मन संस्कृतियों का सम्मिश्रण हुआ था। वीटलिंग एक फ्रांसीसी अफसर से पैदा हुआ एक मामूली जर्मन मिस्त्री था और जब बूढ़ा हुआ, पेरिस जाकर उसने फ्रांसीसी समाजवाद का अध्ययन शुरू किया। प्राउधों का जन्म फ्रांस के बरगंडी-प्रांत में हुआ था और जैसा कि उसके मित्र कहा करते थे, फ्रांसीसी होने पर भी उसे 'जर्मन सिर' मिला था। जर्मन दर्शन से उसकी अभिरुचि थी, उसका अध्ययन भी उसने किया था। दोनों को एक-सी प्रसिद्धि मिली और दोनों के भाग्य भी एक-से थे। दोनों सर्वहारा वर्ग की मेधा और शक्ति के ज्वलंत उदाहरण थे। दोनों ने सर्वहारा वर्ग का नेतृत्व किया, दोनों ने सर्वहारा के लिए एक नया अध्याय खोल दिया।

प्रारंभ में दोनों मार्क्स के निकट आए और दोनों उसके घनिष्ठ मित्र बने; किंतु अंततः मार्क्स की दोनों में से किसी से नहीं पटी। वीटलिंग ने एक व्यक्ति के मामले को लेकर तूल दिया और मार्क्स का दुश्मन बन गया।

प्राउधों की भी यही हालत रही। किंतु इन दोनों की दुश्मनी में प्राउधों की दुश्मनी ने ऐतिहासिक महत्त्व प्राप्त कर लिया। प्राउधों ने एक पुस्तक लिखी, जिसका नाम था—'दरिद्रता का दर्शन।' मार्क्स ने उसके जवाब में 'दर्शन की दरिद्रता' नामक पुस्तक लिखी। इस पुस्तक को मार्क्स ने फ्रांसीसी भाषा में लिखा। इस पुस्तक में उसने प्राउधों के विचारों का जबर्दस्त खंडन किया, किंतु इसके बावजूद फ्रांसीसी सर्वहारा पर प्राउधों का जादू बहुत दिनों तक चलता रहा।

इसी पुस्तक में पहली बार 'ऐतिहासिक भौतिकवाद' की रूपरेखा मार्क्स द्वारा प्रस्तुत की गई—इसलिए यह पुस्तक आज भी खास महत्त्व रखती है। इसके पहले भी ऐतिहासिक भौतिकवाद की झलक उनकी रचनाओं में यत्रतत्र दिखाई पड़ती थी और बाद की उनकी पुस्तकों में उस पर छिटपुट विवेचन दीख पड़ते हैं। किंतु ऐतिहासिक भौतिकवाद पर सिलसिलेवार विश्लेषण और विवेचना इसी पुस्तक में हुई है। और यही ऐतिहासिक भौतिकवाद का सिद्धांत है, जिसने मार्क्स का नाम सामाजिक विज्ञान के क्षेत्र में अमर बना दिया है। डार्विन के विकासवाद ने जिस तरह प्राकृतिक विज्ञान में क्रांति पैदा कर दी थी, उसी तरह ऐतिहासिक विज्ञान के क्षेत्र में ऐतिहासिक भौतिकवाद ने युगांतर उपस्थित कर दिया—यद्यपि इसे स्वीकार करने में समाजशास्त्रियों को आज भी कम हिचक नहीं होती है!

इस पुस्तक के दो भाग हैं और जैसा कि लेसेल ने कहा था, प्रथम भाग में मार्क्स ने अपने को समाजवादी बन गए रिकार्डो के रूप में पेश किया है और दूसरे भाग में अर्थशास्त्री बन गए हेगेल के रूप में! पहले भाग में प्राउधों के अर्थशास्त्र पर विचार किया गया है और दूसरे में उसके दर्शनशास्त्र पर। मार्क्स ने लिखा है—"मौशिए प्राउधों को इस बात का फख्र है कि उन्होंने अर्थशास्त्रियों और समाजवादियों दोनों की खरी आलोचना की है, किंतु बात यह है कि उनसे दोनों में एक भी नहीं बन पड़ा है। अर्थशास्त्रियों की आलोचना में वह इसलिए असफल हुए कि दार्शनिक होने की वजह से वह अर्थशास्त्र के ब्यौरों में नहीं जा सके, बल्कि मान लिया कि सभी समस्याओं का समाधान तो मेरी जेब में है। समाजवादियों की आलोचना करने के लिए उनमें दूरदर्शिता और साहस का अभाव है क्योंकि वह मध्यवर्गीय घेरे से अलग अपने को कर नही पाते। वह अपने को समन्वय का प्रतीक साबित करना चाहते हैं, किंतु हैं यथार्थ में भ्रांतियों के प्रतीक! वह पूँजीपति और सर्वहारा दोनों वर्गों से ऊपर अपने को 'वैज्ञानिक' बनाने की चिंता में परेशान हैं, किंतु इस चेष्टा ने उन्हें पूँजी और श्रम, अर्थशास्त्र और समाजवाद के ऊपर मँडलानेवाला एक विचित्र जीव बना डाला है।" इस पुस्तक को समाप्त करते समय मार्क्स ने बतलाया है कि सर्वहारा और पूँजीवाद के बीच का युद्ध वर्ग के विरुद्ध वर्ग का युद्ध है और इसकी परिणति क्रांति के रूप में ही हो सकती है। सामाजिक आंदोलन अपने को राजनीतिक आंदोलन से पृथक् नहीं रख सकता, क्योंकि हर राजनीतिक आंदोलन मूलतः सामाजिक आंदोलन है। वर्ग-विहीन समाज में ही सामाजिक विकास का रूप राजनीतिक क्रांति से अछूता रह सकता है। किंतु जब तक ऐसा समाज कायम नहीं हो जाता तब तक सभी सामाजिक परिवर्तनों के शुभारंभ में सामाजिक विज्ञान का एक ही नारा हो सकता है—'विजय या मृत्यु। खूनी जंग या कुछ नहीं!' मार्क्स ने यह नारा जौर्ज सैंड की पुस्तक से लिया था।

मार्क्स की इस पुस्तक के लिए प्रकाशक फ्रांस और बेलजियम दोनों जगह में मिले; किंतु थोड़े दिनों के बाद पुस्तक की छपाई का खर्च मार्क्स को ही देना पड़ा। यह पुस्तक 1847 में प्रकाशित हुई। इसी समय मार्क्स को एक अखबार भी मिल गया। इस अखबार का नाम 'ड्यूशे ब्रूसलर जीटुंग' था। इसके संपादक के बारे में तरह-तरह की बात उड़ रही थी, पर अब तो प्रमाण भी मिल गया है कि वह ऑस्ट्रिया और प्रूशिया दोनों की सरकारों से पैसे पाता था। किंतु, मार्क्स ने उस समय सारी बातों को अफवाह ही माना था और उसमें लेख देने लगे थे। मार्क्स और एँगेल्स दोनों के लेख इस अखबार में छपते थे। लेख ज्यादातर दार्शनिक या आर्थिक विवादों पर ही लिखे जाते थे। समाजवाद की खेती शुरू करने के पहले उसके लिए जंगलों को साफ करना जरूरी था। मार्क्स को ज्यादा वक्त इन दिमागी जंगलों को साफ करने में ही लगाना पड़ा।

6

'कम्यूनिस्ट मैनिफेस्टो !'

मार्क्स के ब्रूसेल्स पहुँचने के बाद वहाँ के समाजवादी केंद्रों में जीवन और जाग्रति की लहर फैलती हुई हम पाते हैं। वहाँ बहुत-से समाजवादी एकत्र होते हुए दिखाई पड़ते हैं, जिनका संगठित प्रयत्न 'कम्यूनिस्ट लीग' के रूप में प्रसिद्ध हुआ। इसी कम्यूनिस्ट लीग के लिए मार्क्स और एँगेल्स ने अपनी सुप्रसिद्ध पुस्तिका 'कम्यूनिस्ट मैनिफेस्टो' लिखी।

मार्क्स और एँगेल्स के बाद मोसेस हेस्से और विलहेल्म ओल्फ नामक दो समाजवादियों की प्रसिद्धि थी। हेस्से अपने को जर्मन-दर्शन के मकड़जाले से नहीं छुड़ा सका था, इसलिए मार्क्स से उसकी नहीं पट सकी। किंतु ओल्फ की मृत्यु ने ही मार्क्स के साथ उसका संबंध-विच्छेद किया। ओल्फ स्वतंत्र विचारक नहीं था, किंतु उसकी लेखनी में गजब की ताकत थी और जनता उसकी शैली पर मुग्ध रहती थी। वह सेलेसिया के एक किसान-परिवार में जन्मा था, बड़ी मुश्किल से उसने यूनिवर्सिटी की शिक्षा पाई थी और जिंदगी-भर वह अपने वर्ग के शोषकों को क्षमा नहीं कर सका। वह कई बार गिरफ्तार किया गया और अंत में अपनी जिंदगी जेल में बिताने की अपेक्षा वनवास को ही उसने पसंद किया। वह भागकर ब्रूसेल्स आया और दिन-रात मजदूरों के लिए काम करते-करते जवानी में ही चल बसा।

अर्नस्ट ड्रोंके की भी काफी प्रसिद्धि थी जो बर्लिन की बगावत पर एक पुस्तक लिखकर दो वर्ष की सजा पा चुका था और जेल से भाग आया था। फर्डिनेंड ओल्फ और जोर्गवीर्थ की भी काफी शोहरत थी। वीर्थ कवि था और युद्धोन्मुख सर्वहारा की वीर-भावनाओं का सुंदर गायक था। वीर्थ भी नौजवानी में ही चल बसा। बेलजियम की 1830 की क्रांति के नायकों से भी मार्क्स ने संबंध स्थापित कर लिया था। यही नहीं, पेरिस और लंदन के क्रांतिवादियों से मार्क्स और एँगेल्स ने घनिष्ठता बढ़ा ली थी। फ्रांस में लूई ब्लैंक और फर्डिनेंड फ्लोकन एवं इंग्लैंड में चार्टिस्ट आंदोलन के वामपक्षी नेता जुलियन हार्ने ('नोथर्न स्टार' का संपादक) एवं अर्नस्ट जोन से उनका निकटतम संबंध था। लंदन में उस समय भगोड़े जर्मनों की एक संस्था थी जो 'लीग ऑफ जस्ट' कहलाती थी। इस संस्था की कटु आलोचना मार्क्स ने की थी; किंतु इसके बावजूद, 1847 में लीग ने अपने एक प्रतिनिधि जोसेफ मोल को मार्क्स और एँगेल्स से मिलने को भेजा। मोल ने मार्क्स से ब्रूसेल्स में और एँगेल्स से पेरिस में भेंट की और उनसे सहयोग की माँग की। मोल को इस कार्य में सफलता मिली।

इस लीग का सम्मेलन 1847 की गर्मियों में हुआ और इसका नाम बदलकर कम्यूनिस्ट लीग रख दिया गया। इस सम्मेलन में मार्क्स शामिल नहीं हो सके थे, किंतु एँगेल्स पेरिस के समाजवादियों के प्रतिनिधि की हैसियत से और विलहेल्म ओल्फ ब्रूसेल्स के प्रतिनिधि की हैसियत से सम्मिलित हुए थे। नई संगठित कम्यूनिस्ट लीग का उद्देश्य घोषित किया गया—पूँजीवाद का उच्छेद करना, सर्वहारा की सरकार कायम करना और एक नए समाज का निर्माण करना जिसमें न व्यक्तिगत संपत्ति हो, न वर्ग हो। तीन से लेकर दस सदस्यों तक की छोटी-छोटी जमातें बनाना, ऐसी कई जमातों को लेकर केंद्र कायम करना, केंद्रों द्वारा एक केंद्रीय समिति का चुनाव करना और अंततः समय-समय पर सम्मेलन करके नीति और कार्यक्रम बनाना—इस लीग के विधान की यही मोटी-मोटी बातें थीं। लीग के सदस्य हफ्ते में दो बार जरूर मिला करते थे—एक दिन राजनीतिक चर्चाएँ होती थीं, दूसरे दिन सांस्कृतिक मनोरंजन, संगीत आदि का प्रबंध किया जाता था। हर केंद्र में एक अच्छे पुस्तकालय का संग्रह किया जाता था और सदस्यों की योग्यता बढ़ाने के लिए अध्ययन-वर्ग भी खोले जाते थे।

इसी उद्देश्य और कार्यक्रम के अनुसार ब्रूसेल्स में भी एक संस्था 'जर्मन-मजदूर-संघ' के नाम से खोली

गई, जिसका मंत्री विलहेल्म ओल्फ था। तुरत ही इसके सदस्यों की संख्या सौ से ऊपर हो गई। संघ की बैठक प्रति बुधवार और शनिवार को हुआ करती थी। इस संघ ने अपने जन्म के दूसरे ही महीने में एक अंतर्राष्ट्रीय भोज का आयोजन किया। राजनीति के नाम पर किसी सम्मेलन का आयोजन करने से राज्य की ओर से रुकावटें आ सकती थीं, इसलिए भोज का नाम दिया गया था, मगर इस आयोजन का मूल उद्देश्य पूर्णतः राजनीतिक था। इस भोज में 120 मेहमान हाजिर हुए जो बेलजियम, जर्मनी, स्वीजरलैंड, फ्रांस, पोलैंड, इटली और रूस के मजदूरों का प्रतिनिधित्व करते थे। इस भोज का फल यह हुआ कि सभी देशों के मजदूरों को एक सूत्र में गूँथने के लिए एक संस्था कायम की गई, जिसके उपसभापति मार्क्स बनाए गए। इस संस्था की ओर इंग्लैंड-स्थित एक ऐसी संस्था का ध्यान आकृष्ट करने और यदि संभव हो, तो मिल-जुलकर एक सर्वस्वीकृत संस्था बनाने की दृष्टि से मार्क्स लंदन गए। लंदन की संस्था ने मार्क्स का हार्दिक स्वागत किया और ब्रूसेल्स की संस्था को संदेश भेजा—"आपके प्रतिनिधि, हमारे दोस्त और भाई मार्क्स आपको बतावेंगे कि हम लोगों ने उनका कैसा स्वागत किया और आपका संदेश पाकर कितने प्रसन्न हुए। सभी आँखें आनंद से चमक उठीं, सभी कंठ से हर्षध्वनि होने लगी, सभी हाथ आपके प्रतिनिधि की ओर मिलने को आगे बढ़े। हम आपके साथ सहयोग करने को तैयार हैं, हमारा उद्देश्य-वाक्य है—'सभी मनुष्य भाई-भाई हैं'।"

एँगेल्स भी इंग्लैंड पहुँच चुके थे। मार्क्स और वह दोनों दस दिनों तक वहाँ समाजवादियों से बातें करते रहे। यही तय हुआ कि मार्क्स और एँगेल्स समाजवाद के मूल उद्देश्यों पर एक घोषणापत्र तैयार करें।

लंदन से लौटकर मार्क्स, मालूम होता है, दूसरे कामों में लग गए। या हो सकता है, अपने स्वभाव के अनुसार घोषणापत्र के लिए गहरी तैयारियों में जुट गए हों। इधर उस घोषणापत्र के लिए तकाजे पर तकाजे होने लगे—यहाँ तक कि ब्रूसेल्स की शाखा को लिखा गया कि कहिए भाई मार्क्स उसे फरवरी तक तैयार कर दें, नहीं तो उन पर अनुशासन की कार्रवाई की जाएगी। इधर ये तकाजे हो रहे थे, उधर मार्क्स 'मुक्तव्यापार' और 'मजदूरी एवं पूँजी' के संबंध में ब्रूसेल्स के मजदूरों को शिक्षित करने में लगे थे। मुक्तव्यापार के हामियों की उन्होंने धज्जियाँ उड़ा दी थीं और पूँजी एवं श्रम के संबंध में अराजकतावादियों एवं अर्थशास्त्रियों ने जो अंटशंट सिद्धांत गढ़ लिए थे, उनका ऐसा जोरदार खंडन किया कि सुप्रसिद्ध अराजकतावादी बैकुनिन बौखलाकर कहने लगा—"मार्क्स अपनी पुरानी आदत नहीं छोड़ रहा है; वह मजदूरों को बरगलाकर उन्हें तर्कशास्त्री बनाने पर तुला है। वे ही पागलों की-सी दलीलें, वे ही असंतोषमय आत्मसंतुष्टि के प्रयत्न'। आगे वह कहता है—"झूठ और बेवकूफी; बेवकूफी और झूठ! मैं उनके साथ काम नहीं कर सकता। मैं उनके गिरोह में शामिल हो नहीं सकता।"

खैर, 'कम्यूनिस्ट मैनिफेस्टो' तैयार हुआ और लंदन भेज दिया गया। यह मैनिफेस्टो संसार के श्रेष्ठतम साहित्य में गिना जाने लगा। बहुत लोगों ने इसकी कड़ी से कड़ी आलोचना की, बहुत-सी सरकारों ने इसे जब्त किया; किंतु यह दिन-दिन प्रचार पाता गया और आज भी यह संसार के शोषित और पीड़ित वर्गों का एकमात्र प्रामाणिक घोषणा-पत्र है। यह घोषणा-पत्र ही नहीं, शोषितों और पीड़ितों के उनके दुश्मनों के साथ चलनेवाले युद्धों में यह उनका शंखनाद है जिसकी ध्वनि मात्र से विपक्षियों के हृदय विचलित होते रहे हैं। आज सौ साल के बाद भी उसके मौलिक सिद्धांत अपनी जगह पर अचल और अटल हैं।

'संसार के मजदूरो, एक हो जाओ'—इस अंतिम वाक्य से समाप्त होनेवाला यह घोषणापत्र अनंत काल तक संसार के शोषितों को उनके जन्मसिद्ध अधिकार की प्राप्ति के लिए संगठित होने और लड़ने की प्रेरणा देता रहेगा।

1

मातृ-भूमि की ओर

24 फरवरी, 1848 में फ्रांस की क्रांति ने फिर एक बार राजा को गद्दी से उतार फेंका। इसका असर बेलजियम पर भी पड़ता था। किंतु बेलजियम का राजा लियोपोल्ड अपने ससुर से ज्यादा होशियार निकला। उसने घोषणा की कि यदि मेरी प्रजा मुझे नहीं चाहती तो मैं स्वयं गद्दी खाली कर देने को तैयार हूँ। इस घोषणा ने बेलजियम के पूँजीवादी प्रतिनिधियों के हृदयों को भावनाओं से भर दिया। उन्होंने लियोपोल्ड के प्रति अपनी राजभक्ति प्रकट करने की होड़ लगा दी।

किंतु, इसका बदला राजा ने खूब चुकाया। उसने पुलिस और फौज को हुक्म दिया कि जहाँ कहीं सभाएँ की जाएँ, उन्हें हथियार के जोर से भंग कर दे और दूसरे देशों के जो आंदोलक ब्रूसेल्स में शरण लिए हुए हैं, उन्हें जल्द से जल्द मार भगाया जाए। मार्क्स के साथ तो खास कृपा हुई। न सिर्फ वह पकड़े गए, बल्कि उनकी धर्मपत्नी माता जेनी को गिरफ्तार कर साधारण रंडियों के साथ जेल में रख दिया गया। जिस अफसर ने यह कुकर्म किया था, उसे पीछे सजा मिली, वह नौकरी से बरखास्त किया गया। गिरफ्तारी का वारंट भी रद्द किया गया। किंतु देशनिकाले की सजा बरकरार रखी गई। मार्क्स को ब्रूसेल्स छोड़ देना पड़ा। वह पेरिस पहुँचे।

इस क्रांति के प्रारंभ होते ही लंदन की कम्यूनिस्ट लीग की केंद्रीय समिति ने अपने सारे अधिकार ब्रूसेल्स की केंद्रीय समिति को सौंप दिए थे और वहाँ की नाजुक स्थिति का ध्यान कर ब्रूसेल्स की केंद्रीय समिति ने अपने सारे अधिकार मार्क्स को दे दिए और कहा कि वह चाहें तो पेरिस जाकर नई केंद्रीय समिति बनाकर काम करने का उन्हें पूरा अधिकार है। उसी समय फ्रांस की नई क्रांतिकारी सरकार की ओर से फ्लोकोन ने मार्क्स को पेरिस आने के लिए निमंत्रित किया। जहाँ से वह निकाले गए थे, वहीं के लिए यह सरकारी निमंत्रण। ब्रूसेल्स की हालत देखकर मार्क्स ने इस निमंत्रण को स्वीकार कर लिया। वह पेरिस के लिए रवाना हो गए।

पेरिस पहुँचकर उन्होंने पाया कि हरवे के नेतृत्व में प्रवासी जर्मनों की एक सेना तैयार की जा रही है, जो जर्मनी पहुँचकर अनियंत्रित राजसत्ता को समाप्त करेगी और वहाँ भी क्रांतिकारी सरकार कायम करेगी। मार्क्स ने इस योजना का विरोध किया। इसे बेवकूफों की योजना बताई और कहा कि इस योजना को नई फ्रांसीसी सरकार इसलिए मदद दे रही है कि पेरिस का इन जर्मन क्रांतिकारियों से पिंड छूटे। इस सेना के लिए अस्थायी सरकार की ओर से एक छावनी मिल गई थी, हथियार दिए जा रहे थे और हर सैनिक को पचास सिक्के रोजाना मिलते थे। किंतु जब तक ये तैयारियाँ पेरिस में हो रही थीं, खबर आई कि 13 मार्च को वियना में और 18 मार्च को बर्लिन में क्रांतियाँ हो गईं। इन क्रांतियों ने इस सेना-संगठन की व्यर्थता स्पष्ट कर दी।

पेरिस में मार्क्स ने कम्यूनिस्ट लीग का पुनर्संगठन किया। उसकी केंद्रीय समिति में एँगेल्स, ओल्फ, बाउर, मोल स्खापर रखे गए। इस समिति ने 17 धाराओंवाली एक माँग जर्मनी के मजदूरों, छोटे बाबुओं और किसानों की ओर से प्रकाशित की, जिसमें जर्मनी में एक संयुक्त प्रजातंत्र कायम करने, जनता को सशस्त्र करने, राजाओं और नवाबों की संपत्ति जब्त करने, खान, भूमि और यातायात के साधनों का राष्ट्रीयकरण करने, राष्ट्रीय कारखानों की स्थापना करने और सर्वसाधारण के लिए निःशुल्क अनिवार्य शिक्षा देने पर जोर दिया गया था। इन माँगों को लेकर जर्मनी में जबर्दस्त आंदोलन मचाने के लिए मार्क्स ने अपने साथियों को गुपचुप जर्मनी भेजना शुरू किया। फ्लोकोन की मदद से उन्हें इस काम में बहुत सफलता मिली। जो सरकार हरवे को मदद कर रही थी, वही सरकार दूसरी ओर मार्क्स को सहायता पहुँचा रही थी।

थोड़े ही दिनों में जर्मनी के प्रसिद्ध केंद्रों में कम्यूनिस्ट लीग के मेम्बरों का बोलबाला हो गया। जहाँ कहीं जबर्दस्त आंदोलन हुआ, उसके पीछे लीग के मेम्बरों का हाथ था। मार्क्स भी अपने को इस क्रांतिकारी दौर में अपनी मातृभूमि से अलग नहीं रख सके। कुछ अंतरंग मित्रों को लेकर वह राइनलैंड पहुँचे और वहाँ पहुँचकर कोलोन से एक नया अखबार निकालने की धुन में लगे। रुपए मिलने में कठिनाई हुई; किंतु एँगेल्स के उद्योग से चौदह शेयर बिक सके और उसी रकम के बूते पर पहली जून, 1848 को 'न्यू राइनिश जीटुंग' का पहला अंक निकला। प्रधान संपादक के स्थान में मार्क्स का नाम था और उसके संपादक मंडल में एँगेल्स, ड्रोंक, वीर्थ और दोनों ओल्फ के नाम थे।

'न्यू राइनिश जीटुंग' अपने को 'प्रजातंत्र का मुखपत्र' कहता था, किंतु उसका काम सिर्फ वैधानिक कार्यों का समर्थन या विरोध नहीं था। वह तो 'कम्यूनिस्ट मैनिफेस्टो' में प्रतिपादित सिद्धांतों के अनुसार उस समय की परिस्थिति को आधार मानकर क्रांतिकारी आंदोलन को आगे बढ़ाना चाहता था। यह सबसे जरूरी इसलिए था कि मार्च महीने में जो क्रांति की विजय हुई थी, वह जून तक धीरे-धीरे विलीन होती-सी दिखाई पड़ती थी। आस्ट्रिया में भी असंगति का उतना विकास नहीं हो पाया था, फलतः वियना की गद्दी पर फिर राजतंत्र आ बैठा था और बर्लिन पर यद्यपि प्रजातंत्रवादियों का दबदबा था, किंतु वहाँ भी मार्च के पूर्व की हालत कब हो जाएगी, कहा नहीं जा सकता था। राजतंत्र के बाद पूँजीवादियों के हाथ में शासन-सूत्र आया था, वे लिबरल-पंथी नीति को अपनाए हुए थे। फ्रांकफुर्त में जो राष्ट्रीय असेंबली समूची जर्मनी को एक सूत्र में बाँधने को बैठी थी, वह बहसमुबाहिसे की दूकान-मात्र बनकर रह गई।

अपने नए अखबार के पहले अंक से ही मार्क्स ने इस परिस्थिति पर तीव्र आलोचना शुरू की। नतीजा यह हुआ कि आधे शेयरहोल्डरों ने अपना संबंध विच्छेद कर लिया। किंतु इससे मार्क्स विचलित नहीं हुए। उन्होंने अपनी आलोचना जारी रखी। "जर्मनी के पूँजीवादियों की निर्लज्जता और अशिष्टता की हद तो तब हो गई जब उन्होंने इस क्रांति में किसानों को भी धोखा दिया, क्योंकि ये किसान ही उनके स्वाभाविक मददगार थे, उनके रक्त और मज्जा थे। इनकी सहायता से वंचित होकर वे राजतंत्र का कुछ बिगाड़ नहीं सकते थे और न सकेंगे।" जर्मन पूँजीवादी 1848 की क्रांति की तुलना 1789 की फ्रांसीसी क्रांति से करते थे। मार्क्स ने कहा, दोनों क्रांतियों में तुलना की कोई बात नहीं है; यह जर्मन क्रांति उस फ्रांसीसी क्रांति की पैरोडी मात्र है।

'न्यू राइनिश जीटुंग' इस तथाकथित प्रजातंत्र की वैदेशिक नीति पर भी प्रहार करने से नहीं चूकता था। जर्मनी ने अब तक हमेशा अन्य देशों की स्वतंत्रता के खिलाफ ही काम किया था। मार्क्स ने लिखा—"अब जर्मनी अपनी गुलामी के जुए को अपने कंधे से फेंक रहा है, इसलिए जरूरी यह है कि वह अन्य देशों के प्रति अपने रुख को बदले। नहीं तो वह पाएगा कि जो जंजीर उसने दूसरों के लिए गढ़ी थी, वह उसकी शिशु स्वाधीनता के गले में ही आ जकड़ी है। दूसरों को जितनी आजादी दे सकेगा, जर्मनी भी उतना ही आजाद रह सकेगा।" मार्क्स ने पोलैंड, इटली और हंगरी की आजादी का समर्थन शुरू किया और जारशाही रूस से शीघ्र लड़ाई छेड़ने के लिए प्रजातंत्र को उकसाने लगे। "रूस के खिलाफ लड़ी गई लड़ाई ही जर्मनी के लिए क्रांतिकारी लड़ाई होगी। इस लड़ाई के द्वारा हम अपने पापों का प्रायश्चित कर सकेंगे, अपनी वीरता का प्रदर्शन कर सकेंगे, अपने घर के जालिमों को सबक सिखा सकेंगे और एक स्वाभिमानी राष्ट्र की तरह अपनी संतानों की बलि चढ़ाकर सभ्यता के उद्देश्य को आगे बढ़ा सकेंगे। हमने अपनी पुरानी, भारी जंजीरों को तोड़कर हवा में फेंक डाला है, तो बाहर की ऐसी जंजीरों को भी हम क्यों कायम रहने दें?"

पोलैंड पर रूस का इतना बड़ा अत्याचार हो रहा था कि उसे बर्दाश्त करना किसी भी सभ्य पुरुष के लिए असह्य था। मार्च की क्रांति के बाद जर्मनी के लिबरल राजनीतिज्ञों ने भी पोलैंड से सहानुभूति प्रकट की थी, किंतु धीरे-धीरे उनकी सहानुभूति कम होने लगी और अब तो वे रूस की ओर आकृष्ट दीखते थे।

ज्यों-ज्यों 'न्यू राइनिश जीटुंग' की वाणी तीखी होती जाती थी, त्यों-त्यों उसके शेयरहोल्डरों के होश गुम होते जाते थे और वे एक-एक कर हटते जाते थे। अगस्त के अंत में मार्क्स ने बर्लिन और वियना की यात्रा की,

जिसमें अपनी आँखों से सारी स्थिति देख लें। उन्होंने पाया कि क्रांति की गाड़ी सिर्फ रुक ही नहीं गई है, बल्कि अब क्रांति की जगह प्रतिक्रांति लेने जा रही है। पूँजीवादी लिबरलों ने राजतंत्र से साँठगाँठ कर ली है। उन्होंने जर्मन जनता को वैसा धोखा दिया कि जर्मनी का राजनीतिक विकास एक सदी के लिए गड़बड़झाले में पड़ गया।

2

क्रांति का नेता

बर्लिन और फ्रांकफुर्त में प्रतिक्रिया का जो दौरदौरा हो रहा था, उसका असर कोलोन पर पड़ता ही था। क्रांति-विरोधी ताकतों के लिए राइनलैंड एक बड़ी समस्या हो चला था। प्रूशिया की फौज की एक-तिहाई राइनलैंड में जमा कर दी गई थी। इस फौज के चलते छोटी-मोटी बगावत करना मुश्किल हो चला था। जरूरत यह थी कि जनतंत्रवादी शक्तियों का एक मजबूत और बड़ा संगठन बनाया जाए जो क्रांति की गाड़ी को, जो आधे रास्ते पर रुकी हुई है, अभी बढ़ाकर लक्ष्य तक पहुँचा सके।

जून महीने में फ्रांकफुर्त में 88 जनतंत्रवादी संस्थाओं के प्रतिनिधियों की एक सभा हुई थी और उन लोगों ने मिलकर एक केंद्रीय संस्था के संगठन का निर्णय किया था। इस निर्णय के अनुसार कोलोन में ही पूरा काम हुआ, जर्मनी के और हिस्से में तो ढीली-ढाली बातें ही चलती रहीं। कोलोन की जनता को तीन भागों में संगठित किया गया था—प्रजातंत्र संघ, जिसका सूत्र मार्क्स के हाथों में था; मजदूरसंघ, जिसका नेतृत्व मोल और स्खापर कर रहे थे, और मुनीमों और व्यापारियों का संघ जिसका सूत्र एक नवयुवक बैरिस्टर के हाथों में था। अगस्त में कोलोन में एक प्रजातांत्रिक सम्मेलन किया गया जिसमें 17 संस्थाओं के 40 प्रतिनिधि सम्मिलित हुए। सबने मिलकर एक केंद्रीय समिति कायम की जिसका दिमागी नेतृत्व सहज ही मार्क्स के हिस्से पड़ा।

मार्क्स में नेतृत्व के गुण कूट-कूटकर भरे थे। उस समय के मार्क्स और उसकी नेतृत्वशक्ति का वर्णन तीन व्यक्तियों ने किया है। कार्लस्खुर्ज कोलोन के उस सम्मेलन में शामिल हुआ था। उसने लिखा है—"मार्क उस समय तीस वर्ष का था, तो भी वह समाजवादी विचारधारा का सर्वमान्य नेता समझा जाता था। हट्टाकट्टा शरीर, चौड़ा ललाट, काली चमकती आँखें, काले बाल और घनी काली दाढ़ी—अपने इस रोबदार रूप में वह तुरत लोगों को अपनी ओर आकृष्ट कर लेता था। अपने विषय का वह अगाध पंडित माना जाता था और वह जो कुछ कहता था उसमें वजन, दलील और सफाई होती थी। किंतु इन सबके बावजूद मैंने ऐसा आदमी जिंदगी में दूसरा न देखा जो लोगों के दिल दुखाने में जरा भी नहीं हिचके और जिसमें इतना असहनीय दंभ भरा हो।" स्खुर्ज पीछे पूँजीवादियों का पैगंबर बन गया था और वह बराबर याद करता था कि कार्ल मार्क्स 'बुर्जुआ' शब्द का किस घृणा के साथ उच्चारण करते थे—मालूम होता था जैसे जीभ पर आई कोई बुरी चीज को वह थूक रहे हों।

लेफ्टिनेंट टेचौव ने मार्क्स से हुई अपनी बातचीत का हवाला देते हुआ यों लिखा है—"मार्क्स ने अपनी स्वाभाविक महत्ता ही से मुझे प्रभावित नहीं किया, किंतु उसके महान व्यक्तित्व ने भी मुझ पर बहुत असर डाला। यदि अपने बड़े दिमाग की तरह वह दिल भी रखता, और घोर घृणा के साथ कुछ प्रेम भी रखता, तो मैं उसके हुक्म पर नरक में जाने को तैयार हो जाता—यद्यपि उसने कई बार मुझ पर खराब राय जाहिर की थी और अंत में तो मुझसे खुलकर कहा था। हम लोगों में जितने आदमी हैं, उन सबमें एक वही व्यक्ति है जिसमें नेतृत्व के सारे गुण भरे हैं और जिसमें ऐसी दूरदर्शिता है कि ब्योरे की उलझनों में नहीं पड़कर स्थिति की सही माप ले सके।"

उस समय 'न्यूयार्क ट्रिब्यून' का एक प्रतिनिधि कोलोन में आया था। उसने मार्क्स के बारे में लिखा

है—"मैने कार्ल मार्क्स से भेंट की, जो यहाँ के जन-आंदोलन का नेता था। उस समय उसका सितारा सातवें आसमान पर था। वह तीस साल का होगा—मजबूत हट्टाकट्टा शरीर, सुंदर चेहरा और काले मोटे बाल। उसकी आकृति से प्रतिभा टपकती थी और उसकी नरमी और गंभीरता के भीतर से उसकी साहसिक आत्मा की धधकती चिनगारी देखी जा सकती थी।" इसमें शक नहीं कि उस समय मार्क्स कोलोन के प्रजातंत्र का नेतृत्व बड़ी शांति और साहस के साथ कर रहे थे।

किंतु, इसे अधिकारी बर्दाश्त नहीं कर सकते थे। बर्लिन में नई मिनिस्टरी बनी थी, जो बिलकुल ही प्रतिक्रियावादी थी। फ्रांकफुर्त की राष्ट्रीय असेंबली में कोई दम नहीं रह गया था। अतः नौकरशाही ने अपने खूनी पंजे बाहर करना शुरू किया। प्रजातंत्रवादी संगठनों के सदस्यों के खिलाफ कानूनी कार्रवाई शुरू की गई और 'न्यू राइनिश जीटुंग' के संपादकीय विभाग के सदस्यों पर भी धावा बोला गया। किंतु, जो बहाना किया गया था, वह इतना लचर था कि पीछे सरकार को अपना हाथ खींच लेना पड़ा। किंतु, सितंबर बीतते-न-बीतते उपद्रव शुरू हो ही गए। कोलोन में फौजी कानून की घोषणा की गई और 27 सितंबर को 'न्यू राइनिश जीटुंग' का प्रकाशन बंद कर दिया गया और बड़ी मुश्किलों के बाद वह अक्टूबर से फिर निकलने लगा।

किंतु अखबार का निकालना इस समय साधारण काम नहीं था। वारंट कट जाने से गिरफ्तारी निश्चित जानकर मार्क्स के सभी साथी इधर-उधर चले गए थे। डोंक और एँगेल्स बेलजियम भाग गए। ओल्फ ने एक मुफस्सिल के शहर में शरण ली थी। रुपए-पैसे की दिक्कत सबसे बड़ी दिक्कत थी। इस समय मार्क्स ने अपनी सारी पैतृक संपत्ति को दाव पर चढ़ा दिया। मार्क्स ने इसकी कहीं चर्चा भी नहीं की है। किंतु उनकी पत्नी के पत्रों से पता चलता है कि सात हजार थेलर मार्क्स ने अपने पास से लगाए और यही उसकी पैतृक संपत्ति की कुल जमा-पूँजी थी।

मार्क्स की स्थिति इस समय एक और दृष्टि से बहुत बुरी थी। जब मार्क्स में क्रांति हुई, तो फेडरल कौंसिल ने आज्ञा जारी की कि जर्मनी के जो लोग राजनीतिक कारणों से देश छोड़कर बाहर चले गए हैं वे यदि लौट आयें तो उन्हें नागरिकता के अधिकार दिए जाएँगे और वे राष्ट्रीय असेंबली के लिए मत दे सकेंगे या उम्मीदवार बन सकेंगे। मार्क्स ने इसके लिए कोलोन की जिला अदालत में दरखास्त दी किंतु वह दरखास्त खटाई में फूलती रही। मार्क्स का परिवार उस समय ट्रायर में था, उन्होंने बार-बार लिखा कि मुझे नागरिकता का अधिकार शीघ्र दिया जाए जिसमें मैं अपनी बीवी और बच्चों को कोलेन में बुला लूँ, किंतु कौन ध्यान देता है। मार्क्स की पहली दरखास्त अप्रैल में पड़ी थी और अंत में 22 अगस्त को उन्हें खबर दी गई कि बादशाह सलामत आपको नागरिकता का अधिकार देने में संकोच कर रहे हैं। किंतु मार्क्स अपने परिवार से इस तरह ज्यादा दिनों तक अलग नहीं रह सकते थे। अपने परिवार के प्रति उनके हृदय में अगाध प्रेम था। इसके अंदर ही उन्होंने उन्हें कोलेन बुला लिया था। परिवार अब बढ़ गया था। देवी जेनी अब दो बेटियों और एक बेटे की सौभाग्यशालिनी माँ थीं।

इसी समय मार्क्स की दोस्ती दो सुप्रसिद्ध जर्मन समाजवादियों से हुई। उनमें एक था फ्रेलिग्राथ—जो उच्च कोटि का कवि था। मार्क्स ने उसके बारे में एक मित्र को लिखा था—"वह एक यथार्थ क्रांतिकारी है और पूरा ईमानदार आदमी है और मैं यह विशेषण बहुत कम लोगों को दे सकता हूँ।" एँगेल्स के बाद फ्रेलिग्राथ ही था, जिसने मार्क्स के साथ, बुरे से बुरे मुसीबत के दिनों में भी, दोस्ती निभाई। दूसरा व्यक्ति था लेसले। लेसले जर्मनी के मजदूर आंदोलन के आकाश का एक पुच्छल तारा था। बड़े जोर-शोर से वह ऊपर उठा, थोड़ी देर तक सारे आकाश को जाज्वल्यमान किए रहा; किंतु तुरत ही फिर विलीन हो गया। उसने हेगेल के दर्शन का पूरा अध्ययन किया था, फ्रांस में जाकर फ्रांसीसी समाजवाद से प्रभावित हुआ था, एक परित्यक्ता धनाढ्य स्त्री का पक्ष लेकर जर्मनी-भर में मशहूर हुआ था और पीछे जर्मनी के मजदूर आंदोलन में शानदार हिस्सा लिया था।

3

प्रतिक्रिया का बोलबाला

12 अक्टूबर से फिर 'न्यू राइनिश जीटुंग' का प्रकाशन आरंभ हुआ। प्रकाशन के साथ ही यह घोषित किया गया कि फ्रेलिग्राथ उसके संपादन विभाग में आ गया है। पहले अंक में ही 'जीटुंग' ने वियना के सर्वहारा-दल को इस बात पर बधाई दी कि उसने 6 अक्टूबर को आस्ट्रिया की प्रतिगामी शक्तियों को करारी हार देकर फिर इंकिलाब के झुकते झंडे को ऊँचा लहरा दिया था। मार्क्स 22 अगस्त से 7 सितंबर तक वियना में ठहरे थे और वहाँ के मजदूरों में नवजीवन भरने की कोशिश की थी। किंतु वहाँ के मजदूरों का स्तर इतना नीचे था कि मार्क्स ने भी उम्मीद नहीं की थी कि प्रतिगामी शक्तियाँ वहाँ आसानी से दबा दी जा सकेंगी। क्रांति की इस अप्रत्याशित विजय से मार्क्स के आनंद की सीमा नहीं थी।

किंतु इस हार ने आस्ट्रिया की प्रतिगामी शक्तियों को और भी जोरों से धावा बोलने को प्रेरित कर दिया था। इन शक्तियों ने वियना को चारों ओर से घेर लिया था। फौज से घिरी वियना नगरी प्रतिगामिता के समुद्र में क्रांति का एक द्वीप-सा लगता था। ऐसी हालत में वियना का सर्वहारावर्ग जर्मन प्रजातंत्र से आशा करता था कि वह उसकी मदद करेगा। बर्लिन में, अक्टूबर के अंत में प्रजातंत्रवादियों का एक बृहद् सम्मेलन हुआ। यह सम्मेलन वियना के मजदूरों के प्रति सहानुभूति प्रकट करके संतोष कर गया। सम्मेलन ने एक अपील प्रकाशित की, जिसे रूज ने तैयार किया था। किंतु इसमें सिर्फ रोना-रोना था। मार्क्स ने अपनी जोरदार कलम वियना के मजदूरों के पक्ष में उठाई और फ्रेलिग्राथ की कविता की धारा उनके पक्ष में फूट उठी। किंतु वियना की क्रांति की तकदीर पर मुहर लग चुकी थी। पूँजीवादियों ने धोखे दिए, किसानों ने अपने कंधे हटा लिए। सिर्फ विद्यार्थियों और छोटे बाबूदल का एक हिस्सा उनकी मदद करता था। अंततः 31 अक्टूबर को प्रतिगामी सेना वियना में घुसी और पहली नवंबर को प्रतिक्रांति का काला-पीला झंटा सेंट स्टीफेन के गिरजाघर पर लहरा उठा।

वियना के दुखांत नाटक को दुहराया गया बर्लिन में। मिनिस्ट्री ने इस्तीफा दिया, दूसरी मिनिस्ट्री कायम की गई जो पहली से भी गई-गुजरी थी। इस मिनिस्ट्री ने प्रजातंत्र की धारासभा को बर्लिन से हट जाने का हुक्म दिया और जनरल रैंगल की फौज ने बर्लिन में घुसकर फौजी कानून जारी कर दिया। धारासभा ने पहले तो कुछ दम दिखलाया। हुक्म मानने से इंकार किया; किंतु जब रैंगल की किरचें उसे इस मकान से उस मकान में खदेड़ने लगीं, तब उसके सदस्यों के होश फाख्ता हुए। उन्होंने बौखलाहट में आकर थोड़ी चीं-चपड़ की किंतु संगीनों के भय ने उनकी सारी बौखलाहट शांत कर दी। बर्लिन के राजप्रासाद पर भी अब प्रतिगामी झंडा लहराने लगा।

'न्यू राइनिश जीटुंग' ने प्रतिगामिता के खिलाफ जबर्दस्त आवाज उठाई। क्रांति-विरोधियों के खिलाफ दूसरी क्रांति करने और हिंसा का उत्तर प्रतिहिंसा से देने के लिए उसने बर्लिन की जनता का आह्वान किया। यही नहीं, असेंबली ने बौखलाहट में यह प्रस्ताव पास किया था कि बिना उसकी स्वीकृति के कर उगाहने का हक मिनिस्ट्री को नहीं है। अतएव, कोलोन की प्रजातांत्रिक समिति ने राइनलैंड की जनता के नाम एक अपील प्रकाशित की जिसमें कहा गया था कि यदि राजतंत्र जबर्दस्ती कर वसूलने की चेष्टा करता है, तो उसका मुकाबला किया जाए; नागरिकों की एक स्वयं-सेना संगठित की जाए जो प्रजातंत्र पर होनेवाले धावों को रोक सके; और जनता को सशस्त्र करने की चेष्टा की जाए। किंतु जनता जब इसकी तैयारी करने लगी तो धारासभा के सदस्य ही उसके विरोधी बन गए, अपने चुनाव-क्षेत्रों में जाकर लोगों को शांत रहने का सदुपयोग देने लगे। प्रतिगामी शक्ति का साहस और भी बढ़ा। 5 दिसंबर को असेम्बली भंग कर दी गई।

इस अपील पर दस्तखत करने के लिए लेसले को गिरफ्तार किया जा चुका था। अन्य हस्ताक्षरकर्त्ताओं को गिरफ्तार तो नहीं किया गया किंतु उन्हें अदालत के सामने हाजिर होने के लिए समन दिया गया। 8 फरवरी को कोलोन में यह मुकदमा खुला। मार्क्स ने जूरी के सामने एक जबर्दस्त व्याख्यान दिया—वह व्याख्यान इतना

तर्कपूर्ण था कि सभी अभियुक्त बरी कर दिए गए। मार्क्स ने कहा कि दोषी तो सरकार है, जिसने असेम्बली द्वारा बनाए गए कानून को पैरों तले रौंद डाला है। "जिन्होंने क्रांति में सफलता पाई है, वे अपने विरोधी को फाँसी पर चढ़ा सकते हैं, लेकिन उनका इंसाफ नहीं कर सकते; वे अपने दुश्मनों को जहन्नुम भेज दे सकते हैं किंतु उन्हें अपराधी साबित करने की ढिठाई उन्हें शोभा नहीं देती।"...."आज जो यह संघर्ष चल रहा है, वह एक समाज के दलों का संघर्ष नहीं है बल्कि दो समाजों का आपस का संघर्ष है। यह संघर्ष सामंतशाही समाज और पूँजावादी समाज के दरम्यान है। इन दो समाजों के बीच समझौता हो नहीं सकता। यह संघर्ष तब तक चलता रहेगा, जब तक इनमें से एक समाज नष्ट नहीं हो जाता।" ...."कर देने से इंकार करने से समाज की नींव नहीं हिलती जैसा कि सरकारी वकील ने कहा है; बल्कि यह काम तो समाज ने आत्मरक्षा में किया है उस सरकार के खिलाफ जो उसकी नींव को जड़मूल से खोद डालना चाहती है।" ...."असेम्बली को यह हक है कि वह टैक्स देने से लोगों को मना करे, उसका यह हुक्म ही कानून का रूप धारण कर लेता है। जब टैक्स का वसूल किया जाना गैर-कानूनी घोषित कर दिया गया है, तब हमारा यह कर्तव्य हो जाता है कि इस गैरकानूनी काम को रोकने के लिए हम हथियार तक का इस्तेमाल करें।" अंत में मार्क्स ने गरजते हुए कहा—"असेम्बली का अपना कोई अधिकार नहीं है; उसे अधिकार देती है जनता। जब असेम्बली अपने कर्तव्य का पालन नहीं करती और जनता रंगमंच पर आ जाती है, तब उसे अधिकार है कि वह चाहे जो कुछ करे। जब सरकार क्रांति-विरोधी मोर्चा तैयार करती है, तब जनता को भी हक है कि वह उसके खिलाफ दूसरी क्रांति भी तैयार करे।" अंत में मार्क्स ने बतलाया कि नाटक का अंतिम पर्दा अभी नहीं गिरा है। प्रतिक्रिया की विजय हुई है; किंतु विजयिनी क्रांति शायद उसकी नींव पर ही खड़ी होगी !

मार्क्स की इस जोरदार बहस का असर था कि जूरी ने सभी अभियुक्तों को रिहा ही नहीं किया, मार्क्स को इस सही कैफियत के लिए धन्यवाद भी दिया।

4

कायर प्रहार !

वियना और बर्लिन में क्रांति की हार हुई और प्रतिक्रिया का नंगा नाच सारी जर्मनी में होने लगा। बच रही थी सिर्फ फ्रांकफुर्त की असेम्बली; उसके बारे में सवाल यह आ पड़ा था कि उसे प्रूशिया की किरचें भंग करें या आस्ट्रिया की।

दिसंबर में मार्क्स ने इस क्रांति और प्रतिक्रांति पर कुछ महत्त्वपूर्ण लेख लिखे। जर्मनी की पराजय के बाद उनका ध्यान फ्रांस के सर्वहारावर्ग पर गया, जो अभी-अभी सिर उठाने लगा था। किंतु फ्रांस के मजदूरों का ही नहीं, सारे यूरोप के मजदूरों का भाग्य निर्भर कर रहा था इंग्लैंड पर। क्योंकि औद्योगिक विकास का सरगना इंग्लैंड था और वहीं के मजदूरों के कारनामे से अन्य देशों के मजदूरों को पथप्रदर्शन मिलता था। किंतु क्या इंग्लैंड उस आशा को पूरा कर सकता था? मार्क्स ने लिखा—"जिस देश ने अपनी सारी जनसंख्या को सर्वहारा के रूप में परिणत कर दिया है, जिसने सारे संसार को अपने चंगुल में जकड़ रखा है, जिसे यूरोप की कशमकश की कीमत चुकानी पड़ी है, जहाँ वर्ग-विरोध सबसे साफ और बेशरम रूप में प्रकट हो चुका है—वहीं इंग्लैंड एक ऐसी चट्टान मालूम होता है, जिस पर जाकर क्रांति सिर धुनकर खत्म हो जाएगी। नए समाज को जन्म लेने के पहले ही इंग्लैंड भूखों मार देगा। इंग्लैंड आज संसार के सारे बाजारों का मालिक है और यूरोप के सभी देशों के आर्थिक संबंधों का परिवर्तन इंग्लैंड के बिना चाय के प्याले में तूफान की तरह नगण्य साबित होगा। हर देश का आभ्यंतरिक, औद्योगिक और व्यापारिक संबंध दूसरे देशों के संबंधों पर निर्भर करता है, संसार के बाजारों के

संबंधों पर निर्भर करता है। किंतु संसार के बाजारों पर आज इंग्लैंड का प्रभुत्व है और इंग्लैंड पर पूँजीवादियों का सार्वभौम साम्राज्य है।

फ्रांस में भी क्रांति की वही दुर्दशा हुई, जो जर्मनी में हुई थी। जून से ही वहाँ प्रतिगामिता ने खूनी पंजे दिखाने शुरू किए थे, दिसंबर आते-आते वह पूरी तरह सफल हुई। पेरिस के प्रजातंत्र की गद्दी पर एक नकली बोनापार्ट आ बैठा। इधर फ्रांकफुर्त की असेम्बली के वामपक्षियों में भी नैतिक पतन घर करने लगा और वे दिन-दिन समझौते की ओर बढ़ते और अपने ही हाथों शांति की कब्र खोदते गए।

मार्क्स ने देखा, प्रजातंत्र के नाम पर जो एक संयुक्त मोर्चा कायम किया गया था, वह अब निर्जीव हो चला था। पूँजीवादी लिबरल प्रजातंत्र का नारा क्रांति के दिनों में लगाते रहे, किंतु ज्योंही प्रतिक्रिया देखी, दुबककर सिर बचाने के प्रयत्न में लगे। इसलिए जो प्रजातांत्रिक समिति संगठित की गई थी उससे मार्क्स, ओल्फ आदि ने इस्तीफा दे दिया। "हमारी समझ से प्रजातांत्रिक समिति परस्परविरोधी स्वार्थवालों का चोंचों का मुरब्बा बन गई है और उन सबको लेकर कोई काम हो नहीं सकता। इसके बदले मजदूरों की संस्थाओं को एकत्र कर कोई केंद्रीय संस्था बनाना और उसके द्वारा काम करना कहीं अच्छा होगा। यही नहीं, कोलोन मजदूर-संघ की ओर से सभी मजदूर संस्थाओं को निमंत्रण भेजा गया कि वे अपने प्रतिनिधि को मई में भेजें जिसमें मजदूरों की एक केंद्रीय संस्था के निर्माण के बारे में विचार किया जाएगा।

किंतु इसके अंदर ही फ्रांकफुर्त असेम्बली ने एक विधान तैयार किया और उस विधान को लेकर कशमकश शुरू हुई। इस विधान में राजा को वैधानिक मुखिया की तरह स्वीकार करने के बावजूद जनता को ही सभी संस्थाओं का मूलस्त्रोत मान लिया गया था। राजतंत्र के हिमायती जनता को इतना देने को भी तैयार नहीं थे। नतीजा यह हुआ कि सैक्सनी, बैकेन और बवेरिया में विद्रोह हो गए। इन विद्रोहों को बड़ी बेरहमी से दबा दिया गया। प्रूशिया के राजा ने हर जगह जल्लाद का काम किया। राइनलैंड में भी विद्रोह की चिनगारी जगह-जगह चमकी और वहाँ भी दमन का बोलबाला हुआ। उस समय अधिकारियों की क्रूर दृष्टि 'न्यू राइनिश जीटुंग' पर पड़ी, जो विशेष संस्करण निकाल-निकालकर राइनलैंड की जनता को अगामी क्रांति के लिए तैयार कर रहा था। दो दफा मार्क्स पर मुकदमे चलाए गए, किंतु राइनलैंड के जूरियों ने मार्क्स को बेदाग छोड़ दिया। अब बर्लिन से खबर भेजी गई कि कोलोन में फौजी कानून जारी करो और मार्क्स को वहाँ से निकाल भगाओ।

किंतु कोलोन का कमांडर इस हद तक जाने को तैयार नहीं हुआ, उसने पुलिस से कहा कि इस 'खतरनाक आदमी' को कोलोन से निकालो। पुलिस भी अपने ऊपर जिम्मेवारी लेने को तैयार नहीं हुई, उसने प्रांत के गवर्नर को लिखा और गवर्नर ने गृह-मंत्री के सिर पर जिम्मेवारी रख दी। 10 मार्च को प्रांतीय सरकार ने बर्लिन में रिपोर्ट दी कि मार्क्स अभी कोलोन में ही है, वह अपने अखबार का संपादन कर रहा है और जनता को उभाड़ रहा है सामाजिक प्रजातंत्र कायम करने के लिए। उसके अखबार के पाठक भी बढ़ते जा रहे हैं; किंतु अभी ऐसा कोई स्पष्ट गैरकानूनी काम उसने नहीं किया है कि उसे हटाया जाए। इस रिपोर्ट के बाद गृहमंत्री ने राइनलैंड के सभापति से सम्मति ली; उसने भी मार्क्स का निकाला जाना जरूरी बताया, किंतु बहाना क्या किया जाए, यह सवाल हल नहीं हुआ। अंत में गृहमंत्री ने 7 अप्रैल को मार्क्स के निष्कासन की आज्ञा राइनलैंड की प्रांतीय सरकार के पास भेज दी, लेकिन स्पष्ट लिखा कि इसका प्रयोग खास अपराध पर ही किया जाए। किंतु, राइलैंड की सरकार के पास अब विलंब के लिए धैर्य नहीं था। उसने 11 मई को मार्क्स पर देश-निकाले का हुक्म जारी कर दिया—

इस अवसर पर फ्रेलिग्राथ ने एक कविता लिखी थी, जो इस घटना को सही-सही चित्रित करती है। उसने लिखा था—"कायरो, हम आमने-सामने लड़ रहे थे; हम पर सीधा प्रहार तुमने किया होता! यह घिनौनी धोखेबाजी, फरेबों का यह तानाबाना! अरे, पश्चिमी पिशाचों के कायर प्रहार के तले हम दबे जा रहे हैं।"

5

अलबिदा मातृभूमे !

जिस समय देश-निकाले की यह आज्ञा जारी हुई, मार्क्स कोलोन में नहीं थे यद्यपि 'न्यू राइनिश जीटुंग' की ग्राहकसंख्या बढ़ रही थी, वह उस समय छः हजार तक पहुँच चुकी थी किंतु आर्थिक कठिनाइयाँ इससे कम नहीं हो पाई थीं। बिक्री की बढ़ती के साथ खर्च भी बढ़ता जाता था। आमदनी पीछे बढ़ती थी; खर्च पहले होता था। इन आर्थिक झमेलों से पार पाने के लिए मार्क्स ने एक पूँजीपति से बातचीत शुरू की थी, जिसने समाजवादी प्रकाशन में पैसे लगाने की इच्छा प्रकट की थी। मार्क्स उसी से मिलने बाहर गए थे। मार्क्स ने जब उससे बातें कीं, तब पता चला, पूँजीपति के लिए उसकी पूँजी ही सबसे बड़ा देवता है। वह हिचकिचाहट दिखाने लगा और बड़ी मुश्किल से एक तीसरा व्यक्ति जमानत पर तीन सौ थेलर दे सका। जब वह रकम लेकर मार्क्स कोलोन पहुँचे, देखा, हुक्मनामा उनके सामने है।

जो मार्क्स की हालत थी, और संपादकों की भी वही हालत होनी थी, उन्हें भी किसी क्षण देश से निकाल दिया जा सकता था। कुछ लोगों पर तो मुकदमे भी चल रहे थे। इसलिए अखबार को बंद कर देने का ही निर्णय किया गया। 19 मई को मार्क्स ने 'न्यू राइनिश जीटुंग' का अंतिम अंक निकाला, जो लाल रोशनाई में छापा गया था। उसमें फ्रेलिग्राथ ने एक बड़ी चुभती हुई कविता प्रकाशित की थी और मार्क्स ने लिखा था—"क्यों यह बेवकूफी भरी झूठ, क्यों यह कानूनी शब्दजाल? हम अपने प्रति खुद काफी निठुर हैं, हम आपसे किसी किस्म की रियायत नहीं चाहते। जब हमारे दिन आवेंगे, हम अपने आतंकवाद के लिए आपसे क्षमा नहीं माँगेंगे; किंतु माफ कीजिए, आपका यह आतंकवाद कार्यतः पशुत्वपूर्ण, घृणास्पद और नारकीय है और सिद्धांततः षड्यंत्रों से भरा और दुमुँहा है। और, चाहे सिद्धांत की दृष्टि से या कार्य की दृष्टि से—इसमें कहीं इज्जत का नाम तो है नहीं!" अंत में राइनलैंड की जनता को फौजी धावों से हुशियार रहने और उनका मुकाबला करने के लिए तैयार रहने की चेतावनी दी गई थी और पाठकों से उनकी कृपाओं के लिए धन्यवाद दिया गया था। याद रखिए, हम जहाँ कहीं भी होंगे, हमारा एक ही नारा होगा—'मजदूरों की मुक्ति!'

इस डूबते हुए जहाज के कैप्टन की हैसियत से मार्क्स को कुछ और कर्तव्यों का पालन करना था। प्रेसवालों का, कागजवालों का, किरानियों का, संवाददाताओं का, संपादकीय विभाग का, जिसका जो कुछ पावना था, मार्क्स ने उसकी एक-एक पाई की अदाई की। उसके बाद मार्क्स के पास उसकी धर्मपत्नी के नैहर से मिले कुछ चाँदी के बर्तन बच गए, जिन्हें फ्रांकफुर्त में गिरवी रखकर उन्होंने कुछ सौ सिक्के प्राप्त किए। बस, अगमपथ का इतना ही संबल उनके पास रहा।

फ्रांकफुर्त से एँगेल्स के साथ मार्क्स बैडन आदि उन स्थानों का निरीक्षण करने गए, जहाँ बगावत की आग अब भी सुलग रही थी। जब वहाँ से लौट रहे थे, रास्ते में फौज ने उन्हें गिरफ्तार कर लिया और फिर फ्रांकफुर्त में लाकर छोड़ दिया। वहाँ से मार्क्स पेरिस की ओर रवाना हुए और एँगेल्स एक स्वयंसेवक-सेना का संगठन करने कैसरस्लौटर्न को।

पेरिस में पहुँचकर मार्क्स ने देखा कि वहाँ की हालत और भी गई-गुजरी है। गिरजा बुरा था, तो मिनिस्ट्री अधम थी। मार्क्स वहाँ जून में पहुँचे थे और पहला महीना ज्योंही समाप्त हुआ, पुलिस ने मार्क्स के हाथों में गृह-सचिव का एक परवाना रख दिया जिसमें मार्क्स को पेरिस से हटकर मोर्विहान में रहने का आदेश दिया गया था। यह जिला फ्रांस का सबसे अस्वास्थ्यकर जिला था—दलदल से भरा, बुखार का घर। 'हत्या के इस गुप्त प्रयत्न' को मार्क्स भाँप गए और वह फ्रांस को भी अंतिम सलाम करने की तैयारी करने लगे।

मार्क्स उस समय अत्यंत आर्थिक कष्ट में थे। उन्होंने फ्रेलिग्राथ और लेसले को आर्थिक सहायता करने को लिखा। दोनों ने यथासाध्य सहायता करने में कुछ उठा नहीं रखा, किंतु फ्रेलिग्राथ ने मार्क्स को लिखा कि

लेसले रुपए इकट्ठा करने में कुछ सोचविचार नहीं करता, उसने इस मामले को 'भट्ठीखाने की बातचीत' बना डाला है। मार्क्स इस पर बहुत चिंतित हुए और उन्होंने 30 जुलाई को लिखा—"यों आप भीख माँगते फिरने की अपेक्षा बड़ी से बड़ी आर्थिक उलझनों में रहना अच्छा है। मुझे इस कार्रवाई से बहुत बड़ा सदमा पहुँचा है।" लैसले ने इसके लिए मार्क्स से क्षमा माँगी और आगे से होशियार रहने का वादा किया।

23 अगस्त को मार्क्स ने एँगेल्स को खत लिखा कि वह फ्रांस छोड़ रहे हैं और 5 सितंबर को फ्रेलिग्राथ को खबर दी कि 15 तारीख को उनकी पत्नी भी उनका अनुगमन करेंगी। किंतु इसके लिए पैसे कहाँ से आवेंगे, मार्क्स ने इस पर चिंता प्रकट की थी। चित्रा को ही चिरसंगिनी बनाए मार्क्स ने अपने तीसरे वनवास के लिए प्रस्थान किया।

चौथा अध्याय : लंदन का अधिवास

1

'न्यू राइनिश रिव्यू'

पेरिस से जो आखिरी खत मार्क्स ने एँगेल्स के नाम भेजा था, उसमें ही चर्चा थी कि लंदन पहुँचकर वह एक जर्मन पत्र निकालना चाहते हैं। उन्होंने एँगेल्स को यह भी लिखा कि तुम शीघ्र ही लंदन पहुँचो। बेडन और पालिटिनेट का विद्रोह कुचल दिए जाने पर एँगेल्स स्वीजरलैंड में भगोड़े की जिंदगी बिता रहा था। मार्क्स की आज्ञा पाते ही वह जिनोवा से जहाज द्वारा लंदन पहुँच गया।

लंदन पहुँचकर पहली जनवरी, 1850 को इस नए अखबार के लिए प्रोस्पेक्टस छपवा लिया गया। तय किया गया कि अभी एक मासिक पत्रिका निकाली जाए, बाद में उसे पाक्षिक और फिर साप्ताहिक कर दिया जाएगा। सोचा यह भी गया था कि यदि संभव हुआ, तो फिर जर्मनी से इसे दैनिक रूप में ही निकाला जाएगा। इसके हर शेयर का मूल्य 50 फ्रांक रखा गया था; किंतु मालूम होता है, शेयर ज्यादा बिक नहीं सके। हाँ, हम्बुर्ग के एक प्रकाशक ने इस शर्त पर उसे प्रकाशित करने का ठेका लिया कि कीमत पर पचास सैकड़े कमीशन उसे दिया जाएगा। किंतु मालूम होता है, उसने उसके प्रचार पर पूरा ध्यान नहीं दिया। लैसले ने उसके पचास ग्राहक बनाए और वेडेमेयर ने 100 कापियाँ बेचने का जिम्मा लिया, पर छः महीने के प्रयत्न के बाद सिर्फ 51 गिल्डर वसूल करके भेज सका—"मैंने लोगों पर काफी दबाव डाला है; किंतु कोई तुरत देने का नाम नहीं लेता।" श्रीमती मार्क्स ने इस पर बिगड़कर लिखा कि प्रबंध की कमजोरी इस पत्रिका को ले डूबेगी। किंतु इन सब अड़चनों के दरम्यान भी मार्क्स बड़े शांत भाव से पत्रिका का संपादन करते रहे।

जर्मनी की क्रांति की पराजय के बाद फिर लंदन में जर्मनी भगोड़ों की जमात जुटने लगी। बेचारा मोल उस क्रांति में शरीक हो चुका था, किंतु स्खापर, ओल्फ आदि पुराने साथी और कुछ नए नौजवान क्रांतिकारी वहाँ आ जुटे। इन्हीं नए लोगों में विल्हेम लिब्तक्नेख्त था, जो मार्क्स के सबसे निकट हो चला था। लिब्तक्नेख्त ने कई विश्वविद्यालयों में शिक्षा पाई थी, फिर बेडन के विद्रोह में योग्य हिस्सा लेकर स्वीजरलैंड होते लंदन आ पहुँचा था। इन राजनीतिक भगोड़ों के आने पर कम्यूनिस्ट लीग फिर जिंदा की गई। मार्च, 1850 में उसकी केंद्रीय समिति ने मार्क्स और एँगेल्स को एक सरकुलर तैयार करने की आज्ञा दी। दोनों ने वह सरकुलर तैयार किया, जिसे गुपचुप जर्मनी भेजा गया। जर्मनी के मजदूरों ने इस सरकुलर का स्वागत किया और फिर कम्यूनिस्ट लीग की शाखाएँ जर्मनी के प्रमुख शहरों में खुलने लगीं। 18 जून, 1850 में लीग की केंद्रीय समिति की बैठक ने

इस बात पर खुशी जाहिर की। हैम्बुर्ग, बेस्लौ, लिपजिग, बर्लिन, न्यूरेम्बुर्ग और कोलोन में जबर्दस्त शाखाएँ कायम हो गई हैं जो अपने-अपने प्रांतों में व्यापक कार्य कर रही हैं।

मार्क्स के दिमाग से अभी क्रांति नहीं गई थी। वह सोचते थे कि निकट भविष्य में ही दूसरी क्रांति होकर रहेगी। और इस दूसरी क्रांति में पूँजीवादियों की जगह छोटे बाबूदल को मिलेगी। इसलिए इस सरकुलर में मजदूरों से कहा गया था कि वे पूँजीवादियों के खिलाफ इस बाबूदल को मदद करें; किंतु अपने वर्ग-स्वार्थ को कभी नहीं भूलें। बाबूदल की विजय से पूँजीवादी समाज का सुधार होगा, मजदूरों के लिए कुछ रास्ता साफ होगा। किंतु बाद में यह बाबूदल भी पूँजीवादियों की तरह क्रांति को दफन कर देना चाहेगा। इसलिए मजदूरों को सजग रखना चाहिए; क्रांति को जिंदा बनाए रखकर बाबूदल को भी बाद में उखाड़ फेंकना जरूरी है। यह तभी संभव है, जब मजदूरों का संगठन मजबूत हो और उनमें क्रांतिकारी भावना कूट-कूटकर भरी हो। असेंबली के लिए जब चुनाव हो तब मजदूरों को अपना उम्मीदवार हर चुनावक्षेत्र से खड़ा करना चाहिए, भले ही उन्हें सफलता हासिल न हो। आंदोलन की पहली मंजिल में समाजवादी कार्यक्रम को काम में लाना असंभव होगा। किंतु प्रजातंत्रवादियों पर यह जोर डालते रहना चाहिए, कि कारखानों और यातायात के साधनों, रेलवे आदि पर राज्य का स्वत्व कायम किया जाए। यों ही सामंतशाही के खात्मे के बाद, फ्रांस की क्रांति की तरह, सामंतों की जमीन का बँटवारा किसानों में नहीं करने देना चाहिए; क्योंकि इससे धनी किसानों का एक स्थिर स्वार्थ बन जाएगा; बल्कि कोशिश यह करनी चाहिए कि जब्त-शुदा जमीन पर राज्य का ही स्वत्व हो और उस पर बड़े पैमाने पर सामूहिक खेती कराई जाए। निस्संदेह इस सरकुलर में क्रांति की एक विस्तृत योजना थी; किंतु अफसोस, जर्मनी से तो क्रांति बहुत दूर भाग चुकी थी!

ज्यों-ज्यों क्रांति दूर होती जाती थी, इन राजनीतिक भगोड़ों में से अधिकांश का धैर्य टूटता जाता था। धीरे-धीरे इनके दो गिरोह हो गए और जब सितंबर में केंद्रीय समिति की बैठक हुई, तब कम्यूनिस्ट लीग दो टुकड़ों में बँट गई। मार्क्स और एँगेल्स के साथ बहुमत था। मार्क्स ने उस झगड़े का विश्लेषण इस तरह किया है—"जो अल्पमत में हैं वे आलोचनात्मक दृष्टि पर कट्टरपंथिता को, भौतिक दृष्टि पर आदर्शवादी दृष्टि को तरजीह देते हैं। वे समझते हैं कि उनकी इच्छा और कल्पना ही क्रांति की चालक शक्ति है, न कि यथार्थ परिस्थिति। जहाँ हम मजदूरों को कहना चाहते हैं कि दस, बीस या पचास वर्षों के युद्ध और गृहयुद्ध के बाद ही तुम वर्तमान परिस्थिति को आमूल बदल सकोगे, या राजनीतिक शक्ति को हाथ में लेने के योग्य हो सकोगे, वहाँ आप लोग उससे कहना चाहते हैं कि अभी बढ़कर ताकत हाथ में कर लो नहीं तो तुम्हारे लिए कोई आशा नहीं। हम उन्हें बताना चाहते हैं कि जर्मनी का सर्वहारावर्ग अभी कितना अविकसित है, जहाँ आप राष्ट्रीयता और हस्तकौशल की दुहाई देकर जर्मनी के शिल्पियों को उभाड़ना पसंद करते हैं। जिस तरह प्रजातंत्रवादियों ने 'जनता' शब्द का दुरुपयोग किया, आप सर्वहारा शब्द का उसी तरह दुरुपयोग कर रहे हैं!" मत लेने के पहले इतनी गरमी में बहस हुई कि एक सदस्य ने अपने प्रतिद्वंद्वी को द्वंद्वयुद्ध के लिए भी ललकारा और उस समय मार्क्स ने रोकथाम की, किंतु बाद में दोनों पिस्तौल लेकर लड़ ही पड़े। एक बुरी तरह घायल हुआ।

'न्यू राइनिश रिव्यू' के पाँचवें-छठे सम्मिलित अंक में इस विवाद की विशद विवेचना की गई। यह सम्मिलित अंक ही इस पत्रिका का अंतिम अंक था। इस अंक में एँगेल्स ने जर्मनी के 1552 के किसान युद्ध पर एक लेख दिया था और एक लेख एक दर्जी पर लिखा हुआ लंदन के दर्जी पेशे पर था। उस लेख पर मार्क्स ने टिप्पणी की थी—"सर्वहारा अपनी लड़ाई बैरिकेड के पीछे लड़ने के पहले अपनी दिमागी विजय की घोषणा ऐसे लेखों के द्वारा कर रहा है।" किंतु इस अंक का सबसे महत्त्वपूर्ण लेख मार्क्स एँगेल्स के सम्मिलित नाम से छपा था जिसमें मार्च से लेकर अक्टूबर तक की हुई राजनीतिक उथल-पुथल के आर्थिक आधार का विश्लेषण किया गया था। उसके उपसंहार में लिखा गया था—"इस समय साधारणतः वैभव का विकास हो रहा है और पूँजीवादी समाज की उत्पादन-शक्तियों के लिए पूँजीवादी समाज के ढाँचे के अंदर तरक्की करने की बहुत बड़ी

गुंजाइश है, इसलिए इस समय यथार्थ क्रांति की बात सोचना फिजूल है। क्रांति तभी संभव है जब पूँजीवादी उत्पादन-प्रणाली और आधुनिक उत्पादन-शक्तियाँ आपस में टकराएँ।

" नई क्रांति तभी संभव है जब नए आर्थिक संकट उपस्थित हों और देर-सवेर इन दोनों का आगमन निश्चित है।"

इस लेख के अंत में पहली नवंबर, 1850 की तारीख दी गई है। इसके बाद इसके दोनों लेखक बीस बरसों के लिए जुदा हुए—एँगेल्स अपना कारोबार देखने मैनचेस्टर चले गए और मार्क्स लंदन में रहकर अपने वैज्ञानिक अध्ययन में लीन हो गए।

2

वनवास की जिंदगी

मार्क्स के जीवन का आधा हिस्सा समाप्त हो रहा था, वह दूसरे आधे में प्रवेश कर रहे थे। इस मौके पर वह अपनी जिंदगी को नया मोड़ देना चाह रहे थे। एँगेल्स भी अब तक की जिंदगी से ऊब रहे थे। 1851 की फरवरी में उन्होंने मार्क्स को लिखा—"यह दिन-दिन स्पष्ट होता जाता है कि वनवास भी एक संस्था है और यदि आदमी अपने को इससे अलग न कर ले और पार्टीबंदियों से अलग होकर स्वतंत्र लेखक का पेशा अख्तियार न करे तो वह जरूर ही बेवकूफ, गधा और शैतान बनकर रहेगा।" मार्क्स ने इसका उत्तर दिया— "हम लोगों ने अपने को उससे अलग करके अच्छा ही किया है। हमारे सिद्धांत और रुख के अनुकूल ही यह हुआ है। एक-दूसरे की मुँहजोई, हम तुम्हारी बात मानें तुम हमारी बात मानो, दिखावे के लिए आधे कदम को भी बर्दाश्त किए जाना, और उन गधों की सारी करतूतों की जिम्मेवारी अपने पर ढोते चलना—इन सबसे त्राण तो मिला।" एँगेल्स ने फिर लिखा—"बहुत दिनों के बाद हमें यह मौका मिला है कि हम दुनिया को बता दें कि हम जनप्रिय होने को व्याकुल नहीं हैं, हमें किसी देश की किसी पार्टी की सहायता की जरूरत नहीं है, हमने अपने को इन क्षुद्रताओं से अलग कर लिया है; अब से सिर्फ अपने प्रति ही जिम्मेवार हैं।"

किंतु चाहकर भी पुराना संबंध नहीं टूट पाता। फिर पार्टीबंदियों से अलग रहा जा सकता है, किंतु राजनीतिक संघर्ष से अपने को कोई क्रांतिकारी अलग कैसे कर सकता है! मार्क्स और एँगेल्स, दोनों इंग्लैंड के चार्टिस्ट आंदोलन से संपर्क रखते रहे, उनके अखबारों में लिखते रहे; यही नहीं 'न्यू राइनिश रिव्यू' को फिर से निकालने का प्रयत्न करना भी नहीं छूटा। एक प्रकाशक तैयार भी हुआ, किंतु वह राजनीतिक अपराध में गिरफ्तार कर लिया गया। रिव्यू का प्रकाशन इस तरह रुका रहा, किंतु उसी प्रकाशक ने कार्ल मार्क्स के लेखों का एक संग्रह प्रकाशित किया था, जिसकी वेडेमेयर के कथनानुसार पंद्रह हजार कापियाँ बिक पाई थीं। इस संग्रह के प्रकाशन में मार्क्स का उद्देश्य यह था कि कुछ पैसे प्राप्त होते जाएँ। क्योंकि उन दिनों मार्क्स की आर्थिक स्थिति बहुत बुरी थी। किंतु मालूम होता है, किताबें चाहे जितनी बिकी हों, मार्क्स को पैसे बहुत ही कम मिले; सारा परिवार अपरिमित कष्ट में जीवन व्यतीत करता रहा।

उसी जमाने में श्रीमती मार्क्स को दूसरा पुत्र प्राप्त हुआ। अपने एक मित्र को उन्होंने लिखा था—"यह देवदूत छुट्टी के साथ ही इतनी चिंताएँ और परेशानियाँ चूसता रहा कि वह हमेशा बीमार रहता और दिन-रात पीड़ा में चीखता रहता। जन्म के बाद वह एक रात भी अच्छी नींद नहीं सो सका और कभी एक दौर में दो-तीन घंटे से अधिक नींद उसे नहीं आई।" जन्म के दूसरे ही वर्ष वह चल बसा। यही नहीं, उसी जमाने में मार्क्स को उनके घर से किराएदार ने रुपए नहीं चुकाने की वजह से निकाल दिया और उन्हें इधर-उधर मारे-मारे फिरना पड़ा। आखिर एक गली में दो कोठरियाँ मुश्किल से मिल पाईं जिनमें रहकर छह

साल गुजारने पड़े। 1850 के अक्टूबर में कार्ल मार्क्स ने फ्रांकफुर्त में वेडेमेयर को लिखा कि चाँदी के जो बर्तन गिरवी हैं, उन्हें बेचकर रुपए भेजो, सिर्फ यादगार के तौर पर जेनी के बचपन के कुछ चमचे रख लिए जाएँ। "मेरी हालत इन दिनों ऐसी है कि किसी भी तरह मुझे कुछ पैसे मिलने ही चाहिए, नहीं तो मैं कोई काम नहीं कर सकता।" इसी समय एँगेल्स मैनचेस्टर के लिए चल पड़े कि व्यापार से कुछ पैसे निकालकर अपने मित्र की सहायता कर सकें।

किन्तु एँगेल्स ऐसे दोस्त कितने होते हैं—मालूम होता है, अन्य मित्रों से मार्क्स को सहायता नहीं मिल पाई। श्रीमती जेनी ने उन दिनों लिखा था—"जिस चीज से मुझे सबसे बड़ा कष्ट होता है, जिसके कारण मेरा हृदय खून के आँसू रोता है, वह यह है कि मेरे पतिदेव को छोटी-छोटी बातों के लिए हमेशा चिन्तित रहना पड़ता है। क्या तमाशा है कि जिसने हजारों की मदद करने में कभी अपनी हैसियत का खयाल न किया, आज वह अपने को निस्सहाय अनुभव करता है, जब कि थोड़ी सहायता से ही उसका काम किसी तरह चल सकता था। आप यह न समझें कि मैं किसी से कुछ प्राप्त करने के लिए ऐसा लिख रही हूँ—मेरे पतिदेव ऐसा कभी नहीं बर्दाश्त करेंगे। किन्तु मैं यह उम्मीद तो करती ही थी कि जो उनसे हमेशा विचार और सहायता प्राप्त करते रहे, वे उनकी मासिक पत्रिका के प्रचार में कुछ जोर तो लगायेंगे ही। मुझे इससे दुख होता है, किन्तु मेरे पतिदेव इस बारे में भी दूसरी ही तरह सोचते हैं। भविष्य पर विश्वास उन्होंने कभी नहीं छोड़ा है, बुरे से बुरे क्षणों में भी विचलित नहीं होते हैं और यदि मैं खुश रहती हूँ और मेरे बच्चे मुझे बनाते होते हैं, तो उनके आनन्द का ठिकाना नहीं रहता।"

मालूम होता है, हालत दिन-दिन खराब ही होती जाती थी। 1851 के अगस्त में मार्क्स ने वेडेमेयर को लिखा—"तुम सोच सकते हो कि मेरी हालत कैसी बुरी है। यदि यह हालत बनी रही, तो मेरी पत्नी बेचारी ठिकाने लग जायगी। लगातार की तकलीफें और दिन-दिन की उलझनें उस बेचारी को डुबोए जा रही हैं।" एक तरफ यह हालत, दूसरी ओर मार्क्स के विरोधी उनके बारे में तरह-तरह की बदनामियाँ फैलाया करते थे। इन बदनामियों को सुन-सुन देवी जेनी और भी परेशान होती थीं। पर "वह बेचारी बीमार है, उसकी नसें कमजोर पड़ गई हैं। तो भी वह भोर से रात तक काम करती रहती है और उस पर ये नाबदान के कीड़े जब मेरे बारे में गंदगी उछालते हैं, तब उसकी क्या हालत हो जाती होगी, तुम कल्पना कर सकते हो।" इसके कुछ पहले मार्क्स को एक और बच्ची हुई थी, जिससे देवी जेनी का स्वास्थ्य बिलकुल खराब हो चला था।

किंतु इन परेशानियों के बावजूद अपने वैज्ञानिक अध्ययन में कभी नहीं कोताही करते थे। वह नौ बजे भोर में ब्रिटिश म्यूजियम में चले जाते और सात बजे शाम तक अध्ययन करते रहते। वह चाहते थे कि 'अर्थशास्त्र की आलोचना' नामक अपनी पुस्तक शीघ्र तैयार कर लें, किंतु बहुत तलाश करने पर भी कोई प्रकाशक नहीं मिल सका। यों चारों ओर निराशा ही निराशा थी।

जब ऐसी दशा थी, फ्रेलिग्राथ लंदन आया। उसके आते ही जर्मन भगोड़ों के भिन्न-भिन्न दल उसे अपने हलके में लेने की कोशिश करने लगे। किंतु उसने साफ कह दिया कि मार्क्स को वह छोड़ नहीं सका। वह मार्क्स के साथ दो वर्षों तक लंदन में रहा।

इन्हीं मुसीबत के दिनों में मार्क्स का ध्यान अमेरिका की ओर गया। जर्मन-क्रांति के कुछ तथाकथित नेता अमेरिका पहुँचकर क्रांति के नाम पर तरह-तरह से पैसे वसूल कर रहे थे। मार्क्स उनकी पद्धति को नहीं अपना सकता था। किंतु उसने वहाँ के अखबारों से संवाददाता बनने के लिए पत्र-व्यवहार शुरू किया। 'न्यूयार्क ट्रिब्यून' का संवाददाता और उसके मालिक डाना से मार्क्स का परिचय कोलोन में हो चुका था। डाना ने मार्क्स के लेख लेना स्वीकार कर लिया। किंतु तब तक मार्क्स की अँगरेजी काफी अच्छी नहीं हुई थी। इसलिए उसके नाम पर एँगेल्स ही जर्मनी की क्रांति और प्रतिक्रांति पर लेख देता रहा। यही नहीं, मार्क्स की एक पुस्तक भी अमेरिका से निकली।

3

'एटिंथ ब्रूमायर'

जोसेफ वेडेमेयर मार्क्स के उन दोस्तों में था, जो हर प्रकार की सहायता देने में कभी पीछे नहीं रहा। वह फ्रांकफुर्त में रहता और वहीं से अखबार निकालता था। उस पर जर्मन सरकार की बुरी दृष्टि थी। इसी समय जर्मन पुलिस ने यह सुराग जान लिया कि जर्मनी के भिन्न-भिन्न नगरों में कम्यूनिस्ट लीग की शाखाएँ हैं और वेडेमेयर उसके प्रधान संचालकों में से है। उस पर वारंट जारी हुआ। वेडेमेयर कुछ दिनों तक तो लुकता-छिपता फिरा, फिर तंग आकर उसने अमेरिका जाने का निर्णय किया। मार्क्स और एँगेल्स ऐसे दोस्त से अलग होना नहीं चाहते थे। किंतु अंत में यह तय किया गया कि वेडेमेयर ऐसे एक विश्वासपात्र मित्र का न्यूयार्क में रहना फायदे का ही होगा। वह अमेरिका पहुँचा।

उसके अमेरिका पहुँचने पर मार्क्स ने लिखा कि वहाँ कोई प्रकाशक ढूँढ़ो। वेडेमेयर ने अमेरिकन प्रकाशकों की धन-लिप्सा का नंगा रूप मार्क्स को लिख भेजा और बताया कि वह एक पत्र 'क्रांति' नाम से निकालना चाहता है। मार्क्स ने उसके लिए न सिर्फ अपना लेख भेजा, बल्कि एँगेल्स, ओल्फ आदि के लेख और फ्रेलिग्राथ की एक कविता भी भेजी। किंतु उसका यह अखबार साप्ताहिक रूप में चल नहीं सका। तब उसने उसे मासिक पत्रिका के रूप में प्रकाशित करने का तय किया और उसी पत्रिका के पहले अंक में कार्ल मार्क्स की 'एटिंथ ब्रूमायर' नामक पुस्तक छपी।

यह पुस्तक जिन दिनों लिखी गई, मार्क्स की हालत और बहुत बुरी थी। दूसरा साल शुरू होते ही मार्क्स बीमार पड़ गए थे। इस बीमारी ने घर की रही-सही संपत्ति भी नष्ट कर दी। 27 फरवरी को उन्होंने लिखा—"आजकल मेरी हालत यह है कि मैं घर से बाहर नहीं निकल सकता, क्योंकि अपने कपड़े तक मुझे बंधक में रख देने पड़े हैं।" तो भी उन्होंने 25 मार्च को उस पुस्तक की पांडुलिपि वेडेमेयर को भेज दी। पांडुलिपि भेजने के एक महीने के अंदर ही मार्क्स की छोटी बच्ची 'फ्रांजिस्का' चल बसी। श्रीमती जेनी ने एक खत में लिखा है—"तीन दिनों तक वह बेचारी मौत से लड़ाई करती और बेतरह तकलीफ उठाती रही। आखिर वह चल बसी और उसके छोटे प्राणहीन शरीर को पिछले कमरे में रखकर बचे हुए तीनों बच्चों को लेकर हम सामने के कमरे में चले आए और वहीं फर्श पर बिछावन फैलाकर लेट गए। बच्चे सो गए, किंतु हम रात-भर उस देवकुमारी के लिए रोते रहे जो बंगले के कमरे में ठंडी पड़ी असीम निद्रा में सोई हुई थी। उस समय की हमारी गरीबी की मत पूछो! मैं पड़ोस के एक फ्रांसीसी राजनीतिक भगोड़े के पास गई, जिससे थोड़ी-सी जान-पहचान थी। उसने मेरे साथ दिली हमदर्दी जाहिर की और दो पौंड उधार दिए। उस दो पौंड से कफन खरीदा गया। कभी उस बेचारी ने झूले का सपना भी नहीं देखा था और अब उसके लिए कफन में भी यह आफत! जब उसकी लाश बाहर निकाली जा रही थी, तब हमारी जो भयानक दशा थी, उसकी कल्पना ही की जा सकती है।"

'एटिंथ ब्रूमायर' की एक हजार प्रतियाँ वेडेमेयर ने छापीं, जिसकी एक-तिहाई कापियाँ यूरोप भेजी गई थीं। किंतु यूरोप का कोई पुस्तक-विक्रेता उसे बेचने के लिए तैयार नहीं हुआ; हाँ लंदन और राइनलैंड के कुछ मित्रों में उसका वितरण हुआ।

इस विषय पर विक्टर ह्यूगो और प्राकुधों की पुस्तकें भी निकली थीं। किंतु ह्यूगो ने फ्रांस की प्रतिक्रांति का मूलाधार लुई बोनापार्ट को मान लिया था, और प्राकुधों ऐतिहासिक विश्लेषण की चेष्टा करके भी असफल इसलिए हुआ था कि, अंततः उसने ऐतिहासिक शक्तियों पर व्यक्तित्व को प्रधानता दे दी थी। मार्क्स इन दोनों ही पद्धति को गलत मानते थे। उन्होंने लिखा है—"मैंने अपने विषय का प्रतिपादन इस तरह किया है जिससे यह स्पष्ट हो जाता है कि फ्रांस के वर्गयुद्ध ने ऐसी परिस्थितियाँ और हालतें पैदा कर दीं कि एक अदना आदमी 'हीरो' का पार्ट अदा कर सका!" किंतु वैज्ञानिक दृष्टि से खामियों से भरी होने पर भी ह्यूगो और प्राकुधों की

पुस्तकें उस समय खूब चलीं, जहाँ मार्क्स की पुस्तक के लिए प्रकाशक तक मिलना मुश्किल हो गया। लेकिन, जमाने ने मार्क्स की रचना की उत्कृष्टता सिद्ध कर दी—आज उन दोनों पुस्तकों का कहीं नामनिशान भी नहीं है, किंतु 'एटिंथ ब्रूमायर' के आज भी संस्करण पर संस्करण निकलते जा रहे हैं। ऐतिहासिक भौतिकवाद के सिद्धांतानुसार एक ऐतिहासिक घटना का वैज्ञानिक विश्लेषण करने में मार्क्स को अभूतपूर्ण सफलता प्राप्त हुई है। समूची पुस्तक व्यंग और वक्रोक्तियों से जगमग मालूम होती है।

मई 1851 में सारी जर्मनी में कम्यूनिस्टों की गिरफ्तारियाँ हुई और उन गिरफ्तारियों के बाद कोलोन में मुकदमा शुरू हुआ। सरकार की तरफ से कोशिशें शुरू हुई कि कार्ल मार्क्स को इस मुकदमे में घसीटा जाए, कम्यूनिस्ट पार्टी को मार्क्स की पार्टी के नाम से ही सरकार संबोधित करती रही। इस मुकदमे में कुछ जाली कागज तक सरकार की ओर से तैयार कराकर अदालत में पेश किए गए। कार्ल मार्क्स का पूरा ध्यान अब इस मुकदमे की ओर गया। श्रीमती जेनी देवी लिखती हैं—"इन जाली कागजों के खिलाफ के सारे सबूत यहीं एकत्र किए गए और मेरे पति को सारे-सारे दिन और रात में भी काम करने पड़ते। सबूत की छः-छः सात-सात कापियाँ की जातीं और पेरिस और फ्रांकफुर्त की राह से गुपचुप उन्हें भेजा जाता। एक ओर जर्मन सरकार का पूरा पुलिस विभाग था, दूसरी ओर अकेले मेरे पतिदेव! मुझे भी इसमें काम करना पड़ता। कापियाँ तैयार करते-करते मेरी उँगलियाँ दुख जातीं। मेरा समूचा घर आफिस बन गया था। दो-तीन आदमी लिख रहे हैं, कुछ इधर-उधर संवाद ले जा रहे और ले आ रहे हैं, कुछ लोग एक-दो पैसे करके चंदे उगाह रहे हैं। हम काम में लगे हैं, और हमारे तीनों बच्चे इधर-उधर दौड़ रहे हैं, गा रहे हैं, सीटी बजा रहे हैं जिस पर बाप की झिड़की भी उन्हें उठानी पड़ रही है। उफ, कैसी यह जिंदगी!"

अंततः मार्क्स की विजय हुई। पीछे मार्क्स ने इस मुकदमे पर एक पुस्तक तैयार की और उसे बड़ी मुश्किलों से छपवाया भी—किंतु, पुलिस ने सारी किताबें जब्त कर लीं। तब किसी तरह उसका एक संस्करण अमेरिका से निकाला गया। इस पुस्तक ने जर्मन-सरकार का खूब भंडाफोड़ किया। किंतु, आश्चर्य तो यह कि मार्क्स के कुछ साथियों ने ही मार्क्स की इस पुस्तक के खिलाफ लिखना शुरू किया। जब इन 'पतित और नीच' लोगों के कारनामों पर फ्रेलिग्राथ ने मार्क्स का ध्यान आकृष्ट किया तो उन्होंने कहा "आँधी में कुछ धूल और गंदगी ऊपर उठ आती ही है और क्रांतिकारी युग में हम इत्र या गुलाब की महक ही नहीं पाते हैं। ऐसे मौकों पर हमें किसी खास बात पर ज्यादा जोर नहीं देना चाहिए।"

4

बिपता और मित्रता

"कुछ लोगों ने देखा और समझा और तब मूर्खतावश अपना पूरा हृदय खोलकर अपनी सारी भावनाएँ समूह के समक्ष रख दीं—ऐसे लोगों का एक ही हस्र हुआ, या तो उन्हें सूली मिली या फाँसी!"—प्रतिभावान व्यक्तियों का पूँजीवादी समाज में क्या स्थान होता है, गेटे की इन पंक्तियों में भली-भाँति अंकित है। मार्क्स उन्नीसवीं सदी के सभी प्रतिभावानों में प्रतिभावान थे; फलतः उन्हें सबसे अधिक बिपता उठानी पड़ी। जितने बड़े प्रतिभाशील थे, उतना अधिक परिश्रमी भी वह थे। किंतु उनका परिश्रम इसलिए व्यर्थ जाता था कि कोई उनकी चीजें प्रकाशित करने को भी तैयार नहीं होता था।

घोर अंधकार में क्षणिक प्रकाश की तरह एक अमेरिकन अखबार उनकी सहायता को आगे बढ़ा। 'न्यूयार्क ट्रिब्यून' अमेरिका के नामी अखबारों में था, उन दिनों भी उसके दो लाख पाठक थे। उस पत्र के संचालक ने 1851 में तय किया कि मार्क्स सप्ताह में दो लेख दिया करें और हर लेख पर उन्हें दो गीनी मिला

करेगी। यदि नियमपूर्वक इस शर्त को माना जाता, तो साल में दो सौ से ज्यादा गीनियाँ मार्क्स को मिलतीं और उनका जीवन कुछ सुखमय होता। किंतु थोड़े दिनों के बाद ही इस अखबार के संचालक की नीयत खराब हो गई। वह मार्क्स के बहुत-से लेखों को तरह-तरह के बहाने करके रद्दी के टोकरे में डाल देता, कुछ को तोड़-मरोड़कर संपादकीय बना डालता और जो लेख छप पाते उन पर भी बाद में आधी कीमत ही देता। वियना के 'डि प्रेस' नामक एक पत्र में भी उनके लेख छपा करते, किन्तु वहाँ से भी यों ही छिटपुट पैसे ही प्राप्त होते थे।

और मार्क्स जो काम करते, उसमें पूरा समय देते, मन से करते। नतीजा यह था कि इस स्वतंत्र अखबारनवीसी के बाद उन्हें इतना समय भी नहीं मिलता था कि वह वैज्ञानिक अध्ययन कर सकें। 1853 में उन्होंने लिखा—"कुछ महीनों की फुर्सत मुझे चाहिए कि अपना वैज्ञानिक अध्ययन पूरा कर सकूँ, किंतु अवकाश नहीं मिलता। अखबार के लिए हमेशा नए-नए विषयों की खोज-ढूँढ़ से मैं परेशान-परेशान रहता हूँ। कहने को तो यह स्वतंत्र पेशा है, किंतु आपके हाथ-पाँव बँधे होते हैं उस अखबार के साथ, खासकर जब आपको नकद रूप में मेहनताना दिया जाता हो।" फिर वह लिखते हैं—"कारखाने के सर्वहारा की तरह अपनी हड्डी को चूरकर शिरुआ बनाना—ऐसा ही है अखबार के लिए राजनीतिक लेख देने का यह पेशा।"

उन दिनों की उनकी बिपता का अंदाजा एँगेल्स के नाम से लिखे हुए उनके पत्रों से लगाया जा सकता है। एक ऐसा अवसर आया जब उनके पास न कोट रह गए न जूते कि वह बाहर निकल सकें; एक मौके पर इतने भी पैसे नहीं थे कि लिखने के लिए कागज या अखबार खरीद सकें; एक दिन ऐसा भी देखा गया जब लेख की पांडुलिपि भेजने के लिए डाक-टिकट खरीदने के पैसे भी नहीं रहे और वह दोस्तों के पास उनके लिए दौड़ते फिरे। दुकानदारों और खिचड़ीफरोसों से तो उनकी चखचख चलती ही रहती थी, क्योंकि समय पर उनके पैसे वे दे नहीं पाते थे। मकान का मालिक किराया नहीं देने के कारण हमेशा घर से निकाल देने की धमकियाँ दिया करता था और छोटे-छोटे कर्ज इतने कड़े सूद पर लेने पड़ते थे कि जो आमदनी होती थी उसका अच्छा-खासा हिस्सा सूद में ही चला जाता था। घर की हालत कभी-कभी इतनी खराब हो जाया करती थी कि श्रीमती जेनी ऐसी सहिष्णु देवी का धैर्य भी छूट जाता था और वह अपनी और अपनी संतानों की मृत्यु की कामना करने लगती थीं। मार्क्स के पत्रों से पता चलता है कि कभी-कभी दोनों प्राणियों में काफी बकझक हो जाया करती थी और मार्क्स बिगड़कर अपने मित्र को यह लिखने को मजबूर हो जाते थे कि जिसने जन-सेवा का व्रत लिया हो उसके लिए शादी करने से बढ़कर बेवकूफी की बात कोई दूसरी नहीं है। किंतु, तुरत उन्हें जेनी के पूर्व जीवन की याद आती थी और बार-बार अपने को कोसते भी थे कि उन्हीं के चलते ऊँचे खानदान की इस पुत्री को इस तरह कष्ट उठाने पड़ रहे हैं। अपने बच्चों की दुर्दशा देखकर तो वह बार-बार विह्वल बन जाते थे।

कार्ल मार्क्स में ऐसी योग्यता थी कि यदि वह चाहते तो इस हालत में भी उन्हें अच्छे-से-अच्छा पद प्राप्त हो सकता था। किंतु उनका तो यह दृढ़ निश्चय था—"इन बिपदाओं और संकटों के बीच भी मुझे अपने लक्ष्य की ओर बढ़ते जाना है। पूँजीवादी समाज मुझे रुपया कमाने की मशीन बना छोड़े, यह मैं होने नहीं दूँगा।" इसमें शक नहीं कि पूँजीवादी समाज उन्हें रुपया कमाने की मशीन नहीं बना सका, किंतु उन्हें उसने तंग भी कम नहीं किया। एक बार उन्होंने लिखा कि आठ सप्ताहों से मैं जिस दिमागी हालत में हूँ उससे तो आठ हाथ जमीन के नीचे गाड़ दिया जाना अच्छा होता। एक बार तो ऊबकर अपने को 'बेचारा अभागा कुत्ता' तक लिख डाला था और जब पचासवाँ वर्ष पूरा हो रहा था तो उनकी आत्मा जैसे चीख उठी थी—"आधी सदी का बोझ पीठ पर, और आज भी मैं भिखमंगा हूँ!"

मार्क्स पर जैसे संकट आए, शक्तिशाली होने पर भी वह थौंस जा सकते थे यदि एँगेल्स जैसा मित्र उन्हें न मिला होता। एँगेल्स ने मार्क्स के लिए जिस त्याग और भक्ति का परिचय दिया, वैसा संसार में विरल ही पाया जाता है। अपने पूरे व्यक्तित्व को अपने मित्र के लिए जिस तरह एँगेल्स ने उत्सर्ग कर दिया, वैसा तो इतिहास में निस्संदेह ही अनुपमेय है।

बाहर से देखने पर दोनों का जुदा-जुदा व्यक्तित्व लगता था। एँगेल्स पूरा जर्मन छैला मालूम होता

था—सुनहले बाल, नीली आँखें, लंबा कद, अँगरेजी तौरतरीका, चुस्त पोशाक, बैरिक और आफिस में रहने के कारण अनुशासन की जीवित प्रतिमा। वह कहता था कि मुझे छः क्लर्क दे दो और मैं ऐसा पूरा सेक्रेटेरियट चला लूँगा जिसके लिए साठ प्रीवी कौंसिलर की जरूरत होती हो। मैनचेस्टर के बाजार में उसकी बड़ी प्रतिष्ठा थी। अँगरेजी भद्र समाज में, लोमड़ी के शिकार में, बड़े दिन के भोजों में भी उसकी बड़ी दिलचस्पी थी और एक आइरिश लड़की को उसने अपनी प्रियतमा बना रखा था जिसके भुज-पाश में वह संसार के सभी झंझटों को भुला दिया करता था।

इसके विपरीत मार्क्स मोटे और मजबूत गठन के भारी-भरकम आदमी लगते थे। उनके बाल हब्शियों की तरह काले थे और आँखें जलती-सी मालूम पड़ती थीं। वह ढीले-ढीले रहते थे—परिवार का सारा बोझ उन्हें जैसे दबाए हुए हो। दिमागी मेहनत से वह अपने को इतना थका लेते थे कि जैसे-तैसे भोजन निगलकर संतोष पा जाते थे। दिमागी दुनिया ही उनके लिए सबकुछ था और हेगेल की यह सूक्ति वह बार-बार दुहराया करते थे—"किसी बदमाश का शैतानी विचार भी स्वर्ग के सभी आचार्यों से ऊँचा और महान है।" छोटी-छोटी बातों से वह बेपरवाह थे। किंतु बड़ी बातों में बड़े-से-बड़े आदमियों से भी वह ज्यादा व्यवहारकुशल थे। छोटे से घर का प्रबंध उनके बूते के बाहर था; किंतु एक सेना एकत्र कर संसार को बदल देने की अलौकिक प्रतिभा उनमें कूट-कूटकर भरी थी।

एँगेल्स हमेशा यह मानता रहा कि मार्क्स उससे कहीं अधिक प्रतिभावान हैं। किंतु, मार्क्स यह कभी नहीं भूलते थे कि बिना एँगेल्स के उनका व्यक्तित्व अधूरा है। उन्होंने एँगेल्स को एक बार लिखा था—"तुम जानते हो कि मैं किसी नतीजे पर धीरे-धीरे पहुँचता हूँ और हमेशा तुम्हारे पद-चिन्हों पर ही चलने की कोशिश करता रहा हूँ।"

एँगेल्स में गति थी, क्षिप्रता थी। किसी नतीजे पर वह तुरत पहुँच जाता था, इसलिए मार्क्स हमेशा हर महत्त्वपूर्ण काम में उसकी राय ले लेते। किंतु जहाँ तक सैद्धांतिक बातों का प्रश्न होता था, मार्क्स एँगेल्स से हमेशा आगे रहते थे और वह कभी इस मामले में एँगेल्स की बात मानने को तैयार नहीं थे। एँगेल्स बार-बार लिखता था कि आप अपने सैद्धांतिक कार्यों को तुरत समाप्त कीजिए—"अपनी पुस्तकों के बारे में इतने सोच-विचार में मत पड़िए। किसी भी हालत में यह साधारण जनता के लिए अच्छी-से-अच्छी साबित होगी। आप जल्द उसे समाप्त कीजिए और प्रकाशित होने दीजिए। जिनको आप कमी समझते हैं, उनका अनुभव गधे लोग कर भी नहीं सकेंगे।"

किंतु कौन सुनता है? हाँ, मार्क्स खुले शब्दों में एँगेल्स की तारीफ जल्द कोई चीज लिख देने के लिए जरूर करते—"वह तो एक जीवित विश्वकोष है; रात या दिन के किसी समय उससे काम लीजिए। वह पीए बैठा हो या गंभीर मुद्रा में हो, वह तुरत लिख सकता और राक्षस की तरह काम कर सकता है।" मार्क्स कभी-कभी यह भी सोचते कि यदि एँगेल्स व्यापार में नहीं जाकर लंदन में लेखक का काम किए होता, तो भी वे दोनों सुखी रह सकते थे। किंतु एँगेल्स ने हमेशा लेखक के पेशे को गरीबी का पेशा समझा, इसीलिए उसने मार्क्स की हालत देखकर झट मैनचेस्टर जाकर व्यापार में काम करना शुरू कर दिया।

मैनचेस्टर पहुँचकर पहले दिन से ही उसने मार्क्स की सहायता करना आरंभ कर दिया। पहले उस कारखाने में वह कारपरदाज का काम करता रहा, इसलिए उसे काफी पैसे नहीं मिल पाते थे। किंतु इन पैसों में जितना बचा पाता, वह तुरत मार्क्स के पास भेज देता। धीरे-धीरे तो वह उस कारखाने का हिस्सेदार बन गया और पैसे काफी मिलने लगे। अब पाँच पौंड के नोट, दस पौंड के नोट, यहाँ तक कि सौ पौंड के नोट भी मैनचेस्टर से लंदन जाने लगे। मार्क्स रुपए के खर्च में सावधान नहीं रहते थे, श्रीमती जेनी भी बड़े घर की लड़की थीं—इसलिए किफायतसारी से सारे काम सम्हाल ले जाना मुश्किल पड़ता था। जब तक पैसे होते, खुलकर खर्च किए जाते और ज्योंही कमी हुई, तरह-तरह की तकलीफें चुपचाप बर्दाश्त की जातीं। मार्क्स और श्रीमती जेनी यह जानते थे कि एँगेल्स किस तरह अपने घर कष्ट उठाकर रुपए भेज रहा है। इसलिए दोनों घर

की यथार्थ आर्थिक स्थिति उससे छिपाते थे और अभाव के वश में होकर कर्ज ले लेते थे। जब एँगेल्स को किसी तरह इसका पता चलता, वह अपनी भाभी को उलाहना भी देता और कहता—भाभी, आगे से इस तरह दुराव-छिपाव उचित नहीं।

एँगेल्स को मार्क्स के लिए सिर्फ दिन में ही काम करना नहीं पड़ता—आफिस या सर्राफे के काम के बाद उसकी संध्याएँ और रातें भी मार्क्स के लिए ही उत्सर्ग होतीं। कभी वह उनके लिए अनुवाद करता, कभी नोट्स तैयार करता। एँगेल्स ने ही बहुत-से सिद्धांतों का श्रीगणेश किया, किंतु वह उनका सारा श्रेय अपने मित्र को देकर ही संतुष्ट था। एँगेल्स की प्रतिभा भी महान थी। वह बीस भाषाओं का ज्ञाता था। एक मित्र ने कहा था— "एँगेल्स बीस भाषाओं में तुतला लेता है।" बात यों ही थी कि उत्तेजना के अवसर पर एँगेल्स कुछ तुतलाने लगता था। यूरोपीय भाषाओं के बाद वह पूर्वी भाषाओं पर डट गया था। चार हजार धातुओंवाली अरबी भाषा पर उसका प्रभुत्व नहीं हुआ, किंतु फारसी को तो उसने 'बच्चों का खिलवाड़' पाया था और तीन सप्ताह में उसकी साधारण जानकारी हासिल कर ली थी। भाषाओं के विशेषज्ञ होने के साथ वह सैनिक विद्या का भी विशेषज्ञ था और इसीलिए उसके साथी उसे 'जेनरल' कहा करते थे। सैनिक विद्या के हर पहलू का अध्ययन उसने किया था—मोर्चे और धावे, किलाबंदी, पुल बनाना, खाई खोदना, अस्त्र-शस्त्रों का व्यवहार, तोपखाने, सप्लाई का तरीका, अस्पताल का संचालन आदि के साथ सैनिक विद्या के इतिहास का भी उसने गंभीर अध्ययन किया था। एँगेल्स की प्रवृत्ति प्राकृतिक विज्ञान की ओर भी थी और उसने इस संबंध में भी अनुसंधान किए थे।

किंतु अपना सारा ज्ञान, सारा ध्यान उसने मार्क्स पर ही समर्पित कर रखा था। उसे इस बात पर अभिमान था कि चालीस साल तक वह मार्क्स के कंधे से कंधा भिड़ाकर काम करता रहा। मार्क्स के महान व्यक्तित्व की छाया में उसका व्यक्तित्व ढँप-सा गया था, किंतु उसे इसके लिए जरा भी परवाह न थी। जब कोई इस ओर उसका ध्यान आकृष्ट करता तो वह कहता—आप गलत कह रहे हैं, मार्क्स के बिना मेरा अस्तित्व ही क्या होता!

5

युद्ध और संकट

1853 में क्रिमिया की लड़ाई के साथ यूरोपीय राजनीति ने एक नया रुख लिया और कुछ वर्षों तक मार्क्स का ध्यान उसी ओर लगा रहा। 'न्यूयार्क ट्रिब्यून' की फाइलों में उस समय के उनके विचारों का जखीरा पड़ा हुआ है।

मार्क्स का ध्यान पहले तो जर्मनी तक ही केंद्रित था; फिर धीरे-धीरे उसका प्रसार होता गया। 'न्यू राइनिश जीटुंग' में उन्होंने पोलैंड का पक्ष लिया और इटली और हंगरी की आजादी का भी समर्थन किया। जर्मन-सरकार का कर्त्तव्य है कि वह रूस से युद्ध करे, पीछे उनका यह नारा हुआ। जब इंग्लैंड की ओर ध्यान गया, उन्होंने बताया कि दुनिया में समाजवाद के लिए तब तक कोई भविष्य नहीं है, जब तक कि इंग्लैंड में पूँजीवाद की कमर नहीं टूट जाती। इंग्लैंड के खिलाफ एक विश्वयुद्ध की कामना भी वह करने लगे थे।

क्रिमिया की लड़ाई में रूस और इंग्लैंड में गुत्थमगुत्था हो रहा था। इस युद्ध का मार्क्स ने स्वागत किया, क्योंकि इसके परिणामस्वरूप रूस और इंग्लैंड द्वारा यूरोप और संसार पर डाली गई गुलामी की जंजीरें ढीली हो सकती हैं। किंतु थोड़े ही दिनों में प्रकट हो गया कि यह लड़ाई तो बिलकुल नकली है—ज्योंही ऐसा लगा कि रूस का भालू बुरी तरह घायल होने जा रहा है कि लड़ाई झटपट समाप्त कर दी गई। रूस की पराजय से जो

शक्तियाँ उभरतीं, उनसे डरकर इंग्लैंड ने सुलह कर लेने में ही अपना कल्याण समझा। इंग्लैंड का प्रधानमंत्री पामर्स्टन था। मार्क्स ने ब्रिटिश म्यूजियम से पार्लियामेंट की रिपोर्टों एवं दूसरे कागजात को पढ़कर अपने लेखों में उच्चारण देकर यह सिद्ध कर दिया कि पिटर महान से लेकर क्रिमिया के युद्ध तक पिट्सबर्ग और लंदन के मंत्रिमंडलों में हमेशा साँठगाँठ रही है और पामर्स्टन तो जार की नीति का एक हथियार मात्र है। मार्क्स के इस कथन से बड़ी सनसनी फैली।

मार्क्स ने इटली के सुप्रसिद्ध क्रांतिकारी मैजिनी पर भी बड़ी तीव्र अलोचना की। मार्क्स ने लिखा—"मैजिनी का ध्यान सिर्फ शहर के उदारदली धनियों या सुशिक्षित नागरिकों तक ही सीमित है। इटली के गरीब किसानों की ओर ध्यान देना मानो उसकी शान के नीचे की बात है। साथ ही पूँजीवादियों और आभिजात्यों से यह कहने के लिए काफी हिम्मत की भी जरूरत है कि जब तक किसानों का उद्धार नहीं होता, तब तक इटली की आजादी भी सपने की चीज रहेगी।"

जब प्रूशिया की सरकार की स्वीजरलैंड से न्यूफेचैटल को लेकर छेड़खानी हुई, मार्क्स ने कहा कि इससे गंदी चीज इतिहास में शायद ही कभी हुई हो।

पामर्स्टन के खिलाफ लेखनी उठाने के सिलसिले में कार्ल मार्क्स का परिचय इंग्लैंड के सुप्रसिद्ध राजनीतिज्ञ कुरकुहार्ट से हुआ। 'न्यूयार्क ट्रिब्यून' में लिखे पामर्स्टन संबंधी एक लेख को ग्लासगो के एक अखबार ने उद्धृत किया था। उसे पढ़कर कुरकुहार्ट प्रभावित हुआ, वह मार्क्स से मिला। मार्क्स के लेख वह अपने पत्र 'फ्री प्रेस' में उद्धृत करने लगा और कई लेखों को पुस्तिकाओं के रूप में छापकर भी उसने वितरण कराया—एक-एक पुस्तिकाएँ तीस-तीस हजार तक की तादाद में छापी गई थीं।

किंतु कुरकुहार्ट से मार्क्स की घनिष्ठता होना असंभव था, क्योंकि मार्क्स चार्टिस्ट आंदोलन का हामी था जिसे कुरकुहार्ट घृणा की नजर से देखता था। चार्टिस्ट आंदोलन का जोर 1848 के बाद कम होता गया, किंतु मार्क्स और एँगेल्स ने हमेशा उसका साथ दिया। उस आंदोलन के दो नेता जूलियन हार्ने और अर्नस्ट जोंस के कई अखबार निकले, जिनमें मार्क्स हमेशा लेख देते रहे।

हार्ने एक सामुद्रिक मछुए का बेटा था और सर्वहारा के वातावरण में ही उसका पालन-पोषण हुआ था। फ्रांस का क्रांतिकारी साहित्य पढ़कर वह क्रांतिकारी बन गया था और जिस समय मार्क्स 'राइनिश जीटुंग' के संपादकीय विभाग में थे, वह चार्टिस्टों के सुप्रसिद्ध पत्र 'नौदर्न स्टार' के संपादकीय विभाग में था। 'कम्यूनिस्ट मैनिफेस्टो' का अँगरेजी अनुवाद उसने अपने 'रेड रिपब्लिक' में इस टिप्पणी के साथ प्रकाशित किया कि यह संसार का सबसे महत्त्वपूर्ण दस्तावेज है! जोंस की नसों में नौर्मन खून था और वह एक बड़े सैनिक अफसर का बेटा था जो जर्मनी के एक ड्यूक का सैनिक सलाहकार था। उसकी शिक्षा-दीक्षा जर्मनी में हुई। बचपन से ही वह आजादी का पुजारी था और जब अपने देश में लौटा तो उस जमाने के सबसे बड़े आजादी के आंदोलन में वह शामिल हो गया। चार्टिस्ट आंदोलन के सिलसिले में उसे दो साल की सख्त सजा हुई और उसे जेल में साधारण कैदी की तरह रखा गया। जेल से आने के बाद वह तो पक्का क्रांतिकारी बन गया। मार्क्स और एँगेल्स से उसकी दोस्ती बीस साल तक लगातार कायम रही।

क्रिमिया की लड़ाई उस रूप में खत्म हुई जैसा कि मार्क्स चाहते थे। इंग्लैंड के पूँजीवाद का रूसी सामंतशाही से अप्राकृतिक गठबंधन हुआ। इस युद्ध के स्वाभाविक परिणामस्वरूप जिस क्रांति की आशा मार्क्स को थी, वह पूरी नहीं हुई। किंतु उसी समय 1857 में अमेरिका में अर्थसंकट शुरू हुआ और मार्क्स फिर क्रांति के सपने देखने लगे। इस अर्थसंकट का सबसे पहला असर मार्क्स पर ही पड़ा, क्योंकि अब 'न्यूयार्क ट्रिब्यून' ने उनका भत्ता आधा कर दिया। किंतु इस व्यक्तिगत हानि की कोई परवाह मार्क्स को नहीं थी। उन्होंने एँगेल्स को लिखा—"यद्यपि मेरी आर्थिक स्थिति बहुत खराब हो चली है, किंतु 1849 के बाद मैं इतना खुश कभी नहीं था—अरे, यह ज्वालामुखी अब फूटने जा रही है!" एँगेल्स को उन दिनों एक फोड़ा निकल आया था, वह बीमार होकर समुद्र के किनारे स्वास्थ्य-लाभ कर रहा था। इस अर्थसंकट में उसने भी शांति का चेहरा देखा। उसने

लिखा—"मेरे बदन पर जो पूँजीवादी कीचड़ इन कई सालों में चिपक गई है, वह अब धुल जाएगी और मैं अपने को नया आदमी अनुभव करने लगूँगा। यह अर्थसंकट समुद्रतट से भी अधिक मेरे स्वास्थ्य के लिए उपकारी सिद्ध होगा। 1848 में हम सोचते थे कि हमारा समय आ रहा है और वह कुछ हद तक आया भी; किंतु इस बार तो वह निस्संदेह ही आ रहा है और अब सबकुछ दाँव पर चढ़ा गया है !"

मार्क्स और एँगेल्स के आनंद की सीमा नहीं थी। क्रांति पर दोनों का ऐसा अटल विश्वास था कि जब कभी क्रांतिकारी परिस्थिति की एक झलक भी दिखाई देती थी, दोनों समझ बैठते थे कि बस क्रांति आ ही गई। मार्क्स ने एँगेल्स को फिर लिखा कि वह इस समय अर्थशास्त्र पर एक पुस्तक लिख रहे हैं जिससे संसार की जनता इस अर्थसंकट का महत्त्व समझे। फिर एक पुस्तिका लिखकर जर्मन-जनता को बता देना है कि अभी मार्क्स और एँगेल्स जिंदा हैं और क्रांति निकट आ पहुँची है। उस समय श्रीमती जेनी ने एक मित्र को लिखा था—"अमेरिकन संकट का सबसे बुरा असर हमारी जेब पर पड़ा है, क्योंकि अब कार्ल को आधा ही भत्ता मिलता है, किंतु तुम कल्पना नहीं कर सकते कि मूर आजकल कितना प्रसन्न है। पुरानी ताजगी और जिंदादिली के साथ ही उसमें काम करने की पुरानी ताकत भी लौट आई है। ऐसा हमने बरसों से उसे नहीं देखा था, और खासकर जब से लड़का चल बसा !" लड़का चल बसा—यह कहानी पीछे मुड़कर हम देखें।

6

विपत्ति अकेले नहीं आती !

मार्क्स ने धीरे-धीरे अपने को पूरे सामाजिक जीवन से अलग कर लिया था और रात-दिन लिखने-पढ़ने में ही लगे रहते थे। परिवार ही उनकी अब दुनिया थी। 1855 में एक पुत्री और पैदा हुई, जिसका नाम इलीनर रखा गया। बच्चों के बीच में अपने को रखकर मार्क्स अपने सारे दुःखों और कष्टों को भूल जाते थे। उनके ऐसे प्रेमल पिता बहुत कम होते हैं।

किंतु विधाता को उनका इतना सुख शायद नहीं भाता था। महात्माओं को कष्ट देने में नियति को कैसा आनंद मिलता रहा है, वही जाने। मार्क्स के परिवार पर अचानक अनभ्र वज्रपात हुआ। 1855 के गुडफ्राइडे के ऐन त्यौहार के दिन मार्क्स का एकमात्र पुत्र जाता रहा ! वह नौ साल का था, नाम था एडगर । प्यार में वह 'मुश्ख़' कहकर पुकारा जाता था। बच्चा काफी प्रतिभावान था; सारे परिवार को उससे बड़ी-बड़ी आशाएँ बँधी थीं। फ्रेलिग्राथ ने अपने एक मित्र को लिखा था—"इस शोकजनक और भयानक हानि ने मुझ पर कितना गहरा असर डाला है, मैं क्या बताऊँ ?" जब मित्रों की यह हालत थी, तो मार्क्स और उनकी पत्नी की मर्मव्यथा की कल्पना कीजिए।

मार्क्स ने अपने इस बच्चे की बीमारी और मौत के बारे में जो खत एँगेल्स को लिखे, वे अत्यंत ही हृदय-द्रावक हैं। 30 मार्च को वह लिखते हैं—"मेरी पत्नी एक सप्ताह से बीमार हैं, यह बीमारी बच्चे की चिंता के चलते है। मैं भी होश में नहीं हूँ। मेरा हृदय भाराक्रांत है और मेरा मस्तिष्क चक्कर खाता रहता है। तो भी मुझे साहस का प्रदर्शन करना ही पड़ता है। बीमारी में भी बच्चे का वही सरल स्वभाव और स्वतंत्र चरित बना हुआ है।" 6 अप्रैल को उन्होंने फिर लिखा—"बेचारा नन्हा छौना चल बसा ! आज 5 और 6 बजे के बीच वह मेरी गोद में अनंत निद्रा में सो गया। इन अँधियारे दिनों में तुम्हारी मित्रता ने हमें जिस तरह रोशनी दी है, हम उसे भूल नहीं सकते। मेरे बच्चे की मृत्यु ने मुझे किस तरह झकझोर डाला है, तुम कल्पना कर सकते हो।" एक सप्ताह के बाद वह फिर लिखते हैं—"बच्चे के चले जाने से समूचा घर सूना और वीरान लगता है। वही इस घर की आत्मा और हृदय था। किस तरह हम उसकी कमी महसूस करते हैं, उसका वर्णन मुश्किल है। मैंने सब तरह

के दुर्भाग्य सहे हैं, किंतु अब समझ सका हूँ कि दुर्भाग्य यथार्थतः क्या चीज है !"

इस दुःख को भूलने में बहुत समय लगा। 28 जुलाई को मार्क्स ने लेसेल को लिखा—"कहा जाता है कि महान पुरुषों के ध्यान को संसार और प्रकृति की इतनी चीजें अपनी ओर आकृष्ट किए रहती हैं कि कोई भी क्षति उनके लिए अत्यधिक नहीं है। मैं उन महान पुरुषों में नहीं हूँ, यह बात सिद्ध हो चुकी। बेटे की मृत्यु ने मुझे बुरी तरह झकझोर डाला है, मुझे ऐसा लगता है कि वह कल ही मरा है और मेरी बेचारी पत्नी तो इस प्रहार से बिलकुल ही ढह पड़ी है।"

एडगर की यह मृत्यु परिवार में घुसी कई सालों की बीमारी की परिणति थी। पिछले बसंत में मार्क्स बीमार पड़े और सही बात यह है कि वह उसके बाद कभी अच्छे नहीं हुए। उन्हें लीवर की शिकायत थी और उनका विश्वास था कि यह बीमारी पैतृक है। किंतु मुख्य कारण था खराब घर और उसका अस्वास्थ्यकर वातावरण। 1854 में उस मुहल्ले में खूब हैजा हुआ था। डॉक्टरों ने बार-बार कहा कि इस मुहल्ले को छोड़ दीजिए, किंतु स्थिति ऐसी थी कि छोड़कर जाया कहाँ जाए? पर इस मृत्यु के कारण आखिर उस घर को छोड़ ही दिया गया। श्रीमती जेनी देवी अपनी तीनों बेटियों को लेकर ट्रायर गईं जहाँ उनकी माँ सख्त बीमार थी। आखिर बुढ़िया चल बसी और वसीयत में कुछ सौ थेलर छोड़ गई। स्काटलैंड के एक रिश्तेदार की मृत्यु से भी श्रीमती जेनी को कुछ रुपए आए। इन्हीं रुपयों के बल पर एक अच्छे मुहल्ले में अच्छा मकान लिया गया। उन्होंने अपने एक संबंधी को लिखा—"हम लोग अब तक जिन बिलों में रहते आए हैं उनको देखते हुए यह मकान तो राजप्रासाद ही मालूम होता है।"

बच्चे की मृत्यु की पीड़ा कार्ल मार्क्स को नहीं बर्दाश्त करनी पड़ी; उनके कितने ही साथी और सहयोगी भी एक-एक कर इस धराधाम को छोड़ते जाते थे। डैनियल, वीर्थ, कोनार्ड चल बसे—समाज से परित्यक्त, मातृभूमि से दूर। बेचारों की मृत्यु की सूचना भी संसार को नहीं मिल सकी—किसी अखबार ने उनकी मृत्यु-सूचना भी नहीं छापी, सहानुभूति या प्रशंसा के शब्द तो दूर। मार्क्स सोचा करते, आह, 'पुराने महारथी' एक-एक चले जा रहे हैं और लक्ष्य अब भी दूर है। जो साथी बचे थे, उनकी भी कम दुर्गत नहीं थी—वे भी मार्क्स की ही तरह जिन्दगी के बुरे से बुरे दिन गुजार रहे थे। मार्क्स अपने साथियों की इस दुर्दशा से भी कम कष्ट अनुभव नहीं करते। लेसनर, स्खापर, ड्रोंके, ओल्फ सब तितर-बितर हो चुके थे। विल्हेम ओल्फ अब भी क्रांति के रंग में सराबोर था, किंतु चाय, चीनी और कोयले के लिए भी बेचारे को झगड़ना पड़ता था। फ्रेलिग्राथ की कविता का सोता सूखता जा रहा था, उसने एक बैंक में नौकरी कर ली थी, जिससे मार्क्स को यह सहूलियत होती थी कि 'ट्रिब्यून' से आए हुए चेक तुरत भुन जाते थे।

कुछ मित्रों ने अपने को काफी बदल लिया था—जिन्हें 'जिंदा मुर्दा' कहा जा सकता था। ब्रूनो बाउर अब एक प्रतिष्ठित प्रोफेसर-मात्र रह गया था। सर्वहारा को वह 'भेड़ का झुंड' कहकर उपहास करता था, जिन्हें कभी लाठी के जोर से और कभी मुट्ठी-भर सूखी घास से काबू में रखा जा सकता है। जब-जब वह अपने भाई से भेंट करने आता, मार्क्स से उसकी भेंट होती और यद्यपि वह बूढ़ा हो चला था, काफी जिंदादिली दिखाता था। हेरमन बेकर अपनी प्रतिक्रियावादी नीति को ही वैज्ञानिक सिद्ध करने की कोशिश करता था और पूँजीवादियों ने उसके पतन पर उसे कोलोन का मेयर बनाकर पुरस्कृत किया था। माइकेल का सारा अर्थशास्त्र प्रूशिया के अर्थमंत्री के पद को सुशोभित करने में ही समाप्त हो चला था। इसी के दरम्यान जब एक आदमी ने जाकर मार्क्स को यह खबर दी कि लेसेल अब पुराना लेसेल नहीं रह गया, अब तो वह उस डायन डचेज के शिकंजे में पूरा जकड़ गया है और उसे लेकर चंद दिनाग्रपेशा लोगों के साथ रँगरलियाँ मना रहा है, तो मार्क्स का जैसे धीरज छूट गया !

1

'अर्थशास्त्र की आलोचना'

यों तो 'दर्शन की दरि७७ता' में ही मार्क्स ने अपने नवीन अर्थशास्त्र की झूठी झलक दे दी थी, किंतु जब 1857 का अर्थसंकट आया, मार्क्स ने पूँजीवादी प्रणाली पर एक ब्योरेवार पुस्तक लिखने का तय किया। नौ महीने के बाद कहीं उस पुस्तक की पांडुलिपि तैयार हुई; क्योंकि वह लीवर की तकलीफों से बराबर परेशान रहा करता था। 21 जनवरी 1859 को वह 'अभागी पांडुलिपि' प्रेस में जाने के लिए तैयार हुई, किंतु घर में पैसे नहीं थे कि उसे रजिस्ट्री करके प्रकाशक के पास भेजा जाए। मार्क्स ने लिखा—"मेरा खयाल है, संसार में मेरे ऐसा अभागा विरल ही होगा जिसने 'अर्थ' के बारे में इतना लिखा हो और खुद इतना 'अर्थ-हीन' रह गया हो। अर्थशास्त्र के अधिकांश लेखक ऐसे हुए हैं जिनका 'अर्थ' के साथ बहुत ही मधुर संबंध रहा है !"

इस पुस्तक का नाम मार्क्स ने 'अर्थशास्त्र की आलोचना' रखा था। 1848 की मार्च क्रांति के पहले से ही वह एक ऐसी पुस्तक लिखने की कोशिश में थे। 1851 में उन्होंने एँगेल्स को लिखा था—"अर्थशास्त्र की प्रारंभिक कठिनाइयाँ मैं पार कर चुका। अब ब्रिटिश म्यूजियम में इस संबंध की खोज-ढूँढ़ की जरूरत नहीं रह गई, अब तो सिर्फ घर पर बैठकर पुस्तक को लिख देना-भर है। किंतु, काम कोई आसान नहीं है। क्योंकि आदम स्मिथ और डैविड रिकार्डो के बाद अर्थशास्त्र में कोई उन्नति नहीं होने पाई है, यद्यपि व्यक्तिगत रूप में अनुसंधान होते रहे हैं जिनमें कुछ तो बड़े ही सूक्ष्म हैं।" एँगेल्स इस पत्र को पाकर बहुत प्रसन्न हुआ था और उसने लिखा—"बड़ी खुशी हुई कि अब आप अर्थशास्त्र पर लिखने के प्रारंभिक कार्यों से आगे बढ़ गए हैं। सचमुच में बहुत देर हो गई इसमें।" किंतु एँगेल्स मार्क्स के स्वभाव से परिचित था। उसने आगे लिखा—"जब तक आपके पास ऐसी कोई पुस्तक है जिसे आप महत्त्वपूर्ण समझते हैं और जिसे आप पढ़ नहीं चुके हों, तब तक आप कागज पर कलम रख सकेंगे, इसमें मुझे संदेह है।" और बात भी ऐसी ही हुई। इस पुस्तक के शुरू करने में अभी आठ साल का विलंब था !

1857 के अर्थसंकट के समय इस पुस्तक की रूपरेखा तैयार हुई, किंतु मालूम होता है कि अंत-अंत तक उसमें परिवर्तन होते रहे। 1858 के अप्रैल में उन्होंने लिखा था कि पुस्तक के प्रथम भाग में वह 'पूँजी' पर प्रकाश डालेंगे। किंतु यद्यपि पुस्तक का आकार दुगना-तिगुना हो गया तथापि प्रथम भाग में कहीं 'पूँजी' का उल्लेख भी नहीं होने पाया—उसमें सिर्फ 'माल' और 'धन' पर ही प्रकाश डाला जा सका।

इस पुस्तक में मार्क्स ने अर्थशास्त्र संबंधी अपने उन विचारों का संक्षेप में उल्लेख किया जो पीछे चलकर 'कैपिटल' में समाजवाद के मूलाधार बने। मार्क्स के अर्थशास्त्र-संबंधी ये विचार इतने सूक्ष्म और गहन थे कि उनके निकट के व्यक्तियों को भी चकाचौंध लग गई। विल्हेम लिब्तक्नेख़्त अब लंदन में मार्क्स के साथ ही रहता था और अपनी विद्या-बुद्धि के लिए काफी प्रसिद्ध हो रहा था। उसने कहा कि ऐसी निराशामय पुस्तक उसने पहले देखी ही नहीं थी। माइकेल ने कहा कि इसमें कोई नई बात है नहीं, तो लेसेल ने बताया कि यह तो मेरी पुस्तक से भी बढ़ी-चढ़ी है—यद्यपि लेसेल की इस प्रशंसा को भी मार्क्स ने अपने लिए निंदा ही माना।

धीरे-धीरे अमेरिका और यूरोप में छाया हुआ यह अर्थसंकट समाप्त होने लगा और जैसी आशा मार्क्स ने कर रखी थी, क्रांति कहीं नहीं हुई। हाँ, उसका क्रांतिकारी प्रभाव यूरोप पर जरूर पड़ा—इटली में एक संयुक्त राज्य की स्थापना हुई, जर्मनी में एक संयुक्त साम्राज्य बना और पुराना फ्रांसीसी साम्राज्य विलीन हो गया। बात यों है कि पूँजीवादियों ने देखा कि क्रांति की सफलता के लिए सर्वहारा की सहायता अनिवार्य है; सर्वहारा की सहायता लेने पर फिर राजसत्ता किस हाथ में जाएगी, ठिकाना नहीं। इसलिए उसने राजघरानों से समझौते करना

शुरू किया। इटली या जर्मनी के राजघराने फ्रांस की जनक्रांति को भूले नहीं थे। पूँजीवादियों से उन्होंने सुलह की। पूँजीवाद और सामंतवाद का अजीबोगरीब गठबंधन हुआ।

इन क्रांतिकारी परिवर्तनों का असर यूरोप के क्रांतिकारियों पर भी पड़ा। आपस में फिर झगड़े शुरू हुए। मार्क्स का संबंध इस समय 'डास वौल्ड' नामक एक पत्र से हुआ, जिसके संपादकीय विभाग में लिब्नक्नेख़्त, मार्क्स की आज्ञा से ही, शामिल हुआ था। 'डास वौल्ड' में जर्मन राहख़ का रिजेंट कार्ल वौग्ट के खिलाफ एक लेख छपा। वौग्ट इस लेख को पढ़कर आपे में नहीं रहा। उसने उसका जवाब बेहूदे शब्दों में दिया, जिसमें मार्क्स और उनके साथियों को आवारा, जालसाज, षड्यंत्री, धूर्त आदि उपाधियों से संबोधित किया गया था।

यही नहीं, बात बढ़ते-बढ़ते यहाँ तक गई कि वौग्ट ने मानहानि का दावा किया। कानूनन मार्क्स को नहीं पकड़ा जा सकता था, किंतु उन्होंने इसका सारा उत्तरदायित्व अपने ऊपर लिया और वौग्ट ने तो उन पर कायर वार किया था, उनका जवाब कचहरी में ही देने का निश्चय किया। काफी मुकदमेबाजी हुई। वौग्ट मानहानि में सफलता प्राप्त नहीं कर सका, तो उसने एक पुस्तक प्रकाशित की जिसमें मानहानि के पूरे विवरण के साथ ही मार्क्स पर बुरे से बुरे लांछन लगाए गए थे? यहाँ तक लिखा था कि मार्क्स और उनके साथी जर्मनी के बड़े लोगों के पास धमकी लिख भेजते हैं कि तुम्हारे नाम का हम अमुक गैरकानूनी काम में भंडाफोड़ कर देंगे यदि अमूक तिथि तक अमुक रकम तुम नहीं भेज देते। जब इस पुस्तिका का अवतरण लंदन में पहुँचा, तो बड़ी सनसनी मच गई। श्रीमती जेनी के हृदय पर बहुत चोट लगी। मार्क्स अब तक अपने विरोधियों के बीच प्रहार का जवाब नहीं देते थे। किंतु इस बार वह चुप नहीं रह सके। एक तो उन्होंने उस अखबार के खिलाफ मानहानि का दावा करने का तय किया जिसने उस अवतरण को छापा था, दूसरा वौग्ट की पुस्तिका के जवाब में दूसरी पुस्तिका लिखने का तय किया।

मानहानि के मुकदमे में वौग्ट की ही तरह मार्क्स भी असफल रहे। किंतु एक साल को लगातार मेहनत के बाद मार्क्स ने वौग्ट के खिलाफ एक पुस्तक प्रकाशित की जिसका सादा-सा नाम रखा—'हर वौग्ट!' इस पुस्तक में मार्क्स ने वौग्ट के सारे इल्जामों का प्रामाणिक खंडन किया। संसार-भर में फैले हुए क्रांतिकारियों से पत्र मँगाकर एक-एक आरोप का मुँहतोड़ जवाब मार्क्स ने इसमें प्रस्तुत किया। फिर यह सिद्ध किया कि वौग्ट ने किस तरह नकली बोनापार्ट के नारों का प्रचार किया है। पीछे जो कागजात मिले उनसे यहाँ तक पता चला है कि वौग्ट को फ्रांसीसी राजकोष से इस काम के लिए चालीस हजार फ्रांक प्राप्त हुए थे।

'हर वौग्ट' 1860 के नवंबर में समाप्त की गई थी और उसमें 192 पृष्ठ थे। इस पुस्तक को लेसेल ने 'हर प्रकार से एक श्रेष्ठ रचना' बतलाया था और एँगेल्स का कहना था कि यह पुस्तक 'एटिंथ ब्रूमायर' से भी अधिक अच्छी है; सादी और चुभती हुई शैली, वाद-विवाद की रचनाओं में यह मार्क्स की सर्वोत्तम कृति है।

2

घर और बाहर

'अर्थशास्त्र की आलोचना' के बाद ही 'कैपिटल' की रचना शुरू हो जानी चाहिए थी— 'अर्थशास्त्र की आलोचना' एक तरह से 'कैपिटल' के नाटक का रिहर्सल था। किंतु कितने ही ऐसे कारण आ जुटे कि 'कैपिटल' की रचना में देर होती गई। वौग्ट का कांड उन कारणों में सबसे प्रमुख था।

अपने पति को अच्छी तरह जाननेवाली, अपने सिद्धांत और आदर्शवादिता के चलते अपार कष्ट उठानेवाले अपने पति के दुखों को यथासाध्य कम करने की चेष्टा करनेवाली, अपनी दो प्यारी संतानों की बलि निर्धनता की वेदी पर चढ़ा देनेवाली और स्वयं राजघराने की होने पर भी भिक्षुणी की जिंदगी बितानेवाली देवी

जेनी के कोमल हृदय पर वौग्ट के लांछनों ने बड़ा ही जबर्दस्त प्रभाव डाला। कितनी ही रातें उन्होंने अनिद्रा में व्यतीत कीं। मार्क्स की पुस्तिका के तैयार होने में भी उन्होंने कम परिश्रम नहीं किया। नतीजा यह हुआ कि वह बहुत जोरों से बीमार पड़ीं। डॉक्टरों ने चेचक घोषित किया। बच्चों को वहाँ से दूसरे घर में हटा दिया गया, जहाँ लिब्तक्नेख्त उनकी देखभाल करता और मार्क एवं दासी वेनचेन, जो हेलन के नाम से पुकारी जाती। दोनों श्रीमती जेनी की तीमारदारी में दिन-रात लगे रहते। डॉक्टरों ने कहा कि अच्छा हुआ कि चेचक निकल आई, नहीं तो इनकी नसों पर इतना प्रभाव पड़ा था कि यह बच नहीं पातीं।

पूरी सेवा-शूश्रूषा के बाद जब श्रीमती जेनी अच्छी हुईं तो मार्क्स खुद बीमार पड़े। लीवर की शिकायत बहुत ज्यादा बढ़ गई, काम करना मुश्किल हो गया। 'हर वौग्ट' के प्रकाशन में अपने पास से ही बहुत पैसे लगाने पड़े थे, उससे आमदनी कुछ नहीं हुई। 'न्यूयार्क ट्रिब्यून' ने फिर भत्ता आधा कर दिया। महाजनों के तकाजे के मारे घर से निकलना भी मुश्किल हुआ। अंत में ज्योंही तबीयत कुछ अच्छी हुई, मार्क्स हौलैंड की ओर रवाना हुए जहाँ उनके चाचा रहते थे।

11 मार्च 1861 में श्रीमती जेनी ने एक खत वेडेमेयर को अमेरिका भेजा था, जिसमें मार्क्स की इस यात्रा की चर्चा करते हुए उन्होंने लिखा है—"हम लोगों की जिंदगी में एक ही सुनहली किरण है, वह है हमारी बेटियाँ।" बड़ी बेटी लोरा 15 साल की हो चली थी, वह बिलकुल अपनी माँ की तरह थी—लहराते घुँघराले सुनहले बाल, हरी चमकती आँखें! मझली लड़की जेकी सात साल की थी और वह अपने बाप पर पड़ी थी—घने काले चमकीले बाल, काली खूबसूरत मुलायम आँखें और बाप का ही रंग! किंतु घर की सबसे प्यारी लड़की तो एलिनोर थी। श्रीमती जेनी लिखती हैं—"इस बच्ची का जब जन्म हुआ, एडगर चल बसा, इसलिए उस बच्चे पर जो हमारा स्नेह और दुलार था, सब इस बच्ची पर ही केंद्रित कर दिया गया। बड़ी बहनों ने भी इस पर सारी ममता उड़ेल दी। और है भी यह बच्ची इसी लायक—तस्वीर की तरह खूबसूरत और स्वभाव में मधुरिमा ही मधुरिमा! कैसी भली लगती है उसकी तुतलाहट...खासकर बाप तो उस पर बलिहार हैं और उसके कलरवों में सारी चिंताएँ वह भुला देते हैं!"

हौलैंड की यात्रा मार्क्स के लिए बुरी नहीं साबित हुई। फिलिप चाचा ने काफी सहायता की। फिर मार्क्स अपने को बर्लिन जाने से नहीं रोक सके। विलियम का राज था, उसने अपनी 'उदार नीति' की घोषणा कर रखी थी कि अब भगोड़े राजनीतिक नेता अपने देश लौट आएँ। बर्लिन में लेसले ने मार्क्स की बड़ी खातिरदारी की। किंतु, विलियम की उदार नीति का खोखलापन इतना स्पष्ट था कि मार्क्स ने लिखा—"बर्लिन की फिजा गुस्ताखी और ऐय्याशी की है। धारासभाएँ नाम की हैं, राजा उनकी परवाह नहीं करता। धारासभाओं के सदस्यों में नौकरशाही या स्कूली मनोभावना की पुट भरी है। किंतु मार्क्स को विश्वास था कि यदि ठीक से काम किया जाए, तो इन बंधनों में भी बहुत कुछ हो सकता है। इसलिए उन्होंने बर्लिन से एक अखबार निकालने की सोची। लेसले ने उसके लिए रुपए का प्रबंध करने का वादा किया किंतु शर्त यह रखी कि उसके तीन संपादक हों—मार्क्स, एँगेल्स और लेसले। किंतु यदि तीनों में मतभेद हो तो मार्क्स और एँगेल्स का मत एक ही गिनती में समझा जाए। लेसले की इस शर्त में अविश्वास टपकता था; किंतु एँगेल्स ने लिखा कि इन छोटी बातों पर ध्यान नहीं दिया जाए। पर बीच में आड़े आ गई सरकार। लेसले ने भी बड़ी कोशिश की, किंतु मार्क्स को जर्मन नागरिकता के अधिकार नहीं दिए गए।

बर्लिन से लौटते समय मार्क्स कोलोन आए, जहाँ उन्होंने अपनी बूढ़ी माँ के दर्शन किए। माँ अब मृत्यु-शय्या पर थी। बर्लिन में रहते समय मार्क्स ने वियना के 'डाई प्रेस' नामक पत्र के संचालकों से तय किया कि वे उसके हर लेख पर एक पौंड दिया करेंगे। मई में मार्क्स लंदन लौटे और फिर वही पिसाई शुरू हुई। 1862 भी मार्क्स के लिए अच्छा साल नहीं रहा। 'ट्रिब्यून' से उन्हें अपना संबंध-विच्छेद कर लेना पड़ा। अब घर की आर्थिक स्थिति और भी खराब हो गई।

अब मार्क्स ऊबकर वह करने पर तैयार हो गए, जिसे उन्होंने हमेशा घृणा की दृष्टि से देखा था!

नौकरी—और वह नौकरी भी एक रेलवे कंपनी में क्लर्क की ! किंतु उनके अक्षर इतने खराब थे कि वह नौकरी भी नहीं मिल सकी ! यह उनके लिए सौभाग्य की बात थी या दुर्भाग्य की ? उनके लिए जो हो, संसार के लिए तो यह सौभाग्य की बात तो थी ही । आर्थिक स्थिति ऐसी और अब बीमारी सिर्फ लीवर की नहीं रही; शरीर में फोड़े और कारबंकल निकलने लगे । श्रीमती जेनी की तबीयत भी अच्छी नहीं रहती थी । लड़कियों के पास कपड़े और जूते नहीं थे कि वे स्कूल जा सकें जबकि उनकी सखियाँ नुमाइश के मजे उठाती थीं । वही लड़की अब घर की हालत से नावाकिफ नहीं थी और माँ-बाप से छिपाकर वह रंगमंच के लिए अपने को तैयार करने लगी थी ।

ऐसी स्थिति में क्या किया जाए ? मार्क्स ने तय किया कि वह घर का सारा सामान मकान-मालिक के हाथ बेच देंगे, महाजनों को खबर कर देंगे कि वह दिवालिया हो गए, दोनों बड़ी बेटियों को किसी शरीफ घर की दाई बना देंगे, अपनी दासी को कहीं नौकरी दिला देंगे और खुद छोटी बच्ची और पत्नी के साथ अत्यंत गरीबों के मुहल्ले में जाकर रहना शुरू कर देंगे । किंतु इसी मौके पर एँगेल्स की मित्रता फिर काम आई । एँगेल्स उस समय खुद बड़ी मानसिक पीड़ा में था । उसकी प्रेयसी का देहांत हो गया था । उसने सोचा था, इस खबर पर मार्क्स पूरी हमदर्दी का इजहार करेंगे । किंतु मार्क्स तो अपनी ही पीड़ा में घुले जाते थे । चंद शब्दों में सहानुभूति प्रकट कर अपना ही रोना ब्योरेवार लिख बैठे । एँगेल्स को दुःख हुआ; किंतु, पीछे फिर दोनों मित्रों में एकात्मता हो गई । एँगेल्स ने झटपट एक सौ पौंड मार्क्स के पास भेज दिए । कुछ दिनों बाद 1863 में मार्क्स की माँ मरीं, उनकी वसीयत से भी कुछ पैसे आए । किंतु सबसे बड़ी रकम तो मिली विल्हेम ओल्फ की मृत्यु होने पर—उसने नौ सौ पौंड की संपत्ति मरते समय मार्क्स को वसीयत कर दी थी ।

उधर एँगेल्स के पिता की भी मृत्यु हो गई थी और अब वह फर्म का एक हिस्सेदार हो चला था । इसलिए 1864 के बाद मार्क्स को आर्थिक संकट कभी नहीं उठाना पड़ा ।

3

'कैपिटल' की प्रसवपीड़ा

'कम्यूनिस्ट मैनिफेस्टो' यदि समाजवाद का 'गीता' है, तो 'कैपिटल' उसका 'महाभारत' ! भारतीय समाज के उद्‌भव और विकास का चित्र देखना हो, तो आप महाभारत पढ़िए । पूँजीवादी समाज की उत्पत्ति और विकास समझना है, तो 'कैपिटल' देखिए । किंतु 'कैपिटल' में पूँजीवादी समाज की विवेचना-मात्र ही नहीं है, उससे पैदा होनेवाले समाजवादी समाज की स्पष्ट झलक भी आप उसमें देख सकते हैं ।

इस पुस्तक को तैयार करने के लिए मार्क्स ने कितने कष्ट सहे ! शायद ही संसार की किसी पुस्तक पर एक व्यक्ति द्वारा इतनी मेहनत की गई हो ! इसकी प्रसव-पीड़ा कभी-कभी असह्य हो गई थी ! मार्क्स ने लिखा था—"इतनी प्रसव-पीड़ा के बाद बच्चे को चूमने में कितना आनंद मैंने अनुभव किया !"

माँ को बच्चे के दर्शन में जितने महीने लगते हैं, उससे दूने साल मार्क्स को 'कैपिटल' की पैदाइश में लगे । 1851 में ही उसने लिखा था—'पाँच सप्ताह में यह तैयार हो जाएगी ।' किंतु 1858 में भी छः सप्ताह की देर थी । यह छः सप्ताह छः वर्ष में परिणत हुए । 1865 के अंत में इस पुस्तक की पांडुलिपि तैयार हो चुकी थी—किंतु अभी वह कागज का बंडल-मात्र मालूम पड़ती थी । उसे देखकर यह नहीं कहा जा सकता था कि यह एक पुस्तक है । मार्क्स के अतिरिक्त कोई भी, एँगेल्स भी, उसे पुस्तक का रूप नहीं दे सकता था । जनवरी 1866 से उसे पुस्तक के रूप में मार्क्स सजाने लगे और मार्च 1867 में जाकर वह एक 'संपूर्ण कलाकृति' के रूप में संसार के सामने प्रकट हुई । इन सवा वर्षों में भी मार्क्स की शारीरिक दशा और आर्थिक स्थिति अच्छी नहीं थी । पहला अध्याय उस समय तैयार हुआ, जब मार्क्स कारबंकल के फोड़े से परेशान थे । उसकी दुरूहता की ओर

जब मार्क्स का ध्यान आकृष्ट किया गया, उसने कहा—कारबंकल का कुछ मजा पूँजीवादी आलोचकों को भी मिलने दो ! पूँजीवादी आलोचक तो गालियाँ देकर ही रह गए, मजा तो उठाना पड़ा और पड़ रहा है उनकी संसार-विस्तृत शिष्यमंडली को !

नवंबर 1866 में पांडुलिपि का एक भाग हैम्बुर्ग के ओटो मिस्नर नामक प्रकाशक के पास भेजा गया। इस प्रकाशक ने पहले एँगेल्स की एक पुस्तक प्रकाशित की थी। अप्रैल 1867 में मार्क्स शेष पांडुलिपि को लेकर स्वयं हैम्बुर्ग को गए और मिस्नर को काफी भला अच्छा आदमी पाया। इस पुस्तक के प्रकाशन में ज्यादा खटखट नहीं करनी पड़ी—शीघ्र ही शर्तें तय हो गईं। पुस्तक लीपजिग के एक प्रेस में छप रही थी। मार्क्स चाहते थे कि जब तक पहला प्रूफ नहीं मिल जाता, वह जर्मनी में ही रहें। इसलिए, जब तक प्रूफ तैयार हो, वह हैनोवर में कुगलमैन के पास चले गए। कुगलमैन ने मार्क्स का हृदय से स्वागत किया। कुछ सप्ताह उनके बड़े आनंद से कटे—"मेरी जिंदगी की मरुभूमि में ये कुछ सप्ताह हरे-भरे नखलिस्तान-से लगे !" सिर्फ कुगलमैन ने ही नहीं, हैनोवर के शिष्ट समाज ने मार्क्स को बहुत ही आदर और सम्मान दिया। इससे मार्क्स को बहुत संतोष हुआ था। उन्होंने एँगेल्स को लिखा—"तुम्हें मालूम होना चाहिए कि पढ़े-लिखे पूँजीवादियों में हम दोनों का बड़ा नाम है जिसकी हम कल्पना भी नहीं करते थे।" इस पत्र का उत्तर देते हुए एँगेल्स ने लिखा—"मैं तो हमेशा सोचता रहा हूँ कि आपकी सारी दुर्दशाओं का मूल कारण वह कम्बख्त पुस्तक है जिस पर आप इतने दिनों से काम करते आए हैं। और मेरा यह भी यकीन है कि जब तक आप जल्द-से-जल्द उसे समाप्त नहीं कर देते तब तक आपका त्राण नहीं है। यह पुस्तक आपको शारीरिक, मानसिक और आर्थिक दृष्टि से चकनाचूर करती आई है और अब जो आनंद अनुभव कर रहे हैं, वह इसलिए कि आप अनुभव करने लगे हैं कि यह पुस्तक समाप्त होने जा रही है।" इस खत में एँगेल्स ने यह भी प्रकट किया है कि वह अपने व्यापार से ऊब उठा है और ज्योंही मार्क्स स्वावलंबी हो जाएँगे, 'इस कम्बख्त व्यापार' से वह अपने को मुक्त कर लेंगे। मार्क्स ने 7 मई को उन्हें लिखा—"मेरा यह दृढ़ विश्वास है कि इस साल के खत्म होते-होते मैं स्वावलंबी हो जाऊँगा यानी मैं इस योग्य हो जाऊँगा कि अपनी आर्थिक स्थिति को सुधार ले सकूँ और अपने पैरों पर खड़ा हो पाऊँ। तुम्हारी सहायता के बिना यह पुस्तक समाप्त हो नहीं सकती थी और यकीन रखो मेरे हृदय पर हमेशा यह बोझ-सा लगता रहा है कि तुम्हें मेरे चलते अपनी योग्यता का उपयोग व्यापारिक झंझटों में करना पड़ रहा है और उससे भी बढ़कर मेरी सारी उलझनों और चिंताओं का हिस्सेदार बनना पड़ा है।" लेकिन एक साल की क्या बात, साल-पर-साल बीतते गए और मार्क्स स्वावलंबी नहीं बन पाए और एँगेल्स को उनके लिए अपनी गर्दन जुए के नीचे दाबकर रखना पड़ा; हाँ, धीरे-धीरे स्थिति अच्छी होती गई।

हैनोवर में रहते समय मार्क्स ने एक पत्र अपने एक पुराने मित्र को भेजा था जो बर्लिन में रहता था और खानों का इंजीनियर था। पत्राचार बंद रखने की कैफियत देते हुए वह लिखते हैं—"तुम पूछ सकते हो कि मैं तुम्हारे पत्रों का उत्तर क्यों नहीं भेजता था। क्योंकि मैं हमेशा ही कब्र की ओर झाँक रहा था और काम के योग्य जितना समय निकाल सकता था कि उसका एक-एक क्षण मैं अपनी पुस्तक को समाप्त करने में लगाता था। इस पुस्तक के लिए मैंने अपना स्वास्थ्य, अपना सुख और अपना परिवार सबकुछ उत्सर्ग कर दिया। मुझे आशा है, इस कैफियत के बाद फिर कुछ ज्यादा लिखने की जरूरत नहीं। मैं हमेशा उन तथाकथित व्यवहारकुशल लोगों और उनके ज्ञान पर हँसता आया हूँ। मानवता के दुःखों से आँखें मूँदकर अपने सुखों के लिए ही दिन-रात काम करने के लिए जिस मोटी चमड़ी की जरूरत है मेरे पास वह नहीं। मैं तो अपने को अव्यावहारिक पुरुष तभी मानता जब मैं अपनी पुस्तक को, कम-से-कम पांडुलिपि के रूप में ही, समाप्त करने के पहले ही चल बसा होता !"

हैनोवर में एक दिन मार्क्स से एक एडवोकेट मिलने आया और उसने उनसे कहा कि जर्मनी का प्राइम मिनिस्टर बिस्मार्क आपकी सेवा जर्मन-राज्य के लिए प्राप्त करने को उत्सुक है। मार्क्स को इस पर किस तरह विश्वास हो सकता था? बिस्मार्क उस समय जर्मनी के पूँजीवादियों से साँठगाँठ जोड़ रहा था, इसलिए 'कम्यूनिस्ट मैनिफेस्टो' के लेखक को सरकारी नौकरी में लेकर क्यों उन्हें नाराज होने देता। मार्क्स ने यह खबर

एँगेल्स को दी, एँगेल्स ने इस खबर को उस एडवोकेट की कोरी कपोल-कल्पना बताई और यह भी कहा कि ये रिवाजपेशा लोग हर आदमी को अपनी ही तरह पैसे का गुलाम समझते हैं, जो चंद चमचमाते टुकड़ों पर अपने विश्वास को बेच लें।

लेकिन बिस्मार्क न सही, बिस्मार्क की एक रिश्तेदारिन से मार्क्स की इस यात्रा में जरूर भेंट हुई। लंदन लौटते समय जहाज पर एक जर्मन-महिला मार्क्स के पास आई और उनसे लंदन के रेलवे के संबंध में पूछताछ करना शुरू किया। वह बेचारी अकेली थी और ट्रेन आने में देर होने से अपना बीच का समय बिताना चाहती थी। मार्क्स उसे लेकर हाइडपार्क में टहलाने चले। वह काफी सुशिक्षित थी और जर्मनी की सेना के एक-एक आदमी के नाम उसकी जबान पर थे। बातों के ही सिलसिले में पता चला कि वह बिस्मार्क की भतीजी है! मार्क्स चकित हुए, किंतु उनसे भी अधिक चकित हुई वह, जब उसे मालूम हुआ कि वह तो एक लाल भभूके के हाथ पड़ गई है—यही समाजवाद के प्रवर्तक मार्क्स हैं, यह देखकर वह दंग रह गई।

लंदन पहुँचकर मार्क्स ने 'कैपिटल' का प्रूफ देखा। 16 अगस्त 1867 की दो बजे रात को उसने एँगेल्स को लिखा—"यों यह पहला भाग समाप्त हुआ। एक बार फिर धन्यवाद देने दो, क्योंकि तुम्हारे ही चलते यह पुस्तक तैयार हो सकी है। तुम्हारे बलिदान के बिना मैं इस पुस्तक के तीन भागों को समाप्त नहीं कर सकता था। हार्दिक आनंद से मैं तुम्हारा गाढ़ालिंगन करता हूँ। नमस्ते, ओ मेरे प्यारे मित्र!"

4
'कैपिटल' के तीनों भाग

आखिर किसी तरह 'कैपिटल' का पहला भाग तो निकल गया, किंतु, उसका दूसरा और तीसरा भाग भी शीघ्र नहीं निकल पाए जैसा कि मार्क्स ने उम्मीद कर रखी थी। 1861 से 1878 तक मार्क्स उन दोनों भागों की तैयारी में ही लगे रहे। अध्ययन और गहरा होता गया, बीमारी और बढ़ती गई, और अंत में मृत्यु उनके सामने आकर खड़ी हो गई। जब वह इस धराधाम को छोड़कर महाप्रस्थान करने लगे, उनकी बगल में बहुत-सी टिप्पणियाँ, बहुत-से नोट्स, और फुटकल कागज-पत्र पड़े थे। इन सबको एकत्र कर एँगेल्स ने 'कैपिटल' के दूसरे और तीसरे भाग का संकलन किया। इसलिए हम दूसरे और तीसरे भाग में न तो रूप की एकात्मता पाते हैं, और न उनमें मार्क्स की अपूर्व मेधा की जगमगाहट ही। किंतु, ये दोनों भाग पहले भाग के विकास के आवश्यक अंग हैं और बिना तीनों भागों को पढ़े, मार्क्स द्वारा प्रवर्तित नई अर्थनीति का पूर्ण ज्ञान हमें नहीं हो सकता।

पहले भाग में मार्क्स ने अर्थशास्त्र के इन मौलिक प्रश्नों की विवेचना की है—धन का मूल स्रोत क्या है, और मुनाफा क्यों और किस तरह होता है? मार्क्स के पहले इन प्रश्नों का दो तरह से जवाब दिया जाता था। पूँजीवादी अर्थशास्त्री जो कुछ बतलाते थे, उससे पता चलता था कि धन के एकत्र होने और मुनाफा प्राप्त करने का मुख्य कारण यह है कि पूँजीपति उदारतापूर्वक अपनी जो पूँजी उत्पादन के कार्यों में लगाता है और इस तरह अपनी कमाई को खतरे में रखता है, उसके पुरस्कार-स्वरूप या व्यापार के कुशल-संचालन के चलते, चीजों की कीमत में क्रमशः वृद्धि होती जाती है, और, वही बढ़ी हुई कीमत, धन की वृद्धि या मुनाफे का कारण होता है। दूसरी ओर जो पूँजीवाद के विरोधी थे, वे कहा करते थे कि धन और कुछ नहीं, यह तो चोरी का माल है जो मजदूरों की जेब से उत्पादन के सिलसिले में, पूँजीपति दिन-दहाड़े चुराया करता है। मार्क्स ने इन दोनों ही व्याख्याओं को अवैज्ञानिक माना और उन्हें अस्वीकार कर दिया।

मार्क्स ने अर्थशास्त्र के इतिहास में पहली बार 'कैपिटल' के प्रथम भाग में इसकी सच्ची वैज्ञानिक विवेचना की। मार्क्स ने पहली बार बताया कि किस तरह मुनाफे की पैदाइश होती है और वह किस तरह

पूँजीपतियों की जेब में जा पहुँचता है। दो निर्णयात्मक आर्थिक तथ्यों पर उसने अपनी व्याख्या की बुनियाद रखी। पहला तथ्य यह कि मजदूरों का बहुत बड़ा समूह उन लोगों का है, जिन्हें 'सर्वहारा' कहा जाना चाहिए। इनके पास सिवाय अपनी मेहनत की ताकत के और कुछ भी बाकी नहीं रह गया है, और अपने को जिंदा रखने के लिए इनके लिए लाजिमी हो जाता है कि अपनी उस मेहनत की ताकत को बाजार में माल की तरह बेचें। और, दूसरा तथ्य यह कि माल के रूप में बेची जानेवाली इस मेहनत की ताकत में उत्पादन की इतनी बड़ी योग्यता है कि वह एक निश्चित समय में अपने जीवन निर्वाह की आवश्यकता से भी अधिक पैदावार कर सकती है। ये दो आर्थिक तथ्य ऐतिहासिक विकास के सिलसिले में निर्मित हुए हैं, और इन्हीं के चलते सर्वहारा की मेहनत की ताकत आप से आप पूँजीपतियों की गोद में जा गिरती है और मजदूरी की प्रणाली के सिलसिले में वह हमेशा बढ़नेवाली पूँजी का रूप धारण करती जाती है।

इस तरह हम देखते हैं कि पूँजीवादी प्रणाली के अंदर जो धन एकत्र होता है, वह न तो पूँजीपतियों के काल्पनिक बलिदानों और व्यापारकुशलता की वजह से, और न मजदूरों को धोखा देने या उनकी जेब काटने की वजह से; बल्कि यह धन पूँजीपतियों और मजदूरों के बीच होनेवाले विनिमय का परिणाम है। जिन नियमों के अनुसार बाजार के दूसरे मालों का खरीद-फरोख्त या विनिमय होता है, वही नियम इस पर भी लागू है। इस विनिमय को अच्छी तरह समझाने के लिए मार्क्स ने आदम स्मिथ और रिकार्डो के मूल्य के नियम को अपनाया। 'कैपिटल' का पहला भाग मुख्यतः इसी मूल्य का नियम और उससे पैदा होनेवाली मजदूरी और अतिरिक्त मूल्य पर गहरा प्रकाश डालता है और हमारी समझ में आसानी से यह आ जाता है कि मजदूरी के लिए बेचे जानेवाली मजदूरों की मेहनत की ताकत किस तरह बिना किसी जोर-जबरदस्ती या धोखेबाजी या दगाबाजी के पूँजीपतियों के लिए अपार धन की सृष्टि करती है और मजदूरों को सिर्फ उतना देती है कि वे सिर्फ जिंदा रह सकें। 'कैपिटल' के प्रथम भाग का ऐतिहासिक महत्त्व यही है कि उसने यह अच्छी तरह सिद्ध कर दिया है कि शोषण का अंत तभी हो सकता है जब मेहनत की ताकत की खरीद-फरोख्त हमेशा के लिए बंद कर दी जाए यानी जब मजदूरी पर काम करने या लेने का सिलसिला खत्म कर दिया जाए।

पहले भाग में हम अपने को वहाँ खड़ा पाते हैं, जहाँ उत्पादन हो रहा है—कारखानों में, खानों या खेतों में। समूची पूँजावादी उत्पादन-प्रणाली हमारी आँखों के सामने चित्रवत् खड़ी रहती है। जब हम इस भाग को समाप्त करते हैं तब रोजाना पैदा होनेवाले मुनाफे से तथा शोषण की सारी ब्योरेवार बारीकियों से भली-भाँति परिचित हो जाते हैं। हम लोगों के सामने तरह-तरह के माल, बाजारों में जाने के पहले, ढेर के ढेर पड़े दिखाई देते हैं। उन पर मजदूरों के पसीने की बूँदें चमकती हैं और हम उसमें साफ देख पाते हैं कि मजदूरी की वह कमाई कहाँ छिपी हुई है जिसकी कीमत उन बेचारों को नहीं मिली और जिनको लेकर पूँजीपति मालामाल होने जा रहा है। पूँजीवादी शोषण की जड़ हम लोगों की आँखों के सामने नंगी खड़ी होती है।

किंतु पूँजीपति का काम इतने ही से नहीं चलनेवाला। इन मालों को इकट्ठा करके ही उसे संतोष नहीं। अपनी 'सामाजिक प्रतिष्ठा' के अनुसार अपने या अपने परिवार के भरण-पोषण के लिए उसे नकद रुपए चाहिए और अपनी पूँजी को भी दिन-दिन बढ़ाते जाना उसके लिए आवश्यक है। इसलिए मजदूरों द्वारा पैदा किए हुए उन मालों को उनके लिए बेच डालना लाजिमी है। अब सारे माल खरीद-फरोख्त के लिए बाजार में पहुँचाए जाते हैं। 'कैपिटल' के दूसरे भाग में हम इस बाजार में पहुँच जाते हैं।

जब तक माल कारखाने में रहा, पूँजीपति उसका सर्वेसर्वा मालिक था। वहाँ उसका जबरदस्त संगठन था और कड़ा अनुशासन। किंतु माल के बाजार में आते ही उन्मुक्त प्रतियोगिता, खुली होड़ा-होड़ी के नाम पर चारों ओर अराजकता दिखाई पड़ती है। इस बाजार में न किसी को अपने पड़ोसी की चिंता है, न गिरोह की। पूँजीपति को अपने प्रतिद्वंद्वियों से मुकाबला करना है। वह देखता है कि अपने माल के बेचने और कच्चे माल को खरीदने में उसने जरा भी गफलत की तो वह अपने मुनाफे के बहुत बड़े अंश को खो देगा, जिसे उसने मजदूरों से शोषण किया है—उसकी 'गाढ़ी कमाई' उसकी जेब में न जाकर रास्ते में ही गुम हो जाएगी।

यहाँ आने पर उसे यह सोचने को भी लाचार होना पड़ता है कि वह किस ढंग की चीज पैदा करे और कौन-सी चीज किस तादात में पैदा करे ? समाज को किन चीजों की जरूरत है और कितनी चीजों की जरूरत है; यह बतानेवाला कोई नहीं, क्योंकि कोई उसे नहीं जानता । हम सब एक ऐसे समाज में रह रहे हैं, जहाँ कोई योजना नहीं है, जहाँ अराजकता ही अराजकता है । हर पूँजीपति अपने चारों ओर खतरा ही खतरा देखता है और इस खतरे से बचने के लिए उसे कुछ उपाय सोचने को मजबूर होना पड़ता है । इस अराजकता के अंदर भी कोई ऐसा तरीका निकालना जरूरी हो जाता है कि जिसमें व्यक्तिगत पूँजी हमेशा चालू रखी जाए । पैदा करने, बेचने, कच्चा माल खरीदने और फिर पैदा करने यानी पूँजी को रुपए के रूप से माल के रूप में ले जाने और माल के रूप से रुपए के रूप में ले आने में कोई सिलसिला तो होना ही चाहिए । यहीं आकर पूँजीपति अपने व्यक्तित्व को दबाकर दूसरे पूँजीपतियों से मिलने को लाचार हो जाता है और पूँजीपतियों के एक 'पवित्र भाईचारे की' सृष्टि होती है—बैंक खुलते हैं, उधार खाते का श्रीगणेश होता है । इस 'उधार खाते' की कोई व्याख्या पूँजीवादी अर्थशास्त्रियों से नहीं हो पाई थी । मार्क्स ने 'कैपिटल' के अपने दूसरे भाग में यह स्पष्ट किया कि यह प्रणाली पूँजीवादी जीवन का आवश्यक अंग है । यह पूँजी के दो रूपों के बीच की कड़ी है और व्यक्तिगत पूँजी की अनियंत्रित धारा के बीच का पुल है ।

पूँजीवादी प्रणाली तभी जिंदा रह सकती है जब पैदावार और खपत की एक लगातार कड़ी, व्यक्तिगत पूँजियों की गड़बड़ी के बावजूद, बनी रहे—सिर्फ उत्पादन ही नहीं बढ़े, उत्पादन के साधन बढ़ते जाएँ, मजदूरवर्ग भी जिंदा बना रहे तथा पूँजीवादी वर्ग दिन-दिन धनी बनता जाय, यानी समाज की पूँजी की दिन-दिन वृद्धि हो और वह क्रियाशील बनी रहे । 'कैपिटल' के दूसरे भाग में मार्क्स ने बतलाया कि व्यक्तिगत पूँजी की असंख्य विषमतापूर्ण गतियों के बावजूद एक संपूर्ण का विकास किस तरह होता है । फिर किस तरह यह संपूर्ण भी तेजी के सालों में छलाँग मारकर आगे बढ़ता और मंदी के जमाने में भयानक अर्थ-संकट उपस्थित कर देता । लेकिन फिर अपनी सही जगह पर आ जाता, एक तारतम्य स्थापित करता, पर, फिर उस तारतम्य को तोड़कर इधर-उधर झाँकने लगता और किस तरह इन सबके बीच से वह और भी शक्तिशाली रूप में आर्थिक उन्नति की ओर बढ़ता और अधिक से अधिक पूँजी को क्रमशः एकत्र करता जाता है । आदम स्मिथ के बाद सौ वर्षों में पहली बार मार्क्स ने इस संपूर्ण को निश्चित नियम के दृढ़ आधार पर ला रखा ।

किंतु, पूँजीपति को सिर्फ यहीं तक कँटीले मार्ग पर नहीं चलना पड़ता । यद्यपि वह कारखाने से बाजार में पहुँच चुका है और मुनाफे के रूप में अधिक से अधिक रुपए बना चुका है, तो भी एक सवाल का हल करना उसे रह गया कि इस मुनाफे को वह आपस में बाँटें कैसे ? पूँजीपतियों के अलग-अलग समूह अपनी-अपनी माँगों के साथ खड़े हैं—कारखानेदार हैं, व्यापारी हैं, महाजन हैं, जमींदार हैं । इन सबने मजदूरों के शोषण और माल के विक्रय में हिस्सा लिया है और मुनाफे में सबको हिस्सा चाहिए । इनमें से किनको कितना दिया जाए, यह एक पेचीदा सवाल हो जाता है । फिर कारखानों में भी विभेद होते हैं । कोई माल तुरत पैदा किया जाता और बेच दिया जा सकता है । किसी में कम पूँजी लगती और ज्यादा मुनाफा होता है, तो ऐसे भी कारखाने हैं जहाँ बड़ी पूँजी लगाई जाती है और उनसे पैदा माल काफी प्रतीक्षा के बाद बिकते हैं । वह कौन-सा तरीका अख्तियार किया जाए कि मुनाफे का 'न्यायपूर्ण बँटवारा' हो सके? मार्क्स ने 'कैपिटल' के तीसरे भाग में इस प्रश्न पर व्यापक प्रकाश डाला है ।

संक्षेप में जहाँ पहले भाग में पूँजी की उत्पत्ति और मुनाफे के रहस्य को स्पष्ट किया गया है, और दूसरे भाग में कारखाने और बाजार के बीच पैदावार और खपत के बीच पूँजी की कौन-सी गति होती है उसका वर्णन दिया गया है, वहाँ तीसरे भाग में संपूर्ण पूँजीवादी वर्ग में मुनाफे का वितरण किस प्रकार होता है; मार्क्स ने हमें बतलाया है । और, इन सबकी व्याख्या करते हुए उसने तीन मौलिक सिद्धांतों पर ध्यान रखा है—पहला, पूँजीवादी समाज में जो कुछ होता है वह एक निश्चित नियम के अनुसार । भले ही उस नियम को पूँजीपति भी नहीं जानते हों । दूसरा, पूँजीवादी समाज के आर्थिक नियम हिंसा, लूट या ठगैती पर कायम नहीं हैं और तीसरा,

इस पूँजीवादी समाज की नियोजक गतियों के अंदर कोई भी सामाजिक तर्क काम नहीं करते। वह विश्लेषण करते हुए बहुत ही सिलसिलेवार ढंग से हमें बताते चलते हैं कि पूँजीवादी आर्थिक प्रणाली के मूल में क्या है? तीनों पुस्तकों को एकसाथ विचार करने पर हम पाते हैं कि उन्होंने पहले भाग में हमें वर्तमान पूँजीवादी समाज की नींव कहाँ पर है यानी मूल्य, मजदूरी और अतिरिक्त मूल्य या मुनाफे के मौलिक नियम किस तरह विकसित हुए हैं। फिर दूसरे और तीसरे भाग में हमें बताया है कि इस नींव के आधार पर जो पूँजीवादी अट्टालिका खड़ी हुई है, उसके हर कमरे में क्या-क्या हो रहा है? जहाँ हम पहले भाग में सामाजिक शरीर के हृदय को पाते हैं, जो सारे रक्त-संचालन और जीवन का केंद्र है; वहाँ दूसरे-तीसरे भाग में हम रक्तसंचालन की क्रिया-प्रक्रिया और उससे पुष्टि पाते हुए सारे स्नायविक केंद्रों की वृद्धि और विकास देखते हैं।

मार्क्स ने कभी न यह सोचा और न कभी कहा कि उनकी 'कैपिटल' कोई धर्म-ग्रंथ है, गीता, बाइबल, या कुरान है जिसमें ऐसे ही सत्य लिखे गए हैं जिन्हें बदला नहीं जा सकता। बल्कि उन्होंने माना था कि जो कुछ उन्होंने लिखा है उससे सत्य के अनुसंधान की ओर लोगों को प्रेरणा मिलेगी। मार्क्स ने ज्यादा-से-ज्यादा पथ-प्रदर्शन मात्र किया था, किंतु, ज्यों-ज्यों दिन बीतते गए त्यों-त्यों उनकी पुस्तक धर्म ग्रन्थ की तरह अकाट्यता तो नहीं किंतु, पवित्रता तो प्राप्त करती गई और आज संसार का शायद ही कोई अभागा कोना हो, जहाँ उनकी यह पुस्तक किसी-न-किसी रूप में नहीं पाई जाती हो।

5

'कैपिटल' का स्वागत

एँगेल्स को आशा थी कि 'कैपिटल' के प्रथम भाग से छुटकारा पाने पर मार्क्स अपने को बिलकुल दूसरा आदमी अनुभव करने लगेगा, किंतु उसकी आशा पूरी नहीं हुई।

स्वास्थ्य में थोड़ा जो सुधार हुआ था, वह स्थायी नहीं हो सका और आर्थिक स्थिति भी अनिश्चित ही रही। एक समय तो मार्क्स ने यह सोचा कि वह लंदन छोड़कर जिनेवा जाएँ, जहाँ वह सस्ते में जीवन व्यतीत कर सकेंगे। किंतु परिस्थितियों के साथ ब्रिटिश म्यूजियम ने उन्हें लंदन से बाँधकर रखा। वह अपनी पुस्तक का अँगरेजी अनुवाद निकालना चाहते थे और 'इंटरनैशनल' के दिमागी नेतृत्व से भी वह अपने को अलग नहीं करना चाहते थे। कैपिटल के साथ ही इंटरनैशनल का जन्म हो चुका था—किंतु उसकी कहानी पर हम थोड़ी देर बाद आएँगे।

मार्क्स की बड़ी बेटी अब जवान हो चली थी और उसका विवाह पॉल लाफार्गे से करके मार्क्स प्रसन्न हुए थे। पॉल लाफार्गे डॉक्टरी का विद्यार्थी था और विद्यार्थी कांग्रेस में शामिल होने के कारण पेरिस विश्वविद्यालय से नाम कट जाने की वजह से 'इंटरनैशनल' के कामों के सिलसिले में लंदन आया था। पहले वह प्राउधों का हिमायती था और मार्क्स से मिलने शिष्टाचारवश आ जाया करता था। किंतु जैसा मार्क्स ने स्वयं लिखा है—"पहले तो वह नौजवान मुझसे अनुरक्त हुआ; किंतु कुछ दिनों के बाद ही बाप से अधिक बेटी को आकर्षक पाया!" लाफार्गे काफी खूबसूरत, मेधावी, फुर्तीला और स्वस्थ था और उसकी माली हालत भी अच्छी थी। उसके घरबार के लोग क्यूबा में कोठीवाल का काम करते थे, उसकी दादी हब्शी और गोरे रक्त के सम्मिश्रण का परिणाम थी—इसलिए लाफार्गे के रंग में कुछ साँवलापन था और वह थोड़ा जिद्दी भी था। किंतु उसका स्वभाव साधारणतः बड़ा ही मधुर था और मार्क्स ऐसे दामाद को पाकर बहुत ही प्रसन्न हुए थे। लाफार्गे आगे चलकर मार्क्स का योग्य सहायक सिद्ध हुआ और उनके सिद्धांतों की रक्षा में कुछ उठा नहीं रखा।

किंतु, मार्क्स का पूरा ध्यान तो अपनी पुस्तक पर लगा हुआ था और उन्होंने नवंबर 1867 में एँगेल्स को

लिखा—"अपनी पुस्तक के भाग्य पर मैं चिंतित हो रहा हूँ। न मैं कुछ सुन रहा हूँ, न देख रहा हूँ। हमारे देशवासी—जर्मन लोग—भी कैसे भले हैं। वे इस क्षेत्र में अभी तक अँगरेज, फ्रांसीसी या इटालियन विद्वानों के ही पीछे चलते रहे; फिर भला उन्हें मेरी अवज्ञा और अवहेलना करने का अधिकार क्यों न हो ? वहाँ के मेरे मित्रों को यह भी मालूम नहीं कि किस तरह आंदोलन किया जाता है। हमें तो रूसी नीति अख्तियार करनी है—यानी ठहरो और प्रतीक्षा करो ! किंतु हम ऐसे अधपेटे गरीब हैं कि प्रतीक्षा करने का मतलब होता है भूखों मरना।" किंतु मार्क्स की यह अधीरता असामयिक थी।

पुस्तक को प्रकाशित हुए अभी दो ही महीने हुए थे, और इसके अंदर कोई अच्छी आलोचना लिखी नहीं जा सकती थी। तो भी एँगेल्स और कुगलमैन ने उसके बारे में काफी शोर मचा रखा था। उन लोगों की कोशिश से कई पत्रों में 'कैपिटल' के प्रकाशन की अग्रिम सूचना छप चुकी थी, इन पत्रों में कई पूँजीवादी पत्र भी थे। फिर इस पुस्तक के विज्ञापन के तौर पर मार्क्स की संक्षिप्त जीवनी भी कुछ पत्रों में छपवाई गई, जिसे देखकर मार्क्स बिगड़ उठे थे—"ऐसी चीजें, मेरी समझ से, फायदे के बदले नुकसान ही ज्यादा करेंगी। सबसे बढ़कर एक वैज्ञानिक के लिए ऐसा विज्ञापन योग्य नहीं। बहुत दिन हुए, मेयर ने अपने इन्साइक्लोपेडिया के लिए मेरी जीवनी माँगी थी, मैंने उस पत्र का उत्तर तक नहीं दिया।"

पुस्तक निकल जाने पर उसकी आलोचना एँगेल्स ने लिखी जिसे बर्लिन के एक पत्र ने छापा और फिर लिब्लक्नेख्त ने भी उसे उद्धृत किया। स्ख़ेवीटजर और डीटजेन ने भी अपने पत्रों में विस्तृत आलोचना की। तब 'विशेषज्ञों' की बारी आई और यूजेन डूहरिंग ने एक लंबी आलोचना मेयर के इन्साक्लोपेडिया के अतिरिक्तांक में लिखी। इस आलोचना में डूहरिंग ने 'कैपिटल' की काफी तारीफ की; किंतु बाद में तो वह मार्क्स का प्रबल विरोधी निकला, 'कैपिटल' के एक-एक सिद्धांत का खंडन किया और बाद में उसके खिलाफ मार्क्स और एँगेल्स को एक पुस्तक ही लिखनी पड़ी। किंतु कुछ विशेषज्ञों ने तो प्रारंभ से ही मार्क्स और 'कैपिटल' के विरुद्ध जहर उगलना शुरू किया। एक ने तो यहाँ तक लिख दिया कि मार्क्स ने आधुनिक वैज्ञानिक अनुसंधानों की सर्वथा अवज्ञा की है, या उससे वह अनभिज्ञ है।

फ्रेलिग्राथ से कुछ दिनों तक मार्क्स की अनबन हो चुकी थी, खासकर 'हर वौग्ट' के प्रसंग को लेकर। लेकिन अब फिर दोनों में काफी मेल था। उसका बैंक बंद हो चुका था और उसकी कविताओं का एक संग्रह जर्मनी से निकला था जिससे उसकी जिंदगी आराम से कट रही थी। मार्क्स ने 'कैपिटल' की एक प्रति उसे भेजी थी। इस पुस्तक को पढ़कर उसका ज्ञान बढ़ा है और आनंद मिला है ऐसा कहते हुए उसने लिखा कि इस पुस्तक को राइनलैंड के व्यापारी बहुत पसंद करेंगे क्योंकि इसमें उनके व्यवहार के लिए काफी सामग्री है। मार्क्स को इस सम्मति पर बहुत ही आश्चर्य हुआ ! किंतु इसके विपरीत रूज की सम्मति से मार्क्स पुलकित हो रहा। रूज कम्यूनिज्म का दुश्मन था और हेगेल के दर्शन को कभी नहीं छोड़ा, तो भी उसने लिखा—"यह एक युग-निर्माणकारी पुस्तक है और यह सामाजिक युगों के विकास, ह्रास, प्रसवपीड़ा और अगणित वेदनाओं पर चमत्कारपूर्ण, कभी-कभी आँखों में चकाचौंध डालनेवाला, प्रकाश डालती है। मार्क्स का ज्ञान विस्तृत और विद्वत्तापूर्ण है और उसमें आश्चर्यजनक तर्क-कौशल है। यह पुस्तक बहुत लोगों, बहुत-से अखबारनवीसों के दिमागी घेरे से बाहर की चीज है, किंतु अपनी विस्तृत योजना के बावजूद यह पुस्तक सफल होगी और लोगों पर शक्तिशाली प्रभाव डाल सकेगी।" लुडविग फुअरबाख़ ने इस पुस्तक को 'अकाट्य आँकड़ों से भरी और बहुत ही दिलचस्प' बताया, साथ ही उसकी भयंकरता की चर्चा की और कहा कि मेरा यह कथन इस पुस्तक से भी सिद्ध है कि जहाँ जीवनोपयोगी साधनों का अभाव होता है वहाँ नैतिकता का भी अभाव स्वभावतः हो जाता है।

'कैपिटल' का सबसे पहला अनुवाद रूसी भाषा में छपा। 1868 के अक्टूबर में मार्क्स ने कुगलमैन को लिखा कि सेंट पिट्सबर्ग के एक प्रकाशक ने यह सूचना देकर उन्हें हैरत में डाल दिया है कि 'कैपिटल' का रूसी अनुवाद प्रेस में जा चुका है। रूसियों के खिलाफ मार्क्स हमेशा लिखते रहे, किंतु उन्होंने मार्क्स को हमेशा बढ़कर अपनाया, उनकी 'दर्शन की दरिद्रता' और 'अर्थशास्त्र की आलोचना' की जितनी कापियाँ रूस में बिकी

थीं, उतनी कापियाँ और कहीं नहीं बिक पाई थीं। 'कैपिटल' का रूसी अनुवाद 1872 में जाकर प्रकाशित हुआ और काफी सफलता के साथ। उसका अनुवाद निकोलाई और लोपातिन नामक दो व्यक्तियों ने किया था। रूसी सेंसर ने इस पुस्तक के बारे में लिखा था—"यदि इसके लेखक का विश्वास समाजवाद में है और सारी पुस्तक समाजवाद से ओतप्रोत है, तो भी यह पुस्तक इस ढंग से लिखी गई है कि सर्वसाधारण तक यह पहुँच नहीं सकती, फिर जिस वैज्ञानिक पद्धति से इसका निर्माण हुआ है, उस पर ध्यान देते हुए इस पुस्तक पर कोई रोक नहीं होनी चाहिए।" दो महीने के अंदर-अंदर 'कैपिटल' के उसी अनुवाद की एक हजार प्रतियाँ बिक गई थीं—कुल तीन हजार का पहला संस्करण हुआ था।

इसी दरम्यान 'कैपिटल' का दूसरा जर्मन-संस्करण कराने की जरूरत हो चली थी। दूसरे संस्करण के साथ ही फ्रेंच अनुवाद भी प्रकाशित हुआ—इसका अनुवाद जे. राय नामक एक व्यक्ति ने मार्क्स की सहायता से किया था। इंग्लैंड में 'कैपिटल' का स्वागत उतना नहीं—सिर्फ एक आलोचना 'सटरडे रिव्यू' में छपी जिसमें कहा गया था कि मार्क्स में रूखी-सूखी आर्थिक समस्याओं को भी आकर्षक और मनोरंजक बनाने की अपूर्व क्षमता है। मार्क्स की बड़ी इच्छा थी कि 'कैपिटल' का अँगरेजी संस्करण निकले किंतु उनके जीवन-भर ऐसा नहीं हो सका!

छठा अध्याय : 'इंटरनैशनल'

1

इंटरनैशनल का जन्म

जब मार्क्स ने 'कम्यूनिस्ट मैनिफेस्टो' को समाप्त करते हुए कहा था—"संसार के मजदूरो, एक हो जाओ" तो आदिकवि बाल्मीकि के कंठ से निसृत पहले अनुष्टुप की तरह मजदूरों के इस युद्ध के नारे पर वह स्वयं चकित-विस्मित नहीं हो गए थे। इस नारे के पीछे एक ऐतिहासिक पृष्ठभूमि थी और इसके आगे एक विस्तृत भविष्य का स्वप्न था।

यूरोप में पूँजीवाद का जन्म हुए काफी अरसा गुजर चुका था और उसके फलस्वरूप सर्वहारावर्ग भी रंगमंच पर आ चुका था। खासकर इंग्लैंड, फ्रांस और जर्मनी में मजदूरों का संगठन शुरू हो गया था और वे अपने भविष्य के बारे में सोचने-समझने को भी मजबूर हो चूके थे। पूँजीवाद का दायरा राष्ट्रीय होता है; सर्वहारावर्ग भी पहले राष्ट्रीय दायरे में ही अपने को महदूद करके हुआ था। किंतु ज्यों-ज्यों पूँजीवाद और सर्वहारा का संघर्ष शुरू हुआ, त्यों-त्यों यह स्पष्ट होता गया कि यदि सर्वहारा को विजय प्राप्त करना है, तो इसे इस राष्ट्रीयता के घेरे से अपने को अलग करना होगा। सर्वहारा की विजय तभी हो सकती है, जब वह अंतर्राष्ट्रीयता के विस्तृत क्षेत्र पर काम करना शुरू करे। किंतु इस ओर कदम कैसे बढ़ाया जाए—यही प्रश्न था।

सर्वहारा का कल्याण उसके अंतर्राष्ट्रीय संगठन पर निर्भर करता है,—मार्क्स और एँगेल्स ज्योंही इस नतीजे पर पहुँचे, उन्होंने इस दिशा में काम करना शुरू कर दिया। मार्क्स मजदूरों के ऋषि ही नहीं थे, उनके पुरोहित भी थे। ज्योंही वह जर्मनी से निर्वासित होकर ब्रूसेल्स पहुँचे, उन्होंने सर्वहारा की विश्वव्यापी क्रांति के लिए समिधा एकत्र करना प्रारंभ किया। ब्रूसेल्स में उन्होंने 'मजदूर शिक्षा संघ' नामक एक संस्था स्थापित की और वहीं से जर्मनी, लंदन, पेरिस और स्वीजरलैंड की मजदूर-संस्थाओं से संबंध कायम करना शुरू किया। थोड़े दिनों के अंदर ही ब्रूसेल्स, पेरिस और लंदन में 'पत्राचार समितियाँ'—Correspondence Committees—कायम हो गईं। मार्क्स ने प्राउधों को पेरिस की पत्राचार समिति की सहायता करने के लिए

लिखा। 1846 में ब्रूसेल्स की केंद्रीय समिति का संचालन मार्क्स कर रहे थे, पेरिस की समिति का एँगेल्स और लंदन की समिति का बाउर, स्खापर और मौल्ड। जनवरी 1847 में मौल्ड लंदन से ब्रूसेल्स आया और मार्क्स से मिलकर तय किया गया कि लंदन में एक अंतर्राष्ट्रीय कांग्रेस बुलाई जाए।

लंदन में यह कांग्रेस हुई और वहीं कम्यूनिस्ट लीग को जन्म दिया गया। इस लीग की नियमावली भी तैयार की गई, संगठन आदि का ढाँचा भी बनाया गया। लीग की ओर से एक मुखपत्र निकालने का भी तय हुआ, जिसका एक ही अंक निकल पाया। दूसरी कांग्रेस नवंबर 1847 में हुई जिसमें मार्क्स भी उपस्थित थे। वहीं मार्क्स को कम्यूनिस्ट मैनिफेस्टो लिखने का हुक्म दिया गया जो फरवरी में जाकर प्रकाशित हुआ।

अंतर्राष्ट्रीय मजदूर-संगठन का प्रारंभ यहीं से होता है, किंतु आगे के पच्चीस वर्षों में यूरोप में क्रांति और प्रतिक्रांति की इस तरह उथल-पुथल होती रही कि अंतर्राष्ट्रीय संगठन का सारा सीराजा बिखर गया।

1862 में लंदन में एक बहुत बड़ी नुमाइश हुई। इस नुमाइश में पेरिस के मजदूरों के प्रतिनिधि 200 की तादाद में शामिल हुए। ये चुने हुए प्रतिनिधि थे। इनका स्वागत बड़े धूमधाम से हुआ। उस प्रतिनिधिमंडल में पेरिस का सुप्रसिद्ध मजदूर नेता तोलाँ भी आया हुआ था जो राजमिस्त्री का काम करता था। तोलाँ ने लंदन की मजदूर-संस्थाओं के प्रतिनिधियों से बातें कीं और तय पाया कि शीघ्र ही फ्रांस और इंग्लैंड के मजदूर प्रतिनिधियों की एक बैठक लंदन में बुलाई जाए। जुलाई में इन प्रतिनिधियों की एक बैठक लंदन में हुई, जिसमें एक प्रश्नावली तैयार कर फ्रांस की मजदूर-संस्थाओं के पास भेजना तय किया गया। वहाँ से उत्तर आने पर 28 सितंबर 1864 में एक सभा सेंट मार्टिन हाल लंदन में हुई जिसमें मार्क्स शामिल हुए, किंतु बोले नहीं। हाँ, उन्होंने एकारियस को जर्मन मजदूरों की ओर से बोलने का प्रस्ताव रखा।

इसी सभा में 'अंतर्राष्ट्रीय मजदूर संघ' का जन्म हुआ, जो फर्स्ट इंटरनैशनल के नाम से इतिहास में प्रख्यात हुआ। इस संघ की कार्य-समिति में 50 सदस्य थे, जिनमें आधे तो इंग्लैंड के मजदूरों के प्रतिनिधि थे और बाकी आधे में सबसे मजबूत प्रतिनिधित्व जर्मनी का था—मार्क्स, एकारियस, लेस्नर आदि उसमें सम्मिलित थे। फ्रांस के 9 प्रतिनिधि थे, इटली के 6 और पोलैंड एवं स्वीजरलैंड के दो-दो थे। इस समिति ने संघ के कार्यक्रम और विधान बनाने के लिए एक उपसमिति बनाई जिसमें मार्क्स का नाम भी रखा गया।

मार्क्स ने इस अंतर्राष्ट्रीय संगठन के बारे में वेडेमेयर को लिखा—"यह 'अंतर्राष्ट्रीय मजदूर संघ' कम महत्त्वपूर्ण नहीं है। इसके अँगरेज प्रतिनिधि वे लोग हैं जो मजदूर संघों के सच्चे प्रतिनिधि हैं और जिनके आंदोलन से डरकर पार्स्टन को अमेरिका के गृहयुद्ध में हस्तक्षेप करने की हिम्मत नहीं हुई। फ्रांसीसी प्रतिनिधि उतने महत्त्वपूर्ण नहीं हैं, किंतु वे पेरिस के मजदूरों का सही प्रतिनिधित्व करते हैं, इसमें शक नहीं। इटली के मजदूर संघों से भी संपर्क कायम किया गया है जिनकी कांग्रेस हाल ही नेपेल्स में हुई है। इधर मैं किसी संगठन में काम करने से लगातार अस्वीकार करता रहा हूँ, किंतु इस बार मैंने स्वीकार इसलिए कर लिया है कि इस संघ से कुछ यथार्थ लाभ होने की संभावना है।" एँगेल्स को उन्होंने लिखा—"निस्संदेह मजदूरों में एक नवीन जागरण का श्रीगणेश हो रहा है।"

कार्यक्रम और विधान बनाने की उपसमिति में कार्ल मार्क्स को भी रखा गया था, किंतु उसकी आरंभिक बैठकों में वह शामिल नहीं हो सके, क्योंकि उनकी तबीयत अच्छी नहीं रही और समय पर उसकी बैठकों की सूचना भी नहीं मिल पाई। अतः यह काम तीन व्यक्तियों के जिम्मे आया, जिनमें एक मैजिनो का प्राइवेट सेक्रेटरी था, दूसरा फ्रांसीसी लुवेज़ और तीसरा अँगरेज वेस्टन। इन तीनों ने काफी माथापच्ची की, किंतु नाव किनारे पर नहीं लग सकी। अंततः मार्क्स पहुँचे और यह काम उनके हाथ में आया। उन्होंने बड़े परिश्रम से 'प्रारंभिक वक्तव्य और अस्थायी विधान' तैयार किया। प्रोफेसर बीसले के कथनानुसार बारह पृष्ठों में मजदूरों के सवालों को इस सफाई से शायद ही कभी पेश किया गया हो। मार्क्स ने इसकी आदि में 1848 से 1864 तक की यूरोपीय मजदूरों की हालत का दिग्दर्शन कराया और कहाँ-कहाँ मजदूर हारे और कहाँ-कहाँ वे विजयी हुए इस पर प्रकाश डाला। इंग्लैंड के मजदूरों ने 'दस घंटे काम' निश्चित कराने में जो सफलता प्राप्त की, मजदूरों

द्वारा सहयोग समितियों का संचालन जो सफलतापूर्वक हो रहा है, मजदूरों का आंदोलन सिर्फ आर्थिक क्षेत्र में सीमित नहीं रहकर जो अब राजनीतिक क्षेत्र की ओर अग्रसर हो रहा है, इन बातों पर मार्क्स ने खासकर प्रसन्नता प्रकट की थी। इंग्लैंड, जर्मनी, फ्रांस और इटली में एकसाथ ही मजदूरों में जो जाग्रति आई है और वे आपस में मिलकर काम करना चाहते हैं—यह मजदूर आंदोलन के लिए सबसे बड़ी शुभ सूचना है— "मजदूरों की सफलता निश्चित है क्योंकि उनकी तादाद बड़ी है। किंतु तादाद तभी सफल हो सकती है जब वह एक संगठन के सूत्र में बँधी हो और एक चेतन उद्देश्य की ओर बढ़ रही हो।"

अस्थायी विधान के पहले संघ के उद्देश्य को यों स्पष्ट किया गया—मजदूरों के उद्धार का कार्य मजदूरों द्वारा ही संपन्न हो सकता है। मजदूरवर्ग के उद्धार का संघर्ष मजदूरवर्ग के लिए नई सुविधाएँ प्राप्त करने का संघर्ष नहीं है, बल्कि उसका उद्देश्य है वर्ग-शासन का मूलतः उच्छेद करना। मजदूरों की आर्थिक दासता का परिणाम अन्य सभी दासताओं के रूप में प्रकट होता है—सामाजिक तकलीफें, दिमागी दिवालियापन और राजनीतिक गुलामी सबके मूल में यह आर्थिक दासता ही है। इसलिए सभी राजनीतिक आंदोलनों का मुख्य उद्देश्य इस आर्थिक दासता का उच्छेद करना होना चाहिए। इस महान उद्देश्य की पूर्ति में सफलता इसलिए नहीं मिल सकी कि एक देश की भिन्न-भिन्न मजदूरों की जमातों में एकता नहीं है और न परस्पर एकता है भिन्न-भिन्न देशों के मजदूरों में। मजदूरों के उद्धार का आंदोलन न तो स्थानीय हो सकता है, न राष्ट्रीय—इसका रूप सामाजिक ही हो सकता है। यह कार्य तभी पूरा हो सकता है जब उन सभी देशों के मजदूर एक सूत्र में बँध जाएँ जहाँ आधुनिक पूँजीवादी समाज का जन्म हो चुका है और सब मिलजुलकर सहयोग भाव से कंधे-से-कंधा भिड़ाकर काम करें।

संघ का तात्कालिक कार्यक्रम इस प्रकार रखा गया था—भिन्न-भिन्न देशों की मजदूर संस्थाओं में अंतर्राष्ट्रीय संबंध स्थापित करना; हर देश के मजदूरों को उनके साथी दूसरे देशों के मजदूरों की कार्रवाइयों से परिचित कराते रहना; भिन्न-भिन्न देशों के मजदूरों की स्थिति के संबंध में आँकड़े एकत्र करना; सभी देशों की मजदूर संस्थाओं पर लागू होने वाले सवालों पर परस्पर विचार-विमर्श करना; कोई अंतर्राष्ट्रीय झगड़ा शुरू होने पर सभी संबद्ध संस्थाओं के लिए एकसमान कार्यक्रम तय करना और उसे एकसाथ सभी देशों में लागू करना; इस अंतर्राष्ट्रीय संघ की कार्रवाई की रिपोर्ट नियमित रूप से प्रकाशित करना—आदि-आदि।

विधान की मुख्य बातें ये थीं—कांग्रेस के अधिवेशन में हर साल एक जनरल कौंसिल चुन ली जाएगी; अगली कांग्रेस का समय और स्थान इसी कांग्रेस में तय किए जाएँगे; जनरल कौंसिल को हक होगा कि वह नए मेंबरों को कोआप्ट कर ले और आगामी कांग्रेस के स्थान को भी बदल दे, किंतु स्थगित करने का हक इसे नहीं होगा; भिन्न-भिन्न देशों की मजदूर-संस्थाओं को अपनी स्वतंत्रता अक्षुण्ण रखने का अधिकार होगा। वे स्वतंत्र रूप से भी इस संघ से संबद्ध हो सकते हैं, किंतु अच्छा यह होगा कि एक देश की सभी मजदूर-संस्थाएँ मिलकर एक केंद्रीय संस्था बना लें और वही इस संघ से संबद्ध हो।

इसमें शक नहीं कि इंटरनैशनल के निर्माण में उस समय के भिन्न-भिन्न देशों के मजदूर नेताओं का व्यक्तिगत हिस्सा भी कम नहीं था; किंतु इसमें भी कोई शक नहीं कि शुरू से ही मार्क्स ही उसके दिशा-निर्देशक और दिमागी नेता रहे, जिसका सबूत उनका लिखा हुआ यह 'प्रारंभिक वक्तव्य' है। यह प्रारंभिक वक्तव्य भी मार्क्स के 'कम्यूनिस्ट मैनिफेस्टो' की ही तरह—'संसार के मजदूरो, एक हो जाओ' के युद्ध-नारे से समाप्त हुआ था। यद्यपि सारे वक्तव्य में उस युद्ध-भावना को प्रच्छन्न ही रखा गया था। मार्क्स ने इसकी कैफियत एँगेल्स को यों दी थी—"पुरानी साहसिक भाषा का प्रयोग करने में अभी कुछ समय की अपेक्षा है। इस समय की आवश्यकता है—विषय साहसपूर्ण हो, किंतु प्रणाली मुलायम बरती जाए।"

2

लंदन की प्रारंभिक कान्फ्रेंस

इंटरनैशनल कायम हुई बड़े उत्साह से; किंतु कठिनाइयाँ शुरू से ही पैदा हुईं। लेसेल मर चुका था। अपनी प्रतिभा और परिश्रमशीलता से वह जर्मन मजदूरों में बहुत ही प्रसिद्ध हो चुका था। कई बातों में मतभेद होने पर भी मार्क्स से उसने भाईचारा निभाया। उसकी मृत्यु की खबर पाकर उन्होंने कहा था—"मैं इस मृत्यु-वार्ता से आश्चर्यचकित रह गया। वह आदमी व्यक्तिगत रूप से जैसा रहा हो, उसका साहित्यिक वैज्ञानिक दृष्टिकोण जो भी हो, राजनीतिक दृष्टि से वह जर्मनी के सर्वोत्तम मस्तिष्कों में था। उसकी मृत्यु से जर्मनी के पूँजीपति और तथाकथित प्रगतिवादी सूअर खुश हो रहे होंगे, क्योंकि जर्मनी में सबसे ज्यादा वे उसी से डरते थे।" किंतु लेसेल की मृत्यु पर उसके प्रशंसकों और अनुयायियों ने 'लेसेलवाद' नाम से एक नया सिद्धांत ही शुरू किया और उन लोगों ने मार्क्स की मुखालफत शुरू कर दी। लेसेल के अनुयायी इंटरनैशनल में नहीं शामिल हुए—यह इंटरनैशनल की बड़ी कमजोरी रही।

इटली और फ्रांस के मजदूर-नेताओं में भी आपस का बहुत मतभेद था और उनके झगड़ों को सुलझाने में मार्क्स का बहुत समय लग जाता। पेरिस के मजदूरों में 'हाथ से काम करनेवाले' और 'दिमाग से करनेवाले'—इन दो श्रेणियों में मजदूर बँटे थे और एक-दूसरे को दुश्मन समझते थे। प्राउधों के अनुयायियों का रवैया भी कुछ विचित्र ही था। फ्रांस के इन झगड़ों के कारण इंटरनैशनल की जनरल कौंसिल की कई संध्याएँ बहस में ही बरबाद हुआ करती थीं। सिर्फ इंग्लैंड में बहुत अच्छा काम हो रहा था जिस पर मार्क्स बहुत प्रसन्न थे। लंदन के मजदूरों ने पामर्स्टन को अमेरिका के गृहयुद्ध में हस्तक्षेप करने से रोक दिया था। जब यह गृहयुद्ध समाप्त हुआ, मजदूरों ने अमेरिकन राष्ट्रपति लिंकन के पास बधाई का खत भेजा, जिसे मार्क्स ने ही लिखा था। इस पत्र में लिंकन को 'मजदूर का सपूत' कहकर संबोधन किया गया था। अन्य बधाइयों का उत्तर जहाँ लिंकन ने दो-चार शब्दों में भेजा था, वहाँ इसके उत्तर में एक लंबा खत भेजा था। मजदूरों को वोट का अधिकार दिलाने के लिए भी एक जबर्दस्त आंदोलन इंग्लैंड में शुरू किया गया और उसमें भी काफी सफलता प्राप्त हुई।

जून 1865 में इंटरनैशनल की जनरल कौंसिल की बैठक हुई जिसमें मार्क्स ने मूल्य, कीमत और मुनाफा—Value, price and Profit – पर एक विचारपूर्ण निबंध पढ़ा। कौंसिल के कुछ सदस्यों की यह धारणा थी कि मजदूरी में वृद्धि होने से मजदूरों को कोई लाभ नहीं, इसलिए मजदूर-संघों का पृथक् संगठन ही फिजूल है। इस धारणा के मूल में यह भ्रांति थी कि मजदूरी से ही माल का मूल्य निर्धारित होता है। इसलिए यदि वे एक रुपए की जगह डेढ़ रुपए मजदूरी कर देंगे, तो अपने माल की कीमत भी इतनी ही बढ़ा देंगे। मार्क्स ने बतलाया कि यह तर्क बहुत ही छिछला है—अर्थशास्त्र की गति को यों घंटे-घंटे नहीं बदला जा सकता। इन निबंध के लिए कौंसिल ने मार्क्स को बहुत धन्यवाद दिया, क्योंकि इससे कई आर्थिक बातें साफ हो गईं।

अगली कांग्रेस ब्रूसेल्स में 1865 में करना तय हुआ था, किंतु मार्क्स ने अभी खुली काँग्रेस करने की जरूरत नहीं महसूस की, किंतु इसके अंदर लंदन में एक कान्फ्रेंस बुलाना उचित समझा। ब्रूसेल्स में कांग्रेस हो भी नहीं सकती थी, क्योंकि बेलजियम की सरकार ने अपनी सीमा के अंदर विदेशियों के आने-जाने में कई शर्तें लगा दी थीं।

29 सितंबर 1865 में इंटरनैशनल की पहली कान्फ्रेंस लंदन में बुलाई गई। इस कान्फ्रेंस में जनरल कौंसिल का सभापति ओडगर, प्रधानमंत्री क्रीमर, कई अँगरेज प्रतिनिधि, मार्क्स और उनके इंटरनैशनल के दो सहकर्मी एकारियस और जुंग, जो स्वीजरलैंड का घड़ीसाज था, और अँगरेजी, जर्मन और फ्रेंच धडल्ले से बोल लेता था, फ्रांस से तोलाँ एवं मार्क्स के पुराने दोस्त शीली और वारलिन जो पीछे पेरिस कम्यून में शहीद हुए, स्वीजरलैंड का दफ्तरी डुपले और मोची बेकर और बेलजियम के सीजर डे पेप आदि सम्मिलित हुए थे।

कान्फ्रेंस के शुरू में ही इंटरनैशनल की आर्थिक स्थिति पर विचार हुआ—आमदनी कुल 33 पौंड की हुई थी और 150 पौंड की जरूरत महसूस की गई । बाद में यह प्रचारित किया गया था कि इंटरनैशनल के पास लाखों-करोड़ों का फंड है—किंतु यह बिलकुल गलत बात थी ।

इंग्लैंड के मजदूर आंदोलन के बारे में प्रधानमंत्री क्रीमर ने रिपोर्ट दी । उसने बताया कि कहा जाता है कि इंग्लैंड की मजदूर संस्थाएँ बड़ी धनी हैं, अतः उन्हें चाहिए कि इंटरनैशनल को पूरी सहायता दें, किंतु हम लोग कानून से ऐसे बँधे हैं कि इस काम के लिए पैसे निकाल नहीं सकते । फिर इंग्लैंड का मजदूर आंदोलन राजनीति से बिलकुल अछूता रहा है और कुछ वर्ष पहले शायद इंटरनैशनल की छाया से भी वह भागता—हाँ, अब धीरे-धीरे वह राजनीति में प्रवेश कर रहा है और इंटरनैशनल की ओर भी बहुत तेजी से आकृष्ट हो रहा है ।

फ्रीबर्ग और तोलों ने रिपोर्ट दी कि फ्रांस में इंटरनैशनल का अच्छा स्वागत हो रहा है । सिर्फ पेरिस में ही नहीं, मुफस्सिल के मजदूर क्षेत्रों में भी इंटरनैशनल के मेंबरी-कार्ड जोरों से बिक रहे हैं । पेरिस में एक केंद्रीय ब्यूरो कायम किया गया है, जिसमें काफी पैसे आ गए हैं, तो इंटरनैशनल की आर्थिक मदद हम करेंगे । कांग्रेस का अधिवेशन शीघ्र कराने के लिए भी फ्रांसीसी प्रतिनिधियों ने जोर दिया ।

स्वीजरलैंड की रिपोर्ट डुप्ले और बेकर ने दी । छः महीने में ही इंटरनैशनल की ओर स्वीजरलैंड के मजदूरों का काफी झुकाव हो चला है । जेनेवा, लुसाने और बेवी में काफी सदस्य बने हैं । मेंबरी फीस से दूना देने को भी स्वीस मजदूर तैयार हैं, क्योंकि इंटरनैशनल की सहायता करना वे अपना धर्म समझते हैं । हाँ, साथ में वे पैसे नहीं ला सके, क्योंकि सफर-खर्च ही काफी पड़ गया ।

बेलजियम में एक महीने में ही इंटरनैशनल के साठ सदस्य बन चुके हैं, यह रिपोर्ट पेप ने दी ।

जनरल कौंसिल की ओर से मार्क्स ने प्रस्ताव रखा कि अगामी कांग्रेस जेनेवा में सितंबर या अक्तूबर में हो । जगह की स्वीकृति सर्वसम्मति से हुई किंतु फ्रांसीसी सदस्यों के आग्रह पर तारीख बदलकर मई में कर दी गई । आगामी कांग्रेस के लिए कार्यसूची भी तैयार कर ली गई ।—सहयोग समिति का कार्य, काम के घंटों में कमी, औरत और बच्चा मजदूर, मजदूर संघों का भूत और भविष्य, मजदूरवर्ग पर स्थायी सेना का प्रभाव आदि-आदि । यह कार्यसूची भी सर्वसम्मति से स्वीकृत हुई । किंतु फ्रांसीसी सदस्यों ने एक विषय और रखने पर जोर दिया कि 'धार्मिक विचार और उनका सामाजिक, राजनीतिक और सांस्कृतिक आंदोलनों पर प्रभाव' यह एक खास विषय रखा जाए । अँगरेज प्रतिनिधियों ने इस फूट डालनेवाले फल को टोकरी से अलग ही रखने का सुझाव रखा, किंतु फ्रांसीसियों के आग्रह पर 13 वोट के खिलाफ 18 वोट से यह विषय भी रख ही लिया गया । मार्क्स द्वारा पेश एक और प्रस्ताव पर विवाद हुआ—"यह आवश्यक हो चला है कि यूरोप पर रूस के बढ़ते हुए प्रभाव को रोकने के लिए पोलैंड की स्वतंत्रता के आंदोलन का समर्थन किया जाए और सभी राष्ट्रों के लिए स्वभाग्य निर्णय के सिद्धांत को मानकर वहाँ एक प्रजातांत्रिक समाजवादी सरकार स्थापित किए जाने के लिए सहायता दी जाए ।" मार्क्स के इस प्रस्ताव का विरोध फ्रांसीसी सदस्यों ने किया जो प्राकुधों के प्रभाव में थे, किंतु अँगरेज मजदूर-प्रतिनिधियों की सहायता से मार्क्स विजयी हुए ।

कान्फ्रेंस की प्राइवेट बैठक भोर में हुआ करती थी जिसका सभापति जुंग था । और आम जलसा शाम को ओडगर के सभापतित्व में होता था । इस आम जलसे में प्राइवेट बैठक से स्वीकृत प्रस्ताव रखे जाते और उन पर व्याख्यान होते थे । आम जलसे में दर्शकों की संख्या काफी होती थी—वे मुख्यतः मजदूर होते थे ।

3

जिनेवा की पहली कांग्रेस

'इंटरनैशनल' के कामों में मार्क्स ने अपने को इतना फँसा दिया कि उनकी आर्थिक स्थिति फिर खराब होने

लगी। जुलाई में उन्होंने एँगेल्स को खबर दी कि दो महीने से कर्ज पर ही उनका काम चल रहा है—"मै तुम्हें विश्वास दिलाता हूँ कि मैं यह लिखने की अपेक्षा अपनी अँगुली काट लेना ज्यादा पसंद करता। उफ, यह भी कोई जिंदगी है कि हमेशा दूसरे पर निर्भर रहा जाए। संतोष की बात यही है कि मेरी और तुम्हारी जिंदगी साझेदारी की है और मुझे यह काम सौंपा गया है कि मैं अपना समय सैद्धांतिक और पार्टी के कामों में ही लगाऊँ।" इस पत्र में मार्क्स ने यह भी लिखा कि इस घर को छोड़ देना चाहिए क्योंकि इसका किराया ज्यादा है। किंतु घर नहीं छोड़ना पड़ा, एँगेल्स ने पत्र पाते ही काफी पैसे भेज दिए। हाँ, आर्थिक चिंता तो बनी ही रही।

इसी समय बूख़र नामक एक पुराने राजनीतिक भगोड़े ने मार्क्स के लिए एक काम ठीक किया। बूख़र जब बर्लिन में रहता था और सरकारी नौकरी कर ली थी, उसने एक अर्द्धसरकारी अखबार के लिए लंदन के सर्राफा-बाजार पर मासिक रिपोर्ट भेजने के लिए मार्क्स को लिखा, जिसके लिए उन्हें काफी पैसे मिल सकते थे। बूख़र ने लेख के लिए काफी मत-स्वतंत्रता देने की बात भी लिखी थी; हाँ, लेखों में जरा अपने सिद्धांतों को प्रच्छन्न रूप में ही पेश किया जाए, तो अच्छा होगा, ऐसी सलाह भी दी थी। मार्क्स इस पत्र को पाकर एँगेल्स से मिलने मैनचेस्टर गए, सलाह की गई और साफ अस्वीकार कर दिया गया। क्या बूख़र के द्वारा बिस्मार्क ने मार्क्स को खरीदने की चेष्टा की थी?—इस प्रश्न पर बहुत दिनों तक कल्पना-जल्पना होती रही।

एँगेल्स की साझीदारी में मार्क्स की जिंदगी किसी तरह कट रही थी, किंतु उनका स्वास्थ्य धीरे-धीरे जवाब देता जाता था। 10 फरवरी 1866 को एँगेल्स ने लिखा—"यह कारबंकल तो भयानक बात है, इसका उपचार तुरत कराइए। और कृपा कर रात का काम करना तो छोड़िए ही!" 13 फरवरी को मार्क्स ने जवाब दिया—"कल से मैं बिस्तर पर पड़ा हूँ; पेडू पर एक भयानक फोड़ा निकल आया है, यदि परिवार के लिए पैसे होते और मेरी पुस्तक समाप्त हो गई होती, तो मुझे इस बात की परवाह नहीं होती कि आज कब्र में जाता हूँ या कल; किंतु अभी जो हालत है, मुझे सावधानी से तो रहना ही है।" एक सप्ताह के बाद मार्क्स ने फिर लिखा—"इस बार तो मैं मरते-मरते बचा हूँ। मेरा परिवार भी नहीं जान सकता था कि मेरी हालत कितनी बुरी थी। यदि तीन-चार बार और ये फोड़े निकले, तो मुझे कोई नहीं बचा सकेगा। डॉक्टरों का भी कहना है कि रात में काम करने की वजह से ही बार-बार बीमारी उभर जाती है, किंतु मैं उन्हें किस तरह बताऊँ कि क्यों मुझे इतनी मेहनत करने को लाचार होना पड़ता है।" एँगेल्स ने यह खत पाकर बड़ी चिंता प्रकट की और अपने मित्र से आग्रह किया कि रात का काम बिलकुल बंद करें और विश्राम के लिए कहीं स्वास्थ्यप्रद स्थान में जाएँ। आखिर मार्क्स मार्गेट नामक स्थान पर स्वास्थ्य-लाभ के लिए गए जहाँ से उन्होंने अपनी बेटी लोरा को लिखा—"मैं दिन-भर खुली हवा में टहलता फिरता हूँ, रात में दस बजे सो जाता हूँ। कुछ पढ़ता नहीं, लिखता भी कम हूँ और धीरे-धीरे निर्वाण की स्थिति में पहुँचने की कोशिश कर रहा हूँ जो बुद्धधर्म के अनुसार परम आनंदमय स्थिति है।"

जब मार्क्स मार्गेट में ही थे, तब खबर लगी कि जर्मनी और आस्ट्रिया में लड़ाई शुरू हो गई है। इस लड़ाई में मार्क्स की सहानुभूति आस्ट्रिया की ओर थी और एँगेल्स अपनी सैनिक शिक्षा के चलते सोचते थे कि आस्ट्रिया का हराया जाना मुश्किल है; किंतु जर्मनी ने आस्ट्रिया को बहुत बुरी शिकस्त दी। इस युद्ध के परिणाम के बारे में एँगेल्स ने मार्क्स को लिखा—"इसका एक अच्छा परिणाम भी होगा—अब स्थिति की पेचीदगी खत्म हो जाएगी और क्रांति करना आसान होगा, क्योंकि अब छोटी-छोटी पूँजियों के झगड़े आपस में न रहेंगे और पूँजीवादी विकास में शीघ्रता आएगी।" मार्क्स ने लिखा—"जो अजीब हालत हुई है, उसे देखते मैं तुमसे बिलकुल सहमत हूँ।"

इस लड़ाई के चलते जेनेवा कांग्रेस समय पर नहीं हो सकी। किंतु इंटरनैशनल के संगठन पर प्रसार और शक्ति इस दूसरे साल में ज्यादा बढ़ी। जेनेवा यूरोपीय मजदूर आंदोलन का केंद्र बन गया। वहाँ जर्मन, फ्रेंच और इटालियन मजदूरों की संस्थाओं ने अपने दफ्तर खोले। वहाँ से जर्मन मजदूरों का एक मासिक पत्र निकला जिसका संपादक बेकर था। उस पत्र ने अपने को इंटरनैशनल की जर्मन-शाखा का मुख्य पत्र माना। फ्रेंच शाखा

का भी एक पत्र जेनेवा से निकलने लगा। इसके अतिरिक्त पेरिस से भी मजदूरों के दो पत्र निकलने लगे। बेलजियम से 'ट्रिब्यून डु प्युपुल' नामक एक पत्र निकला जिसने अपने को इंटरनैशनल का मुखपत्र घोषित किया। इंग्लैंड तो मानो इंटरनैशनल का गढ़ था। वोट संबंधी सुधार को लेकर सेंट मार्टिन हाल में ऐसी सभा हुई, जैसी 1849 के बाद कभी नहीं देखी गई थी। इस सभा का आयोजन इंटरनैशनल के प्रमुख सदस्यों द्वारा हुआ था। ट्रैफल्गर स्कायर और हाइड पार्क में भी बड़ी-बड़ी सभाएँ हुईं—पिछली सभा में साठ हजार मजदूर शामिल हुए थे। शेफील्ड में इंग्लैंड की मजदूर संस्थाओं की प्रतिनिधि सभा हुई जिसने इंटरनैशनल की सेवाओं को मुक्तकंठ से स्वीकार किया और सभी मजदूर संस्थाओं से अपील की कि वे अपने को इंटरनैशनल से संबद्ध करा लें। इंग्लैंड से 'कौमन-वेल्थ' नामक एक साप्ताहिक पत्र भी निकलने लगा जो इंटरनैशनल का मुखपत्र माना जाता था।

जिनेवा कांग्रेस में मार्क्स शामिल नहीं हो सके। एक तो वह अपनी पुस्तक के प्रणयन में लीन थे, दूसरे फ्रांस होकर जाने में भय था कि उनको फ्रांसीसी पुलिस गिरफ्तार कर न ले। एँगेल्स ने इसके लिए सख्त मनाही की थी। किंतु, मार्क्स ने जिनेवा अधिवेशन के लिए लंदन के मजदूरों की ओर से एक वक्तव्य तैयार किया, जो मार्क्स द्वारा लिखित 'प्रारंभिक वक्तव्य' की तरह इस कांग्रेस का भी मुख्य पथप्रदर्शक रहा।

यह कांग्रेस तीसरी से आठवीं सितंबर तक होती रही। इसमें 60 प्रतिनिधि शामिल हुए थे और उसका सभापतित्व जुंग ने किया था। कांग्रेस में फ्रांसीसी सदस्यों की संख्या सबसे बड़ी थी और वे एक-तिहाई मत पर हावी थे। फ्रांसीसी प्रतिनिधियों ने प्राकुधों के विचारों के आधार पर कुछ अजीब-सा रुख अख्तियार किया; किंतु, कुछ बातों को बाद देकर, मुख्यतः मार्क्स के विचारों का ही प्रभाव कांग्रेस पर रहा। फ्रेंच प्रतिनिधियों ने एक प्रस्ताव रखा था कि सिर्फ हाथ से काम करनेवाले ही मजदूर समझे जाएँ और इंटरनैशनल के प्रतिनिधि वे ही हो सकते हैं; किंतु यह प्रस्ताव अस्वीकृत कर दिया गया। धर्म के खिलाफ जेहाद बोलने का उनका प्रस्ताव स्वीकार नहीं किया गया। किंतु तोलों का यह प्रस्ताव स्वीकार कर लिया गया कि औरतों से मजदूरी कराने में व्यभिचार फैलता है। अतः उनका स्थान घर में ही होना चाहिए। यों ही, पोलैंड की स्वतंत्रता पर फ्रांसीसियों का विचार बहुत ही दकियानूसी था, किंतु अँगरेज प्रतिनिधियों के कारण आखिर इस पर समझौता हो गया।

जिनेवा कांग्रेस का सबसे महत्त्वपूर्ण प्रस्ताव वह था जिसमें मजदूरों की रक्षा और मजदूर-समस्याओं की स्वीकृति के बारे में कानून बनाए जाने की माँग पेश की गई थी—"ऐसे कानून बनाने से शासकों की शक्ति दृढ़ नहीं होगी, बल्कि उन्हीं के हथियारों को इस्तेमाल करके उनकी ताकत अपनी ओर कर ली जाएगी।" कांग्रेस ने सबसे पहले काम के घंटों में कमी करने पर जोर दिया, जिससे मजदूर फुर्सत में अपनी खोई हुई एनर्जी प्राप्त करें, उनका स्वास्थ्य अच्छा रहे, उनका दिमागी विकास हो सके, आपस में हेलमेल कर सकें और राजनीतिक कार्यों में दिलचस्पी ले सकें। दिन-भर में आठ घंटे से ज्यादा काम मजदूरों से नहीं लिया जाना चाहिए, और इनके बीच में खाने-पीने के लिए छोटी-सी फुर्सत ज़रूर होनी चाहिए। आठ घंटे का काम सभी बालिग लोगों पर लागू हो—चाहे वे मर्द हों, या औरत। रात में काम लेना स्वास्थ्य के लिए नुकसानदेह है, इसलिए विशेष आवश्यकता होने पर ही रात में काम लिया जाए। औरतों से तो रात में काम लिया ही न जाना चाहिए और न उन्हें ऐसे काम में लगाना चाहिए जो औरतों के शरीर की बनावट को देखते हुए उनके लिए हानिप्रद और अनैतिक हो।

वर्तमान उद्योग की यह प्रवृत्ति रही है कि बच्चों और किशोरों से काम ले। किंतु जिस तरह उनसे काम लिया जा रहा है, कांग्रेस ने इस पर सख्त नाराजी जाहिर की। नौ साल के बाद बच्चों से भी उत्पादनकार्य में मदद ली जाए, यह बुरा नहीं; किंतु इस कार्य को उनके शिक्षण से ही जोड़ देना चाहिए यानी उनसे शिक्षा के साथ-साथ उत्पादन-संबंधी ऐसे कार्य लिए जाएँ जिनसे औजारों का प्रयोग वे बचपन से ही सीख लें और सिद्धांतों को कार्य रूप में परिणत करने के अभ्यासी बन जाएँ। नौ से अट्ठारह वर्ष के बच्चों और किशोरों को तीन श्रेणियों में बाँट दिया जाए और 13 साल तक ज्यादा-से-ज्यादा दो घंटे, 15 साल तक चार घंटे और 18 साल तक छः घंटे काम लिया जाए। किंतु किसी भी हालत में यह काम उनकी शिक्षा में बाधा डालनेवाला नहीं हो, कांग्रेस ने अपने

प्रस्ताव में इसे अच्छी तरह स्पष्ट किया ।

मजदूर संघों के बारे में कांग्रेस ने तय किया कि ऐसे संघों का कायम करना मजदूरों के हित में परम आवश्यक है । मजदूर संघ के द्वारा ही मजदूरों की सबसे बड़ी ताकत यानी उनकी तादाद का इस्तेमाल उनके हकों की रक्षा के लिए किया जा सकता है । जब तक पूँजीवादी समाज है, तब तक मजदूर संघों के बिना मजदूरों का अस्तित्व हमेशा खतरे में रहेगा । पूँजीवाद के जुल्मों के खिलाफ जेहाद करते हुए इन मजदूर संघों का विकास मजदूरों को सुसंगठित सेना के रूप में होता जाएगा । अब तक इन संघों ने मजदूरों के सिर्फ दिन-ब-दिन की आर्थिक लड़ाइयों में ही अपने को सीमित खड़ा रखा था, किंतु भविष्य में इन्हें राजनीतिक और सामाजिक आंदोलनों में भी भाग लेना चाहिए । ज्यों-ज्यों मजदूरों को यह विश्वास होता जाएगा कि उनकी लड़ाई सिर्फ तुच्छ स्वार्थों के लिए ही नहीं है, बल्कि समाज की संपूर्ण शोषित और उत्पीड़ित जनता के उद्धार के लिए है, त्यों-त्यों इन मजदूर संघों का प्रभाव और शक्ति भी बढ़ती जाएगी । इन मजदूर संघों को राष्ट्रीयता की परिधि से भी अपने को ऊपर उठाना चाहिए और अंतर्राष्ट्रीयता की ओर दिन-दिन अग्रसर होना चाहिए ।

जिनेवा कांग्रेस के इन निर्णयों से मार्क्स को प्रसन्नता ही हुई थी । हाँ, फ्रांसीसियों के रुख से वह चिढ़े थे । "कांग्रेस के निर्णय मेरी आशा से भी अच्छे निकले ! किंतु पेरिस के भले मानसों के दिमागों में प्राकुधों का भूत सवार है । वे विज्ञान की रट लगाते हैं किंतु उसके क ख ग से भी परिचित नहीं हैं । उन्हें सभी क्रांतिकारी कार्यों से घृणा है—वर्गयुद्ध से वे नाक-भौं सिकोड़ते हैं और राजनीतिक आंदोलनों की छाया से भी भागते हैं । वे स्वतंत्रता की दुहाई देते हैं और अपने को सभी राज्यों और अधिकारियों के खिलाफ बताते हैं, किंतु तमाशा यह है कि सोलह सालों से वे एक ऐसे राज्य को बर्दाश्त करते आ रहे हैं जिससे बढ़कर तानाशाही कहीं है नहीं ।"

इंटरनैशनल के लिए नई जनरल कौंसिल बनी और उसका सदर दफ्तर लंदन में ही रखा गया । संसार के सभी देशों के मजदूरों की स्थिति के बारे में आँकड़े तैयार करना और इंटरनैशनल संबंधी कार्यों की रिपोर्टें समय-समय पर प्रकाशित करना इंटरनैशनल का तुरत का काम माना गया । फंड के लिए हर सदस्य से एक पैसा अतिरिक्त लेने का तय किया गया ।

4

लुसाने-कांग्रेस और दमनचक्र

इंटरनैशनल की दूसरी कांग्रेस लुसाने में दूसरी सितंबर से आठवीं सितंबर (1867) तक हुई । इसके थोड़े समय पहले ही 'कैपिटल' का पहला भाग निकला था । जिनेवा-कांग्रेस की अपेक्षा यह कांग्रेस बहुत ही सूनी रही ।

प्रतिनिधियों को भेजने के लिए जनरल कौंसिल ने जो अपील प्रकाशित की थी, उसमें इंटरनैशनल के तीसरे वर्ष के कार्यों का संक्षिप्त विवरण था । उससे पता चलता है कि इस वर्ष सिर्फ स्वीजरलैंड और बेलजियम के मजदूरों की जाग्रति उन्नति की ओर अग्रसर थी । जर्मनी में इस समय राष्ट्रीय एकता का नारा बुलंद था और लेसेल के अनुयायियों ने मजदूरों का ध्यान अंतर्राष्ट्रीयता की ओर से हटाकर राष्ट्रीयता की ओर मोड़ रखा था । फ्रांस के मजदूरों की हड़तालों में इंटरनैशनल ने काफी नैतिक सहायता पहुँचाई थी, किंतु वहाँ प्राकुधों के अनुयायियों के गोरखधंधों के चलते इंटरनैशनल का काम अच्छी तरह नहीं चल रहा था । इंग्लैंड का मजदूर आंदोलन आर्थिक लड़ाइयों को नजरअंदाज कर राजनीतिक मोर्चे पर ही केंद्रित हो रहा था । इसमें मजदूरों को सफलता मिली थी, इसमें शक नहीं । डिजरैली को मताधिकार के बारे में उदार होने को बाध्य होना पड़ा था—जिस किसी के पास भी घर हो, उसे वोट देने का अधिकार दे दिया गया था । मजदूरों की शानदार विजय अमेरिका में हुई थी, जहाँ कानूनन आठ घंटे का दिन मंजूर कर लिया गया था ।

इस कांग्रेस में 71 प्रतिनिधि सम्मिलित हुए थे। जनरल कौंसिल की ओर से इकारियस और डूपों प्रतिनिधित्व कर रहे थे। डूपों बाजा बनाने का काम करता था और बहुत ही योग्य व्यक्ति था। जुंग की अनुपस्थिति में वही कांग्रेस का सभापतित्व कर रहा था। जर्मनी की ओर से कुगलमैन, लांगे एवं दो और प्रतिनिधि थे। बेलजियम, इटली, स्वीजरलैंड, फ्रांस और इंग्लैंड के प्रतिनिधि उसमें शामिल हुए थे।

प्राकुधों के दल ने कांग्रेस के सामने एक कार्यक्रम रखा था, जिसमें पारस्परिक सहयोग, जनता का पंचायती बैंक आदि बातों पर जोर दिया गया था जो वर्गयुद्ध और मजदूरों के संघर्ष को व्यर्थ बताता था। फ्रांसीसी प्रतिनिधियों की अधिकता के कारण प्राकुधों दल की कई बातें स्वीकार कर ली गई थीं; किंतु मार्क्स को इसके लिए चिंता नहीं हुई, क्योंकि जनरल कौंसिल का स्थान लंदन ही रखा गया था और इस संबंध का प्रस्ताव भी पास हुआ था कि मजदूर वर्ग का उद्धार राजनीतिक संघर्ष से विलग नहीं किया जा सकता है और राजनीतिक स्वाधीनता की प्राप्ति मजदूर आंदोलन का सर्वप्रथम और अति आवश्यक ध्येय होना चाहिए। मार्क्स ने इस कांग्रेस के बारे में लिखा था—"काम किसी तरह अभी बढ़ता जा रहा है, जब कि हम लोगों के पास पैसे नहीं हैं। फिर पेरिस में प्राकुधों और इटली में मैजिनी के षड्यंत्र चल ही रहे हैं। लंदन के ओडगर, क्रीमर, पौटर की ईर्ष्या और जर्मनी में स्खुल्ज और लेसले के अनुयायियों के गोरखधंधे! ऐसी हालत में जो कुछ हुआ, उससे संतोष करना ही चाहिए।"

लुसाने कांग्रेस की ओर पूँजीपति अखबारों का ध्यान खासकर आकृष्ट हुआ था। लंदन 'टाइम्स' में उसकी कार्यवाही छपी। अन्य देशों के पूँजीवादी पत्रों ने भी उसे काफी प्रमुखता दी और उसे पूँजीवादियों द्वारा आयोजित जिनेवा की शांति और स्वाधीनता लीग की जुड़वी बहन माना। श्रीमती जेनी ने इस तुलना पर कहा—"जब हमारी कांग्रेस को लीग की जुड़वी बहन कहा गया, तो महत्त्व बड़ी बहन को ही दिया गया। छोटी बहन तो एक खिलवाड़ मात्र है, खतरा बड़ी से ही है।"

लुसाने कांग्रेस के बाद ही इंग्लैंड में एक सनसनीदार घटना हो गई। आयरलैंड के देशभक्तों ने जेल की गाड़ी रोककर आजन्म कैद की सजा पाए अपने दो साथियों को जबर्दस्ती छीन लिया। यह घटना सरेआम दिन में हुई और पुलिस के एक जवान को जान से हाथ धोना पड़ा। इस घटना के अपराधी तो पकड़े नहीं गए, कुछ लोगों को पकड़ा गया और निकम्मी गवाही पर उन्हें फाँसी से झुला दिया गया। इसका बदला लिया गया एक जेल को ही विस्फोटक से उड़ाकर—जिसमें 12 आदमियों की मृत्यु हुई और सौ से ज्यादा आदमी घायल हुए।

मार्क्स ने इन घटनाओं को आयरलैंड के देशभक्तों की बेवकूफी माना—उनकी निंदा भी की। किंतु, आयरलैंड की स्वाधीनता की लड़ाई का जबर्दस्त समर्थन किया। पोलैंड की आजादी को जिस तरह वह रूस के प्रभुत्व के नाश के लिए आवश्यक मानते आ रहे थे, उसी तरह आयरलैंड की आजादी को उन्होंने इंग्लैंड के मजदूरों के उद्धार का मार्ग बताया। और जब तक इंग्लैंड के मजदूरों का उद्धार नहीं होगा, तब तक क्या यूरोप के मजदूरों के लिए मुक्ति का द्वार खुल सकता है? इंटरनैशनल का प्रमुख कार्य यह था कि इंग्लैंड के मजदूरों में पूरा जागरण लाकर पूँजीवाद की जड़ पर प्रहार किया जाए। इसलिए मार्क्स ने इंटरनैशनल द्वारा आयरलैंड के प्रश्न को अंतर्राष्ट्रीय रूप देना प्रारंभ किया। जनरल कौंसिल ने आयरलैंड के देशभक्तों की फाँसी की सजा रद्द कराने के लिए एक दरखास्त पेश की, और जब उसमें सफलता नहीं मिली, तो इस फाँसी को 'कानूनी हत्या' कहकर निंदा की; एवं लंदन में एक जबर्दस्त विरोध सभा कराई।

इंग्लैंड की सरकार की वक्रदृष्टि इंटरनैशनल पर हुई; किंतु फ्रांसीसी सरकार ने तो इंग्लैंड सरकार का यह रुख जानकर इंटरनैशनल पर धावा ही बोल दिया। जब इंटरनैशनल की शाखा पेरिस में खोली गई थी, कानूनन इसकी सूचना पुलिस और गृहमंत्री को ही दी गई थी। इस सूचना के मिलने की रसीद भी नहीं भेजी गई; उल्टे इंटरनैशनल का एक पत्र स्वीजरलैंड का एक मजदूर फ्रांस होकर लिए जा रहा था, तो उस पत्र को छीन लिया गया। किंतु, जब इंग्लैंड के वैदेशिक विभाग ने विरोध किया, तो वह खत बोनापार्ट की सरकार को उगल देना पड़ा। यों ही, जिनेवा कांग्रेस के लिए जो वक्तव्य फ्रांस के मजदूर प्रकाशित करना चाहते थे, उसमें बादशाह

सलामत की तारीफ के दो-चार लफ्ज जोड़ देने के लिए भी सरकार की ओर से आग्रह किया गया था, किंतु इंटरनैशनल की शाखा ने ऐसा करना अपनी शान के खिलाफ समझा। इन बातों से फ्रांसीसी सरकार चिढ़ी हुई थी ही। आयरलैंड के इस हत्याकांड का बहाना लेकर उसने इंटरनैशनल की पेरिस शाखा पर चढ़ाई कर दी। यह शाखा आयरलैंड के आतंकवादियों का केंद्र है, यह कहकर तलाशी ली गई। तलाशी में कुछ नही मिला, तो उसके कुछ प्रमुख कार्यकर्ताओं को गिरफ्तार किया गया और यह कहकर मुकदमा चलाया गया कि इसकी स्थापना की सूचना सरकार को नहीं दी गई थी। गिरफ्तार व्यक्तियों को जुर्माने किए गए और शाखा को भंग कर देने का हुक्म दिया गया। किंतु इंटरनैशनल के सदस्य यह कब करनेवाले थे। उन्होंने नए सिरे से इंटरनैशनल का पुनः संगठन किया। इस बार उन्हें पकड़कर तीन-तीन महीने की सजा दी गई।

बेलजियम की सरकार भी इंटरनैशनल की ओर मुखातिब हुई। चारलेरोई के मजदूरों ने विद्रोह कर दिया था, उसका दमन सरकारी फौज निर्दयता से कर रही थी। इंटरनैशनल ने उस क्रूरता के खिलाफ आवाज उठाई; मृत और घायल मजदूरों के परिवार के लिए सहायता का प्रबंध किया; गिरफ्तार मजदूरों के मुकदमों की पैरवी में मदद दी। बेलजियम के न्याय-सचिव बारा ने धारा-सभा में घोषणा की कि इंटरनैशनल की ये हरकतें बर्दाश्त नहीं की जाएँगी और यदि यही रवैया रहा तो ब्रूसेल्स में इंटरनैशनल की अगली कांग्रेस नहीं होने दी जाएगी। इंटरनैशनल की बेलजियम शाखा ने इसका मुँहतोड़ जवाब दिया—कांग्रेस तो ब्रूसेल्स में होकर रहेगी।

1866 के अर्थसंकट के कारण सभी देशों में हड़तालों की धूम थी। इन हड़तालों के मूल में इंटरनैशनल नहीं थी, किंतु हड़तालों का समर्थन और सहायता करना उसका कर्तव्य था। इंटरनैशनल सभी देशों के मजदूरों का ध्यान इस अवसर पर मजदूर आंदोलन की अंतर्राष्ट्रीयता की ओर आकृष्ट करती थी और उन्हें बताती थी कि एक देश के मजदूरों का हित इसी में है कि वे दूसरे देशों के मजदूरों की लड़ाई में मदद करें। स्वीजरलैंड में जो हड़तालें हुईं, इंटरनैशनल ने तो उनका संचालन भी किया। इससे पूँजीपति बहुत नाराज हुए और पूँजीवादी सरकार ने जिनेवा और बास्ले से इंटरनैशनल को जड़मूल से उखाड़ने की कोशिश की। धृष्टता की हद तो यहाँ तक हुई कि लंदन में एक कमीशन इस बात की जाँच के लिए भेजी गई कि इंटरनैशनल की आमदनी का क्या जरिया है। मार्क्स ने इस पर व्यंग्य किया—"यदि ये 'सच्चे ईसाई' उस समय जीवित होते, तो संत पाल की आमदनी की जाँच भी शायद कराते !" किंतु अंततः स्वीजरलैंड के पूँजीपतियों को मजदूरों की संघशक्ति के सामने सिर झुकाना पड़ा। मजदूरों ने अपनी विजय शान से मनाई। स्वीजरलैंड की इस लड़ाई की गूँज अमेरिका तक में पहुँची जहाँ इंटरनैशनल धीरे-धीरे जड़ जमा रही थी।

हड़तालों की लहर जर्मनी में भी पहुँची; किंतु इंटरनैशनल का प्रभुत्व वहाँ बहुत कम था। लेसले के दल का नेतृत्व स्खवीत्सर कर रहा था, जो काफी विद्वान और परिश्रमी था। उसमें संगठन की शक्ति भी पूरी थी। किंतु वह बहुत ही ढुलमुल यकीन था। उसने मार्क्स की 'कैपिटल' का जर्मन अनुवाद प्रकाशित किया था। मार्क्स से मिलने लंदन भी पहुँचा और मार्क्स को जर्मनी बुलाकर 'कैपिटल' के लिए सार्वजनिक अभिनंदन भी करना चाहता था। मार्क्स ने अपने कुछ पत्रों में उसकी तारीफ भी की है। किंतु मार्क्स का अनुगमन तो यहाँ विल्हेम लिब्तक्नेख्त कर रहा था जो मार्क्स के साथ लंदन में रहकर शिक्षा ग्रहण कर चुका था और अब जर्मनी के राइस्ताख का माननीय सदस्य था। लिब्तक्नेख्त ने भी जर्मन मजदूरों का एक जबर्दस्त संगठन तैयार कर लिया था और मार्क्स ने बहुत कोशिश की कि उसमें और लेसले के दल में समझौता हो जाए। किंतु मार्क्स इसमें सफल नहीं हो सके।

यूरोप में इंटरनैशनल का जो विकास हो रहा था, साथ ही कई देशों में जो झंझटें चल रही थीं, उन्हें ध्यान में रखते हुए मार्क्स ने सोचा कि इंटरनैशनल का आफिस लंदन से जिनेवा ले जाया जाए। किंतु एँगेल्स ने इसका विरोध किया और अंत में मार्क्स के हाथ में ही इंटरनैशनल का सूत्र रहा।

5

ब्रूसेल्स-कांग्रेस और बैकुनिन

इंटरनैशनल की तीसरी कांग्रेस ब्रूसेल्स में 6 सितंबर से 13 सितंबर (1868) तक हुई। इसमें सब कांग्रेसों से अधिक प्रतिनिधि सम्मिलित हुए, जिनमें आधे बेलजियम के थे और पाँचवाँ हिस्सा फ्रांस के। इंग्लैंड के 11 सदस्य थे, स्वीजरलैंड के 8 और जर्मनी के 3, जिनमें एक था कोलोन का मोसेस हेस्से। इटली और स्पेन से एक-एक प्रतिनिधि शामिल हुए थे।

मजदूर संघ और हड़ताल संघ के विरोध में उठाई गई प्राकुधों के अनुयायियों की आवाज मंद पड़ गई थी, किंतु अपने काल्पनिक सिद्धांतों की लकीर पीटना उन्होंने छोड़ा नहीं था। डि पेप का एक प्रस्ताव पास हुआ जिसमें खानों और रेलवे पर समाज का अधिकार घोषित किया गया। खेत, जंगल, नहर, सड़क, तार पर भी समाज का पूर्ण स्वत्वाधिकार स्वीकृत किया गया। एक प्रस्ताव में मार्क्स को उनकी वैज्ञानिक कृति (कैपिटल) पर बधाई दी गई और अंतर्राष्ट्रीय मजदूरवर्ग की ओर से आभार प्रकट किया गया। इस कांग्रेस में 'शांति और स्वाधीनता लीग' से संबंध स्थापित करने पर भी विचार हुआ, किंतु इस बार साफ कह दिया गया कि लीग एक धोखे की टट्टी है—उसका अंत तुरत हो जाना चाहिए।

इसी कांग्रेस में पहलेपहल बैकुनिन शामिल हुआ, जिसके कारण मार्क्स को कम झंझटों में न पड़ना पड़ा और आखिर बैकुनिन के कारण ही इंटरनैशनल की दुर्गत हुई। बैकुनिन एक सुप्रसिद्ध रूसी क्रांतिकारी था और वह इतिहास में अराजकता के पिता की हैसियत से प्रसिद्ध है। उसे लंबी-लंबी सजाएँ मिली थीं। कई बार वह फाँसी से बचा, कई बार कालेपानी से भागा। उस पर यह भी शक किया जाता था कि वह जारशाही का खुफिया है। रूसी क्रांति के बाद जार के नाम उसका एक खत मिला है, जिसमें उसने माफी माँगी है। किंतु, इसमें शक नहीं कि अपने जमाने में वह बहुत ही प्रभावशाली व्यक्ति था और गुप्त संगठन करने में तो उसे कमाल हासिल था। इंटरनैशनल में प्रवेश करने के समय उसने कार्ल मार्क्स को लिखा था—"मेरे प्यारे दोस्त, अब मैं अच्छी तरह समझ गया कि आपकी आर्थिक क्रांति की राह कितनी सही है। जो लोग राष्ट्रीयता या राजनीतिक षड्यंत्रों की गलियों से गुजर रहे थे, उनकी निंदा करके आपने अच्छा ही किया। अब मैं उसी राह पर आ गया हूँ, जिस राह पर आप लगातार बीस वर्षों से चल रहे थे। अब मजदूरों का संसार छोड़कर मेरा कोई दूसरा कार्यक्षेत्र नहीं रह गया। अब मेरी पितृभूमि इंटरनैशनल ही है, जिसके स्थापकों में आपकी तुलकी हस्ती है। इस तरह, मेरे दोस्त, अब मैं आपका शिष्य हूँ और इस बात पर मुझे गौरव भी है।" उसने 'कम्यूनिस्ट मैनिफेस्टो' का रूसी अनुवाद कर उसे प्रकाशित कराया था।

इस पत्र से मालूम होता है कि बैकुनिन पूरा बदल चुका था; किंतु जैसा वह खुद कहता था, उसके भीतर कोई शैतान बैठा हुआ था और यह शैतान उससे कब क्या करा लेगा, वह खुद नहीं कह सकता था। मार्क्स को उसके प्रति एक और अहसान था। जब वह रूसी जेल में था कुछ लोगों ने उसे जार का खुफिया कहकर बदनाम किया था, तो उसने मैजिनी, रूज आदि के साथ एक पत्र अखबारों में छपवाकर इसका खंडन किया था। किंतु दुर्भाग्य से एक और घटना हो गई। मार्क्स नामक एक दूसरे व्यक्ति ने उसके खिलाफ कुछ लिख दिया था। पीछे किसी ने बताया कि मार्क्स ने ही तुम्हारे खिलाफ लिखा था। बस क्या था, वह बिगड़ उठा और अंटशंट करने लगा। मार्क्स ने उससे मिलकर सफाई दी, वह मान भी गया। लेकिन उसके भीतर का शैतान हमेशा उसे मार्क्स से विलग ही रहने या विरोध ही करने को बाध्य करता रहा।

लंदन से वह इटली गया और वहाँ रहकर फिर गुप्त संगठन में लग गया। इटली में मेजिनी के धर्म और राजनीति के गठबंधन का बोलबाला था। उसकी प्रतिक्रियास्वरूप नास्तिकवाद और अराजकतावाद का वह फिर जोरों से हिमायती बन गया। उसने इटली में एक गुप्त क्रांतिकारी समाजवादी समिति का संगठन किया। इटली

में उसकी शाखाएँ खोलकर वह जिनेवा पहुँचा। पहले उसने शांति और स्वाधीनता की लीग से साँठगाँठ करना चाहा। किंतु, जब उसे सफलता नहीं मिली, तो इंटरनैशनल की ओर मुड़ा। किंतु वह अपने व्यक्तित्व को इंटरनैशनल में पूर्णतः विलीन करने को तैयार नहीं था। अतः अपने अनुयायियों को लेकर उसने एक दूसरी अंतर्राष्ट्रीय संस्था—'एलाएँस आव सोशलिस्ट डिमोक्रेसी'—कायम कर उसे इंटरनैशनल से संबद्ध करना चाहा। इस संस्था के उद्देश्यों में ईश्वर के अस्तित्व का अस्वीकार, सभी धर्मों का खंडन, सभी कार्यों में समता आदि बातें थीं। इसका एँगेल्स ने चोचों का मुरब्बा कहकर उपहास किया था। इंटरनैशनल की जनरल कौंसिल ने इस संस्था को अपने से संबद्ध करने से इंकार कर दिया। मार्क्स को अधिकार दिया गया कि वह कौंसिल की ओर से अस्वीकृति का पत्र लिख दें। मार्क्स ने बड़े ही संयत शब्दों में यह अस्वीकृति का पत्र भेजा।

किंतु बैकुनिन बैठनेवाला आदमी नहीं था। जिनेवा में डटकर अपना प्रभाव चारों ओर बढ़ाने में लगा और थोड़े दिनों में ही इटली, फ्रांस और स्वीजरलैंड में उसके काफी अनुयायी हो गए। इंटरनैशनल के जिनेवा शाखा पर भी उसका दबदबा बढ़ा और अंत में इंटरनैशनल की फ्रांसीसी, इटालियन और स्वीस शाखाओं को लेकर एक फेडरेशन कायम कराकर उससे एक शक्तिशाली साप्ताहिक-पत्र निकलवाने में भी वह समर्थ हुआ। उस पत्र में बैकुनिन के अतिरिक्त बेकर, एकारियस, वारलिन, आदि इंटरनैशनल के प्रमुख व्यक्ति लिखने लगे। बैकुनिन की प्रेरणा से अगली कांग्रेस के लिए संपत्ति का उत्तराधिकार संबंधी एक प्रस्ताव भी भेजा गया। ऐसे प्रस्तावों पर कांग्रेस में विचार होना स्वाभाविक ही था। किंतु, यह प्रस्ताव नहीं था, बल्कि बैकुनिन की चुनौती थी मार्क्स और उसका सिद्धांत माननेवालों के लिए। बैसले में होनेवाली कांग्रेस एक अखाड़ा बनकर रहेगी, यह प्रकट हो गया।

6

बैसले-कांग्रेस और फ्रांस-जर्मन युद्ध

इंटरनैशनल की चौथी कांग्रेस बैसले में 5 और 6 सितंबर को हुई जिसमें इंटरनैशनल के पाँचवें वर्ष के काम का लेखा-जोखा लिया गया।

इस साल यूरोप-भर में पूँजीपतियों और मजदूरों से गोरिल्ला युद्ध होता रहा। पूँजीपतियों ने मान लिया कि जो हड़तालें हो रही हैं, उनकी तह में कोई सामाजिक कारण नहीं है, बल्कि यह कम्बख्त इंटरनैशनल है। अतः इंग्लैंड ऐसे उदार कहे जानेवाले देश में भी हड़ताली मजदूरों पर फौज का इस्तेमाल किया जाने लगा। बेलजियम में भी कई मजदूर गोली के घाट उतारे गए और मार्क्स को कहना पड़ा—"पृथ्वी का जिस तरह साल में एक बार अपनी धुरी पर घूम जाना निश्चित है, उसी तरह बेलजियम सरकार के लिए साल में कुछ मजदूरों की जान लेना जरूरी है।"

फ्रांस की पुलिस इंटरनैशनल को कुचल देने के लिए हमेशा तत्पर रही, तो भी वहाँ इंटरनैशनल की धाक बढ़ती ही जाती थी। स्पेन में क्रांति हो चुकी थी और वहाँ की प्रजा ने रानी इसाबेला को अपने देश से निकाल दिया था। जर्मनी के मजदूर अब लेसेल के अनुयायियों से ऊब रहे थे और लिब्तक्नेख़्त के नेतृत्व में एक वामपक्ष का निर्णय हो रहा था। आस्ट्रिया-हंगरी के मजदूरों में नया जागरण आया था और वे लेसेलवादियों के गोरखधंधे में न पड़कर सीधे इंटरनैशनल से संपर्क कायम कर रहे थे।

इस कांग्रेस में 78 प्रतिनिधि शामिल हुए थे। वे नौ देशों का प्रतिनिधित्व कर रहे थे। जनरल कौंसिल का प्रतिनिधित्व एकारियस और जुंग के द्वारा हो रहा था, इंग्लैंड के दो मजदूर नेता भी उनके साथ थे। फ्रांस के 26, बेलजियम के 5, जर्मनी के 12, आस्ट्रिया के 2, स्वीजरलैंड के 23, इटली के 3, स्पेन के 4 और अमेरिका के 1 प्रतिनिधियों की यह संख्या ही बताती है कि इस बार भी कांग्रेस सही माने में 'अंतर्राष्ट्रीय' थी।

कांग्रेस ने सबसे पहले यह तय किया कि इंटरनैशनल या उसकी शाखाओं में सभापति का पद नहीं रखा जाए, क्योंकि इसमें राजतंत्र और अधिनायकतंत्र की गंध आती है। साधारण काम मंत्री चलाए, और बैठकों के लिए किसी सदस्य को ही तात्कालिक अध्यक्ष बना दिया जाए। अनुशासन को कड़ा करने के लिए जनरल कौंसिल को यह अधिकार दिया गया है कि वह जिस शाखा को उचित समझे, स्थगित कर दे या तोड़ दे। कांग्रेस में विवाद के विषय दो रहे—भूमि पर सामाजिक अधिकार और संपत्ति का उत्तराधिकार। पहले प्रश्न पर तो ब्रूसेल्स में ही निर्णय हो चुका था, फिर उसे दुहराया गया और माना गया कि समाज को अधिकार है कि वह जमीन पर सम्मिलित स्वत्वाधिकार की स्थापना करे। असल झगड़ा तो था उत्तराधिकार के प्रश्न पर, जिसे बैकुनिन ने उपस्थित किया था।

मार्क्स ने उत्तराधिकार के प्रश्न पर जनरल कौंसिल की ओर से एक वक्तव्य तैयार किया था जिसमें बताया गया था कि उत्तराधिकार का कानून कारण नहीं बल्कि परिणाम है। फलतः इस पर जोर देना मूल बात को भूल जाना है। उत्पादन के साधनों पर जो व्यक्तिगत अधिकार है, उसी के परिणामस्वरूप उत्तराधिकार का कानून बनाया गया। उत्तराधिकार में गुलाम पाना गुलामी का कारण नहीं था, बल्कि गुलामी की प्रथा के कारण ही उत्तराधिकार का यह कानून प्रचलित था। यदि उत्पादन के साधनों पर सामाजिक अधिकार स्वीकार कर लिया जाए, तो फिर उत्तराधिकार का कानून आप ही हवा में उड़ जाए। इसलिए मजदूरों को उन संस्थाओं के नाश पर ध्यान देना चाहिए जिनके कारण बहुतों के श्रम के फल को कुछ आदमी भोगते जा रहे हैं। सामाजिक क्रांति के उद्देश्य से उत्तराधिकार के कानून का उच्छेद करने की बात करना उतना ही व्यर्थ है जितना कि आज के खरीद-बिक्री के जमाने में ठेकेदारी को उठाने की बात करना। सिद्धांततः यह गलत होगा और कार्यतः फिजूल। किंतु बैकुनिन की दलीलों से तो कोई सरोकार नहीं था। उसने अपना प्रस्ताव पेश किया और बहुत ही जोर लगाया। उस पर विचार करने के लिए एक कमीशन भी बनाई गई। कमीशन की रिपोर्ट पर विचार हुआ और दोनों पक्ष में बराबर वोट आने के कारण इस प्रश्न को स्थगित रखा गया।

इस कांग्रेस की चर्चा भी पूँजीवादी पत्रों में खूब हुई। मार्क्स को बैसले के निर्णय से असंतोष नहीं हुआ था। बैकुनिन अपने प्रस्ताव की आड़ में इंटरनैशनल का दफ्तर लंदन से जिनेवा ले जाना चाहता था। इसका प्रयत्न व्यर्थ गया। मार्क्स उस समय अपनी बेटी के साथ स्वास्थ्य-लाभ के लिए जर्मनी में भ्रमण कर रहे थे। उन्होंने हनोवर से अपनी छोटी बेटी को लिखा—"मैं खुश हूँ कि बैसले कांग्रेस सकुशल समाप्त हुई और उसके नतीजे भी तुलनात्मक दृष्टि से अच्छे ही आए। इस तरह की खुलेआम पार्टीबंदी से मुझे कष्ट होता है। कोई भी अभिनेता अपने सिद्धांत के समकक्ष नहीं था, किंतु ऊपर के कार्यों की बेवकूफी से मजदूरों की गलतियाँ छिप जाती हैं। जर्मनी के छोटे-छोटे शहरों में मैंने पाया कि वहाँ के अप्रसिद्ध अखबारों में भी इस 'भयानक कांग्रेस' की चर्चाएँ छप रही थीं।"

मार्क्स की महानता थी कि वह सबकुछ भूल जाएँ, किंतु उनके अनुयायियों ने बैकुनिन को माफ नहीं किया। लिब्तक्नेख्त, बोरखीम और मोसेस हेस्से ने बैकुनिन के खिलाफ जोरों से प्रचार शुरू किया। बैकुनिन भी गुस्से में आकर जर्मन यहूदियों को गाली बकने लगा—हाँ, वह हमेशा मार्क्स को बाद दे देता था। क्योंकि जैसा कि उसने अपने एक मित्र को लिखा था, मार्क्स के खिलाफ कुछ कहने का मतलब होता इंटरनैशनल की तीन चौथाई का उसके (बैकुनिन के) खिलाफ हो जाना। वह पहले मार्क्सवादियों को खत्म करके तब मार्क्स पर हाथ उठाना चाहता था। वह जिनेवा से हटकर लोकार्न चला गया। जिनेवा से जो अखबार उसने निकाला था, उससे भी उसके अनुयायी निकाल दिए गए।

1869-70 के शीतकाल में मार्क्स की तबीयत अच्छी नहीं रही। किंतु वह हमेशा की आर्थिक तंगी से बहुत कुछ मुक्त थे। 1869 के जून में एँगेल्स ने उनसे पूछा था कि क्या 350 पौंड सालाना में उनका काम चल सकता है? इसका जवाब क्या मिला इसका तो कहीं उल्लेख नहीं है, किंतु एँगेल्स ने जिंदगी-भर के लिए उन्हें आर्थिक उलझनों से मुक्त कर दिया था।

इस काल में मार्क्स और एँगेल्स दोनों का ध्यान आयरलैंड के सवाल पर अधिक केंद्रित था। एँगेल्स ने आयरिश प्रश्न पर गंभीर अध्ययन किया था—किंतु उनकी कोई पुस्तक प्रकाशित नहीं हो सकी। मार्क्स ने ग्लैडस्टन के खिलाफ लिखना शुरू किया जो चुनाव में आयरलैंड के सवाल को प्रमुखता देकर भी अब उसे काम में लाने से पिछड़ रहा था। मार्क्स ने कुगलमैन को लिखा—"यहाँ के राजनीतिक भगोड़े दूर सुरक्षित स्थान में रहकर यूरोप के तानाशाहों के खिलाफ लिखा करते हैं; किंतु मुझे प्रहार करने में तभी मजा आता है जब दुश्मन मेरे सामने रू-ब-रू होता है।" मार्क्स को सबसे अधिक प्रसन्नता इस बात की थी कि उसकी बड़ी बेटी जेनी ने आयरलैंड के संबंध में बहुत काम किया था और उसे बड़ी सफलता मिली थी। आयरलैंड के देशभक्तों को जेलों में जिस तरह सड़ाया जाता था, उस पर उसने निबंध पर निबंध लिखे और यूरोप के भिन्न-भिन्न पत्रों में प्रकाशित कराए। नतीजा यह हुआ कि ग्लैडस्टन को उन्हें छोड़ देने के लिए लाचार होना पड़ा।

इसी समय (1870) फ्रांस-जर्मन युद्ध शुरू हुआ। इस प्रश्न के प्रति क्या रुख रखा जाए—इसको लेकर बहुत कुछ वाद-विवाद उस सभा के समाजवादी संसार में मचा हुआ था। जब-जब युद्ध होता है, यही स्थिति आ जाती है। इसलिए हम जरा विस्तार से इस प्रसंग को लें।

युद्ध भगवान की ओर से मानवता के पापों के लिए भेजा गया अभिशाप है, ऐसा प्रायः कहा जाता है। किंतु मार्क्स ऐसा नहीं मान सकते थे। वर्ग के आधार पर संगठित समाज का आवश्यक परिणाम है युद्ध और पूँजीवादी समाज में युद्ध की अनिवार्यता स्वतः सिद्ध है। ऐसी मान्यता होने पर वह हर युद्ध को एक ही दृष्टि से नहीं देख सकते थे। हर युद्ध के भिन्न कारण हो सकते हैं और उन कारणों पर ही युद्ध के बारे में धारणा बनाई जा सकती है। फिर, हर युद्ध का उपयोग सर्वहारा की मुक्ति के लिए किया जाना चाहिए।

फ्रांस-जर्मन युद्ध का कारण बिस्मार्क और बोनापार्ट की विस्तार-योजना की पारस्परिक प्रतिस्पर्धा रहा हो, किंतु चूँकि बोनापार्ट की यह हरकत जर्मनी की एकता को तोड़ने के लिए हुई थी, इसलिए मार्क्स ने इस युद्ध को जर्मनी के लिए रक्षात्मक युद्ध माना। 20 जुलाई को मार्क्स ने फ्रांसीसी सरकार की नीति की आलोचना करते हुए लिखा—"फ्रांस को एक गहरे धक्के की जरूरत है। यदि जर्मनी जीत गया तो जर्मनी में एक दृढ़ केंद्रीय सरकार कायम हो सकेगी और इस तरह एक केंद्रित सर्वहारावर्ग भी प्रस्फुटित होगा। जर्मनी की प्रमुखता मजदूर आंदोलन के केंद्र को फ्रांस से हटाकर जर्मनी में ले जाएगा और यह तो स्पष्ट ही है कि जर्मन मजदूर फ्रांसीसी मजदूर से ज्यादा सिद्धांत-प्रिय और सुसंगठित हैं। संसार के रंगमंच पर जर्मनी की प्रधानता का अर्थ एक यह भी होगा—'प्राकुधों के मत पर हम लोगों के मत की प्रधानता।' 15 अगस्त को एँगेल्स ने लिखा—"जर्मनी तो बोनापार्ट द्वारा अपने राष्ट्रीय अस्तित्व की रक्षा के लिए लड़ने को लाचार की गई है। यदि जर्मनी हार गई और बोनापार्ट जीत गया तो जर्मनी चूर-चूर हो जाएगी और पुश्तों तक उसका उद्धार संभव नहीं। फिर वहाँ स्वतंत्र मजदूर आंदोलन का सपना भी नहीं देखा जा सकेगा। यदि बोनापार्ट हारा, तो उसके साथ ही उसकी प्रतिक्रियावादी नीति का भी खात्मा हो जाएगा और उसकी जगह पर चाहे जिस तरह की सरकार कायम हो, फ्रांसीसी मजदूरों को आंदोलन और संगठन की अधिक स्वाधीनता प्राप्त होगी, इसमें शक नहीं।"

किंतु अपने को मार्क्स का अनुयायी कहनेवाले लिब्क्नेख्त ने इस प्रश्न के प्रति दूसरा ही रुख अख्तियार किया था। जब राइखस्ताग में बिस्मार्क ने युद्ध-खर्च के लिए रुपए की माँग की तो, बेबेल के साथ लिब्क्नेख्त ने भी वोट देने से इंकार किया, दोनों तटस्थ रह गए। इस अवसर पर लिब्क्नेख्त ने राइखस्ताग में जो घोषणा की थी, मार्क्स ने उसे सराहा था। उसने बताया था कि यह युद्ध दो राजघरानों का युद्ध है—इसलिए इस युद्ध से हमें कोई वास्ता नहीं रखना है। हम इंटरनैशनल की बिरादरी के हैं, फिर जर्मनी के मजदूर अपने भाई फ्रांसीसी मजदूर से क्यों लड़ें, क्यों पारस्परिक खानाजंगी हो! इस युद्ध से मजदूर सबक लें और सेनापतियों एवं पूँजीपतियों के चंगुल से निकलकर एक वर्ग-विहीन समाज की स्थापना के लिए प्रयत्न करें। लिब्क्नेख्त की यह घोषणा इंटरनैशनल के आदर्श के अनुकूल थी। हाँ, उसकी तटस्थता की नीति अवश्य विचारणीय थी। इंटरनैशनल में यह सवाल पेश भी किया गया था।

किंतु, जब तक कुछ विचार हो, परिस्थिति बदल चुकी थी। बोनापार्ट हार चुका था, वह बिस्मार्क का युद्ध-बंदी था। पेरिस में एक नए पूँजीवादी प्रजातंत्र की स्थापना की गई थी और उसने शांति का पैगाम भेजकर युद्ध की क्षतिपूर्ति करने के लिए तत्परता प्रकट की थी। किंतु बिस्मार्क के दाँत तो अलसास और लौरेन के प्रांत पर गड़े हुए थे। उसने अपनी फौज को आगे बढ़ने का हुक्म दिया। अब तो यह युद्ध फ्रांस के लिए रक्षात्मक युद्ध हो चला था। प्रूशिया के राजा ने घोषणा की थी कि फ्रांस की प्रजा से हमारी लड़ाई नहीं है, लड़ाई है फ्रांस के सम्राट से। अब सम्राट नहीं रहा, प्रजातंत्र कायम हो चुका, तो फिर सुलह क्यों नहीं की जाती? लिब्लक्नेख्त और उसके साथियों ने जर्मनी के मजदूरों से, बिस्मार्क की इस नीति के खिलाफ, प्रदर्शन करने का आयोजन किया। नतीजा यह हुआ कि मजदूरों और उनके नेताओं की गिरफ्तारियाँ धड़ल्ले से शुरू कर दी गईं।

इंटरनैशनल की जनरल कौंसिल अब चुप नहीं रह सकती थी। उसकी ओर से मार्क्स ने एँगेल्स के सहयोग से एक वक्तव्य प्रकाशित किया, जिससे मार्क्स की सिद्धांतप्रियता और साहसिकता चूई पड़ती है। उनमें अपनी मातृभूमि के लिए कुछ कुत्सित पक्षपात नहीं था। बिस्मार्क और उसके सैनिक तानाशाहों की नीति की कटु आलोचना करते हुए उन्होंने फ्रांस के पक्ष में जबर्दस्त दलीलें पेश कीं। कभी इतिहास में ये प्रांत जर्मनी में थे, यदि इसके आधार पर माँग पेश की जाती है, तब सारे देशों का नक्शा बदल देना पड़ेगा—क्योंकि कोई ऐसा देश नहीं है, जो कभी दूसरे देशों से मिला हुआ नहीं था। यदि सुरक्षा की दृष्टि से यह माँग की जाती है, तब तो और अनर्थ है। राष्ट्रीय सीमा का आधार सैनिक सुरक्षा बनाई जाए, तो आस्ट्रिया की माँग वेनिस पर और फ्रांस की माँग राइन पर जायज समझी जाएगी। यों ही दलील पर दलील देते हुए अंत में फ्रांस के नए प्रजातंत्र को भी आड़े हाथों लिया जिसमें सैनिकों और पुलिस के लोगों के ही हाथ में सभी प्रमुख विभाग रखे गए हैं और मजदूरों के प्रतिनिधियों को अलग-अलग रखा गया है।

अत्यधिक कार्य के कारण अगस्त में मार्क्स की तबीयत फिर खराब हुई और डॉक्टरों ने उन्हें समुद्र के किनारे भेज दिया। किंतु वहाँ सर्दी लग गई—और लंदन लौट आना पड़ा। यहाँ काम की भीड़ इतनी बढ़ गई कि कुगलमैन को उन्होंने सितंबर में लिखा कि तीन बजे रात के पहले उन्हें सोने की फुर्सत नहीं मिलती है।

7

पेरिस-कम्यून और हेग-कांग्रेस

मार्क्स को उम्मीद थी कि फ्रांस का नया प्रजातंत्र जर्मन-सेना का जबर्दस्त मुकाबला करेगा और बिस्मार्क को मुँह की खानी पड़ेगी। किंतु उनकी आशा पूरी नहीं हुई। जर्मन-सेना बढ़ती गई और उसने पेरिस को घेर लिया। यह खबर उड़ी कि बिस्मार्क पेरिस पर गोलाबारी करानेवाला है। मार्क्स ने कहा—"ऐसा हो नहीं सकता। हाँ, बिस्मार्क इस घेरे से पेरिस को भूखों मारकर उसे घुटने टेकने को मजबूर करेगा।" और, हुआ भी ऐसा ही। 28 जनवरी, 1871 को पेरिस ने आत्मसमर्पण कर दिया।

पेरिस की रक्षा के लिए राष्ट्रीय रक्षकदल का संगठन हुआ था, जिसमें अधिकतर मजदूर थे। बिस्मार्क के नजदीक जिन्होंने घुटने टेक दिए थे, वे ही अब अपनी शान राष्ट्रीय रक्षकदल के प्रति दिखाने को आकुल हुए और हुक्म जारी किया कि वे हथियार सौंप दें। रक्षकदल ने ऐसा करने से इंकार किया क्योंकि जर्मनी से हुई संधि में भी इस बात का उल्लेख था कि वे हथियार रक्षकदल के हैं। रक्षकदल के इंकार करने पर फौज से काम लेना शुरू किया गया; किंतु फौज ने भी रक्षकदल का साथ दिया और फिर तो गृहयुद्ध प्रारंभ हो गया। मजदूरों ने पेरिस पर कब्जा करके अपना राज्य कायम किया जो इतिहास में 'पेरिस के कम्यून' के नाम से प्रसिद्ध है। 26 मार्च को कम्यून का चुनाव हुआ—और संसार ने पहली बार मजदूरों का राज्य स्थापित होते हुए आश्चर्य से

देखा। 12 अप्रैल को मार्क्स ने कुगलमैन को लिखा—"कैसी अनोखी वीरता, कैसी ऐतिहासिक प्रेरणा और कैसा अनुपम बलिदान पेरिस के लोग दिखा रहे हैं। छः महीने तक इन्हें भूखों मारा गया—बाहर के दुश्मनों के द्वारा नहीं, बल्कि घर के विश्वासघातियों के द्वारा—तो भी ये इस तरह खड़े हुए हैं जैसे कभी जर्मनी और फ्रांस में लड़ाई हुई नहीं, जैसे जर्मनों की संगीनों की कोई हस्ती नहीं, जैसे उनके फाटक पर दुश्मन खड़े नहीं हैं। ऐसी बड़ी चीज इतिहास ने पहले कभी देखी नहीं थी।"

मार्क्स ने पेरिस-कम्यून को 'हमारी पार्टी' का कर्तृत्व बताया था—क्योंकि इस कम्यून की नींव में मजदूरों की ताकत थी और अल्पमत में होने पर भी इंटरनैशनल के सदस्य सबसे आगे बढ़कर लड़ रहे थे और सबसे अधिक योग्यता दिखला रहे थे। पेरिस-कम्यून में ब्लैंकी की पार्टी का बहुमत था और इंटरनैशनल के सदस्यों पर भी प्राकुधों का अधिक प्रभाव था, किंतु कम्यून के पूरे ढाँचे पर इंटरनैशनल की छाप लगी थी, इसमें संदेह नहीं। मार्क्स ने कम्यून के प्रमुख सदस्यों से निकटतम संपर्क रखा था और उन्हें वह योग्य सलाह लगातार भेज रहे थे। यही नहीं, सैकड़ों पत्र दूसरे देशों की इंटरनैशनल की शाखाओं में भेजकर वह उन्हें कम्यून के महत्त्व समझा रहे थे और उनकी ओर मजदूरवर्ग का ध्यान आकृष्ट कर रहे थे। पत्रों में भी वह कम्यून के संबंध में लेख और समाचार देकर साधारण जनता की सहानुभूति कम्यून की ओर केंद्रित कर रहे थे।

किंतु, शायद अभी मजदूरों के राज्य को स्थायित्व मिलने में लगभग पचास साल की देर थी। जर्मनी की संगीनों के जोर पर फ्रांस का तथाकथित प्रजातंत्र पेरिस-कम्यून को ध्वंस करने में समर्थ हो सका। 28 मई को कम्यून का अंतिम रक्षक भी धराशायी हुआ। किंतु इन तीनों महीनों में ही पेरिस-कम्यून ने संसार के इतिहास में अपने लिए स्थायी स्थान बना लिया।

कम्यून के पतन के दो दिन बाद ही मार्क्स ने इंटरनैशनल की जनरल कौंसिल के लिए 'फ्रांस का गृहयुद्ध' नाम से एक वक्तव्य तैयार किया जो उनकी लेखनी से निकली चीजों में बहुत ही प्रमुखता रखती है। पेरिस-कम्यून पर बाद में ढेर के ढेर साहित्य निकले; किंतु इस छोटी-सी पुस्तिका से बढ़कर ओजस्वी और प्रामाणिक चीज शायद उनमें से एक भी नहीं थी। पेरिस-कम्यून के पतन का प्रमुख कारण नेतृत्व की कमजोरी थी। ब्लैंकी और प्राकुधों के अनुयायी बहुमत में थे, किंतु वे क्या क्रांति का सही प्रतिनिधित्व कर रहे थे? यदि नहीं, तो फिर उन्हें नेतृत्व मिला कैसे? मार्क्स कहते हैं—"हर क्रांति में सच्चे क्रांतिकारियों के साथ-साथ ऐसे आदमी ऊपर चले जाते हैं जो क्रांति के रूप का सही प्रतिनिधित्व नहीं करते। ऐसे लोगों में से कुछ तो पुरानी क्रांति के जीवित लोग होते हैं और यद्यपि वे नई क्रांति का महत्त्व नहीं समझ पाते, तो भी अपने चरित और साहस के बल पर, और शायद परंपरा के जोर से, जनता पर बहुत ही प्रभाव रखते हैं। कुछ ऐसे लोग भी होते हैं, जिनका पेशा तात्कालिक सरकार को गालियाँ सुनाना होता है और जनता धोखे से उन्हें क्रांतिकारी मान लेती है। ऐसे लोग 18 मार्च के बाद पेरिस की रंगभूमि पर आए और उनका प्रभाव बढ़ता गया। उन लोगों ने मजदूरों को क्रांतिकारी कार्यों से रोका और क्रांति को विकसित होने में बाधा पहुँचाई।" यदि समय मिलता, तो नेतृत्व को कम्यून ने अपने कंधे से फेंक दिया होता, बाहरी दुश्मनों के चलते उनकी चलती ही रही और क्रांति डूब गई। कम्यून का रूप क्या था? मार्क्स कहते हैं—"इसमें कोई शक नहीं कि यह कम्यून मजदूरों की सरकार थी, इसकी स्थापना उत्पादक और शोषक वर्ग के संघर्ष का परिणाम थी और उसने ऐसा राजनीतिक ढाँचा तैयार किया था जिससे सर्वहारा की आर्थिक मुक्ति संभव हो पाती।"

कम्यून ने पहला काम यह किया कि स्थायी सेना को तोड़कर जनता को सशस्त्र करना शुरू किया और पुलिस को राजनीति से अलग कर उसे कम्यून की मातहत में ला दिया। पुराने राज्य के इन दो भौतिक हथियारों को छीनकर फिर वह उसके नैतिक हथियार की ओर झुकी। उसने सारे मठों की संपत्ति जब्त कर ली और उस धन को शिक्षा की ओर लगा दिया। शिक्षा को अनिवार्य और निःशुल्क करके उसे राज्य और धर्म दोनों से परे कर दिया। अंत में उसने पुरानी नौकरशाही की मशीन को चूर-चूर कर दिया और सभी ओहदों पर जनता के द्वारा चुने हुए लोगों को रख दिया—जनता को यह भी अधिकार दिया कि वह जब चाहे, बहुमत से अफसरों को

हटा दे। कोई भी सरकारी अफसर 6000 फ्रांक सालाना से अधिक नहीं पाएगा, यह भी नियम बना दिया गया। कम्यून के कार्यों का विश्लेषण करते हुए मार्क्स ने अंत में लिखा था—"पेरिस के मजदूर अपनी इस कम्यून के कारण हमेशा नए समाज के शानदार अलमबरदार की हैसियत से याद किए जाएँगे। कम्यून के शहीदों की समाधि सर्वहारावर्ग के हृदय में है। कम्यून के विध्वंसकों को इतिहास ने अभिशाप दे दिया है और पुरोहितों और मठाधीशों का कोई मंत्र उन्हें नरक से नहीं निकाल सकेगा।"

मार्क्स के इस वक्तव्य से बड़ी सनसनी फैली। उन्होंने कुगलमैन को लिखा— "इसने शैतान की कोख में ठोकर लगाई है और इस समय लंदन में सबसे बदनाम आदमी होने का गौरव मुझे ही प्राप्त है। यह अच्छा भी है—बीस सालों तक मैं मेढ़क की तरह, सबसे अलग होकर, अंधकूप में पड़ा था और मेरा दम घुट रहा था। सरकारी अखबार मुझ पर मुकदमा चलाने के लिए धमका रहे हैं। अच्छी बात; वे आगे बढ़ें, मैं अपनी उँगली अँगीठी में रख चुका हूँ।"

पेरिस-कम्यून को अपनी पार्टी का कर्तृत्व बताकर मार्क्स ने सारी जिम्मेवारी अपने और इंटरनैशनल पर लाद दी थी। अब सरकारों का ध्यान इंटरनैशनल को नेस्तनाबूद करने की ओर गया। फ्रांसीसी सरकार ने यूरोप की सभी सरकारों के पास खत भेजे कि इंटरनैशनल को गैर-कानूनी संस्था घोषित किया जाए, किंतु उसका यह वार व्यर्थ गया। फिर स्पेन की सरकार की ओर से इस संबंध में लिखा-पढ़ी शुरू हुई—किंतु उसमें भी सफलता नहीं मिल पाई। इंग्लैंड के वैदेशिक विभाग ने साफ लिख दिया कि हम लंदन में रहनेवाले प्रवासी मजदूर नेताओं पर कोई कार्रवाई तब तक नहीं करेंगे जब तक वे हमारे देश का कानून नहीं तोड़ते।

किंतु इसमें शक नहीं कि इंटरनैशनल की नींव धीरे-धीरे हिल रही थी। इंग्लैंड, फ्रांस, जर्मनी—इन्हीं तीनों देशों में उद्योगधंधों का पूरा विकास हो पाया था और ये ही तीन देश इंटरनैशनल के मुख्य आधार थे। किंतु, इन तीनों देशों के मजदूरों में अजीब मनोवृत्ति फैल रही थी—तीनों ही राष्ट्रीयता की ओर आकृष्ट हो रहे थे और अंतर्राष्ट्रीय समाजवाद से अलग हटते जा रहे थे। जर्मनी में इंटरनैशनल की नींव कभी पुख्ता नहीं हुई थी, फ्रांस में पेरिस-कम्यून के पतन के बाद क्रांतिकारी मजदूर कुचल दिए गए, सुधारवादियों का बोलबाला हुआ। इंग्लैंड के मजदूर इंटरनैशनल के स्तंभ थे। अँगरेज मजदूर-नेता ओडगर इंटरनैशनल का सभापति था। किंतु अब इन मजदूर नेताओं को पार्लियामेंट में जाने का चस्का लग रहा था। फलतः वे लिबरलों से साँठ-गाँठ जोड़ रहे थे। इंटरनैशनल के क्रांति के रास्ते से अब उन्हें डर लग रहा था और छोटे-मोटे सुधारों पर कनायत करने लगे थे।

इधर बैकुनिन अपनी खुराफातों से बैठा नहीं था। रुपए के अभाव के कारण उसने 'कैपिटल' के पहले भाग का अनुवाद करना शुरू किया था। किंतु पीछे उसे छोड़छाड़कर वह इंटरनैशनल में फूट डालने में जुट गया। जब मैजिनी ने पेरिस-कम्यून के खिलाफ लिखना शुरू किया, तो बैकुनिन ने उसका मुँहतोड़ जवाब दिया। किंतु वह हमेशा यह सिद्ध करना चाहता था कि अराजकतावाद ही सच्चा समाजवाद है, मार्क्स के वैज्ञानिक समाजवाद को वह 'स्टेट कम्यूनिज्म' कहकर खिल्ली उड़ाया करता था?

बैसले कांग्रेस में तय हुआ था कि अगली कांग्रेस पेरिस में हो। पेरिस तो उस समय इंटरनैशनल की चिताभूमि बन रहा था। पेरिस के बाद मयेन्स में कांग्रेस करने का तय हुआ, किंतु वहाँ भी नहीं किया जा सका। इधर कितनी ही घटनाएँ हो चुकी थीं, जिन पर विचार करना आवश्यक था। अतः जनरल कौंसिल ने आरंभिक कांन्फ्रेंस (1865) की तरह दूसरी कान्फ्रेंस लंदन में बुलाई। यह कान्फ्रेंस 17 से 23 सितंबर (1871) तक लंदन में होती रही जिसमें कुल 23 प्रतिनिधि शामिल हुए। प्रतिनिधियों की यह संख्या ही इंटरनैशनल के ह्रास की ओर संकेत कर रही थी। इस कान्फ्रेंस ने इंटरनैशनल के प्रति यूरोप की सरकारों के कड़े रुख को ध्यान में रखते हुए और उनके द्वारा चलाए गए दमन-चक्र का सामना करने के लिए यह आवश्यक समझा कि अब हर देश में मजदूरों की राजनीतिक पार्टियाँ बनाई जाएँ और मजदूरों की सारी बिखरी ताकतों को केंद्रित कर पूँजीवादियों से मुकाबला किया जाए। फ्रांस के मजदूरों में पर्चों और पुस्तिकाओं के जरिए प्रचार-कार्य करने और इंग्लैंड के

मजदूर संघों को मिलाकर एक फेडरेशन कायम करने का भी निश्चय किया गया। जर्मन-फ्रांस युद्ध में जर्मनी के मजदूरों ने जो अपना कर्तव्य पालन किया, उसके लिए उन्हें धन्यवाद दिया गया। बैकुनिन के 'एलायंस' को जिनेवा के मजदूरों ने खुद दफना दिया, इस पर संतोष प्रकट किया गया था और अंत में जनरल कौंसिल को अधिकार दिया गया कि वह अगली कांग्रेस के लिए स्थान नियत कर दे।

लंदन कान्फ्रेंस का निर्णय ऐसा था कि उनसे आपसी झगड़ों की आग में पानी पड़ जाना चाहिए था; किंतु बैकुनिन के साथियों के लिए उसने आग में घी का काम किया। मार्क्स पर तानाशाही का आरोप लगाया गया और बार-बार जर्मन-यहूदी कहकर लोगों को भड़काया जाने लगा। मार्क्स ने दुखी होकर एक अमेरिकन दोस्त को लिखा—"मुझ पर यह अक्षम्य अपराध लादा जाता है कि मेरा जन्म जर्मनी में हुआ और जनरल कौंसिल पर मेरा दिमागी प्रभुत्व है। जनरल कौंसिल में जर्मन-प्रतिनिधियों की तादाद इंग्लैंड और फ्रांस के प्रतिनिधियों की एकतिहाई ही है। हाँ, यह कसूर हमारा जरूर है कि जहाँ तक सिद्धांत की बात है, जर्मन-विज्ञान की विजय हो जाया करती है।"

लंदन कान्फ्रेंस के बाद इंटरनैशनल की कांग्रेस हेग में बुलाई गई। मार्क्स और एँगेल्स दोनों ही इंटरनैशनल के झगड़ों से ऊब उठे थे और उन्होंने तय कर लिया गया था कि लंदन से जनरल कौंसिल के दफ्तर को हटाकर अमेरिका भेज दिया जाए। मई 1872 में एँगेल्स ने लिब्तक्नेख्त को लिखा कि अब हम लोग जनरल कौंसिल का सदस्य भी नहीं रहना चाहते—"न तो मैं और न मार्क्स ही किसी हालत में जनरल कौंसिल में रहने को तैयार हैं। ऐसी हालत है कि अपने काम के लिए हमारे पास वक्त नहीं बच पाता और इन झंझटों का खात्मा कर देना ही है।"

हेग-कांग्रेस दूसरी सितंबर (1872) से सातवीं सितंबर तक हुई। उसमें 61 प्रतिनिधि एकत्र थे। बैकुनिन के अनुयायियों ने उनका बायकाट किया था। किंतु ब्लैंकी के अनुयायियों का बड़ा जोर था। इस बार अमेरिका के चार प्रतिनिधि इसमें शामिल हुए और डेनमार्क, आस्ट्रिया, हंगरी और आस्ट्रेलिया से भी पहले-पहल प्रतिनिधि आए थे। तीन दिनों तक इसी पर विवाद होता रहा कि कौन प्रतिनिधि जायज है और कौन नाजायज। फिर जनरल कौंसिल पेश की गई जिसे मार्क्स ने तैयार किया था। पेरिस-कम्यून, उसका क्रूर दमन, आयरलैंड का आतंकवाद, जर्मनी के षड्यंत्र आदि पर प्रकाश डालते हुए बताया गया था कि किस तरह हर सरकार इंटरनैशनल को दबाने और बदनाम करने पर तुली हुई है। शिकागो में लगी आग का जुर्म भी इंटरनैशनल पर थोपा जा रहा है—बाकी यह रह गया है कि कहा जाए कि वेस्टइंडीज टापू का संहारकारी तूफान भी इंटरनैशनल का ही कारनामा था। फिर इस बात पर प्रसन्नता प्रकट की गई थी कि सारे दमनों और बदनामियों के बावजूद इंटरनैशनल का विस्तार हो रहा है—हालैंड, डेनमार्क, पुर्तगाल, आयरलैंड, स्काटलैंड, अमेरिका, आस्ट्रेलिया, न्यूजीलैंड आदि में इंटरनैशनल प्रवेश पा चुकी है। यह रिपोर्ट तालियों की गड़गड़ाहट में स्वीकृत की गई।

फिर झगड़े की बात शुरू हुई। प्रस्ताव आया कि जनरल कौंसिल तोड़ दी जाए, उसकी जगह पर पत्रव्यवहार के लिए एक छोटा-सा ब्यूरो रहे। मार्क्स ने इसका विरोध किया और बताया कि जनरल कौंसिल तो रहे ही, उसका अधिकार और बढ़ा दिया जाए। बंद कमरे में वोटिंग हुई, मार्क्स जीत गए। फिर एँगेल्स ने प्रस्ताव किया कि जनरल कौंसिल दफ्तर लंदन से उठाकर न्यूयार्क में रखा जाए। इस पर बहुत विवाद हुआ, अंत में 23 के खिलाफ 26 वोट से यह प्रस्ताव पास हुआ। नई जनरल कौंसिल के लिए 12 आदमी चुने गए और उन्हें अधिकार दिया गया कि वे सात और सदस्यों को कोआप्ट कर लें।

फिर फ्रांसीसी प्रतिनिधि वीलाँ ने प्रस्ताव किया कि लंदन-कान्फ्रेंस के निर्णयानुसार हर जगह मजदूरों की राजनीतिक पार्टियाँ तुरत संगठित की जाएँ। फिर विवाद छिड़ा जो दो दिनों तक चलता रहा। किंतु इसके अंदर ही वीलाँ और उसके फ्रांसीसी साथी कांग्रेस छोड़कर चल दिए—क्योंकि वे लोग न्यूयार्क में इंटरनैशनल का दफ्तर ले जाने के विरोधी थे। यह प्रस्ताव भी स्वीकृत हुआ। अंत में उस कमीशन की रिपोर्ट पेश की गई जो बैकुनिन की कार्रवाइयों पर विचार करने के लिए संगठित की गई थी। बैकुनिन पर ये आरोप सिद्ध हुए—उसने

इंटरनैशनल को तोड़ने के लिए 'एलायंस' की स्थापना की और उसे चुपचाप चलाता रहा; उसने इंटरनैशनल की आड़ लेकर गुप्त समितियों का संगठन किया जो इंटरनैशनल के सिद्धांत के प्रतिकूल है; उसने धोखा देकर दूसरों की संपत्ति हड़प ली और लोगों से डरा-धमकाकर रुपए वसूल किए या पचा गया। कमीशन ने उसे इंटरनैशनल से अलग कर देने की सिफारिश की, जो स्वीकार कर ली गई।

8

इंटरनैशनल का अंत

कार्ल मार्क्स ने 28 जुलाई (1872) को कुगलमैन को लिखा था—"हेग की कांग्रेस इंटरनैशनल के लिए जिंदगी या मौत की चीज होगी और उससे हटने के पहले मैं चाहूँगा कि नाशकारी शक्तियों से मैं उसकी रक्षा कर सकूँ।" इसी उद्देश्य से उन्होंने इंटरनैशनल का दफ्तर न्यूयार्क में भेजा। किंतु पीछे चलकर यह सिद्ध हो गया कि उनकी सारी चेष्टाओं के बावजूद इंटरनैशनल का अंत निश्चित था।

अमेरिका में भी पार्टीबंदी की कमी नहीं थी। कमी वहाँ थी तो अनुभव की, दिमागी ताकत की और साधनों की भी। नई जनरल कौंसिल का मंत्री सोर्ज बनाया गया था जो अमेरिका कि स्थिति का जानकार था और उसने न्यूयार्क भेजने के विपक्ष में वोट दिया था; किंतु एक वफादार सेवक की तरह जब जिम्मेदारी लाद दी गई, तो उसे निभाने में जुट गया था। किंतु इंटरनैशनल की रक्षा उसके बूते के बाहर थी।

लिब्क्नेख्त (जर्मनी) का दल मार्क्स का पूरा हामी था, किंतु न्यूयार्क में दफ्तर चले जाने के बाद वह उदासीन-सा हो गया। फ्रांस के उन प्रतिनिधियों ने जो ब्लैंकी के हामी थे, मार्क्स का साथ दिया था। क्योंकि वे प्राकुधों के खिलाफ थे। किंतु न्यूयार्क का प्रस्ताव पास होते ही उनका रुख बदल गया और उन्होंने इंटरनैशनल से पूरा असहयोग कर लिया। किंतु सबसे बड़ा तमाशा तो हुआ इंग्लैंड में। एकारियस की जगह पर हेल्स जनरल कौंसिल का सेक्रेटरी बनाया गया था। जब न्यूयार्क में दफ्तर गया और सोर्ज सेक्रेटरी चुना गया, तो वह आपे में नहीं रहा। उसने ब्रिटिश फेडरल कौंसिल में मार्क्स के खिलाफ अविश्वास का प्रस्ताव रखा, और कारण कह दिया कि मार्क्स ने इंग्लैंड के मजदूरों की शान के खिलाफ उन्हें सुधारपंथी कह डाला है। राष्ट्रीय भावना को उभारकर उसने यह प्रस्ताव पास भी करा दिया। हेल्स ने एकारियस और जुंग को भी अपने पक्ष में कर लिया। एकारियस और जुंग दोनों इंटरनैशनल के जन्मकाल से ही संबद्ध थे, उनका विरोध पक्ष में जाना बड़ा ही घातक सिद्ध हुआ।

इंटरनैशनल की नई जनरल कौंसिल ने छठी कांग्रेस सितंबर (1873) में जिनेवा में करने का तय किया; ठीक उसी समय बैकुनिन के हामियों ने वहीं पर एक प्रतिद्वंद्वी कांग्रेस कर दी और देखा यह गया कि बैकुनिन की कांग्रेस में अधिक देशों के प्रतिनिधि शामिल हुए। सारे विरोधियों ने इंटरनैशनल के खिलाफ एक संयुक्त मोर्चा बना लिया था। मार्क्स अपने को धोखे में नहीं रख सकते थे। उन्होंने स्वीकार कर लिया कि जिनेवा की यह कांग्रेस पूर्णतः असफल रही और सलाह दी कि अब संगठन के विस्तार से हाथ खींचकर केंद्रीय शाखा को सुसंगठित और सुसंचालित करने की कोशिश की जाए।

बस यही आखिरी कांग्रेस थी; और इंटरनैशनल का खात्मा यहीं हुआ। इंटरनैशनल को लेकर कुछ दिनों तक खूब वाद-विवाद चलता रहा और कीचड़-उछाल भी कम नहीं हुई। किंतु धीरे-धीरे वाद-विवाद भी शांत हो गया। बेचारा बैकुनिन थोड़े दिनों के बाद ही राजनीति से हट गया और अंत में गरीबी और परेशानी के बीच जुलाई 1876 में बर्न में मृत्यु को प्राप्त हुआ।

क्या इंटरनैशनल असफल हुई? क्या मार्क्स की मेहनत व्यर्थ गई? इंटरनैशनल का अंत क्यों हुआ?

इन प्रश्नों पर अब तक वाद-विवाद होते आ रहे हैं। 1874 में एँगेल्स ने लिखा था कि इंटरनैशनल का इसलिए अंत हुआ कि वह अपनी आयु से ज्यादा जी नहीं सकती थी। जिस परिस्थिति में उसका जन्म हुआ था, वह परिस्थिति बिलकुल बदल गई। 1849 से 1864 तक भिन्न-भिन्न देशों के मजदूरों की जो स्थिति थी उसका परिणाम था कि वे राष्ट्रीयता के बंधनों को भूलकर एक होने की कोशिश करें। किंतु अब मजदूरों का संसार बड़ा हो चुका है, उनकी समस्याओं में विभिन्नताएँ आ गई हैं, जो परस्परविरोधी भी हैं। फलतः अब उन्हें एकसाथ जोड़कर रखा नहीं जा सकता। इंटरनैशनल की सबसे बड़ी सफलता यह रही कि दस साल तक उसने यूरोप के इतिहास पर अपना दबदबा रखा और जब कभी भविष्य उसकी ओर आँख उठाएगा, मजदूरों के इस अनुपम संगठन पर नतमस्तक हुए बिना नहीं रहेगा। 1878 में मार्क्स ने इसका जवाब देते हुए कि इंटरनैशनल असफल रही, वह बेमौत मरी, लिखा था—

"आज जर्मनी, स्वीजरलैंड, डेनमार्क, पुर्तगाल, इटली, बेलजियम, हौलैंड और उत्तरी अमेरिका में मजदूरों की जो पार्टियाँ हैं, राष्ट्रीय सीमाओं के अंदर संगठित होने पर भी वे मजदूरों के अंतर्राष्ट्रीय समूहों का प्रतिनिधित्व करती हैं। कोई जनरल कौंसिल उन्हें एक साथ बाँधकर नहीं रखे हुए है, किंतु उनके कार्यों में एकात्मता है, विचारों और उद्देश्यों में एकात्मता है और वे एक-दूसरे को ठोस रूप से सहायता भी पहुँचा रही हैं। यों देखिए, तो इंटरनैशनल मरी नहीं है, बल्कि उसका कायाकल्प हुआ है, उसने सिर्फ चोला बदल दिया है। और उसका यह वर्तमान रूप विकास की ऊँची मंजिल का सूचक है, जिसमें पहले की सारी प्रवृत्तियाँ उदात्त रूप में निहित होती हैं। इंटरनैशनल का अंतिम अध्याय अभी नहीं लिखा गया है, अभी हम उसके विकास के सिलसिले में उसके कितने भिन्न रूपों को देखेंगे।"

मार्क्स की भविष्यवाणी सत्य हुई। उनकी मृत्यु के बाद फिर एँगेल्स ने इंटरनैशनल को पुनर्जन्म दिया, जो दूसरी इंटरनैशनल के नाम से प्रसिद्ध है और इस दूसरी इंटरनैशनल के विशृंखलित हो जाने पर लेनिन ने तीसरी इंटरनैशनल को जन्म 1918 में दिया। तीसरी इंटरनैशनल को 1943 में स्टालिन ने दफना दिया; किंतु अब भी इंटरनैशनल की आत्मा जीवित है और वह दिन शायद दूर नहीं कि किसी चौथी शक्तिशाली इंटरनैशनल का हम दर्शन कर सकें—यद्यपि इस नाम से भी एक संस्था काम कर रही है।

सातवाँ अध्याय : अनंत समाधि की ओर

1

निराशा और बीमारी

जिस तरह 'कम्यूनिस्ट लीग' के विघटन के बाद (1853) मार्क्स ने अपने को समेटकर अध्ययन में लीन कर लिया था, उसी तरह इंटरनैशनल के अंत के बाद वह फिर अध्ययन और लेखन की ओर मुड़े। 'कैपिटल' के दो भाग अभी तैयार नहीं हुए थे, इधर-उधर इस संबंध के नोट्स बिखरे पड़े थे, उन्हें सजाकर पुस्तक का रूप देना अति आवश्यक था। किंतु इंटरनैशनल की घोर निराशा के साथ ही शारीरिक बीमारियाँ उन्हें अब परिश्रम करने से रोक रही थीं।

1873 के जाड़ों में उन्हें अनेक शारीरिक व्याधियों का निशाना होना पड़ा। सिर में चक्कर आते थे और प्रायः ही मूर्च्छा हो जाया करती थी। उनकी बुरी हालत देखकर एँगेल्स मैनचेस्टर ले गए और वहाँ डॉ. गुमपर्ट की दवा ने उन्हें बहुत आराम पहुँचाया। गुमपर्ट एँगेल्स के दोस्तों में से थे और उन पर मार्क्स को

बहुत विश्वास था।

गुमपर्ट की ही सलाह से मार्क्स स्वास्थ्य-सुधार के लिए कार्ल्सबाद 1874 में गए और उसके बाद के दो सालों तक जाते रहे। कार्ल्सबाद और अन्य स्थानों की स्वास्थ्य-यात्रा के बारे में मार्क्स की सबसे छोटी लड़की एलीनर लिखती है—"कार्ल्सबाद में हम सबसे पहले 1874 में गए। मूर (मार्क्स के अपने लोग उन्हें इसी नाम से पुकारते) को वहाँ लीवर की शिकायत और अनिद्रा रोग के कारण भेजा गया था। दूसरी बार 1875 में वह अकेले गए—क्योंकि पहली बार की यात्रा ने उन्हें बहुत आराम पहुँचाया था। उसके बाद 1876 में फिर वह मुझे साथ लेकर गए क्योंकि उनका कहना था कि मेरे नहीं रहने से उनका मन नहीं लगता था वहाँ। कार्ल्सबाद में वह डॉक्टरों की राय को अक्षर-अक्षर पालन करने की कोशिश करते। वहाँ हमने कितने मित्र भी बनाए। यात्रा के साथी की हैसियत से मूर बड़े ही आनंदी जीव थे। हमेशा अच्छे मिजाज में रहते और हर चीज में मजा लेते—चाहे कोई सुंदर दृश्य हो, या एक ग्लास बीयर हो। और अपने ऐतिहासिक ज्ञान के कारण हर जगह के अतीत को उसके वर्तमान से ही ज्यादा जीवित कर देते।····

" मूर की कार्ल्सबाद यात्रा के बारे में बहुत कुछ लिखा गया है। एक लंबे लेख की प्रायः चर्चा की जाती है। मुझे याद नहीं कि वह कहाँ छपा। मूर ने भी एक बड़े अच्छे लेख की चर्चा की थी···· ।

" 1874 में हम लोग लीपजिग गए थे। वहाँ से लौटते समय मूर बिनगेन ले गए क्योंकि वह मुझे उस स्थान को दिखा देना चाहते थे जहाँ उन्होंने मेरी माँ के साथ हनीमून (मधु-यामिनी) मनाया था। उसके अतिरिक्त हम लोगों ने ड्रेडस्डेन, बर्लिन, प्राग, हैम्बुर्ग और नूरम्बुर्ग की सैर भी इन दो यात्राओं में की।

" 1877 में मूर फिर कार्ल्सबाद गए होते, किंतु पता चला कि जर्मनी और आस्ट्रिया की सरकार उन्हें देश से निकाल देने को तैयार बैठी है। इतनी लंबी और खर्चीली यात्रा सिर्फ देश-निकाले के लिए की जाए, यह संभव नहीं था। कार्ल्सबाद की यात्राओं ने उन्हें बहुत फायदा पहुँचाया था और जब वहाँ से लौटते तो काफी तंदुरुस्त और जवान होकर।

" बर्लिन में हम ज्यादातर अपने मामा एडगर से मिलने को गए थे, जिन्हें मूर अपने अंतरंग दोस्तों में मानते थे। वहाँ हम सिर्फ दो दिन रहे। मूर को, यह जानकर बहुत मजा आया कि हटने के एक घंटे के बाद ही पुलिस उनकी खोज में उस होटल में पहुँची थी जिसमें वह ठहरे थे।"

1877 में वह स्वास्थ्य-सुधार की दृष्टि से न्यूनाहर गए थे किंतु 1878 में दो बार जर्मनी के अधिपति कैसर की जिंदगी पर हमला किया गया था। फलतः कार्ल मार्क्स ऐसे क्रांतिकारियों के लिए जर्मनी का दरवाजा बंद कर दिया गया—भले ही वह बीमार क्यों न हो!

मार्क्स की तबीयत अच्छी हो जा सकती थी, बशर्ते कि उन्हें शांति और एकांत मिल पाता। 60वें साल की उम्र में वह इसके हकदार भी थे खासकर जवानी में किए गए अत्यधिक परिश्रम के कारण। किंतु आराम शायद उनके रक्त में नहीं था। ज्योंही तबीयत थोड़ी अच्छी होती, वह फिर अध्ययन और लेखन में लीन हो जाते—स्वास्थ्य के नियमों को ताक पर रखकर। उनका अध्ययन भी क्या ऐसा-वैसा था। एँगेल्स ने लिखा है—"जो आदमी हर चीज के ऐतिहासिक मूल और उसके विकास की अवस्थाओं का परीक्षण किए बिना चैन नहीं ले सकता था, उसके लिए कोई एक प्रश्न, अनेक प्रश्नों का जनक हो जाता था। प्राचीन इतिहास, भूमि का अर्थशास्त्र, रूस और अमेरिका के जमीन संबंधी कानून, भूगर्भशास्त्र आदि का अध्ययन इसलिए मनोयोगपूर्वक किया गया कि 'कैपिटल' के तीसरे भाग में मालगुजारी संबंधी अध्याय को समाप्त किया जाए। जर्मन और नवीन लैटिन भाषाओं को आसानी से पढ़ लेना ही आवश्यक नहीं समझा गया, स्लाव, रूसी और सरबिया की भाषाओं पर भी प्रभुत्व स्थापित करके ही चैन लिया गया।" किंतु, यह तो काम का आधा हिस्सा था। अपने को क्रियात्मक राजनीति से मार्क्स ने अलग कर लिया था; किंतु यूरोप और अमेरिका का मजदूर-आंदोलन उन्हें अपनी ओर खींचता ही रहा। सभी देशों के मजदूर नेता उनसे लगातार पत्र-व्यवहार किया करते और बहुत-से लोग लंदन आकर उनसे सलाह-मशविरा करते। इन सबके कारण

स्वास्थ्य दिन-दिन खराब होता जाता ।

पेरिस-कम्यून तो खत्म हो गया, किंतु उसकी लकीर बहुत दिनों तक कायम रही । जिन लोगों को गलियों और बैरिकेडों पर खत्म कर दिया गया, वे तो चले गए थे ही । दमन का चक्र बाद में भी जोरों से चलता रहा । प्रायः ही फाँसी, कोड़े, कालापानी की खबरें आया करतीं । कम्यून के बहुत से नेता और कार्यकर्ता भागकर लंदन आ गए थे । वे आपस में खूब लड़ते और मार्क्स के घर को भी परेशान किए रहते । श्रीमती जेनी तो ऊबकर कह उठी थीं—"वे लोग हमारी परेशानियों को कुछ कम नहीं बढ़ा देते ।"

किंतु उनमें कुछ अपवाद भी थे । चार्ल्स लौंगते ऐसे ही लोगों में से था । वह कम्यून की कार्य-समिति का सदस्य और उसके मुखपत्र का संपादक था । लंदन में आकर वह मार्क्स के परिवार में घुलमिल गया और अंत में मार्क्स की दूसरी लड़की जेनी से उसने विवाह कर लिया । पहले दामाद लाफार्गे की तरह मार्क्स-परिवार से उतनी राजनीतिक या सामाजिक घनिष्ठता ही उसकी नहीं थी; किंतु था यह योग्य आदमी । "वह खुद खाना बनाता है, बहस करता है, चिल्लाता है, किंतु यह सब होने पर भी वह अपने कॉलेज के लेक्चर को कभी नहीं नागा करता और अपने बुजुर्गों को संतुष्ट रखता है । शादी के बाद लौंगते को एक बच्चा हुआ, जो तुरत मर गया । किंतु दूसरा बच्चा देवदूत की तरह स्वस्थ और सुंदर पैदा हुआ और उसने सारे परिवार के साथ अपने बूढ़े नाना के जीवन को भी आनंदमय कर दिया !

पहले दामाद लाफार्गे को भी कम्यून का शिकार होना पड़ा । वह भी भागकर लंदन आ गया और मार्क्स से मिलता-जुलता और अपने अध्यवसाय से उन्हें प्रसन्न रखता रहा । तीसरी लड़की एलीनर पर भी एक फ्रांसीसी युवक आशिक हुआ, किंतु मार्क्स को यह संबंध पसंद नहीं हुआ और बात यों ही रह गई । 1875 में मार्क्स-परिवार का घर फिर बदला । वे 41 मेटलैंड पार्क रोड, हैवरस्टौक हिल में चल आए । मार्क्स के शेष अंतिम दिन इसी में कटे और यहीं उनकी मृत्यु भी हुई ।

2

आशा की किरणें !

इंटरनैशनल मर चुकी थी; किंतु उसकी आत्मा जीवित थी । राइख़स्ताग के चुनाव में (1874) जर्मनी के मजदूरों ने नौ सीटें हासिल कीं जिनमें छः लिब्तक्नेख्त की पार्टी को मिली थीं । लिब्तक्नेख्त और बेवेल को जेल में ही बंद रखा गया था—किंतु इस विजय के बाद उनको जेल में रखना असंभव हो गया । दोनों जेल से बाहर आए । लिब्तक्नेख्त और लेसेल के अनुयायियों में एक सुलहनामा हुआ और दोनों पार्टियों के मिल जाने से मजदूरों की ताकत में वृद्धि हुई ।

किंतु उसी समय बर्लिन में एक नया आदमी, पुच्छलतारा की तरह प्रकट हुआ । उसका नाम डुहरिंग था । वह गरीब का बेटा था और बचपन में ही अंधा हो गया था । किंतु तो भी वह जीवन-युद्ध में डटा रहा और उसने सफलता पर सफलता प्राप्त की । वह बर्लिन की यूनिवर्सिटी में प्रोफेसर हुआ और वहाँ पर भी अपना विचार-स्वातंत्र्य प्रकट करता रहा । फ्रांस की क्रांति और कम्यून के बहादुर वीरों की प्रशंसा वह खुलेआम करता । मजदूरों की हिमायत वह दिल से करता और मजदूर भी उसकी ओर आकृष्ट थे । किंतु अपनी शारीरिक त्रुटि के कारण वह एकसुरिया हो चला था । वह दर्शनशास्त्र में हेगेल और फ़िख़्ते की आलोचना करता और अर्थशास्त्र में मार्क्स और लेसेल की खिल्लियाँ उड़ाता । उसने एक पुस्तक लिखी थी जिसमें उसने आधे दर्जन विज्ञानों में अपनी व्युत्पन्नता साबित करने की कोशिश की थी । यह उसकी धृष्टता थी, जो क्षम्य थी । जब मार्क्स का ध्यान उस ओर आकृष्ट किया गया, उन्होंने उसकी उपेक्षा करना ही उचित बताया । किंतु इस चुप्पी का असर बुरा पड़

रहा था, उसका असत्य दुनिया के सामने सत्य के रूप में पेश किया जाने लगा। तब एँगेल्स ने उसके खिलाफ कलम उठाई। एँगेल्स की वह आलोचना 1877 से 'वोखार्ट' नामक पत्रिका में निकलना शुरू हुआ। पीछे चलकर वह 'ऐंटीडुहरिंग' के नाम से पुस्तक रूप में प्रकाशित हुई और आज भी समाजवाद के वैज्ञानिक रूप समझने के लिए उसका पढ़ना अनिवार्य समझा जाता है !

बैकुनिन के दल ने एक अलग इंटरनैशनल कायम की थी जिसकी कांग्रेस जिनेवा, ब्रूसेल्स और बर्न में हुई। बर्न कांग्रेस (1876) में उसका अंत स्पष्ट दिखाई देने लगा। इधर बैकुनिन के अंधअनुयायियों की आँखें भी खुलने लगीं। ज़ो लोग मार्क्स से बिछड़ गए थे वे अपनी गलती समझने लगे थे। बेलजियम के मजदूर आगे बढ़े और उन्होंने घेंट में एक नई कांग्रेस बुलाने का आयोजन किया, जिसमें दोनों पार्टियों में समझौता हो जाए। 1877 के सितंबर में यह कांग्रेस हुई, जिसमें 42 प्रतिनिधि शामिल हुए। उसमें बैकुनिन के अनुयायी सिर्फ 11 प्रतिनिधि ला सके थे। इस दल का नेतृत्व क्रोपोटकिन (रूस) और गुईलौम (फ्रांस), कर रहा था। मार्क्स के अनुयायियों का नेतृत्व मुख्यतः लिब्तक्नेख्त के हाथों में था। हेल्स (इंग्लैंड), पेप (बेलजियम), ग्विस्दे (फ्रांस), कार्लो काफिरो (इटली), पाल एक्रोल्ड (रूस) ये सबके सब अब मार्क्स के मत के समर्थक हो चुके थे। इस कांग्रेस में कोई समझौता नहीं हो सका; किंतु, यह स्पष्ट हो गया कि मार्क्सवाद का सितारा अब फिर ऊँचे पर जाने लगा !

किंतु मार्क्स का ध्यान इस समय ज्यादातर रूस-तुर्कयुद्ध की ओर गया था। मार्क्स ने 4 फरवरी (1878) को लिब्तक्नेख्त को लिखा—"हम निस्संदेह ही तुर्कों के पक्ष हैं। इसके दो कारण हैं—पहला, क्योंकि हम तुर्की किसानों का अध्ययन कर चुके हैं जो निस्संदेह ही यूरोप के किसानों के सबसे अधिक योग्य और चरितवान प्रतिनिधि हैं। दूसरा, रूस की हार से रूस की सामाजिक परिस्थिति में आमूल परिवर्तन होगा और इसके फलस्वरूप यूरोप में भी परिवर्तन होकर रहेंगे।"

रूस की हार हुई, किंतु न तो तुर्कों में कोई परिवर्तन हुआ, न रूस या यूरोप में कोई सामाजिक भूचाल आया। मार्क्स ने लिखा—"जो जनता इतने बड़े संकट के समय में भी क्रांतिकारी पद्धति पर काम करने से चूक जाती है, उसका खुदा ही हाफिज़ !"

मार्क्स जिस गति से सामाजिक प्रगति चाह रहे थे, वैसी तो नहीं हो रही थी, किंतु इसमें शक नहीं कि यूरोप का मजदूर आंदोलन तीव्र गति से आगे बढ़ रहा था। जर्मनी में न सिद्धांतदाताओं की कमी थी, न नेताओं की। किंतु, सब पर मार्क्स की महत्ता सिद्ध हो रही थी। जर्मनी की पार्टी ने 1880 में यह तय किया कि पार्टी के मुखपत्र का संपादक कार्ल हर्स्ख को बनाया जाए, जो मार्क्स के निकटतम अनुयायियों में था और लंदन में ही रहता था। उसे आमंत्रित करने को बेवेल स्वयं लंदन गया, किंतु कुछ कारणों से हर्स्ख लंदन न छोड़ सका और उसकी जगह पर बर्नस्टीन की नियुक्ति की गई। बर्नस्टीन के कार्य से मार्क्स और एँगेल्स काफी संतुष्ट हुए। किंतु उनके संतोष और आनंद का ठिकाना तब न रहा जब 1881 के चुनाव में, बिस्मार्क के समाजवादी-विरोधी कानून के बावजूद, जर्मनी के मजदूरों ने शानदार लड़ाई ली। एँगेल्स इतना खुश हुए कि उन्होंने कहा—इस बहादुरी से शायद ही कहीं का सर्वहारावर्ग लड़ा हो।

पेरिस-कम्यून के बाद फ्रांस में प्रगतिशील विचार रखना ही गुनाह हो गया था। कम्यून की वेदी पर कम-से-कम एक लाख मजदूरों ने अपनी जान-माल और देह की बलि चढ़ाई होगी ! 1876 तक फौजी अदालत के जिबहखाने में मजदूर ठूँसे ही जा रहे थे। एक ओर यह दमन चक्र चल रहा था, दूसरी ओर मजदूरों को फुसलाने की कोशिशें हो रही थीं। 1876 में पेरिस में फ्रांस के मजदूरों की कांग्रेस लिबरल नेताओं ने बुलाई इसलिए कि वे कम्यून की गलती महसूस करें और अब सुधार के सरल मार्ग पर चलना सीखें। इसी समय जुलस ग्विस्दे नामक एक मजदूर-नेता पेरिस के रंगमंच पर प्रकट हुआ। वह विद्वान नहीं था; 'कैपिटल' का अनुवाद फ्रेंच में हो चुका था, किंतु उसने उसे देखा तक नहीं था। किंतु साधारण ज्ञान और कर्तृत्वशक्ति का प्रचुर वरदान उसे मिला था। जब फ्रांसीसी मजदूरों की दूसरी कांग्रेस 1878 में हुई, उसने बीस प्रतिनिधियों को लेकर एक जबर्दस्त वामपक्षी मोर्चा तैयार किया। अब तो फ्रांसीसी सरकार घबराई और उसने गिरफ्तारियों का

सिलसिला फिर शुरू किया किंतु अब इस उमड़ती हुई तरंग को वह कुचल नहीं सकती थी। 1879 में जब मार्सलिज में तीसरी कांग्रेस हुई, तो उसमें ग्विस्दे के वामपक्ष का ही बहुमत था।

1880 में ग्विस्दे लंदन आया कि मार्क्स से मिलकर फ्रांसीसी मजदूरों के लिए एक लघुतम कार्यक्रम तैयार किया जाए। ग्विस्दे एँगेल्स से भी मिला और एक कार्यक्रम किसी तरह तैयार किया गया। जब मार्क्स ने पाया कि फ्रांस में मजदूर-आंदोलन जोरों से ऊपर आ रहा है, तो उन्होंने उसके नेतृत्व के लिए अपने दोनों दामादों को फ्रांस में जाकर काम करने की सलाह दी। कम्यून के भगोड़े मेम्बरों पर से मुकदमे उठा लिए गए थे। फलतः वे दोनों फ्रांस लौटे और लाफार्गे ने ग्विस्दे के साथ एवं लौंगते ने क्लीमेंसो के साथ काम शुरू किया!

रूस की स्थिति भी ऐसी हो रही थी जिसमें मार्क्स की आँखें आशा की किरणें देख सकें। 'कैपिटल' के जितने पाठक रूस में थे, उतने दूसरे किसी देश में नहीं। किंतु मार्क्स को हमेशा यह संदेह बना रहता था कि कृषि-प्रधान रूस में समाजवाद किस तरह कायम हो सकेगा। इसका जवाब श्रीमती वीरा सैसुलिच ने 'कम्यूनिस्ट मैनिफेस्टो' के रूसी अनुवाद में दिया था—"यदि रूस में क्रांति हो और उस क्रांति के फलस्वरूप पश्चिम में मजदूरों की क्रांति संभव हो सके, तो वे एक-दूसरे की पूरक सिद्ध हो सकेंगी और रूस में खेती को जो पंचायती प्रणाली है, वही समाजवादी विकास की पहली सीढ़ी बन जाएगी।"

और अंत में इंग्लैंड के मजदूरों में भी नवीन भावना काम करने लगी। 1881 में 'इंग्लैंड—सबके लिए' नामक पुस्तक निकली जिसका लेखक हाइंडमेंन था। इस पुस्तक के मजदूर संबंधी अध्याय में मार्क्स के 'कैपिटल' से ही सामग्री ली गई थी। यही नहीं, मार्क्स के बारे में 'लीडर्स आफ मौडर्न थौट' नामक एक मासिक पुस्तकमाला में बेलफट बाक्स ने बड़ा ही सुंदर लेख लिखा! इस लेख में घटनाओं संबंधी गलतियाँ भी थीं, किंतु जिस भावना से यह लेख लिखा गया था, उसे मार्क्स ने सराहा और श्रीमती मार्क्स, जो उस समय मृत्युशय्या पर थीं, इस लेख से बहुत ही संतुष्ट हुई थीं। हिडमैन ने मार्क्स पर जो संस्करण लिखा, उसमें उसने मार्क्स की तस्वीर भी खींची है—

"लिबरल पार्टी की नीति पर, खासकर आयरलैंड संबंधी नीति पर, बोलते समय भयानक गुस्से में उस बूढ़े महारथी की आँखें बल उठीं; भारी भवों पर शिकन आ गए; चौड़ी, मजबूत नाक और चेहरे पर भावना की लहरें दौड़ने लगीं और उसके मुँह से विरोध और निंदा के जो शब्द निकलने लगे उसमें उसके भीतर की गरमी आप अलग बैठकर अनुभव कर सकते थे। हमारी भाषा (अँगरेजी) पर उसका कितना बड़ा अधिकार है! किंतु, ज्योंही वह आर्थिक प्रश्नों पर आया, वह बिलकुल बदला हुआ आदमी मालूम होता था। अब वह मसीहा या क्रोध का देवता नहीं था, बल्कि वह एक शांत दार्शनिक महर्षि था और ज्योंही उसने शुरू किया मैंने मान लिया कि बहुत वर्षों तक इसके चरणों-तले बैठने के बाद ही मैं अपने को विद्यार्थी से ऊपर समझ सकूँगा।"

3

जीवन-संगिनी का बिछोह

जब राजनीतिक और सामाजिक गगन से बादल छँट रहे थे और आशा की नवीन किरणें झाँककर मार्क्स के मन-प्राण को जुड़ा रही थीं; उनके जीवन की किरणें धीरे-धीरे सिमटती जा रही थीं और उनके हित-मित्रों को स्पष्ट मालूम हो रहा था कि काली संध्या आनेवाली ही है!

जब यूरोप के स्वास्थ्य-प्रद स्थानों का दरवाजा उनके लिए बंद कर दिया गया, उनकी तंदुरुस्ती दिन-दिन

खराब होती गई और वह किसी काम के लायक नहीं रह गए ! 1878 के बाद उन्होंने कोई भी उल्लेख योग्य काम नहीं किया और अपनी अधूरी कृति की चिंता उन्हें और भी पीड़ित करती गई । 'कैपिटल' के दूसरे और तीसरे भाग की पांडुलिपि छिटपुट हालत में लिखी पड़ी थी, किंतु इतनी शक्ति भी नहीं रह गई थी कि टूटी हुई कड़ियों को जोड़कर समूचे ग्रंथ को एक सिलसिला दे दिया जाए और उसका प्रकाशन अपनी आँखों के सामने देख लिया जाए । अपनी और अपनी अधूरी कृति की चिंता थी ही, इतने ही में जीवन-संगिनी श्रीमती जेनी बीमार पड़ीं और उनकी बिगड़ती हुई हालत ने मार्क्स को किसी काम का नहीं रहने दिया !

बचपन में श्रीमती जेनी राजमहल का सुख भोग चुकी थीं । जवानी में उन्होंने क्या-क्या कष्ट नहीं उठाए । इधर कुछ दिनों से गृहस्थी की आर्थिक चिंता से वह मुक्त थीं; किंतु बुरे दिन की याद उनके दिमाग को अब भी अभिभूत किए थी । सोर्ज के बच्चों की जब मृत्यु हुई, श्रीमती जेनी ने उसे और उसकी पत्नी को सांत्वना देते हुए लिखा—"मैं अच्छी तरह जानती हूँ कि यह क्षति कितनी भयानक होती है और कितने दिनों के बाद आदमी कुछ शांत हो पाता है । किंतु रोजाना की जिंदगी अपने क्षणिक सुखों और भारी कष्टों, तुच्छ चिंताओं और छोटे उत्पीड़नों के साथ हमारी सहायता को पहुँचती है और धीरे-धीरे हम अपनी महान पीड़ा को भूलने-से लगते हैं । यह जख्म कभी भरता नहीं है, खासकर माँ के हृदय में; किंतु धीरे-धीरे हममें नए दुःखों और नए सुखों के लिए अनुभूति पैदा होने लगती है और आदमी अपने टूटे हुए हृदयों में आशाएँ लेकर तब तक जीता जाता है जब तक कि शाश्वत शांति हमेशा के लिए ठंडा नहीं कर देती है !"

मार्क्स ने 1878 के जाड़े में सोर्ज को लिखा कि मेरी पत्नी की तबीयत अच्छी नहीं रहती है । एक साल के बाद उन्होंने फिर लिखा—"मेरी पत्नी भयानक रूप में बीमार हैं और मैं भी बिस्तरा छोड़ने के लायक नहीं हूँ ।" इस बीमारी के लिए उपचार भी किए गए; किंतु पता चला कि भीतर कैंसर हो गया है, यह अच्छी हो नहीं सकतीं और बहुत कष्ट और पीड़ा में इनकी धीरे-धीरे मृत्यु होगी ! इस सूचना ने मार्क्स को कितना विचलित कर दिया होगा, कल्पना करने की बात है । जिंदगी के सारे कष्ट जिसके सहारे काट डाले; वही कष्ट में पड़ी है और उस कष्ट से उबारने का कोई उपाय तक नहीं रह गया ! पति की इस मानसिक पीड़ा को श्रीमती जेनी से बढ़कर कौन समझ सकता था । फलतः कष्ट अनुभव करने पर भी वह हमेशा ऐसा चेहरा बनाए रखतीं मानो वह धीरे-धीरे अच्छी होकर रहेंगी और डॉक्टरों की भविष्यवाणी झूठी साबित होगी । 1881 में, जब बीमारी काफी बढ़ गई थी, हिम्मत करके वह पेरिस जाने को तैयार हो गईं—जहाँ उनकी दोनों विवाहिता कन्याएँ थीं । डॉक्टरों ने भी बीमारी को असाध्य समझ इस सुख से उन्हें वंचित करना उचित नहीं समझा । 22 जून को मार्क्स ने श्रीमती लौंगेन (दूसरी कन्या) को लिखा—"तुम्हारी माँ जानना चाहती हैं कि लंदन से तुम्हारे लिए कौन-सी सौगात लिए जाएँ । जल्दी जवाब दो, क्योंकि तुम जानती ही हो यह सब उन्हें कितना प्रिय है ।"

आखिर श्रीमती जेनी पेरिस गईं और लौटीं और इसमें शक नहीं कि उनके साहस और मनोबल ने उनकी पूरी मदद की; किंतु इस यात्रा में मार्क्स खुद बीमार पड़ गए । उनके फेफड़े में पानी आ गया, खाँसी बढ़ गई और न्यूमोनिया हो गया । यह सख्त बीमारी थी और बेटी एलीनर एवं दासी हेलन की अलौकिक परिचर्या ही थी कि वह बच सके । इस बीमारी की चर्चा एलीनर के मुँह से ही सुनिए—

"मूर को प्लूरेसी" (फेफड़े में पानी आना) ने जोरों से दबोच रखा था । उनकी हालत बहुत खराब इसलिए हो गई कि उन्होंने अपनी बीमारी की हमेशा उपेक्षा की । डॉक्टर तो निराश हो चुके थे । उफ, कैसा भयानक समय था ! सामने के बड़े कमरे में माँ खाट पर पड़ी थी, पीछे के छोटे कमरे में मूर खाट पर पड़े थे, और वे दोनों, जो हमेशा साथ रहे, हमेशा साथ रहने के अभ्यासी थे, एक कोठरी में भी साथ नहीं रखे जा सकते थे !

" हम लोगों की प्यारी लेनचेन (दासी हेलन) को और मुझे इन दोनों रोगियों को देखना होता । डॉक्टरों का कहना था कि हम लोगों की सेवा से ही मूर बच सके । संभव है यही हो; हम सिर्फ इतना कह सकते हैं कि तीन सप्ताह तक तो हम लोगों ने बिछावन पर पैर तक नहीं रखा । हम दिन-रात जगे रहते और जब थकावट के मारे खड़ा नहीं रहा जाता तो बारी-बारी से एक घंटा आराम कर लेते ।

" मूर ने आखिर बीमारी पर विजय प्राप्त की । मैं उस भोर को भूल नहीं सकती जब मूर ने इतनी ताकत महसूस की कि वह माँ के कमरे में जा सकेंगे । वह कमरे में गए—उफ, वह दृश्य ! दोनों फिर जैसे जवान हो चले हों, वह प्यारी दुल्हन और वह प्रेमल दुल्हा—दोनों जैसे फिर आज से नया जीवन शुरू कर रहे हों ! न वह बीमारियों के झकोरे से जर्जरित बूढ़े मालूम होते थे, न वह मुमूर्षु महिला मालूम होती थीं—जो एक-दूसरे से अंतिम बिदा ले रहे हों ।"

मार्क्स के अच्छा होने के कुछ दिनों के बाद ही श्रीमती जेनी चल बसीं । उनके अंतिम दिनों की बात भी बेटी एलीनर के ही मुँह से सुनिए—

"वह महीनों से मर रही थीं और कैंसर के साथ चलनेवाली सभी पीड़ाओं को बर्दाश्त कर रही थीं । किंतु उनकी खुशमिजाजी में, उनकी विवेक-प्रियता में, एक क्षण के लिए भी, जरा फरक नहीं आया था । वह बच्चों की-सी उत्सुकता से जर्मनी में होनेवाले चुनाव के नतीजे के बारे में पूछतीं और हमारी विजय की खबर सुनकर कितना खुश हो जातीं । मृत्यु-पर्यंत वह खुश रहीं और हमारी चिंताओं को दिल्लगियों से दूर करने की कोशिश करती रहीं । हाँ, मर्मांतक पीड़ा के बावजूद वह दिल्लगी करतीं, हँसतीं ! वह हँसतीं डॉक्टर पर, हम पर कि क्यों हम उनकी बीमारी को इतना संगीन समझते हैं ! जीवन के अंतिम क्षण तक वह होश में रहीं और जब बोल नहीं सकीं—उनके आखिरी शब्द अपने प्यारे 'कार्ल' के प्रति थे—तो हम लोगों के हाथों को अपने हाथ में लेकर दबाया और मुस्कुराने की कोशिश की !"

यह मृत्यु दूसरी दिसंबर 1881 में हुई । कार्ल मार्क्स इतना बीमार थे कि डॉक्टरों ने उन्हें श्मशान तक जाने से मना कर दिया । मार्क्स ने इस संबंध में अपनी बेटी श्रीमती लौंगेन को लिखा—"मैंने डॉक्टर की आज्ञा के सामने सिर झुका दिया, क्योंकि मरने के कुछ दिन पहले तुम्हारी माँ ने इच्छा प्रकट की थी कि उनके अंतिम संस्कार में कोई क्रिया नहीं की जाए—'हम लोग बाहरी दिखावे के चक्कर में क्यों पड़ें ।' मेरे लिए सबसे बड़ी सांत्वना की बात यह थी कि उनकी शक्ति इस तरह तुरत गायब हो गई । जैसा डॉक्टरों ने कहा था, बीमारी का रूप इसी तरह धीरे-धीरे शक्ति के ह्रास की शक्ल में हुआ जैसे बुढ़ापे के कारण अमूमन होता है । अंतिम क्षणों में भी—न तो मृत्यु से युद्ध करना पड़ा, न कहीं बेचैनी और छटपटाहट थी । वह इस तरह आँखें मूँदती गईं जैसे धीरे-धीरे सो रही हैं—और उनकी आँखें पहले से बड़ी हो गई थीं, ज्यादा सुंदर हो गई थीं, उनमें चमक भी ज्यादा थी !"

श्रीमती जेनी की समाधि के सामने एँगेल्स ने एक व्याख्यान दिया । व्याख्यान प्रेम, भक्ति और करुणा से सराबोर था । अंत में उसने कहा—"मृतात्मा के व्यक्तित्व के गुणों पर कुछ कहने की आवश्यकता नहीं । मित्र उन गुणों को जानते हैं और उन्हें भूल नहीं सकेंगे और मृतात्मा को ही भूल पाएँगे । यदि कभी कोई ऐसी महिला पैदा हुई थी जिसका आनंद दूसरे को आनंद पहुँचाने में था, तो वह महिला यही थीं !"

4

अंतिम समाधि

श्रीमती जेनी की मृत्यु के कुछ देर बाद एँगेल्स पहुँचे और जब उन्हें यह खबर दी गई, उन्होंने कहा—"तो मूर भी मर गया !" एलीनर लिखती है—"प्यारे 'जेनरल' की इस बात पर मुझे पहले गुस्सा आया, लेकिन हुआ यही !" वह आगे लिखती है—

"माँ की जिंदगी के साथ ही 'मूर' की जिंदगी भी समाप्त हो चुकी । उन्होंने अपने को जीवित रखने के लिए बड़ी कोशिशें कीं, क्योंकि वह ऐसे योद्धा थे जो आखिर दम तक लड़ते रहते । लेकिन वह क्या करते, अब

वह टूट चुके थे। उनका स्वास्थ्य दिन पर दिन खराब होता गया। यदि वह होते, तो चीजों को अपनी राह पर चलने को छोड़छाड़कर बैठ गए होते। किंतु उनकी नजरों में कुछ और चीज भी थी, जो सब चीजों के ऊपर थी। वह चीज थी अपने उद्देश्य के प्रति उनकी घोर श्रद्धा—अटूट भक्ति। वह अपनी अनुपम कृति को समाप्त कर लेना चाहते थे, इसलिए वह स्वास्थ्य-सुधार के लिए—विदेश यात्रा के लिए—तैयार हो गए।"

श्रीमती जेनी की मृत्यु के दो सप्ताह के अंदर ही मार्क्स ने सोर्ज को लिखा—"पिछली बीमारी से मैं उठा तो, लेकिन दो तरह से पंगु होकर। पत्नी की मृत्यु ने मुझे नैतिक रूप से पंगु बना दिया है और शारीरिक दृष्टि से मैं पंगु इसलिए बन गया हूँ कि मेरे फेफड़े में प्लुरा की शिकायत बनी हुई है और साँस की नली में सूजन है जिससे खाँसी नहीं छोड़ती। अपने स्वास्थ्य के सुधार में मुझे काफी वक्त बर्बाद करना पड़ेगा।"

डॉक्टरों ने उन्हें पहले वाइटटापू के वेंटनर नामक स्थान में भेजा और वहाँ से अलजीयर। अलजीयर वह 20 फरवरी 1882 में पहुँचे, किंतु यात्रा में ठंड लग जाने के कारण प्लुरेसी का नया उपद्रव शुरू हो गया। जाड़े और बसंत में अलजीयर का मौसम ठंडा, नम और नटखट रहता है। इसलिए वह वहाँ से मौंट कारलो (2 मई) गए जहाँ प्लुरेसी ने फिर धावा बोल दिया। उन्हें थोड़ी शांति तब मिली, जब वह आरजेनट्वील में जाकर अपनी प्यारी बेटी जेनी और दामाद लौंगेन के साथ रहने लगे। एक तो यहाँ पारिवारिक आनंद मिल रहा था, फिर नजदीक के एक गरम कुंड से पानी मँगाकर पी रहे थे, जिससे खाँसी में फायदा पहुँच रहा था। जेनी के घर से बिदा होकर जिनेवा झील पर उन्होंने अपनी बड़ी बेटी लौरा के साथ रहना शुरू किया। यहाँ की आबहवा और संगत ने भी काफी मदद पहुँचाई और जब सितंबर में लंदन लौटे, तो काफी तंदुरुस्त और मजबूत हो चले थे। वह टहलते-टहलते हैम्पस्टीड तक चले जाते जो उनके घर से 300 फीट की ऊँचाई पर था, किंतु तो भी थकावट अनुभव नहीं करते।

अब इस तरह अच्छे हो चले थे कि अपनी पुस्तक समाप्त करने के लिए वह तैयार हो गए; किंतु डॉक्टरों ने जाड़े में लंदन रहने से उन्हें मना किया। नवंबर में, जब लंदन कुहासे से भरने लगा, वह फिर वेंटनोर की ओर चल पड़े। किंतु वहाँ भी उन्होंने कुहासा-कुहासा ही पाया। उन्हें फिर सर्दी लग गई और खुली हवा में टहलने का आनंद लेने के बदले उन्हें घर में ही बंद रहने को मजबूर होना पड़ा। इससे कमजोरी बढ़ने लगी और अध्ययन-लेखन का कार्य करना असंभव-सा हो गया। इस अर्से में उन्होंने जो खत लिखे हैं, वे उदासी और निराशा से भरे हुए हैं। फ्रांस के मजदूर आंदोलन में फिर उपद्रव शुरू हो गया था—खासकर अपने दामादों के कार्यों पर भी उन्हें संतोष नहीं था, जो उनके सिद्धांतों पर सही-सही नहीं चल रहे थे। इसी मौके पर मार्क्स ने ऊबकर कहा था—जहाँ तक मेरा सरोकार है, मैं अपने को मार्क्सवादी नहीं समझता!

इसी समय नियति ने मार्क्स पर अंतिम क्रूर प्रहार किया जो उनके मर्मस्थल पर जा लगा और सारा काम तमाम कर दिया। अचानकर उन्हें खबर मिली कि उनकी प्यारी बेटी जेनी चल बसी। जेनी कुछ बीमार थी, किंतु वह अच्छी हो रही थी और मार्क्स ने एलीनर को लंदन खत भेजा था कि वह बहन के लिए चिंता नहीं करे। मार्क्स के इस खत के मिलने के एक घंटे के बाद ही जेनी की मृत्यु का तार एलीनर को मिला। एलीनर लिखती है—"मैं तुरत ही वेंटर की ओर चली। जिंदगी में कितनी ही दुःख की घड़ियाँ गुजारी हैं, किंतु उससे अधिक शोकजनक घड़ियाँ शायद ही गुजरी हों। मुझे ऐसा लग रहा था कि मैं अपने पिता के पास उनकी मौत का वारंट लिए जा रही हूँ। रास्ते-भर मैं सोचती जाती थी कि यह खबर मैं किस प्रकार उनके सामने रखूँगी। किंतु खबर कहने की जरूरत नहीं पड़ी। मेरे चेहरे ने ही सारा भंडाफोड़ कर दिया। 'मूर' तुरत बोल उठे—'तो मेरी जेनी मर गई!' और फिर तुरत हुक्म दिया कि मैं पेरिस चली जाऊँ और उसके बच्चे की देखभाल करूँ। मेरी इच्छा नहीं हो रही थी कि ऐसे मौके पर उन्हें छोड़कर कहीं जाऊँ, किंतु उनकी इच्छा तो सब पर प्रबल थी। वेंटर में आधा घंटा रहकर ही मैं लंदन लौटी जिसमें तुरत पेरिस के लिए रवाना हो सकूँ। बच्चों का खयाल कर मुझे मूर की इच्छा पर कुछ चूँ-चरा करने की हिम्मत नहीं हुई।"

मार्क्स भी दूसरे ही दिन लंदन लौटे और खाँसी का भीषण दौरा शुरू हुआ। कंठ में सूजन हो गई और

कुछ खाना मुश्किल हो गया। मार्क्स को दूध से हमेशा चिढ़ रही, किंतु अब किसी तरह दूध के घूँट उन्हें गले से उतारने पड़ते। बेटी की मृत्यु जनवरी में हुई थी; फरवरी में उनके एक फेफड़े में एक गाँठ उभर आई। पंद्रह महीनों से दवाएँ खाते-खाते हालत यह हो गई थी कि अब कोई भी दवा असर दिखाने से मजबूर हो रही थी। दवाओं के कारण भूख मरती जाती और अपच बढ़ती जाती। अब दिन-दिन उनकी हालत खराब होती जा रही थी, किंतु डॉक्टरों ने आशा नहीं खोई थी। क्योंकि खाँसी रुक रही थी और निगलने में भी कोई तकलीफ नहीं होती थी। किंतु मृत्यु डॉक्टरों की इस आशा पर क्रूर हँसी हँस रही थी!

14 मार्च 1883। दुपहरिया के बाद मार्क्स अपनी आरामकुर्सी पर लेटे थे। झपकी आ रही थी, लोग सिर्फ दो मिनट के लिए हट गए थे। लौटकर देखते हैं, तो मार्क्स हमेशा के लिए सो गए हैं। एलीनर लिखती है—"और पिताजी के बारे में! वह सोने के कमरे से अध्ययन के कमरे में गए, आरामकुर्सी पर लेटे रहे और शांतिपूर्वक सो गए—सदा के लिए!"

इस मृत्यु पर अगाध शोक अनुभव करते हुए और इस क्षति की पूर्ति संभव नहीं, यह जानते हुए भी एँगेल्स ने कहा था—"हो सकता है, चिकित्सा-शास्त्र की जादूगरी उन्हें कुछ वर्ष और जिला सकती; डॉक्टरी पेशे के यश के प्रतीक स्वरूप वे अपाहिज का जीवन कुछ दिनों तक और उपभोग करते और यों अचानक नहीं मरकर तिलतिल मरते! किंतु यह मृत्यु हमारे मार्क्स के योग्य नहीं होती! अपने सामने इतना अधूरा काम रखकर और उसे पूरा करने के लिए छटपटाते हुए, किंतु अपने को इसके लिए सर्वथा अयोग्य समझते हुए जीने की अपेक्षा यह मृत्यु उनके लिए हजार गुनी अच्छी हुई है। एपिक्यूरस की तरह वह भी कहा करते थे कि मृत्यु मरनेवाले के लिए दुर्भाग्य की बात नहीं होती है, बल्कि जीनेवाले के लिए! यह महान प्रतिभावान पुरुष जीवित खँडहर के रूप में वर्तमान रहे और जिन पाखंडियों को उसने जवानी में नाकों चने चबवाए, वे मुँह बनाते फिरे—नहीं, इसकी अपेक्षा तो हजारों गुना, हाँ हजारों गुना अच्छा यह हुआ है कि हम उसे कंधे पर लेकर उस जगह पहुँचाने जा रहे हैं, जहाँ उनकी प्यारी पत्नी अनंत निद्रा में सोई हुई है।"

17 मार्च शनिवार को मार्क्स को उनकी पत्नी की समाधि में ही सदा के लिए सुला दिया गया। मृत्यु की कोई संस्कार-क्रिया, उनकी पत्नी की ही तरह, नहीं की गई। समाधि के निकट सिर्फ उनके चुने हुए दोस्त थे। एँगेल्स थे, कम्यूनिस्ट लीग के समय के ही पुराने साथी लेसनर और लोख़नर थे, फ्रांस से लाफार्गे और लौंगते आए थे और जर्मनी से लिब्तक्नेख्त। विज्ञान का प्रतिनिधित्व दो विज्ञानवेत्ता कर रहे थे—रसायनशास्त्री स्खोर्लेमर और जीवशास्त्री रे लैंकेस्टर!

5

यह मार्क्स की समाधि है!

लंदन से उत्तर, एक पहाड़ी पर, हाइगेट श्मशान है, उसी श्मशान में मार्क्स की समाधि आज भी वर्त्तमान है।

मार्क्स नहीं चाहते थे कि उनका कोई स्मारक बनाया जाए। सच पूछिए, तो उनका स्मारक 'कम्यूनिस्ट मैनिफेस्टो' और 'कैपिटल' ऐसे दो महान क्रांतिकारी ग्रंथ हैं, जिन्हें उन्होंने खुद बनाया और जिसे धूप-वर्षा, प्रकृति-नियति कोई बर्बाद नहीं कर सकता।

किंतु उनके अनन्य मित्र एँगेल्स से रहा नहीं गया। उस समाधि को संगमरमर से ढँक दिया गया है और उसके सिरहाने संगमरमर की ही एक तकिया-सी लगी है, जिस पर लिखा हुआ है—

जेनी वान वेस्टफेल

कार्ल मार्क्स

की

प्यारी पत्नी

जन्म **12** *फरवरी,* **1814;** *मृत्यु* **2** *दिसंबर,* **1881**

और ***कार्ल मार्क्स***

जन्म **5** *मई,* **1818;** *मृत्यु* **14** *मार्च,* **1883**

और ***हैरी लौंगेन***

उसका नाती

जन्म **4** *जुलाई,* **1878;** *मृत्यु,* **20** *मार्च,* **1883**

और ***हेलेन देमुथ***

जन्म **1** *जनवरी,* **1823;** *मृत्यु* **4** *नवंबर,* **1890**

हेलेन मार्क्स की दासी थी और जैसा कि एलीनर ने लिखा है मार्क्स-परिवार की धुरी वही थी ! जैसी अनन्य सेवा उसने की, वह इतिहास की विरल चीज है । सेवा में त्रुटि नहीं आने पाए, इसलिए उसने विवाह तक नहीं किया था । उसे भी परिवार की समाधि में ही स्थान मिले, यह इच्छा श्रीमती जेनी ने प्रकट की थी और मार्क्स ने भी इसका समर्थन किया था ।

मार्क्स की समाधि के बनावट के बारे में हैम्पस्टीड के 'लाल पोस्टमास्टर' ने लिखा है—

"मार्क्स की समाधि का चबूतरा उजले संगमरमर का बना हुआ है । जिस टुकड़े पर नाम और तारीख काले अक्षरों में खुदा है, वह भी उजले संगमरमर का ही है । स्पेन की घास, जंगली लताएँ, जो स्वीजरलैंड से मैं ले आया था, और कुछ गुलाब की कुंजें बस यही उसका शृंगार है । चारों ओर घासें उग आती हैं, जिन्हें हफ्ते में दो बार जाकर मैं हटा दिया करता हूँ ।"

जिस समय मार्क्स के शव को समाधिस्थ किया जा रहा था, एँगेल्स ने एक छोटा-सा व्याख्यान अँगरेजी में दिया, जिसका सारांश यों है—

'14 मार्च को, जब दुपहरिया के बाद पौने तीन बजे थे, सबसे बड़े विचारक का विचार-क्रम टूट गया ! सिर्फ दो मिनट के लिए वह अकेले रह गए थे और जब हम उनके पास गए, पाया कि वह आराम-कुर्सी पर शांतिपूर्वक सो गए हैं—सदा के लिए !'

अमेरिका और यूरोप के लड़ाकू सर्वहारा और ऐतिहासिक विज्ञान दोनों को इस महापुरुष की मृत्यु से अपार क्षति पहुँची है । इस महान आत्मा के उठ जाने से जो जगह सूनी हो गई है, हम तुरत उसे अनुभव करने को मजबूर होंगे ।

जिस तरह से डारविन ने प्राणियों के विकास के नियम का अनुसंधान किया, उसी तरह मार्क्स ने मनुष्य के इतिहास के विकास के नियम को हमारे सामने रख दिया । उसने उस सरल तथ्य का आविष्कार किया, जो आदर्शवाद के घटाटोप में अब तक छिपा हुआ था । वह तथ्य यह है कि मनुष्य राजनीति, विज्ञान, कला, धर्म आदि की ओर प्रवृत्त होने के पहले खाता-पीता है, कपड़ा और घर चाहता है और इसलिए जीवनोपयोगी वस्तुओं का उत्पादन और फलतः किसी खास जाति के किसी खास युग में जैसा आर्थिक विकास होता है, उसी के आधार पर ही राजनीतिक संस्थाएँ, नियम और कानून, धर्म और कला आदि बनते हैं । इसलिए इन चीजों की व्याख्या उस मूलाधार को दृष्टि में रखकर ही की जानी चाहिए न कि उल्टी दिशा में बहना चाहिए जैसा कि आज तक होता रहा है ।

मार्क्स का अनुसंधान सिर्फ इतना नहीं था । उसने गति के उस खास नियम का भी आविष्कार किया जिसके अनुसार आजकल की पूँजीवादी उत्पादन-प्रणाली और उससे पैदा हुआ पूँजीवादी समाज संचालित होता है । अतिरिक्त मूल्य के आविष्कार ने उस समस्या पर तुरत ही प्रकाश डाल दिया जिसके हल करने में पहले के अनुसंधानकर्ता— चाहे वे पूँजीवादी अर्थशास्त्री हों या समाजवादी आलोचक—अब तक अँधेरे में ही टटोलते

फिरते थे।

ऐसे दो आविष्कार ही एक आदमी के जीवन के लिए यथेष्ट हैं। ऐसा एक आविष्कार करके भी किसी का जीवन धन्य हो सकता है। किंतु मार्क्स ने तो हर क्षेत्र में— जिस पर उन्होंने अनुसंधान किया—और ऐसे कितने ही क्षेत्र थे—यहाँ तक कि गणित-शास्त्र में भी, कितने ही स्वतंत्र आविष्कार हमारे सामने रखे !

ऐसा था यह महान वैज्ञानिक व्यक्ति ! किंतु मार्क्स सिर्फ वैज्ञानिक ही तो नहीं थे। विज्ञान तो उनके लिए एक ऐतिहासिक प्रेरणापूर्ण क्रांतिकारी शक्ति था। सैद्धांतिक विज्ञान में कोई ऐसा आविष्कार होने पर, जिसका व्यावहारिक उपयोग के बारे में सोचना भी असंभव था, वह बहुत ही प्रसन्न हो उठते थे; किंतु यदि कोई ऐसा आविष्कार होता जिससे उद्योगधंधे या सामाजिक विकास में क्रांतिकारी परिवर्तन होने की संभावना होती; तब तो उनके आनंद का ठिकाना नहीं रहता। उदाहरणस्वरूप, वह बिजली के संबंध में मार्क डेप्रेज के आविष्कारों में गहरी दिलचस्पी ले रहे थे और उसके विकास को ध्यान से देख रहे थे।

क्योंकि सबसे पहले मार्क्स एक क्रांतिकारी थे। उनके जीवन का यथार्थ उद्देश्य यह था कि किसी तरह इस पूँजीवादी समाज और उसने जिस राज्यसंस्था की सृष्टि की है, उसे उलट दिया जाए और आजकल के सर्वहारावर्ग को मुक्त कराने में सहायता पहुँचाई जाए जिसे उन्होंने ही पहली बार बताया था कि समाज में उसका क्या स्थान है, उसकी क्या आवश्यकता है और किन परिस्थितियों में उसे मुक्ति मिल सकती है। लड़ना उनका स्वभाव था। और वह पूरी भावना से, ध्यान से, सफलता से लड़ते रहे जिसकी मिसाल कहीं मिलना मुश्किल है। उन्होंने पहली 'राइनिश जीटुंग' (1842), पेरिस की, 'वोरवार्टर्स' (1844), ब्रूसेल्स की, 'ड्यूचे जीटुंग' (1847), 'न्यू राइनिश जीटुंग' (1848-49), 'न्यूयार्क ट्रिब्यून' (1852-61) इतने अखबारों में काम करने के अतिरिक्त बहुत-सी लड़ाकू पुस्तिकाएँ लिखीं; पेरिस, ब्रूसेल्स और लंदन के मजदूर-संघों में काम किया और अंत में, सबसे बढ़कर, अंतर्राष्ट्रीय मजदूर संघ की स्थापना की—यह एक ऐसा काम था कि यदि उन्होंने दूसरा कोई काम नहीं किया होता, तो भी सिर्फ इसी के चलते उनकी कीर्ति अमर होती।

और, इन सबका नतीजा यह था कि मार्क्स अपने समय में सबसे बढ़कर घृणा और लांछन के पात्र रहे। सरकारों ने—वे राजसत्तावादी हों या प्रजातंत्रवादी—उन्हें अपने देशों से निकालने में होड़ लगाई। पूँजीपतियों ने—वे चाहे कट्टरपंथी हों या घोर उदारदली—उन पर लांछना लादने में परस्पर प्रतिस्पर्द्धा की। किंतु इन सबकी मार्क्स हमेशा उपेक्षा ही करते रहे जैसे कि वे मकड़ी के जाले हों और बहुत आवश्यक होने पर ही उनका जवाब देने को उद्यत हुए। और, आज वह चल बसे—उन पर प्रेम, श्रद्धा और आँसू के फूल उनके लाखों क्रांतिकारी साथी डाल रहे हैं जो साइबेरिया से कैलिफोर्निया तक, यूरोप और अमेरिका के हर कोने में फैले हुए हैं। और आज मैं यह कहने का दावा कर सकता हूँ कि उनके विपक्षी अनेक हो सकते हैं, किंतु शायद ही कोई उनका दुश्मन हो !

उनका नाम अनंतकाल तक अमर रहेगा और उनका काम भी !

क्या मार्क्स की जीवनी की समाप्ति इससे अच्छे शब्दों में की जा सकती है? एँगेल्स के कथन को इतिहास सत्य कर रहा है। ज्यों-ज्यों युग बीत रहे हैं, मार्क्स का सिद्धांत संसार के कोने-कोने में फैलता जा रहा है। न सिर्फ यूरोप और अमेरिका; बल्कि एशिया, अफ्रीका, आस्ट्रेलिया—भूगोल के पाँचों महादेशों और असंख्य द्वीपों और महाद्वीपों में उनका सिद्धांत प्रसार पा चुका है और वह दिन दूर नहीं जब संसार के कोने-कोने से लोगों का अटूट ताँता लंदन की ओर लगा रहेगा और वहाँ हाइगेट के श्मशान में पहुँचकर अनेक श्रीमानों के साथ अनेक श्रीमतियाँ उस संगमरमर के चबूतरे के निकट सिर झुकाकर खड़ी होंगी और अपने बच्चों से कान-कान में कहेंगी—

'यही मार्क्स की समाधि है !'

1

पुस्तकों के बीच में

कार्ल मार्क्स संसार के महान विद्वानों में थे। अत्यंत बिपता के दिनों में भी उन्होंने न पुस्तकों को छोड़ा, न अध्ययन को। अपने निवास-स्थान के निचले कमरे में उन्होंने एक बढ़िया पुस्तकालय संग्रह कर रखा था। पुस्तकें सिर्फ अलमारियों में ही नहीं रहती थीं; दीवारों से सटे हुए लकड़ियों के उन्होंने खाने बनवा रखे थे, जिन पर किताबें, अखबारों की फाइलें, पांडुलिपियाँ भरी होती थीं। टेबुलों पर भी किताबें पड़ी रहती थीं। कमरे के बीच में एक छोटा-सा टेबुल था, जिस पर वह लिखते थे। इस टेबुल से हटकर एक सोफा पड़ा रहता था जिस पर वह थककर जब-तब लेट जाते थे।

किसी दूसरे को वह किताबें नहीं छूने देते थे; आप ही उन्हें सिलसिले से रखते थे। यों देखने से मालूम होता था कि किताबें बेतरतीब रखी हुई हैं, किंतु यथार्थ में किताबें, फाइलें सब उचित स्थान पर होते थे और वह जब चाहते थे, बिना खोज-ढूँढ़ के उन्हें निकाल लेते थे। बातचीत करते समय भी वह प्रायः पुस्तकों को निकालते और उनके अवतरण सुनाते। हाँ, पुस्तकों के रखने में खूबसूरती का जरा भी ध्यान उन्हें नहीं था। वह पुस्तकों की सजावट आकार के अनुसार न करके प्रकार के अनुसार करते थे। इसलिए बड़ी-बड़ी मोटी किताबों की बगल में छोटी-छोटी पुस्तिकाएँ पड़ी होती थीं। पुस्तकों को वह अपना दिमागी औजार समझते थे। वह कहते थे—"ये मेरे गुलाम हैं; इन्हें मेरी मर्जी पर काम करना होता है।" किताबों की जिल्द, कागज, छपाई वगैरह पर उनका बहुत कम ध्यान होता। वह किताबों के पन्ने मोड़ देते, पंक्तियों के नीचे निशान पर निशान बनाते जाते, हाशियों को प्रश्नचिन्ह या आश्चर्यचिन्ह से भर देते। निशानों का उपयोग वह बड़ी सावधानी से करते और जब जरूरत होती, आसानी से उन्हें खोज लेते। पढ़ी हुई पुस्तकों को फिर से दुहराने की उनकी आदत थी—कुछ वर्षों के बाद पुस्तकों को वह उठाते और तब सिर्फ अपने दिए हुए निशानोंवाले अंशों को देख जाते। पुस्तकों से वह नोट लिया करते और उन्हें भी जब-तब दुहराया करते। पुस्तकों से उन्होंने एकात्मता पैदा कर ली थी। वे उनके अंग की तरह बन गई थीं।

2

साहित्यिक प्रवृत्तियाँ

कार्ल मार्क्स ने जो कुछ लिखा दर्शन, अर्थशास्त्र और राजनीति ऐसे शुष्क विषयों पर ही। किंतु उनमें साहित्यिक रुचि का अभाव न था—बल्कि प्रचुरता थी। गेटे और हेन—इन दो जर्मन कलाकारों की बहुत-सी कृतियाँ उन्होंने कंठस्थ कर रखी थीं। उनकी मेधा बड़ी प्रबल थी और प्रारंभ से ही, हेगेल के कथनानुसार, उन्होंने अज्ञात भाषाओं के पद्य कंठस्थ कर उस मेधा को और भी प्रखर और पुष्ट बनाने की चेष्टा की। बातचीत में यूरोपीय कवियों की कविताएँ वह प्रायः सुनाया करते थे। एचिलस की नाट्यकृतियों को उन्होंने उनके मूल ग्रीकरूप में पढ़ा था और शेक्सपीयर पर तो वह न्योछावर थे। शेक्सपीयर के नाटकों के तुच्छ पात्रों के बारे में भी वह काफी ज्ञान प्रदर्शित करते थे। मार्क्स के पूरे परिवार में शेक्सपीयर की धूम थी—उनकी लड़कियों ने भी शेक्सपीयर की बहुत-सी कृतियों को कंठस्थ कर रखा था। दाँते और वर्नस की कविताएँ भी उन्हें बहुत प्रिय थीं।

अँगरेजी के दो रोमांटिक कवियों—बायरन और शेली के बारे में उनकी विचित्र राय थी। वह कहा करते कि छोटी उम्र में ही बायरन का मर जाना ठीक रहा; किंतु शेली को और जिंदा रहना था। क्योंकि बायरन अंत में प्रतिक्रियावादी हो जाता, लेकिन शेली दिन-दिन क्रांति की ओर ही बढ़ता।

उपन्यास पढ़ने का भी उन्हें बहुत शौक था। जहाँ थकावट आई, सोफे पर लेटकर वह उपन्यास पढ़ने लगते। वह एक साथ तीन-चार उपन्यास शुरू कर देते थे। अट्ठारहवीं सदी के औपन्यासिकों को वह तरजीह देते थे। डूमा, बालजक, सर्वेंट्स, स्कौट उनके प्यारे लेखक थे। बालजक पर तो वह फिदा थे और चाहते थे कि ज्योंही अर्थशास्त्र से उन्हें फुर्सत मिले, वह बालजक पर एक आलोचना प्रकाशित कराएँ।

मार्क्स यूरोप की सभी प्रमुख भाषाओं को जानते थे और उनमें से तीन—जर्मन, फ्रेंच, इंगलिश—में तो धड़ल्ले से लिखते भी थे। वह कहा करते थे—"विदेशी भाषाएँ हमारे जीवन-संघर्ष के जबर्दस्त हथियार हैं!" भाषाएँ वह बहुत आसानी से सीख लेते थे। 50 साल की उम्र में रूसी भाषा सीखना शुरू किया और छः महीने में इतना जान गए कि पुश्किन, गोगल और शेड्रिन की पुस्तकों का स्वाद उसके मूलरूप में लेने लगे।

मार्क्स को तंबाकू से बहुत शौक था। उनकी पुस्तकों, फाइलों पर सिगार की राख जहाँ-तहाँ पड़ी होती। किताबों को पढ़ते और लिखते समय वह लगातार सिगार का धुआँ उड़ाये जाते। " 'कैपिटल' से मुझे उतने पैसे भी नहीं मिल सकेंगे जितने मैंने उसके लिखने में सिगार के धुएँ में उड़ा दिए।"—हँसकर वह अपनी विश्वविख्यात पुस्तक के बारे में कहा करते। दियासलाई का खर्च भी वह कम फैयाजी से नहीं करते। पाइप या सिगार पीते-पीते वह भूल जाते, उसकी आग प्रायः बुत जाती और उन्हें बार-बार सलाई जलानी होती। दिन में कई डब्बे दियासलाई के वह जला डालते।

पढ़ने-लिखने से थककर कभी वह सोफे पर लेट जाते; तो प्रायः ही, अपने कमरे में तेजी से टहलने लगते। बिखरे बाल, खिंचा चेहरा, ध्यानमग्न मुद्रा और वह दरवाजे से टेबुल तक टहल रहे हैं। उनके इस तरह टहलने से फर्श के कालीन पर पगडंडी ऐसे निशान पड़ गए थे।

3

रहन-सहन

मार्क्स का शरीर काफी मजबूत था, इसी से तरह-तरह के कष्टों के बीच भी वह इतना मानसिक कार्य कर सके। वह साधारण लोगों से ज्यादा ऊँचे थे, उनके कंधे चौड़े और छाती गहरी थी। शरीर के सब अंग सुघड़ थे—हाँ, पैर कुछ छोटे लगते थे। दिमागपेशा यहूदियों में शरीर का यह अस्वाभाविक विकास प्रायः देखा जाता था। यदि बचपन में वह व्यायाम की ओर ध्यान दिए होते, वे पूरे पहलवान ही होते। टहलना ही उनका एकमात्र व्यायाम था। वह घंटों टहलते थे और आसानी से पहाड़ पर चढ़ जाते थे। टहलने के समय धुआँ उड़ाते और बहस करते जाना उनका स्वभाव था। अपनी अध्ययनशाला में भी उनका टहलना जारी रहता था। वह रात में देर से सोते और भोर में देर से उठते थे। 8-9 बजे के अंदर वह उठ जाते और काली कॉफी का एक प्याला पीकर तथा भोर के अखबारों पर एक सरसरी नजर देकर वह अपने अध्ययन में लग जाते। काम में वह इतना तल्लीन हो जाते कि उन्हें भोजन की भी सुध नहीं रहती। बार-बार बुलाने पर वह रसोई-घर में जाते और आखिरी लुकमा पेट में पहुँचने भी नहीं पाता कि वह फिर काम में लग जाते। काम की इस धुन के चलते धीरे-धीरे उनकी भूख मर गई थी और वह बहुत कम भोजन करते थे। भूख को जगाने और खाने की ओर प्रवृत्ति लाने के लिए वह मसालों, चटनियों और अचारों की शरण लेते थे। भुना हुआ गोश्त और मछली उन्हें ज्यादा पसंद थी। अपने दिमाग की वेदी पर उन्होंने अपनी देह को बलि कर दिया था, ऐसा मजे में कहा जा सकता है। जवानी में तो वह रात-रात भर

काम करते रहते थे और बाद में भी दो-तीन बजे के पहले वह सोते नहीं थे। दिन में वह एकाध घंटे के लिए अपनी अध्ययनशाला के सोफे पर ही झपकियाँ ले लिया करते थे।

मार्क्स को घमंड छू नहीं गया था। 'बनना' उन्हें आता नहीं था। अपने व्यक्तित्व की महानता से शायद वह स्वयं परिचित थे। फलतः बड़प्पन दिखाने की नीचता उनमें छू नहीं गई थी। अपने को छिपाने की कोशिश उन्होंने कभी नहीं की—जो बातें उनके दिल में होतीं, वह साफ खुलकर कह देते। उनके चेहरे से भी आप उनके हृदय के भाव पढ़ ले सकते थे। जब कभी विशेष कारण से कुछ बातें उन्हें छुपानी पड़तीं, वह अजीब परेशानी में पड़ जाते, उनकी अजीब भावभंगी हो जाती, जिससे उनके मित्र आनंद उठाते !

मार्क्स से बढ़कर सच्चा आदमी शायद ही पैदा हुआ हो। वह सत्य का अवतार ही थे। झूठे को वह कोढ़ियों से भी बदतर समझते थे। ढोंग से उन्हें स्वाभाविक घृणा थी। सरलपन उनका जीवन था। सरलता में वह बच्चों को भी मात देते थे।

अपनी अध्ययनशाला में वह बहुत ही गंभीर व्यक्ति थे; किंतु अध्ययनशाला से बाहर जब वह परिवार में होते, या रविवार की संध्या को मित्रमंडली में होते, तो उनके जैसा हँसमुख और मजाकपसंद आदमी कम होता। दिल्लगियाँ करने, हँसी उड़ाने, चुटकले कहने में वह किसी से भी होड़ लेते और दिल खोलकर हँसते। जब उनकी दिल्लगियों का माकूल जवाब मिलता, घनी भ्रूवों के नीचे उनकी काली आँखें चमक पड़तीं, खिलखिला उठतीं !

4

बच्चों से स्नेह

सभी स्वस्थ और शक्तिशाली पुरुषों की तरह मार्क्स को भी बच्चों से बहुत ही स्नेह था। वह अपने बच्चों को बहुत ही प्यार करते—उनके ऐसे भावुक पिता बहुत थोड़े होते हैं। किंतु दूसरों के बच्चों से भी उन्हें कम स्नेह नहीं था। बच्चों को देखते ही वह ललच पड़ते थे, खासकर यदि वे बच्चे गरीबों के हों। लंदन की सड़कों पर घूमते समय यदि कहीं कोई गरीब बच्चा दिखाई देता, वह झट उसके निकट पहुँच जाते, उसके बाल सहला देते और उसकी जेब में धेला या पैसा रख देने से भी बाज नहीं आते। भिखमंगों से वह बहुत चिढ़ते। किंतु यदि कोई भिखमंगिन बच्चों को लेकर उनसे माँगती, तो वह अपनी जेब खाली करने से अपने को नहीं रोक पाते।

बच्चों के साथ खेलने में वह घंटों गुजार देते। बच्चों को कागज की नावें बनाकर देते, बाल्टी में उन नावों का भँसाया जाना और डूबना वह आनंद से देखते रहते। बच्चों को लेकर वह बाहर टहलने निकलते और रास्ते-भर उन्हें कहानियाँ सुनाते जाते—परियों की वे दिलचस्प कहानियाँ, जो रास्ते को छोटा कर दें, थकावट पास आने न दें। बच्चों को कंधे पर लेकर उनको घोड़े की तरह दौड़ने में भी उन्हें मजा आता। वह घोड़े की तरह दौड़ते और कंधे का बच्चा चिल्लाता—'चल बे घोड़ा, चल बे चल !' यही नहीं, वे अपने छोटे हाथों से अपने इस घोड़े को कोड़ा लगाने से भी नहीं चूकते।

बच्चों के लिए उनके हृदय में जितना स्नेह था, स्त्रियों के लिए उतनी ही श्रद्धा थी। स्त्रियों पर जरा भी अत्याचार वह बर्दाश्त नहीं कर सकते थे। एक दिन वह लंदन की सड़कों पर टहल रहे थे कि उनके कानों में आवाज आई—खून ! खून ! उस ओर नजर की तो उन्होंने देखा, एक आदमी अपनी बीवी को पीट रहा है और वह बेचारी बेजार चिल्ला रही है। यह देखते ही मार्क्स दौड़े। उनके एक मित्र ने उन्हें रोकना चाहा, किंतु बंदूक से निकली गोली कहीं रुक सकती है ? औरत के नजदीक पहुँचकर मार्क्स ने उसके पति को डाँटा और उसे पीटने पर उतारू हो गए। किंतु, यह क्या ? अब तो पति-पत्नी में पलक मारते सुलह हो गई और दोनों मिलकर मार्क्स पर टूट पड़े। औरत का हाथ मार्क्स की शानदार दाढ़ी की ओर बढ़ा और उस दिन कोई दुर्घटना ही हो जाती,

यदि दो कांस्टेबुल वहाँ नहीं पहुँच जाते ।

बच्चों की संगति मार्क्स के लिए आवश्यक भी थी । इतना गंभीर काम करने के बाद मनोरंजन का कोई साधन होना ही चाहिए। इन बच्चों के साथ खेल-कूदकर वह उस शक्ति को पुनः प्राप्त करते, जिसके वरदानस्वरूप हमें 'कैपिटल' ऐसा ग्रन्थ मिला है ।

वह कहा करते थे—बच्चे अपने माँ-बाप के गुरु होते हैं । अपनी लड़कियों से उन्हें अगाध प्रेम था, किंतु कभी वह उन पर अपना अधिकार नहीं लादते । उनसे कोई काम लेना होता, तो उन्हें आज्ञा नहीं देते, बल्कि उनसे उनकी कृपा की याचना करते । 'यह करो' यह उनकी भाषा में नहीं था; 'यह कर दोगे या कर सकोगे ?' यही अपने बच्चों से उनकी माँग होती । वह उन्हें उपदेश भी नहीं देते, बल्कि अपनी राय-भर उन पर जाहिर कर देते । किंतु बच्चे उनकी राय को वेदवाक्य की तरह पवित्र और करणीय मानते । उनकी लड़कियाँ उन्हें अपना दोस्त समझतीं और अपनी हमजोलियों की तरह उनसे व्यवहार रखतीं । वे उन्हें पिताजी भी नहीं कहतीं, बल्कि उन्हें 'मूर' कहकर पुकारतीं—अफ्रीका की काली जाति का सूचक यह उपनाम उन्हें साँवले चेहरे और काले घुँघराले बालों की वजह से मित्रों ने दे रखा था । यों तो वह जब तीस साल के भी नहीं थे, तभी उनके समाजवादी शिष्यों ने उन्हें 'मार्क्सदादा' कहना शुरू कर दिया था ।

5

पारिवारिक जीवन

मार्क्स की पत्नी उनकी जिंदगी-भर उनकी सच्ची सहधर्मिणी थीं । बचपन से ही वे एक-दूसरे को जानते थे और जब मार्क्स सतरह साल के थे तभी दोनों में विवाह की बात पक्की हो चुकी थी—यद्यपि विवाह नौ साल की और प्रतीक्षा के बाद हुआ । उसकी पत्नी जर्मनी के एक सुप्रसिद्ध रईस खानदान की लड़की थीं, किंतु उनमें आभिजात्य अभिमान छू नहीं गया था । उनके घर में गंदे कपड़े में जो मजदूर पहुँचते उनके साथ भी वह उसी विनय और सम्मान का व्यवहार करतीं जैसे कि किसी राजकुमार के साथ किए होतीं। वे मजदूर उनके स्वागत-सत्कार को देखकर यह कभी अनुभव भी नहीं कर पा सकते थे कि उनका स्वागत करनेवाली यह गृहिणी जर्मनी के एक सुप्रसिद्ध ड्यूक घराने की लड़की है और इसका भाई आज भी प्रूशिया के राजा का मंत्री है । मार्क्स को अपनी पत्नी पर बहुत घमंड था । उसके सौंदर्य को वह अपनी सबसे कीमती धरोहर समझते । उनकी विनय और भक्ति के बल पर वह सारे दुख झेलने को तैयार रहते !

उनकी पत्नी को बहुत-बहुत कष्ट झेलने पड़े—मार्क्स की सिद्धांतवादिता की कीमत ज्यादा तर उसे ही चुकानी पड़ी; किंतु कभी उसकी भवों पर शिकन नहीं देखी गई ! बल्कि जब कभी मार्क्स अधीर होते, यह रमणी ही उन्हें धीरज बँधाती । उसके स्वभाव में गंभीरता और खुशमिजाजी दोनों का अजीब सम्मिश्रण था । मार्क्स के विरोधी भी श्रीमती मार्क्स के प्रशंसकों में से थे । वह काफी विदुषी भी थीं । मार्क्स अपनी सारी कृतियाँ पहले अपनी पत्नी के सामने रखते, उसकी आलोचनाओं के आधार पर सुधार करते तब प्रकाशनार्थ भेजते । प्रकाशन के लिए कापी तैयार करने का भार प्रायः उनकी पत्नी पर ही होता ।

मार्क्स के कई संतानें हुईं । उनमें से तीन तो उन मुसीबत के दिनों में ही चल बसीं, जब वह लंदन में शरणार्थी का जीवन व्यतीत कर रहे थे, सिर्फ तीन लड़कियाँ जीवित रहीं, जिनकी शादियाँ मार्क्स ने अपनी आँखों से देखीं । बड़ी लड़की का रंगरूप पिता से मिलता था और मँझली का माता से, जो बहुत हो खूबसूरत थी, गोरा चेहरा, गुलाबी गाल, घुँघराले सुनहले बाल मानो अपने नीचे सूरज को ढँके हुए हों । सबसे छोटी बच्ची तो बिल्कुल बच्चा-जैसा देखने में लगती । मार्क्स कहा करते कि उसकी माँ ने भूल की—लड़के को लड़की के रूप

में पैदा किया।

मार्क्स के परिवार में उनकी दासी का स्थान बहुत ही ऊँचा रहा। हेलेन उसका नाम था, वह किसान घराने की लड़की थी। बचपन में ही वह कुमारी जेनी की दासी नियुक्त हुई और जब जेनी श्रीमती मार्क्स बनकर ससुराल आईं, तो वह भी मानो दहेज में आ गई। वह हमेशा मार्क्स के परिवार से लगी रही और उसके सभी सुखदुख की संगिनी बनी। गृहप्रबंध में वह चतुर थी, उसके चलते मार्क्स-परिवार दुख के दिनों में भी शांति पाता रहा। वह रसोई बनाती, बच्चों को खेलाती, सिलाई करती। बच्चे उसे अपनी माँ की तरह मानते। श्रीमती मार्क्स उसे अपनी सहेली ही समझतीं। मार्क्स उसके साथ शतरंज खेला करते और प्रायः ही हारते। मार्क्स को वह देवता मानती और जो कोई मार्क्स की आलोचना करता, उससे लड़ पड़ने में उसे जरा भी हिचक नहीं होती। हेलेन ऐसी दासी किसी को भाग्य से मिलती है!

एँगेल्स यद्यपि मार्क्स का मित्र था, किंतु, बच्चे तक उसे अपने परिवार का ही समझते। वे अपने 'दूसरे पिता' की तरह उसका सम्मान करते। मार्क्स और एँगेल्स की दोस्ती अब इतिहास की धरोहर हो गई है। दोनों में नौजवानी में ही दोस्ती हुई। 1848 में जर्मन-क्रांति असफल हो जाने के बाद मार्क्स और एँगेल्स की मित्रता में व्यवधान पड़ा—एक को मैनचेस्टर रहने को मजबूर होना पड़ा, दूसरा लंदन की गलियों की खाक छानता रहा। अलग होने पर दोनों प्रायः रोज ही एक-दूसरे को खत लिखते। जब कभी एँगेल्स लिखता कि मैं लंदन आ रहा हूँ, समूचे परिवार में आनंद की धारा प्रवाहित होने लगती। आने के दिन तक उसकी चर्चा रहती और उस दिन-भर मार्क्स कोई काम कर नहीं पाते। एँगेल्स पहुँचा नहीं कि बच्चे उससे लिपट पड़ते और मार्क्स में भी बचपन आ जाता। दोनों मित्र उस रात सोते नहीं, सिगार के धुएँ उड़ाते, कॉफी पीते गपशप में ही वे सारी रात काट डालते। ज्योंही अच्छे दिन आए, एँगेल्स मैनचेस्टर से स्थायी रूप से लंदन आ गया और मार्क्स के नजदीक ही एक घर लेकर रहने लगा। तब ऐसा शायद ही कोई दिन होता, जब वे दोनों एक-दूसरे से नहीं मिलते। एँगेल्स की सम्मतियों की कदर मार्क्स सबसे अधिक करते और हमेशा भयभीत रहते कि कहीं एँगेल्स पर कोई विपत्ति न फट पड़े।

मार्क्स पति, पिता और मित्र की हैसियत से भी एक अलौकिक पुरुष थे। उनकी पत्नी, उनके बच्चे, उनकी दासी हेलेन और उनका मित्र एँगेल्स धन्य थे, जिन्हें ऐसे महापुरुष का प्रेम मिला।

6

वैज्ञानिक योद्धा

मार्क्स उन चंद लोगों में से थे, जिनमें वैज्ञानिक प्रवृत्ति के साथ अपने विश्वासों के लिए लड़ने की अटूट आकांक्षा रहती है। वैज्ञानिकों के लिए आवश्यक है कि अपने अनुसंधानों पर वे पक्षपात का दाग नहीं पड़ने दें। वैज्ञानिक अनुसंधान करते समय यह परवाह नहीं की जाए कि उसका फल उनके पूर्व सिद्धांत का खंडन या मंडन करते हैं—किंतु इसके साथ ही वह यह भी मानते थे कि वैज्ञानिकों को सिर्फ प्रयोगशाला में ही अपने को सीमित नहीं रखना चाहिए बल्कि अपने युग के सामाजिक और राजनीतिक संघर्षों में भी खुलकर हाथ बँटाना चाहिए। विज्ञान का उपयोग सिर्फ मानसिक आनंद के लिए नहीं होना चाहिए। जिसे लोगों ने वैज्ञानिक बुद्धि पाने का सौभाग्य प्राप्त किया है, उनके लिए उचित यह है कि वे अपने प्रयोगों का उपयोग मानव जाति के कल्याण के लिए करें। यद्यपि मार्क्स गरीबों से सहानुभूति रखते थे, किंतु समाजवाद का पक्ष उन्होंने इसलिए पकड़ा कि अर्थ और इतिहास के अध्ययन के बाद उन्होंने उसे ही सच्चा समझा। वह कहते थे कि जिनका कोई निहित स्वार्थ नहीं होगा और जो खुले दिमाग से अध्ययन करेंगे, वे सबके सब इसी नतीजे पर पहुँचेंगे, किंतु सच्चे वैज्ञानिक को किसी नतीजे पर पहुँचकर ही नहीं रुक जाना चाहिए। जब उस नतीजे पर उसका विश्वास है, तो उसके लिए

लाजिमी हो जाता है कि उस नतीजे को जनता में मान्य कराने के लिए प्रयत्न करे एवं जनता को उस रास्ते पर चलाने का सतत उद्योग करता जाए।

मार्क्स का मस्तिष्क इतिहास, प्राकृतिक विज्ञान, और दर्शन के अनेक तथ्यों का कोष था और वह इन तथ्यों का समुचित उपयोग करने से कभी नहीं चूकते थे। इन तथ्यों के संग्रह के लिए उन्होंने अगाध परिश्रम किया था। कोई भी प्रश्न उनसे किया जाता, तो वह इस आसानी से ब्योरेवार जवाब देते कि सुननेवाले दंग रह जाते। उनका मस्तिष्क एक लड़ाकू जहाज की तरह था जो बंदरगाह पर हमेशा तैयार खड़ा रहता है पूरी स्टीम के साथ और ज्योंही हुक्म होता है, पलक मारते गन्तव्य स्थान की ओर रवाना हो जाता है। 'कैपिटल' में उनके मस्तिष्क की विशालता का कुछ अनुभव किया जा सकता है; किंतु उनके घनिष्ट मित्रों का कहना है कि 'कैपिटल' से भी उनकी मेधा की पूरी विशालता का अंदाजा नहीं लगाया जा सकता है। अपनी कृतियों से भी वह महान थे।

वह किसी चीज को सिर्फ उसकी सतह पर नहीं देखते थे। वह सतह के नीचे की गहराई तक जाते थे और उसके भिन्न-भिन्न अंगों और उनकी पारस्परिक क्रिया-प्रतिक्रिया का अध्ययन करते थे। फिर वह ऊपर आते और बाह्य वातावरण के साथ उस वस्तु का क्या संबंध है और उसका फल क्या होता है, इसकी छानबीन करते। फिर वह उस चीज के मूल में पहुँचते और देखते कि वह किन रूपांतरों, विकासों या क्रांतियों से गुजरी है और उनका बारीक से बारीक कौन-सा असर उस पर स्थिर हो सका है। वह किसी चीज को उसके अपने ही रूप में, अपने ही फलाफल में नहीं देखते थे। वह संसार को उसकी गति में अध्ययन करते थे। संसार के सारे जीवन को हमेशा बदलनेवाली क्रियाओं और प्रतिक्रियाओं के रूप में अध्ययन करना उनका उद्देश्य था। सत्य के अनुसंधान के लिए असाधारण शांति की आवश्यकता है और उस अनुसंधान को प्रकट करने के लिए भी कम असाधारण शक्ति की आवश्यकता नहीं होती। मार्क्स में प्रकृति ने यह शक्ति प्रचुर परिमाण में दी थी; तो भी हमेशा वह चिंतिति रहते कि वह भाषा में उस सत्य को सही रूप में नहीं उतार पाते। वह बार-बार अपनी कृतियों को दुहराते और अंत में उस चित्रकार की तरह संतोष कर लेते जो अपने मानसिक चित्र को रंग और कूची के सहारे तट पर बार-बार चित्रित करने की चेष्टा करता है, किंतु अंत में इस कार्य में अक्षम हो, बने हुए चित्र को ही पूर्ण मानकर संतोष कर लेता है।

मार्क्स अपने अनुसंधानों में बड़ी ईमानदारी से काम लेते थे। वह कभी ऐसे आँकड़े या तथ्य नहीं पेश करते थे जिसके लिए उनके पास पुष्ट प्रमाण न हों। उद्धृत तथ्य और आँकड़े पर उन्हें संतोष नहीं होता; वह मूल पुस्तक में उनकी खोज करते, भले ही इसके कारण उन्हें अत्यधिक परिश्रम क्यों न उठाना पड़े। मूल स्रोत की तलाश में अज्ञात या कम ज्ञात लेखकों की पुस्तकों के अध्ययन के लिए उन्हें लाचार होना पड़ता था; किंतु वह तब तक चैन नहीं लेते, जब तक उन्हें प्रामाणिकता के लिए आत्मतुष्टि न हो जाए।

'कैपिटल' में हम ऐसे अज्ञात लेखकों के नामों की भरमार देखते हैं। कुछ लोग कहते थे, मार्क्स ने अपनी बहुज्ञता की धाक जमाने के लिए वे नाम दिए हैं; किंतु वह कहते—"मैं तो केवल ऐतिहासिक न्याय उन्हें दे रहा हूँ—जो जिसका हकदार है, उसे वह मिलना चाहिए।"

वह तब तक किसी विषय पर कलम नहीं उठाते थे जब तक कि उसका पूरा अध्ययन नही कर लें। वह अपनी कोई कृति तब तक प्रकाशित नहीं करते थे जब तक कि बार-बार वह उस पर काम नहीं कर लें और उसका रूप मन के लायक नहीं हो जाए। अपनी पांडुलिपि तक वह तब तक किसी को नहीं दिखलाते जब तक कि उस पर आखिरी कलम नहीं लगा लें।...."मैं अपनी पांडुलिपि को जला देना ज्यादा पसंद करूँगा, बनिस्बत अधूरे रूप में प्रकाश में लाने से। 'कैपिटल' के बीस पृष्ठों में इंग्लैंड के कारखानों के मजदूरों पर लिखने के लिए उन्होंने ब्रिटिश म्यूजियम के कारखानों पर लिखी नीली रिपोर्टों की एक पूरी लाइब्रेरी पढ़ डाली थी। उसे उन लोगों से घृणा थी जो इधर-उधर में पाए तथ्यों और आँकड़ों के आधार पर संसार के भाग्य-निर्माण के सपने देखा करते हैं। जो सिर्फ मंचों या धारासभाओं में गरजते-तरजते हैं; या पत्र-पत्रिकाओं में लिखकर लिक्खाड़ बनते हैं, या टेबुल घेरकर गप्पें उड़ाया करते हैं—ऐसे 'खाली दिमाग' लोगों से मार्क्स को घृणा थी। वह

राजनीति को सिर्फ 'विज्ञान' ही नहीं; 'व्यावहारिक विज्ञान' समझते थे।

7
परिश्रम की पराकाष्ठा

परिश्रमशीलता का ही दूसरा नाम प्रतिभा है—यह लोकोक्ति सर्वथा सत्य भले ही न हो, इसमें सत्य का बहुत बड़ा अंश है, इसमें शक नहीं।

ऐसा प्रतिभाशाली व्यक्ति नहीं देखा गया है, जिसमें काम करने की अपार शक्ति नहीं हो। जिन लोगों में यह शक्ति नहीं हो, वे प्रतिभावान साबुन के बुलबुले हैं—रंगीन, लेकिन पोले, जो एक फूँक में उड़ जाएँ। यथार्थ में वे प्रतिभावान हैं नहीं, वे खुद या उनके मित्र महज उनका विज्ञापन करते फिरते हैं।

मार्क्स परम प्रतिभावान थे, तो उनमें चरम परिश्रम की योग्यता भी थी। वह बैल की तरह अपने काम में जुते रहते। जब वह राजनीतिक भगोड़े के रूप में इधर-उधर मारे फिरते, तो भी जरा-सा मौका मिलते ही काम में जुट जाते। दिन में दूसरे कामों से कम फुर्सत होती, तो रात में टेबुल पर जम जाते और सारी-सारी रात लिखने-पढ़ने में ही बिता डालते। उनकी पत्नी इस पर नाराज होतीं, तो हँसकर कहते, मैं काम न करूँ तो जीवित ही नहीं रह सकूँ। बेचारी क्या बोलती—लेकिन जब पचासवें से ऊपर उनकी उम्र गई तो मार्क्स ने भी पाया कि वह अपनी पत्नी को धोखा दे सके, लेकिन प्रकृति को नहीं। तरह-तरह की शारीरिक व्याधियाँ उन्हें परेशान करने लगीं। डाक्टरों से दिखाया गया, उन्होंने रात में काम करने से मना किया। किंतु, डाक्टर के आदेश तब तक ही काम में आते, जब तक फिर कुछ काल के लिए वह स्वस्थ नहीं हो जाते। ज्योंही स्वास्थ्य लौटा, फिर वही पिसाई शुरू हुई। नतीजा यह हुआ कि उनके लीवर ने काम करना छोड़ दिया; अँतड़ियों में अलसर हो गया। और, इन बीमारियों ने आखिर उनकी जान ही ले ली।

रात में काम करने से मना किया जाता, तो वह दिन में ही रात की कसर पूरी करने की कोशिश करते। जब वह टहलने जाते, नोटबुक अपने साथ रखते और क्षण-क्षण उसमें कुछ दर्ज करते जाते। और उनका काम भी ऐसा-वैसा काम नहीं होता। गम्भीर से गम्भीर काम जिनमें पूरी शक्ति लगानी पड़ती। जिन्हें वह तुच्छ काम समझते उनकी तह में जाने पर भी आदमी का दिमाग चकरा जाता है।

मार्क्स अध्यवसाय की जीवित मूर्ति थे। वे काम किए जाते, किए जाते। थकावट क्या चीज है, वह जानते ही नहीं थे। वह कभी-कभी बेहोश तक हो जाते, किंतु थकावट का अनुभव नहीं होता। वह चालीस साल तक लगातार अपने अनुपम ग्रंथ 'कैपिटल' पर मेहनत करते रहे। किसी एक पुस्तक पर एक व्यक्ति द्वारा शायद ही इतना परिश्रम कभी किया गया हो। इस परिश्रम का नकद मूल्य उन्हें उस समय नहीं मिला, मिल भी नहीं सकता था; किंतु, आज दुनिया का शायद ही ऐसा कोना हो जिसमें मार्क्स की अप्रतिम प्रतिभा के स्मारक-स्वरूप यह ग्रंथरत्न नहीं पाया जाता हो।

8
शिक्षक का काम

मार्क्स को सिर्फ पुस्तकें लिखने से ही संतोष नहीं था, नए क्रांतिकारियों को शिक्षित करना भी वह अपना धर्म

समझते थे। प्रतिभाशील परिश्रमी नौजवान छात्र उसे मिल जाते, तब वह उनमें ज्ञान का भंडार भरने में जरा भी कोताही नहीं करते।

छात्रों को शिक्षा देने के पहले वह उनकी योग्यता की जाँच करते। कॉलेज से आए हुए अपनी विद्या और जानकारी पर नाज करनेवाले युवकों की गहरी जाँच करते और अपने अगाध ज्ञान और तीक्ष्ण मेधा से उन पर तुरत ही साबित कर देते कि अभी उनके लिए कितना सीखना बाकी रह गया है। घमंडी 'विद्वानों' को सरल बातों में बहलाकर धीरे-धीरे वह ज्ञान के अथाह समुद्र में ले जाते और वहाँ उन्हें डुबकियाँ लेने को छोड़ देते—जब वे उभचुभ करते होते, मार्क्स की आँखों में आनंद की हँसी खेलती।

मार्क्स की शिक्षक-प्रणाली बड़ी सरल और क्रमबद्ध होती थी। पहले वह सीधे-सादे शब्दों में विषय का प्रारंभ करते, फिर उनकी गंभीर व्याख्या शुरू कर देते। हमेशा ही वह ऐसी भाषा का प्रयोग करते, जिसे साधारण मजदूर भी समझ सकें। विषय के उपसंहार के बाद वह शिष्यों से प्रश्न पूछने को कहते और यदि कोई प्रश्न नहीं किया जाता तो स्वयं उनसे प्रश्न करने लगते। इस चतुराई और सिलसिले से वह प्रश्न-पर-प्रश्न करते जाते कि विषय का कोई अंग अंधकार में नहीं रह पाता। शिक्षण के समय वह ब्लैक बोर्ड का प्रयोग करते—काली तख्ती पर खल्ली से वह फारमूले लिखते जाते और उनका रहस्य शिष्यों पर खोलते जाते।

जब वह टहलने जाते, अपने कुछ प्रिय शिष्यों को साथ कर लेते और टहलते समय भी उन्हें शिक्षा देते जाते। 'कैपिटल' लिखा जाने के पहले ही उसका स्वरूप, अपने शिष्यों को समझाते समय, उन्होंने निश्चित कर लिया था। 'इतिहास की आर्थिक व्याख्या' कलम से उतरने के पहले जबान से उतर चुकी थी और उसके शिष्यों के कानों को पवित्र और मस्तिष्क को प्रोज्वल बना चुकी थी।

9

मार्क्स की लेखन-शैली

कहा जाता है, मार्क्स की कोई शैली नहीं थी, या बहुत बुरी शैली थी। किंतु ऐसा वे ही लोग कहते हैं, जो यह नहीं जानते कि शैली क्या है? या, जो शब्दों के झंकार और मुहावरों की भरमार को ही शैली समझते हैं। शैली लेखक की प्रतिमूर्ति होती है। मार्क्स की शैली में मार्क्स छिपा हुआ है। जो मार्क्स की महानता, उसके ज्ञान की अगाधता, मनुष्य जाति के प्रति उसकी अनुपम अनुभूति को नहीं समझ सकते, वे उसकी शैली क्या खाकर समझ पाएँगे। जो आदमी सत्य का अवतार था, जो सत्य को छोड़कर दूसरा धर्म नहीं जानता था, जो अत्यंत प्रिय सिद्धांतों और भावनाओं को भी तुरत छोड़ दे सकता था ज्योंही उसके प्रयोग उनकी गलती और झुठाई साबित कर दे, वह आदमी अपनी शैली में पूर्णतः प्रतिबिंबित न हो, तो कौन हो? हाँ, यह सही है कि मार्क्स की शैली एक प्रकार की नहीं है; किंतु यह भी क्या कहने की जरूरत है कि शैली सिर्फ लेखक पर निर्भर नहीं करती, बल्कि विषय पर ही निर्भर करती है। 'एटिंथ ब्रूमायर' 'हर वौग्ट' और 'कैपिटल' में आप तीन तरह की शैलियाँ पाएँगे।

'एटिंथ ब्रूमायर' में मार्क्स एक योद्धा के रूप में हैं—हाथों में तीर-कमान या भाला-बर्छा लिए हुए। वह दुश्मन के हृदय को वेध देते हैं निर्ममता से। यदि कहीं घृणा, उपेक्षा और प्रेम ज्वलंत, विध्वंसक, प्रोत्साहक शब्दों में प्रकट हुए हैं, तो 'एटिंथ ब्रूमायर' में। यहाँ मार्क्स की शैली रोमन लोगों की वह लोह-लेखनी बन गई है जिससे वे लिखते भी थे और जिसे वक्त आने पर दुश्मन के कलेजे में घुसेड़ भी देते थे। किंतु 'हर वौग्ट' में मार्क्स एक हँसोड़ व्यक्ति की तरह खड़ा दीखते हैं—अपने दुश्मन की दिल्लगी उड़ाते, उन पर फब्तियों पर फब्तियाँ कसते जाते और खुद हँसते जाते। किंतु 'कैपिटल' में वह दार्शनिक, वैज्ञानिक और ऐतिहासिक—तीनों रूपों में एक ही स्थान पर अवस्थित दृष्टिगोचर होता है। 'कैपिटल' की शैली दुरूह है। आपका कहना बिल्कुल

सही है; किंतु 'कैपिटल' का विषय क्या सरल है? विज्ञान का पथ राजपथ नहीं हुआ करता। पहाड़ों पर चढ़ने के लिए परिश्रम करना होता है। जो लोग 'कैपिटल' की दुरूहता की शिकायत करते हैं वे अपने अज्ञान, आलस्य और दिमागी कमजोरी का ही ढिंढोरा पीटते हैं।

मार्क्स भाषा की शुद्धता पर बहुत ही ध्यान देते थे। मनोभावों और विचारों को शुद्ध रूप में प्रकट करनेवाले शब्दों के चुनाव में वह बहुत ही चौकस रहते। गेटे, लेसिंग, शेक्सपीयर, दाँते और सर्वेंटस ऐसे 'शब्दों के सम्राटों' का वह हामी थे और हमेशा उनकी रचनाओं को वह पढ़ा करते और देखते कि शब्दों का कैसा सुंदर प्रयोग उन्होंने किया है। भाषा की शुद्धता पर उनका इतना खयाल था कि अपनी रचनाओं में विदेशी शब्दों को यथाशक्य वह आने देना नहीं चाहते थे। हाँ, जहाँ उनके बिना भावों का स्पष्टीकरण संभव नहीं था, वहाँ उन्हें लेने में हिचक नहीं होती थी। व्याकरण के नियमों पर भी वह बहुत ध्यान रखते थे—किंतु वैयाकरणों की बाल की खाल निकालनेवाली आदत को वह घृणा की नजर से देखते थे।

भाषाविज्ञान से भी उन्हें शौक था। फलतः भाषा के मूल स्रोत तक पहुँचने में उन्हें कठिनाई नहीं होती थी। 'न्यूयार्क ट्रिब्यून' के लिए वह अँगरेजी में लेख लिखते, जो विशुद्ध अँगरेजी के नमूने के रूप में पेश किए जा सकते हैं। 'दर्शन की दरिद्रता' उन्होंने फ्रेंच में लिखी थी। जिन फ्रांसीसी दोस्तों को उसकी पांडुलिपि पढ़ जाने का सौभाग्य हुआ, वे चकित रह गए, उसकी विशुद्ध भाषा और शैली देखकर। 'कैपिटल' मूलतः जर्मनी में लिखा गया था और उसकी भाषा भी विशुद्ध जर्मन-भाषा का नमूना है। जर्मन-भाषा के प्रामाणिक व्याकरण और कोष का वह नियमित रूप से अध्ययन करते थे। भाषा सीखने का उसे इतना शौक था कि अधिकांश यूरोपियन भाषाओं को तो उन्होंने सीखा ही था। जब क्रीमिया का युद्ध चल रहा था उन्होंने अरबी और तुर्की भाषाओं को भी सीख लेने का आयोजन किया था, किंतु समय और साधन के अभाव के कारण वे ऐसा नहीं कर सके।

10

चलो, मार्क्स के साथ घूमें

चलिए, आज हम लोग मार्क्स के साथ थोड़ी मटरगश्ती कर आएँ। आज रविवार है, आज घर में रहना क्या? फिर मार्क्स की संगत का सुख!

जरा कल्पना की आँखों को खोलिए!

यह लंदन है। यह डीन स्ट्रीट है। यहीं हम लोगों के दादागुरु रहते हैं। यहीं से हमें चलना है, हैम्पस्टीड हीथ को जो प्रिमरोज पहाड़ी के परे है। हैम्पस्टीड का पहाड़ी मैदान—जंगलझाड़ से भरा। छोटी-छोटी टेकड़ियाँ, उनकी हरी-हरी घाटियाँ। आप टहलिए, उछलिए, ऊपर चढ़िए, नीचे उतरिए। कहीं कोई रोकनेवाला नहीं।

भोर से ही घर के बच्चे कोलाहल मचा रहे हैं। हेलेन पिकनिक की तैयारियों में लगी है। श्रीमती मार्क्स अपने बच्चों को सजाने में लगी हैं। मार्क्सदादा के चेहरे पर भी उमंग है। उनके शिष्य पहुँच रहे हैं, मित्र पहुँच रहे हैं। कितने रास्ते में प्रतीक्षा कर रहे होंगे। बड़ी देर हो रही है—तैयारियों में ही हमने दस-ग्यारह बजा दिए। क्या हो, मार्क्सदादा रात-भर कलम घिस-घिस जो करते रहे। देर से उठे हैं और सारे काम तो सिलसिले से ही करेंगे।

काफिला चला। लड़कियाँ सबसे आगे। उनके पीछ नौजवान शिष्य-समूह। तब मार्क्सदादा; उनकी बगल में हम लोगों की दादी हैं। दो-चार बूढ़े-बुजुर्ग 'साथी' उनकी अगल-बगल। पीछे दासी हेलेन—हेलेन बड़ा टोकरा लटकाए। इस टोकरे में क्या है? पावरोटी, मक्खन, भूना हुआ गोश्त, चाय-चीनी, कुछ फल। बोझ भारी है, कभी-कभी कोई शिष्य उसका बोझ हल्का कर देता है।

हम लोग हीथ पर पहुँच गए। एक जगह चुनी गई। यहीं कैम्प गाड़ दिया गया। चाय बनी, कुछ हल्का नाश्ता हुआ। जेब में से अखबार निकालकर सरसरी नजरों से देख लिया गया। फिर मटरगश्ती शुरू की गई।

बच्चे जंगली फूलों को चुनने में लगे हैं। नौजवान शिष्य दौड़ने में होड़ लगा रहे हैं। दो शिष्यों ने, उधर देखिए, कुश्ती शुरू कर दी। कुछ पत्थर पर निशाने लगाने में मगन हैं। और हमारे मार्क्सदादा कहाँ हैं?

यह झरबेरी का पेड़। कच्चे-पक्के फलों से लदा। कुछ फल तोड़े जाएँ! बूढ़ों में भी जोश आया। मार्क्सदादा पत्थर के टुकड़े पेड़ पर फेंके जा रहे हैं। वह थकते नहीं हैं, पेड़ तुरत फल देता नहीं है। संघर्ष जारी है। पेड़ हार जाता है, दादा जीत जाते हैं। एक-एक पका फल गिर चुका है। खुद खा रहे हैं—बच्चों में बाँट रहे हैं। उत्साह की क्या कमी—किंतु, इसके चलते एक सप्ताह तक दाहिने हाथ से कोई काम नहीं कर पाएँगे दादा!

सामने कुछ गधे हैं! राय होती है, सब-के-सब गधे पर चढ़ें। दादा भी एक गधे पर फाँदते है। गधे दौड़ाए जा रहे हैं। दादा अपने गधे को सबसे आगे बढ़ाना चाहते हैं। 'कहीं गिर मत पड़ना दादा'—किंतु दादा का दावा है कि वह अच्छे घुड़सवार हैं! एँगेल्स हँसते हैं—"अपने शरीर की सुध करो, मूर!" दादा अब गिरे, तब गिरे की हालत में हैं! बच्चे तालियाँ पीट रहे हैं।

थककर कैम्प में। पेट कुलबुला रहे हैं—हेलेन का पूरा टोकरा खाली हो जाता है। तब थोड़ा आराम। अब संध्या हो रही है। लौटना है। सब लौटते हैं। बच्चों की किलकारियाँ; नौजवानों की हँसी; दादा की गप्पें! एक गाना गाओ कोई! गाना, लेकिन राजनीतिक नहीं; प्रेम के गाने और देहात के हों तो सर्वोत्तम! कैसा दर्दीला गाना! दादा सुनकर मुग्ध हो जाते हैं। वह दाँते के 'डिवाइन कॉमेडी' से अध्याय पर अध्याय सुनाने लगते हैं! दादी के हृदय की रसधारा में भी तरंगें उठती हैं....वह शेक्सपीयर से अवतरण पर अवतरण सुनाती हैं। यों ही खेलते-कूदते, नाचते-गाते सब घर पर पहुँचते हैं।

और हम भी अब अपनी कल्पना की दुनिया से अपने घर आएँ!

मील के पत्थर

1

बापू की कुटिया में

बापू, यहाँ तुम्हारी इस कुटिया में, तुम्हारे पायताने बैठकर, ये कुछ पंक्तियाँ लिख रहा हूँ।

जब तक तुम यहाँ थे, मैं नहीं आया। यह मेरा दुर्भाग्य था या सौभाग्य? दुर्भाग्य तो था ही, क्योंकि जिसके आदेश पर अपने जीवन के प्रवाह को मोड़ दिया, जिसकी आज्ञा पर बार-बार अपने को संकटों में डाला और सबसे बढ़कर जिस विश्ववंद्य व्यक्ति के दर्शन के लिए दूर-दूर देशों के लोग आते रहे—उसकी जिंदगी में, उसके आवासस्थान पर पहुँचकर, उसकी चरण-रज से अपने मस्तक को धन्य न बना सका, यह दुर्भाग्य नहीं तो क्या है? फिर बापू, तुमने तो अपनी चरणधूलि से मेरे छोटे-से गाँव को भी एक दिन पवित्र किया था। अतः यह स्वभावतः ही उचित था कि जब तुम यहाँ थे, मैं आता और तुम्हारे दर्शनों से, तुम्हारे चरणस्पर्श से अपने जीवन को कृतकृत्य करता। पर, यह सब नहीं हो सका, नहीं हो सका।

किन्तु देखता हूँ, और आज यहाँ प्रत्यक्ष अनुभव कर रहा हूँ—आदमी का दुर्भाग्य भी कभी-कभी सौभाग्य बन जाता है। लगता है, 'देर आयद दुरुस्त आयद' की कहावत बहुत ही सच है। यदि मैं उन दिनों जाता तो क्या मैं तुम्हारे बिस्तर के इतना निकट, इतनी देर के लिए, स्थान पा सकता था? उस शांत एकांत में, अकेले-अकेले इस कुटिया से इतना तादात्म्य प्राप्त करने में सफल हो सकता था? अरे, तुम्हारे पायताने बैठकर अपनी लेखनी को इस तरह सार्थक करने का सौभाग्य उन दिनों क्या खाकर, किस पुरातन पुण्य-बल से, पा सकता था?

उन दिनों जो अधिक-से-अधिक हो पाता, वह यह होता कि तुम्हारे बिस्तरे से सटी, बाँस के डंडे से बनी, उस खिड़की से, बस, तुम्हारी एक झलक मात्र प्राप्त कर सकता, या अधिक-से-अधिक इस दरवाजे से आकर तुम्हें प्रणाम करता हुआ उस दरवाजे से निकल जाता।

तुम्हारा यह बिस्तरा—खजूर की चटाई पर एक गद्दा डालकर और उसे खादी से ढँककर बनाया गया यह श्वेत-शुभ्र बिस्तरा। बापू! लगता है, तुम अभी-अभी यहाँ से कुछ देर के लिए बाहर गए हो और अभी-अभी उस हृदयहारी मुस्कान के साथ पधारोगे। तुम्हारा वह बिस्तरा, तुम्हारा वह तकिया, तुम्हारी वह तुलसी की माला, तुम्हारा वह प्यारा चरखा—सब-के-सब यही तो कह रहे हैं—तुम अभी गए हो, अभी आओगे।

किन्तु नहीं, इस कुटिया के दाहिने द्वार के निकट जो यह घड़ी और खड़ाऊँ की जोड़ी है, वह कहती है—अरे, तुम किस भ्रम में हो। बापू क्या हमें छोड़कर कभी बाहर निकलते थे? वह बाहर कहीं नहीं गए हैं! तो क्या बापू यहीं हैं? कहाँ हैं, बताओ, ओ बिस्तरे, हमारे सारे राष्ट्र के बापू कहाँ हैं?

बिस्तरा नहीं बोलता, किन्तु सेल्फ पर रखे बापू के तीनों चीनी बन्दर तो इशारे से कह रहे हैं—आँखें बंद करो, जबान बंद करो, कान बंद करो—अपने को आत्मस्थ करो, फिर देखोगे, बापू यहीं हैं।

और सचमुच पा रहा हूँ, बापू, तुम कहीं गये नहीं, यहीं हो, इसी बिस्तरे पर, उस तकिये के सहारे, बैठे हो। हाँ-हाँ, इस शांत एकांत में, जहाँ सिर्फ पंडुकों की 'कू-कू' या रहट की 'चर्र-चूँ' ही सुनाई पड़ती है, मैं इस सारी कुटिया को बापूमय पा रहा हूँ।

गाँधी मर गया, बापू चल बसे—कह लो, सुन लो। यदि आँखें हों, हिये की आँखें, तो पाओगे, बापू यहाँ विद्यमान हैं।

देखिए, बापू वह अपने बिस्तर पर बैठे अपने यरवदा-चक्र को घुमा रहे हैं। अभी कुछ देर पहले उन्होंने सामने रखे कलमदान से कलम निकालकर कुछ लिखा है। और अब ज़रा हट जाइए, थके-माँदे बापू हाथ में

तुलसी की माला लिए अपने सामने की दीवार में मिट्टी की उभाड़ से बनाए दो नारियल के वृक्षों के बीच गेरू से लिखे ॐ को निर्निमेष दृष्टि से निहार रहे हैं। और, उस ॐ के ऊपर क्या है?—हे राम!

हे राम! आह, कल्पनालोक से उठाकर मैं किस कठोर चट्टान पर पटक दिया गया! हे राम!—इस शब्द ने कहा—नहीं, बापू अब हमारे बीच नहीं रहे! वह हमसे कबके छीन लिए गए!—उस दिन, जब गोलियों के तीन भयानक धड़ाकों के बीच, दुनिया ने अन्तिम बार उनके मुख से 'हे राम' सुना था!

जनम-जनम मुनि जतन कराहीं।
अंत राम कहि आवत नाहीं।

उस दिन संसार ने पाया था, ऋषियों की परम्परा टूटी नहीं है, बल्कि उसमें नई ज्योति की एक नई कड़ी जुड़ गई है। काश, यह ज्ञान उस अज्ञानी को हो पाता, जिसने हिंदुत्व के नाम पर इतना बड़ा अनर्थ किया!

किंतु, यह तो मेरा दावा है कि वह हमसे सिर्फ बापू का नश्वर शरीर छीन सका। जो नश्वर है, उसे नष्ट होना ही था—एक-न-एक दिन, कभी-न-कभी। किंतु बापू अमर हैं। अपने दिव्य रूप में वह सिर्फ यहाँ ही विद्यमान नहीं हैं, यत्र-तत्र-सर्वत्र उनकी सत्ता और महत्ता व्याप्त है और तब तक व्याप्त रहेगी जब तक आकाश में चाँद, सूरज, तारे हैं और पृथ्वी पर उद्भिज, अंडज, पिंडज हैं।

ओ सवा हाथ चौड़े और चार हाथ लम्बे बिस्तरे! इस सादगी में भी तुम कितने महान् हो, क्या इसका अहसास तुम्हें कभी होता है? अरे, तुम्हें देखकर कितने रत्न-जड़ित स्वर्ण-सिंहासन भी ईर्ष्या से जलते होंगे। क्या कभी उन पर एक क्षण को भी उतना बड़ा आदमी बैठा होगा, जितने बड़े आदमी को कितने ही दिनों, महीनों, वर्षों तक तुम्हें, अपने ऊपर आसीन करने का गौरव प्राप्त हो सका?

यह गौरवशाली बिस्तरा! जिसके सिरहाने दीवार से सटी काठ की तख्ती, जिसकी कठोरता को कम करने के लिए उतना ही बड़ा तकिया। थक जाने पर बापू उसी तकिए के सहारे बैठते। बिस्तरे के दाहिने—बापू की कुछ आवश्यक वस्तुएँ। पत्तों का बना वह टोकरा, जिसमें वह रद्दी कागज-पत्रों को डाल दिया करते। आज भी उसमें कुछ ऐसे कागज-पत्र हैं। उसी की बगल में एक बोतल, जिसमें बापू के पीने के लिए ताजा पानी रखा जाता। बोतल की बाजू में, दीवार से सटा, पीतल का थूकदान, जिसे बापू स्वयं साफ करते। कलमदान जिस पर अब भी उनकी लेखनी रखी है। यह जादू-भरी लेखनी—इसने अपनी नोंक से न जाने कितने लोगों के प्राणों को उद्वेलित किया? एक स्टैंड पर एक पेंसिल। फिर यह यरवदा-चक्र, जिसके चक्कर से ही सारा भारत नाचने लगा, ठीक उसी तरह जिस तरह कृष्ण की वंशी से गोपियाँ नाचने लगी थीं!—अपने को भूलकर, कुल-परिवार को भूलकर, सारे संसार को भूलकर! उससे सटे कताई के कुछ फुटकर सामान—पूनी, ताँत आदि। फिर तीन खानों का एक छोटा-सा सेल्फ।

बापू को समझने के लिए इस छोटे-से सेल्फ को भली-भाँति देखना ही होगा—इसमें बापू का सारा मानस-संसार समाया है। सबसे पहले इसके ऊपर एक कूट की दफ्ती पर टँगी, बड़ी अच्छी लिखी, लारिमर की इस सूक्ति को पढ़िए—

"When you are in the right, you afford to keep your temper. And when you are in the wrong, you cannot afford to lose it."

—G. C. Larimar

हाँ, गुस्सा होने के लिए, क्रोध करने के लिए, तुम्हारे लिए कभी गुंजाइश नहीं है! यदि सच्ची राह पर हो तो उसकी जरूरत ही नहीं, यदि गलत पर हो, तो फिर किस बिरते पर, किस मुँह से, आँख लाल-पीली करोगे!

सेल्फ के ऊपर पत्थर का एक टुकड़ा, योंही ऊबड़-खाबड़, कहीं से उठा लाया गया। यह बापू के लिए पेपरवेट का काम करता था। नीचे के दो खानों में बापू की किताबें। पहले खाने में—(1) सार्थ गुजराती जोड़नी कोश, (2) Rethinking Christianity, (3) हजरत ईसा और ईसाई धर्म और (4) श्रीमद्भगवद्गीता। दूसरे खाने में—(1) रामचरितमानस, (2) श्रीस्वास्थ्य-वृत्ति, (3) आश्रमभजनावली और (4) गीता आणि गीताई।

किताबों के खानों के आगे एक अलमुनियम का डब्बा, जिसमें सूत आदि। फिर, वे तीन सुप्रसिद्ध चीनी बंदर, जिन्होंने इतिहास में स्थान पा लिया है। लगता है, वे तीनों बंदर इस सूने वातावरण से घबरा उठे हैं। नहीं, जैसे एक ने बापू की मृत्यु की खबर सुनकर अपने कान सदा के लिए बंद कर लिए हैं, एक आँखों को तलहथियों से छिपाकर रो रहा है और एक अपने मुँह पर हाथ रखकर कह रहा है—अरे, अब हम-तुम क्या बोलेंगे? जिसे बोलना था, वह तो इस कुटिया को, इस बिस्तरे को, खाली करके सदा के लिए चला गया।

तीन बंदरों की बगल में चिकने पत्थर का एक खुशनुमा टुकड़ा, जिस पर लिखा है—God is Love (प्रेम ही भगवान है); फिर, एक चित्रकारी की हुई डिबिया, जिसमें दो-तीन फुटकर चीजें।

सेल्फ के निचले खाने में कुछ पत्थर के टुकड़े भिन्न-भिन्न आकार-प्रकार के। ये सब पेपरवेट के काम आते थे। फिर बिहार में प्रचलित कीए के आकार का एक ढक्कनदार बरतन।

बिस्तरे के दूसरी ओर तीन छोटे-छोटे डेस्क, जिन्हें वह शायद लिखने के समय व्यवहार में लाते थे। डेस्कों के बाद, खंभे से सटी चटाई पर एक छोटा-सा कालीन, जिस पर दीवार से लगा एक तकिया। यहीं मान्य अतिथि बैठाए जाते और वे बापू से घुल-मिलकर बातें करते। फिर सारे घर में चटाइयाँ-ही-चटाइयाँ।

खजूर की ये चटाइयाँ कितनी भाग्यशालिनी रही हैं! इन्हीं पर देश-विदेश के बड़े-बड़े व्यक्ति बैठते और बापू के मुख से निकले वचनामृत का पान करते। बापू अपने चक्र को घुमाते हुए उनसे बातें करते जाते। यों काम के साथ बात को मिलाकर मानो हमें सदा चेतावनी देते—देखो, समय बर्बाद मत करो। तुम्हारी बातें भी तुम्हारे कर्म के चक्र को कभी नहीं रोक सकेंगी। जिन चटाइयों पर कभी नेहरू, राजेंद्रप्रसाद, पटेल के समान देश के बड़े-से-बड़े लोग और संसार के बड़े-से-बड़े राजनीतिज्ञ, पत्रकार, साहित्यिक बैठते थे, उन पर आज इस दुपहरिया में अकेला मैं बैठा हूँ—इस बात की कल्पना भी भाव-मुग्ध कर रही है।

किंतु इन चटाइयों पर बैठना खाँडे की धार पर बैठना था, क्योंकि इन चटाइयों के ऊपर एक दफ्ती पर वह क्या लिखा हुआ टँगा है? उसे पढ़िए—

"The issue of lying is in deception, not in words : a lie may be told by silence, by equivocation, by the accent on syllable, by a glance of the eye, attaching a peculiar significance to a sentence, and all these kinds of lies are worse and baser by many degrees than a lie plainly worded." *)

—Ruskin

बापू की इस कुटिया के तीन भाग हैं। एक भाग यह है, जहाँ मैं बैठा हूँ, जहाँ कभी बापू रहते थे। इसके बगल में, मध्य भाग में, एक कोठरी है, जिसमें एक चौकी पर एक बिस्तरा सिमटा हुआ रखा है। इस कोठरी में, अंतिम दिनों में अमृतकौर रहती थीं। बिस्तरा गोल कर वह बाहर गईं कि बीच में ही वह दुर्घटना घटी, बेचारी फिर लौटकर नहीं आईं।

इसके तीसरे भाग में बापू का स्नानागार है। कितनी सफाई, कैसी स्वच्छता! बापू अपने कमोड को अपने हाथों कैसा साफ रखते! उसकी सफाई के लिए लकड़ी का ब्रुश है, फिनाइल की शीशी है। कमोड के आगे, उससे सटा एक सेल्फ है, जिसमें पहले कुछ किताबें रहतीं। बापू शौच के समय भी पढ़ा करते। कमरे में पानी की बाल्टियाँ, लोटे, मिट्टी के हंडे आदि हैं। इस भाग के दो हिस्से हैं। एक में शौच और स्नान के ये सामान हैं। दूसरे में एक चौकी है, कुछ तख्ते हैं—बापू के शरीर में यहीं तेल की मालिश की जाती थी।

बापू की कुटिया की एक-एक वस्तु को अपलक दृष्टि से देख रहा हूँ और लिख रहा हूँ। बाँस और लकड़ी की बनाई हुई यह कुटिया; ऊपर खपरैल। दीवारें बाँस की फट्टियों की हैं, जिन पर चटाइयाँ लगाकर ऊपर

---

* "झूठ शब्दों में निहित नहीं है, छल करने में है। चुप्पी साधकर भी झूठ बोला जा सकता है। दोहरे अर्थवाले शब्दों के प्रयोग द्वारा, किसी शब्दांश पर ज़ोर देकर, आँख के संकेत से और किसी वाक्य को विशेष महत्त्व देकर भी झूठ का प्रयोग होता है। वस्तुतः इस प्रकार का मिथ्या प्रयोग साफ शब्दों में बोले गये झूठ की अपेक्षा कई गुना बुरा है।"

से मिट्टी से पोत दिया गया है। कहीं भी चूना या किसी रंग का प्रयोग नहीं किया गया है। दरवाजे और खिड़कियाँ काफी हैं—हवा और रोशनी की कमी नहीं।

बापू, तुम चले गये। यह सदमा हमने, सारे राष्ट्र ने किसी तरह सह ही लिया। किंतु जब यह सोचता हूँ कि बाँस, काठ और चटाई से बनी यह कुटिया आठ-दस वर्षों के बाद नहीं रहने पाएगी—लाख चेष्टा करने पर भी समय का कीट इसे चाट जाएगा, इस कुटिया की जगह यहाँ शून्यता-ही-शून्यता रहेगी, तब हृदय और भी विचलित हो जाता है। मानव को पूजकर हमें संतोष नहीं, तो हम उसकी पत्थर की मूर्ति बनाकर पूजते और संतोष कर लेते हैं, किंतु उससे सम्बद्ध खर-पात से कैसी ममता हो जाती है कि, हम मान लेते हैं, इसकी पूर्ति तो हो नहीं सकती।

हाँ, नहीं हो सकती। कैसा भी संगमरमर क्या, सोने का मन्दिर भी एक दिन तुम यहाँ बनवा लो, इस कुटिया की क्षतिपूर्ति वे कर नहीं सकेंगे। इच्छा होती है, मैं ज़ोर देकर यह कहूँ।

बापू की कुटिया! क्या कोई ऐसा उपाय नहीं कि बापू के बाद कम-से-कम तुम्हें तो सदा इसी रूप में देखने का सौभाग्य पाता रहूँ। तुम नहीं बोल रहीं—तुम्हारा यह नीरव मौन कितना असह्य लग रहा है! काश, तुम समझ पातीं, ओ बापू की कुटिया!

× × ×

और बापू, जब तुम्हारी इस कुटिया में, तुम्हारे बिस्तरे के पायताने बैठकर यह लिख रहा हूँ, तुम्हारी कितनी मूर्तियाँ आँखों के सामने आकर मँडरा रही हैं!

उनमें से चार मूर्तियाँ तो मेरे जीवन से ऐसी लिपटी हैं कि क्या आजीवन उनसे अपने को मुक्त कर पाऊँगा?

पहली मूर्ति—जब मैं किशोर ही था। देहात से आया था, शहर में पढ़ने। शुरू से ही राष्ट्रीयता की ओर झुकाव। तुमने दक्षिण अफ्रीका में जो कुछ किया था, पढ़ चुका था। तुम उन दिनों कर्मवीर गाँधी के नाम से हिंदी-संसार में अभिहित थे। एक दिन मैं अपने स्कूल में पढ़ने जा रहा था कि शहर के एक राष्ट्रकर्मी से भेंट हो गई। वह मेरी प्रवृत्तियों को जानते थे। बोले, कर्मवीर गाँधी इसी ट्रेन से चम्पारन जा रहे हैं। क्या उनके दर्शन नहीं करोगे?

स्कूल की ओर से स्टेशन की ओर मेरी दिशा बदल गई। स्टेशन पहुँचकर उस थर्ड क्लास के डब्बे की ओर बढ़ा जिसमें तुम सफर कर रहे थे।

आज भी याद है बापू, तुम्हारे दर्शनों के लिए मेरे मन में कैसा तूफान उठ रहा था, पैर डगमगा रहे थे, कलेजा धड़धड़ कर रहा था। मैं तुम्हें देखूँगा—कैसे होगे तुम? तुम—कर्मवीर गाँधी! तुम्हारे कई चित्र देखे थे, किंतु क्या चित्र सही रूप दे पाते हैं? उन चित्रों में दो चित्र प्रमुख थे : एक, जब तुम एक ढीला कुर्ता पहने, कंधे से एक झोला लटकाए, हाथ में डंडा लिए सत्याग्रह के लिए प्रस्थान कर रहे हो। दूसरा, तुम्हारे बदन में मिर्जई, सिर पर काठियावाड़ी मुरेठा—ढीला-ढीला। मैं जल्दी-जल्दी उस डब्बे के निकट पहुँचा, जिसके दरवाजे पर कुछ लोग खड़े थे। हाँ, कुछ ही लोग! मैं एक खिड़की के निकट खड़ा होकर भीतर झाँकने लगा—कितनी उत्सुकता से, कितनी व्यग्रता से!

किंतु तुम कहाँ हो? उन दोनों तस्वीरों के आधार पर एक-एक चेहरे को देख रहा हूँ, किंतु कहाँ पा रहा हूँ? एक सज्जन दीखे, गोरे-भभूके, काफी कद्दावर, चेहरे से रौब टपक रहा! हाँ-हाँ, यही गाँधीजी होंगे। जो इतना बड़ा आदमी है, जिसने कितने कमाल किए हैं, जो कर्मवीर है, जो अकेला नीलहे गोरों से लड़ने चम्पारन जा रहा है—उसे तो ऐसा ही तेजस्वी, रौबदार, भारी-भरकम होना चाहिए! किंतु, उन चित्रों से ज़रा भी समता तो इस व्यक्ति में नहीं मिलती!

मैं इसी तरह परेशान था कि वह सज्जन मेरे निकट आये और बोले—गाँधीजी को देख लिया? "जी·····" मेरे मुँह से पूरी बात भी नहीं निकली। उन्होंने बताया, वह, जो उस रौबदार आदमी के आगे के बेंच पर

बैठे हैं, वही गाँधीजी हैं ।

बापू, तुम्हारी वह सूरत आज भी याद है ! रूखा-सूखा तुम्हारा चेहरा, जिस पर सबसे प्रमुख वे दोनों कान !—जैसे संसार के सारे दुःख-दर्द सुनने को व्याकुल । सिर पर वह टोपी—जो पीछे चलकर अपने सुधरे रूप में गाँधी-टोपी के शुभ नाम से अभिहित हुई । शरीर में पतले कालरवाला कुर्ता—खुरदरे कपड़े का । कमर में घुटनों तक की धोती और पैर में चप्पल ! तुम्हारे हाथ में उर्दू की एक प्रारम्भिक पुस्तिका थी, जिसे तुम पढ़ रहे थे और कुछ कठिनाई होती तो मुस्कराकर उस रौबदार चेहरेवाले को दिखाते और पूछ लेते । उसी सज्जन ने बताया, वह रौबदार चेहरेवाला सज्जन मौलाना मजरउल हक़ थे । उन दिनों तक तुम्हारे पैर छूने का रिवाज नहीं चला था, तो भी क्या मेरा मन बार-बार उनके छूने को नहीं ललकता था !

उसके पाँच साल बाद 1921 में तुम्हें देखा । असहयोग का बिगुल फूँकते तुम मुजफ्फरपुर पहुँचे थे । ओहो, कैसी भीड़ उमड़ी थी तुम्हारे दर्शनों के लिए ! दर्शनार्थियों ने तुम्हारे पैर छू-छूकर उन्हें घायल कर दिया था ! तुम्हें निकट से देखूँ, इसके लिए मैंने स्वयंसेवकों में नाम लिखा लिया था । तुम मना कर रहे थे, हम लोगों को हटा रहे थे, किंतु उस पागल भीड़ को कौन रोके ! तुम्हारी वेशभूषा में अधिक परिवर्तन नही हुआ था । हाँ, कपड़े और भी खुरदरे हो चले थे ! किंतु ज्योंही तुम मुँह खोलते, लगता, ज्वालामुखी ने मुँह खोला है—एक-एक शब्द, क्रांति के शोले ! तुम खुले आम सरकार को 'शैतानी सरकार' कहते थे ! इससे सब प्रकार का सहयोग हटाने के लिए जनता को ललकारते थे और एक साल के अन्दर ही स्वराज्य स्थापित कर लेने की घोषणा करते थे । उन दिनों लाउडस्पीकर कहाँ था ? किंतु उस तरंगित जन-समुद्र में भी तुम्हारी आवाज कोने-कोने में पहुँचती थी !

तीसरी बार तुम्हें अत्यंत निकट से देखा, 1934 में, जब भूकम्प से तबाह और बर्बाद मेरे गाँव में गये थे ! बाढ़ के कारण पहले से ध्वस्त-पस्त वह गाँव—पेड़ सूख गये, पशु मर गये, मलेरिया से जनसंख्या आधी हो गई । उस पर भूकम्प ने जैसे उसकी कमर ही तोड़ दी । तुम मेरे गाँव में गये, नाव पर चढ़कर उस विषैली झील को देखा । नाव पर जाते हुए तुमने मल्लाह से कहा, "ज़रा मिट्टी दिखाओ ।" उसने नाव की लकड़ी से मिट्टी निकालकर तुम्हें दिखलाई, तुमने उस मिट्टी को हाथ में लिया, अच्छी तरह देखा, फिर बोले—"इस मिट्टी में तो सोना पैदा हो सकता है !" और लो, तुम्हारा वचन सार्थक हुआ । दूसरे साल से ही वहाँ कितनी अच्छी फ़सल आने लगी !

उस समय तुम्हारा वह वेश स्थायी बन चुका था—कमर में घुटनों तक की धोती, जिसके ऊपर घड़ी लटक रही । बदन पर चादर । किंतु तुम्हारे चेहरे पर कितना तेज ! मेरे बूढ़े चाचा ने चौदह साल बाद तुम्हें देखकर कहा था—हो, गाँधीजी त दिन-दिन जुआन भेल जाइछथुन ! हाँ, 1921 की अपेक्षा तुम कहीं अधिक स्वस्थ और तेजोमय दीख पड़ते थे !

और अंतिम मूर्त्ति तुम्हारी वह, जब हिंदू-मुस्लिम-दंगों के बाद तुम बिहार आये थे ! पटना के मैदान में तुम्हारा प्रवचन होता था । यों मैं अलग-अलग से तुम्हें देख आता था, तुम्हारे प्रवचन सुन लिया करता था । किंतु उस दिन एक मित्र ने मुझे पकड़कर मंच पर बिठला दिया । तुम निकट ही बैठे थे, प्रार्थना शुरू हुई । लड़कियों ने रामधुन और भजन शुरू किया । तुम ध्यानस्थ हो गए—ऐसे कि लगता था, किसी कलाकार द्वारा गढ़ी काँसे की सुघड़ मूर्त्ति यहाँ स्थापित की गई हो । शरीर में ज़रा भी कंपन, स्पंदन कहाँ ? मैं तुम्हारे चेहरे को गौर से देख रहा था । उसी समय न जाने कहाँ से एक मच्छर आ गया और वह बार-बार तुम्हें डँसने लगा । जब-जब वह डँसता, तुम धीरे-से हाथ उठाते और इस सबुक से उसे हटाते कि कहीं उस बेचारे को चोट न लग जाय ! ओहो, बापू, एक तुच्छ मच्छर पर भी ऐसी ममता—तुच्छ मच्छर पर, दुष्ट मच्छर पर ! किंतु वह अपनी दुष्टता क्यों छोड़े ! संयोग से मेरा मझला बच्चा साथ था । उससे यह नहीं देखा गया, एक पंखा लेकर तुम पर झलने लगा, मच्छर भाग गया ।

किंतु जब लड़कियाँ भजन गाने लगीं, बार-बार तुम थोड़ा सिहर उठते ! वे कुछ बेसुरा गा रही थीं ! यह

सिहरन उस बेसुरेपन पर ! नहीं-नहीं, जब भजन समाप्त हुआ, तुमने पूछ ही लिया—क्यों बेसुरा हो गई थीं, तु ' ! कौन कहता है, बापू, कि तुम कलामर्मज्ञ नहीं थे ? यों तो मैं तुम्हें कलाकार ही मानता आया हूँ ! सादगी में क्र. क्या होती है—तुमने हमें बताया, जो रंगों और रूपों के घटाटोप को ही कला मानते आये थे !

तुम्हारी ये चारों मूर्त्तियाँ—कर्मवीर मूर्त्ति, क्रांतिमूर्त्ति, त्रातामूर्त्ति, कलाकार मूर्त्ति— आज जब मैं तुम्हारे पायताने बैठा हूँ, बार-बार ध्यान में आ रही हैं और जब-जब कल्पना करता हूँ, अब तुम्हें प्रत्यक्ष नहीं देख सकूँगा, तुम हमें छोड़कर चले गए, तो कलेजा मुँह को आता है, आँखें छलछला उठती हैं, कलम आगे बढ़ना नहीं चाहती ! आह ! क्या सचमुच हम तुम्हें नहीं देख सकेंगे अब ?

अब मैं बापू की कुटिया के आँगन में आ बैठा हूँ । निस्सन्देह बापू भी कभी-कभी यहाँ आकर बैठते होंगे ।

इस आँगन के तीन तरफ छोटे-छोटे पेड़ हैं । कहा जाता है, इन पेड़ों में से अधिकांश को बापू ने अपने हाथों से लगाया था । इन सब पेड़ों में सबसे बड़ा, सघन और सजीला लगता है एक पीपल का पेड़, जिसे बापू के हाथों से लगाए जाने का निश्चित सौभाग्य प्राप्त है । यह पेड़, इस कुटिया के सदर दरवाजे पर प्रहरी-सा खड़ा है । एक पीपल का पेड़ था, जिसकी छाया ने सिद्धार्थ गौतम को बुद्धत्व दिया और एक यह पीपल है, जिसने अपनी छाया आधुनिक बुद्ध से प्राप्त की है । बापू ने इसे रोपा था, सींचा था, बड़े लाड़-प्यार से इसे बड़ा किया था । बुद्ध-गया के उस पेड़ से इसकी समता देने में शायद कुछ लोगों को एतराज हो, किंतु मेरी कल्पना की आँखें देख रही हैं, समय के प्रवाह के साथ वृद्धि पाती हुई इसकी डालियों की तरह ही इसकी गरिमा और महिमा बढ़ती जाएगी और एक दिन आएगा, जब भारत शांति-संदेश के रूप में इसकी डालियाँ संसार के कोने-कोने में भेजने का लोभ संवरण नहीं कर सकेगा ।

आँगन के उत्तर की ओर क्रमशः ये पेड़ हैं—नीम, हरसिंगार, एक अज्ञात फूल का पेड़ और फिर नीम । पहले नीम के पेड़ से सटा एक गुलाब का झाड़ है और एक बेले का । मुझे बताया गया है, यहाँ बापू ने गुलाब के बहुत-से झाड़ लगाए थे, वे अच्छे फूल भी देते थे, किंतु जब संसार का चलता-फिरता गुलाब चला गया, तो फिर वे गुलाब क्यों न सूख जाएँ, झड़ पड़ें ? हाँ, गुलाब का यह एकाकी झाड़, अपनी सारी श्री और शोभा खोकर भी उस बीते हुए बसंत की याद दिला रहा है । हाँ, उन फूलों की जगह अब सूरन के कुछ सुकुमार पौधे अपनी हरीतिमा से मन को अवश्य मुग्ध कर रहे हैं ।

पश्चिम ओर की पाँत में पेड़ों का क्रम यों है—बेल, हरसिंगार, नीम, एक अज्ञात वृक्ष, नीम, फिर हरसिंगार और इस सबका शृंगार वह पीपल का पेड़ । शरद ऋतु है, सभी पेड़ों के पत्ते धुले-पुँछे हैं । हरसिंगार के पेड़ों से रह-रहकर फूल चू पड़ते हैं । उस अज्ञात नाम पेड़ पर गिलहरी की एक जोड़ी ऊधम मचाए हुए है । अभी एक जोड़ा पंडुक उड़ता हुआ आया, नीम के पेड़ पर बैठा और फिर, शायद मुझ अपरिचित को देखकर, फुर्र से उड़ गया !

दक्षिण ओर हरसिंगार, आम और अशोक की त्रयी । बार-बार सोचता हूँ, इन तीन पेड़ों का यह संयोग आकस्मिक हुआ, या बापू ने कुछ सोच-समझकर भारतीय वृक्षों के इन तीन शिरोमणियों को यहाँ एकत्र किया था—एक में फूल-फूल, एक में फल-फल और एक में पत्ती-पत्ती । एक में गंध-गंध, एक में रस-रस, एक में रूप-रूप । और रूप, रस, गंध में ही तो संसार की सारी नियामतें सन्निहित हैं ।

बापू की इस कुटिया के सामने, पूरब की ओर एक कुटिया है, जिसमें बापू के निकटतम अतिथि आकर ठहरते थे । जब आचार्य नरेन्द्रदेवजी दमे से सख्त पीड़ित थे, बापू ने उन्हें लाकर यहीं टिकाया था । उन्हीं दिनों इंग्लैंड से क्रिप्स-मिशन आया था । बापू दिल्ली गये, किंतु तुरन्त वापस लौटे । प्रेस-प्रतिनिधियों ने पूछा—आप थोड़ा और क्यों नहीं ठहर जाते ? बापू ने कहा—कोई डाक्टर अपने रोगी को किस तरह छोड़ सकता है ? बापू अतिथिनवाज़ थे ।

इस कुटिया के उत्तर की तरफ महादेवभाई की कुटिया है । काफी बड़ी है वह कुटिया । वह सपरिवार

रहते थे। उस कुटिया से बापू की कुटिया तक आने के लिए एक पगडंडी है। उसी पगडंडी से महादेवभाई आते और प्रायः बापू भी वहाँ जाते। अब पगडंडी पर घास उग आई है। जब जानेवाले जाते रहे, तब फिर यह पगडंडी अपना मुँह क्यों न छिपा ले?

दक्षिण तरफ बा की कुटिया है—पूजनीय बा की। जब उस कुटिया के भीतर घूम रहा था, बार-बार बा की महिमा हृदय में खिल उठती थी। इस भोली-भोली अपढ़ स्त्री ने, न जाने किस पुण्य-प्रताप से, बापू-सा पतिरत्न प्राप्त किया था! राम की सीता की तरह बापू की बा भी इतिहास का एक अमर चरित बन गई है। इसमें सन्देह की कोई गुंजाइश नहीं है।

अभी कल एक भाई ने वर्धा में बा के संबंध में एक अत्यंत मनोहर कहानी सुनाई। बापू के जन्म-दिवस के अवसर पर एक सज्जन उनके पास अन्य उपहार-सामग्रियों के साथ एक साड़ी भी लाये। साड़ी देखकर बापू ने हँसते हुए कहा— "क्या अब मुझे साड़ी भी पहननी पड़ेगी?" सब लोग हँस पड़े। उस सज्जन ने कहा— "यह बा के लिए है।" "तो इसे बा के जन्म-दिन पर देना चाहिए था।" —बापू ने फिर हँसते हुए कहा और फिर बोले— "लेकिन उस बेचारी को तो यह मालूम नहीं कि उसका जन्म-दिन कौन-सा है।" बा भी वहीं थीं, कुछ झेंप गईं। फिर बापू ने कहा—"किंतु, तुम हो मुझसे बड़ी, इसमें तो कोई शक ही नहीं।" इतना कहकर वह जोरों से खिलखिला पड़े और सारी कुटिया हँसी से ओत-प्रोत हो गई।

बा उम्र में बापू से बड़ी थीं या छोटी, इसका निर्णय उन दोनों के सिवा कौन कर सकता था? किंतु, जिस तरह छाया कभी-कभी मनुष्य से भी बड़ी हो जाती है, उसी तरह नारी-आदर्श की दृष्टि से बा का चरित बहुत ही महान था, इसे तो बापू ने भी कई बार स्वीकार किया था।

बा की कुटिया में एक चित्र है। बापू बाहर से थके-हारे आये हैं और कुर्सी पर बैठ गए हैं और बा पानी लेकर उनके पैर पखार रही हैं। यही भारतीय नारी है। ओ सभ्यता के चकाचौंध में भूली हुई हमारी बहनो! तुम उन्हें गँवार कह लो; किंतु भारतीय इतिहास ऐसी ही नारियों के चरित्र-चित्रण से पूत-पवित्र है।

बा की कुटिया के सामने खुला मैदान है। वहीं बापू की प्रार्थना होती थी। कीचड़ और धूल से बचने के लिए मैदान में छोटे-छोटे चिकने कंकड़ डाल दिए गए हैं। मैदान के बीच लकड़ी के दो खूँटे हैं। मुझे आश्चर्य हुआ, यह क्या है! पता चला, प्रार्थना के समय इन्हीं खूँटों से लगाकर एक चौड़ा तकिया रख लिया जाता था और बापू उसी के सहारे बैठते थे।

बा की कुटिया के बगल में रसोईघर है। उससे थोड़ा हटकर ईंट का एक डार्क-रूम है, जिसे बापू ने कनु गाँधी के लिए फोटो तैयार करने को बनवा दिया था। बापू की कुटिया के आगे एक और कुटिया है, जो पहले अतिथि-निवास था; किंतु अब आखिरी-निवास कहलाता है; क्योंकि सेवाग्राम छोड़ने के पहले बापू ने इसी घर में विश्राम किया था। अब इस घर में विनोबाजी आकर ठहरते हैं। अपने भूदान-यज्ञ के सिलसिले में इसे छोड़ने के पहले उन्होंने उसके बगल के खेत में कुछ केले लगाए थे। उनके पेड़ अब बढ़कर जवान हो गए हैं। कितने हरे-भरे और सुहावने लगते हैं!

आज न बापू हैं, न बा हैं, न महादेवभाई हैं। अतिथिशाला, आखिरी-निवास, सब सूने-सूने हैं। किंतु ऋषियों को खोकर भी तीर्थस्थान अपना महत्त्व नहीं खो सके, और न यह स्थान ही अपना महत्त्व खो सकेगा; बल्कि ज्यों-ज्यों समय बीतता जाएगा, उसके कण-कण महत्त्व प्राप्त करते जाएँगे।

बापू की इस कुटिया के चारों ओर कुटियों की एक पूरी बस्ती ही बस गई है। फूल-फल, पेड़-पौधों की भरमार है। सचमुच लगता है—ऋषियों की तपोभूमि बहुत-कुछ ऐसी ही होगी। धन्य थी वह घड़ी, जब बापू अपनी लकुटी लिए इस स्थान पर पहले-पहल पधारे! जो सदियों का सेगाँव था, वह सेवाग्राम में परिणत हो गया!

अभी-अभी भोजन-घर में भोजन करने गया था। वहाँ भारत के कोने-कोने का प्रतिनिधित्व करनेवाले नाना तरह के चेहरों के दर्शन हुए—स्त्री, पुरुष, बच्चे, बूढ़े, जवान। लगभग एक दर्जन विदेशी भाई-बहनें भी

पीढ़ियों पर बैठकर खा रहे थे। आर्यनायकम्‌जी से पूछने पर पता चला, वे लोग भिन्न-भिन्न देशों से आए हैं और ऐसे लोगों का ताँता लगा ही रहता है। आज जब वर्धा से आ रहा था, देखा, दो गोरे नौजवान, भ्रमणार्थियों के थैले पीठ पर बाँधे, यहाँ से लौट रहे हैं। उन्होंने हमें देखते ही भारतीय ढंग से नमस्कार किया। ये विदेशी भाई-बहनें भी भारतीय ढंग से ही रोटियों को हाथ से तोड़-तोड़कर खा रहे थे।

दर्शक-पुस्तिका में देख आया हूँ—तरह-तरह की लिपियाँ, तरह-तरह की लिखावटें, तरह-तरह की भाषाएँ, तरह-तरह की बातें। एक कवि ने अंग्रेजी में एक छोटी-सी कविता ही लिख डाली है। उस छोटी-सी कविता में भी यहाँ का वातावरण कैसा सजीव हो उठा है!

घड़ी कहती है—दो घंटे बीत चुके। ये दो घंटे यहाँ कैसे बीत गए? मन कहता है, अभी कुछ देर ठहरो। कार्य-व्यवस्था कहती है, चलो, हटो यहाँ से। दूर से पंडुक पुकार रहा है—कु कूँ-कूँ, कु कूँ-कूँ। अरे-अरे, क्या जल्दी पड़ी है भागने की? क्या तृप्ति मिल गई? और यह लीजिए, पंडुक का एक जोड़ा फिर हरसिंगार की डाल पर आ बैठा। कैसी चकित दृष्टि से वे मेरी ओर देख रहे हैं! क्या वे कह रहे हैं—यहाँ बहुत लोग आते हैं, किंतु कोई तुम्हारे ऐसा धरना तो नहीं देता! और, फिर यह कर क्या रहे हो—उजले कागज पर ये क्या काली-काली लकीरें खींचते जा रहे हो? जाओ, हमारे इस एकान्त राज्य पर यों दखल मत जमाओ—भागो, भागो!

हाँ भई, भाग रहा हूँ। जिसे यहाँ सदा रहना था, जब वही एक दिन इसे छोड़कर चल दिया, तब मुझ-जैसे पथिक की क्या बिसात, जो यहाँ ठहर सके! जाता हूँ, ओ पंछी के जोड़े, जाता हूँ! तुम यहाँ निर्द्वंद्व उड़ान भरते रहो, किलोल करते रहो। बापू की इस कुटिया की धूल सिर पर चढ़ाते हुए तुम्हारे ही शब्दों में तुम्हें भी सलाम दे रहा हूँ—कु कूँ-कूँ! कु कूँ-कूँ!

2

प्रेमचंद अमर हों!

काशी, कम्पनीबाग के निकट का वह चौराहा। एक साधारण-सा व्यक्ति खड़ा। कद, पोशाक, खड़े होने का ढंग—सभी साधारण। सिर खाली। विशुद्ध आर्यत्व की वंश-परम्परासूचक ललाई अभी नहीं खोई, वैसे अस्त-व्यस्त बाल, हवा के झोंके से उड़ रहे। जिन्दगी की कितनी धूप-छाँहों के चिह्न लिए गोरा चेहरा! ललाट में कितनी सीधी रेखाएँ—गालों पर कितनी सिकुड़नें! बे-तरतीब-सी मूँछें। दाढ़ी मानो कई दिनों से नाई की प्रतीक्षा में। शरीर में कमीज, जिसके ऊपर के दो बटन खुले हुए। एक हाथ में छाता। एक हाथ से वह उड़-उड़कर ललाट से छेड़खानी करनेवाले बालों को सम्हालें या बिगड़ैल मूँछों को। साफ-सी दीखनेवाली धोती। साधारण-सा ही जूता।

वह उत्सुक आँखों से एक ऐसे इक्के की तलाश में हैं, जिस पर सवारी की एक ही जगह बची हो और जो छावनी की ओर जाता हो।

जब भाई शिवपूजनजी ने बताया कि यही हैं हिंदी के उपन्यास सम्राट् प्रेमचंदजी, तब मुझे कम आश्चर्य नहीं हुआ; क्योंकि उस समय मैंने साहित्य-क्षेत्र में प्रवेश किया ही था और इसे सोने और शहद से भरा-पूरा समझ रखा था। उपन्यास-सम्राट् और इस सीधे-सादे वेश में! यह तो अब समझ रहा हूँ कि लक्ष्मी और सरस्वती की सौतियाडाह-वाली नानी की कहानी में कितना सत्य है!

इसके बाद लगभग दो वर्षों तक प्रेमचंदजी से प्रायः भेंट होती। मैं 'बालक' के सम्पादन और छपाई के सिलसिले में ज्यादातर काशी ही रहता और प्रेमचंदजी वहीं अपना सरस्वती प्रेस चलाते। प्रेस की हालत अच्छी नहीं थी। प्रेमचंदजी उसे ठिकाने पर लाने के लिए काफी मेहनत करते। दस बजे दिन से शाम तक जुटे रहते।

मेरा खयाल है, किसी अच्छे सहकारी या सेवक के अभाव के कारण अत्यधिक मेहनत और चिंता करने से ही प्रेमचंद पर मृत्यु का वार इतना जल्द हो सका। सचमुच जब कभी सोचता हूँ कि प्रेमचंद जैसे कलाकार को भी तंगदस्ती और झंझटों से लड़ाइयाँ करनी पड़ीं, तब अपने साहित्य के विकास की अवस्था का अन्दाजा लगा पाता हूँ। उफ़, अभी हमारे लिए दिल्ली बहुत दूर है!

उस पहली मुलाकात से, करीब-करीब उनकी मृत्यु के कुछ दिनों पहले तक, मेरी उनकी अच्छी जान-पहचान रही, खत-किताबत रही और जब-तब उनके दर्शन भी कर आता।

उनके प्रति मेरे वही भाव थे, जो किसी देवता के प्रति उसके पुजारी के होते हैं। मैं उन्हें हिंदी की साहित्य-कला का साक्षात् अवतार मानता और उस कला के एक उपासक की तरह अवतार की मानसिक पूजा करता। यही कारण है कि मैं उनके मित्र की तरह उनके दिल में बैठकर उन बातों को नहीं ले पाया, जिनके आधार पर उनके मनस्तत्व की अच्छी-सी तस्वीर खींच सकूँ। उनके बारे में मैं ज्यादा-से-ज्यादा जो कह सकता हूँ, वह यही कि आत्मा से साधारण-सा दीख पड़नेवाला वह आदमी, आदमी की हैसियत से भी, साधारण नहीं था। उसकी इस साधारण-सी सूरत-शकल के अन्दर एक महान आत्मा छिपी थी। आप उसे गुदड़ी में लाल कहो, या मेरी भाषा में, राख से ढकी चिनगारी कहो। सभी महान पुरुषों की तरह वह सीधा-सादा था, इसीलिए वह सदा झंझटों में रहा, लोगों ने उससे फायदे उठाए, उसे धोखे तक दिए; वरना वह भी एक ठाठ की जिंदगी बसर करता, दुनिया की नजरें उसकी चकाचौंध का लोहा मानतीं। किंतु उसके इस सीधेपन में एक बाँकपन भी था, जो सभी असाधारण पुरुषों में पाया जाता है। इसी बाँकपन ने उसे समाज, सरकार और पूँजीवाद से मोर्चे-पर-मोर्चे लेने को प्रेरित किया। उसके हाथ में कलम थी तो क्या हुआ, वह योद्धा था। जब उसने देखा, समाज उसके प्रेम-संबंध में बाधक हो रहा है, उसने उसे जमकर ठोकर लगाई। जब देखा, सरकार अनीति की राह पर बेधड़क बढ़ती जा रही है, उसने उससे संबंध-विच्छेद कर लिया। जब देखा, शुद्ध साहित्य के क्षेत्र में भी पूँजीवाद अपना विषैला प्रभाव जमाए जा रहा है, उसने उसके खिलाफ युद्ध किया। अपना प्रेस, अपना प्रकाशन। क्या वह इनसे पैसे बटोरकर मालामाल होना चाहता था! ग़लत बात। यदि यह कामना उसकी होती तो उसके प्रेस, पत्रिका और परिवार को हम किसी दूसरे ही रूप में देखते। मैं ऐसे लोगों को जानता हूँ, जो रद्दी चीजों का प्रकाशन करके लखपति बन गए। फिर प्रेमचंद का क्या कहना! किंतु यहाँ तो उसका बाँकपन था—टूट जाय पर मुड़े नहीं, एक अड़, एक टेक!

उसकी महानता, उसकी असाधारणता की सबसे बड़ी सूचक है उसकी कला। हिन्दी-साहित्य की विकास-धारा की दूरी जानने के लिए जो कुछेक 'मील के पत्थर' हमें गिनने पड़ते हैं, उनमें एक को, जो हमारे सबसे निकट का है, हम प्रेमचंद के नाम से अभिहित कर सकते हैं। हिंदी के इतिहास-लेखकों ने हमारे साहित्य के काल-निर्देश में मनमाने ढंग से काम लिया है, उसकी कोई वैज्ञानिक भित्ति नहीं। साहित्य हमारे समाज का दर्पण है। सरह से लेकर आज तक का हमारा साहित्य इन दस-बारह सौ वर्षों के हमारे समाज की जीती-जागती तस्वीर है। इसके दरम्यान समाज जिस तरह सोया, जिस तरह करवटें बदलीं, कभी उठा, कभी फिर चादर तानकर सो गया, ठोकरों ने जिस तरह उसे फिर जगाया और आज वह जिस कशमकश में है, सबके अलग-अलग चित्र हमारे साहित्य में भरे पड़े हैं। सरह, चंद, विद्यापति, कबीर, तुलसी, सूर, बिहारी, भूषण, हरिश्चन्द्र, प्रेमचन्द—जिस दिन आप अपने साहित्य का काल-विभाग वैज्ञानिक भित्ति पर करेंगे, इन्हीं को आधार मानकर आपको चलना पड़ेगा। सरह—हमारा समाज बौद्ध-धर्म से हटकर तंत्रवाद का पूजक है—दुनिया रहस्यमय, सबसे रहस्यमयी नारी। चन्द—बौद्ध-धर्म की प्रतिक्रिया के रूप में क्षात्रधर्म, किंतु विलासिता साथ-साथ। विद्यापति—हिन्दू धर्म राज्य से वंचित, विलासिता में डूबा। कबीर—पराजय को समन्वय में बदलने की चेष्टा। तुलसी—नश्वरता पर भक्ति का पुट। सूर—भक्ति में श्रृंगार का पुट। बिहारी—श्रृंगार ही श्रृंगार, यानी विलास का घोर दौरदौरा। भूषण—फिर एक जागरण, किंतु क्षणिक। हरिश्चंद्र—एक नई शक्ति ने नई ठोकरें लगाईं, 'जागो, जागो रे भाई' की पुकार। प्रेमचंद—हमारे पीड़ित समाज में एक नये वर्ग की अगवानी की सूचना। और, चूँकि यह नया वर्ग

एक बिल्कुल नये समाज के पुनर्गठन की सूचना देता है, अतः इनमें भी प्रेमचंद की महत्ता कहीं अधिक व्यापक है। सरह से लेकर हरिश्चंद्र तक यद्यपि कितने ही उत्थान-पतन हुए हैं, तथापि इनका नेतृत्व एक ही वर्ग के हाथ में रहा है। प्रेमचंद की रचनाएँ एक बिलकुल नये वर्ग के नेतृत्व का आभास देती हैं। अतः, यह भी सम्भव है कि जब कुछ शताब्दी बाद हिंदी का इतिहास लिखा जाय तो हमारे साहित्य को दो ही भागों में बाँटा जाय—एक वह, जिसका प्रारम्भ सरह से होता है और दूसरा वह, जिसका प्रारम्भ प्रेमचंद से होता है।

मैं जानता हूँ, कुछ लोग मेरे इस काल-विभाग पर नाक-भौं सिकोड़ेंगे। कुछ लोग कहेंगे—प्रेमचंदजी के बारे में यह अतिशयोक्ति मैं उनकी मृत्यु-जनित भावुकता के कारण कर रहा हूँ। मैं मानता हूँ, प्रेमचंदजी के प्रति मेरी भक्ति भावुकता से खाली नहीं है। भावुकता को मैं ऐसी बुरी चीज नहीं मानता कि अपने को उससे बचाऊँ। मैं यह भी मानता हूँ, उनकी मृत्यु ने मुझे बहुत ही मर्माहत किया। किंतु यह निश्चय जानिए, मेरा उपर्युक्त कथन भावुक भक्त की आवेश-वाणी मात्र नहीं, उसमें तथ्य है। हाँ, इस तथ्य को जानने के लिए आपको साहित्य, कला, नीति आदि को एक नई नज़र से देखना-परखना होगा। पर, यह स्थान नहीं कि उस संबंध में कुछ विस्तार से कह सकूँ।

संक्षेप में यों समझिए। हमारे हिंदी-साहित्य का जन्म उस समय हुआ जब भारत सामंतशाही युग से गुज़र रहा था। संयोगवश देशी सामंतशाही बहुत बिखरी, ढीलीढाली थी। कुछ विदेशी कबीले इस पर टूटे। दोनों लड़े। विदेशियों की विजय हुई। किंतु जहाँ उनकी तलवार जीती, वहाँ हारे हुए लोगों की तहज़ीब ने उन पर विजय प्राप्त की। तहज़ीब—सामंतशाही तहज़ीब। कुछ दिनों तक लोगों में खूब घुटी। पर फिर कशमकश शुरू हुई। इतने में एक तीसरी शक्ति कूद पड़ी। वह इन दोनों से मजबूत थी; क्योंकि वह उनके युग से गुजरकर आगे के युग में पैर रख चुकी थी; यानी, यह तीसरी, सामंतशाही के बाद के वर्ग, पूँजीशाही, का प्रतिनिधित्व करती थी। पूँजीशाही जीती, सामंतशाही हारी। पूँजीशाही के दौरदौरे शुरू हुए। उसने सामंतशाही की ठठरी कहीं-कहीं भले ही रख छोड़ी हो, किंतु उसने उसका सत्त ज़रा भी नहीं छोड़ा। यही नहीं, इस पूँजीशाही का पेट केवल इतने ही से नहीं भर सकता था, उसने प्रत्यक्ष शोषण शुरू किया, जिसका फल हुआ देश में ऐसे वर्गों का उदय, जो थे तो अनादि-काल से ही, किन्तु जिनकी ओर हमारा ध्यान ही नहीं गया था। पूँजीशाही जिस प्रकार सामंतशाही की ही पितृ-भक्त औलाद है, उसी तरह मजदूर-किसान वर्ग पूँजीशाही की पितृ-घाती संतान है।

अब अपने साहित्य को देखिए। वह आज तक सामंतशाही को ही केंद्र-बिंदु मानकर अपना क्रीड़ा-कौतुक दिखाता रहा। चाहे हम किसी दशरथ राजा के बेटे की गाथा गाएँ या किसी शाहजी के पुत्र शिवाजी की, शिवसिंह हों या पृथ्वीराज, थे तो एक ही वर्ग के। जयपुर-नरेश हों या कोई अन्य नरेश-महेश, यदि कोई नहीं मिला तो स्वयं बेचारे श्रीकृष्ण तो हैं ही, उन्हीं के सिर पर खेल लीजिए। पर इन सबके बीच एक ही वर्ग का सिलसिला है—स्थान, काल, पात्र से थोड़े विभेद के अनुसार। किन्तु उस युग का तो खात्मा हो गया। अब तो युग पूँजीशाही का है। पूँजीशाही का यश गाइए या उसकी विद्रोही संतान किसान-मजूर का। यदि आप प्रगतिशील हैं तो आप किसान-मजूर को ही अपना पात्र बनाएँगे। प्रेमचंदजी ने यही किया। यही उनकी कला की सबसे बड़ी खूबी है, जो उन्हें सदा के लिए अमर रखेगी। इस दृष्टि से देखिए, तभी आपको यथार्थ रूप में मालूम हो सकेगा कि प्रेमचंदजी कितने महान, कितने असाधारण थे! आप उन्हें साहित्यिक नवयुग का अग्रदूत मजे में कह सकते हैं।

और जब आप यह देखेंगे कि इस वर्ग के इस प्रथम कलाकार ने ही अपनी कला को कितना मोहक, आकर्षक और रंगीन बना पाया, तब तो आपको और भी ताज्जुब होगा। जिन्हें हम गूँगा-मूक समझते थे, उन्हें उसने जुबान दी; जिन्हें हम अंधा-सूर समझते थे, उनकी आँखों को उसने नूर दिया। झोंपड़ियों की कौन बात, खेत की मेंड़ पर बनी मड़ैयों तक को उसने बोलना, हँसना, प्यार करना, रोना, सिखलाया। हमारे विविधतापूर्ण समाज की इस निचली तह में भी विविधता की कमी नहीं, प्रेमचंद की कला ने स्पष्ट कर दिया। उनकी कहानियाँ देखिए, पता चल जाएगा। उनकी अंतिम रचना 'गोदान' के एक-एक पात्र—स्त्री और पुरुष—इसके प्रत्यक्ष

प्रमाण हैं। गरीबों के भी दिल होते हैं, वे भी प्रेम करते हैं, प्रेम के लिए कुर्बानियाँ करते हैं, उनमें भी सहानुभूति और समवेदना होती है, जो धनिकों की सहानुभूति और समवेदना की तरह उथली, केवल जुबान की, नहीं होती। उनमें भी मान और सम्मान का खयाल होता है और उस पर आघात किया जाय तो जान लड़ाकर भी वे उसकी रक्षा करते हैं। हाँ, जिन्हें हम नर-कंकाल समझते हैं, उनमें भी जोश है, गरम खून है, प्रतिरोध की भावना है, लड़ने की ताकत है, बलिदान का माद्दा है, इत्यादि बातें आप प्रेमचंदजी की कला में भरी पड़ी पाएँगे।

प्रेमचंद उस युग में हुए, जब हमारा समाज, हमारा देश एक बड़े संक्राति-काल से गुजर रहा था। बड़ी-छोटी शक्तियाँ आपस में टकरा रही थीं, जिनकी टक्कर वायुमण्डल को बेतरह विक्षुब्ध किये हुए थी। कभी एक खास जगह में एक महाभारत हुआ था। आज तो ऐसे महाभारत, संसार को छोड़िए, हमारे देश के कोने-कोने में हो रहे हैं। इन महाभारतों के सजीव चित्रण के लिए हमें एक वेदव्यास चाहिए था। प्रेमचंद हमारे इस युग के वेदव्यास थे। 'सेवा-सदन' से 'गोदान' तक पढ़ जाना, हमारे इस युग के इतिहास को पढ़ जाना है। वैसा इतिहास, जो तारीखों और व्यक्तियों पर निर्भर न करके, उस अंतर्धारा का सजीव चित्रण करता है, जो समाज की रीढ़ है।

उस साधारण झुर्रीदार चेहरे के अंदर, बेतरतीब मूँछ और उभड़ी-सी भवों के बीच जो मामूली आँखें थीं, वे कितनी सूक्ष्मदर्शी, पारदर्शी थीं, इसका पता तब लगता है जब हम उनके पात्रों पर विचार करते हैं। राजकुमार से लेकर भिखमंगों तक, खूँखार सरहदी से लेकर भोलेभाले किसान तक, खानाबदोश जिप्सियों की शोख औरतों से लेकर शत-शत आँखों पर नृत्यशील नर्तकियों तक—अजी, केवल मानवों की क्या बात, घोड़ों-बैलों तक को उसने अपनी रचनाओं का पात्र बनाया; किंतु उसका चरित्र-चित्रण कितना सच्चा, कितना स्वाभाविक, कितना सजीव हुआ है! पूँजीपति, जमींदार, किसान, मजदूर, हिंदू, मुसलमान, क्रिस्तान, बूढ़ा, जवान, बच्चा, खोमचेवाला, कलन्दर, सँपेरा, दानी-सूम, राजा-रंक, गृहिणी-भिखमंगिन, ब्राह्मण-चमार, होली-ईद, अट्टालिका-झोंपड़ी, जो जहाँ है, अपनी जगह पर है, अपनेपन के साथ है। कहीं भी अस्वाभाविकता, बनावट का नाम नहीं। यदि इस दृष्टि से देखिए, तो संसार के कलाकारों में वह अपनी एक खास जगह रखते हैं।

प्रेमचंद को, जैसा कि पहले कहा जा चुका है, केवल कलाकार का नहीं, एक योद्धा का जीवन भी व्यतीत करना पड़ा। उनका बहुत-सा समय इस युद्ध में ही बीता। जब मैं उन्हें दस बजे से पाँच बजे तक प्रूफ देखते, या प्रेस की दूसरी झंझटों को सुलझाते देखता, फिर उनकी रचनाओं को देखता, तो मुझे आश्चर्य होता कि वह कब समय बचाते हैं जो इतना लिख पाते हैं! उनका ऐसा बहुत कम समय बीता, जब एक साहित्य-निर्माण ही उनका पेशा रहा हो। कभी स्कूल-मास्टरी, कभी प्रेस-मैनेजरी, कभी सम्पादकी, कभी फिल्म-निर्माता, यों सदा किसी-न-किसी पेशे में वह जुते रहे। तो भी, यदि उनकी कृतियों को आप परिमाण के खयाल से भी देखिए तो आश्चर्य होगा। मालूम होता है, उनके इस छोटे शरीर का ज़र्रा-ज़र्रा साक्षात् प्रतिभा था। यों तो उनकी स्वतंत्र, मौलिक रचनाएँ भी आजकल के हमारे किसी साहित्यकार की कृतियों से, परिमाण के खयाल से भी, बाजी मार सकती हैं, फिर यदि हम उसमें उनके द्वारा अनूदित और संकलित ग्रन्थों को भी जोड़ दें तो वह अनायास ही बेजोड़ बन जाता है।

प्रेमचंद अपने उपन्यासों और कहानियों के लिए मशहूर हैं। कुछ लोगों का कहना है कि उपन्यासों की अपेक्षा वह कहानी लिखने में ज्यादा सफल हुए। ऐसे ही कुछ लोग कहा करते हैं कि उनकी कुछ चीजें बहुत ही शिथिल और उनके नाम के अनुरूप नहीं। पहली बात का जवाब देना फिजूल है। यह तो अपनी-अपनी रुचि की बात है। कोई छोटी चीजें पसन्द करता है, किसी की तृप्ति बड़ी चीजों से होती है। एक बात और भी है। प्रेमचंद के प्रायः सभी उपन्यास समस्यामूलक हैं। हमारी समस्याओं को लेकर उन्हें उनके यथार्थ रूप में दिखाना, उन समस्याओं से उत्पन्न गुत्थियों को अलग-अलग करके समझाना और फिर उन गुत्थियों के सुलझाव का अपना एक तरीका पेश करना प्रेमचंद के प्रायः सभी उपन्यासों का यह मूल उद्देश्य है। दृष्टिकोण के भेद से समस्याओं के रूप, फल और सुलझाव के बारे में भिन्न-भिन्न रायें हो सकती हैं। उन रायों की विभिन्नता से उपन्यासकार की प्रतिपादन-प्रणाली पर हमें सहानुभूति या विरक्ति भी हो सकती है। फलतः उन उपन्यासों के बारे में रायें भी अलग-अलग हो सकती हैं। किंतु उपन्यासकार की सफलता उसकी कृतियों के विषय पर निर्भर नहीं माननी

चाहिए। उसकी सफलता की मुख्य कसौटी है चरित्र-चित्रण। 'सुमन' (सेवासदन), 'सूरदास' (रंगभूमि) या 'होरी' (गोदान) की जिंदगी की फिलासफी पर मत जाइए; देखिए, जहाँ जिस रूप में इनके कार्य हुए हैं, उनमें अस्वाभाविकता तो नहीं है। और, इसमें भी एक बात तो खयाल में रखिए ही कि प्रेमचंद 'कला कला के लिए' वाले बेसिर-पैर के जीव नहीं थे; वे आदर्शवादी लेखक थे, अतः साधारण कमज़ोरियों से अपने पात्रों को ऊपर उठाए रखना उनका कर्तव्य था।

अब दूसरी बात पर आइए। उनकी कुछ रचनाएँ मामूली हैं। मैं भी इस बात को मानता हूँ। कभी-कभी मुझे भी इस बात पर झिझक हुई है। किन्तु इसमें एक बात याद रखनी है कि प्रेमचंदजी को किस परिस्थिति में रहकर ये रचनाएँ रचनी पड़ीं। एक तरफ जीवन-युद्ध की वह झकझोर, दूसरी ओर आवश्यकताओं की चाबुकबाजी और तीसरी तरफ मानो जले पर नमक, हम और आप-जैसे वे लोग, जो अपनी पत्र-पत्रिकाओं के नाम और गरिमा को ऊपर उठाए रखने के लिए, मुफ्त लिखने को, तकाजे के मारे उनका नाकों दम किए रहते!

प्रेमचंद की कला, जैसा कि पहले कह चुका हूँ, हमारे साहित्य के उस क्षेत्र में प्रवेश करने की सूचना है, जो अब तक अछूता रहा। यदि हम पारिभाषिक शब्दों की शरण लें तो प्रेमचंद हिंदी के प्रथम जन-साहित्य-निर्माता थे। हमारा साहित्य आज तक जमातों का चरण-चुम्बन करता रहा, अब वह जनता को अपना जीवन-संगी बनाने जा रहा है। प्रेमचंद हमारे साहित्य के इस महान विच्छेद के स्तूप थे। इस बात ने जहाँ उन्हें साहित्यिक विकास के इतिहास में एक अनुपम स्थान दे रखा है, वहाँ इसके चलते उनकी रचनाओं में एक गड़बड़झाला भी है, जिसे हम लोग, जो उनके साहित्यिक वंशधर हैं, न भूलें। स्वभावतः और मुख्यतः प्रेमचंदजी जन-साहित्य के निर्माता थे, किंतु उनकी रचनाओं में हम सामंतशाही युग की कुछ अस्फुट झलक भी पाते हैं। ऐसा होना स्वाभाविक भी था। हमारी जनता में अब तक की चेतना उतनी प्रस्फुटित नहीं हुई है और न हम जनसेवियों का आदर्शवाद ही उतना निखर पाया है कि इसके पूर्व युग के अवशिष्टांश की कोई छाया हम पर न पड़े। अतः हमारी रचनाओं में कुछ ऐसा गड़बड़झाला होना कोई गैरमामूली बात नहीं। मैंने स्वयं प्रेमचंदजी से इसकी चर्चा की थी। उन्होंने अपनी नई रचना 'गोदान' तक प्रतीक्षा करने का मुझे आदेश दिया था। 'गोदान' निस्संदेह इस दृष्टि से उनकी पूर्व रचनाओं पर तरजीह पाने योग्य है, किंतु वहाँ भी वह 'निखार' नहीं। जो लोग जन-साहित्य के निर्माण में प्रेमचंदजी के पद-चिह्नों पर चलनेवाले हैं, उन्हें चाहिए कि अपने उस महान नेता के अधूरे काम को उसके अनिवार्य परिणाम तक पहुँचाएँ।

यहाँ एक बात की और चर्चा कर देना जरूरी है। वह है भाषा के बारे में। प्रेमचंद ने हमें केवल जनता का साहित्य ही नहीं दिया, वरन् वह साहित्य कैसी भाषा में लिखा जाना चाहिए, उसका भी पथ-निर्देश किया। जनता द्वारा बोले जानेवाले कितने ही शब्दों को, उनकी कुटिया-मड़ैया से घसीटकर वह सरस्वती-मंदिर में लाये और इसी प्रकार कितने ही अनधिकारी शब्दों को, जो केवल बड़प्पन का बोझ लिए हमारे सिर पर सवार थे, इस मंदिर से निकाल बाहर किया। हमें इस पथ पर भी आगे बढ़ना है।

इसलिए कहता हूँ—प्रेमचंद अमर हों, अमर हो उनकी भावना, अमर हो उनकी भाषा!

3

बरनार्ड शॉ : उन्हीं के शब्दों में

"सभी आत्मकथाएँ झूठी हैं।"—जिस व्यक्ति ने यह घोषणा बार-बार की, कितने आश्चर्य की बात है, उसको, विरोधियों द्वारा उत्तेजित किए जाने पर, या मित्रों द्वारा बार-बार आग्रह किए जाने पर, अपने बारे में इतना कह जाना पड़ा कि यदि उन सबको एकत्र कर दिया जाए, तो एक उच्च श्रेणी की आत्मकथा बन जाए! हाल में

'सोलह आत्मचित्र' के नाम से उसने एक पुस्तक भी प्रकाशित कराई और फिर बतलाया कि उसने अपनी आत्मकथा क्यों नहीं लिखी।—"मैंने न किसी की हत्या की, न कोई अघट घटना मेरे जीवन में घटी ! फिर आत्मकथा में लिखा क्या जाए ? और आत्मकथा को पठनीय होने के लिए कलात्मक तो होना ही चाहिए।" वह मानता है कि सर्वोत्तम आत्मकथा वही है जिसमें आत्म-निवेदन हो, अपने पापों की स्वीकृति हो। किंतु क्या यह सबके लिए सम्भव है ? कोई रूसो, कोई गाँधी ही ऐसा कर सकता है। साधारणतया आत्म-निवेदन के नाम पर लोग अपने पापों पर पर्दा ही डालते हैं। अतः कोई सिलसिलेवार आत्मकथा लिखने से उसने अपने को सदा बचाया। 'आत्मचित्र' में उसने उन बातों पर ही प्रकाश डाला "जो या तो छोड़ दी गई थीं या जिनके बारे में गलतफहमियाँ पैदा हो गई थीं।"

शॉ यह भी समझता था कि कलाकार आत्मगोपन भी नहीं कर सकता। मानव और प्रकृति के गहन रहस्यों का उद्घाटन ही जिसका पेशा है, वह अपने बारे में चुप रहे ! असम्भव ! वह अपने को प्रकट करता है; प्रतिदिन, प्रतिक्षण प्रकट करता है, किन्तु आत्मकथा के रूप में नहीं, अपनी कृतियों के रूप में। "मेरे संबंध में जो चीजें देने लायक हैं, उन्हें या तो मैंने पुस्तकों की अलमारियों में धर दिया है या रंगमंचों पर। जो सुनने लायक थीं, सुनाई जा चुकी हैं।" वह ठीक ही पूछता है कि शेक्सपियर से उसका 'हैमलेट' छीन लो और उसके बदले उसके जन्म की घड़ी से मृत्युपर्यन्त की एक रंगीन तस्वीर बना लो, तो क्या यह पिछला शेक्सपियर पहले शेक्सपियर से ज्यादा आकर्षक और दिलचस्प होगा ?

किंतु एक विशाल वट-वृक्ष की हरी-हरी पत्तियों, लम्बी-लम्बी जटाओं और मोटी-मोटी डालों को ही देखकर मानव का मन तृप्त नहीं हो जाता ! उसमें उत्कंठा जगती है उसकी जड़ें देखने को—जो इन सबकी आधार हैं। कुदाल चलाना कठिन काम है, वृक्ष को क्षमा मिल जाती है। किन्तु महापुरुष—वह बेचारा ! प्रश्नों की बौछार, फिर झूठी-सही अटकलबाजियाँ ! चुप वह रहे तो कैसे ! उसे बोलना पड़ता है, रहस्य खोलना पड़ता है। इससे भी लोगों ने इसी प्रकार रहस्य खुलवाए। और, यह साहित्य के लिए अच्छा ही हुआ। इस युग का जो सबसे महान साहित्यिक था, उसके बारे में हम इतना अधिक जान सके।

ये सामग्रियाँ जहाँ-तहाँ बिखरी पड़ी हैं। उन्हीं में से कुछ को चुनकर, सजाकर ये गुलदस्ते बने हैं। देखिए तो—बरनार्ड शॉ को शॉ के ही शब्दों में—

पालने में

मेरे पहले जीवनी-लेखक मेरे पिता थे, श्री जार्जकार शॉ। साझे में गल्ले का व्यापार करते थे, सफल व्यापारी न थे, क्योंकि मुल्की हाकिम थे, पेंशन बेचकर वह व्यापार शुरू किया। अधेड़ होने पर शादी की—तीन बच्चे हुए। आखिरी बच्चा मैं—जार्ज बरनार्ड !

1857 की जुलाई में मेरी माँ अपने मैके गई। मैं एक वर्ष का था—बौब कहलाता था ! पिता ने माँ को पत्रों में मेरे बारे में लिखा था—

"17 जुलाई 1857 : बेचारे के पेट में रात जोरों का दर्द शुरू हुआ, किन्तु भोर में वही चपलता, हँसी-खुशी। किशमिश कुछ ज्यादा खा ली थीं।

"20 जुलाई : शैतान दिन-दिन बदमाश होता जा रहा है। भोर में साँड़ की तरह डकारता और हाँफता है। ऐसा लगता है, तुम लौटोगी तो यह दौड़कर गली की मोड़ पर ही तुमसे जा मिलेगा।

"24 जुलाई : बौब ने कल अपने टोप को टुकड़े-टुकड़े कर दिया।

"27 जुलाई : बौब के लिए नया टोप खरीद दिया गया, 10) लगे। उसका जन्मदिन है न ! कुछ ज्यादा खर्च हुए तो क्या ! कल बौब अपनी बहन के साथ बिछावन से गिर गया—सिर के बल, किन्तु चोट नहीं आई।

"रविवार की भोर : बौब कुछ देर मेरे साथ बिछावन पर रहा, फिर उसने जलपान किया। एक पछाड़ आज भी खाई, किंतु थोड़ी देर चिल्लाने के बाद फिर हँस रहा है।

" 30 जुलाई : बौब की शैतानी बढ़ती जा रही है ।

" 3 अगस्त : बड़ी निराशा होगी, यदि बौब तुम्हारी चिट्ठी हाथ में लिए मेरे निकट न आ पहुँचे और उससे चिट्ठी लेने में छीना-झपटी न करनी पड़े । इस छोटे-से शैतान ने आज अखबार फाड़ दिए ।

" 7 अगस्त : धाई कह रही थी, बौब ने दौड़-दौड़कर उसे थका दिया । वह बिना सहायता के भी दौड़ा-दौड़ा फिरता है ।

" 11 अगस्त : मंगलवार को बेचारा बौब बाल-बाल बचा । वह रसोईघर की टेबल पर बैठा था, धाई भी वहाँ थी । वह बेचारी फर्श पर से कुछ चीज उठाने गई कि वह धड़ाम से सिर के बल गिर पड़ा । उसका सिर शीशे के छेद से होकर लोहे की छड़ से जा टकराया, किंतु आश्चर्य कि जरा भी खरोंच नहीं लगी !

" 15 अगस्त : बौब के दाँत जम रहे हैं । बहुत परेशान है—रात-दिन बेचैन ।"

लालन-पालन

मेरे साथ बुरा व्यवहार कभी नहीं किया गया, क्योंकि मेरे माँ-बाप में निष्ठुरता का लेश भी न था; लेकिन यह भी सही है कि मेरी चिंता उन्हें नहीं थी । इसका फल यह हुआ कि मुझमें प्रारम्भ से ही एक भयानक ढंग की आत्मनिर्भरता आई और मुझको सपनों के भोज में भूखा रहने की आदत पड़ गई । सम्भव है, इससे मेरे विकास में बाधा पड़ी हो और आज भी जो मुझमें विशुद्ध प्यार का अभाव है, इसका कारण यही हो ।

रसोईघर में ही मैं खाना खाता । उबाला हुआ मांस मुझे ज़रा भी पसंद नहीं था । अधपके आलू और खूब चाय । चीनी मैं चुरा लेता । मैं भूखा कभी नहीं रहा । मेरे पिता को अपने बचपन की असह्य भूख की याद थी, इसीलिए वह रोटी और मक्खन प्रचुर मात्रा में मेरी पहुँच की परिधि में रखवा देते ।

नौकरों से मुझे घृणा थी और अपनी माँ को मैं बहुत चाहता था । एकाध बार जब यह नायाब मौका आया, उन्होंने जो रोटियाँ मुझे दीं उन पर मक्खन की मोटी तह थी । मुझसे वह बिलकुल तटस्थ रहतीं, इसलिए मैं उन्हें देवी समझता और उनके बिगाड़नेवाले संसर्गों के बचा रहा । जब एकाध बार वह अपने साथ टहलने को ले गईं, मैंने अपना सौभाग्य समझा ।

एक नौकरानी मुझे टहलाने को ले जाती । समझा तो यह जाता कि वह मुझे नहर-किनारे ले जाती है, या पुरुषों के मुहल्ले में, किन्तु वह ले जाती गरीबों की बस्तियों में, जहाँ उसके दोस्त रहते ।····मेरे मन में गरीबी से घृणा यहीं से शुरू होती है । गरीबी दूर करने के लिए मैंने जो जीवन न्यौछावर किया, इसके मूल में यही है ।

एक रात मेरे पिता मुझे टहलाने ले गए । उस समय मैं उनके घुटने के बराबर था । टहलते समय मेरे मन में एक विषाक्त शंका उत्पन्न हुई । मैं घर आया । माता से चुपके-चुपके कहा, "माँ, पिताजी ने शायद शराब पी ली है ।" "वह कब नहीं पीते !"—माँ ने कहा ।

वह चुराकर पीते थे । पीते समय भी लज्जा और ग्लानि अनुभव करते, तो भी पीते और ज़रा भी विरोध किया जाता तो गुस्से में चीजों को पटक देते, तोड़ देते । ऐसे आदमी पर रोया जाय, या हँसा जाय ! ! हम लोग हँसी में उड़ा देते ।

मेरी माँ न कभी झगड़ा करती, न शिकायत करती, न बदला चुकाती, न भूलती । तुमने गलती की, तुम अपने रास्ते, मैं अपने रास्ते—मेरी माँ की यही मनोवृत्ति थी । बच्चों से उसे घृणा नहीं रही । वह न किसी से घृणा करती, न प्यार । वह यह भी नहीं जानती थी कि बच्चे क्या खाते हैं, कैसे रखे जाते हैं । यह सब नौकर पर छोड़ दिया गया था ।

कुछ लोग प्यार दिखाते हुए मेरे सिर को थपथपाते या मुझसे बच्चों की तरह बातें करते । मुझे व्यक्तिगत स्वतंत्रता पर यह आघात मालूम होता और इस बनावटीपन पर गुस्सा आता । मुझे याद है कि मैं किस तरह ऐसी हरकतों के खिलाफ हो उठता !

जब मैं छोटा बच्चा था, रविवार को गिरजाघर में ले जाया जाता और चुपचाप बैठे रहने की अमानुषिक

और मूर्खताभरी प्रथा का शिकार बनाया जाता था। बढ़िया-से-बढ़िया कपड़ा पहनकर उस अँधेरे, गन्दी हवा से भरे घर में मूर्त्ति की तरह बैठे रहो, जब बाहर इतनी सुन्दर भोर हो''''ऐसा बच्चा यह निर्णय कर ले कि बड़ा होने पर मैं इस घर मैं झाँकूँगा नहीं, तो आश्चर्य क्या ?

स्कूल की कैद में

मुझे कोई ऐसा समय याद नहीं, जब कोई छपा हुआ पृष्ठ मेरी समझ में न आया हो। मेरा विश्वास है, मैं पढ़े-लिखे के रूप में ही पैदा हुआ था !

मेरी शिक्षिका मुझे और मेरी बहनों को कविताएँ गाना सिखातीं, हम लोग हँस देते ! वह मुझे अपनी उन अंगुलियों से मारती, जिनसे एक मक्खी भी नहीं मारी जा सकती ! साथ ही यह भी बताती कि ऐसे मौकों पर मुझे रोना चाहिए और लज्जा अनुभव करनी चाहिए।

उसने मुझे जोड़, घटाव और गुणा तो सिखलाया, किंतु भाग नहीं सिखा सकी। भाग मैंने स्कूल में सीखा और सच बात है कि एक यही चीज़ मैंने स्कूल में सीखी !

जब में स्कूल में भर्ती हुआ, मेरे जितना लैटिन व्याकरण कोई लड़का नहीं जानता था, लेकिन जब स्कूल छोड़ा तब तक वह भी भूल चुका था !

स्कूल के लिए मैं घर पर कोई तैयारी न करता, इतना मैं आलसी था और बहाना बनाने के लिए झूठ बोलने में मुझे ज़रा भी शर्म नहीं आती थी !

मुझमें प्रतियोगिता की भावना ही नहीं थी। न मैं इनाम चाहता, न नाम। इसलिए परीक्षा में मेरी कोई दिलचस्पी नहीं थी। अगर मैं जीतता तो अपने साथियों का दुःख मुझे खलता और हारता तो मेरे आत्म-सम्मान को चोट लगती !

मैं स्कूल में कुछ नहीं सीख सका—यह अच्छा ही हुआ, क्योंकि मैं मानता हूँ कि दिमाग पर कोई अप्राकृतिक प्रक्रिया उतनी ही बुरी है, जितनी देह पर। जिस विषय के सीखने की प्रवृत्ति नहीं हो, उसे सिखाना उतना ही बुरा है, जितना आदमी को भूसा खिलाना !

मुझे दुःख है कि मैं भाषाएँ नहीं सीख पाया। मैंने कोशिश की और पाया कि साधारण आदमी संस्कृत उससे कम समय में सीख ले सकता है, जितनी देर में मैं कोई जर्मन-कोष खरीदूँ।

मैं उन सबको अभिशाप दूँगा, जो मेरी पुस्तकों को स्कूल के लिए पाठ्य पुस्तकें बनाएँगे और शेक्सपियर की ही तरह मुझे बच्चों के लिए घृणा और डर की चीज़ बना देंगे। बच्चों को सताने के लिए मैंने नाटक नहीं लिखे !

स्कूल में गणित का महत्त्व हमें नहीं सिखाया जाता। बीजगणित के 'अ' 'ब' को मैं अंडा और बटेर समझता और 'स' को शून्य !

चार अंकों का कोई हिसाब मुझे दीजिए और दीजिए स्लेट और आधा घंटे का समय और ले लीजिए मुझसे ग़लत जवाब !

चौदह साल की उम्र तक मैं इसका सही जवाब नहीं दे सकता था कि जब डेढ़ पैसे में तीन पोठिए मिलती हैं तो ग्यारह पैसे में कितनी पोठियें मिल सकेंगी।

रेखागणित मुझे कष्ट नहीं देता। ''''लेकिन परीक्षा में समस्याएँ न पूछकर उन्हें पुस्तकों की संख्याओं में पूछ दिया गया, मैं बेतरह फेल हुआ !

बस, साहित्य में ही मेरी प्रतिभा का कुछ परिचय स्कूल में मिला—लेख लिखने में मुझे प्रथम श्रेणी प्राप्त हुई थी; लेकिन उसकी भी कोई कीमत नहीं थी, क्योंकि साहित्य की योग्यता के मानी थे लैटिन भाषा की जानकारी।

इतिहास में आयरलैंड की उपेक्षा की जाती, इंग्लैंड को महत्त्व दिया जाता। मैं ठीक इससे उल्टा जवाब

देता। लड़के आश्चर्य करते, शिक्षक मुस्कराकर रह जाते !

स्कूल को मैं जेल कहता हूँ—वह जेल से भी बुरा है। जेल में वार्डर या जेलर की लिखी हुई पुस्तकें तो नहीं पढ़ाई जातीं और उनके याद न करने पर कोड़े तो नहीं लगाये जाते ! जेल में जबर्दस्ती बैठाकर उन बेवकूफों की बातें तो नहीं सुनने को मजबूर किया जाता, जो उन बातों को स्वयं न समझते हैं, न समझने की कोशिश करते हैं, फलतः जिनमें समझाने की न योग्यता होती है, न इच्छा ! जेल में सिर्फ देह पर अत्याचार किया जाता है, दिमाग पर नहीं; साथ ही बदमाश कैदियों से रक्षा भी की जाती है। स्कूल में ऐसी कोई सुविधा नहीं।

1871 में जब मैं पंद्रह वर्ष का था, इस स्कूल-जेल से मुझे मुक्ति मिली !

घेरे से बाहर

जब मैं दस वर्ष का भी नहीं हुआ था, मैं शेक्सपियर और बाइबिल से ओत-प्रोत था।

बच्चों के लिए लिखी पुस्तकों से मुझे घृणा थी।

मेरा मस्तिष्क नये विचारों के लिए छटपटाता रहता।

जिस घर में प्रेम नहीं, घृणा नहीं, डर नहीं, श्रद्धा नहीं, था तो सिर्फ व्यक्तित्व; हम बच्चों को उससे बाहर अपने लिए कोई रास्ता निकालना ही था।

मुझे याद है, एक बार एक पड़ोसी के बगीचे से मैंने चार दर्जन सेब चुराये, किंतु डेढ़ दर्जन खाने के बाद ही मैंने अनुभव किया कि इन्हें पेट में उतारने के बदले मुर्गियों पर फेंकना कहीं अधिक आनंददायक है !

जब मैं छोटा बच्चा था, उपन्यासों के पढ़ने से मेरी कल्पना इतनी तीव्र हो गई थी कि अपने से छोटे एक बच्चे पर यों रोब जमाता, मानो मैं कोई बहुत बड़ा नायक हूँ।

जब मैं छोटा-सा बच्चा ही था, प्रसिद्ध संगीतज्ञ मोजार्ट के गाने अच्छी तरह सीख गया था, अपनी शिक्षा में सबसे महत्त्वपूर्ण मैं इसी को समझता हूँ।

मेरी समझ में होरास के पद्यों को कंठस्थ करने के बदले बिथोविन का संगीत गुनगुनाना शिक्षा की दृष्टि से कहीं अधिक महत्त्वपूर्ण है !

यदा-कदा मैं आयरलैंड की राष्ट्रीय चित्रशाला में जाता। वहीं बड़े-बड़े चित्रकारों से मेरा परिचय हुआ।

मुझे पता चला कि माइकेल ऐंजेलो और टीशियन की तरह मैं चित्र नहीं बना सकता, जब तक कि इस कला का विधिवत् अध्ययन न कर लूँ !

किनली पहाड़ी पर मैं दृश्यों को देखकर नहीं अघाता, जिन्हें प्रकृति ने जैसे मेरे लिए ही चित्रित किया हो।

ऐसा सुन्दर आकाश—मैं सदा ऊपर ही देखता रहता !

हरिनों को पालने के लिए तो जंगल रखाए जाते हैं, किंतु बच्चों के लिए बगीचे भी नहीं। शायद इसीलिए कि हरिनों का शिकार किया जाता है। लेकिन कौन कहता है कि आप बच्चों का शिकार नहीं करते—हाँ, उन्हें गोली से नहीं मारते और न उन पर शिकारी कुत्ते छोड़ते हैं ! यही आपकी मेहरबानी है !

जब मैं बारह वर्ष का था तो साथियों के साथ एक पहाड़ी पर गया। हमने सोचा, इस पर आग लगाना कितना मजेदार होगा। एक लड़के ने विरोध किया, वह नीचे उतर आया। वह पकड़ लिया गया, क्योंकि पुलिस ने देखा कि ऊपर आग धू-धू जल रही है ! निरपराध ही फँसाये जाते हैं।

एक दिन जब मैं संध्या को चहलकदमी कर रहा था, मेरे मन में अचानक यह बात उठी कि मुझे जब विश्वास नहीं तो फिर रात में सोने के पहले प्रार्थना क्यों किया करता हूँ। उस रात प्रार्थना नहीं की। दूसरे दिन मन में प्रश्न उठा—प्रार्थना नहीं करने पर मैं कल बेचैन क्यों हो उठा ? और दूसरी रात के बाद तो मैं भगवान् को इस तरह भूल चुका था, जैसे मैं जन्मजात नास्तिक होऊँ।

अब भगवान् नहीं रह गया था, तो मेरी आत्मा जगी—मैं सोचने लगा कि मर्यादा और नैतिकता बड़े-बूढ़ों

की ही चीजें नहीं हैं। बचपन की शैतानी, स्वार्थ, कल्पना, मूढ़धारणा आदि के स्थान पर हृदय में एक ज्योति-सी जग गई—जैसे मेरा नया जन्म हुआ।

संघर्ष के वे दिन !

जीविका के रूप में मैंने साहित्य को इस वास्ते अपनाया कि लेखक को पाठक देखते नहीं, इसलिए उसके लिए भलेमानस की पोशाक की जरूरत नहीं। व्यापारी, डॉक्टर या फाटकेबाज बनने के लिए मुझे साफ़-सुथरे कपड़े पहनने पड़ते और अपने घुटनों एवं कुहनियों से काम लेना छोड़ देना पड़ता। साहित्य ही एक ऐसा सभ्य पेशा है, जिसकी अपनी कोई पोशाक नहीं—इसलिए मैंने इसी पेशे को चुना।

फटे जूते, छेदवाला पाजामा, समय के थपेड़ों के कारण काले से हरा बन गया लम्बा कोट, कैंची से काटकर सर किया गया कालर, और पुराना टोप, जिसे मैं उलटकर इसलिए पहनता कि कहीं उतारने के समय वह एक से दो न हो जाए।

'छः पैसे में कैसे रहा जा सकता है' —इस नाम की पुस्तक मैंने एक बार खरीदी थी। दोपहर तक उसके नियमों पर मैंने ईमानदारी से चलने की कोशिश की और जब कभी मेरी प्रामाणिक जीवनी लिखी जायगी, मैं उसमें इस घटना के उल्लेख पर ज़ोर दूँगा, क्योंकि इससे मेरी संतोष और त्याग की वृत्ति प्रकट होती है !

मुझे एक संध्या की याद आ रही है, जब मैं उपन्यास लिखा करता था और उससे एक पैसा भी पाना सौभाग्य समझता था। मैं स्लोन की सड़क पर साहित्यिकों की उस अटपटी पोशाक—संध्या की पोशाक—में आ रहा था। एक आदमी मेरे निकट आया और बार-बार मुझसे सहायता माँगने लगा कि उसके पास एक पैसा भी नहीं है। "मेरे पास भी एक पैसा नहीं है" —मैंने पूरी सच्चाई से उससे कहा और वह बड़ी सभ्यता से धन्यवाद देकर चला गया। जब वह चला गया, मैं बार-बार सोचता रहा कि मैं भी भीख क्यों नहीं माँगता, क्योंकि भीख माँगनेवाले की स्थिति मुझसे बुरी नहीं हो सकती।

दूसरी घटना। उसी पोशाक में एक बार आधी रात के बाद में पिकाडेली से बौंड को सड़क की ओर लौट रहा था। उस समय एक स्त्री मेरे निकट आई और विनय की कि ब्रोम्पटन जानेवाली आखिरी बस भी छूट चुकी है, इसलिए यदि कोई उसे अपने साथ ले चले, तो वह बड़ी कृतज्ञ होगी। मुझमें आयरलैंड की बहादुरी तो थी ही, फिर अपनी अवस्था और स्थिति के साम्य पर भी दृष्टि थी, इसलिए मैंने बड़ी नम्रता से बहाना किया कि मेरी पत्नी (कल्पना की पत्नी ?) घर पर मेरी घोर प्रतीक्षा कर रही होगी और आपकी जैसी खूबसूरत देवी को रात-भर की साथी बनाने के लिए कोई-न-कोई सज्जन मिल ही जाएँगे। यह कहना था कि उसने मेरी बाँह पकड़ ली, मुझसे चिपक गई और मेरे साथ नरक तक जाने को तैयार बताने लगी ! "मुझसे चिपककर आप दूसरा मौका भी खो रही हैं, मुझे छोड़िए" —लेकिन क्या वह मुझे छोड़नेवाली थी ? अन्त में मैं सड़क के मोड़ पर खड़ा हो गया, जेब से अपना बटुआ निकाला और उसे उलटकर दिखा दिया ! मेरा यह दिवालियापन देख बेचारी लड़की का चेहरा उतर गया। घाँघरे के करुण मर्मर में वह बेचारी जल्दी से लौटकर मेरी आँखों से ओझल हो गई।

लंदन किसी शर्त पर मुझे बर्दाश्त करने को तैयार न था। बस, मेरा एक लेख स्वीकृत हुआ और पन्द्रह शिलिंग मिले। एक प्रकाशक ने कुछ पुराने ब्लाक खरीदे थे। उसने चाहा कि उन ब्लाकों से स्कूलों में इनाम देने के लिए पुस्तकें तैयार कराई जाएँ। मुझे ब्लाकों के नीचे के लिए कविताएँ लिख देने को कहा। कविता क्या लिखता—विनोद में ही व्यंग्य-कविताएँ लिखकर उसके पास भेज दीं। लेकिन मेरे आश्चर्य का ठिकाना न रहा जब मैंने देखा कि इन कविताओं के लिए उसने धन्यवाद के साथ पाँच शिलिंग दिये। मुझे दया आई। मैंने एक अच्छी गंभीर कविता लिखकर भेज दी, लेकिन इसे उसने दिल्लगी समझा और उसी दिन से मैंने कविता लिखना छोड़ दिया !

प्रारम्भ के नौ वर्षों में सिर्फ छः पौंड अपने लिखने की कमाई से मैं प्राप्त कर सका।

मैं और मेरे विचार

तुम पूछते हो कि मैं तुम्हें अपने माता-पिता के विषय में बताऊँ और यह भी कि उनका मेरे जीवन पर क्या प्रभाव पड़ा ?

अपने जीवन के विस्तृत विवेचन के लिए मुझे कम-से-कम बीस मोटे-मोटे ग्रंथ लिखने पड़ जाएँगे। इससे कम में कुछ भी कहना असम्भव है। मैं अपने पिता की एक कहानी तुम्हें बताऊँ ? मैं बच्चा था जब उन्होंने मुझे समुद्र में पहली बार डुबकी लगवाई। इसकी भूमिका में उन्होंने तैराकी के महत्त्व पर एक सारगर्भित भाषण दिया और अन्त में कहा, "जब मैं सिर्फ चौदह साल का था, मैंने तैराकी के ज्ञान के कारण ही तुम्हारे चाचा की जान बचाई थी।" और जब उन्होंने देखा कि उनकी बातों का मुझ पर गहरा प्रभाव पड़ा है, उन्होंने कुछ झुककर धीरे-से कहा, "लेकिन जितना दुःख मुझे इस काम के करते हुआ, उतना और किसी से नहीं।" इतना कहकर पिताजी गहरे पानी में कूद पड़े, खूब तैरे और लौटती बार रास्ते-भर उनकी चुहल चलती रही।

मैंने अपनी रचनाओं में चरमविंदु लाने की जान-बूझकर कभी कोशिश नहीं की, यह अनायास आ जाया करता है। पर इसमें कोई संदेह नहीं कि मेरे पिता के मज़ाकों और मेरे हास्य-प्रधान नाटकों में, हल्का ही सही, पर एक संबंध अवश्य है।

तुम पूछते हो, मैंने पहली बार लिखने की प्रवृत्ति का अनुभव कब किया ?

लिखने का प्रयास मैंने कभी नहीं किया, उसी तरह जिस तरह साँस लेने का प्रयास कभी नहीं करता हूँ, और न कभी यही अनुभव किया कि मुझमें असाधारण साहित्यिक प्रवृत्ति है। यदि किसी में सहज एवं स्वाभाविक साहित्यिक प्रवृत्ति हो तो इसमें आश्चर्य की क्या बात ! कला के विशेषज्ञों, संग्रह-कर्ताओं और उत्साही लेखकों में ही सृजन-शक्ति की कमी रहती है। मछली उड़ना चाहती है, पंछी तैरना—जिसमें जिस वस्तु का अभाव रहता है, वह उसी वस्तु को प्राप्त करने की चेष्टा करता है। मैंने कभी लिखने की चेष्टा की ही नहीं। यह सत्य है कि मैं अब उस साहित्यिक प्रवृत्ति का अभाव अपने में पाता हूँ, फिर भी मैं उसकी पूर्ति के लिए लालायित नहीं हूँ। किसी वस्तु की इच्छा करना और उसे प्राप्त किये रहना—दोनों बातें कैसे हो सकती हैं ?

तुम पूछते हो, मेरी पहली कलाकृति का क्या रूप था ?

एक धुँधली-सी याद है। जब मैं बच्चा था, मैंने एक कहानी लिखी थी और उसे किसी बच्चों के अखबार में भेजा था। कहानी का नायक एक बन्दूकधारी था, जिसने तलहटी की झाड़ियों में किसी पर आक्रमण किया था। बन्दूक ही मेरी दिलचस्पी का केंद्र था।

वास्तव में मेरी प्राथमिक कृतियाँ वे पाँचों उपन्यास हैं, जिनको 1879-83 के बीच मैंने लिखा और दुर्भाग्य से जो अप्रकाशित ही रहे। फिर मैंने एक वासनात्मक नाटक लिखना शुरू किया, जिसमें नायक की माँ को मैंने एक कलह-प्रिय स्त्री के रूप में चित्रित करने का विचार किया, पर उसे लिख ही नहीं सका। न जाने क्यों, किसी चीज़ से खिलवाड़ करने में मैं बार-बार असफल रहा हूँ। 'कला कला के लिए' के उद्देश्य से किये गए मेरे सभी प्रयत्न विफल रहे। ऐसा लगता था, मानो मैं कागज पर काँटी रखकर उसे हथौड़े से ठोक रहा होऊँ।

× × ×

इसके बाद ही शॉ की सफलता की ज़िंदगी शुरू होती है। प्रतिभा ने, परिश्रम ने, लगन ने उसे संसार के महानतम लेखकों की पंक्ति में बिठलाया। उसका एक अपना रंग, अपना ढंग ! उसकी एक अपनी भाषा, अपनी शैली ! उसे यश मिला, उसे धन मिला। किंतु उसने इनके मोह से सदा अपने को अलिप्त ही रखा। सादा जीवन, उच्च विचार। न मांस छुआ, न मदिरा छुई ! व्यंग्यवाण चलाने में उसने किसी को अछूता न छोड़ा ! कट्टरपंथी अंग्रेज़ जाति को वह बार-बार झकझोरता रहा, उनकी एक-एक धारणा की खिल्लियाँ उड़ाता रहा। किन्तु वाह री कलम की जादूगरी ! जादू वह जो सिर पर चढ़कर बोले ! वे सुनते रहे, हँसते रहे, उस पर मरते रहे ! और क्या यह सच नहीं कि अँगरेज़ी भाषा को उसने उस चोटी पर चढ़ा दिया, जिस तक पहुँचने के लिए कोई भी भाषा लालायित हो सकती है ?

4

हमारे राष्ट्रपति

1921 का तूफानी जमाना ! बहुत-से लड़कों के साथ मैंने भी स्कूल छोड़ दिया था । असहयोग के बाने के रूप में मोटी खुरदरी खादी का कुर्ता शरीर पर और उसी की बनी बेडौल गाँधी-टोपी सिर पर डाले हम गाँव-गाँव की खाक छानते फिर रहे थे । कैसा उत्साह था, कितनी उमंग थी ! हवा में देशभक्ति की बिजली दौड़ रही थी । जर्रे-जर्रे से जैसे विप्लव के स्फुलिंग निकल रहे थे । कैसा दिन, कैसी रात ! क्या खाना, क्या सोना ! लगता था, बूढ़े भारत में नई जवानी आ गई है ! फिर, हम जो मूँछउठान नौजवान थे, उनकी मनःस्थिति की कल्पना कीजिए ।

देहात में ही था कि खबर मिली, गाँधीजी पटना आ रहे हैं । गाँधीजी आ रहे हैं, यही बात हमें पटना खींच ले चलने को काफी थी । उस पर यह भी खबर थी कि वह पटना में एक विद्यापीठ का उद्‌घाटन करने आ रहे हैं, जिसमें हम असहयोगी विद्यार्थियों के पढ़ने का प्रबंध किया जाएगा । सबसे बड़ी खबर यह थी कि उस विद्यापीठ के आचार्य होंगे राजेंद्रबाबू !

राजेंद्रबाबू को बिहार का कौन विद्यार्थी नहीं जानता था ? उस समय के विशाल कलकत्ता विश्वविद्यालय के विद्यार्थियों में सर्वप्रथम आकर उन्होंने बिहार के विद्यार्थियों की प्रतिभा की धाक जमाइ थी। 'बिहारी-छात्र-सम्मेलन' की स्थापना कर बिहार के विद्यार्थियों का जैसा संगठन किया था, वैसा आज तक नहीं किया जा सका । आज के सारे छात्र-संगठन तो ध्वंसात्मक हो गए हैं ! वह संगठन पूर्णतः रचनात्मक था । हर जिले में उसकी शाखा थी । हर शाखा सालभर कुछ-न-कुछ रचनात्मक काम किया करती थी । उसके संरक्षण में गाँवों में निरक्षरता दूर करने के प्रयत्न से लेकर छात्रों के बीच व्याख्यान, व्यायाम, संगीत, अभिनय आदि की प्रतियोगिताएँ चलती रहती थीं । लेख और कविता की ओर विद्यार्थियों का ध्यान आकृष्ट करने के लिए हस्तलिखित पत्रिकाओं का संचालन होता था, विभिन्न विषयों पर निबंध लिखाये जाते थे और अच्छे निबंधों पर पुरस्कार और पदक प्रदान किये जाते थे । छात्र-सम्मेलन के अधिवेशन धूमधाम से किये जाते थे—देश के बड़े-से-बड़े नेता बुलाए जाते थे । इन संस्था ने राजेंद्रबाबू को बिहार के विद्यार्थियों में बड़ा ही जनप्रिय बना रखा था, फिर, चम्पारन के किसान-संघर्ष में राजेंद्रबाबू ने गाँधीजी का पूरा साथ देकर बिहार की जनता का मन मोह लिया था । अब गाँधीजी की पुकार पर सबसे पहले असहयोग कर उन्होंने बिहार का नेतृत्व अपने कंधों पर लेकर हमें कृतार्थ किया था ।

ऐसे और वही राजेंद्रबाबू हमारे आचार्य होंगे, हम उनके चरणों के निकट बैठकर ज्ञान प्राप्त करेंगे, यह कल्पना ही हमें मुग्ध बनाने के लिए काफी थी !

कई मित्रों के साथ मैं पटना पहुँचा । समूचा पटना नये जीवन से तरंगित था । प्रान्त के कोने-कोने से लोग आये थे । विद्यार्थियों की संख्या सबसे अधिक थी । असहयोग करके आये हुए वकीलों और प्रोफेसरों की भी भरमार थी । आज के बुद्धपथ पर जो उन दिनों पटना-गया रोड कहलाता था, एक नये मकान के अहाते में सभा हुई । कैसी भीड़ ! उन दिनों लाउडस्पीकर था नहीं, तो ऐसा संयम कि उस भीड़-भाड़ में भी गाँधीजी की बातें हम सुन सके, अच्छी तरह सुन सके । गाँधीजी ने विद्यापीठ का उद्‌घाटन किया । झरिया से इसके लिए उन्हें रुपये मिले थे । सभा में भी दान के लिए अपील की—कई देवियों ने हाथ की चूड़ियाँ तक निकालकर दे दीं, अन्य गहनों की तो बात ही क्या !

राजेंद्रबाबू की उस दिन की सूरत आज भी याद है । अपनी सादगी के लिए वह सदा विख्यात थे; किंतु उस दिन की उनकी सादगी और सौम्यता कुछ अजब ही छटा दिखा रही था । लम्बा, छरहरा शरीर, श्यामल मुखमंडल । उठी हुई नाक के नीचे बेतरतीब मूँछें और उसके अगल-बगल वे दो पीली-पीली आँखें, जिनसे सुनहली किरणें फूटती-सी मालूम देतीं । सिर पर ऊँचे पल्ले की गाँधी टोपी, जो उनकी ऊँचाई को और भी बढ़ा

रही था। मोटी खादी का खुरदुरा कुर्ता, जिसके बटन भी ठीक से नहीं लगे थे। खादी की ही धोती, जो मुश्किल से घुटनों के नीचे पहुँच रही थी ! राजेंद्रबाबू को पहली ही बार देखा था, किंतु उस दिन के राजेंद्रबाबू बिहार के करोड़ों किसानों के सोलहो आने प्रतिनिधि लग रहे थे।

विद्यापीठ खुली, वह शहर से दीघाघाट की देहात में आई। स्वर्गीय मौलाना मजहरुल हक द्वारा स्थापित सदाकत-आश्रम बिहार-कांग्रेस का सदर दफ्तर और विद्यापीठ का अध्ययन-केंद्र बना। जंगल में मंगल मनने लगा। एक तरफ विद्यार्थियों का कलरव, दूसरी तरफ कार्यकर्ताओं का कोलाहल और बीच में राजेंद्रबाबू का सौम्य, शान्त व्यक्तित्व—मानो प्रशान्त और अतलान्तक सागरों के बीच एक पुल। मेरे जैसे चपल लोग, उस पुल से कभी उस सागर के तट पर, कभी इस सागर के तट पर आते-जाते रहते।

1921 का तूफान बढ़ता गया, बढ़ता गया और उसके साथ ही राजेंद्रबाबू का व्यक्तित्व भी ऊँचा उठता गया। बिहार का स्वतंत्र अस्तित्व कब से न विलीन हो चुका था, बिहार की गौरव-गरिमा कब की न धूल में मिल चुकी थी ! अब इस नये युग में राजेंद्रबाबू के व्यक्तित्व के साथ नया बिहार देश के नक्शे पर अपना नाम सुनहले अक्षरों से लिख रहा था। हमारी प्रसन्नता का क्या कहना ! मैं दावे के साथ कह सकता हूँ, जिस प्रकार बिहार का एकछत्र नेतृत्व राजेंद्रबाबू को मिला था, वैसा अपने प्रदेश में किसी भी नेता को शायद ही कभी नसीब हुआ हो। देश में उस समय भी बड़े-से-बड़े नेता थे—देशबंधु चित्तरंजनदास, पं. मोतीलाल नेहरू, लाला लाजपतराय, अलीबंधु, इन सबको पूरे देश का सम्मान मिला था, किन्तु इनके अपने प्रदेश में ही इनकी ओर उँगली उठानेवाले लोग कम नहीं थे। किंतु यह राजेंद्रबाबू थे, जो एक स्वर से समूचे बिहार का प्रतिनिधित्व करते थे। लोगों को आश्चर्य होता था, कभी-कभी इसे बिहारियों की भेड़ियाधसान की प्रवृत्ति मानकर इस पर व्यंग भी कसा जाता था, किंतु ऐसे लोग भूल जाते थे राजेंद्रबाबू की उन खूबियों को, जिनके कारण सारा बिहार उनके पीछे चलने में गौरव अनुभव करता था।

इतना बड़ा व्यक्तित्व रखकर भी राजेंद्रबाबू कभी यह अनुभव नहीं होने देते थे कि वह सर्वसाधारण से पृथक् नेता नामक कोई किंभूत, किमाकार जीव हैं। उनकी वेशभूषा, खानपान, रहन-सहन सबमें साधारणीकरण की अद्‌भुत छाप थी। सबकी तरह मोटी धोती और कुर्ता, सबके साथ एक ही पंक्ति में बैठकर वही साधारणतम भोजन—भात-दाल या रोटी-सब्जी, सबके समान ही बिछावन-तकिया। उनके निकट कोई भी किसी भी समय जा सकता था। वह किसी भी कार्यकर्ता के साथ एक ही इक्के पर या रेल के थर्ड क्लास के एक डब्बे में बैठकर सफर कर सकते थे। अपने व्यक्तित्व का बोझ किसी पर नहीं लादते थे। अपना बिस्तर आप उठाकर चल देने में उन्हें ज़रा भी हिचक नहीं होती थी। छोटे-छोटे कार्यकर्ताओं के नाम भी उन्हें याद रहते, जब कभी वह उनके निकट जाते, बड़े प्रेम से उनका हालचाल पूछते। अपने सुख-दुःख की गाथा वे बड़े बिस्तार से कहते जाते और राजेंद्रबाबू बिना ऊब के उनकी बातें ध्यान से सुनते जाते। जो सहायता के पात्र होते, उनकी सहायता करने में वह किसी हद तक जा सकते थे। ऐसे नेता को स्वभावतः एकछत्र नेतृत्व मिल जाय, तो इसमें आश्चर्य की क्या बात है !

1921 का तूफान बीता। 1922 से 1929 तक की वह जहरीली प्रतिक्रिया प्रारम्भ हुई। वकीलों ने वकालत शुरू की, विद्यार्थियों ने स्कूल-कालेज पकड़े। बड़े-बड़े नेता विधान-सभाओं की ओर लपके। आपस की 'तू-तू मैं-मैं' चलने लगी। तरह-तरह के झगड़े खड़े हुए। हिंदू-मुसलमानों के बीच दंगों का एक लम्बा सिलसिला शुरू हुआ—भाई के खून से भाई के हाथ रँगने लगे। वह दानवी चिल्लाहट—'हर हर महादेव,' 'अल्लाहो अकबर' ! महादेव और अल्लाह जहाँ कहीं भी हों, अपने इन नाम-लेवों पर निस्संदेह सिर धुनते होंगे ! हिंदुओं में आपस की जात-पाँत की रगड़ शुरू हुई। कोई अपनी जाति का राज्य बनाना चाहता था, कोई अपनी जाति का। चुनावों ने इस जले पर नमक छिड़का। सारे देश में अंधकार था। ऐसे अवसर पर सारे देश में जिन कुछ लोगों ने प्रकाश-स्तम्भ का काम किया, उनमें राजेंद्रबाबू अन्यतम थे।

जब सारा देश इस प्रतिक्रिया की चपेट में पड़ा था, राजेंद्रबाबू सदाकत-आश्रम में तपस्या की धूनी रमा रहे

थे—वह तपस्या नहीं, जो अन्तर्मुखी हो, अपने-आपमें केंद्रित हो और अचल हो । उनकी तपस्या बहिर्मुखी थी, जनमुखी थी, जंगम थी । सदाकत-आश्रम में विद्यापीठ का काम चल रहा था—यही नहीं, प्रांत के कई अंचलों में राष्ट्रीय विद्यालय शान से चल रहे थे । इनके द्वारा राष्ट्रीयता की नींव तरुणों के हृदयों में दृढ़मूल की जा रही थी । खादी के उत्पादन के लिए सुसंगठित प्रयत्न जारी था । बिहार की खादी अपनी बारीकी और सस्तेपन के लिए देशभर में सुनाम पा रही थी । अपने व्यवहार से वचन से ही नहीं, राजेंद्रबाबू साम्प्रदायिकता और जात-पाँत की दावाग्नि को बिहार में संहार-कांड मचाने से रोक रहे थे । देहात के कोने-कोने में फैले राष्ट्रकर्मियों से निकट सम्पर्क बनाकर, उन्हें तरह-तरह के रचनात्मक कार्यों में जोतकर वह सदा उन्हें निराशा के चक्र में फँस जाने से बचाते । वह प्रायः प्रांत के कोने-कोने में यात्रा करते और जहाँ जाते, वहाँ की जनता और कार्यकर्ताओं में उत्साह का संचार करते । पूरे सात साल तक राजेंद्रबाबू द्वारा की गई इस अनवरत साधना का ही फल था कि 1930-32 के सत्याग्रह में बिहार ने न केवल देश-व्यापी, अपितु अन्तर्राष्ट्रीय ख्याति प्राप्त की ।

अपने कार्यकर्ताओं की भावना का खयाल राजेंद्रबाबू कितना रखते थे, उसके कई प्रसंगों का पुण्यस्मरण कर आज भी मुझमें पुलक हो आता है । राजेंद्रबाबू विशुद्ध अहिंसावादी हैं । आतंकवादी कार्यों को उन्होंने कभी पसंद नहीं किया, किंतु जब कभी उन्हीं के अनुयायी अँगरेजों की कुनीति से ऊबकर, हिंसा के मार्ग पर चल दिए और कालक्रम से वे पकड़े गए और उन पर सशस्त्र विद्रोह और षड्यंत्र के मुकदमे चले, तब राजेंद्रबाबू ने उनके मुकदमे की पैरवी के लिए कुछ उठा नहीं रखा । यह सच है कि राजेंद्रबाबू ने यदि उस समय उनकी अच्छी पैरवी न कराई होती तो उनमें से कितनों को फाँसी हो गई होती । जब यतीन्द्रनाथदास की शहादत पर पटना के युवकों ने जुलूस निकालना चाहा और पुलिस ने उस पर रोक लगा दी तो स्वयं राजेंद्रबाबू उसमें कूद पड़े और पुलिस को हारकर जुलूस की आज्ञा देनी पड़ी । उस समय उनके कई सहकर्मियों ने उन्हें समझाना चाहा कि यह आतंकवादियों की बात है, हमें इसमें नहीं पड़ना चाहिए, किंतु राजेंद्रबाबू ने स्पष्ट कह दिया कि जब हमारे नौजवानों ने तय कर लिया कि रोक के बावजूद वे जुलूस निकालेंगे, तब यह नहीं हो सकता कि हम बैठे रहें और उन्हें सड़कों पर पुलिस के डंडे खाने को छोड़ दें ।

राजेंद्रबाबू देखने में ही सौम्य नहीं हैं, इनकी धमनियों में भी सौम्यता के ही रक्त का संचार होता है । किंतु उनकी सौम्यता के अंदर एक अपूर्व दृढ़ता और तेजस्विता छिपी है, यह उनके निकट रहनेवाले जानते हैं । 1930 की एक घटना याद आ रही है । देशभर में नमक-सत्याग्रह चल रहा था । बिहार में भी कई स्थानों पर सत्याग्रह जोरों से जारी था । राजेंद्रबाबू प्रांतों के उन सभी स्थानों के दौरे कर रहे थे । इधर पटना में कुछ नहीं हो रहा था । कुछ नौजवान कुछ करना भी चाहते थे, किंतु बुजुर्ग उनके हाथ रोक रहे थे । प्रांतभर में धू-धू आग जल रही हो और हम सिर्फ दूर से हाथ सेकते रहें, नौजवानों को यह पसंद न था । अंततः मुझे राजेंद्रबाबू की सेवा में भेजा गया । मुजफ्फरपुर स्टेशन पर ही उनसे भेंट हो गई । मैंने सारी बातें बताईं । संयोगवश हमारे एक बुजुर्ग नेता भी उसी गाड़ी से वहाँ पहुँचे थे । मैं राजेंद्रबाबू से बातें कर ही रहा था कि वह आ पहुँचे और शर्तों को बात कहकर राजेंद्रबाबू को समझाने लगे । राजेंद्रबाबू ने उनकी बातें सुन लीं । फिर बगल में खड़ी रेलगाड़ी के एक डब्बे में बैठ गए और एक आज्ञापत्र लिख दिया—शर्त सिर्फ शान्ति की, जो जहाँ चाहे, सत्याग्रह शुरू कर दे । उन नेता महोदय की क्या बात, मैं भी राजेंद्रबाबू की यह तेजस्विता देखकर दंग रह गया ।

बिहार में यह बात सर्वविदित है कि गाँधीजी ने 'अँगरेजो, भारत छोड़ो'—का नारा शुरू किया, तब राजेंद्रबाबू ने बिहार के चुने हुए राष्ट्रकर्मियों को एकत्र किया था और साफ शब्दों में कह दिया था कि हमें इस बार अँगरेजी राज्य को 'थौंसा देबे के चाहीं !' इस 'थौंसाना' शब्द का सही हिंदी पर्यायवाची शब्द क्या होगा, मैं नहीं जानता । भोजपुरी में इसका जो अर्थ है, वह अँगरेजी के 'पैरालाइज्ड' शब्द से मिलता-जुलता है । यही नहीं, राजेंद्रबाबू ने उन लोगों की एक सूची भी बना ली, जो देश के इस अंतिम मुक्ति-संग्राम में अपने प्राणों की आहुति बिना हिचक दे सकते थे । 1942 की अगस्त-क्रान्ति में बिहार में सचमुच अँगरेजी सरकार थौंस चुकी थी !

श्रद्धेय राजेंद्रबाबू की रचनात्मक प्रतिभा की धाक तो प्रारम्भ से ही देश पर छाई हुई थी, किंतु उसका

सबसे बड़ा प्रमाण तब मिला, जब बिहार में भूकम्प हुआ। 1934 का भूकम्प ! भूकम्प क्या, खंड-प्रलय समझिए। राजेंद्रबाबू जेल में थे। बिहार-सरकार को अक्ल आई, वह छोड़ दिये गए। जेल से निकलते ही रिलीफ का कैसा सुन्दर प्रबन्ध किया ! उस अवसर पर मेरे गाँव में कई बार राजेंद्रबाबू गए और मेरी कुटिया को सनाथ किया।

उसके बाद ही वह बम्बई-कांग्रेस के सभापति चुने गए। इसे हम सबने बिहार का सम्मान माना।

यहाँ राजेंद्रबाबू की हिंदी-सेवा का उल्लेख कर देना भी उचित होगा। बिहारी छात्र-सम्मेलन द्वारा उन्होंने हिंदी की ओर विद्यार्थियों का ध्यान आकृष्ट करने के लिए लेखादि का जो सिलसिला चलवाया था, उसका उल्लेख किया जा चुका है। जब पटना विश्वविद्यालय कायम हुआ, शिक्षा का माध्यम हिंदी बनाने के लिए उन्होंने प्रारम्भ से ही जोर दिया। पटना में अखिल भारतीय हिंदी साहित्य-सम्मेलन का वह शानदार अधिवेशन उन्होंने ही कराया था, जिसके सभापति मध्यप्रदेश के पं. विष्णुदत्त शुक्ल थे। बिहार प्रादेशिक हिंदी साहित्य-सम्मेलन की स्थापना में भी उनकी प्रेरणा ने हमें बल दिया था। प्रादेशिक अधिवेशनों में वह अवश्य ही सम्मिलित होते थे और प्रांत के साहित्यिकों को सदा पथ-प्रदर्शन देते थे। प्रादेशिक सम्मेलन ने उन्हें दरभंगा अधिवेशन का सभापति बनाकर अपने को गौरवान्वित किया था। अखिल भारतीय हिंदी साहित्य सम्मेलन का सभापति-पद उन्हें सौंपकर हिंदी-संसार ने उनकी हिंदी-सेवा पर स्वीकृति की मुहर लगाई। कांग्रेस के साथ होनेवाले राष्ट्रभाषा सम्मेलन के तो वह सदा प्राण रहे। राजेंद्रबाबू अपना पत्र-व्यवहार सदा हिंदी में करते थे। हिंदी पत्र-पत्रिकाओं के लिए लेख लिखने में भी उन्हें संकोच नहीं था। पटना से प्रकाशित साप्ताहिक 'देश' उनका अपना पत्र था, उसमें वह प्रायः लिखा करते थे। अंत में तो उसके सम्पादक भी वही थे।

सबसे बढ़कर अपनी 'आत्मकथा' हिंदी में लिखकर उन्होंने इस भाषा को कितना बड़ा गौरव प्रदान किया है, इसे कौन हिंदी-भाषी अनुभव नहीं करेगा ! राजेंद्रबाबू ने इस 'आत्मकथा' में जैसी हिंदी का व्यवहार किया है, वही सरल, सरस, प्रांजल भाषा एक दिन राष्ट्रभाषा का स्थान पाएगी, यह मेरा दृढ़ विश्वास है।

कांग्रेस के सभापति की हैसियत से उन्होंने देश के कोने-कोने का दौरा कर एक नई परम्परा चलाई। वह जहाँ गये, सर्वत्र उन्हें शाही स्वागत मिला, थैलियाँ मिलीं, अनेकानेक उपहार मिले। उन्हीं के सभापतित्व-काल में कांग्रेस की स्वर्ण-जयंती मनाई गई जिसकी धूमधाम के सामने सम्राट् पंचम जार्ज के राज्यकाल की रजत-जयंती फीकी पड़ गई। इस अवसर की एक मधुर घटना याद आ रही है। मैं उन दिनों 'योगी' का सम्पादन कर रहा था। इस अवसर पर मैंने 'शहीद-अंक' निकालने का विचार किया। उसके लिए राजेंद्रबाबू से एक लेख माँगा और साथ ही निवेदन किया, क्यों न कांग्रेस की स्वर्ण-जयंती के साथ शहीद-वंदना का भी कार्यक्रम रखा जाय। राजेंद्रबाबू उन दिनों दक्षिण भारत की यात्रा पर थे, उनका बड़ा ही व्यस्त कार्यक्रम था। तो भी उन्होंने एक लेख तुरंत भेजा और एक वक्तव्य प्रकाशित कर स्वर्ण-जयंती के कार्यक्रम में शहीदों के प्रति श्रद्धांजलि अर्पित करना, उनका स्मारक बनाना, उनके परिवार की सहायता करना आदि भी सम्मिलित कर दिया। अपने उस लेख का प्रारम्भ राजेंद्रबाबू ने फारसी के एक शेर से किया था, "मर्गे अम्बोह जशने दारद"। अर्थात्—साथ का मरना स्वयं एक उत्सव है !

राजेंद्रबाबू ने देश में जो समाँ बाँधा, उसी का फल था कि 1935 के केंद्रीय असेम्बली के चुनाव में कांग्रेस को शानदार सफलता मिली और 1937 के आम चुनाव में भारत के सात प्रांतों की विधान-सभाओं पर कांग्रेस का कब्जा हुआ। 1932 के आंदोलन के समय भारत-मंत्री सर सैम्युअल होर ने गर्व से कहा था, "कुत्ते भूँकते रहेंगे, कारवाँ बढ़ता जाएगा।" संसार ने कुछ ही वर्षों के बाद देखा, वे कुत्ते कारवाँ के ऊँटों की गर्दन पर सवार थे और उन्हें झकझोरकर अधमुआ कर रहे थे !

1942 में जब राजेंद्रबाबू जेल भेजे गए तो वहाँ उन्होंने 'इंडिया डिवाइडेड' नामक वह आकर ग्रंथ लिखा, जो आँकड़ों का आगार है। उसमें उन्होंने सिद्ध किया कि यदि भारत के टुकड़े किए गए तो आर्थिक दृष्टि से उसका विकास रुक जायगा। किंतु अक्ल की बात साम्प्रदायिक कट्टरता के सामने हार गई। और क्या यह सच नहीं है कि पाकिस्तान आज जिस मुसीबत में फँसा है, उसकी झलक राजेंद्रबाबू ने पहले ही दे दी थी।

जेलों में राजेंद्रबाबू सदा एक आदर्श कैदी रहे। 1930 में हजारीबाग जेल में जब तक रहे, नियमित रूप से जेल के कारखाने में जाकर काम करते रहे। मैं 'कैदी' नामक एक हस्तलिखित पत्र वहाँ निकालता था। 'प्रजा का धन' शीर्षक से उसमें एक लेख देकर राजेंद्रबाबू ने अपने लोगों से आग्रह किया कि वह कुछ काम जरूर करें, क्योंकि आखिर वे जो अन्न खा रहे हैं, वह तो प्रजा का ही धन है। ऐसा करके हम उसकी कुछ भरपाई कर सकेंगे। जेल में नियमित रूप से चरखा कातना, पढ़ना-लिखना आदि के साथ उनका एक काम यह भी होता कि अपने सहकर्मियों और अनुयायियों के बैरकों में जाते, उनसे मिलते, उनसे हालचाल पूछते और जिन्हें जरूरत होती, उनकी सहायता का प्रबंध इस तरह करा देते कि वह जान भी न पाता कि कहाँ से क्या हो रहा है।

इसके बाद की घटनाएँ तो जग-जाहिर हैं। राजेंद्रबाबू केंद्रीय सरकार के खाद्य-मंत्री बने। उस समय अकाल का बादल देश के ऊपर मँडरा रहा था। राजेंद्रबाबू ने बड़ी मुश्किल से उसे टाला। विधान-परिषद के सभापति के रूप में उन्होंने देश को एक अच्छा विधान पाने में कितनी सहायता की, उसका सबूत यह है कि जब उस विधान के अनुसार भारत का जनतंत्र स्थापित हुआ, देश ने उनके सिर पर राष्ट्रपति का ताज रखा।

बिहार को इसका गर्व है कि उसने स्वतन्त्र भारत को प्रथम राष्ट्रपति दिया।

5

यूरोप के कलाकार

अपनी दो बार की यूरोप यात्राओं में रंगमंच और चित्रशाला देखना मेरा सबसे प्रिय कार्य रहा। इंग्लैंड की नेशनल गैलरी, फ्रांस की लालूव्र और वारसाई की चित्रशालाएँ, जिनेवा और बर्न की चित्रशालाएँ, फ्लोरेंस की चित्रशाला और पित्ती की गैलरियाँ, वेनिस की आधुनिक चित्र-प्रदर्शिनी, रोम की वेटिकन गैलरी—इन सबमें कितने घंटे अपनी आँखों को मैंने तृप्त किया था! पेरिस में बीसवीं सदी की कला-प्रदर्शनी तो विचित्र थी और मेरा यह सौभाग्य था कि उसी समय यूरोप के प्रायः हर शहर में लियोनार्दो द विंची की जयंती मनाई जा रही थी। लियोनार्दो की प्रायः सभी कृतियाँ अपनी आँखों से देखकर कृतकृत्य हुआ और बीसवीं सदी की कला की गूढ़ता ने तो मुझे विस्मय-विमुग्ध कर दिया।

कलाकारों की कलाकृतियाँ! किंतु जब इन कलाकारों के जीवन-चरित पर उतरा, यह जानना शुरू किया कि जिनकी ये कृतियाँ हैं, उनका चरित्र कैसा था, वे कैसे पले, कैसे बढ़े, उन्हें किन संघर्षों का सामना करना पड़ा, उन्हें कहाँ तक सफलता मिली, तब तो ऐसा लगा कि मैं सहसा एक ऐसे टापू में डाल दिया गया हूँ, जहाँ के सभी प्राणी विचित्र हैं, रंग में, रूप में, स्वभाव, में आचार में, व्यवहार में। उनमें से कुछ से आप भी भेंट कर लीजिए।

लियोनार्दो द विंची—यूरोपीय कला का यह पिता, किंतु अपने पिता की अवैध संतान—देखने में अति सुंदर, साथ ही अत्यंत प्रतिभावान, बचपन से ही गाने-बजाने और चित्रकारी में रुचि—उम्र के साथ प्रतिभा का भी विकास होता गया और अंततः तो यह 'जादूगर' कहा जाने लगा। पृथ्वी और आकाश का कोई रहस्य नहीं, जिसके जानने और सुलझाने के लिए उसने चेष्टा नहीं की। वायुयान, टैंक, जल-कल, सबके बारे में अन्वेषण करता रहा, वास्तुकला और चित्रकला तो उसकी जीवन-सहचरी रहीं। बलवान इतना कि घोड़े के नाल को हाथ से दबाकर टेढ़ा कर देता।

लियोनार्दो ने उम्र भी लम्बी पाई—1452 से 1519 ई. तक वह जीवित रहा। इन सड़सठ सालों में, प्रारम्भ के कुछ वर्षों को छोड़कर, पूरी उम्र उसने कला की आराधना में ही बिताई। तीस वर्ष फ्लोरेंस में, बीस वर्ष मिलान में, सत्रह वर्ष इधर-उधर घूमते-घामते, इटली के इस सपूत ने फ्रांस के राजा की छत्रछाया में, अपने देश से दूर, अंतिम समाधि ली।

इस कलाचार्य की कूची ने जिसे स्पर्श किया, वह अमर हुआ। ईसा के 'अंतिम भोजन' पर जो चित्र बनाया, उस पर तो एक बड़े साहित्य का सृजन हो गया है। और, 'मोनालिसा'—उसे तो कुछ लोग यूरोप की सर्वोत्कृष्ट कलाकृति मानते हैं। इस छोटे से चित्र पर वह तीन वर्ष तक काम करता रहा और मरते समय कहता गया कि अफसोस, मैं इसे पूरा न कर सका?

"सभी सौंदर्य, मानवी सौंदर्य भी, मर-मिट जाते हैं। जीवित रहते हैं, अमर हो जाते हैं सिर्फ वे सौंदर्य, जिन्हें कला में बाँध दिया जाता है।"—अपने इस कथन की सार्थकता में उसने जहाँ-जहाँ सौंदर्य देखा, सबको अमरता देने की कोशिश की। देवी, देवता, परियाँ, सुंदरियाँ—यही नहीं, घोड़े, कुत्ते, भेड़िये भी उसकी कूची से अमरत्व प्राप्त कर सके हैं। अपने घोड़े की जो तस्वीर बनाई, वह भी एक अमर कलाकृति है।

इतना बड़ा कलाकार, बड़े-बड़े लोग उसके प्रशंसक, हमेशा संयम में रहा—कोई स्त्री उसे विचलित न कर सकी, तो भी, उसका जीवन संघर्षों में ही कटा। अंतिम दिनों में उसने अपनी डायरी में, अपने बाएँ हाथ से लिखा, "जहाँ मैं सोचता था कि जीना सीख रहा हूँ, वहाँ देखता हूँ, मैं मरना सीख रहा था।"

लियोनार्दो के बाद माइकेल ऐंजेलो—महानतम व्यक्तियों में भी महानतम। कवि, इतिहासकार, आलोचक, औपन्यासिक—किसने अपनी लेखनी को इस कलाचार्य की कथा लिखकर धन्य नहीं किया? रोम्याँ रोलाँ ने उसके बारे में लिखा है, "माइकेल ऐंजेलो के समान उस समय तक कुछ नहीं देखा गया था। उसको गये इतने दिन हो गये, तो भी कला की दुनिया उसकी तूफानी आत्मा के ही चारों ओर चक्कर काट रही है। चित्रकला, मूर्तिकला, वास्तुकला, कविता—सबको उसने अपनी बलिष्ठ बाहुओं से पकड़ा और सबमें अपनी अलौकिक शक्ति और उज्ज्वल आदर्शवाद का संचार किया। उसे समझा कितने लोगों ने, यह विवादास्पद है, किंतु अनुकरण तो सभी कलाकारों ने किया।"

माइकेल ऐंजेलो का जन्म, फ्लोरेंस (इटली) में एक गरीब के घर में हुआ था। स्कूल में पढ़ते समय से ही चित्रकला की ओर उसकी रुचि देखी गई। तेरह वर्ष की उम्र में वह एक चित्रकार का सहकारी बन गया। थोड़े दिनों के बाद वह एक प्रसिद्ध मूर्तिकार का सहकारी बना। उसने लिखा है, "अच्छा हुआ कि मेरे हाथ में छेनी और हथौड़ा आया, चित्रकला तो औरतों के लिए है।"

छेनी और कूची दोनों में ही उसने थोड़े दिनों में कमाल दिखलाना शुरू किया। मानवीय स्नायुओं के सही-सही चित्रण के लिए वह चुपचाप मुर्दों को श्मशान से उखाड़ लाता और चीरफाड़कर देखता। मुर्दों की चीरफाड़ से उसे बार-बार उल्टी आती, पीछे तो उसकी आँत तक उलट गई, जिस कारण जिंदगी-भर उसे खाने-पीने में रुचि नहीं रही, तो भी वह अपनी धुन में लगा रहा। मांसपेशियों और स्नायुओं की जैसी उभाड़ और बहार माइकेल ऐंजेलो की कला में देखी जाती है, वैसी अन्यत्र दुर्लभ है।

पत्थर और रंग से निर्मित उसकी दुनिया ने उसे अमर कीर्ति ही नहीं दी, अपितु धन-वैभव का भी ठिकाना न रखा, लेकिन उसके लिए ये सब तुच्छ थे—कभी बिछावन पर नहीं सोया, कभी अच्छा भोजन नहीं किया। अपनी कला में वह दिन-रात मस्त रहा।

उसकी कलाकृतियों में काम-भावना का नितांत अभाव है। उसकी कला में पौरुष सजीव हो उठा है। स्त्रियों की मूर्तियों में भी यौवन का वह रूप है, जहाँ वासना फटक नहीं सकती।

सिस्टाइन के प्रार्थना-गृह की छत में उसने जो तस्वीरें बनाईं, वे, मालूम होती हैं, देवताओं की बनाई हुई हैं! सृष्टि की पूरी कथा वहाँ अंकित है। आदम की आकृति तो देखते ही बनती है—मनुष्य के प्रथम पूर्वज ऐसे ही हो सकते हैं, सहसा से निकल पड़ता है! वर्षों तक अधर पर लटकते हुए ठट्ठर पर अपने को चित्त लिटाकर, उसने छत पर ये तस्वीरें बनाईं—तीन सौ तैंतालीस तस्वीरें, जिनमें अधिकांश दस फुट से अठारह फुट तक की हैं।

लियोनार्दो की तरह ही नहीं, उससे भी बढ़कर, माइकेल ऐंजेलो ने लम्बी उम्र पाई थी—1475 से 1564 तक वह जीवित रहा। इस उम्र का पल-पल उसने कला की आराधना में बिता दिया।

इन दो महान इटालियन कलाकारों के बीच में राफेल। दो चट्टानों के मध्य में संगमरमर की एक मूर्ति—कोमल, चमकीली, तुनुक ! राफेल सिर्फ सैंतीस वर्ष जीवित रहा—1483-1520 तक। लेकिन यूरोपीय कला पर वह अपनी स्थायी छाप छोड़ गया। छोटी उम्र में ही काफी कीर्ति पाई, काफी मौज उड़ाई। अपनी प्रियतमा के घर से लौट रहा था, वर्षा हुई, ठंड लग गई, चल बसा !

फिर तिशियन—जिसकी कला में इटली की सारी रंगीनी और करुणा केंद्रित है। तब व्यूगेल, जिसने हॉलैंड के जन-जीवन को कला-क्षेत्र में आदर का स्थान दिलाया। और, हालविन—वह जर्मन, जिसने अपनी कला पर कभी इटालियन छाप नहीं आने दी।

रूवेन एक फ्लेमिश कलाकार था। क्रैवेन कहता है, "इसमें शक हो सकता है कि सबसे बड़ा कलाकार कौन है, किंतु यह तो मान ही लेना है कि सबसे बड़ा चित्रकार रूवेन है। शब्दों की दुनिया में जो स्थान शेक्सपियर का है, रंगों की दुनिया में वह स्थान रूवेन को मिला है। उसकी आकृतियों में सार्वभौमता है, उसके रंगों में विविधता है। मानवता का कोई ऐसा रूप नहीं, जिसका चित्रण उसने नहीं किया। उसकी एक-एक रेखा बोलती है। मुँह की आकृति कह देती है कि ठीक इसके मुँह से यह बात निकलेगी।"

वह एक सुखी मध्यवित्त परिवार का आदमी था। अच्छी शिक्षा मिली थी। सात भाषाओं में वह आसानी से बातचीत कर सकता था। चित्रकला की प्रारम्भिक शिक्षा पाकर वह घोड़े पर इटली के लिए रवाना हुआ। वहाँ से जो सीखकर लौटा, उसमें अपनी मौलिकता जोड़ी। स्पेन गया, इंग्लैंड गया। जहाँ गया वहाँ सम्मान और ऐश्वर्य पाया। देखने में सुंदर, व्यवहार में सज्जन। कोई बुरी लत नहीं। अपनी पत्नी में ही संतुष्ट। उसने भी नंगी तस्वीरें बनाईं, किंतु उसकी नग्नता में वासना की बदबू नहीं, विधाता के सौंदर्य-दान की झलक मिलती है।

ऐंटवर्प में उसका घर यूरोप के तत्कालीन कलाकारों का तीर्थस्थान था। वहीं से उसने यूरोप के राजभवनों, गिरजाघरों और कलाकेंद्रों के लिए तीन हजार से ज्यादा चित्र भेजे। फ्लोरेंस की एक महिला के लिए उसने चित्रों के अठारह पैनेल 13 फुट x 10 फुट के, तीन कैनवास 13 फुट x 24 फुट के तथा आदमकद के कितने ही चित्र तैयार किये। माइकेल ऐंजेलो के सिस्टाइन चैपेल की चित्रावली से ही इसकी तुलना की जा सकती है।

रैम्ब्रांड—वह कलाकार, जिसे प्रकृति और समाज ने समान रूप से सताया, चूर-चूर किया, किंतु जिसने पराजय नहीं स्वीकार की। हॉलैंड, लीडन में सन् 1606 ई. इसका जन्म हुआ था। माँ चाहती थी, पादरी बने। पिता चाहते थे डॉक्टर बने—किंतु अपनी कापी पर वह तस्वीरें बनाता रहा। इक्कीस वर्ष में ही अपने शहर का प्रसिद्ध चित्रकार बन गया, दिन-रात काम करता, काफी पैसे मिलते, ख़ूब ख़र्च करता, बीवी के लिए जवाहरात, अपने लिए चित्रों के नमूने खरीदने में कभी कंजूसी नहीं दिखाई।

किंतु यह अवस्था न टिकी। बच्चे-पर-बच्चे हुए और मरते गए। बीवी चल बसी। कला में ऐसी मौलिकता आने लगी कि लोग समझ नहीं पाते। सब लोग शरीर का चित्रण करते, वह आत्मा को चेहरे पर प्रतिबिम्बित करने की चेष्टा करता। खरीदार कम होते गए, वह और भी धुन से अपने नये प्रयोग में लगा। कर्ज ! फिर कुर्की ! एक चमार ने नीलामी में उसकी सारी जायदाद खरीद ली !

तो भी उसने हार न मानी। एक छोटे-से मकान में, बचे-खुचे सामान को लेकर उसने अपनी दुनिया बसाई। खाने को एकाध टुकड़ा मिल गया, वही बस। दरिद्रता उसके मन में कोई कटुता नहीं ला सकी। उसने जो चित्र बनाये, वे चित्रकला के अनुपम शृंगार समझे जाते हैं। अभाव में, कष्ट में, संकट में, संघर्ष में जो चीजें वह संसार को दे गया, उनके कारण अन्ततोगत्वा संसार को उसकी महत्ता स्वीकार करनी पड़ी और पीछे तो 'वान लून' ने उसकी ऐसी जीवनी लिखी, जिसकी उतनी कापियाँ बिकीं, जितनी किसी भी जीवनी की कभी नहीं बिकी थीं।

एल ग्रेको, क्रीट (ग्रीस) का वह कलाकार, जो बहुत दिनों तक विस्मृत रहा—और वेलास्क्वेज पुर्तगाली

कलाकार—दोनों में वह अंतर जो दास्तोवस्की और हेमिंग्वे में—एक आन्तरिक पीड़ाओं और भावनाओं का चितेरा, दूसरा दुनिया की सतह का हूबहू चित्र रख देनेवाला। फिर वरमीयर, जिसने साधारण में विशेष का आरोपण किया। उसने देवी-देवता, राजा-रानी, अनुपम सुंदरी, असाधारण व्यक्तियों को छोड़कर पनिहारिन, अहीरिन, सोनारिन या शहर की एक साधारण गली या नदी-तट के एक साधारण दृश्य का ऐसा चित्रण किया कि वे कला के अनुपम नमूने बन गये। अहीरिन के जो चित्र उसने 1686 में चौदह पौंड में बेचे थे, वही दो शताब्दी बाद चौबीस हजार पौंड (साढ़े तीन लाख रुपये) में खरीदे गए थे।

गोया—किसान का बेटा, शारीरिक शक्ति और मेधाशक्ति दोनों में राक्षस-सा। कलाकार, गवैया, तलवार चलाने में उस्ताद, डाकुओं का सरदार। फ्रांस के एक पहाड़ी गाँव में पैदा हुआ। झगड़े में एक आदमी की हत्या करके स्पेन भाग गया। मैड्रिड में भी कलह हुआ तो रोम भागा। रोम में रंडियों का बाजार उसे सबसे प्रिय था और जब गिरजाघर की एक सधुइन पर लट्टू हुआ तो रात में चोरी से घुसकर मंदिर से उसे उड़ा लाया! स्पेन लौटकर शादी की तो उसकी बीवी हमेशा गर्भ से ही रहती—बीस संतानें हुईं, जिनमें एक को छोड़ सबका असामयिक निधन हुआ!

कूची में भी वैसा ही कमाल। चार्ल्स छठे ने अपना दरबारी चित्रकार बनाया। किंतु वहाँ भी वही बहक—सिंहासन, सेना, कानून सबके व्यंग्य चित्र बनाये जाते। पादरियों की सूरत ऐसी बिगड़ जाती कि राजा के हस्तक्षेप ने ही उसे जिंदा जलाये जाने से बचाया—कृतज्ञता में उसके गिरजाघर में तीन महीने के अंदर सौ आदमकद चित्र बना दिये। लम्बी उम्र पाई थी—लगभग अस्सी वर्ष। कितने राजाओं को देखा, शाहजादियों को देखा। एल्बा की डचेस का उसके जीवन में खास स्थान है—वह उसकी चित्रशाला में आया करती और कहा जाता है कि उसने जिस सुंदरी का अनुपम नग्न चित्र बनाया है, वह यही सम्भ्रांत महिला है।

क्या यह आश्चर्य की बात नहीं है कि अब तक यूरोप की चित्रकला में कोई अँगरेज नहीं आया? इंग्लैंड के जिस चित्रकार ने यूरोप के कलाकारों में सबसे पहले स्थान पाया, वह होगार्थ है—सत्रहवीं शताब्दी के अंत में। अपने समय के अँगरेज-जीवन का सही चित्रण करने में उसने कमाल किया है—कटु, मधु, क्रूर, दयालु, कामांध, साधु—सबको सही रूप उसने दिया। चित्रों में कथा अंकित कर देने की नई कला का आविष्कर्ता वही है। उसके जमाने में गैरिक मशहूर अभिनेता था। होगार्थ कभी उसका अभिनय देखने नहीं गया। वह कहता, "मेरी चित्रशाला ही मेरा रंगमंच है, उसके नर और नारी उसके नट और नटी। फिर मैं कहीं नाटक देखने क्यों जाऊँ?"

एक अद्‌भुत चित्रकार था ब्लेक—जन्म से मृत्यु तक जो सपने देखता रहा और सपनों को जिसने मूर्त रूप दिया। यूरोप की कला अब तक 'मॉडेल' के आधार पर चलती रही। उसने गम्भीर घोष किया—"सामने मॉडेल रख लो और ऐसी तस्वीर बना दो कि आँखों को धोखा हो जाय—भला यह भी कोई कला है? यदि प्रकृति की नकल करना ही कला हो, तब तो कला हाथ का कौशल-मात्र है—उसे कोई भी कर सकता है और बेवकूफ सबसे अच्छा कर लेगा, क्योंकि दिमाग की उसमें जरूरत कहाँ?" यों अपने पूर्ववर्ती कलाकारों की भर्त्सना करता हुआ वह आगे कहता है, "अपनी कल्पना को उड़ान भरने दो। उसे तब तक विचरण करने दो जब तक तुम्हारी आँखें उसे मूर्त रूप में न देखने लगें। बस, कला की नींव तैयार हो गई।" दाँते की 'डिवाइन कॉमेडी' का जो चित्रण उसने किया, इस नई कला की उत्कृष्टता का स्थायी प्रमाण है।

ब्लेक का ही कला-सहोदर टर्नर—दोनों इंग्लैंड के। टर्नर ने कला को एक दूसरा ही रुख दिया। ब्लेक ने प्रकृति की उपेक्षा की, वह प्रकृति के गूढ़ रहस्यों की वैज्ञानिक की तरह छान-बीन करता और उन्हें मूर्त रूप देता रहा। वर्षों तक वह पैदल घूमता रहा, इंग्लैंड के कोने-कोने को छान डाला और उन्हें चित्रों में अमर कर दिया। धरती से उसे प्रेम था और समुद्र से उससे भी अधिक। तूफानों में वह समुद्रों में चला जाता और अपने को मस्तूल में बाँध लेता कि तरंगों के उत्थान-पतन और बादलों के चढ़ाव-उतार को अच्छी तरह देख सके। उसने हजारों चित्रों के खाके बनाये और दो हजार तो पूरे चित्र हैं उसके! अन्त में वह रहस्यवादी बन गया—पहाड़ों का

चित्रण वह सूर्य-रश्मियों के पुंज में और नदी का चित्रण प्रकाश की धारा में करता।

अमरीका को जिस पर नाज है, वह है औडुवन। इसका जन्म फ्रांस में हुआ था। गरीब आदमी। जहाज पर नौकरी की, अमरीका में जा बसा। बचपन से ही कला में रुचि—अमरीका के पंछियों को उसने अपने चित्रण का मुख्य केंद्र बनाया और वह संसार के कलाकारों में 'चिड़ियों के कलाकार' की हैसियत से प्रसिद्ध है, जिनके चित्रण के लिए वह जंगलों, समुद्र-तटों, झीलों आदि के इर्द-गिर्द, जीवन के अधिकांश भाग में, चक्कर काटता रहा। पंछी जब गति में, क्रिया में होते थे, तब का चित्रण उसे अधिक प्रिय था, इसीलिए उसके चित्र जीवनमय हैं, अमर हैं।

फिर फ्रांस के तीन कलाकार—दोमिये, माने और लाउत्रे। तीनों के तीन रंग। दोमिये—कारटून का पिता। राजा के व्यंग्यचित्र पर जेल की हवा खाई। किंतु न झुका, न रुका। जिंदगी-भर गरीबी में रहा—पेरिस में उसकी कुटिया में बड़े-बड़े लोग आते। एक दिन उनमें से एक कह रहा था—"अफसोस, दोमिये को इस बुढ़ापे में जीविका के लिए परेशान होना पड़ता है।" उसने सुन लिया, कहा,—"मेरी परेशानी की चिंता मत करो, तुम लोगों के पास रियासतें हैं, मेरे लिए जनता है और मैंने जनता का ही वरण किया है।" सोने नदी के किनारे गरीब मछुओं को देखकर उसके मुँह से आह निकली—"मेरी सांत्वना के लिए तो मेरी कला है, किंतु हाय! इन बेचारे गरीब मर्द-औरतों के लिए?"

माने—यथार्थवादी चित्रण का आचार्य। बेचारे को यथार्थवादिता के लिए पूरी सजा भुगतनी पड़ी—'अश्लीलता का अवतार,' 'सनसनीवाद का पिता'—क्या-क्या उपाधियाँ उसे नहीं दी गईं। लेकिन एक दिन उसका लोहा सबको मानना पड़ा। वह उन्नीसवीं सदी के सर्वोत्तम व्यक्तियों में गिना जाने लगा।

लाउत्रे—बड़े घराने का लाड़ला। घुड़सवारी में दोनों टाँग तोड़कर पंगु बन गया। उसके बाद वह समाज के निम्न स्तर में घुसा—वेश्यालयों, शराबघरों, जुआ-अड्डों का वह अखाड़िया बन गया और उनके जीवन के ऐसे चित्र बनाये कि वे कला-भवनों के शृंगार बन गये। कहा जाता है, शब्दों की दुनिया में जो मोपासाँ का स्थान है, रंगों की दुनिया में वही लाउत्रे का है।

वही कलाकार इतना कुरूप होता है—वान गौग को देखकर कोई भी कह उठता। लम्बी नाक, चिपटा मुँह, धँसी आँखें, मुड़े लाल बाल—एक साथ ही वह किसान, कैदी और ईसाई शहीद मालूम होता। जिंदगी-भर प्यार पाने को छटपटाता रहा, हमेशा ही दुत्कार पाई। एक बार एक वेश्या से प्यार चाहा तो उसने कहा, "क्या उपहार में अपने कान दोगे?" और, हजरत ने अपने कान काटकर भेज दिए!

लेकिन कुरूपता का बदला प्रकृति ने प्रतिभा का वरदान देकर प्रचुर मात्रा में चुकाया था। इस उच्च कलाकार ने अपनी कूची से जो रचनाएँ कीं, वे संसार की उच्चतम कलाकृतियों में गिनी जाती हैं और जिस प्रदर्शनी में उसके चित्र रखे जाते हैं, वहाँ भीड़ लग जाती है। उसकी मृत्यु भी विचित्र हुई। कान काटने से जो घाव हुआ, उसके लिए वह अस्पताल गया। वहाँ एक दिन उसने अपने पेट में गोली मारकर बगल के रोगी से कहा, "जरा निशाना आजमा रहा था।" और बस!

फिर सिजाने और अब हम आधुनिक चित्रकला में पहुँच गये। सिजाने की कला को ही लेकर पिकासो ने आधुनिक कला को जन्म दिया, जो अमूर्त, अभौतिक, बनकर अंततः छिटपुट रेखाएँ और अस्फुट चिह्नों तक पहुँच गई है।

6

जो शब्दशः आचार्य थे

जब उस दिन संध्या को खबर मिली कि आचार्य नरेंद्रदेवजी नहीं रहे तो लगा, जैसे एक ज्योतिपुंज, ग्रहपिंड,

शायद वृहस्पति, आँखों के सामने ही टूटकर गिर पड़ा है। सारा वायुमंडल थर्रा उठा, फिर सन्नाटा ''' सन्नाटा।

ज्ञान, कर्म, साधना। मानव-जीवन की तीन अनुपम उपलब्धियाँ। अपने देश में बड़े-बड़े ज्ञानी हो गये हैं, कर्मवीरों की भी कमी नहीं रही। साधकों की संख्या भी बड़ी है, किंतु एक ही पुरुष में ज्ञान, कर्म और साधना का पूर्ण समन्वय हुआ हो, ऐसे उदाहरण संसार में विरल हैं, अपने इस महादेश में भी। जहाँ ज्ञान वहाँ कर्म की कमी, जहाँ कर्म वहाँ साधना का अभाव। जहाँ तीनों एकत्र हों, वैसी त्रिवेणी तो किसी देश को परम सौभाग्य से ही मिल पाती है।

आचार्य नरेंद्रदेव में इन तीनों का ऐसा समन्वय हुआ था कि आज जब वह नहीं रहे, देश के राष्ट्रपति से लेकर साधारण आदमी तक उनका अभाव अनुभव कर रहा है। लगता है, हमारे जीवन में, देश के जन-जीवन में, एक ऐसा स्थान रिक्त हो गया है, जिसका भरा जाना सुदूर भविष्य में भी सम्भव नहीं।

यों तो 'आचार्य' शब्द का आजकल दुरुपयोग हो रहा है, किंतु इस शब्द के साथ ज्ञान की जिस गरिमा और महिमा का बोध होता है, वह आचार्य नरेंद्रदेव में पूर्णतः प्रतिफलित हुई थी। ज्ञान की विविध धाराएँ उनमें आकर इस प्रकार समाहित हुई थीं, जिस प्रकार सागर में विविध नदियाँ। समाजशास्त्र के वह पंडित थे, दर्शन के प्रकांड विद्वान, अर्थशास्त्र और राजनीति के मर्मस्थल को भी वह छू सके थे। इतिहास के उत्सस्थान तक उनकी पहुँच थी। भारतीय दर्शन के भिन्न-भिन्न अंगों का उन्होंने मनन किया था, यूरोपीय दर्शन के अनुशीलन की ओर उनका अनुराग था। कई भारतीय भाषाओं और यूरोपीय भाषाओं में उनकी पैठ थी। ज्ञान की किसी धारा के संबंध में उनसे बातें कीजिए, लगता था, आप किसी वायुयान चालक की बगल में बैठे हैं, जो आपको ऊँचे-से-ऊँचे ले जाकर अंतरिक्ष के उन रहस्यों को प्रत्यक्ष दिखला रहा है, जिनकी आपने कल्पना तक नहीं की थी।

भारतीय दर्शन में बौद्ध दर्शन ने उन्हें अधिक आकृष्ट किया था। भारतीय दर्शन का चरम उत्कर्ष वह बौद्धधर्म में मानते थे। इसी प्रकार यूरोपीय दर्शन में मार्क्स के द्वंद्वात्मक दर्शन को वह आधुनिक युग के लिए प्रकाश-स्तम्भ समझते थे। ज्ञान के क्षेत्र में वह पूरब-पच्छिम के भेद को नहीं मानते थे। ऐसा करना वह ज्ञान को सीमाओं में बाँधने की तरह गर्हित मानते थे। इसीलिए वह अंत तक अपने को मार्क्सवादी कहने में नहीं हिचकते थे। किंतु यहाँ भी उनका मार्क्सवाद कट्टरता का सहचर नहीं था। हर दर्शन की तरह मार्क्सवादी दर्शन को भी वह विकासशील समझते थे और इसमें शक नहीं कि उसके भारतीय प्रयोग में उन्होंने अनेक नई कड़ियाँ जोड़ी थीं। चूँकि उन्होंने अपने को सदा घनघोर राजनीति में रखा, अतः उनके द्वारा जोड़ी गई उन कड़ियों पर निरपेक्षता से ध्यान नहीं दिया जा सका, किंतु अब जब वह नहीं रह गये, उनकी ओर लोगों का ध्यान जाएगा ही।

उसके ज्ञान के सम्मुख उन्हें भी सिर झुकाना पड़ता था, जो राजनीति में उनके विचारों से सहमत नहीं थे। श्री पट्टाभि सीतारमैया ने अपने अहमदनगर-जेल के संस्मरण में लिखा है कि हमारे साथ जो लोग थे, सब-के-सब अपने विषय में अन्यतम थे। सरदार पटेल, पं. जवाहरलाल नेहरू आदि की विशेषताओं की चर्चा करते हुए 'विद्वत्ता में अन्यतम' उन्होंने आचार्य नरेंद्रदेव को ही माना था।

अपने इस अगाध ज्ञान का उन्होंने उन्मुक्त दान दिया। काशी विद्यापीठ के आचार्य की हैसियत से उन्होंने देश को कितने ऐसे स्नातक दिये, जो देश के विभिन्न क्षेत्रों में जाज्वल्यमान नक्षत्र की तरह चमक रहे हैं। यह दावे के साथ कहा जा सकता है कि स्वतंत्र भारत को जितने योग्य शासक, जितने जनसेवक आचार्यजी ने दिये, उतने किसी भी एक व्यक्ति या संस्था ने नहीं दिये। देवघर से दिल्ली तक उनके शिष्यों का जाल फैला है, और जो जहाँ हैं, वहाँ अपनी योग्यता और कर्मठता का सिक्का जमाये हुए हैं।

उत्तर भारत के दो प्रमुख-केंद्रों, लखनऊ विश्वविद्यालय और हिंदू विश्वविद्यालय का उपकुलपति के रूप में सफल संचालन करके उन्होंने भारतीय शिक्षा के क्षेत्र में अपनी स्थायी छाप छोड़ी है। निकट से जाननेवाले जानते हैं कि इन संस्थाओं का संचालन-सूत्र उन्होंने किस अव्यवस्थित दशा में सम्हाला था और जब उन्होंने इनसे विदा ली, किस सुव्यवस्था में इन्हें छोड़ा। शिक्षा, भाषा, लिपि, आदि के लिए जब-जब किसी आयोग की

रचना की गई, आचार्यजी को भुलाया नहीं जा सका और उनमें उनकी स्थिति अध्यक्ष की रही हो या सदस्य की, उनकी रिपोर्टों में आचार्य के व्यक्तित्व की छाप अलग से ही परिलक्षित होती है ।

प्रायः देखा जाता है, जो ज्ञान के क्षेत्र का महान व्यक्तित्व है, वह कर्म के क्षेत्र में बौना ही सिद्ध हुआ है । आचार्य नरेंद्रदेवजी इसके विपरीत उदाहरण थे । एक मेधावी विद्यार्थी की हैसियत से ही देश के सार्वजनिक कार्यों में उन्होंने सक्रिय भाग लेना प्रारम्भ किया था और जब महात्मा गाँधी ने असहयोग-आंदोलन का शंखनाद किया, उनके आह्वान पर पहली कतार में खड़े होनेवाले राष्ट्रकर्मियों में वह थे । वकालत छोड़कर वह सक्रिय राजनीति के क्षेत्र में आये और काशी विद्यापीठ के आचार्य-पद को सुशोभित करते हुए वह जन-आंदोलन को कभी नहीं भूले और न अपने सहयोगियों और शिष्यों को ही भूलने दिया । काशी विद्यापीठ सिर्फ विद्यापीठ नहीं थी, वहाँ ज्ञान के साथ कर्म का पाठ भी पढ़ाया जाता था और वहाँ के शिक्षकों और छात्रों ने देश की स्वतंत्रता के युद्ध में वह शानदार हिस्सा लिया कि अपने नामों के साथ अपनी इस संस्था को भी अमर कर दिया ।

1930 के सत्याग्रह-आंदोलन के साथ पूर्ण रूप से आचार्यजी राजनीति के कर्मक्षेत्र में कूद पड़े । राजनीति में भी पिटी-पिटाई लीक पर न चलकर उन्होंने एक नया कदम रखा । उनका गहरा अध्ययन उन्हें समाजवाद की ओर उन्मुख कर चुका था, अतः जब 1934 में अखिल भारतीय समाजवादी दल का संगठन हुआ, उसका अध्यक्षपद स्वभावतः उन्हें अर्पित किया गया । यह बहुत कम लोगों को मालूम है कि जब समाजवादी दल के संगठन के लिए हम पटना में प्रारम्भिक अधिवेशन करने जा रहे थे तो पं. जवाहरलाल नेहरू के ही सत्परामर्श से हमने आचार्यजी को उसका अध्यक्ष चुना था । तब से मृत्यु-पर्यन्त वह इस दल के प्रमुख स्तम्भ रहे । यह भी विधाता का ही विधान है कि समाजवादी दल के अध्यक्ष के रूप में ही उन्होंने अखिल भारतीय राजनीति में प्रवेश किया और दल के अध्यक्ष की हैसियत से ही उनका स्वर्गारोहण हुआ । दल का बाईस वर्षों का जीवन उनके जीवन के साथ ओत-प्रोत रहा ।

समाजवादी दल ने कांग्रेस के अन्दर रहकर काम करना तय किया था । आचार्यजी ने कांग्रेस को क्या दिया, इसका अनुमान इसी से लगाया जा सकता है कि अपनी मृत्यु के पहले महात्माजी कांग्रेस की गद्दी पर आचार्यजी को अधिष्ठित करना चाहते थे । यदि ऐसा हो गया होता तो भारत के इतिहास ने एक नया ही मोड़ लिया होता । अपने गहरे ज्ञान और अथक कर्मशीलता के कारण वह एक युग तक उत्तर प्रदेशीय कांग्रेस का सूत्र संचालन करते रहे । जब 1937 में भारत में प्रथम बार कांग्रेसी मंत्रिमंडल की स्थापना हुई तो उत्तर प्रदेश का मुख्यमंत्रित्व उनको सौंपने की इच्छा प्रकट की गई थी, किंतु चूँकि समाजवादी दल ने अपने सदस्यों को किसी पद के ग्रहण करने से मनाही कर दी थी, आचार्यजी ने अनेक आग्रहों के बावजूद अपने को इस पद से अलग ही रखा । समाजवादी दल के इस निर्णय में आचार्यजी का प्रमुख हाथ था । तो भी पं. जवाहरलाल नेहरू ने कांग्रेस-कार्यसमिति में उन्हें सादर सम्मिलित किया और उसके सदस्य की हैसियत से देश के गाढ़े अवसर पर देश की रहनुमाई में उन्होंने जिस योग्यता से हाथ बँटाया, उसे कौन नहीं जानता ?

जब समाजवादी दल में कांग्रेस से पृथक् होने की चर्चा छिड़ी, आचार्यजी इस विचार के विरोधियों में थे । उन्होंने अपनी स्वाभाविक विनोदमयी भाषा में कहा था, "हम वैसे आशिक हैं, जो माशूक के दरवाज़े पर तब तक पड़े रहेंगे जब तक वह बेवफा हमारी गर्दन में हाथ लगाकर अपने अहाते से बाहर न कर दे ।" किंतु जब बम्बई में कांग्रेस ने यह निर्णय किया कि कांग्रेस के अंदर किसी पार्टी का अस्तित्व नहीं स्वीकार किया जा सकता तो उन्हीं की अध्यक्षता में नासिक में कांग्रेस से अलग हो जाने का निर्णय किया गया । आचार्यजी के कितने ही प्रिय साथी और शिष्य उनसे बिछुड़ गए, किंतु वह अपनी जगह पर अटल और अडिग डटे रहे ।

समाजवादी दल ने किसानों और मजदूरों के संगठन की ओर ध्यान दिया । मजदूरों का संगठन तो कुछ था ही, किंतु भारतीय किसानों का कोई संगठन नहीं था । जब पहली बार अखिल भारतीय किसान-सम्मेलन का आयोजन किया गया, सर्वसम्मति से उसका अध्यक्ष आचार्यजी को ही चुना गया । उसके अध्यक्ष-पद से दिया गया उनका भाषण भारतीय किसानों की आकांक्षाओं और आशाओं का वह दस्तावेज है, जो आज भी अपना

मूल्य नहीं खो सका है । जब दूसरा विश्व-युद्ध छिड़ा, फिर दूसरी बार अखिल भारतीय किसान-सम्मेलन की अध्यक्षता करते हुए उन्होंने भारतीय किसानों को क्रांति के लिए आह्वान किया और 1942 की क्रांति में भारतीय किसानों ने जो योगदान दिया, आचार्यजी को उससे बड़ा ही संतोष था ।

आचार्यजी साम्राज्यवाद से समझौते के घोर विरोधी थे । देश के बँटवारे का उन्होंने जबर्दस्त विरोध किया था । इसी प्रकार भारत अँगरेजी कामनवेल्थ के अंदर रहे, यह स्थिति भी उनके लिए असह्य थी । किंतु उनके विरोध में कहीं कटुता या व्यक्तिगत ईर्ष्या, द्वेष का नाम न था । वह सदा एक ऐसे ऊँचे स्तर से बोलते थे कि जिनका वह विरोध करते थे, वे भी उनकी कदर करते थे । राजनीति में व्यक्तिगत राग-द्वेष को वह सदा घृणा की दृष्टि से देखते थे और अपने को सदा उससे दूर रखते थे । गाँधीजी से कई बातों में उनका मतभेद था, किंतु आचार्यजी के इन्हीं गुणों के कारण गाँधीजी का पूर्ण स्नेह उन्हें प्राप्त था । क्रिप्ससाहब दिल्ली पहुँचे, उन दिनों की बात है । देश के भाग्य-निर्णय के विषय में गम्भीर परामर्श चल रहा था । गाँधीजी दिल्ली छोड़कर वर्धा को चले । पत्र-प्रतिनिधियों ने उनसे पूछा, "आप कुछ दिन और क्यों नहीं ठहर जाते ?" गाँधीजी ने जवाब दिया, "एक डाक्टर अपने रोगी को किस प्रकार भूल सकता है ?" वह रोगी और कोई नहीं, आचार्य नरेंद्रदेव थे, जो उन दिनों दमे से अत्यधिक पीड़ित होकर गाँधीजी के निमंत्रण पर सेवाग्राम पहुँच गए थे और गाँधीजी उनकी प्राकृतिक चिकित्सा कर रहे थे ।

उनके दुबले-पतले शरीर को दमे ने बहुत दिनों से झकझोर रखा था, किंतु इस असाध्य और कष्टदायक रोग के बावजूद उन्होंने अपने कार्य में कभी कमी या त्रुटि नहीं आने दी । इस रोग से लड़ते हुए भी वह दिन-रात काम में लगे रहे । पिछली गर्मियों की बात है । समाजवादी दल में फूट पड़ी थी । उसके अस्तित्व पर संकट के बादल मँडराते दीखते थे । अचानक आचार्यजी ने उत्तर प्रदेश और बिहार का दौरा शुरू कर दिया । इन पंक्तियों के लेखक ने काशी में उनसे कह दिया, "यह आप क्या कर रहे हैं ?" उन्होंने अपनी स्वाभाविक मुस्कान से कहा, "सवाल आ गया है, मैं अपने को बचाऊँ और पार्टी को मरने दूँ, या पार्टी को जीवित रखा जाए और अपने को मारूँ ? मैंने इस दूसरे को चुन लिया है ।"

किंतु यहाँ समझ लेना है कि पार्टी का अर्थ उनके सामने क्या था ? पार्टी का संकुचित रूप उनके सामने कभी नहीं रहा । जनतंत्र के साथ वह विरोधी पक्ष की नितांत आवश्यकता समझते थे और विरोधी पक्ष सत्तारूढ़ पक्ष से अधिक क्रांतिकारी हो, तभी देश का कल्याण सध सकता है । विरोधी पक्ष छोटा ही क्यों न हो, किंतु उसकी आस्था दृढ़ होनी चाहिए; उसके कदम सही पड़ने चाहिए, उसमें उच्च चरित्र और अटूट अध्यवसाय होना चाहिए, तब छोटा होकर भी वह सत्तारूढ़ पक्ष को प्रभावित कर सकेगा ।

कर्म ! कर्म ! कर्म ! उनका सारा जीवन कर्ममय था । जब मृत्यु का घेरा उनके निकटतर पहुँचता जाता था, उन्होंने अपने कर्म-दीपक की लौ को और भी ऊँचा कर दिया था । मृत्यु के तीन दिन पूर्व वह पार्टी की कार्यसमिति में जाकर एक घंटे तक अपना विचार सुना आये थे । अपने 'बौद्ध दर्शन' के शेषांश को पूरा करने में वह अंत तक लगे हुए थे । देश का हित-चिंतन करते हुए ही उनकी अंतिम साँस टूटी ।

आचार्य नरेंद्रदेव उन साधकों में थे, जिनकी साधना पर देश को सदा अभिमान रहेगा । इस दृष्टि से वह आर्य ऋषियों की कोटि में थे, सारे जीवन को मोमबत्ती की तरह घुलघुलकर उन्होंने जलाया कि दूसरों को—समाज को, देश को, संसार को प्रकाश मिलता रहे । उनका जीवन ऋषियों का जीवन था—त्यागमय, तपस्यामय । भोग का, वैभव का कभी सपने में भी उन्होंने विचार नहीं किया । उन्होंने सदा अपने को अकिंचन रखा । एक बार पूज्य राजेंद्रबाबू ने सदाकत-आश्रम में, स्वराज्य से पूर्व, कार्यकर्ताओं को सावधान करते हुए कहा था, "जहाँ तपस्या होती है, उसे विचलित करने के लिए, अपने पुराणों में कहा गया है, अप्सराएँ आती हैं, ऋद्धि-सिद्धियाँ आती हैं, आप लोग सावधान रहिएगा ।" आजादी के बाद हमारे तपस्वियों के निकट इनका हंगामा-सा जुट गया, और कितने लोग हैं, जो विचलित होने से बचे ? उन इने-गिने लोगों की जब मणिमाला बनाई जाएगी, आचार्यजी उसके 'सुमेरु' सिद्ध होंगे । वह क्या नहीं प्राप्त कर सकते थे, किंतु कभी निगाह उठाकर

भी उनकी ओर नहीं देखा।

बड़े-से-बड़े आदमी की सबसे बड़ी कमजोरी होती है कीर्ति-लालसा। कीर्ति के लिए, यश के लिए, प्रसिद्धि के लिए वे लोग भी झुक जाते हैं, जो संसार के सारे ऐश्वर्यों को ठुकराने से नहीं झिझकते। कीर्ति-लालसा पर अंकुश रखना संसार की सबसे बड़ी साधना है। इस साधना की कसौटी पर भी आचार्यजी को कई बार कसा गया और वह सदा खरे निकले। वह अजातशत्रु थे, किंतु प्रमादवश जिन्होंने अपने को उनका प्रतिद्वन्द्वी समझा था, उनके सिर भी आचार्यजी की इस साधना के निकट अनेक बार झुके और अपनी मृत्यु के बाद तो आचार्यजी ने सिद्ध कर दिया कि यथार्थतः उनका कोई प्रतिद्वन्द्वी था ही नहीं। वह सबके थे, उन्हें खोकर सारे देश ने अनुभव किया, उसने कोई अपना खोया है। आचार्यजी की अनुपम साधना की यह सबसे बड़ी विजय है।

ज्ञानी, कर्मयोगी, साधक इन तीनों आचार्य नरेंद्रदेव के अतिरिक्त एक और आचार्य नरेंद्रदेव थे, वह थे मानव नरेंद्रदेव। और यह मानव नरेंद्रदेव इन तीन आचार्य नरेंद्रदेव से ऊपर थे, यह कहने की धृष्टता मैं इसलिए करता हूँ कि उनके निकट सम्पर्क में आनेवाले मेरे-जैसे छोटे व्यक्तियों को उसी नरेंद्रदेव ने सबसे अधिक प्रभावित किया था। उनका दरबार सबके लिए खुला था। हाँ, सचमुच उनका दरबार लगता था। किंतु उसके दरवाजे पर न कोई चोबदार होता और न अलग-अलग दर्जे के 'मनसबदार'। वहाँ सबका अबाध प्रवेश था, सबके लिए एक-सा आसन था। सबका स्वागत घनी मूँछों के नीचे की अमंद मुस्कराहट से होता था, सबकी कुशल-वार्ता झुर्रीदार चेहरे पर सतत खेलनेवाले उल्लास से पूछी जाती थी। वहाँ विद्यार्थी आते थे, शिक्षक आते थे, आचार्य आते थे, कुलपति आते थे, कार्यकर्ता आते थे, नेता आते थे, राज्य-कर्मचारी आते थे, मिनिस्टर आते थे, कवि आते थे, लेखक आते थे, किसान आते थे, मजदूर आते थे, सेठ आते थे, तालुकेदार आते थे, देवियाँ आती थीं, देवता आते थे—सबकी अपनी-अपनी समस्या, सबकी अपनी-अपनी बात। और सबके लिए एक-सा सरल, सादा, निष्कपट, निश्छल निबटारा। क्या कोई उस दरबार से निराश लौटा? जिसे कुछ न मिला, जिसे कुछ खोना पड़ा, उसने भी अनुभव किया, वह जो माँगने आया था, उससे भी अधिक उसे मिल गया; जो खो दिया, उससे अधिक वह पा गया। बात-बात में चुहल, बात-बात में विनोद। कड़वे घूँट भी मिश्री में घुले। वहाँ से मुहर्रमी चेहरे भी मुस्कराहट लिए निकलते।

इस मानव आचार्य नरेंद्रदेव में एक चुम्बकत्व था। उस चुम्बकत्व का अनुभव उनके निकट जानेवाले तुरत ही अनुभव करने लगते थे। लगता था, किसी अदृश्य डोर से वह निकटतर खिंचे जा रहे हैं। लखनऊ वही है, किंतु कौन किसी को स्टेशन से सीधे खींचकर नए हैदराबाद की उस नन्हीं काटेज तक ले जाएगा? चुम्बक उठ गया। हम लौहखंड सचमुच लौहखंड बन गए—ठंडे, निर्जीव, निस्पंद।

7

कोई सुखी नहीं

आंद्रे मावरोई फ्रांस का सुप्रसिद्ध लेखक है। अपनी लेखनी के कारण उसने विश्वव्यापी कीर्ति पाई है। पैसे भी खूब कमाये हैं। जीवनी लिखने में तो उसने कमाल हासिल किया है। शेली की जीवनी उसने जब 'एरियल' के नाम से प्रकाशित की, साहित्य-संसार में उसकी धूम मच गई। जब वह आदमी अपनी आत्मकथा का नाम 'कौल नो मैन हेपी'— ('संसार में कोई सुखी नहीं') रखता है तो आश्चर्य होता है।

यह आत्मकथा उसने पिछले महायुद्ध में फ्रांस के पतन के बाद लिखी थी, जब वह अपने देश से भागकर अमरीका चला गया था। स्वभावतः उसके जीवन पर उन दिनों दुःख और शोक की काली घटा छाई थी। इस

आत्मकथा के पन्ने-पन्ने पर वह छाया परिलक्षित होती है।

मध्यवर्ग के एक व्यापारी का पुत्र। पढ़ने-लिखने में बहुत तेज। अनायास अपने वर्ग में प्रथम आता रहा। लेख लिखने की अखिल फ्रांसीसी प्रतियोगिता में प्रथम आया। एम. ए. की पढ़ाई समाप्त करने के बाद फौजी शिक्षा ली। फिर अपने खानदानी पेशे में लगा—ऊन की एक मिल थी, उसके संचालन का भार लिया, बड़ी योग्यता से चलाया। मिल की आय काफी बढ़ गई।

इसी समय एक लड़की से परिचय। बड़ी सुंदरी, किंतु अनाथ। उसे इंग्लैंड भेजकर पढ़ाया, फिर शादी की। शादी के प्रारम्भिक दिन बड़े मजे में कटे। अचानक 1914 की लड़ाई शुरू हुई। फौज में भर्ती हुआ। अँगरेजी जानता था, इसलिए अँगरेजी फौज के साथ दुभाषिए के रूप में रखा गया।

बचपन से ही लेखक बनने की आकांक्षा। उपन्यास लिखने की ओर प्रवृत्ति। एक उपन्यास लिखा। छापने को भेजा, लेकिन प्रकाशित नहीं कराया। युद्धभूमि में लिखने की प्रवृत्ति बढ़ी। 'कर्नल ब्रैम्बल' नामक पुस्तक यहीं लिखी। मित्रों ने कहा, "छपवाओ।" लेकिन छपे कैसे? फौजी जीवन का चित्रण—खासकर अँगरेजी अफसरों का। चित्रण में उज्ज्वल पक्ष ही; लेकिन फौज आखिर फौज है। तय हुआ, किसी उपनाम से प्रकाशित हो। मूल नाम था इमिल हर्जोग। उपनाम रखा—आंद्रे मावरोई—आंद्रे, चचेरा भाई जो इस युद्ध में मारा गया था, मावरोई एक गाँव का नाम, जिसके करुण सौंदर्य से वह विशेषतः प्रभावित था। आगे चलकर यही नाम जगद्विख्यात हुआ।

अध्ययन के दिनों में मावरोई एक अध्यापक से बहुत प्रभावित हुआ था, उसका नाम था अलेन। दर्शन का अध्यापक था, मौलिक विचारक। उसके कुछ विचारोत्तेजक कथन देखिए—सत्य के सम्मुख सम्पूर्ण हृदय से जाओ। सोलह वर्ष की उम्र में जो अराजकता-वादी नहीं हुआ, उसमें तीसवें वर्ष में इतनी शक्ति नहीं रह जायगी कि भाड़ झोंके। अब भगवान को ही आदमी के निकट आना है। किसी भी प्रमाण का मेरे निकट कोई मूल्य नहीं। छः महीने के रास्ते को छोड़कर वर्ष-भर का रास्ता पकड़ो। छोटे दिमाग के लोग तो छोटे दिल से प्रशंसा करते हैं।

अपनी इस आत्मकथा में मावरोई ने बताया है कि वह क्यों सदा मध्यम मार्ग पकड़ता रहा। अलेन के प्रभाव से कुछ दिनों तक वह समाजवादी हुआ; लेकिन मुख्यतः वह सुधारवादी ही है। हाँ, अपने देश फ्रांस के लिए उसमें असीम भक्ति है और वह अँगरेजी शिष्टाचार का उपासक है। वह किपलिंग को बहुत सम्मान की दृष्टि से देखता था और उससे मुलाकात भी की थी।

पहले युद्ध से लौटने के बाद उसकी प्रवृत्ति साहित्य की ओर झुकी।

'कर्नल ब्रैम्बल' की बड़ी तारीफ हुई; संस्करण-पर-संस्करण होते गए। पाँच हजार, दस हजार, बीस हजार, पचास हजार। बड़े-बड़े लोगों ने तारीफ लिखी—अनातोले फ्रांस ने भेंट करने को बुलाया। अँगरेजी कमांडर-इन-चीफ ने भी तारीफ की और फ्रांस के तत्कालीन राष्ट्रपति क्लीमेंसो ने भी बधाई दी।

अब व्यापार के साथ पुस्तक-लेखन, दिनभर मिल की निगरानी, शाम और रात को लिखना-पढ़ना। कई पुस्तकें प्रकाशित हुईं। फ्रांस के सुप्रसिद्ध लेखकों से जान-पहचान। जीदे से चार्ल्स दुबोस, एने देसजार दिन्स आदि से। एक बार जीदे ने पूछा—

"अब क्या लिख रहे हो?"

"शेली की जीवनी।"

"क्यों? मेरे घर आओ न, उसे ज़रा देख लूँगा। तुम्हारा घर यहाँ से दूर नहीं है।"

"किंतु, पुस्तक पूरी नहीं हुई है।"

"यही तो चाहिए। जो चीज पूरी हो गई होती है, उसमें मेरी दिलचस्पी नहीं रहती। अधूरी चीज को ही तो कुछ सुधारा जा सकता है।"

शेली की इस जीवनी का नाम रखा गया 'एरियल'। 'एरियल' ने मावरोई की धाक साहित्य-जगत में

जमा दी। अब उसने तय किया कि व्यापार में अपना समय नहीं लगावेगा। उसे भाई-भतीजों को सौंपकर सरस्वती की पूर्ण आराधना में लग गया। इंग्लैंड गया, बड़े-बड़े लोगों से मिला। वहाँ भी प्रशंसा-ही-प्रशंसा मिली।

पारिवारिक जीवन में तीन बच्चे आये—दो बेटे, एक बेटी। किंतु पत्नी इधर उदासीन रहने लगी। धीरे-धीरे वह बीमार हुई और चल बसी।

शोक में ही निमग्न था कि एक दूसरी स्त्री ने प्रवेश किया—ऐसी स्त्री, जिसका संबंध फ्रांस के बड़े-बड़े लोगों से था। आंद्रे जब उसके बारे में लिखना शुरू ही करता है तो तुरत कल्पना होती है, यह स्त्री उसकी कुछ होने तो नहीं जा रही? मार्सेल प्राउस्ट, अनातोले फ्रांस ऐसे लोग इस पर तभी आसक्त थे, जब यह छोटी बच्ची थी। सुंदर चेहरा, सुंदर व्यवहार, सुंदर लिखावट। और अंततः यही होता है, वह मावरोई की अर्धांगिनी बन जाती है—योग्य अर्धांगिनी। यह एक बड़े खानदान से थी, जहाँ फ्रांस के प्रेसिडेन्ट, प्रधानमंत्री, महान कलाकार, बड़े-बड़े सेनापति आया करते थे। इस विवाह से मावरोई ने बहुत कुछ प्राप्त किया।

इसी प्रसंग में मावरोई ने फ्रांस के दो राजनीतिज्ञों का बड़ा सुंदर चित्रण किया है—पोईंकेर और ब्रियाँ का। दोनों आंद्रे की ससुराल के परिवार में आते, किंतु कभी एक समय नहीं। पोईकेर वकील, ब्रियाँ कवि। पोईकेर को तथ्य और अंक चाहिए, ब्रियाँ को इससे घृणा। पाईकेर अपना भाषण अपने हाथों से लिखकर तैयार करता, ब्रियाँ सिगरेट बनाता, धुआँ उड़ाता, धुआँधार बोलता जाता। पोईकेर को जनमत से भय बना रहता, ब्रियाँ अपने बारे में लिखी गई आलोचना को पढ़ता भी नहीं। एक कहावत मशहूर थी—पोईकेर जानता सबकुछ है, किन्तु समझता कुछ नहीं और ब्रियाँ जानता कुछ नहीं, समझता सबकुछ है। दोनों की ईमानदारी उच्चकोटि की। एक बार अपनी किताब का प्रूफ भेजना था, तो अपने सेक्रेटरी से पोईकेर ने कहा—देखो, यह मेरा निजी काम है। मिनिस्ट्री के किसी चपरासी को मत भेजो। यह लो पाँच फ्रांक, किसी आदमी को देकर भेज दो। और ब्रियाँ के पास तीन करोड़ फ्रांक विदेशी विभाग के थे, जिसे खर्च करने का एकमात्र अधिकार उसी को था, किंतु जब उसने आफिस छोड़ा, पूरी रकम एक-एक पाई लौटा दी। उसके बाद जो मंत्री हुए, उन्होंने ब्रियाँ के बारे में कहा था—उसमें जो कुछ ऐब ढूँढ़िए, वह ईमानदार हद दर्जे का था। यदि वह चाहता तो इन पैसों से कुछ ही अखबारों पर खर्च करके फ्रांस का राष्ट्रपति मजे में बन सकता था।

इस नई दुलहिन के बाद आंद्रे के जीवन का नया क्रम शुरू हो जाता है। नई-नई रचनाएँ, नए-नए अनुभव। अमरीका की यात्रा। अमरीका के जीवन और यौवन से प्रभावित। एक मित्र को लिखा—'आओ, यदि जीवन और मानवता पर विश्वास हो तो अवश्य आओ। आओ, कुछ महीनों के लिए आओ और कई सदियों की नौजवानी हासिल करो।"

इसी समय एक दुष्ट आलोचक से उसका पाला पड़ा। 'एरियल' की आलोचना करते हुए उसने तुहमत लगाई कि आंद्रे ने अँगरेजी जीवन की भद उड़ाई है। आंद्रे बहुत अंशों से अँगरेजी जीवन का भक्त, फिर यह तुहमत! मारवोई ने इन निन्दकों के विषय में लिखा है—"हमारे सर्वोत्तम काम हमारे लिए उतने मित्र नहीं पैदा करते, जितने शत्रु हमारी छोटी-छोटी भूलें पैदा कर देती हैं। अनजाने ही मैंने कुछ लेखकों के दिल दुखाए—अपने आध्यात्मिक गुरुओं में उनके नाम नहीं गिनाये, अपने घर बुलाकर उन्हें दावतें नहीं खिलाईं, उनके लेखों की तारीफ नहीं लिख भेजी और सबसे बढ़कर उन्होंने जो अपनी पुस्तकें भेजीं, उन पर प्रशंसात्मक आलोचना नहीं लिखी। यह मेरी बड़ी भूल थी।" लेकिन इस निन्दा के कारण फ्रांस के सुप्रसिद्ध लेखकों ने मावरोई के पक्ष में लेखनी उठाई—हानि से अधिक लाभ हुआ।

अनेक रचनाओं में 'वायरन' फिर चमकी। शेली से अधिक इस पर मेहनत भी की गई थी। वायरन के घर को देखा, उसके जीवन से संबंधित स्थानों को देखा, उसके अप्रकाशित पत्रों को पढ़ा, तब इसे लिखना प्रारम्भ किया। 'शेली' जैसी रोचकता इसमें नहीं, किंतु विद्वानों से यह बहुत आदर पा सकी।

लड़ाई के बाद फ्रांस की दुर्दशा। मंत्रिमंडल बनते, बिगड़ते। पूँजीपतियों और मजदूरों में संघर्ष।

सोशलिस्टों और कम्यूनिस्टों में संघर्ष। उधर जर्मनी में हिटलर का उदय। फ्रांस पर खतरा। साहित्यिक का कोमल हृदय जर्जरित। किन्तु क्या करे बेचारा? रचनाएँ चलती रहीं—खासकर जीवनियाँ, जिसके लिए उसे प्रसिद्धि प्राप्त हो गई थी और बीच-बीच में उपन्यास। उसके लिखे 'इंग्लैंड का इतिहास' का भी अच्छा स्वागत हुआ।

और अंत में सबसे बड़ा सम्मान—फ्रेंच अकादमी की सदस्यता प्रदान की गई। फ्रेंच अकादमी यह अजीब संस्था! इसके सदस्यों की संख्या उस समय उनतालीस थी। मावरोई को पहली बार असफलता मिली थी। एक मित्र ने कहा, "घबराओ नहीं, विक्टर ह्यूगो को तीन बार असफलता मिली थी। इकतीस वोट में तुम्हें ग्यारह मिले, यह सौभाग्य भी क्या कम है?" किंतु इस दूसरी बार मार्शल पेताँ जैसे लोग उसके समर्थक थे। सदस्यता की दरखास्त पर भी बहुत-कुछ निर्भर रहता है—वह संक्षिप्त हो, उसमें सादगी हो, उसमें अलंकार न हो, फिर उनतालीस व्यक्तियों से मिलना, जिनमें लेखक हैं, वैज्ञानिक हैं, सेनापति हैं, मंत्री हैं, राजदूत हैं। एक-से-एक बढ़कर। मावरोई का प्रतिद्वंद्वी भी मामूली नहीं था। बड़ी कशमकश रही। अंत में उन्नीस-तेरह वोट से विजय मिली। विजय के बाद उसका अकादमी-भवन में शाही स्वागत। 2 जून, 1939।

और, उसके बाद, मावरोई लिखता है—जब-जब अनुभव किया कि मैं बहुत सुखी हूँ, अप्रत्याशित आपत्ति आ ढही। शायद देवताओं को मनुष्य के आनंद से ईर्ष्या होती है।

जर्मन ने दूसरे विश्वयुद्ध का प्रारम्भ कर दिया। पोलैंड पर चढ़ाई। मावरोई के दोनों बेटे, दामाद युद्ध-क्षेत्र में गए। उसने भी अपनी सेवा अर्पित की। अँगरेजी जानने के कारण वह फिर अँगरेजी फौज का ल्याजाँ अफसर बनाया गया।

युद्ध के समय फ्रांस की हालत—नौजवानों में जोश, सैनिकों में जोश, किंतु अस्त्र-शस्त्र प्राप्त नहीं। न बंदूक, न तोप, न वायुयान, न गोले। क्या खाकर वे जर्मनों को रोक सकेंगे! मेजिनो लाइन—किंतु यदि जर्मन सेना बेलजियम के रास्ते से आ गई तो? और वही हुआ। जर्मन-सेना बाढ़ की तरह बढ़ती आई, फ्रांस को पदाक्रांत किया। मावरोई मुश्किल से इंग्लैंड पहुँचा और बी. बी. सी. के माइक से बोला—आप फ्रांस की मदद कीजिए, किंतु कब? 1941 में नहीं, अगले महीने नहीं, कल नहीं—आज इसी घड़ी, इसी क्षण। किंतु क्या सम्भव था?

फ्रांस का पतन हुआ। जब इस पतन का समाचार मावरोई को मिला, वह कमरे के भीतर चला गया, बिछावन पर बेतहाशा गिर गया और बच्चों की तरह फफक-फफककर रोने लगा।

इंग्लैंड से अमरीका। वहीं यह आत्मकथा लिखी—न्यूयार्क सिटी, 8 अक्तूबर, 1941 – पुस्तक के अंत में यह दर्ज है।

8

विनोबा के साथ दो दिन

"आप लोग तो भ्रमर हैं। जहाँ सुगंध होगी, बिना बुलाए पहुँच जाएँगे। मैं जो काम कर रहा हूँ, लगता है, उसमें वह सुगंध नहीं आ सकी है कि आप लोग पहुँच सकें। किंतु निवेदन करूँगा, देश में जो एक महान क्रांति हो रही है, आप उसे देखें।"

" वाणी द्वारा ही भीतर और बाहर का मिलन होता है। वाणी ही अंतर्जगत का बहिर्जगत से समागम कराती है। आप उसी वाणी के वरद पुत्र हैं। आपकी वाणी का वरदान इस यज्ञ को प्राप्त हो, यही मेरी कामना है। किंतु यह वरदान आप तभी दें, जब वह हृदय से निकले। हृदय में स्फुरण न हो, तब भी आप कुछ कहेंगे तो

वह फलदायी नहीं होगा। हृदय से निकली वाणी ही हृदय को स्पर्श करती है।"

ऊपर के ये दो उदाहरण मैं अपनी डायरी के पन्नों से दे रहा हूँ, जो 3-8-53 को गया में लिखे थे। संत विनोबा के प्राइवेट सेक्रेटरी का तार पाकर मैं उनसे मिलने गया पहुँचा था। कुछ और साहित्यिक बंधु भी थे। हमें सम्बोधित करते हुए संत ने जो एक प्रवचन दिया था, उसी के ये दो अंश हैं। संत ने पटना में, तथा गया में भी, आग्रह किया था कि हम उनके साथ कुछ दिनों तक घूमें और स्वयं देखें कि इस आंदोलन के तत्त्व क्या हैं? मैंने कहा था कि जब आप मेरे जिले में आयेंगे, आपकी सेवा में उपस्थित होऊँगा।

जब खबर मिली, विनोबाजी 31 तारीख की भोर में दरभंगा जिले से मुजफ्फरपुर जिले में प्रवेश कर रहे हैं और संयोग से मेरे थाने, कटरा में ही उनका प्रवेश हो रहा है तो मुझे अपने वादे की याद आई और मैं दौड़ा-दौड़ा बुधकारा पहुँचा, उस सौभाग्यशाली गाँव में, जिसमें संत के चरण मेरे जिले में पहले-पहल पड़े।

बुधकारा का वह पुण्य प्रभात बहुत दिनों तक याद रहेगा। संत अपनी यात्रा सदा चार बजकर बीस मिनट पर प्रारम्भ कर देते हैं। हम लोग चार बजे से ही अपने जिले की सीमा पर उनकी प्रतीक्षा में खड़े थे। तरह-तरह के नारे लग रहे थे, तरह-तरह के झंडे उड़ रहे थे। तरह-तरह के लोग थे, नेता थे, कार्यकर्ता थे, मिनिस्टर थे, दारोगा थे, जमींदार थे, किसान थे, पूँजीपति थे, मजदूर थे, कांग्रेसी थे, सोशलिस्ट थे। कृष्णपक्ष की दशमी की हल्की चाँदनी चारों ओर बिछी थी। आकाश में थोड़े ही तारे थे, जो अब झुक-झुककर अपने विलीन होने की सूचना दे रहे थे। झीना कुहासा छाया हुआ था। रह-रहकर ठंडी हवा का झोंका आ जाता था। हम बड़ी उत्सुकता से उस ओर देख रहे थे, जिस ओर से संत का आगमन होनेवाला था। दरभंगा जिले में जहाँ संत का अंतिम पड़ाव था, वह यहाँ से कुछ दूर न था। यहीं से हम वहाँ की रोशनी देख रहे थे। अंत में वह रोशनी हिलती नज़र आई, फिर हमारी ओर बढ़ती दिखाई दी। लोगों में आनंद का उल्लास आया। हमने कोशिश की थी, पाँत बनी रही, किंतु संत का आगमन हुआ कि ऐसा ज्वार उठा कि अब पाँत की बात कहाँ सोची जा सकती थी! बीच में संत चल रहे थे, चारों ओर लोग दौड़ रहे थे। थोड़ी दूर यही स्थिति रही। हमने सम्हालने की कोशिश की, किन्तु सब निष्फल। संत रुके, सभी रुके। संत ने कहा, "तुम लोग हमारे पीछे चार-चार पाँत में चलो।" हमने लोगों को चेतावनी दी—"देखो, हम तुम्हें बढ़ने नहीं देंगे, चार-ही-चार आगे बढ़ो।" संत ने झिड़क दिया—"नहीं-नहीं, हुक्म नहीं।" फिर जनता की ओर मुखातिब होकर कहा, "सुना, हममें से कोई भी तुम पर हुकूमत करनेवाला नहीं। तुम स्वयं चार-चार पाँत बनाते चलो और चले चलो।"

जनता पर, लोगों पर, इतना विश्वास! "कोई तुम पर हुकूमत करनेवाला नहीं!"— मैं मन-ही-मन सोच रहा था, संत यह क्या बोल गए? गाँधीजी के बारे में लोगों का कहना था—वह अराजकतावादी हैं। राज्य के मानी हैं शासन, हुकूमत। तुम पर कोई हुकूमत करनेवाला नहीं—क्या अराजकतावाद का इससे बड़ा सूत्र कुछ और हो सकता है?

आगे-आगे गैस के दो हंडे हैं, दो-तीन लालटेन भी हैं। संत बढ़ रहे हैं। छोटा कद, दुबला शरीर, उसे चादर से लपेटे। उनके पैर जल्द-जल्द उठ रहे हैं। पीछे के लोगों को दौड़ना पड़ रहा है। नारे लग रहे हैं, संत रुकते हैं, कहते हैं, "नारे बंद करो, बिलकुल मौन चलो। ब्राह्ममुहूर्त है न, यह तो मनन-चिंतन की बेला है।" सब लोग चुप हैं, अब सिर्फ पैरों की आवाज हो रही है। संत का काफिला आगे बढ़ रहा है, बढ़ता जा रहा है।

बीच-बीच में गाँव पड़ते हैं। कल संध्या को ही आते समय देख चुका हूँ, रास्ते में सभी गाँव सजाए गए हैं। प्रत्येक के द्वार पर तोरण-वंदन वार! अभी रात ही है, तो भी स्त्री-पुरुष, बच्चे-बूढ़े सभी कतार बाँधकर खड़े हैं। रामधुन कर रहे हैं। नारे लगा रहे हैं। उन्हें पहले से समझा दिया गया है, पैर मत छूना, माला मत पहनाना। ललचाई आँखों से संत के चरणों की ओर देखते हैं और बरबस उनके हाथ के फूल और मालाएँ उछल पड़ती हैं। नारियों की श्रद्धा-भक्ति देखते ही बनती है! बच्चों के उत्साह का क्या कहना! जब काफिला बढ़ता है, आपस में बातें होने लगती हैं। संत के साथ दो लड़कियाँ हैं, कुछेक औरतें फुसफुसाती हैं, संत तो बाल-ब्रह्मचारी हैं; किंतु दूसरी औरतें कहती हैं, इससे क्या? क्या साधु-संत के बाल-बच्चे नहीं होते! इस सादगी पर किसकी

हँसी नहीं छूटे !

धीरे-धीरे अंधकार दूर होता जा रहा है। हम कितने गाँवों को पीछे छोड़ आये ! आधी मंजिल तय हो चुकी है। उस अंधकार में, उस धूल-धक्कड़ में कौन किसको पहचाने ? किंतु, अब एक-दूसरे के चेहरे देख सकते हैं, पहचान सकते हैं। एक भूमिहीन किसान आता है, मुझसे पूछ बैठता है—"मालिक, इन अपने नेता न हतन ?" "हाँ, यह सबके नाते हैं।" किंतु वह मेरे कथन की बारीकी पर कहाँ जानेवाला था ! पूछ बैठा—"त जमीन कहिया तक मिलतई।" मुझे पिछले चुनाव का दृश्य याद आया। जब हम लोग कहते थे, "हम जमीन का फिर से बँटवारा करेंगे," तो गरीबों की आँखें चमकने लगती थीं। एक मुसहर को एक आदमी समझाने लगे—जमीन तुम्हें कहाँ से मिलेगी ? क्या जमीन रबर है, जो लम्बी की जा सकती है ? बीस बीघा, एक गाय। यह सब सपना है, सपना ! वह मुसहर पढ़ा-लिखा नहीं था, किंतु मूर्ख नहीं था, जैसा हम लोग हर ग्रामीण को मान लेते हैं। उसने कहा था—"ओ मालिक, बीस बीघा हम कहाँ मंगइछी ? बीसो धूर हमरा सभके हिस्सा में पड़तई की न ?" चुनाव में हम हार गए। उन्हें लगा था, अब जमीन नहीं मिली। उनकी आशा फिर जग गई है। बीसों धूर सिर्फ एक ही कट्ठा—उतनी जमीन भी उन्हें मिल जाय, जितनी में उनका घर है, तो उनकी दासता की कड़ी कट जाय। हम गणितज्ञ उनकी मनोवृत्ति को क्या जानें ? वही मनोवृत्ति है, जो उन्हें इस संत के पीछे-पीछे दौड़ा रही है। पाँच-छः मील की दूरी में ही सफेदपोशों की भीड़ प्रायः छट चुकी है। बस, अब अधिकांश वे ही लोग संत के साथ रह गए हैं, जिन्हें जमीन चाहिए या जो उन्हें जमीन दिलाने को दृढ़प्रतिज्ञ हैं।

घड़ी कहती है—साढ़े छः बज चुके हैं। अब संत के जलपान का समय आ पहुँचा है। संत रुक जाते हैं। एक पात्र में दही दिया जाता है। एक-एक चमचा मुँह में रखते हैं, गुलगुलाते हैं, कंठ के नीचे उतारते हैं। हम उनसे कह रहे हैं, "इस जिले में अधिक जमीन नहीं मिलेगी, क्योंकि जमीन कीमती है। यहाँ दस बीघे की जो कीमत होगी, हजारीबाग के हजारों बीघे की कीमत उतनी नहीं होगी।" संत मुस्कराते हैं—"जमीन का मोह तो समझ में आता है, पर यह कीमत का क्या मोह ! कीमत माने रुपये न ? तो रुपये की भला कौन-सी कीमत, जिसे न तो खाया जा सके, न पहना जा सके !" मुझे अराजकवादी साहित्य की याद आती है, प्रिंस कोपाटकिन, बाबुनिन। सभी शासन के दुश्मन, सिक्कों के दुश्मन; शासन और सिक्का—एक ही सिक्के के दो पहलू।

सूर्योदय होने के बाद संत चलते समय बातें भी करते जाते हैं। जिन लोगों को कुछ मसले पेश करने होते हैं, इसी समय पेश करते हैं। तरह-तरह के मसले पेश किए जा रहे हैं, दो-चार शब्दों में ही उनका समाधान कर दिया जाता है। शब्दों में सूत्र का-सा चमत्कार ! बड़ी-बड़ी बातों को भी यों थोड़े शब्दों में सुलझा देते हैं कि आश्चर्य होता है।

बीच में एक खादी-केंद्र है। वहाँ थोड़ी देर ठहरते हैं। कुछ कत्तिनें चर्खा चला रही हैं। उनमें से कुछ के शरीर पर मिल के कपड़े हैं। संत कहते हैं, "तुम स्वयं खादी नहीं पहनती हो तो दूसरे लोग तुम्हारी खादी क्यों पहनेंगे ? अपने सौदे का आप अपमान करती हो ?" फिर लोगों से कहते हैं, "खादी ही पहनो। कहोगे, खादी महँगी है। तो मैं कहता हूँ, जितने पैसे खादी में अधिक लगते हैं, उसे दान समझो। कपड़े-के-कपड़े मिले, दान का पुण्य भी मिला।" बात सीधी, अर्थशास्त्र की उलझन नहीं। इसी भाषा को ग्रामीण समझ सकते हैं। संत भारतीय जनता की नब्ज पहचानते हैं। उसे उसी की भाषा में समझाते हैं, इसीलिए वह तुरत समझ भी जाती है, नहीं तो किसने आशा की थी, भूमि का इतने बड़े पैमाने पर दान मिल सकेगा ?

यह धनौर गाँव—धन का गाँव है, बड़े लोगों का गाँव है, बड़ा गाँव है ! यहाँ बड़े लोग आते ही रहते हैं, मिनिस्टर, नेता, साधु, संत, राजा, बाबू। किंतु, आज धनौर में जो दृश्य है, जो उत्साह है, वैसा कभी देखा गया था ? भोर से ही इस गाँव में धूम मची है। कौन-सा दरवाजा है, जिस पर कुछ अतिथि नहीं हों ? बहुत बड़ा है मेरा थाना। यहाँ से मेरा घर सीधी राह से भी दस मील होगा, किंतु मेरे गाँव के बाद के गाँव से भी लोग आये हैं और, सबसे प्रसन्नता की बात यह है कि सभी विचार के लोग आए हैं, बेदौल का जमुना भी आया है और जनाढ़ के झाजी भी। एक के सिर पर लाल टोपी, एक के सिर पर गाँधी टोपी। मैं गद्‌गद हो उठता हूँ—संत से कहा भी

कि बाबा, आपका सबसे बड़ा कमाल यह है कि आपने बिछुड़े लोगों को घसीटकर एकसाथ खड़ा कर दिया है। आज मैं उस दरवाजे पर टिका हूँ, जो दरवाजा पिछले चुनाव में मुझे हराने के लिए अड्डा बना हुआ था। मैं उन लोगों के साथ घूम रहा हूँ, हँस रहा हूँ, बातें कर रहा हूँ, जो मुझे देखकर ही कतराकर निकल जाना चाहते थे, या मैं ही जिन्हें देखकर आँखें मोड़ लेता था।

अपनी उसी डायरी में ये पंक्तियाँ पा रहा हूँ—"आपको गणित से प्रेम नहीं। मैं भी सफलता की माप गणित के अंकों से नहीं करता। इसका उतना महत्त्व नहीं है कि मुझे कितने लाख एकड़ जमीन मिली। किंतु इसके द्वारा लोगों को जो एक नया दृष्टिकोण मिल रहा है, उसका महत्त्व है। जब रामचरण नामक एक अंधा रातोंरात बैलगाड़ी पर आकर अपनी कुल जमा पाँच एकड़ जमीन दे जाता है, तो मैं समझता हूँ, इस आंदोलन ने लोगों के हृदय को जगाया है।"

यहाँ भी उन जगे हुए हृदयों की झलक पाता हूँ। जानता हूँ, इनमें कुछ लोग अपने नेतृत्व के लिए भी दौड़-धूप कर रहे हैं, कुछ अपने महत्त्व के लिए ढोंग भी कर रहे हैं। किंतु मैं उन लोगों में नहीं, जो मानव-मन को सदा दूषित ही समझते हैं। कभी-कभी तो यहाँ तक पाया है, ढोंग से ही कोई काम प्रारम्भ किया गया, किंतु उस काम की पवित्रता ने ढोंग को जला दिया, वह व्यक्ति थोड़े ही दिनों में कुंदन बन गया!

झुंड-के-झुंड लोग आ रहे हैं। चारों ओर नर-मुंड-ही-नर-मुंड दिखाई पड़ रहे हैं। 1931 के बाद लोगों में, साधारणजनों में, ऐसा उत्साह नहीं दिखाई पड़ा था। बीच में जो चीजें आईं, वे ऊपर की तरंगें थीं, उनमें ज़ोर था, उफान था; किन्तु यह गहराई में की हलचल है जो मर्म को आलोड़ित करती है। एक विचित्र बात देख रहा हूँ। जो लोग 1921 में शामिल हुए थे, किंतु कारणवश घरों में बैठ गए थे, उनसे भी भेंट हो रही है। उनकी आँखें कहती हैं, बत्तीस साल बाद फिर कुछ होने जा रहा है क्या?

संध्या को तीन बजे संत के प्रवचन के लिए सभा हो रही है। दूर-दूर से लोग आ रहे हैं, किंतु, संत समय के पाबंद हैं, निश्चित समय पर ही कार्यारम्भ हो जाएगा। प्रार्थना के कुछ पद गाये गए, श्लोक पढ़े गए, फिर रामधुन हुई। "रघुपति राघव राजा राम"—यह गाँधीजी की रामधुन की टेक थी। संत ने उसमें थोड़ा परिवर्तन कर दिया है। मेरा मन कहता है, गाँधीजी की टेक ही जारी रखी गई होती तो क्या अच्छा होता? किंतु तुलसीदास की वह पंक्ति याद आ जाती है, जिसमें लक्ष्मण सदा राम-सीता के पद-चिह्नों को बचाकर ही पैर रखते हैं।

संत की प्रवचन-मुद्रा भी गाँधीजी से कुछ भिन्न है। वह पलथी मारकर बैठ जाते हैं, पहले एक-दो बार खाँसकर अपने कंठ को साफ कर लेते हैं, फिर बोलना प्रारम्भ कर देते हैं। जब किसी बात पर जोर देना होता है, पलथी पर दोनों हथेलियों को पटकते हैं। हथेलियों के पटकने का शब्द भी लाउडस्पीकर से सुनाई पड़ता है।

संत की भाषा भी बड़ी विशुद्ध है। हिंदी का व्याकरण जटिल है, संत की मातृभाषा मराठी है, तो भी पूरे प्रवचन में दो-तीन से अधिक व्याकरण की अशुद्धियाँ नहीं देखी गईं—वे भी बारीक भूलें। ऐसी भूलें तो हिंदी के विद्वानों से भी हो जाती हैं।

फिर संत की विवेचन-प्रणाली शास्त्रीय होती है। हृदय और मस्तिष्क का अद्भुत संतुलन रहता है वहाँ।

पाकिस्तान और अमरीका के सैनिक सुलहनामे को लेकर बड़ी खलबली मची है। उसी को आधार बनाकर संत ने प्रारम्भ किया। पाकिस्तान ने क्यों समझौता किया? क्योंकि वह अपने को कमजोर समझता है। हम क्या करें? क्या हम भी किसी बड़े राष्ट्र से मदद लें? यह तो गुलामी को फिर से निमंत्रण देना होगा। क्या हम सैनिक-शक्ति बढ़ाएँ? फिर निर्माण का काम बंद कर देना होगा। जो आज भी धनहीन हैं, उन्हें और गरीब बनाना होगा। तो किया क्या जाय? देश को मजबूत बनाओ। देश की मजबूती सेना से नहीं प्रकट होती, जनता की एकता से, ताकत से प्रकट होती है। जिस देश में धनी और गरीब इतना भेद हो, जिस देश में आदमी आदमी को अछूत समझे, जिस देश में नारियों को कैद में रखा जाय, वह देश मजबूत नहीं हो सकता। इन भेदभावों को दूर करो, इस विषमता को दूर करो, इस अन्याय को दूर करो।

संत के प्रवचन का यह सार था । उन्होंने कहा—इस समझौते को मैं भगवान् का वरदान समझता हूँ । हम धीरे-धीरे काम कर रहे थे । उन्होंने हमें चेतावनी दी है—जल्दी करो ।

फिर अपने भूदान-यज्ञ का महत्त्व विस्तार से बताया । पृथ्वी माता है । जो लोग अपने को भूमिपति मानते हैं, वे नहीं समझते हैं कि वे कौन-सी गाली अपने को दे रहे हैं । पृथ्वी के मालिक तो भगवान् हैं—"सबै भूमि गोपाल की ।" भगवान् की चीज पर भगवान् के सभी बेटे-बेटियों का बराबर हक है । आप इसे उसका हक दीजिए, खुशी से दीजिए, इसी में आपका बड़प्पन है, देश का कल्याण है ।

जब मैं प्रवचन-सभा में जा रहा था, कुछ लड़के कम्यूनिस्टों का एक पर्चा बाँट रहे थे । उन लोगों ने संत से कुछ प्रश्न पूछे थे । संत ने उन्हें जवाब दिया, "बार-बार एक ही ढंग के प्रश्न ये लोग मुझसे पूछते हैं । शिव के गणों के बारे में कहा जाता है, वे भोले-भाले होते हैं; किंतु मैं समझता हूँ, दो-चार बार समझा देने पर वे भी समझ जाते होंगे । ये लोग तो 'शिव के गण' से भी गए-बीते प्रतीत होते हैं !"

संत लगभग डेढ़ घंटे तक बोलते रहे । मैं श्रोताओं के मुँह की ओर देख रहा था । लगता था, वे एक-एक शब्द पीने की चेष्टा कर रहे हैं । जाड़े का दिन, सूरज डूबने जा रहा था, हवा सिसककर गरीबों के कलेजे को कँपाने की चेष्टा कर रही थी । तो भी वे डटे हुए थे । उनकी आँखें मंच पर बैठी उसी मूर्ति पर अड़ी थीं, जिससे एक ज्योति निकलकर उनके मन-प्राण को जुड़ा रही थी । प्रवचन समाप्त हुआ, सभा विसर्जित हुई, तो भी बहुत-से लोग उस पड़ाव के आसपास चक्कर लगा रहे थे, जैसे वे किसी डोर से बँध गए हों, जो चेष्टा करने पर भी टूट नहीं पाती थी ।

संत विनोबा प्रायः संध्या को कार्यकर्त्ताओं की बैठक कराते हैं । उस समय किए गए काम का लेखा-जोखा लेते हैं, कार्यकर्त्ताओं की शंकाओं का निवारण करते हैं और भविष्य के कार्य की रूपरेखा तैयार करते हैं । अभी मैं संत विनोबा पर लिखी गई एक पुस्तक को पढ़ रहा था । उनके एक बाल-साथी ने बताया है, विनोबा को गणित से कैसा अनुराग था । काम का लेखा-जोखा लेते समय मानो उनकी वह गणित-बुद्धि जाग्रत हो जाती है । उन्हें गलत आँकड़े बताकर धोखा नहीं दिया जा सकता । आगे के कार्यक्रम में भी गणित का उनका यह स्नेह जागरित रहता है । किंतु दरअसल उनकी बुद्धि का, दार्शनिक ऊँचाई का, किसी चीज की तह तक पैठकर देखनेवाली दृष्टि का, चमत्कार तो तब जानने को मिलता है, जब कार्यकर्त्ताओं की शंकाओं के निवारण में वह बोलने लगते हैं ।

संध्या को जब बैठक हुई, उन्होंने ताड़ लिया, यहाँ भूदान का कार्य दलगत दृष्टि से किया जा रहा है । कांग्रेस और सोशलिस्ट पार्टी दोनों के कार्यकर्त्ताओं से उन्होंने कहा कि दिल खोलकर बातें करो कि तुम लोग साथ मिलकर क्यों नहीं काम करते हो ? मैं तो डाक्टर हूँ, यदि मुझसे बीमारी छिपाओगे तो आराम कैसे होगा । दोनों ने अपनी-अपनी बातें रखीं, साफ-साफ रखीं । कांग्रेसवालों ने कहा, "आप निश्चिंत रहें, हम लोग अपने थाने का कोटा पूरा कर देंगे । सोशलिस्टों द्वारा आज ही कितनी ज़मीन मिली है, कुछ ही बीघे तो !" सोशलिस्टों ने कहा, "भूदान में हमारे सभी साथियों की एक-सी आस्था भी नहीं है, फिर भी काम कर रहे हैं । हमारे साथ गरीब हैं, उनके पास जमीन ही कितनी है !" यों ही कांग्रेसवालों ने कहा, "देखिए, ये लोग कितने झंडे ले आये हैं, जैसे इन्हीं की सभा हो ।" तो सोशलिस्टों ने कहा, "इन्होंने सारे पोस्टरों पर थाना कांग्रेस-कमेटी का नाम छपवा दिया है, जैसे आप इन्हीं के हों ।" हाँ, बातें खुलकर हुईं, साफ-साफ हुईं ।

संत थोड़ी देर चुप रहे, फिर बोले, जैसे दिल खोल दिया हो । उन्होंने बताया, "यह देश का दुर्भाग्य है कि कोई शुभ कार्य भी आप लोग मिलकर नहीं कर सकते । जब कभी मिलने की कोई चेष्टा की जाती है, उसमें विघ्न डाला जाता है ।" उन्होंने नेहरू-जयप्रकाश वार्ता की चर्चा की और बताया किस तरह दोनों दलों के कुछ लोगों ने उसका विरोध किया । फिर दान की छुटाई-बड़ाई की चर्चा करते हुए बोले, "मेरे पास कोई क्षमता नहीं कि किसी को कोई सर्टिफिकेट दूँ । दान में दाता का हृदय देखा जाता है, न कि दान की वस्तु का मूल्य । सुदामा के तंदुल का क्या मूल्य था ! किंतु कृष्ण ने उसे जिस प्रेम से खाया, क्या किसी राजा के व्यंजनों को उस प्रेम से

खाया होगा। ईसा की कहानी भी ऐसी ही है। एक विधवा ने दिन-भर चर्खा कातकर जो दो पैसे पाए थे, जब उन्हें ईसा को दिया तो ईसा ने कहा था, 'इससे बड़ा दान मुझे जीवन-भर नहीं मिला।' अपने काम पर अभिमान मत आने दो, अभिमान का नाश होकर रहता है। इसी से मैं तो प्रभु से प्रार्थना करता हूँ, मुझसे इतना बड़ा काम मत करवाओ कि मुझमें अभिमान आ जाय, तो इससे तो छोटी सेवा ही भली। डायरी में लिख लो, यदि तुममें यही मनोवृत्ति रही, यदि मिल-जुलकर सेवा करने की वृत्ति नहीं बढ़ी तो इस देश में गुलामी का इतिहास फिर दुहरकर रहेगा!"

जब यह बैठक समाप्त हुई, दोनों दलों के कार्यकर्त्ताओं में एक अद्भुत हृदय-मंथन चल रहा था। दोनों दलों के लोगों से मुझे बातें करने का मौका मिला। लगा, संत के कथन ने उनके हृदय को छू लिया है, वहाँ से कालिमा कुछ हटी है। काश, यही भावना स्थायी हो पाती।

संत इस भूदान के साथ ही एक निर्मल विचार के बीज बोते चल रहे हैं। वह विचार यह है कि देश के निर्माण के लिए लोग दलों को भूल जाएँ, सब मिलकर काम करें और अंत में वह दिन आए कि राजनीति में भी दलों की खींचतान न रह जाय। जो जनसेवी हों, सच्चे हों, निःस्वार्थ हों, वे ही लोग चुने जाएँ, उन्हीं की सरकार बने। जनतंत्र में दलबंदी की जो भावना जन्मजात है, वह दूर हो जाय। तभी वह सच्चा जनतंत्र होगा। हम लोग इस तरह की बात सुनने के आदी नहीं रहे हैं। हमें बताया गया है कि जनतंत्र के साथ दलबंदी आवश्यक है, इतिहास भी यही बताता है। अतः यह बात हमारे हृदयों में उतरती नहीं है, मस्तिष्क उसे बाहर फेंक देता है। किंतु आज जनतंत्र जहाँ जा रहा है, लोगों को एक दिन सोचने को मजबूर होना पड़ेगा। नये विचार, नई परिस्थिति की ही पैदावार होते हैं। विचारक तो उसे भाषा-मात्र देता है।

इधर पैदल चलना एकदम छूट गया था। दिन-भर थकावट के मारे चूर रहा, शाम को हल्का बुखार-सा हो आया। सोचता था, कल पैदल नहीं चल सकूँगा। किंतु संध्या को, इस बैठक के बाद, जब संत के निकट गया, एक भाई ने पूछ दिया—'कल भी पैदल-यात्रा होगी?' तब मुझसे 'ना' नहीं कहा गया।

दूसरे दिन फिर चार बजे भोर में उठा और संत के काफिले के पीछे आ गया। इच्छा-शक्ति कितनी प्रबल होती है! शरीर-शक्ति पर वह किस तरह हावी हो जाती है; नहीं तो कल शाम को बुखार का अनुभव कर रहा था, आज इस भोर में दौड़ा चल रहा हूँ।

आज अँगरेजी साल की पहली तारीख थी। जब सूर्योदय हो रहा था, संत रुक गए। नये साल का यह नया सूरज। कितना सुंदर समाँ! हम खेतों के बीच होकर गुजर रहे थे। खेतों में सरसों फूल रही थी, गेहूँ, मटर, खेसारी की हरियाली कैसी मनोहारिणी थी! दूर पर ईख का खेत था। उस खेत से ऊपर, पूरबी क्षितिज पर सूरज का लाल गोला। वह धीरे-धीरे ऊपर उठ रहा था। हल्के सफेद कुहासे को छेदकर उसकी सुनहरी किरणें बिखर रही थीं। ओस के कण चम-चम कर रहे थे। संत पूरब-मुख खड़े हो गए और सूर्य देवता को निर्निमेष दृष्टि से देखते हुए वैदिक मंत्रों से स्तुति करने लगे। संत का मुखमंडल उद्दीप्त हो रहा था। सभी लोग, संत से कुछ अलग, कतार बाँधकर खड़े थे। झंडा लहरा रहे थे, भोर की हवा उन्हें दुलरा रही थी, हलरा रही थी। बिलकुल शांति! सबका ध्यान या तो उस सूरज के लाल गोले पर या संत के चेहरे पर। बेटी कुसुम ने मेरे कानों में फुसफुसाकर कहा, "इस पर कोई कविता लिख डालिए।" मुझे वेद का वह वाक्य याद आ गया—"पश्य देवस्य काव्यं न ममार न जीर्यति।" देवता के काव्य को देखो, जो न मरता है, न पुराना होता है। हाँ, यह सूरज—कितने दिनों से उगता आ रहा है, किंतु आज भी कितना नवीन, कितना जीवंत दिखाई पड़ रहा है! यह देवता का काव्य है न! इस काव्य के सम्मुख संसार का सारा काव्य फीका है।

संत की स्तुति समाप्त होती है, वह दही का जलपान करते हैं, चल पड़ते हैं। मैं भी चल रहा हूँ, किंतु बार-बार सोचता हूँ, नये वर्ष का यह सूरज क्या सचमुच एक नये युग के आगमन की सूचना दे रहा है—उस युग की जब अंधकार नहीं होगा, जब कुहासा फटेगा, जब चारों ओर हरियाली होगी, रंगीनी होगी, सारी दुनिया इन ओसकणों की तरह जग-मग, झिल-मिल कर उठेगी।

गाँव-गाँव में स्वागत हो रहा है। बीच के एक गाँव में एक पुस्तकालय का उद्घाटन संत द्वारा किया जा रहा है। नामों की एक सूची पढ़ी जाती है। उस सूची को लेकर कुछ हलचल मचती है। अरे, मानव-मन इतना चंचल है! साँझ की बात भोर में ही भुला दी गई। क्या निराश हुआ जाय! क्या हताश हुआ जाय! नहीं, पुराना मैल धीरे-धीरे धुलेगा। धुलकर रहेगा, नहीं तो इतनी जल्द यह हलचल शांत क्यों हो गई! छोटी बातों को भी एक क्षण में विशाल रूप धरते क्या नहीं देख चुका हूँ। यहाँ तो एक हल्की-सी तरंग उठी और फिर आप ही शांत हो गई। क्या यह शुभ दिन की सूचना नहीं है!

हम दूसरे पड़ाव पर आ पहुँचे। पड़ाव पर पहुँचकर संत का एक संक्षिप्त प्रवचन होता है। आज भी हुआ। संत ने एक बड़ी मार्मिक बात कही। तरह-तरह के झंडे थे। संत ने कहा, "इन झंडों के विविध रंगों को देखकर उदास मत होओ। झंडे तो अलग-अलग हैं, किंतु एक हवा लहरा रही है। अनेकता में भी एकता का बोध होता है, यदि उसमें समरसता हो। अनेक स्वरों से ही तो संगीत सधता है।"

हाँ, कमी है चतुर उँगलियों की, जो अलग-अलग बँधे तारों को छेड़कर उनसे संगीत की सृष्टि कर दे। हममें अधिकांश लोगों की उँगलियाँ या तो एक तारे पर सधी हैं या उनमें वह कठोरता है कि इन तारों को तोड़ ही देती हैं। इसलिए आज संसार में झंकार के बदले हाहाकार ही छाया हुआ है।

थका हुआ हूँ, लेटने की इच्छा हो रही है। साथी कहते हैं—हम लोगों के लिए कमरे नहीं हैं। मैं कहता हूँ—अरे, संत ने कहा है न, 'सबै भूमि गोपाल की।' छोड़ो कमरे को, चलो मैदान के उस छोर पर। जाड़ा है, धूप में भी मजा आएगा। एक साथी ने कम्बल डाल दिया, मैं लेट गया हूँ। कानों में समवेत स्वर आ रहा है····

सुरम्य शांति के लिए जमीन दो, जमीन दो!
नवीन क्रांति के लिए जमीन दो, जमीन दो!

आँखें झप रही हैं। जब खुलती हैं, पाता हूँ, झंडे गड़ गए हैं, हंडे चढ़ चुके हैं। किंतु यह क्या! बगल में पंढरीजी बैठे हैं, वह कहते हैं—आप लोग यहाँ अलग क्यों हैं? मैं अपनी वही टेक दुहरा जाता हूँ—'सबै भूमि गोपाल की।' वह कहते हैं—नहीं, इससे अलगाव का बोध होता है। मेरे साथी उन्हें बता रहे हैं—हमें कमरे नहीं दिए गए। मैं कहता हूँ—तो क्या हुआ! ये झंडे और हंडे वहीं चलें, जहाँ पंढरीजी बता रहे हैं। झंडे अलग-अलग हैं, किंतु हवा तो एक है। यदि इन्हें एक जमीन भी मिल जाय तो क्या कहने! वही होता है। अब सभी झंडे एक ही आँगन में गढ़े हैं, एक ही हवा में लहरा रहे हैं!

काश, हमारा दिल भी इसी तरह एक हो जाता!

9

कथा के ये जादूगर!

सामरसेट माम से एक बार एक प्रकाशक ने पूछा, "आपकी सम्मति में संसार के दस सर्वश्रेष्ठ उपन्यास और उपन्यासकार कौन हैं?" माम ने ये दस नाम दिए—

1. वार ऐंड पीस —लियो टॉल्स्टाय
2. ओल्डमैन गारियो —ओनेरे बालजाक
3. टाम जोंस —हेनरी फील्डिंग
4. प्राइड ऐंड प्रज्युडिस —जेन आस्टिन
5. रैड ऐंड ब्लैक —स्तोंवल
6. वूदरिंग हाइट्स —एमिली ब्रौंटे

7. मदाम बावरी —गुस्ताफ फ्लाबर्त
8. डेविड कॉपरफील्ड —चार्ल्स डिकेंस
9. ब्रदर्स करमाज़ोफ —फियोडोर दास्ताएव्स्की
10. मोबी डिक —हरमैन मेलविले

माम का कहना है कि उसकी समझ में संसार का सबसे बड़ा उपन्यासकार बालजाक है, किंतु सबसे बड़ा उपन्यास है टॉल्स्टाय का 'वार ऐंड पीस'। इसमें पाँच सौ पात्र हैं और मुख्य पात्र जीवन से लिए गए हैं। अपने पितामह, पिता, माता और कितने ही परिचितों को टॉल्स्टाय ने इस उपन्यास का पात्र बनाया है। उन्होंने अपने व्यक्तित्व को दो हिस्सों में बाँटकर इसके दो प्रधान नायक बनाए। नटाशा इसकी मुख्य नायिका है और माम का कहना है, इससे अधिक मनोरंजक नारी उपन्यास-संसार में कभी गढ़ी नहीं गई।

टॉल्स्टाय के जीवन पर बड़ी कड़ी निगाह डाली गई है—वह शराबी थे, जुआरी थे, अत्यंत कामुक थे। देखने में कुरूप, किंतु बड़े साहसी, बलवान—दिनभर पैदल चल सकते थे, बारह घंटे घोड़े की पीठ पर सवारी कर सकते थे। अपनी कुरूपता पर एक जगह उन्होंने स्वयं लिखा है, "मैं प्रायः ही उदास हो जाता हूँ। मेरी समझ में आनंद उसकी तकदीर में नहीं लिखा है, जिसकी नाक ऐसी चपटी हो, होंठ इतने मोटे हों और आँखें इतनी छोटी और भूरी हों।" वह घमंडी थे—किसी के नमस्कार का भी उत्तर नहीं देते थे, अपनी पुस्तकों की आलोचना को बर्दाश्त नहीं कर पाते थे, बड़े चिड़चिड़े थे, बात-बात पर लड़ने को तैयार रहते थे।

बड़े घर के बेटे थे। नौजवानी में रँगरेलियाँ कीं। फौज में काम किया—एक तो गिलोय, दूसरे, चढ़ी नीम पर। फिर शादी की। बीवी का बदन सुडौल था, आँखें सुंदर, बाल मुलायम, बोली मधुर। किंतु वह भावुक थी, अतः कभी-कभी ठन जाती। उसके अक्षर सुंदर थे—टॉल्स्टाय की रचनाओं की प्रतिलिपि वही तैयार करती थी। 'वार ऐंड पीस' की सात बार उसने प्रतिलिपि तैयार की थी। टॉल्स्टाय प्रतिदिन आठ-दस घंटे जरूर लिखते थे। हाँ, उनके अक्षर बहुत खराब थे।

उनका प्रारम्भिक पारिवारिक जीवन बड़ा आनंदपूर्ण रहा। पत्नी बच्चे-पर-बच्चे दिये जाती, उनकी देखभाल करती, अपने पति को लिखने-पढ़ने में सहायता करती। इधर टॉल्स्टाय लिखते-पढ़ते, घुड़सवारी करते, शिकार खेलते और अपनी जमींदारी का काम-धाम सँभालते हुए पचासवें वर्ष के आस-पास पहुँचे।

माम उनकी उम्र के उस हिस्से के बारे में लिखता है—

"वह पचासवें वर्ष के निकट पहुँच रहा था। यह अवस्था आदमी के जीवन में बड़ी खतरनाक होती है। जवानी बीत गई होती है। पीछे देखने पर यह लेखा-जोखा सामने आता है कि हमने क्या किया तथा सामने देखने पर बुढ़ापे का स्मरण-मात्र ही कँपा डालता है।"

टॉल्स्टाय के जीवन में इसके बाद ही परिवर्तन होता है। वह एक नये जीवन, नये धर्म के मसीहा बन जाते हैं। संसार के कोने-कोने में उनकी कीर्ति फैल जाती है। 'पैसिव रेजिस्टेंस' के नाम से बुराई से लड़ने का वे एक नया तरीका निकालते हैं। इसका भी भारतीय रूप 'सत्याग्रह' है। गाँधीजी ने स्वयं लिखा है कि टॉल्स्टाय की इस अनोखी जीवन-पद्धति ने उन्हें सबसे अधिक प्रभावित किया।

इसके बाद ही उनमें और उनके परिवार में एक अजीब द्वंद्व मचता है। टॉल्स्टाय धन को पाप मानकर उसका त्याग करने पर तुले हैं, किंतु उनकी पत्नी बेचारी क्या करे, घर कैसे चलाये! चेरत्कोव नामक उनके एक प्रशंसक ने इस आग में घी का काम किया—उसके चलते घरेलू बातें बिगड़ती ही गईं। अंत में, उन्हें घर छोड़कर चल देना पड़ा। उस समय उसकी उम्र बयासी की थी। रात की यात्रा, सर्दी लग गई। घर से स्टेशन, वहाँ से फिर रेल-यात्रा, फलस्वरूप बुखार से पीड़ित होकर रास्ते में ही एक अपरिचित स्टेशन पर उन्हें उतरना पड़ा और वहीं उनकी मृत्यु हो गई।

टॉल्स्टाय रूसी थे और बालजाक फ्रांसीसी। कहानी-कला में आज भी ये दोनों देश संसार में शीर्षस्थान रखते हैं।

बालजाक में विलक्षण प्रतिभा थी। उपजाऊपन लेखक का विशिष्ट गुण है और उसे यह गुण पूरा-पूरा मिला था। उसकी दृष्टि बड़ी पैनी थी, उसके आविष्कार महान थे और जितने प्रकार के पात्र उसने पैदा किये, वे तो अपूर्व हैं ही—न भूतो, न भविष्यति। वह मानो प्रकृति की एक अदम्य शक्ति था—एक ऐसी नदी, जो घहराती, कगारों को ढहाती और हर चीज को बहाती चलती है—एक ऐसी आँधी, जो गाँवों को झकझोरती और शहरों को चर्रमर्र करती बढ़ती जाती है। स्वभाव में बचपना, हृदय से उदार और दयालु। वकील बाप ने चाहा, बेटा वकील बने; पर वह लेखक बनना चाहता था। पहली पुस्तक पढ़कर लोगों ने कहा, "तुम लिख नहीं सकते, यह पेशा छोड़ो।" किंतु वह लिखता गया, लिखता गया। चार वर्षों में पचास पुस्तकें लिख डालीं—ऐतिहासिक उपन्यास। इसी समय एक स्त्री से वह प्रेम करने लगा। वह स्त्री उससे पंद्रह वर्ष बड़ी थी—एक ही साथ पत्नी-प्रेम और मातृ-प्रेम ! उसी स्त्री ने रुपये दिए और प्रकाशन का काम शुरू हुआ। किंतु बालजाक-जैसे उदार आदमी (उदार क्यों, हद दर्जे का फिजूल-खर्च) से व्यापार क्या चले ! तीन साल में ही रोजगार में दिवाला पिट गया।

अब वह तीस साल का था—दुनिया का काफी अनुभव पाया हुआ। उसने गम्भीरता से लिखना शुरू किया और लोगों को उसकी प्रतिभा की धाक स्वीकार करनी पड़ी। इसके बाद इक्कीस वर्षों तक, जब तक वह जीवित रहा, लिखता गया। हर साल एक-दो बड़े उपन्यास और एक दर्जन छोटे उपन्यास या कहानियाँ। कुछ नाटक भी लिखे और कुछ दिनों तक अपना एक अखबार भी निकाला।

वह नोट लेने में बड़ा ही कुशल था। जहाँ कुछ खास चीज देखी, झट नोट कर ली। अपने उपन्यासों के स्थानों की यात्रा करने में उसने कभी संकोच नहीं किया। वहाँ की छोटी-छोटी चीजों को भी नोट कर लेता था।

वह ज्यादातर रात में लिखता था। सवेरे खाकर सोने चला जाता। उसका नौकर उसे एक बजे जगा देता। तब वह खूब साफ, उजले वस्त्र पहनकर लिखने बैठता। वह कहा करता था, "जब कपड़े पर धब्बे होते हैं, तब कागज पर भी धब्बे ही उतरते हैं।" कॉफी की प्यालियों-पर-प्यालियाँ चल रही हैं और वह चील के पर की कलम से लिखता चला जाता है। सात बजे लिखना बंद कर स्नान करता और सो जाता। नौ बजे प्रकाशक आते, प्रूफ लिए और नई कापी माँगने। तब वह दोपहर तक प्रूफ में लगा रहता। प्रूफ क्या होता—वह नये शब्द, नये वाक्य ही नहीं, नये पैरे और पृष्ठ भी जोड़ने में संकोच न करता। दिन में कुछ अंडे खाकर और पानी पीकर वह फिर काम में लगता और उसे छः बजे समाप्त कर देता।

ज्योंही वह सफल लेखक हुआ, एक बड़े मकान में रहने लगा। उस मकान को उसने खूब सजाया। एक फिटिन खरीदी, उसके लिए घोड़े खरीदे। कोचवान रखा, रसोइया और नौकर रखे। नौकरों को खूब सजाकर रखता—वर्दी-पट्टे से लैस। अपने नाम के आगे बड़प्पनसूचक 'द' लगाना भी उसने शुरू कर दिया। फर्नीचर, मूर्तियाँ, तस्वीरें और गहने खरीदने में कभी कोताही नहीं की। खाने-पीने में भी शौकीनी की हद नहीं रखी।

नतीजा यह हुआ कि प्रायः वह कर्ज में रहता और कई बार उसका सामान भी नीलाम हुआ। किसी से—औरतों से भी—कर्ज माँगने में उसे संकोच न होता।

प्रेम भी उसने खुलकर किया और कभी-कभी तो 'दूर की कौड़ी हाँकने' में भी कमी नहीं की। तभी एक रूसी संभ्रांत महिला उससे प्रेम करने लगी। यह विचित्र बात है कि उसका प्रेम प्रायः पत्र-व्यवहार से ही शुरू होता। इस रूसी महिला से शादी करने के बाद ही उसकी मृत्यु हो गई। यों कहिए कि मृत्यु-शय्या पर ही शादी हुई। संक्षेप में, बालजाक को जहाँ साहित्य में सफलता मिली, जीवन में वह असफलता-ही-असफलता का शिकार हुआ।

'ओल्डमैन गारियो' शुरू से आखिर तक मनोरंजक है, फिजूल की बहक से रहित। इसका मुख्य स्थान एक मामूली बोर्डिंग-हाउस है। बूढ़े पिता का प्रेम और अकृतज्ञ बेटी की उपेक्षा का अजीब चित्रण इस उपन्यास में किया गया है। साथ ही, उस समय की पेरिस के भ्रष्टाचार का भी दिग्दर्शन है।

माम ने शेष आठ उपन्यासकारों के जीवन और उनकी सर्वश्रेष्ठ कृतियों पर भी बड़ा ही मनोरंजक प्रकाश

डाला है। इन उपन्यासकारों में क्या विशेषताएँ थीं, जो उन्हें ऐसे महान कलाकार बना सकीं, इस प्रश्न का उत्तर माम यों देता है—

"इन सबमें सबसे बड़ी विशेषता थी, इनकी क्रियात्मक प्रवृत्ति। ये इतने बड़े लेखक इसलिए बने कि इनके भीतर ऐसी प्रेरणा थी, जो इन्हें लिखने को मजबूर करती थी। क्रियात्मक प्रवृत्ति के साथ ही इनमें व्यक्तित्व का विकास हुआ था, जिसे लोग 'सनकीपन' या 'झक्कीपन' कहते हैं—वही, जो आदमी को दूसरों की अपेक्षा अलग ढंग से देखने को प्रेरित करता है। यह विशेष तत्त्व बुरा लगे या भला, किंतु इन्हीं के चलते वह ऐसी चीजें आपके सामने रख पाता है, जिसे आप अद्भुत कहते और जिससे चकित और विस्मित होते रहे हैं। इन व्यक्तियों में लिखने के लिए अजीब प्रेरणा थी। ये लिखते थे और लिखते ही जाते थे। लिखना आसान नहीं है और अच्छा लिखना तो और भी मुश्किल है। यों कहा जा सकता है कि कोई आदमी वैसा नहीं लिख पाता, जैसा कि वह लिखना चाहता है। टॉल्स्टाय और बालजाक लिखते थे, काटते थे, फिर लिखते थे, फिर काटते थे। लिखने की प्रवृत्ति इन लोगों में वैसी ही थी, जैसी भूख या प्यास की प्रवृत्ति।

"इनमें से कोई भी बहुत पढ़ा-लिखा नहीं था। और, लिखने की कला छोड़कर किसी दूसरी कला से इनका वैसा अनुराग भी नहीं था। ये बहुत मेधावी भी नहीं थे, पर इसका मतलब यह नहीं कि ये मूर्ख थे। इनमें विचार के लिए वैसी रुचि नहीं थी, जैसी उदाहरण के लिए। विचार की कमी की पूर्ति इनमें भावना द्वारा हुई थी। इनकी भावना बड़ी प्रखर थी— इनमें कल्पना थी, गहरी सूझ-बूझ थी, परख थी और सबसे बढ़कर इनमें यह योग्यता थी कि जिसे देखा, अनुभव किया या जिसकी कल्पना की, उसे मूर्तरूप दे सकें। एक दृष्टि से देखिए तो ये सब-के-सब स्वाभाविक मानव से भिन्न दिखाई पड़ते थे।

" यह सोचना बेवकूफी से भरा है कि कलाकार को सांसारिक सुख के प्रति विरक्ति होती है। ऐसी बात नहीं है। उसके स्वभाव में तरलता होती है, जो अपने लिए जगह चाहती है। आराम-चैन उसे बहुत पसंद है। मौज से रहना उसे बहुत भाता है। इन लेखकों को देखिए—किसी को कपड़ा पसंद, किसी को शिकार, किसी को घर, किसी को सवारी। इनमें से किसी में संन्यास-वृत्ति नहीं थी। सब मजे में रहना चाहते थे। उन्हें पैसा चाहिए था—जमा करने के लिए नहीं, उड़ाने के लिए, दोनों हाथों से उड़ाने के लिए। वे किसी भी जरिए से रुपया पाना चाहते थे और किसी के लिए अपनी झोली खाली कर देते थे। बातचीत में पटु तथा संगति में रसिक थे और जो उनके निकट गया, उसे बिना प्रभावित किये नहीं छोड़ा।"

10

दीवाली फिर आ गई सजनी !

1942। दीवाली। संध्या 7॥ बजे।

बिहार का हजारीबाग सेंट्रल जेल।

जेल के भीतर—

लगभग दो दर्जन राजबंदी दीवाली मना रहे हैं।

बीच में एक खूबसूरत किशोर हाथ में थाल लिए। थाल में बयालीस दीपक जगमग कर रहे हैं। वह बड़ी शान से थाल को नचाता हुआ गाता है—

"दीवाली फिर आ गई, सजनी !"

बीस-पच्चीस नौजवान उसे घेरे हुए। कोई थाली पीट रहा, कोई बाल्टी बजा रहा, कोई लोटा टनटना रहा और बीच के उस किशोर के स्वर का अनुगमन करते हुए सभी गा रहे—

"दीवाली फिर आ गई, सजनी !"

ढाई सौ राजबंदी हैं यहाँ। प्रदेश के चीफ मिनिस्टर हैं, मिनिस्टर हैं; स्पीकर हैं, चेयरमैन हैं; विधायक हैं, विधाता हैं; नेता हैं; कार्यकर्ता हैं। कांग्रेसी हैं, सोशलिस्ट हैं; फारवर्ड ब्लाकिस्ट हैं, कम्यूनिस्ट हैं। सभी इस अनुपम दीवाली-उत्सव को देख रहे हैं, हँस रहे हैं, तालियाँ पीट रहे हैं। बहुत-से लोग धीरे-धीरे इस उत्सव में शामिल होते जा रहे हैं।

रंग जमता जा रहा है, झुंड बढ़ता जा रहा है।

जेलर देख रहे हैं, नायब जेलर देख रहे हैं। जमादार साहब तो इतने भावावेश में आ जाते हैं कि तालियों का गुच्छा झनझनाते हुए वह भी गाने लगते हैं—"दीवाली फिर आ गई, सजनी !"

और उधर, जेल के उस निभृत कोने की दीवार के नीचे, जहाँ जामुन के लम्बे पेड़ की छाया दीवार पर गिरती है, दो आदमी एक मेज लाकर रख देते हैं।

उनमें से एक मेज पर चढ़कर दीवार को पकड़ता है, दूसरा उछलकर उसके कंधे पर चढ़ जाता है।

तब तक चार आदमी और वहाँ जाते हैं। उनमें से एक पहले आदमी की कमर पर लात रखता हुआ दूसरे की कमर को पकड़कर कंधे पर चढ़ जाता है।

वह कंधे पर खड़ा होता है। अब दीवार का ऊपरी छोर उसकी पहुँच में है। इधर-उधर देखता है, फिर कंधे से दीवार पर जाकर अपने को दीवार के उस पार खिसका देता है।

सर-सर-सर-सर ! छाती में कुछ रगड़, ठुड्डी में कुछ खरोंच। अब वह दीवार के उस पार जमीन पर खड़ा है।

इधर-उधर चौकन्ना देखता है, कोई नहीं। वह लेट जाता है।

उसकी कमर में कपड़े को लिपटाकर बँधा हुआ एक रस्सा है। इस कपड़े के रस्से का एक छोर दीवार के उस पार जेल के अंदर है।

यह रस्सा अब कमंद का काम कर रहा है।

इस कमंद के सहारे दूसरा आदमी भी दीवार के उस पार गया।

तीसरा गया।

चौथा गया।

पाँचवाँ गया।

छठा गया।

छः कैदी जेल की दीवार पार कर बाहर निकल चुके हैं, सिर्फ छः मिनट में।

हाँ, सिर्फ छः मिनट में।

आज दो महीने से एक सैल में इसी प्रकार मेज लगाकर, उस पर आदमी-पर-आदमी खड़ा कर, फिर कमंद के सहारे चढ़-उतरकर, वे लोग अभ्यास कर रहे थे।

पाँच से सात मिनट के अंदर काम पूरा कर लिया जा सकता है।

इन्होंने छः मिनट में समाप्त कर दिया।

जिस जेल को अँगरेजी सरकार ने अभेद्य, अनुल्लंघनीय समझा था, उसे छः राजबंदियों ने छः मिनट में पार कर दिया।

उधर जेल के भीतर जहाँ गैस की रोशनी में ज़र्रा-ज़र्रा चमचम कर रहा है—जोरों का शोर हो रहा है—

"दीवाली फिर आ गई, सजनी !"

इधर जेल के बाहर, जहाँ इस अमावस्या का सूचीभेद्य अंधकार है, छः राजबंदी भागे जा रहे हैं—काले घुप्प अंधकार में, भूत की तरह।

[2]

दूसरे दिन ढाई बजे दिन में पटना-सेक्रेटेरियट में आल-क्लियर टेलीफोन घनघना उठता है—

"हलो, हलो !"

"जी, मैं हूँ सुपरिंटेंडेंट, हजारीबाग-जेल ।"

"क्या बात है ?"

"अंधेर हो गया, छः राजबंदी जेल से भाग गए !"

"कब भाग गए ?"

"जी, अभी-अभी पता चला है ।"

"दिन में भाग गए ?"

"जी, पता नहीं चल रहा है, कब भागे ! हम पता लगा रहे हैं । शायद भोर में भागे हों ।"

"कैसे भागे ?"

"उसका भी पता हम लगा रहे हैं ।"

"वे लोग कौन थे ?"

"उनमें एक थे जयप्रकाश नारायण ।"

"जयप्रकाश नारायण ! हलो, आप कह रहे हैं जयप्रकाश नारायण ! सोशलिस्ट नेता !"

"जी, वही ।"

और उसके बाद बिहार के सारे सूबे में खलबली थी । हर जेल में सूचना दी गई, होशियार रहो, कोई व्यापक षड्यंत्र है, हर जिले में खबर की गई, होशियार रहो, न जाने क्या हो !

राँची में फौजी पड़ाव है । जापानी आक्रमण से बचने के लिए हिंदुस्तान की सेकेंड लाइन आव डिफेंस । हजारीबाग से सिर्फ चालीस मील पर है वह पड़ाव । वहाँ खबर की जाती है, इन कैदियों को पकड़ने में फौज की मदद लो !

ऊपर हवाई जहाज मँडरा रहे हैं—जंगल, पहाड़, मैदान—सब जगह गृद्धदृष्टि से देखा जा रहा है—भगोड़े कैदी कहाँ हैं !

हजारीबाग से बाहरी दुनिया में जानेवाली सभी सड़कों और राहों पर पहरे पड़ रहे हैं ।

बिहार-गजट का विशेष संस्करण निकलता है—

हजारीबाग सेंट्रल जेल से छः कैदी भाग गए हैं । जो उन्हें पकड़ा देगा, उसे इक्कीस हजार रुपये इनाम में मिलेंगे । हर कैदी पर इनाम की रकम यों है—

जयप्रकाश नारायण	. . .	5000)
योगेंद्र शुक्ल	. . .	5000)
रामनंदन मिश्र	. . .	5000)
सूरजनारायणसिंह	. . .	2000)
गुलाली सोनार	. . .	2000)
शालिग्रामसिंह	. . .	2000)

फौज, पुलिस, जेल—तीनों विभागों के लोग इन कैदियों को पकड़ने के लिए एड़ी-चोटी का पसीना एक कर रहे हैं । कुछ ऐसे सज्जन भी, जो कुछ रुपयों पर देश को बेच सकते हैं, इनका साथ दे रहे हैं ।

सड़कों पर, राहों पर, पगडंडियों पर चलनेवाले एक-एक आदमी को गौर से देखा जाता है ।

किंतु, उनके सारे प्रयत्न व्यर्थ जा रहे हैं, व्यर्थ जा रहे हैं !

जब जेल की दीवार पार करके वे छः बंदी चले तो जल्दी में जान न सके कि किधर जा रहे हैं !

यह पहाड़ी जिला—चारों ओर जंगल-जंगल—कहीं-कहीं बस्तियाँ ।

तय था, जेल से निकलकर वे एक निश्चित पथ से बढ़ेंगे और यहाँ से सात मील दूर के एक गाँव में जाकर दम लेंगे । वहाँ से सवारी का प्रबंध करके वे बाहर जाएँगे—कहाँ !

निश्चय किया गया था कलकत्ता पहुँचने का ।

किंतु यहाँ तो रास्ता ही भूल गया ।

जंगल-जंगल वे बढ़ रहे हैं और जब पीछे मुड़कर देखते हैं, एक पहाड़ी पर बने उस जेल के सेंट्रल टावर की रोशनी देखते हैं ।

यह रोशनी उन्हें कितना भयभीत करती है !

कि अचानक गुर्राहट ।

अरे, क्या यह शेर है ?

हाँ, शेर ही तो ।

बिहार के शेर श्री योगेंद्र शुक्ल आगे बढ़ते हैं, उसी भयानकता से ललकारते हैं । लगता है, शेर ने शेर की कद्र की । उसने रास्ता छोड़ दिया । वे आगे बढ़े ।

उस दिन जब दुनिया दीवाली मना रही थी और जेल में बारह बजे तक 'दीवाली फिर आ गई, सजनी' की धूम मची थी, ये छः राजबंदी घनघोर जंगल में, काले घुप्प अँधेरे में, आगे बढ़ रहे थे ।

इनके पैर नंगे थे, कपड़े भीग गए थे ।

जूतों और कपड़ों की गठरी जेल में ही रह गई थी । कमंद के सहारे उसे फेंकने की कोशिश की गई, किंतु बेकार । फिर ज्योंही बाहर निकले, सब-के-सब एक नाले में गिर पड़े । पैरों में काँटे चुभ रहे थे, सर्दी के मारे दाँत किट-किट कर रहे थे । तो भी वे बढ़ते जा रहे थे ।

रात-भर चलते रहे ।

कहाँ जा रहे हैं, कुछ पता नहीं । ध्रुव-नक्षत्र को देखकर अपने जानते उत्तर दिशा की ओर बढ़ रहे हैं ।

अंततः जब आकाश में लाली फैली, उषाकालीन मंद हवा चलने लगी तो इनकी आँखों पर नींद मँडरा उठी । एक पेड़ के नीचे सो गए ।

जब चारों ओर सूरज की रोशनी जगमग कर रही थी, तब उनकी नींद टूटी । अरे, पैरों की क्या हालत है ! वे रक्त से सने हैं । चेहरे और बदन भी देखने लायक । कितने खरोंच, कितने जख्म !

तो भी चलना है ! चलना है ! चलना ही है !

पैर घसीट रहे हैं, लेकिन अब पेट में भूख की कुलबुलाहट है । यहाँ खाने को क्या मिले ! सामने एक झरबेरी का पेड़ है, उसके छोटे-छोटे खट्टे-मीठे फल तोड़कर खा रहे हैं । आगे एक करोंदे का पेड़ मिला, उसके फल भी चखे गए । फिर एक आँवले का पेड़ ! लेकिन इनसे क्या भूख मिट सकती है ! शाम तक पेट में जैसे आग दहकने लगती है ।

पास में सिर्फ सौ रुपये का एक नोट है और फुटकर सिर्फ चार आने ।

सौ रुपये का नोट कहाँ भँजे ! उनमें से एक आदमी जंगल से निकलकर सड़क के किनारे के एक भड़भूजे की दुकान पर आता है और चार आने का चिउड़ा खरीदकर ले आता है ।

चौबीस घंटे के बाद चार आने के छः छटाँक अन्न पर छः आदमी टूटते हैं । "थोड़ा बचा करके भी रखो भाई, न जाने फिर कब अन्न के दर्शन हों !" दो-दो मुट्ठी मुँह में रखते हैं, एक झरने से खूब पानी पी लेते हैं और एक पेड़ के निकट सो जाते हैं ।

फिर भोर—फिर यात्रा !

किंतु यह क्या ! जयप्रकाश का साइटिका उभर आया है। सारे पैर में तनाव है, दर्द है। वह चल नहीं पाते। पैर तो घायल हैं ही। दो साथी उन्हें सहारा देकर आगे बढ़ा रहे हैं। कभी-कभी उन्हें लकड़ी पर टाँग करके भी आगे बढ़ते हैं।

दिन-भर चलते रहे। संध्या के समय एक गाँव निकट आया, एक परिचित गाँव। इसी गाँव में तो दुबेजी, एक देशभक्त, हाल ही में जेल से छूटकर आये हैं।

दुबेजी ने भोजन का प्रबंध किया, बैलगाड़ी का प्रबंध किया। रात में तीन आदमी बैलगाड़ी के ऊपर लेटे हुए हैं, तीन आदमी आगे-पीछे चल रहे हैं। बैलगाड़ी में लकड़ियाँ लाद दी गई हैं। तीनों के हाथ में कुल्हाड़ी और डंडे हैं। लोगों को लगता है, किसान लोग जंगल से लकड़ी काटकर घर लौट रहे हैं।

हजारीबाग जिला पार किया गया। गौतम बुद्ध की पावन भूमि गया जिले में पहुँच गए। वहाँ से शेरशाह के शाहाबाद जिले में आए।

एक सप्ताह तक इसी तरह पैदल और बैलगाड़ी पर चलते रहे। फिर एक छोटे-से स्टेशन पर रेलगाड़ी पकड़कर काशी पहुँचे।

पहुँचना था कलकत्ता—पहुँच गए काशी !

गुपचुप एक प्रोफेसर मित्र के घर गए। मित्र थे नहीं; उनके नौकर ने कहा, "बाबू, आपको क्या हो गया है? क्या बीमार थे?"

और, बाबू भागे जा रहे हैं—कहीं इस नौकर ने इनाम के लोभ में गिरफ्तार करा दिया तो !

[4]

1942 की नवीं अगस्त भारतीय इतिहास में अमिट हो चुकी है तो उसकी 1942 की दीवाली भी कभी नहीं भूली जा सकेगी।

भारत के राजनैतिक इतिहास के लिए यह एक अनोखी घटना थी।

वारंट कटा, कहीं गायब हो गए। जेल में भेजे जा रहे थे, बीच में चम्पत हो गए। जमानत पर बाहर आये, नौ-दो ग्यारह हो गए—ऐसी घटना तो प्रायः घटती रही हैं; किंतु जेल की दीवार को फाँदकर पाँच साथियों को लेकर एकसाथ निकल भागना और वह भी जयप्रकाश-जैसे आदमी के लिए—एक विचित्र बात थी।

विचित्र बात यह भी थी कि शाम को ये लोग भागे और दूसरे दिन दोपहर तक जेलवालों को पता तक नहीं चल सका।

जो जेल में रह गये थे, उन साथियों ने ऐसा प्रबंध किया कि जहाँ हर दो घंटे पर कैदियों की गिनती होती है, वहाँ बीस घंटों तक इनके भागने का पता नहीं चल सका।

जब दूसरे दिन बारह बजे उनसे परामर्श करने जेल का सुपरिंटेंडेंट आया और उन्हें नहीं पाया तो उसे विश्वास भी नहीं हो रहा था कि जयप्रकाश भाग गये होंगे।

जब जेल की पहली घंटी बजी और घोषित किया गया कि जयप्रकाश जेल से भाग गये हैं तो वहाँ के सभी राजबंदियों को लगा, सरकार पागल हो गई है क्या !

जब पुलिस-सुपरिंटेंडेंट जेल के भीतर जाँच-पड़ताल के लिए आया तो उसने भी कहा, "यह हो नहीं सकता कि जयप्रकाशजी भाग गए हों। आप लोग दिल्लगी कर रहे हैं !"

जयप्रकाश—इतने शांत, इतने शिष्ट ! देश में जिनकी इतनी प्रतिष्ठा ! गाँधीजी ने जिन्हें समाजवाद का आचार्य कहा था ! वह भाग जाएँ ! राम, राम !

लेकिन, जो लोग ऐसा सोच रहे थे, और प्रायः सभी लोग ऐसा ही सोचते थे, वे नहीं जानते थे कि जयप्रकाश के हृदय में इस समय कौन-सी आग धू-धू कर रही थी।

जयप्रकाश ने देखा था, किस तरह प्रथम महायुद्ध (1914-18) के समय हम लोग देखते ही रह गए और

कितने देश उससे फायदा उठाकर स्वतंत्र हो गए।

यदि दूसरे महायुद्ध में भी हम चूक गए तो हमारी गुलामी स्थायी-सी बनकर रह जाएगी।

अतः ज्योंही दूसरा महायुद्ध छिड़ा, उन्होंने आवाज लगाई—हमें आजादी की लड़ाई छेड़ देनी चाहिए।

रामगढ़-कांग्रेस के पहले ही उन्हें गिरफ्तार कर लिया गया। जेल से भी वह गुपचुप नेताओं के पास पत्र और अखबारों में लेख भेजकर इस बात पर बार-बार जोर देते रहे।

जब पहली सजा भुगतकर वह छूटे, देशभर में घूम-घूमकर इसके लिए संगठन करने लगे। किंतु बम्बई में उन्हें फिर गिरफ्तार किया गया।

बम्बई से देवली-कैम्प। देवली के वे खत—जिन्होंने एक बार भारत को हिला दिया था और, अंततः तीन सप्ताह के अनशन के बाद देवली-कैम्प को तुड़वाकर फिर हजारीबाग लौटे।

अगस्त-आंदोलन के प्रारम्भ से ही वह इस चेष्टा में थे कि कैसे जेल से भागा जाय।

लेकिन एक-पर-एक विघ्न आते रहे। अंत में यह दीवाली!

और उसके बाद—

उन्होंने सारे भारत का दौरा किया—दिल्ली, बम्बई, मद्रास, कलकत्ता और नेपाल।

नेपाल में गिरफ्तार हुए और आजाद दस्ते द्वारा उनका उद्धार किया गया। वह रोमांचकारी घटना तो अलग एक लेख की चीज है।

अब दूसरी दीवाली निकट पहुँच रही थी। जयप्रकाश का स्वास्थ्य खराब हो चुका था। सोचा गया, अगली दीवाली काश्मीर में मनाई जाय। वहाँ से लौटकर एक बार फिर होली जलाने की चेष्टा की जाएगी! देश को आजाद किए बिना चैन कहाँ!

दिल्ली-स्टेशन पर, जब गाड़ी रवाना होने को है, एक साहब आकर एक फर्स्टक्लास डब्बे में चढ़ जाते हैं। डब्बा रिजर्व है। उस पर कार्ड लगा है—एस. पी. मेहता।

भोर। अमृतसर। साहब चाय की चुस्की ले रहे हैं कि तीन सज्जन आ धमकते हैं—एक अँगरेज, दो सिक्ख। तीनों खड़े हैं, इन्हें घूर रहे हैं।

"बैठिए! तशरीफ रखिए!"

"आप कहाँ जा रहे हैं?"

"रावलपिंडी।"

"आपका साथी कहाँ है?"

"साथी? मैं तो अकेला हूँ।"

"तो आप सिर निकालकर किसे देख रहे थे?"

"आपको धोखा हो रहा है शायद।"

"यह नेपाल नहीं है!"

"नेपाल?"

"जी हाँ, आप बुरी तरह फँस गये हैं!"

"आप क्या कह रहे हैं? मैं तो बम्बई का एक व्यापारी हूँ। मैं कभी नेपाल गया भी नहीं।"

"आप जयप्रकाश नारायण हैं।"

"जी नहीं, मैं हूँ एस. पी. मेहता।"

"खैर, तलाशी दीजिए। आप जान गए होंगे कि हम पुलिस-अफसर हैं। आज आप बच गए, यदि फिर सिर निकालते तो हम आपको शूट कर देते।"

तलाशी। गिरफ्तार। लाहौर फोर्ट। वह रौरव यातना। हाबियस कॉरपस। आगरा-जेल। ब्रिटिश डेलिगेशन। गाँधीजी की शर्त—पहले जयप्रकाश को छोड़ो। रिहाई।

× × ×

चौदह वर्षों के बाद भी जब-जब दीवाली की याद आती है, हजारीबाग जेल में उस दिन राजबंदी द्वारा गाये गए वे समवेत स्वर कानों में गूँजने लगते हैं—

"दीवाली फिर आ गई, सजनी !"

और जब-जब जयप्रकाशजी को—उनके शांत, सौम्य, स्निग्ध चेहरे को देखता हूँ, 1943 के वे शब्द तरंगित हो उठते हैं—"मैं हूँ एस. पी. मेहता !"

11

रोटी और शराब

हाग्नात्सियो सिलोने यूरोप की तरुण पीढ़ी के उन लेखकों में हैं, जिनकी कला की धूम अब संसारभर में छा चुकी है। इटली के इस सपूत की लेखनी ने इटली के जन-जीवन और संघर्षों का ऐसा चित्र उपस्थित किया है कि उसे देखकर विस्मय-विमुग्ध हो जाना पड़ता है।

इस बार की यूरोप-यात्रा में सिलोने से मिलने का सुअवसर पेरिस में प्राप्त हुआ था। हम लोग एक ही सांस्कृतिक सम्मेलन में सम्मिलित होने के लिए पेरिस पहुँचे थे। मैं जिस होटल में ठहराया गया था, पता चला, उसी में सिलोने भी ठहराए गए हैं, किंतु वहाँ के अस्त-व्यस्त जीवन में, होटल में उनसे मिलना न हो सका। अचानक एक दिन सम्मेलन द्वारा आयोजित चित्र-प्रदर्शनी में उनसे साक्षात्कार करने का सौभाग्य प्राप्त हुआ।

मँझोला कद, भरा-पूरा शरीर, चौड़ा ललाट, पतली नाक, चमकती आँखें और गेहुँआ चेहरा। बालों में अस्त-व्यस्तता, सफाचट दाढ़ी पर सघन मूँछें। पोशाक में ढीला-ढालापन और, मैं कहूँ, चाल में भी कुछ खोया-खोयापन का भाव। उनका नाम सुनकर मैंने उनके निकट जाकर भारतीय ढंग से नमस्कार किया, उन्होंने भी दोनों हाथ जोड़ दिए। लेकिन दिक्कत यह कि वह अँगरेजी नहीं जानते और मुझे इटालियन भाषा का ज्ञान नहीं। किंतु तुरत उनकी धर्म-पत्नी आ गईं और उन्हीं के माध्यम से कुछ बातें हुईं और तय पाया, हम लोग होटल में एक दिन चाय पर मिलेंगे। होटल में जब हम मिले, उनकी पत्नी के माध्यम से ही काफी बातें हुईं। भारतीय साहित्य की गतिविधि समझने के लिए उनमें बड़ी उत्सुकता देखी। मेरा अपना अनुभव है, इटली और भारत के अंतरंग और बहिरंग में बड़ी एकरूपता है और दोनों के ही कृषि और धर्म-प्रधान देश होने के कारण दोनों की समस्याओं और उनके निदान में भी समानता है।

सिलोने का जीवन बहुत रोमांचकारी रहा है। वह एक साधारण किसान के लड़के हैं, उनकी माता अपने हाथों कपड़े बुना करती थीं। बचपन से ही अपने देश की दयनीय स्थिति की ओर उनका ध्यान गया और अठारह साल के होते ही उन्होंने एक पत्र निकालकर अपने देश की जनता में, खासकर युवकों में, नई क्रांतिकारी भावना भरना शुरू कर दिया। जब इटली में मुसोलिनी का उदय हुआ, सिलोने ने फासिज्म के खिलाफ जबर्दस्त आवाज उठाई, उनके अखबार को तीन बार जब्त किया गया। जब उन्हें मालूम हुआ कि फासिस्टों के गुर्गे उन्हें पकड़ने की ताक में हैं, तो वह अपने देश से भाग निकले और पाँच वर्ष तक निर्वासित जीवन का घोर कष्ट उठाते रहे, किंतु देश की दुर्गति ने उन्हें बाहर भी नहीं रहने दिया। जब देश का जन-जीवन नष्ट किया जा रहा हो, जब जनता को गुमराह बनाकर उसे सर्वनाश की ओर घसीटा जा रहा हो, तब सच्चे देश-भक्त का काम सुरक्षा ढूँढ़ना नहीं, बल्कि जान पर खेलकर जनता को सच्ची राह बताना और उसे संघर्ष की ओर ले जाना होता है। अतः सिलोने गुप्त वेश में अपने देश लौटे और लगातार पाँच वर्षों तक गुप्त वेश में ही काम करते रहे। किंतु स्थिति दिन-दिन गंभीर होती गई, उनका इटली में रहना बिलकुल ही असंभव हो गया। इस बार 1930 ई. में जब उन्होंने देश छोड़ा

तो चौदह वर्ष तक बाहर-ही-बाहर रहे। स्वीजरलैंड के जूरिख नामक शहर में ही इस अवधि में वह मुख्यतः रहे, किंतु यहाँ भी बैठे नहीं रहे। उनकी लेखनी लगातार चलती रही। उनका साहित्य गुप्त रूप से इटली पहुँचता रहा। यही नहीं, यूरोप का ध्यान भी, साहित्य के माध्यम से, वह इटली की ओर आकृष्ट करते रहे।

पिछले महायुद्ध में जब मित्र-राष्ट्रों की मुक्ति-सेना यूरोप में घुसी, सुअवसर जानकर, सिलोने ने अपने देश में जाने का निश्चय किया। पादरी का वेश धारण कर उन्होंने नाजी सेना को चकमा दिया और कितनी बार जान पर खेलकर अंततः अपने देश में पहुँचकर उन्होंने इटली के आजाद दस्ते के संगठन में योगदान दिया और उन्हें यह देखने का सौभाग्य प्राप्त हुआ कि फासिस्टों के खूनी पंजे से उनके देश को सदा के लिए मुक्ति मिली। अब अपनी लेखनी द्वारा वह इटली के प्रजातंत्र को ऊँचे स्तर पर ले जाने में संलग्न हैं।

उनकी पुस्तकों में 'फोंतामारा', 'ब्रेड ऐंड वाइन', 'सीड बिनीथ द स्नो', 'ऐंड ही हिड हिमसेल्फ़' बहुत ही प्रसिद्ध हुई हैं। सिलोने मुख्यतः उपन्यास लिखते हैं, किंतु उनकी अंतिम पुस्तक नाटक है। आलोचकों ने लिखा है, "उनके उपन्यासों में गोगोल, दास्तोवस्की और मिलविले ऐसे महान लेखकों की उपन्यास-कला की झलक मिलती है।" यों तो 'फोंतामारा' को बहुत प्रसिद्धि मिली, किंतु उसमें प्रचार का पुट कुछ अधिक है। उनकी प्रतिभा और लेखन-कला का उत्कृष्टतम उदाहरण 'ब्रेड ऐंड वाइन' ('रोटी और शराब') है, अधिकांश आलोचकों का ऐसा मत है।

'रोटी और शराब' से हम, अपने संस्कार के अनुसार, कोई अन्यथा अर्थ न निकालें। इटली में यह एक खास अर्थ रखता है—वहाँ यह किसान-जीवन का प्रतीक माना जाता है। जब किसान के घर किसी बच्चे का जन्म होता है, पड़ोसियों में रोटी और शराब बाँटी जाती है और जब उसके घर किसी की मृत्यु होती है, तब भी रोटी और शराब से ही उसका श्राद्ध सम्पन्न होता है। नया अन्न नौ महीने में तैयार होता है, अंगूरी भी नौ महीने के बाद ही चखी जाती है और बच्चे का जन्म भी नौ महीने में होता है। यों रोटी और शराब का नई मानवता के प्रतीक-रूप में लेखक ने व्यवहार किया है।

उपन्यास का कथानक बहुत छोटा है। एक बूढ़ा पादरी, जो पहले शिक्षक का काम करता था, संध्या-समय अपने कुछ शिष्यों की प्रतीक्षा कर रहा है, क्योंकि आज उसका जन्मदिन है और इस अवसर पर सदा उसके कुछ प्यारे शिष्य आते रहे हैं। जो शिष्य आते हैं, उनमें एक डाक्टर है, एक पादरी। वे गुरुदेव की सेवा में कुछ उपहार भी अर्पित करते हैं। पुराने जमाने की चर्चा आती है। अपने पुराने शिष्यों के बारे में पूछताछ करता हुआ बूढ़ा पादरी पूछ बैठता है—वह लड़का अब कहाँ है, जिसका नाम स्पिना था? स्पिना पर उसकी ममता है; क्योंकि वह कुछ अजीब लड़का था—बहुत ही गंभीर, कम बोलता, दुबला-पतला, किंतु दृढ़निश्चयी, धुन का पक्का। पता चलता है, उसने क्रांतिकारी राजनीति को अपनाया है। गिरफ्तारी से बचने के लिए वह फरार हो गया है; कोई-कोई कहते हैं, वह विदेश भाग गया है। बूढ़े पादरी का शिष्य यह कहने से भी नहीं चूकता कि वह तो नास्तिक हो गया है। उसके नास्तिक हो जाने की बात सुनकर बूढ़ा पादरी घबराता नहीं, घृणा नहीं प्रकट करता, बल्कि बोल उठता है, "जो न्याय और सत्य के लिए जीता है, वह नास्तिक नहीं है, वह भगवान में है और भगवान उसमें है।" यही नहीं, उस शिष्य के फरार जीवन पर वह हार्दिक दुःख प्रकट करता है—"लोमड़ी के लिए माँद है और चिड़ियों के लिए घोंसला, किंतु आदम औलाद के लिए ऐसी जगह नहीं, जहाँ वह सिर घुसा सके। हाय, जब वह अपने सपनों के अनुसार जीना चाहता है तो धर्म के ठेकेदार कहलानेवाले शासक उसे जंगली जानवरों की तरह खदेड़े फिरते हैं!"

यही स्पिना इस उपन्यास का नायक है। विदेश में भी उसे चैन नहीं, वह वहाँ से छिपकर ही अपने देश लौटता है, दिन-रात काम करता है। न खाने का ठिकाना, न पीने का, न सोने का, न आराम करने का। वह बीमार पड़ता है, उसे क्षयरोग हो जाता है। तब वह अपने पुराने दोस्त उसी डाक्टर को बुलाता है, जो उस दिन बूढ़े शिक्षक पादरी के पास पहुँचा था। डाक्टर उसे पहचान नहीं पाता, क्योंकि तेजाब डालकर उसने अपने चेहरे को ऐसा बना लिया है कि वह बहुत बूढ़ा मालूम हो। किंतु वह डाक्टर पर अपना भेद प्रकट कर देता है। उसी

डाक्टर की सलाह से वह वहाँ से भागकर दूर के एक पहाड़ी गाँव में जाता है, अपने को और भी छिपाने के लिए वह पादरी का वेश धारण कर लेता है ।

इस गाँव में आने पर उसे अपने देश के लोगों के यथार्थ जीवन का परिचय होता है, वे कितने दकियानूस हैं, मूढ़ हैं, धर्मान्ध हैं । इसी सिलसिले में उसका दो लड़कियों से परिचय होता है, एक कामुकता की मूर्ति है, दूसरी धार्मिकता की जीवित प्रतिमा । दूसरी लड़की की ओर वह कुछ आकृष्ट होता है, किंतु देखता है, यह लड़की अपने में ही, अपनी पवित्रता में ही लिपटी हुई है । वह उसकी ओर से भी हटता है । तब तक उसकी तबीयत कुछ अच्छी हो चली है और उधर अबीसीनिया की लड़ाई शुरू होती है । वह सोचता है, यही क्रांति का अवसर है । वह उस गाँव को छोड़कर रोम शहर में आता है, जहाँ उसकी पार्टी का सदर मुकाम है । वहाँ वह पाता है, क्रांतिकारी विचारवालों पर आफत है, वे सब-के-सब गिरफ्तार हो चले हैं । जो एकाध बचे हैं, वे सब लुक-छिपकर क्रांति का काम चला रहे हैं । वहाँ उसकी एक और लड़की से भेंट होती है जो अपने क्रांतिकारी प्रेमी को बचाने के लिए अपने ऊपर बलात्कार होने देती है; किंतु उसका प्रेमी इसके बदले उसके मुँह पर थूककर चल देता है ।

वह छटपटाता हुआ फिर गाँवों की ओर लौटता है । गाँव के लोग फासिस्टों के प्रचार-जाल में फँस गए हैं । वे युद्ध के नशे में पागल हैं—किसी की युद्ध-विरोधी बात सुनने को वे तैयार नहीं, उल्टे उन लोगों को ही देश का दुश्मन समझते हैं । वह अपने गुरु बूढ़े पादरी से मिलता है । बूढ़े की दृष्टि पैनी है, वह अपने शिष्य की ही तरह इस युद्ध को सत्यानाशी समझता है । वह खुले-आम युद्ध के विरोध में, शांति और न्याय के पक्ष में, प्रवचन करता है । किंतु इसका फल उसे भी भुगतना होता है—उसे धोखे से जहर पिलाकर मार दिया जाता है । तब भी लोगों की आँखें नहीं खुलतीं । इतने पर भी स्पिना हिम्मत नहीं हारता । वह फिर रोम जाता है । वहाँ उसकी उस कामुक लड़की से भेंट होती है । डूबते को तिनके का सहारा; उसे ही लेकर वह फिर देहात लौटता है । किंतु अब तक उसे फँसाने के लिए जाल बिछाया जा चुका है । वह समझ लेता है, उसका अंत निकट है । वह उस गाँव में लौटता है, जहाँ वह बीमार की हालत में रहता था, क्योंकि वहाँ कुछ आवश्यक कागज-पत्र हैं । उन कागज-पत्रों में एक नोटबुक है, जिसमें उस धार्मिक लड़की को लक्ष्य करके उसने कुछ लिख रखा है । वह नोटबुक उसके पास भेजकर पहाड़ी की ओर निकल पड़ता है, जहाँ बरफ-ही-बरफ है; क्योंकि अन्य सारे रास्ते उसके लिए बंद हैं, सब जगह उसे पकड़ने के लिए खुफिया तैनात कर दिये गए हैं ।

वह लड़की जब नोटबुक देखती है, चौंक उठती है । ज़रा उसकी कुछ पंक्तियाँ तो देखिए—

—हमारा प्रेम, हमारा बलिदान, हमारा त्याग सब झूठे हैं, व्यर्थ हैं, जब तक कि वे भावनामात्र हैं, अमानवीय संकेतमात्र । जब हम उनका उपयोग अपने मानव-बंधुओं के लिए करते हैं, तभी वे वास्तविक बनते हैं, सफल होते हैं । वास्तविक जीवन में ही नैतिकता जीवित रहती और विकसित होती है ।

—जब हम अपनी नैतिक भावना को अपने चारों ओर फैली हुई अव्यवस्था की तरफ मोड़ेंगे तब हम क्रियाहीन नहीं रह सकेंगे और न हम अपने को स्वर्ग की कल्पना में बहला सकेंगे । तब हमें कल्पना के शैतान से ही लड़ना न रह जाएगा, बल्कि हम उन शक्तियों से लड़ना शुरू करेंगे, जो आदमी को आदमी के खिलाफ खड़ा करती हैं ।

—वह कैसा दिन होगा, जब तुम्हारी तरह के नैतिक और आध्यात्मिक भावना से ओत-प्रोत लोग अपने को धार्मिक अनुष्ठानों में न फँसाकर सामाजिक जीवन को उन्नत बनाने के कार्य में उत्सर्ग कर देंगे । वही क्रांति का दिन होगा, उसी दिन एक तरह के नये संत, एक तरह के नये शहीद, एक तरह के नये आदमी, पृथ्वी पर अवतरित होंगे ।

—आज के समाज में इसके सिवा अपनी आत्मा की रक्षा के लिए कोई दूसरा मार्ग नहीं है । उसी की आत्मा पतन से बच सकती है, जिसने व्यक्तिगत अहंकार, पारिवारिक अहंकार और वंशगत अहंकार पर विजय प्राप्त कर ली हो, जिसने अपने चारों ओर कल्पना का घेरा न बना लिया हो, जिसने अपने को हवाई किले में बंद

नहीं कर लिया हो। आत्मा उसी की मुक्त है, जिसने अपने को वर्तमान सामाजिक अवस्था से घबराकर भाग खड़े होने की भावना को मार भगाया हो। नैतिक जीवन का अर्थ ही है उत्सर्ग और बलिदान का जीवन। आज के समाज में क्रांतिकारी जीवन ही यथार्थ में नैतिक जीवन है।

—क्रिस्टिना, डरने की बात नहीं; अपनी पवित्रता की रक्षा के लिए इस तरह परेशान होने की जरूरत नहीं। नैतिक जीवन और सुरक्षित जीवन साथ-साथ नहीं चला करते। अपनी सुरक्षा के लिए संघर्ष करना होगा, संकट झेलना होगा।

उस लड़की का नाम क्रिस्टिना है। इस नोटबुक को पढ़कर उसे पता चल जाता है, वह साधु नहीं, क्रांतिकारी है। इस संध्या के समय वह बर्फ-भरी पहाड़ी की ओर गया है, रात में उसकी क्या दशा होगी! वह चल पड़ती है, उस पहाड़ी की ओर—कुछ गरम कपड़े लेकर, रोटी लेकर और एक बोतल में इटली की प्यारी लाल शराब लेकर। वह पहाड़ी की घाटी में घुस जाती है, इधर-उधर ढूँढ़ती है, दौड़ती है, थकती है, बेहोश होती है, फिर उठती है, चलती है, चिल्लाती है—स्पिना! स्पिना! किंतु कोई उत्तर नहीं देता। जब वह यों ही गिरती-पड़ती बढ़ रही है, अचानक उसे आवाज सुनाई देती है। यह आवाज स्पिना की है? नहीं, यह भेड़िये की आवाज है! यह आवाज उससे अपरिचित नहीं। वह समझ जाती है, उसका अंत निकट है। एक बार जोरों से चिल्लाती है—स्पिना! स्पिना! किंतु मानव-आवाज शांत भी नहीं हुई कि वह खूँखार आवाज उसके अति निकट आ गई। वह घुटने टेक देती है, प्रार्थना करती है, मूर्च्छित होती है।''''

उपन्यास यहीं समाप्त होता है! उपन्यास का प्रारम्भ हुआ था एक पादरी की ज्ञान-वाणी से, उसका अंत होता है एक पवित्रात्मा की करुण पुकार से। इसके बीच क्रांतिकारी का वह संघर्षमय जीवन। संघर्ष सिर्फ ऊपर का नहीं, भीतर का भी। सिलोने की तरह ही रूपोशी के लिए नायक ने पादरी का बाना धारण कर लिया है। भीतर क्रांति की ज्वाला सुलग रही है, ऊपर दकियानूसी का चोगा लटक रहा है—इस द्वंद्वमयी परिस्थिति में जैसे नायक की आत्मा कभी आग में झुलसती है, कभी बर्फ में ठिठुरती है। फिर एक तरफ किताबी ज्ञान, दूसरी तरफ जन-नायक का यथार्थ परिचय—दोनों में कितना अंतर है! यह देखकर नायक की दशा अजीब दुविधामयी हो जाती है। वह नये-नये अनुभवों से गुजरता है, ये अनुभव मार्मिक पीड़ा लाते हैं, किंतु वह कभी विचलित नहीं होता, हमेशा कर्ममय बना रहता है। उसके अंत को अनिर्दिष्ट रखकर तो सिलोने ने और भी कमाल किया है। इस तरह यह पुस्तक निराशा का वातावरण नहीं उपस्थित करती, सतत प्रयत्न का ही संदेश देती है।

इस पुस्तक के पढ़ते समय गोर्की की 'मदर' की बार-बार याद आती है; किंतु गोर्की की उस अनुपम कृति से इसमें विशेषता है। वह कृति आरम्भ से ही पाठकों को एक खास दिशा की ओर ले जाती है, यों उच्चकोटि की कलाकृति होने पर भी वह प्रचार से दूर नहीं है। किंतु इस पुस्तक के पढ़ते समय यह कहीं नहीं मालूम पड़ता कि लेखक की अपनी मान्यता क्या है? लगता है, वह निरपेक्ष भाव से अपने नायक के पीछे चलता हुआ, उसकी शारीरिक और मानसिक गति का चित्र-पर-चित्र उपस्थित करता जा रहा है। यह चित्रण इतना स्वाभाविक और जीवनमय है कि कहीं ऊब या वितृष्णा पैदा नहीं होती। घटनाओं का ताना-बाना कहीं-कहीं ऐसा जटिल है कि जासूसी उपन्यासों का-सा मजा आ जाता है। हर स्थान पर एक संघर्षशील आत्मा की छटपटाहट का अनुभव होता है। जान पड़ता है, इस छटपटाहट से कितनी ही बार पाठक को स्वयं भी गुजरना पड़ा है। इटली के प्राकृतिक दृश्यों की ऐसी पृष्ठभूमि रखी गई है कि उसकी मिट्टी, उसके पेड़-पौधे, उसके झोंपड़े, उसके मंदिर, उसके महल, उसके राजपथ, उसकी पगडंडियाँ—सब चलचित्र की भाँति आँखों के सामने अनायास घूमने लगते हैं।

'रोटी और शराब'—संसार की सुंदरतम कृतियों में गिनी जाएगी। क्या अपने देश के संघर्षों का ऐसा चित्र नहीं उपस्थित किया जा सकता!

12

'एक भारतीय आत्मा'

सतपुड़ा की तलहटी में, नर्मदा के किनारे, एक गाँव में एक गोरा-सा लड़का कुछ फूल-पत्तों तथा कागज के टुकड़ों को लेकर एक दुनिया का निर्माण कर रहा था कि पड़ोस के घर से एक बालिका निकली। हौले कदमों से, वह चुपचाप आगे बढ़ती गई और एक ही झपाटे में उस बालक की दुनिया का सर्वनाश कर, खिलखिलाती हुई भाग चली। इसके पहले भी, वह इस आठ-नौ वर्ष के बालक को, कई बार तंग कर चुकी थी; किंतु इस बार उसका यह नटखटपन बालक को बहुत खला। उसकी आँखों में दो मुक्ताएँ चमक पड़ीं; किंतु उन्हें दरिद्र की निधि की तरह, उसने जहाँ-का-तहाँ जब्त कर लिया। अब उसका गोरा चेहरा तमतमा उठा—लाल, सुर्ख। वह चुपचाप वहाँ से चलता बना। घर आया। अपना बस्ता खोला। कागज निकाला। सरकंडे की कलम से उस पर कुछ डेढ़ी-मेढ़ी लकीरें खींचने लगा। फिर कागज को बड़ी सावधानी से मोड़कर अपनी जेब में रख, वह गाँव से बाहर ग्राम-रक्षक की तरह खड़े हुए पुराने पीपल के पेड़ के निकट आ खड़ा हुआ। इधर-उधर देखा। जेब से कागज निकाला, उसको फिर पढ़ा और साथ में लाई हुई लोहे की एक कील को उस पेड़ में ठोककर उससे उस कागज को लटका दिया। एक बार इधर-उधर देखा कि किसी ने देख तो नहीं लिया और फिर नौ-दो ग्यारह हो गया। कुछ देर के बाद ही उस पेड़ के निकट एक छोटी-सी भीड़ लग गई। लोगों ने समझा, किसी के खेत की नीलामी का इश्तहार अदालत का चपरासी टाँग गया है। उत्सुकतावश जब उसे देखने लगे तो पाई उसमें एक कविता—यदि उसे कविता कहा जाय तो उस कविता द्वारा उस बालिका से बदला चुकाया गया था। बालिका का नाम था द्रौपदीबाई और उसके पिता का धनीरामजी। बस, दोनों के नाम के साथ, कुछ और अंटशंट नामों को गूँथगाँथकर, एक अजीबोगरीब रचना की गई थी—

धनीराम की पोली पाई,
उससे निकली द्रौपदी बाई।
द्रौपदी बाई ने काटी जामन,
उससे निकला कलुआ बामन।
कलुआ बामन लाया खाट,
उससे निकला काशी भाट। आदि-आदि

थोड़ी ही देर में यह कविता गाँव-भर में फैल गई। अपराधी रचयिता का पता भी नहीं छुप सका। बालिका के पिता बालक के अभिभावक के पास दौड़े-दौड़े आये और क्रोधपूर्ण उलाहना दिया। प्राचीन संस्कार में पले अभिभावक को भला यह शिष्टाचारोल्लंघन कैसे पसंद आता! गोकि बालक प्यारा था, किंतु गोशमाली करने से बाज न आये। यों, इस बाल-कवि को अपनी कविता के प्रथम पुरस्कार के लिए अपने कान की मरम्मत करानी पड़ी। भला, उस समय यह किसने कल्पना की होगी कि एक दिन यही बालक हिंदी संसार में 'एक भारतीय आत्मा' के नाम से सादर स्थान पाएगा।

× × ×

पं. माखनलाल चतुर्वेदी 'एक भारतीय आत्मा' का जन्मस्थान होने का गौरव महाकोशल के होशंगाबाद जिले के बावई नामक ग्राम को प्राप्त है। उनका जीवन उस भूभाग में ही बीता है, जो सदा नर्मदा के जल से सिंचित होता रहा है। अतः एक लेखक ने उनका परिचय 'नर्मदा तट का गायक' के नाम से दिया था, जो सर्वथा उचित है। उनके जीवन पर ही नहीं, उनकी कविता पर भी नर्मदा नदी की छाप है। पहाड़-पहाड़ियों और पथरीली भूमि में उछलती-कूदती, लड़ती-झगड़ती-सी, तरंगमयी, भँवरमयी, यौवनसूचक, फेनमयी—कलकल-छलछल, हाहा-हूहू करनेवाली नर्मदा, 'ठंडी शक्ति' की दुर्द्धर्षता और अजेयता का एक उज्ज्वल उदाहरण है। अपने गायक के जीवन

और वाणी में भी निस्संदेह उसने अपनी इन विशेषताओं को, बहुत कुछ अंशों में, भर रखा है ।

उनकी जन्म-तिथि है चैत्र शुक्ल एकादशी, संवत् 1944 विक्रम (सन् 1887) । 'एक भारतीय आत्मा' पेट की बीमारियों के सदा शिकार रहे हैं, जिसके कारण अनाहार और स्वल्पाहार उनकी खासियत हो गई है । अतः उनकी माताजी इस जन्म-दिन, एकादशी की ओर लक्ष्य करके जब-तब फबती कसा करती हैं—"अन्न तेरे बाँट कहाँ पड़ा, जो तू खाय—तू तो एकादशी को जन्मा है ।" उनके पिताजी का नाम था नंदलालजी चतुर्वेदी । यह ग्रामीण स्कूल के एक साधारण मास्टर थे, किंतु अपनी परिमित आय से ही अपने परिवार का इस प्रकार व्यवस्थापूर्वक भरण-पोषण करते थे कि लोगों को आश्चर्य होता था । स्वावलंबन और स्वाभिमान की तो वह मूर्ति थे । जिस समय आज के 'एक भारतीय आत्मा' नाम से प्रख्यात उनके प्यारे पुत्र, उस समय के माखनलाल, ने अपने पैतृक धंधे स्कूलमास्टरी से प्रारम्भ कर अपनी कमाई का पहला पैसा—कुछ रुपये—उनके पास मनीआर्डर से भेजा तो उन्होंने उस मनीआर्डर को, कूपन पर यह लिखकर, लौटा दिया—

आस पराई जो करे, होते ही मर जाय ।

माताजी की वीरता की तो एक ऐसी करुण कहानी है कि यदि आज भी उन्हें ये पंक्तियाँ सुना दें, तो दो-एक दिन का उपवास वह जरूर करें—जब-जब उसकी चर्चा चल पड़ी है, वह ऐसा ही करती आई हैं । सुनते हैं, वीर और करुण रस परस्पर-विरोधी हैं; किंतु इस घटना में इन दोनों का समावेश विचित्र रूप से हुआ है—

'एक भारतीय आत्मा' के पिताजी स्कूलमास्टर थे । गाँव के एक छोर पर उनकी झोंपड़ी थी । रात में लड़कों को खानगी पढ़ाने उन्हें उनके घर पर जाना पड़ता था और कभी-कभी देर से भी लौटते थे । मध्य-प्रांत तो आज भी जंगलों और टीलों-पहाड़ियों से भरा प्रदेश है । उस समय इस जंगली प्रदेश में चीतों की भरमार थी, अतः माताजी सदा अपनी बगल में एक लाठी लेकर सोती थीं । यह आदत नगर में भी आने पर बनी रही । एक रात को पंडित नंदलालजी पढ़ाकर कुछ देर से लौटे और दरवाजा खटखटाया । माताजी ने पूछा, "कौन ?" पंडितजी को विनोद सूझा—चुप रहे । फिर दरवाजे पर खटखटाहट, फिर कौन का प्रश्न । एक-दो बार यही क्रम रहा । माताजी को आशंका हुई, अतः झूठ-मूठ, यह बतलाने के लिए कि घर में कोई पुरुष भी है, बोलीं, "माखनलाल के पिताजी, उठिए, कोई दरवाजा खटखटा रहा है ।" किंतु इस चकमे में स्वयं माखनलाल के पिताजी कैसे आते ? फिर दरवाजे पर खटखटाहट ! माताजी की आशंका दृढ़ हो गई; किंतु अबला की तरह चीखने-चिल्लाने की अपेक्षा उन्होंने अपनी लाठी सँभाली और आगे बढ़ीं । दरवाजा खोला तो सामने एक मनुष्य की सूरत दीख पड़ी । बस, फिर क्या था, उनकी लाठी उसके सिर पर ! एक धीमी आह !—अरे, यह तो पंडितजी हैं ! माताजी को काटो तो खून नहीं ! उधर पंडितजी के सिर से खून जारी । रोशनी की, दवा-दारू की, रोईं और उपवास किया । आज भी कहा करती हैं—मुझे इसके लिए नरक भोगना पड़ेगा । किंतु इस घटना ने पं. नंदलालजी की आँखों में अपनी इस वीर पत्नी की कीमत कई गुना बढ़ा दी । जब तक वह जीवित रहे, पत्नी की इस वीरता की चर्चा अभिमान से करते रहे । पं. नंदलालजी के पूर्वज राजस्थान से आकर मध्य-प्रदेश में बसे थे । तो क्या इस घटना को राजस्थानी वीरांगनाओं के रक्त की एक झलक समझा जाय ?

× × ×

'एक भारतीय आत्मा' उन पुरुषों में से हैं, जो आप अपना निर्माण करते हैं । एक पूरे परिवार का संचालन करनेवाले देहाती स्कूल के मास्टर अपने पुत्र को ज्यादा-से-ज्यादा जो शिक्षा दे सके, वह थी प्राइमरी तक की । प्राइमरी पास करके 'एक भारतीय आत्मा' होशंगाबाद जिले के ही एक ग्राम में मास्टरी करने लगे । फिर वहाँ से खंडवा चले आये । वहाँ के बम्बई बाजार के एक प्राइमरी स्कूल में अध्यापक का काम किया । जिन लोगों ने उन दिनों एक गोरे, दुबले-पतले, युवक को दर्जनों बच्चों के बीच बैठे, उन्हें बारहखड़ी और पहाड़ा रटाते, देखा होगा, क्या उन्होंने कल्पना भी की होगी कि यही दुबला-पतला, लजीला-सा युवक एक दिन न केवल इसी नगर का, वरन् इस प्रांत का एक प्रमुख पुरुष होगा और कितने ही प्रतिभाशाली सुशिक्षित युवक दूर-दूर से आकर इससे साहित्य की बारहखड़ी और कविता का पहाड़ा पढ़ेंगे !

किंतु जिन्होंने उस समय भी ध्यान से देखा होगा, उन्होंने इस युवक में कुछ ऐसी चीजें, बीज-रूप में, पाई होंगी, जिससे कि उसके भावी जीवन की एक धुँधली-सी तस्वीर बनाई जा सके।

जैसा कि कहा जा चुका है, कवित्व के नाम पर टेढ़ी-मेढ़ी लकीर खींचना तो 'एक भारतीय आत्मा' ने आठ-नौ वर्ष की उम्र से ही प्रारम्भ कर दिया था। पिताजी तुलसीकृत रामायण और सूरदास आदि के वैष्णव पदों के बड़े भक्त थे। अतः उन्होंने अपने पुत्र की रुचि स्वभावतः ही इस ओर खींची और इस प्रकार प्रथम-प्रथम साहित्यिक गुरु का काम किया। जिस समय 'एक भारतीय आत्मा' प्राइमरी स्कूल की गुरु-ट्रेनिंग में पढ़ते थे, पं. कुंदनलाल नामक एक सज्जन अध्यापक थे। कविता में उन्हें शौक था। अपने इस प्रतिभाशाली छात्र में भी उन्होंने इस शौक को पल्लवित किया। सन् 1903 में ही, सोलह वर्ष की अवस्था में, इस किशोर ने एक कविता के द्वारा सरस्वती से यों प्रार्थना की थी—

जाही हाथ ताने सूर, तुलसी व कालिदास,
वाही हाथ मेरी मात, मोको तान दीजिए।

खंडवा में भी गुपचुप रचनाएँ चलती थीं; किंतु अपने को जब्त रखने की भावना इतनी प्रबल थी कि प्रकट नहीं होने दिया जाता था। आज भी यह रोग (मैं तो इसे रोग ही कहूँगा) बना हुआ है। यही कारण है कि वर्षों से कितने ही प्रकाशकों के आग्रह तथा कितने ही मित्रों और भक्तों के दुराग्रह के बाद भी इनकी कविताओं का संग्रह नहीं प्रकाशित हो सका था। उस समय की केवल एक रचना कानपुर के 'रसिक मित्र' में छपी और निस्संदेह वही 'एक भारतीय आत्मा' की प्रथम प्रकाशित रचना है। उसकी दो पंक्तियाँ यहाँ मैं इसलिए दे देता हूँ कि उससे पता चलता है कि कवि की विचारधारा उसके किशोर जीवन से ही किस ओर प्रधावित हो रही थी—

जायगौ हमारा धन-धाम लुटि दूर देस,
कोई नाहिं चलिबे को मारग बतायगो।
तायगो हरेक बलवान बनि, दीनन को,
हीनन को मानहु खजानो दिखलायगो।

देश-प्रेम की धारा में ही अपनी काव्य-प्रतिभा को विलीन कर देनेवाले, नेतृत्व का बाना धर कितने ही तरुणों को बलि-पथ की ओर प्रेरित करनेवाले और बलवानों के उत्पीड़न और शोषण से दीन-हीनों की रक्षा करने को सदा उद्यत रहनेवाले 'एक भारतीय आत्मा' की आत्मा के भावी विकास का बहुत-कुछ आभास इस कोरी तुकबंदी में भी मिलता है।

पंद्रह-सोलह से लेकर पच्चीस-छब्बीस तक की उम्र के नौ-दस वर्ष ऐसे होते हैं, जिनका प्रभाव जीवन के गठन पर बहुत ही अधिक पड़ता है—ऐसा विद्वानों का कथन है। इन वर्षों के अंदर ही 'एक भारतीय आत्मा' पर तीन सज्जनों का प्रभाव पड़ा और उनके भावी जीवन का गठन भी तदनुसार हुआ। वे तीनों महापुरुष हैं—सैयद अमीर अली 'मीर', स्वामी रामतीर्थ और पं. माधवराव सप्रे। इन तीनों के प्रभाव के कारण 'एक भारतीय आत्मा' के हृदय में बीज-रूप विद्यमान कवि-प्रतिभा, आध्यात्मिकता और देशभक्ति का पूर्ण विकास हुआ।

मुसलमान होकर भी हिंदी के अनन्य सेवक, सुकवि मीरजी को आज हिंदी-साहित्य-प्रेमी भूल-से रहे हैं। 1908-9 की बात है। 'छंद-प्रभाकर' और 'काव्य-प्रभाकर' के रचयिता श्री जगन्नाथप्रसाद 'भानु' सेटिलमेंट-अफसर के रूप में उस समय खंडवा में रहते थे। 'भानु कवि समाज' नामक संस्था भी उन्होंने यहाँ कायम कर रखी थी। उस समय 'काव्य-प्रभाकर' का संकलन चल रहा था। भानुजी ने मीरसाहब को रेवेन्यू इंस्पेक्टर की जगह पर अपने पास बुला लिया था। इस प्रकार खंडवा-जैसी छोटी जगह में भी साहित्य और कविता का एक विचित्र वायु-मंडल तैयार हो रहा था। युवक 'एक भारतीय आत्मा' को मीरसाहब ने देखा और इनकी प्रतिभा पर मुग्ध हो गए। यही नहीं, उन्होंने इन्हें खूब उत्साहित किया तथा काव्य-रीति से व्यापक परिचय कराया। 'एक भारतीय आत्मा' अपने काव्य-गुरु के रूप में मीरसाहब का स्मरण करते हुए आज भी गद्गद हो उठते हैं। मीरजी की संगति ने उन्हें हिंदू-मुस्लिम-एकता का कट्टर हामी बना दिया। 1921 के क्रांति-युग में

निकली हुई 'एक भारतीय आत्मा' की इन पंक्तियों में मीरसाहब की आत्मा मुस्करा रही है—

मंदिर में हो चाँद चमकता, मस्जिद में मुरली की तान।
मक्का हो चाहे वृंदावन, होवें आपस में कुर्बान।

स्वामी रामतीर्थ से साक्षात्कार करने का सौभाग्य तो 'एक भारतीय आत्मा' को नहीं हुआ; किंतु उनकी रचनाओं ने उनको सबसे अधिक प्रभावित किया। स्वामी राम के कर्तृत्व से ओत-प्रोत, देश-प्रेम से लबालब आध्यात्मिकता के घूँट ने किस सहृदय को एक बार मस्त न बना दिया होगा ! फिर कहने और लिखने की उनकी वह अनूठी शैली ! स्वामी राम के शिष्य संत पूरणसिंह की हिंदी-रचनाएँ भी उस समय यदाकदा निकला करती थीं। उनमें भी वही नवीन चीजें नवीन ढंग से पेश की गई मिलती थीं। 'एक भारतीय आत्मा' का भावुक हृदय इनकी ओर खूब ही खिंचा। आज भी 'एक भारतीय आत्मा' की रचनाओं में, चाहे वे पद्य में हों या गद्य में, जो एक खास शैली दीख पड़ती है, उसका उद्गम-स्थान है स्वामी रामतीर्थ के वे प्रवचन, यद्यपि इनकी शैली, स्थान, काल, पात्र के भेद से बिलकुल एक स्वतंत्र—इनकी अपनी चीज ही बन गई है !

इसी समय आपको पं. माधवराव सप्रे के सत्संग में आने का सौभाग्य मिला। लोकमान्य तिलक के 'गीतारहस्य' के हिंदी-अनुवादक के ही रूप में हिंदी-संसार मुख्यतः सप्रेजी को जानता है; किंतु सप्रेजी केवल इतने ही नहीं थे। मध्यप्रांत के सार्वजनिक जीवन के निर्माण में उनका प्रमुख हाथ है। महाराष्ट्रीय होने पर भी मध्यप्रांत में हिंदी के प्रचार, प्रसार और उसके साहित्य के निर्माण के लिए जो प्रयत्न उन्होंने किया, उसका अपना स्थान है। सप्रेजी उस समय नागपुर से 'हिंदी-केसरी' निकाल रहे थे। उन्होंने 'हिंदी-केसरी' में 'स्वदेशी-आंदोलन और बायकाट' विषय पर एक लेख-प्रतियोगिता कराई और सर्वश्रेष्ठ लेख के लिए पुरस्कार देने की घोषणा की। 'एक भारतीय आत्मा' ने भी डरते-डरते एक लेख लिख भेजा। वह लेख पुरस्कार-योग्य तो ठहरा ही, साथ ही सप्रेजी उससे बहुत प्रभावित हुए, और उन्होंने प्रशंसा करते हुए 'हिंदी-केसरी' में बराबर लेख लिखते रहने के लिए इनसे आग्रह किया। यही नहीं, कुछ दिनों के बाद सप्रेजी खंडवा आये और इनसे मिले। सप्रेजी की इस सहृदयता ने उनको बहुत ही आकृष्ट किया और वे सप्रेजी के भक्त बन गए। वह अपने राजनैतिक गुरु के रूप में सप्रेजी को मानते हैं। जब तक सप्रेजी जीवित रहे, 'एक भारतीय आत्मा' सदा उनके अनुयायी बने रहे और आज भी 'कर्मवीर' एक 'स्व. पं. माधवरावजी सप्रे की स्मृति में' यह वाक्य छापकर उनके प्रति अपनी भक्ति प्रकट कर रहे हैं !

× × ×

धीरे-धीरे खंडवा में एक छोटा-सा, किंतु क्रियाशील, क्षमताशाली साहित्यिक दल तैयार हो रहा था। इस दल में 'एक भारतीय आत्मा' के अतिरिक्त स्वर्गीय माणिकचंद जैन, श्री कालूराम गंगराड़े, पं. रामलाल राजवैद्य, श्री चम्पालाल चौहरी, श्री तोताराम पारगीर आदि सज्जन थे। धर्माध्यक्ष पं. बिहारीलाल दाधीच भी उनमें प्रमुख थे, जो 'एक भारतीय आत्मा' के खास प्रेरकों में से थे। इनमें अधिकांश नौजवान थे। बाबू माणिकचंदजी तो ऐसे उत्साही साहित्य-प्रेमी थे कि इन्होंने यहाँ 'हिंदी ग्रंथ-प्रसारक-मंडली' की स्थापना की थी, जिसके द्वारा सर्वप्रथम 'मिश्रबंधु-विनोद' और 'हिंदी-नवरत्न' नामक दो ग्रंथों का प्रकाशन हुआ था। मौलियर के नाटकों का अनुवाद और प्रोफेसर बदरीनाथ वर्मा द्वारा किया गया कवींद्र-रवींद्र की 'समाज' नामक बंगला-पुस्तक का अनुवाद भी इसी संस्था से प्रकाशित किया गया था। श्री कालूराम गंगराड़े के सम्पादकत्व में इसी समय 'प्रभा' निकली, जिसके सम्पादन-विभाग में 'एक भारतीय आत्मा' भी थे, और बाद में तो सम्पादकों में इनका नाम भी छपने लगा। 'प्रभा' निकलते ही इन्होंने स्कूल की मास्टरी छोड़ दी और अपना पूरा समय इसके सम्पादन और संचालन में देने लगे। 'प्रभा' ने इनकी प्रतिभा को और भी चमका दिया और इनमें एक सफल सम्पादक के गुण विद्यमान हैं, यह भी प्रकट कर दिया। किंतु अपने को जब्त करने की भावना अब भी बनी हुई थी कि इसी समय एक ऐसे सज्जन से भेंट हुई, जो इन्हें घसीटकर जनता के सम्मुख ले आये।

संयोग की बात। सन् 1913 की रामनवमी को 'प्रभा' निकली और उसी साल विजयादशमी को

'प्रताप'। 'प्रताप' को देखते ही 'एक भारतीय आत्मा' को उसमें कुछ अपनापन-सा जँचा। उन्होंने 'प्रताप' पर अपनी सम्मति भेज दी। उसमें पता रखा—द्वारा पोस्टमास्टर, खंडवा। इसी पते से 'प्रताप' के यशस्वी सम्पादक श्री गणेशशंकर विद्यार्थी का उत्तर आया, जिसमें 'प्रताप' को अपनाने का खास आग्रह था। पत्र द्वारा ही धीरे-धीरे घनिष्ठता में भी अभिवृद्धि होने लगी। अब एक-दूसरे को देखने की उत्कंठा जगी। संयोग से वैसा अवसर भी आ ही गया।

लखनऊ में हिंदी साहित्य सम्मेलन का अधिवेशन पं. श्रीधर पाठक के सभापतित्व में हुआ। 'प्रभा'-सम्पादक 'एक भारतीय आत्मा' भी उसमें शामिल हुए और 'प्रताप'- सम्पादक गणेशशंकर विद्यार्थी भी; किन्तु जब तक अधिवेशन होता रहा, दोनों की मुलाकात नहीं हुई। सम्मेलन दशहरे की छुट्टियों में हुआ था। उस साल विजयादशमी और मुहर्रम साथ-साथ पड़े थे। मुसलमानों ने इस आकस्मिक घटना को आपस में मिलने का ईश्वरीय संदेश समझा था। समूचा लखनऊ—चाहे हिंदू का घर हो या मुसलमान का— दीपमालिका से आलोकित हो रहा था। उस अपूर्व अवसर का अपूर्व सुख लूटते, दो छोटी-छोटी मित्र-मंडली का नेतृत्व करते, दो युवक, दो दिशाओं से आकर लखनऊ के चौक पर पहुँचे। दोनों ने एक-दूसरे को देखा। एक ने कहा, "आप गणेशशंकरजी हैं?" दूसरे ने उत्तर दिया, "आप 'एक भारतीय आत्मा' हैं?" दोनों के गले में दोनों की बाँहें थीं—सलाम-बंदगी, शिष्टाचार और आधुनिक सभ्यता के नियम-कानून एक ओर रह गये! उसी दिन से दोनों एक ऐसे सूत्र में बँधे कि एक की मृत्यु भी उस सूत्र को नहीं तोड़ सकी। 'एक भारतीय आत्मा' की खूबी उनकी शोक-कविताएँ भी हैं। अपनी धर्मपत्नी, लोकमान्य, सप्रेजी, कांग्रेस-सत्याग्रह के शहीद बिहारी-युवक हरदेवसिंह आदि के निधन पर आपने जो पंक्तियाँ लिखी हैं, वे अमर हैं, अजर हैं। मैंने एक दिन कहा, "आपने गणेशजी पर कुछ नहीं लिखा!" आँखें छलछला उठीं, बोले, "क्या कहूँ, आज भी लिखने बैठता हूँ तो आँखों में दल-बादल उमड़ आते हैं और छाती की धड़कन की बीमारी इस तरह उग्र हो जाती है कि कहाँ का लिखना! देखिए, यदि कुछ दिनों के बाद भावावेश कम हुआ तो लिखने की कोशिश करूँगा—चाहता तो जरूर हूँ।"

गणेशजी उस समय आपको खींचकर कानपुर ले गए। वह स्वयं भी खंडवा आने-जाने लगे। जब-जब आते, एक काम जरूर करते। इनके कागज-पत्र, किताबें-कापियाँ, चिट्ठी-पुर्जे खोज डालते और जहाँ भी इनकी कविताएँ पाते, अपने साथ ले जाते और जब इच्छा होती, छपवाते।

गणेशजी के इस अत्याचार से, यदि इसे अत्याचार कहा जाय तो, हिंदी-संसार का जो उपकार हुआ, उसके विषय में कुछ कहने की आवश्यकता नहीं; अन्यथा तो न जाने कितनी कविताएँ अप्रकाशित ही रह जातीं या सड़-गल गई होतीं!

× × ×

'एक भारतीय आत्मा' के जीवन में इन्हीं दिनों अचानक एक ऐसी घटना घटी, जिसने इनके समूचे जीवन की धारा ही बदल दी। यह घटना थी, इनकी पत्नी की मृत्यु। जब आप चौदह वर्ष के थे, तभी आपका विवाह हो गया था। उस समय देवीजी की उम्र कुल दस वर्ष की थी। जिस समय 'एक भारतीय आत्मा' अट्ठाईस वर्ष के युवक थे, उसी समय 1914 के दिसम्बर में, देवीजी का अचानक स्वर्गारोहण हुआ। पत्नी को कितना प्यार करते थे, या यों कहिए उस सुयोग्य पत्नी ने इनके हृदय पर कैसा स्थान बना लिया था, उसका प्रत्यक्ष प्रमाण यही है कि इस चढ़ती हुई जवानी में ही पत्नी के चल बसने पर भी इन्होंने दूसरी शादी नहीं की। नई शादी करने के लिए कुछ कम आग्रह नहीं हुआ। स्वयं गणेशशंकरजी इनसे आग्रह करने के लिए आये थे, और गणेशजी के हठ को मानकर इन्होंने 'हाँ' भी कर दी थी; किंतु गणेशजी के कानपुर पहुँचते-न-पहुँचते, एक लम्बी कविता 'एक भारतीय आत्मा' की ओर से उन्हें मिली। उस कविता को पढ़कर फिर गणेशजी ने पुनर्विवाह की चर्चा तक नहीं चलाई।

स्वर्गीया पत्नी इनकी कविता की बिंदु ही बन गईं। यही नहीं, इनके जीवन में भी उन्होंने अमिट छाप लगा दी। शरीर के सदा के लिए रोगी बन जाने के लिए भी मुख्यतः यही घटना उत्तरदायी है—कई डाक्टरों और वैद्यों तक ने कहा। मानसिक रुझानों के समझने के लिए भी यह घटना कुंजी-रूप है। 'एक भारतीय आत्मा' को

बच्चों से अपार स्नेह है। जितना ही छोटा बच्चा, उतना ही अधिक प्रेम। गोद के बच्चों या पैजनियाँवाले लल्लों के साथ तो दिन-के-दिन बिता देना इनका स्वभाव हो गया है। यह स्नेह इस कोटि तक पहुँच गया है कि कितने ही युवक तक इनको अपनी साहित्यिक माँ समझते हैं।

इस मातृपद के पाने में इनकी पत्नी की मृत्यु प्रधान कारण है। देवीजी बच्चों को बहुत प्यार करती थीं। यद्यपि उन्हें संतान प्राप्त करने का सौभाग्य नहीं हुआ, तथापि इसमें मातृपद प्राप्त करने में उन्हें बाधा न हुई। पतिदेव मास्टर थे, अतः स्कूल के बच्चों पर अपने वात्सल्य की वर्षा करने का उन्हें अवसर मिला। उस मातृ-ममता की धरोहर, अपने प्रस्थान के समय, वह 'एक भारतीय आत्मा' को सौंप गई हैं। इधर इन्होंने बच्चों पर बहुत-सी कविताएँ भी लिखी हैं, जो इनके मातृ-हृदय की सूचक तो हैं ही, हिंदी-साहित्य के लिए भी अनूठी चीज हैं।

× × ×

द्रव्याभाव के कारण 'प्रभा' बंद हो गई। किंतु तब तक 'एक भारतीय आत्मा' की कीर्ति दूर-दूर तक फैल चुकी थी और प्रांत के सार्वजनिक जीवन में भी आप भाग लेने लगे थे। सन् 1915 में जबलपुर में हिंदी साहित्य सम्मेलन का अधिवेशन हुआ, जिसके सभापति पटना के सुप्रसिद्ध दार्शनिक-शिरोमणि साहित्याचार्य पं. रामावतार शर्मा बनाए गए थे। इस सम्मेलन को सफल बनाने में इन्होंने पं. माधवराव सप्रे के साथ खूब उद्योग किया। इनकी इच्छा तो यहाँ तक थी कि यह सम्मेलन खंडवा में ही हो; किंतु कई कारणों से ऐसा न हो सका। इसी सम्मेलन में लोगों ने 'एक भारतीय आत्मा' को एक नये रूप में भी देखा।

खंडवा की साहित्यिक जाग्रति का एक रूप था वहाँ का 'नार्मदीय नाटक-समाज'। इस समाज के द्वारा शुद्ध साहित्यिक नाटकों के अभिनय का आयोजन होता था। इसके पात्रों में 'एक भारतीय आत्मा' भी काम करते थे। 'नार्मदीय नाटक-समाज' ने प्रांत की ओर से होनेवाले जबलपुर के इस साहित्यिक समारोह के अवसर पर एक मौलिक नाटक खेलने का आयोजन किया और खेला भी। उस नाटक का नाम था 'कृष्णार्जुन-युद्ध'। कृष्ण और अर्जुन का प्रेम तो जगत्प्रसिद्ध है, फिर यह युद्ध कैसा? यों, एक तो नाम ही आकर्षक, फिर समूचे नाटक की रचना, उसकी भाषा-शैली, उसके गानों की मधुरता, उसके कथानक की आधुनिकता—इन सब पर हिंदी-संसार के कोने-कोने से एकत्र हुए साहित्यिक रसिक मंत्र-मुग्ध हो गए। "इसका रचयिता कौन है?" —"कौन है इसका लेखक?" का शोर रंगमंच पर ही मचने लगा। इसी समय एक दुबली-पतली, सीधी-सादी, गोरी-सी युवक-मूर्ति वहाँ खड़ी की गई। तालियों-पर-तालियाँ बजने लगीं। हर्षध्वनि से रंगमंच गूँज उठा। लोगों ने देखा, यह युवक एक शिल्पी कवि और एक कलाविद् पत्रकार ही नहीं है, एक कुशल नाट्यकार भी है। तब से यह नाटक न जाने कहाँ-कहाँ और कितनी बार खेला जा चुका है। जबलपुर के उस साहित्यिक समारोह के समय ही दो-तीन दिन लगातार खेला गया। यदि रंगमंच की सफलता के साथ-साथ साहित्यिकता पर खयाल किया जाय तो यह नाटक आज भी अपनी श्रेष्ठता का दावा कर सकता है।

किंतु जिस समय 'एक भारतीय आत्मा' की चहुँमुखी प्रतिभा को लोग विस्मय-विमुग्ध दृष्टि से देखते थे, ठीक उसी समय उस धुन ने, जो पत्नी-वियोग के साथ ही इनके शरीर में प्रवेश करके धीरे-धीरे इनके शरीर को जर्जर कर चुका था, 1916 में इन्हें शैयाशायी बना दिया। इस समय से पूरे तीन वर्ष तक ये मृत्यु और जीवन के हिंडोले पर बारी-बारी से झूलते रहे। बीमारी की भयंकरता का अनुभव करके 'प्रताप' के संचालक श्री शिवनारायणजी मिश्र एवं गणेशजी इन्हें कानपुर लिवा ले गए और उस बड़े शहर में जितने भी उपचार सम्भव हो सकते हैं, किये गए, किंतु रोग समूल नष्ट नहीं हुआ। अम्लपित्त की शिकायत थी। शरीर का वजन घटते-घटते चौंसठ पौंड तक आ पहुँचा। कानपुर में भी इन्हें पूर्णतया स्वस्थ न होते देख इन्दौर के नामी चिकित्सक और साहित्य-प्रेमी डा. सरयूप्रसाद तिवारी इन्हें इन्दौर ले आये। इन्दौर में एक वर्ष तक रहे। डाक्टर तिवारी के हाथों को यश मिला। 'एक भारतीय आत्मा' को मानो नवजीवन मिला।

इसी अर्से में इन्दौर में महात्मा गाँधी के सभापतित्व में हिंदी साहित्य सम्मेलन हुआ था। इस बीमारी की

दशा में भी इन्होंने इन्दौर साहित्य-सम्मेलन के कार्य में यथाशक्ति सहायता दी थी।

× × ×

1919 में बीमारी से छुटकारा पाकर फिर 'एक भारतीय आत्मा' अपनी कर्मभूमि खंडवा पधारे। उसी साल खंडवा में मध्यप्रांतीय राजनैतिक और साहित्य परिषद हुईं। साहित्य-परिषद् में एक प्रस्ताव पास किया गया कि इस प्रांत से एक साप्ताहिक पत्र हिंदी में निकाला जाय, क्योंकि तब तक सप्रेजी का 'हिंदी-केसरी' बंद हो चुका था।

इस अवसर पर डाक्टर मुंजे भी खंडवा पधारे थे। उन्होंने 'एक भारतीय आत्मा' से आग्रह किया कि नागपुर चलिए, वहीं से एक पत्र निकाला जाएगा। उस समय के डाक्टर मुंजे की गिनती लोकमान्य के प्रधान शिष्यों में होती थी और अपनी ओजस्विता और तेजस्विता के लिए वे काफी मशहूर थे। इन्होंने उनकी सलाह मान ली होती, यदि उसी अवसर पर पं. विष्णुदत्त शुक्ल ने भी इनसे यह अनुरोध न किया होता कि जबलपुर चलिए—वहीं से एक पत्र निकाला जाएगा। शुक्लजी की सादगी, निष्ठा, सौम्यता और सज्जनता ने इनको अधिक आकृष्ट किया और इन्होंने उन्हीं का साथ देना निश्चित किया।

आखिर एक आयोजन हुआ और लोगों ने 'कर्मवीर' का प्रथम दर्शन किया। इसके सम्पादक 'एक भारतीय आत्मा' बनाये गये। 'कर्मवीर' ने इनकी सम्पादन-कला पर सफलता की मुहर लगा दी।

'कर्मवीर' इनको एक राजनैतिक कार्यकर्ता के रूप में भी जनता के सामने खींच लाया। यद्यपि अपने उग्र राजनैतिक विचारों और पं. माधवराव सप्रे-जैसे लोगों के सहवास के कारण सन् 1908 से ही अपने घर के आसपास पुलिसवालों का चक्कर लगाना और जब-तब भद्दी आँखमिचौनी-सी करना ये देखते आ रहे थे; "अब तो बात फैल गई जाने सब कोई !"

1920 में 'कर्मवीर' निकला—उस समय जबकि रौलट-ऐक्ट के कारण समूचे देश का वायुमंडल विक्षुब्ध हो रहा था। दक्षिण अफ्रीका का 'कर्मवीर' गाँधी, 'महात्मा' गाँधी के नाम से, देश की प्रशांत क्रांति की समिधा एकत्र कर रहे थे। 'कर्मवीर' ने इस क्रांति का सादर स्वागत किया और मध्यप्रांत के कोने-कोने में इसके संदेश को पहुँचाने का भार अपने ऊपर ले लिया। 'कर्मवीर' की पंक्तियाँ—चाहे लेख हों या कविताएँ— महाकोशल की प्रसुप्त जनता में जीवन और जागरण का मंत्र फूँक रही थीं। भला, नौकरशाही इसे कब बर्दाश्त कर सकती थी ! सन् 1921 के जून में आखिर उसने अपना 124 ए, (राजद्रोह) का ब्रह्मास्त्र छोड़ा। 'कर्मवीर' के सम्पादक को आठ महीने की कड़ी कैद की सजा दी गई। 'कर्मवीर' का संचालन अपने योग्य सहकारी ठाकुर लक्ष्मणसिंह चौहान को सौंपकर वे जेल चले गए।

1921 के उस प्रारम्भिक युग का जेल-जीवन आजकल के ए. और बी. डिवीजन का जेल-जीवन नहीं था। 'एक भारतीय आत्मा' की दुबली-पतली देह के भीतर निवास करनेवाली आत्मा जितनी भी जाँची जा सकती थी, जाँची गई; किंतु सोना तपकर कुंदन बनकर निकला।

1922 में अपनी सजा भुगतकर जब यह आये, तब एक विचित्र वातावरण देखा। एक तो सन् 1921 के आंदोलन में इन्होंने जैसी उम्मीद की, वैसा काम मध्यप्रान्त ने नहीं किया। इधर अब यहाँ स्वराज्य-पार्टी का दौरदौरा था और जिन श्री राघवेंद्रराव के हाथ में प्रांतीय कांग्रेस कमेटी थी, वही स्वराज्य-दल की मध्य-प्रांतीय शाखा के कर्णधार बने हुए थे। सबसे संकट की बात तो यह हुई कि पं. विष्णुदत्त शुक्ल का भी स्वर्गवास हो गया और 'कर्मवीर' का भाग्यसूत्र भी मि. राव के ही हाथों था। 'कर्मवीर' एक लिमिटेड कम्पनी के द्वारा संचालित होता था, जिसके पाँच डायरेक्टर थे—पं. विष्णुदत्त शुक्ल, दीवानबहादुर वल्लभदास, पं. गोविंदलाल पुरोहित, ब्योहार रघुवीरसिंह और मि. राघवेंद्रराव। जब तक शुक्लजी जीवित थे, तब तक वही इसके कर्त्ता-धर्त्ता थे, किंतु उनकी मृत्यु के बाद मि. राव की ही तूती बोलने लगी। मि. राव ने 'एक भारतीय आत्मा' से कहा कि 'कर्मवीर' का सम्पादन तो कीजिए, किंतु स्वराज्य-दल का समर्थन करते हुए। महात्मा गाँधी पर श्रद्धापूर्वक विश्वास रखनेवाले, असहयोग और सत्याग्रह के कष्ट सहन करनेवाले पथ को अपना जीवनोद्देश्य समझनेवाले 'एक भारतीय आत्मा' को इस प्रतिक्रिया के मार्ग पर ले आना एक कठिन काम था। इन्होंने एकबारगी 'नाहीं' कर दी।

इस पर इनसे कहा गया कि इस्तीफा दे दीजिए; किंतु इन्होंने इसको भी अस्वीकार कर दिया। इनका कहना था कि इस पत्र के आदि-प्रतिष्ठाता थे पं. विष्णुदत्त शुक्ल। उन्हीं के परामर्श से इसकी नीति निश्चित हुई थी, और वह थी कांग्रेस-नीति। अब शुक्लजी तो नहीं रहे, किंतु मैं अपने को उनकी स्वर्गीय आत्मा के प्रति जिम्मेदार समझता हूँ, फलतः उनकी नीति पर ही 'कर्मवीर' को चलाऊँगा। यदि आपको यह नीति नापसंद हो तो मुझे डिसमिस कर दीजिए। मि. राव भी तो एक कैंडे के आदमी थे! ऐसा करना उनके लिए बाएँ हाथ का खेल था—'एक भारतीय आत्मा' डिसमिस कर दिए गए।

जिस 'कर्मवीर' को ये शुक्लजी की धरोहर-रूप मानते थे, जिसके पौधे को इन्होंने अपने कलेजे के खून से सींचा था, जिसके इर्द-गिर्द इन्होंने मध्यप्रांत के तरुणों के एक गिरोह को इकट्ठा कर लिया था, जिसके भविष्य के बारे में इन्होंने कितने ही मनसूबे बाँध रखे थे, उसी 'कर्मवीर' से आप डिसमिस करके निकाले गये! 'एक भारतीय आत्मा' का हृदय उस समय चीख उठा—

भला किया, जो इस उपवन के सारे पुष्प तोड़ डाले,
भला किया, मीठे फल वाले ये तरुवर मरोड़ डाले,
भला किया, सींचो पनपाओ, लगा चुके हो जो कलमें,
भला किया, दुनिया पलटा दी प्रबल उमंगों के बल में,
लो हम तो चल दिए, नये पौधो, प्यारी, आराम करो;
दो दिन की दुनिया में आये, हिलो-मिलो कुछ काम करो।

किंतु इसके बाद ही आत्म-विश्वास की ध्वनि में वे कह उठते हैं—

पथरीले ऊँचे टीले हैं, रोज नहीं सींचे जाते,
वे नागर न यहाँ आते हैं, जो थे बागीचे जाते,
झुकी टहनियाँ तोड़-तोड़कर वनचर भी खा जाते हैं,
शाखामृग कंधों पर चढ़कर भीषण शोर मचाते हैं,
दीनबंधु की कृपा, बंधु जीवित हैं हाँ, हरियाले हैं;
भूले-भटके कभी गुजरना, हम वे ही फलवाले हैं।

यहाँ यह कह देना अप्रासंगिक न होगा कि 'एक भारतीय आत्मा' की अधिकांश कविताएँ उनके जीवन से संबंध रखनेवाली घटनाओं की ओर संकेत करती हैं। शायद इसी कारण कभी-कभी कुछ लोगों को उनमें दुरूहता की गंध मालूम पड़ती है। यदि उन प्रसंगों का आभास मिल जाय तो वे कविताएँ सरल और सुबोध हो जाएँ।

'कर्मवीर' ने 'एक भारतीय आत्मा' के सम्पादकत्व में सन् 1921 के असहयोग-आंदोलन में जो काम किया, सो तो किया ही; उसके उस काल के कामों में एक प्रसिद्ध काम है रतौना में कसाईखाना बनानेवाले आयोजन को बिलकुल व्यर्थ कर देना। मध्य-प्रांत के देहात में किए जानेवाले इस हत्याकारी आयोजन को एक महत्त्वपूर्ण प्रश्न बना देना और आखिर उसे बंद कर देने के लिए प्रांतीय सरकार को बाध्य कर देना, 'कर्मवीर' जैसे एक देशी भाषा के पत्र के लिए उन दिनों कम गौरव की बात नहीं थी।

× × ×

'कर्मवीर' छोड़ने के बाद 'एक भारतीय आत्मा' होशंगाबाद के देहात में अपने घर चले आये और वहीं रहने लगे। कुछ ही दिनों के बाद सन् 1923 में, नागपुर का झंडा-सत्याग्रह प्रारम्भ हुआ। भला, ऐसे अवसर पर ये कब चूकनेवाले थे! फिर सेठ जमनालालजी की बुलाहट भी आ गई। यों तो ये सेठ जमनालालजी के सहचरों में सदा रहे थे और सेठजी से सदा इनको प्रेरणा मिलती रही थी; किंतु यह झंडा-सत्याग्रह तो स्वयं अपनी प्रेरणा रखता था। ये उसी दम चल पड़े। किंतु इनके नागपुर पहुँचते-न-पहुँचते नागपुर-सत्याग्रह के संचालन में लीन प्रायः सभी नेता एक-एक करके गिरफ्तार कर लिए गए। मध्य-प्रांतीय सरकार तुली हुई थी कि येन-केन-प्रकारेण

सत्याग्रह को दबा दिया जाय; किंतु नेताओं की संगठन-बुद्धि तथा बिहार, युक्तप्रांत, मद्रास, गुजरात आदि दूर-दूर प्रांतों की जनता की बलिदान-भावना के कारण सरकार को झुकना पड़ा और अहिंसात्मक संग्राम की विजय हुई। इस विजय-लाभ में 'एक भारतीय आत्मा' के कर्तृत्व और लेखनी का एक अच्छा भाग था।

इसी समय फतहपुर में एक राजद्रोहात्मक भाषण के अभियोग में 'प्रताप' के प्रतापी सम्पादक श्री गणेशशंकर विद्यार्थी गिरफ्तार कर लिए गए, और उन्हें एक वर्ष की सजा हुई। उन्होंने 'प्रताप' का सम्पादन करने के लिए 'एक भारतीय आत्मा' का आह्वान किया। जब तक गणेशजी वापस न आ गए, इन्होंने प्रताप' के सम्पादन-कार्य को भली-भाँति सम्पन्न किया। इधर गणेशजी ने एक मासिक पत्रिका भी निकालना शुरू कर दिया था—अपने अन्यतम मित्र 'एक भारतीय आत्मा' की अस्तंगत पत्रिका 'प्रभा' के ही नाम पर। गणेशजी के हाथों में जाकर 'प्रभा' कितनी चमकी, यह हिंदी के उन दिनों के पाठकों से छिपा नहीं है। हिंदी की अपने ढंग की वह अनूठी मासिक पत्रिका थी। राजनीति और साहित्य का उतना सम्मिश्रण अन्यत्र देखने में नहीं आया। 'प्रताप' के सम्पादक होकर आने के बाद 'प्रभा' का 'झंडा-अंक' 'एक भारतीय आत्मा' की ही देख-रेख में निकला। ऐसी चीज अब कहाँ देखने को मिलती है!

जब गणेशजी जेल से आये, तब उन्होंने चाहा कि 'एक भारतीय आत्मा' 'प्रताप' के ही परिवार में रहें और मिल-जुलकर 'प्रताप' और 'प्रभा' को चलाया जाय, किंतु यह सब छोड़-छोड़कर मध्यप्रांत की तलहटी में आ धमके। आज भी 'एक भारतीय आत्मा' प्रायः कहा करते हैं कि साहब, आप लोगों की गंगा की वह समतल लम्बी चादर-सी एकरस फैली हुई भूमि भी क्या रहने की चीज है! उफ्, वह कितनी गद्यात्मक है। देखिए, हमारा प्रदेश! नर्मदा और बेतवा जैसी धमाचौकड़ी मचानेवाली नदियाँ; विंध्या और सतपुड़ा की वे नीची-ऊँची तलहटियाँ; पथरीली, जंगली जमीन—जीवन और कवित्व मानो यहाँ क्रीड़ा करते हैं!

× × ×

मध्य-प्रांत में आकर सर्वप्रथम इन्होंने झंडा-सत्याग्रह की रिपोर्ट तैयार की। तब तक 'कर्मवीर' मि. राघवेंद्ररावजी के हाथों में जाकर बंद हो चुका था। अब इनको यह धुन सवार हुई कि उसे फिर निकाला जाय। पं. माधवरावजी सप्रे इन्हें बाध्य करने लगे कि 'कर्मवीर' निकालना ही चाहिए। यद्यपि सभी प्रकार के साधनों का अभाव था, तथापि असम्भव को सम्भव बनानेवाले मनसूबे का अभाव तो नहीं था। इन्होंने प्रांत में दौरा शुरू किया। 'कर्मवीर' का बंद होना सबको अखर रहा था—एक जोरदार सुसम्पादित पत्र का अभाव भी लोग अनुभव कर रहे थे। अतः प्रांत के लोगों ने इनके इस आयोजन के प्रति क्रियात्मक सहानुभूति दिखलाई और सन् 1925 की 4 अप्रैल (रामनवमी) से 'कर्मवीर' का पुनः प्रकाशन प्रारम्भ हुआ; किंतु इस बार वह जबलपुर से न निकलकर खंडवा से निकला।

1925 से 1930 तक 'कर्मवीर' मजे में चलता रहा। हाँ, इसी बीच इंदौर के भूतपूर्व नरेश और मुमताज-संबंधी आंदोलन चला। इस आंदोलन में 'कर्मवीर' ने काफी भाग लिया। खंडवा से निकलने के कारण मध्य-भारत के देशी राज्यों के मसलों की ओर 'कर्मवीर' का ध्यान इस बार विशेष रूप से था। उसको अपनी छोटी उम्र में ही मध्य-भारत जैसे राज्य से लोहा लेना पड़ा, जो सभी राज्यों में प्रमुख स्थान रखता था तथा सब प्रकार के साधनों से सम्पन्न था; किंतु 'कर्मवीर' अपने व्रत पर डटा रहा। उसका इंदौर-राज्य में प्रवेश कानूनन बंद किया गया। यही नहीं, वह जिनके पास पाया जाय, उन्हें दंड देने की भी व्यवस्था की गई। इससे भी उसके स्वर में कोई परिवर्तन न हुआ, तब जिन राजनैतिक दाँवपेंचों से काम लिया गया, उसका यहाँ जिक्र न करना ही उचित होगा।

इतने में 1930 का मस्ताना साल आ गया। फिर 'एक भारतीय आत्मा' की पुकार हुई और मध्य-प्रांतीय सरकार ने एक ही दिन में मध्य-प्रांत के जिन पाँच नेताओं को गिरफ्तार कर लिया, उनमें एक थे 'एक भारतीय आत्मा'। पाँच-छः हफ्तों के बाद 'कर्मवीर' भी बंद हो गया।

1931 के मार्च में जेल से छूटे, तो 'कर्मवीर' के रास्ते में एक विचित्र कठिनाई देखी। तो क्या 'कर्मवीर'

बंद रहेगा ! वृद्ध हड्डियों में एक बार फिर गर्मी आई और ये पुनः भिड़ पड़े । 4 अप्रैल से फिर 'कर्मवीर' का प्रकाशन आरम्भ कर दिया गया, इधर पच्चीस वर्षों से वह एक स्वावलम्बी पत्र के रूप में प्रांत की और हिंदी की सेवा कर रहा है ।

इन सतत संघर्षों ने चतुर्वेदीजी की काया को जर्जर बना दिया है । अब राजनैतिक संघर्षों में पड़ने की न इनकी प्रवृत्ति रही, न वह शक्ति । किंतु इनका प्रोत्साहन सदा तरुण पीढ़ी को मिलता रहा है और आज भी मिल रहा है । हिंदी-संसार ने इन्हें हिंदी साहित्य सम्मेलन का सभापति बनाकर तथा चाँदी से तौलकर अपना सम्मान इनके प्रति प्रकट किया । इनकी स्वर्ण-जयंती भी उसने धूमधाम से मनाई । इनका प्रोत्साहन लेने के लिए अनेक लेखक और कवि सदा इनके श्रीचरणों में पहुँचा करते हैं और इन्हें वे अपने नाम के प्रथम अक्षर 'मा' के ही अनुरूप ही मानते और दुलारते रहते हैं !

13

भूख और कला

वॉन गौग यूरोप का ऐसा कलाकार हुआ है, जो जिंदगी-भर तिरस्कार पाता रहा, किंतु मरने के पचास वर्ष बाद ही जिसकी प्रसिद्धि इतनी बढ़ी कि जिन चित्रों को उसने रुपये-आने में बेचा था, वह आज हजारों-लाखों में बिकते हैं । इस ऊँचे कलाकार का जीवन अनोखा रहा है । इरविंग स्टोन ने 'लस्ट फॉर लाइफ' नाम से उसकी वैसी ही शानदार जीवनी भी लिख डाली है ।

बेचारा कलाकार ! जिंदगी-भर कैसी परेशानियों में रहा ! चारों ओर से लांछना और अपमान ही पाता रहा । सदा अभाव में रहा । किंतु कला के प्रति कैसी अटूट निष्ठा ! चित्र-पर-चित्र खींचता रहा, खींचता रहा । और जिस विजय की आकांक्षा की, उसे मिलकर रही—हाँ, जीवन में नहीं, मृत्यु के बाद ।

कभी-कभी उसकी व्यथा पर आँखें भर आती हैं । अभी दो स्त्रियों से प्यार के बदले पत्थर पाते उसे देख चुका हूँ । अँगरेज युवती ने उसे ठुकराया था, उसकी चचेरी बहन ने भी उसे ठुकरा दिया ।

इरविंग ने उसके मानसिक कष्टों का कैसा सजीव वर्णन किया है ! जब उसकी चचेरी बहन ने उसे ठुकराया, उसने अपने प्रेम का सबूत उसके बाप के सामने किस तरह दिया !—मोमबत्ती पर हाथ रख । त्वचा जली, मांस जला और वह निर्निमेष खड़ा रहा ! उफ !

उसमें एक स्थल ऐसा आया है, जहाँ वॉन गौग कई दिनों से भूखा रहा है । वह भूख से व्याकुल बिछौने पर लेटा है । ऐसा वह प्रायः किया करता । किंतु, फिर सोचा, एक सज्जन से वह कुछ पैसे उधार क्यों न माँग ले । जहाँ दूसरे लोग उसकी चित्रकला पर नाक-भौं सिकोड़ते, उन सज्जन ने एकाध बार तारीफ कर दी थी । जब उनके यहाँ पहुँचकर उसने अपना अभिप्राय कहा तो वह चित्रकार सज्जन बोल उठे—

"नहीं बच्चे, नहीं, तुम गलत आदमी के पास आए—संसार में सबसे गलत आदमी के पास । मैं तुम्हें एक छदाम भी नहीं दे सकता ।"

"क्या आपके पास फालतू पैसे नहीं हैं ?"

"हैं क्यों नहीं ! क्या मैं तुम्हारी तरह नौसिखिया हूँ कि जो पैसे न होंगे ! बैंक में इतना जमा कर दिया है कि तीन जन्म तक खा सकता हूँ ।"

"तो मुझे कुछ रुपये क्यों नहीं दे देते ? मेरी हालत बहुत बुरी है । घर में रोटी का एक टुकड़ा तक नहीं है !"

वह सज्जन आनंद से हाथ मलने लगे—"बहुत अच्छा, बहुत अच्छा ! यही तो चाहिए । तुम्हारे लिए इसी

की तो जरूरत है । अब तुम चित्रकार बन सकोगे !"

वॉन गौग दीवार से सट गया, वह बिना सहारे के खड़ा भी नहीं रह सकता था । फिर पूछ बैठा, "भूख में ऐसी क्या खूबी है, महाशय ?"

"तुम्हारे लिए सबसे अच्छी चीज यही है । यह तुम्हें कष्ट देगी, सताएगी, छटपटाएगी ।"

"मैं कष्ट सहूँ, आप ऐसा क्यों चाह रहे हैं ?"

"क्योंकि तब तुम सच्चे कलाकार बन सकोगे । जितना कष्ट पाओ, उतना ही शुक्र मनाओ । इसी धात से सच्चे कलाकार का निर्माण होता है । खाली पेट भरे हुए पेट से कहीं बेहतर है । टूटा हुआ दिल आनंद में रमे दिल से कहीं उत्तम है । इसे सदा याद रखना, वॉन गौग !"

"ये बेहूदी बातें हैं, क्या आप ऐसा नहीं समझते हैं ?"

चित्रकार सज्जन ने अपनी कूँची उसकी ओर हिलाते हुए कहा, "जिसने पीड़ा नहीं उठाई, वह चित्रण किसका करेगा ! आनंद तो एक पाशविक वृत्ति है । वह बैल को चाहिए या व्यापारी को । कलाकार तो पीड़ा में पलता है, पीड़ा में बढ़ता है । यदि तुम्हें भूख मिलती है, निराशा मिलती है, दुर्भाग्य मिलता है तो समझो, भगवान् तुम पर खुश हैं ।"

"गरीबी बरबाद कर देती है, पीस डालती है ।"

"हाँ, यह पीस डालती है; किसको ? जो कमजोर हैं, उनको । जिसमें हौसला है, बल है, उसे यह बरबाद कर नहीं सकती । यदि गरीबी तुम्हें पीस दे सके तो तुम कमजोर हो और तुम्हें नष्ट ही हो जाना चाहिए ।"

"और तब भी आप मेरी मदद को हाथ नहीं बढ़ायेंगे ?"

"नहीं । यदि तुम अपने को संसार का सर्वश्रेष्ठ चित्रकार समझो तब भी नहीं । यदि भूख किसी को मार सके तो उसे बचाने का कोई मतलब नहीं । संसार उन कलाकारों का है, जिन्हें न भगवान्, न शैतान मार सके, जब तक कि वे अपनी उन सारी चीजों को दे न लें, जिन्हें देने को वे भेजे गये हैं ।"

"किंतु मैं तो वर्षों से भूखों मर रहा हूँ । मेरे सिर पर कभी छत नहीं रही । वर्षा में, बर्फ में मैं नंगे बदन, खाली पाँव घूमता रहा हूँ, जाड़े से काँपता, ज्वर से काँपता, कोई देखनेवाला नहीं, कोई पूछनेवाला नहीं । कष्टों से जो कुछ सीखना था, मैं सीख चुका ।"

"नहीं, बच्चे, नहीं ! अभी तो तुमने कष्ट की ऊपरी सतह ही कुरेदी है । अभी तो तुमने शुरू ही किया है । मैं कहता हूँ, पीड़ा से अधिक शाश्वत वस्तु संसार में और कुछ नहीं है । मैं कहता हूँ, जाओ, भागो, दौड़ो, घर पहुँचकर झटपट कूँची पकड़ो । पेट में जितनी ज्यादा कुलबुलाहट रहेगी, उसी फुर्ती से तुम्हारे हाथ चलेंगे ।"

"और उतनी फुर्ती से मेरी चीजों को लोग रद्दी के टोकरे में डाल देंगे !"

चित्रकार सज्जन ठठाकर हँस पड़े, "हाँ-हाँ, वे रद्दी के टोकरे में डाली जाएँगी । यही तो चाहिए । इसी में तो तुम्हारी भलाई है । इससे तुम्हारा कष्ट और बढ़ेगा । तब तुम्हारा अगला चित्र पहले से अधिक अच्छा बन पड़ेगा । यों जब बहुत दिनों तक तुम भूखे रहोगे, कष्ट उठाओगे, गालियाँ सुनोगे, उपेक्षा पाओगे, तब कहीं वर्षों के बाद वह समय आ सकेगा—याद रखो आ सकेगा, आयेगा ही, ऐसा मैं नहीं कह रहा हूँ—कि तुम्हारे चित्र संसार के महानतम कलाकारों के चित्रों की बगल में स्थान पा सकेंगे ।"

"या आपके चित्रों के साथ…"

"यह भी कह लो । किंतु यदि मैं आज तुम्हें पैसे दे देता हूँ तो मैं तुम्हारे लिए वह मार्ग बंद कर देता हूँ, जो तुम्हें अमरता की ओर ले जाएगा ।"

"अमरता की ऐसी-तैसी ! मैं तो अभी और यहाँ के लिए चित्रण करना चाहता हूँ और भूखे पेट चित्रण कर नहीं सकता ।"

"बेवकूफी की बात ! जितने भी सर्वोत्तम चित्र बने हैं; सब खाली पेट से ही बनाये गए हैं । जब अंतड़ियाँ भरी होती हैं, वे कुछ दूसरे ही चित्र बनाती हैं ।"

कहते हुए वह सज्जन फिर मुस्करा पड़े।

मेरा विश्वास है कि वॉन गौग की जीवनी की ये पंक्तियाँ पढ़कर निराश और हताश लेखकों को अपने पर, अपनी रचना पर, आस्था होगी और वे अपनी कठिनाइयों से जूझते रहेंगे, यह समझकर कि बड़े-से-बड़े कलाकार को भी ऐसी-ऐसी मुसीबतों का सामना करना पड़ा है, जिनके सामने उनकी मुसीबतें हल्की हैं, तुच्छ हैं। जिनमें मौलिकता है, उन्हें दुनिया देर से पहचानती है। फलतः उन्हें अधिक कठिनाइयों का सामना करना ही पड़ता है !

14

एक साहित्यिक संत

मैंने एक जगह लिखा है, जिसमें साधुता नहीं हो, उसे साहित्यिक मत मानो। साधुता और साहित्यिकता एक ही सिक्के के दो पहलू हैं। साधु से मेरा मतलब यह नहीं कि वह कफनी ओढ़े हो, धूनी रमाए हो, संसार से अलग-थलग हो। साधुता के साथ मैं सरलता, सहृदयता, निश्छलता, परदुःख-कातरता, परोपकारिता आदि गुणों को सम्बद्ध मानता हूँ। साधुता के साथ साधना तो संलग्न है ही।

यह हमारा सौभाग्य है कि इस युग में हमारे बीच में एक ऐसे साहित्यिक हैं, जिन्हें हम एक साहित्यिक संत बिना हिचक के कह सकते हैं। वह हैं भाई शिवपूजनसहायजी, जिन्हें नई पीढ़ी के लोग आदर से 'आचार्य शिवपूजनसहायजी' कहते हैं और हम सिर्फ 'शिवजी' कहकर अपनी आत्मीयता प्रकट करते हैं।

बिहार के साहित्यिकों की जो पीढ़ी आज हिंदी-सेवा में तत्पर है, उसके निर्माण में शिवजी का कितना हाथ है, जब कभी इतिहास इसका उल्लेख करेगा, लोग चकित हो जाएँगे। यह तपस्वी अपने को सदा पीछे रखकर लोगों को बढ़ाता रहा—उन्हें सँवारता, सजाता रहा, उनकी पीठ ठोकता और आगे बढ़ने को प्रेरित करता रहा। विनय उनके रग-रग में भरी है, हिंदी-सेवा उनके जीवन की साँस है ! छियासठ वर्ष की उम्र में भी, कई सांघातिक रोगों के कारण, अपनी जर्जर काया को लेकर जो आज भी सरस्वती की सेवा और आराधना में दिन-रात लगा है—उसका चरित्र-चित्रण कर किसी की भी लेखनी अपने को धन्य मान सकती है !

शिवजी एक गरीब परिवार से आये हैं। एक बार मैंने उनसे बच्चों के लिए अपने बचपन की घटना लिख देने का आग्रह किया। उन्होंने उसका प्रारम्भ किया था, अश्वत्थामा के बचपन की घटना से, जब उसकी माँ, द्रोणाचार्य की पत्नी, दूध के लिए जिद करने पर उसे आटा घोलकर पिला देती थी। शिवजी जिद्दी कभी नहीं रहे, किंतु उनकी माँ ममतावश अश्वत्थामा की माँ का ही अनुसरण करती थीं। महीन पिसे हुए चावल के घोल को शिवजी दूध की तरह बड़े चाव और ललक से पी जाया करते थे।

बचपन से ही शिवजी बड़े भोले थे। उनकी माँ उन्हें 'भोलानाथ' कहकर पुकारती थीं। गरीबी के बावजूद बालक शिवजी को वह बड़े लाड़-प्यार से पालतीं। शिवजी में बचपन से ही प्रतिभा की झलक दिखाई पड़ती थी। किंतु गरीबी तो वह चक्की है, जिसमें बड़ी-बड़ी प्रतिभाएँ पिसती रही हैं। शिवजी ने थोड़ी ही शिक्षा प्राप्त की और परिवार के भरण-पोषण की दृष्टि से बनारस जाकर कचहरी में काम करने लगे। एक गोरा-चिट्टा, खूबसूरत, हँसमुख किशोर कचहरी के अहाते में किसी वृक्ष के नीचे टाट बिछाकर उस पर कागज-पत्र बिखराए बैठा किसी मुवक्किल की प्रतीक्षा में है, जो दो-चार आने पैसे देकर अपना दस्तावेज उससे लिखवाए—आज के आचार्य शिवपूजनसहाय, (जिनके चरणों के निकट बड़े-बड़े विद्वान् बैठने में गौरव अनुभव करते हैं) की इस मूर्ति की कल्पना भी भावमुग्ध बना देती है !

जीविका की खोज में इधर-उधर भटकते रहने पर भी विद्या का व्यसन नहीं गया। किसी तरह मैट्रिक

पास कर अपने शहर—आरा (बिहार)—में एक स्कूल में वह मास्टर बने।

आरा उन दिनों बिहार में साहित्यिक जागरण का केंद्र था। वहाँ की नागरीप्रचारिणी सभा काशी की नागरी-प्रचारिणी सभा से प्रतिद्वंद्विता करती थी। शिवजी ने सभा से सम्पर्क स्थापित किया और उसके विशाल पुस्तकालय की सहायता से अपने ज्ञान की वृद्धि में तत्पर हुए। अंततः उस पुस्तकालय के वह पदाधिकारी भी बनाए गए। महामहोपाध्याय पं. सकलनारायण शर्मा, तुलसीदास और भारतेंदु हरिश्चंद्र के प्रथम जीवनी-लेखक बाबू शिवनंदनसहाय, 'सौंदर्योपासक' नामक मौलिक उपन्यास के रचयिता बाबू व्रजनंदनसहाय, 'मनोरंजन' के सम्पादक पं. ईश्वरीप्रसाद शर्मा आदि महान साहित्यिक आचार्यों की संगति का लाभ उन्हें मिलने लगा। शिवजी के हृदय में, अंतःसलिता फल्गु की तरह जो साहित्य-गंगा तरंगित हो रही थी, वह अनायास प्रत्यक्ष हुई। उनकी रचनाएँ पत्र-पत्रिकाओं में प्रकाशित होने लगीं।

उन दिनों गया से 'लक्ष्मी' नामक पत्रिका प्रकाशित होती थी, जिसके सम्पादक थे लाला भगवानदीनजी। 'लक्ष्मी' की प्रायः 'सरस्वती' से टक्कर हो जाया करती थी। लालाजी हिंदी के प्राचीन साहित्य के आचार्यों में से थे। 'लक्ष्मी' में हिंदी की प्राचीन कविताओं की बानगी भी प्रायः मिला करती। मैं उसका, अपनी किशोरावस्था में भी, नियमित पाठक था। उसमें शिवजी का एक लेख मैंने पहले-पहल पढ़ा। शीर्षक था—"हमारे हिंदी के कवियों ने कमाल किया है!" कविताओं का चुनाव तो चुटीला था ही, उसकी व्याख्या में मैंने एक नवीन शैली पाई। शब्दावली क्या थी, मोतियों की लड़ी! मोती ही की तरह चमकते-दमकते शब्द, जो भाव-सूत्र में इस तरह पिरोये गए थे कि मन को मोह लेते थे। मैं उस लेख से ही शिवजी के प्रति आकृष्ट हो गया था; किंतु क्या उस दिन यह सोच सका था कि यह आकर्षण आजीवन का हार्दिक बंधन बन जाएगा!

और, संयोग ऐसा घटा कि मैं कई सप्ताहों के लिए उनके सान्निध्य का सुअवसर पा सका। बिहार प्रादेशिक हिंदी साहित्य-सम्मेलन का संगठन हो चुका था। मैं उसका सहकारी मंत्री बनाया गया था। बेतिया में उसका द्वितीय अधिवेशन हुआ, जिसके सभापति थे सूर्यपुराधीश राजा राधिकारमणप्रसाद सिंह। सम्मेलन ने अपना प्रकाशन प्रारम्भ करने का निर्णय किया और उसके लिए प्रथम पुस्तक देने और छपाने का भार लिया राजासाहब ने ही। 'तरंग' नाम से वह पुस्तक निकली। उस पुस्तक की पाण्डुलिपि लेने के लिए मैं राजासाहब की सेवा में आरा पहुँचा। वहीं शिवजी से साक्षात्कार हुआ। शिवजी की उन दिनों की तस्वीरें मेरी आँखों में आज तक झूल रही हैं!

गोरा-चिट्टा चेहरा, घुँघराले काले बाल उनकी शोभा और आभा द्विगुणित कर रहे थे। बालों को इस तरह सँवारते कि उसका एक गुच्छा चमचमाते ललाट पर लटका होता। रसीली आँखें, जो हँसी में सदा उनके होंठों से प्रतिद्वंद्विता करतीं। बहुत लोगों को पान खाते या चबाते देखा है, किंतु शिवजी के होंठों पर पान की जैसी लाली खिलती, वैसी दूसरों के होंठों पर खिलती, बहुत कम पाई है। बातें करते-करते खिलखिलाकर हँस पड़ते, ताम्बूल-रंजित उनकी दंतपंक्ति कौंध उठती! कितने चुटकुले याद, कितनी कविताएँ कंठस्थ! संध्या को किसी-न-किसी मित्र के घर चंडाल-चौकड़ी जुटती, भंग छनती, मिठाइयाँ उड़तीं! फिर हम लोग काव्य-गंगा में अवगाहन करने लगते। शाम को जो बैठते तो आधी रात के बाद ही उठते! एक दिन हम छत पर बैठे थे। लगता था, काव्य-गंगा आकाश-गंगा से जा मिली हो!

फिर असहयोग का युग आया। मैंने पढ़ना छोड़ा, शिवजी ने पढ़ाना छोड़ा। बारीक कपड़े के कुर्ते और पल्ले की टोपी की जगह खादी का लिबास। किंतु वह रुखड़ा लिबास भी उन पर कितना फबता! उसी समय उनका 'बिहार का बिहार' निकला। जब मैंने 'बिहारी सतसई' की टीका लिखी तो उसके लिए उन्होंने 'सतसई का सौष्ठव' शीर्षक से भूमिका लिख दी।

आरा में एक मारवाड़ी युवक थे, नाम था हरद्वारप्रसाद जालान। धनी आदमी थे, साहित्य की ओर पूरी रुचि थी। असहयोग के बाद उन्होंने शिवजी के सम्पादकत्व में 'मारवाड़ी-सुधार' नामक मासिक पत्र निकाला। यों तो वह मासिक पत्र मारवाड़ी समाज से संबंध रखता था, किंतु जिसके सम्पादक शिवजी हों, उस पत्र में

साहित्यिकता का पुट न हो, यह कैसे सम्भव था ! 'मारवाड़ी-सुधार' साहित्यिकों का भी गलहार था। बहुत सुंदर छपता। शिवजी छापे की अशुद्धियों के शत्रु हैं। उनके द्वारा सम्पादित पत्र-पत्रिकाओं में सदा यह खूबी रही है कि उनमें छापे की अशुद्धियाँ नहीं रह पातीं। 'मारवाड़ी-सुधार' छपाई और शुद्धता की दृष्टि से भी अनुपम था।

'मारवाड़ी-सुधार' के सिलसिले में ही शिवजी कलकत्ता आने-जाने लगे। वहाँ स्व. महादेवप्रसाद सेठ और मुंशी नवजादिकलालजी से उनकी घनिष्ठता बढ़ी और इस घनिष्ठता का सुंदर फल था—'मतवाला'।

'मतवाला'—हिंदी का वह हास्यप्रधान साप्ताहिक, जिसके जोड़ का पत्र क्या अब तक निकल सका ? 'मतवाला' ने सारे हिंदी-संसार में धूम मचा दी थी। उसके मुखपृष्ठ पर निरालाजी की कविताएँ छपतीं ! मुखपृष्ठ की उन कविताओं ने हिंदी में एक नये युग के आरम्भ की सूचना दी। 'मतवाला' की पंक्ति-पंक्ति से हास्य और विनोद की अजस्र धारा फूटती। उसकी 'चलती चक्की' के पाटों के बीच जो पड़ा, वह गया। देश की राजनैतिक, सामाजिक, साहित्यिक घटनाओं पर ऐसे चुटकुले छपते कि वे तुरत ही जबान-जबान की चीज बन जाते। 'मतवाला' किसी को क्षमा न करता और ऐसा कौन था, जो उसकी 'चाबुक' की चोट से तिलमिला न उठता ! उसके हर अंक को लोग घोलकर पी जाना चाहते। उसके आगामी अंक की प्रतीक्षा की जाती। एजेंटों के बंडल खुले नहीं कि लूट मच जाती। एक-एक के हाथ से छीनकर दस-दस पढ़ते !

शिवजी 'मतवाला'-मंडल में रास रचा रहे थे, मैं बिहार के टुटपुँजिये पत्रों के दफ्तरों में अपनी ठेलागाड़ी घसीटे जा रहा था कि अचानक मैं दमे के रोग से आक्रांत हुआ और मरते-मरते बचा। अपने देहात के गाँव से ही मैंने शिवजी को पत्र लिखा। तुरत ही उनका कार्ड मिला। साधारण पोस्टकार्ड पर लाल रोशनाई से उन्होंने लिखा था कि पत्र पाते ही पटना आओ, अमुक स्थान पर पहुँचकर इस तरह मुड़ना और सामने थोड़ी दूर जाकर अमुक स्थान का नाम पूछना। तुम्हारे लिए एक काम सोच लिया है, वहीं बताऊँगा। शिवजी के एक दोस्त थे, जो पटना से 'गोलमाल' नामक एक हास्यप्रधान-पत्र निकालना चाहते थे। मैं पटना पहुँचकर शिवजी से मिला। उन्होंने उसके लिए सारे शीर्षक ठीक कर दिए, पहला सम्पादकीय लिख दिया और कलकत्ता लौट गए।

मैंने उनके बताए रास्ते पर चलना शुरू कर दिया। हर सप्ताह वह एक लम्बा पत्र भेजते, प्रेस-मैटर लिखने के लिए कटे लम्बे-लम्बे स्लिप पर, लाल रोशनाई से। कोई-कोई पत्र सात-आठ पृष्ठों के होते। पत्र के साथ ही 'गोलमाल' में पिछले अंक को उसी लाल रोशनाई से गोद-गोदकर भेज देते और पत्र में बताते कि कहाँ मैंने भूल की, कहाँ हल्की चीज गई, कहाँ फालतू चीज दी गई। मेरी त्रुटियों को ही न बताते, मुझे उत्साहित करने के लिए बड़ी शाबाशी देते और मेरे उज्ज्वल भविष्य का सुनहला स्वप्न दिखाते ! मैं कह सकता हूँ, उन पत्रों से ही मैंने सम्पादन और लेखनकला का गुरुमुख ज्ञान प्राप्त किया और उनके उत्साहप्रद वाक्यों ने ही मुझमें वह आत्मविश्वास भर दिया कि आज जहाँ हूँ, उसे शिवजी का प्रसाद मानता हूँ !

'मतवाला'-मंडल से शिवजी, 'माधुरी' में गये। नवलकिशोर प्रेस की साधन-सम्पन्नता और श्री दुलारेलाल भार्गव की कर्मठता के कारण उन दिनों 'माधुरी' हिंदी की सबसे प्यारी पत्रिका बन गई थी। शिवजी के सहयोग ने 'माधुरी' में मिश्री घोल दी; किंतु शायद विधाता को यह सहयोग पसंद न था। लखनऊ में हिंदू-मुस्लिम दंगा हुआ। शिवजी किसी प्रकार जान बचाकर अपने घर पहुँचे, किंतु कितनी अमूल्य निधियाँ चिट्ठियों और पांडुलिपियों के रूप में गँवाकर ! लगता था, शिवजी सदा के लिए टूट गए !

शिवजी को उनके मित्र फिर घसीटकर कलकत्ता ले गए। इधर मैं लहेरियासराय पहुँचा और वहाँ से कई साहित्यिक पुस्तकमालाएँ निकालना प्रारम्भ किया। फिर 'बालक' निकालने की योजना बनाकर कलकत्ता पहुँचा। स्वभावतः ही सोचा, शिवजी से सलाह-मशविरा कर लूँ, वहीं चित्रादि बनवाऊँ और सम्भव हो तो वहीं छपवाऊँ भी। 'मतवाला' तब भी प्रकाशित हो रहा था, किंतु उसका मंडल बिखर चुका था, वह श्रीहीन हो चला था। अकेले शिवजी उसके बोझ को किसी तरह ढो रहे थे। हिंदी-पुस्तक-एजेंसी से 'उपन्यास-तरंग' नामक एक मासिक पत्र निकलता, जिसके सम्पादक के स्थान पर शिवजी का नाम रहता। कलकत्ता की एक गंदी गली में एक छोटा-सा कमरा लेकर शिवजी रहते—उनकी रुग्ण पत्नी भी साथ थीं, जो इस अवस्था में भी घर के सारे

काम-काज अपने हाथों सम्हालती थीं।

मैं शिवजी को इस स्थिति में देखकर दंग रह गया। होंठों पर वही मुस्कान, किंतु चेहरे की वह चमक कहाँ गई ! अब भी खिलखिलाकर हँसते, किंतु उस हँसी में वह आंतरिक उल्लास कहाँ ! काम का बोझ इतना कि सवेरे से शुरू करते तो दो-दो बजे रात तक मोमबत्ती जला-जलाकर खटते रहते। मैंने मन-ही-मन तय किया, शिवजी का इस स्थिति से उद्धार करूँगा। 'बालक' का पहला अंक निकालकर लहेरियासराय लौटा और हिंदी-पुस्तक-भंडार के संचालक से बातें कीं। 'बालक' की छपाई का प्रबंध काशी के ज्ञानमंडल प्रेस में किया और शिवजी को जैसे-तैसे मनाकर काशी ले आया।

काशी के वे दिन ! काल-भैरव के ऊपर का वह दोतल्ला मकान—हमारे हँसी-ठहाके से सारा मुहल्ला गूँजता। प्रेमचंदजी, प्रसादजी, लाला भगवानदीनजी, हरिऔधजी, रामदास गौड़, रामचंद्र वर्मा आदि बुजुर्गों की संगति के साथ बेढब, सुमन, लक्ष्मीनारायण मिश्र, मनोरंजन, उग्र, शांतिप्रिय आदि नौजवानों की टोली का सुखद साहचर्य ! शिवजी फिर लिखने लगे। भाभी चल बसीं तो शिवजी की नई शादी कराई। शिवजी की वह बरात ! काशी की गहरी बूटी छानकर डगमग पैरों से हमने अपने अनुपम दूल्हे के साथ बरात दरवाजे लगाई, अंटशंट बका किए, जिसका फल यह हुआ कि बिदाई के समय मुश्किल से अपनी खोपड़ी बचा सके !

हाँ, शिवजी को यथार्थतः पार्वती मिलीं। उन्होंने उनके घर को ही नहीं सम्हाला, उन्हें दो पुत्रियाँ और दो पुत्र दिये ! यह तीसरी भाभीजी भी अब नहीं रहीं; किंतु शिवजी का घर तो भरा-पूरा छोड़ ही गई हैं !

लहेरियासराय से हटकर मैं पटना आया और 'युवक' के साथ ही राजनीति में पूरा रँग गया; किंतु शिवजी वहीं रह गए। फिर मेरा जेल-जीवन का चक्कर शुरू हुआ; किंतु जब कभी बाहर रहता, शिवजी को प्रणाम कर आता। शिवजी ने सदा स्नेह की वर्षा की और मेरी तथा मेरे परिवार की शुभकामना करते रहे। उनकी शुभकामना सदा सुफलदायिनी रही है, यह मैं निस्संकोच कह सकता हूँ।

कुछ नवयुवकों ने छपरा में एक कालेज खोला, जिसका नामकरण वर्तमान राष्ट्रपति के नाम पर 'राजेंद्र कालेज' किया गया। उन नवयुवकों ने चाहा कि उसके हिंदी-विभाग में शिवजी को ले जाएँ, किंतु दिक्कत यह थी कि उन दिनों तक पटना-विश्वविद्यालय का अध्यापक वही हो सकता था जो एम. ए. हो। उन नौजवानों ने दौड़-धूप की और सबसे पहली बार शिवजी के लिए ही विश्वविद्यालय ने इस नियम को ढीला किया। तब से तो रास्ता ही खुल गया और हिंदी के कितने ही लेखक और कवि कालेजों में प्रोफेसर और प्रिंसिपल बनाए गए।

जब 1946 में मैं पूर्णतः कारामुक्त हुआ, बिहार से एक अच्छा साहित्यिक मासिक पत्र निकालने की धुन में लगा। मेरा प्रयत्न सफल हुआ और बड़े ठाट-बाट से 'हिमालय' निकला, जिसके सम्पादकद्वय में शिवजी और मेरा नाम छपा। 'हिमालय' के सम्पादक के रूप में शिवजी की साहित्यिक प्रतिभा की पूरी झलक हिंदी-संसार को मिली, यद्यपि उनकी सेवाओं से तो हिंदी-संसार पूर्णतः परिचित था ही। दुःख की बात है, 'हिमालय' भी असमय में ही तिरोहित हो गया। शिवजी फिर अध्यापन में लग गए।

इसी प्रकार बिहार में 'राष्ट्रभाषा परिषद' की स्थापना की बात चली। हिंदी के कई ख्यातिनामा दिग्गज विद्वानों से उसके मंत्रित्व के लिए पत्राचार होने लगे ! किंतु अंत में शिवजी को ही इस पद के लिए वरण किया गया।

मैं ही यह दावा नहीं करता, सभी जानकार लोगों ने मुक्तकंठ से स्वीकार किया है कि पाँच-छः वर्ष की छोटी अवधि में ही, शिवजी के मंत्रित्व में, 'बिहार राष्ट्रभाषा परिषद' ने हिंदी की जो सेवाएँ की हैं, वे अनुपम हैं ! लगभग दो दर्जन अच्छे-से-अच्छे प्रामाणिक ग्रंथ निकाले गए हैं, हिंदी संसार के जाने-माने विशेषज्ञ विद्वानों से सपुरस्कार भाषण दिलाए गए हैं, उत्तमोत्तम पुस्तकों को पुरस्कृत किया गया है, वयोवृद्ध साहित्य-सेवियों को पंद्रह-पंद्रह सौ रुपयों की थैली के साथ सम्मानित किया गया है, होनहार लेखकों और विद्यार्थियों को उत्साहित करने के लिए उन्हें अच्छी रकमें पुरस्कारस्वरूप दी गई हैं। हिंदी-संस्थाओं को तथा संकटग्रस्त साहित्यिकों को सहायता देने का भी सिलसिला कायम किया गया है। भिन्न-भिन्न भाषाओं के विद्वानों को बुलाकर, उनसे उनकी

भाषाओं पर भाषण दिलवाकर तथा उन्हें योग्य सम्मान देकर 'बिहार राष्ट्रभाषा परिषद' ने हिंदी में एक बिलकुल नई परम्परा ही स्थापित की है।

बिहार राष्ट्रभाषा परिषद के मंत्रित्व-काल में ही अचानक शिवजी बीमार पड़े और डाक्टरों ने उस बीमारी को राजयक्ष्मा घोषित किया। मैं कहीं बाहर था। जब लौटा तो पाया, वह अस्पताल में हैं और ऐसी संगीन हालत है कि कभी भी हमें छोड़कर महाप्रस्थान कर सकते हैं। किंतु हमारा सौभाग्य कि थोड़े ही दिनों में शिवजी की स्थिति सुधर गई! उस संघातक रोग से मुक्त होकर वह फिर परिषद की सेवा में तत्पर हैं!

शिवजी की तरह शब्दों का शिल्पी हिंदी-संसार में शायद ही कोई हो। भाषा की विशुद्धता के तो वह आचार्य हैं। यही कारण है कि जब काशी नागरी-प्रचारिणी सभा ने पं. महावीरप्रसाद द्विवेदी को अभिनंदन-ग्रंथ अर्पित करने का निर्णय किया तो उस ग्रंथ का सम्पादन-भार शिवजी को ही सौंपा गया। राष्ट्रपति श्रद्धेय राजेंद्रबाबू की 'आत्म-कथा' हिंदी-संसार के सम्मुख आने के पहले शिवजी की लेखनी के नीचे से गुजरी। एक युग तक बिहार से जो भी अच्छी पुस्तकें निकलीं, वे शिवजी की लेखनी का प्रसाद पाती रहीं।

शिवजी की तरह सुंदर लिपि लिखनेवाले हिंदी-संसार में कम ही मिलेंगे। अपने सम्पादक-जीवन में मैंने सब आचार्यों की लिपियाँ देखी हैं, पर ऐसे गोल-गोल सुडौल मोती के दाने-से अक्षर अन्यत्र नहीं मिले। जल्दी-जल्दी में लिखे, उनके सात-आठ पृष्ठों के पत्र देखे हैं, किंतु कहीं काट-कूट का नाम नहीं! मानो उनके विचार, भाषा और लिपि में तदात्मता स्थापित हो चुकी हो!

परिश्रमशीलता का यह हाल कि अब, जबकि उनकी काया जर्जर हो चुकी है, आँखों ने बहुत-कुछ ज्योति खो दी है, थोड़ा घूमने के बाद भी वह अशक्तता का अनुभव करते हैं, जोर से बोल भी नहीं सकते तो भी दिन-रात काम में अपने को जोते रहते हैं—यद्यपि सभी चाहते हैं कि वह पूर्ण विश्राम करें। उनकी उपस्थिति ही परिषद के लिए बहुत है। परिषद के संचालक-मंडल ने भी उनसे बार-बार कहा, किंतु कौन सुनता है! कार्य ही उनका जीवन बन गया हो जैसे!

लगभग चालीस वर्ष से शिवजी बिहार के साहित्यिक इतिहास के लिए सामग्री संकलित करने में लगे थे। सुयोग्य सहायकों की सहायता से आजकल उस ग्रंथ को रूप देने में जुट पड़े हैं। तीन खंडों में पूर्ण होनेवाला यह ग्रंथ बिहार के लिए गौरव-ग्रंथ होगा, इसमें संदेह नहीं।

शिवजी शतायु हों!

15

कोई हँसना इनसे सीखे!

मानव-वंश की विशेषताओं में हँसी की भी गिनती होती है। सभी प्राणियों में मनुष्य ही हँसता है, ऐसा लोगों का विश्वास रहा है। यद्यपि इस धारणा का खंडन श्री जगदीशचंद्र बसु के प्रयोगों ने कर दिया है और अब माना जाने लगा है कि जीव-जंतु की क्या बात, पेड़-पौधे भी हँसते हैं। किंतु तो भी मनुष्य की हँसी, उनकी अन्य कई खूबियों की तरह, कुछ और ही है। उच्च अट्टहास से लेकर मधुर-मुस्कान तक, हास्य की एक ऐसी सरणी उसके जीवन से जुड़ी है कि जब-जब उसकी कल्पना कीजिए, विस्मय-विमुग्ध हो जाना पड़ता है! जीव-जंतु के जीवन में भी हास्य की धारा प्रवाहित होती होगी, पेड़-पौधों के रेशों में भी गुदगुदी दौड़ती होगी, मानता हूँ। किंतु कभी जोरों का ठहाका लगाकर छतों को हिला देना, कभी खिलखिलाहट से सारे कमरे को फूलों की सुवास से भर देना और कभी हल्की मुस्कराहट से किसी के दिल को जीत लेना, यह वरदान तो मनुष्य को ही मिला है।

और, यदि यह वरदान है तो हम मानवों में, जिनमें कुछ लोगों पर इसकी अजस्र वर्षा की गई, उनमें

स्वर्गीय पंडित जगन्नाथप्रसाद चतुर्वेदी का नाम पहली पंक्ति में लिखा जाएगा। जैसी उन्मुक्त हँसी मैंने चतुर्वेदीजी में पाई थी, वैसी हँसी अन्यत्र नहीं मिली। चतुर्वेदीजी को उनके जीवन में ही 'हास्यरसावतार' की उपाधि हिंदी-संसार ने सर्वसम्मति से दे रखी थी। वह जहाँ भी रहते, हँसी की फुलझड़ियाँ छूटती रहतीं। जिस साहित्य-गोष्ठी में वह पहुँच जाते, वहाँ का सारा वातावरण ही हास्य-रस से ओतप्रोत हो जाता। जहाँ चतुर्वेदीजी हों, वहाँ मनहूसियत रह नहीं सकती थी।

प्रकृति ने उन्हें ऐसा रूप दिया था, जिस पर हँसी वैसी ही खिलती थी, जैसी कुमुद-वन में शरद की शुभ्र चाँदनी खिलती है। गोरा-चिट्टा चेहरा, सजे-सँवारे बाल, सिर पर कलंगीदार मुरेठा, पतली भवों के नीचे हँसती हुई आँखें, उन पर सुनहले फ्रेम का चश्मा, काली मूँछें, पंक्तिबद्ध चौकोर, चमकीले दाँत, छोटी टुड्डी—मैंने 1918 में, जबकि वह बिहार-प्रादेशिक हिंदी साहित्य सम्मेलन के प्रथम अधिवेशन का सभापतित्व कर रहे थे, उन्हें इस रूप में देखा था। सभापति को गम्भीर होना चाहिए, यह धारणा तो आज तक बनी हुई है, किंतु जब चतुर्वेदी अगणित मालाओं से लदे अपना सभापति का भाषण सुनाने को उठे, और, एक मंद मुस्कराहट से, सोनपुर-मेले में आये किर्लोस्कर नाटक-भवन के उस विशाल हॉल में ठसाठस भरे हुए प्रतिनिधियों और दर्शकों की ओर देखा तो ऐसा लगा कि सबके हृदय को वह तार छू गया, जो आनंद की लहर दौड़ा देता है और जब उन्होंने भाषण शुरू किया तो लोग भाव-विमुग्ध ही नहीं बने रहे, बल्कि बीच-बीच में सभा-भवन अट्टहास से गुंजित होता रहा।

इसके थोड़े दिनों के बाद ही मुझे कलकत्ता जाने का सुअवसर मिला और अपनापे का खयाल कर मैंने चतुर्वेदीजी के साथ ठहरने का बचपना कर लिया। वहाँ देखा, उनका घर भी सदा हँसी से गुंजायमान होता रहता। अपने मित्रों और समवयस्कों से ही नहीं, बच्चों और घर के नौकरों से भी चुहलें करने से वह न चूकते और वह घटना तो लिपिबद्ध हो चुकी है कि किस प्रकार एक दिन उनकी धर्मपत्नी अपने दोनों बेटों को बड़े प्रेम से खिला रही थीं और वह तालियाँ बजाकर गा रहे थे—

कल्लू मल्लू दोनों भाई बैठे प्रेम से खाते हैं
बैठी माता खिला रही है खड़े पिताजी गाते हैं

—रघुनंदन यदुनंदन

उनके लेखों में, कविताओं में भी हँसी और विनोद का पुट सर्वत्र मिला करता था। 'भारतमित्र' में एक स्थायी शीर्षक के अंतर्गत वह सदा 'मौजीराम' के नाम से चुटकुले लिखते थे। उन चुटकुलों को पढ़ने के लिए भी लोग 'भारतमित्र' खरीदते थे। हिंदी-साहित्य में विनोद का ऐसा कोई प्रसंग नहीं आता था, जो चतुर्वेदीजी के विनोदी नेत्रों से बच जाय।

उस समय भी हिंदी-शैली की दो धाराएँ चलती थीं, एक संस्कृतनिष्ठ, जिसके आचार्य द्विवेदीजी थे और एक जनसाधारण की बोली से मिलीजुली जिसके आचार्य थे बालमुकुंद गुप्त, 'भारतमित्र' के सम्पादक। स्वर्गीय चतुर्वेदी श्री गुप्तजी के सहयोगी थे और श्री श्यामसुंदरदासजी द्विवेदीजी के समर्थक। द्विवेदीजी उस समय 'सरस्वती' का सफल सम्पादन कर रहे थे, जिसके जोड़ का सम्पादन आज तक किसी पत्र-पत्रिका का नहीं देखा। द्विवेदीजी ने अपनी पत्रिका में श्यामसुंदरदासजी का चित्र छापा और उनके नीचे यह पद्य लिखा—

मातृभाषा के विशारद विमल बी. ए. पास,
सौम्य-शील निधान बाबू श्यामसुंदरदास!

इस पद्य की पैरोडी किये बिना स्वर्गीय चतुर्वेदी किस तरह रह सकते थे और सबसे ऊँचा हास्य तो वह है, जो अपने ऊपर किया जाय! चतुर्वेदीजी ने झट अपने बारे में यह छपवाया—

पितृभाषा के बिगाड़क सफल एफ़. ए. फिस्स।
जगन्नाथप्रसाद वेदी बीस कम चौबिस्स—
वेदी बीस कम चौबिस्स, याने चतुर्वेदी!

छेड़खानी करने में तो चतुर्वेदीजी लासानी थे। एक बार कलकत्ता में बंगीय साहित्य सम्मेलन के उत्सव पर एक बंगाली विद्वान ने यह कह दिया कि बंगला-भाषा जैसी काव्यमयी भाषा कोई है ही नहीं और उदाहरण में बताया कि किस तरह उसमें स्वाभाविक अनुप्रासों की भरमार है। कलकत्ता में कही गई इस बात को कलकत्ता में रहते हुए चतुर्वेदीजी किस तरह बर्दाश्त कर सकते थे! झट एक लेखमाला ही शुरू कर दी 'अनुप्रास का अन्वेषण', जिसमें यत्र-तत्र-सर्वत्र अनुप्रास की भरमार खोज निकाली। अनुप्रास से उन्हें बहुत अनुराग भी था। अपनी साधारण चिट्ठियों में भी वह सदा अनुप्रासमय भाषा लिखा करते थे और उनका 'ब की बहार' वाला लेख तो बहुत प्रचलित है ही, जिसे उन्होंने यों शुरू किया था—"बाँकीपुर के बाकरगंज में बनवारी नाम का एक बनिया था।" पूरे चार पृष्ठों का वह लेख 'बकार' से ही भरा पड़ा है।

हिंदी साहित्य सम्मेलन का कोई अधिवेशन ऐसा नहीं होता था, जिसमें वे सम्मिलित नहीं होते थे और सभापति के चुनाव का प्रस्ताव प्रायः वही रखते थे। उस अवसर पर एक छोटा-सा भाषण देते थे कि लोग लोटपोट हो जाते थे। यों जब तक वह जीवित रहे, सम्मेलन का शुभारम्भ हँसी-खुशी से ही होता था। इन भाषणों में सभापति के नाम को लेकर भी कुछ चुटकुले जरूर करते थे। जब पं. मदनमोहन मालवीय सभापति हुए तो उनके नाम की अनेक व्याख्याओं के साथ एक व्याख्या यह भी की, 'मद न, मोह न'—जिसमें न मद हो, न मोह।

जब चतुर्वेदीजी सम्मेलन के लाहौर-अधिवेशन के सभापति चुने गए तो अपने भाषण में हिंदी-व्याकरण की त्रुटियों पर विशेष ध्यान दिया। भाषा और मुहावरे की शुद्धता के लिए चतुर्वेदीजी हमेशा चौकस रहते थे और उनमें जरा भी त्रुटि बर्दाश्त नहीं करते थे। इस भाषण को पढ़कर पं. नाथूराम 'शंकर' शर्मा ने कुछ दोहे लिखे। भाषण में चतुर्वेदीजी ने स्वरचित एक ब्रजभाषा की कविता दी थी, जिसमें जगनाथ (जगन्नाथ नहीं) का प्रयोग हुआ था। महाकवि शंकर ने लिखा—

हिंदी का व्याकरण है, अभिभाषण के साथ,
मौजी मौज समास से, सिद्ध हुआ 'जगनाथ'।

शंकर के इस पद्य से चतुर्वेदीजी का ब्रह्म जगा। उन्होंने लिखा—

शंकर अब सठिया गया, भूल गया है ज्ञान,
जगन्नाथ के भात का, करता है अपमान।

बात बढ़ी। पद्य-पर-पद्य गढ़े जा रहे थे। यह प्रसंग कुछ ऐसा तीखा होने लगा तो दोनों के मित्रों ने बीचबचाव कर इसे बंद किया।

किंतु, सच बात तो यह है कि चतुर्वेदीजी के हृदय में कहीं कटुता थी ही नहीं। 'मौजी' उपनाम उन पर सोलह आने फबता था। वह सफल अभिनेता भी थे। चेहरे पर तरह-तरह का मोड़ देना उनके लिए बहुत आसान था। कलकत्ता-सम्मेलन के अवसर पर जब उनका 'समाज' नामक नाटक खेला गया तो उसमें चतुर्वेदीजी ने स्वयं भी पार्ट लिखा।

हमारे पूर्वजों की वह उन्मुक्त हँसी और जिंदादिली हमारे जीवन में उतरे और हमारे अनुवर्ती उनका अनुसरण करें, यही हमारी कामना है!

• • •